Bhupen Hazarikar Git Aru Jibon Roth

Songs and the Chariot of Bhupen Hazarika's Life

ভূপেন হাজৰিকাৰ গীত
আৰু
জীৱন ৰথ

ভূপেন হাজৰিকাৰ
গীত আৰু জীৱন ৰথ

Bhupen Hazarikar Git
Aru Jibon Roth
Songs and the Chariot of Bhupen Hazarika's Life

An analytical account of the lyrics of Bhupen Hazarika in Assamese

দিলীপ কুমাৰ দত্ত

by

Dr. Dilip Kumar Datta

Emeritus Professon of Mathamatics
University of Rhode Island

Seventh Edition

CoolgrovePress, NY
*Northeast Perspective*s

© 2021 Dr. Dilip Kumar Datta

Coolgrove Press, an imprint of
Cool Grove Publishing, Inc. New York.
512 Argyle Road, Brooklyn, NY 11218
All rights reserved under the International and
Pan-American Copyright Conventions. Copyright Conventions.
No part of this publication may be reproduced, stored in or introduced into
a retrieval system, transmitted or photocopied for distribution without
the prior permission of the Publisher. All inquiries should be
sent to info@coolgrove.com
www.coolgrove.com

For permissions and other inquiries write to info@coolgrove. com

7th and final edition

BHUPEN HAZARIKAR GIT ARU JIBON RATH
Songs and the Chariot of Bhupen Hazarika's Life

An analytical account of the lyrics of Bhupen Hazarika in Assamese

By

Dr. Dilip Kumar Datta
(January 2nd 1939 ~ September, 26th, 2019)

Emeritus Professor of Mathamatics,
University of Rhode Island, Kingston, RI 02881, USA

ISBN: 978-1-887276-65-8

Cover art by Dr. Satyandranath Das

Media alchemy by Kiku

Coolgrove Press, NY
Northeast Perspectives

A note from the author

Dr. Bhupen Hazarika (September 8, 1926~November 5, 2011), a true jewel of India, was a many sided genius—a legendary singer, a lyricist, a composer, a scholar, an artist and above all a genuine humanist who dreamt of establishing a casteless and classless society in Assam, India and everywhere else in the world. He left sufficient evidence to help us understand his earnest desires thorough his writings, paintings, lyrics, films, lectures and memories of his fans. Above all he sang from the depth of his soul in a manner that so captivated the people that the hills and plains of Assam were empty and desolate as people thronged to Jalukbari to have a last glimpse of their beloved bard after his death on November 5, 2011, in Mumbai. As the sea of people and their earnestness were telecast, people all over the world saw a sight they had perhaps never seen before. I had seen the crowd that thronged in London to pay last homage to Winston Churchill as well as the stricken thousands who gathered on the banks of Jumna to watch the cremation of Mahatma Gandhi. But the crowd that came to Jalukbari for three days and three nights as Bhupen Hazarika's body lay in the open ground of Gauhati University in Jalukbari was historic both, because of the numbers and because of the peaceful and dignified manner the crowd displayed. Bhupen Hazarika was not a rich man, he was not a famous nor a Hollywood or Bollywood star; he was not even a political or religious leader so, I often wonder why millions across generations were so captivated by him. This book, in part, is my attempt to explain why.

—Dilip Kumar Datta.

যিখন দেশত মই জনম ল'লোঁ
যিখন দেশৰ বায়ু পানীৰে মই ডাঙৰ হ'লোঁ
যিখন সমাজৰ মৰম চেনেহত মই ধুনীয়া জীৱন বোধ শিকিলোঁ
আৰু
যাৰ অমিয়া ভাষাই মোৰ জীৱন ভৰপূৰ কৰিলে
সেই অসমী আই আৰু অসমীয়া সমাজলৈ এইয়া মোৰ ভক্তি অৰ্ঘ
আৰু এয়েই
মোৰ শ্বাশ্বত আত্মাৰ এটি খোজ সময় বালিত

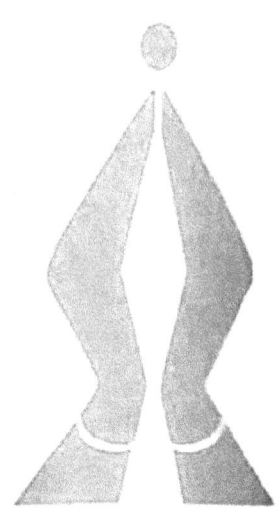

সূচীপত্ৰ

এই পুথিত প্ৰৱৰ্তন কৰা যুক্তাক্ষৰ আৰু বানান   *ix*

আগকথা   *x*

ভূপেন হাজৰিকাৰ গীত আৰু জীৱন ৰথ' কিয় হঠাতে থমকি ৰৈছিল   *xxi*

কৃতজ্ঞতা জ্ঞাপন   *xxviii*

প্ৰথম ভাগ: ভূপেন হাজৰিকাৰ জীৱনৰ এটি আলেখ্য

    প্ৰথম অধ্যায়: ভূপেন হাজৰিকাৰ জীৱনৰ ধাৰাবাহিক ঘটনা   ১

    দ্বিতীয় অধ্যায়: ভূপেন হাজৰিকাৰ সৃষ্টিশীল কৰ্মৰ সংক্ষিপ্ত তালিকা   ৮

    তৃতীয় অধ্যায়: অন্যান্য সমিধান   ১৩

দ্বিতীয় ভাগ: ঐতিহ্যৰ কথা

    চতুৰ্থ অধ্যায়: অসমীয়া গীতৰ ঐতিহ্য   ৩৫

    পঞ্চম অধ্যায়: আধুনিক অসমীয়া গীতৰ এটি সমীক্ষা   ৪৯

    ষষ্ঠ অধ্যায়: অতীত মুৰ্ত হোৱা গীত   ৫৫

তৃতীয় ভাগ: ৰাজনৈতিক পটভূমি আৰু বিদ্ৰোহৰ গীত

    সপ্তম অধ্যায়: অগ্নিযুগ   ৬৩

    অষ্টম অধ্যায়: অগ্নিযুগৰ ফিৰিঙতি   ৭১

    নৱম অধ্যায়: বিদ্ৰোহৰ গীত   ৭৪

চতুৰ্থ ভাগ: সামাজিক পটভূমি

    দশম অধ্যায়: জাতিভেদৰ কথা   ৮৫

    এক দহ এক অধ্যায়: অনিৰাপত্তাৰ যুগ   ৯৪

    এক দহ দুই অধ্যায়: সামাজিক বিষয়ৰ গীত   ১০৩

পঞ্চম ভাগ: অপৰূপ সৃষ্টিৰ তৰংগ ৰাশি
    এক দহ তিনি অধ্যায়: মানৰ প্ৰেমৰ গীত ১১৭
    এক দহ চৰি অধ্যায়: প্ৰেম গীত ১৩৩
    এক দহ পাঁচ অধ্যায়: ইন্দ্ৰিয় আসক্তিৰ গীত ১৫৯
    এক দহ ছয় অধ্যায়: জাতীয় প্ৰেমৰ গীত ১৬৫
    এক দহ সাত অধ্যায়: নিজৰ প্ৰাণৰ কথা ১৮৫
    এক দহ আঠ অধ্যায়: সাময়িক প্ৰসংগৰ গীত ১৯৩
    এক দহ ন অধ্যায়: অকণিৰ গীত ২১৪

ষষ্ঠ ভাগ: **সমদলৰ সহযাত্ৰী**
    দুই দহ অধ্যায়: ১৯৮৭ চনৰ পিচৰ গীতৰ এটি সমীক্ষা ২২৩
    দুই দহ এক অধ্যায়: বিভিন্ন বিষয়ৰ গীত ২৫২
    দুই দহ দুই অধ্যায়: কথাছবিৰ গীত ২৫৯
    দুই দহ তিনি অধ্যায়: ভূপেন হাজৰিকাৰ কণ্ঠত পৰম্পৰাগত গীত ৩২৯
    দুই দহ চাৰি অধ্যায়: ভূপেন হাজৰিকাৰ কণ্ঠত আন গীতিকাৰৰ গীত ৩৫৯
    দুই দহ পাঁচ অধ্যায়: প্ৰসিদ্ধ গায়ক গায়িকাৰ কণ্ঠত
        ভূপেন হাজৰিকাৰ গীত ৩৭৭

সপ্তম ভাগ: **সমিধান সামগ্ৰী**
    দুই দহ ছয় অধ্যায়: ভূপেন দাদাৰ কথা অমৃত সমান ৩৯৯
    দুই দহ সাত অধ্যায়: প্ৰাসংগিক সমিধান ৪৫১
    দুই দহ আঠ অধ্যায়: পৰিশিষ্টি
    (১) ভূপেন হাজৰিকাৰ গীতৰ সৌন্দৰ্য্য বিচাৰ
        তৰুণ কলিতা ৪৮৯
    (২) ডঃ ভূপেন হাজৰিকাৰ জীৱনী আৰু আত্মজীৱনী
        ডঃ নগেন শইকীয়াৰ ৪৯৩
        ডাঃ ইন্দিৰা চৌধুৰী ৪৯৭
    (৪) সূৰ্য্য হাজৰিকাৰ ভাষা শোষণকাৰীৰ:
        সুমন্ত চলিহা *৪৯৮*

(৫) 'ভূপেন হাজৰিকাৰ গীত সমগ্ৰ'-তো প্ৰৱঞ্চনা .. ৪৯৯

(৬) ভূপেনদাৰ গীতৰ সংগ্ৰহ আৰু কৃতজ্ঞতাবোধ
অৰুন্ধতি দাস বৰুৱা ৫০০

(৭) ১৯৮১ চনত 'ভূপেন হাজৰিকাৰ গীত আৰু
জীৱন ৰথ' প্ৰকাশৰ প্ৰতিক্ৰিয়া ৫০২

(৮) প্ৰিয়ম প্ৰণতি ৫০৭

দুই দহ ন অধ্যায়: উল্লেখিত পুথিৰ তালিকা ৫২৯

তিন দহ অধ্যায়: গীতৰ প্ৰথম শাৰীৰ সূচী ৫৩১

উল্লেখ সূচী ৫৩৮

লিখকৰ বিষয়ে সমিধান ৫৪৬

ফটো: অনুপম হাজৰিকা, গুৱাহাটীৰ সৌজন্যত

এই পুথিত প্ৰৱৰ্তন কৰা যুক্তাক্ষৰ আৰু বানান

আমি আগেয়ে প্ৰকাশ কৰা প্ৰায় প্ৰতিখন পুথিতে অসমীয়া ব্যাকৰণ, আখৰ জোঁটনি, লিপি আদিৰ বিতৰ্কৰ বিষয়ে আমাৰ কিছু মতামত দি আহিছোঁ। এইবাৰ আমাৰ দৃষ্টি আকৰ্ষণ কৰিছে বহুতো অসমীয়াই সৰুতে শিকিবলৈ টান পোৱা আৰু ডাঙৰ হ'লে পাহৰি যোৱা যুক্তাক্ষৰ কেইটামানে। এই পুথিত আমি তেনে পাকলগা আৰু বহুতে মনত ৰাখিবলৈ বা চিনিবলৈ টান পোৱা যুক্তাক্ষৰ কেইটামান অলপ সহজে চিনিব পৰাকৈ লিখাৰ এটা পৰম্পৰা আৰম্ভ কৰিছোঁ। প্ৰথমেই, যুক্তাক্ষৰত 'ণ'-ৰ সলনি 'ঞ'-ৰ ব্যৱহাৰ আছে কাৰণে আৰু চ-বৰ্গৰ আখৰৰ লগত যুক্ত হ'লে 'ঞ'-ৰ উচ্চাৰণ 'ণ'-ৰ দৰে হোৱা কাৰণে আমি লিখোঁতেও তাকেই কৰিছোঁ। ৰাইজে গমি পিতি সেইবিলাক গ্ৰহণযোগ্য হয় নে নহয় বিচাৰ কৰিব। আমি ব্যৱহাৰ কৰা আখৰ কেইটা হৈছে:

ঞ্চ -ৰ	সলনি	ণ্চ
ঞ্ছ -ৰ	সলনি	ণ্ছ
ঞ্জ -ৰ	সলনি	ণ্জ
ণ + ড	বুজাবলৈ	ণ্ড
গু - ৰ	সলনি	গু
শু - ৰ	সলনি	শু
হু - ৰ	সলনি	হু
হৃ - ৰ	সলনি	হৃ
স্থ -ৰ	সলনি	স্থ
ত + থ	বুজাবলৈ	ত্থ
ন + থ	বুজাবলৈ	ন্থ

তদুপৰি আমি ব্যৱহাৰ কৰা কেইটীমান শব্দৰ বানান আৰু ব্যাকৰণৰ সূত্ৰ কেইটিমান সুধী সমাজৰ বিচাৰৰ কাৰণে প্ৰাসংগিক সমিধানত দিছোঁ। আমি ব্যৱহাৰ কৰা শব্দ কেইটা আৰু সিহঁতৰ বানান হৈছে:

কলিকতা

নিৰৱ

নিৰস

সচা (সত্য অৰ্থত)

সঁচা (সণ্চিত কৰাৰ অৰ্থত)

পিচত, পাচত (সময় বুজালে)

পিছত, পাছত (স্থান বুজালে)

কাৰ্য্য, ধৈৰ্য্য, আদি

ৰ পৰা (পণ্চমী বিভক্তিৰ কাৰণে)

'তেওঁ'-ৰ সলনি তেঁও

বানানৰ ক্ষেত্ৰত আমি ডক্টৰ ভূপেন হাজৰিকাৰ উচ্চাৰণকে আমাৰ ভেটি ৰূপে লৈছোঁ। আমাৰ এইটো দৃঢ় বিশ্বাস যে ডক্টৰ হাজৰিকাৰ গীতবিলাক অসমীয়া ৰাইজৰ অতি প্ৰিয় হোৱাৰ এটা কাৰণ হৈছে তেখেতৰ উচ্চাৰণ। সেইকাৰণে, আমি তেওঁ নিলিখি তেঁও লিখিছোঁ। ভৱিষ্যতৰ অসমীয়াৰ পৰম্পৰাগত বিদ্যা আহৰণ কৰাত এই পুথিয়ে যৎকিণ্চিত সহায় হ'লে আমাৰ শ্ৰম সফল হ'ব।

আগকথা

ডক্টৰ ভূপেন হাজৰিকাৰ (১৯২৩-২০১১) কণ্ঠস্বৰ প্ৰত্যেক অসমীয়াই চিনি পায়। শৈশৱ কালৰে পৰা মৃত্যুৰ আগ মুহূৰ্তলৈকে তেঁওঁ অসমৰ আকাশে বতাহে গীতৰ এনে ঢৌ তুলি গ'ল যে তেঁওৰ গীতে কাহানিও আলোড়িত নকৰা এখন অসমীয়া হৃদয় বিচাৰি উলিওৱা টান হ'ব। ভূপেন হাজৰিকাই ৰচনা কৰা গীত, তেঁও সৃষ্টি কৰা সুৰ তথা সংগীত আৰু তেঁওৰ মৰ্মস্পৰ্শী কণ্ঠস্বৰে অসমীয়া জাতীয় জীৱন এনেভাবে চহকী কৰি থৈ গ'ল যে নিজকে অসমীয়া বুলি গৌৰৱ কৰিবলৈ ভূপেন দাদাই আমাক এক নতুন সমল দান কৰি থৈ গ'ল। ভূপেন হাজৰিকাৰ জীৱিত কালত যিসকল লোকক তেঁওৰ সৃষ্টিবিলাকে স্পৰ্শ কৰিছিল, তেঁওলোক আটাইৰে হৃদয়ৰ কোনো নিবৃত কোণত ভূপেন হাজৰিকাই এক চিৰন্তন বীজ ৰোপণ কৰি থৈ গ'ল। সেই চিৰন্তন বীজ ইহ জনমত আহৰণ কৰা গুণ ৰূপে তেঁওলোকৰ আত্মাৰ লগত সদায়ে থাকিব।

সজ্ঞানে হওক বা এক প্ৰকাৰ অনিশ্চিত ভৱিষ্যতৰ সম্ভাৱনা বুলি ভাবিয়েই হওক ১৯৭৯ চনতে 'ভূপেন হাজৰিকাৰ গীত আৰু জীৱন ৰথ' পুথিত লিখিছিলোঁ:

> "তেঁও নিসন্দেহে অসমীয়াৰ জাতীয় সংগীতকাৰ, জাতীয় গীতিকাৰ আৰু জাতীয় গায়ক।"

সেই সময়ত বহুতেই মোৰ সেই মন্তব্যত ক্ষুব্ধ হৈছিল আৰু মোৰ পুথিখন তথা আমাক তীব্ৰ ভাবে সমালোচনা কৰিছিল। ডেৰ কুৰি বছৰ পাচত আমাৰ ভৱিষ্যত বাণীয়েই সচা হ'ল। তেঁওৰ মৃত্যুৰ পিচত, অসমৰ ৰাইজে অসমৰ ভাষা সাহিত্য সংস্কৃতি আৰু সমাজলৈ এই অসাধাৰণ প্ৰতিভাৰ মনিষী গৰাকীৰ বৰঙণি কেনেকৈ জীয়াই ৰাখিব আৰু ভৱিষ্যতৰ অসম বাসীয়ে কেনেদৰে সেইবিলাকৰ সহায়ত নিজৰ জীৱন চহকী কৰিব পাৰিব তাৰ চিন্তা চৰ্চা আৰম্ভ কৰিছে। সেই কামত 'ভূপেন হাজৰিকাৰ গীত আৰু জীৱন ৰথ' পুথিখন যে অপৰিহাৰ্য্য তাত সন্দেহ নাই। সেয়েহে, অসমৰ ৰাইজে ভূপেন হাজৰিকাৰ যুগটো চিৰযুগমীয়া কৰিবলৈ কৰা প্ৰচেষ্টাত সহায় কৰিবলৈ আমি এই সংস্কৰণটো যিমান পৰা যায় নিৰ্ভুল আৰু সমৃদ্ধিশালী কৰি ৰাইজৰ হাতত তুলি দিলোঁ। অৱশ্যে পুথিখনৰ প্ৰথম তাঙৰণৰ জন্ম কথা আৰু তাৰ লগত ভূপেন দাদা কেনে ভাবে জড়িত আছিল তাক কোৱা উচিত হ'ব।

প্ৰথম তাঙৰণৰ জন্ম কথা

মই ১৯৫৮ চনত উচ্চ শিক্ষাৰ কাৰণে দিল্লীলৈ যোৱাৰে পৰা মই অসম এৰাৰ নিচিনা। তেতিয়াৰে পৰা গৰমৰ বন্ধৰ দিনত দুই এসপ্তাহৰ কাৰণে ঘৰলৈ অহাৰ বাদে মই অসমৰ বাহিৰতে বসবাস কৰি আহিছোঁ। কিন্তু অসমৰ বাহিৰত থাকিলেও ভূপেন দাদাৰ গীতবিলাক মোৰ সদায় লগৰী হৈ আছিল। প্ৰথম অৱস্থাত গীতবিলাকৰ কথা আৰু সুৰ নিজে মুখস্থ কৰাৰ বাদে লগত নিয়াৰ আন উপায় নাছিল। মিনিটত ৭৮ বাৰ ঘূৰা গ্ৰামোফোনৰ ডাঙৰ চনকা ৰেকৰ্ডবিলাক দূৰলৈ কঢ়িয়াই লৈ ফুৰাটো এক প্ৰকাৰ অসম্ভৱ আছিল, তাতে সেই ৰেকৰ্ড বজোৱা গ্ৰামোফোন বিলাকও আছিল বেছ ডাঙৰ। আমাৰ ঘৰত আমাক সদায় ৰান্ধি বাঢ়ি খুওৱা ঘনৰ গান শুনাত বৰ চখ আছিল। সি নিজেই এটা গ্ৰামোফোন কিনিছিল আৰু প্ৰায়ে হিন্দী চিনেমাৰ গানৰ ৰেকৰ্ড কিনিছিল। পৰিয়ালৰ আনে ভূপেন দাদাৰ গীতৰ ৰেকৰ্ড কিনিছিল।

১৯৫৮ চন মানৰ পৰা মিনিটত ৪৫ বাৰকৈ ঘূৰা প্লাষ্টিকৰ ৰেকৰ্ড ওলাবলৈ আৰম্ভ হ'ল। তেতিয়াৰে পৰা ভূপেন দাদাৰও গীতৰ প্লাষ্টিকৰ ৰেকৰ্ড ওলাবলৈ আৰম্ভ কৰে। সেই ৰেকৰ্ডবিলাক লগত লৈ ফুৰিব পৰা হ'লেও দাম বেছি আছিল। আমাৰ নিচিনা ছাত্ৰৰ কাৰণে সেইবিলাক কিনা অসম্ভৱ আছিল। তাতে সেইবিলাক গ্ৰামোফোনত বজাব নোৱাৰি। সেইবিলাক বজাবৰ কাৰণে সৰু কিন্তু বেছি দামী তথাকথিত ৰেকৰ্ড প্লেয়াৰ ওলাল। ৰেকৰ্ড প্লেয়াৰ ঘনৰ সামৰ্থ্যৰ বাহিৰত হোৱা কাৰণে সি তাৰ পুৰণা গ্ৰামোফোন আৰু পুৰণা মিনিটত ৭৮ বাৰ ঘূৰা ডাঙৰ ৰেকৰ্ড বিলাককে সাৰটি বজাই থাকিল। ঘৰলৈ আহিলে ভূপেন দাদাৰ নতুন গীতবিলাক শুনাৰ এটা সহজ উপায় নাইকিয়া হ'ল।

ইতিমধ্যে অৱশ্যে, গুৱাহাটীত অনাতাঁৰ কেন্দ্ৰই বেছ গা কৰি উঠা কাৰণে ৰেডিঅ যোগে ভূপেন দাদাৰ গীতবিলাক প্ৰায়ে শুনিবলৈ পোৱা গৈছিল। ৰেডিঅ' সেই সময়ত বেছ সুলভ আছিল কাৰণে মানুহৰ ঘৰে ঘৰে ৰেডিঅ' আছিল। সেয়েহে, সেই দিনত মোৰ আৰু আন বহুতৰে ভূপেন দাদাৰ গীতৰ লগত একমাত্ৰ সংযোগ আছিল অনাতাঁৰৰ প্ৰচাৰ। কোনো কোনো সৌভাগ্যবানে অৱশ্যে কেতিয়াবা মেলে মিটিঙে তেঁওৰ কণ্ঠস্বৰতে দুই এটা গীত শুনিবলৈ পাইছিল। দিল্লীত থাকোঁতে তেখেত এবাৰ (সম্ভৱ ১৯৬১ চনত) দিল্লীলৈ আহিব বুলি শুনি আমি দিল্লীৰ অসমীয়াসকলে তেখেতক গীত গাবলৈ নিমন্ত্ৰণ কৰি আনিছিলোঁ। সেইখনৰ আয়োজনতো কৃষ্ণমূৰ্তি হাজৰিকা আৰু ময়েই আগ ভাগ লৈছিলোঁ। ইতিমধ্যে, সংগীতৰ কাৰণে তথাকথিত ৰিল টু ৰিল টেপ ৰেকৰ্ডাৰ ওলাইছিল। সেইটো অৱশ্যে অতিশয় ব্যয় বহুল আছিল আৰু জাৰ্মাণীৰ গ্ৰুণ্ডুইগ নামে কোম্পানী এটাই তৈয়াৰী কৰিছিল। আমি দিল্লীত থাকোঁতে মীনাক্ষি চলিহাৰ (বাসু) তেনে এটা টেপ ৰেকৰ্ডাৰ আছিল। তেঁও মোক দুই এবাৰ টেপ ৰেকৰ্ডাৰত গান শুনিবলৈ বুলি নিমন্ত্ৰণ কৰিছিল।

১৯৬৩ চনত মই ইংলণ্ড পাওঁতে তাৰ ছাত্ৰসকলৰ হাতত টেপ ৰেকৰ্ডাৰ নাছিল। অৱশ্যে একোটা ৰেকৰ্ড প্লেয়াৰ প্ৰায় প্ৰতিজন ছাত্ৰৰে আছিল। তেনে ৰেকৰ্ড প্লেয়াৰ এটা মই নিজেও কিনাৰ সম্ভাৱনা থকা কাৰণে মই ১৯৬৫ চনত অসমলৈ আহোঁতে ভূপেন দাদাৰ যি কেইখন প্লাষ্টিক ৰেকৰ্ড ওলাইছিল মই কিনি আনিলোঁ।

সি যিয়েই নহওক, এই পুথিখন লিখাৰ প্ৰচেষ্টা এক প্ৰকাৰে আৰম্ভ হৈছিল ১৯৬৩-৬৪ চনত মই স্কটলেণ্ড ভ্ৰমণ কৰা কালত। মই স্কটলেণ্ডলৈ যোৱাৰ এটা কাৰণ আছিল প্ৰখ্যাত ইংৰাজ কবি আৰু গীতিকাৰ ৰবাৰ্ট বাৰ্ণচৰ দেশখন চিনি অহাটো। ৰবাৰ্ট বাৰ্ণচৰ কবিতাবিলাক মোৰ খুব প্ৰিয় আছিল। বিশেষকৈ তেঁওৰ ৰচনাবিলাকত প্ৰকাশ পোৱা তেঁওৰ জোন যেন কোমল আৰু ফুল যেন ধুনীয়া ভাববিলাকে মোক সদায় বিস্ময়ান্বিত কৰিছিল। তাতে তেঁওৰ দৰদী অনুভূতিবোৰেও মোক মুগ্ধ কৰিছিল। যিটো জাতি আৰু যিখন সমাজৰ মৰম চেনেহবোৰে তেঁওৰ ৰচনাবিলাকৰ সমল যোগাব পাৰিছিল সেইখন সমাজ আৰু সেই স্কট জাতিৰ লোকসকলক লগ পোৱাৰ সুবিধা মই সদায় বিচাৰিছিলোঁ।

স্কটবাসীসকলে প্ৰত্যেক বছৰেই তেঁওলোকৰ জাতীয় কবি ৰবাৰ্ট বাৰ্ণচৰ জন্মদিন গৌৰৱপূৰ্ণ ভাবে পাতি অমৰ কবিজনৰ প্ৰতি যেনেদৰে সন্মান প্ৰদৰ্শন কৰে পৃথিৱীৰ আন কোনো জাতিয়ে আন কোনো কবিৰ প্ৰতি তেনে সন্মান দেখুৱায় বুলি মোৰ ধাৰণা নহয়। স্কটবাসীয়ে বাৰ্ণচক এজন গীতিকাৰ ৰূপেহে বেছি আদৰ কৰে। তেনে কৰাৰ এটা কাৰণ এয়েই যে ৰবাৰ্ট বাৰ্ণচে

স্কটলেণ্ডৰ বহু লোকগীত একেবাৰে হেৰাই যোৱাৰ পৰা বা কলুষিত হোৱাৰ পৰা ৰক্ষা কৰে। স্কটলেণ্ডৰ বহু লোকগীতত নতুন শব্দ আৰু নতুন কথা সংযোজন কৰি তেঁও সেই গীতবিলাকক ন সাজেৰে সজাই পৰাই উলিয়ালে। তদুপৰি তেঁও পুৰণা সুৰবিলাকৰ লগত ভালদৰে খাপ খাই পৰা গীত ৰচনা কৰি সেইবিলাকক জনপ্ৰিয় কৰিলে। এই গীতবিলাকে এতিয়া প্ৰত্যেক স্কট জাতীয় লোকৰ জীৱন ভৰপূৰ কৰে। এই গীতবিলাক স্কটলেণ্ডৰ ঘৰে ঘৰে আৰু প্ৰত্যেক স্কট লোকৰ কণ্ঠত শুনিবলৈ পোৱা যায়।

এইটোও উল্লেখযোগ্য যে ৰবাৰ্ট বাৰ্ণচ 'অ'ল্ড লেংগ জাইন' (Auld Lang Syne) নামে জনাজাত গীতটিৰ ৰচক কাৰণে জগত বিখ্যাত।এই গীতটো পৃথিৱীৰ বহুত ভাষালৈ অনুবাদ হৈছে আৰু প্ৰত্যেক দেশতে নতুন বছৰক ওলগ জনাবৰ কাৰণে জানুৱাৰীৰ আৰম্ভণিৰ শুভ মুহূৰ্তত ৰাইজে উলহ মালহৰে এই গীতটো গায়। ৰবাৰ্ট বাৰ্ণচৰ জন্মও হৈছিল জানুৱাৰী মাহত (১৭৫৯ চনৰ ২৫ জানুৱাৰীত)। স্কটলেণ্ডত জানুৱাৰী মাহটো ৰবাৰ্ট বাৰ্ণচৰ মাহ বুলিব পাৰি। এই মাহটোত স্কটবাসীয়ে ৰবাৰ্ট বাৰ্ণচক আৰু স্কট ভাষা-সমাজ-সংস্কৃতিৰ প্ৰতি থকা তেঁওৰ অপৰিসীম প্ৰীতিক সুঁৱৰি স্কটলেণ্ডৰ আকাশে বতাহে আনন্দ উলহ মালহৰ ৰেণু ছটিয়ায়। বাৰ্ণচৰ দৰিদ্ৰ জীৱনৰ তিতা কেঁহা লগোৱা অভিজ্ঞতা বা প্ৰেয়সীৰ অনাদৰে মষিমুৰ কৰিব নোৱৰা তেঁওৰ মানৱী মৰম চেনেহ আৰু ভালপোৱাৰ প্ৰতি থকা আকুলতাক স্কটবাসীয়ে বিস্ময়েৰে সুঁৱৰি নিজৰ নিজৰ জীৱন ভৰপূৰ কৰে। কীটচ বা গণেশ গগৈৰ দৰে ৰবাৰ্ট বাৰ্ণচও যেন ৰূপান্তৰিত হৈ এক প্ৰেম সাগৰত বিলীন হৈ পৰিছিল। সেয়েহে, দুশ বছৰ পিচতো বাৰ্ণচৰ গীত আৰু কবিতাই প্ৰত্যেক স্কট জাতিৰ লোকৰ অন্তৰৰ সুকোমল তন্ত্ৰীবোৰ জগাই তেঁওলোকৰ যেন হিয়া গলাব ধৰে। বিশেষকৈ প্ৰতি বছৰ জানুৱাৰী মাহত ৰবাৰ্ট বাৰ্ণচৰ গীতেৰে স্কটলেণ্ড এমুৰৰ পৰা আনটো মুৰলৈকে মুখৰিত হৈ থাকে।

মই স্কটলেণ্ডলৈ গৈছিলোঁ ডিচেম্বৰ মাহৰ শেষৰ পিনে আৰু গোটেই জানুৱাৰী মাহটো তাত কটাইছিলোঁ। সেয়েহে, ৰবাৰ্ট বাৰ্ণচৰ প্ৰতিভা আৰু স্কটবাসীসকলৰ ওপৰত তেঁওৰ প্ৰভাৱ ভালদৰে হৃদয়ংগম কৰিব পাৰিছিলোঁ। স্কটলেণ্ডত কটোৱা দিন কেইটাৰ প্ৰতিটো মুহূৰ্ততে মোৰ ডক্টৰ ভূপেন হাজৰিকা আৰু তেঁওৰ গীতবিলাক মনত পৰিছিল। বাৰে বাৰে মই উপলব্ধি কৰিছিলোঁ—তেখেতৰ সংগীত প্ৰতিভা আৰু অসমীয়া সকলৰ ওপৰত সেইবোৰৰ প্ৰভাৱ। ডক্টৰ হাজৰিকাক ৰবাৰ্ট বাৰ্ণচৰ লগত বহুত দিশৰ পৰা তুলনা কৰিব পাৰি। বাৰ্ণচৰ দৰে তেখেতেও আমাৰ পুৰণা সুৰৰ কাৰণে নতুন গীত ৰচনা কৰি সেইবিলাকক নতুন জীৱন দিছে, আৰু নতুন নতুন গীত, নতুন নতুন সংগীত সৃষ্টি কৰি অসমীয়াৰ জাতীয় জীৱন চহকী কৰি গৈছে। তেঁও নিসন্দেহে অসমীয়াৰ জাতীয় সংগীতকাৰ, জাতীয় গীতিকাৰ আৰু জাতীয় গায়ক। মোৰ এই উপলব্ধি স্কটলেণ্ড ভ্ৰমণ কালত ৰবাৰ্ট বাৰ্ণচৰ প্ৰতিভাৰ আদৰ দেখি বেছি ঘনীভূত হৈছিল। সেয়ে মই মনে মনে সংকল্প লৈছিলোঁ যে সেই দৃষ্টিকোণৰ পৰা ভূপেন হাজৰিকাৰ প্ৰতিভা আৰু সৃষ্টিবিলাক আলোচনা কৰি এখন পুথি লিখিম যাতে অসমীয়া সমাজে সেইবিলাক আৰু প্ৰতিভাশালী শিল্পী গৰাকীক আদৰ কৰিবলৈ শিকিব পাৰে।

স্কটলেণ্ডৰ পৰা উভতি অহাৰ পাচত মই য'তে যেতিয়াই পাওঁ যেনে তেনে হ'লেও ভূপেন হাজৰিকাৰ গীতবিলাক টেপ কৰি লৈছিলোঁ আৰু অৱসৰ সময়ত সেই গীতবিলাকৰ কথাবিলাক বা তাৰ বিষয় টোকা লিখি গৈছিলোঁ। মোৰ সংগ্ৰহত থকা প্ৰথম

টেপটোকৰা হৈছিল ১৯৬৪ চনত ইংলণ্ডৰ মাঞ্চেষ্টাৰ চহৰত। মোৰ লগত পঢ়া বন্ধু বিমল ফুকন, অনিল ভট্টাচাৰ্য্য আদি দুজনমান বন্ধুৰ লগত ভূপেন দাদাৰ আৰু আন কেইটামান অসমীয়া গীতৰ টেপ এটা আছে বুলি শুনি মই তালৈ গৈছিলোঁ। তেঁওলোকৰ সহায়তে গীতবিলাক টেপ কৰি আনিছিলোঁ।

ইংলণ্ডত থকা কাল ছোৱাত মই য'ত পাৰোঁ মাঞ্চেষ্টাৰৰ পৰা অনা টেপটো বজাই শুনিছিলোঁ। ঘৰত মই ৰেকৰ্ড প্লেয়াৰ এটা কিনি অসমৰ পৰা অনা গীত কেইটাকে বজাইছিলোঁ। মোৰ লগত এতিয়াও থকা সেই ৰেকৰ্ড কেইখনৰ আছিল মিনিটত ৪৫ বাৰকৈ ঘূৰা। মই সেই কেইটা গীতকে উৰাই ঘূৰাই বজাই শুনিছিলোঁ। অৱশ্যে, ইতিমধ্যে মই ৰবাৰ্ট বাৰ্ণচৰ গীতৰ আৰু তেতিয়া ইংলণ্ডত আলোড়ন তোলা গায়কৰ দল বিৎলচৰ লং প্লেয়িং ৰেকৰ্ড কিছুমানও সংগ্ৰহ কৰিছিলোঁ।

১৯৬৬ চনত মই অসমলৈ যাওঁতে কলিকতাত সোমাই ভূপেন দাদাক লগ ধৰি তেখেতৰ গীতৰ সংকলন এটা উলিয়াবলৈ বিচৰাৰ কথা তেখেতক উনুকিয়াইছিলোঁ। তেখেতে পাচে বিশেষ উৎসাহ নেদেখুৱালে। হয়তো ভাবিলে যে ই অংকৰ মানুহ মোৰ গীত কি বুজি পাব। তথাপিও নিৰুৎসাহ নহৈ মই তেখেতৰ গীতৰ ৰেকৰ্ডবিলাক সংগ্ৰহ কৰি থাকোঁ। লয়াৰ্ছ বুক ষ্টলৰ গৰাকী আৰু মোৰ বন্ধু ভুটোক (খগেন্দ্ৰনাৰায়ণ দত্ত বৰুৱাক) ভূপেন দাদাৰ গীতৰ কিতাপ এখন লিখাৰ কথা কোৱাত তেওঁও বিশেষ উৎসাহ নেদেখুৱালে। তেঁওলোকে প্ৰকাশ কৰা 'আগলি বাঁহৰে লাহৰী গগনা' নামৰ সৰু পুথি এখন দিলে। মোৰ ভনী বন্তি হাজৰিকাৰ (ভূঞা) কিতাপৰ মাজত অৱহেলিত ভাবে সোমাই থকা 'সংগ্ৰাম লগ্নে আজি' নামৰ পুথিখনও খুজি লৈ আহিলোঁ।

১৯৭১ চনৰ পৰা কিন্তু গীত সংগ্ৰহৰ কাম দ্ৰুত গতিত আগ বাঢ়ে। মোৰ বন্ধু আকদাচ আলিয়ে (ভানু) এটা ভাল টেপ ৰেকৰ্ডাৰ কিনা কাৰণে বিশেষ সহায় হয়। তেতিয়া অৱশ্যে টেপ বিলাকৰ দাম খুব বেছি আছিল আৰু ভাৰতত ভাল টেপ পোৱা নগৈছিল। ৰেডিঅ' ষ্টেচনত গোৱা গীতবিলাক সাধাৰণতে টেপতেই বাণীৱদ্ধ কৰি থৈছিল যদিও টেপৰ অভাৱত বহুত সময়ত আগৰ গীত আঁতৰাই নতুন গীত বাণীৱদ্ধ কৰিছিল। সেইকাৰণে মই আমেৰিকাৰ পৰা দুই এটা খালি টেপ লগত লৈ যাওঁ আৰু হেমেন হাজৰিকাৰ সহায়ত আকাশবাণীত থকা টেপৰ পৰা গীতবিলাক ভানুৰ টেপ ৰেকৰ্ডাৰত টেপ কৰি আনো।

ভূপেন দাদাৰ টালিগঞ্জৰ ঘৰত পুৰণা ৰেকৰ্ড কিছুমান আছিল। তাৰে দুই এখন বজাই চালোঁ। ৰেকৰ্ডবিলাকৰ অৱস্থা বৰ বেয়া। কথাবিলাক বুজিব নোৱাৰি। 'কঁপি উঠে কিয় তাজমহল' গীতটিৰ ৰেকৰ্ডখন বজাওঁতে গীতটোৰ কথাবিলাক ভূপেন দাদাই নিজে থিক মতে উলিয়াব নোৱাৰিলে। মই প্ৰমাদ গণিলোঁ। কেবাটাও গানৰ কথা ভূপেন দাদাৰ সমূলি মনত নপৰিছিল। মই এইটো বুজিলোঁ যে গীতবিলাকৰ ভাল অৱস্থাত থকা ৰেকৰ্ড গোটাব নোৱাৰিলে সেই গীতবিলাক হয়তো হেৰাই যাব। দম দমত থকা এইচ-এম-ভি (আজিকালি সা-ৰে-গা-মা) কাৰ্য্যালয়লৈ গৈ জানিব পাৰিলোঁ যে ১৯৫০ চনৰ আগেয়ে বাণীৱদ্ধ কৰা গীতবিলাকৰ মাষ্টাৰ ৰেকৰ্ডবিলাক তামেৰে তৈয়াৰী আছিল সেইবিলাক যথাসময়ত সলনি নকৰা বাবে সেইবিলাক সকলো নষ্ট হ'ল অৰ্থাৎ সেই গীতবিলাক তেঁওলোকে পুনৰ মুদ্ৰণ কৰিব নোৱাৰে বা সেইবিলাক একে ৰূপত কেছেট বা আন কোনো মাধ্যমত উলিয়াব নোৱাৰে।

সেইকাৰণে মোৰ একমাত্ৰ উপায় আছিল অসমীয়া মানুহৰ ঘৰত সেই ৰেকৰ্ডবিলাক বিচৰা আৰু ভূপেন দাদাৰ ভাই ভনীৰ ওচৰ

চপা। ইতিমধ্যে, কেছেট টেপ ৰেকৰ্ডাৰ আৰু সৰু সৰু বেটেৰীৰে চলা কেছেট ৰেকৰ্ডাৰ ওলাল। মই এটা ভাল কেছেট ৰেকৰ্ডাৰ কিনি তাকে কৰিবলৈ ধৰিলোঁ। সাহিত্যিক আৰু পুলিচ বিষয়া হিৰণ্য ভট্টাচাৰ্য্য আৰু উদীয়মান অভিযন্তা কামাখ্যা শৰ্মাৰ ঘৰত দুই এখন ৰেকৰ্ড পালোঁ। সৌভাগ্যবশত ভূপেন দাদাৰ ভনীয়েক কুইন বাইদেউ (সুদক্ষিণা শৰ্মা) আৰু ৰ'জৰ (কৰিতা বৰুৱা) লগত মোৰ বহু দিনৰে পৰা ভাল বন্ধুত্ব। কুইন বাইদেউ আৰু তেখেতৰ স্বামী দিলীপ শৰ্মাদেৱে মোক কেবাটাও গীত মোৰ কেছেট ৰেকৰ্ডাৰত গাব পৰাকৈ গাই দিলে। ৰ'জ আৰু তেঁওৰ স্বামী উপেন বৰুৱাদেৱ তেতিয়া যোৰহাটত। মই দুবাৰমান তেঁওলোকৰ ওচৰ পালোঁগৈ। ৰ'জেও 'ৰুদ্ধ কাৰাৰ দুৱাৰ ভাঙি' আদি কেবাটাও গীত মোৰ কেছেটৰ কাৰণে গাই দিলে। উপেন বৰুৱাই গান নাগাইছিল কিন্তু তেখেতৰ সাহিত্যত ৰাপ আছিল। তেঁও লিখা 'এজনী ধুনীয়া ছোৱালী' নামৰ উপন্যাস এখন উপহাৰ দি ক'লে:

> "তোমাকটো মই ভূপেন দাদাৰ গীত গাই শুনাব নোৱাৰোঁ সেইকাৰণে এইখনকে দিলোঁ। ভূপেন দাদাৰ বহু গানৰ প্ৰেৰণা ধুনীয়া ধুনীয়া ছোৱালীৰ পৰাই আহিছে কাৰণে ইয়াত কিবা সমল পোৱাই নেকি, পঢ়িবাচোন।"

সেই কালছোৱাত মোৰ বন্ধু বান্ধৱী যাকে পাওঁ মই পোনেই তেঁওৰ লগত ভূপেন দাদাৰ পুৰণা গীতৰ কিবা ৰেকৰ্ড আছে নেকি বা সেইবিলাকৰ বিষয়ে তেঁও কিবা জানে নেকি আদি সুধিছিলোঁ আৰু সি কামও দিছিল। মোৰ ছাত্ৰ জীৱনৰ বন্ধু পূৰ্ণেন্দু আৰু বান্ধৱী লিলি বৰদলৈৰ (মজিন্দাৰ বৰুৱা) পৰা কেনে সহায় পাইছিলোঁ তাক এই পুথিত উল্লেখ কৰিছোঁ। তেনেদৰেই তেতিয়ালৈকে বাণীবদ্ধ হোৱা প্ৰায় সকলো গীতেই গোট খালে। বেছি ভাগ গীত কেছেট ৰেকৰ্ডাৰত তোলাও হ'ল।

সেইকালত গাড়ীত বজোৱা টেপ ৰেকৰ্ডাৰ ওলোৱা নাছিল। মোৰ কেছেট ৰেকৰ্ডাৰটো গাড়ীত বজাব পৰা সুবিধা কৰি লৈছিলোঁ। মোৰ গীতৰ সংকলনটো আদিৰ পৰা অন্তলৈকে প্ৰথমে শুনিবলৈ পায় মোৰ মায়ে ১৯৭৯ চনত আমেৰিকালৈ আহোঁতে। মাক আমেৰিকালৈ ফুৰাবলৈ আনি মই বৰ চিন্তাত পৰিছিলোঁ কাৰণ মই কামলৈ গ'লে মা একেবাৰে অকলে থাকিব লগীয়া হৈছিল। মাক মোৰ লগত এমাহমান ৰখাৰ পাচত তেঁওক অটোৱাত থকা বাইদেউৰ ওচৰলৈ লৈ গ'লোঁ। বাইদেৱে কিন্তু মাক ঘপহকৰে সুধি পেলালে:

> "ই অফিচলৈ গ'লে, অকলে অকলে থাকি দিনটো তোমাৰ আমনি লগা নাছিল নে?"

মায়ে অতি আনন্দ মনেৰে উত্তৰ দিলে,

> "নাই, ই ভূপেনৰ সকলোবিলাক গান ৰেকৰ্ড কৰি থৈছে। মই সেইবিলাককে শুনি ইটো সিটো কৰি থাকোঁ। ভূপেনৰ ইমানবিলাক গান মই কেতিয়াও অসমত একেলগে শুনিবলৈ পোৱা নাই। ই অলৈ ত'লৈ গ'লেও গানবিলাক গাড়ীত বজাই যায়। মোৰ সেই কাৰণে গাড়ীত দূৰলৈ গ'লেও আমনি নালাগে। মোক এটা টেপ ৰেকৰ্ডাৰ কিনি আৰু গোটেইবিলাক গানৰ টেপ একোটা কৰি দিবলৈ মই তাক কৈছোঁ—অসমলৈ লৈ যাম।"

কোৱা বাহুল্য যে মাৰ কথাষাৰে মই লিখিম লিখিম বুলি ভাবি থকা ভূপেন হাজৰিকাৰ গীতাৰ সংকলনটো তৎক্ষণাৎ আৰম্ভ কৰিবলৈ প্ৰেৰণা পালোঁ। তাতে মাৰ লগত বৰগীত, পুৰণা অসমীয়া গীত আদিৰ বিষয়ে সুধিও বহুত সমল পালোঁ।"

মা আমেৰিকাত থাকোঁতেই ভূপেন দাদাও আমেৰিকালৈ আহিছিল। তেঁওকও মই গাড়ীত দূৰলৈ নিওঁতে তেঁওৰ গানবিলাক বজাই

শুনাবলৈ পাঙিলোঁ। তেখেতে বা সেইবিলাক শুনিবলৈ বিচাৰে নে নাই, কিজানি খঙেই কৰে আদি ভাবি মই কামটো অলপ নাটকীয় ভাবেই কৰিলোঁ। আমাৰ কথোপকথন হ'ল:

লিখক: ভূপেন দাদা এইবাৰ অসমত মই আপুনি দিয়া অনাতাঁৰ সাক্ষাৎ এটা শুনিলোঁ। আপুনিটো বৈদ্য মিছা কথা এটা ক'লে।

ভূপেন দাদা: কি মিছা কথা ক'লো হেঁ?

লিখক: আপুনি যে ক'লে 'অগ্নিযুগৰ ফিৰিঙতি' গীতটোৱেই আপুনি ৰচি সুৰ দিয়া প্ৰথম গীত সেইটো একেবাৰে মিছা।

লিখক: আপোনাৰ প্ৰথম গীতটো মই

আপোনাক বজাই শুনাম নেকি?

ভূপেন দাদা: মোৰ ভুল ধৰা তুমি বৰ পণ্ডিত ওলাইছা। বজোৱাঁ, চাওঁ।

[মই সাজু কৰি থোৱা 'কুসুম্বৰে পুত্ৰ শ্ৰীশংকৰ গুৰুৱে ধৰিছিল নামৰে তান' গীতটো বজালোঁ। গীতটো বাজি থাকোঁতেই ...।]

ভূপেন দাদা: হায় হৰি, মই একদম পাহৰিছিলোঁ এইটো মই স্কুলত থাকোঁতেই লিখা, সুৰ দিয়া আৰু গোৱা, তুমি ক'ত পালা?

[মই একো নকৈ গীতটো শেষ হোৱালৈ ৰ'লো। ভূপেন দাদাৰ চকু চলচলীয়া হ'ল।]

এইটো কুইনৰ মাত নহয়? তাইৰ মাতটো বেছ ভালেই আছে? তুমি কেতিয়া ক'ত ৰেকৰ্ডিং কৰিছিলা? মই তাইক আজি কেইবছৰমান দেখা নাই, তাই কেনে আছে?'

লিখক: ভালেই আছে। কুইন বাইদেউহঁত এতিয়া ভঙাগড়াৰ ওচৰৰ সৰু ঘৰ এটাত থাকে বুলি ছাগে আপুনি জানে। মই যাওঁতে তেখেতে জুই ফুৰাই ফুৰাই কিবা ৰান্ধি আছিল। মই যোৱা বুলি জানি তেখেতে চৌকা সামৰি ওলাই আহিছিল। হাত আৰু গালৰ একাষত লাগি থকা ছাইৰে কুইন বাইদেউক আগতকৈও বহুত ধুনীয়া দেখিছিলোঁ। কুইন বাইদেউ আৰু দিলীপ শৰ্মাই মোক আপোনাৰ কেবাটাও পুৰণা গীত গাই শুনালে। সেইবিলাক মোৰ এই টেপটোতে আছে। আপুনি শুনিব খোজে যদি বজাব পাৰোঁ। টেপটোত মই গোটোৱা আপোনাৰ আন কেইটামান গীতও আছে। ভালেই হ'ব, সেই কেইটাৰ বিষয়ে মই আপোনাক কথা কিছুমান সুধিব লগীয়া আছে।

তেনেদৰেই আৰম্ভ হয় ভূপেন দাদাৰ গীতৰ সংকলনৰ কামত ভূপেন দাদাৰ সক্ৰিয় সহযোগ। আমি অ'লৈ ত'লৈ গ'লে গাড়ীত মই তেখেতক তেখেতৰ গানবিলাক বজাই শুনাইছিলোঁ। গাড়ীত যাওঁতে তেনেকৈ নিজৰ গানবিলাক শুনি তেখেতে সেইবিলাকৰ বিষয়ে নিজৰ প্ৰাণৰ কথা বা সেইবিলাকৰ উপলক্ষ আদি মোক কৈ গৈছিল।

সেইবাৰ ভূপেন দাদা আমেৰিকা আৰু কানাডাত প্ৰায় তিনি মাহমান আছিল ইয়াৰ বহু নগৰ মহানগৰত সংগীত পৰিৱেশন কৰিছিল। দূৰলৈ গ'লে আকাশী জাহাজেৰে গ'লেও ওচৰৰ ঠাইবিলাকলৈ মই তেখেতক মোৰ গাড়ীতেই অনা নিয়া কৰিছিলোঁ। সেইবাৰ ভূপেন দাদাক মোৰ গাড়ীত তুলি শ শ মাইল ঘূৰোৱা হ'ল। গাড়ীত সদায় একেটা কাম— তেখেতক তেখেতৰ গানবিলাক শুনোৱা। গাড়ীত যাওঁতে তেনেকৈ নিজৰ গানবিলাক শুনি তেখেতে খুব আনন্দ পাইছিল। তেখেতৰ তেনে আনন্দৰ মাজেদি মই এজন শিল্পীৰ নিৰ্মল আনন্দ কিছুমান আৰু নিজৰ সৃষ্টিত পোৱা এক বিশেষ পৰিতৃপ্তি দেখিবলৈ পাইছিলোঁ।

ভূপেন হাজৰিকাৰ গীত আৰু জীৱন ৰথ

পিচলৈ মোৰ ঘৰত বহিও তেখেতে গীতবিলাকৰ বিষয়ে বহুত কথা অতি আন্তৰিক ভাৱে কৈছিল। মইও খুঁচি খুঁচি তেখেতৰ পৰা বহু কথা উলিয়ালোঁ। সম্ভৱ তেতিয়াৰ পৰা তেখেতৰ গীতবিলাকৰ যথাযথ আলোচনাৰে মই ৰাইজৰ হাতত দিব পাৰিম বুলি ভূপেন দাদাৰ বিশ্বাস হ'ল আৰু কিতাপখন সোনকালেই লিখি উলিয়াবলৈ খাটিলে। আমেৰিকা এৰাৰ আগতে তেঁওৰ লগত থকা প্ৰায় তিনি শ অসমীয়া আৰু বঙালী গীত মোক কপি কৰিবলৈ দি ভূপেন দাদাই কয়:

"এইয়া মই সময়ৰ হাতত গটালোঁ।"

সেই বছৰৰ শেষৰ পিনে মই পুথিখনৰ নিজ হাতৰ আখৰেৰে পাণ্ডুলিপি এটা কৰিলোঁ। তাৰে অফছেটত কিছু সংখ্যক কপি কৰি আমেৰিকাত প্ৰকাশ কৰিলোঁ। আমেৰিকা নিবাসী বহুতেই পুথিখন আদৰিলে। সকলোৰে মোক যিমান পাৰোঁ সোনকালে সেইখন ছপাই ভালদৰে প্ৰচাৰ কৰিবলৈ উপদেশ দিলে। ১৯৮০ চনৰ বন্ধত মই অসমলৈ যাওঁতে কলিকতাত সোমাই তাৰে এটা কপি মই শুধৰণি কৰিবলৈ বুলি ভূপেন দাদাৰ হাতত দি আহিলোঁ। অসমত গৈ মই প্ৰকাশক থিক কৰিম বুলিও তেখেতক আশ্বাস দিলোঁ। অসম পোৱাৰ পাচত পিচে মই আচৰিত হ'লো। লয়াৰ্ছ বুক ষ্টলৰ মালিক আৰু মোৰ বন্ধু ভুটোৱে ক'লে:

'দিলীপ, ভূপেন দাদা এতিয়া ইমান বিতৰ্কিত ব্যক্তি যে তেখেতৰ বিষয়ে ইমান ডাঙৰ কিতাপ এখনত বহু ধন ভাঙি লোকচান হোৱৰ সম্ভাৱনা ল'ব নোৱাৰি।'

আন দুই এজনে একে ধৰণৰ মন্তব্য প্ৰকাশ কৰিলে। সেইকাৰণে অসম এৰাৰ আগতে মই প্ৰকাশক গোটাব নোৱাৰিলোঁ। উভতি কলিকতাত গৈ মই ভূপেন দাদাক কথাটো জনোৱাত তেখেতে ক'লে:

'এবাৰ তুমি শ্ৰীভূমিৰ অৰুণ বাবুক সুধি চোৱাঁচোন। তেঁও প্ৰকাশ কৰাৰ দায়িত্ব লয় নেকি?'

অৰুণ বাবুক লগ ধৰিবলৈ যোৱাৰ আগতে মই ভূপেন দাদা আৰু কুল গগৈদেৱে দেখুৱাই দিয়া শুধৰণিখিনি কৰি ল'লোঁ। মুঠৰ ওপৰত পুথিখনৰ বিষয়বস্তু গোটওঁতে আৰু পুথিখন ৰচনা কৰোঁতে ১৯৬৪ চনৰ পৰা ১৯৮০ চনলৈকে প্ৰায় ষোল্ল বছৰ কাল লাগিছিল। সেই ষোল্ল বছৰৰ শ্ৰমেৰে গঢ়া পাণ্ডুলিপিটো লৈ পিচদিনাখন শ্ৰীভূমি প্ৰেছ পালোঁগৈ মোৰ লগত কলিকতাৰ নেচনেল লাইব্ৰেৰীৰ বন্ধু কুল গগৈ দেৱও গৈছিল। অৰুণ বাবু কোনোবা এখন ঠাইৰ পৰা ৰেলেৰে আহি কাৰ্য্যালয়ত সোমাইছিলেহি মাথোন। কিতাপখনৰ বিষয়ে সকলো গগৈদেৱেই অৰুণ বাবুক ক'লে। অৰুণ বাবুৱে কিতাপখন হাতেৰে নোচোলে। কেৱল গগৈদেৱক সুধিলে, 'ইয়াত হাজাৰিকাৰ সকলো গান আছেটো? আৰু কুল বাবু আপুনি প্ৰুফ চাই দিব নহয়?" গগৈদেৱে সন্মতি জনোৱাত অৰুণ বাবুৱে ক'লে:

"আৰে বাবা, ভূপন হাজাৰিকাৰ গীতৰ কিতাপ ছপাবলৈ পোৱাটো এক সৌভাগ্য। আজি মই শিয়ালদহ ষ্টেচনত যি দৃশ্য দেখি আহিলোঁ কি ক'ম? এজন কণা ভিক্ষাৰীয়ে হাজাৰিকাৰ 'মানুষ মানুষেৰ জন্যে' প্ৰাণ ঢালি গাইছে আৰু এক শ জনমান মানুহে বেঢ়ি বেঢ়ি শুনিছে। তেঁওলোকে মানুহজনক দুই তিনিবাৰ গানটো গোৱাইছে। শেষত তেঁওৰ কণা চকুৰেদি বৈ পৰা চকুলো মচি কৈছে— আপোনালোকে মোক ভূপেন বাবুৰ এই গীতটোৰ কাৰণে ইমান মৰম কৰিছে। মোক এতিয়া ভূপেন বাবুৰ আন গীত গাবলৈ দিয়ক। সেইবুলি তেঁও 'আমি এক যাযাবৰ' গীতটো গাইছে।' মই আহোঁতে

বাটে বাটে ভাবি আহিছোঁ কাৰোবাক হাজাৰিকাৰ গীতৰ সংকলন এটা উলিয়াবলৈ ক'ব লাগিব। এইটো কি আচৰিত কথা। ইয়াত আপুনি এতিয়া এইখন কিতাপ লৈ হাজিৰ। আপোনাক ভগৱানেহে মোৰ ওচৰলৈ আনিছে। কিতাপখন মই ছপামেই। এইটো মোৰ কাৰণে এটা অতি পৱিত্ৰ কাম হ'ব। মই আজি ঘৰলৈ যোৱাই নাই, গা পা ধোৱাই নাই। সেইকাৰণে আজি আপোনাৰ পাণ্ডুলিপিটো নোচোওঁ। কাইলৈ পূজা পাতল কৰিহে আপোনাৰ পাণ্ডুলিপিটো ল'ম। আপোনালোক কাইলৈ আহক। সকলো লিখা পঢ়া কৰি পেলাম।"

মোৰ কাম কৰা ধৰণটো অৰুণ বাবুৰ দৰে ধৰ্মীয় নহয় যদিও অৰুণ বাবুৰ ধৰ্মনিষ্ঠাৰ প্ৰভাৱ মোৰ ওপৰত পৰিল আৰু পিছদিনা গা পা ধুই অলপ পৱিত্ৰ মনেৰে শ্ৰীভূমিৰ কাৰ্য্যালয়লৈ গৈ কিতাপখন প্ৰকাশ কৰাৰ চুক্তিপত্ৰখন চহী কৰি আহিলোঁ। সেইদিনাখন ভূপেন দাদাও মোৰ লগত গৈছিল আৰু তেখেতেও গীতবিলাক প্ৰকাশ কৰাৰ অনুমতিপত্ৰ এখন চহী কৰিছিল। ভূপেন দাদাৰ ঘৰলৈ উভতি আহি আমি দুজন কিছু সময় অকলে আছিলোঁ। বেছি কথা বতৰা হোৱা নাছিল। এবাৰ ভূপেন দাদাই খিড়িকীৰ ওচৰত থিয় হৈ বাহিৰলৈ কিছু পৰ চাই আছিল। মোৰ পিনে ঘূৰি চাওঁতে তেখেতৰ চকুত চকুপানী। তেখেতে অতি আন্তৰিকতাৰে ক'লে:

'দিলীপ তুমি মোৰ জীৱনলৈ এক নতুন শৃংখলা আনিলা।'

মই ওচৰলৈ গৈ কিবা এটা ক'বলৈ লওঁতে তেখেতে মোক বহুত দেৰী সাৱটি ধৰি থাকিল। তেখেতৰ দুই এটোপা চকুপানী মোৰ কান্ধত পৰিল। মোৰ এনেহে লাগিল যেন কুইন বাইদেউৰ মাতত 'কুসুম্বৰে পুত্ৰ' গীতটো শুনি চলচলিয়া চকুতে আবদ্ধ হৈ থকা চকুপানী কেইটোপা সেইদিনা সৰি পৰিল। তেখেতৰ প্ৰথম গীতৰ সুবাসেৰে আৰম্ভ হ'ল 'ভূপেন হাজৰিকাৰ গীত আৰু জীৱন ৰথ'-ৰ সৃষ্টি। সন্ধিয়া মই আমেৰিকালৈ উৰা মাৰিলোঁ। এটা ডাঙৰ আৰু মহৎ কাম সমাধা কৰাৰ পৰিতৃপ্তিয়ে মোৰ জীৱন অপৰিসীম আনন্দেৰে ভৰপূৰ কৰিলে।

১৯৮২ চনৰ এপ্ৰিল মাহত ডিফুত বহা অসম সাহিত্য সভাৰ অধিবেশনত পুথিখন আনুষ্ঠানিক ভাবে উদ্বোধন কৰা হয়। সেই বিষয়ে ভূপেন দাদাৰ চিঠিখনকে ইয়াত দিলোঁ। এইখিনিতে আৰু এটা কথা উনুকিয়াই থোৱা উচিত হ'ব। এখন পুথিত একেজন লোকক বেলেগ বেলেগ নামেৰে উল্লেখ কৰা উচিত নহয় বুলি বিজ্ঞসকলে বিধি দিছে যদিও মই ভূপেন দাদাক মাজে মাজে ডঃ ভূপেন হাজৰিকা, ঠায়ে ঠায়ে ভূপেন হাজৰিকা আৰু বেছি ভাগ ক্ষেত্ৰতে ভূপেন দাদা বুলি উল্লেখ কৰিছোঁ। তেনে হোৱাৰ কাৰণ এয়েই যে কৈশোৰতে তেখেতে অনাতাঁৰ কেন্দ্ৰত পৰিচালনা কৰা 'অকণিৰ মেলত' সক্ৰিয় অংশ গ্ৰহণ কৰা দিনৰে পৰা তেখেতৰ পৰা অপৰিসীম মৰম পাইছোঁ। পিচত সাহিত্য আৰু সংস্কৃতিৰ ক্ষেত্ৰত তেখেতৰ পাণ্ডিত্যৰ উমান মই ভালদৰে পাইছোঁ। সেইদৰে, মোৰ লগত তেখেতে যিমান ঘনিষ্ঠ ভাবে নিজৰ কথা আৰু নিজৰ প্ৰতিভা ব্যক্ত কৰি গৈছে আন কোনোবাৰ যে তেনে সৌভাগ্য হৈছে সন্দেহ।

মোৰ কাৰণে এইখন এখন পুথিয়েই নহয়, ই মোৰ ভাষা জননী অসমী আইৰ প্ৰতি আৰু আই মাতৃৰ দৰদী সন্তান ভূপেন দাদাৰ প্ৰতি থকা অপৰিসীম ভালপোৱাৰ এক স্নেহসম্ভাৰ— আনেও সেই স্নেহসম্ভাৰৰ সোৱাদ লভিব পাৰিলে আমি ধন্য মানিম।

HAZARIKA
C/o. PROF NZOMU
ISHIDA
RO-ON 3-9-10
NISHIKANDA
CHIYODA-KU
TOKYO 101
Phone: 03-265-6361
CABLE: 'ROONKYOGIKAI
TOKYO'

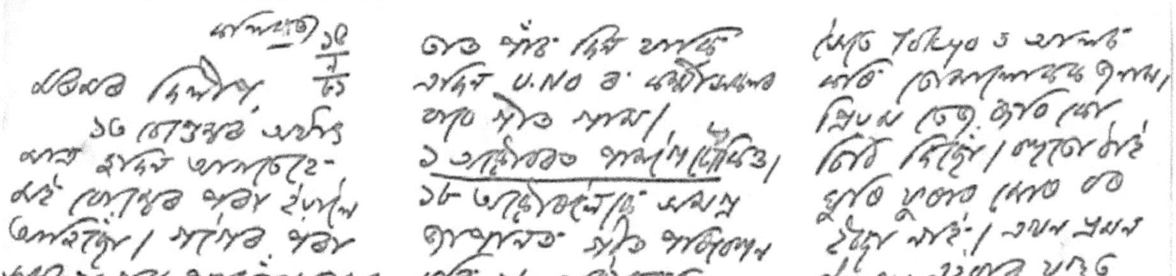

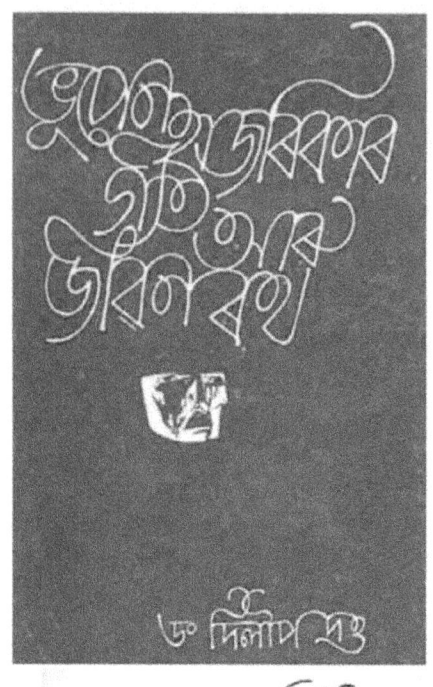

aesthetics

film-makers

77/b, golf club road • tollygunge • calcutta-700033 • telephone : 46-9415

[illegible]

[illegible]

[illegible] copy [illegible]

[illegible]

[illegible] You deserve such honour

[illegible] attention [illegible]

[illegible] Huston [illegible] Shri UDAY SANKAR MITRA, 10407 Towne Oak Lane, Sugarland, Texas U.S.A [illegible] Aug, Sept Oct [illegible] USA [illegible] Canada [illegible] rest [illegible]

[illegible] Programme [illegible] Chain [illegible] details [illegible]

Texas [illegible] Phone number : Res. 1-713-494-7879
Office : 1-713-529-3136

[illegible]

[illegible] May [illegible]

দ্বিতীয় তাঙৰণৰ আগকথা

প্ৰথম তাঙৰণৰ পুথি ৰাইজে বিশেষ ভাৱে আদৰিলে আৰু অতি কম সময়তে সকলো পুথি শেষ হোৱাত দ্বিতীয় তাঙৰণ প্ৰকাশ কৰিব লগা হ'ল। প্ৰথম তাঙৰণৰ দুই এটা সৰু ডাঙৰ ভুল শুধৰোৱাৰ উপৰিও ইয়াত 'তেৰ শ চৌৱন্নৰ' গীতটো সম্পূৰ্ণ ভাৱে দিয়া হৈছে। এই ভুলবিলাক আঙুলিয়াই দিয়া পাঠকসকলৰ নাম কৃতজ্ঞতা স্বীকাৰ কৰা লোকসকলৰ তালিকাত নতুনকৈ অন্তৰ্ভুক্ত কৰা হৈছে। মূল কথাৰ বিশেষ সলনি কৰা হোৱা নাই, কেৱল 'যদি জীৱনে কান্দে নাই নাই' গীতটোৰ উপলক্ষখিনি (গোপালচন্দ্ৰ বৰাৰ সহায়ত) ইয়াত দিয়া হৈছে। নতুনকৈ গোটোৱা গীতৰ ভিতৰত উল্লেখযোগ্য হৈছে 'আগ বাঢ়া বাঢ়া আগ ডেকা গাভৰুৰ দল'। মুঠৰ ওপৰত প্ৰথম তাঙৰণৰ গৰাকী সকলে দুনাই দ্বিতীয় তাঙৰণ কিনিবৰ প্ৰয়োজন নাই। তেখেতসকলৰ সুবিধাৰ কাৰণে প্ৰথম তাঙৰণৰ কোন কোন গীতৰ পাঠ শুধৰোৱা হৈছে তাৰ এখন তালিকা এই তাঙৰণৰ শেষ পৃষ্ঠাত দিয়া হ'ল।

[বিঃ দ্ৰঃ ১৯৮৪ চনত পুথিখনৰ দ্বিতীয় তাঙৰণ প্ৰকাশ হয়। ৪৮২ পৃষ্ঠাৰ দ্বিতীয় তাঙৰণত মুঠ ২৯০ টা গীত আছিল; পুথিখনৰ মূল্য আছিল খনে ৩৫ টকা।।]

তৃতীয় তাঙৰণৰ কথা

তৃতীয় তাঙৰণত পুথিখনৰ ব্যৱস্থাপনত যথেষ্ট সাল সালনি কৰা হয়। প্ৰথম দুটা তাঙৰণত শ্ৰীমন্ত শংকৰদেৱ আৰু শ্ৰীমাধৱদেৱৰ গায়ক আৰু গীতিকাৰ ৰূপে প্ৰতিভাৰ বিশেষ আলোচনাৰ লগতে তেঁওলোকৰ সৃষ্টি 'বৰগীত'ৰ বিষয়েও দীঘলীয়া আলোচনা আছিল। সেইখিনি ভালদৰে নপঢ়াকৈ বা মই কি ক'বলৈ বিচাৰিছোঁ তাক বুজিবলৈ চেষ্টা নকৰি কেবা গৰাকীও বুদ্ধিজীৱীয়ে মই শংকৰদেৱ আৰু মাধৱদেৱৰ পিচতে ভূপেন দাদাক প্ৰতিষ্ঠা কৰিবলৈ চেষ্টা কৰিছোঁ বুলি পুথিখনক সমালোচনা কৰিছিল। সেইকাৰণে মূল কথাখিনি চমু কৰি পোন পটীয়াকৈ লিখিবলৈ অৰুণ বাবুৱে উপদেশ দিলে। অৰুণ বাবুৰ আন এটা চিন্তা আছিল পুথিখন কেনেদৰে সুলভ কৰি ৰাখিব পাৰে। ইতিমধ্যে কাগজৰ দাম আৰু অন্যান্য খৰছ অতিকৈ বাঢ়ি যোৱাৰ কাৰণে তাৰ কলেৱৰটো সৰু কৰাটোও প্ৰয়োজন হ'ল। সেইকাৰণে আগৰ গায়ক গীতিকাৰ শংকৰদেৱ আৰু মাধৱদেৱৰ অধ্যায়টোক অসমীয়া গীতৰ ঐতিহ্য বুলি অধ্যায়টো নতুনকৈ লিখা হ'ল। কথাছবিৰ গীতবিলাক আন আন অধ্যায়ৰ পৰা আঁতৰাই আনি বেলেগ এটা অধ্যায়ত দিয়া হ'ল। লগতে ভূপেন দাদাৰ নতুন গীতবিলাকও সংযোজন কৰা হ'ল। সেইখিনি সাল সলনিৰ কাৰণে পুথিখন পাঠকৰ কাৰণে বেছি সুখপাঠ্য হয়।

[১৯৯০ চনত প্ৰকাশ পোৱা তৃতীয় তাঙৰণত মুঠ ৩২৩ টা গীত আছিল; ৪৪৬ পুথিখনৰ মূল্য আছিল খনে ৪৫ টকা। তৃতীয় তাঙৰণ একাধিকবাৰ মুদ্ৰণ কৰা হৈছিল।]

'ভূপেন হাজৰিকাৰ গীত আৰু জীৱন ৰথ' কিয় হঠাতে থমকি ৰৈছিল

'ভূপেন হাজৰিকাৰ গীত আৰু জীৱন ৰথ'ৰ তৃতীয় তাঙৰণ একাধিকবাৰ মুদ্রিত হয়। সকলো ভালদৰেই চলিছিল। দুই এটা নতুন গীত সংগ্ৰহৰ লগতে বিভিন্নজনে দেখুৱাই দিয়া শুধৰণি আদি টোকা কৰি আছিলোঁ। তেনেকুৱাতে, সেই ঘটনাটো ঘটিল। সম্ভৱ ১৯৯২ চনত হোৱা আনাৰ (AANA অৰ্থাৎ Assamese Association of North America) বছৰেকীয়া অধিবেশনত ভূপেন দাদাই গীত পৰিৱেশন কৰিবলৈ আহিল। ভূপেন দাদাই গীত পৰিৱেশন কৰিবৰ দিনা এখন টেবুলত ভূপেন দাদাই 'গীতাৱলী' কেইখনমান বিক্ৰি কৰিবৰ কাৰণে দিলে। তাৰে এখন ভূপেন দাদাই মোৰ হাতত নিজে তুলি দি ক'লে:

> 'দিলীপ, এইখন তোমাক দিলোঁ। কেনে পোৱা জনাবা। তোমাৰ কিতাপখনৰ আখৰবিলাক অৰুণ বাবুৰে বৰ সৰু কৰিলে। মোৰ বৰ অসুবিধা হয়। এইখনৰ আখৰবিলাক ডাঙৰ ডাঙৰ বৰ ভাল হৈছে। সূৰ্য্যই ছপাইছে।"

মই একো নকৈ এঠাইত বহি পুথিখনৰ পাত লুটিয়াই দেখোঁ: গীতাৱলী, ডঃ ভূপেন হাজৰিকা' সংগ্ৰাহক: জিতেন শৰ্মা ৰাজখোৱা; সম্পাদনা: সূৰ্য্য হাজৰিকা, বাণী মন্দিৰ; প্ৰকাশক: সূৰ্য্য হাজৰিকা, বাণী মন্দিৰ, নতুন বজাৰ, ডিব্ৰুগড়; মুল্য: এশ টকা মাত্ৰ। পুথিখনত ৫২৯ পৃষ্ঠা আছিল। পুথিখন ওপৰে ওপৰে চাই মই আচৰিত হ'লো মোৰ কিতাপত নথকা দহটামান গীতৰ বাহিৰে আটাইবিলাক গীত মোৰ পুথিত থকা। পুথিখনৰ ক'তো মোৰ পুথিখনৰ নাম বা ভূপেন দাদাৰ গীতবিলাক সংগ্ৰহ কৰোঁতে মোক সহায় কৰা কাৰণে মই কৃতজ্ঞতা জনোৱা কোনো লোকৰ নাম নাই। এঠাইত কেৱল ভূপেন দাদাই লিখিছে:

> "ৰগৰৰ কথা, যে মোৰ সমগ্ৰ গীতৰ প্ৰকাশন আজিলৈকে হোৱা নাই। হঠাৎ গম পালোঁ মোৰ ভাতৃসম ডঃ দিলীপ দত্তই তেঁওৰ 'ভূপেন হাজৰিকাৰ গীত আৰু জীৱন ৰথ'ত বৰ মৰমেৰে মোৰ আঢ়ৈশ মান গীত প্ৰকাশ কৰিছে, বিশ্লেষণ কৰিছে। এতিয়া খবৰ পালোঁ শ্ৰীজিতেন শৰ্মা ৰাজখোৱাই, বৰ কষ্ট কৰি সংগ্ৰহ কৰিলে মোৰ প্ৰায় সমগ্ৰ গীত।"

কিতাপখন মোৰ কাৰণে বৰ 'ৰগৰৰ' নহ'ল। বৰং মোৰ মনটো বেয়াকৈ এঙালে। মই সেইদিনাখন ভূপন দাদাৰ গান নুশুনি হোটেলৰ কোঠাত শুই থাকিলোঁগৈ। তথাপি ৰগৰ কিন্তু আছিল।

প্ৰথমেই তেঁওৰ গীত শুনি আহি মোৰ ছোৱালী আৰু শ্ৰীমতীয়ে ক'লে বোলে ভূপেন দাদাই গান গাওঁতে মোৰ কিতাপখনত ভুল থকা বুলি কৈছে। কোৱা বাহুল্য যে সেইদিনাখন ভূপেন দাদাই 'গীতাৱলী'খন চাই চায়েই গীতবিলাক গাইছিল। সেইটো জানি মই তেঁওলোকক আশ্বাস দিলোঁ সেইখন দেখোন ভূপেন দাদাই নিজে লিখা কিতাপ। মোৰ বুজিবলৈ বাকী নাথাকিল যে সেইখন ভূপেন দাদাৰ গীতৰ পুথি হ'লেও সেইখন ভূপেন দাদাই লিখা নহয়। মই এইটোও তেতিয়াই বুজিলোঁ যে সেইবিলাক জিতেন শৰ্মা ৰাজখোৱা বা সূৰ্য্য হাজৰিকাই সংগ্ৰহ কৰা বুলিবৰ কোনো যোগ্যতা নাই। সুধী সমাজত এইটো গৃহীত যে এবাৰ প্ৰকাশ হোৱা কথা পিচত আনে লিখি নিজৰ লিখা বুলি দাবী কৰিবৰ

অধিকাৰ নাই। আনকি, গৱেষণাৰ ক্ষেত্ৰত এজনে আৱিস্কাৰ কৰা প্ৰকাশিত কথা আনে নিজে স্বকীয় ভাবে আৱিষ্কাৰ কৰিলেও তাক নিজৰ আৱিষ্কাৰ বুলি দাবী কৰিব নোৱাৰে। ঘৰৰ পদূলিমুখৰ কিতাপৰ দোকানতে পোৱা কিতাপখনত প্ৰকাশ পোৱা গীতবিলাক জিতেন শৰ্মা ৰাজখোৱাই সংগ্ৰহ কৰা বুলি লিখি নিজকে হাঁহিয়াতৰ পাত্ৰহে কৰিলে।

দ্বিতীয়তে পুথিখন সম্পাদনা কৰা বুলি লিখা প্ৰকাশক সূৰ্য্য হাজৰিকাৰ কথাটো বেছি ৰগৰৰ কাৰণ মই 'ভুপেন হাজৰিকাৰ গীত আৰু জীৱন ৰথ' পুথিখন লিখি থাকোঁতে তেঁও আমেৰিকালৈ আহি আমাৰ ঘৰতে বহুদিন আছিল। আমি সদায় কৰাৰ দৰে উঠি অহা অসমীয়া ডেকা বুলি তেঁওক মৰমেৰে ৰাখিছিলোঁ। শ্ৰীমতীয়ে তেঁওক ভালেমান দিন ৰান্ধিবাঢ়ি খুৱালেও। তেঁও ইয়াত থকা কেইদিন মোৰ কিতাপ পত্ৰবিলাক চাবলৈ দিয়াৰ উপৰিও মোৰ লিখাখিনিও দেখুৱাইছিলোঁ। সম্ভৱ তেতিয়াই মই তেঁওক মোৰ অফছেট কৰা 'ভুপেন হাজৰিকাৰ গীত আৰু জীৱন ৰথ'ৰ কপি এটাও দিছিলোঁ। তেতিয়াই মই শংকৰদেৱৰ ওপৰত লিখা কথাবিলাক পঢ়ি শংকৰদেৱৰ 'কালিয় দমন নাট'-খন সম্পাদনা কৰি লিখি দিবলৈ সূৰ্য্যই মোক খাটিছিল কাৰণ সেইখন তেতিয়া ডিব্ৰুগড় বিশ্ববিদ্যালয়ৰ পাঠ্যপুথি হৈছিল। মই সম্পাদনা কৰা সেই পুথিখন তেঁও প্ৰকাশ কৰিছিল। সেইকাৰণে তেঁও নিশ্চয় সম্পাদনা কৰাৰ অৰ্থ জানে। সম্পাদনা কৰোঁতে মূল পুথিখনৰ কথাখিনিকে নুবজায়। পুথিখনৰ মূল বিষয়বস্তু অধ্যয়ন কৰি তাক বিশ্লেষণ কৰি আনে বুজিব পৰাকৈ ফঁহিয়াই দিব পাৰিব লাগে। তদুপৰি সম্পাদক গৰাকীয়ে নিজৰ বিশ্লেষণ সমৰ্থন কৰিব পৰা প্ৰাসংগিক সমিধান দিব লাগে। তেঁও প্ৰকাশ কৰা আৰু আমি সম্পাদনা কৰা শংকৰদেৱৰ 'কালিয় দমন নাট'-খনৰ সকলো বিশ্লেষণ মই ভৰত মুনিৰ নাট্যশাস্ত্ৰ আদি পুথিৰ সহায়ত কৰিছিলোঁ।

সূৰ্য্য হাজৰিকাই সম্পাদনা কৰা 'গীতাৱলী'-ত সম্পাদকৰ বুলিব পৰা একো নাই। আমাৰ পুথিৰ পৰা গীতবিলাক নকল কৰি দিয়াটোকে যদি তেঁও সম্পাদনা কৰা বুলি ভাবিছে তেনেহলে তেঁও সাহিত্যৰ জগতৰ পৰা আঁতৰি থকাই ভাল। তেঁও আঁতৰি নগলেও মই সূৰ্য্য হাজৰিকাক দেখিলে তেনে খাই পাত ফলা লোকৰ পৰা আঁতৰি থকাই ভাল বুলি দূৰতে আঁতৰ হওঁ। তেঁও মোক তেঁও আয়োজন কৰা মেল মিটিঙলৈ বাৰে বাৰে মাতিলেও কেতিয়াও নোযোৱা হ'লো।

তৃতীয়তে, ৰগৰৰ কথা এই যে 'ভুপেন হাজৰিকাৰ গীত আৰু জীৱন ৰথ'ৰ প্ৰথম তাঙৰণত ২৮০টাতকৈও বেছি গীত আছিল আৰু 'গীতাৱলী'ৰ আগেয়ে ওলোৱা পুথিখনৰ তৃতীয় তাঙৰণত ৩২০টামান গীত আছিল অৰ্থাৎ 'গীতাৱলী'তকৈ বেছি সংখ্যক গীত আছিল। উপৰোক্ত ভুপেন দাদাই কৰা মন্তব্যৰ তথ্যপাতি সম্পূৰ্ণ অশুদ্ধ। তাৰ কাৰণে মই ভুপেন দাদাক দোষ নিদিওঁ কাৰণ মানুহে নিজৰ স্বাৰ্থৰ কাৰণে বা ব্যৱসায়ৰ কাৰণে ভুপেন দাদাক কেনেদৰে ব্যৱহাৰ কৰে তাক মই বহুত দিনৰ পৰাই দেখি আহিছোঁ। আৰ্থিক অনাটনৰ সময়ত বা কিবা কাৰণে তেঁওৰ মন অশান্ত বা চিন্তাক্লিষ্ট হ'লে যে তেঁওৰ বিচাৰ বুদ্ধি অথিৰ হয় তাক মই ভালদৰে জানো। ভুল কথা তেঁওৰ মগজুত হয়তো সূৰ্য্য হাজৰিকাইহে সুমুৱাই দিছিল।

পাচত কল্পনা লাজ্মীয়ে মোক ক'লে যে সূৰ্য্য হাজৰিকাই ভুপেন দাদাক এক লাখ টকা দি তেঁওৰ গীতবিলাক প্ৰকাশ কৰাৰ অনুমতি বিচাৰিছিল আৰু তেনে কৰিবলৈ লোৱাৰ এটা কাৰণ আছিল হেনো মোৰ কিতাপখনত

সকলো গীত নাই। তেতিয়া ভূপেন দাদাক কল্পনাই অনুমতি দিবলৈ মনা কৰি কৈছিল যে যি কেইটা গীত নাই সেই কেইটা দিলীপ দাদাই পিচৰ তাঙৰণত দিলেই হ'ল। ভূপেন দাদাই অনুমতি দিব নালাগিছিল, কিন্তু দিলে কাৰণ তেঁওক এইটো বুজোৱা হ'ল যে অৰুণ বাবুৰে 'ভূপেন হাজৰিকাৰ গীত আৰু জীৱন ৰথ' বিক্ৰি কৰি ভূপেন দাদাক যিমান টকা দিব লাগিছিল সেইয়া তেঁওক দিয়া নাই। এটা কথা ক'বলৈ পাহৰিছোঁ যে অৰুণ বাবুক পুথিখন প্ৰকাশ কৰিবলৈ দিওঁতে আমি দুয়ো অনুৰোধ কৰিছিলোঁ তেঁও যেন কিতাপখনৰ দাম খুব কমাই ৰাখে যাতে সকলোৱে কিতাপখন সহজে কিনিব পাৰে। অৰুণ বাবুৱে সেই অনুৰোধ আখৰে আখৰে পালন কৰিছিল। তাৰ প্ৰমাণ স্বৰূপে এইটোকে দেখুৱাব পাৰি যে 'গীতাৱলী'ৰ দাম 'ভূপেন হাজৰিকাৰ গীত আৰু জীৱন ৰথ'ৰ (তৃতীয় তাঙৰণ) থিক দুগুণ আছিল।

সেই বছৰ বন্ধত মই কলিকতাত অৰুণ বাবুক লগ ধৰিবলৈ যাওঁতে তেখেতৰ মন মৰা। ইতিমধ্যে, তেখেতে 'গীতাৱলী'ৰ কথা জানিব পাৰিছিল। তাতে এদিন কল্পনা লাজমীয়ে হেনো তেখেতক বহুত কথা শুনাই আহিলে আৰু তেঁও 'ভূপেন হাজৰিকাৰ গীত আৰু জীৱন ৰথ'ৰ টকা ভূপেন দাদাক থিক মতে দিয়া নাই বুলি ধমকিও দিলে। অৰুণ বাবুয়ে মোক দৃঢ় ভাবে ক'লে:

> "দিলীপ বাবু, মই বৰ দুখ পাইছোঁ। আপোনাৰ লগত কাম কৰি আৰু আপোনাৰ কিতাপখন প্ৰকাশ কৰি ইমান আনন্দ পাইছিলোঁ কি ক'ম। মানুহেও খুব ভাল পাইছে। সকলোৱে ইমান সুলভ মূল্যত দিয়া কাৰণে মোক বহুত ধন্যবাদ দিছে। অসমৰ মানুহৰ কাৰণে এটা ভাল কাম কৰি আনন্দ পাইছিলোঁ। এতিয়া সব শেষ হৈ গ'ল। আপুনি কি কৰে মই নাজানো। মই কিন্তু এটা কথা ঠিক কৰিছোঁ যে মই আৰু সেই কিতাপটো নছপাম।"

তেনেদৰেই, 'ভূপেন হাজৰিকাৰ গীত আৰু জীৱন ৰথ' হঠাৎ থমকি ৰ'ল। সোনকালেই কিতাপখন বজাৰত পাবলৈ নাইকিয়া হ'ল। মইও চিন্তা নকৰি নিজৰ কামত ব্যস্ত হ'লোঁ।

'ভূপেন হাজৰিকাৰ গীত আৰু জীৱন ৰথ' তেনেদৰে থমকি ৰ'লেও সি সৃষ্টি কৰা 'ৰগৰ' চলি থাকিল। ভৱিষ্যতদৰ্শী ভূপেন দাদাই কিবা জানিছিল নেকি নাজানো কিন্তু তেখেতে 'ৰগৰৰ কথা' বুলি আৰম্ভ কৰা মন্তব্য পাচত আহিব পৰা ৰগৰৰ ভৱিষ্যত বাণীৰ নিচিনা হ'ল। শেহতীয়া ৰগৰটো ওপজালে অৰুন্ধতি দাস বৰুৱাই 'আমাৰ অসম' কাকতৰ ২০১১ চনৰ ১০ ডিচেম্বৰ সংখ্যাত 'ভূপেনদাৰ গীতৰ সংগ্ৰহ আৰু কৃতজ্ঞতাবোধ' নামৰ এটা প্ৰবন্ধত। সেই প্ৰবন্ধৰ কেইটামান সিদ্ধান্ত হৈছে (অৰুন্ধতি দাসৰ প্ৰবন্ধটো পৰিশিষ্টত সম্পূৰ্ণকৈ দিয়া হৈছে):

> "বজাৰত চলি থকা সৰু ডাঙৰ কলেৱৰৰ 'ভূপেন্দ্ৰ সংগীত'ৰ পুথিবোৰ যে দত্ত ছাৰৰ পুথিখনৰ পৰাই নকল কৰা হৈছে, এই ভুল গীতটো তাৰ এটা প্ৰমাণ।"

> "বজাৰত চলি থকা ত্ৰিছ-পঁয়ত্ৰিছ টকা দামৰ 'ভূপেন হাজৰিকাৰ গীত'ৰ পুথিয়েই হওক বা দুশ আঢ়ৈশ টকা দামৰ বৃহৎ কলেৱৰৰ পুথিয়েই হওক, কিতাপৰ পাতনিত সকলোতে মূল উৎসৰ বিষয়ে লিখিবলৈ সৎ সাহস আৰু কৃতজ্ঞতাৰ নামত একলম লিখিবলৈ সৌজন্যবোধৰ অভাৱ দেখা যায়। যেন এইসকল সংগ্ৰাহকেই ইমান দিনে ভূপেন হাজৰিকাৰ গীতবোৰ তেঁওলোকৰ বৰপেৰাত সাঁচি থৈছিল আৰু পিচত

কিতাপ আকাৰেৰে ৰাইজৰ আগলৈ উলিয়াই দি সকলোকে কৃতাৰ্থ কৰিছে। এইসকল গীত সংগ্ৰাহকলৈ মোৰ অনুৰোধ—তেঁওলোকে যেন ডঃ দিলীপ কুমাৰ দত্তৰ 'ভূপেন হাজৰিকাৰ গীত আৰু জীৱন ৰথ'ৰ পাতনি আৰু তেঁও কৃতজ্ঞতা জনোৱা ব্যক্তিসকলৰ তালিকাখন পঢ়ি চায়।"

অৰুন্ধতি দাস বৰুৱাৰ প্ৰবন্ধটোৱে মোৰ চকু মেল খুৱালে। 'গীতাৱলী'ৰ গীতবিলাক সংগ্ৰাহক জিতেন শৰ্মা ৰাজখোৱা আৰু সম্পাদক(??) সূৰ্য্য হাজৰিকাই কষ্ট কৰি সংগ্ৰহ কৰিছিল নে ভুলেৰে সৈতে মোৰ পুথিৰ পৰা নকল কৰিছিল জানিবলৈ কৌতূহল হোৱাত ইমান দিনে ইনেয়ে অপৱিত্ৰ বস্তু বুলি পেলাই থোৱা আৰু মোক ভূপেন হাজৰিকাই দিয়া 'গীতাৱলী'-ৰ কপিটোৰ পাত লুটিয়ালোঁ। ইতিমধ্যে, মোৰ চকুত ধৰা পৰা মোৰ কিতাপৰ ভুল কেইটামান 'গীতাৱলী'ত চালোঁ।

প্ৰথমেই বহুত পুৰণা ৰেকৰ্ড এখনৰ পৰা শুনি লিখা 'দলিত ভাৰতৰ আশাৰ প্ৰতীক' গীতটো চালোঁ। পিচত ভাল ৰেকৰ্ড এখন পাই শুনো যে গীতটোৰ প্ৰথম শাৰী আচলতে হ'ব লাগিছিল, 'নবীন ভাৰতৰ আশাৰ প্ৰদীপ'। তদুপৰি গীতটোত আৰু দুটামান ভুল ধৰা পৰিল। ৰগৰৰ কথা এই যে সেই গীতটো 'গীতাৱলী'ৰ ২৪৯ পৃষ্ঠাত মই কৰা ভুলেৰে সৈতে হুবহু একেদৰে আছে। ৰাজখোৱা আৰু হাজৰিকাই হয়তো ক'ব পাৰে যে তেঁওলোকেও পুৰণা ৰেকৰ্ড শুনি একে ভুলেই কৰিলে।

সেইকাৰণে 'ঝক ঝক ৰেল চলে' গীতটো চালোঁ। কেতিয়াও বাণীৱদ্ধ নোহোৱা এই গীতটো ৰ'জে গাই লিখি দিছিলে। মোৰ পুথিত ৰ'জে লিখি দিয়াৰ দৰে ওলাল। পিচত দিলীপ শৰ্মাদেৱে তাত দুটামান ভুল দেখুৱাই দিলে। 'গীতাৱলী'-ত গীতটো মোৰ পুথিত থকা ভুল কেইটাৰে সৈতে সাইলাখ একেদৰেই ওলাল। মোৰ পুথিত 'অ' ভাৰতীৰে অ' পৃথিৱীৰে' আৰম্ভ হোৱা গীত এটা আছে। সেইটো এখন দাঁত ভঙা ৰেকৰ্ডৰ পৰা তুলিছিলোঁ কাৰণে ভুল হ'ল আচলতে গীতটোৰ প্ৰথম শাৰী হ'ব লাগিছিল 'অ' পৃথিৱীৰে, অ' ভাৰতীৰে'। সেই গীতটোত আন দুটামান ভুল আছে। কি আচৰিত, 'গীতাৱলী'-ৰ ২২ পৃষ্ঠাত মোৰ পুথিত থকা ভুলেৰে সৈতে একেদৰেই আছে। সেইদৰে 'সুৰ নগীৰৰ সুৰৰ কুমাৰে', 'ৰুদ্ধ কাৰাৰ দুৱাৰ ভাঙি', 'জেঠৰে তেৰৰে বুধৰ দুপৰীয়া' আদি বহু গীত মোৰ ভুলৰ সৈতেই 'গীতাৱলী'-ত ওলাইছে।

'গীতাৱলী'-ৰ সংগ্ৰাহক আৰু সম্পাদক কেনেকুৱা পানীৰ মাছ আৰু তেঁওলোকৰ চৰিত্ৰত সততাৰ কেনে অভাৱ তাক বুজিবলৈ 'অসমী আইৰে লালিতা পালিতা' আৰু 'ৰ'দ পুৱাবৰ কাৰণে মাতিবানো কাক' গীত দুটাৰ উদাহৰণকে দিওঁ। এই গীত দুটা এতিয়া অতি সহজে শুনিব পাৰি। তেঁওলোকে কিন্তু গীত দুটাৰ কথা অলপ কষ্টেৰে সংগ্ৰহ নকৰি 'ভূপেন হাজৰিকাৰ গীত আৰু জীৱন ৰথ'-ৰ পৰা একে ভুলৰে সৈতে নকল কৰিহে 'গীতাৱলী'-ত প্ৰকাশ কৰিলে।

মোৰ বুজিবলৈ বাকী নাথাকিল যে মোৰ 'ভূপেন হাজৰিকাৰ গীত আৰু জীৱন ৰথ' পুথিত থকা স্বাভাৱিক ভুল কিছুমান সংক্ৰামক হৈ আনৰ লিখনীত বিয়পি পৰিল। সি যিয়েই নহওক, সেই ভুল বিলাক বা চোৰ ধৰা পেলোৱাটো মোৰ কাৰণে আনন্দৰ কথা নহয়। ভূপেন দাদাৰ গীতবিলাক শুদ্ধ ৰূপত প্ৰচলিত হোৱাটোৱেই মই বিচাৰোঁ। যিসকলে মোৰ পুথিৰ শলাগ লৈ মোৰ ভুলবিলাক কৰিছে সেইসকলৰ ভুলৰ দায়িত্ব মই গ্ৰহণ কৰিছোঁ। যিমান পাৰোঁ সকলো ভুল শুধৰাই ভূপেন হাজৰিকাৰ গীতবিলাক শুদ্ধ ৰূপত লিপিৱদ্ধ কৰি যাবলৈ মই দায়বদ্ধ।

চতুৰ্থ আৰু পঞ্চম তাঙৰণৰ কথা

চতুৰ্থ তাঙৰণৰ বেটুপাত

'ভূপেন হাজৰিকাৰ গীত আৰু জীৱন ৰথ' প্ৰথম প্ৰকাশ হৈ ওলায় ১৯৮১ চনত। সেই সময়ত বহু ভব্য গব্য লোক, শিল্পী, সাহিত্যিক, সাংবাদিক আদিৰ নেতিবাচক সমালোচনালৈ কেৰেপ নকৰি অসমৰ ৰাইজে পুথিখন বিশেষ মৰমেৰে আদৰিলে। ইতিমধ্যে, পুথিখনৰ আৰু তিনিটা তাঙৰণ ওলাই গ'ল। এতিয়ালৈকে পুথিখন দহতকৈও অধিক সংখ্যক পুনৰ মুদ্ৰণ হ'ল। শ্ৰীভূমি পাব্লিছিঙে পুথিখন কিয় ছপাবলৈ এৰিলে তাক মই ওপৰত উল্লেখ কৰিছোঁ। সেইকাৰণে পুথিখনৰ কোনো তাঙৰণ বজাৰত পাবলৈ নোহোৱা কাৰণে বহুতেই মোক খাটি থকাৰ বাবে এই তাঙৰণৰ কাম হাতত ল'লোঁ।

তেখেতৰ গীতবিলাকৰ প্ৰতি আৰু অসমৰ ৰাইজৰ প্ৰতি দায়বদ্ধ অনুভৱ কৰি আছিলোঁ। বিশেষকৈ মোৰ ভনী ৰীতা ৰাজখোৱাই বাৰে বাৰে কৈ থাকে, "ভূপেন হাজৰিকা আৰু নিৰ্মলপ্ৰভাৰ কিতাপ দুখন ক'তো পাবলৈ নাই। তই সেই দুখন আকৌ নছপাও কিয়? মোক সকলোৰে সুধি থাকে।"

এইখিনিতে এইটো উল্লেখ কৰা যুগুত হ'ব যে ইতিমধ্যে প্ৰকাশ হোৱা আমাৰ 'বিষ্ণুপ্ৰসাদৰ প্ৰসাদ'ৰ (প্ৰকাশক: বেদকণ্ঠ, পুলিবৰ, যোৰহাট) কাৰণে মই কলাগুৰুৰ পুৰণা গীত বিচাৰি ফুৰোঁতে ভূপেন দাদাৰও কেবাখনও ভাল ৰেকৰ্ড পাইছিলোঁ। সেইকাৰণে, মোৰ পুথিখনৰ শুধৰণি কিছুমান লিখি সাজু কৰিছিলোঁ। তদুপৰি ভূপেন দাদাৰ নতুন নতুন গীতবিলাক গোটাই থাকোঁ আৰু যেতিয়াই তেখেতৰ কোনোবা গীতৰ বিষয়ে মোৰ কিবা ভাব আহে মই লিখি থওঁ। দুই এটা প্ৰবন্ধও লিখিছিলোঁ কিন্তু প্ৰকাশ কৰা নাছিলোঁ।

শেষত 'বনলতা'ৰ গৰাকী অনন্ত হাজৰিকাই জোৰকৈ লগাত তেঁওকে কিতাপখন প্ৰকাশ কৰিবলৈ ২০০৭ চনতে কথা দিলোঁ। তেঁওক ডি-টি-পি কৰিবৰ কাৰণে দিবলৈ তৃতীয় তাঙৰণৰ কপি এটা বিচাৰি হাবাথুৰি খাব লগীয়া হ'ল। কোনো দোকানত পাবলৈ নাই, যি কিনিছিলে তেঁওৰ পৰা হয় কিতাপখন কোনোবাই নি ওভোটাই নিদিলে নহয় তেঁও কিতাপখন নিদিয়ে। শেষত মোৰ হাতত থকা একমাত্ৰ কপিটোকে বনলতাক দি আহিলোঁ। ইতিমধ্যে, ২০১১ চনৰ ৫ নৱেম্বৰত ডক্টৰ ভূপেন হাজৰিকা স্বৰ্গী হোৱাত কিতাপখনৰ চাহিদাও বাঢ়ে। সেয়ে, পুথিখন লৰালৰিকৈ একাধিকবাৰ ছপাব লগীয়া হয়।

হোৱা তেঁওৰ গীতবিলাক আৰু সেইবিলাকত প্ৰতিস্ফুত হোৱা তেঁওৰ প্ৰতিভা আগৰ তাঙৰণ কেইটাতে যথাযথ ভাবে আলোচনা কৰা হৈছে। সেয়েহে, আমি আগৰ মূল কথাৰ একো সাল সলনি নকৰি ১৯৮৭ চনৰ পাছৰ গীতসমূহ চমু আলোচনাৰ সৈতে এটা বেলেগ অধ্যায়ত দিছোঁ। অৱশ্যে, এই কালছোৱাৰ কথাছবিৰ গীতবিলাক কথাছবিৰ গীতৰ লগতে সংযোগ কৰিছোঁ।

ই মোৰেই দুৰ্ভাগ্য নে ৰাইজৰে দুৰ্ভাগ্য ক'ব নোৱাৰোঁ। সেই সংস্কৰণ প্ৰকাশ কৰিবলৈ 'বনলতা'ৰ লগত চুক্তিবদ্ধ হোৱাৰ পাচত মই দীৰ্ঘদিন চিকিৎসাধীন হোৱা বাবে প্ৰকাশকক তৃতীয় সংস্কৰণৰ পুথি এখন দিয়াৰ বাদে মই আন কোনো প্ৰকাৰে সহায় কৰিব নোৱাৰিলোঁ। আন নালাগে মই তৈয়াৰী কৰা শুধৰণি কিছুমান আৰু নতুনকৈ লিখি থোৱা কিছুমান কথা দিব নোৱাৰিলোঁ। মই নিজে আৰ্হিলিপি চাব নোৱাৰা কাৰণে বহুত ভুল থাকি গ'ল। সেইকাৰণে মই বৰ দুখিত।

ভৰলুমুখৰ পৰা ফাঁচীবজাৰ, ফাঁচীবজাৰৰ পৰা জজ খেল পথাৰ; জি-এছ ৰোড, মাণিক বৰুৱা ৰোড আদি জজ খেল পথাৰলৈ অহা সকলো পথত কেৱল মানুহ, মানুহ আৰু মানুহ। ভূপেন হাজৰিকাক শেষ শ্ৰদ্ধা জনাবৰ কাৰণে গুৱাহাটী লোকাৰণ্য হোৱাৰ এটি দৃশ্য।

আমাৰ অসমৰ সৌজন্যত

ষষ্ঠ সংস্কৰণৰ কথা

এই সংস্কৰণত নতুনকৈ সংযোগ কৰা এটা অধ্যায় হৈছে প্ৰাসংগিক সমিধান। তদুপৰি তেখেতৰ গীতৰ বিষয়ে মোৰ কিছুমান নতুন চিন্তা আৰু আন কেইগৰাকীমান লিখকৰ মতামত যোগ কৰা হৈছে। এইসকল লোকৰ নাম আগৰ কৃতজ্ঞতা স্বীকাৰত যোগ নিদি বেলেগে কৃতজ্ঞতা স্বীকাৰৰ এটা নতুন শিতান দিয়া হৈছে।

ভূপেন দাদা স্বৰ্গী হোৱাৰ পাচত বাতৰি কাকত, আলোচনী আদিত নানান তথ্যপাতি থকা বহুলোকৰ প্ৰবন্ধ ওলাইছে। আমি যিবিলাকৰ পৰা তথ্য নতুনকৈ গোটাইছোঁ তাক উল্লেখিত পুথি আৰু প্ৰবন্ধৰ তালিকাত দিছোঁ। আটাইতকৈ ডাঙৰ কথা এয়েই যে ভূপেন দাদাৰ গীতৰ কথাবিলাক সংগ্ৰহ কৰাটোৰেই মোৰ একমাত্ৰ লক্ষ্য নাছিল। তেখেতৰ গীতবিলাক তেখেতে গোৱা ধৰণেৰে বা তেখেতৰ পৰিচালনাত আনৰ কণ্ঠেৰে গুওৱা ধৰণে ভৱিষ্যতৰ কাৰণে সংৰক্ষণ কৰাটো মোৰ অন্যতম লক্ষ্য আছিল। অৱশ্যে সেইবিলাক যেতিয়াই মন যায় তেতিয়াই শুনাটো আছিল মোৰ স্বাৰ্থ। সি যিয়েই নহওক আগেয়ে পুৰণা ৰেকৰ্ডৰ পৰা পুৰণা যন্ত্ৰপাতিৰে সংগ্ৰহ কৰা গীতবিলাক এতিয়া নতুন উন্নত যন্ত্ৰপাতি আৰু কম্পিউটাৰৰ সহায়ত যথেষ্ট উন্নত ৰূপে বজাব পৰা কৰি সংৰক্ষণ কৰিব পাৰিছোঁ। অকল সেয়ে নহয়, মোৰ পুত্ৰসম আৰু অসমী আইৰ সুযোগ্য সন্তান ৰূপম শৰ্মাই সেইবিলাক তেঁওৰ মাজুম্মা ডট কম আৰু আইটিউনৰ সহায়ত ভৱিষ্যতৰ কাৰণে সংৰক্ষণ কৰি আছে। সেই বিষয়ে ৰূপমে ৰাইজক জনাই থাকিব।

আমাৰ পিনৰ পৰা এটা কথা কৈ থওঁ যে এই তাঙৰণৰ কাৰণে কেইটামান গীতৰ বাদে প্ৰতিটো গীত মই পুনৰ শুনি শুনি আগৰ বহু ভুল শুধৰাইছোঁ। মই শুনিবলৈ নোপোৱা গীতৰ সংখ্যা অতি কম। সেইবিলাক মোৰ বন্ধু বান্ধৱীৰ পৰা গোটাইছোঁ। ভুলৰ বিষয়ে এইটোও জানি থোৱা ভাল যে ভূপেন দাদাই মাজে মাজে দুই এটা গীতৰ কথা সলায়। কেতিয়াবা কেতিয়াবা বাণীবদ্ধ কৰোঁতে লিখা শব্দ দুই এটা সলনি হয়। উদাহৰণ স্বৰূপে, 'এটি কুঁহি দুটি পাত', পাচলৈ 'এটি কলি দুটি পাত' হ'ল। লিখিলে 'শুনিব খুজিছা যদি', গালে 'শুনিব খুজিছা তুমি'।

এই তাঙৰণটো মই শুধৰাই নিজে ডি-টি-পি কৰি দিছোঁ। মই গঢ়া ব্ৰহ্মপুত্ৰ আৰু দিহিং নামৰ ফণ্টেৰে লিখিছোঁ। সকলো পেজমেকাৰত ভৰাব লগীয়া হোৱা কাৰণে নিজে বহুত কষ্ট কৰি পেজমেকাৰ শিকি ল'লোঁ। এটা উপকাৰ এয়েই যে এতিয়াৰে পৰা মোৰ পদ্ধতিৰে আনেও ডি-টি-পি কৰিব পাৰিব।

এই বয়সত অসুস্থ শৰীৰেৰে ৰইজৰ আশীৰ্বাদতে এইখিনি কৰিবলৈ শকতি পালোঁ বুলি মোৰ দৃঢ় বিশ্বাস। অতি সোনকালেই সপ্তম তাঙৰণ উলিয়াব পাৰিম বুলি আশা কৰিছোঁ।

এই তাঙৰণৰ কথা

ভূপেন দাদাৰ একমাত্ৰ সন্তান আৰু আমেৰিকা নিবাসী তেজ হাজৰিকাই ভূপেন হাজৰিকা ফাউণ্ডেচন প্ৰতিষ্ঠা কৰি মোক বৰকৈ খাটিলে যে হাজৰিকা ফাউণ্ডেচনৰ কাৰণে এই পুথিৰ এটা সংস্কৰণ উলিয়াব লাগে। তেঁওৰ ইচ্ছা অনলাইনৰ যোগেদি বিশ্বৰ সকলো প্ৰান্ততে পাব পৰাকৈ তেঁওয়েই সজাই পৰাই প্ৰচাৰ কৰিব বুলি আগবাঢ়ি অহাত এই তাঙৰণৰ কাম হাতত ল'লোঁ। ইতিমধ্যে, প্ৰিয়ম হাজৰিকা আৰু মোৰ স্কুলীয়া দিনৰ বন্ধু তথা মোক সদায় সহায় কৰি অহা বলেন হাজৰিকাইও ইহলীলা সম্বৰণ কৰাই বহু কথাৰ সাল সলনি কৰিব লগা হ'ল। মহানায়কৰ সৃষ্টিৰ মহাসাগৰখন সম্পূৰ্ণ শুদ্ধ ৰূপত ভৱিষ্যতৰ কাৰণে সংৰক্ষণ কৰাটো এক প্ৰকাৰ অসাধ্য। তথাপি এইখন সেই মহাসাগৰ সিঁচাৰ দিশত আমাৰ হয়তো জীৱনৰ আটাইতকৈ মহৎ প্ৰচেষ্টা। এইখন অনলাইনত প্ৰকাশৰ কাৰণে সকলোখিনি কাম তেজে নিজেই কৰিছে। সেয়েহে, এই সংস্কৰণ আমাৰ দুয়োৰে যুটীয়া প্ৰচেষ্টাই বুলিব লাগিব।

তথাপি এনে এটা বৃহৎ কামত ভুল ভ্ৰান্তি হোৱাটো স্বভাৱিক। সেয়েহে, ৰাইজে সেইবিলাক আঙুলিয়াই দিলে ভূপেন দাদাৰ সৃষ্টিবিলাক যিমান পৰা যায় সিমান নিৰ্ভুল ৰূপত সংৰক্ষণ কৰাটো সম্ভৱ হ'ব। শুভাকাংখীলৈ মোৰ বিনম্ৰ অনুৰোধ ভুল ভ্ৰান্তি আৰু পুথিখন উন্নত কৰাৰ পৰামৰ্শ আমালৈ যেন পঠিয়াই দিয়ে।

কৃতজ্ঞতা স্বীকাৰ

(প্ৰথমৰ পৰা পঞ্চম তাঙৰণলৈ)

এই পুথিখনৰ ৰচনা কালত গীত, পুথি, ৰেকৰ্ড আদি সংগ্ৰহ কৰোঁতে তলত নাম দিয়া সকলৰ পৰা বিশেষ সহায় পোৱা হৈছে। বহু সংস্কৃতপ্ৰেমী লোকৰ সহায়তহে এনে এখন পুথিৰ সমল গোটোৱাটো সম্ভৱ হৈছে। মোক এই কামত যিসকলে অকাতৰ ভাবে সহায় কৰিলে সেই সকলক মই ইয়াতে শলাগ লৈ মোৰ আন্তৰিক কৃতজ্ঞতা জ্ঞাপন কৰিছোঁ।

অটোৱাৰ: শ্ৰীকুমুদ বৰা, শ্ৰীমতী প্ৰিয়ম হাজৰিকা, শ্ৰীমতী ললিতা বৰা

কলাই গাঁৱ, দৰঙৰ: শ্ৰীসঞ্জয় কুমাৰ তাঁতী

কিংগষ্টনৰ: শ্ৰীঅমৰ লাহিড়ী, শ্ৰীমতী তপতী লাহিড়ী

গুৱাহাটীৰ: শ্ৰীমতী সুদক্ষিণা শৰ্মা, শ্ৰীদিলীপ শৰ্মা, শ্ৰীমতী লিলি মজিন্দাৰ বৰুৱা, শ্ৰীলংকেশ্বৰ তালুকদাৰ, শ্ৰীমতী পাহাৰী দাস, শ্ৰীপূৰ্ণেন্দু দাস, শ্ৰীমতী বন্তি ভূঞা, শ্ৰীঅমৰহাজৰিকা, শ্ৰীভুবনেশ্বৰ কটকী, আকদাচ আলি মীৰ, শ্ৰীমতী ৰীতা ৰাজখোৱা, শ্ৰীজ্যোতিপ্ৰসাদ ৰাজখোৱা

ছেণ্ট লুইছৰ: শ্ৰীমতী ইলি ভূঞা, শ্ৰীমতী বীণা হাজৰিকা, শ্ৰীমহেন্দ্ৰ ভূঞা, শ্ৰীমনোমোহন হাজৰিকা

জালুকবাৰীৰ: শ্ৰীভৰেন ঠাকুৰীয়া।

টেক্সাচ, আমেৰিকাৰ: শ্ৰীৰূপেশ আৰু শ্ৰীমতী প্ৰভা শইকীয়া, শ্ৰীসত্যজিত দত্ত, শ্ৰীমতী দেৱযানী হাজৰিকা (দত্ত)।

ডিগবৈৰ: শ্ৰীমতী কল্পনা বৰুৱা

তেজপুৰৰ: শ্ৰীমতী কৌমুদী ভূঞা, শ্ৰীমতী বিনু বৰা, শ্ৰীঘনশ্যাম চৌধুৰী

দিচাংমুখৰ: শ্ৰীনোমলচন্দ্ৰ পাঞ্চিং

নগাঁৱৰ: শ্ৰীগোলাপ চন্দ্ৰ বৰা

নিউ ইয়ৰ্কৰ: শ্ৰীনিখিল বৰুৱা, শ্ৰীমতী নিৰ্মালী বৰুৱা

বাফেলোৰ: শ্ৰীমতী সুৰভি কাকতি

বিলাসীপাৰাৰ: শ্ৰীমতী ববিতা গোস্বামী

বেলতলাৰ: শ্ৰীমতী জয়শ্ৰী ফুকন, শ্ৰীমতী মঞ্জুশ্ৰী ফুকন, শ্ৰীমতী নন্দিনী ভট্টাচাৰ্য্য, শ্ৰীৰক্তিম ফুকন, শ্ৰীমঞ্জিত হাজৰিকা, শ্ৰীমতী শান্তা ফুকন, শ্ৰীমতী কৃষ্ণা গোঁহাই

বোকাখাতৰ: শ্ৰীজিতেন শৰ্মা ৰাজখোৱা

মাঞ্চেষ্টাৰৰ: শ্ৰীঅনিল কুমাৰ ভট্টাচাৰ্য্য, শ্ৰীপূৰ্ণানন্দ কলিতা, শ্ৰীপ্ৰফুল্ল বৰুৱা, শ্ৰীবিমল ফুকন

যোৰহাটৰ: শ্ৰীজিতেন পাঠক, শ্ৰীশেখৰজ্যোতি ভূঞা, শ্ৰীমতী কবিতা বৰুৱা, শ্ৰীউপেন বৰুৱা আৰু শ্ৰীমতী সোণালী গোস্বামী

বাশ্বিংটনৰ: শ্ৰীজিতেন্দ্ৰ বৰপূজাৰী, শ্ৰীমতী অৰুণা বৰপূজাৰী

শিৱসাগৰৰ: শ্ৰীমতী অসীমা বৰুৱা, শ্ৰীকামাখ্যা দত্ত, শ্ৰীৰঞ্জন দত্ত(বৰুৱা নগৰ)

অধ্যাপক ৰজনীকান্ত দেবশৰ্মাই শংকৰদেৱৰ 'মধু দানৱ দাৰণ' গীতটোৰ পাঠ শুধৰাই তাৰ এটি অসমীয়া ভাঙনি আৰু গুৰু দুজনাৰ বৰগীত আদিৰ বিষয়ে আমাক বহু তথ্য পাতিৰে আমাক জ্ঞান অমৃত পান কৰোৱা বাবে তেখেতৰ শলাগ ল'লোঁ। অধ্যাপক প্ৰফুল্লদত্ত গোস্বামীয়ে বিষয়বস্তু উন্নত কৰিবলৈ দিয়া পৰামৰ্শেৰে পুথিখনৰ শ্ৰী বৃদ্ধি কৰিলে। মোৰ পৰম শ্ৰদ্ধাভাজন এই পণ্ডিত দুগৰাকীৰ পৰা পোৱা সহায় আৰু উৎসাহৰ বাবে মই সদায়ে কৃতজ্ঞ থাকিম।

এই পুথি লিখোঁতে সদায়ে উৎপ্ৰেৰণা যোগোৱা মোৰ নবৌ অধ্যাপিকা অনুৰাধা দত্ত আৰু মোক সকলো প্ৰকাৰে সহায় কৰা মোৰ ককাইদেউ শ্ৰীপ্ৰদীপ কুমাৰ দত্তৰ ওচৰত মই কৃতজ্ঞ।

এই পুথিৰ সৃষ্টিৰ কাৰণে শ্ৰীভূমি পাব্লিছিং কোম্পানীৰ গৰাকী শ্ৰীঅৰুণ পুৰকায়স্থ আৰু ভাৰতীয় ৰাষ্ট্ৰীয় গ্ৰন্থসূচী বিভাগৰ সহকাৰী সম্পাদক শ্ৰীকুল গগৈৰ আন্তৰিক প্ৰচেষ্টা দেখি মই তবধ মানিছোঁ। অসমৰ ৰাইজ আৰু অসমীয়া সাহিত্যক সেৱা কৰিবৰ মানসেৰেই শ্ৰীপুৰকায়স্থ ডাঙৰীয়াই এই ব্যয়বহুল পুথিখনৰ প্ৰকাশৰ কাম হাতত লৈ তাক সৰ্বাংগ সুন্দৰ আৰু সুলভ কৰিবলৈ যিমান পাৰে চেষ্টা কৰিলে। শ্ৰীগগৈদেৱে পুথিখনত যাতে বানান, ভাব আৰু ভাষাৰ ভুল নাথাকে তাৰ কাৰণে বিশেষ কষ্ট স্বীকাৰ কৰিলে। গগৈদেৱৰ পাণ্ডিত্য আৰু দৃষ্টিভংগীয়ে পুথিখনক উন্নত কৰাৰ উপৰিও আমাৰ সাহিত্য জগতৰ পৰিসীমা বিস্তীৰ্ণ কৰিলে। এই দুজনা ব্যক্তিৰ প্ৰতি কৃতজ্ঞতা স্বীকাৰ কৰোঁতে এইটো উল্লেখ কৰা যুগুত হ'ব যে এই পুথিখনে যদি অসমীয়া ৰাইজৰ কিবা আদৰ পায় তেনেহলে তাৰ কাৰণে এই দুজনা ব্যক্তিও বিশেষ শলাগৰ পাত্ৰ।

সদৌ শেহত ডঃ ভূপেন হাজৰিকাই অতি মুকলি মুৰীয়া ভাৱে সকলো কথা গ্ৰহণ কৰি পুথিখন প্ৰকাশ কৰাত সকলো প্ৰকাৰে সহায় কৰা বাবে তেখেতৰ প্ৰতি মোৰ কৃতজ্ঞতা জ্ঞাপন কৰিলোঁ।

কিংগষ্টন, ৰ'ড আইলেণ্ড
অক্টোবৰ, ১৯৮০ চন

ষষ্ঠ আৰু সপ্তম সংস্কৰণৰ বাবে কৃতজ্ঞতা জ্ঞাপন

'ভূপেন হাজৰিকাৰ গীত আৰু জীৱন ৰথ'-ৰ প্ৰথম তাঙৰণ প্ৰকাশ হৈছিল ১৯৮১ চনত আৰু এতিয়া ২০১২ চন। এতিয়ালৈকে পুথিখনৰ এই দুকুৰি বছৰীয়া জীৱন কালত বহুতো ঘটনাই ঘটি গ'ল, বহু পৰিৱৰ্তন ঘটিল। অসমীয়া সমাজ সাহিত্য আৰু সংস্কৃতি পৰিৱৰ্তনৰ সোঁতত উটি ভাঁহি গ'ল। অপৰিৱৰ্তন হৈ থাকিল কেৱল মলয়া বা ছাটি আৰু ভূপেন দাদাৰ গীতৰ ঢৌ। শেষত সেই নিশ্চিত ঘটনাটোও ঘটিল—ভূপেন দাদাৰ দেহ অৱসান হ'ল। অসমৰ ৰাইজ আৰু ভূপেন্দ্ৰপ্ৰেমী সকলে ভূপেন দাদাৰ গীত সমূহ চিৰযুগমীয়া কৰিবলৈ আকুল হ'ল। লগতে অসমীয়া ৰাইজে আমাকো খাটিলে যেন 'ভূপেন হাজৰিকাৰ গীত আৰু জীৱন ৰথ' অসমৰ আকাশত বিলুপ্ত নহয়।

ইতিমধ্যে, শ্ৰীঅৰুণ পুৰকায়স্থ আৰু শ্ৰীকুল গগৈয়েও ইহলীলা সম্বৰণ কৰিলে। এই লিখক কেৱল অকলশৰীয়াই নহয় ৰোগাক্ৰান্ত হ'ল। তথাপি বহু শুভাকাংখীয়ে 'ভূপেন হাজৰিকাৰ গীত আৰু জীৱন ৰথ' জীয়াই ৰাখিবলৈ সহায় কৰিবৰ কাৰণে আগ বাঢ়ি আহিল, সেয়েহে হাতত পুনৰ কাপ মৈলাম লৈ ওলালোঁ কুৰি শতিকাৰ 'ভূপেন হাজৰিকাৰ যুগ' চিৰযুগমীয়া কৰাৰ পণ লৈ।

এই প্ৰচেষ্টাত মোক যিসকলে উৎসাহ আৰু সহায় আগ বঢ়ালে তেঁওলোকক কৃতজ্ঞতা জ্ঞাপন কৰিবলৈ আজি সমৰ্থ হ'লো। এষাৰ কথা নক'লে মোৰ শলাগৰ শৰাই অপৰিত্ৰ হ'ব—যোৱা কেইবছৰমান 'বিষ্ণুপ্ৰসাদৰ প্ৰসাদ'-ৰ কাৰণে সমল বিচাৰি ঘূৰি ফুৰোঁতে ভূপেন হাজৰিকাৰ গীতৰ ৰেকৰ্ড আৰু গীতৰ বিষয়ে নানান সমল পাইছিলোঁ। সেয়েহে ২০১১ চনত 'বেদকণ্ঠ'ই প্ৰকাশ কৰা 'বিষ্ণুপ্ৰসাদৰ প্ৰসাদ' পুথিখনৰ কাৰণে যিসকল সংস্কৃতপ্ৰেমী লোকৰ সহায়ত সমল গোটোৱা সম্ভৱ হৈছিল সেইসকলৰ সহায় বৰ্তমানৰ 'ভূপেন হাজৰিকাৰ গীত আৰু জীৱন ৰথ' পুথিকো সহায় কৰা হ'ল। সেয়েহে মোক এই দুইখন পুথি প্ৰস্তুত কৰোঁতে যিসকলে অকাতৰ ভাৱে সহায় কৰিলে সেই সকলৰ সহায়ক মই ইয়াতে শলাগ লৈ মোৰ আন্তৰিক কৃতজ্ঞতা জ্ঞাপন কৰিছোঁ।

এডমণ্টন, কানাডাৰ: শ্ৰীমতী স্তুতি পেটেল।

কলিকতাৰ: শ্ৰীমতী মীনাক্ষি বাসু।

কালিফৰ্ণিয়াৰ: শ্ৰীমতী মুকুট দাস, শ্ৰীৰূপম আৰু লুণা শৰ্মা, হবিবুৰ আৰু দিলাৱা ৰহমাম বৰুৱা

গুৱাহাটীৰ: শ্ৰীঅমিয় মোহন দাস, শ্ৰীমতী অৰুন্ধতী দাস বৰুৱা, শ্ৰীমতী উপা বৰুৱা, শ্ৰীমতী কৱিতা বৰুৱা, শ্ৰীকবীন দাস, শ্ৰীকমল কটকী, শ্ৰীকুশল দত্ত, শ্ৰীমতী ৰূপালীম দত্ত, শ্ৰীসমৰ হাজৰিকা, শ্ৰীমতী সুদক্ষিণা শৰ্মা, শ্ৰীহেমন্ত গোস্বামী।

ছিলঙৰ: শ্ৰীবলেন হাজৰিকা

টেক্সাচ, আমেৰিকাৰ: শ্ৰীৰূপেশ আৰু শ্ৰীমতী প্ৰভা শইকীয়া, শ্ৰীসত্যজিত দত্ত

ডুবাই, ইউ-এ-আই: শ্ৰীপ্ৰচুজ্য শইকীয়া

তেজপুৰৰ: শ্ৰীইৰাণ দত্ত ফুকন, শ্ৰীদুৰ্লভ শইকীয়া, শ্ৰীনৃপেন হাজৰিকা, পকীৰ বিষয় ববীয়া সকল, শ্ৰীমহেশ শইকীয়াৰ পৰিয়ালবৰ্গ, শ্ৰীমতী মামনি দত্ত ইংতি, শ্ৰীমতী মৃদুস্মিতা শইকীয়া বৰদলৈ, শ্ৰীমতী ৰুবী সিংহ, শ্ৰীমতী কুল গোস্বামী ৰহমান।

তেজপুৰৰ: শ্ৰীইৰাণ দত্ত ফুকন, শ্ৰীদুৰ্লভ শইকীয়া, শ্ৰীনৃপেন হাজৰিকা, পকীৰ বিষয় ববীয়া সকল, শ্ৰীমহেশ শইকীয়াৰ পৰিয়ালবৰ্গ, শ্ৰীমতী মামনি দত্ত ইংতি, শ্ৰীমতী মৃদুস্মিতা শইকীয়া বৰদলৈ, শ্ৰীমতী ৰুবী সিংহ, শ্ৰীমতী কুল গোস্বামী ৰহমান।

দেৰগাঁৱৰ: শ্ৰীমতী গীতাশ্ৰী খাওন্দ, শ্ৰীমতী মুণিমা বৰঠাকুৰ

নগাঁৱৰ: শ্ৰীকুশল বৰা, শ্ৰীমতী জাগৃতি গোস্বামী

নাজিৰাৰ: শ্ৰীমতী প্ৰভাসিনী দত্ত

নিউ ইয়ৰ্ক, আমেৰিকাৰ: ডাঃ সত্যেন্দ্ৰনাথ আৰু শ্ৰীমতী ৰেণুকা দাস, শ্ৰীবিমল আৰু শ্ৰীমতী ভন্টি ৰাজবংশী

মৰাণৰ: শ্ৰীঅনিল শইকীয়া

যোৰহাটৰ: শ্ৰীইন্দ্ৰেশ্বৰ শৰ্মা, শ্ৰীকৈলাস বৰঠাকুৰ, শ্ৰীমতী গায়ত্ৰী (সাদৰ) বৰগোঁহাই, শ্ৰীদেৱজ্যোতি শৰ্মা, সৰ্বাইবন্ধা ডিমৰুগুৰিয়া গাঁৱৰ শ্ৰীধৰ্মেশ্বৰ বৰাৰ পৰিয়ালবৰ্গ, পতিয়া গাঁৱ ঔ-তলৰ শ্ৰীধনেশ্বৰ শইকীয়া, শ্ৰীবিভূচৰণ আৰু শ্ৰীমতী প্ৰণীতা বৰুৱা, শ্ৰীবিনন্দ শৰ্মা পূজাৰী, শ্ৰীমতী মঞ্জুলা গোস্বামী, শ্ৰীৰঞ্জন আৰু শ্ৰীমতী জ্যোতি দত্ত, শ্ৰীৰোহিণীধৰ আৰু শ্ৰীমতী ৰাণু বৰুৱা, ঢেকৰ গড়া গাঁৱৰ শ্ৰীমতী শেফালী বৰুৱা, শ্ৰীসিদ্ধান্ত আৰু শ্ৰীমতী সুলক্ষণা কাকতি।

লেইষ্টাৰ, ইংলণ্ডৰ: শ্ৰীপ্ৰবীণ আৰু শ্ৰীমতী তৃষা হাজৰিকা

শিৱসাগৰৰ: শ্ৰীমতী অঞ্জলি মুখাৰ্জী, শ্ৰীআলোক হাজৰিকা, শ্ৰীমতী দীপান্বিতা বৰা, শ্ৰীসুজিত বৰুৱা, শ্ৰীপংকজ ভৰালী, শ্ৰীপ্ৰফুল্ল আৰু শ্ৰীমতী বিদ্যা বেজবৰুৱা

ভাৰ্জিনিয়া, আমেৰিকাৰ: শ্ৰীসত্যেন দাস আৰু শ্ৰীমতী নমিতা দাস

ভেনকুভাৰ, কানাডাৰ: দ্বাৰিক দত্ত

এই সুযোগতে মোৰ ভাই স্বৰূপ বহুমুখী প্ৰতিভাৰ ব্যক্তি ডাক্তৰ সত্যেন্দ্ৰ নাথ দাসে পুথিখনৰ কাৰণে বেঁটুপাতকে ধৰি আন কেবাখনি ছবি আঁকি পুথিখনৰ শোভা বঢ়োৱা বাবে তেঁওৰ প্ৰতি আমাৰ শলাগৰ শৰাই আগ বঢ়ালোঁ। এই পুথিখনৰ বাবে ডি-টি-পি, স্কেনিং আৰু ই-মেইলৰ যোগেদি বিশেষ সহায় কৰা বাবে মোৰ নুমলীয়া ভনী অনিতা দত্তই বিশেষ সহায় কৰা বাবে তেঁও আমাৰ ধন্যবাদৰ পাত্ৰ।

এই পুথিখন সম্পূৰ্ণ কৰাটো সম্ভৱ হৈছে মোৰ ভাগিন সিদ্ধান্ত কাকতিয়ে মোৰ লগত অসমৰ ভিন ভিন চহৰ আৰু গাঁৱত মোৰ লগত থাকি ৰেকৰ্ড প্লেয়াৰ, টেপ ৰেকৰ্ডাৰ আদি ব্যৱহাৰ কৰি সকলো কামতে দিয়া উৎসাহ আৰু সহায়ৰ বাবে তেঁওৰ শলাগ লৈছোঁ। নায়েগ্ৰা জলপ্ৰপাতৰ চহৰ বাফেলোৰ (আমেৰিকাৰ) সুৰভি কাকতিয়ে পুথিখনৰ পাণ্ডুলিপিটো পঢ়ি নানান পৰামৰ্শ দি পুথিখনক চিৰন্তন সুধাপ্ৰপাতৰ ৰূপ দিয়াত সহায় কৰা বাবে তেঁওলৈ মোৰ অশেষ ধন্যবাদ।

এই সংস্কৰণৰ আন এটা সৌভাগ্য হৈছে ই-মেইল, ফেচবুক আদি অনলাইনৰ সহায়ত আদান প্ৰদানৰ ক্ষেত্ৰত হোৱা আধুনিক সুবিধাবিলাক। সেইবিলাকৰ যোগেদি ছবি আৰু ফটো সংগ্ৰহ কৰিব পৰাৰ ভাল সম্ভাৱনা দেখি আমি ছবি আৰু ফটোৰ যোগেদি বহুত কথা বেছি ঘনীভূত কৰিবলৈ চেষ্টা কৰিছোঁ। ছবি আৰু ফটোৰ বিস্তৃত ব্যৱহাৰ এই সংস্কৰণটোৰ এটা বিশেষ আকৰ্ষণ। ফেচবুকৰ

তেনে কৰাটো সাধাৰণতে দোষনীয় নহয় যদিও আমাৰ মতে সংগ্ৰাহকসকলে উৎসবিলাক উল্লেখ কৰাটো সততাৰ বিচাৰত মানিব লগা নিয়ম। সি যিয়েই নহওক, সেইকাৰণে আমি দুই এখন ছবিৰ প্ৰকৃত শ্ৰষ্টাৰ নাম উল্লেখ কৰিব পৰা নাই বা দিয়া নামটো ভুল হৈছে। তেনে ভুলৰ বাবে আমাৰ ত্ৰুটি মাৰ্জনা কৰিবলৈ অনুৰোধ কৰোঁ যেন সেই বিষয়ে আমাক জনালে আমি তাক সংশোধন কৰিবলৈ যত্ন কৰিম।

I would like to thank Professor Geoff Ghitter, Department of Geography, University of Calgary, Calgary, Canada for allowing me to use some lively photographs that he took during his trip to Assam.

কিংগষ্টন, ৰ'ড আইলেণ্ড
১৮ জানুৱাৰী ২০১৬ চন

দিলীপ কুমাৰ দত্ত
ইমেইল: dilipdatta@uri.cdu
আৰু dilipdatta393@yahoo.com

ভুপেন হাজৰিকা ন্যাসৰ নিজা ভৱনত এক মধুৰ মুহূৰ্তত ভুপেন হাজৰিকা আৰু লিখক দিলীপ দত্ত, ২০০২ চন
ফটো: ডাঃ কৰুণা সাগৰ দাস, ইংলণ্ড

প্ৰথম ভাগ

ভূপেন হাজৰিকাৰ

জীৱন আৰু প্ৰতিভাৰ এটি আলেখ্য

এঘাৰ বছৰ বয়সত

আৰাহনৰ সৌজন্যত

বহি (বাওঁপিনৰ পৰা): অজ্ঞাত, শিশু ভূপেন হাজৰিকা, জ্যোতিপ্ৰসাদ আগৰৱালা, বিষ্ণুপ্ৰসাদ ৰাভা

থিয় হৈ (বাঁওপিনৰ পৰা) হংস বৰুৱা, মনোৰমা শইকীয়া, যৌৱনেশ্বৰী, স্বৰ্গজ্যোতি, ফণী শৰ্মা

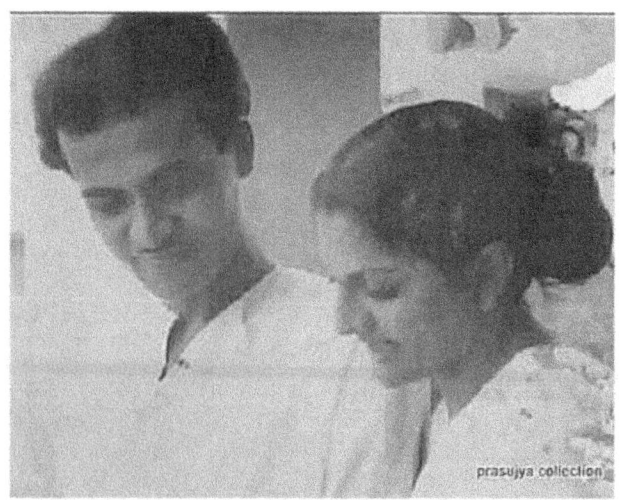

আমেৰিকাত প্ৰিয়মৰ সতে (১৯৪৮ চন)

ফটো: প্ৰচুজ্য শইকীয়া,ডুবাই, ইউ-এ-আইৰ দৌজন্যত

এটা গীত গাই থাকোঁতে

ফটো: ভাৰ্জিনিয়াৰ সত্যেন দাসৰ সৌজন্যত

ভূপেন হাজৰিকাৰ জীৱনৰ এটি ধাৰাবাহিক আলেখ্য

১৯২৩ চন: ভূপেন হাজৰিকাৰ দেউতাক নীলকান্ত হাজৰিকা আৰু মাক শান্তিপ্ৰিয়া হাজৰিকাৰ শুভ পৰিণয়। নীলকান্ত হাজৰিকা স্কুলৰ উপপৰিদৰ্শক আছিল। তেখেতে পাচলৈ ছাব ডেপুটি কালেক্টৰৰ পদবী পাইছিল।

১৯২৬ চন: শদিয়াত ভূপেন হাজৰিকাৰ জন্ম হয়। তেঁও সাতজন ককাই ভাই আৰু তিনি গৰাকী বাইভনীৰ মাজত আটাইতকৈ ডাঙৰ। জন্মৰ কেইমাহমান পিচতে এগৰাকী খামতি মহিলাই কেচুৱা ভূপেনক মৰমতে ঘৰৰ পৰা পলুৱাই নি নিজৰ পিয়াহ খুৱাই দুদিন লুকুৱাই ৰাখে।

১৯৩০ চন: কলগানত তেতিয়া নতুনকৈ ওলোৱা জ্যোতিপ্ৰসাদ আৰু আন আন লোকৰ অসমীয়া গীত শুনিবলৈ আকুল হয়। দেউতাক ধুবুৰীলৈ বদলি হোৱাত ধুবুৰীত দুবছৰমান কটায়।

১৯৩৩ চন: গুৱাহাটীৰ ভৰলুমুখত অৱস্থিত সোণাৰাম স্কুলৰ তৃতীয় শ্ৰেণীৰ ছাত্ৰ হয় যদিও কিছুদিন পিচত কলেজিয়েট স্কুলৰ ছাত্ৰ হয়।।

৩০ অক্টোবৰৰ দিনা শিশু ভূপেনৰ গীত শুনি লক্ষ্মীনাথ বেজবৰুৱাই আশীৰ্বাদৰ চুমা দিয়ে।

কটন কলেজত বিলাতৰ পৰা উভতি অহা জ্যোতিপ্ৰসাদ আগৰৱালাই অৰ্গেন বজাই গীত পৰিৱেশন কৰা শুনিবলৈ পায়।

১৯৩৫ চন: তেজপুৰ হাইস্কুলৰ ছাত্ৰ হয়।

তেজপুৰত আয়োজন কৰা শংকৰদেৰ তিথিত তেঁও মাকৰ পৰা শিকি গোৱা বৰগীত শুনি জ্যোতিপ্ৰসাদ আগৰৱালা আৰু বিষ্ণুপ্ৰসাদ ৰাভাৰ চকুত পৰে। তাৰ পিচদিনাখনেই জ্যোতিপ্ৰসাদ আগৰৱালাই শিশু ভূপেন হাজৰিকাক আনিবলৈ ৰাভাদেৱক পঠিয়ায়।

১৯৩৬ চন: ১৯৩৬ চনত অসম সাহিত্য সভাৰ সংগীত সন্মিলনীত তেঁও বিষ্ণুপ্ৰসাদ ৰাভা আৰু আন আন শিল্পীৰ সতে ৰাভাই লিখা আৰু সুৰ দিয়া 'সুৰৰে দেউলৰে ৰূপৰে শিকলি ভাঙি' সমবেত গীত পৰিৱেশন কৰে।

ভূপেন হাজৰিকাৰ গীত পৰিৱেশনৰ পাৰদৰ্শিতা দেখি জ্যোতিপ্ৰসাদ আগৰৱালাই গ্ৰামোফোন ৰেকৰ্ডত বাণীৱদ্ধ কৰিবলৈ ওলোৱা নাটত গীত গাবলৈ শিশু ভূপেনক নিৰ্বাচিত কৰে।

শোণিত কুঁৱৰী নাটকত 'সুৰৰে দেউলৰে ৰূপৰে শিকলি ভাঙি' গীতটি দহ বছৰীয়া শিশু ভূপেনৰ কণ্ঠত বাণীৱদ্ধ কৰে। আমি জনাত ৰেকৰ্ডত বাণীৱদ্ধ হোৱা ভূপেন হাজৰিকাৰ এইটোৱেই প্ৰথম গীত।

সেই বছৰতে ভূপেন হাজৰিকাৰ কণ্ঠত বিষ্ণুপ্ৰসাদ ৰাভাই বাণীৱদ্ধ কৰোৱা আন চাৰিটা গীত হ'ল:

১) উলাহেৰে নাচি বাগি,

২) কাষতে কলচি লৈ যায় অ' ৰচকী

৩) কোন কলীয়াই যমুনাৰ পাৰতে,

৪) আজলি হিয়াৰ মাজে।

১৯৩৭ চন: তেঁও জ্যোতিপ্ৰসাদৰ 'জয়মতী', 'কাৰেঙৰ লিগিৰী' আৰু বিষ্ণুপ্ৰসাদৰ 'বেউলা' নাটকৰ গীত বাণীৱদ্ধ কৰে।

তেঁওৰ প্ৰথম গীত 'কুসুম্বৰ পুত্ৰ শ্ৰীশংকৰ গুৰুৱে ধৰিছিল নামৰে তান' ৰচনা কৰি সুৰ দি ভাইভনী আৰু লগৰীয়াইঁতৰ লগত গাবলৈ লয়। সেইটো গীত আটাইৰে প্ৰিয় হোৱাত তেঁওৰ দ্বিতীয় গীত 'হৰি, ইখন স্ৰজিলা কিনো শান্তি নিকেটন' ৰচনা কৰি সুৰ দিয়ে।

গুৱাহাটীত অনুষ্ঠিত হোৱা সদৌ অসম বনগীত প্ৰতিযোগিতাত তেঁও কিশোৰৰ শাখাত দেউতাক নীলকান্ত হাজৰিকাই ৰচা, 'অ' মইনা কেতিয়া আহিলি তই' গীতটি গাই প্ৰথম স্থান অধিকাৰ কৰে।

১৯৩৯ চন: জ্যোতিপ্ৰসাদ আগৰৱালাৰ দ্বিতীয় প্ৰচেষ্টা 'ইন্দ্ৰ মালতী' কথাছবিত গায়ক অভিনেতা ৰূপে অংশ গ্ৰহণ কৰে। সেই কথাছবিত তেঁও গোৱা জ্যোতি সংগীত 'বিশ্ববিজয়ী নজোৱান' অসমৰ চুকে কোণে বিশেষ জনপ্ৰিয় হয়। সেই সফলতাৰ কিছুদিন পিচতেই তেঁওৰ কণ্ঠস্বৰ পৰিৱৰ্তন হোৱা কাৰণে তেঁও গীত গাব নোৱাৰা হয়। ইতিমধ্যে, তেঁওৰ সম বয়সীয়া সাধনা বৰুৱাই (জুগনী) গীত বাণীৱদ্ধ কৰি জনপ্ৰিয় হৈ উঠাত তেঁওৰ মনটো অলপ বেয়াও লাগে। সেইবিলাক কাৰণত তেঁওক হতাশাই আৱৰি ধৰে। হতাশাত তেঁও আত্মহত্যা কৰাৰ কথাও ভাবে।

সৌভাগ্যক্ৰমে তেঁও জানিব পাৰে যে একে কাৰণত সেই সময়ত ভাৰতৰ প্ৰখ্যাত গায়ক ছাইগলৰো একে অৱস্থা হৈছিল। তেতিয়া ছাইগলৰ গুৰুৱে ছাইগলক উপদেশ দিছিল:

"কোনো কথা নাই, সকলো ঠিক হৈ যাব, তুমি দুবছৰমান গান গাবলৈ অকণো চেষ্টা নকৰিবাঁ। নিজে অকলে বা আন কাৰোবাৰ আগত এফাকিও গীত নাগাবাঁ। এতিয়া তুমি কেৱল গীত আৰু সুৰ কেনেকৈ সৃষ্টি হয়, শুদ্ধ গীতৰ মূল উপাদানবিলাকনো কি তাকেই চিন্তা কৰাঁ।"

গুৰুৰ উপদেশ মানি ছাইগলে তাকেই কৰিলে আৰু পাচত এজন পাৰদশী গায়ক ৰূপে নিজকে প্ৰতিষ্ঠা কৰিবলৈ সমৰ্থ হয়। ভূপেন হাজৰিকাইও ছাইগলৰ আৰ্হিকে অনুকৰণ কৰিলে।

১৯৪০ চন: মেট্ৰিক পৰীক্ষাত উত্তীৰ্ণ হৈ ভূপেন হাজৰিকাই কটন কলেজত কলেজীয়া শিক্ষা আৰম্ভ কৰে।

১৯৪২ চন: দ্বিতীয় মহাসমৰৰ কাৰণে মিলিটাৰীয়ে কটন কলেজৰ ঘৰ দুৱাৰ আৰু হোষ্টেল আদিত থাকিবলৈ লয়। কটন কলেজ আকৌ খুলিব নে নাই সেইটো সন্দেহৰ কথা হয়।

কটন কলেজৰ পৰা আই-এ পাছ কৰি কাশী বিশ্ববিদ্যালয়ত স্নাতক শিক্ষা ল'বলৈ যায়।

১৯৪৩ চন: ডেকা ভূপেন হাজৰিকাই অসমৰ সংগীত জগতত পুনৰ প্ৰৱেশ কৰে। তেঁও আনন্দিৰাম দাসে ৰচা আৰু সুৰ দিয়া চাৰিটা গীত বাণীৱদ্ধ কৰে। গীত কেইটা আছিল:

১) অ' বান্ধৈ মৰোঁ যেন লাগে তাত,

২) স্মৃতিৰ বুকুত থৈ যাম মই,

৩) তুমিয়ে গোৱালা প্ৰিয়া গান,

৪) মোৰে ওৰে জীৱন কৰি জ্বলাকলা

১৯৪৪ চন: বি.এ পৰীক্ষাত উত্তীৰ্ণ হয়।

১৯৪৬ চন: কাশী বিশ্ববিদ্যালয়ৰ পৰা ৰাজনীতি বিষয়ত এম-এ ডিগ্ৰী লাভ কৰে।

১৯৪৭ চন: 'বদন বৰফুকন' কথাছবিত বৈৰাগীৰ ভাওৰ অভিনয় আৰু নলিনীবালা দেৱীৰ গীত 'কত দিন আৰু আশাৰ' গীত পৰিৱেশন।

১৯৪৮ চন: 'ছিৰাজ' কথাছবিত অভিনয় কৰাৰ উপৰিও তেঁওৰ গীত 'অগ্নিযুগৰ ফিৰিঙতি মই' আৰু 'কঁপি উঠে কিয় তাজমহল' পৰিৱেশন কৰে। সেই গীত দুটা তেতিয়াই প্ৰথমবাৰৰ কাৰণে বাণীবদ্ধ কৰা হয়।

অসিত সেন পৰিচালিত 'সতী বেউলা' কথাছবিৰ সংগীত পৰিচালনা কৰে।

১২ ফেব্ৰুৱাৰীৰ দিনা গুৱাহাটীৰ শুক্লেশ্বৰ ঘাটত গান্ধীজীৰ অস্থি আদৰি আনিবলৈ হাজাৰ হাজাৰ লোক গোট খায়। সেই সমবেত ৰাইজক কুইনী হাজৰিকাই ভূপেন হাজৰিকাই ৰচা 'তেৰ শ চৌৰন্নৰ মাঘৰে মাহতে' গীতটো গাই কন্দুৱায়।

নতুনকৈ স্থাপন হোৱা আকাশবাণী (অল ইণ্ডিয়া ৰেডিঅ'), গুৱাহাটী শাখাৰ অনুষ্ঠান সহকাৰী কাৰ্যনিৰ্বাহক নিযুক্ত হয়। সেই দায়িত্বত তেঁও নিয়মীয়াকৈ অকণিৰ মেল পৰিচালনা কৰে। এই লিখকে সেই অকণিৰ মেলত অভিনয় ৰচনা পাঠ আদিৰে সক্ৰিয় অংশ গ্ৰহণ কৰিছিল।

তেতিয়াৰে পৰা ভূপেন হাজৰিকাই কেইবাটাও গীত ৰচি অনাতাঁৰ যোগে আৰু আন গায়ক গায়িকাৰ কণ্ঠেৰে পৰিৱেশন কৰিছিল। সেইবিলাকৰ ভিতৰত উল্লেখযোগ্য:

(১) অ' জোনালী দ্বীপান্বিতা,

(২) অ' বান্ধৈ তাঁতৰ শালৰ শিপিনী,

(৩) কৰ্মই আমাৰ ধৰ্ম (কথাছবি: পাৰঘাট, ১৯৪৮ চন)

(৪) কাৰ আকাশৰ ৰামধেনুখনি (সুৰ: পুৰুষোত্তম দাস; কথাছবি: পাৰঘাট, ১৯৪৮ চন)

(৫) নবীন ভাৰতৰ আশাৰ প্ৰদীপ (সুৰ: দুৰ্গা ভূঞা; শিল্পী: শিৱ ভট্টাচাৰ্য্য, সমবেত)

(৬) দিখৌৰে বুকুতে,

(৭) মহাত্মাৰ মহাপ্ৰয়াণ

(৮) শৰতৰ শেৱালীৰ,

(৯) সুৰ নগৰীৰ সুৰৰ কুমাৰে

(১০) আগবাঢ়া, বাঢ়া আগ আদি।

ভূপেন হাজৰিকা আৰু পুৰুষোত্তম দাসে 'গন্ধৰ্ব' নাম লৈ ব্যৱসায়িক ভিত্তিত কথাছবি আৰু গ্ৰামোফোন ৰেকৰ্ড আদিত সংগীত পৰিচালনা কৰিবলৈ লয়। সম্ভৱ নিজৰ নামেৰে ব্যৱসায়িক উপাৰ্জন কৰিলে চৰ্কাৰী চাকৰিৰ নিয়ম ভঙা হ'ব পাৰে বুলি ভাবিয়েই ছদ্ম নাম ব্যৱহাৰ কৰিলে। তেঁওলোকৰ সংগীতেৰে প্ৰথম কথাছবি 'পাৰঘাট' প্ৰদৰ্শিত হয়।

১৯৪৯: আমেৰিকাৰ কলম্বিয়া বিশ্ববিদ্যালয়ত গণসংযোগ বিষয়ত চৰ্কাৰী জলপানী

লৈ উচ্চ শিক্ষাৰ কাৰণে যায়।

১৯৫০: এক আগষ্টত কলম্বিয়া বিশ্ববিদ্যালয়ত আন্তৰ্জাতিক বিষয়ৰ ছাত্ৰী প্ৰিয়ম পেটেলক বিয়া কৰায়। প্ৰিয়ম আছিল কাম্পালা (ইউগাণ্ডাৰ) সৰবৰহী চিকিৎসক মুলজী ভাই পেটেল আৰু তেঁওৰ পত্নী মণিবেন পেটেলৰ জীয়ৰী।

১৯৫১ চনঃ প্ৰিয়মে ৰাজনীতিৰ এম-এ ডিগ্ৰী লাভ কৰে আৰু বৰোদালৈ আহে। তাতে পুতেক তেজৰ জন্ম হয়।

১৯৫২ চনঃ কলম্বিয়া বিশ্ববিদ্যালয়ৰ পৰা ডক্টৰেট ডিগ্ৰী লাভ কৰে। তেঁওৰ থেছিচৰ বিষয় আছিল 'ৰ'ল অৱ মাছ কমিউনিকেশ্যন ইন ইণ্ডিয়াজ এডাল্ট এডুকেশ্যন' (Role of Mass Communicaton in India's Adult Education)।

নীলকান্ত হাজৰিকাৰ চাকৰিৰ পৰা অৱসৰ গ্ৰহণ। ডিচেম্বৰত ভূপেন হাজৰিকা ভাৰতলৈ উভতি আহে।

১৯৫৩ চনঃ গণনাট্য সংঘত যোগদান কৰে।

১৯৫৪ চনঃ গুৱাহাটী বিশ্ববিদ্যালয়ৰ শিক্ষা বিভাগত প্ৰবক্তা ৰূপে নিযুক্ত হয়। দিল্লীত অনুষ্ঠিত আন্ত কলেজ যুৱ মহোৎসৱত শিক্ষক পৰিচালক ৰূপে অংশ গ্ৰহণ কৰে। তেখেতৰ নেতৃত্বত গুৱাহাটী বিশ্ববিদ্যালয়ে শ্ৰেষ্ঠ দলৰ সন্মান লাভ কৰে।

১৯৫৫ চনঃ 'পিয়লী ফুকন' কথাছবিৰ সংগীত পৰিচালনা কৰে।

১৯৫৬ চনঃ হেলচিংকিত বহা বিশ্ব শান্তি কংগ্ৰেছত যোগদান কৰে।

১৯৫৭ চনঃ গুৱাহাটী বিশ্ববিদ্যালয়ৰ শিক্ষকতাৰ পদত্যাগ। পুত্ৰ আৰু পত্নীৰ সতে কলিকতাত বসবাস আৰম্ভ কৰে।

১৯৫৯ চনঃ অসমীয়া মাহেকীয়া আলোচনী 'আমাৰ প্ৰতিনিধি' সম্পাদকৰ দায়িত্ব গ্ৰহণ কৰে। তেঁও সেই দায়িত্ব তিনি দশকৰো অধিক কাল চলায়।

১৯৬০ চনঃ অসমীয়া ভাষাক অসমৰ ৰাজ্যভাষা কৰা সংক্ৰান্তত হোৱা আন্দোলনত ৰাজ্যৰ বহু ঠাইত হিংসাত্মক ঘটনা ঘটে। ৰাজ্যখনত শান্তি সম্প্ৰীতি ঘূৰাই আনিবলৈ হেমাংগ বিশ্বাসৰ সৈতে নগৰে চহৰে সাংস্কৃতিক অভিযান চলায়। তেঁওলোকৰ প্ৰধান সমল 'হাৰাধন ৰংমন' নামৰ এখন সংগীত আলেখ্য। এই সময়তে 'মানুহে মানুহৰ বাবে' গীত ৰচে।

১৯৬১ চনঃ পত্নী প্ৰিয়মে ভূপেন হাজৰিকাৰ লগ এৰি পুত্ৰ তেজৰ সৈতে ভাৰত ত্যাগ কৰে। প্ৰিয়মে পাচত কানাডাৰ অটোৱা চহৰত আৰু তেজে আমেৰিকাৰ নিউ ইয়ৰ্ক চহৰৰ স্থায়ী বাসিন্দা হয়।

১৯৬২ চনঃ চীনৰ ভাৰত আক্ৰমণ। এই যুদ্ধৰ পটভূমিত ৰচা পাঁচটা গীতৰ পুথি 'সংগ্ৰাম লগ্নে আজি' প্ৰকাশ।

১৯৬৩ চনঃ নাজিৰাত বহা অসম সাহিত্য সভাৰ অধিবেশনত সাংস্কৃতিক সন্মিলনত সভাপতিত্ব কৰে।

১৯৬৪ চনঃ গীতৰ দ্বিতীয় পুথি 'আগলি বাঁহৰে লাহৰী গগনা' লয়াৰ্ছ বুক ষ্টলে প্ৰকাশ কৰে।

১৯৬৬ চনঃ প্ৰথম অসমীয়া ই-পি (Extended playing) ৰেকৰ্ডত গীত বাণীৰদ্ধ কৰে। লাৰ পৰিৱৰ্তে এই ৰেকৰ্ড প্লাষ্টিকৰ আৰু ইয়াৰ

ঘূৰণ গতিবেগ হৈছে মিনিটত ৪৫ বাৰ বা ৩৩.৩ বাৰ। গীত চাৰিটা হ'ল:

(১) চিয়াঙৰে গালঙ
(২) ফুট গধূলিতে
(৩) ৰুম ঝুম নেপুৰ বজাই
(৪) নতুন নাগিনী তুমি

১৯৬৭ চন: নাওবৈচা সমষ্টিৰ পৰা নিৰ্দলীয় প্ৰাৰ্থী ৰূপে অসম বিধান সভাৰ সদস্য নিৰ্বাচিত হয়।

১৯৬৮ চন: মাজুলিৰ বংশীগোপাল নাট্য মন্দিৰত অসম সাহিত্য সভাৰ সভাপতি আনন্দ চন্দ্ৰ বৰুৱাই অনুষ্ঠানিক ভাবে 'সুধাকণ্ঠ' উপাধি প্ৰদান কৰে।

প্ৰথম অসমীয়া লং প্লেয়িং ৰেকৰ্ড বাণীৱদ্ধ কৰে এই ৰেকৰ্ডও প্লাষ্টিকেৰে তৈয়াৰী। এই ৰেকৰ্ডত বাৰটা গীত আছে। এই ৰেকৰ্ড প্লাষ্টিকৰ আৰু ইয়াৰ ঘূৰণ গতিবেগ হৈছে মিনিটত ৩৩.৩ বাৰ। গীত বাৰটা হ'ল:

প্ৰথম নহয়
নতুন নিমাতি নিয়ৰৰে নিশা
মিঠা মিঠা বহাগৰ
নতুন নাগিনী তুমি
অস্ত আকাশৰে
মইনাজান, মইনাজান
ছিলঙৰে গধূলি
আকাশী গংগা বিচৰা নাই
তোমাৰ দেখোঁ নাম
মদাৰৰে ফুল হেনো
চিৰ যুগমীয়া ঢৌ তুলি
কলিৰ কৃষ্ণ বুলি

১৯৭২ চন: বাৰ্লিনত বিশ্বৰ গীত ৰচকসকলৰ দ্বিতীয় অধিবেশনত গীত পৰিৱেশন কৰে।

১৯৭৯ চন: 'ভূপেন হাজৰিকাৰ গীত আৰু জীৱন ৰথ'ৰ লিখকৰ হাতৰ আখৰেৰে লিখা আৰু অফছেটত ছপা কৰা পৰীক্ষণমূলক সংস্কৰণ আমেৰিকাত প্ৰকাশ হয়।

কল্পনা লাজমীৰ সতে এচঠেটিকচ (Aesthetics) নামৰ কথাছবি প্ৰণয়ণৰ উদ্যোগ আৰম্ভ কৰে।

১৯৮০ চন: পৃথিবীৰ শ্ৰেষ্ঠ লোকগীত গায়কসকলৰ জাপানত বহা ৰ'-অন (RO-ON) অধিশেনত গীত পৰিৱেশন কৰে।

১৯৮১ চন: 'ভূপেন হাজৰিকাৰ গীত আৰু জীৱন ৰথ' (লিখক: দিলীপ কুমাৰ দত্ত) প্ৰকাশ হয়।

১৯৮৮ চন: শ্ৰীমন্ত শংকৰদেৱ বঁটা লাভ কৰে। দূৰদৰ্শনত কল্পনা লাজমীৰ সৈতে পৰিচালনা কৰা 'লোহিত কে

কিনাৰে' টি-ভিৰ ধাৰাবাহিক তথ্যচিত্ৰৰ প্ৰদৰ্শন আৰম্ভ হয়।

১৯৯০ চন: কলিকতা এৰ মুম্বাই লৈ কৰ্মস্থান সলনি কৰে।

১৯৯৩ চন: অসম সাহিত্য সভাৰ শিৱসাগৰ অধিবেশনৰ সভাপতি নিৰ্বাচিত হয়। এই পদত তেঁও এবছৰ কাল কটায়।

১৯৯৭ চন: ভূপেন হাজৰিকাৰ নিজৰ উদ্যোগতে ভূপেন হাজৰিকা ন্যাস গঠন। এই ন্যাসৰ গুৰি ধৰোঁতা আছিল সদা গগৈ আৰু সভ্য সকলৰ ভিতৰত আছিল দিলীপ কুমাৰ শৰ্মা আৰু ডাঃ কৰুণাসাগৰ দাস।

১৯৯৯ চন: ভাৰতৰ সংগীত নাটক একাডেমীৰ চেয়াৰমেন পদত অধিষ্ঠিত হয়। এই পদত তেঁও পাঁচ বছৰ থাকে।

২০০০ চন: নতুন দিল্লীত অৱস্থিত ইন্দিৰা গান্ধী কলা কেন্দ্ৰৰ বৰ্ড অৱ ট্ৰাষ্টৰ সভাপতি নিযুক্ত হয়। তেঁও এই পদত দহ বছৰ কাল থাকে।

প্ৰফুল্ল মহন্ত চৰ্কাৰে ভূপেন হাজৰিকা ন্যাসৰ কাৰণে ভি-আই-পি ৰোডত ভূমি দান কৰে।

এপ্ৰিল মাহত ভূপেন হাজৰিকা ন্যাস গঠন কৰা হয়। ন্যাসৰ চেয়াৰমেন: ভূপেন হাজৰিকা; সম্পাদক: কল্পনা লাজমী; সভ্যসকল: অৰুণ শৰ্মা, ৰত্ন ওজা, ডঃ লক্ষ্মী গোস্বামী, সদানন্দ গগৈ, কমল কটকী, হিমাংশু শেখৰ দাস আৰু ডঃ কৰুণা দাস।

২০০১ চন: এপ্ৰিলত ন্যাসৰ নিজা ভৱনটো মুকলি কৰা হয়।

২০০২ চন: ভূপেন হাজৰিকা ন্যাসে ভি-আই-পি ৰোডত নিৰ্মাণ কৰা ন্যাসৰ ঘৰত ন্যাসৰ প্ৰথম অনুষ্ঠান আয়োজিত হয়। নিজৰ গীত সংগ্ৰহ আৰু সংৰক্ষণৰ নিশ্চিত সম্ভাৱনা দেখি ভূপেন হাজৰিকাই এই অনুষ্ঠানত অতি আনন্দ মনে যোগদান কৰি সভ্যসকল আৰু নিমন্ত্ৰিত অতিথিসকলৰ লগত দুঘণ্টাতকৈও অধিক কাল অন্তৰংগ আলাপ কৰে।

২০০৬ চন: ১৬ এপ্ৰিলৰ দিনা নুনমাটিৰ বহাগ বিহুৰ অনুষ্ঠানত ভূপেন হাজৰিকাই নিজৰ গীত পৰিৱেশন অসুস্থতাৰ কাৰণে আধাতে সামৰিব লগীয়া হয়। সেইদিনা তেখেতৰ ষ্ট্ৰক হোৱা বুলি ডাক্তৰসকলে নিৰ্ধাৰণ কৰে। পাচত তেখেত হৃদ ৰোগতো আক্ৰান্ত হয়। ভূপেন হাজৰিকাৰ স্বস্থ্যৰ দ্ৰুত অৱনতি ঘটে।

২০০৮ চন: অসম চৰ্কাৰে গুৱাহাটীৰ শ্ৰীমন্ত শংকৰদেৱ কলাক্ষেত্ৰত ভূপেন হাজৰিকা সংস্কৃতিক সংগ্ৰহালয় স্থাপন কৰিবলৈ সিদ্ধান্ত লয়।

২০১০ চন: ১৪ ফেব্ৰুৱাৰীত সদৌ অসম ছাত্ৰ সন্থাই গুৱাহাটীত প্ৰতিষ্ঠা কৰা ভূপেন হাজৰিকাৰ প্ৰতিমূৰ্তি নিজে উন্মোচন কৰে।

ৰঙিয়াত শেষবাৰৰ বাবে ৰাজহুৱা অনুস্থানত গীত পৰিৱেশন কৰে।

ৰবীন্দ্ৰ ভৱনত অনুস্থিত জয়ন্ত হাজৰিকাৰ সোঁৱৰণী উৎসৱত তেঁওক সাক্ষী গোপাল কৰি মঞ্চত বহুৱাই থোৱা হয়। আয়োজক সকলে তাতে আমাকো মাতি নি ভূপেন দাদাৰ কাষতে বহুৱালে। ভূপেন দাদাৰ জীৱিত কালত সেয়ে মোৰ শেষ সাক্ষাত। তেখেতৰ লগত একো কথা

বতৰা হ'ব নোৱাৰিলোঁ কাৰণ তেখেতৰ তেতিয়া স্মৃতি শক্তিৰ বিলোপন ঘটিছিল, ক'ত কি হৈছে বা তেখেত ক'ত আছে সেইবিলাকৰ কোনো জ্ঞান নাছিল। মণীষাই মোক তেঁওৰ কাষত বহুৱাই 'ভূপেন দাদা তই এতিয়া দিলীপ দাদাৰ লগত কথা পাত' বুলি নিৰ্দেশ দিয়াত তেখেতে 'দিলীপ' বুলি মাতিলে যদিও পিচ মুহূৰ্ততে মই কোন কি কৰিছো আদি সকলো পাহৰিলে। তেখেতৰ অৱস্থাটো দেখি মোৰ প্ৰাণ কান্দি উঠিছিল। তেখেতৰ শুভাকাংখীসকলে ভূপেন দাদাক সেই বয়সত অযথা আলৈ অথানি কৰিছে বুলি মই ভাবিবলৈ বাধ্য হ'লোঁ।

২০১১ চনঃ ১৫ জানুৱাৰীত মুম্বাইত Gandhi to Hitler নামৰ কথাছবিৰ কাৰণে 'এ জয় ৰঘূৰ নন্দন' গীতটো বাণীৱদ্ধ কৰে। এইটোৱেই তেঁও বাণীৱদ্ধ কৰা শেষ গীত।

ডঃ ভূপেন হাজৰিকা সাংস্কৃতিক সংগ্ৰহালয় ২৫ জানুৱাৰীত উদ্বোধন কৰা হয়।

৫ নৱেম্বৰত মুম্বাইত স্বৰ্গী হয়। অসম চৰ্কাৰে তিনি দিনীয়া শোক ঘোষণা কৰে।

৭ নৱেম্বৰত ভূপেন হাজৰিকাৰ মৃতদেহ বৰঝাৰ বিমান কোঠৰ পৰা নিশা ৯ বাজি ১৮ মিনিট যোৱাত জজ ফিল্ডত নিৰ্মাণ কৰা বিশেষ মঞ্চলৈ ৰাইজে শেষবাৰৰ কাৰণে চাবৰ কাৰণে অনা হয়। জজফিল্ডত তাৰ আগৰে পৰা ৰাইজৰ লানি নিছিগা সোঁত বয়।

শেষ শয্যাত ভূপেন হাজৰিকা

৯ নৱেম্বৰত গুৱাহাটী বিশ্ববিদ্যালয়ৰ চৌহদত শেষকৃত্য সমাধা কৰা হয়।

ভূপেন দাদাৰ অস্থি হাতত লৈ তেজ হাজৰিকা আৰু ডাৱৰ হাজৰিকা

ফটো: গুৱহাটীৰ পংকজ দত্ত

ভূপেন হাজৰিকাৰ সৃষ্টিশীল কৰ্মৰ সংক্ষিপ্ত তালিকা

অসমীয়া কথাছবিৰ সংগীত পৰিচালনা

সতী বেউলা (১৯৪৮ চন)
পিয়লী ফুকন (১৯৫৫ চন)
এৰাবাটৰ সুৰ (১৯৫৬ চন)
ধুমুহা (১৯৫৭ চন)
কেঁচাসোণ (১৯৫৯ চন)
পুৰতি নিশাৰ সপোন (১৯৫৯ চন)
শকুন্তলা (১৯৬১ চন)
মণিৰাম দেৱান (১৯৬৪ চন)
প্ৰতিধ্বনি (১৯৬৫ চন)
লটিঘটি (১৯৬৬ চন)
চিক মিক বিজুলী (১৯৬৬ চন)
খোজ (১৯৭৫ চন)
কাঁচঘৰ (১৯৭৫ চন)
চামেলী মেমচাব (১৯৭৫ চন)
পলাশৰ ৰং (১৯৭৭ চন),
বনহংস (১৯৭৭ চন)
বনজুই (১৯৭৮ চন)
বৃন্দাবন (১৯৭৮ চন)
মন প্ৰজাপতি (১৯৭৯ চন)
অকণ (১৯৮০ চন)
অংগীকাৰ (১৯৮৫ চন)
অপৰূপা (১৯৮২ চন)
সংকল্প (১৯৮৮ চন)
মা (১৯৮৬ চন)
যুগে যুগে সংগ্ৰাম (১৯৮৬ চন)
প্ৰতিশোধ (১৯৮৭ চন)
প্ৰিয়জন (১৯৯৩ চন)
অশান্ত প্ৰহৰ (১৯৯৪ চন)
পানী (১৯৯৫ চন)

বঙালী কথাছবিৰ সংগীত পৰিচালনা

জীৱন তৃষ্ণা (১৯৫৭ চন)
কড়ি ও কোমল (১৯৫৭ চন)
অসমাপ্ত (১৯৫৭ চন)
জোনাকেৰ আলো (১৯৫৮ চন)
মাহুত বন্ধু ৰে (১৯৫৮ চন)
দুই বেচেৰা (১৯৫৯ চন)
সীমানা পেৰিয়ে (১৯৭৫ চন)
দম্পতী (১৯৭৫ চন)
চামেলি মেম্‌চাব (১৯৭৫ চন)
কালো সিদূৰ (১৯৮৪ চন), এখানে পিঞ্জৰ

বড়ো কথাছবিৰ সংগীত পৰিচালনা

জিউনী চিংমা (১৯৮৭ চন)

ফটো: উল্লাস কুমাৰ গগৈ, শিৱসাগৰৰ সৌজন্যত

হিন্দী কথাছবিৰ সংগীত পৰিচালনা

অৰোপ (১৯৭৩ চন)

মেৰা ধৰম মেৰী মা (১৯৭৭ চন)

অপেক্ষা (১৯৮৪ চন)

এক পল (১৯৮৬ চন)

ৰোদালি (১৯৯৩ চন)

প্ৰতিমূৰ্তি (১৯৯৩ চন)

চাজ (১৯৯৭ চন)

দৌ ৰাহে (১৯৯৭ চন)

দামিয়ান (১৯৯৭ চন)

গজগামিনি (২০০০ চন)

দমন (২০০১ চন)

কিঁউ (২০০৩ চন)

ভূপেন হাজৰিকাই পৰিচালনা কৰা অসমীয়া কথাছবি

এৰাবাটৰ সুৰ (১৯৫৬)

শকুন্তলা (১৯৬১ চন)

প্ৰতিধ্বনি (১৯৬৫ চন)

লটিঘটি (১৯৬৬ চন)

চিক মিক বিজুলী (১৯৬৬ চন)

মন প্ৰজাপতি (১৯৭৯ চন)

ছিৰাজ (১৯৮৮ চন)

শিল্পী: ডাঃ সত্যেন্দ্ৰনাথ দাস, নিউ ইয়ৰ্ক

ভূপেন হাজৰিকাই লিখা পুথি আদি

ভূপেন দাদাৰ ব্যস্ত জীৱনত নিজে শৃংখলাৱদ্ধ ভাৱে পুথি লিখিবলৈ অৱসৰ পোৱা নাছিল। তেখেতৰ নামত যি কেইখন প্ৰৱন্ধ বা গীতৰ সংকলন আছে সেয়া আনেহে সংকলন কৰি সজাই দিয়া। সেইবিলাকৰ ভিতৰত উল্লেখযোগ্য হৈছে:

জিলিকাব লুইতৰে পাৰ

(চাব্বিশটা গীতৰ সংকলন; সংকলক: হেমাংগ বিশ্বাস)

প্ৰকাশক: ভাৰতীয় গণনাট্য সংঘ, অসম শাখা, ১৯৫৫ চন

মূল্য: এটকা

সংগ্ৰাম লগ্নে আজি

(পাঁচটা গীতৰ সংকলন; সংকলক: অমৰ হাজৰিকা)

প্ৰকাশক: গতি প্ৰকাশ, গুৱাহাটী,

পৃষ্ঠা: ১২

মূল্য: পঞ্চাচ পইচা

সুন্দৰৰ ন-দিগন্ত

(প্ৰৱন্ধ সংকলন; সংকলক: নিৰোদ চৌধুৰী আৰু খগেন্দ্ৰ নাৰায়ণ দত্তবৰুৱা)

প্ৰকাশক: লয়াৰ্ছ বুক ষ্টল, গুৱাহাটী, ১৯৬৪

পৃষ্ঠা: ৮৪

মূল্য: চাৰি টকা

আগলী বাঁহৰে লাহৰী গগনা

(গীতৰ সংকলন; সংকলক: অমৰ হাজৰিকা)

প্ৰকাশক: লয়াৰ্চ্ছ বুক ষ্টল, গুৱাহাটী, ১৯৬৫

পৃষ্ঠা: ২৪

মূল্য: এশ পঁচিশ পইছা

চিক মিক বিজুলী

(ভূপেন হাজৰিকা ৰচিত চিত্ৰ নাটৰ পুথি)

প্ৰকাশক: লয়াৰ্চ্ছ বুক ষ্টল, গুৱাহাটী, ১৯৬৪

মূল্য: দুটকা

ভূপেন মামাৰ গীতে মাতে অ আ ক খ

প্ৰকাশক: ভৱানী পাব্লিছিং, কলিকতা, ১৯৭৬

ভূপেন হাজৰিকাৰ গীত আৰু জীৱন ৰথ

(২২৭টা গীতৰ সংকলন আৰু বিষয়বস্তুৰ বিশ্লেষণেৰে শ্ৰেণীভাগ)

সংগ্ৰাহক আৰু লিখক: দিলীপ কুমাৰ দত্ত)

প্ৰকাশক: লিখক, ৰ'ড আইলেণ্ড বিশ্ববিদ্যালয়, কিংগষ্টন, ৰ'ড আইলেণ্ড ০২৮৮১, আমেৰিকা, ১৯৮০ চন

বেঁটুপাত: চন্দন মহন্ত, ছেণ্ট লুইচ

পৃষ্ঠা: ২০৪ (৮.৫ × ১১ ইঞ্চিৰ কাকতৰ)

মূল্য: যোৰহাটৰ ফণীধৰ দত্ত বিদ্যাপীঠলৈ দিয়া যেই কোনো পৰিমাণৰ দান

সুন্দৰৰ সৰু-বৰ আলিয়েদি

(প্ৰৱন্ধ সংকলন; সংকলক: শেখৰজ্যোতি ভূঞা, নগাঁৱ)

প্ৰকাশক: বাণী মন্দিৰ, ডিব্ৰুগড়, ১৯৮০ চন

পৃষ্ঠা: ৮০

মূল্য: আঠ টকা

সময়ৰ পক্ষী ঘোঁৰাত উঠি

(প্ৰৱন্ধ সংকলন; সংকলক: কুল গগৈ, কলিকতা)

প্ৰকাশক: বাণী মন্দিৰ, ডিব্ৰুগড়, ১৯৮১ চন

পৃষ্ঠা: ১২৪

মূল্য: দহ টকা

সাগৰ সংগমত কতনা সাঁতুৰিলোঁ

(শিল্পীৰ পৃথিৱী আলোচনীৰ ডঃ ভূপেন হাজৰিকা বিশেষ সংখ্যা, ১৯৮১ চন)

সম্পাদক: বেনীমাধৱ বৰা

আলোক সম্পাদক: কমল বৰা

প্ৰকাশক: হেম চন্দ্ৰ বৰা, ১৯৮১ চন

পৃষ্ঠা: ১৬০

মূল্য: ন টকা

[টোকা: ভূপেন হাজৰিকাৰ সৃষ্টিসমূহৰ বিষয়ে কষ্টেৰে গোটোৱা তথ্যপাতিৰ এইখন এক সমৃদ্ধিশালী পুথি। পিচৰ বহুলোকে ইয়াৰ সমল লৈ নানান প্ৰৱন্ধপাতি লিখে যদিও কেতিয়াও এই সংকলনৰ শলাগ নলয়। ই সৌভাগ্যৰ কথা যে এই পুথিখন যোৱা বছৰ পুনৰ মুদ্ৰণ কৰা হৈছে।]

ভূপেন হাজৰিকাৰ গীত আৰু জীৱন ৰথ

(২৬০টা গীতৰ সংকলন আৰু বিষয়বস্তুৰ বিশ্লেষণেৰে শ্ৰেণীভাগ; সংগ্ৰাহক আৰু লিখক: দিলীপ কুমাৰ দত্ত, ১৯৮১ চন)

প্ৰকাশক: শ্ৰীভূমি পাব্লিছিং কোম্পানী, ৭৯ মহাত্মা গান্ধী ৰোড, কলিকতা-৯

বেঁটুপাত: অ'-চি গাংগুলী

পৃষ্ঠা: ৪৭৪

মূল্য: ৩২ টকা

দ্বিতীয় তাঙৰণ: ১৯৮৪ চন

গীতৰ সংখ্যা: ২৯০

পৃষ্ঠা: ৪৮২

মূল্য: ৩৫ টকা

তৃতীয় তাঙৰণ: ১৯৮৭ চন

গীতৰ সংখ্যা: ৩২৩

পৃষ্ঠা: ৪৮২

মূল্য: ৫০ টকা

চতুৰ্থ তাঙৰণ: প্ৰকাশক: বনলতা, গুৱাহাটী, ডিব্ৰুগড়, ২০১১ চন

গীতৰ সংখ্যা: ৩৫১

পৃষ্ঠা: ৪৬৪

মূল্য: ২০০ টকা

ভূপেন হাজৰিকাই লাভ কৰা বাছকবনীয় বঁটা, পুৰস্কাৰ আৰু সন্মান

২০০১ চনত ভাৰতৰ ৰাষ্ট্ৰপতি কে-আৰ নাৰায়ণৰ পৰা পদ্ম ভূষণ উপাধি গ্ৰহণ

১৯৪৯ চনঃ ভাৰতীয় লোকগীতৰ শ্ৰেষ্ঠ পৰিৱেশক বুলি কলম্বিয়া শ্বিবিদ্যালয়ত এলিনৰ ৰুজভেল্টৰ পৰা সোণৰ পদক লাভ।

১৯৬১ চনঃ 'শকুন্তলা' কথাছবিৰ বাবে ৰাষ্ট্ৰপতিৰ ৰূপৰ পদক লাভ।

১৯৬৪ চনঃ 'প্ৰতিধ্বনি' কথাছবিৰ বাবে ৰাষ্ট্ৰপতিৰ ৰূপৰ পদক লাভ।

১৯৬৬ চনঃ 'লটিঘটি' কথাছবিৰ বাবে ৰাষ্ট্ৰপতিৰ ৰূপৰ পদক লাভ।

১৯৭৫ চনঃ 'চামেলী মেম্‌চাব' কথাছবিৰ বাবে শ্ৰেষ্ঠ সংগীত পৰিচালকৰ ৰাষ্ট্ৰীয় সন্মান লাভ।

১৯৭৭ চনঃ ভাৰত চৰ্কাৰৰ পৰা 'পদ্মশ্ৰী' সন্মান লাভ কৰে।

অৰুণাচল চৰ্কাৰৰ পৰা জনজাতীয় সংস্কৃতি সংৰক্ষণ আৰু উন্নয়নৰ কাৰণে যোগোৱা বৰঙণিৰ বাবে বিশেষ বঁটা লাভ।

১৯৭৮ চনঃ এইচ-এম-ভি কোম্পানীৰ পৰা 'গল্ডেন' ডিস্ক উপহাৰ লাভ।

১৯৭৯ চনঃ সৰ্ব ভাৰতীয় ক্ৰিটিক এছোচিয়েশ্যনৰ দ্বাৰা সন্মান লাভ।

১৯৮০ চনঃ 'মহুৱা সুন্দৰী' আৰু 'নাগিনী কন্যাৰ কাহিনী' নাটক দুখনৰ সংগীত পৰিচালনাৰ বাবে ঋত্বিক ঘটক বঁটা' লাভ।

১৯৮৭ চনঃ জাতীয় নাগৰিক পুৰস্কাৰ লাভ। বেংগল জাৰ্নেলিষ্ট এছোচিয়েশ্যনৰ দ্বাৰা 'ইন্দিৰা গান্ধী' পুস্কাৰ প্ৰদান।

১৯৯৩ চনঃ 'ৰোদালি' কথাছবিৰ বাবে শ্ৰেষ্ঠ সংগীত পৰিচালকৰ ৰাষ্ট্ৰীয় সন্মাল লাভ। (জাপানত বহা এচিয়া পেচিফিক ইণ্টাৰনেশ্যনেল ফিল্ম ফেষ্টিভেলত এই পুৰস্কাৰ দিয়া হয়।

১৯৯৪ চনঃ দাদা চাহেব ফাল্কে' বঁটা লাভ।

২০০১ চনঃ মধ্য প্ৰদেশ চৰ্কাৰে 'লতা মংগেছকাৰ' বঁটা প্ৰদান কৰা হয়। এই বঁটা তেঁও সংগীতলৈ কৰা সৰ্বাংগীন অৱদানৰ বাবে

ভাৰত চৰ্কাৰৰ 'পদ্মভূষণ' উপাধি।

২০০৮ চনঃ অসম চৰ্কাৰৰ দ্বাৰা 'অসম ৰত্ন' উপাধি প্ৰদান।

অন্যান্য সমিধান

এক: সম্পাদক ভূপেন হাজৰিকা

অসমৰ ৰাইজক সমাজ সচেতন আৰু সৃষ্টিশীল শিল্পীমনা কৰাৰ উচ্চ অভিলাষ লৈ ভূপেন হাজৰিকা আমেৰিকাৰ পৰা উভতি আহি অসমত থিতাপি লৈছিলহি। তদুপৰি তেঁওৰ নিজৰ পৰিয়াল আৰু ভাইভনীহঁতৰ জীৱনক গতিপথ দিয়াৰ দায়িত্বও তেঁও কান্ধ পাতি ল'বলৈ বিচাৰিছিল। নিজৰ শিক্ষা, গীত আৰু সাহিত্য সৃষ্টিৰ প্ৰতিভাৰে তেঁও জীৱনৰ বাট এটি মুকলি কৰি ল'ব পাৰিম বুলি আশা কৰিছিল। সেয়েহে, গীত ৰচনাৰ উপৰিও তেঁও হাতত কলম লৈ এক প্ৰকাৰ সৈনিকৰ মনোভাৱেৰে জীৱন সংগ্ৰামত নামিছিল। তেঁওৰ সেই সংগ্ৰামখিনি ফঁহিয়াই চালেও অনেক ব্যৰ্থতা দেখা যায়। সেই ব্যৰ্থতাত হাৰ নামানি শেষত নিজকে এজন কালজয়ী পুৰুষ ৰূপে প্ৰতিষ্ঠা কৰিব পৰাটো এক লক্ষণীয় কাহিনী।

সেই কাহিনী বেলেগ বেলেগ মাধ্যমত বেলেগ বেলেগ ৰূপত প্ৰকাশ পাইছে। তাৰে এটা মাধ্যম হৈছে আলোচনী। ১৯৬৪ চনত তেঁও 'গতি' নামেৰে মূলত সাংস্কৃতিক আলোচনী এখন আৰম্ভ কৰে। আলোচনীখন তেঁও নিজে সম্পাদনা কৰে প্ৰকাশক ৰূপে লয় ভায়েক অমৰ হাজৰিকাক। আলোচনীখন এবছৰও নচলিল। 'গতি'ৰ গতি বেয়া হোৱাৰ পাচত তেঁও ১৯৭০ চনত 'বিন্দু' নামেৰে এখন সৰু আলোচনী উলিওৱাত লাগে। 'বিন্দু'ৰ লক্ষ্য আছিল অতি কম দামতে (খনে ত্ৰিচ পইছা) প্ৰতি মাহতে একোটা স্বয়ংসম্পূৰ্ণ প্ৰৱন্ধ প্ৰকাশ কৰা। আঠ মাহৰ পাচত 'বিন্দু' অসমীয়াৰ অন্ধ সিন্ধুতে নিশ্চিহ্ন হ'ল।

সৌভাগ্যবশত, ১৯৬০ চনৰ পৰা তেঁও 'আমাৰ প্ৰতিনিধি' নামৰ মাহেকীয়া আলোচনী এখন সম্পাদনা কৰিবলৈ সুবিধা পাইছিল। 'আমাৰ প্ৰতিনিধি'ত তেঁও নিয়মিত ভাবে সম্পাদকীয় লিখিছিল। তদুপৰি আলোচনীখনত তেখেতে 'শিল্পীৰ পৃথিৱী' আৰু 'সহস্ৰজনে মোক প্ৰশ্ন কৰে' দুটা আকৰ্ষণীয় শিতানত আত্মপ্ৰকাশ কৰিছিল। 'শিল্পীৰ পৃথিৱী'ত তেখেতে অসম, কলিকতা, বোম্বাই আদিৰ চিনেমা জগতৰ বতৰা দিছিল। 'সহস্ৰজনে মোক প্ৰশ্ন কৰে'-ত তেঁও নানা জনৰ প্ৰশ্নৰ উত্তৰ বহুত ভাবি চিন্তি লিখিছিল। সেইবিলাকৰ যোগেদি তেখেতে 'গতি' আৰু 'বিন্দু'ৰ যোগেদি যিখিনি কাম কৰিবলৈ বিচাৰিছিল তাক বহু পৰিমাণে সাধন কৰিবলৈ সমৰ্থ হৈছিল। সেয়েহে 'গতি' আৰু 'বিন্দু'ৰ ব্যৰ্থতাই তেঁওক নিৰাশ কৰিব পৰা নাছিল। দৰাচলতে, 'আমাৰ প্ৰতিনিধি'য়ে ভূপেন হাজৰিকাৰ কৰ্মৰাজিলৈ বিশেষ শৃংখলতা আনিছিল। 'আমাৰ প্ৰতিনিধি' ১৯৬০ চনৰ পৰা আৰম্ভ কৰি ১৯৮৯ চনলৈকে প্ৰায় ডেৰ কুৰি বছৰ চলিছিল। সেই কালছোৱাই ভূপেন হাজৰিকাৰ জীৱনৰ আটাইতকৈ মহত্বপূৰ্ণ আৰু সফল যুগ বুলিব পাৰি।

সম্পাদক ভূপেন হাজৰিকা

ফটো: যোৰহাটৰ শ্ৰীমতী মঞ্জুলা গোস্বামীৰ সৌজন্যত]

সেই কালছোৱাতেই ভূপেন হাজৰিকাৰ প্ৰতিভাৰ পূৰ্ণ বিকাশ হয়। গীত, কথাছবি, সাহিত্য আদি সকলো ক্ষেত্ৰতে তেঁওৰ মহত্বপূৰ্ণ অৱদানবিলাক তেঁও এই কালছোৱাতেই সৃষ্টি কৰে। সৃষ্টিৰ জগতত দৃঢ় ভাৱে খোপনি পুতি থাকিবলৈ 'আমাৰ প্ৰতিনিধি'য়ে দিয়া সুবিধা খিনিৰ কাৰণেই যে শিল্পীজনে জগতখন প্ৰতিভাসম্পন্ন অপৰূপ সৃষ্টিৰে প্লাৱিত কৰিব পাৰিছিল তাত সন্দেহ নাই। সেই কালছোৱাত আমি যেতিয়াই লগ হৈছিলোঁ তেখেতে 'আমাৰ প্ৰতিনিধি'ৰ কথাতে আমাকও সাঙুৰিছিল। কি অসমতে হওক কিম্বা আমেৰিকাতে হওক 'আমাৰ প্ৰতিনিধি'ৰ সম্পাদকীয়ত কি লিখিব বা সহস্ৰজনে তেঁওৰ পৰা কেনে প্ৰশ্নৰ উত্তৰ বিচাৰিছে আদিৰ চিন্তাই তেঁওৰ মনক ব্যস্ত ৰাখিছিল।

'আমাৰ প্ৰতিনিধি' আলোচনীখনও শ্ৰীভূমিয়ে প্ৰকাশ কৰিছিল। শ্ৰীভূমিৰ গৰাকী অৰুণ পুৰকায়স্থৰ নিষ্ঠা আৰু বিশেষ গা লাগি সম্পাদনা কৰা ভূপেন দাদাৰ সাহিত্যিক প্ৰতিভা আৰু ব্যক্তিত্বৰ পৰশত 'আমাৰ প্ৰতিনিধি' এখন মূল্যবান আৰু জনপ্ৰিয় আলোচনী হৈ পৰে। 'আমাৰ প্ৰতিনিধি'-ৰ সফলতাৰ কাৰণে আমি আন এজন অসমীয়া সাহিত্যৰ সেৱকৰ নাম ল'ব লাগিব। তেখেত হৈছে কলিকতাৰ ভাৰতীয় ৰাষ্ট্ৰীয় গ্ৰন্থসূচীৰ অসমীয়া বিভাগৰ সহকাৰী সম্পাদক শ্ৰীকুল গগৈ। [এক প্ৰকাৰ অখ্যাত পণ্ডিত কুল গগৈৰ ভাষা জ্ঞানৰ বিষয়ে এষাৰ কথা ক'লেই যথেষ্ট হ'ব যে কটন কলেজত পঢ়ি থকা দিনত অসমীয়া গল্প প্ৰতিযোগিতাত গগৈদেৱ প্ৰথম হৈছিল আৰু 'আমাৰ অসম' কাকতৰ সম্পাদক হোমেন বৰগোহাঞিদেৱ দ্বিতীয় হৈছিল।] সি যিয়েই নহওক, কুল গগৈৰ আন্তৰিক প্ৰচেষ্টাৰ কাৰণেই 'আমাৰ প্ৰতিনিধি'খন ভাষা আৰু বানানৰ পিনৰ পৰা নিখুঁত হৈছিল। তাতে, অৰুণ পুৰকায়স্থই আলোচনীখন বেছ সুলভ মূল্যত ৰাইজৰ হাতত দিছিল। সেয়েহে, অতি সোনকালেই 'আমাৰ প্ৰতিনিধি' অসমীয়া ৰাইজৰ অতি জনপ্ৰিয় হৈ পৰে। গুণৰ পিনৰ পৰাও আলোচনীখনৰ স্থান অতি উচ্চ।

সম্ভৱ ভূপেন হাজৰিকাৰ সম্পাদনাৰ কাৰণেই 'আমাৰ প্ৰতিনিধি'ৰ সেই সফলতা বুলি ভাবি সূৰ্য্য হাজৰিকাই (তেঁও ভূপেন হাজৰিকাৰ আত্মীয় নহয়) ১৯৮৫ চনত অসমত 'প্ৰতিধ্বনি' নামে এখন আলোচনী আৰম্ভ কৰে। সূৰ্য্য হাজৰিকাই ভূপেন হাজৰিকাক শকত ধনৰ টোপোলা দি 'প্ৰতিধ্বনি'ৰ সম্পাদক হ'বলৈ সন্মত কৰে। কুল গগৈ আৰু আমাকে ধৰি বহুতেই ভূপেন দাদাক একে ধৰণৰ আন এখন আলোচনীৰ সম্পাদনাৰ ভাৰ ল'বলৈ মনা কৰিছিলোঁ। কিন্তু সেইখন বেলেগ ধৰণৰ হ'ব বুলি ভূপেন দাদা মান্তি হ'ল আৰু আমাকো প্ৰবন্ধ দিবলৈ খাটিলে।

'প্ৰতিধ্বনি'খন 'আমাৰ প্ৰতিনিধি'ৰ অনুৰূপ হ'ল। ভূপেন দাদাৰ সম্পাদকীয়, প্ৰশ্নোত্তৰেই তাৰ মূল আকৰ্ষণ। আনকি আলোচনীখন দেখিবলৈকো প্ৰায় 'আমাৰ প্ৰতিনিধি'ৰ দৰে কৰা হ'ল। কিন্তু গুণত 'প্ৰতিধ্বনি' ম'ৰাৰ পাখিৰে সজোৱা কাউৰীৰ নিচিনা হ'ল। তেনে হোৱাৰ কেবাটাও কাৰণ আছিল।

যাহওক, সেইবিলাকৰ আলোচনাত লগাটো আমাৰ উদ্দেশ্য নহয়। আমি এষাৰ কথা মাথোঁ দঢ়াই দঢ়াই ক'বলৈ বিচাৰোঁ যে ভূপেন হাজৰিকাৰ জীৱনৰ গৌৰৱোজ্জ্বল সৃষ্টিবিলাক বুজিবলৈ বা সেই কালছোৱাৰ কথাবিলাক জানিবলৈ 'আমাৰ প্ৰতিনিধি'ৰ পাতত প্ৰকাশ পোৱা ভূপেন হাজৰিকাক চিনিবলৈ চেষ্টা কৰিব লাগিব। তাৰ এটা আভাস দিবৰ কাৰণে ইয়াত হাজৰিকাদেৱৰ এটা সম্পাদকীয় তুলি দিলোঁ।

পাচৰ আন এটা শিতানত ভূপেন দাদাই দিয়া কিছুমান প্ৰশ্নৰ উত্তৰো দিয়া হৈছে।

২০শ বছৰ : ১ম সংখ্যা মাঘ ১৯০১ শক জানুৱাৰী ১৯৮০ চন

সম্পাদকীয়

বহ্নিমান ব্ৰহ্মপুত্ৰ……

বৰ্ত্তমানৰ ব্ৰহ্মপুত্ৰ বহ্নিমান …মেঘৰ আলয়তো ……**এই বহ্নি শীঘ্ৰে নুমুৰাৰ সম্ভাৱনা আমি দেখা নাই।** যোৱা নভেম্বৰ মাহত আমাৰ সম্পাদকীয়ত স্পষ্টভাৱে মুঠতে আমি কৈছিলোঁ : ভাৰতীয় ভাৰতীয়ৰ মাজত বলপ্ৰয়োগ, হত্যা, মাৰধৰ, জোৰ-জুলুম নেতিবাচক অগণতান্ত্ৰিক পন্থা। ই কোনো সুস্থ কাৰণৰ আন্দোলনক আগুৱাই নিনিয়ে। অভাৰতীয় অনুপ্ৰবেশকাৰীৰ কথা আমি কৈছিলোঁ '**ভোটাধিকাৰ অৰ্জন কৰাৰ হে প্ৰশ্ন— অবৈধভাৱে কাঢ়ি লোৱাৰ নহয়।**' আজিৰ এই সম্পাদকীয় নভেম্বৰৰ সম্পাদকীয়ৰ সূত্ৰ ধৰি, সেই পট-ভূমিত পঢ়িবলৈ পাঠক সকলক অনুৰোধ কৰা হ'ল। ভাষা ধৰ্ম নিৰ্বিশেষে বহু বুদ্ধিজীৱীয়ে আমাৰ সেই সম্পাদকীয়ৰ যুক্তি শলাগি আমালৈ চিঠি দিছে। আমি সেইসকললৈ কৃতজ্ঞতা জনালোঁ। কৃতজ্ঞতা জনাই ক্ষান্ত নেথাকি, বৰ্তমানৰ জ্বলন্ত সমস্যাৰ পৰ্যায়টোক আৰু অলপ বিশ্লেষণ কৰিবৰ প্ৰয়াসহে কৰা ভাল। জোৰ পুৰি হাত পাইছেহি। যোৱা ডেৰকুৰি বছৰে অসমক শাসন কৰা ৰাজনীতিবিদইঁতৰ (নানা ভাষাভাষী) দলীয় স্বাৰ্থত, অভাৰতীয় লোকৰ অবাধ আহযাহত অসমৰ ৰাইজৰ মনবোৰ জুকলা হোৱাটো সত্য : নহ'লে সন্দেহকাৰী সাংবাদিকেও এইবুলি লিখেনে? 'There is undoubtedly a steady flow of illegal immigrants from Bangladesh into Assam and Meghalaya along its 1000 km border with the two states. A trickle in normal times, it became a torrent for two years following the liberation war in Bangladesh in 1971' (স্মিত মিত্ৰ : INDIA TO DAY, December '79 সংখ্যা)।

১৯৭৮, ৭৯-ত কিমান সোমাইছে তাৰ পৰিসংখ্যা দি এই সম্পাদকীয়ক ভাৰাক্ৰান্ত নকৰিলেও হ'ব। পুনৰ কওঁ, জোৰ পুৰি হাত পালেহি। তথাপি যোৱা ডেৰকুৰি বছৰে ঘটা কথা কেইটামান পাহৰিব নোৱাৰি।

তাহানি ৺জৱাহৰলাল নেহেৰুৱে 'Discovery of India' লিখি সমগ্ৰ ভাৰতকে 'আৱিষ্কাৰ' কৰিছিল। সেই কিতাপত তেওঁ অসম নেলাগে পুৰণি প্ৰাগজ্যোতিষপুৰখনকো 'ডিচ্‌কভাৰ' কৰাৰ যোগ্যতা নেপালে। ৰাষ্ট্ৰীয় সঙ্গীতত অসমৰ নাম নথকাটো বাৰু অসমীয়াই কাব্যিকভাৱেই ল'লে! এতিয়া প্ৰাগজ্যোতিষপুৰ নেলাগে, তাৰ ধ্বংসাৱশেষ 'দিচপুৰ' খন দিল্লীৰ মানত চুৱাধোৱা ঠাই। দেশৰে চন্দ্ৰমা কাল এন্ধাৰে যেতিয়া আবৰে, যেতিয়া কত জোৱানৰ মৃত্যু হয় কামেং সীমান্তত, তেতিয়াও ৺নেহেৰুৱে কাব্যিক ভাষাৰে, অভিজাত ইংৰাজী মাতেৰে অসমবাসীক দিলে চিৰ বিদায়! সেই ৰোমাণ্টিক চিন্তাবিদজনৰ কন্যা গৰাকীৰ ৰাজত্বকালত অসমৰ লুইতত কেইখন দলং দিলে? কেইটা বান-পানী ৰোধ কৰাৰ প্ৰকল্প ল'লে, কেইটা ব্ৰডগজ লাইন দিলে? বৈধ অবৈধ অসমবাসীৰ ভোট লৈ, দিল্লীলৈ গৈ কেইজন এম - পি যে পুৰুষৰ দৰে কথা ক'লেগৈ? দিল্লীৰ চুৱা চেলেকাটোকে যি সকলে সাফল্য বুলি ধৰি লৈছে তেনে লোকৰ সংখ্যা দিনে নিশাই বঢ়া কাৰণেই আজিৰ লুইতপৰীয়া কিশোৰ-কিশোৰী ডেকা-গাভৰু ছাত্ৰ-ছাত্ৰীয়ে আঙুলিয়াই দি চিঞৰিব-লগীয়া হৈছে—'হেৰৌ চা, অভাৰতীয় কালি আহি আজি

২০শ বছৰ : ১ম সংখ্যা / ৩

ভোট দিব—হেৰৌ কিবা এটা কব। হেৰৌ পৃথিবীৰ ক'তো এনে কথা নহয় অ' !

এই নেতাসকলৰ লজ্জাবোধ নথকাৰ বাবেই বাৰে বাৰে বাইজৰ ভোট বিচাৰি আহে আৰু আহিব। দিচপুৰৰ এতিয়াৰ অৱস্থা কি চাব? নেতাসকলৰ কি ৰেহৰূপ চাব? ৰবৰবাৰ আদেশ হে হাজৰিকাৰ পুলিছে মানিছে! তেন্তে দুয়োৰে দোষ নাই। কাৰণ যিজনে আদেশ দিলে তেওঁ ক্ষমতাত নাই, আৰু যিজনে কামটো কৰালে তেওঁৰ সেইটো আদেশেই নহয়! সিংহই ইফালে এনেয়ে গৰজে। অসমত মানুহে এনেয়ে ভাওনা নকৰা হৈছেগৈ। পিছে দিল্লী-দিচপুৰত হোৱা ভেকো-ভাওনা বন্ধ কৰাৰ পণ ৰাইজৰ চকুৱে-মুখে প্ৰজ্জলিত। এই দৃশ্য দেখিয়েই অত বছৰে শাসন কৰি চকুমুদি থকা কংগ্ৰেছৰ এতিয়াৰ নতুন সভাপতি আৰ্চ মহোদয়ে আজিহে দিল্লীত কৈছে : 'অসমৰ পৰিস্থিতি অতি গুৰুতৰ। এই কথা লৈ ৰাজনীতি কৰিলে সমস্যাৰ সমাধান নহয়—বৰং আৰু জটিলতা বাঢ়িব।' —এই সভাপতিজনে এতিয়া দিয়া এই সতৰ্কবাণী নেমানি নেমানি যোৱা ডেৰকুৰি বছৰে ৰাজনীতি কৰা চেলা-চামুণ্ডা সকলে এতিয়াও বুজিছেনে? ছাত্ৰ-ছাত্ৰীয়ে এতিয়া বুজাবলগীয়া হৈছে কিয়?

নেতৃবিহীনতাই অসমত কাহানিও নঘটা এটি ঘটনা ঘটালে। লাজৰ কথা। ৰাষ্ট্ৰপতি শাসন জাপি দিবলগীয়া হ'ল। দুদিনমান পিছত কোনোবা কেইটামানে মিলি এখন হয়তো খিচিৰি মন্ত্ৰীসভা পাতিব অকল মন্ত্ৰীত্বৰ লোভত। তেতিয়া যুৱ সমাজে কৈ দিব লাগিব : 'অসমীয়া-বাঙালী হিন্দু-মুছলমান বিভেদ পাহৰি যাওক। অসম ভাৰতৰ অঙ্গ। গতিকে অসমো ভাৰত, ভাৰতীয় ভাৰতীয়ৰ মাজত বিভেদ নিবিচাৰোঁ, কিন্তু তাত অভাৰতীয় যদি এজনেও অবৈধভাৱে ভোটাধিকাৰ পাইছে—তেন্তে সেইজনৰ পৰা সেই অধিকাৰ বৈধভাৱে কাঢ়ি লওক, যেনেকৈ তেওঁ-কাঢ়ি লৈছে বা লব খুজিছে। ই আইনৰ কথা সাংবিধানিক কথা। ইয়াত কাৰো Chauvinism-অৰ ঠাই নাই। Inferiority ৰো ঠাই নাই।

কংগ্ৰেছ সভাপতি আৰ্চ মহোদয়ে এতিয়া চিঞৰিছে—'দেবরাজ আস আসাম সমস্যার সমাধানের জন্য রাজনৈতিক দলগুলিকে একটি ঐক্যমতে আসার আহ্বান জানিয়েছেন (আনন্দ-বাজার পত্রিকা ১৬. ১২. ৭৯.)।

সৰ্বভাৰতীয় আৰু আঞ্চলিক ৰাজনৈতিক দলবোৰে অসমৰ এই সমস্যাক যেতিয়ালৈ সৰ্বভাৰতীয় পৰ্যায়ৰ 'জাতীয়' সমস্যা বুলি নধৰে যেতিয়ালৈকে নিজ নিজ দলীয় সঙ্কীৰ্ণতাৰ পৰা ওলাই নাহে, তেতিয়ালৈ উত্তৰ-পুব ভাৰতত বহ্নি দেখিবলৈ পাবই।

ইমান দিনে নেতৃবিহীনতাৰ ফলত উদ্ভৱ হোৱা এই বহ্নিত কেইবাজনো অসমীয়া-বাঙালী লোকৰ অকালতে প্ৰাণ হানি হৈছে। সেই সকলৰ আত্মাই শান্তি লভক, সেই সকলৰ জ্ঞাতি-পৰিয়ালেহে জানে শোকৰ পৰিমাণ। তেওঁলোকলৈ আন্তৰিকতাৰে সমবেদনা জনাই কওঁ, এই বহ্নিমান ব্ৰহ্মপুত্ৰৰ পাৰত প্ৰকাশিত অভাৰতীয় অনুপ্ৰবেশকাৰীৰ প্ৰশ্নটোৰ উচিত সমাধানত দিল্লীয়ে ওপৰচকুৱা ভাবটো শীঘ্ৰে পৰিত্যাগ কৰক। এই অগ্নিত প্ৰাণ হেৰুৱা সকলে অভিশাপ দিব যদি ইয়াৰ সমাধান সহানুভূতিৰে কৰা নহয়। আকৌ এবাৰ কওঁ : জোৰ পুৰি একেবাৰে হাত পালেহি সময় আৰু নাই—

কলিকতা

দুই: চিত্ৰশিল্পী ভূপেন হাজৰিকা

ভূপেন দাদাই গীতবিলাক সাধাৰণতে নাটকীয় পৰিস্থিতিত লিখিছিল। উৰা জাহাজেৰে তেজপুৰলৈ যাওঁতে 'আকাশী যানেৰে', স্বাধীনতা আন্দোলনত 'অগ্নিযুগৰ ফিৰিঙতি', ১৯৬০ চনৰ ভাষা আন্দোলনৰ হিংসাত্মক কাৰ্য্য দেখি 'মানুহে মানুহৰ বাবে', চীনৰ ভাৰত আক্ৰমণত 'ৰণক্লান্ত নহওঁ', জুয়ে পোৰা তিৰাশীত 'ভাইটি নোহোৱা হ'ল আদি।

কিবা কাৰণত তেঁওৰ মন অশান্ত হ'লেও তেঁওৰ গীত ওলাইছিল। শান্ত সুস্থিৰ অৱস্থাত তেঁও ভাল পাইছিল ৰান্ধিবলৈ, বৰশী বাবলৈ বা ছবি আঁকিবলৈ। ছবি অঁকাটো তেঁওৰ ভাল চখ আছিল। শান্ত ৰসৰ গীত ৰচোঁতেও তেঁও লগত ছবি আঁকিছিল। দুৰ্ভাগ্যবশত তেঁও সেই ছবিবিলাক সাধাৰণতে ফালি পেলাইছিল। সেয়েহে, তেঁও অঁকা ছবি পাবলৈ বৰ টান। ইয়াত তাৰে দুখনমান দিলোঁ। সেই কেইখন তেঁওৰ 'আগলী বাঁহৰ লাহৰী গগনা' পুথিৰ পৰা লোৱা। ছবি অঁকাৰ

ভূপেন হাজৰিকাই মোৰ ৰ'ড আইলেণ্ডৰ বাহৰত এনেয়ে বহি থাকোঁতে তেনে ধৰণৰ বহুত আঁক বাক ছবি মানে স্কেচ আঁকিছিল। কিন্তু সেইবিলাক মই সংৰক্ষণ কৰিবলৈ পোৱাৰ আগতেই তেখেতে ফালি পেলাইছিল। অলপ নাটকীয়া ভাবে অঁকা এখন ছবি মোৰ লগত এতিয়াও আছে। সেইখনকে ইয়াত দিলোঁ। লগতে তাৰ কাহিনীটোও কওঁ। এবাৰ মই ভূপেন দাদাক সুধিলোঁ আপুনি যে 'অ' বান্ধৈ তাঁতৰ শালৰ শিপিনী' বোলা গীত এটা ৰচিছিল মনত আছে নে? ভূপেন দাদাই ক'লে, 'গীতটোৰ কথাখিনি মনত নাই কিন্তু শোৱালকুচিৰ ওচৰতেই হ'ব পায় আপোন মনে তাঁত বৈ থকা ধুনীয়া শিপিনী এজনী দেখি মোৰ মনলৈ গীতটো আহিছিল।" মই ৰ'জৰ পৰা কথাখিনি গোটাই অনা বুলি কৈ সুধিলোঁ আপুনি গীতটোৰ সুৰটো মনত পেলাব পাৰে নেকি চাওকচোন বুলি কথাখিনি আৰু হাৰ্মনিয়ামটো তেঁওৰ ওচৰ চপাই দিলোঁ। তেঁও বহুত চেষ্টা কৰি প্ৰথম অন্তৰাটোৰ সুৰটো উলিয়াব পাৰিলে, বাকীখিনিৰ নোৱাৰিলে। নিজে দিয়া সুৰটোকে মনলৈ আনিব নোৱাৰি তেঁওৰ খং উঠাৰ আগেয়ে মই কথা সলাই ক'লোঁ:

> 'এইবিলাক বাদ দিয়ক। মই গীতটোৰ প্ৰসংগ উলিওৱাৰ আচল কাৰণ হৈছে সেই গীতটোত থকা 'মনে মোৰ কইনা বিচাৰে' কথাষাৰ মোৰ বৰ পছন্দ হৈছে আৰু তাত মোৰ এতিয়াৰ প্ৰাণৰ কথা বৰ সুন্দৰকৈ ফুটি ওলাইছে। সেইকাৰণে মই সেই নামেৰেই কিতাপ এখন লিখিব খুজিছোঁ। আপুনি কিতাপখনৰ বেটুপাতটো আঁকি দিব লাগে। মানে, গীতটো আপুনি ডেকা কালত কইনা বিচৰাৰ ভাবটো মনলৈ অহাৰ সময়ত লিখা যেতিয়া আপুনি কেনেকুৱা কইনা বিচাৰিছিল ছবি এখনৰে ফুটাই আঁকি দিয়ক।'

ভূপেন দাদাই মোৰ প্ৰস্তাৱটোত বৰ ফুৰ্তি পালে আৰু মোক কাগজ পেন্সিল গোটাই দিবলৈ ক'লে। মই নানা ধৰণৰ ৰঙ বিৰঙৰ পেন্সিল আৰু নানা ধৰণৰ কাগজ গোটাই দিলোঁ। ভূপেন দাদাই ডাঠ নীলা কাগজ এখন বাচি লৈ ক'লে, 'এইখনেই ভাল হ'ব মোৰ নীলা চাদৰৰ লগত মিলিছে।' সেইবুলি ভূপেন দাদাই আনন্দ মনেৰে কইনা এজনী আঁকিবলৈ আৰম্ভ কৰিলে। কইনাজনী আধামান আঁকি ক'লে:

'কিতাপখনৰ নামটো আগেয়ে লিখি লওঁ ৰ'বা, ভাব এটা আহিছে। মানে তুমিটো কোনজনীক বিয়া কৰিবা বা কোনজনীয়ে তোমাক বিয়া কৰিবলৈ সন্মত হ'ব নাজানা। সেইকাৰণে আখৰবিলাক একাবেকা হৈ মনটোৰ দৰে ইফালে সিফালে যাব।'

তেনেদৰে মনৰ ভাববোৰ কৈ কৈ বেছ কম সময়তে বেটুপাত এখন আঁকি কিছুক্ষণ ছবিখন বেছ আগ্ৰহেৰে চাই চাই দুই এডাল আঁচ মাৰি সামৰিলে। তাৰ পিচত, ছবিখন মোৰ পিনে আগ বঢ়াই দি ক'লে, 'এইজনী অলপ খঙাল কইনা হ'ল। এই মোৰ কইনা নহয়, তোমাৰহে কইনা হ'ল। মোৰ কইনা ইমান খঙাল হ'ব নোৱাৰে।'

মই সেইখনৰেই বেটুপাত কৰিম বুলি কোৱাত, তেঁও ক'লে বোলে নেলাগে, বৰ ভাল লগা নাই। মই অ-চি গাংগুলীৰ হতুৱাই এখন ভাল বেটুপাত অঁকাই দিম। ভূপেন দাদাই নিজৰ কথা ৰাখিলে আৰু অ'-চি গাংগুলীৰ হতুৱাই বেঁটুপাত এখন অঁকাই দিলে। আচৰিত কথা—সেইখনৰো কইনাজনী অলপ খঙাল হ'ল। ভূপেন দাদাক কথাটো সোধোঁতে তেখেতে ক'লে বোলে অ'-চি গাংগুলীয়ে মোৰ গোটেই কাহিনীবিলাক শুনি ক'লে যে তেঁও হেনো বহুত চেষ্টা কৰিও কইনাজনীৰ মুখত হাঁহি বিৰিঙাব নোৱাৰিলে তেঁও হেনো আৰু ক'লে:

'মই যি বুজিছোঁ দিলীপ দত্ত ল'ৰাটো খুব ভাল সেইকাৰণে তেঁওৰ কইনাই অলপ অভিমান আৰু খঙেৰে সুধিব—এতদিন কোথাই ছিলেন।'

মোৰ ভাগ্যত খঙাল কইনাহে আছে বুলি মই পুথিখনৰ প্ৰথম তাঙৰণত সেইখনকে ব্যৱহাৰ কৰিলোঁ। সেই বেটুপাতখনো এই পুথিত দিছোঁ। তাৰ এটা কথা মন কৰিব লগীয়া যে সেইখনৰো কইনাজনী অলপ খঙাল আৰু শিৰোনামাৰ আখৰ কেইটাত ভূপেন দাৰ প্ৰভাৱ স্পষ্ট।

এবাৰ তেখেতক টালিগঞ্জৰ ঘৰত লগ পাওঁতে তেখেতে মোক ডাঠ চিঁয়াহীৰ ৰেখাৰে অঁকা ছবি এখন দেখুৱাই কৈছিল:

'এইখন মই কিহৰ ছবি আঁকিছোঁ ক'ব পাৰিলে, ছবিখন মই তোমাক দি দিম।'

মই ছবিখন ভালদৰে চাই সাধাৰণ ভাৱে উত্তৰ দিলোঁ যে সেইখন লেডি গডাইভাৰ ছবি। ভূপেন দাদা আচৰিত হৈ মন্তব্য দিলে:

'ফণীদত্তৰ ছৱাল কম নহয়? মই আজিলৈকে কতজনক যে এই ছবিখন দেখুওৱা নাই কিন্তু কোনেও কাৰ ছবি ক'ব পৰা নাই। তুমি লেডি গডাইভাৰ কথা কেনেকৈ জানিলা? তোমাক লাগে যদি এইখন নিব পাৰা।'

বুলি ছবিখন তেঁও মোলৈ আগ বঢ়ালে। তেতিয়া মোৰ চিত্ৰ বা চিত্ৰলেখাত বিশেষ ৰাপ নাছিল আৰু সেই বিষয়ে বিশেষ একো নাজানিছিলোঁ। মই ছবিখন হাতত লৈ আকৌ এবাৰ ভালদৰে চাই ক'লো:

'বুজিছে, লেডি গডাইভাই কোনটো বাটেৰে উলংগ হৈ ঘোঁৰাত উঠি ইংলণ্ডৰ কভেণ্ট্ৰি চহৰত পাক মাৰিছিল তাক চাবলৈ মই দুবাৰও কভেণ্ট্ৰি চহৰলৈ গৈছোঁ। সেইকাৰণে তেঁওৰ ছবিখন চিনি পাইছোঁ। বৰ্তমান মই আপেনাৰ গান গোটোৱাতে ব্যস্ত। সেইকাৰণে এইখন মই এতিয়া নিনিওঁ আপুনিয়েই ভালদৰে থৈ দিয়ক। এটা কথা আপোনাৰ কিন্তু বাহাদুৰী আছে দেই। কভেণ্ট্ৰিৰ দোকান পোহাৰ আৰু মিউজিয়াম আদিত মই লেডি গডাইভাৰ বহুত ছবি আৰু প্ৰতিমূৰ্তি দেখা পাইছোঁ। সেই সকলোবিলাকত শিল্পীসকলে গডাইভাৰ উলংগ শৰীৰটোহে প্ৰদৰ্শাবলৈ চেষ্টা কৰিছে, আপুনি কিন্তু গডাইভাৰ

নগ্নতা ঢাকি তেঁওৰ মনৰ কষ্টহে বৰ্ণাবলৈ চেষ্টা কৰিছে। সেইটো বৰ ডাঙৰ কথা।'

ভূপেন দাদাই মোৰ কথা শুনি ছবিখন মোৰ হাতৰ পৰা লৈ কিছু দেৰী চাই ছবিখন সামৰি থলে।

'মনে মোৰ কইনা বিচাৰে'-ৰ ছবিখন অঁকাৰ পিচত ভৱিষ্যতে কেতিয়াবা ভূপেন দাদাই অঁকা ছবিবিলাক সংগ্ৰহ কৰিম বুলি ভাবি মই সম্ভৱ ১৯৮৭ চনত তেখেতক গড়াইভাৰ ছবিখনৰ কথা সুধিছিলোঁ। তেখেতে সেইখন তেখেতৰ লগত নাই কিন্তু সেইখন আলোচনীত ওলাই গৈছে বুলি ক'লে আৰু তুমি বিচাৰিলে পাবা বুলি ক'লে। মই ভূপেন দাদাৰ লগত থকা দেৱৰাজ নামৰ ল'ৰাজনৰ সৈতে ভূপেন দাদাৰ আমি হাত দিব পৰা কাগজ ফাইলৰ মাজত সেইখন বিচাৰি নাপালোঁ কিন্তু দেৱৰাজে নিজৰ লগত সাঁচি থোৱা আৰু গড়াইভাৰ ছবিখন থকা আলোচনীৰ পাত এখিলা দিলে। ভূপেন দাদাই অঁকা আচল ছবিখন মই নাপালোঁ। সেইখন যদি তেখেতৰ সংৰক্ষিত কাগজ পত্ৰৰ মাজত আছে তেনেহলে সেইখন বন্ধাই থলে ভাল হয়। সেইখনৰ মূল্য বুজিবৰ কাৰণে মই লেডি গড়াইভাৰ কাহিনী৷ প্ৰাসংগিক সমিধানত দিছোঁ।

এইখিনিতে আৰু এটা কথা এই যে আলোচনীৰ পাতত ওলোৱা ছবিখন মই প্ৰখ্যাত চিত্ৰশিল্পী পুলক গগৈক ধৰি কেবা গৰাকীও চিত্ৰশিল্পীকে দেখুৱাইছোঁ। তেঁওলোক আটায়ে এক বাক্যে স্বীকাৰ কৰে যে সেইখন অতি উচ্চ মানৰ আৰু তাৰ প্ৰতিডাল ৰেখাই এক বলিষ্ঠ প্ৰতিভাৰ পৰিচয় দিয়ে।

মোৰ লগত থকা 'মনে মোৰ কইনা বিচাৰে' ছবিখন মই ভালদৰে ৰাখিছোঁ আৰু সেইখন অদূৰ ভৱিষ্যতে কলাক্ষেত্ৰক দিম। ভূপেন দাদাই অৱসৰ সময়ত অঁকা দুই এখন ছবি ইয়াত দিলোঁ।

ছবি: যোৰহাটৰ গায়ত্ৰী (সাদৰ) বৰগোঁহাইৰ সৌজন্যত

এইখিনিতে, মই ওপৰত উল্লেখ কৰা দেৱৰাজৰ বিষয়ে এষাৰ কোৱা উচিত হ'ব। ভূপেন দাদাৰ চিত্ৰশিল্পৰ প্ৰতি থকা অনুৰাগ আন ৰূপেও প্ৰকাশ পাইছিল। ভূপেন দাদাৰ কলিকতাৰ ঘৰত দেৱৰাজ নামে ল'ৰা এজনে ভূপেন দাদাৰ ৰন্ধা বঢ়া আদিত সহায় কৰিছিল। দেৱৰাজৰ ছবি অঁকাত ৰাপ থকা বুলি জানি তেঁও দেৱৰাজক ছবি অঁকা সা সঁজুলিবিলাক কিনি দিয়াৰ উপৰিও মাজে মাজে চিত্ৰশিল্পৰ বিষয়ে তেঁও জনা কথাবিলাক শিকাইছিল। এবাৰ দেৱৰাজে মোৰ ছবি এখন আঁকিবলৈ মন কৰাত মই দেৱৰাজক নিৰুৎসাহ কৰাৰ ভয়ত সন্মত

হ'লোঁ। তেঁওৰ সন্মুখত কেইবাৰমান বছৰ পাচত দেৱৰাজে মোৰ ছবি এখন আঁকি আমাক দেকুৱালে। তেলৰ মাধ্যমেৰে সুন্দৰকৈ অঁকা ছবখন দেখি আমি দুয়ো বিস্মিত হ'লোঁ। ভূপেন দাদাই দেৱৰাজক ভুৰি ভুৰি প্ৰশংসা কৰিলে। ছবিখন মই আমেৰিকালৈ লৈ আহিলোঁ।

ওপৰৰ ছবি দুখন ভূপেন দাদাই বাৰ্লিনত অঁকা। ছবি দুখন যোৰহাটৰ গায়ত্ৰী বৰগোঁহাইৰ (সাদৰৰ) সৌজন্যত পোৱা

ভূপেন দাদাৰ দৃষ্টিত লেডি গডাইভা

ছবিখনত সম্ভৱ তেখেতে কল্পনা কৰা ধৰণেৰে লেডি গডাইভাৰ ঐতিহাসিক উলংগ ভাবে ঘোঁৰাত উঠিব লগীয়া হোৱা অৱস্থা বৰ্ণাইছে (লেডি গডাইভাৰ বিষয়ে প্ৰাসংগিক সমিধান চাওক)।

ভূপেন দাদাৰ দৃষ্টিত ৰাণী গ'ডাইভা

[ফটোখন ভাৰ্জিনিয়াৰ সতোন আৰু নমিতা দাসৰ সৌজন্যত পোৱ হৈছে।]

[ৰাণী গ'ডাইভাৰ ষিষয়ে প্ৰাসংগিক সমিধান চাওক]

ভূপেন হাজৰিকাৰ উলংগ ৰাণী গ'ডাইভাৰ অশ্ব যাত্ৰা

[বিঃ দ্ৰঃ ছবিখনত ভূপেন দাদাৰ চহী '৮৪ চন বুলি আছে যদিও আমাক দেখুওৱা ছবিখন আগেয়ে আঁকা। একেখন ছবি যদিও চহীটোহে পাছৰ।]

চিত্ৰশিল্পী ভূপেন হাজৰিকা

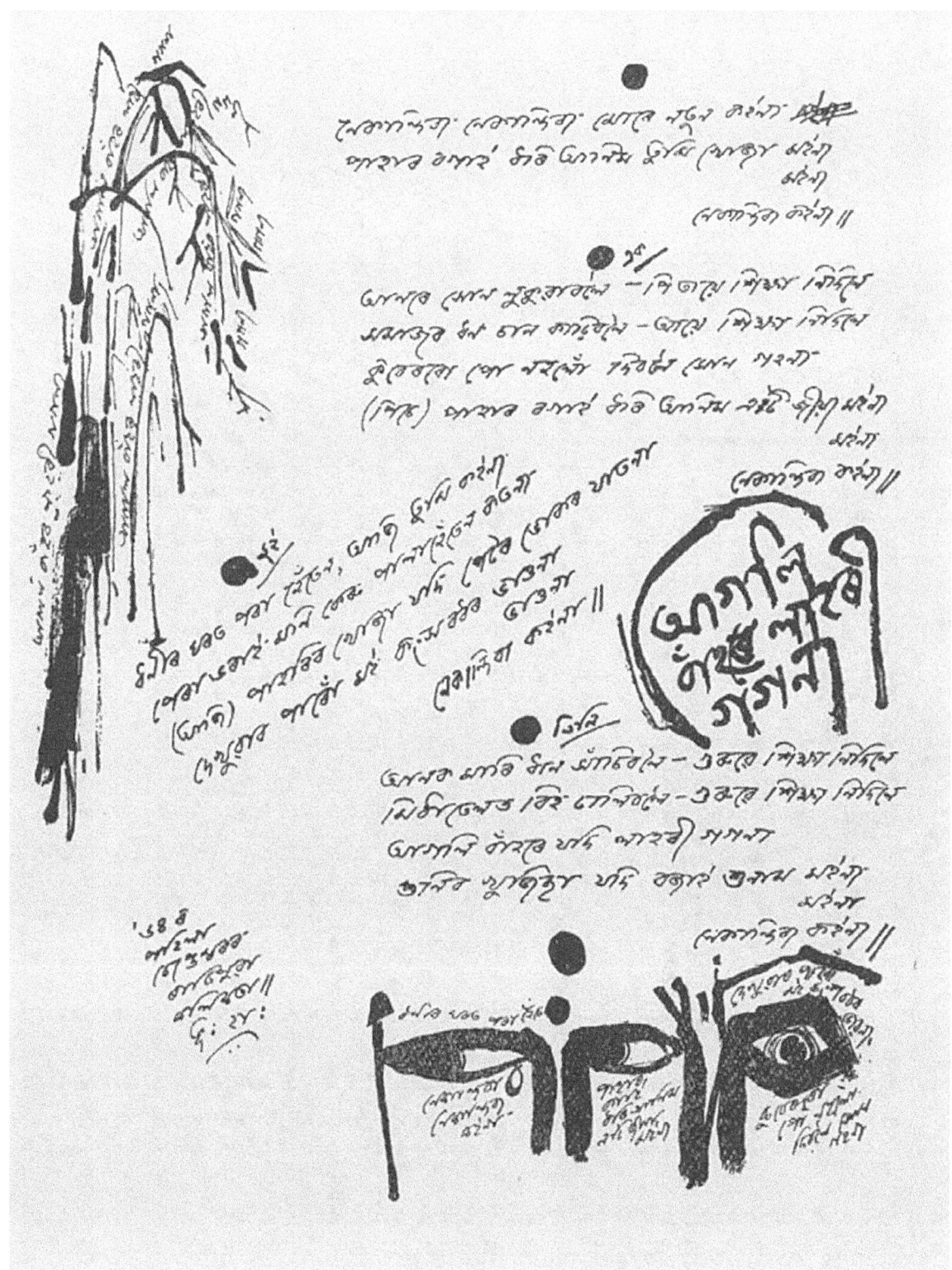

ভূপেন দাদাৰ নিৰ্দেশত অ' চি গাংগুলীয়ে অঁকা 'মনে মোৰ কইনা বিচাৰে' (প্ৰকাশিত)

কইনা প্ৰিয়মৰ সৈতে ভূপেন দাদা

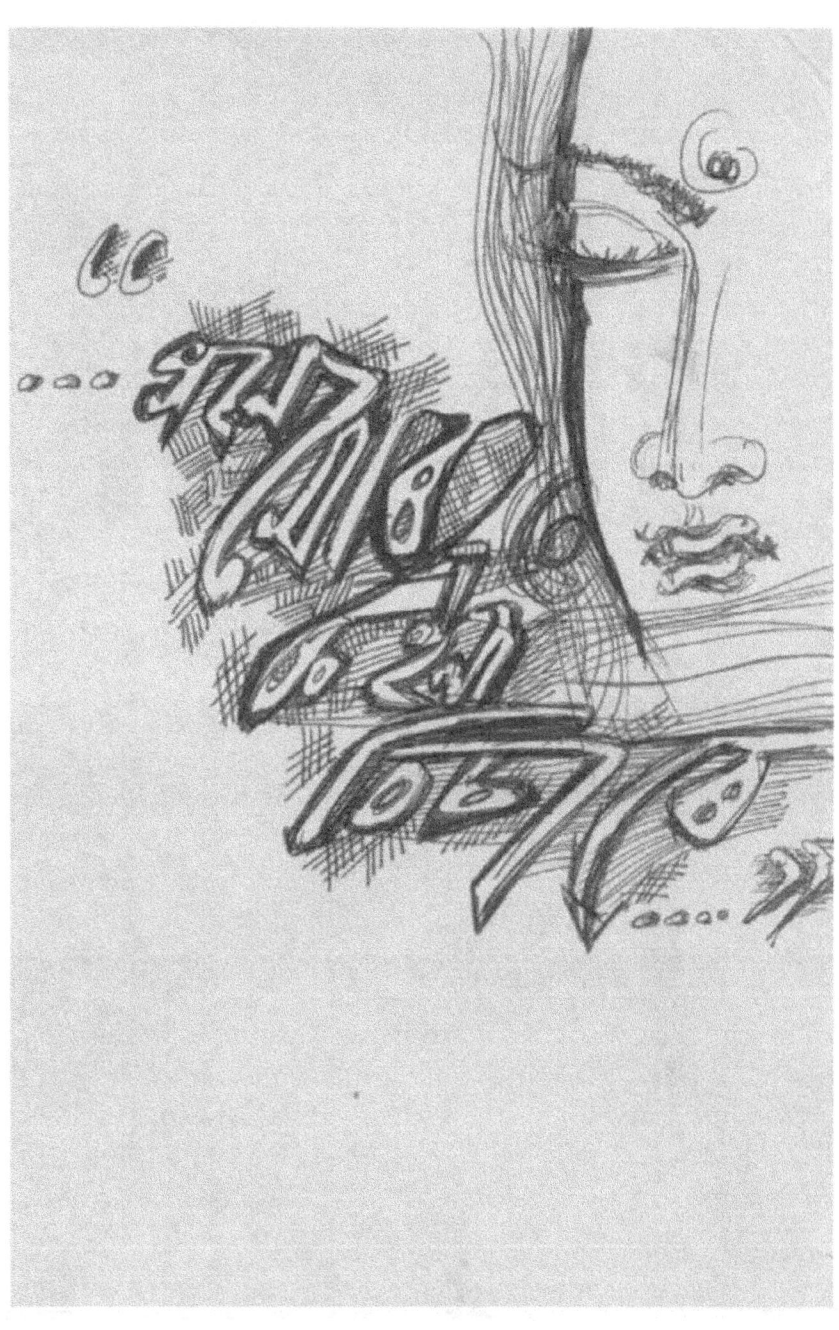

ভূপেন হাজৰিকাই ৰ'ড আইলেণ্ডত অঁকা 'মনে মোৰ কইনা বিচাৰে' (অপ্ৰকাশিত)

[বিঃ দ্ৰঃ মোৰ লগত থকা এই ছবিখন মই ভালদৰে ৰাখিছোঁ আৰু সেইখন অদূৰ ভৱিষ্যতে সংৰক্ষণৰ ব্যৱস্থা কৰিম।]

কলিকতাৰ স্বনামধন্য চিত্ৰশিল্পী অ'-চি গাংগুলীৰ মতে:

"কেৱল গায়ক বুললেই ভূপেন হাজৰিকাৰ পৰিচয় যথেষ্ট নহয়। মই সুদীৰ্ঘ আঠত্ৰিশ বছৰ ধৰি তেঁওক অন্তৰংগ ভ্ৰাতৃপ্ৰতিম ৰূপেও চিনি পাওঁ। গানৰ বাহিৰেও বিভিন্ন বিষয়ক প্ৰবন্ধ, শিশুহঁতৰ কাৰণে অৰ্থবহ ৰচনা আৰু ৰূপকথা সাহিত্য ভাণ্ডাৰৈ অন্য এক বিশেষ অৱদান। ভূপেন হাজৰিকাৰ বাহিৰে আন কোনো গায়কৰ ক্ষেত্ৰত এনে শিল্পবোধ দেখা নাযায় তেঁও নিজেও ভাল ছবি আঁকিব পাৰে। মই কতদিন তেঁওক কৈছোঁ—তুমি গানৰ লগতে ছবি অঁকাও চলাই যোৱা। তেঁওৰ অঁকাৰ হাতখন ইমান চমৎকাৰ।শিল্পগুৰু শ্ৰীঅৱনীন্দ্ৰ ঠাকুৰে এঠাইত কৈছিল, "যোগীৰ তপস্যা চকু মুদি আৰু শিল্পীৰ তপস্যা চকু মেলি।" ভূপেন হাজৰিকাৰ ক্ষেত্ৰত দেকিছোঁ দুয়োটাই। সুৰ সাধনাত তেঁও যোগী। শিল্প সাধনাতো প্ৰকৃত ৰুচিবান শিল্পী—দুয়োটাৰে সমন্বয়ত ভূপেন হাজৰিকা।

এাৰু এটা উল্লেখযোগ্য দিশ হৈছে—তেঁওৰ হৃদয়ৰ প্ৰসাৰতা, যাৰ মাজত ক্ষুদ্ৰতা লেশমাত্ৰও নাই। এই উদাৰ শিশুসুলভ মানুহজনৰ কাষৰ পৰা কোনোবা কানো কাৰণত নিৰাশ হৈ উভতি গৈছে—এই কথা মই কাহানিও শুনা নাই।

এই সৰ্বগুণসম্পন্ন মানুহজনে সমগ্ৰ দেশখনক আৰু বহুত কিছু দি গৌৰৱান্বিত কৰিব পাৰিব বুলি মোৰ দৃঢ় বিশ্বাস।"

[শিল্পীৰ পৃথিবী, ডঃ ভূপেন হাজৰিকা বিশেষ সংখ্যা, অক্টোবৰ]

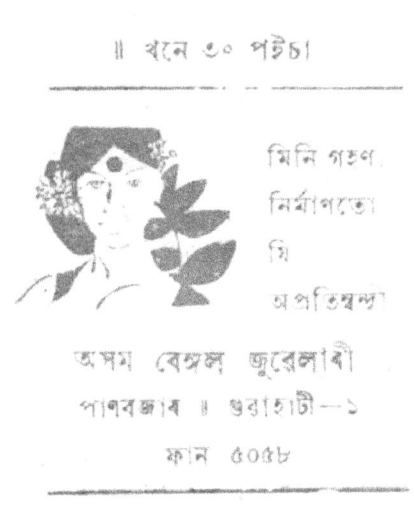

তিনি: 'সহস্ৰজনে মোক প্ৰশ্ন কৰে'

[টোকা: 'আমাৰ প্ৰতিনিধি কাকতত নিয়মীয়াকৈ 'সহস্ৰজনে মোক প্ৰশ্ন কৰে' শিতানত ভূপেন দাদাই নানান প্ৰশ্নৰ উত্তৰ দিয়াৰ কথা আমি আগেয়ে উল্লেখ কৰিছোঁ। ইয়াত তাৰে কেইটামান বাছকবনীয়া প্ৰশ্ন আৰু ভূপেন দাদাই দিয়া উত্তৰ নমুনা ৰূপে উল্লেখ কৰিলোঁ। আমি ঘাইকে তেখেতৰ সৃষ্টিৰ বিষয়ে বা তেখেতৰ চিন্তাধাৰাৰ পৰিচয় প্ৰকাশ পোৱা প্ৰশ্নকহে বাচিছোঁ।]

প্ৰশ্ন (নবীন দত্ত, আমগুৰি টাউন, শিৱসাগৰ): বিদ্যা, ধন, সৌন্দৰ্য্য এই তিনিটিৰ কোনটিক শিল্পীয়ে উপাসনা কৰে?

উত্তৰ: সৌন্দৰ্য্যৰ উপাসনাক বিদ্যাই কৰে গভীৰতৰ, ধনে তাক কৰে কাৰ্য্যকৰী। প্ৰথম দুটাৰ উপাসনাহে শিল্পীয়ে মনে প্ৰাণে কৰে।

প্ৰশ্ন (সাধনা দেৱী, কোকৰাঝাৰ কলেজ, গোৱালপাৰা): আপোনালোকৰ মানত শিল্পী বাৰু কোনবোৰ?

উত্তৰ: সৌন্দৰ্য্যবোধ প্ৰকাশ কৰিবলৈ যি কোনো মাধ্যমকে গ্ৰহণ কৰা লোককে শিল্পী বুলিব পাৰি'।

প্ৰশ্ন (চন্দ্ৰকান্ত দাস, শিৱসাগৰ থানা): আপুনি দৰিদ্ৰক শলাগ লয় নে? ধনৰ দ্বাৰা মইবৰ সন্মাল লভা লোকক শলাগ লয়? মই হ'লে ধনৰ দ্বাৰা মইবৰ সন্মাল লভা লোকক সদায় শলাগ লওঁ। কাৰণ তেঁওলোকে জানে যে ধনেই জীৱনত, সমাজত আদি মূল।

উত্তৰ: দৃঢ় মনেৰে হাতে কামে লাগি দাৰিদ্ৰৰ হে মই শলাগ লওঁ। ধনেৰে সকলো সমাজক সকলো সময়তে কিনিব নোৱাৰি।

প্ৰশ্ন (ঘন বেজবৰুৱা, বৰভেটা, যোৰহাট): 'গতি'ৰ গতি পথ?

উত্তৰ: আমাৰ প্ৰতিনিধিলৈ আহিল।

প্ৰশ্ন (যোগেন্দ্ৰ নাথ, হাউলী হাইস্কুল, হাউলী): আধুনিক গীত বা গান কাক বোলে? আধুনিক গীতৰ কিবা প্ৰকাৰ বা ভাগ আছে নেকি?

উত্তৰ: সৃজনী প্ৰতিভাসম্পন্ন লোকে সংযোজনা কৰা সুৰেৰে সমকালীন ব্যক্তি বা ৰাইজৰ আশা নিৰাশা কঢ়িওৱা গীতক আমি আধুনিক বুলিব পাৰোঁ। পিচে পানী মেটেকাকো ম'ৰাৰ মূৰৰ অলংকাৰ বুলি ল'ব নেপায়। সুৰ আৰু গীতৰ বিষয় বিশেষে ভাগ হ'ব পাৰে। যেনে, ৰাগপ্ৰধান, কিম্বা দেশপ্ৰেমমূলক।"

প্ৰশ্ন (যোগেন্দ্ৰ নাথ, হাউলী হাইস্কুল, হাউলী): আধুনিক গীত, লোকগীত আৰু বৰগীত এই তিনিওৰে মাজত কাৰ লগত কোনটোৰ ক'ত কি সাদৃশ্য আৰু বৈসাদৃশ্য আছে?

উত্তৰ: বৰগীত, লোকগীতৰ প্ৰভাৱ আধুনিকত পৰিব পাৰে। পিচে আধুনিক সুৰৰ প্ৰভাৱ বৰগীত লোকগীতত পৰিব নেপায়। পৰিৱেশনতো মাৰ্জিত ৰুচি পৰাটো বাঞ্চনীয়।

প্ৰশ্ন (উপেন্দ্ৰনাথ গগৈ, চুইট লজ, খলিহামাৰি, ডিব্ৰুগড়): মোৰ অনুমান মতে আপোনাক সমালোচনা প্ৰেমী যেন নেলাগে। কিয়নো যেতিয়া শ্ৰীহীৰেণ গোঁহাইদেৱে আপোনাৰ সৃষ্টিৰ কিছুমান বিশেষ দোষ আঙুলিয়াই এটা চিন্তাশীল প্ৰৱন্ধ লিখিছিল, সেই সময়ত আপুনি তাৰ প্ৰত্যুত্তৰ দিছিল 'মোক হেনো কোনোবাই মদাৰৰে ৰিজালে' এই গীতটি লিখি। আপুনি যি সময়ত সমগ্ৰ অসমৰ

সাংস্কৃতিক দিশৰ অপ্ৰতিদ্বন্দী প্ৰতিনিধি সেই পৰিস্থিতিত আপোনাৰ তেনে প্ৰত্যুত্তৰ অহংকাৰ প্ৰৱণতা বুলিয়েই মই ধৰি লৈছোঁ। আপোনাৰ সততাৰ ওপৰত অৱশ্যে আস্থা মোৰ অধিক; কিয়নো 'সেৰাৰ' কাহিনী বিচাৰি যাওঁতেই শ্ৰীবৰকটকীৰ লগত আপোনাৰ বিৰোধ আৰম্ভ হ'ল . . .?

উত্তৰ: ক্ষমা কৰিব, আপোনাৰ ই কল্পনাহে। মোৰ যেনেকৈ গীত মোৰ মতে ৰচাৰ স্বাধীনতাক সন্মান কৰোঁ, শ্ৰোতাৰ তেনেকৈ ভাল পোৱা বা বা ভাল নোপোৱাৰ স্বাধীনতাকো শ্ৰদ্ধা কৰোঁ। পিচে ঠট লেভেলত (Thought level) সমালোচনা কৰা আৰু ষ্ট্ৰীট ব্ৰলৰ (Street Brawl) পাৰ্থক্য আছে। এই বিষয়ে গুৱাহাটীৰ পৰা ওলোৱা 'সমকালীন' বোলা পূজা সংখ্যাৰ আলোচনী খনত বহলাই লিখিছোঁ। তদুপৰি, সমাজত মদাৰ মই বহুতো দেখিছোঁ আৰু মদাৰ ফুল মোৰ বহাগত ভাল লাগে বাবেই মদাৰক প্ৰতীক ৰূপে লৈ গীতটি ৰচিছিলোঁ। কোনো বিশেষ সমালোচকৰ মন্তব্যই মোক ইমান জনপ্ৰিয় গীত এটি ৰচাব নোৱাৰে। মোৰ আত্মবিশ্বাসক আপুনি অহংকাৰ প্ৰৱণতা বুলি ভুল কৰিছে। মোক 'অপ্ৰতিদ্বন্দী বুলিছে। মোৰ সেই যোগ্যতা নাই। জীৱনকালত পৰীক্ষামূলক কাম কৰি যোৱাতে মোৰ আনন্দ। মানৰ সেৰাৰ পিনে পিঠি দি এবচাৰ্ড নাথিংগনেছৰ (absurd nothingness) বিষয়ে কোনো কোনো লিখকে আমাৰ পাঠকক (কঠিন শব্দেৰে ৰচা বাক্যৰ ফুলজাৰিৰে) লৈ যোৱাৰ বাবেহে মই 'কাহিনী এটি লিখা' গীত ৰচিছিলোঁ। পদ্ম বৰকটকীৰ সৈতে মোৰ বন্ধুত্ব আছিল, সদায়ে থাকিব। 'আমাৰ প্ৰতিনিধিৰ' সৈতে তেঁওৰ সম্বন্ধ চিঙাৰ দুবছৰমান আগতেই দেখোন মই এই গীত ৰচি ৰেডিঅ'ত গাইছিলোঁ। ৰেকৰ্ড কৰিছোঁ অৱশ্যে বহুতো পিচত। এই গীত দুটিৰ ষিয়ে বহুতৰে ভুল ধাৰণা দূৰ কৰাত আপোনাৰ প্ৰশ্নটিয়ে সহায় কৰাৰ বাবে আপোনাক ধন্যবাদ জনালোঁ।

প্ৰশ্ন (জলি হাজৰিকা, ডিব্ৰুগড়): আপুনি যদি ভাগ্যৰ বলত বহুত লাখ লাখ টকাৰ মালিক হয় তেতিয়া তাৰে টকা আপুনি অসমৰ চিত্ৰবনৰ কাৰণে দিব নে?

উত্তৰ: টকাৰ এটি কৰাপ্টিংগ ইনফ্লুৱেন্স (Corrupting influence) আছে। লাখ লাখ টকা যদি হঠাতে পায় যাওঁ মই বোধকৰোঁ ভোট কিনি প্ৰথমে এম-এল-এ তাৰ পিচত মিনিষ্টাৰ হবলৈ চেষ্টা কৰিম। এটি মৰাপাটৰ গুদাম খুলিম। বা চাহ বাগিচা এখন কিনিম। গীত গাবলৈ হয়তো তেতিয়া মোৰ ভাল নেলাগিব। তেতিয়া হয়তো মই 'গুমনাম' জাতীয় ছবি কৰিম গৈ।

প্ৰশ্ন (শ্ৰীহকাশমা): আপুনি আপোনাৰ ছবিবোৰত আন প্ৰদেশৰ মানুহৰ হতুৱাই যে গান গোৱায়, আমাৰ মানুহ নাই নেকি? নে এইটো আপোনাৰ ব্যৱসায় বুদ্ধি?

উত্তৰ: মোৰ ছবিবোৰত যে অসমীয়া কণ্ঠশিল্পীৰ দ্বাৰাও গীত গোঁৱাও সেইটো আপোনালোকে উনুকিয়াব নোখোজে কিয়? ব্যৱসায় বুদ্ধি হোৱা হলে ইমান খৰচ নকৰিলেও হ'লহেঁতেন। অসমীয়া গীতৰ প্ৰচাৰ সৰ্বভাৰতীয় কণ্ঠশিল্পীৰ কণ্ঠেৰে প্ৰচাৰ কৰাটো অসমীয়া সংগীতৰ প্ৰচাৰ নহয় জানো? তদুপৰি মই যেতিয়া বঙালী গীত গাওঁ তেতিয়া

বংগদেশত কণ্ঠশিল্পী নাই বাবে গাওঁ নেকি?

প্ৰশ্ন:(প্ৰমোদচন্দ্ৰ দাস, বংগাইগাঁৱ): আপুনি যিবোৰ গান ৰচনা কৰে সেইবোৰত বিশেষকৈ পাহাৰী জনগোষ্ঠী আৰু সকলো মানুহৰ বিষয়বস্তু কৰি লিখে, মই দেখাত বহু শ্ৰোতাই সেই গানবোৰ শুনি শান্তি পায়, সেইবোৰৰ উদ্দেশ্য কি?

উত্তৰ: মানুহ মানুহৰ মাজত ভালপোৱাৰ প্ৰতিষ্ঠা কৰা।

প্ৰশ্ন: (পৰেশচন্দ্ৰ পাটগিৰি, উলুবাৰী, গুৱাহাটী): আমেৰিকাৰ বিখ্যাত সংগীতজ্ঞ পল ৰবচনৰ সৈতে আপোনাৰ সম্বন্ধ কেতিয়াৰ? পল ৰবচনৰ পৰা সংগীত শিক্ষা আহৰণ কৰিছিল নেকি বাৰু?

উত্তৰ: চিনাকী ১৯৪৯ চনৰ। তেঁওৰ অনুপ্ৰেৰণাত তেঁওৰ সহযোগীৰ মাধ্যমত কিছু গীত শিকিছিলোঁ। বিষয়বস্তু আছিল আমেৰিকাৰ নিগ্ৰোসকলৰ যাতনাৰ বিৰুদ্ধে সংগ্ৰাম।

[ওপৰৰ প্ৰশ্ন আৰু উত্তৰ কেইটা আমাৰ প্ৰতিনিধি, অক্টোবৰ, ১৯৬৬ চন, পৃ: ২৮১ - ২৯৬ ৰ পৰা লোৱা হৈছে।]

*** *** ***

প্ৰশ্ন: (নুৰজাহান আহমেদ, মেছাগড়): আপোনাৰ আটাইতকৈ প্ৰিয় বস্তু কি?

উত্তৰ: এই শিতানলৈ অহা আপোনালোকৰ প্ৰশ্ন পঢ়াটো।

প্ৰশ্ন: (প্ৰণতি ভূঞা, নামৰূপ): আপোনাৰ ৰচিত আপোনাৰ প্ৰিয় গীত কোনটো?

উত্তৰ: 'সাগৰ সংগমত কতনা সাঁতুৰিলোঁ

তথাপিতো হোৱা নাই ক্লান্ত'

প্ৰশ্ন (পৱিত্ৰ কুমাৰ চুতীয়া, মৰাণ): শিল্পীৰ জীৱনত চৰম আনন্দ ক'ত?

উত্তৰ: শিল্পীয়ে যাৰ বাবে আৰ্ট সৃষ্টি কৰে, তেঁওলোকে সেই সৃষ্টিক যদি মৰমেৰে গ্ৰহণ কৰে, তাৰ সমান আনন্দ নাই।

প্ৰশ্ন: (প্ৰণৱ কুমাৰ শৰ্মা, ছিপাঝাৰ): আপোনাৰ 'মদাৰৰে ফুল হেনো পূজাতো নেলাগে' গীতটি কাৰোবাক উদ্দেশ্য কৰি লিখা নেকি?

উত্তৰ: সাংস্কৃতিক বনুৱাক আৰু সৰু সৰু মানুহক ইচ্ছাকৃত ভাবে ধ্বংসাত্মক সমালোচনা কৰা লোক সকলক উদ্দেশ্য কৰিয়েই লিখিছিলোঁ।

প্ৰশ্ন: (ৰত্নেশ্বৰ দাস, অসম ৰাইফল্‌ছ, ছিলং): কেতিয়া মানুহৰ মনৰ পৰা সাম্প্ৰদায়িক মনোভাৱ আঁতৰি যাব?

উত্তৰ: যেতিয়াই কোনো বিশেষ সম্প্ৰদায়ে অৰ্থৰ আৰু ৰাজনীতিৰ ফালৰ ডাঙৰ অংশ এটা স্বাৰ্থপৰ ভাৱে খাই খাই পেট নভৰোৱা হ'ব, তেতিয়াই সাম্প্ৰদায়িক মনোভাৱ আঁতৰিব। অনুভূতি কিছুদিন থাকি, সিও নোহোৱা হ'ব।

প্ৰশ্ন: (আপুনি প্ৰথম কেতিয়া আৰু কোন ঠাইত ভাৰতৰ বাহিৰত গান গাবলৈ গৈছিল?

উত্তৰ: প্ৰথম গৈছিলোঁ বৃত্তিধাৰী ছাত্ৰ হিচাবে আমেৰিকাৰ নিউ ইয়ৰ্ক চহৰলৈ। ১৯৪৯ চনত তেতিয়া আন্তৰ্জাতিক সোণৰ মেডেলিয়ন পাইছিলোঁ গীত গাই। সেই চহৰত ১৯৫০ চনত সেই সভাত উপস্থিত আছিল ৺ইলিনৰ ৰুজভেল্ট আৰু ৺পাৰ্ল বাক। পুৰস্কাৰটো মোৰ হাতত দিছিলে ইউ-এন-অ'ৰ প্ৰতিনিধি কৰ্ণেল ৰামিয়্যলাই।

প্ৰশ্ন: (মৃদুকল্পা বৰগোহাঁই, ভাদৈ পাঁচ আলি): অসমীয়া ভাষাৰ প্ৰতি গভীৰ ভাবে শ্ৰদ্ধা জনোৱা আৰু অসমৰ ৰাজনৈতিক দিশত প্ৰাণ ভৰি সহায় কৰা চাহ মজদুৰ সকলৰ উন্নতিকল্পে আপুনি কিবা কৰিছে নে?

উত্তৰ: 'চামেলি মেম চা'ব' ছবিখন চাবাছোন। ১৯৫৬ চনতে দেখোন তেঁওলোকৰ জীৱনৰ ছবি কৰিছিলোঁ 'এৰাবাটৰ সুৰ'। তাৰ পিচত 'এটি কলি দুটি পাত', 'জনকপুৰৰ জানকীয়ে' আদি নানা গীত লিখিছোঁ। তাৰ পিচত চাহ মজদুৰ সম্প্ৰদায়ৰ মাজতে থকা তেঁওলোকৰ লোকসংগীত সংগ্ৰাহক সকলক উদগণি দি আহিছোঁ সামৰ্থ মতে। 'কেঁচাসোণ' ছবিতো গীত সংযোজনা কৰিছিলোঁ। এই সম্প্ৰদায়ৰ কৃষ্টিক মই সদায় নতশিৰে সন্মান কৰি আহিছোঁ।

প্ৰশ্ন: (চন্দ্ৰপ্ৰভা সোণোৱাল, কঠালগুৰি): ত্ৰৈলোক্য দত্ত, পুলক গগৈ আৰু বেণু মিশ্ৰৰ ভিতৰত কোনজনৰ ছবি আপুনি ভাল পায়?

উত্তৰ: ত্ৰৈলোক্যৰ প্ৰিচাইজ জীৱন্ত ৰেখা, পুলকৰ ৰঙৰ শক্তিৰ ব্যৱহাৰ, বেণু মিশ্ৰৰ মননশীল এবসট্ৰেকস্যন— তিনিওৰে এই তিনিওটা গুণতে মই স্বকীয়তা পাওঁ। তিনিওকে মই ভাল পাওঁ। তিনিও অসমৰ গৌৰৱ।

প্ৰশ্ন: (আৰমাণ আলি, দিছপুৰ): 'প্ৰেম প্ৰেম বুলি ...' গীতটিৰ সুৰ আপোনাৰ নহয় জানো?

উত্তৰ: হয়, ৰসৰাজৰ এই গীতটিৰ সুৰ মই নিজেই দি লৈছিলোঁ—অসমৰ টোকাৰি গীতৰ সুৰত ভেঁটি কৰি।

প্ৰশ্ন: (নৰেশ্বৰ ৰাভা, আৰ্য্য বিদ্যাপীঠ কলেজ, গুৱাহাটী): গান মানুহে কেতিয়াৰ পৰা গাবলৈ ল'লে?

উত্তৰ মানুহ যিখিনি সময়ৰ পৰা মানুহ হ'ল। যিখিনি সময়ৰ পৰা ভাব প্ৰকাশৰ বাবে গদ্য যথেষ্ট নহয় বুলি ভাবিলে।

[ওপৰৰ প্ৰশ্ন আৰু উত্তৰ 'আমাৰ প্ৰতিনিধি', অক্টোবৰ, ১৯৭৪ চন, পৃ:১৪৪২ - ১৪৪৬ ৰ পৰা লোৱা হৈছে।]

প্ৰশ্ন (পদুম বৰা, নাহৰণী): ভূপেন হাজৰিকাৰ বিৰুদ্ধে লেখিলেও হেনো কাকত আলোচনীৰ বিক্ৰী বাঢ়ে। তেনে কাণ্ড কৰি শেহতীয়াকৈ কেইবাখনো আলোচনী কাকতে ব্যৱসায় কৰিছে। আপোনাৰ দৃষ্টিত পৰিছে নে?

উত্তৰ: কথাটো মোক বহুতে কৈছে। সকলো মোৰ দৃষ্টিত পৰা নাই। মই হাঁহিমেই নে কান্দিমেই নে আইনজ্ঞৰ ওচৰলৈ যাম? বহুদিন আগতেই দেখোন মই লিখিছিলোঁ—'মানুহে মানুহক কিনিব খুজি মানুহে মানুহক বেচিব খুজি, পুৰণি ইতিহাস দোহাৰিলে ভুল জানো নহ'ব কোৱা?'

[ওপৰৰ প্ৰশ্ন আৰু উত্তৰ 'প্ৰাসংগিক' (মুখ্য সম্পাদক: সত্যৰঞ্জন কলিতা), সাহিত্য সভা সংখ্যা, ১৯৮৩

*** *** ***

[তলৰ প্ৰশ্ন আৰু উত্তৰ কেইটা 'আমাৰ প্ৰতিনিধি'-ৰ পৰা লৈ 'শিল্পীৰ পৃথিৱীয়ে ডঃ ভূপেন হাজৰিকা বিশেষ সংখ্যাত প্ৰকাশ কৰিছিল। আমি তাৰ পৰাই গোটাইছোঁ।]

প্ৰশ্ন; জ্যোতিপ্ৰসাদৰ সান্নিধ্যলৈ অহাৰ আগতে সংগীত আৰু চলচ্চিত্ৰ সম্পৰ্কে আপোনাৰ কেনে ধাৰণা আছিল?

উত্তৰ: দহ বছৰীয়া ল'ৰা এজনৰ বৰ বেছি ধাৰণা নাছিল। তথাপি দেউতাৰ সৈতে গুৱাহাটীত নিৰ্বাক ছবি দুখনমান চোৱাৰ কথা অস্পষ্ট ভাৱে মনত আছিল। চলন্ত ৰেল, চাৰ্লি চেপলিন আদিৰ ইমেজ আছিল। পিচে, সবাক 'জয়মতী' দেখি

মনত হৈছিল—ছবি জগতত গীত গাব পাৰিলে ভাল হয়।

প্ৰশ্ন; জ্যোতিপ্ৰসাদৰ সান্নিধ্য আৰু 'ইন্দ্ৰমালতী'ৰ অভিজ্ঞতা লৈ পৰৱৰ্তী কালছোৱাত আপুনি নিজক কেনে ধৰণে গঢ়ি তুলিছিল?

উত্তৰ:জ্যোতিপ্ৰসাদৰ আকাশমুখী মনোভাৱ সুউচ্চ পাহাৰৰ দৰে। ভেটিটো তেঁওৰ মাটিত, জনতাই য'ত কান্দে হাঁহে। বিষ্ণু ককাইদেউৰ ভৰি সদায় জনতাৰ বোকাত। তেঁওৰ উন্নত শিৰ আৰু বহল বক্ষত কল্পনাৰ আকাশৰ ডাৱৰে কোবায়। এই দুজনা ওখ মনৰ গুৰুৰ হাত ধৰি দহ বছৰীয়া ল'ৰা এজনে বহুতো কথা উপলব্ধি কৰিব পাৰিছিল। লাহে লাহে কৈশোৰৰ পৰা যৌৱন পোৱাত, তেঁওলোকৰ সান্নিধ্যই মোক জনতামুখী কৰি তুলিলে। বিশ্বৰ গণ আন্দোলনবোৰ আৰু ক'ত সংস্কৃতিয়ে সেই আন্দোলনবোৰৰ লগত বা আগে আগে বা পিচে পিচে গৈছে সেই কথাবোৰ জুখিবলৈ শিকিলোঁ। তেনে ধৰণেই মোৰ ধাৰণাই গঢ় লৈছিল বোধহয়।

প্ৰশ্ন; গণনাট্য আন্দোলনত আপোনাৰ অভিজ্ঞতা সম্পৰ্কে দুআষাৰ ক'ব নে?

উত্তৰ: 'সৰ্বহাৰাৰ সৰ্বস্ব পুনৰ ফিৰাই আনিম' লিখিছিলোঁ মোৰ তেৰ-চৈধ্য বছৰীয়া জীৱনত। সংগ্ৰাম, জনতা আৰু কৃষ্টিৰ সম্পৰ্ক মই বুজিছিলোঁ। চৰকাৰী বৃত্তি লৈ যোৱাৰ আগতে জ্যোতি ককাইদেউৰ সহায়ত শ্ৰীহেমাংগ বিশ্বাস আৰু তেঁওৰ সহধৰ্মী সকলে গণনাট্য আন্দোলন অসমত গঢ়ি তোলাৰ কথা মই মনে মনে আদৰিছিলোঁ। তাৰ পিচত গলোঁগৈ এমেৰিকালৈ। তাত পল ৰবচন, হাৱাৰ্ড ফাষ্ট, লচন আদিক লগ পাই ভাৰতত গণনাট্য আন্দোলন যে দ্ৰুত গতিত আগবাঢ়িব লাগে সেই বিষয়ে মই সুযুক্তি পাইছিলোঁ। প্ৰবল ইচ্ছা হ'ল দেশৰ কাম কৰাৰ। ভাৰতলৈ উভতি আহি, সৰ্ব ভাৰতৰে প্ৰগতিবাদী সাংস্কৃতিক নেতাসকলৰ সৈতে যোগাযোগৰ সুবিধা পাইছিলোঁ মই গণনাট্যৰ মাধ্যমেৰে। বহুতো গণমুখী সৃষ্টি কৰাৰ অনুপ্ৰেৰণা পাইছিলোঁ—যি মোৰ সাংস্কৃতিক জীৱন দৰ্শনৰ এটি ভেটি দিছিল আৰু দিছে। আমি গণ নাট্য সংঘৰ মাজেদি কুৰি বছৰ আগতে যি দিব খুজিছিলোঁ—সেইবোৰত যি সকলে 'অবাঞ্ছিত ঘ্ৰাণ' পাইছিল তেঁওলোকেই এতিয়া সেই সৃষ্টি সমূহত 'সুঘ্ৰাণ' পোৱাটো আনন্দৰ কথা। এটি অভিজ্ঞতাঃ শিল্পীসকল ভাল সংগঠক নহয়।

তলত দিয়া বিদ্যুত কুমাৰ ভূঞাৰ প্ৰশ্ন আৰু তাৰ উত্তৰবিলাক মাহেকীয়া আলোচনী 'ৰাগিণী', ছেপ্টেম্বৰ, ২০০৫ চনৰ সংখ্যাৰ পৰা লোৱা হৈছে।

প্ৰশ্নঃ (বিদ্যুত কুমাৰ ভূঞা) সৰুতেই শিল্পী হ'ব বুলি ভাবিছিল নে? এই প্ৰসংগতে যদি কিঞ্চিত কিশোৰ ভূপেন হাজৰিকা যুৱক হৈ উঠাৰ বিষয়ে কয়।

উত্তৰঃ একেবাৰে নহয়। ঘৰখনৰ বৰ ল'ৰা হিচাপে পৰিয়ালৰ দায়িত্ব ল'ব লাগিব চাকৰি কৰিব লাগিব—এনেদৰেই ভাবিছিলোঁ।কিন্তু গীতৰ, সংগীতৰ আহ্বান উপেক্ষা কৰিব নোৱাৰিলোঁ। স্থানীয় মুছলমান ড্ৰাইভাৰৰ পৰা গজল শিকিছিলোঁ। অলপমান ভাটিয়ালীও শিকিছিলোঁ ব্ৰহ্মপুত্ৰৰ বুকুৰ নাৱৰীয়াবোৰৰ পৰা। সকলো প্ৰাণৰ টানত। তেতিয়া ভাবিছিলোঁ জীৱিকা হ'ব অন্য, কিন্তু নিভৃত ৰূপত সংগীতক জীয়াই ৰাখিব।

তেতিয়া চতুৰ্দিশে বোমা বাৰুদ। কলকাতা অসম এৰি গুচি যাব লগা হ'ল বেনাৰচলৈ, ইণ্টাৰমেডিয়েট পঢ় কৰাৰ পাচত। বেনাৰচ হিন্দু বিশ্ববিদ্যালয়ত ভৰ্তি হ'লোঁ। তেতিয়া তাত সৰ্বপল্লী ৰাধাকৃষ্ণনে দৰ্শন পঢ়ায়। কাজেই দৰ্শনত অনাৰ্ছ লৈ পেলালোঁ, লগত ল'লোঁ পলিটিকেল ছাইন্স। সেইয়া এক অপৰূপ অভিজ্ঞতা।

প্ৰশ্ন: (বিদ্যুত কুমাৰ ভূঞা) জীৱন আৰু সংগীত—ইয়াৰ মাজত কোনোবাটো কেতিয়াবা অধিক গুৰুত্বপূৰ্ণ হৈ পৰিছে নে?

উত্তৰ: জীৱন আৰু সংগীতে সদায় মোৰ ক্ষেত্ৰত সমান্তৰাল ভাবে গতি কৰিছে। জীৱনৰ পৰাই বিচাৰি লৈছোঁ সংগীতৰ বীজমন্ত্ৰ আৰু জীৱনৰ দুখ পাহৰিবৰ বাবেই মূৰ থৈছোঁ সংগীতৰ বুকুতেই।

প্ৰশ্ন: (বিদ্যুত কুমাৰ ভূঞা) আপোনাক মানুহে কি হিচাপে মনত ৰখাটো বিচাৰে?

উত্তৰ: গোটেই পৃথিৱীখনৰ এজন মানুহেও যদি মোক মনত ৰাখে এনে এজন মানুহ হিচাপে যি মানুহৰ বাবে মানুহৰ গান গাইছিল, মই ধন্য হ'ম।

প্ৰশ্ন: (বিদ্যুত কুমাৰ ভূঞা) জীৱনত কোনো ক্ষোভ বা অপূৰ্ণতা?

উত্তৰ: জীৱনত বহুত পাইছোঁ। সেই দিশৰ পৰা অপূৰ্ণতা থকাৰ প্ৰশ্নই থাকিব নোৱাৰে। কিন্তু পোৱাইটো জীৱন নহয়, জীৱন মানে দি যোৱাও। সেইয়ে ক্ষোভ ৰৈ গ'ল হয়তো মোৰ প্ৰিয় জণগনক একো দিব মই নোৱাৰিলোঁ। ক্ষোভ ৰৈ গ'ল ভাল স্বামী, আদৰ্শ পিতৃ হ'ব নোৱাৰিলোঁ, তাৰ বাবেও।

ভূপেন দাদাক এই লিখকেও সহস্ৰ প্ৰশ্ন কৰিছিল আৰু তেখেতে দিয়া সেইবিলাকৰ বহুতো উত্তৰ কেছেটত বাণীৱদ্ধ কৰা আছে। সেইবিলাকৰ পৰা সাহিত্য বা গীতি সাহিত্যৰ বিষয়ে থকা তেখেতৰ অভিমত প্ৰকাশ পোৱা কেইটামান প্ৰশ্ন আৰু উত্তৰ ইয়াত দিলোঁ।

প্ৰশ্ন: আপোনাৰ গীতৰ পুথিত আপুনি গীতবিলাকৰ উপৰিও আন কেনেকুৱা ধৰণৰ আলোচনা থকাটো বিচাৰে?

উত্তৰ: তুমিটো কৈছাই যে তুমি মোৰ জীৱনী নিলিখা। সেইকাৰণ তুমি মোৰ জীৱন, মোৰ চৰিত্ৰ বা ব্যক্তিত্বৰ কথা নিলিখা বুলি মই ধৰি লৈছোঁ।

প্ৰশ্ন: অঁ নিলিখোঁ। মানে আপোনাৰ ব্যক্তিত্বত প্ৰভাৱ পেলোৱা কথাৰ পৰা মই আঁতৰি থাকিবলৈ চেষ্টা কৰিম। কিন্তু আপোনাৰ গীতৰ ওপৰত প্ৰভাৱ পেলোৱা বিষয়বস্তু বিলাক বুজিবলৈ আৰু জানিবলৈ মোৰ ইচ্ছা আছে। সেইকাৰণে কওকচোন কেনেকুৱা কথাই আপোনাৰ গীতত প্ৰভাৱ পেলাইছে।

উত্তৰ: বুজিছা, বৰ্তমানলৈকে মোৰ গীতত হয়তো আমাৰ সমাজখনৰ কথাই আটাইতকৈ বেছি। সেইকাৰণে মোৰ গীতৰ পটভূমিত আমাৰ সমাজৰ সমালোচনা থাকিব লাগে। সেইবিলাক মোৰ গীতৰ যোগেদিহে হ'ব লাগে। এটা কথা মনত ৰাখিবা মই আমাৰ সমাজখনক খুব ভাল পাওঁ। মই 'সমাজৰ নীতি নিয়ম ভঙাটো নতুন নিয়ম' বা 'নেলাগে সমাজ' বুলি গাইছোঁ যদিও মই সেইবিলাকত ঘৃণা বা তিক্ততা প্ৰকাশ কৰা নাই। যুগ যুগ ধৰি চলি অহা নীতি নিয়মবিলাক আমি ঘিণ কৰিব নালগে কিন্তু আজিৰ যুগৰ লগত খাপ খুৱাই সেইবিলাক চালি জাৰি চাব লাগে। আজিৰ সমাজত জাতিভেদ,

কি শোভা নাপায় জানা? এই দহ বাৰটা ল'ৰাছোৱালীৰ বিৰাট বিৰাট পৰিয়াল। তোমাৰ দেউতাৰ ল'ৰা ছোৱালী কেইটা?

লিখক: নটা। আপোনালোকৰ?

ভূপেন দাদা: এই ক্ষেত্ৰত মোৰ দেউতাই মানে নীলকান্ত হাজৰিকাই ফণীদত্তক চেৰ পেলাই গৈছে।

লিখক: সেইকাৰণে আপোনাৰ কিবা অসুবিধা হ'ল নেকি?

ভূপেন দাদা: নাই নাই। একো হোৱা নাই। মই সেইবিলাক একো নাভাবোঁ। কেৱল মোক সৰুতে বহুতে জোকায়, 'কি হে ভূপেন? এইবাৰ ভাইটি লাগে নে ভণ্টি লাগে?' তেতিয়া মোৰ খং উঠে। কিন্তু ঘৰলৈ গৈ মা ভাইটি-ভণ্টিহঁতৰ কাষ পালে সকলো পাহৰোঁ। আকৌ গান বাজনা হাঁহিধেমালিৰে বিৰাট ফুৰ্তি চলে

লিখক: মোক তেনেদৰে কোনোবাই জোকোৱা মোৰ মনত নপৰে। কিন্তু এটা কথা ঠিক যে মোৰ ভাই ভনী আটাইকে মোৰ প্ৰয়োজন। তেঁওলোক প্ৰতিজনে মোৰ জীৱনৰ খালি ঠাই একোটা পূৰণ কৰিছে। সেইকাৰণে কোনো এজনকে মই বাদ দিব নোৱাৰোঁ। মানে কি কৈছোঁ বুজিছে নহয়। পৰিয়াল পৰিকল্পনাৰ কথা হ'ব লাগে আগতেই, সন্তান ওপজাৰ পাচত বেলেগ দায়িত্ব আহি পৰে। নতুন সন্তান সকলোৰে কাৰণে এক আনন্দৰ কথা। সন্তানৰ দায়িত্ব পৰিয়াল পৰিকল্পনাৰ দায়িত্বতকৈ অধিক মহান। আপুনি কি কয়?

ভূপেন দাদা: অঁ তুমি ঠিক কৈছা। পৰিয়াল ডাঙৰ হোৱা কাৰণে আমি মৰম চেনেহ, দায়িত্ববোধ আদিৰ বহু আনন্দ উপভোগ কৰিবলৈ সমৰ্থ হ'লোঁ। সেইখিনি জানিও আমি আজিৰ প্ৰজন্মক পৰিয়াল পৰিকল্পনাৰ কথা ক'ব লাগিব। আৰু এটা কথা পৰিয়াল পৰিকল্পনা কৰাৰ আনন্দ আৰু সৰু পৰিয়ালৰ যোগেদি পাব পৰা জীৱনৰ সাৰ্থকতা পোৱা কথাটোৰ ওপৰতহে গুৰুত্ব দিব লাগে।

প্ৰশ্ন: আপোনাৰ গীতৰ প্ৰকৃতিৰ বিষয়ে আপুনি নিজে কি কয়?

উত্তৰ: মোৰ শাৰীৰিক চকুৰে নিতৌ দেখা বিষয়বস্তু থকা গীতি-সাহিত্য আৰু মনৰ কাণেৰে শুনা সুৰ—এই দুয়োটা কোনখিনিত মিলে—মই গম নেপাওঁ। মোৰ নিজৰি কাপে মাথোঁ দুটি কথা জানে—প্ৰকাশৰ সৰলতা আৰু মানৰ মনৰ সংযোগত তাৰ বোৱতি সুঁতি।'

প্ৰশ্ন: এইখনত আপুনি কোপলেণ্ডৰ কথাখিনি যে উদ্ধৃত কৰিছে সেইয়া দেখোন আপোনাৰ 'সময়ৰ অগ্ৰগতিত' গীতটোৰ সাৰ সোমাই আছে।

উত্তৰ: অঁ তুমি ঠিক ধৰিছা তাৰ অসমীয়া কৰি দিবোঁ। সংগীতৰ প্ৰতি আমাৰ অনুৰাগ সময়ৰ অগ্ৰগতিৰ বান্ধোনত। এপিনে ই জাগতিক শূন্যক পূৰায় যেন সময়কে স্থবিৰ কৰে আৰু আনপিনে একে গতিৰে ই আমাক অতিক্ৰম কৰি বৈ যোৱা এখন বিশাল নদীৰ আনন্দ আৰু জিলিকণিৰ দৰে শিহৰণ আনি দিয়ে। এই সংগীতৰ গতিক ৰখাই দিলে সময়কে ধৰি ৰখাৰ নিচিনা এটা ভাবিব নোৱাৰা আৰু বিশ্বাস কৰিব নোৱাৰা কথা হ'ব। সেয়ে বোধকৰোঁ মোৰ নতুন গীতৰ পানচৈ ৰাইজৰ মৰমী সোঁতত উটি গৈ আছে গৈ আছে—দুয়ো পাৰৰ মানুহৰ আশা নিৰাশা কঢ়িয়াই। মোৰ গীতৰ এই গতি নোহোৱা হলেই কিন্তু মোৰো মৃত্যু।

দ্বিতীয় ভাগ

ঐতিহ্যৰ কথা

ভূপেন হাজৰিকাৰ গীত আৰু জীৱন ৰথ

শিল্পী: সুজিত বৰুৱা, শিৱসাগৰ

চতুৰ্থ অধ্যায়

অসমীয়া গীতৰ ঐতিহ্য

ওজাপালি

ওজাপালি অসমৰ এক অতি প্ৰাচীন নাট্য-নৃত্য-গীতি সংস্কৃতি। ওজাপালিৰ অনুষ্ঠানত এজন ওজাই (গুৰু) কেইজনমান পালিৰ (শিষ্য বা সহকাৰীৰ) সহায়ত নাচ গীত কথোপকথনৰ মাজেদি ৰামায়ণ, মহাভাৰত, ভাগৱত, পদ্মপুৰাণ আদিৰ বা আন কাহিনী পৰিৱেশন কৰে। নৃত্যবিদ প্ৰদীপ চলিহাৰ মতে:

> "ভালকৈ লক্ষ্য কৰিলে ওজাপালি নৃত্যত নাট্যশাস্ত্ৰত বৰ্ণিত শিৰোকৰ্ম, গ্ৰীৱা ভংগী, চক্ষু কৰ্ম, গতি, উৎপ্লৱন, ভ্ৰমৰী, স্থান আদি কিছু অবিকৃত আৰু কিছু বিকৃত ৰূপত প্ৰয়োগ দেখা যায়।"
>
> *['অসমৰ নৃত্যকলা', প্ৰেক্ষাপট, নিউ আৰ্ট প্লেয়াৰ্চ, গুৱাহাটী, ১৯৮০, পৃ: ১৪১ - ১৪৮]।*

আখ্যান ভাগ ওজাই সাধাৰণতে ভিন ভিন ৰাগত গায়। "এই ৰাগ বিলাকৰ নামবোৰ উত্তৰ ভাৰতীয় নামতকৈ চৰ্য্যপদত উল্লেখিত ৰাগৰ নামৰ লগতহে বেছি মিলে।"

[ঐ, পৃ: ১৪৪]।

তদুপৰি ওজাপালিৰ গীতত ৰাগহে আছে কিন্তু ৰাগিনীৰ কোনো নাম নাই। চৰ্য্যপদৰ ৰাগবিলাকৰ বহুত পিছতহে ৰাগিনী বিলাকৰ সৃষ্টি হোৱালৈ চাই ওজাপালি চৰ্য্যপদৰ যুগৰ বা তাৰও আগৰ সংস্কৃতি বুলি বিশ্বাস হয়। পালিসকলৰ মুখিয়ালজনক ডাইনা পালি বোলে। 'ডাইনা পালিজন সুকণ্ঠী গায়ক, সুৰসিক, আৰু দৰ্শক শ্ৰোতাৰ মনোবিজ্ঞান জ্ঞান থকা লোক হ'ব লাগে। ওজাই গোৱা গীতৰ আখ্যান ভাগত শ্ৰোতাৰ মনত কি প্ৰক্ৰিয়া হয়, তাক লক্ষ্য কৰি সেই কথা ওজাৰ লগত কথোপকথনৰ ছলেৰে ভালকৈ ব্যাখ্যা কৰি যায়। এই ব্যাখ্যাত হাস্যৰসৰ যথেষ্ট সমল থাকে। সাধাৰণ শ্ৰোতাই ডাইনা পালিৰ হাস্য ৰসযুক্ত ব্যাখ্যাত হে বেছি ৰস পায়। যেনে:

"হৰ-গৌৰীৰ বিয়াৰ সময়ত গৌৰীৰ মাক মেনকাই বিয়াৰ যা-যোগাৰ কৰিলে। চুবুৰীৰ ছোৱালীবোৰক বিয়াৰ বাবে পানী আনিবলৈ আৰু সান্দহ খুন্দিবলৈ মাতিলে আৰু বুঢ়ীসকলক তামোল কাটিবলৈ নিমন্ত্ৰণ জনালে। ওজাই তেতিয়া প্ৰশ্ন কৰে—পানী আনিবলৈনো কোন কোন ছোৱালী আহিল? ডাইনা পালিয়ে উত্তৰ দিয়ে—অসংখ্য ছোৱালী, কিমানৰ নাম কম? তথাপি শুনক কিছুমানৰ নাম কওঁ:

সুভাগী, দুৰ্ভাগী আৰু ৰূপৱতী।
চন্দ্ৰা, নিৰুপমা, প্ৰভাৱতী, ভদ্ৰাৱতী।।
কালিধুতী, চন্দ্ৰাৱলী, মোহিনী, ৰাতুলী।
অঞ্জনী, খঞ্জনী, চিত্ৰৱতী, চণ্ডালী।।
ৰতনী, পতনী আৰু মহেশ্বৰী।
থানেশ্বৰী, ফুলেশ্বৰী আৰু ধনেশ্বৰী।।
চানেই, বানেই, জিকাফুলী, পটেশ্বৰী।
মন্দাৰী, অঞ্জলী সমে যেন বিদ্যাধৰী।।
ৰামা, কামা, সোণাফুলী আৰু লাউফুলী।
তাহাক চাহন্তে যেন হৰে বিয়াকুলী।।
গাৰে গাৰে লৈছে সৰে কাষত কলসী।
এহিমতে কন্যাগণ চলয় আলচি।।

> এনেবোৰ উদাহৰণ দিওঁতে ডাইনা পালিয়ে নিজে ৰচনা কৰি নামবোৰ কৈ যায়। সভাত উপস্থিত থকা লোকসকলৰো নাম তাতে সাঙুৰি দি ৰসিকতা কৰে।"

[অতুলচন্দ্ৰ বৰুৱা, বিয়াহৰ ওজাপালি, প্ৰবন্ধ-সৌৰভ, অসম সাহিত্য সভা চতুস্ত্ৰিংশতম অধিবেশনৰ স্মৃতি-গ্ৰন্থ, ডিব্ৰুগড়, ১৯৮৮, পৃ: ৭৪ - ৯৯]

ওজাপালিৰ বিষয়বস্তু ৰামায়ণ, মহাভাৰত, পদ্ম-পুৰাণ আদিৰ কাহিনী বা পৌৰাণিক আখ্যান উপাখ্যান। তাত বৈষ্ণৱ সংস্কৃতিৰ দৰে ভক্তিৰসৰ প্ৰাধান্য নাই। সামাজিক বা নাটকীয় পৰিস্থিতিয়েই ওজাপালিৰ লক্ষণ। পূজা আদিৰ দৰে ধৰ্মীয় উৎসৱৰ বিশেষ অংগ হ'লেও ওজাপালিৰ ঘাই উদ্দেশ্য হৈছে দৰ্শকক আমোদ দিয়া। বহু ক্ষেত্ৰত ওজাপালিয়ে উৎসৱৰ বা পূজাৰ কামবিলাক দৰ্শকক বুজাই দিবলৈ চেষ্টা কৰিলেও দৰ্শকৰ কাৰণে সেই পূজা বা উৎসৱ অধিক উপভোগ্য কৰাটোৰেই ওজাপালিৰ ঘাই লক্ষ্য। উদাহৰণ স্বৰূপে:

> 'ঋষি হেমৱন্তই ভঙুৱা বৰ মহাদেৱলৈ পোনতে ছোৱালী দিব নোখোজা, ভীমে বিয়াৰ গুৰ-গাখীৰ-কল-তামোল-পাণ আদি কান্ধত ভাৰ কৰি লৈ গৈ কান্ধৰ বিষ উঠাত কলবোৰ খাই বাকলিবোৰ নিয়া, কলহৰ গাখীৰ-গুৰবোৰ পাৰে মানে খাই তাৰ ঠাইত পানী ভৰাই মুখ বান্ধি নিয়া আৰু বিয়া-ঘৰত এইবোৰকে লৈ মহা গণ্ডগোলৰ সৃষ্টি হোৱা আদি গাঁৱৰ সকলো লোককে তৃপ্তি দান কৰে।' [ঐ, পৃ: ৯০]

ওজাপালিৰ গীতত বিষ্ণু, শিৱ আৰু দুৰ্গা আটাইকে একাকাৰ কৰা হয় আৰু দুই এঠাইত আল্লাৰ নামও উল্লেখ কৰা হয়। এইবিলাকে কামৰূপত শৈৱ-শাক্ত-বৈষ্ণৱ-ইচলামৰ সহ অৱস্থানেই সূচায়।

দুৰ্গাবৰী গীত

দুৰ্গাবৰ কোচৰজা বিশ্বসিংহৰ ৰাজত্ব কালৰ (১৫১৫ - ১৫৪০) গীতিকাৰ। তেঁও নীলাচল অৰ্থাৎ কামাখ্যাত বাস কৰিছিল বুলি 'মনসা কাব্য' বা 'বেউলাৰ গীত'ত নিজৰ পৰিচয় দিছে। সেই গীতত তেঁও বহুবল শিকদাৰ নামে এগৰাকী সেই সময়ত 'গন্ধৰ্বৰ অৱতাৰ' বুলি জনাজাত গায়কৰ অনুপ্ৰেৰণাত গীত প্ৰচাৰ কৰা বুলি উল্লেখ কৰিছে। 'বেউলাৰ গীত'ৰ উপৰিও দুৰ্গাবৰে ৰচনা কৰা গীতি-ৰামায়ণ অসমীয়া সমাজত জীয়াই আছে। (দুৰ্গাবৰৰ গীতৰ পুথি এই লিখকে দেখা নাই। এই বিষয়ে ডঃ সত্যেন শৰ্মাৰ 'অসমীয়া সাহিত্যৰ ইতিবৃত্ত' চাওক)। ডঃ বীৰেন্দ্ৰ নাথ দত্তৰ মতে:

> "দুৰ্গাবৰী গীত বুলি এক বিশেষ শ্ৰেণীৰ গীত আজিলৈকে লোকসমাজত প্ৰচলিত থকাৰ পৰা এইটো প্ৰমাণিত হয় যে দুৰ্গাবৰ এজন অসাধাৰণ সংগীত ৰচক আছিল আৰু তেঁওৰ সংগীত-ৰচনাৰ স্বকীয়তাৰ বাবেই তেঁওৰ গীতবোৰ সুকীয়া নামাকৰণেৰে চিহ্নিত হৈছিল।"

[ডঃ বীৰেন্দ্ৰ নাথ দত্তৰ 'অসমীয়া সংগীতৰ ঐতিহ্য', অসম সাহিত্য সভা, ১৯৭৭ চাওক), পৃ: ৪৯]

ডঃ ভূপেন হাজৰিকাই 'এ জয় ৰঘুৰ নন্দন' আৰু 'মইও বনে যাওঁ স্বামীহে' (সুদক্ষিণা শৰ্মা আৰু দিলীপ শৰ্মাই ৰেকৰ্ড কৰা) এই দুটা দুৰ্গাবৰী গীত বুলি লিখিছে। এই দুটা আৰু ডঃ দত্তই স্বৰলিপিৰ সৈতে দিয়া দুৰ্গাবৰী গীত কেইটাই দুৰ্গাবৰ কেনে অসাধাৰণ গীতিকাৰ আছিল তাৰ ভাল পৰিচয় দিয়ে। 'মইও বনে যাওঁ স্বামী'-ত দুৰ্গাবৰে কেনেদৰে নাৰী হৃদয়ক আপোন কৰি নাৰীৰ অনুভূতি প্ৰকাশ কৰিব পাৰিছিল সেইটো ফুটি ওলাইছে। এই গীতটোৰ এক কৌতূহলপূৰ্ণ দিশও আছে। এই গীতত 'নাৰী ভীৰুমতি' বুলি

দুৰ্গাবৰে ৰামৰ মুখত বচন দিছে। কিন্তু, সীতাই সকলো বিপদ-সংকট-ভয়-ভীতি উপেক্ষা কৰি যে ৰামৰ লগত বনবাসলৈ গৈ 'নাৰী ভীৰুমতি' নহয় বুলি প্ৰমাণ কৰিব তাক দুৰ্গাবৰে জানিছিল। তেনেহলে, দুৰ্গাবৰে 'নাৰী ভীৰুমতি' বুলি থকা পুৰুষৰ মত ভুল বুলিহে সংকেত দিছে নেকি?

মহাত্মা গান্ধীয়ে 'এ জয় ৰঘূৰ নন্দন' গীতটো শুনি তবধ মনা আৰু সেই গীতটোকও প্ৰাৰ্থনা গীত ৰূপে গোৱা বুলি আমি গান্ধীভক্ত স্বৰ্গীয় লীলা বৰুৱাৰ মুখে শুনিছিলোঁ। এইটো সচাকৈয়ে এক অপৰূপ প্ৰাৰ্থনা গীত। এই গীতত ৰামচন্দ্ৰৰ 'নিৰ্মল ৰাঙাপদ পেখি' যি আনন্দ প্ৰকাশ পাইছে আৰু তাৰ সুৰতো যি আনন্দ ধ্বনিত হৈছে তাক বৰগীতত বিচাৰি পোৱা টান। বৰগীতৰ ভক্তিৰ তুলনাত দুৰ্গাবৰী গীতৰ ভক্তিৰ আনন্দ মন কৰিব লগীয়া।

বৰগীত

অসমৰ জাতীয় জীৱনত বৰগীতেই আটাইতকৈ মহত্বপূৰ্ণ আৰু প্ৰভাৱশালী গীত আৰু গীতি সাহিত্য। আজি প্ৰায় পাঁচ শ বছৰ বৰগীতবিলাক প্ৰায় প্ৰত্যেক অসমীয়াৰ মুখে মুখে আৰু অসমৰ প্ৰতিটো নামঘৰতে এক প্ৰকাৰ অবিছিন্ন ভাবে মুখৰিত হৈ আহিছে। আধুনিক অসমীয়া গীতৰ বহু সুৰত বৰগীতৰ প্ৰভাৱ স্পষ্ট। ভূপেন হাজৰিকাই গায়ক জীৱনৰ আদি ভাগত বৰগীত গায়েই সুনাম অৰ্জন কৰিছিল আৰু তেঁওৰ বহু গীতৰ সুৰত বৰগীতৰ সুৰৰ ধ্বনি শুনিবলৈ পোৱা যায়। গীতিকাৰ জীৱনৰ তেঁও প্ৰথম গীতটো ৰচিছিল বৰগীতৰ জন্মদাতা শ্ৰীশংকৰদেৱক সুৰঁৰিয়েই।

বৰগীতবিলাক কি আৰু কোনবিলাক বৰগীত সেইবিষয়ে নানা মুনিৰ নানান মত। কোনোৱে ইয়াক 'প্ৰাৰ্থনা গীত' বোলে, কোনোৱে ইয়াক 'ভক্তিমূলক গীত' বুলি কয় আৰু আন কোনোৱে ইয়াক 'স্বৰ্গীয় গীত' আখ্যা দিয়ে। বহুতৰ মতে গুৰু দুজনাই ৰচনা কৰা গীতহে বৰগীত। কিন্তু, আন বহুতৰ মতে গুৰু দুজনাৰ আৰ্হি অনুকৰণ কৰি গোপালদেৱ, ৰামচৰণ ঠাকুৰ, যদুমণিদেৱ আদি নমস্য লোকেও ৰচনা কৰি যোৱা গীতকো বৰগীত বুলি কোৱা হয়। সেইদৰে, সোণোৱাল কছাৰীসকলে হুঁচৰি গীত আৰম্ভ কৰাৰ আগতে বৰগীত গোৱা নিয়ম আছে। এই বৰগীতবিলাকৰ বহুতো গুৰু দুজনাই ৰচনা কৰা নহয়। সেয়েহে, বৰগীত বুলিলে আমি গুৰু দুজনাই আৰম্ভ কৰা বিশেষ গুণবিশিষ্ট গীতকে বুজিব লাগিব। তেনে কৰিলেহে আমি গুৰু দুজনাৰ সৃষ্টিক এক বোৰতী সুঁতিত পৰিণত কৰা হ'ব। বৰগীতৰ প্ৰধান প্ৰধান লক্ষণ হৈছে:

ক) বৰগীতৰ বিষয়বস্তুৰ কেন্দ্ৰ হৈছে বৈষ্ণৱ ধৰ্ম বা শংকৰী মত।

খ) বৰগীতবিলাক ভক্তপ্ৰাণৰ মুক্ত প্ৰকাশ। গীত বিলাকৰ উদ্দেশ্যও ভক্তি ৰসৰ অমিয়া বিলোৱা।

গ) বৰগীতৰ কথা সাধাৰণতে দুটা ভাগত ভগোৱা থাকে: ধ্ৰুং (বা ধ্ৰুব) আৰু পদ।

ঘ) বৰগীতৰ নিৰূপিত ৰাগ আছে, কিন্তু নিৰূপিত তাল নাই।

বৰগীতবিলাক ভক্তপ্ৰাণৰ মুক্ত প্ৰকাশ হ'লেও সেইবিলাকত সামাজিক কথা, মানৱ জীৱনৰ ঘাত প্ৰতিঘাতৰ বিৱৰণ বা মানুহৰ ভাব অনুভূতিৰ প্ৰকাশেৰে ভৰি আছে। বিশেষত্ব এইখিনিতেই যে এই সকলোবিলাকক ভক্তিৰসে নিবিড় ভাবে সাঙুৰি আছে আৰু প্ৰায় সকলোবিলাক গীতৰ মূল প্ৰেৰণা অৱতাৰ শ্ৰীকৃষ্ণ বা ৰাম অৱতাৰৰ পৰাই আহিছে। উদাহৰণ স্বৰূপে, মাধৱদেৱৰ 'আলো মঞি কি ক'হব দুখ' গীতটো তেঁও গুৰু শ্ৰীশংকৰদেৱৰ

শ্ৰীশংকৰদেৱৰ মহাপ্ৰয়াণৰ বাতৰি শুনি তেঁওৰ হৃদয় বিদাৰি ওলোৱা বেদনাৰ প্ৰকাশ।

মধুপুৰত জগতগুৰু শংকৰদেৱৰ থান

ফটো: গৌৰী শংকৰ বৰাৰ সৌজন্যত

এই গীতটোত মাধৱদেৱে তেঁওৰ বেদনাক কৃষ্ণক হেৰুৱাই গোপিনীসকলৰ বিৰহ বেদনাৰ লগত তুলনা কৰিছে। সেইদৰে, ভূপেন হাজৰিকাৰ অতি প্ৰিয় আৰু শংকৰদেৱে ৰচা 'শুন শুন ৰে সুৰ বৈৰী প্ৰমাণা' গীতটো সেই সময়ৰ অধৰ্মী, অনাচাৰী আৰু অত্যাচাৰী শাসকসকলক সাৱধান বাণী শুনাবলৈকে লিখা। তাকে প্ৰকাশ কৰিবলৈ শংকৰদেৱে গীতত যি ৰাৱণ বধৰ ভূমিকা উল্লেখ কৰিলে সি আজিৰ আধুনিক গীততো প্ৰতিধ্বনিত হৈছে:

"আহ আহ ওলাই আহ পোহৰ আনোতা
ৰামৰে দেশতে থকা ৰাৱণ বধোঁতে
যায় যদি জীৱনটো য'ক।"

(ভূপেন হাজৰিকা)

'সীতা বনবাস কিমান চাবানো
লংকা কাণ্ডহে বঢ়িয়া হ'ব'
শান্তি সীতাক ধৰিছে ৰাৱণে,
ৰাৱণ বধৰহে ভাওনা হ'ব।'

(নিৰ্মলপ্ৰভা বৰদলৈ)

টোকাৰী গীত

অতীজৰে পৰা এডাল জোৰকৈ বজোৱা তাঁৰ বা গুণেৰে সজা একতাৰা বা দুতাৰা বাদ্যযন্ত্ৰ পৃথিৱীৰ প্ৰায় সকলো দেশতে চলি আহিছে। অসমতো লাওৰ খোলাত বাঁহ বান্ধি সজা একতাঁৰা বা দুতাঁৰা বাদ্যযন্ত্ৰৰ প্ৰচলন আজিলৈকে চলি আছে। সাধাৰণ লোকৰ কাৰণে অতি সহজে সাজিব পৰা আৰু সহজে সুৰ তুলিব পৰা এই বাদ্যযন্ত্ৰ জনপ্ৰিয়তাৰ কাৰণও ভাবি উলিওৱা সহজ। পশ্চিমত ইয়াৰ পৰা বেঞ্জো নামৰ যন্ত্ৰ উদ্ভাৱন হয়। ইও এটা মন কৰিব লগীয়া কথা যে এই যন্ত্ৰৰ সহায়ত গোৱা গীতৰ সুৰবো বিশেষ মিল দেখা যায়। সম্ভৱ বাদ্যযন্ত্ৰটোৰ সীমিত গুণৰ কাৰণেই সাধাৰণতে এক বিশেষ লয় আৰু মাজে মাজে এক খৰতকীয়া লয়ৰে গোৱা লোকগীত নেপাল, ৰুমানিয়া, আমেৰিকা, অষ্ট্ৰেলিয়া আদি পৃথিৱীৰ বহু দেশত শুনিবলৈ পাইছোঁ।

অসমত এই যন্ত্ৰৰ সহায়ত টোকাৰী গীতৰ প্ৰচলন চলি আহিছে। আনকি বহুতে বৰগীতও টোকাৰী গীতৰ সুৰত গোৱা শুনিবলৈ পাইছোঁ। পূৰ্ণানন্দ ভূঞাৰ মতে বৰগীতৰ লগতে অসমৰ সত্ৰবিলাকত ফকৰা কিছুমান টোকাৰী গীত ৰূপে চলি আহিছে। "মহাপুৰুষ শংকৰ-মাধৱৰ বৰগীতবোৰৰ লগতে নাৰায়ণ দাস ঠাকুৰ আতাৰ নামত প্ৰচলিত ফকৰা সমূহৰ থূলটোক একেলগে 'বাৰেকুৰি বৰগীত তেৰকুৰি ফকৰা' বুলি বৈষ্ণৱ সমাজত কোৱা হয়। . . . ওপৰে ওপৰে চালে এইবোৰ বাস্তৱ জগতৰ লগত নিমিলা ওলোটা-ওভোটা, নাভূত নাশ্ৰুত কথা।" সেইবিলাকৰ আঁৰ পটত সাধাৰণতে ভক্তি তত্ত্ব সোমাই থাকে।

শংকৰদেৱৰ শিষ্য চান্দ খাঁইও এনে কিছু টোকাৰী গীত ৰচিছিল। ভূপেন দাদাইও চান্দ খাঁৰ টোকাৰী গীত গাইছে আৰু তাৰ সুৰ নিজৰ গীতত ব্যৱহাৰ কৰিছে। চান্দ খাঁৰ

টোকাৰী গীত গাই তেজপুৰৰ মাণিক চন্দ্ৰ শইকীয়াই বাণ থিয়েটাৰ আৰু আন আন ঠাইত আজীৱন আমোদ দি আহিছিল। তেঁওৰ সেই গীতবিলাক আৰু টোকাৰী গীতৰ পৰম্পৰা পুতেক দুৰ্লভ শইকীয়াই আহৰণ কৰে। ভূপেন দাদাৰ প্ৰায় সম বয়সীয়া দুৰ্লভ শইকীয়াৰ কণ্ঠস্বৰও ভূপেন দাদাৰ দৰে সুমধুৰ আছিল বুলি তেজপুৰৰ পুৰণা লোকে আমাক কৈছিল। ডেকা কালত এবাৰ তেজপুৰত হোৱা সংগীত প্ৰতিযোগিতাত ভূপেন হাজৰিকা আধুনিক গীতত প্ৰথম হৈছিল আৰু দুৰ্লভ শইকীয়া বিহুগীতত প্ৰথম হৈছিল। ২০০৮ চনত দুৰ্লভ শইকীয়াই তলত দিয়া চান্দ খাঁৰ গীত দুটা আমাক গাই শুনাইছিল:

(১)

কিনো গীত গালি চান্দ খাঁ বৰা ঐ
কিনো গীত গালি চান্দে
গতুৰা এন্দুৰৰ পাৰত পৰি পৰি
বোন্দা বিৰালীয়ে কান্দে।।
বাঁহৰে আগতে উজাই পুঠি মাছ
চিলনীয়ে কি খাই জীয়ে
বেজীৰে আগতে ৰান্ধা নে বাঢ়া নে
উধানে কি কাপোৰ সীয়ে।।
আমৰে গছতে ডাবে নাৰিকল
কঁঠালৰ গছতে বেল।।
সাতোটা হাতীয়ে গোট খাই পাতিছে
এন্দুৰৰ গাঁততে মেল।।
বেৰাই বাৰী গিলিলে বৰা ঐ
দুৱাৰে গিলিলে ঘৰ
হাতত জপা লৈ চোৰে খেদি যায়
মাৰে গিৰিহঁতে লৰ।।
চাউলে খুবলি গিলিলে বৰা ঐ
তুঁহে উৰালে কুলা
ৰজাৰ হাতীদাঁত চিকুটি ছিঙিলে
কুঠাৰে কাটিলে মূলা।।
গৰুৱে গোহালি গিলিলে বৰা ঐ
পঘাই গিলিলে গৰু
হাতত তাৰু লৈ ৰান্ধনী পলাই যায়
খেদি লৈ যায় চৰু।।
সাগৰৰ মাজতে ঘোঁৰাই থকে থকি
নগৰত বুৰিলে নাৱ
কহতু চান্দ খাঁ এই গীত ৰচিলা
ভকতিৰ উভুতা ভাৱ।।

(২)

হেৰৌ মন বৰুৱা ৰজা পৰমাত্মা
জীৱ ফুকনকে কওঁ
চিত্তে চৌধাৰী বুদ্ধিত বুঢ়াগোঁহাই
দেহতে বিচাৰি লৰ।।
দেহৰে ভিতৰত ন-জনা কাকতি
লেখজোখ কৰিছে তাতে
লেখজোখ কৰিছে খেলনা খেলিছে
ৰজা বহি আছে পাটে।।
ছয়জনা কটকী বাৰে ৰাজখোৱা
শইকীয়াৰ লেখজোখ নাই
চাৰি বুঢ়া পাত্ৰই শোধখন (বিচাৰ)
সুধিছে কোনে কি লগাইছে দাই।।
ন-খন দুৱাৰত ন-জন দুৱৰী
সঞ্চাৰ (কপকপিয়াকৈ) মাৰিছে টানি
হেনয় সঞ্চাৰ যিজনে খুলিব
তাকে আধ্যাত্মিক জানি।।

ফটো: সুমন্ত দত্ত আৰু ফেচবুকৰ সৌজন্যত

কামৰূপী লোকগীত

বৰ্তমানৰ অসম ৰাজ্য মূলতে বৃটিচৰ সৃষ্টি। ১৯২৬ চনত বৃটিচৰ হাতলৈ যোৱাৰ আগলৈকে এই ৰাজ্যৰ পূব অঞ্চলত আহোমসকল আৰু পশ্চিম অঞ্চল (বৰ্তমানৰ কামৰূপ, দৰং, গোৱালপাৰা আৰু কোচবিহাৰ) কোচ ৰজাসকলৰ অধীনত আছিল। কামৰূপ আৰু গোৱালপাৰাৰ কিছু অংশ সময়ে সময়ে আহোমৰ অধীনলৈ আহিছিল আৰু কেতিয়াবা কেতিয়াবা বংগৰ নবাব নাইবা মোগল সম্ৰাটৰ অধীনলৈ গৈছিল। সেয়েহে, কামৰূপ আৰু গোৱালপাৰাত ভাৰতৰ আন ঠাইৰ প্ৰভাৱ বেছিকৈ পৰিছিল আৰু এই দুই অঞ্চলৰ ভাষা, ধৰ্ম আৰু সংস্কৃতিয়ে একোটা সুকীয়া গঢ় লৈছিল। বৃটিচৰ দিনত গোৱালপাৰা আৰু কামৰূপ অসমৰ অন্তৰ্গত হ'ল। গোৱালপৰীয়া ভাষা আৰু কামৰূপী ভাষাক অসমীয়া ভাষাই সাঙুৰিলে। যদিও এই দুখন জিলাৰ গীত মাতত একোটা সুকীয়া সংস্কৃতি বিৰাজ কৰিছে। আজি কামৰূপ আৰু গোৱালপাৰাৰ লোকে স্কুলত অসমীয়া পঢ়িলেও আৰু লিখোঁতে অসমীয়া ব্যৱহাৰ কৰিলেও ঘৰত আৰু আত্মীয় স্বজনৰ লগত নিজৰ সুকীয়া মাত কথাহে ব্যৱহাৰ কৰে। কামৰূপী ভাষা বা গোৱালপৰীয়া ভাষা মূল অসমীয়া ভাষাৰ পৰা পৃথক নহ'লেও সেইবিলাকৰ একোটা সুকীয়া ঠাঁচ আৰু কথন ৰীতি আছে। লিখিত ৰূপত এই দুই ভাষা প্ৰয়োগ নহ'লেও গীত মাতত এই দুই ভাষা বহুল ভাবে প্ৰচলিত।

কামৰূপী লোকগীত অতি চহকী। কামৰূপৰ ওজাপালি আজিও অতি জনপ্ৰিয়। ওজাপালিৰ সংস্কৃতি প্ৰাক বৈষ্ণৱী। কামৰূপী লোকগীতত বৰগীত আৰু ওজাপালি দুয়োটাৰে বিশেষ প্ৰভাৱ দেখা যায় যদিও ওজাপালিৰ দৰে কামৰূপী লোকগীতত ভক্তিৰসৰ প্ৰাধান্য কম। সামাজিক বা নাটকীয় পৰিস্থিতিয়েই এই গীতবিলাকত বেছিকৈ দেখা যায়।

কামৰূপী লোকগীতৰ বিষয়বস্তু যিয়েই নহওক তাক সাধাৰণতে সামাজিক দৃষ্টিকোণৰ পৰাহে চোৱা হয়। 'বৰ বৰিবা যায় মেনকা', 'জীৱেৰ বেউলা', 'অ' কানাই পাৰ কৰা হে', আদি গীতত মহাদেৱ, শ্ৰীকৃষ্ণ আদি অৱতাৰ বা দেৱতাসকলক একেবাৰে মাটিৰ মানুহৰ লগত মিলোৱা হৈছে।

সুৰৰ ক্ষেত্ৰতো কামৰূপী লোকগীতত হিন্দুস্থানী সংগীতৰ উলাহ তৰংগ ধ্বনিত হয়। বৰগীতৰ দৰে বিলম্বিত লয়ত এইবিলাক গোৱা নহয়। 'কানু হাৰামজাদা', 'কলংকিনী ৰাধা', 'পেটটো ভাঙা ডুলি' আদি খাৰাংখাচি কিন্তু এক প্ৰকাৰ অমাৰ্জিত প্ৰকাশে এইটোও সূচায় যে কামৰূপী লোকগীতৰ আখ্যান উপাখ্যান বিলাক সাধাৰণ মানুহে বুজিব পৰাকৈ ভকতিবিহীন ভাবে বৰ্ণোৱা হৈছে।

হয়তো এনেও হ'ব পাৰে যে বৰগীতে কামৰূপী লোকগীতৰ ভক্তিৰ গীতবিলাক অপসাৰিত কৰিলে আৰু ওজাপালিৰ দৰেই কেৱল নাটকীয় বিৱৰণ থকা বা দৰ্শকক আমোদ দিব পৰা গীতবিলাকহে জনপ্ৰিয় হৈ থাকিল। কামৰূপী লোকগীতৰ দুই চাৰি গীতত ভক্তিৰ সুৰ শুনা যায়। সেইবিলাকত বৰগীতৰ প্ৰভাৱ স্পষ্ট আৰু সেইবিলাক হয়তো বৰ বেছি পুৰণি নহয়।

এক প্ৰকাৰে কামৰূপী লোকগীতক আধুনিক অসমীয়া গীতৰ বাটকটীয়া বুলিব পাৰি কিয়নো কুৰি শতিকাতো বহুতে গীত ৰচি কামৰূপী লোকগীতৰ পৰম্পৰাগত সুৰত গাইছিল। উদাহৰণ স্বৰূপে 'প্ৰভু মোকে দয়া নাছাৰিবা, গুৰু মোক দয়া নাছাৰিবা' গীতটোৰ গীতিকাৰ আছিল কমল নাৰায়ণ চৌধুৰীৰ ককাক লক্ষ্মী নাৰায়ণ চৌধুৰী। কমল নাৰায়ণ চৌধুৰীয়ে বাণীবদ্ধ কৰা সেই গীতটোত তাৰ উল্লেখ আছে। পাচত আন গীতিকাৰে গাওঁতে বা বাণীবদ্ধ কৰোঁতে লক্ষ্মী নাৰায়ণ চৌধুৰীক উল্লেখ নকৰি কামৰূপী লোকগীতৰ এটা পৰম্পৰাক বিসৰ্জন দিলে। সেইদৰে ভূপেন দাদাই জনপ্ৰিয় কৰা 'জীৱেৰ বেউলা ঐ' গীতটোৰ গীতিকাৰ হৈছে গকুল পাঠক। তেখেতে অৱশ্যে নিজেই সেই পৰম্পৰাক উলংঘা কৰি গীতত নামটো উল্লেখ নকৰিলে।

যোগেশ ভৰালীৰ প্ৰখ্যাত 'ঘন বৰষুণ পিছল মাটি' গীতটোৰ ৰেকৰ্ডখন মই দেখিছোঁ। তাত গীতটোৰ কথা পৰম্পৰাগত আৰু সুৰ যোগেশ ভৰালীৰ বুলি লিখা আছে। বাণীবদ্ধ কৰোঁতে কমল নাৰায়ণ চৌধুৰীয়ে সংগীত পৰিচালনা কৰিছিল বুলি ৰেকৰ্ডখনত লিখা আছে। অৰ্থাৎ গায়ক যোগেশ ভৰালীৰ মতেই গীতটো তেঁও ৰচা নহয়। বহুতৰ মতে সেই গীতটোৰ ৰচক হৈছে গুণাৰাম পাঠক [প্ৰান্তিক, ১৬-৩১ মাৰ্চ, ২০১২ চনত ৰূপালীম দত্তৰ পত্ৰ চাওক]। ভাব ভাষাৰ পিনৰ পাৰে চালে গীতটো এই শতিকাতে ৰচিত বুলি ধাৰণা হয়।

'ঘন বৰষুণ পিছল মাটি' গীতটোৰ সুৰ যোগেশ ভৰালীয়ে নিজে সৃষ্টি কৰা বুলি দাবী কৰিলেও সেই সুৰ কিন্তু পৰম্পৰাগত কামৰূপী লোকগীতৰ। এইটো উল্লেখযোগ্য যে ভাৰতৰ নমস্য সুৰকাৰ নৌছাদে এই গীতৰ সুৰৰ আধাৰত 'মাদাৰ ইণ্ডিয়া' নামে কথাছবিত 'দুখ ভৰা দিন বিতে ৰে ভাইয়া' বুলি এটা গীত সৃষ্টি কৰিছিল। এইটো কথাকে ৰহণ সানি আজিৰ বহুত অসমীয়াই নৌছাদে যোগেশ ভৰালীৰ সুৰ চুৰি কৰা বুলি বৰেণ্য সংগীতকাৰ নৌছাদক লঘূ কৰিবলৈ চেষ্টা কৰে। ই এটা মাৰাত্মক ভুল কিয়নো নৌছাদ আছিল এজন মহান আৰু সংগীত জগতৰ এজন সন্মানিত ব্যক্তি। তেখেতে প্ৰথমে ভাৰতীয় শাস্ত্ৰীয় সংগীতৰ আধাৰত কথাছবিৰ যোগেদি জনপ্ৰিয় ৰূপত প্ৰচাৰ কৰি শাস্ত্ৰীয় সংগীতক সাধাৰণ ভাৰতীয়ৰ বোধগম্য আৰু প্ৰিয় কৰিছিল। তাৰ পিচত তেখেতে ভাৰতৰ ভিন ভিন অংচলৰ লোকগীতৰ সুৰ আৰোপিত কথাছবিৰ গীত সৃষ্টি কৰি ভাৰতীয় সুৰৰ আকাশখন বিস্তৃত কৰিছিল।

যোগেশ ভৰালীয়ে 'ঘন বৰষুণ পিছল মাটিৰ' সুৰটো নিজৰ বুলি দাবী কৰি আইনৰ ওচৰ চপা কাৰণে নৌছাদে বিতৰ্কৰ মাজলৈ নগৈ যোগেশ ভৰালীক তিনি হেজাৰ টকা দিয়ে। আমাৰ মতে যোগেশ ভৰালীৰ ভাগ্য ভাল আছিল—তেঁও এক প্ৰকাৰ নৌছাদৰ মহানুভৱতাৰ দ্বাৰা উপকৃত হ'ল। এই বিষয়ে, ২০০৮ চনৰ গুৱাহাটীত অনুষ্ঠিত এক আলোচনাত কামৰূপী লোকগীতৰ গভীৰ জ্ঞান থকা অধ্যাপক উপেন শৰ্মা আৰু যোগেশ ভৰালীৰ আত্মীয় কবি বিশ্বেশ্বৰ বৰুৱাই আমাৰ মতকে সমৰ্থন কৰিছিল। অৱশ্যে, নৌছাদে তেঁওৰ উদ্দেশ্য সফল কৰিলে আৰু কামৰূপী লোকগীতক ভাৰতৰ সংগীতপ্ৰেমী সকলে

আদৰিলে। অকল সেয়ে নহয় সুদূৰ জাপানত অনুস্থিত বিশ্বৰ লোকগীতৰ অনুস্থানত অংশ গ্ৰহণ কৰোঁতে ভূপেন দাদাই 'অ' মোৰ মলুৱা' কামৰূপী লোকগীতেৰে নিজৰ সংগীতানুষ্ঠান আৰম্ভ কৰিবলৈ সাহস পালে।

সি যিয়েই নহওক বৰ্তমান ভূপেন হাজৰিকা, ৰামেশ্বৰ পাঠক, বংশীধৰ দাস, স্নেহলতা দাস, অনিমা চৌধুৰী আদি পাৰদৰ্শী গায়ক গায়িকাৰ প্ৰচেষ্টাত কামৰূপী লোকগীতে নতুন প্ৰাণ পাইছে। বিষয়বস্তু বিশ্লেষণ কৰি কামৰূপী লোকগীতবিলাক শ্ৰেণীভাগ কৰিব পাৰিলে ভৱিষ্যতৰ প্ৰজন্মৰ উপকাৰ হ'ব। ভক্তি ৰসৰ গীততো কামৰূপী লোকগীত যে অতি চহকী তাৰ উজ্জ্বল প্ৰমাণ শংকৰদেৱৰ মহাপ্ৰয়াণ বৰ্ণাই ৰচা 'শংকৰে বোলে বাণী ভকতক মাতি আনি', 'প্ৰভু মোকে দয়া নাচাৰিবা' আদি গীত। সেইদৰে, মনসা বা বেউলা-লক্ষীন্দাৰৰ গীত কামৰূপী লোকগীতৰ সমৃদ্ধিৰ পৰিচয় দিয়ে। বিষ্ণুপ্ৰসাদ ৰাভদেৱে 'ৰাতি পুহাইল ৰে', 'অ' মোৰ মলুৱা' আদি কেবাটাও গীত গাই শৃংখলা লগোৱা কাৰণে সেইবিলাক পিচত ভূপেন হাজৰিকা, দিলীপ শৰ্মা, সুদক্ষিণা শৰ্মা আদিয়ে সজীৱ কৰি ৰাখিব পাৰিলে। এইটো দুখৰ কথা যে চানাৰাম কলিতা আৰু ৰামেশ্বৰ দাসৰ সৰু সৰু সংকলন দুটিৰ বাদে কামৰূপী লোকগীতৰ বিশদ সংকলন বা বিশ্লেষণ এই লিখকে দেখা নাই। কামৰূপী লোকগীতৰ বহুল প্ৰচাৰ নোহোৱাৰ হয়তো ই এক অন্যতম কাৰণ। কামৰূপী লোকগীতৰ সংৰক্ষণৰ আৰু প্ৰচাৰৰ কাৰণে ৰাইজক জনালোঁ নহলে সময়ৰ সোঁতত এই বহুমূলীয়া লোকগীতবিলাক বিলীন হ'ব।

গোৱালপৰীয়া লোকগীত

গোৱালপৰীয়া লোকগীত এই দিশত কিছু ভাগ্যৱান। গোৱালপাৰাৰ সুযোগ্য সন্তান, গুৱাহাটী বিশ্ববিদ্যালয়ৰ অধ্যাপক আৰু সুগায়ক ডঃ বীৰেন্দ্ৰনাথ দত্তই অসম সাহিত্য সভাৰ পৃষ্ঠপোষকতাত গোৱালপৰীয়া লোকগীতৰ এক মহৎ সংগ্ৰহ প্ৰকাশ কৰিছে। এই শিতানৰ আলোচনাখিনি মূলতে ডঃ দত্তৰ পুথিৰ পৰা লোৱা। ডঃ বীৰেন্দ্ৰ নাথ দত্তৰ মতে সাংস্কৃতিক দিশত পশ্চিম গোৱালপাৰাৰ উত্তৰ বংগৰ লগত আৰু দক্ষিণ পাৰ তথা জিলাখনৰ পূব অঞ্চলৰ কামৰূপৰ লগত বিশেষ সাদৃশ্য আছে। বংগদেশৰ ভৌগলিক সামীপ্য, ৰাজনৈতিক ভাবে সময়ে সময়ে বংগৰ কোনো অংশৰ লগত চামিল হোৱা, বংগৰ পৰা বৃহৎ আকাৰৰ প্ৰবৰ্জন, গৌড়ীয় বৈষ্ণৱ ধৰ্মৰ প্ৰভাৱ, জমিদাৰ আৰু শিক্ষিত শ্ৰেণীৰ পৃষ্ঠপোষকতা আদিৰ ফলত বহুদিন গোৱালপাৰাত বঙালী গীত মাত আৰু সংস্কৃতিৰ বিশেষ প্ৰভাৱ পৰি আহিছে। সেয়েহে, কামৰূপৰ তুলনাত গোৱালপাৰাৰ লোকগীতত নানান পূজাপাতলৰ গীত প্ৰচুৰ।

গোৱালপাৰাৰ অধিবাসীসকলৰ এক বুজন অংশ বড়ো, কোচ ৰাজবংশী আৰু ৰাভা লোকেৰে গঠিত হোৱা কাৰণে গোৱালপাৰাৰ লোকগীত এওঁলোকৰ জীৱন ধাৰা আৰু সংস্কৃতিৰ দ্বাৰা বিশেষ ভাবে প্ৰভাৱান্বিত। বিশেষকৈ সামাজিক, প্ৰেম আসক্তিৰ তথা ৰং ৰহইচৰ গীতত এই প্ৰভাৱ লক্ষণীয়। ভূপেন হাজৰিকা আৰু শ্ৰীমতী প্ৰতিমা বৰুৱাই এই শ্ৰেণীৰ বহু গীত জনপ্ৰিয় কৰি তুলিছে। 'মাহুত বন্ধুৰে' কথাছবিত ভূপেন দাদাই গোৱালপৰীয়া লোকগীতৰ সুৰ আৰু কথা প্ৰয়োগ কৰিছে। 'গৌৰীপুৰীয়া গাভৰু দেখিলোঁ' গীতত গোৱালপৰীয়া গীত আৰু বিহুগীতৰ সুৰ তথা বিষয়বস্তুৰ অপূৰ্ব সমন্বয় দেখা যায়।

কাহিনী গীত বা মালিতা

অসমীয়া ভাষা বহু কাহিনী গীতেৰে বিশেষ চহকী। বৰফুকনৰ গীত, জয়মতী কুঁৱৰীৰ গীত, মণিৰাম দেৱানৰ গীত আদিৰ দৰে বুৰঞ্জীমূলক কাহিনী গীতৰ উপৰিও জনা গাভৰুৰ গীত, মণি কোঁৱৰ আৰু ফুল কোঁৱৰৰ গীত আদি দুই এটি অতি নাটকীয় আৰু বিশেষ অনুভূতিপূৰ্ণ কাহিনী গীত আছে যাৰ আখ্যান ঘাইকৈ কাল্পনিক। এই কাহিনী গীতবিলাকক বহুতে মালিতা বোলে। জতুৱা ঠাঁচ, গীতিব্যঞ্জক সহজ সৰল ভাষা আৰু ঘৰুৱা চিত্ৰপট আদিৰে ভৰা এই কাহিনী গীতবিলাকৰ ছাঁ আজিৰ অসমীয়া গীত আৰু সাহিত্যতো দেখা যায়।

ভূপেন হাজৰিকাই 'ৰঙাকৈ গোলাপৰ কলি, হীৰালালে', 'বৰদৈচিলা', 'কিনো দিন পৰিলে আজি', 'উজাই বুৰে দিলে শিহু কি ঘৰিয়াল' আদি গীতত পুৰণা কাহিনী গীতৰ সুৰ, গঠন ৰীতি, উপমা আদি ব্যৱহাৰ কৰাৰ উপৰিও 'মনিৰাম দেৱানৰ গীত', 'বাপুজীৰ তিৰোভাৱৰ গীত', 'লাল বাহাদুৰ শাস্ত্ৰীৰ গীত' আদি কিছুমান নতুন কাহিনী গীতেৰে অসমীয়া গীতি সাহিত্যৰ ভঁৰাল চহকী কৰিছে। ভূপেন দাদাই মালিতাৰ আৰ্হিতে কেবাটাও সাময়িক প্ৰসংগৰ গীত ৰচি মালিতাৰ পৰম্পৰা সজীৱ কৰি ৰাখিলে যদিও আনে তাক অনুকৰণ নকৰাটোহে দুখৰ কথা।

চাহ-মজদুৰৰ গীত

১৮৩৯ চনত অসম কোম্পানী গঠন হোৱা দিনৰে পৰা অসমৰ চুকে কোণে চাহ বাগিচা প্ৰতিষ্ঠা হ'বলৈ ধৰে। এই চাহ বাগিচাত কাম কৰিবৰ কাৰণে চাহ ব্যৱসায়ীসকলে বংগদেশ, উৰিষ্যা, মধ্য প্ৰদেশ আদি ঠাইৰ পৰা বনুৱা আমদানি কৰে (লিখকৰ 'ফলি লোৱা বুৰঞ্জী'ত এই বনুৱাসকলক কেনে কষ্ট দি অনা হৈছিল আৰু তেঁওলোকক কেনে নিষ্ঠুৰ ব্যৱহাৰ কৰা হৈছিল তাৰ এটি বৰ্ণনা আছে)।

ফেচবুক আৰু মৃদুল বৰুৱাৰ সৌজন্যত

এই বনুৱাসকলে অসমকে তেঁওলোকৰ আপোন বুলি সাৰটি লয়। তেঁওলোকৰ সতিসন্ততিসকল বৰ্তমান অসমৰ এক ডাঙৰ জনগোষ্ঠী। তেঁওলোকৰ মাত কথা আৰু গীত মাত অসমীয়া যদিও তাত তেঁওলোকৰ নিজ নিজ ভাষা আৰু গীত মাতৰ প্ৰভাৱ পৰিল। সৃষ্টি হ'ল অসমীয়া চাহ মজদুৰৰ লোকগীতৰ। এই লোকগীতৰ সুৰৰ এটি বিশেষত্ব হৈছে ঝুমুৰ আৰু বিহুৰ সমন্বয়। শিৱচৰণ দাস আৰু তেঁওৰ সংগীবৃন্দই তেনে বহু গীত ৰেকৰ্ড কৰিছে। চাহ মজদুৰসকল আৰু তেঁওলোকৰ গীত মাত ভূপেন হাজৰিকাৰ বিশেষ প্ৰিয়। তেখেতৰ 'এৰা বাটৰ সুৰ' আৰু 'চামেলী মেমচাব' কথাছবিৰ কাহিনী চাহ মজদুৰৰ জীৱনৰ ওপৰতে ৰচা। এই দুখন কথা ছবিৰ গীতৰ উপৰিও 'ৰাধাচূড়াৰ ফুল গুজি', 'ৰুম ঝুম নেপুৰ বজাই', 'এটি কলি দুটি পাত' আদি তেঁওৰ বহু গীতত চাহ-বাগিচাৰ ছবি আৰু চাহ মজদুৰৰ লোকগীতৰ সুৰ ধ্বনিত হৈছে।

বিহু গীত আৰু হুঁচৰি

বিহু অসমৰ জাতীয় উৎসৱ। চ'তৰ সংক্ৰান্তিৰ ৰঙালী বিহু অসমীয়াৰ ৰং ৰহইচ আৰু গীত মাতৰ প্ৰাণ স্বৰূপ। এই ৰঙালী বিহুতেই বিহু গীত আৰু হুঁচৰি গীতৰ ধ্বনি অসমৰ আকাশে বতাহে মুখৰিত হয়। ৰঙালী বিহুৰ তিনিটা বিশেষ অংগ হৈছে:

(ক) ধৰ্মমূলক মাংগলিক কাম

(খ) সামাজিক কাম আৰু

(গ) ডেকাগাভৰুৰ আনন্দ উৎসৱ।

ধৰ্মকাজ কৰা হয় পূজাপাতল, নাম, ঘোষাপদ, বৰগীত (বৰগীত কেৱল গুৰু দুজনাৰ ৰচনাই নহয়, একে চৰিত্ৰৰ আন ৰচনাকো বৰগীত বোলা হয়)। সামাজিক দিশ সমাধা কৰা হয় হুঁচৰি গীতেৰে আৰু ডেকাগাভৰুৰ জীৱন অন্বেষণৰ বাবে উজান উঠে বিহুগীতৰ আৰু বিহুনাচৰ। গঞা ৰাইজে একগোট হৈ ঘৰে ঘৰে বিহুত গীত নাচ সাধাৰণতে আৰম্ভ কৰে কীৰ্তনৰ পদ, বৰগীত বা প্ৰাৰ্থনামূলক গীতেৰে, তাৰ পিছত হুঁচৰি গীত জুৰি নচা হয়। গৃহস্থক আশীৰ্বাদ কৰি হুঁচৰি সামৰাৰ পিছতহে ডেকাসকলে বিহু মৰা আৰম্ভ কৰে।

সামাজিক দিশত বিহুৱে ৰাইজক সমূহীয়া কামৰ কাৰণে একগোট কৰে আৰু সমাজৰ কল্যাণৰ কাৰণে বিশেষ কাম হাতত লৈ ধন জন গোটোৱা নিয়ম হ'ল। প্ৰথমে হয়তো হুঁচৰিও গছৰ তলতে গোৱা হৈছিল। পিছতহে ই জনসাধাৰণৰ চোতালত প্ৰবেশ কৰে। এই বিষয়ে লভিত শইকীয়াই দিয়া দুটামান দৃষ্টান্ত মন কৰিব লগীয়া:

> "ছৈখোৱা, ডুমডুমা অঞ্চলত বাস কৰা কছাৰী সকলৰ সেই সময়ত লোণৰ বাহিৰে অন্য কোনো খোৱাবস্তুৰ অভাৱ নাছিল। গতিকে তেঁওলোকে লোণ নামচাঙৰ নগাৰ অধীনত থকা লোণ পুঙৰ পৰা আনিব লগা হৈছিল। কছাৰী সকলে নগা সকলক লোণৰ বিনিময়ত টকা-পইচা, বয়বস্তুৰ বাবে গছৰ তলৰ বিহুক জনসাধাৰণৰ চোতাললৈ আনিব লগা হ'ল। অৰ্থাৎ তেঁওলোকে হুঁচৰি আদি গাই টকাপইচা, বয়বস্তু আদি সংগ্ৰহ কৰিব লগা হৈছিল। এইদৰে হুঁচৰি গাই সংগ্ৰহ কৰা টকা-পইচা, বয়-বস্তু বোৰ দুৰ্গম পথেৰে গৈ নামচাঙৰ নগা সকলক দি লোণ আনিব লগা হৈছিল।"
>
> *[লভিত শইকীয়া, সোণোৱাল কছাৰী সংস্কৃতি, পৃ: ৭৫]*

উজনি অসমত গাঁৱৰ স্কুল বা নামঘৰৰ দৰে সামাজিক কামৰ কাৰণে টকা তুলিবলৈ গঞা ৰাইজে বিহুৰ সময়ত হুঁচৰি গোৱাটো এক প্ৰকাৰ নিয়ম।

বিহুৰ আনন্দ উৎসৱৰ যোগেদি ডেকাগাভৰুক জীৱন সংগীৰ অন্বেষণ কৰিবলৈ সুবিধা দিয়া হ'ল। ডেকাগাভৰুৱে একেলগে মিলি কোনো মুকলি ঠাইত বা আছুতীয়া ঠাইত গীত গাই নাচি বাগি কৰা এই আনন্দ উৎসৱক মুকলি বিহু বোলে। এই বিষয়ে নগৰীয়া লোকৰ বহু ভুল ধাৰণা আছে যেন অনুমান হয়। মুকলি বিহুত যেয়ে যাকে পালে তাৰে লগত লেটিপেটি কৰি যাৰে তাৰে লগতে পলাই যায় বা যাব পাৰে বুলিয়েই বহুতৰে ধাৰণা। দৰাচলতে ই তেনে নহয়। মুকলি বিহু সমাজৰ বা বয়সীয়া লোকৰ তত্বাবধানতে হয়। হেম বুঢ়াগোহাঞিৰ মতে:

> "জীয়ৰী বৰা বা ডেকা বৰাৰ নিৰ্দেশ মতে বিহু কৰিব লগীয়া ডেকাগাভৰুসকল নিৰ্ধাৰিত সময়ত বিহুতলীলৈ আহে। ডেকাগাভৰু সকলৰ বিহুতলী সুকীয়া সুকীয়াকৈ লোৱা হয়। কিন্তু এখন তলীৰ পৰা ইখন তলীলৈ দূৰত্ব তেনেই কম, ঠিক যেন বেৰ এখনৰ ইপাৰ সিপাৰ।"

শ্ৰীকুমাৰ দহোতীয়াৰ মতে মুকলি বিহুৰ কাৰণে মৰাণসকলে কোনোবা উপযোগী ঠাইত বিহুঘৰ সাজে আৰু:

> "এই বিহু ঘৰতেই মৰাণ ডেকাডেকেৰী সকলে গোঁসাই প্ৰভু/গাঁৱৰ বুঢ়া মেথাৰ সিদ্ধান্তনুযায়ী কেইবাদিনো ধৰি বিহু পাতে। ডেকা সকলে ডেকা সকলৰ কোঠাত আৰু ডেকেৰী সকলে ডেকেৰী সকলৰ কোঠাত - যিহেতু মৰাণৰ বিহু ঘৰ সমূহত সাধাৰণতে দুটা বেৰ নথকা কোঠা থাকে।"
>
> *[মৰাণ মটক মায়ামৰা, পৃ:২৯]*

লভিত শইকীয়াৰ মতে:

> "ডেকাগাভৰুৱে সুবিধা পালেই কাৰোবাৰ এৰাবাৰী, গছতল, বাঁহতল আদি ঠাইত ঝুম বান্ধি বান্ধি খোলা মনেৰে বিহু গীত গাই নাচিছিল। - - - প্ৰেমিক প্ৰেমিকাই পৰস্পৰৰ মাজত মনৰ ভাৱানুভূতি বিলাক গীতৰ মাধ্যমেৰে ব্যক্ত কৰিবলৈ গৈ দিন ৰাতি, পুৱা গধূলি সময় অসময় কোনো হিচাপ নোহোৱাকৈ একেৰাহে ঘণ্টা ঘণ্টা ধৰি বিহু তলি উৎসৱ মুখৰ কৰি ৰাখিছিল।"
>
> *[লভিত শইকীয়া, সোণোৱাল ---, পৃ: ৫২]*

বিহুৰ মূল উপাদান হৈছে গীতমাত আৰু নাচ। হুঁচৰি গীত আৰু বিহু গীত দুয়োটাই ৰঙালী বিহুৰ সময়ত গোৱা হয় যদিও দুয়োটাৰে সুৰ, প্ৰকৃতি আৰু বিষয়বস্তুৰ মাজত আকাশ পাতাল প্ৰভেদ। হুঁচৰি বেলেগ বেলেগ ঠাইত বেলেগ বেলেগ নিয়মেৰে পতা হয় যদিও হুঁচৰিৰ সামাজিক দিশটো স্পষ্ট। হুঁচৰিত কণ কণ ল'ৰাছোৱালী, ডেকাবুঢ়া আটায়ে অংশ গ্ৰহণ কৰে।

ৰজনীকান্ত দাস আৰু ৰামচৰণ ব্ৰহ্মৰ মতে হুঁচৰি শব্দৰ উৎপত্তি হৈছে বড়ো ভাষাৰ 'হশ্ৰী' শব্দৰ পৰা। বড়ো ভাষাত 'হশ্ৰী খন নায়' মানে সুৰ নগলেও মনৰ আনন্দতে চিঞৰি চিঞৰি গোৱা গীত। হুঁচৰি গীতৰ বিষয়বস্তুত সাধাৰণতে সমাজৰ কথা থাকে। বোৱাৰীৰ বিলাপ, আলহীক সোধপোচ কৰাৰ সমস্যা, শিপিনীৰ কথা, ন-ছোৱালীয়ে মাকৰ ঘৰলৈ উভতি অহাৰ বৰ্ণনা আদি সামাজিক বিষয়, কছাৰীসকলে শদিয়া এৰি অহাৰ কাহিনী, ৰহিমলাৰ কথা আদিৰ দৰে সমাজৰ ইতিহাস হুঁচৰি গীতত থাকে। সুবচনী কুঁৱৰীয়ে স্বৰ্গত গৈ গীত শিকা আখ্যান, বালি সুগ্ৰীৱৰ যুঁজ, সতীৰ মৃত্যুত শিৱৰ বিননি আদিৰ দৰে পৌৰাণিক কাহিনী বা মণিকোঁৱৰ ফুলকোঁৱৰৰ গীতৰ দৰে কাহিনী-গীতয় হুঁচৰিত গোৱা হয়। সমাজৰ দুখ-দুৰ্দশা, সামাজিক সমস্যা আৰু সহজ সৰল ভাবে প্ৰকাশ কৰা ধৰ্মৰ কথাইও হুঁচৰি গীতত ঠাই পায়। পগলা পাগলীৰ গীত বা ৰজাই তিনিটা গভাইত চোৰক গাঁৱৰ শাসন ভাৰ দি চোৰৰ সমস্যা সমাধান কৰাৰ নিচিনা ধেমেলীয়া সুৰৰ হুঁচৰি গীতও জনপ্ৰিয়। ওপৰৰ উদাহৰণত দিয়া হুঁচৰি গীতবিলাকৰ কাৰণে লভিত শইকীয়াৰ পুথিখন চাওক। চমুতে, কাম ভাবৰ, জীৱনসংগীৰ অন্বেষণৰ অথবা ডেকাগাভৰুৰ প্ৰেম বিনিময়ৰ কথাই হুঁচৰিত ঠাই পোৱা অনুচিত। জয়কান্ত গন্ধীয়াৰ মতে:

> "হুঁচৰিৰ ঢোলৰ ছেও চাপৰবোৰ কিছু ধীৰ স্থিৰ আৰু বিচিত্ৰ, ইফালে মুকলি বিহুৰ ঢোলৰ ছেওবোৰ প্ৰায় একে ধৰণৰ আৰু কিছু অস্থিৰ উদ্দাম লয়ৰ। হুঁচৰিত কছাৰী ছেও, দুমুনী ছেও, খৰা ছেও, মিছিং ছেও, ধেমেলীয়া ছেও আদি বিভিন্ন ছেও বজাই নাচনী নচুওৱা দেখা যায়।"
>
> *[হুচঁৰিঃ মুকলি বিহু আৰু বিহু নাচ, পৃ: ৫]*

তেখেতৰ মতে হুঁচৰি ছেওৰ নাচোন ভংগী জটিল, সেইবিলাক যৌনগন্ধ বৰ্জিত আৰু হুঁচৰিত গাভৰু নাচনীৰ স্থান নাই (শৰীৰতত্বৰ ফালৰ পৰা সেইবিলাক গাভৰুৰ কাৰণে অসুবিধাজনক)। হুঁচৰি নাচোঁতে সাধাৰণতে

চোতালত হুঁচৰি দলে ঘুৰণীয়াকৈ থাকি ঘুৰি ঘুৰি নাচে। হুঁচৰি নাচৰ প্ৰত্যেক ছেওৰ কাৰনে বেলেগ বেলেগ পদ-ছলন আছে আৰু আটাইৰে পদ-ছলন মিলিব লাগে। হুচৰিত হাত আৰু দেহৰ বিশেষ অংগীভংগী আছে আৰু সকলো নাচনীৰ দেহৰ ভংগিমাও মিলিব লাগে। হুঁচৰি নাচৰ মুদ্ৰাৰ আলোচনা আমি ক'তো দেখা নাই।

বাঁহফলাৰ বিহুনাচনী

ফটো: জেফ ঘিটৰ, কানাডা

Photo: Geoff Ghitter, Calgary, Canada

বিহুগীত আৰু বিহুনাচ ডেকাগাভৰুৰ কাৰণে জীৱন-সংগী অন্বেষণৰ এক সুন্দৰ উপায়। গীত নাচৰ যোগেদি ইটিয়ে সিটিক জানিবলৈ আৰু ইটিয়ে সিটিক আকৰ্ষণ কৰিবলৈ নিজৰ মনৰ ভাব, পাৰদৰ্শিতা ফুটাই তুলিবলৈ বিহুতলী উত্তম ঠাই। এই নাচৰ সম্বন্ধ যৌনসংগমৰ লগত নহয় প্ৰকৃতিৰ লগতহে। বিহুনাচ প্ৰকৃতিৰ লগত সমতা ৰাখি কৰা উলাহ আনন্দৰ নাচ। শইকীয়াই মতে:

> "মনৰ আবেগক আদিম মানবে প্ৰকৃতিৰ কাৰ্য্যকলাপ সমূহক অনুকৰণ কৰি প্ৰকাশ কৰিছিল। বতাহত গছ-গছনিৰ ডালপাতৰ হেন্দোলনি, বানপানীৰ সময়ত উঠা পানীৰ ঢৌৰ খলকনি, বোৱতী নদীৰ সোঁতৰ খিলখিলনি, ন পানী বঢ়াৰ সময়ত উঠা উজান মাছৰ নাচোনৰ ভংগিমা আদি চাই আনন্দ উপভোগ কৰিছিল আৰু সেইবোৰ হাঁহি আনন্দৰ মাজেদি প্ৰকাশ কৰাৰ প্ৰয়াস কৰিছিল। সেয়েহে আমাৰ পুৰণি বিহু নাচ বোৰৰ ভংগিমা বোৰত বতাহত গছগছনিৰ ডালপাতৰ কম্পন, বাঢ়নী পানীৰ ঢৌৰ খলকনি, উজান মাছৰ নাচোনৰ ভংগিমা আদি সকলোবোৰ পৰিলক্ষিত হয়। ঠিক সেইদৰে মেঘৰ গাজনিক অনুকৰণ কৰি ঢোলৰ চেৱবোৰ আবিষ্কাৰ হৈছিল বুলি ধৰি লব পাৰোঁহক।"
>
> *[লভিত শইকীয়া, সোণোৱাল ---, পৃ: ৫০]*

বিহুগীতৰ বিষয়বস্তু হৈছে জীৱন-সংগীৰ অন্বেষণ, ডেকা-গাভৰুৱে ইজনে সিজনক জানিবলৈ বুজিবলৈ কৰা প্ৰচেষ্টা, বিচাৰি পোৱাজনক আপোন কৰাৰ হাবিয়াস আৰু ভুলোৱাৰ প্ৰচেষ্টা আদি। এইবিলাক অতিশয় আন্তৰিক আৰু দায়িত্বপূৰ্ণ কাম। এই অন্বেষণত যৌৱনৰ আৱেগ আৰু দৈহিক কামনা বাসনা থাকিলেও ই সিহঁতৰ বশৱতী নহয়। জীৱন-সংগীৰ অন্বেষণক আমি যৌনসংগমৰ অন্বেষণ বুলি ভবাটো ভুল। বিহুনাচ আৰু বিহুগীতৰ প্ৰেৰণা আহে প্ৰকৃতিৰ পৰাহে যৌনসংগমৰ পৰা নহয়। যৌনসংগমৰ আৱেদন-নিবেদন-ইংগিত আদি বিহুনাচ বা বিহুগীতৰ বিষয়বস্তু হোৱা অনুচিত। সেয়েহে, বিহুগীত আৰু বিহুনাচত

যিখিনি যৌনগন্ধী উপাদান আছে তাক আমি আঁতৰাবহে লাগে। সি যিয়েই নহওক, বিহুগীত, হুঁচৰি অসমীয়া গীতৰ প্ৰাণ স্বৰূপ। আধুনিক গীতত এইবিলাকৰ সুৰ ধ্বনি সততে দেখা যায়। ডঃ হাজৰিকাইও এইবিলাক তেখেতৰ গীতত বহুল ভাবে ব্যৱহাৰ কৰিছে।

এইটোও মন কৰিব লগীয়া কথা যে ভূপেন হাজৰিকাই নিজে বেছি বিহু গীত ৰচা নাই কিন্তু আনে সংগ্ৰহ কৰা বা ৰচা বহু বিহুগীত তেঁও গাইছে। তাৰ কাৰণ সোধাত তেখেতে মোক কৈছিল যে বিহুগীত বহুতেই ৰচিছে। বিশেষকৈ হেমেন হাজৰিকা এক প্ৰকাৰ বিহু বলিয়া। তেঁও নিজে বিহুগীত ৰচিবলৈ গ'লে হেমেন হাজৰিকাৰ দৰে লোকৰ কাৰণে হেঙাৰহে হ'ব। তাকে নকৰি তেঁও যদি হেমেন হাজৰিকা আৰু আনে ৰচা বিহুগীত গালে তেঁওলোকক উৎসাহ দিয়া হ'ব। তাতে হেমেন হাজৰিকা, মহানন্দ মজিন্দাৰ বৰুৱা, ৰুবী সিংহ, লক্ষহীৰা দাস আদিয়ে ইমান সুন্দৰ সুন্দৰ বিহুগীত তেঁওক যোগাইছিলে যে তেঁও সেইবিলাক পৰিৱেশন কৰি বিশেষ তৃপ্তি পাইছিল। সেইকাৰণে সেইসকলৰ লগত প্ৰতিদ্বন্দিতা নকৰি তেঁওলোকক আৰু আন আন গায়ক গীতিকাৰসকলক বিহুগীতৰ আংগিক ৰূপটো সুন্দৰকৈ ৰক্ষা কৰাটোহে তেঁও বেছি প্ৰয়োজন বুলি ভাবিছিল।

'বনগীত'ৰ ক্ষেত্ৰতো তেঁও একে মন্তব্যকে দিছিল। তেঁওক গীতৰ জগতলৈ টানিছিল বনগীতে আৰু তেঁও গীতৰ জগতও প্ৰৱেশ কৰিছিল বনগীতৰ যোগেদি। আটাইতকৈ ডাঙৰ কথা এই যে নতুন যুৱক ৰূপে তেঁওক গীতৰ জগতত প্ৰতিষ্ঠা কৰা বনকোঁৱৰ বনগীতৰ কাব্যিক সৌন্দৰ্য্যই তেঁওক কাব্যিক সৌন্দৰ্য্য চিনিবলৈ আৰু সৃষ্টি কৰিবলৈ শিকালে। মোৰ কথা সাব্যস্ত কৰিবলৈ মই এটা উদাহৰণ দিলেই বোধকৰোঁ যথেষ্ট হ'ব।

১৯৪৪ চনত তেঁও বাণীৱদ্ধ কৰা বনকোঁৱৰৰ এটা গীতত এফাঁকি কথা আছিল:

> 'বাঁহৰে শুৰনি আগে ঐ লেকেচি
> পৰে কপৌযুৰি তাত'।

সেই গীতটো বাণীৱদ্ধ কৰাৰ একুৰি বছৰ পাচত তেঁও 'আকাশী যানেৰে উৰণীয়া মনেৰে...' গীতত সেই সৌন্দৰ্য্য সুঁৱৰি লিখিলে:

> '... লাহে লাহে দেখিলোঁ বাগিচা চাহৰ
> বাঁহৰে লেকেচিৰ আগত
> বহি থকা সৌন্দৰ্য্য—কপৌ হালৰ"

এজন সৌন্দৰ্য্য প্ৰয়াসী গীতিকাৰে প্ৰাণৰ গভীৰ গুহাত লৈ ফুৰা তেনে সুন্দৰৰ ছবিবোৰৰ কাৰণেই তেখেতে হয়তো বিহুগীত আৰু বনগীত ৰচাৰ হাবিয়াস নকৰিলে। সেইয়া এজন সুন্দৰৰ পূজাৰীৰ আন সুন্দৰৰ পূজাৰীক সন্মান প্ৰদৰ্শনৰ এক অপৰূপ নিদৰ্শন আৰু অপৰিসীম তৃপ্তি—তেনে তৃপ্তি কেইজনে পায়?

জিকিৰ

আজান পীৰৰ দ্বাৰা ৰচিত বুলি জনাজাত অসমত জিকিৰ বুলি ইছলাম ধৰ্মমতৰ বহু গীত আছে। বৰগীত, টোকাৰী গীত আৰু কোনো কোনো অসমীয়া লোকগীতৰ সুৰৰ লগত এইবিলাকৰ সুৰৰ মিল আছে।

> 'অসমৰ ভক্তি-ধৰ্মৰ লগত আজান ছাহাবৰ প্ৰৱৰ্তিত পন্থাৰ বহুতো সাদৃশ্য দেখা যায়। জিকিৰত কলিমা আৰু নামৰ মহিমা কীৰ্তিত হৈছে। . . . এক ঈশ্বৰত বিশ্বাস, সকলো জীৱতে ঈশ্বৰ-বুদ্ধি, নীতি সদাচাৰ আদি ধৰ্মৰ মূল তথ্যবোৰৰ বিষয়তো দুই ধৰ্মৰ গভীৰ মিল।'
>
> *[মহেশ্বৰ নেওগ, অসমীয়া গীতি-সাহিত্য, বাণী মন্দিৰ, ১৯৮৫, পৃ: ৩৪)]*

প্ৰণৱিৰাম বৰুৱা, মালবিকা বৰুৱা আৰু জিকিৰ গায়ক গিয়াছুদ্দিন অহমদৰ সৈতে

[ফটো: চাণক্য ভট্টাচাৰ্য্যৰ সৌজন্যত]

ইংৰাজী সুৰৰ প্ৰভাৱ

Preaching in the Bazaar, Nowgong

মাইল্চ ব্ৰন্সনে নগাঁৱত ধৰ্ম প্ৰচাৰ কৰোঁতে তেঁওৰ পত্নীয়ে অৰ্গেন বজাই অসমীয়া ধৰ্মগীত প্ৰচাৰ কৰিছিল। ছবিত দেখা অৰ্গেনটোৰেই সম্ভৱ অসমৰ প্ৰথম অৰ্গেন।

[হেৰিয়েট ব্ৰন্সন গান 'ইন এ ফাৰ কাণ্টি-ৰ সৌজন্যত]

ভূপেন দাদাৰ সুৰত আৰু আধুনিক অসমীয়া গীতত ইংৰাজী সুৰৰ প্ৰভাৱ আঙুলিয়াই নিদিলে এটা সত্যক আওকাণ খৰা হ'ব। আমাৰ জাতীয় সংগীত 'অ' মোৰ আপোনাৰ দেশ'-ৰ সুৰ বেজবৰুৱাই নিৰ্দেশ দিয়াৰ দৰেই ইংৰাজী সুৰৰ আধাৰতে গঢ়া। তদুপৰি ১৮৩৬ চনৰ পৰা অসমত খোপনি পোতা আমেৰিকান মিছনেৰী সকলে আধুনিক অসমীয়া গীতৰ সৃষ্টিত বিশেষ বৰঙণি যোগায়। তেঁওলোকে খৃষ্ট ধৰ্মৰ বহুত প্ৰাৰ্থনা গীত অসমীয়ালৈ ভাঙনি কৰি তেঁওলোকে পতা স্কুল আৰু গীৰ্জা বিলাকত গাবলৈ বা গোৱাবলৈ আৰম্ভ কৰে।

মিছনেৰীসকলৰ এইটোও মহত্ব যে তেঁওলোকে ইংৰাজী প্ৰাৰ্থনা গীতৰ সহজ সৰল অথচ ছন্দ ভৰা অসমীয়া ভাঙনি কৰাৰ উপৰিও সেই গীতবিলাক ইংৰাজী সুৰতে বান্ধিব পাৰিছিল। তেঁওলোকৰ প্ৰেৰণাতে কান্দুৰা স্মিথ, নিধি ফাৰৱেল, গধূলা আদি অসমীয়া খৃষ্টিয়ানেও অসমীয়া প্ৰাৰ্থনা গীত হয় ৰচনা নহয় ইংৰাজীৰ পৰা অনুবাদ কৰিছিল। মিছনেৰীসকলৰ এটা বিশেষ অৰদান হৈছে অৰ্গেন (বাঁহীৰ নিচিনাকৈ চুঙাৰে ওলোৱা মাতৰ যন্ত্ৰ), পিয়ানো (সৰু হাতুৰীয়ে তাঁৰত আঘাত কৰি উলিওৱা মাতৰ যন্ত্ৰ), বেহেলা, ক্লেয়ৰনেট আদি পশ্চিমীয়া বাদ্যযন্ত্ৰৰ আমদানি। এই বিদেশী বাদ্যযন্ত্ৰ বিলাকত হাত বুলাবলৈ অসমীয়াই প্ৰথমে মিছনেৰীসকলৰ পৰাই শিকে। খৃষ্টীয় কথা আৰু সুৰ অসমীয়া খৃষ্টিয়ানৰ মাজতে সীমিত আৰু গীৰ্জাৰ চৌ সীমাতে আৱদ্ধ থাকিলেও সেইবিলাকে অসমৰ সংগীত জগতত ঢৌ খেলি নোযোৱা নহয়।

বিলাতৰ পৰা উভতি আহোঁতে জ্যোতিপ্ৰসাদে এটা অৰ্গেন আৰু ইংৰাজী সুৰৰ বিশাল জ্ঞান লৈ আহিছিল। ভূপেন হাজৰিকাৰ সুৰৰ সাগৰত তাৰ মুকুতা সোমাইছিল। তাৰ পিচত, ভূপেন দাদা আমেৰিকালৈ গৈ আমেৰিকাৰ লোকগীতৰ দ্বাৰা আকৰ্ষিত হোৱাই নহয়, তেঁও প'ল ৰ'বছন, পিট ছীগাৰ আদিৰ দৰে সেই সময়ৰ জনপ্ৰিয় আমেৰিকান গায়কসকলৰ পৰিৱেশন পদ্ধতি অধ্যয়ন কৰিছিল। তেঁওৰ ৰচনা, সুৰ, পৰিৱেশন কৌশলত সেইবিলাকৰ প্ৰভাৱ নিশ্চয় পৰিছে বুলি তেঁও নিজেই কয়।

আধুনিক অসমীয়া গীতৰ এটি সমীক্ষা

অতীজতে অসমত ভাৰতীয় সাস্ত্ৰীয় সংগীতৰ চৰ্চা আছিল যদিও অনুমানিক ষোল শতিকাৰ পিচত অসমৰ সংস্কৃতি নানা প্ৰকাৰে আৰ্য্য ভাৰতৰ পৰা বিছিন্ন হৈ পৰে যেন অনুমান হয়। আনকি শংকৰ-মাধৱৰ বৈষ্ণৱ সংস্কৃতি ভাৰতৰ আন আন ঠাইৰ বৈষ্ণৱ সংস্কৃতিৰ সংস্পৰ্শতে গঢ়ি উঠিছিল যদিও পিছলৈ ই সম্পূৰ্ণ স্বকীয় ৰূপ লয়। পশ্চিমত চৈতন্য পন্থীৰ উদ্ভৱ হোৱাৰ পিচত চৈতন্য পন্থী আৰু অসমৰ বৈষ্ণৱসকলৰ মাজত যোগাযোগ নহৈ এক প্ৰকাৰ সংঘৰ্ষৰহে সৃষ্টি হয়। অসমতো বৈষ্ণৱসকলৰ মাজত ঘাইকৈ মহাপুৰুষীয়া আৰু বামুণীয়া দুটা পৰস্পৰ বিৰোধী দলৰ গঠন হয়। প্ৰতাপ সিংহৰ (ৰাজত্ব কাল: ১৬১১-১৬৪৯ চন) দিনৰে পৰা আহোম ৰজাসকলেও শৈৱ বা শাক্ত ধৰ্মৰহে পৃষ্ঠপোষকতা কৰিবলৈ লয়। ইতিমধ্যে, অসমৰ বৈষ্ণৱসকল বেছি সংৰক্ষণশীল আৰু ভাৰতৰ বৈষ্ণৱ আন্দেলনৰ পৰা বিছিন্ন হৈ পৰে। অসমীয়া সংস্কৃতিৰ ৰাজহাঁড় স্বৰূপ সত্ৰীয়া সংস্কৃতিও ভাৰতীয় সংস্কৃতিৰ পৰা একেবাৰে আঁতৰি আছে।

ইংৰাজে দেশ লোৱাৰ পিচত আমেৰিকান মিছনেৰীসকলে অসমত অৰ্গেন, পিয়ানো, বেহেলা আদি পশ্চিমীয়া বাজনাৰ প্ৰৱৰ্তন কৰাৰ লগতে ইংৰাজী সুৰত অসমীয়া প্ৰাৰ্থনা গীত ৰচনা কৰে। এই গীত বিলাকৰও প্ৰৱৰ্তক মাইল্‌চ ব্ৰন্সন আৰু নেথন ব্ৰাওন। তেঁওলোকৰ অনুপ্ৰেৰণাত কান্দুৰা স্মিথ আৰু নিধি লেভী ফাৰৰেলেও ইংৰাজী সুৰৰ অসমীয়া প্ৰাৰ্থনা গীত ৰচনা কৰে। ইয়েই অসমীয়া গীত মাতত ইংৰাজী সুৰ আৰু ইংৰাজী বাজনা প্ৰৱৰ্তনৰ পথ মুকলি কৰি দিয়ে। সেই কাল ছোৱাত অসমৰ সংস্কৃতিত বঙালী গীত মাতৰ প্ৰভাৱ বাঢ়ে যদিও ভাৰতীয় মাগীয় সংগীতৰ লগত অসমীয়া সংগীতৰ হেৰুৱা আঁত পুনৰ উদ্ধাৰৰ কাৰণে বহুদিন অপেক্ষা কৰিব লগীয়া হয়। সংগীতজ্ঞ বীৰেন্দ্ৰ কুমাৰ ফুকনে ক'বৰ দৰে:

> "মাৰ্গ সংগীতৰ অম্লান জ্যোতিৰে জ্যোতিৰ্ময় অসমীয়া সংগীত! ৰাগ সংগীতৰ ঐতিহ্যৰে গৰিয়ান অসমৰ চৰ্য্যাপদ, ওজাপালি, বৰগীত, নাটৰ গীত আদি। নাট্যশাস্ত্ৰৰ আধাৰত ৰচিত 'শ্ৰীহস্তমুক্তাৱলী'ৰ হস্ত আৰু পদ চালনাৰ কঠোৰ অনুশাসনেৰে সুদৃঢ় আমাৰ ওজাপালি আৰু সত্ৰীয়া নৃত্যৰ ধাৰা। - - -কিন্তু এনে এটি মহান সাংগীতিক ঐতিহ্যৰ অধিকাৰী হৈও অসম আজি সংগীতৰ ক্ষেত্ৰত ভাৰতৰ অন্যান্য ৰাজ্যতকৈ পিছপৰা।"

[ধীৰেন্দ্ৰনাথ দাস, হেৰায়ো হেৰোৱা নাই', জাহ্নবী পাবলিচাৰ্চ, গুৱাহাটী, ১৯৭৮, পৃ: ৬]

ঐতিহ্যপূৰ্ণ ভাৰতীয় শাস্ত্ৰীয় সংগীতৰ পৰা বিছিন্ন হোৱাৰ কাৰণেই যে এনে অৱস্থা হ'ল তাত সন্দেহ নাই। কুৰি শতিকাতহে ভাৰতীয় ৰাগ সংগীতৰ চৰ্চা অসমত পুনৰ আৰম্ভ হয়। ভাৰতীয় সংগীতৰ লগত পুনৰ সংযোগ আৰম্ভ কৰে লক্ষ্মীৰাম বৰুৱা, কীৰ্ত্তিনাথ শৰ্মা বৰদলৈ আদি কেইগৰাকীমান সংগীত সাধকে (এইসকলৰ বিষয়ে ধীৰেন্দ্ৰনাথ দাসৰ ওপৰত

উল্লেখ কৰা পুথি চাওক)। এঁওলোকে অসমীয়া সংগীতৰ কাৰণে ন ন বাতাবৰণ সৃষ্টি কৰে যদিও তেঁওলোকৰ প্ৰভাৱ স্থায়ী নহ'ল আৰু তেঁওলোকৰ গীত মাতে সাধাৰণ অসমীয়া ৰাইজৰ অন্তৰ জয় কৰিব নোৱাৰিলে। মুক্তিনাথ বৰদলৈয়ে ক'বৰ দৰে 'সুৰ সৃষ্টিত শাস্ত্ৰীয় সংগীতৰ গংগাজল আৰু লোকগীতৰ তুলসীপাত নহ'লে ই নিষ্ফল'। এটা গীতৰ সুৰে যেনেদৰে গীতটোৰ ভাষা আৱেগ-অনুভূতিক প্ৰাণ দিব পাৰিব লাগে সেইদৰে সি শ্ৰোতাসকলৰ, যাৰ কাৰণেই সেই গীত ৰচিত, তেঁওলোকৰ সামাজিক পৰিৱেশ আৰু ৰুচিৰ লগত সমতা ৰাখিব পাৰিব লাগে। অসমীয়া গীতলৈ লোকগীতৰ তুলসীপাতৰ শান্তিপানী ছটিয়ায় জ্যোতিপ্ৰসাদ আগৰৱালাই।

জ্যোতিপ্ৰসাদ আগৰৱালা (১৯০৩-১৯৫১)

শিল্পী: চন্দন চুতিয়া

ৰূপকোঁৱৰ জ্যোতিপ্ৰসাদে এক চহকী পৰিয়ালত জন্ম গ্ৰহণ কৰিছিল আৰু ইউৰোপত চিনেমা নিৰ্মাণ সম্পৰ্কীয় উচ্চ শিক্ষা ল'বলৈকো সুবিধা পাইছিল। জ্যোতিপ্ৰসাদে নিজৰ কথাছবি আৰু নাটকৰ কাৰণে গীত ৰচিছিল। জ্যোতিপ্ৰসাদৰ গীতৰ বৈশিষ্ট্যপূৰ্ণ বিষয়বস্তু হৈছে সৌন্দৰ্য্য সৃষ্টি। নাটকীয় পৰিস্থিতিয়েই হওক বা স্বদেশ প্ৰেমৰ গীতেই হওক সকলোতে ৰূপকোঁৱৰে ৰামধনুৰ সাতো ৰঙৰ বোল সানিছিল। জোনৰ কোমল পোহৰৰ কোমলতা তেঁওৰ সকলো গীততে বিৰাজ কৰিছে। অসমীয়া বিয়ানাম, বৰগীত, লোকগীত আদিৰ সুৰৰ সমন্বয়ত জ্যোতিপ্ৰসাদে আধুনিক অসমীয়া গীতৰ জন্ম দিয়ে। ইংৰাজী অৰ্কেষ্ট্ৰাত অসমীয়া সুৰ লগোৱাৰ ৰূপ কোঁৱৰেই পথ প্ৰদৰ্শক। বিষ্ণুপ্ৰসাদ ৰাভাৰ মতে:

> "বিলাতত ইমান বছৰ, অথচ সেই সুৰবোৰত, সেই গানবোৰত বিজতৰীয়া ছাব নাই, আছে জতুৱা ঠাঁচ। সাজে ভাঁজে, লাছে কাছে, ঠাঁচে চাঁচে নিভাঁজ অসমীয়া, চিনা চিনা, শুনা শুনা, জনা জনা। জনা গানেহে মন কোঁহত ৰজনজনায়। জনা গাভৰুৱে তাইৰ ন-ৰেহ-ৰূপ লৈ ওলালেই তাইক বুকুত আঁকোৱালি লবলৈ মন দাং খায়। এনে কাৰণে জ্যোতিৰ গানে অসমীয়াৰ মন ভুলায়। জনা সুৰ ন ন সাজেৰে ন ন কাচেৰে, বিধ বিধ ৰেহ-ৰূপেৰে ওলায়। অসমীয়াৰ হিয়া আমঠু বুলি শুনি শুনিয়েই জ্যোতিৰ গান সাৰটি ল'বলৈ অসমীয়া ইমান হেঁপেহুৱা। সেই কাৰণে তেঁওৰ গান ইমান জনপ্ৰিয়।
>
> হিয়াই হিয়াই নিবিড় ঘনিষ্ঠতাই জনপ্ৰিয়তাৰ ঘাই শিপা। হিয়া কাৰেঙৰ গুপুত টোলত গোপন চ'ৰাত তেঁওৰ গানবোৰ উলাহৰ হেন্দোলনি তোলে। সেয়েহে জ্যোতিৰ গান অসমীয়াই ভাল পায়। . . . অৰ্কেষ্ট্ৰাও যে নিভাঁজ অসমীয়া সুৰত বাজি উঠে, মানুহে আগতে কল্পনাও কৰিব পৰা নাছিল।"

[তিলক দাস, বিষ্ণুৰাভা এতিয়া কিমান ৰাতি, পৃ: ৮৭ চাওক]

বিষ্ণুপ্ৰসাদ ৰাভা (১৯০৯ - ১৯৬৯)

বিষ্ণুপ্ৰসাদ ৰাভা (১৯০৯ + ১৯৬৯)

শিল্পী: সুজিত দাস, নগাঁৱ

আধুনিক অসমীয়া গীতত ন ন প্ৰাণ দিয়া আৰু অসমীয়া জাতীয় জীৱনৰ নানা দিশক বলিষ্ঠ ভাবে জগাই তোলা অদ্বিতীয় পুৰুষ বিষ্ণু ৰাভা হয়তো এই শতিকাৰ শ্ৰেষ্ঠ অসমীয়া। তেখেতৰ দৰে বহুমুখী প্ৰতিভাৰ লোক কেৱল অসমতেই নহয় পৃথিবীতে বিৰল। ছাত্ৰ অৱস্থাত কলিকতাত থকা দিনৰে পৰা তেখেতে ভাৰতীয় শাস্ত্ৰীয় সংগীত, নৃত্য, নাট আদিৰ গভীৰ অধ্যয়ন আৰম্ভ কৰে। ডেকা কালতেই তেখেতে সকল কলাৰ গুৰু শংকৰদেৱৰ অপাৰ মহিমাৰ সোৱাদ লভি অসমীয়া সত্ৰীয়া নাট-নৃত্য-গীত আদিৰ লগত নিজকে ভালদৰে সাঙুৰিববৈলে আৰম্ভ কৰে। তাৰ পিচত এই অসাধাৰণ ব্যক্তি গৰাকীয়ে এপিনে স্বাধীনতাৰ যুজত আৰু আনপিনে সাম্যবাদ প্ৰতিষ্ঠাৰ যুঁজত নামি পৰে।

দেশ স্বাধীন হোৱাৰ পিচত তেঁও বিপ্লৱী কমিউনিষ্ট ৰূপে সশস্ত্ৰ সংগ্ৰামত নামি পৰে। তেখেতে 'বিশ্বাস কৰিছিল যে যিমান দিনলৈ ৰজা-জমিদাৰ, ধনী-পুঁজিপতিৰ কৰতলত সমাজ-ব্যৱস্থা আৰু ৰাষ্ট্ৰ থাকিব, সিমান দিনলৈ সুন্দৰ সংস্কৃতিও বিকশিত হৈ উঠিব নোৱাৰিব।"(ঐ, পৃ: ১৪৭) । ৰাভাদেৱ আছিল জনতাৰ শিল্পী, তেখেতে মাটিৰ মানুহৰ লগত এক নিবিড় সম্বন্ধ স্থাপন কৰিব পাৰিছিল আৰু তেঁওলোককে অফুৰন্ত কলা শিল্পৰ ভঁৰাল বুলি জ্ঞান কৰি তাৰ পৰা ৰস উলিয়াই পুনৰ বিলাই দিছিল। তেঁও নিজেই কৈছে:

> '... ৰাইজৰ অন্তৰ ফুলনিৰ ফুলে ফুলে উৰি উৰি পৰি পৰি মৌগুটি ভোমোৰাৰ দৰে ৰস শুহি শুহি মই মোৰ হৃদয়ত মৌকোঁহ ৰচনা কৰোঁ। সেই ৰাইজৰেই মৌ মই ৰাইজক বিলাওঁ।"
>
> *[দেবেন্দ্ৰনাথ বৰা, বিষ্ণু ৰাভাৰ সংগ্ৰামী আভা, পৃ: ৮১]*

অসমত বহু সাম্যবাদী, বহু মাৰ্কচিষ্ট, বহু কমিউনিষ্ট লোক আৰু নেতা ওলাইছে আৰু বহুতেই বৰ বৰ ভাষণ শুনাই গৈছে আৰু আজিও শুনোৱাই থাকে। কিন্তু, এওঁলোকৰ কোনেও ৰাভাদেৱৰ দৰে সাম্যবাদক নিজৰ জীৱনত প্ৰয়োগ কৰি দেখুওৱা নাই। এওঁলোকৰ বহুতেই ক্ষমতা আৰু সম্পদৰ অধিকাৰী হলে জনতাৰ স্বাৰ্থৰ প্ৰতি পিঠি দিয়াহে দেখা যায়। নিষ্পেষিত, নিপীড়িত জনৰ জীৱন পোহৰাববৈলে ৰাভাদেৱৰ দৰে অতি আন্তৰিকতাৰে আৰু বলিষ্ঠ ভাবে জীৱন উছৰ্গা কৰা লোক অসমত বিচাৰিলে পোৱা টান।

ৰাভাদেৱৰ গীতৰ কথা, সুৰ আৰু ভাষা সকলোতে আছে এক বলিষ্ঠ প্ৰকাশভংগী, যি অসমীয়া গীতক এক অতি উচ্চ শিখৰলৈ তুলি নিলে। ই অতি দুখৰ কথা যে ৰাভাদেৱে নিজে গোৱা গীতৰ ৰেকৰ্ড বা টেপ

পোৱাটো আজিকালি এক প্ৰকাৰ অসম্ভৱ। তেখেতৰ গীত শুদ্ধকৈ গাবলৈ জনা লোকও পোৱা টান। তেখেতৰ গীতৰ ৰেকৰ্ড এখন কৰি এক বিশেষ অভাৱ পূৰণ কৰিলে যদিও 'নাহৰ ফুলে নুশুৱায়', 'সুৰৰে দেউলৰে ৰূপৰে শিকলি ভাঙি' আদি কেবাটাও গীতত ৰাভাদেৱৰ গীতৰ সথিক প্ৰকাশভংগী ওলোৱা নাই। বিপ্লৱী ৰূপে পুলিচৰ পৰা পলাই ফুঁৰোতে ৰাভাদেৱৰ বহু গীত আৰু আন আন সৃষ্টি হেৰাই গ'ল। আন নালাগে, তেখেতৰ সংৰক্ষিত গীতবিলাকৰ সম্পূৰ্ণ সংকলন এটাও ওলোৱা নাছিল। সেই অভাৱ দূৰ কৰিবলৈকে আমিঅসমৰ গাঁৱে ভূঞয়ে ঘূৰি তেখেতে বাণীবদ্ধ কৰা সকলো কেইটি গীত আৰু গ্ৰামোফোন ৰেকৰ্ডবিলাক সংগ্ৰহ কৰি ২০১১ চনত 'বিষ্ণুপ্ৰসাদৰ প্ৰসাদ' লিখি ৰাইজৰ হাতত তুলি দিলোঁ।

বহু পিনৰ পৰা বিষ্ণুপ্ৰসাদ ৰাভা ভূপেন হাজৰিকাৰ গুৰুৰ নিচিনা। ৰাভাৰ কোলাত বহিয়েই ভূপেন হাজৰিকাই গীত শিকিছিল, তেখেতৰ চাইকেলত উঠি উঠিয়েই হাজৰিকাদেৱে জ্যোতিপ্ৰসাদৰ ওচৰত ইন্দ্ৰমালতী কথাছবিৰ গীতৰ আখৰালৈ গৈছিল। জ্যোতিপ্ৰসাদৰ নাটক 'শোণিত কুঁৱৰী'-ৰ গ্ৰামোফোন ৰেকৰ্ডৰ কাৰণে বিষ্ণুপ্ৰসাদ ৰাভাৰ গীত 'সুৰৰে দেউলৰে ৰূপৰে শিকলি' গীতটিকেই তেঁও জীৱনত বাণীবদ্ধ কৰা প্ৰথম গীত। সেইদৰে বিষ্ণুপ্ৰসাদ ৰাভাৰ 'কাষতে কলচী লৈ যায় অ' ৰচকী বাই' আৰু 'উলাহেৰে নাচি বাগি হ'লি বিয়াকুল' গীত দুটিকেই ভূপেন হাজৰিকাই জীৱনৰ প্ৰথম ৰেকৰ্ডখনত গাইছিল।

আনন্দিৰাম দাস (১৯০৯ - ১৯৫৩)

এই শতিকাৰ প্ৰথম ভাগত বঙালী বা হিন্দী গীতৰ অনুকৰণ আৰু মাগীয় সুৰৰ উচ্চ চাপৰ পৰিৱৰ্তে অসমীয়া সমাজ আকুল হৈছিল ন ন ৰূপৰ আধুনিক অসমীয়া গীতৰ কাৰণে। জ্যোতিপ্ৰসাদ আৰু বিষ্ণু ৰাভাই আধুনিক অসমীয়া গীতৰ সুন্দৰ ৰূপ দিলে। তেঁওলোকৰ সমসাময়িক ভাবে অতি কম শিক্ষা পোৱা আৰু গুৱাহাটীৰ উজান বজাৰৰ এটা সৰু প্ৰেছত সাধাৰণ চাকৰি কৰা আনন্দিৰাম দাসে জন্ম দিলে এক ন ন ধৰণৰ অসমীয়া গীত— অসমীয়াৰ বৰ্তমান অতি আদৰৰ বনগীত।

আনন্দিৰাম দাস (১৯০৯ - ১৯৫৩)

আনন্দিৰাম দাসে বনগীতৰ বিষয়-বস্তুৰ কাৰণে ল'লে বিহুগীতত থকা প্ৰকৃতি বৰ্ণনা, গাঁৱলীয়া জীৱনৰ ছবি আৰু অতি ক্ষীণ ভাবে যৌৱনৰ আৱেগ আৰু যৌৱনৰ সৌন্দৰ্য্য। বনগীতৰ যোগেদি আনন্দিৰাম দাসে অসমীয়াক অসমৰ বন বননিলৈ মৰমেৰে দৃষ্টিপাত কৰিবলৈ শিকালে আৰু অতি সোনকালেই তেঁও বনকোঁৱৰ বুলি অভিহিত হ'ল। বনগীতৰ সুৰৰ কাৰণে বনকোঁৱৰে আনিলে ম'হৰ

পিঠিত ম'হৰ শিঙৰ পেঁপা বজোৱা গৰখীয়াৰ পেঁপাৰ সুৰ, হাতীৰ পিঠিত উঠি হাতীৰ খোজৰ লগত ছন্দ মিলাই গোৱা বনঘোষাৰ সুৰ, লুইতৰ বুকুত ব'ঠাৰ চাবৰ লগত তাল মিলাই গোৱা নাৱৰীয়াৰ গীতৰ সুৰ আদিৰ দৰে জাতীয় জীৱনৰ সুৰ আৰু ছন্দবিলাক। অতি সোনকালেই বনগীত অসমীয়াৰ আপোন হৈ পৰিল। বিষ্ণু ৰাভা, উমেশ চৌধাৰী, ৰাজেন পাম, কেশৱ মহন্ত, ৰুদ্ৰ বৰুৱা, নিৰ্মলপ্ৰভা বৰদলৈ আদি বহুতেই নানা ধৰণৰ বনগীত ৰচি আহিছে। ভূপেন হাজৰিকাই নিজে সুৰ দিয়া প্ৰথম গীততো হৈছে তেখেতৰ দেউতাক নীল হাজৰিকাই লিখা বনগীত "অ' মইনা কেতিয়াই আহিলি তই"। ভূপেন হাজৰিকাই নিজৰ গীতত বনগীতৰ সুৰ ব্যৱহাৰ কৰাৰ উপৰিও নিজে কেবাটাও বনগীত ৰচিছে। আমি বনগীতৰ বিষয়ে 'নিৰ্মলপ্ৰভাৰ গীত আৰু নাৰীৰ জীৱন নদী'ত কিছু বহলাই আলোচনা কৰিছোঁ। সেইবিলাক পুনৰ দোহাৰিবলৈ নগৈ তলত বনগীতৰ সাধাৰণ লক্ষণ কেইটামানকে উল্লেখ কৰিলোঁ:

ক) বনগীতৰ সুৰৰ প্ৰেৰণা আহিছে বিহুগীত, বনঘোষা, টোকাৰী গীত আদিৰ পৰা। ইয়াৰ সুৰত প্ৰতিধ্বনিত হয় হাতীৰ খোজৰ ছন্দ, ম'হৰ খোজৰ ছন্দ, মাকোৰ খিট খিটনি, নাৱৰীয়াৰ ব'ঠাৰ চাবৰ শব্দ, কাষত কলচী লৈ যোৱা গভেৰুৰ খোজৰ ছন্দ আদিৰ দৰে অসমীয়াৰ দৈনন্দিন জীৱনৰ অতি পৰিচিত শব্দবোৰ।

খ) বনগীতবিলাক এক প্ৰকাৰ ভাগৰ জুৰোৱা গীত। পথাৰত ধান দাওঁতে, নাও বাই মাছ ধৰোঁতে, হাল বাঁওতে বা জীয়াই থকাৰ সামগ্ৰীবোৰ আহৰণ কৰিবলৈ অসমৰ হাবি জংঘল বা পথাৰত কষ্টেৰে শ্ৰম কৰা অসমীয়াই কামৰ মাজত বা অৱসৰ সময়ত গাবলৈকে যেন বনগীতৰ সৃষ্টি।

গ) প্ৰকৃতি বনগীতৰ অপৰিহাৰ্য্য অংগ। বনগীতত গাঁৱলীয়া জীৱনৰ আৰু প্ৰকৃতিৰ ছবিয়েই বেছিকৈ দেখিবলৈ পোৱা যায়। যৌৱন বা যৌৱনৰ আৱেগে যদি বনগীতত ভুমুকি মাৰে তেনেহলে সি এক প্ৰকাৰ নৈৰ্ব্যক্তিক ৰূপেহে থাকে আৰু প্ৰকৃতিৰ লগত সদায় সমতা ৰাখে। কাহিনী, প্ৰেম অন্বেষণবিহীন যৌন আৱেদন, জীৱন-সংগীৰ অন্বেষণ, জীৱন-সংগ্ৰাম বা ৰাজনৈতিক মতবাদ বনগীতৰ বিষয়বস্তু হ'ব নোৱাৰে।

ঘ) বিহুগীত গোৱা হয় বিহুৰ সময়ত কিন্তু বনগীতৰ কোনো নিৰ্ধাৰিত ঋতু বা সময় নাই। বনগীত আৰু বিহুগীতৰ আন এটা পাৰ্থক্য এই যে বনগীতত বিষাদৰ সুৰৰ প্ৰাধান্য বেছি কিন্তু বিহুগীতৰ সুৰ সাধাৰণতে উলাহ অধীৰ।

জ্যোতিপ্ৰসাদ আৰু বিষ্ণু ৰাভাৰ মহত্ব এইখিনিতে যে তেঁওলোকে গীতৰ কাৰণে নতুন নতুন বিষয়-বস্তুৰ সৃষ্টি কৰিব পাৰিছিল আৰু সেইবিলাকত থলুৱা সুৰৰ সহায়ত ন ন সুৰ সংযোজন কৰি অসমীয়া গীতৰ নতুন নতুন ধাৰা সৃষ্টি কৰিব পাৰিছিল। আনহাতে, আনন্দিৰাম দাসৰ বিষয়বস্তু অসমীয়াৰ চিৰপৰিচিত আৰু তেঁওৰ সুৰও অসমীয়াৰ চিনাকী। বনগীতৰ বিষয়বস্তু আৰু সুৰ চিনাকী কিন্তু তাৰ ৰূপ সোৱাদ সম্পূৰ্ণ আধুনিক—চিনাকী ছবিক চিনাকী সুৰক এক ন ন ৰূপত সজাই পৰাই অসমীয়াক দিয়াটোৱেই বনকোঁৱৰৰ মহত্ব।

পাৰ্বতিপ্ৰসাদ বৰুৱা, কমলানন্দ ভট্টাচাৰ্য্য আদি আন কেইগৰাকীমান গীতিকাৰে লোকগীতৰ ঠাঁচতে (বিশেষকৈ টোকাৰী গীতৰ) অসমীয়া গীত ৰচি তাত নতুন প্ৰাণ দিছে আৰু সেইবিলাকেও আধুনিক অসমীয়া গীতৰ একোটি ধাৰাৰ সৃষ্টি কৰিছে। ভট্টাচাৰ্য্যদেৱৰ 'বিলত তিৰে বিৰাই পদুমৰ পাহি ঐ'

এসময়ত সকলো অসমীয়াৰ মুখে মুখে শুনা গৈছিল। পাৰ্বতিপ্ৰসাদ বৰুৱাই 'আজি আকাশত শেষ হ'ব পায় শেষ বাৰিষাৰ গান', 'শুকুলা ডাৱৰ ঐ কঁহুৱা ফুল' এই গীত দুটাই অসমৰ ইমুৰৰ পৰা সিমুৰলৈ খলকনি তুলিছিল। এই গীত তিনিটা শ্ৰেষ্ঠ অসমীয়া গীতৰ ভিতৰত অন্যতম।

আধুনিক যুগত নতুন নতুন বিষয়বস্তু, অপৰূপ শব্দ যোজনা আৰু অপৰূপ ছন্দেৰে আধুনিক অসমীয়া গীতক এক বিশেষ শিখৰলৈ তুলি নিলে ডঃ ভূপেন হাজৰিকাই। সুৰ সমন্বয়ৰ তেখেত এক অদ্বিতীয় শিল্পী। তেখেতৰ গীতৰ ভাব ভাষাত আছে অপৰূপ সৌন্দৰ্য্য। সেই বিষয়বস্তু আৰু সেই অপৰূপ ভাব ভাষাৰ লগত খাপ খুৱাই অসমীয়া, আন ভাৰতীয় আৰু পশ্চিমীয়া সুৰৰ সমন্বয়ত তেখেতে যিবিলাক নতুন নতুন গীত সৃষ্টি কৰিলে সি আজি সকলো অসমীয়াকে ধন্য কৰিছে।

সচিত্ৰ ভাগৱতত থকা গুৰু শংকৰদেৱৰ ছবি

ৰল্মীকি আশ্ৰম

কবিগুৰু আৰু জাতিৰ জনক

ষষ্ঠ অধ্যায়

অতীত মূৰ্ত হোৱা গীত

এতিয়া আহোঁ কুৰি শতিকাৰ অসমীয়া সমাজৰ যুগচিহ্নলৈ। এই শতিকাত জীৱন ৰথৰ চকৰি ঘূৰোৱাৰ শক্তি হৈছে আন্তৰ্জাতিক চিন্তাধাৰা আৰু মানৱপ্ৰেম। পৰিৱৰ্তনৰ কাৰণেই হওক বা আন কাৰণতেই হওক, ভক্তিৰ বাণীয়ে আজিৰ মানুহৰ কৰ্ণপথে গৈ তেঁওলোকৰ মৰ্ম স্পৰ্শ কৰিব নোৱাৰাৰ নিচিনা। আজিৰ জগত হৈছে মানৱকেন্দ্ৰিক, আজিৰ যুগৰ মানুহ সচেতন হৈছে মানুহৰ সাধাৰণ অধিকাৰবিলাকৰ প্ৰতি। আজি জাতি, বৰ্ণ, ধনী, দুখীয়া, সুঠাম দেহী, বিকলাংগ বা অংগবিহীন, পুৰুষ নে নাৰী আদিৰ বিচাৰ নকৰাকৈ সকলো লোকৰ কাৰণে মানুহৰ প্ৰাপ্য অধিকাৰবোৰ আহৰণ কৰাটোৱেই আজিৰ যুগসচেতন লোকৰ জীৱনৰ মূলমন্ত্ৰ। অসমীয়া সমাজলৈ যুগ চেতনা অনা এজনৰ বিষয়ে জানিবলৈ ১৯৩০ চনৰ ৩০ অক্টোবৰৰ এটা ঘটনা উল্লেখ কৰা যুগুত হ'ব।

সেইদিনাখন গুৱাহাটীৰ কটন কলেজিয়েট হাইস্কুলৰ ছাত্ৰসকলে দিয়া এখন অভ্যৰ্থনা সভাৰ বিষয়ে বেজবৰুৱাই মোৰ জীৱন সোঁৱৰণত এনেদৰে লিখিছে:

> "ছাতৰসকলৰ সভাত এটি অতি কম বয়সীয়া ল'ৰাই (শিশু বুলিলেই হয়) হাৰ্মনিয়ামৰ সহায়ত সুন্দৰকৈ এটি গান গাইছিল। মই মুগ্ধ হৈ আসনৰ পৰা উঠি সভাতে ল'ৰাটিৰ গালত এটি চুমা খালোগৈ। তাহানি কলিকতাত 'মাষ্টাৰ মদন' বোলা তেনেকুৱা গান গোৱা ল'ৰা এটিৰ গান শুনিছিলোঁ। আজি অসমীয়া 'মাষ্টাৰ মদনক' দেখি বৰ সন্তোষ পালোঁ।"
>
> *[বেজবৰুৱা গ্ৰন্থাৱলী প্ৰথম খণ্ড, পৃ: ১২৯]*

কোৱা বাহুল্য যে এই অসমীয়া 'মাষ্টাৰ মদন' আছিল ভুপেন হাজৰিকা, যি গেটেই জীৱন কাল অসাধাৰণ প্ৰতিভাৰে গীত, সাহিত্য আৰু কথাছবিৰ সৃষ্টি কৰি অসমীয়া সমাজত অভিনৱ যুগ চেতনাৰ অৱতাৰণা কৰিছে। গীতিকাৰ হিচাপে ডঃ হাজৰিকাক কি ভাব প্ৰবাহে আলোড়িত কৰি আহিছে আৰু তেঁওৰ গীতৰ বিষয়বস্তুবোৰক ফঁহিয়াই চোৱাটোৱেই এই পুথিৰ প্ৰধান উদ্দেশ্য।

এই পুথিৰ আন এটি উদ্দেশ্য হৈছে বিষয়বস্তুৰ বিচাৰৰ দ্বাৰা হাজৰিকাৰ গীতবিলাক বিভাগ কৰি তেঁওৰ গীতবিলাক একগোট কৰা। এইখিনিতে এইটো স্পষ্ট কৰি দিওঁ যে গায়ক গীতিকাৰ ৰূপে বিচাৰ কৰোঁতে আমি হাজৰিকাৰ ব্যক্তিগত জীৱনৰ কেৱল তেঁওৰ গীতত প্ৰভাৱ পেলোৱা দিশবিলাকতহে দৃষ্টিপাত কৰিম। তেঁওৰ ব্যক্তিগত জীৱন, ব্যক্তিত্ব বা চৰিত্ৰৰ বিচাৰ তেঁওৰ জীৱনী লেখকেহে কৰা উচিত।

এইটোও উল্লেখযোগ্য যে ভুপেন হাজৰিকাই কিছুমান গীত চিনেমাৰ কাৰণে ৰচা। চিনেমাৰ কাহিনীৰ বিশেষ পৰিস্থিতিত খাপ খুৱাবলৈ ৰচা গীতত নিজৰ দৃষ্টিভংগী বা প্ৰতিভা প্ৰকাশ পালেও সেইবিলাক বিশেষ উদ্দেশ্যেৰে লিখা গীত বুলিহে বিচাৰ কৰা উচিত। আনহাতে, তেঁও কিছুমান গীত প্ৰাণৰ উচটনিত লিখা যিবিলাক তেঁও পিছলৈ চিনেমাত ব্যৱহাৰ কৰিছে। অৰ্থাৎ চিনেমাত এইবিলাক গীতৰ কাৰণে পৰিস্থিতি সৃষ্টি

কৰিছে। এইবিলাক গীতক আমি তেঁওৰ স্বতঃস্ফূৰ্ত সৃষ্টি বুলিয়েই ভাবিব লাগিব। তথাপি এইবিলাক গীত আমি কথাছবিৰ গীতৰ লগতে দিছোঁ।

ডঃ হাজৰিকাৰ ঐতিহ্যৰ বিচাৰ কৰিবলৈ যাওঁতে এই কথা মনলৈ আহে যে অসমীয়া সাহিত্যৰ প্ৰায় সকলো বিভাগকে চহকী কৰা সাহিত্যৰথী বেজবৰুৱাই প্ৰৌঢ় বয়সত দিয়া চেনেহৰ চুমাই হাজৰিকাৰ প্ৰাণত ঐতিহ্যৰ হেন্দোলনি তুলি গ'ল। অসমীয়া ভাষাৰে সৌন্দৰ্য্য সৃষ্টি কৰিবৰ কাৰণে তেঁও আকুল হ'ল। গীত সৃষ্টিৰ কাৰণে তেঁও প্ৰথম অনুপ্ৰেৰণা পালে শংকৰদেৱ আৰু মাধৱদেৱে প্ৰৱৰ্তন কৰি যোৱা অসমীয়া সমাজত প্ৰচলিত বৰগীত আৰু আন আন গীতৰ পৰা।

ভাব আৰু ভাষাৰ কাৰণে তেঁও বিস্ময়ান্বিত ভাবে অনুসৰণ কৰিলে তেঁওৰ গুৰু স্বৰূপ কলাগুৰু বিষ্ণুপ্ৰসাদ ৰাভাৰ সাধনা। সাম্যবাদী চিন্তাধাৰা, অসমৰ পৰ্বতে ভৈয়ামে বাস কৰা ভিন ভিন জাতি ধৰ্মৰ লোকৰ মাজত শিথিল হৈ যোৱা চেনেহৰ এনাজৰীডাল নিকপকপীয়া কৰা, স্বাধীন ভাৰতৰ কাণ্ডাৰী জৱাহৰলাল নেহেৰুৰ দৰ্শন প্ৰয়াগৰ স্নান, মহাত্মা গান্ধীৰ অহিংসা ব্ৰত আদিৰ অধ্যয়ন আৰু চিন্তা চৰ্চাৰে তেঁও গঢ়িলে জ্ঞানৰ এক অফুৰন্ত ভাণ্ডাৰ। সেই সকলো বিলাকৰ পৰা আহৰণ কৰা সাৰ মৰ্মই তেঁওৰ গীতৰ সমল হ'ল। যুগচেতনা আৰু সুস্থ সমাজ গঢ়াৰ সপোন লৈ তেঁও ওলাল দিগন্ত কঁপাবলৈ। দিহিঙে দিপাঙে ঘূৰি ঘূৰি তেঁও সুৰ বুটলিলে।

তেঁওৰ গীতৰ ৰূপ দিবলৈ তেঁও প্ৰেৰণা পালে ৰূপ কোঁৱৰ জ্যোতিপ্ৰসাদৰ পৰা— সুন্দৰৰ আৰাধনা। সৃষ্টিৰ মুল আধাৰ সৌন্দৰ্য্য, সৃষ্টিৰ প্ৰগতি সৌন্দৰ্য্যত, সৃষ্টিৰ সাৰ্থকতাও সৌন্দৰ্য্যত। এক অতি মানৱীয় দৰদ আৰু কল্পনাতীত শব্দৰ কোমলতা সানি তেঁও অতুলনীয় গীত সৃষ্টি কৰিলে। তেঁও অতি কম বয়সৰে পৰা আৰম্ভ কৰি গোটেই জীৱন অসমীয়া, ভাৰতীয় আৰু পশ্চিমীয়া সুৰৰ সমন্বয়ৰে নানা মনোমোহা গীত সৃষ্টি কৰি তেঁও ৰাইজক দি থৈ গ'ল।

এক কথাত ক'বলৈ হ'লে ভূপেন হাজৰিকাৰ গীতৰ যোগেদি এইটো সহজেই বুজিব পাৰি যে তেঁওৰ সৃষ্টিৰ আঁৰ পটত আছে জ্ঞানৰ অসীম সাধনা, সুৰৰ বহু নিজৰাত স্নান কৰা নিৰ্মলতা আৰু এক মানৱীয় হৃদয়ৰ অনেক কল্পনা।

আমি প্ৰথমে তেঁওৰ যি কেইটা গীতত ঐতিহ্য বা অতীত মূৰ্ত হোৱা দেখিবলৈ পাইছোঁ তাক এই অধ্যায়ত দিলোঁ। এইটো মন কৰিব লগীয়া যে এই গীতবিলাকৰ বেছি ভাগেই তেঁও জীৱনৰ আদি ভাগতে ৰচনা কৰা। এই কেইটাৰ বিষয়বস্তুৰ ভিতৰত আছে শংকৰদেৱৰ সুৰ সংগীতৰ প্ৰতি বিস্ময়, মণিৰাম-পিয়লিৰ দেশৰ হকে আত্মবলিদানৰ গৌৰৱোজ্জ্বল কাহিনী, মহাত্মা গান্ধীৰ অহিংসা নীতিৰ প্ৰতি আন্তৰিক শ্ৰদ্ধা আদি। মুঠৰ ওপৰত ডক্টৰ হাজৰিকাই সৃষ্টিকামী শিল্পীৰ জগতত প্ৰথম খোজটো অতি সতৰ্কতাৰে শুদ্ধ ভাবে পেলাইছিল। ঐতিহ্যৰ প্ৰতি, অতীতৰ মনিষীৰ স্মৰণীয় সৃষ্টিবিলাকৰ প্ৰতি ভ্ৰূক্ষেপ নকৰাকৈ যে সৃষ্টিশীল শিল্পীৰ জগতত বেছি দূৰ আগবাঢ়িব নোৱাৰি তাক বহুতেই উপলব্ধি নকৰে।

কুসুম্বৰ পুত্ৰ

[এইটো ভূপেন দাদাই ৰচা প্ৰথম গীত। গুৱাহাটী অনাতাঁৰ কেন্দ্ৰই প্ৰচাৰ কৰা এক সাক্ষাৎ প্ৰসংগত হাজৰিকাই ভুলতে 'অগ্নি যুগৰ ফিৰিঙতি'টো তেঁওৰ প্ৰথম গীত বুলি কৈছিল। এই লিখকে অনুসন্ধান কৰি এই গীতটোহে তেঁওৰ প্ৰথম গীত বুলি কৰা সিদ্ধান্তৰ লগত পাচত ভূপেন দাদা একমত হৈছিল। এই গীতটো তেঁও স্কুলীয়া ছাত্ৰ হৈ থাকোঁতেই ৰচা।]

কুসুম্বৰ পুত্ৰ শ্ৰীশংকৰ গুৰুৰে
ধৰিছিল নামৰে তান,
নামৰে সুৰতে আনন্দত নাচিছিল
পবিত্ৰ বৰদোৱা থান
মোৰ গুৰু ঐ, পবিত্ৰ বৰদোৱা থান।
অশেষ যাতনা ভুঞ্জিলা শ্ৰীশংকৰ
ধৰমৰ নামতে তুমি
সকলো দুখলৈ পিঠি দিলা গুৰু,
ধন্য অসম ভূমি
মোৰ গুৰু ঐ, ধন্য অসম ভূমি।।
নামঘৰ সাজিলা ৰাইজক থাপিলা
একতাৰ আসনত আনি
ভাওনা সোণতে বৰগীত
সুৰগা প্ৰচাৰিলা দেৱবাণী
মোৰ গুৰু ঐ, প্ৰচাৰিলা দেৱবাণী।।
এটুপি দুটুপি চকুলো সৰে মোৰ
দুখনি চৰণক পাই
অসমৰ আকাশত দুখৰ ৰোল উঠিছে
আজি শ্ৰীশংকৰ নাই মোৰ গুৰু ঐ,
আজি শ্ৰীশংকৰ নাই।।

[তেজপুৰ, ১৯৩৭ চন]

জুই লই নেখেলিবি

শংকৰ মাধৱৰ মহা মহা সৃষ্টিৰে
উজ্জ্বল লুইতৰে পাৰ
কতজনে শলাগিলে অসমীয়া লিখনী
পদ্ম গোঁহাঞি বৰুৱাৰ।
বড়ো, ৰাভা, মিচিঙৰ ৰূপে ৰসে ভৰপূৰ
জীয়া জীয়া আমাৰ ভাষাৰ
লিখাবোৰ কিয় বাৰু পঢ়ি পঢ়ি
চোৱা নাই পামেগাম বিষ্ণুৰাভাৰ।
আনন্দ, চন্দ্ৰ, ৰজনীকান্ত আৰু
অম্বিকাগিৰিৰ ভাষাৰ
একে ফুলনিতে জানো ফুল
ফুলা নাছিল মফিজ হাজৰিকাৰ?
আজান ফকীৰ আৰু লক্ষ্মীনাথৰ
একে ধ্যান একেটি আশাৰ
মোজাম্মিল আনিলো হ'ল একে শৰতৰে
দুটি ফুল, একেটি ভাষাৰ।।
উপাধ্যায়, ত্ৰিপাঠী, আফাজ তমিজ
আৰু কৰ্মকাৰ চাহ বাগিচাৰ,
অসমীক আঁকোৱালি পাতিছে মনৰ কথা,
ভাষা নৰ অসমীয়াৰ।
বহুতো বঙালী ভাই লুইতৰ পাৰ পাই
হ'ল বান্ধ অসমীয়াৰ।
বুকুখনি উদঙাই ঢালি দিলে অসমে
মৌ জোল স্নেহ নিজৰাৰ
ন বোৱাৰীৰো দেখোঁ প্ৰাণৰ তৃষ্ণা হয়
পতিগৃহ আপোন কৰাৰ,
বহু যুগ অসমতে থকা কিছু মানুহৰ
দেখোঁ কিয় চাৰনী ঘৃণাৰ?
দূৰণিৰ পৰা আহি যুগ যুগ ধৰিও
অসমীক মাতৃ নোবোলাৰ,
কথা শুনি কিনো ক'ব সুন্দৰ আতমাই
জ্যোতি আগৰৱালাৰ?
কবীন্দ্ৰ ৰবীন্দ্ৰ আৰু আচাৰ্য্য ৰায়
অন্নদাশংকৰ আৰু সুনীতি কুমাৰ,
এঁওলোকে জানে দেখোঁ ঐতিহ্য মহান
আমাৰ মাতৃভাষাৰ।

মহত্মাই হাঁসি বোলে

[হিন্দু-মুছলিম সম্প্ৰীতিৰ বাবে মহাত্মাৰ আদৰ্শক লৈ ৰচা এই গীতটো দুৰ্লভ (আশা কৰোঁ হিন্দু-মুছলিম সম্প্ৰীতিৰ একে অৱস্থা হোৱা নাই)। এই গীতটোৰ কথা বা সুৰ ভূপেন দাদা বা তেঁওৰ পৰিয়ালৰ কোনো লোকৰ মনত নপৰিল। গীতটো গোটাব নোৱাৰিম বুলি ব্যৰ্থ মনোৰথ হোৱাৰ পিচত শ্ৰীমতী লিলি মজিন্দাৰ বৰুৱাৰ পৰা জানিব পাৰিলোঁ যে তেঁওৰ দেউতাক লোকপ্ৰিয় বৰদলৈদেৱৰ পিয়ন শ্ৰীলংকেশ্বৰ তালুকদাৰে এই গীতটো সদায় গাই থাকে। শ্ৰীতালুকদাৰে এই গীতটো নিজ হাতেৰে শ্ৰীযুতা সুৰবালা বৰদলৈৰ নাম লিখা এখন কাকতত লিখি দিলে। শ্ৰীলংকেশ্বৰ তালুকদাৰলৈ আমাৰ বহু ধন্যবাদ এই গীতটোৰ বাবে, আৰু তেঁওলৈ শত নমস্কাৰ গান্ধীজীৰ আদৰ্শক অতি চেনেহৰে নিজৰ অন্তৰত সজীৱ কৰি ৰখা কাৰণে। গীতটো পাচত ভূপেন দাদাই আমি যোগাই দিয়া কথা আৰু সুৰেৰে পুনৰ বাণীৱদ্ধ কৰে।]

মহাত্মাই হাঁসি বোলে,
ৰাম অ' ৰহিম বান্ধ ৰাম অ' ৰহিম
একেলগে একে সংগে বান্ধৱ পাতিম
হায় হায় ৰাম অ' ৰহিম।

মহাত্মাই হাঁসি বোলে,
কৃষ্ণ কৰীম বান্ধ শিৱ ইব্ৰাহিম
দুয়ো একেজন হৰি কাকনো দোষিম?
হায় হায় ৰাম অ' ৰহিম,
আল্লা! ৰাম অ' ৰহিম।

মহাত্মাই হাঁসি বোলে,
গীতাকে শুনিম বান্ধ বেদকে শুনিম
শুনি পিছে কোৰাণৰো আয়াতক বুজিম
হায় হায় ৰাম অ' ৰহিম।

মহাত্মাই হাঁসি বোলে
মন্দিৰে পূজিম বান্ধ দেৱকে পুজিম
পূজি উঠি মছজিদৰ ভেটি নাভাঙিম
হায় হায় ৰাম অ' ৰহিম
আল্লা! ৰাম অ' ৰহিম।।

মহাত্মাই হাঁসি বোলে,
হিংসা নকৰিম বান্ধ' মৰমে মৰিম
মানুহৰ উপৰি নাই কাকনো দোষিম
হায় হায় ৰাম অ' ৰহিম।

মহাত্মাই কান্দি বোলে,
মইহে চলিম বান্ধ আৰু নাথাকিম
জগতৰ ৰক্তনদী আৰু নসহিম
হায় হায় ৰাম অ' ৰহিম,
আল্লা! ৰাম অ' ৰহিম।।

মহাত্মাই কান্দি বোলে,
মই কি কৰিম বান্ধ কতনো কৰিম
ইপুৰীক ত্যজি মই সিপুৰীত কান্দিম
হায় হায় ৰাম অ' ৰহিম
আল্লা! ৰাম অ' ৰহিম।।

[গুৱাহাটী, ১৯৪৯ চন]

বাল্মীকি আশ্ৰম

অ' হৰি! ইখন স্ৰজিলা কিনো শান্তি নিকেতন
বাল্মীকি দেউ বহি আছে যেন হিমাচল।
চন্দন বন হালি জালি সুগন্ধি বিলাই
পাৰিজাতে হাঁসি মাৰি ভ্ৰমৰ ভুলাই।।
অ' শিষ্যসৰে পুষ্প আনে আঞ্চোল ভৰিয়া
মৃগ শিশু সংগে নাচে আনন্দ কৰিয়া।
অ' জ্ঞানৰ বেদীত বহি আছে বাল্মীকি মহান
হংস পাখি কাপ ধৰি ৰচে ৰামায়ণ।।

[তেজপুৰ, ১৯৩৭ চন]

অ' মোৰ ভৈয়াই

অ' মোৰ ভৈয়াই, অ' মোৰ ভনীটি
পুৰণি অসমৰ আকাশখনি
গৌৰৱৰ পোহৰ ঐ ৰমকে জমকে
সোণালী সৰুবৰ তৰা জিলিকে
লাৱণী মিচিকি হাঁহিটি চমকে
হায় হায় হায়, হায় হায় আজি নাই।
সিখন আকাশত কলীয়া ডাৱৰে
চাৰিওফালকে আৱৰি ধৰিলে
পোহৰ জিলিকনি নোহোৱা কৰিলে
হায় হায় হায়, হায় হায় আজি নাই।
পুৰণি মূলাৰে সাহ নাইকিয়া
ৰাধিকা জয়াৰে ধৰম বিনন্দীয়া
নোহোৱা কৰিলে কিহে?
শৰাইৰে ঘাটতে শতৰুক খেদিলে
লাচিতৰ হেংদান পিচলি পৰিলে
ধৰোঁতা নৰ'লে কোনো মোৰ ভৈয়াই ঐ
ধৰোঁতা নৰ'লে কোনো।।

[গুৱাহাটী, ১৯৪৬ চন]

নবীন ভাৰতৰ আশাৰ প্ৰদীপ

নবীন ভাৰতৰ আশাৰে প্ৰদীপ
জয় মহাত্মা গান্ধী
মোহন ৰূপেৰে জগত মুহিলা
প্ৰেমৰ দোলেৰে বান্ধি।
অৰ্ধহাৰী কৃষক ৰূপেৰে
অল্প বস্ত্ৰধাৰী
শাম্য সৌম্য স্থিৰ দধীচি
কাম, ক্ৰোধ, লোভ ত্যাগী।
সৰ্ব ধৰ্মৰে অৰ্থ বুজিলা
প্ৰচাৰি অমৃত বাণী।
মানৱতাৰ জ্যোতি মহান
বিশ্ব প্ৰেমেৰে মথি
জ্যোতি পৰশনৰ অনেক বাণেৰে
নাশিলা দুস্কৃতিৰ গ্লানি
অকলশৰে বন্তি জ্বলালা
হিংসাৰ এন্ধাৰ নাশি।।

[গুৱাহাটী, ১৯৪৭ চন]

আলফুলীয়া কুমলীয়া চেনেহৰ অকণি

[এই গীতটো গুৱাহাটী অনাতাঁৰ কেন্দ্ৰৰ অকণমাণিৰ মেলৰ আৰম্ভণী গীত ৰূপে ১৯৪৮ চনৰে পৰা শুনিবলৈ পোৱা গৈছিল।]

আলফুলীয়া কুমলীয়া চেনেহৰ অকণি বীৰ
তোমাৰ দেশৰ বীৰ লাচিতে
শতৰুক কৰি চিৰাচিৰ
সুজলা সুফলা পূৰ্ব ভাৰতীৰ
উজ্জ্বলাই ৰাখিলে শিৰ।
অ' মোৰ চেনেহৰ অকণি অকণি বীৰ
ভাৰতে পূজিলে শিশু শংকৰৰ

কোমল কবিতা লিখনীৰ
তুমিও ৰচিবা এটি দুটি আখৰেৰে
সৰু ভাব অকণি মনৰ
অ' মোৰ চেনেহৰ অকণি অকণি বীৰ।
পৰাধীনতা দেখি শিশু কুশলৰ
বইছিল তপত ৰুধিৰ
দেশৰ কাৰণে সেয়ে
হিয়া ফালি তেজ দিলে
অ' মোৰ চেনেহৰ অকণি অকণি বীৰ।
পুৱাৰ সূৰুযৰ নতুন সৃষ্টি তুমি
উজ্জ্বলাই তোলা ধৰণীৰ
তুমি ৰুদ্ৰ মূৰ্তি ধৰি
নাশিব লাগিব
অবিচাৰ শোষণকাৰীৰ।
অ' মোৰ চেনেহৰ অকণি অকণি বীৰ।
শোষণ মুক্ত কৰি পূৰ্ব ভাৰতীৰ
উজ্জ্বলাই ৰাখিবা শিৰ
অ' মোৰ চেনেহৰ অকণি অকণি বীৰ।।

[গুৱাহাটী, ১৯৪৮ চন]

মহাবাহু ব্ৰহ্মপুত্ৰ

স্বকীয় ৰূপ লৈ বহাগনো আহে ক'লৈ?
ব্ৰহ্মপুত্ৰৰ দুই পাৰলৈ নহয় জানো?
এই ব্ৰহ্মপুত্ৰৰ মহান ঐতিহ্যই বা কি?
মহাবাহু ব্ৰহ্মপুত্ৰ
মহামিলনৰ তীৰ্থ
কত যুগ ধৰি আহিছে প্ৰকাশি
সমন্বয়ৰ অৰ্থ।
সুদূৰ কান্যকুব্জৰে পৰা বাৰভূঞা আহিছিলে
সেই বংশতে শংকৰদেউ ইয়াতে জনমিলে
মৰুৰ দেশৰে আজান ফকীৰে
মধুৰ জিকিৰ ৰচিলে
দিল্লীৰ দিলৰাৰে আহি
হস্তীপুথি আঁকিলে
পঞ্চ নদীৰ তেগ বাহাদুৰে
ধৰমৰ সেতু গঢ়িলে
সমন্বয়ৰ দেখুৱালে কত প্ৰকাশ স্বতঃস্ফূৰ্ত।
দূৰৰ লাচিতে শৰাই ঘাটতে শতৰু আগচিলে
জাতি, ধৰ্ম, ভাষা সবাকে
স্বদেশ প্ৰেমেৰে বান্ধিলে
কিৰাট পুত্ৰ বিষ্ণু ৰাভাই
মাটিৰ কৃষ্টি জীয়ালে
সমন্বয়ৰ দেখুৱালে কত প্ৰকাশ স্বতঃস্ফূৰ্ত।

পদ্মা নদী! পদ্মা নদীৰ ধুমুহাত পৰি
কত শতজন আহিলে
লুইতৰ দুইও পাৰে
কতনা অতিথি আদৰিলে
কিছু ল'ব লাগে
কিছু দিব লাগে
জীণ যাবলৈ হ'লে
মিলিব লাগে মিলাব লাগে
ৰবীন্দ্ৰনাথেও ক'লে।
অগ্ৰৱাল জ্যোতিয়ে ইয়াতে
জ্যোতিৰ প্ৰপাত বোৱালে
অজীণ পাতকী সবৰ চক্ৰ
জ্যোতিৰে কৰি ব্যৰ্থ।

[গুৱাহাটী, ১৯৮০ চন]

তৃতীয় ভাগ

ৰাজনৈতিক পটভূমি আৰু বিদ্ৰোহৰ গীত

অগ্নিযুগৰ ফিৰিঙতি

অগ্নিযুগ (১৯২৫-১৯৪৭)

ডক্টৰ ভূপেন হাজৰিকাৰ জন্ম হয় শদিয়াত। এক শিক্ষিত আৰু সম্ভ্ৰান্ত কিন্তু তথাকথিত এক অনুসূচিত পৰিয়ালত। ১৯২৬ চনত তেখেতৰ জন্ম বুলি দুই এঠাইত উল্লেখ আছে। এইটো তেখেতৰ জন্মৰ বছৰ হয় নে নহয় সেই বিষয়ে মতভেদ আছিল। কোনোৱে কয় যে এই বছৰটো গ্ৰহণ কৰিলে আমি আগেয়ে উল্লেখ কৰা লক্ষ্মীনাথ বেজবৰুৱাৰ জীৱন সোঁৱৰণৰ মতে তেঁও চাৰি পাঁচ বছৰ বয়সতেই হাৰ্মনিয়াম বজাই গান গাব পৰা হ'ব লাগিব। অৱশ্যে বেজবৰুৱাই 'সোঁৱণৰ'ত দিয়া তাৰিখটোও ভুল হ'ব পাৰে। তাতে হাজৰিকাই সেই সভাত হাৰ্মনিয়াম বজোৱা নাছিল। এইটোও সচা যে হাজৰিকাৰ মাক দেউতাকৰ বিয়া হৈছিল ১৯২৩ চনত আৰু ভূপেন হাজৰিকা ভাদ মাহত জন্ম হোৱাটোও নিশ্চিত, গতিকে তেঁওৰ জন্ম ১৯২৬ চনৰ ভাদ মাহত বুলি ক'ব পাৰি।

আগৰ দিনত অসমীয়া মানুহৰ মাজত ল'ৰাছোৱালীৰ জন্মদিন পতা নিয়ম সিমান প্ৰচলিত নাছিল। ৰং-ছটীয়া কেকত মম গোজা 'বাৰ্থ দে' পাতি 'হেপী বাৰ্থ দে টু ইউ' গোৱা নিয়ম সম্ভৱ ইংৰাজসকলৰ পৰা আমাৰ দেশী চাহাবসকলে শিকিলে আৰু পিচত হয়তো অসমীয়া ভদ্ৰ সমাজৰো 'দেখাক দেখি উঠিল গা'। আগৰ দিনত 'হেপী বাৰ্থ দে' নাপাতিছিল যেতিয়া ল'ৰাছোৱালীৰ জন্মৰ তাৰিখ আদি মাক বা দেউতাকৰ মনত নথকাটো স্বাভাৱিক। অৱশ্যে এটা বয়সৰ পিচত নিজৰ জন্মৰ বছৰ আদি পাহৰা নিয়ম আগৰ দিনতও প্ৰচলিত আছিল।

সি যিয়েই নহওক, এইটো সচা যে ডক্টৰ ভূপেন হাজৰিকা ডাঙৰ হয় তেঁওৰ জন্মৰ পৰা ১৯৪৭ চনলৈকে বিস্তাৰিত আৰু বিশেষ ভাবে বিস্ফোৰিত দিনবিলাকৰ উত্তেজনাৰ মাজেদি। ১৯৪৭ চনত ভাৰত স্বাধীন হোৱাৰ আগলৈকে এই বছৰ কেইটাত ভূপেন হাজৰিকাৰ ব্যক্তিত্বই বিশেষ ভাবে গঢ় লয়। তেঁওৰ গীত কিছুমান বুজিবলৈ, তেঁওৰ কবিপ্ৰাণৰ কথা জানিবলৈ সেই সময়ৰ ভাৰতৰ ৰাজনৈতিক অৱস্থা সামাজিক অৱস্থা আৰু তেঁওৰ ব্যক্তিত্বৰ ওপৰত বিশেষ প্ৰভাৱ পেলোৱা কেইজনমান ব্যক্তিৰ বিষয়ে অলপ জনা উচিত।

অসহযোগ আন্দোলন

ডক্টৰ হাজৰিকাৰ জন্মৰ বছৰচেৰেক আগতে ১৯২০ চনত কলিকতাত পতা বিশেষ এক বৈঠকত আৰু গান্ধীজীৰ অনুপ্ৰেৰণাত কংগ্ৰেছ দলে স্বৰাজ লভিবৰ কাৰণে অসহযোগ আন্দোলন কৰিবলৈ সিদ্ধান্ত গ্ৰহণ কৰে। সেই সময়ত স্বৰাজ মানে স্বায়ত্ত শাসনকে বুজাইছিল আৰু সম্ভৱ হ'লে বৃটিছ সাম্ৰাজ্যৰ অন্তৰ্গতে স্বায়ত্ব শাসনকও স্বৰাজ বোলা হৈছিল। এই অসহযোগ আন্দোলনে ভাৰতৰ জাতীয় আন্দোলনক এক বিপ্লৱত পৰিণত কৰিলে আৰু এক অভিনৱ ধৰণেৰে গান্ধীজীয়ে ভাৰতীয়সকলক একেই ব্ৰততব্ৰতী এক ঐক্য সংগ্ৰামীৰ দললৈ ৰূপান্তৰিত কৰিলে। গান্ধীজীৰ আহ্বানত লাখ লাখ ভাৰতীয়ই চৰকাৰী চাকৰি পদবী এৰিলে, বিদেশী আইনৰ ওকালতি এৰিলে, বিদেশী পঢ়াশালিৰ পৰা আঁতৰি আহিল, বিদেশী বস্ত্ৰ বৰ্জন কৰিলে বা অন্য

প্ৰকাৰে সত্যাগ্ৰহ কৰি অসহযোগ আন্দোলনত জপিয়াই পৰিল।

১৯২০ চনৰ জালিয়ানৱালাবাগৰ নৃশংস হত্যাকাণ্ডত ক্ষান্ত নহৈ বৃটিছ চৰকাৰে কঠোৰ হাতেৰে এই গণ আন্দোলন দমাবলৈ চেষ্টা কৰিলে। ভাৰতত হিন্দু আৰু মুছলমানৰ মাজত থকা মতানৈক্যৰ সুযোগ লৈ দুয়ো সম্প্ৰদায়ক বিভেদ কৰি এই বিপ্লৱ প্ৰতিহত কৰিবলৈ বৃটিছ চৰকাৰে বিশেষ সক্ৰিয় নীতি অৱলম্বন কৰিলে। এই কালছোৱাত নতুন ৰূপ লোৱা সাম্প্ৰদায়িক বিভেদেই ভাৰতবৰ্ষত এটা ঐক্য জাতি গঢ়ি তোলাৰ প্ৰধান হেঙাৰ হ'ল আৰু ইয়েই স্বাধীনতা আন্দোলনক দুৰ্বল কৰিলে।

১৯২৭ চনত মাদ্ৰাজত বহা কংগ্ৰেছৰ বৈঠকত স্বৰাজ এৰি সম্পূৰ্ণ স্বাধীনতাকে কংগ্ৰেছৰ লক্ষ্য হিচাপে গ্ৰহণ কৰিলে। কংগ্ৰেছৰ নেতাসকলে ঘোষণা কৰিলে যে যদিহে ১৯২৯ চনৰ ৩১ ডিচেম্বৰৰ আগতে ভাৰতক ডমিনিয়নৰ মৰ্য্যাদা দিয়ে তেনেহ'লে তাতেই তেঁওলোক সন্মত হ'ব। সেয়ে নহ'লে কংগ্ৰেছে অহিংস ভাবে অসহযোগ আন্দোলনেৰে সম্পূৰ্ণ স্বাধীনতা জয় কৰিবলৈ দৃঢ় প্ৰতিজ্ঞ হয়।

১৯২৯ চনৰ ৩১ ডিচেম্বৰৰ মাজৰাতি বাৰটা বজাৰ লগে লগে তেতিয়াৰ কংগ্ৰেছ সভাপতি পণ্ডিত জৱাহৰলাল নেহৰুৱে ভাৰতৰ ত্ৰিৰংগ পতাকা উত্তোলন কৰে। ১৯৩০ চনৰ ২৬ জানুৱাৰীৰ দিনটোকে স্বাধীনতা দিৱস বুলি গোটেই ভাৰততে পালন কৰা হয়। তাৰ কেই সপ্তাহমান পিচত এপ্ৰিলৰ ৬ তাৰিখে দাণ্ডি যাত্ৰাৰে গান্ধীজীয়ে আইন অমান্য আন্দোলন আৰম্ভ কৰে। এই আন্দোলন দমন কৰিবলৈকো বৃটিছ চৰকাৰে আকৌ কঠোৰ নীতি অৱলম্বন কৰিলে। নিঃসহায় সত্যাগ্ৰহীৰ ওপৰত গুলীবৰ্ষণ, জেল, লাঠি চালনা আদিৰ পুনৰাভিনয় হ'ল। ধৰ্মক্ষেত্ৰ ভাৰতত বিদেশী শাসকৰ হিংসাত্মক কাৰ্য্য আৰু শোষণ নীতিৰ বিৰুদ্ধে আকৌ আৰম্ভ হ'ল অহিংসাৰ যুদ্ধ।

ইফালে ইউৰোপত গুজৰি উঠিল জাৰ্মান সিংহ এডলফ হিটলাৰ।

ভাৰতৰ এক নম্বৰ শত্ৰু চাৰ্চিল

ভাৰতৰ অহিংস আন্দোলন, হিটলাৰৰ অভ্যুত্থান আদিয়ে বৃটিছ সাম্ৰাজ্যত সন্ত্ৰাসৰ সৃষ্টি কৰিলে। এই সন্ত্ৰাসৰ দিনতে উদ্ভৱ হ'ল বৃটেইনৰ নেতা আৰু ভাৰতৰ এক নম্বৰ শত্ৰু উইনষ্টন চাৰ্চিলৰ (১৮৭৪-১৯৬৫)। ভাৰতৰ গণবিপ্লৱৰ প্ৰতি সহানুভুতি দেখুওৱা কাৰণে তেঁও বৃটেইনৰ প্ৰধানমন্ত্ৰী ৰামজে মেগডনালৰ মন্ত্ৰীসভাৰ পৰা পদত্যাগ কৰে আৰু অতি দৃঢ় ভাবে ঘোষণা কৰে:

> "ভাৰতবৰ্ষক ব্ৰাহ্মণৰ দ্বাৰা শাসিত হ'বলৈ এৰি দিয়াটো এটা নিষ্ঠুৰ আৰু অসৎ অৱহেলাৰ কাম হ'ব। ইযাৰ দোষ বহন কৰা সকলোকে ই চিৰদিনলৈ লাজ দিব। মুখেৰে পশ্চিমীয়া উদাৰতাবাদৰ মন্ত্ৰবোৰ ফটফটোৱা আৰু দাৰ্শনিক ও গণতান্ত্ৰিক ৰাজনীতিবিদ বুলি ভাও ধৰা এই ব্ৰাহ্মণসকলেই দেখোন প্ৰায় ৬ কোটি স্বদেশীলোকক তেঁওলোকৰ জীৱন ধাৰণৰ সাধাৰণ অধিকাৰৰ পৰা বঞ্চিত কৰে। যাক সিহঁতে 'অস্পৃশ্য' বোলে আৰু যাক সিহঁতে হাজাৰ হাজাৰ বছৰৰ উৎপীড়নেৰে এই দুখ লগা অৱস্থা গ্ৰহণ কৰিবলৈ শিকাইছে।"

[লুইচ ব্ৰড, উইনষ্টন চাৰ্চিল, পৃঃ ২৩১]

ব্ৰাহ্মণ হিচাপে জন্মাসকলক এনে তীব্ৰ গৰিহণা দিয়া একেজন চাৰ্চিলেই কিন্তু হিটলাৰৰ বিষয়ে এজন জাৰ্মান ভদ্ৰলোকক সুধিছিল:

> "তোমালোকৰ বৰমূৰীয়াজন ইহুদীসকলৰ প্ৰতি ইমান হিংসাত্মক কিয়? যিসকল

ইহুদীয়ে দোষ কৰিছে বা দেশদ্ৰোহী তেঁওলোকৰ ওপৰত খং কৰাটো মই বুজি পাওঁ আৰু সিহঁতে যদি জীৱনৰ যেই কোনো দিশতে ক্ষমতা একচেটিয়া কৰিব খুজিছে তেনেহ'লে তাত বাধা দিয়াটোও মই বুজিব পাৰোঁ। কিন্তু এজন মানুহৰ কেৱল তেঁওৰ জন্মৰ কাৰণেই তেঁওৰ বিৰুদ্ধাচৰণ কৰাটোৰ অৰ্থ কি? কোন মানুহে তেঁও কেনেকৈ জন্ম হ'ব তাৰ পৰা সাৰিব পাৰে?"

[চাৰ্চিল, দি গেদাৰিং ষ্টৰ্ম, কেছেল, পৃঃ ৭১]

ব্ৰাহ্মণ হিচাপে জন্মাসকলৰ প্ৰতি কিন্তু চাৰ্চিলৰ বিশেষ হিংসা। ভাৰতৰ স্বাধীনতা আন্দোলনক তেঁও ক্ষমতালোভী ব্ৰাহ্মণসকলৰ কাৰ্য্য বুলি লোকক পতিয়ন নিয়াবলৈ চেষ্টা কৰিছিল:

"মই গান্ধীৰ ওচৰত এনে আত্মসমৰ্পণৰ বিপক্ষে। লৰ্ড আৰউইন আৰু গান্ধীৰ মাজত হোৱা এই আলোচনা আৰু চুক্তিবিলাকৰ মই বিপক্ষে। গান্ধীয়ে বৃটেইনক ভাৰতৰ পৰা বহিষ্কাৰৰ বাবে সষ্টম। গান্ধী ভাৰতৰ পৰা বৃটিছ বাণিজ্য নিগাজীকৈ বহিষ্কাৰ কৰাৰ পক্ষপাতী। গান্ধীয়ে বিচাৰে ভাৰতত বৃটিছ শাসনৰ ঠাইত ব্ৰাহ্মণৰ প্ৰভূত্ব স্থাপন কৰিবলৈ।''

[লুইচ ব্ৰড, উইনষ্টন চাৰ্চিল, ২২৯]

১৯৩৫ চনৰ শাসন প্ৰণালী অনুসৰি ভাৰতৰ সাতখন প্ৰদেশত কংগ্ৰেছে মন্ত্ৰীসভা গঠন কৰে। ১৯৩৯ চনত ভাৰতীয় ৰাইজ বা কংগ্ৰেছৰ সন্মতি নোলোৱাকৈ ভাৰতক দ্বিতীয় মহাসমৰত সাঙোৰা বাবে এই মন্ত্ৰীসভাবিলাকে পদত্যাগ কৰে। অসমকে ধৰি সেই প্ৰদেশবিলাকত তেতিয়া মুছলিম লীগে মন্ত্ৰীসভা গঠন কৰে আৰু কংগ্ৰেছে অসহযোগ ও আইন অমান্য আন্দোলন আৰম্ভ কৰে।

১৯৪০ চনত চাৰ্চিল বৃটেইনৰ প্ৰধানমন্ত্ৰী হয়। ইমান দিনে কেৱল মুখেৰেহে চিঞৰি থকা চাৰ্চিল হিটলাৰৰ দৰ্প চূৰ্ণ কৰিবলৈ আৰু গান্ধীজী ও ভাৰতীয় ব্ৰাহ্মণক ভালদৰে এসেকা দিবলৈ সকলো ক্ষমতা লাভ কৰে। ভাৰতৰ স্বাধীনতা আন্দোলন কঠোৰ ভাবে দমন কৰিবলৈ তেঁওৰ চৰকাৰ দৃঢ় প্ৰতিজ্ঞ হয়। ১৯৪২ চনৰ গণ বিপ্লৱত ভাৰতীয়সকলৰ ওপৰত কৰা নিষ্ঠুৰ অত্যাচাৰেই ইয়াৰ জ্বলন্ত প্ৰমাণ দিয়ে। নিৰস্ত্ৰ তিৰোতাৰ ওপৰত গুলী চালনা, কণ কণ ল'ৰাছোৱালীৰ ওপৰত লাঠি চালনা, নিসহায় লোকৰ ওপৰত উৰা জাহাজৰ পৰা গুলীবৰ্ষণ, দেশপ্ৰেমিকসকলক হত্যা বা বন্দী আদি বৰ্বৰতাৰ কেৱল হিটলাৰে ইহুদীসকলৰ ওপৰত কৰা বৰ্বৰতাৰ লগতহে তুলনা কৰিব পৰা যায়।

ইতিমধ্যে নেতাজী সুভাষ বসুৰ নেতৃত্বত কংগ্ৰেছীসকলৰ মাজত এক উগ্ৰ বামপন্থীৰ আৱিৰ্ভাৱ হয়। তেঁওলোকে গান্ধীজীৰ অহিংসা আন্দোলনেৰে স্বাধীনতা লাভ কৰাৰ কোনো আশা নেদেখিলে। সেই লোকসকলে অস্ত্ৰশস্ত্ৰেৰে যুদ্ধ কৰিহে বৃটিছ সিংহক ভাৰতৰ পৰা খেদিবলৈ দৃঢ় প্ৰতিজ্ঞ হয়। এই বামপন্থী লোকসকলে আনকি গান্ধীজীয়ে মনোনীত কৰা প্ৰাৰ্থীক হৰুৱাই নেতাজী সুভাষ বসুক কংগ্ৰেছৰ সভাপতি নিৰ্বাচিত কৰিবলৈ সমৰ্থ হৈছিল। ১৯৪১ চনত নেতাজী ভাৰতৰ পৰা পলাই যায় আৰু আজাদ হিন্দ ফৌজৰ নেতৃত্ব গ্ৰহণ কৰে।

বহুতে নেতাজীয়েই আজাদ হিন্দ ফৌজৰ জন্মদাতা বুলি ভাৱে, কিন্তু জাপানী গুপ্তচৰ বিভাগৰ বিষয়া মেজৰ ফুজিৱাৰাৰ মতে মেজৰ মোহন সিং নামৰ এজন উৎসাহী বিষয়াইহে আজাদ হিন্দ ফৌজ প্ৰথমে প্ৰতিষ্ঠা কৰে। ১৯৪১ চনৰ ৯ ডিচেম্বৰত ভাৰতীয় সৈন্য পোন্ধৰ নম্বৰ ব্ৰিগেডক জাপানীসকলে মালয়ত সম্পূৰ্ণ ৰূপে পৰাভূত কৰে। কোনো নেতা নোহোৱাকৈ সিঁচৰিত হৈ পৰা এই পোন্ধৰ নম্বৰ ব্ৰিগেডৰ বিষয়া মোহন সিঙে

পৰিস্থিতিটোৰ আওভাও বুজি ভাৰতৰ স্বাধীনতাৰ কাৰণে বিশেষ কিবা এটা কৰাৰ ভাল সুযোগ দেখিলে।

নেতাজী সুভাষ বসু

মোহন সিঙে ডিচেম্বৰৰ ১৫ তাৰিখে মেজৰ ফুজিৱাৰাৰ লগত সাক্ষাৎ কৰে আৰু ডিচেম্বৰৰ ১৮ তাৰিখে সেই অঞ্চলৰ জাপানী সেনাধ্যক্ষ জেনেৰেল য়ামাছিতাক লগ ধৰে। ডিচেম্বৰৰ ৩১ তাৰিখে জেনেৰেল য়ামাছিতাৰ হুকুম অনুযায়ী জাপানীসকলে ৰখা সকলো ভাৰতীয় যুদ্ধবন্দীক মোহন সিঙৰ হাতত গতাই দিয়ে আৰু মোহন সিঙক সেনাধ্যক্ষ হিচাপে লৈ আজাদ হিন্দ ফৌজ গঠন কৰে। কিন্তু জাপানীসকলৰ সকলো দাবী আৰু প্ৰতিবন্ধকতা নমনা কাৰণে মোহন সিঙক জাপানীসকলে ১৯৪২ চনৰ ২৯ ডিচেম্বৰত গ্ৰেপ্তাৰ কৰি সুমাত্ৰাত বন্দী কৰি থয়। তাৰ পৰা তেঁওক বৃটিছসকলে মুক্ত কৰি বিচাৰৰ বাবে দিল্লীৰ লালকিল্লালৈ পঠিয়ায়। তাত তেঁওক বৃটিছসকলে মুক্ত কৰি দিয়াত, গান্ধীজী, জৱাহৰলাল নেহৰু, পেটেল প্ৰমুখ্যে নেতাই সম্বৰ্ধনা জনায়। ১৯৪৩ চনৰ ১৬ মে'ত নেতাজী টকিঅ' পায়গৈ আৰু জাপানী বিষয়াসকলক লগ ধৰেগৈ আৰু জুলাইৰ ৫ তাৰিখে আজাদ হিন্দ ফৌজৰ নেতৃত্ব গ্ৰহণ কৰে। সেই বছৰতেই তেঁওৰ সৈন্য আহি অসমৰ সীমাতে বৃটিছৰ লগত যুদ্ধ কৰে।

গান্ধীজীৰ অহিংসা মন্ত্ৰৰ বলিষ্ঠ আন্দোলন, দুৰ্জেয় শত্ৰুক জিনিবলৈ মোহন সিং আৰু নেতাজীৰ দুঃসাহসিক প্ৰচেষ্টা, বৃটিছ সাম্ৰাজ্য সদায় সুদৃঢ় কৰি ৰাখিবলৈ চাৰ্চিলৰ দৃঢ়তা আৰু ছেগ বুজি শৰ মৰা জিন্নাৰ কাৰ্য্যকলাপে ১৯২৫ চনৰ পৰা ১৯৪৬ চন পৰ্য্যন্ত বিয়পি থকা ভূপেন হাজৰিকাৰ জীৱনৰ প্ৰথম কুৰিটা বছৰ এক অগ্নি যুগত পৰিণত কৰে। সেয়েহে যুৱক হিচাপে তেঁও নিজকে অগ্নি যুগৰ এক জ্বলন্ত ফিৰিঙতি ৰূপেহে দেখে। বৃটিছ শোষণকাৰীৰ অত্যাচাৰ আদি কুমলীয়া বয়সতে তেঁও দেখিবলৈ পায়। পৰাধীন দেশৰ নাগৰিকসকলে ভুগিব লগীয়া হোৱা শাৰীৰিক আৰু মানসিক নিৰ্য্যাতনবিলাকৰ প্ৰতিও তেঁও তেতিয়াই সচেতন হয়। যি অগ্নিযুগত বংগদেশৰ বিদ্ৰোহী সুৰকাৰ গীতিকাৰ নজৰুলৰ 'অগ্নিবীণা'ৰ ঝংকাৰ উঠিছিল আৰু জ্যোতিপ্ৰসাদৰ 'লুইত পাৰৰ অগ্নিসুৰ' নিজৰি পৰিছিল, সেই অগ্নিযুগতে স্বদেশ অনুৰাগৰ অগনিৰে ভূপেন হাজৰিকাই ষোল্ল বছৰ বয়সতে ৰচনা কৰে তেঁওৰ তৃতীয় গীত, 'অগ্নি যুগৰ ফিৰিঙতি মই'।

ভূপেন হাজৰিকাৰ শৈশৱ, যৌৱন আৰু ছাত্ৰ জীৱনৰ প্ৰায় গোটেই কালছোৱা উপৰোক্ত অগ্নি যুগতে সীমিত। স্কুলীয়া ছাত্ৰ হিচাপে তেঁও দুবছৰমান ধুবুৰীত, দুবছৰমান গুৱাহাটীত আৰু শেষত চাৰি বছৰমান তেজপুৰত পঢ়েগৈ। তেজপুৰৰ পৰাই তেঁও ১৯৪০ চনত মেট্ৰিক পাছ কৰে। তাৰ পাচত তেঁও গুৱাহাটীৰ কটন কলেজৰ পৰা আই-এ পাছ কৰি ১৯৪৬ চনত কাশী হিন্দু বিশ্ববিদ্যালয়ৰ পৰা এম-এ পাছ কৰে। এই যুগৰ যিসকল ব্যক্তিয়ে তেঁওৰ কবি প্ৰাণত বিশেষ প্ৰভাৱ পেলাইছিল সেইসকলৰ বিষয়ে ইয়াত দুআষাৰ উল্লেখ কৰা যুগুত হ'ব।

ধুবুৰীত থকা দিন কেইটাত তেঁও বঙালী ভাষাত ব্যুৎপত্তি লাভ কৰিবলৈ সমৰ্থ হয়।

গুৱাহাটীত থাকোঁতে তেঁও দেশ ভক্ত তৰুণৰাম ফুকনৰ নিচিনা লোকৰ ব্যক্তিত্বৰ মহত্ব দেখিবলৈ পাইছিল। তেজপুৰত তেঁও সমাজৰ অনাচাৰ, অনিয়ম, অন্ধবিশ্বাস আদিক ব্যংগ ভাবে উপহাস কৰাত সিদ্ধহস্ত সাহিত্যিক দণ্ডিনাথ কলিতাৰ পৰা অসমীয়া ভাষা শিকিবলৈ আৰু অসমীয়া সমাজক সমালোচনাৰ চকুৰে চাবলৈ সুবিধা পাইছিল। তাৰ পিচত কাশী হিন্দু বিশ্ববিদ্যালয়ত তেঁওৰ ডঃ ৰাধাকৃষ্ণণৰ পৰা গীতাৰ ব্যাখ্যা শুনাৰ সৌভাগ্য ঘটিল। এই শতিকাত ডঃ ৰাধাকৃষ্ণণৰ দৰে এজন সংস্কৃত পণ্ডিত, অসাধাৰণ প্ৰতিভাৰ বক্তা আৰু হিন্দু ধৰ্মৰ বিশেষ জ্ঞান থকা লোকৰ পৰা যিসকলে গীতাৰ ব্যাখ্যা নিজে শুনিবলৈ পাইছে তেঁওলোকে যে আনক সেই সোৱাদৰ আভাস দিব পাৰিব সি সন্দেহজনক। তেজপুৰত হাজৰিকাই সংগীত চৰ্চা কৰিবলৈ আৰু তেঁওৰ জীৱনত বিশেষ প্ৰভাৱ পেলোৱা দুজন অসাধাৰণ ব্যক্তিৰ ওচৰ সম্বন্ধলৈ আহিবৰ সুযোগ পায়। তেঁওলোক হৈছে অসমৰ শিল্পী জগতৰ চিৰ জ্যোতিষ্মান তাৰকা জ্যোতিপ্ৰসাদ আগৰৱালা আৰু শিল্পী বিষ্ণুপ্ৰসাদ ৰাভা।

বিপ্লৱী, সুন্দৰ দেহী আৰু কৰ্মপটু বিষ্ণুপ্ৰসাদ ৰাভাৰ পৰা হাজৰিকাই নিষ্পেষিত, পীড়িত, অনুন্নত লোকসকলক সহানুভূতিৰে চাবলৈ শিকে। হাজাৰ হাজাৰ বছৰ ধৰি জীৱনৰ সাধাৰণ অধিকাৰৰ পৰা বঞ্চিত হৈ অহা লোকৰ কাৰণে কৰা বিষ্ণুপ্ৰসাদ ৰাভাৰ সশস্ত্ৰ সংগ্ৰামে হাজৰিকাক মানৱতা আৰু মানৱাধিকাৰৰ প্ৰতি সজাগ কৰিলে। ৰাভাৰ চিৰ প্ৰফুল্ল ব্যক্তিত্ব আৰু নাটকীয় জীৱনৰ মুহুৰ্তবোৰে ভূপেন হাজৰিকাৰ মনত বিশেষ প্ৰভাৱ পেলালে। নাৱত 'মোৰে জীৱনৰে সখা কৃষ্ণ' গাই গাই বিষ্ণু ৰাভাই লগৰীয়া ছোৱালীহঁতক মুগ্ধ কৰা বা পুলিচৰ পৰা হাত সাৰিবলৈ পাগুৰিত বন্দুক বান্ধি লৈ নিশা প্ৰবল সোঁতা পাগলাদিয়া নদী সাঁতুৰি পাৰ হওঁতে তেঁওৰ লগত সাঁতুৰি পাৰ হোৱা কনকলতাৰ লগত ৰাভা প্ৰেম পাশত আবদ্ধ হোৱা আদি কাহিনী ডঃ হাজৰিকাৰ মুখত প্ৰায়ে শুনিবলৈ পাইছিলোঁ।

'হাতীও ধৰিলো, তাইকো মুহিলো সাঁতুৰি গদাধৰ নৈ' বুলি হাজৰিকাই গোৱা গীতত আমি পাগলাদিয়া নৈত সাঁতুৰি কনকলতাক জয় কৰা বিষ্ণু ৰাভাকহে দেখিবলৈ পাওঁ। এইখিনিতে উল্লেখযোগ্য যে বিষ্ণু ৰাভাই কেৱল স্বাধীনতাৰ কাৰণেই যুঁজা নাছিল, তেঁও এখন সাম্যবাদী সমাজ গঢ়িবলৈকো যুজিছিল। ডক্টৰ হাজৰিকাইও ভাৰতীয় জনসাধাৰণৰ দুখ কষ্টৰ ওৰ পেলাবলৈ এখন সাম্যবাদী সমাজৰ প্ৰয়োজনীয়তা সদায় উপলব্ধি কৰি আহিছে। তেঁওৰ বহু গীতত সাম্যবাদী সমাজ গঢ়িবলৈ জাগি উঠা আত্মাৰ বিদ্ৰোহী আৰু বিপ্লৱী সুৰ শুনিবলৈ পোৱা যায়। সেইবিলাক তেঁও বিষ্ণু ৰাভাৰ সৈতে বজোৱা একেটা বাঁহীৰ সুৰ। [এই লিখকৰ 'বিষ্ণুপ্ৰসাদৰ প্ৰসাদ' চওক]।

জ্যোতিপ্ৰসাদ আগৰৱালাৰ ক্ষেত্ৰত স্বদেশ প্ৰীতি, স্বাধীনতা আৰু এখন ন্যায় সমাজৰ অণ্বেষণ এক প্ৰবল অন্তঃস্ৰোতা ৰূপে বিদ্যমান যদিও ৰাভাৰ দৰে তেঁও তীব্ৰ আন্দোলনত অৱতীৰ্ণ হোৱা নাছিল। তেঁও সৌন্দৰ্য্য সৃষ্টিৰ দ্বাৰা অসমীয়া মানুহক আৰু অসমীয়া সমজাক চিৰসুন্দৰৰ আৰাধনাৰ প্ৰতি সচেতন কৰিবলৈ চেষ্টা কৰিছিল। যিদৰে বিষ্ণু ৰাভাই স্বাধীনতাৰ কাৰণে স্বদেশ প্ৰেমৰ কাৰণে আৰু এখন ন্যায় সমাজৰ কাৰণে হাতত বন্দুক লৈছিল সেইদৰে সেই একে উদ্দেশ্যেৰেই জ্যোতিপ্ৰসাদে অস্ত্ৰ হিচাপে লৈছিল অগ্নিবীণাৰ সুৰ। জ্যোতিপ্ৰসাদৰ গীত, কবিতা আৰু অন্যান্য সৃষ্টিত বিশেষ ভাবে প্ৰকাশ পাইছিল স্বদেশ প্ৰেম, অসম আৰু অসমীয়াৰ প্ৰতি আন্তৰিক প্ৰীতি, নতুন সমাজ গঢ়াৰ সংকল্প আৰু সুন্দৰৰ আৰাধনা। জ্যোতিপ্ৰসাদৰ বৈচিত্ৰ্যময় সৌন্দৰ্য্য সৃষ্টিয়ে যে

ডক্টৰ হাজৰিকাক বিশেষ অনুপ্ৰাণিত কৰিছিল তাত সন্দেহ নাই। ভূপেন হাজৰিকাই সৰুৰে পৰা জ্যোতিপ্ৰসাদে ৰচা গীত গাই আহিছে আৰু নিজেও সেই একে ভাবপূৰ্ণ গীত সৃষ্টি কৰিছে।

মুঠৰ ওপৰত ডক্টৰ হাজৰিকাৰ জীৱনত ৰম্যৰসী বিষ্ণু ৰাভাৰ সবল সংগ্ৰামী দৃষ্টিভংগী আৰু ৰূপকোঁৱৰ জ্যোতিপ্ৰসাদৰ সৌন্দৰ্য্য সৃষ্টিৰ আকুলতা—এই দুয়োটাৰে প্ৰভাৱ দেখিবলৈ পোৱা যায়। এনেহে লাগে যেন ভূপেন হাজৰিকাই ৰাভাৰ মাটিৰ মানুহৰ ধূলি-মাকতিবোৰ আৰু জ্যোতিপ্ৰসাদৰ ৰঙীণ ৰামধনুখনৰ মাজত থিয় হৈ তেঁওলোক দুজনে সমাপ্ত কৰিব নোৱাৰা গীতবিলাককে গাবলৈ আবিৰ্ভাৱ হ'ল। তেঁও জ্যোতিপ্ৰসাদৰ ছিগি যোৱা বীণখনিত তাঁৰ সংযোগ কৰিলে আৰু ৰাভাৰ নুমাই যোৱা বন্তি গছিত নতুন শলিতা লগালে। সেই বীণৰ সুৰ আৰু সেই বন্তিৰ পোহৰে অসমীয়া সমাজলৈ আনি দিলে এক নতুন প্ৰাণ, এক নতুন উদ্দীপনা, যি সকলো অসমীয়াৰে জীৱন ভৰপুৰ কৰিছে। শ্ৰীহিৰণ্যচন্দ্ৰ ভটাচাৰ্য্যই ক'বৰ দৰে:

> "শংকৰ মাধৱৰ বোৱতী সুঁতিখন থমকি ৰৈ গ'ল। আঘাতৰ পিচত আঘাত পাই। যুগে যুগে একোজনৰ আবিৰ্ভাৱ হয়। জ্যোতিপ্ৰসাদৰ আবিৰ্ভাৱ হ'ল। থমকি ৰোৱা বোৱতী সুঁতি মোকলাই দিলে এক বিৰাট প্ৰতিশ্ৰুতিৰে। সেই প্ৰতিশ্ৰুতি পূৰ্ণ কৰাৰ আগতেই কালৰ বুকুত বিলীন হ'ল জ্যোতিপ্ৰসাদ। ৰৈ গ'ল জ্যোতি। ভূপেন অসম মাতৃৰ ইমান অকৰা সন্তান নহয় যে সেই জ্যোতি হেৰাই যাবটো নিদিলেই লগতে পাহৰি নগ'ল যে জ্যোতিপ্ৰসাদে ভূপেনকে 'অগ্নি যুগৰ ফিৰিঙতি' ৰূপে অসম মাতৃৰ বুকুত সজাই পৰাই এৰি দিছিল। অসমক জগাবলৈ, পুৰিবলৈ নহয়। উদ্ভাসিত কৰিবলৈ। তাৰ পিচত জোৱাৰ আহিল। আবিৰ্ভাৱ হ'ল বিষ্ণু ৰাভা আৰু ফণী শৰ্মাৰ। অসমৰ সাংস্কৃতিক জগতত বিপ্লৱ আহিল। সেই 'বিপ্লৱৰ সন্তান' ভূপেন হাজৰিকা।"*[ভূপেন্দ্ৰ চৰিত, নতুন বাতৰি, উত্তৰ লক্ষীমপুৰ, ১৫ আগষ্ট ১৯৭৬ চন]*

উচ্ছল জীৱনৰ জোৱাৰ

ভূপেন হাজৰিকাই 'অগ্নি যুগৰ ফিৰিঙতি মই', 'কঁপি উঠে কিয় তাজমহল', 'স্নেহেই আমাৰ শত শ্ৰাৱণত', 'সুৰ নগৰীৰ সুৰ বলিয়া মই' আদি গীতেৰে কেৱল যে সকলোৰে অন্তৰ জয় কৰিলে এনে নহয়, সেই গীতবিলাকৰ গীতিব্যঞ্জক ৰস, ভাৱপূৰ্ণ মধুৰ ভাষা, আশাপূৰ্ণ দৃষ্টিভংগী আৰু কোমল সুৰে অসমীয়া সমাজত যে এজন অতি পাৰদশী গায়ক গীতিকাৰ উদ্ভৱ হ'ল তাৰ সংকেত দিলে। এই গীতিবিলাকত প্ৰকাশ পোৱা উচ্ছল জীৱনৰ জোৱাৰে এইটোও স্পষ্ট কৰিলে যে জ্যোতিপ্ৰসাদৰ স্বদেশ প্ৰেম, ৰাভাৰ মানৱ প্ৰেমৰ উপৰিও ভূপেন হাজৰিকাই নিজৰ গীতৰ কাৰণে বাছি ল'লে জীৱন প্ৰেম। এই সুন্দৰ পৃথিৱীত মানুহৰ মৰম চেনেহ আৰু নৱ নৱ ধ্যানৰ এক প্ৰশস্ত আনন্দৰ মাজত জীয়াই থকাৰ হেঁপাহ। এনে আনন্দ, কোমলতা আৰু আশাবাদী দৃষ্টিভংগী ভূপেন হাজৰিকাৰ গীতৰ বৈশিষ্ট্য। সেই সময়ৰ বা তাৰ কিছু আগৰ অসমীয়া ৰম্যৰসী কবি বা গীতিকাৰসকলৰ গীত, কৱিতাত ব্যৰ্থতা বা বিৰহৰহে প্ৰাধান্য বেছি দেখা যায়:

> 'ছিঙি দিয়া চেনেহৰ মায়াজৰী গছ
> নুশুনিবা সপোনৰ বাণী;
> হৃদয়ৰ হমুনিয়াহ শূন্যে মাৰ য'ক
> চিতা জুই নুম'ক আপুনি।'

[যতীন্দ্ৰনাথ দুৱৰা]

'নাজানিলো আইটি ঐ
মৰমে দহিব বুলি
চেনেহৰ হুলে শালি বুকু ভেদি যায়
ভাল পাওঁ বুলি কৈ
তেজ যদি পিব পাৰে
এনেকুৱা ভালপোৱা কেইজনে পায়?'

[গণেশ গগৈ]

মোৰ জীৱনৰ ফুল
নুফুলি নুফুলি
ফুলিব পাৰে
ভাঙি দি হঠাৎ মোৰ
নজনা নুশুনা ভুল
কাঁইটেৰে বেৰা
মোৰ এই
জীৱনৰ ফুল'

[ৰত্নকান্ত বৰকাকতী]

'এতিয়াও কেতিয়াবা সেই ঘাটলৈকে গৈ
যমুনাৰ পানী চাওঁ শ্যামল পাৰত বৈ
বহোঁ সেই বননিতে
ফুৰোঁ সেই বাটে বাটে
শুদা লাগে মন, নাই আগৰ অমিয়া
সেই।'

[চন্দ্ৰধৰ বৰুৱা]

'কলিজাত যি কুৱা জ্বলে ঐ জিয়া জুই
জিলিকে তাতো ঐ কেঁচাসোণ,
হ'বনে এনেদিন বাজিব ভগা বীণ,
হিয়াত মোৰ জ্বলিব পূৰ্ণিমাৰ জোন?'

[কমলানন্দ ভট্টাচাৰ্য]

'প্ৰাণ প্ৰিয়া আজি মোৰ বিজন কুঞ্জত
তুলিবানে লয়লাসে হাঁহিৰ তৰংগ?
ব্যথাৰে উপচি পৰা আকুল প্ৰাণত
দিয়া প্ৰেম মকৰন্দ অমৃত পৰশ'

[ৰঘুনাথ চৌধাৰী]

গুণমুগ্ধকাৰীৰ মাজত ভূপেন হাজৰিকা

[ফটো: কুল ৰহমানৰ সৌজন্যত]

'সকলোকে তুমিয়ে যাচিবা
এটি মোৰ শেষ নিবেদন
এটি মোৰ সাঁচি থোৱা কথা,
গান মোৰ হ'ল আধা গোৱা
কথা মোৰ হ'ল আধা কোৱা
এয়ে মোৰ জীৱনৰ ব্যথা।'

[লক্ষ্মীনাথ ফুকন]

"লাগ বুলি পালে যেন
একোতে নাথাকে ৰাপ
সেয়ে। যদি পাই প্ৰণয়তো;
টোকা নাই চকু পানী
এদিনো বেজাৰ পাই
তাৰ তৃপ্তি নাই মৰমতো'

[দুৰ্গেশ্বৰ শৰ্মা]

এনেদৰে নোপোৱাৰ বেদনা, বিৰহ আৰু স্পৰ্শ কৰিব নোৱৰা ৰূপলৈ হাকুটি মাৰি ছাটিফুটি কৰা অসমীয়া ৰম্যৰসী কবিসকলৰ পৰা হাজৰিকা পোন্ধৰ-ষোল বছৰ বয়সতে পৃথক হৈ ওলাল এক নতুন ৰম্যৰসী দৃষ্টিভংগীৰে। ব্যৰ্থতাৰ সলনি, বিৰহৰ সলনি, তেঁওৰ ৰম্যৰসী গীতত ফুটি ওলাল এক নতুন উদ্দীপনা, এক বিজয়ীৰ মনোভাৱ আৰু জীয়াই থকাৰ এক বিশেষ আনন্দ। ভূপেন হাজৰিকাৰ গীতত যৌৱনৰ আনন্দ, জীয়াই থকাৰ আনন্দ আৰু আশাবাদী দৃষ্টিভংগী প্ৰতিফলিত হোৱাৰ কেইটামান কাৰণ উল্লেখ কৰা যুগুত হ'ব।

প্ৰথমেই, ন গৰাকী ভাইভনী আৰু অতি মৰমিয়াল মাক-দেউতাকেৰে তেঁওলোকৰ ঘৰখন আছিল খুব আনন্দমুখৰ। তেঁওলোক আটাইৰে মাজত খুব মিলাপ্ৰীতি ও ভাল বুজাপৰা আছিল।

দ্বিতীয়তে, তেঁও পঢ়াশুনাতও ভাল আছিল কাৰণে তেঁওক সকলোৰে ভাল ল'ৰা বুলিছিল (অসমীয়া সমাজত ভাল মানেই পঢ়াশুনাত ভাল; দুষ্ট মানে পঢ়াশুনাত ভাল কিন্তু শান্ত নহয়; বদমাচ মানে পঢ়াশুনাত বেয়া আৰু স্বভাৱও বেয়া; অসভ্য মানে অৱশ্যে অসভ্যই)।

তৃতীয়তে, ভূপেন হাজৰিকা সেই সময়ৰ 'অসমৰ আটাইতকৈ ধুনীয়া ছোৱালী' বুলি ভবা এগৰাকীৰ প্ৰতি আকৃষ্ট হৈছিল। অৱশ্যে সেই সময়ৰ সৌন্দৰ্য্য প্ৰয়াসী ডেকা আৰু পাচত বষ্টন নিবাসী প্ৰফুল্ল খাউন্ডৰ মতে হাজৰিকাৰ ভনীয়েক কুইনহে 'অসমৰ আটাইতকৈ ধুনীয়া ছোৱালী' আছিল। এই বিষয়ে হাজৰিকা আৰু খাউন্ডৰ মাজত বষ্টনত ১৯৭৯ চনত খাউন্ডৰ ঘৰত তৰ্কাতৰ্কি হৈছিল। যাহওঁক, হালি জালি অহা পখিলাটিৰ দৰে ভূপেন হাজৰিকাই 'প্ৰেমৰ ফুলৰাণী' বিচাৰি প্ৰেয়সীৰ কাষ চাপিছিল আৰু যৌৱন-ৰঙা দীপ্তিৰ সেই 'ফুলৰাণী' গৰাকীয়েও হাজৰিকাক প্ৰেমেৰে বন্দনা কৰিছিল। সমাজৰ ভাল ল'ৰা বুলি খ্যাত, প্ৰেমত বিজয়ী, আদৰ্শবাদী আৰু কুৰিৰ ডেওনা পাৰ নৌহওঁতেই কৃতকাৰ্য্যতা লাভ কৰা এনে এজন শিল্পীৰ সৃষ্টিত ব্যৰ্থতাৰ চিন নথকাটো স্বাভাৱিক।

গভীৰ আস্থাৰ পুৰুষ
ফটো: ভাৰ্জিনিয়াৰ সত্যেন আৰু নমিতা দাস

এইটোও সচা যে ১৯৪৬ চনৰ আগতেই ডঃ হাজৰিকাৰ কবিপ্ৰাণ আৰু ব্যক্তিত্বই বিশেষ গঢ় লয়। ১৯৬৯ চনৰ এক অসুস্থ ৰাতিপুৱা ৰচা তলৰ কথা কেইফাঁকিত তেঁও অজানিত ভাবে জীৱনৰ আদি ভাগতে অনুকৰণ কৰা দেখা যায়। তেঁওৰ 'অগ্নি যুগৰ ফিৰিঙতি' উজ্জ্বল ভৱিষ্যতৰ গান, 'কঁপি উঠে কিয় তাজমহল'ত আছে অতীত গৌৰৱ আৰু 'স্নেহেই আমাৰ শত শ্ৰাৱণত' আছে বৰ্তমানৰ সুপ্ৰভাত:

মোৰ গান হওক
 বহু আস্থাহীনতাৰ বিপৰীতে
 এক গভীৰ আস্থাৰ গান
মোৰ সুৰ বিন্যাসত মূৰ্ত হওক
 অতীত বৰ্তমান
চিৰ উজ্জ্বল ভৱিষ্যতে যেন
 তাতেই কৰে নিতে স্নান।

অগ্নিযুগৰ ফিৰিঙতি

এক কথাত ক'বলৈ গ'লে অসমৰ গীত জগতত ভূপেন হাজৰিকাই অগ্নিযুগৰ এটি ফিৰিঙতি ৰূপেই আত্মপ্ৰকাশ কৰে। ১৯৩৯ চনত জ্যোতিপ্ৰসাদৰ ইন্দ্ৰমালতী কথাছবিত বিশ্ববিজয়ী ন জোৱানৰ অভিনয় কৰি গোৱা 'বিশ্ববিজয়ী ন জোৱান' গীতটি পৰিৱেশন কৰি তেঁও সচাকৈয়ে এক জ্বলন্ত ফিৰিঙতিলৈ ৰূপান্তৰিত হয়। সেই সময়তে অৰ্থাৎ ১৯৩৯ চনতে তেঁও ৰচনা কৰে যুৱ কালৰ প্ৰথম গীত 'অগ্নিযুগৰ ফিৰিঙতি মই' [এই গীতটোৰ সম্পূৰ্ণ কথাৰ কাৰণে কথাছবিৰ গীতৰ অধ্যায় চাওক]। অৱশ্যে, সেই গীতটোৰ বহুল প্ৰচাৰ কেই বছৰমান পিচতহে আৰম্ভ হয়। ১৯৪৮ চনত মুক্তিলাভ কৰা 'ছিৰাজ' ছবিত প্ৰয়োগ কৰাৰ লগে লগে সেই ফিৰিঙতিয়ে ঘৰে ঘৰে অসমীয়াৰ অন্তৰ স্পৰ্শ কৰে।

অগ্নিযুগৰ ফিৰিঙতি

অগ্নিযুগৰ ফিৰিঙতি মই
নতুন অসম গঢ়িম
সৰ্বহাৰাৰ সৰ্বস্ব পুনৰ ফিৰাই আনিম
নতুন অসম গঢ়িম।
নৰকংকালৰ অস্ত্ৰ সাজি
শোষণকাৰীক বধিম
সৰ্বহাৰাৰ সৰ্বস্ব পুনৰ ফিৰাই আনিম।
ধৰ্ম ব্যৱসায়ীৰ ঠাই নাই তাত,
জাতিৰ অহংকাৰ লয় পাব তাত
অস্পৃশ্যতাৰ মহাদানৱক
আপোন হাতেৰে নাশিম
নতুন অসম গঢ়িম।
হৰিজন, পাহাৰী, হিন্দু, মুছলিমৰ
বড়ো, কোচ, চুটিয়া, কছাৰী, আহোমৰ
অন্তৰ ভেদি মৌ বোৱাম
ভেদাভেদৰ প্ৰাচীৰ ভাঙি
সাম্যৰ সৰগ ৰচিম।

ইয়াত সেই ফিৰিঙতিৰ গীতত প্ৰকাশ পোৱা কেইটীমান বৈশিষ্ট্য আৰু গীতিকাৰ গৰাকীৰ পাচৰ জীৱনত সেইবিলাকে কেনেদৰে তেখেতৰ আন আন গীতত প্ৰকাশ পালে তাক অলপ আলোচনা কৰিবলৈ বিচাৰিছোঁ। লগতে সেই ফিৰিঙতিয়ে কি ৰূপত কেনেদৰে জ্বলিলে বা পূৰ্ণতা লাভ কৰিলে তাৰ ওপৰতও কিছু দৃষ্টিপাত কৰিবলৈ লৈছোঁ।

দ্বিতীয় মহাযুদ্ধৰ প্ৰলয়ংকাৰী ধ্বংসলীলা আৰু সেই সময়ত পৰাধীন ভাৰতীয়ৰ ওপৰত বৃটিছ চৰ্কাৰে চলোৱা অমানুষিক অত্যাচাৰে গীতিকাৰ গৰাকীক স্পৰ্শ কৰিছিল যদিও তেঁওৰ চকুত সেইবিলাক আছিল জাতিৰ অহংকাৰৰ বিষম পৰিণতি মাথোন। হিটলাৰৰ 'জাতি দম্ভ', বৃটিছৰ 'সিংহ দম্ভ' আদিৰ বিপৰীতেহে তেঁও গুজৰি উঠিছিল। তেঁও গুজৰি উঠিছিল সেই জাতিৰ অহংকাৰেৰে

চলোৱা শোষণ নীতিত সৰ্বহাৰা হোৱা সকলৰ সৰ্বস্ব পুনৰ ফিৰাই অনাৰ দৃঢ় মনেৰে। সেইদৰে ভাৰতীয় সমাজত নিজকে উচ্চ বুলি ভবাসকলৰ অহংকাৰত সৃষ্টি হোৱা অস্পৃশ্যতা আৰু সেই অস্পৃশ্যতাৰ কাৰণে চলি থকা ধৰ্ম ব্যৱসায়ক তেঁও এক মহাদানৰ ৰূপে দেখিবলৈ পাইছিল। সেই মহাদানৰক আপোন হাতেৰে নাশিবলৈকো সেই ফিৰিঙতি জ্বলি উঠিল।

অগ্নিযুগৰ ফিৰিঙতিৰ সপোন হৈছে 'নতুন অসম' গঢ়াৰ। সেই নতুন অসম গঢ়াৰ পথও ভূপেন হাজৰিকাই সেই যুগতেই বান্ধি লৈছিল। সেই পথ আছিল সোণৰ অসমত ভেদাভেদৰ প্ৰাচীৰ ভাঙি হৰিজন, পাহাৰী, হিন্দু, মুছলিম, বড়ো, কোচ, চুটিয়া, কছাৰী, আহোম আদি সদৌ অসম বাসীৰ অন্তৰ ভেদি মৌ বোওৱাৰ পথ। এইটো ভূপেন হাজৰিকা গীতিকাৰ জীৱনৰ মূল মন্ত্ৰ ৰূপে সদায় বিৰাজ কৰিছে। সচাকৈয়ে তেওঁ গোটেই জীৱন অসমীয়াৰ জীৱনলৈ যি মৌৰ সোঁত বোৱালে তাক অসমীয়াই বহু দিন আৰু বহু যুগলৈ পান কৰি থাকিব পাৰিব। সেই মৌ সচাকৈয়ে ভেদাভেদৰ প্ৰাচীৰ ভাঙি আটাইৰে অন্তৰত জগাব পৰা মৰম আৰু মানৱতাৰ মৌ।

প্ৰথম অৱস্থাত তেওঁ গীতেৰে জাতিভেদক আক্ৰমণ কৰাৰ উপৰিও ভূপেন হাজৰিকাই আমাৰ সমাজত বিৰাজ কৰা আন আন ভেদাভেদে সৃষ্টি কৰা অন্যায়, অবিচাৰ আৰু সেইবিলাকৰ নীতিগত সংশোধনৰ উল্লেখ দেখিবলৈ পাওঁ। দোলাভাৰীৰ গীতত দোলাভাৰীৰ আৰু দোলা আৰোহীৰ মাজৰ পাৰ্থক্যখিনি, পানেইৰ গীতত দুখীয়াৰ অনাহাৰ অনিদ্ৰা তথা মৃত্যুৰ বিভীষিকা অতিশয় স্পৰ্শকাতৰ। সেইদৰে শীতৰ সেমেকা ৰাতিত বস্ত্ৰবিহীন নাগৰিক, খাদ্যবিহীন দীন মজদুৰ, সাম্প্ৰদায়িক সংঘৰ্ষত সংখ্যালঘূ সম্প্ৰদায়ৰ ভয়াৰ্ত মনটিৰ বৰ্ণনাত সেই অগ্নিযুগৰ উমি উমি জ্বলি থকা ফিৰিঙতি যেন হঠাতে ভমকি উঠি প্ৰচণ্ড এটি প্ৰতাপ হ'ল। সেই প্ৰচণ্ড প্ৰতাপৰ ৰক্তিম উত্তাপে যদিও সাম্যৰ সৰগ ৰচিবলৈ প্ৰয়াস কৰিলে তথাপি গীতিকাৰ গৰাকীয়ে আদি অৱস্থাত সাম্যবাদৰ প্ৰতি ঢাল খোৱা নাছিল।

তাৰ পাচত মহাযুদ্ধৰ অৱসান হৈ জাৰ্মান নাজিসকলৰ জাতিৰ অহংকাৰ ধূলিসাৎ হ'ল আৰু ভাৰত স্বাধীন হৈ বৃটিছ সিংহৰ দন্তৰো অৱসান ঘটালে। সেই দুটা বা তেনে ধৰণৰ ঐতিহাসিক ঘটনাৰ প্ৰতি গীতিকাৰ হাজৰিকাৰ ভ্ৰূক্ষেপ নাই। সেইয়া যেন ইতিহাসৰ পাততে লুকাই পৰা সাময়িক ঘটনা মাথোন। তেওঁৰ প্ৰাণে বিচাৰিলে সেই সময়ৰ সমাজৰ ৰুদ্ধ কাৰাৰ দুৱাৰ ভাঙি এনে এক পৰিৱেশ সৃষ্টি কৰাৰ য'ত বায়ু মুক্ত, য'ত সামূহিক জীৱনৰ উৎস আছে আৰু য'ত অজ্ঞান আন্ধাৰৰ সলনি নিতৌ জ্যোতিয়ে নাচে। আৰম্ভ হ'ল এক জ্যোতিৰ অন্বেষণ আৰু কণ্ঠৰ অঞ্জলি ঢলাৰ এক আকুলতা।

সেই আকুল অন্বেষণৰ সময়তে তেওঁ শুনিবলৈ পালে তেওঁৰ গাঁৱৰ সীমাৰ সিপাৰৰ পৰা অহা প্ৰতিধ্বনি। সেই প্ৰতিধ্বনি আছিল চীন দেশত ১৯৫০ চন মানৰ পৰা আৰম্ভ হোৱা সাম্যবাদী সমাজ আৰু চৰ্কাৰৰ নতুন চিঞৰৰ প্ৰতিধ্বনি। সাম্যবাদৰ সফলতাত হেজাৰ যুগৰ ভেদাভেদৰ কুঁৱলীবিলাক ভয়ত উৰা মাৰিলে আৰু মানৱ সমাজ নতুন আশাৰে জাগি উঠিল। ফায়াৰ মেন, ছিগনেল মেন, ড্ৰাইভাৰ, লাইনমেন, বনুৱা, কেৰাণী আটাইকে সাম্যৰ ধুমুহাই থেলিবলৈ ধৰিলে— অগ্নিযুগৰ ফিৰিঙতি দুগুণে জ্বলিল। ভূপেন হাজৰিকাৰ গীতত সাম্যবাদক আঁকোৱালি লোৱাৰ আনন্দ আৰু এখন নতুন সমাজ গঢ়াৰ দৃঢ়তা সবল ভাবে প্ৰকাশ পালে। শিল ভাঙোতাই যেন ইতিহাস আৰু সাম্যৰ সৰগ ৰচিবলৈ নতুন উদ্যম পালে।

সাম্যবাদৰ প্ৰতি ভূপেন হাজৰিকাৰ অন্তৰৰ অগণিত সাম্যবাদী চীনে ভাৰতৰ সীমান্ত আক্ৰমণত কৰা দৌৰাত্ম্যই শান্তিপানী ছটিয়ালে। সাম্যবাদী সমাজৰ জাতিৰ অহংকাৰেৰে আৰু স্বেচ্ছাচাৰী শাসনেৰে কলুষিতসকল ৰক্ত লোলুপ আৰু পৰ ৰাজ্য লোলুপ হৈ পৰা দেখি আমাৰ গীতিকাৰ স্তম্ভিত হ'ল। সাম্যবাদে সাম্যৰ সৰগ অনাৰ কোনো প্ৰতিশ্ৰুতি নাই যেন বিশ্বাস হোৱাত তেওঁৰ বক্ষ তীখা হৈ গ'ল। অগ্নিযুগৰ ফিৰিঙতি কিন্তু নুমাই নগ'ল—সি দুগুণ উদ্যমেৰে তপ্ত তীখাৰ অগ্নি শক্তিৰ দৰে ৰক্ত বৰ্ণে জ্বলিবলৈ আৰম্ভ কৰিলে।

এইবাৰ ফিৰিঙতিয়ে জনতা তন্ত্ৰৰ অস্ত্ৰ সাজি ল'লে। দেশত থকা শোষণ জৰ্জৰ সহস্ৰ মানুহৰ আৰ্তনাদ আঁতৰাবৰ কাৰণে দেশৰ গণতান্ত্ৰিক পদ্ধতিৰেই চেষ্টা চলোৱা উচিত বুলি তেওঁ হয়তো বিবেচনা কৰিলে। এই কাল ছোৱাত ভূপেন হাজৰিকাই নিৰ্বাচনীত প্ৰতিদ্বন্দ্বিতা কৰি দেশৰ ৰাজনৈতিক প্ৰক্ৰিয়াত সক্ৰিয় অংশ গ্ৰহণ কৰিলে। তেওঁৰ ৰাজনৈতিক অভিজ্ঞতা কিন্তু বৰ সোৱাদ লগা নহ'ল। তেওঁ কেওপিনে দেখিবলৈ পালে নেগুৰ কটা শিয়ালৰ ৰাজত্ব, গৰ্দভৰ ৰাজ্যত গৰ্দভৰ নৃপতি আৰু হয়তো ৰাইজেই ৰজা বুলি তেজ শোহা জোকেই ৰাইজৰ তেজ শুহি শুহি শেষ কৰা। আৰম্ভ হয় ৰাইজক সকিয়াই দিয়াৰ নতুন প্ৰচেষ্টা।

লুইতত এটা দুটাকৈ ভোটোঙাই ওলোৱা শিহুৰ দৰে সমাজৰ পথাৰত এটা দুটাকৈ দল দোপ হেন্দোল দোলোপকৈ ওলোৱা নেতাসকলৰ নিলাজ ধেমালিৰ টোপ নহ'বলৈ অগ্নিযুগৰ ফিৰিঙতিয়ে গণতান্ত্ৰিক যুগৰ জ্যোতিৰ ৰূপ ল'লে। দেশৰ নাটঘৰত ৰাইজেই যে ভাৱৰীয়া আৰু ৰাইজেই যে নিজৰ নিজৰ ভাও লৈ দায়িত্ব পালন কৰিব লাগিব তাক স্পষ্ট কৰিবলৈ সেই ফিৰিঙতিয়ে অট'ৰিক্সাও চলালে। শ্ৰমৰ মৰ্য্যদা, মানৱ অধিকাৰ, মানৱীয় মৰম, গণতান্ত্ৰিক দেশৰ নাগৰিকৰ দায়িত্ব আদি কুৰি শতিকাৰ যুগ চেতনাৰ বাণীৰে অসমীয়াৰ চৰিত্ৰ গঢ় দিবলৈ ফিৰিঙতিয়ে উদাত্ত কণ্ঠেৰে গীত গাই গ'ল। অসমীয়া ৰাইজৰ এক বুজন সংখ্যক লোকৰ ওপৰত সেইবিলাকে বিশেষ প্ৰভাৱ পেলালেও সমাজত নৈতিকতাৰ স্খলন হ'ল— দেশত হোৱা যান্ত্ৰিক যুগৰ প্ৰগতিৰ লগে লগে সমাজত বস্তুবাদী চিন্তাই অলপ অলপকৈ গা কৰি উঠিল। দেশৰ নেতা, ডা-ডাঙৰীয়া আৰু বহু লোকৰ চৰিত্ৰৰ অৱনতি ঘটিল আৰু অসমীয়া সমাজ পতনমুখী হ'ল। সেই পতনমুখী সমাজৰ অধপতন প্ৰতিৰোধ কৰিবলৈকো অগ্নিযুগৰ ফিৰিঙতি দপ দপাই জ্বলিল। তথাপি ধ্বংসমুখী সমাজৰ পতনৰ গতি ৰোধ নহ'ল। জুৰ পুৰি হাত পালেহি। ফিৰিঙতি নিৰ্বাপিত হ'বৰ উপক্ৰম হ'ল। তেঁও নিজেই যেন গৰ্দভেৰে আৱেষ্টিত হ'ল।

নৈ পৰীয়া ৰাইজৰ এইটো স্বভাৱ যে সময়ে সময়ে নৈখনে প্ৰলয়ংকাৰী বানেৰে দুকূল ওপচাই তেওঁলোকৰ অবৰ্ণনীয় ক্ষতি কৰিলেও তেওঁলোকে নৈখনৰ ওপৰত আস্থা নেহেৰুৱায়—নৈখনেই তেওঁলোকৰ জীৱন, নৈখনেই তেওঁলোকৰ আশা ভৰসাৰ থলী আৰু নৈখনক কেন্দ্ৰ কৰিয়েই গঢ় লয় তেঁওলোকৰ কৃষ্টি, সংস্কৃতি আৰু চৰিত্ৰ। সেয়েহে বিপদে আপদে নৈপৰীয়া ৰাইজে নৈখনৰে কাষ চাপে আৰু নৈখনকে নিজৰ অন্তৰৰ বেদনা বৰ্ণাই সকলো বিপদ বিঘিনিৰ বিপক্ষে যুজিবৰ কাৰণে সাহস ল'বলৈ চেষ্টা কৰে। লুইতৰ পাৰৰ ফিৰিঙতিয়ে হতাশাৰে নুমাই যোৱাৰ আগতে বুঢ়া লুইতৰ ওচৰতে উজাৰি দিলে নিজৰ মৰ্ম বেদনা আৰু কিবা উপায়েৰে কিবা শক্তিৰে তাৰ বিস্তীৰ্ণ পাৰৰ অসংখ্য জনক সবল সংগ্ৰামী কৰিবলৈ আহ্বান জনালে।

নৱম অধ্যায়

বিদ্ৰোহৰ গীত

ভূপেন হাজৰিকা, জ্যোতিপ্ৰসাদ আগৰৱালা আৰু বংগদেশৰ নজৰুল ইছলামৰ বিশেষ সাদৃশ্য এয়েই যে তেওঁলোক তিনিও বিশেষ প্ৰতিভাৰ সুগায়ক, সুৰস্ৰষ্টা আৰু গীতিকাৰ। তদুপৰি সেই অগ্নি যুগত তেওঁলোকৰ আত্মা বিশেষ ভাবে জাগি উঠিছিল স্বদেশ প্ৰেমেৰে। এই স্বদেশ প্ৰেম কেৱল দেশক স্বাধীন কৰাৰ অদম্য হেঁপাহতে সীমাবদ্ধ নাছিল। ভাৰতীয় সমাজৰ অন্যায় অবিচাৰ, দৰিদ্ৰ বা শ্ৰমিকসকলৰ নিৰ্যাতন আদিৰ বিপক্ষেও তেওঁলোকে বিদ্ৰোহ কৰিছিল। নজৰুলৰ দৃঢ় ঘোষণা:

"যে হাত হাতুড়ি দিয়া গড়িয়াছি
প্ৰাসাদ হৰ্ম-ৰাজি
আমি আল্লাৰ সৈনিক,
মোৰ কোনো বাধা-ভয় নাই,
তাহাৰ তেজেৰে তলোয়াৰে
সব বন্ধন কেটে' যাই।
তুফান আমাৰ জন্মেৰ সাথী
আমি বিপ্লৱী হাওয়া,
'জেহাদ', 'জেহাদ', 'বিপ্লৱ',
'বিদ্ৰোহ' মোৰ গান গাওয়া।"
[নজৰুল ৰচনা-সম্ভাৰ, পৃঃ ১৫]

"আমি বিদ্ৰোহ কৰেছি। বিদ্ৰোহেৰ গান গেয়েছি অন্যায়েৰ বিৰুদ্ধে, অত্যাচাৰেৰ সেই হাত দিয়া বিলাস-কুঞ্জ
ধ্বংস কৰিব আজি
দেয় নাই ওৰা পাৰিশ্ৰমিক
মজুৰেৰ শ্ৰমিকেৰ—
যা দিয়েছে, অহে মেটেনি
মোদেৰ ক্ষুধা তৃষ্ণা ক্ষণিকেৰ।
মোদেৰ প্ৰাপ্য আদায় কৰিব,
কৰ্বজি শক্ত কৰ;
গড়াৰ হাতুড়ি ধৰেছি,
এবাৰ ভাঙাৰ হাতুড়ি ধৰ।"
[আব্দুল কাদিৰ সম্পাদিত, নজৰুল ৰচনা-সম্ভাৰ,
ইউনিভাৰ্সাল বুক ডিপো, পৃঃ ২১]

বিৰুদ্ধে যা মিথ্যা, কলুষিত, পুৰাতন-পচা। সেই মিথ্যা সনাতনেৰ বিৰুদ্ধে ধৰ্মেৰ নামে ভণ্ডামি ও কুসংস্কাৰেৰ বিৰুদ্ধে।"
[নজৰুল ৰচনা-সম্ভাৰ, চিঠিপত্ৰ, পৃঃ ৫৩]

সেইদৰে জ্যোতিপ্ৰসাদৰ অন্তৰতও বিদ্ৰোহৰ অগনি জ্বলিছে আৰু আগ্নেয়গিৰিৰ দৰে তেওঁও উদ্গিৰি উঠিছে::

"নৱ বিপ্লৱী কবি জাগে
আলোক আশিষ জাগে
আগ্নেয়গিৰি সম।
ভোহাৰি-বিদাৰি-ভাঙি-বিস্ফোৰি
পৃথিৱীৰ গৰ্ভ

জাগে বিদ্ৰোহী কবি উদ্গাৰি
অগণিত অগ্নি-স্ফুলিংগ।”

[আগৰৱালা, লুইত পাৰৰ অগ্নিসুৰ, পৃঃ ১৯]

“ময়ে অসমীয়া শৰাইঘাটৰ
চোকা তৰোৱাল লওঁ লাচিতৰ
মোমাই তামুলী গড়
দুৰ্জয় অগ্নিগড় ময়েই
নাই মোৰ সমসৰ।”

[ঐ. পৃঃ ১৮৭]

“দলিতৰ পেষিতৰ
ক্ষুধিতৰ, তৃষিতৰ
লাঞ্জিতৰ মাথোঁ হাহাকাৰ
ধ্যানভংগ মহাকাল সম মই
সেইহে জাগিলো আজি
ভীষণ ৰূপেৰে সাজি
বিদ্যুৎ-বিপ্লৱ-বহ্নি জ্বালি
তিমিৰৰ মহাগৰ্ভ ফালি।”

ভুপেন হাজৰিকাই গীতিকাৰ জীৱনৰ আৰম্ভণিতে ৰচে বিদ্ৰোহৰ গীত ‘অগ্নি যুগৰ ফিৰিঙতি মই’ আৰু সময়ে সময়ে তেঁওৰ বহু গীতত বিদ্ৰোহী প্ৰাণৰ স্পষ্ট পৰিচয় পোৱা যায়। শোষণকাৰীৰ বিৰুদ্ধে, অত্যাচাৰীৰ বিৰুদ্ধে, দমনকাৰীৰ বিৰুদ্ধে, দৰিদ্ৰ বা শ্ৰমিকে ভুগিব লগীয়া হোৱা নিৰ্য্যাতনৰ বিৰুদ্ধে যুদ্ধ কৰিবলৈ মানুহক উৎপ্ৰেৰণা যোগোৱাত তেঁওৰ বিদ্ৰোহী গীতবিলাক লাচিতৰ তৰোৱালতকৈও চোকা।

‘নৰ কংকালৰ অস্ত্ৰ সাজি
শোষণকাৰীক বধিম’,
‘হেজাৰ পানেয়ে চিঞৰি উঠিলে
পৃথিৱী উঠিলে কঁপি’,
‘সেই মুহুৰ্তলৈ যি মুহুৰ্ততে
মোৰ সীমান্ততে
সেই শত্ৰু দৈত্যটোৰ নহয় মৰণ,
ৰণক্লান্ত নহওঁ’,
‘সংগ্ৰাম আন এটি নাম জীৱনৰে’

আদিৰ তেজস্বী প্ৰকাশে সমাজত সহজেই জুই জ্বলাব পাৰে।

সেই অগ্নি যুগৰ ফিৰিঙতিক ভাৰতৰ স্বাধীনতাই শান্তিপানী ছটিয়াই কিছুদূৰ শান্ত কৰিলেও, ভুপেন হাজৰিকাৰ বিদ্ৰোহী প্ৰাণ সময়ে সময়ে অন্যায় অধৰ্ম দেখি জাগি উঠে। সেয়েহে বাংলাদেশৰ মুক্তিবাহিনীৰ স্বাধীনতা যুদ্ধতো তেঁও গীতেৰে ইন্ধন যোগাবলৈ সমৰ্থ হৈছিল।

নজৰুল ইছলামৰ দৰে ভুপেন হাজৰিকাৰ বিদ্ৰোহী প্ৰাণে অনুভৱ কৰে প্ৰচণ্ড ধুমুহাই দিয়া শক্তি। বিদ্ৰোহৰ ক্ষেত্ৰত তেঁওৰ উদাত্ত কণ্ঠ বক্ষৰ দৰে দৃঢ় আৰু শক্তিশালী বুলি থকা তেঁওৰ বিশ্বাসৰ কাৰণেই তেঁওৰ ইচ্ছা যেন ‘গীত গাই কঁপাম দিগন্ত’। এনে বিদ্ৰোহী প্ৰাণৰ কাৰণেই তেঁও গৌৰৱেৰে ঘোষণা কৰে, ‘হৃদয়ে আমাৰ ৰবীন্দ্ৰনাথ, চেতনাই নজৰুল’।

[ভুপেন হাজৰিকা, আমি এক যাযাবৰ নামৰ বঙালী লং-প্লেয়িং ৰেকৰ্ডৰ প্ৰচ্ছদ।]

ভুপেন হাজৰিকাৰ যিবিলাক গীতত সাম্যবাদ অথবা আন ৰাজনৈতিক মতবাদৰ সংকেত পোৱা যায় সেইবিলাক গীতক আমি ‘বিদ্ৰোহৰ গীত’ শ্ৰেণীত ধৰিলোঁ।

এন্ধাৰ কাতিৰ নিশাতে

এন্ধাৰ কাতিৰ নিশাতে
এখনি নৈৰে পাৰতে
এটি ভগা পঁজাতে
পানেইৰ কামিহাড় সাৰটি
তাইৰ পোনাকণে ফেঁকুৰে
'আই ভোক লাগিছে
আই ভাত দে!
আই পিয়াহ লাগিছে
আই গাখীৰ দে!
আই ডিঙি মোৰ শুকায়ে যায়
আই এন্ধাৰ দেখিছোঁ আই।'

কপালত হাত দি
পানেয়ে দেখিছে
পোনাটিৰ হু হু জ্বৰ
ঔষধো নাই, গাখীৰ নাই
ফল নাই, মূল নাই
তেনেই উদং ঘৰ।
'ৰাতিৰ পুৱাতেই
খুজি মাগি আনি দিম
অলপ ধৈৰ্য্য ধৰ
অ' বাচা, আজি নিশাটো
তেনেই উদং ঘৰ'।
কান্দিকাটি ভাগৰি
আই বুলি চিঞৰি
পোনাটি টোপনি যায়।
পানেয়ে তেতিয়া পোনাটিক চুমা দি
টোপনিৰ গীতটি গায়:
'আমাৰে মইনা শুব এ
সোণালী ধাননি দাব এ
ন চাউলৰে চিৰা ভাজি দিমে
বাটি ভৰি ভৰি খাব এ।'
মাজনিশা কুকুৰৰ ভুকনিত
ধপ্ ধপ্ বুকুৰে কঁপনিত
পানেয়ে উচপ খাই ফটা কঁঠা আঁতৰাই
পোনাটিৰ মুখ চাই
আথে বেথে সাৰটি গায়—
"সোণৰে পুতলি বাচা মূৰ তুলি চা
সুদা পঁজাত কুটাও নাই
পানী টোপা খা।
বাচা নেমাত কেলেই?
কি হ'ল বাচা?
দেহা চেঁচা কেলেই?
চকু মেল বাচা?
তই জঠৰ কেলেই?
বুকুৰে সোণ।
আই বুলি নেমাত
কলিজাৰ জোন!
(অ' মোৰ বুকুৰে সোণ!
তোৰ জীৱনৰ দোক মোকালিত
মৰণৰে মূৰতি চা!)

পিঠা পিঠা কৰিছিলি অ' বুকুৰ সোণ
নিসনিও নিদিলোঁ মোৰ পঁজাৰ জোন
মৰিশালিৰ চিতা জুইত
আলফুলে টোপনি যা
অয় বাচা টোপনি যা।।"
পানেইৰ চকু দুটি হ'ল ৰঙা ফিৰিঙতি

শেষ হ'ল তপত চকুলো
 'চকুৰ পানীবোৰ শুকুৱাই পেলালোঁ
 ভিক্ষাৰ সঁজুলি দলিয়াই পেলালোঁ
 এইবাৰ পণ লৈ ৰণলৈ ওলালোঁ'—
পোনাটিৰ মৰা শ দুই হাতে দাঙি লৈ
বিদ্ৰোহী পানেয়ে নতুন আশা লৈ
শ শ পানেইৰ বাটটি ল'লৈগৈ
পৃথিৱী উঠিলে কঁপি—
হেজাৰ পানেয়ে চিঞৰি উঠিলে
আকাশত সূৰুযে ৰঙাকৈ আঁকিলে
ন সমাজৰে ছবি।
 "বাচা উভতি যিদিনা আহিবি
 ন ন জীৱনৰ মূৰতি দেখিবি
 জোনবায়ে হাঁহি থকা আকাশৰ পৰা
 মই পিঠা পিঠা আনি দিম
(বৰ বৰ মানুহৰ ভঁৰালৰ পৰা মই
 কাঢ়ি আনি ফল দিম)
 দৰৱ-জাতি দিম
 গাখীৰ গুৰ দিম
 পঢ়াশালি পাতি দিম
 মুখত হাঁহি দিম
পুতলানো কত দিম
 ন ন ৰহণে সজা
 উজ্বলাবি পানেইৰ পঁজা
 (ভোকত শুকাব মন্ত্ৰী ৰজা
 আৰু যত আছে চোৰ মহাৰাজা।)
ধান ভৰা গাঁৱৰে ৰাংঢালী আকাশত
  তেতিয়াই উৰুৱাম তোৰেই
  জীৱনৰে ধ্বজা
  বাচা টোপনি যা।"
 'আমাৰে মইনা শুৰ এ
 চিতাকে সাৰটি ল'ব এ
 মৰণৰ মাজেদি জীয়াই তুলিব
 মৰা সমাজৰে মন এ।
 (অয় বাচা টোপনি যা
 তই মৰিশালিৰ চিতা জুইত
 আলফুলে টোপনি যা।')

[গুৱাহাটী, ১৯৫৩ চন]

মেঘে গিৰ গিৰ কৰে

মেঘে গিৰ গিৰ কৰে
(আ হা) হিৰ হিৰ মেঘে কৰে
বা লাগি আগলতী কলাপাত লৰে
এজাক যেন বৰষুণ আহোঁ আহোঁ কৰে।
 বহু দিনে ছন পৰা
 মোৰ গাঁৱৰ মাটি ডৰা
চহ কৰি সেউজ কৰিম আনন্দে নধৰে।

 ধান নিদিওঁ
 ঋণও নলওঁ
 সুদ নিদিওঁ আৰু
মহাজনৰ নিষ্ঠুৰ বুধি সহোঁ কেলেই বাৰু?

 বহুতো যে ঘাম সৰালোঁ
 তেজও বুকুৰ বহু দিলোঁ
 কাচিখনত শান দিলোঁ
 সাহস ভৰি পৰে।

[গুৱাহাটী, ১৯৮২ চন]

ঝক ঝক ৰেল চলে মোৰ

[১৯৪৯ চনত চিকাগোৰ ৰে'ল ষ্টেচনত ৰচা। ১৯৫৩ চনত ভাৰতৰ পৰা চীনলৈ যোৱা সাংস্কৃতিক দলৰ সদস্য শ্ৰীদিলীপ শৰ্মাক গাবলৈ সুৰ দিয়া হয়।]

ঝক ঝক ঝক ঝক ৰেল চলে মোৰ
ৰেল চলে মোৰ, ৰেল চলে।
শান্তিয়ে ৰিঙিয়াই সাম্যই ৰিঙিয়াই,
ঝক ঝক ঝক ঝক ৰেল চলে
মোৰ ৰেল চলে।
ফায়াৰ মেন মই
দপ দপ অগনিৰ
তেজ ৰঙা বৰণৰ
কয়লাৰ অঙঠা
হাতেৰে খামুচি ধৰি
বয়লাৰ দুগুণে জ্বলাওঁ
দেহা মোৰ জ্বলে জ্বলে।।
চিগনেল মেন মই
ক'লা ক'লা কয়লাৰ
ধূলি লাগি ক'লা পৰা
বাহুৰ শকতিৰে শোষণৰ কণা বাট
হোঁহকাই থৈ মই সময়ৰ আলিটিত
নিচান উৰাওঁ
শোষণ দূষিত বায়ু ফালে ফালে।।
ড্ৰাইভাৰ লাইনচ্‌মেন
বনুৱা কেৰাণী মই
ৰাতি নাই, দিন নাই,
চকুত টোপনি নাই
হায়! হায়! হায়! হায়!
খং উঠি ৰঙা পৰা চকুত কয়লা পৰি
দৃষ্টিক দুগুণে জ্বলাওঁ
কাম কৰি কৰি মই ভাগৰি পৰিলোঁ
পেট মোৰ জ্বলে জ্বলে।।
যান্ত্ৰিকতাই দান কৰা কৃষ্টিৰে
মানুহৰ মুক্তিৰ গৰিম সোপান
নতুনৰ গতি খেদি বাহুৰে বাহুৰে বন্ধা,
বান্ধোনৰ সমদল
ৰুধিব কোনে?
সাম্যৰ ধুমুহাই ঠেলে ঠেলে।।

বিক্ষুব্ধ বিশ্ব কণ্ঠই

বিক্ষুব্ধ বিশ্ব কণ্ঠই অহোৰাত্ৰি চিঞৰে,
চিঞৰে
প্ৰচণ্ড অগ্নিপিণ্ড জ্বালাময়ী হৈ উৰে
কিয় উৰে?
পৃথিৱীতো নহয় প্ৰলয়ৰ আকাংক্ষী
গণ মানস নহয় ধ্বংসৰ প্ৰয়াসী
তথাপিতো শিখা উৰে
অমিত সংকল্প প্ৰতিৰোধৰ পদাঘাতে
পাশৱিকতাৰ দম্ভৰ
অকাল মৃত্যু মাতে।
সুদূৰ প্ৰসাৰী
মানৱ সভ্যতাই
প্ৰতি মানৱৰ আগ্নেয়গিৰি আত্মাই
নৱ বিপ্লৱ নিতে গঢ়ে
প্ৰচণ্ড অগ্নিপিণ্ড জ্বালাময়ী হৈ উৰে,
(কিয়) সেয়ে উৰে।

[কলিকতা, ১৯৬৯ চন]

ভাঙ শিল ভাঙ

ভাঙ! শিল ভাঙ! শিল ভাঙ
ভাঙ ভাঙ ভাঙ ভাঙোতা শিল ভাঙ
তোৰ ঘাম ভৰা নঙঠা পিঠি
তপত ৰ'দত যায় ফাটি
কোমল ভৰিৰ তলুৱাত জ্বলে
তপত ৰঙা ৰঙা মাটি
তথাপি তোৰ নাই গুণ গাওঁতা।
আকাশ পৰশা ক'লা শিলবোৰে
যুগ যুগ আছে উন্নত শিৰে
ভাবে সৰু সৰু মানুহৰ নাই শক্তি
চূৰ্ণ কৰিব শিল শক্তিৰ মূৰ্তি
ভাবে নাই নাই নাই হাত ডাঙোতা।
নিজ হাতেৰে শুকান মাটি খান্দ,
সৰু শিলেৰে সেন্দুৰী আলি বান্ধ
অ' তই নিজ হাতে গঢ় দিয়া
আলিটিৰে অহা
যুগৰ সভ্যতাই আগ বাঢ়ে
(তই) শিলেৰে ইতিহাস লিখোঁতা
(তই সাম্যৰ সৰগ ৰচোঁতা।)

[গুৱাহাটী, ১৯৫৩ চন]

হে দোলা

হে! হেইয়া হে! হেইয়া
হেইয়া না, হেইয়া না, হেইয়া না হেইয়া
দোলা, হে দোলা, হে দোলা, হে দোলা
এক বেঁকা বাটেৰে কঢ়িয়াওঁ কঢ়িয়াওঁ
বৰ বৰ মানুহৰ দোলা।
হে দোলা!
আপোন কৰিলো বনুৱাৰ জীৱনক
দেহা ভাগৰাই তোলা,
হে তোলা!
হেইয়া না, হেইয়া না, হেইয়া না হেইয়া।

দোলাৰে ভিতৰত তিৰ বিৰ কৰিছে
চহকী পাটৰে পাগ
ঘনে ঘনে দেখিছোঁ লৰচৰ কৰিছে
শুকুলা চোঁৰৰৰ আগ।
মোৰহে ল'ৰাটিক
এইবাৰ বিহুতে
নিদিলোঁ সূতাৰে চোলা'
চকুলো ওলালেও মনটি নেভাঙো
কঢ়িয়াই লৈ যাওঁ দোলা।

যুগে যুগে জাঁপি দিয়ে মেটমৰা বোজাটি
কান্ধ ভাঙো ভাঙো কৰে, হে কৰে।
বৰ বৰ মানুহে দোলাত টোপনিয়ায়
আমাৰহে ঘামবোৰ সৰে, হে সৰে।

ওখকৈ পাহাৰৰ টিঙটি উঠিছোঁ
ভালকৈ খোজটি মিলা
আমাৰ কান্ধৰ পৰা
পিচলিব লাগিলেহে
বাগৰি পৰিব দোলা,
ৰজা মহাৰজাৰ দোলা
বৰ বৰ মানুহৰ দোলা।।

[গুৱাহাটী, ১৯৫৩ চন]

বিস্তীৰ্ণ পাৰৰে

বিস্তীৰ্ণ পাৰৰে
অসংখ্য জনৰে
হাহাকাৰ শুনিও
নিঃশব্দে নিৰৱে বুঢ়া লুইত তুমি
বুঢ়া লুইত বোৱাঁ কিয়?
নৈতিকতাৰ স্খলন দেখিও
মানৱতাৰ পতন দেখিও
নিৰ্লজ্জ অলস ভাবে বোৱাঁ কিয়?

জ্ঞানবিহীন নিৰক্ষৰৰ
খাদ্যবিহীন নাগৰিকৰ
নেতৃবিহীনতাত নিমাত কিয়?
সহস্ৰ বাৰিষাৰ
উন্মাদনাৰ
অভিজ্ঞতাৰে
পংগু মানৱক
সবল সংগ্ৰামী
আৰু অগ্ৰগামী
কৰি নোতোলাঁ কিয়?
ব্যক্তি যদি ব্যক্তিকেন্দ্ৰিক
সমষ্টি যদি ব্যক্তিত্ব ৰহিত
তেনে শিখিল সমাজক নাভাঙা কিয়?
তুমিয়ে যদি ব্ৰহ্মাৰে পুত্ৰ
সেই পিতৃত্ব তেনে নাম মাত্ৰ
নহ'লে প্ৰেৰণা নিদিয়া কিয়?
উন্মত্ত ধৰাৰে
কুৰুক্ষেত্ৰৰে
আলিংগন কৰা
ভীষ্মৰূপী
অজস্ৰ বীৰক
জগাই নোতোলাঁ কিয়?

[কলিকতা, ছেপ্তেম্বৰ, ১৯৬৬ চন]

সংগ্ৰাম যদি জীৱনৰ এটি নাম

সংগ্ৰাম যদি জীৱনৰ এটি নাম
(সেই) সংগ্ৰাম হওক তোৰ প্ৰিয়
দুই হাতে চকু দুটি ঢাকি ধৰি তই
অকলে' উচুপনো কিয়?

আঘাতেই যদি তোৰ জীৱন পথত
নিতে নিতে সহচৰ হয়
বেদনাই যদি নিষ্ঠুৰ ভাৱে
অকালতে আনে পৰাজয়
(তেনে) সংগ্ৰাম কৰি কৰি আকাশলৈ চাই
থিয় তই নহৱনো কিয়?

চহৰে নগৰে গাঁৱে পথে ঘাটে পথাৰে
সমদল দেখিছ নে নাই
তোৰ দৰে হেজাৰে চিঞৰি চিঞৰি সোৱা
আগবাঢ়ে পৃথিৱী কঁপাই
যি তই নাপালি,
কাঢ়ি কিয় নানিলি?
ইংগিত নুবুজাটো হৰ।

[বোম্বাই, দহ আগষ্ট ১৯৮০ চন]

ৰাইজ আজি ভাৰৰীয়া

ৰাইজ আজি ভাৰৰীয়া
দেশেই নাটঘৰ
কোনে কি ভাও ল'বা, আহাঁ
সময় যে তাকৰ।
আখৰা নেলাগে
নেলাগে পোছাক
নঙঠা হৈ আহাঁ
ভোকাতুৰ পেটতে
গামোচা বান্ধি
উন্মাদ হৈ হাঁহাঁ
তেহে ৰহণ চৰিব নাটৰ।
কোনে কি ভাও ল'বা আহাঁ
সময় যে তাকৰ।

পৰিচালকক সুধিবৰ হ'ল
মুখাৰে কিমান ঠগিবা?
'টেকনিক' ভৰা নাটেৰে কিমান
নাটনিৰ নাট মেলিবা?
সংলাপ নেলাগে মিঠা ভাষাৰ
আৰ্তনাদেৰেই কোৱাঁ
দুষ্টজনকে চেতনাৰে যুঁজি
বীৰৰ যোগ্য হোৱাঁ
তেহে ৰহণ চৰিব নাটৰ
কোনে কি ভাও ল'বা, আহাঁ
সময় যে তাকৰ।

[কলিকতা, ১৯৭৭ চন]

আহ! আহ! ওলাই আহ

আহ! আহ!
ওলাই আহ
সজাগ জনতা।
আহ! আহ
ওলাই আহ
পোহৰ আনোতা!

ৰামৰে দেশতে থকা ৰাৱণ বধোঁতে
যায় যদি যায় জীৱনটো যাক! আহ্!

সমুখৰে সেনাপতি থমকি জিৰালে
কিনো হ'ব সেনানীয়ে
ভাবিলে গুণিলে?
ক'লা কাকতী ফৰিং নাশোঁগৈ আহ্

(শুন) বুভুক্ষ শিশুৰে আৰ্তনাদ
(সেয়ে) তিল তিল মৃত্যুৰ
আনে সংবাদ।
সেই সংবাদ শুনিও বধিৰ কিয়?
তই নকৰিবি কিয় তোৰ শেষ প্ৰতিবাদ?

সংগ্ৰাম আন এটি নাম জীৱনৰে
ইতিহাসে চিঞৰে 'জয় জনতাৰে'
ত্ৰাস এৰি দানৱকে বধোঁগৈ আহ্!!

[কলিকতা, এক ছেপ্তেম্বৰ ১৯৬৪ চন]

মুক্তিকামী লক্ষজনৰ

মুক্তিকামী লক্ষজনৰ
মৌন প্ৰকাশ শুনিছানে নাই?
জীৱন আকাশত নতুন সাহসৰ
পৰিছে জ্যোতি দেখিছা নে নাই?
কিমান পালা, নেপালা কিমান
হিচাপ নকৰিলা কোনো ক্ষতি নাই।
আহিছে সময় গণনাৰো দিন
কৰিবা প্ৰকাশ কোনো ত্ৰাস নাই।

কাল ৰাত্ৰিৰ বুকুতে লুকাই
আছেই প্ৰভাত বুজিলা নে নাই?
ৰুদ্ধ দ্বাৰেই উন্মুক্ত বায়ুক
সদা কৰে ভয় বুজিলা নে নাই?

জীৱন সিন্ধুৰ প্ৰতি বিন্দুত
উঠিছে জোৱাৰ ভাঙি পাৰাপাৰ
মহাশূন্যৰ প্ৰতিটো দিশত
শুনিছানে নাই আশাৰ হুংকাৰ?
যিমান পাৰা হোৱা অগ্ৰগামী
নৰ'বা কিঞ্চিৎ কোনো লাভ নাই।

ধ্বংসকাৰীক পৰাস্ত কৰা
শান্তি যুঁজৰ কোনো ক্ষয় নাই
কাল ৰাত্ৰিৰ বুকুতে লুকাই
আছেই প্ৰভাত বুজিলা নে নাই?
(ৰাইজ সিংহক শৃংখল শৃগালে
সদা কৰে ভয় বুজিলা নে নাই?)

[কলিকতা, ১৯৭৭ চন]

প্ৰতিধ্বনি শুনো

[১৯৫৩ চনত ভাৰতৰ পৰা চীনলৈ যোৱা সাংস্কৃতিক দলৰ সদস্য শ্ৰীদিলীপ শৰ্মাক চীনত গাবলৈ দিয়া।]

প্ৰতিধ্বনি শুনো মই প্ৰতিধ্বনি শুনো
মোৰ গাঁৱৰে সীমাৰে পাহাৰৰ সিপাৰৰ
নিশাৰ চিঞৰটিৰ প্ৰতিধ্বনি শুনো
কাণ পাতি শুনো মই বুজিব নোৱাৰোঁ
চকু মেলি চাওঁ মই মনিব নোৱাৰোঁ
চকু মুদি ভাবোঁ মই ধৰিব নোৱাৰোঁ
হেজাৰ পাহাৰ মই বগাব নাজানো
নিশাৰ চিঞৰটিৰ প্ৰতিধ্বনি শুনো।
হ'ব পাৰে কোনো গাভৰুৰ শোকভৰা কথা
হ'ব পাৰে কোনো আইতাৰ নিশাৰ সাধু কথা
হ'ব পাৰে কোনো ৰংমনৰ কঠিয়াতলীৰ বেথা
চিনা চিনা সুৰটিক চিনিব নেজানো
নিশাৰ চিঞৰটিৰ প্ৰতিধ্বনি শুনো।।

শেষ হ'ল কোনো গাভৰুৰ শোকভৰা কথা
শেষ হ'ল কোনো আইতাৰ নিশাৰ সাধু কথা
শেষ হ'ল কোনো ৰংমনৰ কঠিয়াতলীৰ বেথা
চিনা চিনা সুৰটিক চিনিব নেজানো
নতুন চিঞৰটিৰ প্ৰতিধ্বনি শুনো।।

মোৰ ক'লা চুলিত ৰাতিপুৱা ৰঙা ৰ'দ পৰে
চকুৰ আগৰ কুঁৰলীবোৰ ভয়ত উৰা মাৰে
জাগি উঠা মানুহে হেজাৰ চিঞৰ মাৰে
তাতে ঠেকা লাগি হাজাৰ পাহাৰ ভাঙি পৰে
মানৱ সাগৰত কোলাহল শুনো ।।

চতুর্থ ভাগ

সামাজিক পটভূমি

জাতিভেদৰ কথা

ডক্টৰ ভূপেন হাজৰিকাই হয়তো গভীৰ আস্থাৰ, বিদ্ৰোহ, সাম্যবাদ, উজ্জ্বল যৌৱনৰ জোৱাৰ আদিৰ গীতকেই সৃষ্টি কৰি গ'লহেঁতেন, কিন্তু ১৯৪৬ চনৰ পৰা ১৯৫৬ চনৰ ভিতৰত হোৱা কিছুমান ঘটনাই নানা খেলিমেলিৰ সৃষ্টি কৰিলে। সেইবিলাকে তেঁওৰ কবি প্ৰাণত বিশেষ আলোড়ন তুলিলে। তলত সেইবিলাক চমু আলোচনা আগ বঢ়ালোঁ।

১৯৪৬ চনত ভাৰতক স্বাধীনতা দিবলৈ বৃটিছ চৰকাৰে লোৱা সিদ্ধান্তৰ পিচত ভাৰতবৰ্ষত হোৱা হিন্দু-মুছলমানৰ কটাকটি, মৰামৰি আৰু তাৰ পিচত ১৯৪৭ চনৰ স্বাধীনতাই সৃষ্টি কৰা ভগনীয়া সমস্যাই যেন হাজৰিকাৰ কণ্ঠ ৰুদ্ধ কৰিলে। সাম্প্ৰদায়িক অশান্তি, ভগনীয়াৰ সোঁত আদিয়েই স্বাধীনতাৰ যি বিভীষিকা দেখুৱালে তাৰ শেষ নিষ্ঠুৰতা বাপুজীৰ হত্যাকাণ্ডই ভাৰতবাসীৰ হিয়া ভাঙিলে। গোটেই পৃথিৱীতে শোকৰ ছাঁ পৰিল। দেশৰ পিতৃস্বৰূপ বাপুজীৰ মৃত্যুত ভাৰতীয়সকল নিঠৰুৱা হ'ল। নিঠৰুৱা হাজৰিকাই জীৱনৰ প্ৰথম শোকৰ গীত ৰচিলে 'তেৰ শ' চৌৱন্নৰ মাঘৰে মাহতে শুকুৰৰ বিয়লি বেলা'।

১৯৪৮ চনৰ ফেব্ৰুৱাৰী মাহৰ ১২ তাৰিখে গান্ধীজীৰ অস্থি অলপ গুৱাহাটীৰ শুক্লেশ্বৰ ঘাট পায়হি। এই অস্থি আদৰিবলৈ লোকপ্ৰিয় বৰদলৈ প্ৰমুখ্যে নেতাসকল আহে আৰু শুক্লেশ্বৰ ঘাটত হাজাৰ হাজাৰ লোক গোট খায়। এখন বিশেষ ভাবে সজা মণ্ডপৰ পৰা হাজৰিকাৰ ভনীয়েক কুইনে এই গীতটো গাই সমবেত লোকসকলক কন্দুৱায়। সেইদিনাখন শুক্লেশ্বৰ ঘাটত মই এনে এজন লোক দেখা নাছিলোঁ যাৰ চকুৰ পৰা এই গীতটো শুনি চকুলো বৈ পৰা নাছিল। সেই দৃশ্য মই আজিলৈকে পাহৰা নাই। এই গীতটোৰ বিষয়ে বৰদলৈদেৱেও নিজৰ ডায়েৰিত লিখি গৈছে:

> "শ্ৰীমতী কুইনী হাজৰিকাই 'বাপুজী ক'লৈ গ'ল' বুলি গীত এটি বনগীতৰ সুৰেৰে গালে, মই চকুলো সামৰিব নোৱাৰিলোঁ। মই গান্ধীজীৰ ঈশ্বৰ বিশ্বাসৰ ফলত কেনেকৈ এখন নতুন ভাৰত গঢ়ি উঠিছিল জনালোঁ।"

ছাদুল্লাই সেই গীতটোৰ কথাখিনি লিখা কাগজখন ল'বলৈ বৰদলৈদেৱৰ লগত টনা আজোৰা কৰাত কাগজখন ফালি গ'ল ঠিক দেশখন দুফাল হোৱাৰ দৰেই। দেশৰ এনে শোকপূৰ্ণ পৰিস্থিতিয়েও ডঃ হাজৰিকাৰ সৃজনী শক্তিক সজীৱ কৰিছিল। সেই কালছোৱাতে হাজৰিকাই বহুতো অপ্ৰীতিকৰ ঘটনাৰ সন্মুখীন হ'ব লগীয়া হয় আৰু আমাৰ সমাজত বিৰাজ কৰা নানা কুস্বভাৱ তথা কুপ্ৰথাৰ কাৰণে বিশেষ কষ্টত ভুগিব লগীয়া হয়।

এই কালছোৱাতে ভূপেন হাজৰিকাৰ ব্যক্তিগত জীৱনতো এটা বিশেষ ধুমুহা আহে। তেঁও ভালপোৱা ছোৱালীজনীৰ মাক দেউতাকে ভূপেন হাজৰিকালৈ ছোৱালী বিয়া দিবলৈ অমান্তি হয়। শিক্ষিত, সুন্দৰ, মৰমিয়াল, এটি মিলাপ্ৰীতিৰে থকা পৰিয়ালত ডাঙৰহোৱা আৰু গায়ক গীতিকাৰ ৰূপে ইতিমধ্যে খ্যাতি অৰ্জন কৰা ভূপেন হাজৰিকা হয়তো সেই সময়ৰ অসমীয়া ডেকাসকলৰ ভিতৰত

আটাইতকৈ উপযুক্ত আছিল বুলিলে বঢ়াই কোৱা নহয়। তাতে হাজৰিকাৰ মাক দেউতাকে ভদ্ৰ ভাবে ছোৱালী খুজিছিল আৰু ছোৱালীজনীয়েও ভূপেন হাজৰিকাৰ প্ৰতি থকা আকৰ্ষণ গোপন কৰা নাছিল। অসমীয়া সমাজখনৰ প্ৰতি ভয়ৰ কাৰণেই হয়তো ছোৱালীৰ মাক দেউতাকে নিজৰ জীয়েকৰ আশা আকাংক্ষাবিলাকৰ বিৰুদ্ধে যাবলৈ বাধ্য হৈছিল। কাৰণ, ছোৱালী গৰাকীৰ জাতৰ আৰু হাজৰিকাৰ জাতৰ মিল নাছিল। আজিকালি সৰু সৰু সমাজৰ তেনে ভেকুলীয়েও লাজ পোৱা 'সৰু সৰু বিচাৰ'-বোৰ বহুত দূৰ কমি আহিছে যদিও সেই সময়ৰ অসমীয়া সমাজত এনে বিচাৰৰ প্ৰাদুৰ্ভাৱ আছিল।

অসমীয়া সমাজত জাতপাতৰ বিচাৰ

আনক জাত বা তেনে কোনো কৃত্ৰিম কাৰণত হেয় প্ৰতিপন্ন কৰিবলৈ চেষ্টা কৰা দুৰ্বল চিতীয়া লোক সকলো সম্প্ৰদায়তে থাকে। অসমীয়া সমাজতো এনে লোক আছে। এই স্বভাৱ বা এনে মনোভাৱ প্ৰকাশ কৰা বা শালে শিঙিক হঁহা শব্দৰ অসমীয়া ভাষাত আৱৰ্জনাৰ এক বৃহৎ দ'ম আছে। লেঙেৰা এজনক বা কণা লোকজনক অসমীয়াই সহানুভূতি নেদেখুৱায় কিন্তু 'অই লেঙেৰা' বা 'অই কণা' বুলিহে উপহাস কৰে।

এবাৰ এগৰাকী বিশিষ্ট নেতা নিৰ্বাচনীৰ সময়ত যোৰহাটৰ এঘৰ অসমীয়া মানুহৰ ওচৰলৈ ভোট বিচাৰি আহিল আৰু গৃহস্থই আলহীক চাহ দিবলৈ ক'লে। গৃহিণীয়ে আলহীজনক আগেয়ে দেখা নাছিল কাৰণে তেঁওৰ জাতটো নাজানিছিল। সেইকাৰণে চাহ বান বাটিত দিব নে নতুন কাপ প্লেটত দিব নে নাল থকা কিন্তু অলপ ভগা কাপত দিব নে নাল নথকা আৰু ভালকৈয়ে ভগা কাপত দিব ঠিক কৰিব নোৱাৰি গৃহস্থক সুধিলে:

'বোলো আলহীৰনো মাহডলাটো কি?' (মাহডলা মানে জাত)

গৃহস্থই উত্তৰ দিলে, 'বহাগত যে মাতে' (অৰ্থাৎ কুলি)।

কোৱা বাহুল্য যে জাত বিচাৰ কৰিবৰ কাৰণে এনে গোপনীয় ভাষা অসমীয়া মানুহৰ ঘৰে ঘৰে আছে। বিয়াই সবাহে বেলেগ বেলেগ জাতৰ লোকৰ কাৰণে বেলেগ খোৱা ব্যৱস্থা কৰা, বেলেগ জাতৰ লগত বৈবাহিক সম্বন্ধ হ'লে গাঁৱৰ লোকে এঘৰীয়া কৰা আদি কাহিনীৰে সাতখণ্ড ৰামায়ণ লিখিব পৰা যায়, গতিকে বিশেষ বহল নকৰি শ্ৰীদেবেন্দ্ৰনাথ বৰুৱাৰ 'গীতাৰহস্য'ত উল্লেখ কৰা এটা ঘটনা উদ্ধৃত কৰিলোঁ:

> "এনে ঠেক মনৰ কাৰণেই হাজোৰ চাৰি মাইল পশ্চিমে থকা পূৰ্বৰ কলিতাকুছি গাঁও একে দিনাই মুছলমান হৈ গ'ল। শুনা যায় এজন অচিনাকি মানুহ আহি গাঁৱৰ মেধিৰ ঘৰত বনুৱা হ'লহি। মানুহটো কামিলা, বুদ্ধিমান আৰু চাফ-চিকুণ হোৱাত কিছুদিনৰ পিচত সি গাঁৱৰ দেউৰী বিলনীয়া হ'ল। এদিন শুই থাকোঁতে সি আল্লাৰ নাম লোৱা শুনি গৃহস্থই সন্দেহ কৰি তাৰ আচল ধৰ্ম কি বুলি ধমকি দি সোধাত সি পূৰ্বে মুছলমান আছিল বুলি সৈ কাঢ়িলে। গঞা ৰাইজে শুনি গোটেই ঘৰৰে 'জাত গ'ল' বুলিলে। শ্ৰুতিকৰ পণ্ডিতৰ মতে গোটেই গাঁৱৰ 'জাত যোৱাত' মুছলমান হৈ এতিয়াও আছে।"

[শ্ৰীদেবেন্দ্ৰনাথ বৰুৱাৰ গীতাৰহস্য, পৃঃ ৪১]

এনে জাতপাতৰ বিচাৰ আৰু তাৰ দুখলগা পৰিণতি আন অসমীয়া লেখকৰ ৰচনাতো দেখিবলৈ পোৱা যায়। সেইদৰে লক্ষ্মীনাথ বেজবৰুৱাৰ দৰে আন কিছুমানে আকৌ আন জাতিৰ লোকৰ প্ৰতি থকা নিজৰ বিদ্বেষ বা হেয় ভাৱ সাহিত্যৰ যোগেদি প্ৰকাশ

কৰিবলৈকো কুণ্ঠিত বোধ নকৰে। বেজবৰুৱাই 'ভোম কেৰোঁলা', 'ধৰ্মধ্বজ ফয়চলা নবিচ' আদি গল্পত জাতিভেদ প্ৰথাৰ শোচনীয় পৰিণতি কিছুমান স্পষ্ট কৰিছে, কিন্তু তেঁও অন্যান্য ৰচনাত ছেগ পালেই মংগোলীয় গোষ্ঠীৰ লোকৰ প্ৰতি নিজৰ কপটীয়া মনোভাৱ প্ৰকাশ কৰা দেখা যায়। অসমীয়া সমাজত থকা জাতপাতৰ বিচাৰ ভাৰতৰ আন হিন্দু সমাজত থকা বৰ্ণবৈষম্য ৰীতিনীতিৰ ওপৰতেই প্ৰতিষ্ঠিত।

হিন্দু ধৰ্মৰ বৰ্ণবিভাগ

ভাৰতৰ সকলো সমাজতেই বেলেগ বেলেগ জাতি আছে আৰু এই সকলো সমাজেই আন জাতিৰ বা বিধৰ্মী লোকক ঘৃণাৰ চকুৰে চাবলৈ শিকায়। যি ৰাষ্ট্ৰৰ মানুহে মানুহক এনেদৰে ঘিণ কৰিবলৈ শিকায় সেই ৰাষ্ট্ৰই এইবিলাক নেৰালৈকে কেতিয়াও সৰ্বাংগ সুন্দৰ ভাবে উন্নতি কৰিব নোৱাৰে। 'মানুহতেই ভগৱান বিৰাজ কৰিছে' এই সত্যতেই হিন্দু ধৰ্ম প্ৰতিষ্ঠিত। সেয়েহে মানুহে মানুহৰূপী ভগৱানৰ প্ৰতি ঘৃণা প্ৰদৰ্শোৱাটো একেবাৰে ধৰ্মবিৰোধী। হিন্দু ধৰ্মৰ প্ৰেম পথ পৰম গতিৰ পথ আৰু ঘৃণাৰ পথ অধোগতিৰ পথ। তথাপি হিন্দু সমাজত ঘৃণাৰ বীজ সিঁচোৱা জাতিভেদ প্ৰথাৰ কিয় এনে প্ৰাদুৰ্ভাৱ সি ভাবিব লগীয়া কথা। গীতাৰ চতুৰ্থ অধ্যায়ৰ তেৰ নম্বৰ শ্লোকটোত চতুৰ্বৰ্ণৰ উল্লেখ আছে আৰু তাত এনেদৰে কৈছে:

> চাতুৰ্ব্বাণ্যাং ময়া সৃষ্টং গুণ কৰ্ম বিভাগশঃ।
> তস্যকৰ্ত্তাৰমপি মাং বিদ্ধ্য কৰ্তাৰমব্যয়ম ।।

ভাবাৰ্থ: মোৰ দ্বাৰা গুণ আৰু কৰ্মৰ বিভাগ অনুসাৰে চাৰিবৰ্ণ সৃষ্ট হৈছে। ইয়াৰ ময়েই সৃষ্টিকাৰক হ'লেও মোক অব্যয় অকৰ্তা বুলি জানিবা।

এই শ্লোকটো গীতাত থকাৰ পৰা এইটো বুজিব লাগিব যে ব্ৰাহ্মণ, ক্ষত্ৰিয়, শূদ্ৰ আৰু বৈশ্য এই চাৰিটা বিভাগ গীতা ৰচনা কালৰ বহু আগৰ পৰা প্ৰৱৰ্তিত আছিল। হয়তো গীতা ৰচনা কালতেই ই মানুহৰ জন্মগত বিচাৰ হৈ পৰিছিল। গীতাৰ এই শ্লোকটোৱে এনে জন্মগত জাতৰ বিপক্ষে কৈছে।

দৰাচলতে, চাৰিবৰ্ণৰ বিভাগ দাৰ্শনিক আৰু ন্যায়সূত্ৰৰ দৃষ্টিকোণৰ পৰা অতি উচ্চ ধৰণৰ সৃষ্টি। ই হিন্দু ঋষি মুনিসকলৰ পৰিপক্ক বুদ্ধিমত্তাৰ পৰিচয় দিয়ে। কিন্তু আজি হাজাৰ হাজাৰ বছৰ ধৰি ই ভাৰতত যি অন্যায় অধৰ্মৰ সৃষ্টি কৰি আহিছে তাৰ কাৰণে আমি সেই ঋষি মুনিসকলক তেঁওলোকৰ সৃষ্টিয়ে কৰিব পৰা অনিষ্টৰ প্ৰতি সজাগ নোহোৱা বাবে দোষাৰোপ কৰিব পাৰোঁ। এইটোও উল্লেখযোগ্য যে এই বৰ্ণ সৃষ্টিয়ে আমাৰ বহুত উপকাৰো কৰিছে। ব্ৰাহ্মণসকলেই হিন্দু ধৰ্মক ইমান দিনে সংৰক্ষণ কৰি আহিছে আৰু ঋষি মুনিসকলৰ সৃষ্টিবিলাক ভুলে শুদ্ধই যুগে যুগে প্ৰচাৰ কৰি আহিছে। এতিয়াও বৰ্ণ বিভাগ প্ৰকৃত অৰ্থত ব্যৱহাৰ কৰিব পাৰিলে আমাৰ বহুল উপকাৰ হোৱাৰ সম্ভাৱনা আছে।

বৰ্ণবিভাগৰ উৎপত্তিৰ বিষয়ে নানা মুনিৰ নানা মত। ইয়াৰ দৈৱিক উৎপত্তিৰ (ব্ৰাহ্মণসকল সৃষ্টিকৰ্তাৰ মুখ, ক্ষত্ৰিয়সকল বাহু, বৈশ্যসকল উৰু আৰু শূদ্ৰসকল সৃষ্টিকৰ্তাৰ ভৰিৰ পৰা উদ্ভৱ হোৱা বুলি কৰা বিশ্বাস) পৰা আৰম্ভ কৰি চতুৰ ব্ৰাহ্মণসকলে সমাজত চিৰস্থায়ী আধিপত্য বিস্তাৰ কৰিবৰ কাৰণে কৰা বুদ্ধিকে আদি কৰি নানা ধৰণৰ সামাজিক, ৰাজনৈতিক, অৰ্থনৈতিক, বা ভৌগলিক কাৰণ বৰ্ণবিভাগৰ উৎপত্তি হিচাপে প্ৰদৰ্শোৱা হয়। এই সকলো কাৰণ অলপ অচৰপকৈ হ'লেও বৰ্ণবিভাগৰ বিকাশ ও বিস্তাৰৰ আঁৰপটত আছে বুলি ভাবিবৰ যুক্তি আছে। আদিতে এক দাৰ্শনিক বা ন্যায়সিদ্ধ সূত্ৰৰ প্ৰয়োজন পূৰাবলৈ বৰ্ণবিভাগৰ সৃষ্টি কৰা

হৈছিল বুলিহে আমাৰ বিশ্বাস হয়। সেইকাৰণে ভগৱৎ-সান্নিধ্য বুজাবলৈকে বৰ্ণবিভাগৰ সূত্ৰপাত কৰা হয় যেন লাগে।

আমাৰ পৰমগতিৰ লক্ষ্য হৈছে মুক্তি অৰ্থাৎ পৰমাত্মাৰ লগত মিলন আৰু সেই মুক্তি যদি এক বিশেষ দেহৰ জীৱন কালত লাভ নহয় তেনেহ'লে আত্মাৰ দেহান্তৰ হয়। গতিকে প্ৰশ্ন হয়। আত্মাই এৰি অহা দেহাটোৰ জীৱন কালৰ আৰু নতুনকৈ ধাৰণ কৰা দেহটোৰ জীৱনৰ বা প্ৰকৃতিৰ সম্বন্ধ কি? এৰি অহা দেহটোৰ জীৱন কালত আত্মাই পৰমগতি কৰি যদি বিশেষ অগ্ৰসৰ হৈছিল সি কি বিফলে যায়? আত্মাই এটা দেহৰ জীৱন কালত আহৰণ কৰা গুণবিলাক কি দেহান্তৰৰ সময়ত এৰি আহিব লগীয়া হয়? এইবিলাক প্ৰশ্নৰ উত্তৰৰ বাবে প্ৰয়োজন গুণ বিভাগৰ।

এক আত্মাই ধাৰণ কৰা এজন ব্যক্তিয়ে জীৱন কালত সংগ্ৰহ কৰা পাৰ্থিৱ বস্তু সেই আত্মাই আহৰণ নকৰে। সেই ব্যক্তিয়ে আহৰণ কৰা বোধগম্য বিষয়বিলাকও আত্মাই এৰি যায় কিন্তু সেই জীৱন কালত আহৰণ কৰা গুণবিলাক আত্মাই লগত লৈহে পুনৰ দেহ ধাৰণ কৰে। এটা দেহৰ জীৱন কালত এক আত্মাই যদি পৰমগতিত বিশেষ অগ্ৰসৰ হ'ব পাৰিছিল তেনেহ'লে সেই আত্মাই এনে নতুন দেহ ধাৰণ কৰে যাতে আগৰ দেহৰ জীৱন কালত আহৰণ কৰা গুণবিলাক বিশেষ ভাবে প্ৰদৰ্শিত হয়। ইয়াৰ পৰা এইটো বুজিব লাগিব যে গুণহে আত্মাৰ সংগী আৰু অন্তৰ্নিহিত গুণ অনুসৰি এক আত্মা মুক্তিলাভৰ পৰা কিমান আঁতৰত তাক বিচাৰ কৰা হয়। অৰ্থাৎ গুণে ভগৱত সান্নিধ্য নিৰুপণ কৰে আৰু ভগৱত সান্নিধ্যৰ পৰাই গুণবিভাগ কৰিব পৰা যায়।

প্ৰকৃতিৰ পৰা উৎপত্তি হোৱা গুণ তিনি বিধঃ সত্ত্ব, ৰজস আৰু তমস। সাত্ত্বিক গুণত বিবেকৰ ৰশ্মি প্ৰতিফলিত, গতিকে ইয়াৰ প্ৰকাশ বা জ্যোতি আছে। ৰজস গুণৰ চিন হৈছে কাৰ্য্য কৰিবলৈ তৎপৰতা বা প্ৰবৃত্তি।নতমস গুণৰ চিন হৈছে 'অবৃত্তি' অৰ্থাৎ কাম কৰিবলৈ হেলা আৰু অজ্ঞান আন্ধাৰতে থকাৰ অভিলাষ।

এই গুণবিলাক কম বেছি পৰিমাণে সকলো ব্যক্তিৰে আছে আৰু প্ৰত্যেক আত্মাতে ইয়াৰ কোনোবা এটা বিশেষ ভাবে বৃদ্ধি পায়। যদি তামসিক গুণৰ প্ৰাধান্য বেছি তেনেহ'লে সেই আত্মা তামসিক, যি আত্মাত ৰাজসিক গুণৰ প্ৰাধান্য বেছি সি ৰাজসিক আৰু যি আত্মাত সাত্ত্বিক গুণৰ প্ৰাধান্য বেছি সেই আত্মা সাত্ত্বিক। যি আত্মা এই গুণবিলাকৰ বশীভূত হয় সেই আত্মাই নিজৰ নিত্য ৰূপ পৰিহৰি মায়াত আৱদ্ধ হয়। কিন্তু যি আত্মাই এই গুণবিলাকৰ বশৱৰ্তী নহৈ পৰমাত্মাৰ লগত বিলীন হ'ব পাৰিছে তেঁওৰেই ত্ৰিগুণাতীত অৱস্থা লাভ কৰিছে। ত্ৰিগুণাতীত আত্মাই ভগৱানক লাভ কৰে, সাত্ত্বিক আত্মা ভগৱানৰ তেনেই ওচৰত, ৰাজসিক আত্মা তাতোকৈ কিছু নিলগত আৰু তামসিক আত্মাই ভগৱানৰ পৰা আটাইতকৈ দূৰৈত। এনেদৰে ভগৱত সান্নিধ্য বা মুক্তিৰ পথত হোৱা অগ্ৰসৰ অনুসৰি আত্মাবিলাক চাৰিটা গুণ বিভাগত ভগাব পাৰি। ত্ৰিগুণাতীত, সাত্ত্বিক, ৰাজসিক আৰু তামসিক।

সাত্ত্বিক গুণৰ পৰিচয় হ'ল নিৰ্মলতা, পোহৰ আৰু জ্ঞানৰ প্ৰতি আগ্ৰহ। ৰাজসিক গুণৰ পৰিচয় হ'ল অস্থিৰতা আৰু ইহলোকৰ সুখ সম্ভোগৰ প্ৰতি আগ্ৰহ। তামসিক গুণৰ চিন হৈছে কৰ্তব্যবিমুখতা, বিবেকহীনতা, এলাহ আদি। আত্মাই ৰাজসিক ও সাত্ত্বিক গুণৰ প্ৰভাৱত শান্তি আৰু জ্ঞান অন্বেষণৰ কাৰ্য্যৰে তামসিক গুণৰ এলাহ অজ্ঞানতা এৰি ৰাজসিক বা সাত্ত্বিক গুণ আহৰণ কৰিব পাৰে। সেইদৰে সাত্ত্বিক গুণৰ প্ৰভাৱত কৰা কাৰ্য্যৰে আত্মাই ৰাজসিক গুণ হ্ৰাস কৰিব পাৰে। সাত্ত্বিক গুণে এনেদৰে ৰাজসিক ও তামসিক

গুণৰ লগত সংগ্ৰাম কৰিব লাগে কাৰণেই সাত্ত্বিক গুণ বৃদ্ধি পালে আত্মাৰ মুক্তি লাভ নহয়। কিন্তু যি আত্মাত সাত্ত্বিক গুণেই একমাত্ৰ অৰ্থাৎ ইয়াত ৰাজসিক বা তামসিক গুণ লেশমাত্ৰও নাথাকে তেনেহ'লে সেই আত্মাই সাত্ত্বিক গুণৰ সহায়ত ত্ৰিগুণাতীত অৱস্থা লাভ কৰিব পাৰে। [গুণৰ বিষয়ে গীতাৰ চতুৰ্দশ অধ্যায় দ্ৰষ্টব্য]

যাহওক এনে গুণবিভাগ কৰা কাৰ্য্যক্ষেত্ৰত এক প্ৰকাৰ অসম্ভৱ। কাৰ কি গুণৰ প্ৰাধান্য বেছি তাক কোনে বিচাৰ কৰিব পাৰে, সমাজেই বা এনে গুণবিভাগৰ ব্যৱস্থা কেনেকৈ কৰে? আদিতে অৱশ্যে আমাৰ প্ৰাচীন উপৰি পুৰুষ সকলে জন্মগত বিচাৰতকৈ গুণৰ বিচাৰহে বেছিকৈ কৰিছিল। উদাহৰণ স্বৰূপে বশিষ্ঠ মুনি আছিল এক নটীৰ পুত্ৰ, ব্যাসৰ মাক আছিল পোহাৰী আৰু সুপণ্ডিত পৰাশৰৰ মাক আছিল চণ্ডাল। কিন্তু কালক্ৰমত গুণ এৰি ভাৰতীয়সকলে জন্মগত বা দেহৰ বিচাৰৰ দ্বাৰাই মানুহক বিভাগ কৰিবলৈ ধৰিলে। ফলত, জ্ঞানীলোকৰ সুস্থ ন্যায়সিদ্ধ সৃষ্টি গুণবিভাগে আনি দিলে 'জাত' আৰু কোন ভগৱানৰ বেছি ওচৰ বা পবিত্ৰ তাক প্ৰমাণ কৰিবলৈ চিৰস্থায়ী সংগ্ৰাম।

আন নালাগে 'বৰ্ণ' শব্দৰ অৰ্থ হৈছে ৰং অৰ্থাৎ দেহৰ ৰঙৰ বিচাৰ। আৰ্য্যসকলৰ গাৰ বৰণ আছিল বগা, ভাৰতৰ দাক্ষিণাত্যত বাস কৰা আদিবাসী সকল আছিল ক'লাবৰণীয়া আৰু ভাৰতৰ বহু প্ৰজাতি, উপজাতিসকল হ'ল পাতল হালধীয়া বৰণৰ মংগোলীয়া লোক।

তদুপৰি শ্ৰম অনুসাৰিও মানুহক বিভাগ কৰা হয়। ব্ৰাহ্মণসকলে বেদ আদিৰ আধ্যাত্মিক জ্ঞান আহৰণ কৰি সেইবিলাক সাধাৰণ মানুহক শিকোৱাৰ ভাৰ ল'লে। তেঁওলোকে জীৱন সংগ্ৰামত লিপ্ত নহৈ যাতে একান্ত চিত্তে আধ্যাত্মিক বিষয়ত মনোনিৱেশ কৰিব পাৰে তাৰ কাৰণে তেঁওলোকক দান দক্ষিণা দিয়াৰ নিয়ম হ'ল। তেঁওলোকৰ ওপৰত সমাজ আৰু ৰজাঘৰৰ উপদেষ্টাৰ বাব পৰিল যাতে সমাজৰ ৰাজনৈতিক বা অৰ্থনৈতিক কৰ্মপন্থা আধ্যাত্মিক ভাৱেৰে অনুপ্ৰাণিত হ'ব পাৰে।

ৰাজ্য শাসন কৰা, বাহিৰা শত্ৰুৰ পৰা দেশ ৰক্ষা কৰা বা দুষ্টক দমন কৰি শিষ্টক পালন কৰাৰ ভাৰ পৰিছিল ক্ষত্ৰিয়সকলৰ ওপৰত। বৈশ্যসকলে ব্যৱসায় বাণিজ্য আদিৰে অৰ্থ সম্পদ গোটাই সেইবিলাক সমাজৰ কল্যাণৰ কাৰণে নিয়োগ কৰাৰ দায়িত্ব গ্ৰহণ কৰিছিল। আৰ্য্যভিন্ন সকলক শূদ্ৰ বোলা হৈছিল। শূদ্ৰ মানে শুচি কৰা। ইয়াৰ অৰ্থ এয়েই যে এওঁলোক আগতে অশুচি আছিল আৰু আৰ্য্যসকলে এওঁলোকক হিন্দু কৰি শুচি কৰিলে। এওঁলোকৰ দায়িত্ব আছিল সাধাৰণ শ্ৰমেৰে আৰ্য্যসকলৰ যতন ধৰা বা সেৱা কৰা। এই শ্ৰমবিভাগো অতি সোনকালেই জন্মগত বিভাগ হৈ পৰিল। অৱশ্যে বৈবাহিক বা অন্য প্ৰকাৰে হোৱা সংমিশ্ৰণৰ বাবে নতুন নতুন জাতৰ সৃষ্টি হ'ল। ১৯০১ চনৰ পিয়লৰ মতে ভাৰতত ২,৩৭৮ টা বেলেগ জাত আছিল।

মুঠৰ ওপৰত তথাকথিত চাৰি বৰ্ণৰ বিভাগ আৰম্ভ হয় গুণবিভাগ হিচাপে, ইয়াৰ নামকৰণ কৰা হয় বৰণৰ দ্বাৰা, আৰু ৰাজনৈতিক, সামাজিক বা অৰ্থনৈতিক কাৰণত ই কাৰ্য্যক্ষেত্ৰত প্ৰথমে এক শ্ৰমৰ বিভাজন আৰু শেষত জন্মগত বিচাৰ অৰ্থাৎ 'জাত'ত পৰিণত হয়। 'জাত' শব্দটো সংস্কৃতৰ 'জন' অৰ্থাৎ ওপজ মূলৰ পৰা হৈছে। হয়তো আৰ্য্যসকলে স্বকীয় ৰীতিনীতি, জ্ঞান-বিজ্ঞান, দেহৰ সৌষ্ঠৱ আদি সংৰক্ষণ কৰিবলৈ আৰু তথাকথিত অনাৰ্য্য (আৰ্য্যভিন্ন) সকলক অলগত ৰাখি তেঁওলোককো ধৰ্ম শিকাই লাহে লাহে গ্ৰহণ কৰিবলৈকে চাৰি বৰ্ণৰ সৃষ্টি কৰিছিল। গুণ বিভাগেই হওক বা শ্ৰম

বিভাগেই হওক বা আৰ্য্য ধৰ্ম বিস্তাৰেই হওক, চাৰি বৰ্ণৰ সৃষ্টিয়ে সমাজৰ অনিষ্ট সাধন কৰাটো নিশ্চিত আছিল। এই কাৰণেই যে আমি যি আধ্যাত্মিক ৰহণ নাসানো লাগিলে, কাৰ্য্যক্ষেত্ৰত চাৰি বৰ্ণই এক বৰ্ণবৈষম্য নীতি সৃষ্টি কৰাটো স্বাভাৱিক। এই বৰ্ণবৈষম্য নীতি আৰু ই সৃষ্টি কৰা অন্যায় অধৰ্মই ভাৰতৰ আজিকোপতি যি অনিষ্ট সাধন কৰি আহিছে তাৰ তুলনাত দক্ষিণ আফ্রিকাৰ বৰ্ণবৈষম্য নীতি এটা সৰু কথা মাথোন।

প্ৰথমেই গুণ অনুসাৰে মানুহক বিভাগ কৰাটো কাৰ্য্যক্ষেত্ৰত অসম্ভৱ, কিয়নো গুণৰ লগত দেহৰ জন্ম বা দেহৰ বৰণৰ কোনো সম্পৰ্ক নাই। গুণ কৰ্মত প্ৰকাশ পালেও তাক কৰ্ম বা শ্ৰমৰ মাপকাঠিৰে জুখিব নোৱাৰি। আনহাতে আৰ্য্যভিন্ন সকলক ধৰ্ম শিকাই শুচি কৰাটোৰেই যদি উদ্দেশ্য আছিল তেনেহ'লে শ শ বছৰ ধৰি ভাৰতৰ অনুসূচিত বা পিচপৰা জাতিবিলাক আজিকোপতি ইমান অৱহেলিত হৈ নাথাকিলেহেঁতেন। ভাৰত স্বাধীন হোৱাৰ পিচত অনুসূচিত বা পিচপৰা জাতিসকলৰ কাৰণে লোৱা বিশেষ ব্যৱস্থাৰ আগলৈকে এওঁলোকৰ জীৱন উন্নত কৰিবলৈ কোনো সক্ৰিয় ব্যৱস্থা হোৱা নাছিল। বৈষ্ণৱ জাগৰণ, ব্ৰাহ্ম সমাজ, ৰামকৃষ্ণ মিছন আদিৰ প্ৰচেষ্টা খন্তেকীয়া বিজুলীৰ দৰে ক্ষণিক জিলিঙণি মাত্ৰ। যদি আৰ্য্যসকলৰ এনে সৎ উদ্দেশ্য আছিল তেনেহ'লে গান্ধীজীৰ নেতৃত্বত ভাৰত স্বাধীন হোৱাৰ পিচতহে এনে উদ্দেশ্য কাৰ্য্যত পৰিণত কৰিবলৈ অৰ্থপূৰ্ণ চেষ্টা কৰা দেখা গৈছে। তথাপি আজিও ভাৰতীয় সমাজত বিৰাজ কৰা জাতপাতৰ বিচাৰ বহুত নাগৰিকে সাধাৰণ কিছুমান অধিকাৰ লাভ কৰাৰ প্ৰধান হেঙাৰ হৈ আছে। জাতৰ কাৰণে বা ইয়াৰ নামত বহু ভাৰতীয় নিষ্ঠুৰ কাৰ্য্যত নিতৌ লিপ্ত হ'ব ধৰিছে। এনে কাৰ্য্যকলাপ বাতৰি কাকতত সদায়ে পোৱা যায়। উদাহৰণ স্বৰূপে, এই পুথি লিখিবৰ সময়ত নিউ ইয়ৰ্কৰ পৰা প্ৰকাশিত সাপ্তাহিক বাতৰি কাকতত ওলোৱা দুটামান বাতৰি ইয়াত উল্লেখ কৰিলোঁ।

নাগপুৰত গুলী চালনাত ২ জনৰ মৃত্যু ঃ ডিচেম্বৰৰ ৬ তাৰিখে হাজাৰ হাজাৰ অনুসূচিত শ্ৰেণীৰ লোকে সমগ্ৰ মহাৰাষ্ট্ৰ জুৰি কৰা প্ৰতিবাদ শোভাযাত্ৰা এটাত পুলিচে চলোৱা গুলীত দুজন যুৱকৰ মৃত্যু হয়। এই শোভাযাত্ৰা অনুসূচিত জাতিৰ নেতা ডঃ বি-আৰ আম্বেদকাৰৰ জন্মদিনত আউৰংগাবাদৰ বিশ্ববিদ্যালয় এটা তেঁওৰ স্মৃতিত নামকৰণ কৰিবলৈ দাবীৰ কাৰণে আহ্বান কৰা হৈছিল। এই বিশ্ববিদ্যালয়টোৰ নতুন নামাকৰণ এটা উদ্বেগজনক প্ৰশ্ন আৰু ইয়েই উচ্চ জাত আৰু হৰিজনসকলৰ মাজত যোৱা বছৰ নিষ্ঠুৰ সংঘৰ্ষ ঘটায়। এই সংঘৰ্ষত বহু লোকৰ মৃত্যু হয়।

[ইণ্ডিয়া এব্ৰড, ৪ ডিচেম্বৰ, ১৯৭৯ চন]

তামিলনাডুত হৰিজনসকলৰ ওপৰত অত্যাচাৰ বৃদ্ধিঃ গৃহমন্ত্ৰী দপ্তৰৰ এক সৰ্বেক্ষণৰ মতে তামিলনাডুত অনুসূচিত জাতিৰ (হৰিজন) লোকৰ বিৰুদ্ধে সংঘটিত বেআইনী কাৰ্য্যৰ 'স্পষ্ট বৃদ্ধিৰ চিন' দেখা গৈছে। যোৱা বছৰ ভিল্লুপুৰমত হোৱা সংঘৰ্ষত অনুসূচিত জাতিৰ ১২ জন লোকক হত্যা কৰাৰ পিচত এই সৰ্বেক্ষণ আৰম্ভ কৰা হয়। পানী খোৱাৰ সুবিধা নিদিয়া হোটেলত বেলেগ বাচন বৰ্তন বা বেলেগে খোৱাৰ ঠাই দিয়া, মন্দিৰত সোমাবলৈ নিদিয়া আৰু মৰিশালিলৈ যোৱা পথ ব্যৱহাৰ কৰিবলৈ নিদিয়া আদিৰ দৰে নাগৰিক অধিকাৰ আইন উলংঘন কৰা জগৰ ইয়াত উল্লেখ কৰা হৈছে।

[ইণ্ডিয়া এব্ৰড, ১৪ ডিচেম্বৰ, ১৯৭৯ চন]

হৰিজন হত্যা: প্ৰধান মন্ত্ৰী চৰণ সিঙৰ নিৰ্বাচনী এলেকা বাঘপটত ঘটা ঘটনা এটা কেন্দ্ৰত উচ্চ জাতৰ হিন্দু আৰু হৰিজনৰ মাজত হোৱা সংঘৰ্ষত জানুৱাৰৰীৰ ৩ তাৰিখে তিনিজন হৰিজনৰ মৃত্যু আৰু উনৈচজন জখম হয়। কংগ্ৰেছ (ই) আৰু জনতা উভয় দলেই অভিযোগ তোলে যে সিঙৰ সম্প্ৰদায় মধ্যবিত্ত জাটসকলে বাঘপট এলেকাৰ হৰিজনসকলক ভোট দিয়াত বাধা দিয়ে।

[ইণ্ডিয়া এব্ৰড, জানুৱাৰী, ১৯৮০ চন]

বিহাৰ জাত যুদ্ধত ১৪ জনৰ মৃত্যু: বিহাৰত চলি থকা এক জাত যুদ্ধত যোৱা সপ্তাহত মুঠ ১৪ জন লোকৰ মৃত্যু হয়। ফেব্ৰুৱাৰীৰ ৯ তাৰিখে নিম্ন জাতৰ এটা দলে চাৰথুৰ গাঁৱত গুলী বৰ্ষণ কৰি উচ্চ জাতৰ এজন খেতিয়কক হত্যা আৰু আন কেবাজনক জখম কৰে। এই যুদ্ধ আৰম্ভ হয় যোৱা অক্টোবৰত। ৰাম নিৰঞ্জন সিং নামৰ এজন মাটিৰ গৰাকীয়ে বেআইনী ভাবে ভূমি অধিকাৰ কৰিছে বুলি বহুতো খেতিয়কে, ঘাইকৈ অনুসূচিত জাতিৰ লোকে তেঁওৰ শিৰচ্ছেদ কৰে। তাৰ প্ৰতিশোধ ল'বলৈ উচ্চ জাতৰ প্ৰায় এশজন লোকে ফেব্ৰুৱাৰীৰ ৭ তাৰিখৰ ধল পুৱাতে আহি পৰশবিঘা গাঁৱৰ চল্লিছটামান ঘৰ বেঢ়ি ধৰে আৰু জুই লগাই দিয়ে। তেঁওলোকে সেই ঘৰবিলাকৰ পৰা ওলাই অহা যেই কোনো লোককে গুলিয়ায়। শ্ৰীমতী ফুলৰা দেৱীয়ে বাতৰি দিওঁতাক কয় যে মেট্ৰিক পৰীক্ষাৰ কাৰণে সাজু হোৱা তেঁওৰ একমাত্ৰ পুতেক শ্যাম নাৰায়ণে তেঁওলোকৰ গাই দুজনীক মোকলাই দিবলৈ ওলাই যায় আৰু তেঁওক ক্ষমা কৰিবলৈ কাকুতি মিনতি কৰা সত্বেও সিহঁতে তেঁওক কেবাবাৰও গুলিয়ায়।

[ইণ্ডিয়া এব্ৰড, ১৫ ফেব্ৰুৱাৰী, ১৯৮০ চন]

মুঠৰ ওপৰত, চাৰি বৰ্ণৰ সৃষ্টিয়ে ভাৰতীয়সকলৰ মনত এনে বৰ্ণবৈষম্যৰ ভাৱ সুমুৱালে যে বেলেগ জাতৰ বা ক'লা ৰঙৰ মানুহক ঘিণ কৰা বা হেয় কৰাটো বেছি ভাগ ভাৰতীয়ৰে প্ৰকৃতিৰ নিচিনা হৈ পৰিল। ক'লা বৰণৰ মানুহক আপচু, নীচ বুলি ভবাটো যিদৰে ভাৰতীয়সকলৰ স্বভাৱ সেইদৰে গাত অলপ বগা প্ৰলেপ পৰা লোকৰ সৌন্দৰ্য্য, গুণ আদিৰ প্ৰতি বিস্ময় প্ৰকাশ কৰাটোও তেঁওলোকৰ প্ৰকৃতি সদৃশ। 'ক'লী ছোৱালীক কোনে বিয়া কৰিব' বুলি আমাৰ মাক-বাপেকবিলাকে হিয়া ভুকুৱায়।

বৃটিছৰ আমোলত ইংলণ্ডত পঢ়াশুনা বা আন একো কৰিব নোৱাৰা বহুতো ডেকাক ভাৰতত চাকৰি কৰিবলৈ পঠিওৱা হৈছিল। এওঁলোকে আহি আমাৰ কোম্পানী কিছুমানৰ ডাঙৰ ডাঙৰ বিষয়া, চাহ বাগানৰ মেনেজাৰ, পুলিচ বা মিলিটাৰীৰ বিষয়া হৈছিল। এনে অশিক্ষিত, অৰ্ধশিক্ষিত বা ইংৰাজ সমাজে বেতনিৰ ঔৰ দৰে বিসৰ্জন কৰা ইংৰাজ সকলক ভাৰতীয়সকলে গাৰ ৰংটো বগা হোৱা কাৰণেই 'সাক্ষাৎ ৰামচন্দ্ৰ'ৰ নিচিনা জ্ঞান কৰিছিল আৰু তেঁওলোকৰ আগত গোলামৰ দৰে মনে প্ৰাণে আঁঠু লৈছিল। এয়াৰ ইণ্ডিয়াত ভ্ৰমণ কৰা যাত্ৰীসকলৰ বেছিভাগৰেই এই অভিজ্ঞতা যে এয়াৰ ইণ্ডিয়াৰ পৰিচাৰিকা সকলে বগা পশ্চিমীয়া লোকক যেনেদৰে আদৰ সাদৰ কৰে ভাৰতীয়সকলক বা ক'লা বৰণৰ লোকক নকৰে। আফ্ৰিকাত শ শ বছৰ থাকি আফ্ৰিকাৰ ঐশ্বৰ্য্যৰে চহকী হোৱা বহু ভাৰতীয় লোকে সদায় ক'লীয়া আফ্ৰিকাবাসীক ঘিণ কৰি তেঁওলোকৰ পৰা অলগ হৈ আছিল। সেয়ে স্বাধীনতা লাভ কৰাৰ পিচত ইউগাণ্ডা, কেনিয়া আদি ঠাইৰ আফ্ৰিকাবাসীয়ে তাত থকা ভাৰতীয়সকলৰ প্ৰতি বিশেষ বিদ্বেষৰ নীতি অৱলম্বন কৰে।

আজিকালি আমেৰিকাৰ সমাজে ইয়াৰ

কৃষ্ণাংগ আৰু শ্বেতাংগ লোকসকলৰ মাজত থকা বিভেদ আঁতৰাবলৈ উঠি পৰি লাগিছে। কিন্তু ইয়াত বাস কৰিবলৈ অহা ভাৰতীয়ই ইয়াৰ কৃষ্ণাংগ লোকসকলক (আজিকালি নিগ্ৰো বা 'নিগাৰ' শব্দ নিন্দাজনক বুলি ধৰা হয়। এওঁলোকক ব্লেক অৰ্থাৎ কৃষ্ণাংগ বুলিহে কোৱা হয়।) সততে ঘৃণাৰ চকুৰে চায়।

'নিউ ইয়ৰ্ক মহানগৰখন নিগ্ৰোবিলাকে নষ্ট কৰিলে,'

'এই ক'লা ক'লা নিগ্ৰোবিলাকক দেখিলেই ভয় লাগে',

'নিগ্ৰেবিলাকৰ কাৰণে বজাৰলৈ যাবলৈকে ভয় লাগে'

আদি মন্তব্য ইয়াৰ ভাৰতীয়সকলৰ মুখত প্ৰায়ে শুনিবলৈ পোৱা যায়। এবাৰ মোৰ এজন ভাৰতীয় বন্ধুৱে নায়েগ্ৰা জলপ্ৰপাতৰ কাষত নিজৰ পৰিয়ালটোৰ ফটো তোলাত লেহেম কৰা কাৰণে মই কৈছিলোঁ, 'তোলক, এতিয়াই ভাল হৈছে'। তেঁও কিন্তু উত্তৰ দিলে, 'ৰ'ব সেই ক'লীয়াটো আহি ওচৰত থিয় হৈছে নহয়, তাৰও চেহেৰাটো উঠাই ফটোখন নষ্ট কৰিবৰ ইচ্ছা নাই'। এইবিলাকে ভাৰতীয় বৰ্ণবৈষম্য প্ৰকৃতিৰেই পৰিচয় দিয়ে।

সৰুতে দেখা 'আন্দাজ' নামৰ হিন্দী ছবি এখনৰ এটা দৃশ্য মোৰ ভালদৰে মনত আছে। নায়ক দিলীপ কুমাৰক নায়িকা নাৰ্গিছে তেঁও ক'ৰ পৰা আহিছে বুলি সুধিলত, দিলীপ কুমাৰে আফ্ৰিকাৰ পৰা বুলি দিয়া উত্তৰ শুনি নাৰ্গিছে হাঁহি সামৰিব নোৱাৰা হৈছিল। তাকে দেখি দিলীপ কুমাৰে গহীন ভাবে মন্তব্য কৰিছিল: 'তুমি ছাগৈ ভাবিছা যে মোৰ চেহেৰাটো গৰিলাৰ লগত নিমিলে কিয় বুলি?' সেই কথোপকথন মনত পৰিলে আজিকালি মোৰ গা শিঁয়ৰি উঠে। কেনেদৰে ভাৰতীয় সভ্য সমাজে কিছুমান অতি নীচ আৰু অমানৱীয় ভাবধাৰাৰ পৃষ্ঠপোষকতা কৰে তাকে ভাবি। এনেকুৱা পৰ-জাতি-নিন্দাৰ মনোবৃত্তি ভাৰতৰ বাহিৰে আন কোনো সভ্য সমাজত সহ্য নকৰে। কিন্তু 'আন্দাজ' চিনেমাৰ সেই কথোপকথনখিনিৰ কোনো ভাৰতীয়ই প্ৰতিবাদ কৰা নাছিল। মই তেতিয়া স্কুলীয়া ছাত্ৰ; কথাখিনিৰ অৰ্থ এতিয়াহে বুজি পাইছোঁ।

আন্দাজ কথাছবিত নাৰ্গিছ, ৰাজ কাপুৰ আৰু দিলীপ কুমাৰৰ 'গৰিলা' বিষয়ক কথোপকথন

হিন্দু সমাজে শ্ৰমিকক সদায় হেয় কৰি আহিছে। শ্ৰমৰ মৰ্য্যাদা আমাৰ মাজত নাই বুলি এক বাক্যে ক'ব পাৰি। অকল সেয়ে নহয়। জীৱন ধাৰণৰ কাৰণে লাগতিয়াল কিছুমান কামক তেঁওলোকে অতি লেতেৰা বুলি নিজে নকৰে কিন্তু সেই কাম কৰি দিয়া লোকসকলৰ শ্ৰমৰ শলাগ নলৈ তেঁওলোকক ঘিণহে কৰে। মেতৰ, নাপিত, মুচী, ধোবা আদি লোকসকল, যাৰ অবিহনে সমাজ নচলে, তেঁওলোক সমাজৰ অস্পৃশ্য বা অৱহেলিত লোক। এওঁলোকে নিজৰ শ্ৰম অনুযায়ী মজুৰি নাপায়। ভাৰতীয় মানুহ পশ্চিমীয়া দেশলৈ আহি প্ৰথমে বিপদত পৰে, কিয়নো ইয়াত লেতেৰা কাম কৰিব লগীয়া হ'লে মানুহে বানচও বেছিকৈ লয়। উদাহৰণ স্বৰূপে ইয়াত চুলি কটাৰ মজুৰী এজন গান মাষ্টৰে এক ঘণ্টা গান শিকোৱাৰ সমান, এজন

ট্ৰাক ড্ৰাইভাৰৰ মাহেকীয়া আয় কোনো কোনো ক্ষেত্ৰত এখন ৰাজ্যৰ ৰাজ্যপালৰ দৰমহাৰ সমান। ইয়াৰ বেছি ভাগ লোকেই দৈনন্দিন জীৱন ধাৰণৰ কাৰণে প্ৰয়োজনীয় সকলো যাৱতীয় কাম নিজেই কৰে। নিজেই কামবিলাক কৰে কাৰণেই পশ্চিমীয়া লোকসকলে শ্ৰমৰ মৰ্য্যাদা বুজে। মজুৰিৰ কাৰণে কৰিলেও যেই কোনো প্ৰকাৰৰ সেৱা শুশ্ৰূষা বা আলপৈচান ধৰা কাৰ্য্যক ইয়াৰ মানুহে এক বিশেষ অনুগ্ৰহ বুলিহে ধৰে। এই অনুগ্ৰহ স্বীকাৰ কৰিবৰ কাৰণেই এনেকুৱা কাৰ্য্য কৰা লোকক মানুহে নিৰ্ধাৰিত বানচৰ উপৰিও টিপ (tip) দিয়ে। টিপ শব্দৰ অৰ্থই হৈছে অনুগ্ৰহ স্বীকাৰ কৰি দিয়া ধন। হিন্দু সমাজে কিন্তু আনৰ সেৱা-শুশ্ৰূষা কৰাটোৱেই শূদ্ৰকলৰ স্বভাৱজাত কৰ্ম বুলি ধৰ্মৰ নামত শূদ্ৰসকলক চিৰদিনৰ কাৰণে দাসত্বৰ শিকলিৰে বান্ধিলে। ই অতি দুখ লগা কথা যে আমাৰ মানুহে নিজে কৰিবলৈ অপাৰগ কাম আনে কৰি দিলে তাৰ শলাগ নলৈ তেনেলোকক লেই লেই ছেই ছেই কৰে।

সকলো জীৱতেই যিহেতু আত্মা, জীৱ হত্যা যেতিয়া মহাপাপ, হিন্দু সমাজে মাছমৰীয়ালোক বা মাছ মাংস আদিৰ ব্যৱসায় কৰা লোকক দাৰ্শনিক দৃষ্টিকোণৰ পৰা সদায় হেয় জ্ঞান কৰি আহিছে। কালক্ৰমত এনেলোকক আৰু তেঁওলোকৰ বংশধৰ সকলকো নীচ জাতি কৰা হ'ল। আজিকালি মাছ-মাংস খোৱাটো পাপ নহয় কিন্তু মাছমৰীয়াসকলক আজিও বেয়া চকুৰে চোৱা হয়। আজিকালিৰ সমাজত, বিশেষকৈ অসমীয়া সমাজত, মাছ নহ'লে ৰাইজৰ পেটলৈ ভাত নাযায় কিন্তু যি মাছ ধৰি খুৱায় তেঁওলোকৰ শলাগ লোৱা নহয়। মেতৰ আদি লোক খুব দুখীয়া কাৰণে অৱশ্যে লেতেৰ-পেতেৰ হৈ থাকে, তেঁওলোকক ঘিণ কৰাৰ কিছু যুক্তি মানুহে দৰ্শাব পাৰে কিন্তু মাছৰ ব্যৱসায় আজিকালি অতি লাভজনক। বহুতো মাছমৰীয়া লোক খুব চহকী, খুব আড়ম্বৰে থাকে আৰু তেঁওলোকৰ শিক্ষাদীক্ষাও কম নহয়। কিন্তু সমাজে সাধাৰণতে তেঁওলোকক আদৰি নলয়।

ভাৰতী স্বাধীনা হ'ল (১৫ আগষ্ট, ১৯৪৭ চন)

ছবিত জৱাহৰলাল নেহৰুৰ লগত লৰ্ড আৰু লেডি মাউণ্টবেটেন [ফটো: ফেচবুকৰ সৌজন্যত]

অনিৰাপত্তাৰ যুগ (১৯৪৭-৬২)

১৯৪৭ চনত ভাৰত স্বাধীন হ'ল আৰু লগে লগে ভাৰতীয়সকলৰ জীৱন সংগ্ৰাম সম্পূৰ্ণ ৰূপে সলনি হ'ল। এই ঐতিহাসিক পৰিৱৰ্তনে ভূপেন হাজৰিকাৰ কাৰণে নতুন কৰ্মক্ষেত্ৰৰ সৃষ্টি কৰিলে। বিশেষকৈ ১৯৪৮ চনত আকাশবাণীৰ গুৱাহাটী কেন্দ্ৰ স্থাপনে তেঁওৰ জীৱনলৈ এক বিৰাট প্ৰতিশ্ৰুতি আনিলে। তেঁও 'অকণমানিৰ মেল'কে আদি কৰি নানা ধৰণৰ অনাতাঁৰ প্ৰচাৰৰ লগত জড়িত হৈ নিজে সৃষ্টি কৰা গীত আদি, বিস্তৃত ভাবে প্ৰকাশ কৰিবলৈ সুবিধা পালে। এই বিষয়ে শ্ৰীমতী নিৰ্মলপ্ৰভা বৰদলৈয়ে ধুনীয়াকৈ লিখিছে:

> "অসমত ৰেডিঅ' ষ্টেচন স্থাপন হোৱাৰ লগে লগে অসমীয়া গীত ৰচক, সুৰ সংযোজক, গায়কসকলৰ কাৰণে এখন নতুন দুৱাৰ মুকলি হ'ল। সুৰত, ৰচনাত মৌলিকতা দেখুৱাবলৈ ই সুযোগ মুকলি কৰি দিলে। এই নতুন আহ্বানত সহাঁৰি দি ৰচনা আৰু সুৰত অভূতপূৰ্ব বৈশিষ্ট্যৰে যুগান্তকাৰী তথা যুগোপযোগী সৃষ্টি আগ বঢ়ালে ডঃ ভূপেন হাজৰিকাই। কথা আৰু সুৰৰ অপূৰ্ব সমন্বয়ৰে এইজনা শিল্পীয়ে অসমীয়া গীতলৈ সাৰ্থক বাস্তৱবাদ (realism) কঢ়িয়াই আনিলে। মাছমৰীয়া, দোলাভাৰী, শিল ভাঙোতা, ৰেলগাড়ী চলাওঁতা আদিৰ নিকৰুণ জীৱনৰ ছবি অসমৰ কেঁচা মাটিত শুই থকা বাবে বৰণীয়া সুৰৰ ৰহণেৰে আঁকি জন হৃদয় এওঁ অসামান্য জনপ্ৰিয়তাৰে যুগমীয়াকৈ পৰশি গ'ল। পৰম্পৰা ভাবে চলি অহা গতানুগতিক অসমীয়া গীতৰ ভূপেন হাজৰিকাই এক বলিষ্ঠ Challenge দিলে বুলি একে আষাৰে ক'ব পৰা যায়। কাব্যিক সৌন্দৰ্য্যৰ ফালৰ পৰাও এইজনা শিল্পীৰ বহু গীত (সাগৰ সংগমত, ৰং কিনিবা কোনে, ৰ'দ পুৱাবৰ কাৰণে ইত্যাদি) অতুলনীয়। ন ন ভাৱ আৰু মায়াময় সুৰৰ সংযোজনাৰে অসমীয়া গীতক এক শক্তিশালী মান (standard) দিয়া এই মহান শিল্পী আশ্চৰ্য্য এক সোণালী কণ্ঠৰ অধিকাৰী।"

[জগত চেতিয়া সম্পাদিত 'সুৰ সাগৰৰ মুকুতা বুটলি', ইতিবৃত্তি শিতানত]

তথাপি ভূপেন হাজৰিকাৰ জীৱনলৈ এনে অনিশ্চয়তা কিছুমান আহিবলৈ ধৰিলে যে তেঁও বিশেষ অনিৰাপত্তাৰহে সন্মুখীন হ'ল। ১৯৪৭ চনৰ পৰা ১৯৬২ চনলৈকে এই পোন্ধৰটা বছৰ তেঁওৰ জীৱনৰ এক অনিৰাপত্তাৰ যুগ বুলিব পাৰি। স্বাধীন দেশত তেঁওৰ প্ৰাণে বিচাৰিলে তেঁও প্ৰাপ্য বুলি ভবা সামূহিক জীৱনৰ উৎস থকা মুক্তবায়ু। কিন্তু জীৰ্ণ সমাজৰ বন্ধনে যেন তেঁওক কাৰাৰুদ্ধ কৰিলে। তেঁওৰ জীৱনৰ এই পোন্ধৰটা বছৰ ৰুদ্ধ কাৰাৰ দুৱাৰ ভাঙি জ্যোতিয়ে নিতৌ নচা সমাজত তেঁও কণ্ঠেৰে অঞ্জলি দিবলৈ কৰা প্ৰয়াসৰ এক মৰ্মস্পৰ্শী কাহিনী। তেঁওৰ জীৱনৰ এই অধ্যায় আৰম্ভ হয় সৰু সৰু সমাজৰ এক ভেকুলীয়েও লাজ পোৱা বিচাৰত আৰু ইয়াৰ সামৰণি পৰে ১৯৬২ চনত চীনে বৰ্বৰ ভাবে ভাৰত আক্ৰমণ কৰি মৰা শক্তিশেলত। জাতপাত নিমিলা কাৰণেই হওক বা আন কাৰণতেই হওক প্ৰেয়সীৰ মাক

দেউতাকৰ প্ৰতিবন্ধকতাত ডক্টৰ হাজৰিকাৰ নিচিনা বিদ্ৰোহী মনে হাৰ মানিবলৈ নিবিচাৰিলে। তেঁও ছোৱালীক পলুৱাই নি ৰাতি ছিলঙৰ 'মৰেলো' ৰেষ্টুৰেণ্টত বিয়া পাতিবলৈ পাঙিলে। এই বিয়া আইনসংগত ভাবে সমাধা কৰিবলৈ হাকিম শ্ৰীজ্যোতিৰ্ময় বৰুৱাও হেনো সন্মত হ'ল। কিন্তু ৰুক্মিণীক শ্ৰীকৃষ্ণই হৰণ কৰোঁতে ক্ষুব্ধ হোৱা শিশুপালৰ দৰে লাবানৰ ডেকাসকলে খেদি আহিলে যাতে কৃষ্ণৰূপী ভূপেনে আহি লাবানৰ ছোৱালীক পলুৱাই নিব নোৱাৰে। কোৱা বাহুল্য যে ডক্টৰ হাজৰিকাই ছোৱালী পলুৱাই নিবলৈ অসমৰ্থ হ'ল ঠিক তেঁওৰ মাক দেউতাকৰ বা ছিলঙীয়া শিশুপালসকলৰ বাধাৰ বাবে নহয় কিন্তু এছাটি কোমল বতাহে তেঁওৰ বিদ্ৰোহী তেজক কিছু পৰিমাণে শান্ত কৰা কাৰণেহে।

এই কোমল বতাহ ছাটি আহিল তেঁওক আমেৰিকাত উচ্চ শিক্ষাৰ বাবে দিয়া এটা বৃত্তি ৰূপে। সমাজবিৰোধী কাম কৰাতকৈ নিজকে শিক্ষাৰে সমাজ সংস্কাৰ কৰিবলৈ শক্তিশালী কৰাটোৰেই তেঁও উচিত বুলি বিবেচনা কৰিলে। তথাপি সমাজৰ বাধাই তেঁওক ক্ষুব্ধও কৰিলে। তাতে তেঁওৰ জুলিয়েট গৰাকীয়েও চহকী আৰু একে জাতৰ অন্য এজনক আনন্দ মনেৰে স্বামী বৰিলে। যি জাতিৰ সমাজত থকা শ্ৰেণীভেদ, জাতিভেদ, সৰু সৰু বিচাৰ আদিৰ কাৰণেই তেঁও চিকাৰ হেৰুৱাব লগীয়া হ'ল সেই জাতিটোক সম্প্ৰসাৰিত নকৰোঁ বুলি তেঁও মনতে ভাবি আমেৰিকালৈ আহিল।

আমেৰিকা মুক্ত দেশ। ইয়াৰ আকাশে বতাহে আছে মুক্তিৰ পৰিমল। অৱশ্যে আমেৰিকাত বহুত ঠেক মনোবৃত্তিৰ লোক আছে। হাজৰিকা আমেৰিকালৈ আহিবৰ সময়ত ইয়াৰ সমাজত বিৰাজ কৰা বৰ্ণবৈষম্যৰ মনোভাৱবোৰ দূৰ কৰিবৰ কাৰণে ডঃ মাৰ্টিন লুথাৰ কিং আৰু ইয়াৰ সুধী সমাজে উঠি পৰি বিপ্লৱ আৰম্ভ কৰিছিল। আমেৰিকাৰ বৰ্ণবৈষম্যৰ বিষয়ে বহুতৰে ভুল ধাৰণা আছে। দক্ষিণ আফ্ৰিকাৰ চৰকাৰৰ দৰে ইয়াৰ চৰকাৰৰ বৰ্ণবৈষম্য নীতি নাই। যেই কোনো কাৰ্য্যতে বৰ্ণবৈষম্য পথ অৱলম্বন কৰাটোহে ইয়াৰ আইনমতে দণ্ডনীয়। ইয়াৰ কৃষ্ণাংগ লোকসকলৰ উপৰি পুৰুষসকলৰ বেছি ভাগকেই আফ্ৰিকাৰ পৰা দাস কৰি অনা হৈছিল আৰু বহুত দিনলৈকে তেঁওলোকক অতি অমানুষিক ভাবে দাস কৰি ৰখা হৈছিল। আমেৰিকা বহু ৰাজ্যৰে গঠিত এখন যুক্ত ৰাজ্য, ইয়াৰ ৰাজ্য চৰকাৰ বিলাকৰ ক্ষমতা আমাৰ প্ৰাদেশিক চৰকাৰ বিলাকতকৈ বহু বেছি। কেন্দ্ৰিয় চৰকাৰে একচেতিয়া ভাবে এই ৰাজ্যবোৰত বিশেষ শাসনবিধি জাপি দিব নোৱাৰে। কৃষ্ণাংগ দাসবিলাকক মুকলি কৰি দিবলৈ ইয়াৰ সুধী সমাজে কেতিয়াবাই আন্দোলন আৰম্ভ কৰিছিল, কিন্তু ইয়াৰ দক্ষিণৰ ৰাজ্যসমূহে দাসত্ব প্ৰথা দূৰ কৰিবৰ কাৰণে সন্মত নহৈছিল। সেয়েহে, ৰাষ্ট্ৰপতি আব্ৰাহাম লিংকনে দক্ষিণৰ ৰাজ্য সমূহৰ লগত যুদ্ধ কৰিব লগীয়া হৈছিল। এইটো বিশেষ মন কৰিব লগীয়া যে যি সময়ত আব্ৰাহাম লিংকনৰ কেন্দ্ৰীয় সৈন্যই দাসত্ব প্ৰথা দূৰ কৰিবৰ কাৰণে দক্ষিণৰ ৰাজ্য সমূহৰ লগত গৃহযুদ্ধ কৰিছিল সেই সময়ত পৃথিৱীৰ আন আন বহু দেশত দাসত্ব প্ৰথা কম বেছি পৰিমাণে বিৰাজ কৰিছিল আৰু এতিয়াও পৃথিৱীৰ প্ৰায় ভাগ দুখীয়া দেশতে এনে দাসত্ব প্ৰথা আছে যাৰ দ্বাৰা লাখ লাখ লোক নাগৰিকৰ সাধাৰণ অধিকাৰ বা সাধাৰণ মানৱ অধিকাৰ বিলাকৰ পৰা বঞ্চিত হৈ আছে। আমেৰিকাবাসীয়ে এই বুলিয়েই গৌৰৱ কৰিব পাৰে যে আজি শতাধিক বছৰ আগতেই তেঁওলোকে মানৱ অধিকাৰ বিলাকৰ কাৰণে অন্যায় অবিচাৰৰ বিৰুদ্ধে যুদ্ধক্ষেত্ৰত অৱতীৰ্ণ হ'ব পাৰিছিল। আজিও আমেৰিকাৰ বৈদেশিক নীতিৰ মূলমন্ত্ৰ হৈছে সাধাৰণ মানৱ অধিকাৰ। কি ভিয়েৎনামৰ সাগৰত টুলুঙা নাৱত

নিঃসহায় ভাবে জীয়াতু ভোগা ভগনীয়াই হওক, কি দুখীয়া দেশত অনাহাৰে মৃত্যু মুখত পৰিব লগীয়া লোকসকলেই হওক, কি বানপানী বা-মৰলী ভূমিকম্প আদি প্ৰাকৃতিক দুৰ্য্যোগত ভোগা লোকসকলেই হওক, আমেৰিকাবাসীয়ে মানুহক মৰ্য্যাদাৰে জীয়াই থাকিবৰ সুবিধা দিবৰ কাৰণে সদায় চেষ্টা কৰি আহিছে। পৃথিৱীৰ যেই কোনো অংশতে কিবা কাৰণে যদি মানৱ অধিকাৰ বিনষ্ট হ'বৰ উপক্ৰম হৈছে তেনেহ'লে সেই আতংকিত মানৱৰ আৰ্তনাদৰ ঢৌৱে আমেৰিকাক নিশ্চয় স্পৰ্শ কৰিছে। আজিৰ পৃথিৱীৰ আন কোনো জাতিয়ে এনেদৰে গৌৰৱ কৰিব পৰা কাৰ্য্য কৰা নাই।

বিদ্যালয়ৰ ভিতৰত সোমাব নোৱৰাজনৰ হাবিয়াস

ফটো: বন্দিতা হাজৰিকা আৰু ফেচবুকৰ সৌজন্যত

আমেৰিকাবাসী সাম্যবাদী সমাজৰ বিৰোধী হোৱাৰো কাৰণ হৈছে মানৱৰ সাধাৰণ অধিকাৰ। আমেৰিকান দকলৰ বেছি ভাগৰেই এইটো দৃঢ় বিশ্বাস যে সাম্যবাদী সমাজত মানুহৰ ব্যক্তিগত বা সাধাৰণ অধিকাৰবোৰ সম্পূৰ্ণ ৰূপে ধ্বংস কৰা হয়। এই বিশ্বাসৰ কাৰণেই বহু আমেৰিকাবাসী সাম্যবাদী সমাজৰ ভয়াবহ ৰূপৰ কথা ভাবি আতংকিত হয়। মই ১৯৬৫ চনত ইংলণ্ডৰ পৰা কানাডা অভিমুখে আহোঁতে জাহাজত আদবয়সীয়া আমেৰিকান দম্পতীৰ সৈতে একেখন টেবুলতে খোৱাবোৱা কৰিব লগীয়া হৈছিল। এদিন কথাৰ মাজত মই অলপ দায়িত্বহীন ভাবে মন্তব্য কৰিলোঁ যে ভাৰতৰ দৰিদ্ৰ আৰু অস্পৃশ্যসকলক পৰিত্ৰাণ কৰাৰ একমাত্ৰ উপায় হৈছে সাম্যবাদী সমাজ। মোৰ কথা শুনি তেঁওলোক খুব আতংকিত হ'ল। আৰু পিচদিনাখন মোক জনালে যে ভাৰততো সাম্যবাদী সমাজ হোৱাৰ সম্ভাৱনা আছে বুলি ভাবি তেঁওলোকৰ ৰাতি টোপনি নাহিল। মোৰ কথাত ইমান গুৰুত্ব দিয়া দেখি মই তেতিয়া এক প্ৰকাৰ আমোদেই পাইছিলোঁ, কিন্তু পাচত আমেৰিকাত কিছুদিন বাস কৰি যেতিয়া মই আমেৰিকাবাসীয়ে সাম্যবাদী সমাজৰ বিৰুদ্ধে থকা বিশ্বাসৰ কথা জানিব পাৰিলোঁ মই দায়িত্বহীন ভাবে তেঁওলোকৰ মনত দুখ দিয়া বুলি মোৰ অনুশোচনা হ'ল।

ডক্টৰ ভূপেন হাজৰিকা আমেৰিকালৈ আহিবৰ সময়ত ইয়াত সাম্যবাদী সমাজৰ আৰু তেনে সমাজ প্ৰতিষ্ঠা কৰাৰ আশা কৰা কমিউনিষ্ট দলৰ লোকৰ বিপক্ষে ঘোৰতৰ বিৰোধিতা চলিছিল। বিশেষকৈ এইটো মেকাৰ্থী-ইজমৰ যুগ (সত্যাসত্যতাৰ প্ৰতি ভ্ৰূক্ষেপ নকৰি অভিযোগ প্ৰচাৰ কৰা, নানা অন্যায় আচৰণেৰে বিৰোধী লোকক দমাই ৰখা, যেই কোনো প্ৰকাৰে ভীতি প্ৰদৰ্শন কৰি বিৰোধীলোকৰ মুখ বন্ধ কৰা আদি ৰাজনৈতিক আচৰণক মেকাৰ্থী-ইজম বোলা হয়। এই নামকৰণ আমেৰিকাৰ উচ্চতম বিধান সভা ছিনেটৰ ১৯৪৬ চনৰ পৰা ১৯৫৭ চনৰ সদস্য জোচেফ মেকাৰ্থীৰ প্ৰৰোচনাত কমিউনিষ্ট দলীয়

লোক বা সাম্যবাদী সমাজৰ প্ৰতি সহানুভূতি থকা লোকক যথেষ্ট অত্যাচাৰ কৰা হৈছিল। সচা মিছা অভিযোগত এওঁলোকক আদালতত ডহাজিৰ কৰা হৈছিল। বহুতৰ বিপক্ষে মিছা অপবাদ ৰটনা কৰাও হৈছিল। তেনে ব্যৱহাৰত অতিষ্ঠ হৈয়ে কথাছবিৰ প্ৰখ্যাত পৰিচালক আৰু নিৰ্বাক ছবিৰ অদ্বিতীয় অভিনেতা চাৰ্লি চাপলিনেও আমেৰিকা এৰি গুচি গৈছিল।

ডক্টৰ হাজৰিকা আমেৰিকালৈ আহে ১৯৪৯ চনত আৰু ইয়াত ১৯৫৩ চনলৈকে থাকে। তেঁও আমেৰিকাৰ সমাজত থকা ব্যক্তিগত স্বাধীনতা আৰু মানৱ অধিকাৰ আদিৰ দ্বাৰা বিশেষ ভাবে উৎসাহিত হ'লেও বিষ্ণু ৰাভাৰ পৰা শিকি অহা সাম্যবাদী দৃষ্টিভংগীৰ কাৰণে মেকাৰ্থী-ইজমৰও সোৱাদ ল'বলগীয়া হয়। তেঁও ইয়াৰ জেলত দুদিনমান কটাবলগীয়া হৈছিল।

অৱশ্যে আমেৰিকাৰ নিচিনা চহকী দেশত সাম্যবাদী সমাজ এক প্ৰকাৰ অৰ্থহীন। সেয়েহে হাজৰিকাইও তেনেকুৱা কাৰ্য্যত বিশেষ সময় নষ্ট নকৰি ইয়াৰ বুদ্ধিজীৱীসকলৰ কাৰ্য্যকলাপ বা ভাৱধাৰাৰ লগত পোনপটীয়া সম্বন্ধ গঢ়ি তুলিবলৈহে চেষ্টা কৰে। আমেৰিকাত থকা কালছোৱাত তেঁও নিজৰ মনৰ প্ৰশান্ত সাগৰলৈ নতুন ভাবৰ নতুন জ্ঞানৰ নতুন নতুন দিগন্ত আনিবলৈ সমৰ্থ হয়। তেঁও আমেৰিকালৈ এক অগ্নি যুগৰ ফিৰিঙতি হৈ আহে আৰু ইয়াৰ পৰা উভটি যায় এক সুস্থ সবল জীয়া জুই ৰূপেহে। এই জীয়া জুই জ্বলিছিল শ্ৰমৰ মৰ্য্যাদা, ব্যক্তিগত আশা-আকাংক্ষা, প্ৰাণ খুলি গোৱা গীতৰ উচ্ছ্বাস, স্বাধীন দেশখনক উন্নত কৰাৰ আগ্ৰহ আদিৰে। 'শিল ভাঙ', 'সাগৰ সংগমত' আদি গীতৰ সমল হয়তো তেঁওৰ মনত এই যুগতে উদ্ভৱ হৈছিল।

উভতি গৈ অসম পোৱাৰ পিচত সমাজ আৰু দেশত বেয়াকৈ শিপোৱা দুনীতি, ব্যভিচাৰ আৰু দুৰ্বহ হৈ পৰা দুখীয়া ৰাইজৰ জীৱন সংগ্ৰাম দেখি এই জীয়া জুই দপদপাই জ্বলি উঠিল। ক্ষমতালোভী নেতা, ক্ষমতাৰ অপপ্ৰয়োগৰ নেতা, অন্যায় অবিচাৰ আদিৰে সৃষ্টি হোৱা নিৰাপত্তাহীন সমাজত তেঁওৰ মনৰ প্ৰশান্ত সাগৰৰ উৰ্মিমালা অশান্ত হৈ পৰিল।

নিৰাপত্তাহীন সমাজ

আমেৰিকাত থাকোঁতেই ডক্টৰ হাজৰিকাই শ্ৰীমতী প্ৰিয়ম পেটেলক বিয়া কৰায়। প্ৰিয়ম ভাৰতীয় যদিও সদায় ইউগাণ্ডাত ডাঙৰ হোৱা। তেঁও ভাৰতীয় জাতিভেদ প্ৰথাৰ তিতাকেহা অভিজ্ঞতাবোৰৰ সোৱাদ এক প্ৰকাৰ নোপোৱাৰ নিচিনা। প্ৰিয়ম আৰু পুতেক তেজৰ সংসাৰখনৰ সৈতে অসমত এক নতুন জীৱন আৰম্ভ কৰিবলৈ ভূপেন হাজৰিকা অসমলৈ উভতি আহিল। কিন্তু অসম পোৱাৰ পিচত অতি উচ্চ শিক্ষিত, সংগীত কলাত বিশেষ পাৰদৰ্শিতা থকা আৰু সমাজক নতুন ৰূপ দিবলৈ বিশেষ হাবিয়াস কৰা ড হাজৰিকা সন্মুখীন হ'ল কেৱল বাধা, দুনীতি, অন্যায়, অবিচাৰ আৰু অৰ্থনৈতিক সমস্যা আদিৰহে। সমাজৰ আৰু ব্যক্তিবিশেষৰ নিষ্ঠুৰতা আদিয়ে তেঁওক এনে ভাবে আগুৰি ধৰিলে যেন কোনোবা হনুমন্তই বাধাৰ বিন্ধ্যা পৰ্বত আনি তেঁওৰ পথ ৰুদ্ধ কৰিলে।

প্ৰথমে তেঁও বহুত দিন চাকৰি বাকৰি নাপাই নিবনুৱা হ'ব লগীয়াত পৰিল। অসাধাৰণ প্ৰতিভা আৰু পাৰদৰ্শিতা থকা এই লোকজনক অসম চৰকাৰ বা অসমীয়া ৰাইজে তেঁওৰ গুণ অনুসাৰে প্ৰতিষ্ঠা কৰি সমাজৰ হিতৰ কাৰণে তেঁওৰ পৰা পাব পৰা বৰঙনি আদায় কৰিবৰ ব্যৱস্থা কৰিব নোৱাৰিলে। তেঁও অসমলৈ উভতিছিল ১৯৫৩ চনত আৰু তেঁও প্ৰথম চাকৰি পায় ১৯৫৫ চনত গুৱাহাটী বিশ্ববিদ্যালয়ৰ অধ্যাপক হিচাপে।

১৯৫৪ চনত আন্তবিশ্ববিদ্যালয়ৰ যুৱ মহোৎসৱত যোগদান কৰা গুৱাহাটী বিশ্ববিদ্যালয়ৰ দল
সমুখত বহিঃ ভূপেন হাজৰিকা, অজিত সিংহ, ?
পিছৰ শাৰীত বহিঃ ?, ?, অণু তামুলী, অবনী গোঁহাই, মহেশ্বৰ নেওগ
থিয় হৈঃ বীৰেন দত্ত,?, দিলীপ হাজৰিকা, জ্যোতির্ময় কাকতি, ?, অঞ্জলি মেচ, শেৱালী দেৱী

ইতিমধ্যে তেখেতৰ দেউতাক শ্ৰীনীলকান্ত হাজৰিকাই চাকৰিৰ পৰা অৱসৰ লয় আৰু কেইকুৰিমান টকাৰে স্কুল বা কলেজত পঢ়া দহজন ল'ৰাছোৱালীৰ এখন সংসাৰ চলাব লগীয়াত পৰে। তেখেতৰ নাই আছিল ঘৰবাৰী, নাই আছিল ব্যৱসায়, নাই আছিল ৰূপিত মাটিবাৰী। তেখেতে কেনেদৰে সেই সংসাৰখন চলাম বুলি ভাবিছিল সি এক ডাঙৰ প্ৰশ্ন। এই প্ৰশ্ন হয়তো সেই সময়ৰ আৰু হাজৰিকাদেৰৰ সমসাময়িক বহুত লোককে সুধিব পৰা যায়। অৱশ্যে এইটো সমাজখন পৰিবৰ্তিত হ'বৰ সময়। ইংৰাজৰ আমোলত আৰু কুৰি শতিকাৰ আৰম্ভণিৰ পৰা অসমত যি শিক্ষা বিস্তাৰ আৰু নগৰীকৰণ আৰম্ভ হৈছিল সেইবিলাকে আনি দিব পৰা সমস্যাবোৰৰ প্ৰতি বিশেষ সতৰ্কতা অৱলম্বন নকৰাকৈ শ শ শিক্ষিত ডেকাই এক নতুন জীৱন পথ আঁকোৱালি লৈছিল। সেই নতুন জীৱন আৰু তেঁওলোকৰ দায়িত্বহীনতাৰ কৰ্মফলত কেৱল যে তেঁওলোকে নিজেই ভুগিছিল এনে নহয়, তাত বিশেষ ভাবে ভুগিব লগীয়া হৈছিল তেঁওলোকৰ ল'ৰা আৰু ছোৱালীবিলাকে। ই বহু পৰিয়ালৰে একেই দুখ লগা কাহিনী। সেই কাহিনীৰ বিষয়ে দুআষাৰ নক'লে সমাজৰ অন্যায় কৰা হ'ব।

কুৰি শতিকাৰ প্ৰথমাৰ্ধত শিক্ষা সাং কৰা বাছকবনীয়া অসমীয়া ডেকা কিছুমানে শিক্ষক,

অধ্যাপক, হাকিম, কেৰাণী আদিৰ চাকৰি লৈ নগৰবিলাকলৈ আহিছিল। এওঁলোকৰ বেছি ভাগৰে উপৰিপুৰুষ সকল গাঁৱত খেতিবাতি কৰি বা অন্যান্য ব্যৱসায়ৰ উপাৰ্জনেৰে জীৱন নিৰ্বাহ কৰি অহা লোক। সেই উপৰিপুৰুষ সকলৰ কাৰণে ল'ৰাছোৱালীবিলাক ভগৱান প্ৰদত্ত আৰু জীৱিকা নিৰ্বাহৰ বিশেষ সহায় আছিল। তাতে বেমাৰ আজাৰত সততে মৃত্যু মুখত পৰাৰ কাৰণে জন্ম হোৱা ল'ৰাছোৱালীৰ কেইটামনহে জীয়াই থকাৰ সম্ভাৱনা আছিল। সেয়েহে সেই উপৰিপুৰুষ সকলে পৰিয়াল পৰিকল্পনাৰ কথা নাভাবিছিল আৰু ভাবিলেও ভগৱান প্ৰদত্ত বা 'কপালত যি লিখা আছে তাক কোনে মচিব' বুলি হাত সাৱটি বহি থকাৰ সহজ পথ অৱলম্বন কৰিছিল।

উনৈচ শতিকাত যেতিয়া সাধাৰণ ভাৰতীয়ৰ জীৱনকালৰ গড় দৈৰ্ঘ্য মাত্ৰ ২৭ বছৰ আছিল তেতিয়া এনে নিশ্চেষ্ট মনোভাৱে সমাজৰ বিশেষ ক্ষতি কৰা নাছিল। কিন্তু কুৰি শতিকাৰ শিক্ষিত ডেকাসকলে একে ধৰণৰ মনোভাৱেৰে তেওঁলোকৰ জীৱন ৰথৰ চকৰি ঘূৰোৱাটো অতি দুৰ্ভাগ্যৰ কথা। শিক্ষাৰ পোহৰেৰে তেওঁলোকে জীৱন আলোকিত নকৰি শোৱাঘৰৰ অন্ধকাৰেৰেহে কেউদিশ অন্ধকাৰাচ্ছন্ন কৰিলে। শোৱাপাটীতে তেওঁলোকৰ সক্ৰিয়তা আৰু কাৰ্য্যক্ষেত্ৰত অদূৰদৰ্শিতাই সমাজত বিশেষ সমস্যাৰ সৃষ্টি কৰিলে। এওঁলোকে নগৰৰ চৰকাৰী ঘৰত বা আনৰ পৰা লোৱা ভাড়া ঘৰত বাস কৰি চাকৰিৰ দৰমহাৰ টকাৰে জীৱিকা নিৰ্বাহ কৰিছিল। গাঁৱৰ লোকৰ তুলনাত নগৰবাসীয়ে শিক্ষা, ডাক্তৰী চিকিৎসা, আমোদ প্ৰমোদৰ ভাল সুবিধা পোৱাৰ উপৰিও এক সুস্থ পৰিৱেশত জীৱন কটাব পাৰিছিল। নগৰীকৰণৰ এইটো প্ৰথম অধ্যায়।

নতুন সৰু নগৰৰ জীৱন প্ৰথমতে বেছ সুবিধাজনক হয়। ই এখন উন্নত গাঁৱৰ নিচিনা। এখন নগৰৰ আৰম্ভণিৰ কালছোৱাত সেই নগৰখনে পিচলৈ সন্মুখীন হ'ব পৰা সমস্যাবিলাকৰ কথা হয়তো ধাৰণা কৰা সহজ নহয়। জনসংখ্যা বঢ়াৰ লগে লগে সেই নগৰৰ মাটিৰ মূল্য আৰু ঘৰৰ ভাড়া কেনেদৰে বাঢ়িব, তাত শৌচাগাৰ-খাল আদিৰ বাবে কি সমস্যা হ'ব, তাত প্ৰতিষ্ঠিত হোৱা উদ্যোগ, কাৰখানা আদিৰ কাৰণে সেই নগৰৰ মাটি, পানী আৰু জলবায়ু কেনেদৰে দূষিত হ'ব সেইবিলাক সেই শিক্ষিত লোকসকলে ভাবি চোৱা নাছিল। অৱশ্যে আজিকালিও আমাৰ বহুত লোক এইবিলাকৰ প্ৰতি সজাগ নহয়। সেয়েহে আজি গুৱাহাটী, ডিব্ৰুগড়ৰ নিচিনা চহৰে সন্মুখীন হোৱা বা আমাৰ আন আন নগৰবিলাকে ভৱিষ্যতে সন্মুখীন হ'ব পৰা সমস্যাবিলাকৰ প্ৰতি ৰাইজে এক প্ৰকাৰ আওকাণ কৰাৰ নিচিনা। গাঁৱত যাৰ ঘৰ আৰু খেতিবাতি আছে তেওঁলোকৰ মনত এক নিৰাপত্তাৰ ভাব থকাটো স্বাভাৱিক। কিন্তু নগৰত ডাঙৰ হোৱা তেওঁলোকৰ ল'ৰাছোৱালীক এই নিৰাপত্তাই স্পৰ্শ কৰিব নোৱাৰে। নগৰত আছে নিবনুৱা সমস্যাৰ বিভীষিকা আৰু ফুটপাথৰ ধুলিমাকতি। গাঁৱত চোতালখন ভৰপূৰ কৰা এজাক ল'ৰাছোৱালী হয়তো বহুতৰে কাৰণে ভাগ্যৰ কথা কাৰণ খেতি বাতি আৰু ঘৰৰ কাম কাজত ল'ৰা ছোৱালীৰ সহায় লাগে। কিন্তু নগৰত এসোপা ল'ৰাছোৱালী মাথোঁ দুৰ্য্যোগৰ চিন, যাৰ উশাহ নিশাহেওঁ ধুমুহাৰ সৃষ্টি কৰিব পাৰে। তদুপৰি নগৰৰ নিবনুৱা আৰু গাঁৱৰ এলেহুৱাৰ উৎপাদন শক্তি প্ৰায় একেই।

ডঃ ভূপেন হাজৰিকাৰ দেউতাক আৰু তেওঁৰ সমসাময়িক বহুতো লোকে নিজৰ আৰু ল'ৰাছোৱালীৰ জীৱন মধুৰ কৰিবলৈ গুৱাহাটীৰ নিচিনা নগৰলৈ আহিছিল। কিন্তু, তেওঁলোকে নিজৰ বা ল'ৰাছোৱালীৰ ভৱিষ্যতবোৰ নিৰাপদ কৰিবলৈ দায়িত্বপূৰ্ণ ব্যৱস্থা লোৱা নাছিল।

সেয়েহে ন গৰাকী ভাইভনী, মাক আৰু অৱসৰপ্ৰাপ্ত দেউতাকৰ দায়িত্ব পৰিল নিবনুৱা ভূপেন হাজৰিকাৰ ওপৰত। এনেকুৱা সময়ত তেঁওলোকে সম্মুখীন হোৱা আৰ্থিক অনাটন আৰু দুখকষ্ট হয়তো বুজোতাইহে কল্পনা কৰিব পাৰিব। তেঁওৰ মাকদেউতাক বা সমাজে হয়তো ক'ব: ভূপেনক মাকদেউতাকে পঢ়াই শুনাই ডাঙৰ দীঘল কৰিছে যেতিয়া তেঁও মাকদেউতাক আৰু ভাইভনী সকলক চম্ভালা উচিত। কিন্তু সেই শিক্ষিত নিবনুৱা হাজৰিকাৰ তেতিয়াও কোনো সংস্থান হোৱা নাছিল, তাতে তেঁও নৱ বিবাহিতা পত্নী আৰু নিজৰ সন্তানৰ দায়িত্ব ল'বলৈ বাধ্য। তেঁওৰ দায়িত্ব তেঁও আৰম্ভ কৰা নিজৰ সংসাৰখনৰ প্ৰতি নে তেঁওৰ মাকদেউতাকৰ সংসাৰখনৰ প্ৰতি সেই প্ৰশ্নৰ সমাধান আমাৰ সমাজত পোৱা নাযায়।

আমাৰ মাক দেউতাকবিলাকে, বিশেষকৈ অধিক সংখ্যক ল'ৰাছোৱালী জন্ম দিয়াসকলে, নিজৰ পুত্ৰসকলৰ পৰা বহুতো আশা কৰে, কিন্তু তেঁওলোকে নিজৰ পুত্ৰসকলৰ জীৱনৰ আশা আকাংক্ষা বা প্ৰয়োজনবিলাকৰ বিষয়ে সমুলি ভাবি নাচায়। পুত্ৰ শব্দৰ অৰ্থ হৈছে 'পুৎ' নামে নৰকৰ পৰা যি তাৰণ কৰে সেয়ে পুত্ৰ। অৰ্থাৎ শ্ৰাদ্ধ পাতি পিণ্ড আদি দিবলৈ এজন পুত্ৰ নাথাকিলে মানুহ পোনে পোনে পুৎ নামৰ নৰকত গৈ জীয়াতু ভোগাটো নিঃসন্দেহ। কিন্তু কাৰ্য্যক্ষেত্ৰত দেখা যায় যে মাকবাপেকে সৃষ্টি কৰা দুৰ্য্যোগ বিলাকৰ পৰা যি তাৰণ কৰে সেয়েহে আচল পুত্ৰ। শ্ৰাদ্ধপিণ্ডতকৈও টকা পইচাৰে সংসাৰ চলোৱাত সহায় কৰিবৰ কাৰণেহে পুত্ৰৰ বেছি প্ৰয়োজন। আমাৰ সমাজে অধিক সংখ্যক ল'ৰাছোৱালী জন্ম দিয়া লোকক সমালোচনা নকৰে কিন্তু মাকদেউতাকক টকা পইচা দি সহায় কৰিবলৈ অসমৰ্থ ডেকাসকলৰ তীব্ৰ সমালোচনা কৰে। অভাৱ অনাটনত পৰা পৰিয়াল বা নিবনুৱা ডেকাক সহায় কৰিবলৈ আমাৰ সমাজত কোনো ব্যৱস্থা নাই।

ভূপেন হাজৰিকাৰ ভনীয়েক কুইনৰ বিয়াৰ কাৰণেও তেঁওলোকৰ পৰিয়ালটোৱে কিছুমান বিশেষ সমস্যাৰ সন্মুখীন হ'ব লগীয়া হয়। কুইনে মনেপ্ৰাণে স্বামী কৰিবলৈ বিচাৰিছিল শিল্পী দিলীপ শৰ্মাক, কিন্তু আন এজন চহকী ডেকাইও তেঁওৰ পাণি গ্ৰহণ কৰিবলৈ বিচাৰিছিল। সেই ডেকাজনে হয়তো হাজৰিকা পৰিয়ালক আৰ্থিক ভাৱেও সহায় কৰিছিল আৰু সেই কাৰণেই তেঁও হয়তো কুইনক তেঁওলৈ বিয়া দিব বুলি আশা কৰিছিল। কুইনৰ অনিচ্ছা সত্বেও চহকী ডেকাৰ পৰা টকাপইচা বা আন অনুগ্ৰহ পোৱাৰ আশাত সেই সময়ৰ বহু শিক্ষিত লোকে সেই ডেকাজনক উচটাবলৈ ধৰিলে আৰু সকলো প্ৰকাৰে হেঁচা দিলে যাতে কুইনৰ বিয়া সেই চহকী ডেকাজনৰ লগতে হয়।

উচ্চ মনৰ আৰু মানৱীয় অধিকাৰৰ প্ৰতি বিশেষ অনুৰাগ থকা ডঃ হাজৰিকা আৰু তেঁওৰ পত্নী প্ৰিয়মৰ মনত কুইনৰ ভৱিষ্যত সম্পৰ্কে উদ্ভৱ হোৱা পৰিস্থিতিয়ে এক তীব্ৰ সংগ্ৰাম সৃষ্টি কৰিলে যাৰ কাৰণে তেঁওলোকৰ পৰিয়ালত এক দুৰ্য্যোগৰ সৃষ্টি হ'ল। পৰিয়ালটোৰ সেই দুৰ্য্যোগ আৰু আৰ্থিক অনাটনৰ সময়ত ৰাইজ বা চৰকাৰ কোনেও সহায় কৰিবলৈ আগবাঢ়ি নাহিল। হলা গছত বাগিকুঠাৰ মৰাটোহে অসমীয়া প্ৰকৃতি। এনে সময়ত অসমীয়া সমাজে পৃষ্ঠপোষকতা কৰিলে এটা অপবাদৰহে। অপবাদটো হ'ল যে হাজৰিকাৰ ডক্টৰেট ডিগ্ৰীটো হেনো মিছা, তেঁও কলম্বিয়া বিশ্ববিদ্যালয়ৰ পৰা ডিগ্ৰীটো নোপোৱাকৈয়ে হেনো পোৱা বুলি কৈছিল।

সেই অপবাদটো যেয়ে আৰম্ভ নকৰক লাগিলে, সেই সময়ত গুৱাহাটীৰ ৰাইজৰ মুখে মুখে এই কথা আৰু বাতৰি কাকততো ইয়াক লিখিত ভাবে প্ৰকাশ কৰা হৈছিল। ইয়াৰ প্ৰধান উদ্দেশ্য আছিল তেঁওক চাকৰিৰ পৰা

বঞ্চিত কৰা, কিয়নো তেঁও গুৱাহাটী বিশ্ববিদ্যালয়ৰ অধ্যাপক পদৰ প্ৰাৰ্থী আছিল। সেইসময়ত তেঁওৰ গুণাগুণক তুচ্ছ কৰিবলৈ এক সক্ৰিয় প্ৰচেষ্টা চলিছিল। গুৱাহাটী বিশ্ববিদ্যালয়ৰ উচ্চ পদস্থ বিষয়া আৰু অধ্যাপক কেই গৰাকীমানেও মন্তব্য কৰিছিল যে ভূপেন হাজৰিকাৰ ডিগ্ৰীটো মিছা বুলি ওলাইছে যেতিয়া তেঁওক অধ্যাপক হিচাপে নিযুক্ত কৰা উচিত নহ'ব।

তেনেদৰে উৰা বাতৰি, বেনামী পত্ৰ আদিত আমাৰ সমাজে বিশেষ গুৰুত্ব দিয়ে। যিবিলাক কথাৰ সত্যাসত্যতা নিৰূপণ কৰিবৰ সহজ উপায় আছে সেইবিলাক কথাৰ আঁতিগুৰি ল'বলৈ চেষ্টা নকৰি আমাৰ মানুহে 'ওলোৱা কথা'ৰ ওপৰতহে গুৰুত্ব দিয়ে। যাহওক, মোৰ দেউতা আৰু সেই সময়ত, গুৱাহাটী বিশ্ববিদ্যালয়ৰ ৰেজিষ্ট্ৰাৰ ফণীধৰ দত্তই কলম্বিয়া বিশ্ববিদ্যালয়লৈ লিখালিখি কৰি আৰু বহুত চেষ্টা কৰিহে ডঃ হাজৰিকাক গুৱাহাটী বিশ্ববিদ্যালয়ৰ অধ্যাপক নিযুক্ত কৰিবলৈ সকলোকে মান্তি কৰায়। সেই খবৰটো শুনি ডঃ হাজৰিকাৰ দেউতাকে এখন পুৰণা চাইকেল চলাই আমাৰ ঘৰলৈ আহি দেউতাৰ প্ৰতি কৃতজ্ঞতা প্ৰকাশ কৰা দৃশ্য মোৰ ভালদৰে মনত আছে। তিনিশ টকীয়া এটা চাকৰিৰে বাৰ তেৰজন লোকৰ এটা পৰিয়ালৰ জীৱিকা নিৰ্বাহত কিমান সহায় সি সন্দেহজনক যদিও সেই চাকৰিটোৱেই তেঁওলোকক সকাহ দিলে।

আমাৰ সমাজত ব্যক্তি বিশেষৰ প্ৰতি বিশেষ লক্ষ্য নাই। অভাৱ, অনাটন, প্ৰাকৃতিক দুৰ্য্যোগ, ব্যক্তিগত বিপৰ্য্যয় আদিত লোকক সহায় কৰিবলৈ সুসংগঠিত ব্যৱস্থা নাই। এনে নিৰাপত্তাৰ অভাৱ হোৱা কাৰণেই আমি প্ৰত্যেকেই বহু পৰিমাণে স্বাৰ্থ অন্বেষী হ'বলৈ বাধ্য। নিজৰ বা নিজৰ পৰিয়ালৰ জীৱন ধাৰণৰ সাধাৰণ নিৰাপত্তাখিনিক নিজে আহৰণ কৰিব নোৱাৰিলে নাখায় মৰিবলগীয়া হোৱাটো স্বাভাৱিক। তেতিয়া আন কোনোবাই উন্নতি চাব বুলি আশা কৰিব নোৱাৰি। কি হাকিম হওক, কি মন্ত্ৰীয়েই হওক, কি অধ্যাপকেই হওক বা কি স্বাৰ্থত্যাগী সমাজসেৱীয়েই হওক, নিজৰ পৰিয়ালটোৰ অৱস্থা পাৰোঁতেই সুস্থ কৰিব নোৱাৰিলে পিচলৈ হিয়া ভুকুৱাবলগীয়া হোৱাটো স্বাভাৱিক। সেয়েহে আমাৰ মন্ত্ৰী, হাকিম, ইঞ্জিনিয়াৰ আদি সকলোৱেই ক্ষমতাত থাকোঁতেই বা পাৰোঁতেই যিমান পাৰে ন্যায় বা অন্যায় ভাবে সাত পুৰুষে খাব পৰাকৈ ধন, সা-সম্পত্তি গোটাবলৈ চেষ্টা কৰে।

অন্যান্য দেশত বিশেষকৈ সাম্যবাদী দেশসমূহত আৰু চুইডেন, বৃটেইন, আমেৰিকা আদি কল্যাণকামী দেশসমূহত ব্যক্তিৰ নিৰাপত্তাৰ বিশেষ ব্যৱস্থা আছে। আমেৰিকাত এক বিশেষ সমাজ নিৰাপত্তা আইন আছে। ইয়াৰ প্ৰত্যেক নাগৰিক বা চিৰস্থায়ী বাসিন্দাক একোটা সমাজ নিৰাপত্তা সংখ্যা দিয়া হয়। চৰকাৰী চাকৰি বা অন্যান্য উপায়ে উপাৰ্জন কৰি থকা লোকসকলে উপাৰ্জনৰ পৰা উপাৰ্জনৰ অনুসাৰে সমাজ নিৰাপত্তা (Social Security) পুঁজিত টকা জমা দিব লাগে। তাৰ বিনিময়ত তেঁও বা তেঁওৰ পৰিয়ালৰ উপাৰ্জন নাইকিয়া হ'লে চৰকাৰে তেঁওলোকৰ জীৱন ধাৰণৰ নিমিত্তে প্ৰয়োজনীয় সামগ্ৰীবিলাক যোগোৱাৰ সম্পূৰ্ণ দায়িত্ব লয় বা তেঁও অৱসৰ গ্ৰহণ কৰিলে তেঁওৰ বৰঙণি অনুযায়ী তেঁওক নিয়ম মতে ধন দিয়াৰ ব্যৱস্থা কৰে। এই ধন পেন্সনৰ ধনৰ পৰা বেলেগ। ইয়াত আহি বৰ্তমান বসতি কৰি থকা অসমীয়া লোকসকলে, যি বহু বছৰ সমাজ নিৰাপত্তা পুঁজিত বৰঙণি দি আহিছে, কেতিয়াবা যে আকৌ অসমত নিগাজীকৈ বাস কৰিবলৈ যাব তাক আশা কৰিব নোৱাৰি। কিয়নো তেনে কৰিলে তেঁওলোকে এই সমাজৰ পৰা পাব পৰা সামাজিক নিৰাপত্তাৰ ধনখিনি

নাপাব। এনে নিৰাপদ স্থান এৰি, অৱহেলা, অনাদৰ আৰু অবিচাৰৰ বানত উভটিবলৈ যোৱাটো বুদ্ধিমানৰ কাম নহ'ব।

আমাৰ সমাজত দুষ্ট প্ৰকৃতিৰ লোকে নিৰীহ মানুহৰ ওপৰত অত্যাচাৰ বা অপমান কৰিবলৈকো বহুত সুবিধা পায়। এইপিনৰ পৰাও সমাজত নিৰাপত্তাৰ অভাৱ। বহুত ক্ষেত্ৰত পুলিচৰ বিষয়া বা ক্ষমতাত থকা লোকৰ লগত ঘনিষ্ঠতা নাথাকিলে দুষ্ট লোকৰ পৰা নিজৰ সা-সম্পত্তি বা মান সন্মান বজাই দিন কটোৱাটোও অসম্ভৱ হৈ পৰে। কুইনে তেঁওৰ মনৰ গৰাকী শ্ৰীদিলীপ শৰ্মাকে বিয়া কৰিবলৈ ওলালে। ডঃ হাজৰিকা আৰু প্ৰিয়মে বহুতো লোকৰ মতৰ বিৰুদ্ধে সেই শুভবিবাহ সুকলমে সমাধা কৰাত আগভাগ ল'লে। তাৰ পিচৰ কথা সুঁৱৰি আজিও প্ৰিয়মে কয়:

> "গুণ্ডা কিছুমানে হাতত বন্দুক লৈ আমাৰ চেনিকুঠীৰ ঘৰৰ বাহিৰৰ পৰা যিবিলাক কথা চিঞৰিছিল আৰু আমাক যি ৰকম ভয় দেখাইছিল মোৰ মনত পৰিলে আজিও গা শিঁয়ৰি উঠে আৰু ভয় লাগে।"

এদিন হেনো তেঁওলোকে ইমান ভয় খাইছিল যে তেঁওলোকে বন্ধু শ্ৰীপুণ্য দুৱৰালৈ কিবা এটা কৰিবলৈ অনুৰোধ কৰি চিঠি লিখি কাম কৰা ল'ৰাটোৰ হাতত মনে মনে পঠাইছিল। সেই জনবহুল চেনীকুঠিৰ ওচৰ চুবুৰীয়াসকলে কিন্তু এইবিলাক নজনা ভাও ধৰি তাৰ প্ৰতিকাৰৰ উপায়ৰ কথা নাভাবিলে। আমাৰ সমাজত নিৰাপত্তাহীনতাৰ এনে ভূতৰ ওপৰতে হাজৰিকাৰ জীৱনত আৰু এক দানৱ ওলাল। গুৱাহাটী বিশ্ববিদ্যালয়ত মাত্ৰ এবছৰমান চাকৰি কৰাৰ পিচতে ডঃ হাজৰিকা ৰাছিয়ালৈ যোৱা এক ভাৰতীয় সাংস্কৃতিক সংঘৰ সদস্য নিৰ্বাচিত হয়। এজন অসমীয়া শিল্পী এনেদৰে সমাদৃত হোৱাত বিশ্ববিদ্যালয়ৰ কৰ্ত্তৃপক্ষই গৌৰৱ কৰিব লাগিছিল। তাৰ আগতে ডঃ হাজৰিকাৰ বিশেষ চেষ্টাৰ কাৰণে গুৱাহাটী বিশ্ববিদ্যালয়ৰ ছাত্ৰছাত্ৰীৰ দলটোৱে দিল্লীত অনুষ্ঠিত হোৱা আন্তঃবিশ্ববিদ্যালয় যুৱ উৎসৱত শ্ৰেষ্ঠ দলৰ সন্মান অৰ্জন কৰিব পাৰিছিল। এইবিলাকৰ বিনিময়ত, তেঁও ৰাছিয়াৰ পৰা উভতি গুৱাহাটী পোৱাত দেৰি হোৱা কাৰণে বিশ্ববিদ্যালয়ৰ কলা বিভাগৰ ডীন বিৰিঞ্চি কুমাৰ বৰুৱাই হাজৰিকাৰ তিনি দিনৰ দৰমহা কাটে। বিৰিঞ্চি বৰুৱাৰ এনে কাৰ্য্যৰ দোষ গুণ বিচাৰ কৰাটো এতিয়া অসম্ভৱ। কিন্তু তেখেতৰ এই কাৰ্য্যত ডঃ হাজৰিকা অতিশয় ক্ষুব্ধ হয়। তাতে হাজৰিকাই দিল্লীৰ পৰা গুৱাহাটীলৈ ৰে'লৰ ভাড়াৰ কাৰণে আনৰ ওচৰত হাত পাতিব লগীয়া হৈছিল আৰু তেঁও দিল্লীৰ পৰা বৰুৱালৈ টেলিগ্ৰামো কৰিছিল। যাহওক, বৰুৱাই হাজৰিকাৰ দৰমহা কাটিবলৈ লোৱা সিদ্ধান্ত হাজৰিকাই অসমীয়া সমাজত ভুগি অহা কষ্ট, অৱহেলা, অন্যায়-অবিচাৰ আদিৰ শক্তিশেল স্বৰূপ হ'ল। ইয়েই ঢেকীৰ শেষ খুন্দাৰ দৰে সকলো মষিমুৰ কৰিলে। তেঁও বিশ্ববিদ্যালয়ৰ চাকৰি এৰি টালি টোপোলা বান্ধি কলিকতালৈ গুচি গ'ল।

তাৰ বছৰচেৰেক পিচতেই, ১৯৬১ চনত হাজৰিকাৰ পত্নীয়ে হাজৰিকাৰ ওচৰৰ পৰা আঁতৰি আহি তেঁওৰ বৈবাহিক জীৱনৰ ওৰ পেলায়। ব্যক্তিগত জীৱনৰ এনে কৰুণ পৰিণতি আৰু তেঁওৰ সাম্যবাদী আদৰ্শৰ প্ৰতি থকা শ্ৰদ্ধাক চীনাই কৰা পদাঘাতে তেঁওলৈ বিশেষ মানসিক অনিৰাপত্তা আনিলে। এই অনিৰাপত্তাৰ যুগতো তেঁও দৃঢ়প্ৰতিজ্ঞ হ'ল গভীৰ আস্থাৰ গীত গাই যাবলৈ। সকলো বাধা বিঘিনি নেওচি তেঁওৰ সৃজনী শক্তি উজাৰি উঠিল, পাৰ ভাঙি উপচি অহা বানৰ দৰে। তেঁও হিয়া উবুৰিয়াই সৃষ্টি কৰিবলৈ আৰম্ভ কৰিলে নতুন কথাছবি, নতুন নতুন প্ৰৱন্ধ আৰু নতুন নতুন গীত।

সামাজিক বিষয়ৰ গীত

ভূপেন হাজৰিকাই শোষণকাৰী বৃটিছৰ দমন নীতি আৰু সাম্যবাদী সমাজৰ প্ৰতি অন্ধ ভাবে শংকা কৰা মেকাৰ্থী-ইজমৰ বিদ্বেষ নীতিৰ সোৱাদ পোন-পটীয়া ভাবে পাইছে। তেঁও ভাৰতীয় সমাজৰ হেজাৰ বছৰীয়া দাৰিদ্ৰ, জাতিভেদ, পৰিকল্পনাবিহীন পৰিয়াল আদিয়ে সৃষ্টি কৰা সমস্যাৰ বিশেষ ভুক্তভোগী। তদুপৰি স্বাধীনতাৰ পিচত আমাৰ জাতীয় জীৱনলৈ আহি পৰা দুনীতি, অন্যায় অবিচাৰ আদিতো তেঁও ভুগিব লগীয়া হৈছে বা সেইবিলাক তেঁও প্ৰত্যক্ষ ভাবে দেখিবলৈ পাইছে। তেঁওৰ গীতত এইবিলাক অভিজ্ঞতা প্ৰতিফলিত হৈছে। সৰুৰে পৰা তেঁও এনে এখন সমাজ গঢ়িবৰ কল্পনা কৰিছিল য'ত শোষণকাৰী নাই, য'ত ধনী দুখীয়াৰ ভেদ নাই, য'ত মানুহে মানুহৰ বাবে প্ৰদৰ্শাই কেৱল আন্তৰিক মৰম চেনেহ, য'ত নৈতিকতা আছে আৰু য'ত জাতিভেদ আদিৰ নিচিনা সৰুসুৰা বিচাৰবিলাক নাই।

অসমীয়া সমাজে অনুন্নত সম্প্ৰদায় বা পাহাৰী লোকৰ প্ৰতি প্ৰদৰ্শাই অহা তুচ্ছ তাচ্ছিল্য ভাব আঁতৰাই অসমত পৰ্বতীয়া আৰু ভৈয়ামৰ লোকৰ মাজত প্ৰীতি বিৰাজ কৰা এখন সমাজ গঢ়িবলৈ হাজৰিকাৰ বিশেষ হাবিয়াস। তেঁওৰ কেবাটাও গীতত এই ভাব অতি মৰমেৰে প্ৰকাশ পাইছে।

যুগ চেতনা তেঁওৰ গীতৰ এক বৈশিষ্ট্য। সমাজক সময়মতে নতুন যুগৰ বাণীৰে সজাগ কৰি দিবৰ দায়িত্ব তেঁও নিজে কান্ধ পাতি লৈছে। শ্ৰমৰ মৰ্য্যাদা, মানুহৰ প্ৰাপ্য অধিকাৰ, সাম্যবাদ, বিশ্বপ্ৰেম, বৈধ অবৈধৰ প্ৰশ্ন আদি আজিৰ যুগৰ নৱ নৱ গতি তেঁও দেখুৱাইছে। অট'ৰিক্সা চালকৰ গৌৰৱপূৰ্ণ ঘোষণা, 'অট'ৰিক্সা চলাওঁ আমি দুয়ো ভাই গুৱাহাটী কৰি গুলজাৰ, বি-ই ফেল মই সৰু ভাই এম-এ পাছ'-ত প্ৰতিফলিত শ্ৰমৰ মৰ্য্যাদা, 'মহাশূন্যত উপগ্ৰহ ৰাখি এইয়া গণসংযোগ কৰোৱাৰ যুগ'-ত প্ৰকাশ পোৱা যুগ চেতনা, 'সাথৰ ভৰা নিশা মোৰ সোণ শুব বৈধ কি অবৈধ কি প্ৰশ্ন হ'ব'ত উত্থাপন কৰা সময়োপযোগী প্ৰশ্ন, 'নহ'লে আমাৰ ৰাজহাড় নাই বুলি বিশ্বই বৰকৈ হাঁহিব' বা 'আমি বিশ্বৰ শৰীৰত পংগু অংগ হ'লে বিশ্বই জানো ভাল পাব?' আদি গীতত স্পষ্ট হোৱা প্ৰগতিশীল অভিব্যক্তিয়ে হাজৰিকাৰ সমাজ সচেতন, যুগসচেতন কবিপ্ৰাণৰ পৰিচয় দিয়ে। এইবিলাক গীতে অসমীয়া সমাজক একৈচ শতিকাৰ কাৰণে সাজু হোৱাত সহায় কৰিব বুলি আশা কৰিব পাৰি।

সমাজৰ দুৰ্বলতাবোৰো গীতেৰে স্পষ্ট কৰাটো ডঃ হাজৰিকা অতি নিপুণ। তদুপৰি 'সৰু সৰু সমাজৰ সৰু সৰু বিচাৰত ভেকুলীয়ে বৰ লাজ পায়', 'জীয়াই থাকি এখনি সমাজ গঢ়িবৰ মোৰ মন আছে, য'ত সোণতকৈও মানুহৰ দাম অলপ হ'লেও বেছি আছে', 'আনক মাৰি ধান সাঁচবিলৈ গুৰুৱে শিক্ষা নিদিলে, মিঠাতেলত বিহ ঢালিবলৈ গুৰুৱে শিক্ষা নিদিলে' আদি কথাৰ নিচিনাকৈ থাওকতে বহু কথাৰ সংকেত দিয়াটো হাজৰিকাৰ এক বৈশিষ্ট্য। এইবিলাক কাৰণতে

আমাৰ সমাজক সমালোচনা কৰা বা সমাজৰ সংস্কাৰ সূচোৱা তেঁওৰ গীতবিলাক বিশেষ জনপ্রিয়।

অৱশ্যে হাজৰিকাক আমি সংস্কাৰক বুলিব নোৱাৰোঁ। তেঁও সংস্কাৰৰ পাতনিহে মাথোঁ লিখিলে আৰু সিও অসম্পূর্ণ, কিয়নো তেঁও সমাজৰ দুর্বলতা কিছুমানহে আঙুলিয়াইছে। সেইবিলাক কেনে ভাবে দূৰ কৰিব পাৰি তাৰ বিষয়ে তেঁও কোনো কার্য্যকৰী পথ প্রদর্শোৱা নাই বা তেনে কোনো কার্য্যত সক্রিয় অংশ গ্রহণ কৰা নাই। শংকৰদেৱ আৰু মাধৱদেৱে কিন্তু অসমীয়া সমাজত ভকতিৰ কঠীয়া সিঁচিবলৈ জীৱন ব্যাপি খাটিছিল। তদুপৰি 'সমাজৰ নীতিৰ নিয়ম ভঙাটো নতুন নিয়ম' বুলি তেঁও এক মাৰাত্মক ভুল কৰিছে। অবোধ ভাবে সমাজৰ সকলো নীতিনিয়ম ভাঙিবলৈ চেষ্টা কৰাটো লক্ষ্যহীনতা আৰু ব্যর্থতাৰ পৰিচয় মাথোন।

সমাজ সংস্কাৰৰ ক্ষেত্রত হাজৰিকাৰ ব্যর্থতাও স্বাভাৱিক। শোষণকাৰীক খেদাৰ পিচত সৃষ্টি হ'ল নৰকংকালৰ প্রাচীৰ, স্বাধীনতাই আনিলে দুর্নীতি, সাম্যবাদে বিলোপ কৰিলে মানৱ অধিকাৰ। মানুহে সোণ ৰূপ নেওচে মানুহৰ বাবে নহয়, ক্ষমতাৰ বাবে। ক্ষমতালোভী লোকক সময়ে সাৰটি লয় কিন্তু ক্ষমতাৰ লোভ সদায়ে সমাজত থাকি যায়। জাতিভেদ আঁতৰিলে সৃষ্টি হয় শ্রেণীভেদৰ। যিমানেই সংস্কাৰ নহওক লাগিলে দুষ্কৃতিৰ চিৰন্তন প্রবাহ বুঢ়া লুইতৰ দৰে সমাজত যুগ যুগ ধৰি বৈ থাকে।

তথাপি হাজৰিকাৰ গীতত আশাবাদী সুৰেই শুনিবলৈ পোৱা যায়। ব্যর্থতাই তেঁওক পৰাস্ত নকৰে। নিশ্চিত পৰাজয়ৰ বিপক্ষে যুগে যুগে মানুহে নিয়তিৰ লগত সবল সংগ্রাম কৰাৰ দৰে মানুহে সমাজৰ অন্যায় অবিচাৰৰ বিপক্ষেও যুঁজিব লাগিব আৰু সদায় সেইবিলাক আঁতৰাবলৈ চেষ্টা কৰিব লাগিব। মানুহৰ দৰে সমাজো অনাদি অনন্ত সময়ৰ বিশেষ অংশতেই সীমাবদ্ধ। আমি আমাৰ সমাজক নতুন ৰূপ দিওঁতে যদি নতুন দুষ্কৃতিৰ সৃষ্টি হয় তেনেহ'লে তাক দূৰ কৰাৰ দায়িত্ব পৰিব নতুন পুৰুষ সকলৰ ওপৰত। ভূপেন হাজৰিকাৰ গীতত এনে এক দৃষ্টিভংগীয়েই পৰিলক্ষিত হয়। তেঁওৰ মাজতেই 'সহস্র মানৱৰ যুঁজৰ জোৱাৰ' আমি দেখিবলৈ পাওঁ আৰু তেঁওৰ গীতত দেখিবলৈ পাওঁ এক সবল যুঁজাৰু আৰু আশাবাদী মনোভাব।

'বন জুয়ে হোম দিব, বিজুলীয়ে চাকি দিলে, জিলিয়ে যে বিয়া নাম গায়',

'সমাজে সাৰটিব মহান মানৱতা, বিজ্ঞানে আনিব জোৱাৰ',

'এনে লোকক কাঁইটেৰে শয্যা পাতি দিয়া',

'কাল ৰাত্রিৰ বুকুতে লুকাই আছেই প্রভাত বুজিছানে নাই' আদিত প্রকাশ পোৱা আশা আৰু উৎপ্রেৰণা যেন বুঢ়া লুইতে লুইতপৰীয়া অসমীয়া সমাজক দিয়া আশ্বাস বাণী। এই বাণী যেন যুগে যুগে তাৰ তৰংগে তৰংগে উচ্চৰিত হয়।

ডঃ হাজৰিকাৰ সমাজ সচেতন প্রাণৰ কাৰণেই তেঁওৰ গীতত আমাৰ সামাজিক জীৱনৰ চিত্রও দেখিবলৈ পোৱা যায়। জ্ঞাতভাৱেই হওক বা অজ্ঞাতভাৱেই হওক তেঁও গীতত এই যুগৰ অসমীয়া সামাজিক জীৱনৰ বহু চিত্র অংকিত কৰিছে।

'আগলি বাঁহৰ লাহৰি গগনা',

'অট'ৰিক্সা',

'চামেলি',

'ৰংমন মাছলৈ গ'ল',

'ৰ'দ পুৱাবৰ কাৰণে মাতিবানো কাক'

আদি গীতেৰে মাধৱদেৱৰ নিচিনাকৈ তেঁও আজিৰ সামাজিক জীৱনৰ ছবিক কথা আৰু সুৰেৰে চিৰদিনৰ কাৰণেই সজীৱ কৰিলে।

আজিকালি আমাৰ সমাজত হিন্দু ধৰ্মৰ আধ্যাত্মিক ভাবতকৈ পশ্চিমীয়া দৈহিক সুখ সম্ভোগৰ চিন্তাধাৰাৰহে প্ৰভাৱ বেছি। বিশেষকৈ ক্ষমতা বা ব্যৱসায় বাণিজ্যেৰে চহকী হোৱা এক শ্ৰেণীৰ লোকৰ মাজত পশ্চিমীয়া সজ ধজৰ প্ৰতি বিশেষ দুৰ্বলতা দেখা যায়। এওঁলোকৰ মাজত মানৰ প্ৰেমতকৈ ধনৰ প্ৰেমহে বেছি। জীৱনত আধ্যাত্মিক লক্ষ্য নিবিচাৰি এঁওলোকে ঐহিক সুখ সম্ভোগৰ কাৰণেই সকলো নৈতিকতা বিসৰ্জন দিয়ে। দুখীয়া নিচলাক সহায় কৰাতকৈ এঁওলোকে লাস বিলাসতহে বিভোল হ'বলৈ ভাল পায়। গৌৰৱোজ্জ্বল ৰোমান সাম্ৰাজ্য পতনৰ আগে আগে ৰোমানসকলৰ মাজত যি ব্যভিচাৰ সোমাই পৰিছিল আমাৰ সমাজৰ এক শ্ৰেণীৰ লোকৰ মাজতো আজিকালি সেইবিলাক একে ৰূপতে দেখিবলৈ পোৱা যায়। টকাৰ লোভত, ব্যৱসায়ৰ লোভত, পকীঘৰ বা নীলা গাড়ীৰ লোভত মাৰ্জিত ব্যৱহাৰ এৰি এওঁলোকে লাজ লগা আচাৰ ব্যৱহাৰ বা কাৰ্য্যত লিপ্ত হ'বলৈ কুণ্ঠিত বোধ নকৰে। গুপুত প্ৰেম, অবৈধ প্ৰেম, প্ৰেমবিহীন সংগসুখ আৰু বৈবাহিক জীৱনৰ সকলো আদৰ্শ উলংঘা কৰা আচাৰ ব্যৱহাৰে আমাৰ সমাজৰ এক শ্ৰেণীৰ লোকৰ মাজত ভালদৰেই শিপাইছে। এইবিলাকে ডঃ হাজৰিকাকো স্পৰ্শ নকৰা নহয়।

সমাজৰ নীতি নিয়মৰ সমালোচনা থকা বা সামাজিক জীৱনৰ চিত্ৰ থকা বা সমাজৰ সংস্কাৰ সূচোৱা গীতবিলাকক আমি এই শ্ৰেণীত অন্তৰ্ভূক্ত কৰিলোঁ।

নেকান্দিবা, নেকান্দিবা

[টোকা: তলৰ গীতটোৰ শেষৰ শাৰীত তেখেতে লিখিছিল 'শুনিব খুজিছা যদি' কিন্তু ৰেকৰ্ডত বাণীৱদ্ধ কৰিছে 'শুনিব খুজিছা তুমি' বুলি। সেইদৰে তেঁও লিখিছে 'মইনা, মইনা নেকান্দিবা কইনা' কিন্তু গাইছে 'মইনা, মইনা নেকান্দা কইনা'।]

নেকান্দিবা নেকান্দিবা মোৰে নতুন কইনা
পাহাৰ বগাই ধৰি আনিম তুমি খোজা
মইনা, মইনা নেকান্দা কইনা !
আনৰে সোণ লুকুৱাবলৈ
পিতায়ে শিক্ষা নিদিলে
সমাজৰ ধন চান কাঢ়িবলৈ
আয়ে শিক্ষা নিদিলে
কুবেৰৰো পো নহ'লো দিবলৈ সোণ গহনা
(পিছে) পাহাৰ বগাই ধৰি আনিম
এটি জীয়া মইনা, মইনা নেকান্দা কইনা !
ধনীৰ ঘৰত পৰাহেঁতেন আজি তুমি কইনা
পেৰা ভৰাই মণি কেৰু
পালাহেঁতেন কতনা
(আজি) পাহৰিব খোজা
যদি পেটৰ ভোকৰ যাতনা
দেখুৱাব পাৰোঁ মই
কংস বধৰ ভাওনা, ভাওনা
নেকান্দা কইনা !
আনক মাৰি ধান সাঁচিবলে
গুৰুৱে শিক্ষা নিদিলে
মিঠাতেলত বিহ ঢালিবলে
গুৰুৱে শিক্ষা নিদিলে
আগলি বাঁহৰে যদি লাহৰী গগনা
শুনিব খুজিছা তুমি বজাই শুনাম
মইনা, মইনা নেকান্দা কইনা!

[কলিকতা, পহিলা চেপ্তেম্বৰ, ১৯৬৪ চন]

ডুগ ডুগ ডুগো ডম্বৰু

[ব্ৰহ্মপুত্ৰৰ পাৰতে সৰু সৰু পুখুৰীও থাকে। তাৰ সৰু পুঠি মাছবোৰও সাহসী হৈছে; সিহঁতে আজিকালি আকাশৰ বিজুলীকো গিলিব খোজে।]

এ বিজুলী নাচে চিক মিক চিক মিক
এ ডম্বৰু বাজিলে ডুগ ডুগ ডুগ
ডুগ ডুগ ডুগ ডুগো ডম্বৰু
মেঘে বজায় ডম্বৰু
চিক মিক বিজুলী নাচে
হে চিক মিক বিজুলী।
সৰু সৰু গাঁৱৰে
সৰুকণহঁতৰে
সৰু সৰু ঘৰবোৰ কঁপে
হে চিক মিক বিজুলী।
সৰু সৰু পুখুৰীত
সৰু পুঠি মাছবোৰে
বিজুলীক গিলিবহে খোজে
হে চিক মিক বিজুলী।
সৰুদৈ আইদেউৰ কি হ'ল?—কি হ'ল?
সৰুকণত বহিবৰ মন গ'ল—লেঠা হ'ল।
সমাজেও অনুমতি নিদিলে,
দুয়োৰে জাতপাত নিমিলে।
সৰুদৈ সৰুকণে
বিজুলীৰ পোহৰত
সৰু সৰু সমাজক এৰে
হে চিক মিক বিজুলী।
বন জুয়ে হোম দিলে
বিজুলীয়ে ৰভা দিলে
জিলিয়ে বিয়ানাম গায়।
ধুমুহাই গগনা বাই
সাহসৰে বাতৰি বিলায়।
সৰু সৰু সমাজৰে
সৰু সৰু বিচাৰতে
ভেকুলীয়ে বৰ লাজ পায়,
হে চিক মিক বিজুলী।

[গুৱাহাটী, ১৯৫৪ চন]

যুৱতী অনামিকা

যুৱতী অনামিকা গোস্বামী
আৰু যুৱক প্ৰশান্ত দাসে
বিয়াত হেনো কিছু বাধা পালে
ৰাম! বাধা পালে।
সেয়ে কাকো নজনাই কামাখ্যা ধামত
দুয়ো দুয়োকে আজি মালা পিন্ধালে
ৰাম! মালা পিন্ধালে।

আজি দুয়োৰে উজ্জ্বল মুখ
আজি দুয়োৰে অতীব সুখ
সিদিনা দুয়ো আশীৰ্বাদ বিচাৰি অহাত,
মই ক'লোঁ:

"মহাশূন্যত উপগ্ৰহ ৰাখি
এইয়া গণসংযোগ কৰোঁৱাৰ যুগ
আৰু আণৱিক শক্তিক
দানৱৰ পৰা আনি
মানৱৰ সেৱাত লগোৱাৰ যুগ।
এইয়া প্ৰশান্ত আৰু অনামিকাৰ
জাতিকুল নেওচা হোমাগ্নিৰ যুগ

এইয়া জনাৰ যুগ
এইয়া বুজাৰ যুগ
এইয়া জিক যুগ
আণৱিক যুগ
এইয়া সীমাৰ পৰিধি ভঙাৰ যুগ।
মনৰ পথাৰ বহল কৰি
প্ৰেমৰ ৰসেৰে জীপাল কৰি
এইয়া মানৱতা কঠীয়া সিঁচাৰ যুগ।"

এই শতিকাৰ যত নৱ প্ৰয়াসৰ
ফুল ফুলাব অনাগত শতিকাই
একৈচ শতিকাৰ প্ৰথম পুৱাৰ জিলিকনি
চাবলৈ আছোঁ বাট চায়।
উনবিংশ শতিকাৰ ধ্যান ধাৰণা
বিংশ শতিকাত শোভা নাপায়
একবিংশ শতিকা আহিবলে
তিনি দশকো যে নাই।

হে অনামিকা আৰু প্ৰশান্ত দাস!
দুয়ো পাবা নৱ নৱ জ্যোতিৰ আভাস
আশিষে ভৰা হওক দুয়োৰে আকাশ।"

[কলিকতা, ১৯৭৬ চন]

আজি জীৱন বুটলিবি

আজি জীৱন বুটলিবি
হাঁহি হাঁহি আহ
আজি মৰণ পাহৰিবি
হাঁহি হাঁহি আহ
বাঁহীটি লৈ আহ
আৰু হাঁহিটি লৈ আহ—
আজি যুগৰ নতুন দিগন্তলৈ
ওলাই ওলাই আহ।
মনৰ চৰাইটিক আৰু
কিমান বান্ধিবি
কালৰ এলান্ধু চাই
কিমান কান্দিবি?
আজি বন্ধ সজাৰ দুৱাৰ ভাঙি
নাহনে ওলাই?
আজি জ্যোতিৰ নতুন দিগন্তলৈ
ওলাই ওলাই আহ।

(আজি) সময় ধাৰাপাতত দেখোন
নাই বিয়োগৰ ঘৰ
জীৱন পথাৰ নদন বদন মুক্ত মানুহৰ।
কিমান নিদি কিমান পালি
কিমান গণিবি
ৰাহিখিনিক পূৰণ কৰি
কিমান সাঁচিবি?
আজি যিমান পালি সিমান কিয়
নিদিয় বিলাই?
আজি ত্যাগৰ উদাৰ দিগন্তলৈ
ওলাই ওলাই আহ।

আজি যুগৰ নতুন দিগন্তলৈ
ওলাই ওলাই আহ।
আজি জ্যোতিৰ নতুন দিগন্তলৈ
ওলাই ওলাই আহ।

[কলিকতা, ১৯৭০ চন]

মদাৰৰে ফুল

মদাৰৰে ফুল হেনো পূজাতো নেলাগে
মদাৰৰে ফুল হেনো সবাহত নেলাগে
লাগে পিছে বহাগতে ৰং সানিবলে
লাগে পিছে আকাশতে জুই জ্বলাবলে।
কোনোবাই মোক হেনো
মদাৰৰে ৰিজালে
আমাৰ দৰে লোক হেনো
কামে কাজে নেলাগে
লাগে পিছে সমাজতে জুই জ্বলাবলে
লাগে পিছে সমাজতে ৰং সানিবলে।

মদাৰ গছত বগোৰা পাণ
খাবলৈহে ভাল—ভাল।
উৰ্ধমুখী পাণলতাৰ
প্ৰতিজ্ঞাহে ভাল—ভাল।
পাণ হৈ মদাৰতে
বগোৰা জনহে ভাল—ভাল।
কাঁইটতে বুকুৰে তেজ ঢলা জনহে ভাল।
মদাৰৰে জুই শিখা বিচৰা জনকে
বহাগতে মই আজি যাম পূজিবলে।

সচা সৰু মানুহ যদি
ৰঙা মদাৰ হয়
মদাৰৰে শিখা যদি
হাতে হাতে লয়,
তেতিয়াহে সমাজ-আকাশ জ্যোতিৰে ভৰিব
জ্যোতি লাগে এন্ধাৰকে নাশ কৰিবলে।
মদাৰ নেলাগে পূজাত
কাৰ পূজা সেয়া?
তেনে পূজা নেচাওঁ আমি
সেই সবাহ বেয়া
তেনে পূজাত লাগে মিছা কাগজৰে ফুল
তাতে কতই মানৱতা যায় বেচিবলে।

যাৰ পূজাত নৰমাংস
সেৰ জোখে কিনে
কিনি তাতে গোলাপৰে
আতৰ কিছু সানে।
যাৰ পূজাত মিছা গৰল মোনে মোনে আহে
মাটিৰ জীৱন অমৃতেৰে যাৰ ৰাহি নাহে
তেনে লোকক কাঁইটৰে শয্যা পাতি দিয়াঁ,
কাঁইটৰে শয্যা আজি মদাৰ জুইৰে জ্বলোৱা মানুহ কৰিবলে।

[কলিকতা, তিনি এপ্ৰিল, ১৯৬৪ চন]

অট'ৰিক্সা

অট'ৰিক্সা চলাওঁ
আমি দুয়ো ভাই
গুৱাহাটী কৰি গুলজাৰ।
বি-ই ফেল মই
সৰু ভাই এম-এ পাছ
বেংকত বহুতো ধাৰ।

ভাইটিৰ নামত আছে পাৰ্মিট
চলাওঁ মইও একোবাৰ
শিক্ষিত বেকাৰৰ
মই-সৰু-ভাব

কমপ্লেক্স নাই আমাৰ।
ভাইটিৰ এটি মাথোঁ দোষ আছে
(জানিব খুজিছে কি দোষ?)
জালুকবাৰী প্ৰিয় তাৰ
মোৰ পৰা কেতিয়াবা
অটোখন কাঢ়ি কয়,
'প্ৰিয়া আজি হ'ব পেছেঞ্জাৰ'।

মই সুধিলোঁ
'তোক বিয়া কৰিব জানো
নহ'লি যে তই প্ৰফেচাৰ?'
সি উত্তৰ দিয়ে—
'মোৰ প্ৰেয়সীয়ে বুজে দাদা
ডিগনিটী অৰ লেৰাৰ'।

'বাঃ তহঁতৰ ছাবজেক্ট
একে আছিল নেকি অ'?
এইয়া পেছেঞ্জাৰ আৰু তোৰ?'

'আছিল—অৰ্থনীতি দুয়োৰে ছাবজেক্ট,
এইবাৰ প্ৰেয়সী ফিফ্থ ইয়াৰ।
যোৱা বেলি মই
এম-এ পাছ কৰি লৈ
লৈছিলোঁ পাৰ্মিট অট'ৰিক্সাৰ।'

ভাল কৰিলি তই
ভালেই কৰিলি
ভাল কৰিলি ভাই
ভালেই কৰিলি
ভাবী ভাই বোৱাৰীলে আশিষ অপাৰ

হাকিম মন্ত্ৰীৰ
চাকৰি বিচাৰি তই
নহলি যে ভাগ্যে চিৰ বেকাৰ—চিৰ বেকাৰ।
ব'ল ভাই
ব'ল বহু ৰাতি হ'ল
নাই কোনো পেছেঞ্জাৰ
সেমেকা বতৰ তোৰ
দেখোঁ বৰ জাৰ।
নাই কোনো পেছেঞ্জাৰ—
ৰুগীয়া আয়ে চাগে
ৰখি আছে বাঢ়ি লৈ
দাইল ভাত দুয়োৰে আমাৰ।
নাই কোনো পেছেঞ্জাৰ—

ঘূৰি ৰিফাইনেৰী আৰু জালুকবাৰী
লাচিত নগৰ আৰু উজান বজাৰ,
ভৰলুমুখ আৰু নিজৰাৰ পাৰ,
লাচিত নগৰ আৰু ফাঁচী বজাৰ
বন কৰিছোঁ দুয়ো ঘাম পেলাই
ওভোটাম বেংকৰ বাকীখিনি ধাৰ।
সুধিলোঁ
'তোক বিয়া কৰিব জানো
নহ'লি যে তই প্ৰফেচাৰ?
সি উত্তৰ দিয়ে,
'মোৰ প্ৰেয়সীয়ে বুজে দাদা
ডিগনিটী অৰ লেবাৰ
ডিগনিটী অৰ লেবাৰ
ডিগনিটী অৰ লেবাৰ।'

[গুৱাহাটী, ১৯৬৮ চন]

নেলাগে সমাজ নেলাগে নেলাগে
নেলাগে সমাজ
নেলাগে নেলাগে সময় দেখুওৱা ঘড়ী
সময় এবাৰ থমকি ৰওকচোন
আমাকে সাক্ষী কৰি।
আবেলিৰ ৰামধনু থপিয়াই আনি
টুকুৰা টুকুৰ কৰি
ছটিয়াই দিম তোমাৰ গালৈ
ল'বাচোন শয্যাত পাৰি।।

বিজুলীৰ একোছা আগচুলি আনি
অতি মৰমৰ এনাজৰী
মেৰিয়াই ল'ম দুয়োৰে দেহাত
আকাশেও দিব সঁহাৰি।
বাধাৰ বুৰঞ্জীৰ বহুতো পুথি
টুকুৰা টুকুৰ কৰি
দলিয়াই দিম এন্ধাৰৰ ফালে
যাব ক'ৰবালে উৰি।

ধুমুহাৰ নিশ্বাস ময়েই হ'লো
তুমি সাগৰৰ লহৰী
নেলাগে উষা, হওক নিশা
অন্তহীন উজাগৰী।
[কলিকতা, ১ ছেপ্তেম্বৰ ১৯৬৪ চন]

নতুন পুৰুষ, নতুন পুৰুষ
নতুন পুৰুষ, নতুন পুৰুষ
তুমিটো নোহোৱা আৰু ভীৰু কাপুৰুষ
হাতে কামে আজি যদি নোহোৱা পুৰুষ
কাইলৈ হ'বা তুমি পুৰণি পুৰুষ।
নতুন পুৰুষ, নতুন পুৰুষ
অগণন উজ্জ্বল ডেকা সুপুৰুষ
আৰু আশাভৰা দৃষ্টিৰ গাভৰুৰ মুখ
মানস পটত আজি জিলিকি উঠে
সেয়ে মোৰ মৰমৰ নতুন পুৰুষ।
যুগে যুগে যুগৰ দাবী কঢ়িয়াই
নতুন নতুন পুৰুষ আহিলে
নোপোৱাৰ বেদনাক ধ্বংস কৰিব বুলি
দেশৰেই ধৰণী কঁপালে
মহা মহা পুৰুষৰ মহাবাটত
কিছু নতুনেও খোজ পেলালে
পিছে মহাবাটেও দেখোঁ অৱশেষত
আওবাটে গতি সলালে।
অগণন উজ্জ্বল ডেকা সুপুৰুষ
আৰু আশাভৰা দৃষ্টিৰ গাভৰুৰ মুখ
মানস পটত আজি জিলিকি উঠে
সেয়ে মোৰ মৰমৰ নতুন পুৰুষ।
নতুন পুৰুষ, নতুন পুৰুষ
কিছু নতুনেও নিজৰ বাটত
হয়তোবা উজুটিহে খালে
উজুটিৰ আঘাতৰ তেজ মচি লৈ
হাঁহি হাঁহি পুনু আগুৱালে
ভুলেই হওক ভালেই হওক
নতুন নতুন পুৰুষে
নিজেই ঠেকি শিকিলে
হাত সাৰটি থকা কাপুৰুষে
তাকে দেখি প্ৰমাদ গণিলে।
নতুন পুৰুষ, নতুন পুৰুষ—
মুকুতিৰ চিন্তাত যেতিয়া আবৰে
পুৰণি চিন্তাৰ মকৰা জালে

নতুন পুৰুষে নিয়ে সমাজ গতিক
নতুন নতুন পন্থাৰ ফালে।
অগণন উজ্জ্বল ডেকা সুপুৰুষ
আৰু আশাভৰা দৃষ্টিৰ গাভৰুৰ মুখ
মানস পটত আজি জিলিকি উঠে
সেয়ে মোৰ মৰমৰ নতুন পুৰুষ।।

জোনাকী পৰুৱাৰ

জোনাকী পৰুৱাৰ
পোহৰে পোহৰে
প্ৰতিভা বৰুৱাই
অকলে আগুৱায়।
এখুজি দুখুজি
লাজুকী গতিৰে
ৰণীৰ লেখিয়া
থমকি কিয় ৰয়?

সিফালৰ পৰা সৌ
দিগন্ত ওলালে।
প্ৰতিভাক আবেগত
সাৱটি ধৰিলে
লাজতে মৰহি যায়।।
প্ৰতিভা বৰুৱাই
আমালৈটো নাচায়
বন্ধু ব'লা যাওঁ
আপোন ঘৰলৈ
কি হ'ব গীটাৰ বজায়?
জোনাকী পৰুৱাৰ
পোহৰে পোহৰে
দিগন্ত প্ৰতিভা
ৰঙতে আগুৱায়।।

[কলিকতা, ১৯৭৭ চন]

তুমি নতুন পুৰুষ

তুমি নতুন পুৰুষ
তুমি নতুন নাৰী
অনাগত দিনৰ জাগ্ৰত প্ৰহৰী
কেঁচা জীৱন সোঁতক নিয়ন্ত্ৰণ কৰি
সজাবা সমাজ নিজ হাতেৰে গঢ়ি
এন্ধাৰ গলিত আলোক বৰষাৰ
ঢালিবা তুমি উজ্জ্বল বাৰি।
মৃত্যুঞ্জয়ী তুমি
কৰিবা দমন
শোষকৰ দংশন
নোহে চিৰন্তন।
সংকল্প তোমাৰ
হ'বই সফল
দুৰ্বাৰ সাহসৰে পথ উজ্জ্বল।

তুমি নৱ সপোন
নৱ অংগীকাৰ
তুমি নৱ সংগ্ৰাম
শত শত ঝন ঝনৰ
বিপদৰ প্ৰস্তৰ বিচূৰ্ণ কৰি
সজাবা নতুন পথ হাতেৰে গঢ়ি
বজাবা তুমি আশাৰ গগনা
নোপোৱাৰ হাহাকাৰ নোহোৱা কৰি।

[কলিকতা, ১৯৭০ চন]

মইনাজান, মইনাজান

মইনাজান মইনাজান লুইত পাৰে হ'লোঁ
মইনাজান মইনাজান দিক্রং পাৰে হ'লোঁ
মইনাজান মইনাজান জিৰালোঁ ঐ নাওবৈচাত
মইনাজান মইনাজান চাকৰি ঐ বিচাৰি
মইনাজান মইনাজান এবোঁ ঘৰেবাৰী
মইনাজান মইনাজান নাথাকোঁ
ঐ লখিমীপুৰত।

মইনাজান মইনাজান তেজপুৰৰ বৰালী
মইনাজান মইনাজান লালুকৰে কান্ধুলী
মইনাজান মইনাজানকেনেকৈনো মিহলি হ'ল?
মইনাজান মইনাজান তুমিনো নেঘেৰীয়াল
মইনাজান মইনাজান আমি যোৰহটীয়া
মইনাজান মইনাজান কেনেকৈনো
চিনাকি হ'ল?

মইনাজান মইনাজান গুৱাহাটী ঘূৰিলোঁ
মইনাজান মইনাজান দুলিয়াজান ফুৰিলোঁ
মইনাজান মইনাজান ডিগবৈতো চাকৰি নাই।
মইনাজান মইনাজান তেল গেচ কোম্পানী
মইনাজান মইনাজান ৰেলৰে কোম্পানী
মইনাজান মইনাজান তাতোচোন মিঠামাত নাই
মইনাজান মইনাজান চিটিকি অ' তিয়নি
মইনাজান মইনাজান দেহাৰে অ' শুৰনি
মইনাজান মইনাজান তোমাৰ মান শুৰনি নাই।

মইনাজান মইনাজান শৰীৰ ভালে ৰাখিবাঁ
মইনাজান মইনাজান মনৰ বেথা নেৰিবা
মইনাজান মইনাজান
চাকৰি পাই নোভতোঁ মানে।
মইনাজান মইনাজান নগৰ বাট গছকি
মইনাজান মইনাজান কত দেখোন ৰচকী
মইনাজান মইনাজান
তোমাৰ মান ৰাংঢালী নাই।

[কলিকতা, ১৯৬৫ চন]

সোণে যেন সুধিছে

সোণে যেন সুধিছে অকণি মনেৰে
মৰম কৰাজন নো কোন?
বুকুৰ উমেৰে আশাৰ চাৰনিৰে
কিয়নো বুলিছে সোণ?

মৰম কৰাজনে সঘনাই ভাবিছে
সোণৰ জনমটো নো কি?
বিনা অনুমতিত ঘৰলৈ সোমালেও
বচাম চেনেহ ঢালি দি।

জনমৰ সাঁথৰক ভাঙিব নোৱাৰোঁ
নিজৰো ক্ষমতা নাই
সেইবুলি জানো জনম লোৱা জনক
অহাত বাধা দিব পায়?
ফেঁহুজালিত আহে নতুন সপোন
হেঙুল কিৰণ ভাঁহে
চন্দ্ৰই ভাবে তেঁওৰহে সপোন
সুৰুযে অকলে হাঁহে।

[কলিকতা, ১৯৭৭ চন]

জিক মিক দেৱালীৰ বন্তি জ্বলে

[কথা: দেৱালীৰ ৰাতি ওচৰা-উচৰি দুটি ঘৰ। এটি পঁজা ঘৰ, আনটি ৰজাৰ। এটি এন্ধাৰ, আনটোত পোহৰ। পঁজাঘৰটো উজ্জ্বলি উঠিব কেতিয়া— জিক মিক দেৱালীৰ বন্তি জ্বলে]

জিক মিক দেৱালীৰ বন্তি জ্বলে
এন্ধাৰত কান্দে কোনে অকলে অকলে
ওচৰা-উচৰি দুটি ঘৰ
এটি পঁজা আনটো ৰজা ঘৰ।
ৰজাঘৰে হাঁহে,
মাথোন পঁজাটিত বন্তি নজ্বলে।
পঁজাটিত এটি আছে মাটিৰে চাকি
শলিতাও জ্বলি গ'ল নাই আৰু বাকী
বৰঘৰ আলাসৰ লাৰুৰে হাঁহে
পঁজাটিত পোনাটিৰ টোপনি নাহে
দুখুনীয়ে নিচুকনি গায় লাহে লাহে
বন্তি আজিও নজ্বলে।

বৰঘৰ চোতালত হিলৈ ফুটে
ধুমধাম শৰদৰ জাউৰি উঠে
দেখি তাকে পঁজাটিয়ে চকুলো টোকে
এন্ধাৰত অকলে অকলে।

কাইলৈ আহিব দোকমোকালি
আনি দিব পঁজাটিত ৰঙৰাঙলী
আনি দিব হেৰোৱা দিনৰ ধেমালি
পঁজাটিয়ে নেকান্দে অকলে
দেখিবা তাতো যে বন্তি জ্বলে।।

[গুৱাহাটী বিশ্ববিদ্যালয়, ১৯৫৫ চন]

পাহাৰৰ সিপাৰে ধুনীয়া ৰহদৈয়ে

পাহাৰৰ সিপাৰে ধুনীয়া ৰহদৈয়ে
দুখৰে সুৰটি গায়
বনগীত সুৰীয়া গীতৰে আঁৰতে
চেনাইৰ কথাটি কয়
বুকুহে হমে হমায়।
পাহাৰৰ হৰিণী চকুযোৰ শুৱনি
চকুলো বাগৰি যায়
সুদূৰ চেনায়ে বুজিকে নেপায়
মাথো সুৰ বলিয়া হয়
বুকুহে হমে হমায়।
চাকৈয়ে নেপায় চকোৱাৰ লগ
মাজ চেঙেলীয়া নৈ
ৰহদৈ চেনাইৰ মাজতে বাধা ঐ
সমাজৰ পাহাৰখন ৰয়
বুকুহে হমে হমায়।

এন্ধাৰৰ চোতালত সমাজ বহি আছে
বিচাৰৰ শৰাইখন লৈ
বিচাৰৰ শৰাইতে বিচাৰ নাইকিয়া
এলান্ধু ক'লীয়া ছাই
বুকুহে হমে হমায়।
পাহাৰ ভাঙি ভাঙি অগনি উৰিছে
ৰহদৈ লৰি পলায়
একো নিবিচাৰি আমাৰে চেনায়ে
জুইকে সাৰটি লয়
বুকুহে হমে হমায়।

[কলিকতা, ১৯৬২ চন]

পুলিৎজাৰ বঁটাবিজয়ী লেখিকা ঝুম্পা লাহিড়ীৰ পৰিয়ালৰ সতে

অমৰ লাহিড়ী, ভূপেন দাদা, ঝুম্পা, তপতী, ঝিলাম
(ঝুম্পাই লেখিকা ৰূপে আত্মপ্ৰকাশ কৰাৰ বহু দিন আগতে, কিংগষ্টন, ৰ'ড আইলেণ্ডত, ১৯৭৯)

লুইতত ভোটোঙাই ওলাল শিহু

লুইতত ভোটোঙাই ওলাল শিহু
আজি বোলে ৰঙালী বিহু বিহু
যেন লেটেকুৰে থোপ।
দলদোপ দলদোপ হেন্দোলদোপ
সমাজৰ পথাৰত কোন খেলুৱৈয়ে
কাক বা সাজিছে ঢোপ
ৰাইজৰ এইখন লোক।।
ইফালেদি লথিয়াই ৰংমন ভদীয়াক
সিফালেদি লথিয়াই তোক, নাজীতৰা!
ৰঙালী বিহুটিক কঙালী কৰিলে
পেটৰো নুগুচে ভোক, নাজীতৰা!
দুদিন বিহু কৰি এবছৰ কান্দিবি
বিহিবি দুখৰে ঢৌ।
ৰাইজৰ এইখন লোক
দলদোপ দলদোপ হেন্দোলদোপ
ধেমালি চাই যা ধেমালি চা।।

বিহু কাপোৰ বিচাৰি
খালোঁ হাবাথুৰি
সূতাও মহঙা হ'ল
ঐ গোবিন্দাই ৰাম।
বৰ বৰ দেউতাৰ পদুলি সাৰোঁতে
কঁকাল মোৰ ভাগিয়েই গ'ল
ঐ গোবিন্দাই ৰাম।
চাওঁতে চাওঁতে গ'লবাৰ বিহুতে
গৰু হাল বৰকীত গ'ল
ঐ গোবিন্দাই ৰাম।।
কোনোবা সমুদ্ৰত বোমা ফুটুৱালে
ক'ৰবাত পৰিলে ছাই
এগণ্ডা বোমাৰে পৃথিৱী পুৰিব
ক'ৰবাৰ ৰণ বলিয়াই
উদ্যান বোমাৰে গুণগান বখানি
নক'বি ভনী তই মোক
বোলো ৰণ হ'লে খাম কি?
ৰণ হ'লে গাম কি?
মৰিব দেশৰহে লোক।।
শান্তিৰে নিজৰাত নিজৰি নগ'লে
আমি হ'ম বৰশীৰে টোপ
অতিকৈনো চেনেহৰ বহাগৰনো বিহুটিৰ
সুৰটি যে পাবগৈ লোপ।
বোৱতী সুঁতিটিক, অ' আইতা
ভেটিব যে নোৱাৰি আইতা
ভেঁটা ভাঙে ঘনে ঘনে
দেশৰে ৰাইজে, অ' আইতা
কঢ়িয়াই লৈ যোৱা আইতা
সময়ক ভেটিব কোনে?

[গুৱাহাটী, ১৯৫৪ চন]

পঞ্চম ভাগ

অপৰূপ সৃষ্টিৰ তৰংগ ৰাশি

এক দহ তিনি অধ্যায়

মানৱ প্ৰেমৰ গীত

হিন্দু ধৰ্মপুথিত আত্মা ও পৰমাত্মাৰ সম্বন্ধ বা আত্মা ও দেহৰ সম্বন্ধক বিশদ ভাবে আলোচনা কৰিলেও আত্মা ও আত্মাৰ কি সম্বন্ধ তাক বিশেষ গুৰুত্বেৰে আলোচনা কৰা হোৱা নাই। গীতাৰও তলৰ শ্লোক কেইটাৰ বাহিৰে আন আলোচনা নাই:

সৰ্ব্বভূতস্থমাত্মানং সৰ্ব্বভূতানি চাত্মনি

ঈক্ষতে যোগযুক্তাত্মা সৰ্বত্ৰ সমদৰ্শনঃ।।

[ষষ্ঠ অধ্যায়, শ্লোক ২৯]

ভাবাৰ্থ: যোগযুক্ত আত্মাই সকলোতে সমদৰ্শী হৈ আত্মাক সকলো প্ৰাণীতে আৰু সকলো প্ৰাণীক আত্মাতে দেখা পায়।

আত্মৌপম্যেন সৰ্ব্বত্ৰ সমং পশ্যতি যোঽৰ্জ্জুন।

সুখং বা যদি বা দুঃখং

স যোগী পৰমো মতঃ।।

[ষষ্ঠ অধ্যায়, শ্লোক ৩২]

ভাবাৰ্থ: যি সকলোতে সুখ নাইবা দুখ নিজৰ দৰে সমানে দেখে সেই যোগী সকলোতকৈ শ্ৰেষ্ঠ।

সমং পশ্যন্ হি সৰ্ব্বত্ৰ সমবস্থিতমীশ্বৰম্।

ন হিনস্ত্যাত্মনাত্মানং ততো

যাতি পৰাং গতিম্।।

[ত্ৰয়োদশ অধ্যায়, শ্লোক ২৮]

ভাবাৰ্থ: যিহেতু (তেঁও) সকলোতে সমানে অৱস্থিত ঈশ্বৰক একেদৰে দেখি আত্মাই আত্মাক হিংসা নকৰে, সেইকাৰণে তেঁও পৰম গতি লাভ কৰে।

হিন্দু দৰ্শনত আত্মাৰ পৰমাত্মাৰ প্ৰতি থকা ধাউতিক বিশেষ গুৰুত্ব দিয়া হয়। কৰ্মযোগ, ভক্তিযোগ আদি মুক্তিৰ পথবিলাকত আত্মাৰ আত্মাৰ প্ৰতি দায়িত্বৰ বিশেষ স্থান নাই। হিন্দু ধৰ্মৰা এটা বৈশিষ্ট্য এই যে সকলোৰেই গাইগুটীয়া ভাবে একো একোটা মুক্তিৰ পথ বাচি ল'ব পাৰে। একে পথৰ যাত্ৰীৰ প্ৰতি কেনেকুৱা দায়িত্ব হ'ব লাগে তাৰ বিষয়ে স্পষ্ট নিৰ্দেশ হিন্দু ধৰ্মত নাই বুলিব পাৰি। সংসাৰৰ সকলো মায়া মোহ পৰিত্যাগ কৰি কেৱল পৰমাত্মাকে ভজিবলৈ দিয়া নিৰ্দেশৰ কাৰণে

'পৰমাত্মাৰ কথা ভাবিছোঁ যেতিয়া মানুহৰ কথা নাভাবিলেও হ'ব'

এনে মনোভাব হিন্দু সমাজত বিস্তৃত ভাবে দেখা যায়। সেয়েহে হিন্দু সমাজত মানুহৰ প্ৰতি হেলা, আনৰ দুখ যন্ত্ৰণাবিলাকৰ প্ৰতি পিঠি দিয়া স্বভাৱ বা পিছপৰা লোকৰ প্ৰতি অনাদৰ আদি সদায় বিৰাজ কৰি আহিছে। এইবিলাক কাৰণেই হয়তো হিন্দু সমাজত মানৱীয় সেৱা শুশ্ৰূষাৰ (Missionary activities) আদৰ্শ খুব কম। তাতে বৰ্তমান জীৱনত ভোগা কষ্টবিলাক আগৰ কৰ্মফল যেতিয়া সেইবিলাক দূৰ কৰিবলৈ আমাৰ কৰিব লগীয়া বা আমি কৰিব পৰা একো নাই বুলিও বহুতে ভাবে। তদুপৰি সংসাৰৰ মায়া মোহৰ পৰা মুক্ত হ'বলৈ চেষ্টা কৰোঁতে আনৰ

দুখ নির্য্যাতনৰ প্রতি পিঠি দিয়াটো স্বাভাৱিক।

সমাজত বিৰাজ কৰা উপৰোক্ত ভাব ধাৰণাৰ কাৰণেই বহু ভাৰতীয়ই খৃষ্টিয়ান বা ইচলাম ধৰ্মক আদৰি ল'লে। কিয়নো, এই দুই ধৰ্মত জাতিভেদ নাই, অৱহেলিত বনুৱা নাই বা অস্পৃশ্যতা নাই। হিন্দু সমাজে সদায় লেই লেই ছেই ছেই কৰি অহা লোকসকল এনে ধৰ্মৰ প্ৰতি আকৃষ্ট হোৱাটো স্বাভাৱিক। খৃষ্টিয়ান ধৰ্মই বহুত ভাৰতীয়ক আকৰ্ষণ কৰাৰ এটা কাৰণ হৈছে এই ধৰ্মী লোকসকলৰ মানৱ সেৱা-শুশ্ৰূষাৰ আদৰ্শ। মিছনেৰীসকল আহি ভাৰতৰ অৱহেলিত, ৰোগাক্ৰান্ত বা নিৰাশ্ৰয় লোকসকলক সেৱা-শুশ্ৰূষা কৰাত বা তেঁওলোকক মানুহৰ সাধাৰণ মৰ্য্যাদাবিলাক লাভ কৰাত বিশেষ ভাবে সহায় কৰিছিল। এনেলোকে খৃষ্টিয়ান ধৰ্মক সাৱটি লোৱাটো স্বাভাৱিক। অসমীয়া সমাজে আবৰ, নগা, গাৰো আদি আখ্যাৰে উপলুঙা কৰা বা অৱহেলা কৰি অহা বহুতো লোকক খৃষ্টিয়ান মিছনেৰী সকলে মানুহ হিচাপে জীয়াই থকাৰ সুবিধা দিলে।

এইখিনিতে অসমীয়া ভাষা আৰু সাহিত্যৰ কাৰণে খৃষ্টিয়ান মিছনেৰীসকলৰ বৰঙণিও উল্লেখযোগ্য (ডঃ সত্যেন শৰ্মাৰ অসমীয়া সাহিত্যৰ ইতিবৃত্ত, পৃঃ ১৭০-১৮২ চাওক]। মাউৰা ল'ৰাছোৱালী বা হিন্দু সমাজত আশ্ৰয়হীন ও অৱহেলিত লোকক খৃষ্টিয়ান ধৰ্মত দীক্ষা দিয়াৰ দৃষ্টান্ত বহুত আছে। আন নালাগে মমতাজমহলৰ দুগৰাকী দাসীকো জেচুইটসকলে খৃষ্টিয়ান ধৰ্মত দীক্ষা দিছিল [মজুমদাৰ, ৰায়চৌধুৰী ও দত্ত, এন এডভান্সড হিষ্টৰী অৱ ইণ্ডিয়া, পৃঃ ৪৭২]। মিছনেৰীসকলৰ এনেকুৱা কাৰ্য্যক ভাৰতীয় সমাজে সদায় গৰিহণা দি আহিছে কিন্তু সমাজৰ সেই অৱহেলিত, নিষ্পেষিত লোকসকলৰ জীৱন উন্নত কৰিবলৈ বা তেঁওলোকক মানৱীয় অধিকাৰবিলাক দিবলৈ কেতিয়াও সক্ৰিয় প্ৰচেষ্টা চলোৱা নাই। এইবিলাক শুধৰাবলৈ দুই এবাৰ যি জাগৰণ হৈছিল সি হিন্দু সমাজত কোনো স্থায়ী প্ৰভাৱ পেলাব পৰা নাই।

ভাৰতৰ বৈষ্ণৱ জাগৰণ, ব্ৰাহ্ম সমাজ, ৰামকৃষ্ণ মিছন আদিৰ দৰে ধৰ্মৰ জাগৰণবিলাক বহু পৰিমাণে হিন্দু সমাজত মানুহৰ প্ৰতি থকা ঘৃণা আৰু জাতিভেদ আদি দূৰ কৰিবলৈকে সৃষ্টি হৈছিল। এই জাগৰণবিলাকে দাৰিদ্ৰ্য, ৰোগ আদিত জীয়াতু ভোগা লোকৰ প্ৰতি থকা অৱহেলা আদি দূৰ কৰিবলৈকো চেষ্টা কৰিছিল। কিন্তু এই জাগৰণবিলাকে হিন্দু সমাজলৈ অনা সংস্কাৰ সময়ত নিশ্চিহ্ন হৈছিল। ভগৱৎ প্ৰেমত নিৰিষ্ট হৈ মানৱ প্ৰেমক সম্পূৰ্ণ আওকাণ কৰাটো হিন্দু সমাজৰ এক চিৰন্তন প্ৰকৃতিৰ নিচিনাকৈ সদায় বিৰাজ কৰি আহিছে।

মানৱপ্ৰেম আৰু মানৱতাবাদ

আজিৰ মানৱতাবাদীসকলে বিমূৰ্ত ভগৱানত বিশ্বাস নকৰে। তেঁওলোকে বিভিন্ন ধৰ্মই আগবঢ়োৱা ধৰ্ম সম্বন্ধীয় সমস্যাবিলাকৰ সলনি কেৱল মানুহ আৰু মানৱীয় বিষয়তহে গুৰুত্ব আৰোপ কৰে। এই মানৱতাবাদী সকলৰ লক্ষ্য হৈছে মানৱপ্ৰেম আৰু মানৱীয় শক্তিৰে সৌন্দৰ্য্য সৃষ্টি। সাহিত্য, সুকুমাৰ কলা, সংগীত, শিল্প আদিৰে সৌন্দৰ্য্য সৃষ্টি আৰু মানুহৰ প্ৰতি সহায় সহানুভূতিৰে মানৱপ্ৰেমৰ প্ৰকাশেই মানৱতাবাদী সকলৰ মূল মন্ত্ৰ। মানৱতাবাদী সকলৰ কাৰণে ভগৱানৰ কোনো স্থিতি নাই। তথাপি মানৱতাবাদী সকলক ভগৱৎপ্ৰেমী নহয় বোলাটো ভুল হ'ব। কিয়নো মানৱতাবাদী মানেই মানৱ প্ৰেমত বিশ্বাস কৰা বুজায়। প্ৰকৃততে, মানৱতাবাদী সকল অতিশয় আধ্যাত্মিক লোক। মানুহৰ প্ৰতি প্ৰদৰ্শোৱা নিস্বাৰ্থ প্ৰেম আচলতে ভগৱৎ প্ৰেম বা ভক্তিৰ

নিচিনাই। নিস্বাৰ্থ ভাবে প্ৰদৰ্শোৱা সকলো জীৱৰ প্ৰতি বা মানৱ জাতিৰ প্ৰতি প্ৰেমও পৰমাত্মাৰ প্ৰতি থকা ধাউতিৰ সৈতে একেই। মানৱ প্ৰেমেও আত্মাক পৰমগতিতেই নিবিষ্ট কৰে। ই এক প্ৰকাৰ আচৰিত যে মানৱপ্ৰেমৰ যোগেদি মুক্তিলাভৰ বা পৰমাত্মাৰ লগত মিলনৰ পথ হিন্দুশাস্ত্ৰত গুৰুত্ব নিদিলে।

সকলো প্ৰেমৰ উৎস আত্মা। অন্তৰত প্ৰেম ওপজা মানে আত্মাক উপলব্ধি কৰাটোকে বুজায়। কি স্বদেশপ্ৰেম, কি পিতৃমাতৃৰ প্ৰতি প্ৰেম, বন্ধুবান্ধৱীৰ প্ৰতি প্ৰেম, স্বজাতিৰ প্ৰতি প্ৰেম, মানৱ জাতিৰ প্ৰতি প্ৰেম, সকলো জীৱৰ প্ৰতি প্ৰেম আদি ভগৱৎ প্ৰেমৰ জখলাৰ বেলেগ বেলেগ খাপ মাথোন। যিদৰে জখলাৰ তলৰ খাপবিলাকত ভৰি নিদিয়াকৈ ওপৰৰ খাপ পাবগৈ নোৱাৰি সেইদৰে এইবিলাক প্ৰেম দেই গৈ পোনেই ভগৱৎ সান্নিধ্য পোৱাটো অসম্ভৱ। যি মানৱাত্মাক ভাল পাবলৈ শিকা নাই তেঁও পৰমাত্মাকো চিনিব নোৱাৰে।

এইটো এটা জাগতিক ৰীতি আৰু মানুহৰ প্ৰকৃতি যে মানুহৰ দেহ মনে যেতিয়া অত্যাধিক ভাবে কষ্ট পায় তেতিয়া আত্মা উপলব্ধিত ব্যাঘাত জন্মে। অনাহাৰ, ৰোগ ব্যাধি, দুৰ্ঘটনা আদিত মানুহৰ দেহটোৱে যেতিয়া বিশেষ কষ্ট পায় তেতিয়া সেই দৈহিক কষ্ট দূৰ কৰিবলৈ মনোনিবেশ কৰাটো মানুহৰ প্ৰকৃতি। সেইদৰে বিশেষ মানসিক কষ্টইও মানুহক এনে ভাবে বিচলিত কৰিব পাৰে যে তেতিয়া আধ্যাত্মিক বিষয়ত মনোনিবেশ কৰাটো এক প্ৰকাৰ অসম্ভৱ। সেয়েহে আত্মা পৰমাত্মাত স্থিত হ'বলৈ নিজৰ দেহ আৰু মনক সুস্থ সবল ভাবে ৰখাটো নিতান্ত প্ৰয়োজন। আনৰ দৈহিক বা মানসিক দুখকষ্ট লাঘৱ কৰাটো এই কাৰণেই পুণ্য যে তেনে কৰিলে আনক আত্মা উপলব্ধি কৰিবলৈ সুবিধা দিয়া হয়। গতিকে মানৱ সেৱা বা মানৱ প্ৰেমত ভগবৎ প্ৰেমৰ বিশেষ বীজ আছে।

কেৱল মানৱতাবাদীসকলে এইটোকে কয় যে এই পৃথিৱীত মানুহে নিতৌ ইমান নিৰ্য্যাতনত ভুগিব লাগিছে যে সেইবিলাক দূৰ কৰিবলৈ এক মনে এক ধ্যানে লাগিলেও এজন মানুহে এটা জীৱনত যৎকিঞ্চিৎহে সাধন কৰিব পাৰে। গতিকে ভগবৎ প্ৰেমৰ কথা ভাবিবলৈ অৱসৰ নাই। এই কথা সত্য যদিও ই ভগৱৎ প্ৰেমত বিশ্বাস নথকা নুবুজায়। কেৱল মানুহকে নহয় অন্যান্য জীৱজন্তুক নিস্বাৰ্থ ভাবে সেৱা-শুশ্ৰূষা কৰাটোও এটা মুক্তিৰ পথ। হিন্দু ধৰ্মত হয়তো এই পথত গুৰুত্ব দিয়া নহ'ল। তথাপি ভাৰতত সময়ে সময়ে হোৱা ধৰ্মজাগৰণ বিলাকে বাৰে বাৰে ইয়াকেই সোৱৰাই আহিছে যে মানুহে মানুহৰ বাবে, মানুহে সকলো জীৱাত্মাৰ প্ৰতি সক্ৰিয় ভাবে প্ৰেম প্ৰদৰ্শাব লাগে।

বুদ্ধদেব (সাৰনাথ মন্দিৰত)

দৰাচলতে, বুদ্ধদেৱ ইতিহাসৰ প্ৰথম

মানৱতাবাদী। অৱশ্যে, বুদ্ধদেৱে সকলো জীৱৰ প্ৰতি প্ৰেম প্ৰৱৰ্তন কৰিবলৈ চেষ্টা কৰিছিল। বুদ্ধদেৱৰ আত্মা বিশেষ ভাবে আন্দোলিত হৈছিল জৰা, মৃত্যু আদিৰ মাজেদি তেঁও দেখিবলৈ পোৱা মানুহৰ দৈহিক আৰু মানসিক কষ্টবিলাকৰ দ্বাৰা। সেইদৰে জৈন ধৰ্মৰও ঘাই বিশ্বাস হৈছে সকলো জীৱৰ প্ৰতি অহিংসা। তাৰ পিচত বৈষ্ণৱ জাগৰণেও ঘোষণা কৰিলে যে মানুহৰ মৰ্য্যাদা নিৰ্ভৰ কৰে কৰ্মতহে, জন্মত নহয়।

কবীৰেও বাৰে বাৰে কৈছিল:

'যি সকলো মানুহকে সমান ভাবে দেখে তেঁৱেই ধৰ্মপৰায়ণ।'

বিবেকানন্দৰ দৰিদ্ৰ নাৰায়ণ পূজা, ৰামকৃষ্ণ মিছনৰ মানুহক সেৱা-শুশ্ৰূষা কৰা কাৰ্য্যাৱলীয়েও আমাক মানৱতাৰে ভগৱৎ সান্নিধ্য লাভ কৰা পথকেই প্ৰদৰ্শাইছে। কুৰি শতিকাৰ যান্ত্ৰিক যুগত, আজিৰ আণৱিক যুগত যে মানৱ প্ৰেমৰ বিশেষ প্ৰয়োজন হৈছে তাত সন্দেহ নাই। বৰ্তমান পৃথিৱীত ধনী দুখীয়াৰ বৈষম্য, আই বসুমতীয়ে বহন কৰিব নোৱাৰা জনসংখ্যা, প্ৰদূষণ, আদৰ্শৰ কাৰণে বা ধৰ্মৰ কাৰণে বেলেগ বেলেগ জাতিৰ মাজত সংঘৰ্ষ, যান্ত্ৰিক যুগে সৃষ্টি কৰা কিছুমান ভয়াবহ পৰিণতি আদিৰ কাৰণে এনে এক পৰিস্থিতিৰ সৃষ্টি হৈছে যে 'জীৱনৰ কোবাল নদী' পাৰ হ'বলৈ সাধাৰণ লোকৰ শকতি নাইকিয়া হৈছে। এনে দুৰ্বহ জীৱনৰ 'মেটমৰা বোজা'-ই 'কান্ধ ভাঙো ভাঙো কৰা' মানুহৰ দুখ কষ্টবিলাক দেখি ভগৱৎ প্ৰেমৰ কথা ভাবিবলৈ কাৰো অৱসৰ নোহোৱাৰ নিচিনা। মানৱ প্ৰেম যেন মানৱ সমাজত নিশ্চিহ্ন হ'বৰ উপক্ৰম হৈছে। সেয়েহে আজিৰ মানৱতাবাদীসকলে, আজিৰ মানৱ প্ৰেমিক সকলে পৃথিৱীৰ চুকে কোণে মানৱ প্ৰেমৰ এক নৱজাগৰণ আনিবলৈ চেষ্টা কৰিছে।

আজিৰ যুগ মানৱ প্ৰেমৰ যুগ। মানৱতাবাদী সকলে যিয়েই নকওক লাগিলে, মানৱ প্ৰেম ভগৱৎ প্ৰেমৰ বিপৰীতপন্থী নহয়। আজিৰ জগতত মানৱীয় প্ৰেমেৰে মানৱাত্মাৰ উপলব্ধি আৰু পৰমাত্মাৰ অন্বেষণৰ এক সুগম পথ দেখিবলৈ পোৱা যায়।

মানৱতাবাদী ভূপেন হাজৰিকা

ডঃ ভূপেন হাজৰিকা এজন মানৱতাবাদী। তেঁওৰ গীতত তেঁওৰ মানৱতাবাদী দৃষ্টিভংগী স্পষ্ট। তেঁওৰ মানৱপ্ৰেম আমি উল্লেখ কৰাৰ দৰে ভগৱৎ প্ৰেমৰ সম্পূৰ্ণ অনুগামী। তেঁওৰ গীতত তেঁওৰ কোমল মানৱ হৃদয়ৰ মানৱীয় স্পন্দন আমি সুন্দৰ ভাবে শুনিবলৈ পাওঁ। মানুহৰ অন্তৰত মানুহৰ প্ৰতি প্ৰেম ওপজোৱাটোৱেই তেঁওৰ বহু গীতৰ উদ্দেশ্য। তেঁও মানৱপ্ৰেমৰ এক যুগচেতনা শ্ৰোতাসকলৰ মনত জগাই তুলিবলৈ বিশেষ চেষ্টা কৰা দেখা যায়। মানুহে মানুহৰ প্ৰতি যাতে আন্তৰিক মৰম চেনেহ আৰু সহানুভূতি প্ৰদৰ্শন কৰে তাৰ কাৰণে ডঃ হাজৰিকাই সদায় খাটি আহিছে। দুখীয়া নিচলা পীড়িত বা জীৱনত দুখকষ্ট ভোগাসকলৰ প্ৰতি সহানুভূতিৰ দৃষ্টি আকৰ্ষণ কৰিবৰ কাৰণে তেঁও সদায় কাতৰ আহ্বান জনাই আহিছে। তেঁওৰ বহু গীততে মানৱ প্ৰেমৰ সুৰ শুনিবলৈ পোৱা যায়।

মানুহৰ দুখকষ্ট, দাৰিদ্ৰ বা শোকলগা পৰিস্থিতিৰ কৰুণ চিত্ৰ দাঙি ধৰাত হাজৰিকা এজন অদ্বিতীয় শিল্পী:

'কাৰ কপালৰ সেন্দুৰও মচা গ'ল',

'কোন মাতৃৰ বুকু শুদা হ'ল',

'ৰুগীয়া আইয়ে চাগে ৰখি আছে বাঢ়ি লৈ দাইল ভাত দুয়োৰে আমাৰ',

'এইবাৰ বিহুতে মোৰহে ল'ৰাটিক নিদিলো

সূতাৰে চোলা',

'তোৰ ঘাম ভৰা নঙঠা পিঠি তপত ৰ'দত যায় ফাটি, তথাপি নাই তাৰ গুণ গাওঁতা'

আদিৰ নিচিনা সজীৱ প্ৰকাশে সহজেই মানৱ মনত সমবেদনা জগাব পাৰে। ডঃ হাজৰিকা মানৱ অন্তৰত সমবেদনা জগায়েই ক্ষান্ত নহয়। তেঁও বিচাৰে মানৱতাৰ সক্ৰিয় প্ৰকাশ:

'দুৰ্বল মানুহে যদি জীৱনৰ কোবাল নদী পাৰ হয় তোমাৰে সাহত, তুমি হেৰুৱাবানো কি?'

'স্নেহেই আমাৰ শত শ্ৰাৱণত ধাৰাসাৰ বৃষ্টিৰ প্লাৱন আনে',

'অগণন মানৱৰ শান্তি সমদল, সৃষ্টিকামী জীৱন্ত',

'জাগি উঠা মানৱে হেজাৰ চিঞৰ মাৰে',
'কাহিনী এটি লিখা সেৱাৰ বিষয়ে'

আদিত মানৱতাবাদৰ আশাপূৰ্ণ প্ৰকাশ ভংগীহে দেখিবলৈ পোৱা যায়।

মানৱীয় কোমলতা ভূপেন হাজৰিকাৰ শ্ৰেষ্ঠ সৌন্দৰ্য্য। বৈষ্ণৱ যুগত শংকৰদেৱ আৰু মাধৱদেৱে ভক্তি ভাবেৰে অসমীয়া সমাজক প্লাৱিত কৰাৰ দৰে কুৰি শতিকাৰ মানৱ প্ৰেমৰ যুগত ডঃ হাজৰিকাই অসমীয়া সমাজত মানৱী মৰমৰ অমিয়া ঢালিছে। ইয়েই যেন তেঁওৰ জীৱনৰ অন্বেষণ, ইয়েই তেঁওৰ আধ্যাত্মিক লক্ষ্য। তেঁওৰ গীতৰ এনে আধ্যাত্মিকতাৰ কাৰণেই তেঁওৰ গীত কেৱল গোটেই ভাৰততে নালাগে পৃথিৱীৰ আন আন ঠাইতো সমাদৃত হৈছে। তেঁও মানৱ প্ৰেমৰ বিশ্বজনীন ভাবেৰে লুইত পাৰৰ অসমীয়া জাতীয় জীৱনক এনে ভাবে চহকী কৰিছে যে ইতিহাসত প্ৰথমবাৰৰ কাৰণে এজন অসমীয়াই অসমীয়া সমাজখনক আন্তৰ্জাতিক সাঁচত ৰূপ দিবলৈ চেষ্টা কৰা যেন অনুমান হয়।

এই যুগৰ মানৱতাবাদক কেন্দ্ৰ কৰি উদ্ভৱ হোৱা নতুন নতুন চিন্তাধাৰা আৰু নতুন নতুন চেতনা তেঁও অসমীয়া জাতীয় জীৱনলৈ আনিলে। অসমীয়া ভাষাৰ কোমলতাৰে তেঁও ঢুকি পোৱা এনে চিন্তাধাৰা যুগচেতনা আৰু তেঁওৰ মনৰ প্ৰশান্ত সাগৰৰ অশান্ত উৰ্মিমালাক আন ভাষাৰ লোকে তেঁওৰ পৰা উপগম কৰিব পাৰি অসমীয়া ভাষা আৰু গীতৰ প্ৰতি নতশিৰ হৈছে। আজি কিছুদিন আগতে শ্ৰীমতী ৰুমা গুহ ঠাকুৰতাই লণ্ডনৰ এলবাটহলত 'গংগা আমাৰ মা, পদ্মা আমাৰ মা', গীতটো গাওঁতে ধাৰাসাৰে বোৱা তেঁওৰ চকুলো সামৰিব নোৱাৰা হৈছিল আৰু দুই হাতেৰে মাইক্ৰ'ফোনটো খামুচি ধৰি নিজকে সংযত কৰিছিল। সেই সময়ত প্ৰত্যেকজন দৰ্শকৰ চকুতো মেঘনা যমুনাৰ ধাৰা ব'বলৈ আৰম্ভ কৰিছিল। শিৱদাস বন্দোপাধ্যায়ে ৰচা সেই গীতটোৰ ভাবধাৰা আৰু কোমলতা ভূপেন হাজৰিকাই প্ৰথমে অসমীয়া গীততেই সৃষ্টি কৰিছিল বুলি জানিব পাৰি তেঁওলোকে ভূপেন হাজৰিকাৰ গীত বিচাৰি হাবাথুৰি খাইছিল।

বিশ্ব যুৱ মেলাত 'সাগৰ সংগমত কতনা সাঁতুৰিলো' গীতটোৰেও অসমীয়া গীতত প্ৰকাশ পোৱা আজিৰ মানৱ হৃদয়ৰ অনুকম্পাৰ সোৱাদ পৃথিৱীৰ বহুলোকে পাবলৈ সমৰ্থ হৈছিল। সেইদৰে 'মানুহে মানুহৰ বাবে' গীতটোত প্ৰকাশ পোৱা আন্তৰিকতা আৰু ঐকান্তিক মানৱপ্ৰেমৰ অমিয়া পৃথিৱীৰ বহুলোকে পান কৰিবলৈ সমৰ্থ হৈছে। এই গীতটোৰ সুৰত আমেৰিকাৰ লোকগীতৰ সুৰ আৰু কোমলতা ধ্বনিত কৰি তেঁও ইয়াক এক বিশেষ সাৰ্বজনীন ৰূপ দিছে। ইয়াৰ আগতে আন কোনো অসমীয়াই এনেদৰে আমাৰ জাতি আৰু অসমীয়া ভাষাক গৌৰৱান্বিত কৰা নাই। তেঁওৰ অসমীয়া গীতৰ বঙালী ৰূপান্তৰবিলাকৰ প্ৰতি বঙালী লোকে প্ৰদৰ্শোৱা শ্ৰদ্ধাইও এই কথাৰ সত্যতা প্ৰমাণ কৰে।

ভূপেন হাজৰিকাৰ মানৱতাবাদ আৰু মানৱপ্ৰেম নানা গীতত নানা ৰূপত প্ৰকাশ পাইছেঃ

কি লুইতৰ দুই পাৰৰ 'কত মানুহ, কত যে ইতিহাস' হওক,

কি 'ৰংমনৰ কঠীয়াতলীৰ বেথা' হওক

বা চিত্ৰলেখাই অঁকা 'চিন্তানায়কে'ই হওক,

তেঁওৰ গীতত মানুহ, মানুহৰ সৌন্দৰ্য্য-শৌৰ্য্য-বীৰ্য্য বা মানুহৰ সৃষ্টি যেতিয়াই তেতিয়াই য'তে ত'তে ভুমুকি মাৰে। সেয়েহে তেঁওৰ মানৱতাবাদী দৃষ্টিভংগী বা মানৱ প্ৰেম থকা গীতবিলাক সম্পূৰ্ণ পৃথক কৰি উলিওৱা কঠিন। আমি তেঁওৰ যিবিলাক গীতৰ মূল বিষয়বস্তুত বিদ্ৰোহ বা কোনো ৰাজনৈতিক মতবাদৰ স্পষ্ট প্ৰকাশ নথকাকৈ কেৱল মানৱীয় বা মানৱতাবাদী চিন্তাধাৰা প্ৰতিফলিত হোৱা দেখিবলৈ পাওঁ সেই গীতবিলাকক হে এই শ্ৰেণীত অন্তৰ্ভুক্ত কৰিছোঁ। এইটোও সচা যে এইবিলাক বিষয়বস্তু কম বেছি পৰিমাণে তেঁওৰ আন গীততো আছে।

মানুহে মানুহৰ বাবে

[এই গীতটো ১৯৬০-৬১ চনৰ ভাষা আন্দোলনৰ সময়ত ৰচা।]

মানুহে মানুহৰ বাবে
যদিহে অকণো নাভাবে
অকণি সহানুভূতিৰে
ভাবিব কোনেনো কোৱাঁ, সমনীয়া?

মানুহে মানুহক বেচিব খুজি
মানুহে মানুহক কিনিব খুজি
পুৰণি ইতিহাস দোহাৰিলে
ভুল জানো নহ'ব কোৱাঁ, সমনীয়া?

দুৰ্বল মানুহে যদি
জীৱনৰ কোবাল নদী
পাৰ হয় তোমাৰে সাহত
তুমি হেৰুৱাবানো কি?

মানুহ যদিহে নহয় মানুহ
দানৱ কাহানিও নহয় মানুহ
যদি দানৱ কাহানিবা হয়েই মানুহ
লাজ পাব কোনেনো কোৱাঁ, সমনীয়া?

শীতৰে সেমেকা ৰাতি

শীতৰে সেমেকা ৰাতি
শীতৰে সেমেকা ৰাতি
সেমেকা শীতৰে ৰাতি
শীতৰে সেমেকা ৰাতি
বস্ত্ৰবিহীন কোনো খেতিয়কৰ
ভাগি পৰা পঁজাটিৰ
তুঁহ জুই একুৰাৰ
উমি উমি জ্বলি থকা
ৰক্তিম যেন এটি উত্তাপ হওঁ।
শীতৰে সেমেকা ৰাতি
শীতৰে সেমেকা ৰাতি
খাদ্যবিহীন কোনো দীন মজুৰৰ
প্ৰাণতে লুকাই থকা
ক্ষুধা অগনিৰ
হঠাতে ভমকি উঠা

প্ৰচণ্ড যেন এটি প্ৰতাপ হওঁ
প্ৰতাপ হওঁ, মই প্ৰতাপ হওঁ।

শীতৰে সেমেকা ৰাতি
সংখ্যালঘু কোনো সম্প্ৰদায়ৰ
ভয়াৰ্ত মনটিৰ
নুফুটা আৰ্তনাদ
নিজেই প্ৰকাশ কৰি
মিঠা যেন এটি নিৰাপত্তা হওঁ
নিৰাপত্তা হওঁ, নিৰাপত্তা হওঁ।

শীতৰে সেমেকা ৰাতি
কণ্ঠৰুদ্ধ কোনো সুগায়কৰ
প্ৰভাত আনিব পৰা
অথচ নোগোৱা
এটি অমৰ গীতৰ বাবে
মই যেন এটি সুধাকণ্ঠ হওঁ
সুধাকণ্ঠ হওঁ, সুধাকণ্ঠ হওঁ।

শীতৰে সেমেকা ৰাতি
সেমেকা সেমেকা ৰাতি
বস্ত্ৰবিহীন কোনো খেতিয়কৰ
ভাগি পৰা পঁজাটিৰ
তুঁহ জুই একুৰাৰ
উমি উমি জ্বলি থকা
ৰক্তিম যেন এটি উত্তাপ হওঁ,
প্ৰচণ্ড যেন এটি প্ৰতাপ হওঁ
মই যেন এটি নিৰাপত্তা হওঁ
মই যেন এটি সুধাকণ্ঠ হওঁ ।।

[তেইছ ডিচেম্বৰ, ১৯৭০ চন]

কাহিনী এটি লিখা

কাহিনী এটি লিখোঁ সেৱাৰে বিষয়ে
কৈছিলোঁ বহু বহু বাৰ
বন্ধু লিখক, তুমি নুশুনিলা
দেখুৱালা মাথোঁ অহংকাৰ।
সচা নায়ক বিচাৰি বিচাৰি
তাহানি যে আহিছিলা লৰৰি
মইও দেখোন মানৰ ইতিহাসৰ
কথা ক'লোঁ নিজকে পাহৰি।
তেতিয়াতো তুমি লিখি গ'লা
মিছা কথা অন্য নায়কৰ।
বন্ধু লিখক তোমাৰ লিখাখিনি
মিছা কথা মিছা কল্পনাৰ।।

যি কাহিনী তুমি নিলিখিলা
তাক ইতিহাসত সময়ে লিখিলে,
মোৰেই মাজত সহস্ৰ মানৱৰ
যুঁজৰ জোৱাৰ তুমি নেদেখিলা।
নিজৰি-কাপ নিজৰি নিজৰি
(আজি) তোমাৰ ভাষাও পৰিলে ভাগৰি
ময়ো আজি ক্ষণ ক্ষতি কৰি
নেযাওঁ আৰু তোমাকে বিচাৰি
নেযাওঁ আৰু শত কাবৌ কৰি
ক'বলৈ আৰু এটি বাৰ।
বন্ধু লিখক, তোমাৰ লিখাখিনি
মিছা কথা মিছা কল্পনাৰ
কাহিনী এটি লিখোঁ সেৱাৰ বিষয়ে
কৈছিলোঁ বহু বহু বাৰ।।

[কলিকতা, দুই জুলাই ১৯৬৪ চন]

জীৱনটোৰ কান্দোনখিনি

জীৱনটোৰে কান্দোনখিনি
নিজেই সাঁচি থলোঁ
জীৱনটোৰে হাঁহিখিনি
বিলাই বিলাই দিলোঁ।

শ্ৰোতা বন্ধু!
তুমিও অকণ লোৱাঁ।
হাঁহিখিনি পাবৰ বাবে বহুতো কান্দিলোঁ
মাজে মাজে কান্দি কান্দি নিজেই
হাঁহিলোঁ।

বহুত কান্দোন
অলপ হাঁহিৰ এয়ে জীৱন-মেলা
সেয়ে জীৱনটোৰে হাঁহিখিনি
বিলাই বিলাই দিলোঁ।
বন্ধু তুমি হয়তো পালা
মাথোঁ অৱহেলা
সেয়ে মোৰো অলপ হাঁহিৰ
অংশ তুমিও পালা।

হেজাৰ মুখত সুখৰ হাঁহিৰ সপোন দেখিলোঁ
হেজাৰ জনৰ বেজাৰ দেখি প্ৰতিজ্ঞা কৰিলোঁ
অলপ কান্দোন
বহুত হাঁহিৰ পাতিম ময়ো খেলা
সেয়ে জীৱনটোৰে হাঁহিখিনি
বিলাই বিলাই দিলোঁ
শ্ৰোতা বন্ধু।
তুমিও অকণ লোৱাঁ।

[কলিকতা, পোন্ধৰ আগষ্ট ১৯৬৪ চন]

যদি জীৱনে কান্দে

এই গীতটিৰ জন্মৰ বিষয়ে শ্ৰীচন্দ্ৰ ফুকনে লিখিছে: "চিলঙৰ অসম চেক্ৰেটেৰিয়েটত বহা ষ্টুডিঅ' এডভাইচাৰ বৰ্ডৰ মিটিংখন শেষ কৰি আশা নিৰাশাৰ মাজত মই থকা হোটেলটোৰ ফাললৈ খোজ ল'লোঁ। আশাৰ কাৰণ হ'ল যে ষ্টুডিঅ'ৰ কাৰণে মাটি আৰু আহিলাপাতি কিনাৰ উপৰিও দুখন মজিয়া (Floor) থকা ষ্টুডিঅ'ৰ আঁচনিখন অনুমোদিত হ'ল।

নিৰাশাৰ কাৰণ হ'ল অসমত এটি পূৰ্ণাংগ ষ্টুডিঅ' স্থাপন কৰিবলৈ প্ৰস্তুত কৰা আঁচনিখনৰ মতে প্ৰয়োজন পোন্ধৰ লাখ টকা। তৃতীয় পৰিকল্পনাত চৰকাৰে আগবঢ়াইছে প্ৰায় ৭.৫ লাখ টকা আৰু সিও প্ৰতিকূল আসন্ন দুৰ্য্যোগৰ কাৰণে পিছলৈ যাব পাৰে। হোটেলৰ নিজৰ কোঠালিত বহি সেইবোৰ কথাকে ভাবি থাকোঁতে বৰষুণ আহিল।

অলপ পিচতে ভূপেন হাজৰিকাই তেঁওৰ 'পাগলাদা' কৰুণা ভট্টাচাৰ্য্যক লৈ মোৰ কোঠাটোত সোমালহি। ভূপেন হাজৰিকাই ক'লে 'আপুনি কাকো নমতাকৈ গুচি আহিল। বৰষুণ দিছে দেখি সোমালোঁ। বৰষুণ নেৰালৈকে এইকণ সময় অলপ আনন্দ কৰিব নোৱাৰিনে?'

মই ক'লো। বোধহয় পাৰি। কিন্তু মোৰ মনটোহে বৰ বেয়া। আজিকালি আনন্দ কৰিব নোৱাৰাই হৈছোঁ। ভূপেন হাজৰিকাই ক'লে, 'কিয়? এইবাৰ কুঠৰীৰ আনাৰসবোৰ পকি হালধীয়া হোৱা নাই নেকি?'

মই ক'লো। আনাৰস ঠিকেই পকিছে। পিছে আনাৰসে মোৰ মনটোহে ৰঙচুৱা কৰিব পৰা নাই। ভূপেন হাজৰিকাই ক'লে, 'তেতিয়া হ'লে মনটো ৰঙচুৱা কৰিবৰ কাৰণে আনন্দৰ দৰকাৰ আপোনাৰেই বেছি।' মই ক'লো। এৰা, হেম বৰুৱাই মোলৈ লিখিছে। 'মনটো উৰলি

যাবলৈ দিয়াটো জানো উচিত? "Try to laugh away the worries of life.." ভূপেন হাজৰিকাই ক'লে, 'বৰ ঠিক লিখিছে। পিছে worries বোৰ laugh away কৰিছে নে নাই?'

মই ক'লো, 'চেষ্টা কৰিছোঁ। কিন্তু মনটো ঠিক কৰিব পৰা নাই।'

ভূপেন হাজৰিকাই ক'লে। 'হেম বৰুৱাই ঠিক লিখিছে যদিও আপুনি মনটো ঠিক কৰিব নোৱাৰিবও পাৰে। কাৰণ হেম বৰুৱাই গদ্যৰে লিখিছে। মই এবাৰ চেষ্টা কৰি চাম নেকি?'

মই সুধিলোঁ: কেনেকৈ?

ভূপেন হাজৰিকাই ক'লে:

'ছন্দেৰে। সু-ৰে-ৰে'

এইবুলি মেজত পৰি থকা পুৰণা লেফাফা এটা টান মাৰি কলমটোৰে অলপ পৰ কিবা এটা লিখাত লাগিল। মই মনে মনে বৈ থাকিলোঁ। করুণা ভট্টাচাৰ্য্যই জেপৰ পৰা পানামা চিগাৰেট এটা উলিয়াই জ্বলাই ল'লে আৰু নিৰ্বিকাৰ চিত্তেৰে চিগাৰেটৰ ধোঁৱাবোৰ উৰুৱাই দি দি মোৰ দৰে অপেক্ষা কৰিলে। ভূপেন হাজৰিকাই লেফাফাৰ ওপৰত লিখাখিনি শেষ কৰি মোক লেফাফাটো আগবঢ়াই দি ক'লে:

'আপুনি চাই যাওক মই গাই যাওঁ। বহুত সভা সমিতিত গীত গাইছোঁ। এইটো গীত আপোনাৰ কাৰণে গাওঁ।'

লেফাফাটোত প্ৰথমতে লিখা আছিল— আপুনি হাঁহক নিজৰ কাৰণে পৰৰ কাৰণে আৰু মোৰ কাৰণে হাঁহক। ইতিমধ্যে ভূপেন হাজৰিকাই অলপ গুণ গুণাই ল'লে। তাৰ পিচত ক'লে: 'শুনক মোৰ গীতটি' এই লেফাফাত লিখা গীতটি আৰম্ভ কৰিলে।"

['বিচিত্ৰা', প্ৰথম প্ৰকাশ, গণতন্ত্ৰ প্ৰেছ, নগাঁও, ১৯৮১ চন]

আশা কটকীৰ সতে

যদি জীৱনে কান্দে নাই নাই বুলি
যদি দুখতে উৰে ধৰণীৰ ধূলি
নিৰাশাই আশাবোৰ ভাঙিব খুজিলে
মই গোৱা গীতবোৰ গাবাঁ।
এটি বগলী যদি অকলে অকলে
উৰি উৰি যোৱা দেখা সাগৰৰ ফালে
বিৰাটৰ সন্ধানে ভৰাই তুলিলে
মই ৰচা গীতটি পঢ়িবাঁ।
বিচৰাটো যদি তুমি এবাৰো নোপোৱা
নিবিচৰাটিকে যদি বহুবাৰ পোৱা
বিচৰাটো ভাবি গুণি কান্দিব খুজিলে
মই হঁহা হাঁহিটি হাঁহিবাঁ।
বহুতৰে বহু বুকু ভঙা ভঙা দেখোঁ
সেয়েহে আশাৰে ভৰা গীতবোৰ লিখোঁ
ভুলতেই যদি তুমি এন্ধাৰকে পোৱা
কাঁইটকে শেৰালিৰে পাহি বুলি লোৱা
তোমাৰ তেজেৰে বাট ৰঙা ৰঙা হ'লে
মই দিয়া সুৰেৰে মচিবাঁ।

[ছিলং, ১৯৬৫ চন]

অতীতৰ বুৰঞ্জী

অতীতৰ বুৰঞ্জী
লিখকে লিখিছিলে
ৰজা মহাৰজাৰ কথা।
আজিৰ বুৰঞ্জী
লিখকে লিখিছে
মানুহৰ মুকুতিৰ কথা।

মিছৰ দেশৰ
নীল নৈৰ পাৰৰে
ফাল্লাহীনে বিনালে
কৈ কৃষকৰ বুকুৰে বেথা।
মিচিচিপিৰ পাৰতে
কপাহৰে খেতিতে
নিগ্ৰো 'জনে' বিনালে
কৈ মানুহৰ বৰণৰ কথা।

লুইতৰে পাৰৰে
গাঁৱৰে মৰিশালিত
ৰংমনে নিতৌ চিঞৰে
কৈ বোৱতী মনৰে কথা।
পাহৰি পেলালোঁ
বুৰঞ্জীয়ে গোৰা
সামন্ত যুগৰে কথা।
সময়ৰ সাহেৰে
লিখি যাম আজি মই
মানুহৰ মুকুতিৰ কথা।

[টোকা: ফাল্লাহীন মানে দুখীয়া কৃষক: আফ্ৰিকা ভ্ৰমণৰ সময়ত কাইৰোৰ নীল নদীৰ পাৰত ৰচিত ১৯৫২ চন]

মই এটি যাযাবৰ

মই এটি যাযাবৰ
ধৰাৰ দিহিঙে দিপাঙে লৰৰোঁ
নিবিচাৰি নিজা ঘৰ।
মই লুইতৰ পৰা মিছিচিপি হৈ
ভল্গাৰ ৰূপ চালোঁ,
অটোৱাৰ পৰা অষ্ট্ৰিয়া হৈ
পেৰিচ সাৱটি ল'লোঁ।

মই ইলোৰাৰ পৰা পুৰণি ৰহণ
চিকাগোলে কঢ়িয়ালোঁ,
গালিবৰ শ্বেৰ দুশ্বন্বেৰ
মীনাৰত শুনা পালোঁ,
মাৰ্ক টোৱেনৰ সমাধিত বহি
গৰ্কীৰ কথা ক'লোঁ।
বাৰে বাৰে দেখোঁ বাটৰ মানুহো
আপোন হৈছে বৰ
সেয়ে মই যাযাবৰ।

বহু যাযাবৰ লক্ষ্যবিহীন
মোৰ পিছে আছে পণ
ৰঙৰ খনি য'তেই দেখিছোঁ
ভগাই দিয়াৰ মন।

মই দেখিছোঁ অনেক গগনচুম্বী
অট্টালিকাৰ শাৰী
তাৰ ছাঁতেই দেখিছোঁ কতনা
গৃহহীন নৰ নাৰী
মই দেখিছোঁ কিছু ঘৰৰ

সন্মুখ বাগিচাৰে আছে ভৰি
আৰু দেখিছোঁ মৰহা ফুলৰ পাপৰি
অকালতে পৰা সৰি।

বহু দেশে দেশে গৃহদাহ দেখি
চিন্তিত হওঁ বৰ
মনৰ মানুহ বহুতেই দেখোঁ
ঘৰতে হৈছে পৰ
সেয়ে মই যাযাবৰ।

[কলিকতা, ১৯৬৮ চন]

জাগ্ৰত মানুহৰ ছাঁ দেখি

জাগ্ৰত মানুহৰ ছাঁ দেখি কিয়
দিনে ৰাতিয়ে উচপ খোৱা।

আলসুৱা আকাশত কুঁৱলীৰ মুখা পিন্ধা
ৰামধনু কেলেই খেদি যোৱা
ধুলিৰ ধৰাত জীৱন সৰগ ওপজে
নতুন ৰহণ পোৱা
আলিটিৰ আশে পাশে মানুহ দেখিবা
পদাঘাত নেওচি যোৱা।

নতুন মৌচুমীৰ বৰষুণ পৰিছে
শুকান ধৰণীত চোৱাঁ
যুগৰ কঠীয়া ধৰাত নাচিছে
তাকেহে সাৰটি লোৱাঁ।

[মস্কো, ১৯৫৫ চন

প্ৰথম নহয় দ্বিতীয় নহয়

প্ৰথম নহয় দ্বিতীয় নহয়
তৃতীয় শ্ৰেণীৰ যাত্ৰী আমি
জীৱন ৰেলৰ দবাত আমি
প্ৰথম নহয়, দ্বিতীয় নহয়
তৃতীয় শ্ৰেণীৰ যাত্ৰী আমি।
মাজে মাজে মাজে
এই ৰেলে চিঞৰে
নোপোৱাৰ বেদনা জুই হৈ উৰে
আমাৰেই জুইৰেই অগ্ৰগামী
প্ৰথম নহয় দ্বিতীয় নহয়
তৃতীয় শ্ৰেণীৰ যাত্ৰী আমি।
লগত আছে বোজাৰ বৰ বৰ পেৰা
সেই পেৰা
অতীতৰ চকুলোৰে ভৰা
আমাৰেই
চকুলো
বাষ্প সজালোঁ—
(সেই) বাষ্পেৰেই আমি দ্ৰুতগামী
প্ৰথম নহয় দ্বিতীয় নহয়
তৃতীয় শ্ৰেণীৰ যাত্ৰী আমি।

তৃতীয় শ্ৰেণীৰ
শত সহযাত্ৰী
মিলি দেখিম পুৱাব কাল ৰাত্ৰি
একেলগে হে পাম গৈ লক্ষ্য আমি
প্ৰথম নহয় দ্বিতীয় নহয়
তৃতীয় শ্ৰেণীৰ যাত্ৰী আমি।

[কলিকতা, জুলাই ১৯৬৩ চন]

ভৰা বাৰিষাৰ বানে

ভৰা বাৰিষাৰ বানে
খহাই নিলে গাঁও
পাৰতে উচুপি কান্দে
দুখীয়াৰ ছাও।
বানপানীয়ে ঘৰৰ ছালে
পানী কাটি নিয়ে
আহুধানৰ আলিটিৰ
ভেটা ভাঙি দিয়ে।
নাতিপুতিক আঁকোৱালি
বুঢ়ী আয়ে কান্দে
হুদুটিয়ে গছৰ আগত
ভেটি মাটি খুন্দে।
খেৰৰ পঁজাৰ ছাল কেখন
উটি উটি যায়
তাতে বহি চিলনীয়ে
কিবা নাম গায়।
হেজাৰ হেজাৰ খেতিয়কৰ
পথাৰ বুৰি গ'ল
গাঁৱৰে কঠীয়াতলীৰ
সপোন ভাঙি গ'ল ।।

[ছয়গাঁৱত বহা কৃষক সন্মিলনৰ বাবে ৰচা, ১৯৫৪ চন]

হে মোৰ অসমৰ শ্ৰোতা জনতা

হে মোৰ অসমৰ শ্ৰোতা জনতা
কি মতেনো বুজাম আমি
বিহাৰ ৰাজ্যৰ কোটি কোটি লোকে
দেখিছে এক শ্মশান ভূমি।
কোনোবা নিষ্ঠুৰ দৈত্যই যেন
প্ৰখৰ ৰ'দৰ উত্তাপ সানি
ছোটনাগপুৰৰ মালভূমিৰ
ভস্ম কৰিলে শত ধাননি
ওঠৰ শ ছয়সত্তৰৰ মন্বন্তৰ
আতংক পুনৰ যেন আহিলে
হাজাৰীবাগৰ হেজাৰ বাগত
কিহে সেউজ কঠীয়া দহিলে।

যেনিয়ে চকু যায় হিয়া দহি যায়
পালামৌৰ আকাশত মেঘ নাই
হেজাৰ মুমূৰ্ষু শিশুৰ বাবে
অসহায়া মাতৃয়ে অশ্ৰু পেলায়।
ৰহিমে কান্দে 'আল্লা মেঘ দিয়াঁ'
ৰসিয়াই কান্দে 'প্ৰভু পানী দিয়াঁ'
শুকান ধৰিত্ৰীয়ে বুকু ফালি কয়
মোৰ বক্ষতে চিৰ শান্তি লোৱাঁ ।

নালন্দা নিমাত, নিমাত আকাশ,
পাটলিপুত্ৰৰ ঐতিহ্য উদাস
মুংগেৰতো মংগল ধ্বনি নাই
চাপ্ৰা আৰাৰ লোক হতাশ।
তাহানি বুদ্ধই বিহাৰ কৰা
শস্য শ্যামলা বিহাৰ ভূমি
হ'ল, ক্ষুধা তৃষ্ণাত, মৃত্যুমুখী
এক নিৰস নিজান মৰুভূমি।
হয়তো আজি ৰাঁচীৰ সাধু শুনি
সত্য বুলি কেৰে নলয় মানি
দুটি ভাতৰ অভাৱত গৃহস্থই ৰান্ধে

পোহনীয়া কুকুৰৰ মাংস আনি।
অনুকম্পা নহয়, পুতৌ নহয়
ই নহয় ৰঙীণ প্ৰদৰ্শনী
ই কৰ্তব্য জ্ঞান প্ৰণোদিত
উচ্ছাৰিত মানৱ ধ্বনি।
বিদ্যাপতিৰ মিথিলা নগৰীৰ
মৈথিলী সুৰ যেন স্তব্ধ হয়
আজি ভোজপুৰী পথাৰত গাঁৱৰ গৰখীয়াই
বিৰহা চৈতীৰ গীত নেগায়।

[টোকা: বিহাৰ আকৌ বাতৰিৰ শিৰোনামাত। পানীৰ অভাৱত খৰাং বিহাৰৰ অভাৱনীয় দুখ দুৰ্দশাৰ কথাই আজি, দেশৰ প্ৰতিজন নাগৰিকক সচেতন কৰি তুলিছে। বিহাৰৰ এই অৱৰ্ণনীয় অৱস্থাৰ পটভূমিত গীতিকাৰৰ এই বিননি।]

> "গোটেই পৃথিৱীখনৰ এজন মানুহেও যদি মোক মনত ৰাখে এনে এজন মানুহ হিচাপে যি মানুহৰ বাবে মানুহৰ গান গাইছিল, মই ধন্য হ'ম।"
>
> —*ভূপেন হাজৰিকা*

ঐ নিলাজ পাহাৰ

হাঃ হাঃ হাঃ হাঃ থুই!
হাঁহিবলৈ আহিছ!
ঐ নিলাজ পাহাৰ!
ঐ শুকান পাহাৰ!
মৰমবিহীন হৈ মৰ মৰ মৰ
লাজতে মৰ।

বিচাৰিলি কি?
পালি তই কি?
সপোন দেখিছিলি—
ঝিৰ ঝিৰ ঝিৰকৈ নিজৰা ব'ব
তোৰ বুকুৰেদি এটি মিঠা নিজৰা ব'ব
মৰমেৰে আঁকোৱালি নিজৰা ব'ব
তাইক পাই তোৰ বুকুখন ৰসাল হ'ব।
একো নাপালি হে!
ভাঙিলনে তোৰ অহংকাৰ?
ঐ নিলাজ পাহাৰ!

বিচাৰিলি কি?
পালি তই কি?
বহু ভাবিছিলি—
তোৰ বুকুত আছিল হেনো ৰূপ ৰূপালী
হেনো কলিজা খান্দিলে পায় সোণ সোণালী
সোণ খান্দি নিব তই ৰূপও হেৰুৱালি
বালিচন্দা মাথোঁ তই বুটলিলি।
কি পালি হে?
ভাঙিলনে তোৰ কামিহাড়?
ঐ শুকান পাহাৰ!
ঐ নিলাজ পাহাৰ!
তাকে লৈ চিঞৰি মৰ মৰ মৰ
লাজতে মৰ।

['বনৰীয়া ফুল' (১৯৭৩) কথাছবিত দিছে এটি খঙাল পাহাৰী চৰিত্ৰৰ বাবে]

ফটো: উজ্জ্বল বৰঠাকুৰৰ সৌজন্যত

ৰক্ষা কৰা মোক

[এইটো গুৱাহাটীত যক্ষ্মাৰোগৰ চিকিৎসালয় উদ্বোধন উৎসৱত গোৱা।]

ৰক্ষা কৰা মোক কৰা ৰক্ষা
অলিয়ে গলিয়ে নিতে হেজাৰে বিনায়
কালৰূপী যক্ষ্মাই মৰা সুঁতি সাজি দিয়ে
বক্ষৰ লুইতখনি বাৰিষা শুকায়।
এন্ধাৰ পঁজাত মুমূৰ্ষু জীৱনৰ
বন্তি নুমায় নুমায়।

ক্ষয়ৰোগ বেশেৰে মৃত্যুৱে হাঁহি মাৰি
নিষ্ঠুৰ ধেমালি চায়।
আজি ৰোগাক্ৰান্তই বিজ্ঞান আঁচলৰ
নতুন বা ছাটি পায়।

সুন্দৰ স্বাস্থ্যৰ সমাজ সূচনা হওক
মৰণৰ হওক পৰাজয়
(য'ত) মুক্ত বায়ুৰে মাটিৰ মানুহক
জীৱন বসন্ত বিলায়।

নামি আহাঁ সুন্দৰৰে

নামি আহাঁ সুন্দৰৰে সেনা শিল্পীদল
এৰা সপোন ধেমালি
বাধা যদি নিদিয়া পিশাচী এন্ধাৰক
ধৰা হ'ব ৰণেৰে ৰাঙলী।

বাটে পথে যায় চোৰাঁ
সৌৰা পালে পাল
মুমূৰ্ষু জীৱিত নৰ কংকাল
সিহঁতৰ কাৰণে আশাৰে গীত গোৱাঁ
জীৱনত সিহঁতৰ ৰহণ বোলোৱাঁ
আজি মৰণক মষিমুৰি
জীৱনৰ জেউতিৰে
জ্বলোৱা দীপাৱলী।

শংকৰে যুঁজিলে সুৰৰে বৈৰী
নিশাচৰ যতমান পলালে লৰৰি
আজি জীৱনৰ নাটকৰ দৃশ্য দেখুওৱাঁ
আজি ৰণৰ অগনি সুৰেৰে নুমোৱাঁ
নহ'লে তীক্ষ্ণ নখেৰে সিহঁতে
শিশুৰ কলিজা খাব ফালি।
(আজি) সমাজৰ নাটঘৰ সজোৱা পৰোৱাঁ
সাম্যৰ ৰহণ ঢালি
শান্তিৰ ৰহণ ঢালি।

[গুৱাহাটী, ১৯৫৩ চন]

মোৰ গীতৰ হেজাৰ শ্ৰোতা

মোৰ গীতৰ হেজাৰ শ্ৰোতা!
তোমাক নমস্কাৰ!
গীতৰ সভাত তুমিয়েটো প্ৰধান অলংকাৰ।
প্ৰয়াস কৰোঁ
তোমাৰ মুখত হাঁহি বিলাবলে
প্ৰয়াস কৰোঁ
তোমাৰ দুখত সচাই কান্দিবলে

তোমাৰ ক্ৰোধত ক্ৰোধান্বিত হৈও গীত ৰচোঁ
ব্যক্তিসমূহৰ হৈ সুৰৰ শৰাই যাচোঁ
সেয়ে গীতৰ কুসুমেৰে
আজি জীৱন জাতিষ্কাৰ।

ভুল যদি হয় সৃষ্টিত মোৰ,
তুমি হোৱা চিন্তিত
সমালোচনাৰ অগনিৰে পুৰি
মোকো কৰা উন্নত।
শৈশৱতে,
এখন দুখন গীতৰ সভাত গাই
মন উজাৰ কৰোঁতেই বুকুত দিলা ঠাই।

তোমাৰ বুকুত তপত উমৰ উদগনি পাই
জীৱনৰে দুপৰীয়াও আছোঁ গীত গায়।
গীতৰ সভাত আছিলোঁ
তোমাৰেই আৱিষ্কাৰ।
গীতৰ সভাত তুমিয়েটো প্ৰধান অলংকাৰ।

[কলিকতা, ১৯৭৩ চন]

চিত্ৰলেখা

চিত্ৰলেখা, চিত্ৰলেখা
চিত্ৰ এখন আঁকা না
চিত্ৰপটত চিন্তাশীল এক
চিন্তানায়ক আঁকা না!

জনজীৱনৰে ৰং শুকুলা
মন জীৱনৰে গভীৰ নীলা
পাত্ৰ দুটি সজাই লোৱাঁ
দুয়োটি ৰং মিলাই লোৱাঁ
তুলিকা তুলি লোৱাঁনা।।

এটি দুটি ৰেখাৰে
সাৱধানতাৰে
নয়ন আঁকা দূৰদৰ্শী

অনাগত দিনৰ অভিনৱ পুৱা
সীমা অসীমৰ সীমা বুজি পোৱা
বক্ষ এখন আঁকি দিয়া,
লক্ষজনে লক্ষ্য পোৱা,
তুলিকা তুলি লোৱাঁনা।।

[কলিকতা, ১৯৬৮ চন]

শিল্পী: ডাঃ সত্যেন্দ্ৰনাথ দাস, নিউ ইয়ৰ্ক

নাই ভয় নাই

[এই গীতটো গুৱাহাটীত ক'লা-ৰোবাৰ বিদ্যালয় উদ্বোধন উৎসৱ উপলক্ষে ৰচা]

ভাষা ভৰা পৃথিৱীৰ
বিদ্ৰোহী কথা গীত
কাণ পাতি শুনিবৰ শকতি নাই।

উমৰি গুমৰি থকা
জীৱনৰ ভাব ৰাশি
জগতক শুনাবৰ ভাষা নাই।

আছে কত ইংগিত
পৰাজয় নাই
আছে নানা সংকেত, নাই ভয় নাই।

বিজ্ঞানে আগুৱাই যায়
নতুন সভ্যতাত
বধিৰতা মুকতাৰ কাৰাগাৰ নাই।

ভাষাহীন মৃত্যুক
মষিমূৰ কৰি থৈ
অগণিত মুকেও জয় গীত গায়
বধিৰতা মুকতাৰ এন্ধাৰ নাই
শিক্ষাৰ জেউতিৰে যাম আগুৱায়।

দিহিঙে দিপাঙে

ৰসানন্দ গগৈৰ সতে

ভৱেশ গোস্বামীৰ সতে

প্ৰেম গীত

শিল্পীঃ ডাঃ সত্যেন্দ্ৰনাথ দাস, নিউয়ৰ্ক

১৯৪৮-৪৯ চনত গুৱাহাটীৰ অনাতাঁৰ কেন্দ্ৰত চাকৰি কৰি থাকোঁতে ভূপেন হাজৰিকাই বহু প্ৰেম গীত ৰচে। কথিত আছে যে ছিলং কেন্দ্ৰৰ পৰা তেঁওৰ প্ৰেয়সীয়ে গোৱা গীতবিলাক শুনি তেঁও সেই গীতৰ কথাৰ উত্তৰ লৰালৰিকৈ লিখি গুৱাহাটী কেন্দ্ৰৰ পৰা গাইছিল। 'অলিয়া বলিয়া মন', 'সুৰ নগৰীৰ সুৰৰ কুমাৰে', 'মোৰ মৰমে মৰম বিচাৰি যায়' আদি গীতৰ এনেদৰেই সৃষ্টি হৈছিল। অনাতাঁৰৰ যোগেদি এনেদৰে প্ৰেম বিনিময় কৰা লোকজন কেনে প্ৰেমিক হ'ব পাৰে তাক কল্পনা কৰা সহজ।]

ডঃ ভূপেন হাজৰিকা এজন প্ৰেমিক মানুহ। তেঁও বাৰ নে তেৰ বছৰ বয়সতে যি প্ৰেম সাগৰত জপিয়াই পৰিছিল, সেই সাগৰৰ নীলাৰ বৈচিত্ৰ্যত তেঁও মৃত্যুৰ আগলৈকে আত্মবিভোৰ হৈ আছিল। তেঁও তাক সাঁতুৰিও পাৰ হ'ব পৰা নাছিল বা তাৰ প্ৰচণ্ড ঢৌতো ডুব যোৱা নাছিল। তেঁও কেৱল নাৱৰ লংগৰ হেৰোৱা নাবিকৰ দৰে ক'তো খোপনি পুতিব নোৱাৰি দিকবিহীন ভাবে উটি ফুৰিয়েই জীৱন কালটো অতিবাহিত কৰিলে। এনে হোৱাৰ এটা কাৰণ হয়তো এয়েই যে তেঁও যি মুকুতাৰ সন্ধানত বা যি প্ৰেমৰ অন্বেষণত প্ৰেমৰ নীলিম সলিল ৰাশিত নিজকে বিলীন কৰিছিল সেই মুকুতাৰ তেঁও কোনো সন্ধান নাপালে। তেঁওৰ কিছুমান গীতৰ পৰা এইটো অনুমান কৰিব পাৰি যে তেঁও সদায়ে এনে এজনী ধুনীয়া সহৃদয়া অসমীয়া ছোৱালীৰ সপোন দেখিছিল যি তেঁওক ভালদৰে বুজি

পাব, যাৰ মৰমক তেঁও বিশ্বাস কৰিব পাৰিব আৰু যি তেঁওক বৈবাহিক জীৱনত আৱদ্ধ কৰিও মুক্ত ভাবে গীত গাই যাবলৈ উৎপ্ৰেৰণা যোগাব। তেঁও এনে এগৰাকী নাৰীৰ সান্নিধ্য বিচাৰিছিল যাৰ মৰমৰ মাতে নিষ্ঠুৰ জীৱনৰ সংঘাতত অৱসন্ন হোৱা মনটোক আনন্দেৰে ভৰপূৰ কৰিব। তেঁও এনে ভালপোৱা দিবলৈ আৰু পাবলৈ বিচাৰিছিল যি তেঁওৰ আত্মাক মুক্ত কৰিব পাৰে। এই অন্বেষণৰ শ্ৰুতিমধুৰ বিষাদ তেঁওৰ বহু গীতত বিশেষ ঐকান্তিকতাৰে প্ৰকাশ কৰিছে।

এইটোও লক্ষণীয় যে ভূপেন দাদাৰ প্ৰেমও এক প্ৰকাৰ এক পক্ষীয়। তেঁও কেনেদৰে ভাল পাবলৈ বিচাৰে বা কেনেদৰে প্ৰেম দিবলৈ বিচাৰে তেঁওৰ গীতত তাৰ ইংগিত মাত্ৰও নাই। তেঁওৰ গীতত তেও প্ৰেয়সীৰ পৰা কি পাবলৈ বিচাৰে তাকহে বাৰে বাৰে উল্লেখ আছে। সেয়েহে হয়তো তেঁওৰ প্ৰেমৰ সপোন সপোন হৈয়েই থাকিল।

তেঁওৰ প্ৰেমগীতত কোমলতা আছে কিন্তু প্ৰেম নিবেদন নাই। তেঁওৰ বেছি ভাগ গীততেই তেঁও প্ৰেয়সীৰ পৰা কি আৰু কেনে মৰম বিচাৰে তাৰহে বেছি উল্লেখ আছে। যেনেঃ

'নিষ্ঠুৰ জীৱনৰ সংগ্ৰামত
বিচাৰোঁ মৰমৰ মাত এষাৰ।'

'জিৰণি লওঁ যদি তোমাৰ তৃণত'

'হুঁ হুঁ ধুমুহা আহিলেও
আকাশ ক'লা মেঘে ছানিলেও
ৰিম ঝিম বৰষুণ পৰিলেও
তুমি যেন থাকা মোৰ কাষতে।'
'ধন্য হ'ম মই বোকাৰ
এপাহ পদুমকে পায়।'

ফটোঃ বিভূচৰণ বৰুৱা, যোৰহাট

'মই যেতিয়া এই জীৱনৰ
মায়া এৰি গুচি যাম
আশা কৰোঁ মোৰ চিতাৰ কাষত
তোমাৰ সহাৰি পাম।'

'মোৰ আকাশত পোৱাৰ তৃপ্তি
নোপোৱাৰ বেদনা নাই।'

আন একো নাপালে তেঁও 'পত্ৰলেখা'ত কোৱাৰ দৰে চিঠি পাবলৈকো আশা কৰে।

আকাশী গংগা বিচৰা নাই

আকাশী গংগা বিচৰা নাই
নাই বিচৰা স্বৰ্ণ অলংকাৰ
নিষ্ঠুৰ জীৱনৰ সংগ্ৰামত
বিচাৰোঁ মৰমৰ মাত এষাৰ।
মহা মহা সাগৰৰে
কতনা লহৰ লেখিলোঁ
মহা মহা নগৰীতে
কতনা বাট হেৰুৱালোঁ।
মৰম জ্যোতিৰ পম খেদি খেদি
বোৱালোঁ গুপুতে অশ্ৰুধাৰ
নিষ্ঠুৰ জীৱনৰ সংগ্ৰামত
বিচাৰোঁ মৰমৰ মাত এষাৰ।

হয়তো নিতৌ হেজাৰ জনৰ
হেজাৰ শৰাই পাওঁ
তথাপি কিয় বিশেষ জনৰ
মৰম বিচাৰি যাওঁ ।
মহা মহা নাট ঘৰে ঘৰে
কণ্ঠ শোণিত নিগৰালোঁ
মহা মহা শ্ৰোতা জনতাৰে
মুখত হাঁহি বিৰিঙালোঁ।

ক্ষণিক মৌন পৰত কোনেনো
পাতলাব মোৰ দুখৰে ভাৰ
নিষ্ঠুৰ জীৱনৰ সংগ্ৰামত
বিচাৰোঁ মৰমৰ মাত এষাৰ।

[অক্টোবৰ ১৯৬৩ চন]

বহুত দিনৰ আগতে

বহুত দিনৰ আগতে
গধূলিৰে পৰতে
তোমাৰ ৰূপ শিখা দেখা
আজিও পৰে মনত হে।

মোৰে সৰু পঁজাতে
নেমেলা খিড়িকীতে
তুমি আহি মাত দিলা
ধুনীয়া নিশাতে।

কলীয়া ধুমুহাৰে
কত শত বিপদে
তোমাৰ মোৰে সপোনখিনি
কঁপালে গছকতে।

আমাৰ চেনেহ সাগৰৰে
দেখি সাহস জোৱাৰতে
বিপদৰে ধুমুহাই
পলালে পলকতে।
আজি ৰভাতলীতে
নামৰে জাউৰীয়ে
ঐ ৰাম! তোমাক মোকে বান্ধিছে
দুটিৰ বিবাহ ডোলতে।

[খাৰঘুলীৰ বাস ভৱনত ১৯৫৩ চন]

মই যেতিয়া এই জীৱনৰ

মই যেতিয়া এই জীৱনৰ
মায়া এৰি গুচি যাম
আশা কৰোঁ মোৰ চিতাৰ কাষত
তোমাৰ সহাৰি পাম।

নেলাগে মোৰ সোঁৱৰণী সভা
নেলাগে মিছা নাম
তোমাৰ এটুপি চকুলো পালেই
মই পাম মোৰ দাম।
সমূহৰ বাবে গীত গাই গাই
তোমাক পাহৰি গ'লোঁ
সেয়েহে হ'বলা ভৰ জীৱনতে
তোমাকো হেৰুৱালোঁ।
সেই ক্ষোভে মোক দহিছে আজিও
শান্তি ক'তেনো পাম?
তোমাৰ এটুপি চকুলো পালেই
মই পাম মোৰ দাম।

মোৰ জীৱনৰ সংগ্ৰামখিনি
ফঁহিয়াই চালে পাম
তুমি নিদিয়া মৰম খিনিতে
আছিল সৰগী ধাম।
সেই সৰগী ধাম খনি মই
তোমাৰ বুকুতে পাম।
তোমাৰ এটুপি চকুলো পালেই
মই পাম মোৰ দাম।

[কলিকতা, ন ফেব্ৰুৱাৰী ১৯৭৮ চন]

মিঠা মিঠা বহাগৰ

মিঠা মিঠা বহাগৰ
গীত এটিকে
ৰচোঁ বুলি ভাবিলোঁ
এনেতে,
চুচুক চামাককৈ কাষ চাপিলা
মই যেন ভাষা পালোঁ
মিঠা মিঠা বহাগৰ।

লুইতত তিওৱা তোমাৰ দেহা
মাহ আৰু হালধিৰ সুবাস ঘঁহা
নিচেই কাষতে
পোৱাৰ পিচত
সুৰ যেন হাততে পালোঁ
মিঠা মিঠা বহাগৰ।

মোৰ বহাগ যেন
এটি সৰু বিহুগীত
ক'ৰবাত হেৰাই যোৱা।
আজি যেন হঠাতে পোৱা
একজাক গাভৰুৱে হঠাতে হঁহা
একজাক বগলী বলিয়া হোৱা
বিহুৱা আবেগে আজি মোক জোকোৱা
মই যেন ধুমুহা হ'লোঁ
মিঠা মিঠা বহাগৰ।

[কলিকতা, বহাগ ১৯৬৫ চন]

তোমাৰ দেখোঁ নাম পত্ৰলেখা

তোমাৰ দেখোঁ নাম পত্ৰলেখা
পত্ৰ তুমি নিলিখা হ'লা
হয়তো মোৰ পুৰণা ঠিকনা
তোমাৰ মনত নাই।
হয়তো তুমি তোমাৰ মৰমবোৰ
থৈছা সাঁচি কাৰোবালৈ গুপুতে বুকুতে
তাত মোৰ ভাগেই নাই,
কিম্বা মোৰ পুৰণা ঠিকনা
তোমাৰ মনত নাই।

(আজি) বহু ঋতু পাৰ হৈ গ'ল,
মোৰো মনৰ পত্ৰ বহু লিখা যে নহ'ল
মোৰ ক্ষমাও যে নাই,
হয়তো সেয়ে তোমাৰ অভিমানৰ
পৰিধিও নাই।
মোৰ চিত্ৰ নাট গীত কৰিতাত
বিচাৰিলে পাবা চাগৈ পুৰণা ঠিকনা
তুমি বিচৰাহে নাই,
কিম্বা তোমাৰ ঠিকনা বিচৰাৰ
অৱকাশ নাই।

পত্ৰলেখা আজি যদি
মোৰ ঠিকনা সোধা,
সমিধানত মৌনতাহে পাবা
কাৰণ মই এক জিৰণি বিহীন
বেদুইন হ'লো জীৱন চাহাৰাৰ
ঠিকনা মোৰ নাই।।

কলিৰ কৃষ্ণ

'কলিৰ কৃষ্ণ'
বুলি নোজোকাবাঁ
'কৃষ্ণ' 'কৃষ্ণ' বুলি নোজোকাবাঁ মোক।
মইটো তোমাক আজি মতা নাই
ৰাধা বুলি।

ষোল শ গোপীও নাই।
এইয়া কলি কাল
বিচাৰি তোমাকে পালোঁ
'ভাগ্য ভাল'
'ভাগ্য ভাল' বুলি
'কলিৰ কৃষ্ণ' বুলি
নোজোকাবাঁ 'কৃষ্ণ' 'কৃষ্ণ' বুলি।

কাষতে লুইতহে আছে
যমুনাও বহু দূৰ
বাঁহীও নবজাওঁ
নাজানো কৃষ্ণ কূল
ৰাস পূৰ্ণিমা নাই।

এইয়া বিজুলী চাকি
নহবা অভিমানিনী
ৰজনী অলপহে বাকী
চোৰা নয়ন মেলি
'কৃষ্ণ' 'কৃষ্ণ' বুলি নোজোকাবাঁ।

[ধেমালিতে লিখা, ১৯৬৬ চন]

ভুপেন হাজৰিকাৰ আশাৰ পাল সমাজৰ সংকীৰ্ণ বিচাৰ-বুদ্ধিৰ বৰদৈচিলাই বিচূৰ্ণ কৰিলে। 'সুৰ নগৰীৰ সুৰৰ কুমাৰ'-ত কোৱাৰ দৰে 'ৰূপ' যেন তেঁওৰ প্ৰেয়সীয়ে 'সুৰ'ক হেৰুৱাই বিনালে। কোনোবা পচোৱাই 'সুৰ'ক উৰুৱাই নি কোনো এক এৰা বাটত সংস্থাপিত কৰিলেগৈ। 'সুৰ' যেন চিৰদিনৰ কাৰণেই 'এৰা বাটৰ সুৰ' হ'ল। সেই এৰাবাটত সেই এৰা বাটৰ বাস্তৱতাত তেঁওৰ অন্তৰাত্মা বিকশিত কৰিব পৰা এগৰাকী প্ৰেয়সীৰ সান্নিধ্য পাবলৈ হাজৰিকা অসমৰ্থ হ'ল। তাৰ পিছত তেঁও বৈবাহিক জীৱন আৰম্ভ কৰিলে তেঁওৰ সৰু পঁজাৰ নেমেলা খিড়িকীত এক ধুনীয়া নিশা আহি তেঁওক মাত দিয়া আন এগৰাকীৰ লগত। দুৰ্ভাগ্যবশত, তেঁওৰ বৈবাহিক জীৱন সুখৰ নহ'ল। আশাৰ তৰী যেন নিৰাশাৰ বালিত লাগি ৰ'ল। অভিমান আৰু উপহাসে মৰম চেনেহবোৰক আগুৰি ধৰিলে। আকৌ অকলশৰীয়া পথেদি তেঁওৰ মৰমে মৰম বিচাৰি গ'ল।

মোৰ মৰমে মৰম বিচাৰি

মোৰ মৰমে মৰম বিচাৰি যায়, যায়
বাৰিষাৰ কেঁচা বানে
মোৰেই কাৰণে আনে
নতুনৰে বৰে নৈ
যুগৰ বতৰা লৈ।

অকলশৰীয়া পথেদি মই
শত বিঘিনি ভাঙি
ধূলিৰ ধৰাক সৰগ কৰিম
হেঙুলীয়া বোল সানি।
যুগৰ বতৰা লৈ।

মোৰ আকাশত পোৱাৰ তৃপ্তি
নোপোৱা বেদনা নাই
মোৰ মৰমৰ পাৰ ভাঙি আজি
কিহৰ ধুমুহা বয়
যুগৰ বতৰা লৈ।

[গুৱাহাটী, ১৯৪৯ চন]

সুৰ নগৰীৰ সুৰৰ কুমাৰ

সুৰ নগৰীৰ সুৰৰ কুমাৰে
সপোন সনা ৰামধনুৰ
ৰহণ হেৰুৱায়
মিঠা মৰণৰ মিনতি শুনি
চিতালৈ আগুৱায়
ৰহণ হেৰুৱায়।

সৰা শেৱালিৰ শুকুলা বাটত
সুৰ ৰূপ এটি হয়
সুৰৰ কোমল পৰশে ৰূপৰ
আনে পৰাজয়।

এদিন এনিশা পচোৱা আহিল
ৰূপ নিলে উৰুৱাই।
সুৰ সুৰ বুলি কতনা বিনালে
সুৰও যে কাষতে নাই।
মৰণৰ বাবে চগাৰ মৰম
শিখাই সাৰটি লয়
নিশাৰ শেষত চগাৰ স্মৃতিত
শিখা নুমাল হায়।

[গুৱাহাটী, ১৯৪৮ চন]

দূৰ দিগন্তত ৰিণিকি

এই গীতটো স্বৰ্গীয় সৰ্বেশ্বৰ চক্ৰৱৰ্তীৰ নাট এখনৰ এটি চৰিত্ৰৰ কাৰণে লিখিছিল। যিমান দূৰ জানো সৰ্বেশ্বৰ নাটকখন উজান বজাৰৰ কুমাৰ ভাস্কৰ নাট্য মন্দিৰত মঞ্চস্থ হৈছিল আৰু গীতটো হেমেন হাজৰিকাই সুৰ দি গাইছিল। গীতটো এখন আলোচনীৰ পাতত পায় মই ভূপেন দাদাক দিছিলোঁ। তেখেতে কেতিয়াবা সুৰ দি গাম বুলি কৈছিল আৰু কৈছিল যে এই গীতটো হাজৰিকাই তেঁও ভালপোৱা প্ৰথম প্ৰণয়িনীক উদ্দেশ্যি লিখা। গীতটো আলোচনীত পোৱা ধৰণেৰেই মই আগৰ সংস্কৰণ বিলাকত দিছিলোঁ। ভূপেন দাদাৰ সেই সময়ৰ মনৰ আৱেগ অনুসৰি গীতটোৰ শিৰোনামা 'সুখী হোৱা তুমি' বুলি দিছিলোঁ। গীতটোত ডেকা ভূপেন হাজৰিকাৰ সৰল প্ৰাণৰ নিৰ্মল অনুভূতি প্ৰকাশ পাইছিল।

সুখী হোৱা তুমি

দূৰ দিগন্তত ৰিণিকি দেখিছোঁ
সোঁৱৰণী বগ উৰা,
উৰি উৰি মাথোঁ
মোৰ দিনান্তক উপলুঙা কৰি ফুৰা
চেনেহ সাগৰ মথিলোঁ
কতনা ৰহণ জিলিকি পৰা
সেই সাগৰেই ঢালি দিছে
আহি মৰণ বিষৰ ধাৰা।
জীৱনৰ ভৰ দুপৰীয়াতেই,
নিশাই ঢাকিছে ধৰা
দিনৰ সূৰুয ঢাকি থৈ
সৰে হেজাৰ পপীয়া তৰা
মৌচাক খনি হিয়াত থাপিলোঁ,
তোমাৰ হাতেৰে গঢ়া
শুকুৰালা তুমি অৱহেলাতেই
মিঠা মধু ৰহঘৰা।
বালি ঘৰটিক কাৰেং বুলি,
সজালোঁ ভিতৰ চ'ৰা
ভাঙিলা ছিঙিলা ৰঙৰ ঘৰটি,
মোৰ শত আশা ভৰা ।
নুমুৱাই দিলা মোৰ বন্তিক,
জীৱন শলিতা পোৱা,
কাষতে জিলিকে তোমাৰ হাঁহিটি
ভুবন বলিয়া কৰা।
বিয়া নাম গায় আকাশ খনিয়ে,
এন্ধাৰে আৱৰা ধৰা,
মৰণ ৰভাৰ তলিত বহিছোঁ,
মই মনে পতা দৰা
নিজৰি নিজৰি কেঁচা তেজ বয়
মোৰ কলিজাৰ পৰা।
সিয়েই তোমাৰ কপাল শুৱাওক
হৈ সেন্দুৰীয়া তৰা।
কোনো অভিযোগ নাই আজি
মোৰ ঘৃণাৰে উপচি পৰা।
মোৰ অশ্ৰুৰে বুকুত তোমাৰ
ঢালক সুখৰ নিজৰা
দিছোঁ আজি মই আশিষ বাণী
আৰু চেনেহৰ ধাৰা
সুখী হোৱা তুমি
মই সাৰটিম পৰাজয়ৰেই কাৰা।
তোমাৰ ৰূপৰ ৰামধনু সাজঁা
জিলিকি উঠক ধৰা
দূৰ দিগন্তত ৰিণিকি দেখিছোঁ
সোঁৱৰণী বগ উৰা।।

[গুৱাহাটী, ১৯৫৪ চন]

১৯৯৩ চনত ভূপেন হাজৰিকাই গীতটো তলত দিয়া ধৰণেৰে বাণীৱদ্ধ কৰে। গীতটো প্ৰচাৰ হৈছিল কেছেটত: 'কি যে ছন্দত হ'লো বন্দী', ভি-জি এণ্টাৰপ্ৰাইজেচ, ১৯৯৩ চনত। আমাৰ বিচাৰত এই নতুন গীতটোত আগৰ সৰলতা বা নিৰ্মলতা নাই। এইটোও উল্লেখযোগ্য যে বহু পুথিত গীতটো আমাৰ আগৰ সংস্কৰণত দিয়া ধৰণেৰেই প্ৰকাশ পায় আহিছে। অৱশ্যে সেই পুথিবিলাকৰ লিখক বা প্ৰকাশক সকলে গীতটো আমাৰ পুথিৰ পৰা লোৱা বুলি নকয়। পাচত ভূপেন দাদাই গীতটো তলত দিয়া ধৰণেৰে বাণীৱদ্ধ কৰে।

[কথা: মোৰ দিনান্তত সোঁৱৰণী বগ উৰা দেখিলে মোৰ হৃদয় ৰিক্ত হয় অতীতে মন দহে, মোক ৰিক্ত কৰে আজি ৰিক্ত কৰে।]

দূৰ দিগন্তত দেখিছোঁ ৰিণিকি
সোঁৱৰণী বগ উৰে,
উৰি উৰি উৰি মোৰ দিনান্তক
আজি ৰিক্ত কৰে
মোক ৰিক্ত কৰে।
চেনেহ সাগৰ মথিলোঁ কতনা
ৰহণ জিলিকি পৰা
সেই সাগৰে ঢালি দিলে
আহি মৰণ বিষৰ ধাৰা
জীৱনৰে আৱেলিতে নিশাই ঢাকি ধৰে
আজি ৰিক্ত কৰে
মোক ৰিক্ত কৰে।
দিলা নুমুৰাই মোৰ বন্তিক,
জীৱন শলিতা পোৱা,
কাষতে জিলিকে হাঁহি তোমাৰ
ভুবন বলিয়া কৰা।
অভিযোগ নাই মোৰ অভিমানো নাই
ঘৃণাৰে উপচি পৰা।
মোৰ অশ্ৰুৰে তোমাৰ বুকুত
ঢালক সুখৰ নিজৰা
তোমাৰ ৰূপৰ ৰামধনু ৰঙ
ধৰাত ছিটিকি পৰে
আজি ৰিক্ত কৰে
মোক ৰিক্ত কৰে।
দূৰ দিগন্তত দেখিছোঁ ৰিণিকি
সোঁৱৰণী বগ উৰে
উৰি উৰি উৰি মোৰ দিনান্তক
আজি ৰিক্ত কৰে
মোক ৰিক্ত কৰে।।

আমাৰ সমাজত অসুখীয়া দম্পতীক সহায় কৰিবলৈ আগৰ দিনত যথেষ্ট সুবিধা আছিল। কিন্তু আজিৰ পৰিৱৰ্তিত সমাজত, আজিৰ পশ্চিমীয়া সমাজৰ খন্তেকীয়া সম্ভোগৰ জাকজমকতাত ঐতিহ্যৰ পোহৰ নেদেখা সমাজত এনে দম্পতীৰ জীৱন বেছিহে দুৰ্বহ হৈ পৰে। কি মতা, কি মাইকী, কি ডেকা, কি বুঢ়া আটায়ে সংঘাতে দুৰ্বল কৰা স্বামী-স্ত্ৰীক সহায় কৰিবলৈ চেষ্টা নকৰি তেঁওলোকৰ অসুখীয়া জীৱনৰ সুবিধা ল'বলৈহে বিচাৰে।

সুবিধাবাদী প্ৰণয়িনীয়ে ডঃ হাজৰিকাক তেঁওৰ চোঙলৈকে খেদিলে আৰু তেঁওৰ স্ত্ৰীও সন্তানৰ সন্মুখতে তেঁওক হেঁচা মাৰি ধৰিলে। ভাৰতৰ এগৰাকী খ্যাতনামা গায়িকাই আহি তেঁওৰ প্ৰতি প্ৰকাশ্যে ভাল পোৱা যাচি ক'লে, 'ভূপেনক মই অসম্ভৱ ভাল পাওঁ, তেঁওৰ মাকদেউতাক, ভাইভনী আৰু ঘৈণীয়েক ভালপোৱাৰ তুলাচনীত যদি এপিনে উঠে আৰু মই আনপিনে উঠোঁ তেনেহ'লে হয়তো মোৰ পিনেহে তুলাচনীখন দোঁ খাব।' —এইয়া হ'ল

আজিকালিৰ তুলাচনীৰে জুখিব পৰা ভালপোৱা।

আন এগৰাকীয়ে স্বামী ঘৰত নথকা সময়কণত ভুপেন হাজৰিকাক লগ ধৰিবলৈ আহিবলৈ ধৰিলে। মহানগৰীৰ কোলাহলৰ আঁৰত গুপুত প্ৰেমৰ সোৱাদ ল'বলৈ। এদিন হাজৰিকাৰ কোলাত মূৰ থৈ থকা অৱস্থাতে তেঁওক হাজৰিকা পত্নীয়ে দেখা পোৱাত তেঁও সংকোচিত নহৈ ক'লে, 'ভুপেন তোমাৰ আৰু মোৰ সম্বন্ধ কিমান দিনৰ তুমি প্ৰিয়মক কৈ দিয়াচোন', হাজৰিকা মৌন হ'ল।

তাৰ পিছতেই সকলো টালি-টোপোলা বান্ধি প্ৰিয়মে হাজৰিকাক এৰি গুচি আহিল। এইটো ১৯৫৯ চনৰ ঘটনা। তাৰ পিছত হাজৰিকাই দুনাই বৈবাহিক জীৱনত সোমাবলৈ চেষ্টা কৰা নাই। বৈবাহিক পথৰ যোগেদি জীৱনটো এক আধ্যাত্মিক লক্ষ্যতে সুস্থিৰ কৰিব নোৱাৰি তেঁও অবৈধ প্ৰেম, মিছলীয়া মৰম, গুপুত আলিংগন আদিৰ খন্তেকীয়া মোহতহে আৱদ্ধ হোৱা যেন অনুমান হয়। সেইকাৰণে তেঁওৰ গীতত ইন্দ্ৰিয় আসক্তিৰহে বেছি প্ৰভাৱ পৰিবলৈ ধৰিলে। আজিৰ শিল্পী, বুদ্ধিজীৱী বা সমাজৰ আন বহু লোকে 'নিজৰ আসক্তি বোৰক, বিশেষকৈ যৌন আসক্তিক, হেঁচি ৰাখিব নালাগে' বুলি ফ্ৰয়ডীয় সূত্ৰত বিশ্বাস কৰে, কিন্তু হাজাৰ হাজাৰ বছৰ আগেয়ে এই সূত্ৰকে গ্ৰহণ কৰি হিন্দু সমাজে দিয়া সমিধান 'ইন্দ্ৰিয় আসক্তিবিলাকক দমন নকৰি সেইবিলাক এনে ভাবে পূৰ্ণ কৰা উচিত যে এক আধ্যাত্মিক লক্ষ্য সাধনত সহায় হয়' কথাষাৰৰ তেঁওলোকে বুজিবলৈ চেষ্টা নকৰে।

ভুপেন হাজৰিকাৰ বহু গীতত আজিৰ সমাজৰ এই দিশটো প্ৰতিস্ফুট হৈছে। সেয়েহে এনে ইন্দ্ৰিয় আসক্তি প্ৰৱণ গীতবিলাক আমি ইন্দ্ৰিয় আসক্তিৰ গীত বুলিহে ধৰিছোঁ আৰু সেইবিলাক বেলেগে শ্ৰেণীভাগ কৰিছোঁ।

আত্মাই আত্মাৰ প্ৰতি হোৱা আকৰ্ষণকেহে আমি প্ৰেম বুলি ভাবোঁ। আধ্যাত্মিকতা স্পষ্ট হোৱা সম্পৰ্কহে প্ৰেম। যি ডেকাগাভৰুৰ সম্পৰ্কত এনে আধ্যাত্মিকতা ফুটি ওলাইছে তাকহে আমি প্ৰেম বুলি ধৰা উচিত। প্ৰেম দৈহিক বা ইন্দ্ৰিয় আসক্তিতো প্ৰকাশ পোৱাটো স্বাভাৱিক। কিন্তু দৈহিক বা ইন্দ্ৰিয় আসক্তিৰ প্ৰকাশেই প্ৰেম হ'ব নোৱাৰে। আধ্যাত্মিকতা বিহীন আসক্তিক পশ্চিমীয়া সমাজতহে প্ৰেম বোলা হয়।

ভুপেন হাজৰিকাৰ যিবিলাক গীতত আমি তেঁওৰ প্ৰেম অন্বেষণৰ সম্ভেদ পাও বা যিবিলাক গীতত অন্তৰাত্মাৰ উপলব্ধিৰে তেঁওৰ প্ৰেম ভাব নিজৰি পৰা দেখোঁ সেইবিলাককহে আমি তেঁওৰ প্ৰেম গীত বুলি ধৰিছোঁ। তেঁওৰ প্ৰেমগীত আৰু ইন্দ্ৰিয়াসক্তিৰ গীতবিলাকে তেঁওৰ সজাগ ইন্দ্ৰিয়াসক্তি আৰু পৈণত মনৰ পৰিচয় দিয়ে। হাজৰিকাৰ আগতে আন কোনোবা অসমীয়া গীতিকাৰ বা কবিয়ে ইন্দ্ৰিয়াসক্তিৰ এনে পৈণত আৰু সুন্দৰ প্ৰকাশ ক্ষমতা প্ৰদৰ্শন কৰা বুলি মোৰ ধাৰণা নহয়। আমাৰ পীৰিতিপূৰ্ণ বিহুগীতৰ ওখোৰা মোখোৰা প্ৰকাশত বনগীতৰ কোমলতা সানি হাজৰিকাই বহু ধুনীয়া ধুনীয়া গীত সৃষ্টি কৰিছে। তেঁওৰ আটাইবিলাক প্ৰেমগীততে এনে এক কোমলতা আৰু এনে এক মৰমৰ সুৰ আছে যে সেইবিলাকে এখন কাঠ হৃদয়ৰও মৰ্ম স্পৰ্শ কৰি গলাব পাৰে।

তদুপৰি তেঁও কিছু সৰু সৰু প্ৰেম কাহিনীৰ গীত ৰচিছে। 'গাই বিচৰাৰ ছলেৰে মনৰ মৰম যচা নেপালী যুৱক' 'সাঁতুৰি গদাধৰ নৈ' পাৰ হৈ গৌৰীপুৰীয়া গাভৰুৰ মন জয় কৰা কাহিনীত ভালপোৱাৰ এনে এক নিৰ্মল প্ৰকাশ আছে যে আমি সেইবিলাকও প্ৰেমগীত বুলি ধৰিছোঁ। সাধাৰণ লোকৰ জীৱনত দেখা প্ৰেমৰ নিৰ্মলতাবোৰ সজীৱ কৰি তেঁও আমাৰ জাতীয় জীৱনক গৌৰৱান্বিত কৰিছে। লগতে

অভিজাত্যসকলৰ ইন্দ্ৰিয়াসক্তি বা কৃত্ৰিমতাৰ বিপৰীতে এইবিলাকৰ পৰা এইটোও স্পষ্ট হয় যে জীৱনৰ বা প্ৰেমৰ অন্বেষণৰ নিৰ্মল অমৃত পান কৰিবলৈ শিক্ষিত বা বুদ্ধিজীৱী হ'বৰ প্ৰয়োজন নাই।

এইটোও মন কৰিব লগীয়া যে বৈবাহিক জীৱনৰ ব্যতিক্ৰমতে হাজৰিকাই জীৱনৰ তিতাকেহা বা মিঠা সোৱাদবিলাক পালে যদিও তেঁওৰ গীতত লেশমাত্ৰও বিৰহ নাই। এইপিনৰ পৰা ডঃ হাজৰিকা সমসাময়িক আৰু তেঁওৰ আগৰ যুগৰ ৰোমাণ্টিক কবি ও গীতিকাৰসকলৰ পৰা বহুদূৰ আঁতৰি আহিছে। তেঁওৰ গীতি কবিতাত হিয়াভঙা ছাটি ফুটি বা দূৰৈৰ পৰা নাৰী সৌন্দৰ্য্য চাই আপোন পাহৰা হোৱা ধাতুহীন বা অলপ ধতুৱা মনোভাৱ নাই। তেঁওৰ বেছিভাগ প্ৰেমগীত বা ইন্দ্ৰিয়াসক্তিৰ গীতত এক দিগ্বিজয়ীৰ মনোভাৱহে পৰিলক্ষিত হৈছে। নাৰীৰ ক্ষেত্ৰত তেঁও পিছ হোঁহকিও নাহে, আৰু পৰাজয়ও স্বীকাৰ নকৰে। তেঁওৰ কাষলৈ অহা সকলো নাৰী অন্তৰকেই যেন তেঁও জয় কৰিব। এই প্ৰচেষ্টাত তেঁও যদি ব্যৰ্থ হয় তেনেহ'লে তেঁও বিৰহত সন্ন্যাসী নহয় বা ডিঙিত 'চিপজৰী' নলয়। অৱশ্যে নাৰীৰ দেহ মন জয় কৰি তেঁও কি কৰিবলৈ বিচাৰে তাৰ সমাধান আমি তেঁওৰ গীতত নাপাওঁ। হাজৰিকাই প্ৰেমে আনি দিব পৰা দায়িত্ব ল'বলৈ নিবিচাৰে। সেয়েহে তেঁওৰ গীতত বিজয়ৰ সুৰ আছে যদিও তেঁওৰ জীৱনত প্ৰৱেশ কৰা নাৰীসকলৰ বিষয়ে বিশেষ কোনো সমিধান নাই। তেঁওৰ গীত সৃষ্টিৰ কাৰণেই নাইবা তেঁওৰ নিচিনা উৰণীয়া মোৰে ক্ষণিক জিৰাবলৈ ছায়া দিবৰ কাৰণেই যেন সেই নাৰীসকলৰ সৃষ্টি হৈছে। তেঁওৰ গীতত আমি নাৰী হৃদয়ৰ সূক্ষ্ম অনুভূতিবোৰ বুজাৰ বা সেইবিলাক অলপ সহানুভূতিৰে বিচাৰ কৰাৰ কোনো প্ৰয়াস নেদেখোঁ। আজি গোটেই পৃথিৱী ব্যাপি নাৰী জগৰণৰ ঢৌ উঠিছে। নাৰীয়ে নিজকে ব্যক্তি ৰূপে পুৰুষৰ সৈতে সমান অধিকাৰ আৰু সমান মৰ্য্যাদা আদায় কৰিবলৈ পৃথিৱীৰ চুকেকোণে উদগৰি উঠিছে। এই যুগত নাৰীক কেৱল কাব্যসৃষ্টিৰ সমল বা পুৰুষৰ মানসিক ও শাৰীৰিক প্ৰয়োজনবিলাক পুৰণ কৰাৰ আহিলা বুলি ভবাটো 'বিংশ শতিকাত শোভা' নোপোৱা 'উনবিংশ শতিকাৰ ধ্যান ধাৰণা' মাথোন।

ভূপেন হাজৰিকাৰ প্ৰেমগীতৰ আন কেইটামান মন কৰিব লগীয়া দিশ আছে। প্ৰথমেই, তেঁওৰ প্ৰেমগীতত (ইন্দ্ৰিয় আসক্তিৰ গীততো) তেঁও কি বিচাৰে বা তেঁওৰ পোৱাৰ তৃপ্তিহে বেছিকৈ শুনিবলৈ পোৱা যায়।

'মোৰ আকাশত পোৱাৰ তৃপ্তি
নোপোৱাৰ বেদনা নাই।'

দ্বিতীয়তে, ভূপেন হাজৰিকাৰ গীতত বা জীৱনত নোপোৱাৰ বেদনা নথকাৰ এটা কাৰণ হৈছে তেঁও প্ৰেমৰ কাৰণে অপেক্ষাও নকৰে। সেইকাৰণে তেঁওৰ গীতত 'কিবা যেন নাই আজি নাই'-ৰ নিচিনা হা হুঁমুনিয়াহ বা বিচৰাজনৰ কাৰণে অপেক্ষা নাই। 'এটুকুৰা আলসুৱা মেঘ ভাঁহি যায়' গীতটিৰ বাদে আন কোনো গীততে তেঁও প্ৰেয়সীৰ কাৰণে অপেক্ষা কৰাৰ সম্ভেদ নাই। তেঁওৰ শ্ৰেষ্ঠ গীত কেইটাৰ ভিতৰত অন্যতম এই গীতটো অৱশ্যে বুকুৰে বিচৰাজনৰ অপেক্ষাৰ অপৰূপ প্ৰকাশ আছে।

তৃতীয়তে, তেঁওৰ ডেকা কালৰ অভিজ্ঞতাৰে ভায়েক জয়ন্তক ('চুচুক চামককৈ'), ভায়েক সমৰক (প্ৰথম মৰমে যদি) বা ভনীয়েক কৱিতাক (ৰ'জক) (ভৰ্ণ্ট অ' ভণ্টি) দিয়া জীৱন-সংগীৰ তথা প্ৰেমৰ স্বৰূপ উপলব্ধিৰ উপদেশবিলাক কেৱল মনোৰমেই নহয়, যথেষ্ট ভাব উদ্দীপকও।

অলিয়া বলিয়া মন

অলিয়া বলিয়া মন মোৰ
অলিয়া বলিয়া মন
সুন্দৰ সৃষ্টিকাৰী মই অসুন্দৰহাৰী
নতুনতা মোৰ পণ।

শুৱনি ধৰণী সজাওঁ পৰাওঁ
তুমিয়ে দিয়া তাৰ প্ৰাণ
সাত ৰহণৰ ৰামধনু লৈ
আকাশ কৰিলোঁ ম্লান।

লগৰে লগৰী তুমি হ'বা
মোৰ পথৰ প্ৰেৰণাৰ বল
পুৰণি পৃথিৱীক ন ৰূপ দি
বান্ধি লৈ দুয়োৰে মন।

[গুৱাহাটী, ১৯৪৮ চন]

এটুকুৰা আলসুৱা মেঘ

এটুকুৰা আলসুৱা মেঘ ভাঁহি যায়
মৰু বনহংসই বাট হেৰুৱায়।
মই আছোঁ শাৰদীয় খিড়িকীমুখত
বুকুৰে বিচৰাজনলৈ বাট চায়।

বিজুলী চাকিৰ সৌ তাঁৰবোৰতে
নিয়ৰে ওলমি কিবা কথা পাতে
বিশেষ বিন্দুত আঁকা এখনি মুখে
এমুঠি অনুৰাগ দিছে ছটিযায়।

মই এক যক্ষ মহানগৰীৰ,
মিছলীয়া মৰমত কাৰাৰুদ্ধ,
সোঁৱৰণী শ্ৰাৱণতে আৰব্ধ।
'নিয়ন' চাকিয়ে আজি চকু টিপিযায়
শৰৎ সন্ধ্যা মহানগৰী সজায়
(তাৰে) মাদকতা সানি আজি লিখিছোঁ চিঠি
চঞ্চল মেঘে যেন তাকে কঢ়িযায়।

[নিজৰাপাৰ, বিচ মে ১৯৬৯ চন]

নতুন নিমাতী নিয়ৰৰে নিশা।

নতুন নিমাতী নিয়ৰৰে নিশা
জীৱন জিলিকা জোনাকৰে নিশা
আৰু তুমি নিচেই চিনাকি।

মোৰ যৌৱন আজি উচ্ছল
জলমল সৰসীত নাচে
পংকজ কামনাৰ
পৰাণ অপূৰ্ণ হয় নিশাটি।

নাই বৈভৱ নাই ৰূপ
নাই নাই গুণাৱলী
তথাপি সপিলোঁ মৰম সিক্ত অঞ্জলি।
মোৰ বক্ষত মধু উত্তাপ
ভৰা কম্পিতা স্তম্ভিতা
তুমি আজি
জীৱন অপূৰ্ণ হয় নিশাটি।

ফটো: জেফ ঘিটৰ, কেলগেৰী, কানাডা
Photo: Geoff Ghitter, Calgary, Canada

মই যেন আজীৱন

মই যেন আজীৱন উৰণীয়া মৌ
জিৰাবৰ নাই তৰু তৃণ
জিৰণীয়া মৌ দেখি
ভাবোঁ একোদিন
মই কিয় ঠিকনাবিহীন।

কত ৰস চুহিলোঁ অভিজাত কুসুমৰ
বনফুলে যাচিলে ভঁৰাল ৰসৰ
তিতা ৰসো গোটালোঁ মিঠা বুলি
তোমাৰ ৰূপৰ ৰস তুলনাবিহীন।

মই বাৰু উৰণীয়া মৌৰেই হ'লোঁ
মোৰ জানো জিৰাবৰ নাই অধিকাৰ?
জিৰণি লওঁ যদি তোমাৰ তৃণত
নেজানো ক্ষতি কি হয় কাৰোবাৰ?

এদিন কৈছিলা মোৰ হ'বা শেষ ঠিকনা
সচা নকৰিলা সেই কল্পনা
সঞ্চিত মৌ ধৰাত ছটিয়াই
উৰি উৰি হৈ যাম জ্যোতিতে বিলীন
জ্যোতিতে বিলীন।

[কলিকতা, ১৯৭৫ চন]

হুঁ হুঁ ধুমুহা আহিলেও

হুঁ হু ধুমুহা আহিলেও
আকাশ ক'লা মেঘে ছানিলেও
ৰিম ঝিম বৰষুণ পৰিলেও
তুমি যেন থাকা মোৰ কাষতে।

জীৱনৰ প্ৰথম তৰীত
প্ৰথম যাত্ৰী হৈ বহিলা
বুকুৰ তপত উম যাচি,
ভয়াবহ চাকনৈয়া দেখিলেও
তুমি যেন থাকা মোৰ কাষতে।

শৈশৱ পাৰ হ'ল, কিশোৰ হ'লোঁ
কৈশোৰ পাৰ হ'ল, যুৱক হ'লোঁ
যৌৱন জোৱাৰত নাও মেলি
আশাৰ পাল ৰূপে তোমাকে পালোঁ।
আঁচনিৰ সাগৰতে
সাহসৰ স্বাক্ষৰ কৰিলা
নিৰাশাৰ চকুপানী মচি
দুঃসহ বেদনাত ভুগিলেও
তুমি যেন থাকা মোৰ কাষতে।

[কলিকতা, উনৈচ আগষ্ট ১৯৬৪ চন]

নতুন নাগিনী তুমি

নতুন নাগিনী তুমি
কাল নাগিনী
তোমাক ভুলাবলৈ কিমাননো পৰ?
  নীলা গৰল পিয়া
  মই নীলকণ্ঠ
  সত্যসিদ্ধ মই যাদুকৰ।
সূৰুযৰ স্পৰ্শই ঢুকিকে নোপোৱা
শতাব্দীৰ এান্ধাৰে কলিজা কঁপোৱা
অৰণ্য ভাঙিলোঁ কত গুহা দেখিলোঁ
কত দেশ বিদেশৰ সৰ্পিনী বশিলোঁ
তোমাক ভুলাবলৈ কিমাননো পৰ?
  নীলা গৰল পিয়া
  মই নীলকণ্ঠ
  অলিয়া বলিয়া মই যাদুকৰ।

তুমি নাহিবাঁ, তুমি নাহিবাঁ
মোৰ আশে পাশে তুমি নাহিবাঁ
মোৰ সুৰৰ মন্ত্ৰ আছে, নাহিবাঁ
মোৰ বশীকৰণ আছে, নাহিবাঁ
মোৰ অহংকাৰো আছে, নাহিবাঁ
মোৰ প্ৰখৰ দৃষ্টি আছে, নাহিবাঁ
  তুমি নাহিবাঁ, তুমি নাহিবাঁ
  তুমি নাহিবাঁ
  তুমি আহিলা।

স্বপ্ন প্ৰাপ্ত মই মন্ত্ৰ মাৰিলোঁ
বিষাক্ত মৃত্যুৰ বিষকোষ কাঢ়িলোঁ
মৃত্যু বিজয়ী মই তোমাকে বশিলোঁ
আজি তোমাৰ অলংকাৰ
ডিঙিত পিন্ধিলোঁ
তোমাক ভুলাবলৈ কিমাননো পৰ?
  নীলা গৰল পিয়া
  মই নীলকণ্ঠ
  অলিয়া বলিয়া মই যাদুকৰ।

[শিৱসাগৰ, তিনি জানুৱাৰী ১৯৬১ চন]

স্নেহে আমাৰ শত শ্ৰাৱণৰ

স্নেহে আমাৰ শত শ্ৰাৱণৰ
ধাৰাসাৰ বৃষ্টিৰ প্লাৱন আনে।
যৌৱন বাসনাৰ ৰিক্ত উপকুল
পূৰ্ণ কৰে উন্মত্ত বানে।।
  নিৰ্জন স্তব্ধ তিমিৰৰ পাৰ ভাঙি
  উচ্ছল জীৱনৰ জোৱাৰ আনে
  অপৰূপ বাৰিষাৰ তৰংগ ৰাশিয়ে
  নাচে নৱ সৃষ্টিৰ গানে।

বিদ্যুত ক্ষিপ্ৰ নয়নে তোমাৰ
মৌন ভাষাৰ উন্মাদনা সানে
নিশ্বাসে মোৰ আশাৰ আশ্বাসত
তৃপ্তিৰ পৰিধি নেমানে।।
  প্ৰীতি দিগবলয়ত গতিশীল গীত গাওঁ
  বজ্ৰৰ গৰ্জনে হাৰ মানে
  বৃষ্টিৰ তৃষ্ণাই মৌচুমী খেদি যায়
  আমাৰ দৃষ্টিয়েও লক্ষ্য জানে।।

[আন্তঃ কলেজ সংগীত সমাৰোহত গোৱা, গুৱাহাটী, ১৯৫৪ চন; অশান্ত প্ৰহৰ কথাছবিত সমৰ হাজৰিকাৰ কণ্ঠত গোৱাইছে।]

জীৱন জোৰা খ্যাতিয়ে যদি

জীৱন জোৰা খ্যাতিয়ে
যদি জীৱনটোকে খায়,
বহুধনৰ লোভে
যদি মানুহ পাহৰায়,
মানুহ যদি মানুহৰে হয় অন্তৰায়,
(তেনে) দূৰতে থ'ক খ্যাতি
আৰু মিছা ব্যৱসায়।

ধনৰ বাবেই মনৰ
যদি বেহা বেপাৰ হয়,
যৌতুককে সংগী বুলি আঁকোৱালি লয়,
(তেনে) দুটি শৰীৰ একে হ'লেও
প্ৰাণটো নভৰে
মুখা পিন্ধি দুয়ো থাকে
দুয়োকে ভুলাই
(সেয়ে) দূৰতে থক খ্যাতি
আৰু মিছা ব্যৱসায়।

প্ৰেম হেনো স্বৰ্গীয় মৰততে নাই
বোকাকে ভাল পালেই
হেনো সম্ভ্ৰম হেৰায়
(তেনে) সৰগৰ পাৰিজাত সৰগতে থাওক
ধন্য হ'ম মই বোকাৰ
এপাহ পদুমকে পায়
(সেয়ে) দূৰতে থক খ্যাতি
আৰু মিছা ব্যৱসায়।

[কলিকতা, চাৰি জানুৱাৰী ১৯৭৭ চন]

মাঘত দেখোঁ

মাঘত দেখো উৰুকা নহয়
তুমি নহ'লে
বহাগ বিহুত বিহু ঢোল নাবাজে
তুমি নহ'লে, তুমি নহ'লে, তুমি নহ'লে।

শাৰদী পুৰা কঁহুৱা নুফুলে
তুমি নহ'লে
এন্ধাৰ পঁজাত চাকি নজ্বলে
তুমি নহ'লে।
প্ৰগতিও দেখো অগতিহে হয়
তুমি নহ'লে
গীত দেখোঁ সুৰীয়া নহয়
তুমি নহ'লে, তুমি নহ'লে, তুমি নহ'লে।

বৰষাৰ আকাশত মেঘ নজমে
তুমি নহ'লে
জীৱন লুইতখন থমকিহে ৰয়
তুমি নহ'লে
জ্ঞান-বিজ্ঞানৰ অৰ্থ নুবুজোঁ
তুমি নহ'লে
পোৱা নোপোৱাৰ সংগ্ৰাম নুবুজোঁ
তুমি নহ'লে, তুমি নহ'লে, তুমি নহ'লে।

জীৱনতো কোনো শান্তি নেপাম
তুমি নহ'লে
মৰণতো চাগে ক্লান্তিহে পাম
তুমি নহ'লে, তুমি নহ'লে, তুমি নহ'লে।

[কলিকতা, ছেপ্তেম্বৰ ১৯৭৫ চন]

তোমাৰ উশাহ কঁহুৱা কোমল

তোমাৰ উশাহ কঁহুৱা কোমল
শেৱালি কোমল হাঁহি
হাঁহিয়ে হৃদয় ভৰিলে শুনাই
এটি কিবা মিঠা বাঁহী।।
শাৰদীয়া চেনেহীৰে
কঁকাল ইমান লাহী।।

হঠাৎ আজি গালোঁ মই
মৰম সনা গীত
তাকে শুনি চেনেহীৰে
উখল মাখল চিত।
বালিত নাচে আমাক জোকাই
এটি সৰু বালিমাহী।।

ৰুণুক জুণুক সৰা পাতত
নিয়ৰ সৰি পৰে
গালে মুখে নিয়ৰ সানি
ধেমালিখন কৰে
শেৱালিৰে বিচনাতে
আমি দুয়ো শোওঁ।

শুই শুই মেঘৰ আঁৰৰ
শৰালি গণ এৰোঁ
এহাল হাঁহে আদৰিলে
হঠাৎ নামি আহি।।

হে বান্ধ! মই নিৰুপায়

হে বান্ধ! মই নিৰুপায়
কি কৰোঁ কি কৰোঁ উপায়
কোৰাঁ কৰোঁ কি উপায়
ভালপোৱা নিষ্ঠুৰ দানৱ
ধৰেহি সদায় বান্ধ!
মই নিৰুপায়।

বৰ পোৰণি আছে বান্ধ!
ফেটী সাপৰ বিষত
তাৰো অধিক কষ্ট বান্ধ ৰমণীৰে ৰূপত
প্ৰিয়াৰ বাহুলতাৰ অগনি দেখো নুনুমায়।

প্ৰেম জ্বৰ সন্নিপাতৰ নাই কবিৰাজটি
পলাবলৈ গৈ খাওঁ বাৰে বাৰে উজুটি।
শিকলিৰে বান্ধা বান্ধ মন বহাগৰ কুলি
মন ৰমণীক মন নিদিলে
যাব বান্ধোন খুলি।

প্ৰিয়াৰ কাজল চকুৰ চাৱনি ধমনীত
সোমায়
কি কৰোঁ কি কৰোঁ উপায়
কোৰাঁ কৰোঁ কি উপায়?

[নিজৰাপাৰ,
বিচ মে, ১৯৬৯ চন]

ছিলঙৰ মনালিছা

ছিলঙৰ মনালিছা লিংডো
তোমাৰ হাতৰ গীটাৰখনিত
হিলিবিলি মিউজিক বজাই যোৱাঁ।
মনালিছা, মনালিছা, মনালিছা
তোমাক স্ৰজিলে কোন লিওনাৰ্দ'ই
কেনেকৈ হ'লা তুমি ইমান ধুনীয়া?

মনত আছে নে?
দুয়ো গৰখীয়া শ্বৰাতিৰ সুৰে সুৰে
কিন কিন বৰষুণে বৰষুণে ভিজা
ছিলং পিকত সেই দেওবাৰে পুৱা।
তুমি আজি লাবানৰ ক'ৰবাত
আৰু ৰাজধানী সলনিৰ পিছত আহি
হ'লোঁ এতিয়া দিছপুৰীয়া।
ক্ৰিছেনথিমাম যিমান ৰঙা মোৰ,
তোমাৰ সোঁৱৰণীও সিমানে ৰঙা।

মনালিছা!
নংপোলৈ
এবাৰ আহাঁ না
আৰু ময়ো যাম ছুটী পালে নংপোলৈ
মন দিম মন নিম
গীটাৰৰ সুৰে সুৰে
অদূৰ মধুৰ কোনোবা ৰাতিপুৱা।

[ছিলং, ১৯৬৫ চন]

কাকিনী তামোলৰ

কাকিনী তামোলৰ শুৱনিকৈ পাণ
পদূলি মুখতে আছা মাইজান
তুমি হাঁহি দিলা
আমি হাঁহি দিলোঁ
সেই হাঁহিৰ খলকনিত
এজাক শৰালি হাঁহ উৰি গ'লগৈ।
তামোল সজোৱা চেনেহ মিহলাই
আজি কিনো খাওঁ বুজা দেখোঁ নাই।
তুমি খাবা এখন
আমি খাম এখন
সেই মিঠা সোৱাদতে
গুণা ফুলৰ ৰিহাখিনি উৰি গ'লগৈ।
কিনো তামোল দিলা মাইজান
গাতে ধৰিলে দেখোঁ মাইজান
বুকু ৰম ৰমায়
হিয়া চম চমায়
সেই তপত চাৱনিতে
আমাৰ বুকুৰ পোৰণি বাঢ়ি গ'লগৈ।

[কলিকতা, ১৯৭৮ চন]

দিহিঙে দিপাঙে

ফটো: ৰূপম শৰ্মাৰ সৌজন্যত

এটি কুঁহি (কলি) দুটি পাত

এটি কুঁহি (কলি)
দুটি পাত
ৰতনপুৰ বাগিচাত
লহপহীয়া হাতেৰে কোনেনো ছিঙিলে
অ' কোনেনো ছিঙিলে?
এন্ধাৰ ক'লা চুলিৰে

জবা ফুলৰ পাহিৰে
পাপৰিবোৰ উৰুৱাই কোনেনো হাঁহিলে
অ' কোনেনো হাঁহিলে?
জুগনু আৰু লছমীৰে
বিয়াৰ দিনাৰ ঝুমুৰে
ৰতনপুৰ বাগিচাত জোৱাৰ তুলিলে
অ' জোৱাৰও তুলিলে।

জুগনু আৰু লছমীৰে
মৰমখিনিৰ ৰূপেৰে
এটি সৰু কেঁচুৱাই পঁজা উজ্বলালে
অ' পঁজা উজ্বলালে।

জুগনু আজি এটি পাত,
লছমী আজি এটি পাত,
কেঁচুৱাটি সৰু কুঁহি (কলি) ভাগৰি পৰিলে
অ' ভাগৰি পৰিলে।

সেই মানুহ কুঁহি (কলি) দুটি পাত
ৰতনপুৰ বাগিচাত
অকালতে ছিঙিবলৈ পিশাচও আহিলে
অ' পিশাচও আহিলে।

দুটি পাতৰ লটিঘটিত
আলফুলীয়া কেঁচুৱাৰ
আশাৰ চাকি ঢাকি কোন পিশাচে হাঁহিলে
অ' পিশাচে হাঁহিলে।

তাম বৰণৰ দেহাৰে
সবল সুঠাম বাহুৰে
ঢম ঢমাঢম মাদল বজাই
কোনেনো নাচিলে
হেজাৰে নাচিলে।

নতুন তুফান আহিলে
হেজাৰ মাদল বাজিলে
সেই মাদলৰ সাহস দেখি
পিশাচও পলালে
পিশাচও পলালে।

[গুৱাহাটী, ১৯৫৫ চন]

গৌৰীপুৰীয়া গাভৰু

গৌৰীপুৰীয়া গাভৰু দেখিলোঁ
হাতী ধৰিবলৈ গৈ
হাতীও ধৰিলোঁ তাইকো মুহিলোঁ
সাঁতুৰি গদাধৰ নৈ হে।
মহলৰ কাষতে নৈৰ পাৰতে
আছিলে অকলে বৈ হে
গৌৰীপুৰীয়া গাভৰু দেখিলোঁ
হাতী ধৰিবলৈ গৈ।

গোৱালপাৰাৰ হাতী মহল,
মাউত নানা স্থানৰ
তাৰেই মাজত মাথোন মই,
শিৱসাগৰৰ গাঁৱৰ
সেইয়ে গভীৰ হাবিত গাইছিলোঁ
বিহু বহাগৰ—কি গাইছিলোঁ
'পৰ্বতে পৰ্বতে বগাব পাৰোঁ মই
লতানো বগাবলৈ টান
বলিয়া হাতীকো বলাব পাৰোঁ মই
তোমাকনো বলাবলৈ টান।'

গাভৰুৰ বলালোঁ মন
লতাও বগালোঁ
বিহু গায়েই অচিন সুন্দৰীৰ
চিত হৰি নিলোঁ
কষ্ট কৰিলে ৰত্ন মিলিব,
কথাটি শিকিলোঁ।

তেজক পানী কৰি কৰি
হস্তিনী ধৰিলোঁ।
ধৰাৰ পিছত মহলদাৰৰ
মাননি লভিলোঁ
সেয়ে কইনাক দেখুৱামগৈ
দিখৌ নৈৰে পাৰ।

[গৌৰীপুৰ, ১৯৭৯ চন]

জাগিজা গিজাওঁ ৰাধাচূড়াৰ ফুল গুজি

জাগিজা গিজাওঁ জাগিজা গিজাওঁ
ৰাধাচূড়াৰ ফুল গুজি ৰাধাপুৰৰ ৰাধিকা
চাহ বাগিচাত ঝুমুৰ নাচি
জুগনুক যাচে ফটিকা।

সেই ফটিকা প্ৰেম ফটিকা
অ' ভেজাল তেজাল একো নাই
কৃষ্ণচূড়া ফুলৰ দৰে সি সচা ৰঙ ছটিযায়
জুগনু বোলা শিৰীষ গছত
ৰাধা যেন লতিকা।

সোণাৰুৰে হালধীয়া থোপাথুপি ফুল
আইনা দেখি খোপা বান্ধি ৰাধা বিয়াকুল।
জুগনুৰ দেহা কুন্দত কটা
মাদল কাঠৰ ৰং
তাকে দেখি ৰাধাই হাঁহে
কত যে তাইৰ ঢং।
জুগনু বিহীন সময়খিনি ৰাধাৰ যেন শতিকা
চাহ বাগিচাত ঝুমুৰ নাচি
জুগনুক যাচে ফটিকা।

[নিজৰাপাৰ, ১৯৬৯ চন]

ৰুম জুম নেপুৰ বজাই

শিল্পী: ডাঃ সত্যেন্দ্ৰনাথ দাস, নিউ ইয়ৰ্ক

ৰুম জুম নেপুৰ বজাই
ঝুম ঝুম ঝুম ঝুমুকা কঁপাই
ৰূপচি নৈৰ পাৰেদি
কোন চাওতালী গাভৰু যায়?

তাইৰ অংগে অংগে শোভা
অ' ৰূপ মনোলোভা
হৰিণী চাৱনিৰ
চেনেহ সৰি যায়।
কৃষ্ণকলি বাগিচাৰ
কৃষ্ণাই বোলা ডেকাই যে
ৰঙামাটিৰ ঘাটতে তাইক
দেখা দিয়াৰ কথা যে।
সেই ৰঙা ৰঙা পাৰিৰ
হালধীয়া শৰীৰ
আঁচল কামুৰি তাই
দূৰণিলৈ চায়।

ঝিৰ ঝিৰ ঝিৰ নৈতে পৰি
তাই কিয় সাঁতুৰিলে
নিজৰ ছায়াকে নিজে
সাৰটি ধৰিলে।
কাজল সনা চকুতে
তাই বিজুলী খেলিলে
কৃষ্ণকলিৰ কৃষ্ণাই
ভোটোঙাই গুলালে।

তাই ক'লৈনো সাঁতোৰে
তাই লাজতহে মৰে
মিচিকি হাঁহিৰে তাই
ৰূপ লুকুৱায়।

অ' কৃষ্ণকলি কৃষ্ণায়ে
বুকুৰ মৰম জনাই
জিলমিল জিলমিল পানীতে
তাইক আঁকোৱালি লয়।

[কৃষ্ণকলি বাগিচা,
গোৱালপাৰা, ১৯৬০ চন]

ফুট গধূলিতে

ফুট গধূলিতে
কপিলী খুটিত
কোন গোৰ্খালী গাভৰুৱে গাইজনী হেৰাল।
গাইজনীনো কেনে
তুলনা যে নাই
হেনো সেই চাপৰিত
তাইৰ মান গাখীৰতী নাই।

কাঞ্চীয়ে ৰিঙিয়ায়:
"অ' বগী গাই!
অ' লছমী গাই!
তুমি দেখোন নাহিলে ব্যৱসায়ও নাই।"
সেই মিঠামাতৰ চিঞৰে কপিলী কঁপায়।

তাইৰ ৰূপতীৰ্থৰ যাত্ৰী
এজন মাথোন আছে
গাঁও তাৰ ক্ষেত্ৰী
সি নল বাহাদুৰ ছেত্ৰী
গাই বিচৰাৰ ছলে মনৰ মৰম যাচে।
সেই মৰম দেখি
কাঞ্চীজনী ৰঙা পৰি যায়।
নল খাগৰিৰ মাজতে
সি গাই বিচাৰি পালে
গাই বিচাৰি পাই
তাইক গাইজনী দিলে।
সেই গাইজনীয়েও আনন্দতে
গো-ধূলি উৰায়।

[নগাঁৱৰ পৰা গুৱাহাটীলৈ অহা বাটত, ১৯৫৫ চন]

মনত আছে নে?

মনত আছে নে?
দৰিকা দিচাঙে পানী বাঢ়ি গ'লে
ময়ো বৰ এজনী হ'লো।
তোৰে সতে সাঁতুৰি থাকোঁতে
বাইদেউৰ কতনা শপনি খালোঁ
মনত আছে নে বোলো আছে নে?

ৰাতিৰে ৰাতিটো সপোন দেখিছিলোঁ
মনতে পাতি তোক দৰা
কুকুৰাৰ ডাকতে তোকে যে ক'লো গৈ
সপোনটো প্ৰথমৰ পৰা
মনত আছে নে বোলো আছে নে?

থুৰিয়াই থুৰিয়াই তামোল কাটিছিলোঁ
মাজতে ভৰাইছিলোঁ লং
তোলৈ আহিম বুলি কাপোৰ ধুই দিছিলোঁ
মনত লগাইছিলোঁ ৰং
মনত আছে নে বোলো আছে নে?

গাঁওখন এৰি তই ক'লৈনো গ'লিগৈ
সমিধান নিদিয়া হ'লি
তোক এই বিহুতে বৰিব নেপালে
কৈছিলো মৰিমেই বুলি
মনত আছে নে বোলো আছে নে?

*[কলিকতা, ৫ ফেব্ৰুৱাৰী, ১৯৮২,
লতা মংগেছকাৰে গাবৰ কাৰণে ৰচা]*

বহাগৰে প্ৰথম পুৰা

বহাগৰে প্ৰথম পুৰা
নকৈ গাভৰু হোৰা
এপাহি কপৌ ফুলে
কাণে কাণে ভোমোৰাকে ক'লে, ক'লে:
"মই ফুলিলোঁ হে
এই ফুলিলোঁ হে
(মোৰ) পাত গাভৰুৰ মন
কুমলীয়া মই, একোকে নাজানো
নুশুহিবা মধুকণ।"

"যোৰাঁ না আন ফুলৰ ফালে
সিহঁতে আগতে ফুলিলে
কৃষ্ণচূড়াৰ মৌ চোহাঁ না
এজাৰেও বুকু উদঙালে
ফুলি আছে, দেখা নাই জানো
ধুনীয়া ফুলনি খন?"

'বিহুৰা ঢোলৰ লগতে সৌৰা
নাচনীৰ দেহাৰ লাস চোৰাঁ
বহাগতে বলিয়া হোৰা
পাত গাভৰুৰ লাজ চোৰাঁ।
এ পাত গাভৰুৰ লেখিয়া মই
এপাহ কপৌ ফুল হে মই
মোক নকৰা আমনিখন।"

[কলিকতা, দুই মাৰ্চ, ১৯৭৯ চন]

তুমি বিয়াৰ নিশাৰ

তুমি বিয়াৰ নিশাৰ
শয়ন পাটীৰ এপাহি ৰজনীগন্ধা
তোমাৰ মূল্য এনিশাৰ।

পিছৰ দিনা
সূৰুয উঠাৰ পিছৰ বাহী শয্যাত
তুমি মূল্য বিহীন ভাৰ।

তুমি ফুলিছিলা আশাৰে বহুত
আঁচনিকে লৈ।
গন্ধবিহীন কোঠাতে তুমি
সুৰভি বিলাবলৈ।
মালীয়ে তোমাক ছিঙাৰ পিছত
কিয় কৰা হাহাকাৰ?

ফুলশয্যা পাত গাভৰুৰে
তোমাৰেই সজালে
কইনা দৰাই অত আলফুলে
তোমাকেই পৰশিলে।
(পিছে) পুৰাতে তোমাক সাৰি পুচি দেখোঁ
নিবিচাৰে এটি বাৰ।

[কলিকতা, এক আগষ্ট, ১৯৭৮ চন]

চুচুক চামাককৈ দীপালীজনীয়ে কিয়

ভায়েক: অ' ককাইটি অ'
ককায়েক: কি হ'ল, কি হ'ল অ'?
ভায়েক: চুচুক চামাককৈ
দীপালীজনীয়ে কিয়
মোৰ পিনে ৰ' লাগি চায়?
ককায়েক: ভাইটি তই বুজিকে পোৱাহে নাই
ভাইটি তাই বোধ হয়
তোকেই ভাল পায়।

ভায়েক: সৌ কৰবীজনীয়ে কিয়
মৰমী চাৱনিৰে
খিড়িকীমুখত থিয় হয়?
ককায়েক: ভাইটি এয়া প্ৰথম প্ৰেমৰে পৰিচয়
ভাইটি এয়া মৰম বোটলাৰ সময়।
ভায়েক: পিছে দীপালী কৰবীকে
দীপক বৰুৱা সতে
মিলা দেখি কিবা ভাব হয়?
ককায়েক: (অ') তেনে ভীষণ কথা হ'ল ভাই
(তেনে) মোৰ উপদেশ দিবলৈ নাই।
তহঁতৰ বয়স
ৰঙীণ সৰস
বুজিও নুবুজ একো
দুয়ো: যেনিয়ে চকু যায়
তেনিয়ে থমকি ৰয়
নেচাবৰ মন নাই কাকো।

ভায়েক: আৰু লিপিকা দেৱীয়ে
কিয় নীলা নীলা চিঠিৰে
বহু বহু মিঠা কথা কয়?
ককায়েক: ভাইটি তোৰ সমান
আৰু অকৰা নাই
শুনিছোঁ বহুতলে' চিঠি লিখে তাই।
ভায়েক: আৰু সৌজনী ৰঞ্জনা
হংস খোজেৰে দেখোঁ
মোৰ পিনে আহে আগুৱাই।
ককায়েক: ভাইটি তই সাৱধান হোৱা কিয়
নাই?
বহুতে কয় বহুতকে ভাল পায় তাই
(সোৱধান কৰি দিছোঁ কিন্তু)
সৌৱা মিচিক মাচাককৈ
হাঁহি হাঁহি চম্পাই
মিঠাকৈ কিয় গীত গায়?
ভায়েক: কাইটি তয়ো দেখোঁ বুজি পোৱা নাই
ককায়েক: বুজিছোঁ গাইছে তোকেই শুনায়।
ভায়েক: কাইটি তয়ো গীতৰে ভাষা বুজা নাই
ককায়েক: বুজিছোঁ,
গীতৰ বাহিৰে একো নাই।
[কলিকতা, ১৯৬৮ চন]

ভণ্টি অ' ভণ্টি

ককায়েক: ভণ্টি অ' ভণ্টি ডেকা এজন পালোঁ
তোৰে কাৰণে চালোঁ
কইনা সজাই উলিয়াই তোক
দিম বুলি ভাবিলোঁ
তই বা কি কৰ ভনী,
তই কিনো কৰ?
ভনী: বিয়া?
ককায়েক: অঁ বিয়া
কচোন কি কৰ?
ককায়েক: তই নেমাত কিয় ভণ্টি?

মুখ ঘূৰালি কিয়?
লাজত ৰঙা পৰি
ভণ্টি জঠৰ হলি কিয়?

ভনী: অ' ককাইদেউ, মোৰ স্নেহৰ ককাইদেউ
কিনো জগৰ লগালোঁ মই
ঘৰৰ পৰা খেদিছ
যৌৱন কালেই কাল হ'ল
মোক বোজা বুলি ভাবিছ?

ককায়েক: নহয় ভণ্টি,
পাগলী তই। মহা আঁকৰী
নাৰী হ'লেই লাগে ভণ্টি
এজন জীৱন লগৰী।

ভনী: চিনা নহয় জনা নহয়
কোন ডেকাক বা চালি
বিয়া দিয়াৰ আগতে
তই মোকটো নুসুধিলি।

ককায়েক: এৰা ভণ্টি,
মোৰ দোষ ক্ষেমিবি এইবাৰ
হয়তো তই মন পাইছ অন্য কাৰোবাৰ
নতুবা কিবা পাঙি থৈছ ক' কথাষাৰ

ভনী: স্নেহৰ ককাইদেউ, কওঁ,
সুধিছ যেতিয়া
জাগীৰোডৰ ল'ৰা এজন বৰ ধুনীয়া
চিলিক মিলত
মেকানিকৰ চাকৰি কৰিছে
যোৱা বছৰ বাচত
আমাৰ চিনাজনা হৈছে
আৰু নকওঁ যা, তয়ে ভাবি চা

ককায়েক: হেঁ? জাগীৰোডৰ?
জাগীৰোডৰ তেঁও
ভয় নাখাবি,
নামটো কচোন পিতাইক নকওঁ

ভনী: শুন তেনে নাম তেঁওৰ হেমন্ত শইকীয়া
মনে প্ৰাণে পণ কৰিছোঁ
তেঁওতে সঁপিম হিয়া

ককায়েক: কি ভণ্টি, কি কলি?
হেমন্ত শইকীয়া!!
বিধিৰ লিখন বিচিত্ৰ,
সেই শইকীয়াক চালোঁ
মইতো জনা নাছিলোঁ
তোৰ মনৰ দৰা পালোঁ

ভনী: মোৰ স্নেহৰ ককাইদেউটো
তোৰ গুণকে গায়েই থাকিম
ওৰে জীৱনটো
যুগ যুগৰ সাধনাতহে
এনে ককাই পায়
যি ভনীৰ কথাবোৰক মৰমেৰে চায়।

ককায়েক: (তেন্তে) বিয়াখন পাতোঁ ভণ্টি,
মোৰ আশিষ ল'বি।
(পিছে) শোকে খুন্দা মাৰিছে
তই পতি গৃহে যাবি
কাহানিবা আমি যদি
কিবা দোষ কৰিছোঁ
নিজ গুণে পাহৰিবি,
ক্ষমাহে মাগিছোঁ।

[কলিকতা, ১৯৬৯ চন]

মন প্ৰজাপতিৰ নায়িকা গায়ত্ৰী (সাদৰৰ) সতে

লিখকৰ ৰ'ড আইলেণ্ডৰ ঘৰত সংৰক্ষিত ভূপেন দাদাৰ হাৰ্মনিয়াম

প্ৰথম মৰমে যদি সহাৰি নাপায়

প্ৰথম মৰমে যদি সহাৰি নেপায়
ভাল পোৱা কিয় জানো মৰহি যায়?
এখন হিয়া আৰু এখন হিয়াই
মিলিলেহে মৰমে পূৰ্ণতা পায়।

যৌৱন প্ৰভাত মেলাতে
তোমাক দেখিছিলোঁ হঠাতে
প্ৰথম চাৱনিতে কি যে হ'ল
তুমি জানো গমকে পোৱা নাই?

শৈশৱ গৈ গৈ কৈশোৰ আহিল
কৈশোৰ গৈ গৈ যৌৱন আহিল
যৌৱনে আমনি নকৰা হ'লে
নাচালোহেঁতেন তোমাৰ ফালে।

ই নহয়, নহয় মাথোঁ কামনা
তুমি মোৰ জীৱনৰ সাধনা
আজীৱন তুমি মই সুখী হ'ম
তুমি জানো বুজিকে পোৱা নাই?

[সৰু ভায়েক সমৰ হাজৰিকাৰ কাৰণে লিখা আৰু সুৰ দিয়া, ১৯৮৩ চন]

শিল্পী: ডাঃ সত্যেন্দ্ৰনাথ দাস, নিউ ইয়ৰ্ক

ফটো: ডাঃ প্ৰিয়ংকা শইকীয়াৰ সৌজন্যত

অ' বান্ধৈ তাঁতৰ শালৰ শিপিনী
অ' বান্ধৈ তাঁতৰ শালৰ শিপিনী
অ' বান্ধৈ ৰাধা নে অ' ৰুক্মিণী
অ' বান্ধৈ বিজুলীৰে চাৱনি
দেখি মন ৰাই জাই কৰে
মনে মোৰ কইনা বিচাৰে। ।
অ' বান্ধৈ হোজা চহা ডেকা মই
ৰ'দত ঘামো জামো অই
অ' বান্ধৈ সজাওঁ পৰাওঁ পথাৰখনি
মনে মোৰ কইনা বিচাৰে।
অ' বান্ধৈ সোণ খটোৱা ঢোলবিৰি
অ' বান্ধৈ মিনাকৰা জোনবিৰি
অ' বান্ধৈ যাচিব যে নোৱাৰোঁ
মনে মোৰ কেনেবা কৰে
মনে মোৰ কইনা বিচাৰে। ।
অ' বান্ধৈ একঠা যে আছে মাটি
অ' বান্ধৈ তাকে ৰাখিম সাৰটি
অ' বান্ধৈ সঁপি দিম জীৱনটি
কেৰে আৰু কাঢ়িব নোৱাৰে
মনে মোৰ কইনা বিচাৰে।
অ' বোলোঁ শিপিনীয়ে চাইছে
অ' বোলোঁ মিচিক মাচাক হাঁহিছে
অ' বোলে মোকে হেনো বৰিব
ক'লে মোক চকুৰ ঠাৰেৰে
মনে মোৰ কইনা বিচাৰে।।

এই বিহুৰ উৰুকা নিশা

এই বিহুৰে উৰুকা নিশা
মোৰ কলিজা পৰিছে ক'লা
চিঠি দিম বুলি চিঠিও নিদিলা
  তুমি পৰদেশী হ'লা।
যোৱাটো উৰুকাত কথা দিছিলা
হ'বা মোৰ মনৰে দৰা
পষেকৰ পাছতে গুচি যে গ'লাগৈ
মনটো হ'ল মোৰ মৰা
তুমি কিয় যে দূৰলৈ গ'লা?
চাকৰি বিচাৰি চহৰলে গ'লা
চাকৰি পালা নে নাই?
আমালে হ'বলা পাহৰি গ'লাগৈ
নগৰৰ ৰূপহী পায়।

মোৰে ঐ শপতে এখনি চিঠিকে
দিবাচোন অহাটো ডাকত
তোমাকে নেপালেও তোমাক লগে পামে
চিঠিৰে আখৰৰ উমত
তুমি কিয় যে নিলিখা হ'লা?

[কলিকতা, তেইচ ফেব্ৰুৱাৰী ১৯৭৯ চন]

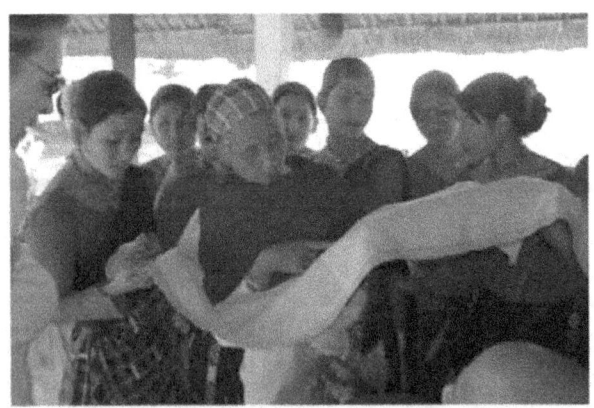

Photo: Geoff Ghitter *ফটো: জেফ ঘিটৰ*

অ' মালতী!

অ' মালতী!
কথা এটি কওঁ শুনা কাণ পাতি—
মোৰ হেনো বিয়া হ'ব এইটো বহাগতে
মোৰ বুকুখনি ধৰফৰায়
নতুন উলাহতে।।

সেই যে এবাৰ দেখিছিলোঁ
  সুঠাম ডেকাজন
যোৱা মাহত বিহুটি গাই
  হৰি নিছিল মন।
মোক নেপালে মৰিম বুলি
  কলেহি থিতাতে
মোৰ বুকুখনি কঁপে কিয়
  অজান ভয়তে।।

বেইৰে তলতে হে, ঐ ৰাম
নোৱাব সিহঁতে হে, ঐ ৰাম
ভাবিলে গা সিৰে সিৰায়।
হোমৰে অগনি হে, ঐ ৰাম
দীঘলকৈ ওৰণি হে, ঐ ৰাম
ভাবিলে মন ধপেধপায়।।

ভাবিছিলোঁ বিয়া কৰি নিব চহৰলে'
চাকৰি বিচাৰি নেযায় খুলি খুলি ক'লে।
সুখে দুখে চহ কৰিব ছন পৰা মাটিতে
দুয়ো হেনো সৰগ পাতিম
  আমাৰে গাঁৱতে।।

[কলিকতা, ১৯৮৬ চ

ইন্দ্ৰিয় আসক্তিৰ গীত

শিল্পী: ডাঃ সত্যেন্দ্ৰনাথ দাস, নিউ ইয়ৰ্ক

ভূপেন হাজৰিকাই তেঁওৰ গীতত নিজৰ সৌন্দৰ্য্য বুভুক্ষাৰ ভাল পৰিচয় দিছে। তেঁওৰ গীতবিলাক ফঁহিয়াই চালে আমি তেঁওৰ সৌন্দৰ্য্যবোধ আৰু ইন্দ্ৰিয় আসক্তিৰ বিষয়ে বহুতো কথা জানিব পাৰোঁ। ভূপেন হাজৰিকাৰ সৌন্দৰ্য্যবোধৰ বৈশিষ্ট্য হৈছে তেঁওৰ ইন্দ্ৰিয় আসক্তি:

''যৌৱনৰে দুয়োৰে দেহৰ লাজুকী পৰশ',

'গুপুতে গুপুতে কিমান খেলিম
আলিংগনৰ এই খেলা',

'মোৰ মানসীৰ দেহাৰে ভাজত'

আদিৰ দৰে ইন্দ্ৰিয় আসক্তিৰ পৈণত প্ৰকাশে তেঁওৰ বহু গীতক বিশেষ ৰূপ দিছে। এক কথাত ক'বলৈ হলে ইন্দ্ৰিয় আসক্তি ভূপেন হাজৰিকাৰ সৌন্দৰ্য্য বুভুক্ষাৰ স্বকীয় লক্ষণ। যুগে যুগে বা বেলেগ বেলেগ মনিষীৰ সৌন্দৰ্য্য বুভুক্ষা ভিন ভিন ধৰণে প্ৰকাশ কৰি আহিছে। গীতিকাৰ বা সাহিত্যিকে কেনেদৰে নাৰীৰ সৌন্দৰ্য্য বৰ্ণনা কৰে তাৰ বিশ্লেষণতে তেঁওলোকৰ সৌন্দৰ্য্য প্ৰয়াসী মনৰ পৰিচয় পোৱা যায়।

প্ৰাচীন কালত ৰামায়ণ মহাভাৰতৰ যুগত নাৰীৰ সৌন্দৰ্য্য বৰ্ণনা কৰোঁতে কাব্যকাৰ সকলে নাৰীৰ দেহৰ গঠনৰ ওপৰতে গুৰুত্ব দিছিল। উদাহৰণ স্বৰূপে সীতাহৰণ কাব্যত সীতাৰ দেহৰ প্ৰতিটো অংগ কবিয়ে অতি যতনেৰে বৰ্ণনা কৰিছে। যেনে: পদুমৰ কলিৰ দৰে চকু, পকা তালৰ দৰে পূৰঠ স্তনযুগল, ভীমকলৰ পুলিৰ দৰে উৰু আদিৰে। তেঁওলোকে দৃশ্যমান জগততে সৃষ্টিৰ সৌন্দৰ্য্য দেখিছিল কাৰণে তেঁওলোকে নাৰীৰ সৌন্দৰ্য্যও বিচাৰিছিল দৃশ্যমান অংশতহে। দেখিলেই মুচকচ যোৱা পুৰোহিতৰ দৰে সেই প্ৰাচীন

ঋষি মুনিসকলে সৌন্দৰ্য্য ক্ষুধা প্ৰকাশ কৰিছিল চকুৰে দেখা অংগ প্ৰত্যংগৰ বৰ্ণনাৰে। নাট্যশিল্পী শংকৰদেৱ আছিল এজন অভিনেতা। তেঁও অংগতকৈ অংগসঞ্চালনৰ ওপৰত বেছি গুৰুত্ব দিছিল। অংগসঞ্চালনৰ প্ৰকাশভংগীতহে তেঁওৰ সৌন্দৰ্য্য বুভুক্ষ প্ৰাণে সোৱাদ পাইছিল। শংকৰদেৱৰ মতে হয়তো এগৰাকী নাৰী ধুনীয়া হবলৈ অংগসঞ্চালনৰ ভাল অভিনয় কৰিব পাৰিব লাগিব—তেঁও চকুৰ ছাৱনি এনে হ'ব লাগে যাতে সিদ্ধ মুনিৰো চিত্ত মুহিব পাৰে। আন নালাগে শংকৰদেৱে 'হৰমোহন'-ত মোহিনীৰ সৌন্দৰ্য্য বৰ্ণনা কৰোঁতে মোহিনীৰ ৰূপ লাৱণ্যতকৈ মোহিনীৰ অভিনয়তহে বেছি চকু দিছিল—ভঁটাখেৰি খেলি থকা মোহিনীয়ে মাজে মাজে ভঁটা গুটি ওপৰলৈ দলিয়াওঁতে এনেভাবে খোপা সুলকিবলৈ দিছিল যাতে পৰি যোৱা পাৰিজাতৰ খোপা তেঁও বাঁও হাতেৰে সামৰিব পাৰে। মুখত মধুৰ হাঁহি, লয়লাস খোজ, আগবাঢ়ি পাচলৈ যোৱা চল আদিৰ অভিনয়তেই মোহিনীৰ সৌন্দৰ্য্য। আন নালাগে মোহিনীৰ মোহিনী ৰূপ স্পষ্ট কৰিবৰ কাৰণে মোহিনীয়ে দিয়া উলংগ নৃত্যও শংকৰদেৱে বিশেষ মনোযোগেৰে বৰ্ণনা কৰিছে। মোহিনীয়ে নানা ধৰণে ঘূৰা পকা কৰি নিজৰ গাৰ কাপোৰ এনেভাবে উৰিবলৈ দিছিল যাতে তেঁওৰ দেহৰ সৌন্দৰ্য্য হৰৰ দৃষ্টিত পৰে। এবাৰ তেঁও খেলি থকা ভঁটা গুটি হাতৰ পৰা দূৰলৈ দলিয়াই দিছিল আৰু তাকে আনিবলৈ বেগাই দৌৰোঁতে বতাহত তেঁও সম্পূৰ্ণ উলংগ হৈ পৰিল। তেতিয়া মোহিনীয়ে আৰম্ভ কৰিলে তেঁওৰ উলংগ অভিনয়।

ভূপেন হাজৰিকাৰ কিন্তু অংগ বা অংগ সঞ্চালনৰ প্ৰতি বিশেষ হাবিয়াস নাই। এক প্ৰকাৰ চাবলৈ গলে দৃশ্যমান নাৰী সৌন্দৰ্য্যত তেঁওৰ কোনো আসক্তি নাই। তেঁওৰ আসক্তি আছে জিভাৰে পাব পৰা সোৱাদ আৰু স্পৰ্শেৰে লভিব পৰা কোমল শিঁহৰণত। হাজৰিকাই নিজৰ সৌন্দৰ্য্য বুভুক্ষা তৃপ্ত কৰিবৰ কাৰণে চকু, কাণ বা নাক কাশ্চিৎহে ব্যৱহাৰ কৰিছে। নাৰীৰ অংগ আৰু অংগ সঞ্চালন তেঁওৰ কাৰণে বহিৰ্জগতৰ অদেখা ফল্গু স্বৰূপ।

ভূপেন হাজৰিকাৰ ইন্দ্ৰিয় আসক্তি কিছু পৰিমাণে সোৱাদৰ আসক্তি আৰু বহু পৰিমাণে স্পৰ্শৰ আসক্তি। তেঁওৰ কাৰণে নীলা চাদৰৰ ভাঁজটোও মিঠা, সুগন্ধি সনা আৱেশও মিঠা, তেঁওৰ প্ৰেয়সীও তেঁওৰ কাৰণে যৌৱনৰ এক তৃষা, ছিলঙৰ মনালিচা লিংডোৰ লগতও তেঁও লগ পাবলৈ বিচাৰে অদূৰ মধুৰ কোনোবা ৰাতিপুৱা। ভূপেন হাজৰিকাৰ সোৱাদৰ আকুলতা বুজিব পাৰি 'মিঠা' শব্দটোৰ তেঁও কৰা বিস্তৃত ব্যৱহাৰৰ পৰাই। সেইদৰে 'কোমল' শব্দটোও প্ৰচুৰ ভাবে প্ৰয়োগ কৰি তেঁওৰ গীতত তেঁওৰ স্পৰ্শৰ প্ৰতি আসক্তি বিস্তৃত ভাবে প্ৰকাশ কৰিছে।

হাজৰিকাৰ সৌন্দৰ্য্য জগতখন দৃশ্যমান নহয় স্পৰ্শমান বুলিলেও একো বঢ়াই কোৱা নহব। স্পৰ্শৰ সহায়ত তেঁও ইন্দ্ৰিয় আসক্তিৰ অনুভূতি বিশেষ পৈণত ভাবে প্ৰকাশ কৰিছে:

'দেহৰ ৰন্ধ্ৰে ৰন্ধ্ৰে তুলিলে শিঁহৰণ তোমাৰ ওঁঠৰ পৰশে',

'ভ্ৰূক্ষেপ নাই, লভিছোঁ মই আলিংগনৰ আদৰ',

'কম্পিত বুকুতে আকলুৱা দুটি বাহু মৰম বলিয়া', 'শেৱালী কোমল হাঁহি',

'তোমাৰ ছগাটি বুকুৰ উমেৰে সাৱটিবলৈ',

'জীৱনৰ ৰং পলাশে সানিলে কোমল কোমল ঘাঁহনিত আৰু তোমাৰ বুকুখনিত',

'তোমাক নেপালেও তোমাক লগে পাম চিঠি আখৰৰ উমত',

'কোমল ৰঙা ওঁঠ দুটি যেন চাহৰ

কুঁহিপাত',
'মোৰ মানসীৰ দেহাৰে ভাজত কোমলতা তুমি সানিছা' আদি

পৰশ অনুভূতিৰে সৌন্দৰ্য্যক স্পৰ্শ কৰাৰ আকুল হেঁপাহ তেঁওৰ গীতত সততে বিদ্যমান। আনকি ভূপেন হাজৰিকাৰ কাৰণে মৰমও এটা চুই চাব পৰা বস্তু—'নিশ্চয় আছিলা তুমি আনৰ মৰম চুই'।

তেঁওৰ গীত অতিশয় দৰদী হোৱাৰ এটা কাৰণ এই যে মানুহৰ সাধাৰণ ইন্দ্ৰিয় আসক্তিক তেঁও শব্দ, ছন্দ আৰু সুৰৰ সমন্বয়ৰে অপৰূপ কিন্তু সকলোৰে বুজিব পৰাকৈ প্ৰকাশ কৰিব পাৰে। তেঁও সৃষ্টি কৰা সৌন্দৰ্য্যক নিজকে বুৰাই আত্মহাৰা হ'বলৈ বিশেষ কল্পনা শক্তিৰ প্ৰয়োজন নাই—ই যেন হাততে পোৱা বুকুৰে বিচৰাজনৰ মিঠা আলিংগনৰ দৰেই আপোন আৰু চিনাকী। সীতা হৰণত বৰ্ণোৱা ধৰণৰ সৌন্দৰ্য্যক বুজিবলৈ কিন্তু আমাৰ বিশেষ কল্পনা শক্তিৰ প্ৰয়োজন নহলে তাল ফল, ভীম কলৰ গছ, দামুৰীৰ নেজ আদিনো কেনে তাক বিচাৰি আমি হাবাথুৰি খাব লাগিব('মিছ গৌহাটী' উপন্যাসৰ চৰিত্ৰ কুকুক দাসৰ দৰে)। সেইদৰে শংকৰদেৱৰ মোহিনীৰ ৰূপ লাৱণ্যৰ সোৱাদ পাবলৈকো প্ৰয়োজন বিশেষ কল্পনা কৰিব পৰা ক্ষমতা বা নাৰীৰ অংগ সঞ্চালনৰ লীলা বুজিব পৰা অভিজ্ঞতা।

ভূপেন হাজৰিকাই বৰ্ণোৱা প্ৰায় সকলো সৌন্দৰ্য্যই আমাৰ কাৰণে সদ্যস্নাতা ৰূপহীৰ দৰে চিনাকি, ঘৰুৱা, আপোন আৰু অতিশয় নিৰ্মল। তথাপি ভূপেন হাজৰিকাৰ গীতত আজিৰ সমাজৰ ব্যভিচাৰ আৰু আধুনিকাৰ দেহাৰ ভাজতে আৱদ্ধ তৰাং প্ৰেম প্ৰকাশ পোৱাটো স্বাভাৱিক। তেঁওৰ 'গুপুতে গুপুতে কিমান খেলিম আলিংগনৰ এই খেলা', 'বিমূৰ্ত মোৰ নিশাটি মৌনতাৰ সূতাৰে বোৱা এখনি নীলা চাদৰ', 'কি যে তোমাৰ সংগ প্ৰিয়া' আদি কেবাটাও নতুন গীতত আজিৰ সমাজৰ তৰাং প্ৰেমৰেই সন্ধেদ পাওঁ। এইবিলাকে আমাৰ সমাজৰ হাজাৰ বছৰীয়া আধ্যাত্মিক বা নৈতিক বিচাৰবোৰ এক প্ৰকাৰ উপহাস কৰিলেও এইবিলাকত আজিৰ পৰিৱৰ্তিত সমাজৰ মনোবৃত্তিয়েই প্ৰতিফলিত হৈছে। প্ৰেমৰ পিনৰ পৰা যিয়েই নহওক লাগিলে, এই গীত কেইটাত ভাবৰ এনে এক স্তব্ধততা আৰু সুৰৰ এনে এক কোমলতা আছে যে এই গীত কেইটাই শ্ৰোতাৰ মন মোহাটো স্বাভাৱিক। এনে গীতৰ মোহিনী ৰূপে মহাদেৱৰ নিচিনা আজিৰ সংযমহীন আমাৰ সমাজৰ কি বিপত্তি কৰে তাক কোৱা টান।

আজিৰ আন বহু অসমীয়া গীতিকাৰ আৰু কবিৰ লেখনীত সততে বিৰাজ কৰাৰ দৰে যৌন আসক্তিও ভূপেন হাজৰিকাৰ গীতত তেনেদৰে দেখিবলৈ পোৱা নাযায়। ওপৰত উনুকিওৱা দুই এটা গীতৰ বাদে ভূপেন দাদাৰ আন গীতত যৌন আসক্তি বা যৌন আবেদনৰ প্ৰকাশ বা সংকেত দেখিবলৈ পোৱা নাযায়।

গীতত বা সাহিত্যত যৌন আসক্তি বা যৌন আবেদনৰ প্ৰকাশৰ গুণাগুণ বিচাৰ কৰাৰ অভিলাষ মোৰ নাই, কিন্তু এইটো নিসংকোচে কব পাৰি যে আজিৰ বহু অসমীয়া গীতিকাৰে হোৱাই নোহোৱাই পশ্চিমীয়া গীতিকাৰক অনুকৰণ কৰি গীতত যৌন আসক্তি বা যৌন আবেদনৰ অৱতাৰণা কৰে। ভূপেন হাজৰিকা তেনেদৰে পশ্চিমীয়া যৌন ৰীতি নীতিৰ দ্বাৰা বেছি প্ৰভাৱান্বিত নোহোৱাটো সৌভাগ্যৰ কথা। এটুকুৰা আলসুৱা মেঘ ভাহি যোৱা চাই চাই বুকুৰে বিচৰা জনলৈ বাট চোৱা বা ছিলঙৰ মনালিচা লিংডোৰ সতে সপোন চহৰত শৰতৰ সোণালীত উটি ফুৰা হাজৰিকাৰ মৌ যেন মিঠা আৰু শেৱালী কোমল গীতবিলাক শুনিয়েই আমি অতৃপ্ত আনন্দ পাওঁ।

বিমূৰ্ত মোৰ নিশাটি

বিমূৰ্ত মোৰ নিশাটি যেন
মৌনতাৰে সূতাৰে বোৱা
এখনি নীলা চাদৰ।
তাৰেই এটি মিঠা ভাঁজত
নিশ্বাসৰে উম আৰু
জীয়া জীয়া আদৰ—।।
কামনাৰে তেজ ৰঙা
আজিৰ গভীৰ গৰ্ভতে
নিৰৱ মৰম বাৰিষাৰ
বহুত শাওণ ভাদৰ।
তাৰেই এটি মিঠা ভাঁজত
নিশ্বাসৰে উম আৰু
জীয়া জীয়া আদৰ।।
সৰি পৰে প্ৰত্যাশিত
অস্ফুট এক প্ৰতিধ্বনি সাদৰী মাতৰ
তাইৰ সাদৰী মাতৰ।
পৰিধিবিহীন সংগমমুখী
নিৰ্মল দুটি ওঁঠ
কম্পন কাতৰ।।
নিয়ম ভঙাৰ নিয়ম ই যে
নিয়মাকাংখী বাটৰ
কোমল আঘাত প্ৰতি আঘাত
নীলা নিশাৰ নাটৰ।
দূৰৈৰ আৰ্তনাদৰ নদীত
ক্ৰন্দন কোনো ঘাটৰ
ভ্ৰূক্ষেপ নাই লভিছোঁ মই
আলিংগনৰ সাদৰ—।।
তাৰেই এটি মিঠা ভাঁজত
নিশ্বাসৰে উম আৰু
জীয়া জীয়া আদৰ।

[কলিকতা, ১৯৭১ চন]

কি যে তোমাৰ সংগ

কি যে তোমাৰ সংগ প্ৰিয়া
কি যে তোমাৰ সংগ
তোমাৰ অংগ জ্বলন্ত জুই
মই যে পতংগ।
জীৱনৰ ৰস যিমান
তৃষ্ণাও বাঢ়ে সিমান
এই নিশা নেলাগে সোণ
কথাৰ প্ৰসংগ।
তোমাৰ অংগ জ্বলন্ত জুই
মই যে পতংগ
কি যে তোমাৰ সংগ প্ৰিয়া
মিঠা তোমাৰ সংগ।
মনে মনে অহা যোৱা
তাৰে নাম ভাল পোৱা
আকাশ বজালে শুনা
মিঠা জল তৰংগ।
সমাজৰ নীতি নিয়ম
ভঙাটোও নতুন নিয়ম
আজি নিশা নেযাবা সোণ
কৰি মোক নিসংগ।
তোমাৰ অংগ জ্বলন্ত জুই
মই যে পতংগ
কি যে তোমাৰ সংগ প্ৰিয়া
কি যে তোমাৰ সংগ।

[কলিকতা, সাতাইছ ফেব্ৰুৱাৰী, ১৯৭৮ চন]

এ চেনেহীৰ ফটা ৰিহা
চেনেহীৰ ফটা ৰিহা
ফুলে জকেমকি
উৰি যায় বতাহৰ আগত—বোলোঁ আগত
নেখাই চাৰি সাজো থাকিব পাৰোঁ মই
বহাগৰ বিহুৰে লগতে।
শশী মিলন দৈ জালুক গুটি পিপল দৈ
কেৰাচিন নহ'লে চাকিটি নজ্বলে।
তথাপি গাত নাই তত।

ঔৰে গছতে মৌৰে বাহে ল'লে
মই নবগালোঁ গছত—বোলোঁ গছত
গছৰ মৌ নেপাৰি মৌ বিচাৰিলোঁ
চেনেহীৰ মিঠাকৈ ওঁঠতে
জেতুকাবুলীয়া, তাই কুমলীয়া
পকা সুমথিৰা, গোন্ধাই বিৰাজৰা
চাকি খাম ভাতৰে লগত।

আগলি বাঁহৰে লাহৰি গগনা
বাজিছিল দূৰণিৰ বনত—বোলোঁ বনত
দুয়োৰে মৰমত দুয়ো বান্ধে খালোঁ
যোৰাটো বছৰৰ চ'ততে।
বহাগ জেঠ, আহাৰ শাওণ
ভাদ আহিন, কাতি আঘোণ
আকৌ আহি পৰিল চ'ত।

এতিয়া টকা নাই সিকা নাই
বিহুৱানৰ সূতা নাই
ধানো গ'ল যোৰাটো বানত—বোলোঁ বানত
ময়ে চেনেহীয়ে মৰমত বাচিছোঁ
এনুৰা নিৰাশাৰ কালতে।
(দুখতো হিলাই
দুখতো বিলাই)
ফুলচ'তি লগাই লৈ
বৰ ঘৰ সাজিলোঁ
খেৰ নাইকিয়া ছালত।

কুঁহিয়াৰ পেৰা দি আমাক যি পেৰিছে
চানকঢ়া ধনৰে বলত—বোলোঁ বলত
বিহুটো যাওক গৈ, সিহঁতক চাই ল'ম
খাই ল'লোঁ আজিয়েই শপতে।
হেৰি ডাঙৰীয়া,
বতৰ ডাৰৰীয়া
টিনপাত টিঙিৰি জুই পৰে উফৰি
কাইলৈ পৰিবা ফান্দত।
(বোলোঁ কাইলৈ পৰিবা ফান্দত)।

শিল্পী: ডাঃ সত্যেন্দ্রনাথ দাস, নিউ ইয়র্ক

গুপুতে গুপুতে

গুপুতে গুপুতে কিমান খেলিম
আলিংগনৰ এই খেলা?
ছটিয়াওঁ আহা আকাশে বতাহে
দুয়োৰে ৰঙৰে মেলা।

সমাজ আৰু সংস্কাৰক
দেখুৱাওঁ আহাঁ প্ৰিয়া
লুকাই নথৈ আমাৰ দুখন
সাগৰৰ দৰে হিয়া।
যৌৱনত জানো পাপ থাকে
প্ৰকাশ জানো বন্ধ থাকে
লহৰে জানো সাগৰক কৰে
কাহানি অৱহেলা?

তোমাৰ নয়ন জুৰি
তোমাৰ বুকুৰ পাপৰি
প্ৰতি চাৱনি শুৱনি
প্ৰতি পৰশ লাৱণী
বন্ধ ঘৰৰ খিড়িকী দুৱাৰ
খোলাঁ আজি প্ৰিয়া খোলাঁ
নেলাগে আৰু দেখুৱাব আজি
শালীনতাৰ শৃংখলা।
মৰমত জানো নিয়ম থাকে
ধুমুহাৰ জানো পৰিধি থাকে
প্ৰভাতক জানো ঢাকিব পাৰি
পিন্ধাই লাজৰ মালা?

[কলিকতা, ১৯৭৬ চন]

দেহৰ ৰন্ধ্ৰে ৰন্ধ্ৰে

মোৰ জীৱন ৰথ
এবাৰ হঠাতে থমকি ৰৈছিল।
এনেতে
দেহৰ ৰন্ধ্ৰে ৰন্ধ্ৰে তুলিলে শিহৰণ
তোমাৰ ওঁঠৰ পৰশে।
মোৰ ছন্দে ছন্দে উৰে প্ৰেমৰ সুবাস
মন নাচে কিবা হৰষে।

বিশ্ব বিজয়ী মোৰ
বাটৰুৱা মন
বাটেই আছিলে লগৰী।
এজুপি তৰুৰ তলতে অলপ
থমকিলে ৰথৰ চকৰি
তাতেই হঠাৎ তোমাৰ বুকুত
মোৰ আনন্দ অশ্ৰু বৰষে।।
সৰ্বসত্তা মোৰ হ'ল ধন্য
তুমি দিলা মিঠা আশ্ৰয়
তোমাৰ উদাৰতাৰ নলওঁ সুযোগ
প্ৰীতি মাথো ৰ'ব সঞ্চয়।।
অঘৰীৰ ঘৰ জানো কাহানিবা হয়?
আৰু আমাৰ মিলনো দেখোঁ বৈধ নহয়।
এই মিলন হওক
চিৰ বিৰহ প্ৰতীক
অনন্ত মিলন পিয়াসে
অনন্ত মিলন পিয়াসে।।

[কলিকতা, ১৯৭৩ চন]

জাতীয় প্ৰেমৰ গীত

অসমী আইৰ তিনি গৰাকী কৃতী সন্তান
জাহ্নু বৰুৱা, ভূপেন দাদা, মামনি গোস্বামী
ফটো: গৌতম ঠাকুৰীয়া

ডঃ ভূপেন হাজৰিকাৰ মাতৃ তেঁওৰ অতিশয় প্ৰিয় আছিল। জন্মদাত্ৰীক তেঁও জ্ঞানদায়িনী ৰূপে দেখিছিল। মাকৰ প্ৰতি ভূপেন দাদাৰ অপৰিসীম চেনেহ। তেঁওৰ বহু গীতত মাতৃ চেনেহ প্ৰকাশ পাইছে। ভূপেন দাদাই জন্মভূমি অসমকও মাতৃৰ ৰূপতে দেখিছিল। ৰূপহী অসমী আইৰ প্ৰতিও ভূপেন হাজৰিকাৰ অপৰিসীম অকৃত্ৰিম চেনেহ। অসমী আইৰ প্ৰতি থকা তেঁওৰ এই চেনেহ এই প্ৰেম নানা ৰূপত নানা গীতত প্ৰকাশ পাইছে। অসমৰ ছবিবিলাক অসমৰ স্মৃতিবিলাক তেঁওৰ মানস পটত ভুমুকি মৰাৰ দৰে তেঁওৰ গীততো সঘনাই ভুমুকি মাৰে। ভূপেন হাজৰিকাৰ গীত অসমীয়া ৰাইজৰ ইমান প্ৰিয় হোৱাৰ এয়ে এক অন্যতম কাৰণ। তেঁওৰ গীতে প্ৰত্যেক অসমীয়াৰ হৃদয়তে অসমৰ ছবিখন বিশেষ ভাবে সজীৱ কৰি ৰাখে। এই কথা হয়তো অসমীয়া ভাষা কৃষ্টি আদি ভালপোৱা প্ৰবসুৱা অসমীয়াসকলে বেছি ভালদৰে বুজি পায়। প্ৰবাসী অসমীয়া সকলৰ কাৰণে ভূপেন হাজৰিকাৰ গীতেই অসম আৰু অসমীয়া জাতীয় জীৱনৰ লগত মৰমৰ সেতু বন্ধন।

অৱশ্যে ভূপেন হাজৰিকাৰ অসম বৰ্তমানৰ ৰাজনৈতিক অসম নহয়। তেঁওৰ অসম ভাৰতৰ পূৰ্ব দিশৰ 'সূৰ্য্য উঠা দেশ', বিশাল ব্ৰহ্মপুত্ৰ আৰু গিৰিৰাজ হিমালয়ৰ 'ওখৰা মোখৰা সেউজীয়া লহৰ পতা' ঠাল ঠেঙুলিৰে সেই অলকাপুৰী অসম। সেই প্ৰাকৃতিক সৌন্দৰ্য্যৰ ঐশ্বৰ্য্যপুৰী অসমৰ আত্মা যেন অসমীয়া লোকসকলক বাদ দি তেঁও অসমৰ সৌন্দৰ্য্য পূৰ্ণ ৰূপে নেদেখে। তাতে ডঃ হাজৰিকা হৈছে মানৱ প্ৰেমী। মানৱীয় মৰম, সহৃদয়তা, সহানুভূতি আদিয়েই তেঁওৰ ধৰ্ম। অসমৰ মানুহবিলাকৰ জীৱনৰ সৰুসুৰা কাহিনীবোৰেও তেঁওৰ মনপ্ৰাণ আকৰ্ষণ কৰে। সেই কাহিনী দুখৰেই হওক, শোকৰেই হওক বা আনন্দৰেই হওক মানৱীয় কোমলতাৰে সেইবিলাকৰ বিষয়ে গীত ৰচি হাজৰিকাই অসমীয়া গীতি সাহিত্যত এক নতুন যুগৰ সূচনা কৰিছে। শংকৰদেৱ আৰু মাধৱদেৱে ভক্তিৰ গীত গাই গাই আত্মহাৰা হোৱাৰ দৰে অসমী আই আৰু অসমীয়াৰ প্ৰতি থকা বিশেষ মৰমৰ গীত গাই গাই ভূপেন হাজৰিকা আত্মহাৰা।

এইখিনিতে উল্লেখযোগ্য যে 'বুকু হম হম কৰে' গীতটো তেঁও ১৯৬২ চনৰ চীনৰ আক্ৰমণৰ সময়ত ৰচা। চীনা সৈন্য আহি তেজপুৰৰ কাষ পোৱাত অসমত সন্ত্ৰাসৰ সৃষ্টি হ'ল। তেজপুৰৰ পৰা প্ৰথমে নেতাসকল ও উচ্চ বিষয়াসকল আৰু তাৰ পিছত বহু নাগৰিক যেয়ে যেনেকৈ পাৰে পলালে। সেই

সময়ত হাজৰিকাৰ অসুস্থ মাকও তেজপুৰতে আছিল আৰু তেঁও নিজে কলিকতাত আৱদ্ধ হ'ব লগীয়াত পৰিছিল। এপিনে নিজৰ অতি পূজনীয়া মাতৃৰ দুৰৱস্থাৰ আৰু আনপিনে দেশমাতৃৰ সম্ভাৱনীয় দুৰ্গতিৰ ভয়ত তেঁওৰ বুকু হুম হুম কৰিবলৈ ধৰিলে। সেই দুৰ্য্যোগৰ পটভূমিত ৰচা এই গীতটোত নিজৰ মাতৃৰ ৰূপত দেখা অসমী আইৰ প্ৰতি আৰু অসমী আইৰ ৰূপত দেখা তেঁওৰ মাতৃৰ প্ৰতি প্ৰেমৰ এক অতুলনীয় আন্তৰিক অভিব্যক্তি আছে।

এইটোও উল্লেখযোগ্য যে ভূপেন হাজৰিকাই অসমৰ পৰ্বতে ভৈয়ামে বাস কৰা থলুৱা লোকসকল আৰু অসমকে মাতৃভূমি বুলি গ্ৰহণ কৰা নতুন লোকসকলকো 'অসমীয়া' বুলি গ্ৰহণ কৰে। পৰ্বত-ভৈয়াম সম্প্ৰীতি দেখিলে তেঁও নথৈ আনন্দিত হয়।

বড়োসকলৰ বাগাৰুম্বা নৃত্য
ফটো: নংগ ঔজন্তা

স্বাধীনতাৰ আগে আগে আৰু লোকপ্ৰিয় গোপীনাথ বৰদলৈ অসমৰ মুখ্যমন্ত্ৰী হৈ থকা দিন কেইটাত অসমৰ পিছপৰা পৰ্বতীয়া ভাইসকলৰ জীৱন উন্নত কৰিবলৈ এক আন্তৰিক প্ৰচেষ্টা চলিছিল আৰু সেই অবিভক্ত অসমত পৰ্বত-ভৈয়াম সম্প্ৰীতিৰ ভাব বিৰাজ কৰিছিল। কিন্তু, শ্ৰীবিষ্ণুৰাম মেধি অসমৰ মুখ্যমন্ত্ৰী হোৱাৰ পিছত হঠাৎ এই আন্তৰিক প্ৰচেষ্টাৰ সামৰণি পৰিল আৰু পৰ্বত-ভৈয়ামৰ চেনেহ এনাজৰীডাল ছিগি গ'ল। ছিলঙত বিষ্ণুপুৰ, মতিনগৰ আদি প্ৰতিষ্ঠা হ'ল কিন্তু পৰ্বতীয়া ভাইসকলৰ ভৈয়ামৰ অসমীয়াসকলৰ ওপৰত সন্দেহ হ'ল এই ভাবিয়েই যে তেঁওলোকৰ আশা আকাংক্ষাবোৰত ভৈয়ামৰ লোকসকল সহায় নহৈ হয়তো হেঙাৰহে হ'ব। অসমৰ পৰ্বতীয়া লোকসকলে বিদ্ৰোহ আৰম্ভ কৰিলে। ফল স্বৰূপে আগৰ অসম এতিয়া ডোখৰ ডোখৰ হ'ল। এইবিলাকৰ মাজত ভূপেন হাজৰিকাই সদায় পৰ্বত-ভৈয়ামৰ গীত গাই আহিছে। লোকপ্ৰিয় বৰদলৈৰ মৃত্যুৰ পিছত আন্তৰিক ভাবে পৰ্বত-ভৈয়াম সম্প্ৰীতিৰ কাৰণে ডঃ ভূপেন হাজৰিকাৰ দৰে আন কোনো অসমীয়া নেতাই আন্তৰিক প্ৰচেষ্টা কৰা নাই যেন অনুমান হয়। পৰ্বত-ভৈয়াম সম্প্ৰীতিৰ অৱিহনে অসমৰ শ্ৰী হানি হ'ব বুলি আৰু অসমৰ ভৱিষ্যত বিপন্ন হ'ব বুলি হাজৰিকাই ভালদৰে জানিছিল। তেঁওৰ কেবাটাও গীতত এনে সম্প্ৰীতি প্ৰতিষ্ঠাৰ বাবে আহ্বান শুনা যায়। অসমৰ পৰ্বত আৰু ভৈয়ামৰ ৰাইজ আৰু নেতাসকলে এই গীতবিলাকৰ কাতৰ আহ্বানৰ প্ৰতি কাণ দিয়া হ'লে হয়তো আজিৰ অৰুণাচল, মেঘালয়, নাগালেণ্ড, মণিপুৰ, মিজোৰাম আদিৰ লোকে আমাৰ পৰা আঁতৰি নগ'লহেঁতেন।

ফটো: জেফ ঘিটৰ, কেলগেৰী, কানাডা
Photo: Geoff Ghitter, Calgary, Canada

অসম আমাৰ ৰূপহী

অসম আমাৰ ৰূপহী, গুণৰো নাই শেষ
ভাৰতৰে পূৰ্ব দিশৰ সূৰ্য্য উঠা দেশ
অসমী আই ৰূপহী , গুণৰো নাই শেষ
ভাৰতৰে পূৰ্ব দিশৰ সূৰ্য্য উঠা দেশ।
গোটেই জীৱন বিচাৰিলেও
অলেখ দিবস ৰাতি
অসম দেশৰ দৰে নেপাওঁ
ইমান ৰসাল মাটি।
অ' চিৰ বিনন্দীয়া তোমাৰ সেউজ পৰিবেশ
ভাৰতৰে পূৰ্ব দিশৰ সূৰ্য্য উঠা দেশ।

বহাগতে আমাৰে আই মহুৰা হৈ ঘূৰে
মাঘত সোণৰ হাতেৰে লখিমী আদৰে ।
শৰৎ নিশাই তৰাৰে সজায় আইৰে কেশ
অ' ভাৰতৰে পূৰ্ব দিশৰ সূৰ্য্য উঠা দেশ।
পাহাৰ ভৈয়াম একে কৰা ৰামধনুৰেই দৰে
তোমাৰ ভাষাৰ মৰমবোৰে
মিলন সেতু গঢ়ে।
লৌহিত্যৰে বহল পাৰক
প্ৰণিপাত কৰোঁ
জন্ম ল'লোঁ ইয়াতেই,
ইয়াতে যেন মৰোঁ।
পাম ক'ত এনে মধুৰ ৰূপৰ সমাবেশ
ভাৰতৰে পূৰ্ব দিশৰ সূৰ্য্য উঠা দেশ।

[বোম্বাই, ১৯৬৯ চন]

ফটো: সৰল দত্ত

অস্ত আকাশৰে

অস্ত আকাশৰে সপোন ৰহণ সানি
ক্লান্ত লুইতৰে হেঙুলীয়া পানী
বৈয়ে যায়, বৈ যায় বৈ যায়।

কোন সুন্দৰৰে শিল্পীয়ে
পদুম ফুলৰ নাৱেৰে
ময়ুৰ পংখী ৰহণবোৰ দিলে ছটিয়ায়।
দুয়োপাৰে কত মানুহ কত যে ইতিহাস
কত যুগৰ শত আশা নিৰাশাৰে নিশ্বাস।

লক্ষ্য যদি দিগন্ত, শিল্পী হে তোমাৰ,
পদুমৰে পানচৈ চপোৱা এবাৰ
দেখিবা জীৱনৰে দিগন্ত অপাৰ
বেলি যে যায় বেলি যে যায়
বেলি যে যায়।

[গুৱাহাটী, ১৯৫৪ চন]

আকাশী যানেৰে

আকাশী যানেৰে
উৰণীয়া মনেৰে
দোকমোকালিতে
পচিমৰে পৰা, বংগৰ পৰা মাৰিলোঁ উৰা
মোৰ লক্ষ্যস্থান হ'ল তেজপুৰ—
আকাশী যানেৰে।

মই লাহে লাহে ধৰিত্ৰী এৰিলোঁ
মই উৰি উৰি মেঘতে সাতুৰিলোঁ
মোৰ মন বগ আজি দেখোঁ বিমান হ'ল
মোৰ বিমানখনি দেখোঁ কল্পনা হ'ল
কাৰ মিঠা মাতে কৰে মোক আত্মহাৰা
শুনো চিনাকি সুৰদী সুৰ
মোৰ লক্ষ্যস্থান হ'ল তেজপুৰ—
আকাশী যানেৰে।

পদ্মা নৈ, অ' পদ্মা নৈ
তই গ'লি ক'লৈ?
পদ্মা নৈৰে ওপৰেদি
আমাৰ বিমান নুৰে
হঠাতে ভুমুকি মাৰে গৌৰীশংকৰে
ধৱল ধৱল গিৰিৰ শিৰত
প্ৰভাতী ৰ'দ পৰে
কাঞ্চনজংঘাৰ কাষেদি
আমাৰ বিমান আজি ঘূৰে
কেতিয়ানো শুনোগৈ চিনাকি মোৰ সুৰ?

তলত দেখিলোঁ মই গাৰো পাহাৰ
সেইয়া যেন ক'ৰবাৰ সেউজ সাগৰ
ওখৰা মোখৰা কতনা লহৰ।
অলপ আগুৱালোঁ,
অলপ নামিলোঁ
সেইয়া কিবা চিনাকি দৃশ্য দেখিলোঁ
কি সেই ধুনীয়া অলকাপুৰী
গুৱাহাটী মহানগৰী
সৃষ্টিৰ আদিতে জেউতি বিলোৱা
প্ৰাগজ্যোতিষপুৰ
পিছে লক্ষ্যস্থান যে তেজপুৰ—
আকাশী যানেৰে।

অকোৱা পকোৱা গামোচা এখন
যেন বালিত মেলি থোৱা আছে
সেইখন গামোচা ব্ৰহ্মপুত্ৰ
শীততে ৰ'দহে পুৱাইছে
জপিয়াই বালিভোজ খাম
আজিৰ বিহু গীত গাম
মোৰ মন চকু পৰিলে জুৰ।
পিছে, লক্ষ্যস্থান মোৰ তেজপুৰ—
আকাশী যানেৰে।
লাহে লাহে দেখিলোঁ বাগিচা চাহৰ
বাঁহৰে লেকেচীৰ আগত
বহি থকা সৌন্দৰ্য্য কপৌ হালৰ।

ক'ত আছে অগনিৰ গড়?
ক'ত মোৰ উষা নগৰ?
পাওঁ যেন পাওঁ মোৰ উষা নগৰ
মায়াবিনী বিমানখনি হ'ল চিত্ৰলেখীজনী,

কঢ়িয়াই আনিছে উষাৰ পুৰলৈ
মই নিজেই যেন অনিৰুদ্ধ কোঁৱৰ
মায়াৰে খুলিম মই ৰুদ্ধ দুৱাৰ
জ্যোতি নাটকৰে মই ৰূপহ কোঁৱৰ।

সৌৱা কুঁৱৰী সদ্যস্নাতা উষাই
কেশৰ মেঘালী মেলি
মোলৈকে আছে বাট চাই
মই উষাক কৰিমেই চুৰ।

মোৰ বিমান পালেহি তেজপুৰ
আকাশী যানেৰে
উৰণীয়া মনেৰে
পালোহি মোৰ মৰমৰ তেজপুৰ।

[টোকা: কলিকতাৰ পৰা তেজপুৰলৈ উৰোঁতে আকাশত আৰম্ভ কৰি তেজপুৰৰ শ্ৰীদুৰ্গা গোস্বামীৰ ঘৰত শেষ কৰে, ১৯৬৩ চন]

নিজৰ প্ৰাণৰ বহু কথাই কৈ গ'ল ৰড আইলেণ্ডৰ সাগৰৰ পাৰত

জিলিকাব লুইতৰে পাৰ

জিলিকাব লুইতৰে পাৰ
এন্ধাৰৰ ভেটা ভাঙি
প্ৰাগজ্যোতিষত বয়
জেউতি নিজৰাৰে ধাৰ।
শত শত বন্তিৰে
জ্ঞানৰে দীপালীয়ে
জিলিকাব লুইতৰে পাৰ।
সাঁচিপাতে ভাষা দিব
চিফুঙে আশা দিব
ৰংঘৰে মেলিব দুৱাৰ।
সমাজে সাৰটিব
মহান মানৱতা
বিজ্ঞানে আনিব জোৱাৰ।

নতুনৰ গতি খেদা
ডেকা গাভৰু আমি
নিৰ্ভীক এই শতিকাৰ।
অজ্ঞান চাকনৈয়া
এফলীয়া কৰি থৈ
মাৰি যাওঁ জীৱনৰ ডাঁৱ।

[গুৱাহাটী বিশ্ববিদ্যালয়। জালুকবাৰীত মুকলি কৰাৰ দিনা ৰচিত, ১৯৫৪ চন]

টোকা: এই গীতটো প্ৰথমে 'নিৰ্ভীক কুৰি শতিকাৰ' বুলি লিখিছিল। ১৯৯৮ চনৰ ছয় মাৰ্চত ভূপেন দাদাই তাৰ সলনি 'নিৰ্ভীক এই শতিকাৰ' বুলি ব্যৱহাৰ কৰিবলৈ ৰাজহুৱা ভাবে ঘোষণা কৰে।

শাৰদী ৰাণী

শাৰদী ৰাণী
তোমাৰ হেনো নাম?
তুমি মোৰ নিচেই আপোন
সদ্যস্নাতা ৰূপহী মোৰ
পুৱতী নিশাৰ সপোন।

শুভ্ৰ নীলা ওৰণিখনি
কুঁৱলী সূতাৰে বোৱা
পাতল ৰিহাখনি
থৰ লগা বিলখনি
তোমাৰ শুৱনি দাপোণ।
শাৰদী ৰাণী
তোমাৰ হেনো নাম?

কপাহ মেঘৰ অহা যোৱা
সেউজী ঘাঁহৰ হিমানী
সোণালী ৰ'দ, শৰালিৰে জাক
তুমিয়ে আনিলা কিজানি
শেৰালি কোমল হাঁহিটি মাৰি
কৰাহি সাজোন কাচোন।

[কলিকতা, দহ আগষ্ট ১৯৭৮ চন]

বহাগ মাথোঁ

বহাগ মাথোঁ এটি ঋতু নহয়
নহয় ব'হাগ এটি মাহ
অসমীয়া জাতিৰ ই আয়ুস ৰেখা
গণজীৱনৰ ই সাহ।
বহাগ মাথোঁ বিহুতলী নহয়
নহয় ই নিশা ফুলা ফুল
বহাগেই আনি দিয়ে সমদল গতি
নেওচি জাতি কুল
ই প্ৰভেদক কৰেহি নাশ।

বহাগ এটি মাথোঁ মাকো নহয়
নহয় ই কুলিৰে মাত
বহাগ এটি নৱ নৱ চিন্তাৰ
সাঁচিপাত পুথিৰে পাত
ই উজ্বলায় জীৱন আকাশ।
বহাগ মাথোঁ বিহুগীত নহয়
ইনাই বিনাই গোৱা
বহাগ এখনি সৃষ্টি দলিল
সূৰ্য্যৰ জ্যোতিত পোৱা
বহাগেই এন্ধাৰৰ ত্ৰাস।

বহাগত জাতিয়ে স্নান কৰে
মলিয়ন বস্ত্ৰ সলায়
সংগ্ৰামী জীৱনতো
ৰণ প্ৰেৰণা
দিয়ে বৰদৈচিলাই
ওফৰাই দুখ নাগ পাশ।

[কলিকতা, ১৯৮০ চন]

চিয়াঙৰে গালঙ

চিয়াঙৰে গালঙ
লুইতৰে খামতি
টিৰাপৰে ৱানচুৰে
মোক কিয় মাতিছে?
অসমীৰে পদূলি উদুলিৰ মুদুলি
মৰম চেনেহৰ হাট বহিছে।

আপাটানী ভনীটিক ধৰিলোঁ সাৰটি
বেছ ৰূপে নিলে মোক
আথে বেথে মাতি ক'লে,
আজি কিয় ৰঙৰে চকুলো সৰিছে
অ' পাহাৰৰে তলিতে ভৈয়ামৰে সীমাতে
চিনাকি চিনাকি কি সবাহ বহিছে?
মনপা ককাইটিক ধৰিলোঁ সাৰটি
বিনিময়ত তেঁও দিলে বুদ্ধৰে মূৰতি, ক'লে
যুগ যুগৰ মিতিৰালিৰ ধ্বজা উৰিছে,
অ' বহুদিনে নেদেখা পদম ইদু নকটেই
'আহ' বুলি হিয়াৰে আপং যাচিছে।

একতাৰে বেহা কৰি ভাবিলোঁ উভতোঁ
উভতি চাই দেখো আহিছে সিহঁতো
ৰিঙিয়াই ক'লে মোক
'কিছু বেলি ৰ'বি
উভতি গৈ তই অসমীকে ক'বি
আজি পাহাৰে ভৈয়ামৰে কলিজা চিনিছে
অ' চৰদুক পেন আৰু টাংচাই
অকা আৰু ব'ৰীয়ে
চেনেহ এনাজৰীৰে বাটি কাঢ়িছে।'

[আলং, অৰুণাচল, ১৯৬১ চন]

তুমিয়ে মোৰ

তুমিয়ে মোৰ কল্পনাৰে
হৰিণী নয়না
তুমিয়ে মোৰ জীৱনৰে
মধুৰ আল্পনা
তোমাৰ বাবেই
মোৰেই সুৰৰ কতনা মূৰ্চ্ছনা
তুমি জানা নে নেজানা?

জীৱন ৰণাংগনত
তুমি সাহসৰে তীৰ্থভূমি
পৰাজয়ৰ নিৰাশাতো
তুমিয়ে সান্ত্বনা
তুমি জানা নে নেজানা?

জীৱন বনৰ গভীৰতাৰ
উৎস তুমি সেউজৰে
সেই সেউজৰ সুন্দৰতাও
তোমাৰে হাঁহিৰে
ভাৰতৰে পূব আকাশৰ,
জেউতি তুমি ন সূৰুযৰ
তোমাৰ পোহৰ অবিহনে
বৃথা পৰিকল্পনা।
তুমি জানা নে নেজানা?

[কলিকতা, ১৯৫৮ চন]

ছিলঙৰে গধূলি

ছিলঙৰে গধূলি
সপোন চহৰৰ মৰমী শৰতৰ
সোঁৱৰণী সোণালী—ছিলঙৰে গধূলি।

ৰঙীন বজাৰ পাৰ হৈ হৈ
সুদাকৈ ভৰিৰে দুবৰি গছকি গৈ
সৰু সৰু জিৰজিৰীয়া
নিজৰাৰ পাৰতে
হাঁহি হাঁহি তুমিয়ে ময়ে সিদিনা
পৰিব যে খুজিছিলোঁ পিচলি।

লাহে লাহে এন্ধাৰ হ'ল
দূৰণিৰ খাচী গাঁওখন
তুমি আৰু মই মিলি
দুয়োতেই হ'লোঁ মগন।

দুটি মন নিজৰা জলধি হৈ
ওখকৈ সৰলৰ বননি দিলে বুৰাই
যেন উৰি উৰি উৰি উৰি ফুৰা
জোনাকী পৰুৱাই
হাঁহি হাঁহি জোকালে
আমি হেনো উটি ফুৰা
দুটি মিঠা শৰতৰ শেৱালী
ছিলঙৰে গধূলি।

[পাইনউড হোটেল, ছিলং, ১৯৬৮ চন]

দিখৌৰে বুকুতে সেউজী মাজুলী

দিখৌৰে বুকুতে সেউজী মাজুলী
ৰ'দত মিচিকিয়াই হাঁহে
অ' চেনাই অ' ৰ'দত মিচিকিয়াই হাঁহে।

তাৰে যে পঁজাকণ ধুনীয়া অকণমান
ৰহদৈ ওমলে তাতে
অ' চেনাই অ' ৰহদৈ ওমলে তাতে।

মাজুলীৰ কঁহুৱাই বেলিৰ ফাকু সানি
কঁকাল ভাঙি ভাঙি নাচে
হিয়াৰে ৰহদৈ উমলি জামলি
হিয়াৰ কাচোনে কাচে
অ' চেনাই অ' হিয়াৰ কাচোন কাচে।

কোমল হাত বাউল দি
মোকেনো ৰিঙিয়াই
হিয়াৰ কেঁচা সোণ বোলে—

কেনেকৈ পাৰ হওঁ নাও নাইকিয়া
বেলিও পৰোঁ পৰোঁ কৰে
অ' চেনাই অ'
　বেলিও পৰোঁ পৰোঁ কৰে।

ডালিমী আৰু পকাহান্তাৰ
শিল্পী: ডাঃ সত্যেন্দ্ৰনাথ দাস, নিউ ইয়ৰ্ক

[টোকা:পকাহান্তাৰৰ বিষয়ে প্ৰাসংগিক সমিধান চাওক]

মই কহিমাৰে আধুনিকা ডালিমী

গাভৰু: মই কহিমাৰে আধুনিকা ডালিমী
ডেকা: মই গদাপাণি আধুনিক ভৈয়ামৰ
দুয়ো: আমি আজি দুয়ো সহযাত্ৰী
গুৱাহাটী অভিমুখী নিশাৰ ৰেলৰ।

ডেকা: তোমাৰ হয়তো ঘনে পৰিছে মনত
লৰালিৰ কথা সেই জেখামা গাঁৱৰ
ৰঙা নীলা পাখি পিন্ধি পখিলাৰ দৰে
নাচি ফুৰা কত মিঠা উৎসৱৰ?

গাভৰু: পৰদেশ বুলি মোৰ ভয় লগা নাই
তুমিতো মোৰেই হ'লা নিচেই কাষৰ
গুৱাহাটী পাই পিছে যেন কাহানিও
নেপাহৰা স্নেহ মোৰ নগা পাহাৰৰ।

ডেকা: লামডিং ডিফুৰে বিস্ফোৰণ
মনত আছে নে কিছু বছৰ আগৰ?
গাভৰু: সেই বহুতৰে কান্দোনৰ পটভূমিত
হয় মধু পৰিচয় আমাৰ মনৰ
আজি মই হ'লোঁ অসমৰ ন-বোৱাৰী।
ডেকা: জোঁৱাই হ'লোঁ মই টুৰেনচাঙৰ।
দুয়ো: আমি দুয়ো পূৰ্ব ভাৰতীৰে
জীয়া প্ৰতীক সমন্বয়ৰ।

ডেকা: লক্ষ্মীনাথৰে সেই ডালিমীও নাই
গাভৰু: আৰু মইও নহওঁ তাহানিৰ গদাধৰ
দুয়ো: তথাপিও আজি এই মিলনে আমাৰ
বাৰে বাৰে সোঁৱৰাই কথা অতীতৰ।
ডেকা: তুমি কহিমাৰে আধুনিকা ডালিমী
মই গদাপাণি আধুনিক ভৈয়ামৰ
আমি আজি দুয়ো সহযাত্ৰী
গুৱাহাটী অভিমুখী নিশাৰ ৰেলৰ।

ফটো: জেফ ঘিটৰ, কানাডা
(Photo: Geoff Ghitter, Canada)

বোলোঁ অ' মিচিং ডেকাটি

বোলোঁ অ' মিচিং ডেকাটি
বজালি যে পেঁপাটি
সুৰেৰে সজালি দেখোন
দিচাংমুখৰ নিশাটি
মিবুগালুক চোলাটি
পেৰে ৰুমবং চাদৰখন কিয়নো পিন্ধিলি?
মূৰত দেখোন দুমেৰ দি গামোচা আঁটিলি
আৰু তোৰে পুৰুষ দেহাতে
ফুটি ফুটি উঠিছে
সেউজ ৰঙৰ জীয়া জীয়া ঐনিতমটি ।

বোলো অ' মিচিং গাভৰু
এগে মেখেলাতে তই
এন্ধাৰ সানিলি
অ' ৰিহাখনিত তামুলিতাকা
ৰঙা তৰা বাচিলি
ডেকাটিৰ সোণৰ বাঁহীৰ সতে
গোংগাং বজালি
সৰিয়হৰ ফুল হেন ৰিবি গাচেংখনি
তই বুকুতে বান্ধিলি
আৰু কঁপি উঠিল দিচাঙৰে
মিঠা মিঠা মিঠা ঢৌটি।
অ' বোলো ঘূণাসুঁতিৰ পাৰতে
বহুদিনৰ আগতে
অ' মিৰিৰে জীয়ৰী মোৰ
পানেইজনী মৰিলে
পিচে জংকিৰে চিঞৰটিক
অসমীৰে ভাষাতে
শ্ৰীৰজনী কান্তই
যুগমীয়া কৰিলে
মনত পৰেনে সেই কথাটি?

অ' দিচাংমুখৰ ডেকাটি
আজিৰ পানেই নমৰে
আৰু জংকিয়ে নেকান্দে
এ জংকি পানেইৰ মিচিং সমাজ
নিজেই দিচাং আবুং হৈ
অসমীৰে বৰ লুইতৰ সোঁতটি বঢ়াব
মৰমৰহে এই যুগটি।।

[দিচাংমুখ ১৯৬৩

মিবুগালুক: উৎসৱত পিন্ধা চোলা
পেৰে ৰুমবং:চাদৰ
এগে: মেখেলা
গোংগাং: গগনা
ৰিবি গাচেং: মেঠনি
আবুং: নদী

লুইতৰ পাৰ দুটি

লুইতৰ পাৰ দুটি
জিলিকি উঠিব ৰাতি
জ্বলি শত দেৱালীৰ বন্তি
আহিব কাতিৰে মাহটি
দূৰতে দেৱালীৰ বন্তি।

অ' ভৰা বৰ লুইতত লুইতপৰীয়া
আমাৰে ভদীয়া
টুলুঙা নাৱতে অকলশৰীয়া
আমাৰে ভদীয়া
এন্ধাৰৰ কথা ভাবি
হিয়া কৰে ছাটি ফুটি
এনুৱা পৰতে যোৱা বছৰত
কাল বানপানী এটি
আহি মহা শৰদে মষিমূৰ কৰিলে
সৰুকৈ খেৰৰে পঁজাটি—
ধাননিও তল গ'ল
চেনেহীও উটি গ'ল
ডুগডুগী বন্ধকত আছে।

ৰাইজে লগ লাগি ভৰা লুইত বান্ধিব
সাহসী বুকুখন নাচে
ক'লীয়া পিশাচক ভদীয়াই বধিব
আছে দুই বাহুত শকতি।
আহিব কাতিৰে মাহটি
দূৰতে দেৱালীৰ বন্তি।।

[গুৱাহাটী, ১৯৪৭ চন]

অসমী আইৰ লালিতা পালিতা মই

[টোকা: অসম জীয়ৰী সুগায়িকা ডলী ঘোষৰ কাৰণে লিখা। গীতটি বাণীৱদ্ধ কৰিবলৈ লোৱা দিনাখনেই হঠাৎ ডলী ঘোষৰ বিয়াৰ আয়োজন কৰিব লগীয়া হোৱাত গীতটি ভূপেন হাজৰিকাই নিজে মেলে মিটিঙে গাইছিল। পিচত গীতটো ডলী ঘোষৰ কণ্ঠতে বাণী বাণীৱদ্ধ কৰা হয়।]

অসমী আইৰে লালিতা পালিতা
মই তোলনীয়া জী
অসমীৰ সম্মান সদায়ে ৰাখিমে
আৰুনো কওঁ মই কি?

অসমীৰ মাতষাৰ আজীৱন শিকিলোঁ
বিহু সুৰ বিনন্দীয়া
বৰগীত জিকিৰক তামোল দি মানিলোঁ
বাটিলো মুগাৰ বটীয়া
বৰ লুইত পাৰৰে শীতলকৈ নাদৰে
মিঠা পানী টুপি পি।
পৃথিৱীখনে যি বলকে বলক
অচিন পখীৰে নলওঁ মই লগ
অসমী আইয়ে মোক তুলিছে তালিছে
কেনেকৈ হওঁ মই পৰ
চেনেহক নেওচা দি।
পদুলিৰ কেতেকীৰ
সুবাসত আমোল মোল
বতাহ খাই গাভৰু হ'লোঁ
অসমীৰ বতাহক বিষেৰে নভৰাও
এইষাৰ কথাকে দিলোঁ
উদাৰ চিতীয়া অসমী আইৰে
মৰমৰ শপতে দি।

[কলিকতা, ১৯৮২ চন]

মংগলদৈ তোমাৰে নাম

[টোকা: এই গীতটো ১৯৭১-৭২ চনৰ শ্বহীদ মুজাম্মিলৰ স্মৃতিত আৰম্ভ কৰি পিছত ১৯৭৪ চনত মংগলদৈত অনুষ্ঠিত অসম সাহিত্য সভাৰ অধিবেশনলৈ যোৱাৰ পথত সমাপ্ত কৰা হয়। গীতটো সেই অধিবেশনৰ সাংস্কৃতিক সন্ধিয়াত প্ৰথম গোৱা হয়।]

মংগলদৈ তোমাৰে নাম হওক মংগল তোমাৰ
অতীত ঘাটি চাইলে পাবা ঐতিহ্য অপাৰ
কোচ ৰজাৰ জীয়ৰী মংগলা যাৰ নাম
সেহি নামে নামকৰণ মংগলদৈ ধাম।
হৰি হৰৰ যুদ্ধ ভৈলা এ, হৰিয়ে শিঙা বায়
সেই স্থানে হৰি শিঙা আজিও শোভা পায়
'দৌৰাংগ' দৰং হৈলা হে দেৱে ৰংগ কৰা।

আৰ্য্য আছিল এহি স্থানত বৈদিক যুগৰ পৰা হে
শাহেই ৰাজাৰ নগৰ বুলি যি খান স্থান খ্যাত
সেহি ৰজা সতী বেউলাৰ পিতৃ বুলি জ্ঞাত
আৰিমত্ত নৃপতিয়ে এ ৰাজত্ব কৰিলা
বুঢ়ী নগৰ পুষ্কৰিণী প্ৰমাণ ৰূপে ৰৈলা।
চিলাৰায়ৰ পুত্ৰ এ পৰীক্ষিত নাৰায়ণ
কোচ বিহাৰ এৰি দৰংগে পাতিলা শাসন
পৰীক্ষিতৰ পুত্ৰ এ বলি নাৰায়ণে পাই
মংগলদৈ বুৰঞ্জীত ৰচে সুবৰ্ণ অধ্যায়।

বিশ্ব বিমোহিনী ৰূপৰ এ যি দেৱীৰ দৰ্শন লয়
সেহি কেন্দু কলাইৰ জন্ম কলাই গাঁৱত হয়
কোচ ৰাজাৰ পূৰ্বে কোনে ৰাজত্ব কৰিলা
ভূঞাসবেও ইয়াতেহে মহিমা দেখাইলা।।

ৰেলচ চাহাব নামধাৰী এক ইংৰাজ কাপ্তানে
ৰাজা কৃষ্ণনাৰায়ণক ধৰিলা গোপনে
ওঠৰ শ ছাব্বিছ চনত এ য়াণ্ডাবু সন্ধি
স্বাধীনতা হৰি নিলা কৰি নানা ফন্দি।।
শংকৰী যুগৰ পূৰ্বে এ বিপ্ৰ হৰিহৰ
লৱকুশ কাব্য ৰচি ভৈলাহা অমৰ
কবি ৰাম সৰস্বতী আৰু দ্বিজ দামোদৰ
জয়ৰাম সূৰ্য্য খড়িৰ মংগলদৈতে ঘৰ ।।
সৰ্বানন্দ ব্যাস কলাইৰ গীতত মেঘ জন্মে
নাৰায়ণ দেউৰ শুকনান্নীক জগতে প্ৰণামে
টঙত উঠিলাহা শিল্প এ টংলাত কৰিছিলা
আজিও কতই চৰ্চা কৰে সুকুমাৰ কলা।।

মংগলদৈয়া ৰাইজে জানে এ বিপ্লৱ কৰিবা
ইংৰাজৰ অত্যাচাৰক খুজিলা খেদিবা
ওঠৰ শ চৌৰান্নবৈত হে কৃষক বিদ্ৰোহ ভৈলা
পথৰুঘাটৰ মাটিত কতই প্ৰাণ দিলা।
শাক্ত বৈষ্ণৱ সৱে মিলি এ মংগলদৈ মজায়,
হিন্দু মুছলমানেও মিলি শুকনান্নী গায়
এহি সেহি জাতি এ আৰু নানা জনজাতি
হিয়াই হিয়াই মিলি জুলি কৰিলা বসতি।।

'মংগলদৈ'ৰ কিশোৰ বাচা এ ধনটি মুজাম্মিল
মুজাম্মিলৰ ৰক্ত পাই ভাষা জিলমিল
শ্বহীদ মুজাম্মিলৰ এ ৰড়োভাষাক বচায়
মুজাম্মিলৰ মংগলদৈ চোন পীঠস্থান হয় ।
কতনো গুণ বখানিম এ মংগলদৈ ধামৰ
শত কোটি প্ৰণাম লোৱা গায়ক ভূপেন্দ্ৰৰ ।

[মংগলদৈ, ১৯৭৪ চন]

টিহু হ'ল

টিহু হ'ল তোমাৰে নামে, হওক আনন্দ
তোমাৰ লখিমী পথাৰৰ পৰা কৰোঁ নমস্কাৰ
বড়ো ভাষাৰ 'ডিহু' শব্দহে,
বিষ্ণু ৰাভাই কোৱা
'ডি' মানে পানী আৰু 'হু' মানে বোৱা হে
'ডিহু' ক্ৰমে 'টিহু' হ'ল হে, টিহু নদীৰ পাৰে
বাণীকান্ত কাকতিয়ে কয় বাৰে বাৰে
ভূটান গিৰিৰ পাদদেশতহে আছিল এখন বিল
তাৰে পৰা ভালুকদঙা বৈ আহিছিল।
শিংৰা নদী নাম ধৰি এ কিছু দূৰ বলে
এহি অঞ্চল ভ্ৰমি ভ্ৰমি নখান্দাত মিলিলে
টিহু নদী সৰু নদী হে সৰু হ'লে কিনো হ'ল
জলধাৰাৰ পাৰে মহান কৃষ্টি পৰি ৰ'ল।
টিহু নদীৰ দুয়ো পাৰে হে জীৱন দিয়া সাৰ
সোণালী ধান শস্য আৰু সৰিয়হ অপাৰ
উত্তৰতে শোভি আছে ভূটান-পূব-ক্ষেত্ৰ
দক্ষিণতে বৈ আছে বাবা ব্ৰহ্মপুত্ৰ
বৰমা আখৰা স্থান হে পূৰ্ব দিশে আছে
পশ্চিমে বজালীৰ কিছু অংশ বিৰাজিছে।

টিহু নগৰ কেন্দ্ৰ কৰি এ মুঠ মৌজা সাতোখন
বাস কৰে জনজাতি নানা জাতিৰ মন
'বাগচা' শব্দই ভুটীয়া ভাষাৰ দুৱাৰমুখ বুজায়
উত্তৰে 'বাস্কা' অঞ্চল সেয়ে নাম পায়
চতুৰ্দশ-পঞ্চদশ শতিকাত হয়,
ভোট-বড়োৰ ৰণ
প্ৰমাণ ৰূপে বৰবৰীৰ হয় নামকৰণ
মঠ-মন্দিৰ-সত্ৰ-দেৱালয় আছে নানা বিশ্বাসৰ
শাক্ত বৈষ্ণৱ শৈৱ ভক্তৰ এহি স্থানে ঘৰ।
গন্ধৰ্ব ৰায়ক আজ্ঞা দিয়ে
এ হে গুৰু মাধৱদেৱে
মনোহৰে আজ্ঞা পালে এ শ্ৰীদামোদৰ দেৱৰ
সেয়ে হৈছিল স্থাপনা শিঙৰা সত্ৰৰ
সন্তদেৱে পাতি দিলা হে, সগেলা গাঁও সত্ৰ
সন্ত মাধৱ কন্দলীৰে তৃতীয়জন পুত্ৰ
শংকৰদেৱৰ সময়ৰে হে এ বাসুদেৱ চৌধুৰী
সৎসংগী সত্ৰ পাতে গুৰুক প্ৰণাম কৰি
তেৱে কৰে প্ৰতিষ্ঠা এ, তাতে বাসুদেউ বিগ্ৰহ
আহোম স্বৰ্গদেউৰ পালে সহায় আগ্ৰহ।

দুশ পুৰা মাটি দিলা এ, ৰজা নৰনাৰায়ণে
শিৱসিংহই মানি ল'লে হৰষিত মনে
নিষ্পিখেৰাজ ধৰ্মোত্তৰ মাটি দিছিলে ইংৰাজে
সেহি সত্ৰত গুৰুসেৱা আজিও বিৰাজে।
ফুলেশ্বৰী কুঁৱৰীৰ হে
এদিন সুতিকা ৰোগ হয়।।
ভৱকান্ত ভট্টাচাৰ্য্যই কৰে নিৰাময়
শিৱসিংহ স্বৰ্গদেৱে হে তুষ্ট হৈ অতি
তামৰ ফলি কৰি দিলা আৰু দিলা মাটি
খানাৰ মাজ সত্ৰখানি এ, পৱিত্ৰ দামোদৰী
শ্যামৰায়ৰ বৈষ্ণৱ ধৰ্ম আছে ই প্ৰচাৰি।
শাক্তধৰ্মৰ নিদৰ্শন এ বহু কালী মন্দিৰত
কঠালঘৰ, পাটিকৰা মথুৰাপুৰ গাঁৱত
হৰিভাঙাৰ কামাখ্যা এ, য'ত শক্তি পূজা হয়
হেলচাপাৰাৰ বিয়হৰিত ভক্তই আশিষ লয়
স্থানে স্থানে শৈৱ ধৰ্মৰ এ, হে নিদৰ্শন চোৱা
প্ৰমাণ আছে ভদ্ৰকুচিত পৰমাণ খোৱা।
আহোম ৰজাৰ দিনতো এ, বহু পুখুৰী খনাই

টিহু অঞ্চল সজাইছিলা তৃষ্ণা গুচুৰাই
টিহু থানাৰ মাজ সত্ৰৰ এ, কাঠৰ বিগ্ৰহ ধৰি
ধাতুৰ গঢ়া বুলি মানে নিলা চুৰ কৰি
পিছে কাঠৰ বিগ্ৰহ
আজিও সত্ৰত শোভা পাইলা।
আৰু কত বুৰঞ্জী এ টিহুত লুকাই আছে
আজিৰ সভাৰ পণ্ডিতসৱে উদ্ধাৰিব পাছে।
দুই কুৰি তিনি বছৰ হ'ল আজি সাহিত্য সভা
তাতে আহি ধন্য হয় ভূপেন্দ্ৰ গীতিকাৰ
নিৰৱ সাধক পণ্ডিত প্ৰবৰ এ শ্ৰীশৰ্মা যজ্ঞেশ্বৰে
আজি, অসমীয়া সাহিত্যৰ দিগ দৰ্শন কৰে
সাৰদা বৰদলৈ আজি
হে আমাৰ পূজ্য নাট্যকাৰ
ৰামদাসে গুৰি ধৰে গল্প লিখোঁতাৰ
আজি মালিক বহে,
কবি বহে হে, নৱ পদ্মভূষণ
নিৰ্মল প্ৰভাই হাঁহি আছে শুৱাই সভাখন।
আকৌ মালিক বহে নৱ বহে
এ আৰু বহে নিৰ্মল প্ৰভা
হিন্দু মুছলমান বহে, বহে বড়ো ৰাভা
সুভাষ মুখোপাধ্যায়
আজি হে আমাৰ মাজত আছে
বংগ অসমৰে সেতু কবিতাৰে ৰচে
অসমৰে যোগ্যপুত্ৰ এ শ্ৰীফকৰুদ্দিনে
টিহু নগৰ নামিলেহি একচক্ৰ বিমানে ।।
বৰপেটাৰ প্ৰতিনিধি এ শ্ৰীফকৰুদ্দিন নাম
ৰাষ্ট্ৰপতি হৈয়ো কৰে টিহুকে প্ৰণাম।।

[টোকা: লখিমীপথাৰ, টিহু, দুই ফেব্ৰুৱাৰী, ১৯৭৬ চন] টিহুত বহা অসম সাহিত্য সভাৰ ৪৩তম অধিবেশন উপলক্ষে ৰচা]

গোদাবৰী নৈৰ পাৰৰে পৰা

[ভাৰতৰ প্ৰসিদ্ধ গায়িকা লতা মংগেস্কাৰে হাজৰিকা ৰচিত 'জোনাকৰে ৰাতি অসমীৰে মাটি' গীতটিত এৰা বাটৰ সুৰ' কথাছবিৰ কাৰণে কণ্ঠদান কৰিছিল। তেতিয়াৰে পৰা তেঁও অসম আৰু অসমীয়াৰ প্ৰতি বিশেষ মৰম অনুভৱ কৰি আহিছে। তেঁওৰ অন্তৰৰ সেই প্ৰীতিক এটি অসমীয়া গীতেৰে প্ৰকাশ কৰিবলৈ হাজৰিকাক অনুৰোধ কৰাত হাজৰিকাই এই গীতটি ৰচে। আগৰ সংস্কৰণত দিয়া গীতটিৰ কিছু সাল সালনি কৰি পাচত লতা মংগেস্কাৰে তলত দিয়া ৰূপত গীতটি বাণীবদ্ধ কৰে।]

গোদাবৰী নৈৰে পাৰৰে পৰা
অসমী আইলৈ যাচোঁ প্ৰণাম
সেইখন দেশ মোৰ দূৰণিৰ দেশ
তথাপি চিনাকি শুৱনি নাম
অসমী আইলৈ যাচোঁ প্ৰণাম।

জোনাকৰে ৰাতি চাগে
অগ্নিগড়ৰ উষাজনীয়ে আজিও বিনায়
মহাৰাষ্ট্ৰতো সীতাৰ বিলাপ শুনি
পঞ্চৱটী বনে চকুলো সৰায়।
হেনো শংকৰে দিছিলে মানবী ধৰম
দুৰ্জেয় সাহ দিলে বীৰ লাচিতে।
লোকপ্ৰিয় গোপীনাথে দিলে
মুক্তিৰ মহা প্ৰৱাহ।
মহাৰাষ্ট্ৰতো বীৰ শিৱাজীয়ে
তিয়াগি নৃপৰ বিলাস,
দেশৰ হকে জীৱন যাচিলে
গুৰু আছিল ৰামদাস।

মহান তিলক আৰু বীৰ চাভাৰকাৰে
যুঁজিছিল অবিৰাম।
সেইখন দেশৰে জীয়ৰী মই
অসমী আইলৈ যাচোঁ প্ৰণাম।

মই মাৰাঠী গাঁৱৰে জীয়ৰী
মোৰ নয়নত লাজভৰা চাৱনি
চা ৱ নি চা ৱ নি।
(পিচে) ৰণক্ষেত্ৰতে, 'পোৱাড়া' গাওঁ
আনন্দতে গাওঁ 'লাৱনি'
সূৰুয উঠাৰ আগতে 'ওভি'
গাওঁ প্ৰভুকে সুঁৱৰি
অসমৰ জীয়ৰীয়ে যেনেকৈ গায়
বৰগীত, বিহু, হুঁচৰি ।

লুইতৰ পাৰে পাৰে আছে হেনো কত
ধুনীয়া ধুনীয়া ধাম
সেইখন দেশ মোৰ দূৰণিৰ দেশ
তথাপি চিনাকি শুৱনি নাম,
অসমী আইলৈ যাচোঁ প্ৰণাম।

[গোদাবৰী নৈৰ পাৰত, ১৯৭১ চন]

[টোকা: পোৱাডা, লাৱনি আৰু ওভি: মহাৰাষ্ট্ৰৰ তিনিটি লোকগীত]

কাঃ মঙাইহ চেঃ মিজোৰাম

কাঃ মঙাইহ্ চেঃ মিজোৰাম
তোমাক ভালপাওঁ মিজোৰাম
খট খট 'চেইৰো'ৰ ছন্দ লই
গীটাৰৰ সুৰে বয় কল'দাই নৈ
সুউচ্চ ফাংপুই নীলা পাহাৰে
মৌন ভাষাৰে কিবা হুংকাৰে
শিখৰৰ ঝুম খেতি এৰি এৰি থৈ
সংগ্ৰামী মানুহে থমকি ৰই
হাঁহি হাঁহি আমাক দিলে বিদায়
হাত বাও দি কয় 'চিবায়, চিবায়'
কি এই দৃশ্য—নয়নাভিৰাম
ই সংগ্ৰামী দেশ যাৰ নাম মিজোৰাম।।
কাঃ মঙাইহ চেঃ মিজোৰাম
সেউজীয়া মনৰ মাদকতা লৈ
এগৰাকী গাভৰুৱে লহ পহকৈ
আমাক হাঁহি মাৰি আদৰিলে,
তাইৰ হাতে বোৱা 'গোৱান' মেখেলাতে
ৰঙা নীলা আশা ভৰা ফুল ফুলিলে
তাইৰ বক্ষৰ 'কৰচেই' চোলাতে
শুকুলা মেঘে কিবা ফুল বাচিলে
তাইৰ ফুলৰ অলংকাৰ হালে জালে
'পাংকপাৰ' নাচোনৰ তালে তালে
কি এই দৃশ্য নয়নাভিৰাম—
ই গাভৰুৰ দেশ যাৰ নাম মিজোৰাম।।

কাঃ মঙাইহ চেঃ মিজোৰাম
বিলখাওটলিং বা লুংদাই
বৈৰাংটে বা লুংলে
থিংচুল থলিয়াই বা শ্বেৰচিব
হুনাথিয়াল কিম্বা কলাচিব
সকলোতে যেন জনতা সজাগ
ধ্বংসৰ ঠাইত যেন সৃষ্টিহে আগ
কৰ্তব্যৰ যেন নাই বিৰাম—
ই প্ৰতিজ্ঞাৰ দেশ যাৰ নাম মিজোৰাম
কাঃ মঙাইহ্ চেঃ মিজোৰাম।।

কাহানিয়েই পাহৰা প্ৰবাদ মতে
তাহানিৰ আদিম এন্ধাৰ ফালি
'ছিনলুঙ' গাঁতেৰে ওলাই আহি
তুমিয়ে দিছিলা পোহৰ ঢালি
'পাথিয়ান' ঈশ্বৰৰ জ্যোতি সন্তান
আহাঁ সমভাগী হৈ গঢ়োঁ
জ্যোতিভৰা স্থান
মিজো আৰু হমাৰ পৈ লাখেৰে
নানা ৰহণৰ এয়া জাতি অগণন
কুকি আৰু চাকমাৰো মিঠা বচন
পূৰ্ব ভাৰতীৰে শিৰৰ ভূষণ—
'লুখুম' টুপীৰে চকুপানী ঢাকি
বিদায় পৰত কওঁ কথা এফাঁকি:
ধন্যবাদ বা 'কলাওমে'
সংঘাত নহয়
মৰমে মৰমে।।
আজিৰ এইদিন যেন ইতিহাস হয়
এনাজৰী যেন সদা দৃঢ়তৰ হয়
ই মৰমৰ দেশ যাৰ নাম মিজোৰাম
কাঃ মঙাইহ চেঃ মিজোৰাম।।

[মিজোৰাম, ১৯৬৮ চন]

ভাবাৰ্থ:

কাঃ মঙাইহ চেঃ : তোমালৈ মৰম জনাইছোঁ

চেইৰো: মিজোসকলৰ বাঁহ নৃত্য

চিবায় চিবায়: ধন্যবাদ

পাংকপাৰ: মিজো পাতগাভৰুহঁতে যৌৱনৰ আগমনত পখিলাৰ দৰে নচা নাচ

বিলখাওটলিং, লুংদাই, বৈৰাংটে, লুংলে

থিংচুল থলিয়াই শ্বেৰচিম হুনাথিয়াল, কলাচিব: মিজোৰামৰ বিভিন্ন ঠাইৰ নাম

ছিনলুঙচোঁ: মিজোসকলৰ বিশ্বাস যে তেঁওলোকৰ ঈশ্বৰ 'পাথিয়ান' আহিছিল 'ছিনলুঙ' নামৰ গাঁতেৰে আৰু তেঁওলোক 'পাথিয়ান'ৰে সতি-সন্ততি।

কলাওমে: ধন্যবাদ

হমাৰ, পৈ লাখেৰ: মিজোৰামৰ দুটি উপজাতি

অৰুণ কিৰণ শিৰৰ ভূষণ

(পাহাৰ ভৈয়াম সম্প্ৰীতিৰ গীত)

অৰুণ কিৰণ শিৰৰ ভূষণ
গলে হিমৰ ঢল
পুৱাৰ সূৰুযে চুমা খোৱা দেশ
আমাৰ অৰুণাচল।।
কামেং চিয়াঙ লোহিত আৰু
টিৰাপ সোৱণশিৰী
চিৰ জ্যোতিৰ কুসুম ৰূপে
শোভে হিমগিৰি।।
পঞ্চ ফুলৰ থোপা সাজি
আনন্দ উচ্ছল
পুৱাৰ সূৰুযে চুমা খোৱা দেশ
আমাৰ অৰুণাচল।।

[জিৰো, অৰুণাচল, ২০ জানুৱাৰী ১৯৭২ চন]

ডিফু হ'ল তোমাৰে নাম

ডিফু হ'ল তোমাৰে নাম
হওক মংগল তোমাৰ
লুইতপৰীয়া ভাইভনীৰ লোৱা নমস্কাৰ
হে ডিফু হ'ল তোমাৰে নাম।
শুৱলা কাৰ্বি ভাষাত হে
কাৰ্বি মানে পাহাৰ
আৰ্লেং মানে মানুহ
আৰু স্বজাতি আমাৰ

হে ডিফু হ'ল তোমাৰে নাম।
কাৰতে পোহৰ আৰু বি মানে কৰ্ম
কাৰ্বি জাতিৰ আদৰ্শ হ'ল—
কৰ্ম মানে ধৰ্ম
হে ডিফু হ'ল তোমাৰে নাম
হওক মংগল তোমাৰ।
এ দেৱতাৰ পূজাৰ বেদীত হে
শৰাই আগবঢ়ায়
সেহি প্ৰথাক 'থেকাৰকিবি'
বুলি জনা যায়
হে ডিফু হ'ল তোমাৰে নাম
হওক মংগল তোমাৰ।
এ কালক্ৰমত এহি শব্দৰ 'থে' লুপ্ত হয়
'কি' শব্দ লুপ্ত হৈ কাৰবি মাথো ৰয় হে
হে ডিফু হ'ল তোমাৰে নাম।
উনৈচ শ একান্ন চনত হে
নিজেই শাসন কৰা
জিলা পৃথক কৰা
এহি সত্তৰ চনৰ পৰা হে
ডিফু হ'ল তোমাৰে নাম
হওক মংগল তোমাৰ
লুইতপৰীয়া ভাইভনীৰ লোৱা নমস্কাৰ।

ছয়সত্তৰৰ অক্টোবৰৰ চৈধ্য দিন গৈলা
জিলাৰ নাম কাৰ্বি আংলং হৈলা
এনেদিনত ছেমচন ছিঙৰ
হৈলা আৱিৰ্ভাৱ
জাতিৰ খনিকৰ হৈ বিস্তাৰে প্ৰভাৱ
চমাংকান উৎসৱত নাচ চমাংকান হয়
ডেকা গাভৰুৱে নাচি ধৰিত্ৰী কঁপায়।

ৰংবং তেৰাং আৰু ৰংপি কতজনে
আমাক বুকুত সাৱটি
সপোন ৰহণ সানে।
ভাইটি ছেমছিঙৰ হে হাইমু কাহিনী
লুইতপৰীয়া সহস্ৰই আজি পালে চিনি
হে ডিফু হ'ল তোমাৰে নাম
হওক মংগল তোমাৰ।

ৰংবঙে সোঁৱৰাই কাৰ্বিৰে দান
ৰংমিলিৰ হাঁহি হৈলা
চিৰ জ্যোতিষ্মান হে
ডিফু হ'ল তোমাৰে নাম
হওক মংগল তোমাৰ।
আজি লাংচিনা নগৰ হে
ভৈলা জাতিষ্কাৰ
গীতিকাৰ ভূপেন্দ্ৰই যাচে নমস্কাৰ হে
ডিফু হ'ল তোমাৰে নাম
হওক মংগল তোমাৰ
লুইতপৰীয়া ভাইভনীৰ লোৱা নমস্কাৰ।

[ডিফু, ১৯৮২ চন]

ফটো: যোৰহাটৰ বিভূচৰণ বৰুৱাৰ সৌজন্যত

বৰদৈচিলা

কথা: ককাই, অসমৰ আকাশত
সেইয়া কাকতৰ চিলা নে বৰদৈচিলা?
গীত: বৰদৈচিলা নে সৰুদৈচিলা নে
অসমৰ আকাশত বৰ বৰ চিলা
চিলাৰায়ৰ চিলা নে কাকতৰ চিলা
নে কাকতত থকা ভুৱা পৰিকল্পনা
চিলা নে শেন নে ৰঙা নীলা চিলা?
নে হাঁহিয়াতৰ পাত্ৰ ধোদৰ পচলা
সৌবোৰ ঠোঁট যেন তেজহে সনা
শেন যেন লাগিছে চকুৰে নমনা
অসমীয়াই এইবোৰ ভাবি চাবৰ
ব'হাগেই বতৰ কিজানি
বোলো হয় হয় হয় হয়
এ হয় নে?

বাঁহতল শুৱনি কেতেকীৰ বাৰীতে
ক'ৰবাৰ ফেটী সাপে বাহ ল'লে, ল'লে।
কেতেকী ফুলিলে তগৰো ফুলিলে
ফেটী সাপে গপাগপ
তাকেই গিলিলে—গিলিলে।

তিল তিল ক'ত তিল তিলপিঠা নাই
কুঁহিয়াৰ আছে তাক পেৰোঁতাহে নাই
অসমী আইৰে ঘৰঘৰ মজিয়াত
বৰখুটা এলাহৰ ঘূণে খাইছে
ধোদৰ আলি গঢ়ি হাত সাৰটি
অসমৰ ৰণুৱাই ৰং চাইছে।
মূৰৰ ফুলাম গামোচাখনি
ক'ৰবাৰ শেনে আহি নিলেহি টানি।
গ'ল, গ'ল
গ'ল গ'ল বুলি মাথোঁ চিঞৰিলে
তাকে দেখি শেনহঁতে ৰগৰ কৰিলে
অসমীয়াই এইবোৰ গমি চাবৰ
বহাগেই বতৰ কিজানি
বোলোঁ হয় হয় হয় হয়
এ হয় নে?
এহি মানৰ কথা এহিমানে থওঁ
বৰদৈচিলাজনীৰ কথাকে কওঁ।
কথা: বৰদৈচিলা মানে কি অ' ককাইটি?
গীত: বড়োৰ ভাষাৰে (দোৱানেৰে)
বৰদৈচিলাৰ
'বৰ' মানে বতাহ
'দৈ' মানে পানী
'চিখলা' মানে হ'ল গোসাঁনীজনী।

তেনে সাহসৰ বৰষুণ বোকোচাত লৈ
চিলাজনী উৰিছিল ধুমুহা হৈ
তাই অসমলৈ আগতে আহিছিলে
আহি হিলদল ভঙা এটি মন দিছিলে
আৰুনানা জাতি উপজাতি একে কৰিছিলে
আজি বছৰেকৰ মূৰত তাই আহে আৰু যায়।
অসমীয়া মনটোত থিতাপি নলয়।
অইবোৰ দেখিশুনি এনে ভাব হয়—
বোলোঁ কি ভাব হয়?
বৰদৈচিলাৰে আগচুলি থপিয়াই
মাটিলৈ নমাই আনি
অসমীয়া মনটোত সুমুৱাই দিবলৈ
বহাগেই বতৰ কিজানি
বোলোঁ হয় হয় হয় হয়

এ হয় নে?
সময়ৰো গতি আছে—জানো জানো
অগতিৰো গতি আছে—তাকো জানো।
সোঁৰৰাই দিলেই লাগে জগৰ
দাং খাই উঠে দেখোঁ বিহুৱা নগৰ।
অসমৰ পথাৰৰ বিহু আহি
নগৰৰ ৰভাতলিত ৰৈ আছেহি
ঢোলৰ ছেৰে ছেৰে শুদা ভাত খাৰ
এ শাও খাৰ
থেকেচা খাই খাই যাৰ
আৰু বছৰে বছৰে টুটিহে যাৰ।

এইবোৰ দেখি শুনি
এলাই এথানি
ক'বলৈ মন যায় কঁপাই ধৰণী
নতুন পুৰুষে কিছু কাম কৰাৰ
বহাগেই বতৰ কিজানি
বোলোঁ হয় হয় হয় হয়
এ হয় নে?

[চাৰি এপ্ৰিল, পাইনউড, ছিলং, ১৯৬৮ চন]

আমি অসমীয়া নহওঁ দুখীয়া

কথা: সাহিত্য সম্ৰাট বেজবৰুৱাদেৱে কৈছিল, 'আমি অসমীয়া নহওঁ দুখীয়া, কিহৰ দুখীয়া হ'লোঁ?'। সচা, পিছে—

'আমি অসমীয়া নহওঁ দুখীয়া'
বুলি সান্তনা লভিলে নহ'ব
আজিৰ অসমীয়াই
নিজক নিচিনিলে
অসম ৰসাতলে যাব।
নানা জাতি উপজাতি
ৰহণীয়া কৃষ্টি
আঁকোৱালি লৈ হৈছিলে সৃষ্টি
এই মোৰ অসম দেশ
বিভেদ পৰিহৰি
নিজ হাতে শ্ৰম কৰি
দেশক নগঢ়িলে
এই দেশ হ'ব নিঃশেষ
আৰু মনবোৰও ভাগি ছিগি যাব।

প্ৰতি অসমীয়াই কি কৰা উচিত,
উপদেশ দিবলৈ নাই লাচিত
'ডাঙৰ নহয় দেশতকৈও মোৰ'
দুৰ্বলচিতীয়া মোমাইবোৰ' বোলা
হেংদানধাৰী লাচিত নাথাকিলেও
আগুৱাই যাবই লাগিব
নহ'লে অসমীয়া অসমৰ মাটিতে
নিজেই মগনীয়া হ'ব।

কোনোবা কাপুৰুষক
পুৰুষ কৰিবলৈ
জ্যোতি প্ৰসাদও নাই।
'অসম মৰিলে, আমিও মৰিম'
বুলি ক'বলৈ তৰুণও নাই
আজি অম্বিকাগিৰি নাই
'দেশ তল গ'ল'
বুলি দিনে নিশাই সোঁৰৰাব।
আজিৰ অসমীয়াই নিজক নবচালে
অসমতে ভগনীয়া হ'ব।
আনৰে লগত অসমীয়া অসমতে

যদিহে নেবাচে বাৰু ক'তনো বাচিব
'মোৰ আইক ভাল পাওঁ' বুলিলে
আনৰ আইক জানো ঘিণ কৰাটো বুজাব?
প্ৰতি অসমীয়া আমি ভাল ভাৰতীয়
আৰু দূৰণিৰ পৰা আহি
লুইতৰ পাৰৰে মাটিক
মাতৃ বোলা প্ৰতি ভাৰতীয় হ'ল
নতুন ৰূপৰ অসমীয়া।
আমি সেই ভাবে থাকিলেই হ'ব
নহ'লে আমাৰ 'ৰাজহাড় নাই' বুলি
বিশ্বই বৰকৈ হাঁহিব ।

বিশ্ব প্ৰেম বিনন্দীয়া বুলি
অনুভৱ কৰা প্ৰতিজন অসমীয়া
তুমিওটো জানা এটি কথা—
আপোন মাতৃৰ অশ্ৰু নমচিলে
বিশ্ব প্ৰেম হ'ব বৃথা।
তুমি বিশ্বৰ শৰীৰত
পংগু অংগ হ'লে
বিশ্বই জানো ভাল পাব?
পৃথিৱীত জনমি সচেতন নহ'লে,
প্ৰাপ্যও থিতাতে হেৰাব।

থলুৱা আৰু নতুন অসমীয়াক
এই বেলি বিহু সেৱা যাচি লৈ
সৌৰৱাব খুজিছোঁ
অসমৰ ৰাইজে নিজকে পাহৰিলে
ভোগালীতো দুৰ্ভোগ পাব।
আৰু বাপতিসাহোন সেই ৰঙালী বিহুটিও
কঙালীত পৰিণত হ'ব।

আজিৰ অসমীয়াই নিজক নবচালে
অসম ৰসাতলে যাব।
আজিৰ অসমীয়াই নিজক নিচিনিলে,
অসমতে মগনীয়া হ'ব
পৃথিৱীত জনমি সচেতন নহ'লে,
প্ৰাপ্যও থিতাতে হেৰাব।

[টোকা: ওপৰৰ গীতটো ৰচিত হৈছিল ১৯৬৮ চনত। ১৯৭৯ চনত আৰম্ভ হোৱা অসম আন্দোলনৰ পিছত এই গীতটোৰ কিছু সাল-সলনি কৰিছে, নতুন কথাখিনিৰ কাৰণে 'সাময়িক প্ৰসংগৰ গীত' অধ্যায় চাওক]

দিহিঙে দিপাঙে

অসম সাহিত্য সভাৰ সভাপতি
ফটো: ডাঃ তীৰ্থ দাস, দিনজান

এক দহ সাত অধ্যায়

নিজৰ প্ৰাণৰ কথা

ভূপেন হাজৰিকাই নিজৰ গীতত নিজকে নিবিড় আৰু ব্যাপক ভাবে প্ৰকাশ কৰিছে। তেঁও গীতিকাৰ। গীত ৰচাটো তেঁওৰ ধৰ্মৰ নিচিনা। তেঁও গায়ক। গীত গাই ধৰাত অমিয়া বিলোৱাটো তেঁওৰ প্ৰকৃতি। তেঁও গীত ৰচে আৰু গায় ধৰ্মৰ কাৰণে বা প্ৰকৃতিৰ কাৰণে নহয়, তেঁও নিজৰ প্ৰাণৰ উচটনিতহে গীত ৰচি আহিছে। এনে অনুমান হয় যে তেঁও কল্পনাৰে ঢুকি পোৱা বা ইন্দ্ৰিয়ৰে উপগম কৰা ৰহস্যময় সৌন্দৰ্য্যবিলাকক সুৰ আৰু ছন্দেৰে সজাই পৰাই আনক আনন্দ দিবলৈ তেঁওৰ প্ৰাণে তেঁওক সদায় উচটাই আহিছে। সেয়েহে তেঁওৰ গীতত সীমাবদ্ধতা বা বাধ্যবাধকতা নাই। তেঁওৰ কথা, সুৰ, ছন্দ সকলোৰেই যেন এক মুক্ত প্ৰাণৰ অভিব্যক্তি। তেঁওৰ জীৱনৰ আৱেগ, তেঁওৰ কল্পনা, তেঁওৰ সপোন আৰু তেঁওৰ কবিপ্ৰাণৰ উচ্ছ্বাস তেঁওৰ গীতবিলাকত সদায় মুখৰিত।

তেঁও কেতিয়াবা নিজকে যাযাবৰ ৰূপে দেখিছে, কেতিয়াবা নিজকে 'অগ্নিযুগৰ ফিৰিঙতি' বুলি দঢ়াই কৈছে, কেতিয়াবা নিজকে সুউচ্চ পাহাৰৰ শৃংগলৈ উঠা 'প্ৰেমিক অশ্বাৰোহী' বুলি কল্পনা কৰিছে, কেতিয়াবা আকৌ নিজকে 'নীলা গৰল পিয়া নীলকণ্ঠ' বুলি ভাবিছে। সেইদৰে এক আবেগপূৰ্ণ মুহূৰ্তত তেঁও সীমান্তত দেশৰ কাৰণে যুঁজি মৃত্যু সাৰটা সৈন্য হ'বলৈকো বিচাৰিছে, দুখীয়া খেতিয়কৰ ভাগি পৰা পঁজাত উমি উমি জ্বলি থকা তুঁহ জুই একুৰাৰ ৰক্তিম এক উত্তাপ হ'বলৈকো তেঁও বিচাৰিছে। তেঁওৰ এনে আৱেগ, এনে কল্পনা আৰু এনে সপোনবিলাকৰ মাজেদি তেঁওৰ প্ৰকৃত ব্যক্তিত্ব চিনা কঠিন। কিন্তু এইটো সত্য যে তেঁওৰ গীতত তেঁওৰ কবিপ্ৰাণৰ এক বিশেষ উচটনি দেখিবলৈ পোৱা যায়। কথা, সুৰ আৰু ছন্দেৰে সৌন্দৰ্য্য সৃষ্টিৰ এক অদম্য হেঁপাহ আৰু মানৱীয় দৰদ ভৰা এক আকুল প্ৰাণৰ স্পন্দন তেঁওৰ গীতত স্পষ্ট।

তেঁওৰ গীতৰ বিষয়ে তেঁও 'আগলি বাঁহৰে লাহৰী গগনা' পুথিত লিখা কথাখিনিও প্ৰণিধান যোগ্য। নিজৰ হাতৰ আখৰেৰে লিখা সেই কথাখিনি একে ৰূপতে ইয়াত দিলোঁ:

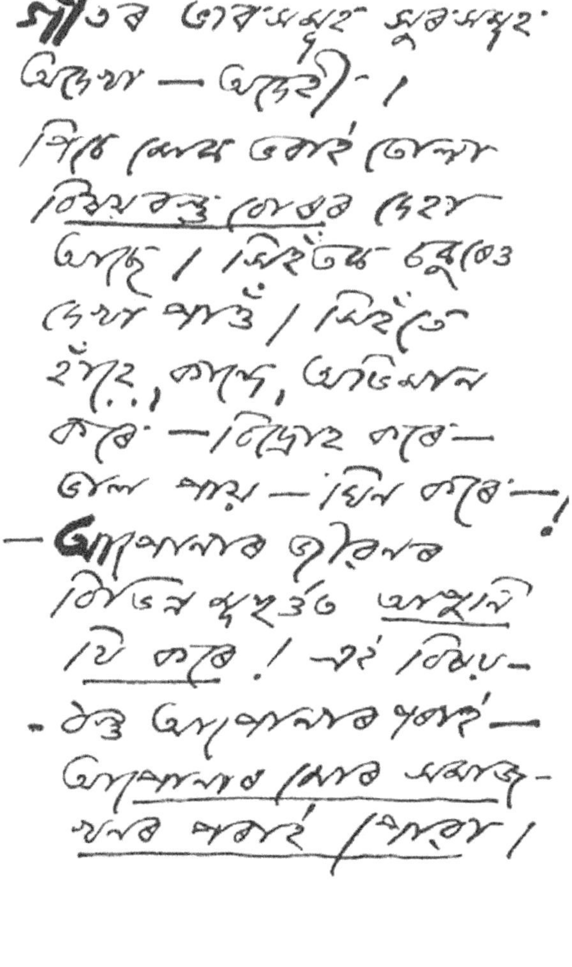

এইটোও মন কৰিব লগীয়া যে হাজৰিকাৰ বহু গীতত এনে এক চিৰন্তন ভাব আৰু দৃষ্টিভংগীৰ সহাৰি পোৱা যায় যি অসমীয়া ভাষাত বিৰল। 'শতিকাৰ ৰূপ খেদোঁ 'চিৰযুগমীয়া ঢৌ', 'সময়ৰ অগ্ৰগতি', 'অনন্ত জোৱাৰ', 'নিলাজ পাহাৰ' আদি নিত্য আৰু চিৰন্তন বিষয়-বস্তুৰে তেঁও অপৰূপ সৌন্দৰ্য্য সৃষ্টি কৰিছে। এই গীতবিলাকৰ চিৰন্তন দৃষ্টিভংগী আৰু গতিশীল মনো ভাবে শ্ৰোতাৰ অন্তৰাত্মা আলোড়িত কৰি চিৰন্তন প্ৰবাহত সাঙুৰিব পাৰে।

শতিকাৰ ৰূপ খেদোঁ

শতিকাৰ ৰূপ খেদোঁ
কিবা যেন বিচাৰি
খোজ মোৰ নিতে আগুৱায়
মিছা এন্ধাৰে চকু ভাগৰায়
বুকুৰ পোহৰৰে শিখা বাঢ়ি যায়।।
দিগবলয়ৰ বাটেৰে
বগাকৈ মন বগ
কুঁৱলী ফালি উৰি যায়
সবিতাৰ জ্যোতি-বলে
সাগৰৰ হিঙোলে
মনৰে ৰথ মোৰ নিয়ে কঢ়িয়ায়।।
কৱিতাৰ কণিকাই
জিলিকনি ছটিয়াই
জীৱনৰ বাট মোৰ দিলে পোহৰাই
জীৱনৰ কথা ভাবি
মৰণক মষিমুৰি
সেন্দুৰী আলিৰে মোৰ
খোজ আগুৱায়।।

[কলম্বিয়া বিশ্ববিদ্যালয়, নিউ ইয়ৰ্ক, ১৯৫০ চন]

শিল্পী: তুষাৰ সন্ন্যাল

ৰুদ্ধ কাৰাৰ দুৱাৰ ভাঙি

ৰুদ্ধ কাৰাৰ দুৱাৰ ভাঙি
য'ত জ্যোতিয়ে নিতৌ নাচে
তাত কণ্ঠেৰে মোৰ দিম অঞ্জলি
সুৰে মোৰ সাজোন কাচে।

জীৰ্ণ সমাজৰ বন্ধনে মোক
বিষাক্ত বাষ্পহে যাচে
প্ৰাচীৰ ভঙা দুৰ্বাৰ গতিয়ে
পূৰ্ণ মানৱতা বাচে।

মুক্ত বায়ু মোৰ প্ৰাপ্য য'ত
সামূহিক জীৱনৰ উৎস(ই) আছে
পৰাজয় নিৰাশাৰ সমাধি ভেটিত
আশাই কৱিতা ৰচে।

[গুৱাহাটী, ১৯৫৩ চন]

মোৰ গান হওক

মোৰ গান হওঁক
বহু আস্থাহীনতাৰ বিপৰীতে
এক গভীৰ আস্থাৰ গান।

মোৰ গান হওঁক
কল্পনা বিলাসৰ বিপৰীতে
এক সত্য প্ৰশস্তিৰ ধ্যান।
মোৰ কলা শৈলীতে মূৰ্ত হওক
এক মধুৰ বৈশিষ্ট্যৰ মান
সেই গানত জাগক
জনৈক সংগ্ৰামী
সৈনিকৰ মহাপ্ৰাণ।

সমসাময়িক সংঘাত
জীৱনৰ জ্যোতি প্ৰপাত
তাৰেই গান হওক ধন্য
হওক সমবেত
কণ্ঠ অগণ্য।।

ধ্বংসমুখী দৃষ্টিভংগী
কিম্বা মনোমালিন্য
সেয়া নহয় মোৰ গানৰ লক্ষ্য
লক্ষ্য শান্তি অনন্য।

মোৰ সুৰ বিন্যাসত মূৰ্ত হওক
অতীত বৰ্তমান
চিৰ উজ্জ্বল ভৱিষ্যতেও যেন
তাতেই কৰে নিতে স্নান।

মোৰ গান হওঁক
বহু বাধাৰ প্ৰাচীৰৰ
বিপৰীতে
এক তীব্ৰ গতিৰেই গান।

[কলিকতা, উনৈচ মাৰ্চ, ১৯৬৯ ।

ঘৰ ঘৰ বুলি

ঘৰ ঘৰ বুলি খাওঁ হাবাথুৰি
আঁচনি কম্পমান
তথাপি কিয় কৰি আছোঁ মই
বালিঘৰ নিৰ্মাণ।
শূন্য শূন্য এই জীৱন
নাই নাই মান অভিমান
নাই স্নেহ নাই মান
তথাপি কিয় জীয়াই থকাৰ
সদা শুনো আহ্বান।
নিৰাশ সাগৰ মৌন আকাশ
তৰংগও নিষ্প্ৰাণ
তথাপি যেন দিগন্তত শুনো
নতুনৰ কলতান।
অনন্তমৰু তপ্ত চিন্তা
মৰীচিকা থান বান
তথাপি তাতেই দেখিছোঁ ৰিণিকি
জীৱন জ্যোতিষ্মান
সেয়েহে কিজানি
কৰি আছোঁ মই
বালিঘৰ নিৰ্মাণ।

[কলিকতা, ন ফেব্ৰুৱাৰী, ১৯৭৮ ।

সুউচ্চ পাহাৰৰ

সুউচ্চ পাহাৰৰ
শৃংগলৈ উঠা মই
এক প্ৰেমিক অশ্বাৰোহী
দুৰন্ত অশ্বৰ পদধ্বনিত
উন্মাদ হোৱা এক চিৰ বিদ্ৰোহী।

টিক টিক টিক টিক সময়ৰ ছন্দত
ধ্বপ ধ্বপ শব্দ বাজে কলিজাৰ
প্ৰেমৰ ছন্দ মোৰ প্ৰতি ধমনীতে
দুৰ্বাৰ ছন্দ আছে কামনাৰ।

সৌৱা পাহাৰ শৃংগত আছে হেনো
এক নেদেখা মোহময়ী কামিনী
অপৰূপা যৌৱনা
সুনবীনা তাই
নতুন ছন্দৰ অধিকাৰিণী—
ছন্দৰ ৰাণী তাই ইমান কাষতে
অথচ তাই হেনো ইমান দূৰৰ মাজতে
হেঙাৰ হৈ অট্টহাস কৰে
ছন্দহীনতাৰ গভীৰ গৰ্ভত।

তথাপি হাত মেলি মেলি তাই মাতে
দেহত ছন্দত যেন সাগৰ লহৰ
সাগৰৰে লহৰ।
তাই হেনো কৰিছে ছন্দৰ ধুমুহাত
ধাৱমান পুৰুষৰ সন্ধান
যি বিশ্বৰ ছন্দে ছন্দে নাচি
বিলায় ছন্দ মহাপ্ৰাণ।

মহাকাশ ভৰা নক্ষত্ৰ গতিত
অনন্ত ছন্দৰ বাজে নাগৰা
মন অশ্বেৰে সেইয়া ঘটাঘট শব্দৰ
ছন্দেৰে কৰোঁ আখৰা
ছন্দৰ আখৰা কৰোঁ।

[গুৱাহাটী, ১৯৬৯ চন]

মোৰ মন বাঘ

মোৰ মন বাঘ যদি আজি চৰাই হয়
আৰু ক'ৰবাৰ চিলনীয়ে খেদি খেদি কয়
তোৰ সাহৰ দেখোন কোনো চিনচাব নাই
মই ক'ম কি?
মোৰ মাটিডৰা যদি আজি ছন পৰি যায়
আৰু আয়ে যদি কান্দি কান্দি
মোক আহি কয়
'সেউজ ৰঙ মোক বাৰু কিয় নিদিলি'
মই ক'ম কি?

মোৰ বুকুখন যদি আজি পাল হৈ যায়
ধুমুহাই যদি তাকে সঘনে কোবায়
মই জানো মুখখন হাতেৰে ঢাকি
চিঞৰিম আকাশ কঁপাই?
মোৰ দেশখন যদি আজি আই হৈ যায়
আৰু আয়ে যদি কান্দি কান্দি
বাৰে বাৰে কয়
'তই বাৰু মোৰ বাবে কৰিলিনো কি?'
মই ক'ম কি?

[কলিকতা, ১৯৭৭ চন]

চিৰযুগমীয়া ঢৌ তুলি

চিৰযুগমীয়া ঢৌ তুলি ঢৌ তুলি
চিৰ নতুন পানচৈ উটি যায়
জিলমিলীয়া ঢৌ তুলি ঢৌ তুলি
সময় নদীত পট আঁকি আঁকি যায়
অণু পৰমাণু হৈ
কাৰ আশা ৰেণু উৰে
আজি উৰে?

অ' অ' অ' মোৰ মন গীতিকাৰ
চোৰাঁহি চোৰাঁহি
হৃদয় বিলাই কোন যায়?
জিলমিলীয়া ঢৌ তুলি ঢৌ তুলি
পদুম সুৰৰ পানচৈ উটি যায়
অণু পৰমাণু হৈ
কাৰ আশা ৰেণু উৰে
আজি উৰে?

উজনি পানীতে মৰমী সোঁততে
চিত্ৰলেখীয়ে চিৰসুন্দৰৰ হংসকাপেৰে
বুৰঞ্জী লিখে
অ' অ' অ' মোৰ মন সুৰকাৰ
গোৰাঁহি গোৰাঁহি
সুৰৰ আজি সীমা নাই।
চিৰযুগমীয়া ঢৌ তুলি ঢৌ তুলি
নতুন সুৰৰ পানচৈ উটি যায়
জিলমিলীয়া ঢৌ তুলি ঢৌ তুলি
সময় নদীত পট আঁকি আঁকি যায়।

[কলিকতা, নৱেম্বৰ ১৯৬৩ চন]

যাঃ যাগৈ

যাঃ যাগৈ
জীৱনৰ যোৱা দিনবোৰ
যাঃ আমনি নকৰিবি!!
যাঃ যাগৈ
পুৰণি গোৱা গীতবোৰ
যাঃ অগনি নজ্বলাবি!!

মিঠা মিঠা কিবা সোঁৱৰণী
পাহৰা গীতৰে কথাখিনি,
চিনাকি চিনাকি মুখ এখনি
সুঁৱৰিও দেখোঁ নাপাওঁ চিনি।

এৰি অহা দুবৰি কিয় বাৰু গছকোঁ?
আশাৰে ৰঙা ৰং মেঘেৰে নাচাকোঁ
নাই আৰু নাভাবোঁ মনতো নাৰাখোঁ
নাই নাৰাখোঁ।।

উকা নিশাৰে এই সময়খিনি
নেযায় নুপুৰায় কি যে বিঘিনি
পাহৰি এই সুৰ পুৰণি
সাৰটোঁ নতুনৰে আঁচনি।।

'ভূপেন্দ্ৰ সংগীত'ৰ প্ৰৱৰ্তক বিভূচৰণ বৰুৱা আৰু তেঁওৰ জীয়ৰী জিতাৰ সৈতে ভূপেন দাদা

সেন্দুৰ সেন্দুৰ ফোঁটটিয়ে

সেন্দুৰ সেন্দুৰ ফোঁটটিয়ে
পাত গাভৰুৰ কপালতে
সলাজ মৰম আঁকি দি
কি যে সোৱাদ পায়
মই আজিও নুবুজোঁ
আজিও নুবুজোঁ।
গোলাপ গোলাপ গালতে
নিয়ৰৰে ঘামবোৰে
অকাই পকাই বৈ বৈ
কি যে সোৱাদ পায়
মই আজিও নুবুজোঁ
আজিও নুবুজোঁ।
নিলাজ নিলাজ ভংগিমাৰে
পাহাৰৰে চূড়াবোৰে
নিজৰাক জোকাই জোকাই
কি যে সোৱাদ পায়
মই আজিও নুবুজোঁ
আজিও নুবুজোঁ।
কপাহ কপাহ মেখেলাই
ঢাকি থোৱা নখেৰে
ধূলিত ছবি আঁকি তাই
কি যে সোৱাদ পায়
মই আজিও নুবুজোঁ
আজিও নুবুজোঁ।
সজল সজল চাৱনিৰে
কাজল ৰঙৰ নৈখনে
কোমল মেঘক কন্দুৱাই
কি যে সোৱাদ পায়
মই বুজিও নুবুজোঁ
বুজিও নুবুজোঁ।।

সোঁৱৰণী কুঁৱলীয়ে

সোঁৱৰণী কুঁৱলীয়ে চিঞৰি চিঞৰি কয়
অতীতৰ সীমাৰেখা নাই
সমুখতো দেখোঁ আজি
পুৰণিক আকুল কৰে
নতুনে মাথোঁ ৰিঙিয়ায়।
জীৱনৰ বাটটি
এৰি অহা খোজবোৰ
নিতে মচে কোন ধুমুহাই
মিছায়ে উভতি চাই
পাহৰা গীতটি গাই
দেহা মোৰ ভাগৰিহে যায়।

দেহা মোৰ ভাগৰিহে যায়।
কিবা যেন বিচাৰি
হেৰুৱালোঁ পৰিচয়
পৰিচিতো আঁতৰিহে যায়
আজিৰ সোঁতত বহি
কালিৰ সপোন দেখি
আশা মোৰ নিতে বাঢ়ি যায়।

[গুৱাহাটী, ১৯৪৮ চন]

সময়ৰ অগ্ৰগতি

সময়ৰ অগ্ৰগতি
পক্ষীৰাজত উঠি
যাওঁ মই
নতুন দিগন্তলৈ
হাঁহিমুখে হাঁহিমুখে।

জ্যোতিক শিৰত তুলি
আহে দিন
বাজে বীণ
নিৰাশাবিহীন।
নাই আক্ষেপ কোনো
পোৱা নোপোৱাৰ
সমুখত পোহৰৰ
জ্বলন্ত জোৱাৰ।

সত্যক সাৰথি কৰি
আহে দিন
যায় দিন
বিৰামবিহীন।
উৰন্ত মনে মোৰ
নেমানে হেঙাৰ
হেঙাৰেই কৰে মোক
মিঠা উপকাৰ।।
সুন্দৰ সূৰ্য্য ধিয়াই
নাচে মন
নাচে প্ৰাণ
আশংকাবিহীন।

ফাঁচী বজাৰ গুৱাহাটীৰ মিউজিক মেকাৰ্চৰ সৌজন্যত

জীৱন্ত সুৰে মোৰ
তোলে ঝংকাৰ
গঢ়ি নৱ উৎস
গীতিকা গোৱাৰ।

[কলিকতা, ১৯৬৮ চন]

তেৰ শ চৌৱন্নৰ মাঘৰে মাহৰে . ..

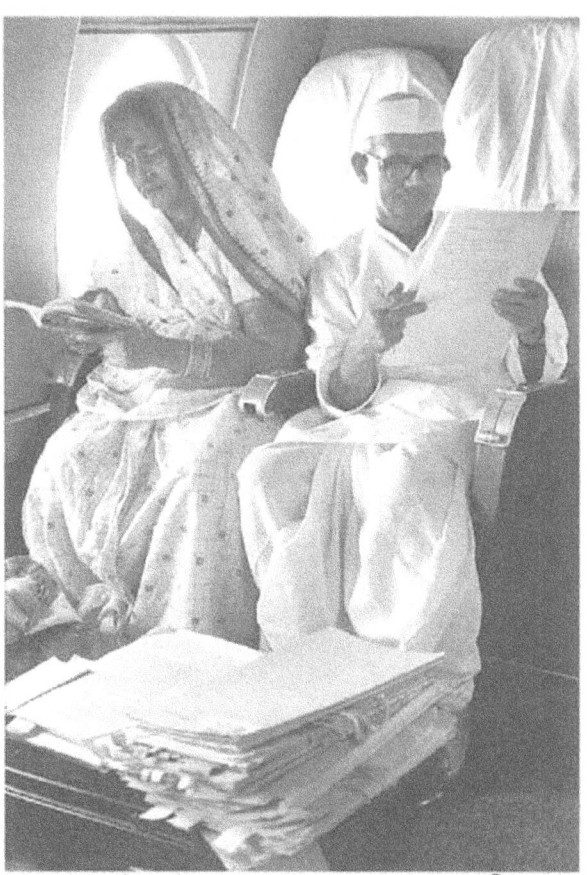

নাই নাই নাই হেনো আমাৰ আপোন শাস্ত্ৰী ...
ফটো: চাণক্য ভট্টাচাৰ্য্য আৰু ফেচবুকৰ সৌজন্যত

ৰঙাকৈ গোলাপৰ কলি হীৰালালে . .
ফটো: কীৰ্তি পেটেলৰ সৌজন্যত

ব্ৰহ্মপুত্ৰৰ দুটি পাৰ দলঙে লগ লগালে . . .
ফটো: চাণক্য ভট্টাচাৰ্য্য আৰু ফেচবুকৰ সৌজন্যত

এক দহ আঠ অধ্যায়

সাময়িক প্ৰসংগৰ গীত

ভূপেন হাজৰিকাই সাময়িক প্ৰসংগৰ উপলক্ষ কৰিও বহু গীত ৰচিছে। এই গীতবিলাক অসমীয়া ৰাইজলৈ তেঁওৰ বিশেষ অৱদান। এই গীতবিলাকে ঐতিহ্যপূৰ্ণ কিছুমান মুহুৰ্তক যাউতিযুগীয়া কৰিলে। মহত্বপূৰ্ণ কিছুমান ঘটনাই তেঁওৰ মনত জগোৱা চিন্তা ভাৱনাবোৰৰ গীতি ৰূপ দি তেঁও সেই ঘটনা বা মুহুৰ্তবিলাকক গতিশীল সময়ৰ বুকুত ভাৱ তৰংগৰ স্থিৰ চিত্ৰ ভাবে চিৰস্থায়ী কৰিছে। শ্ৰোতাৰ ওপৰত তেঁওৰ এনে গীতৰ প্ৰভাৱ মন কৰিব লগীয়া। ১৯৪৭ চনত ভাৰত স্বাধীন হোৱাত দেশজুৰি আৰম্ভ হোৱ আশা আৰু আনন্দক তেঁও দুটামান গীতেৰে ছবিৰ দৰে বান্ধিলে। ১৯৪৮ চনৰ ফেব্ৰুৱাৰী মাহত বাপুজীৰ অস্থি আহি গুৱাহাটীৰ শুক্লেশ্বৰ ঘাট পাবৰ সময়ত ভনীয়েক কুইনী হাজৰিকাই গোৱা 'তেৰশ চৌৱন্নৰ মাঘৰে মাহতে' গীতটোৰে হাজাৰ হাজাৰ লোকৰ মনত গান্ধীজীৰ প্ৰতি থকা শ্ৰদ্ধা ভক্তিক সোঁৱৰাই তেঁওলোকৰ জীৱন পৰিপূৰ্ণ কৰিব পাৰিছিল। আজিও এই গীতটোৱে শ্ৰোতাৰ মনত গান্ধীজীক জানিবলৈ বা গান্ধীজীৰ অৱতাৰ সদৃশ ব্যক্তিত্বক চিনিবলৈ উৎপ্ৰেৰণা যোগায়।

সেইদৰে পণ্ডিত জৱাহৰলাল নেহৰুৰ মৃত্যুৰ পিছত হাজৰিকাই ৰচা 'ৰঙাকৈ গোলাপৰে কলি, হীৰালালে' গীতটোত নেহৰুৰ ব্যক্তিত্ব আৰু বিশ্বশান্তিৰ প্ৰতি থকা তেঁওৰ বৰঙণি প্ৰতিস্ফুত হৈছে। এই গীতটোৰ কৌশল মন কৰিব লগীয়া। হীৰালাল আছিল নেহৰুৰ মালী। ভাৰতে স্বাধীনতা পোৱাৰ পিছত তেঁও নিতৌ এটি ৰঙা গোলাপৰ কলি নেহৰুক কোটত লগাবৰ কাৰণে দিছিল। ভাৰতে স্বাধীনতা পোৱাৰ পিচত নেহৰুৱে ভাৰতীয়সকলক যি পথেৰে আগুৱাই নিবলৈ চেষ্টা কৰিছিল তাৰ গুণাগুণ হয়তো ভাৰতীয় লোকে নানা ধৰণেৰে সমালোচনা কৰিব কিন্তু 'দৰ্শন প্ৰয়াগত' স্নান কৰি আমালৈ পানী ছটিওৱা জৱাহৰলালে যি দৃঢ়তাৰে ভাৰতক নেতৃত্ব কৰি বিশ্ব নেতা হিচাপে খ্যাতি আৰ্জিলে তাক সুঁৱৰি সকলো ভাৰতীয়ই গৌৰৱ আৰু আনন্দেৰে ভূপেন হাজৰিকাৰ সুৰতে সদায়ে ক'ব পাৰিব 'পৃথিৱীৰ বিবেক অসহায় হ'লেই কাৰ পিনে লৰৰি যাব।'

কটন কলেজৰ নৱাগত ছাত্ৰৰ মৌমেলৰ উপলক্ষে ৰচা 'স্নেহেই আমাৰ শত শ্ৰাৱণত ধাৰাসাৰ বৃষ্টিৰ প্লাৱন আনে' গীতটোৱে কেৱল কটন কলেজ নালাগে প্ৰত্যেক অসমীয়া ছাত্ৰৰ মনত মৰম চেনেহৰ আৰু বিদ্যাসাধনৰ নিমিত্তে উৎসাহৰ নতুন পুলক সদায়ে জগাব। কটন কলেজৰ নৱাগত ছাত্ৰৰ মৌমেল প্ৰত্যেক বছৰেই এক বিশেষ উৎসৱ, কিয়নো কটন কলেজ কেৱল এখন শিক্ষা অনুষ্ঠানেই নহয়। পিচপৰা অসমীয়া জাতিৰ ই যেন এক ঐশ্বৰিক সাৰথি। সেয়েহে ইয়াত পঢ়িবলৈ অহা ছাত্ৰসকলৰ মাজত সাধাৰণতে এক বিশেষ উৎপ্ৰেৰণা, এক বিশেষ আকাংক্ষা আৰু পবিত্ৰ জ্ঞান অৰ্জনৰ কাৰণে এক বিশেষ ধাউতি দেখিবলৈ পোৱা যায়। ডক্টৰ ভূপেন হাজৰিকাই এই গীতটোত নৱাগত ছাত্ৰসকলৰ হিয়াত গোপনীয় হৈ থকা এই পবিত্ৰ ভাৱবিলাক যেনেদৰে প্ৰকাশ কৰিছে সি সচাকৈয়ে বিস্ময় মানিব লগীয়া। এই গীতটোৱে

তেঁও কটন কলেজৰ প্ৰত্যেক ছাত্ৰৰে হিয়াত প্ৰৱেশ কৰিব পাৰিব আৰু তেঁওলোক প্ৰত্যেকৰে মনত সেই স্নেহ আৰু নৱ নৱ ধ্যান চিৰস্থায়ী কৰিব। ই মোৰ ব্যক্তিগত আনন্দ যে এই গীতটো মই প্ৰায়ে বজাই শুনো আৰু ই মোৰ ব্যক্তিগত অভিজ্ঞতা যে এই গীতটো সদায়ে নতুন নতুন যেন লাগে। ই এক চিৰ নতুন গীত। এই গীতটোৱে মই ১৯৫৪ চনত কটন কলেজত প্ৰৱেশ কৰা বছৰটোত মোৰ জীৱনৰ আশা আকাংক্ষাবোৰ, মোৰ লগত কটন কলেজত পঢ়া মোৰ সহপাঠী বন্ধু-বান্ধৱীসকলৰ প্ৰতি থকা স্নেহ আৰু আমাৰ জীৱনৰ গতিপথ নিৰ্দেশক মোৰ পৰম শ্ৰদ্ধাভাজন অধ্যাপকসকলৰ প্ৰতি থকা ভক্তিক মোৰ মনত সদায়ে সজীৱ কৰি ৰাখিছে।

ভূপেন হাজৰিকাৰ সাময়িক প্ৰসংগক উপলক্ষি ৰচা গীতবিলাকৰ বৈশিষ্ট্য এয়েই যে সেই ঐতিহ্যপূৰ্ণ মুহূৰ্তবিলাকৰ বিশেষ পৰিৱেশ-মতি তেঁও অতি কম কথা আৰু মৰ্মস্পৰ্শী সুৰৰ জালেৰে ধৰি পেলায়। এইবিলাক গীতত তেঁওৰ আন্তৰিকতা আৰু মানৱীয় গুণ বিশেষ ভাবে প্ৰতিস্ফুত হৈছে। এই শ্ৰেণীৰ কোনো কোনো গীত তেঁওৰ প্ৰেমগীত বিলাকতকৈও বেছি গভীৰ আৰু বেছি আন্তৰিকতাপূৰ্ণ, কিয়নো এই গীতবিলাকত তেঁও মানৱীয় অনুভূতি বা মানৱ শক্তিৰ বিষয়েহে অতি আন্তৰিক ভাবে গাইছে। যিদৰে মাধৱদেৱে সকলো সাময়িক প্ৰসংগৰ পৰা ভকতিৰ অমৃত উলিয়াই তাক বিলাব পাৰিছিল ঠিক সেইদৰে ভূপেন হাজৰিকাই যেই কোনো প্ৰসংগৰ পৰা মানৱীয় অনুভূতি আৰু মানৱ শক্তিৰ মহত্ব বুটলি তাক গীতেৰে ফুটাই তুলি শ্ৰোতাৰ মাজত বিলাব পাৰিছিল।

চীন-ভাৰতৰ যুদ্ধৰ সময়ত 'কত জোৱানৰ মৃত্যু হ'ল' গীতটোৱে তেঁও সকলোৰে হৃদয়ত মৃত জোৱানসকলৰ সন্তপ্ত পৰিয়ালৰ প্ৰতি সমবেদনা আৰু কৰুণাৰ কঁপনি তুলিছিল। সেইদৰে 'ৰণক্লান্ত নহওঁ, ৰণক্লান্ত নহওঁ' গীতটোৱে সকলোকে দেশৰ হকে যুঁজিবলৈ দেশপ্ৰেম বিশেষ ভাবে সজীৱ কৰি তুলিছিল। সেই একে পটভূমিতে ৰচা 'বুকু হম হম কৰে' গীতটোৰ বিষয়ে আমি আগেয়ে উল্লেখ কৰিছোঁ। এই গীতটোত হাজৰিকাই মাতৃপ্ৰেম আৰু দেশপ্ৰেম ইমান আন্তৰিক ভাবে প্ৰকাশ কৰিছে যে ই আধ্যাত্মিকতাৰ স্তৰ পাইছেগৈ।

কপিলী নদীত বান্ধ নিৰ্মাণ কৰি বৈদ্যুতিক শক্তি উৎপাদনক উপলক্ষি ৰচা 'কপিলী, কপিলী ৰাংঢালী ছোৱালী' গীতটোত তেঁও কপিলী নদীক এজনী ৰাংঢালী ৰূপহী ৰূপে কল্পনা কৰিছে। নাৰী শক্তিৰ প্ৰতি সন্মান জনক সুৰত গোৱা এই গীতটোত ডক্টৰ হাজৰিকা আজিৰ নাৰী জাগৰণৰ দৃষ্টিভংগীৰ দ্বাৰা প্ৰত্যেক্ষ ভাবে নহ'লেও কিছু দূৰ প্ৰভাৱান্বিত যেন লাগে। আন গীতত তেঁও নাৰীক জয় কৰিব লগীয়া ৰাজ্য বা নীলকণ্ঠেৰে বশ কৰিব পৰা সৰ্পিনীৰ দৰেহে দেখিছে। তেঁওৰ আন কিছুমান গীতৰ পৰা এনে অনুমান হয় যে তেঁওৰ কাৰণে নাৰীসকল ওঁঠৰ পৰশেৰে তেঁওৰ দেহৰ ৰন্ধ্ৰে ৰন্ধ্ৰে শিহৰণ তোলা বা তেঁওক সংগসুখ দিয়া মধুৰ দেহৰ ভাজৰ মানুহৰ উপভোগ্য দেৱতাৰ কিবা প্ৰসাদহে। কিন্তু এই গীতটোত তেঁও নাৰীক শক্তিশালিনী ৰূপে প্ৰকাশ কৰিছে। কুৰি শতিকাৰ এই দশকৰ পৃথিৱীৰ চুকে কোণে নাৰীৰ পুৰুষৰ সৈতে সমান মৰ্য্যাদা, সমান অধিকাৰ আদিৰ বাবে নতুন আন্দোলনে বিশেষ ভাবে গা কৰিছে। কপিলীৰ গাত লুকাই থকা হেজাৰ সুৰুযৰ জ্যোতিৰ দৰে এই যুগত পৃথিৱীয়ে নতুনকৈ আৱিষ্কাৰ কৰিছে প্ৰত্যেক নাৰী মূৰ্তিত সঞ্চিত শক্তি, যাক সমাদৰ কৰি নতুন সমাজ গঢ়াটো এই যুগৰ ধৰ্ম। এই যুগচেতনাৰ প্ৰতি সাধাৰণ ইংগিত থকা বাবে এই গীতটো উল্লেখযোগ্য।

১৯৭৬ চনত প্ৰধানমন্ত্ৰী ইন্দিৰা গান্ধীয়ে ভাৰতৰ গণতান্ত্ৰিক সমাজত কুঠাৰঘাত কৰি স্বেচ্ছাচাৰী শাসন প্ৰৱৰ্তন কৰিলে। শ্ৰীমতী ইন্দিৰা গান্ধীয়ে যে অশৃংখলতা, স্বাৰ্থপৰতা, বৰ্ধিত জনসংখ্যা আদিৰ কাৰণে হোৱা ভাৰতৰ অধোগতিৰ অৱসান ঘটাই ভাৰতত এক শৃংখলাৱদ্ধ জাতি সুদৃঢ় ভাবে প্ৰতিষ্ঠা কৰিবলৈকে এনে কৰিছিল তাত সন্দেহ নাই। এই কাৰ্য্যত তেঁও কিছুদূৰ সফলও হৈছিল। কিন্তু স্বেচ্ছাচাৰী শাসনে মানুহৰ সাধাৰণ অধিকাৰবোৰ মষিমূৰ কৰা কোনেও সহ্য কৰিব নোৱাৰে। সেয়েহে বহুতো ভাৰতীয় বিদ্ৰোহী হৈ উঠিছিল আৰু তেঁওলোকে ভাৰতীয়সকলক আকৌ স্বেচ্ছাচাৰী শাসকৰ বিৰুদ্ধে সংগ্ৰাম কৰিবলৈ জগাই তোলাৰ প্ৰয়োজনবোধ কৰিছিল। শ্ৰীমতী ইন্দিৰা গান্ধীক আমি এই কাৰণেই শলাগিব লাগিব যে তেঁও ভাৰতৰ কাৰণে কৰা প্ৰচেষ্টাক ৰাইজে আদৰ কৰিব বুলি তেঁও অতি আন্তৰিক ভাবে বিশ্বাস কৰিছিল। সেইকাৰণে তেঁও নিৰ্বাচনী পাতিবলৈ আগ বাঢ়িছিল। সেই নিৰ্বাচনী ন্যায় ভাবে সমাধা কৰি তেঁও সাহসী ব্যক্তিত্বৰ পৰিচয় দিয়ে। ইয়াৰ আগতে পৃথিৱীৰ কোনো স্বেচ্ছাচাৰী নেতাই এনে নিৰ্ভীক ভাবে ৰাইজৰ সন্মুখীন হ'বলৈ সাহস কৰা নাই। ফৰাচী দেশৰ জেনেৰেল ছাৰ্লচ ডি-গ'লে নিজৰ শাসন নীতিৰ অনুমোদন বিচাৰি গণভোট লৈছিল যদিও ফৰাচী আৰু ভাৰতৰ পৰিস্থিতিৰ মাজত আকাশ পাতাল প্ৰভেদ আছিল।

ইন্দিৰা গান্ধীয়ে আয়োজন কৰা ১৯৭৭ চনৰ নিৰ্বাচনী ভাৰত বুৰঞ্জীৰ এক গৌৰৱপূৰ্ণ ঘটনা। ইন্দিৰা গান্ধীয়ে প্ৰদৰ্শোৱ আত্মবিশ্বাস, সাহস আৰু নিৰ্ভীক ব্যক্তিত্বৰ উপৰিও প্ৰথমবাৰৰ কাৰণে ভাৰতীয় মুক্তিকামী ৰাইজৰ শক্তি পৰীক্ষা এই নিৰ্বাচনীতে হ'ল। গণভোটৰ প্ৰবল শক্তিক বৰ্ণাই এই সময়ত ডক্টৰ হাজৰিকাই ৰচা 'আহ আহ ওলাই আহ', 'মুক্তিকামী লক্ষজনৰ', 'ৰাইজ আজি ভাৱৰীয়া' এই গীত কেইটাৰ সৰল প্ৰকাশে অসমীয়া ৰাইজক সদায় বলিয়ান কৰিব। এই গীত কেইটাৰ তেজস্বী প্ৰকাশ শংকৰদেৱৰ 'শুন শুন ৰে সুৰ বৈৰী প্ৰমাণা' বৰগীতটোৰ লগত বহুত দূৰ মিলে। সেই একেই ৰাৱণ বধৰ পটভূমি আৰু অন্যান্য অধৰ্ম পাপ কৰিবলৈ ওলাই অহা সেনানীৰ অগ্ৰগতিৰ অতি উৎসাহপূৰ্ণ বিৱৰণ। শংকৰদেৱৰ প্ৰকাশভংগীৰ দ্বাৰা ডক্টৰ হাজৰিকা প্ৰভাৱান্বিত বুলি ভাবিবৰ এটা কাৰণ এয়েই যে উপৰোক্ত বৰগীতটো ডক্টৰ হাজৰিকাৰ অতি প্ৰিয়। এই বৰগীতটো যেন দানৱৰ বিৰুদ্ধে যুঁজিবলৈ মানৱৰ নিজৰ শক্তিত বিশ্বাসৰ এক বলিষ্ঠ প্ৰকাশ। ই গুৰুজনৰ সৃষ্টিৰ সময়ে ক্ষয় কৰিব নোৱাৰা তেজস্বী প্ৰকাশ আৰু হাজৰিকাৰ শংকৰী প্ৰতিভাৰ প্ৰতি থকা শ্ৰদ্ধাৰ পৰিচয় দিয়ে।

১৮৩৬ খৃষ্টাব্দত বৃটিছ চৰকাৰে বঙালী ভাষাক অসমৰ চৰকাৰী ভাষা কৰা দিনৰে পৰা অসমীয়া ৰাইজে অসমত অসমীয়া ভাষাক জীয়াই ৰাখিবৰ কাৰণে আন্দোলন কৰি আহিব লগীয়া হৈছে। ৰাজনৈতিক, সামাজিক বা অৰ্থনৈতিক কাৰণত এই আন্দোলনে বেলেগ বেলেগ সময়ত বেলেগ বেলেগ ৰূপ ধাৰণ কৰিছে। যোৱা অৰ্ধ শতাব্দীত ঘাইকৈ চাৰিটা আন্দোলন লেখত ল'ব লগীয়া। ১৯৫০-৫১ চনৰ, ১৯৬০-৬১ চনৰ, ১৯৭০-৭১ চনৰ আৰু বৰ্তমানৰ আন্দোলন। এইটো মন কৰিব লগীয়া যে এই গোটেই কেইটা আন্দোলন সাধাৰণতে নিৰ্বাচন নাইবা পিয়লৰ সময়তে সংঘটি ত হৈছিল আৰু এই গোটেই কেইটা আন্দোলনৰ প্ৰধান কাৰণ হৈছে অসমত বসবাস কৰা বঙালীভাষী লোকসকলে অসমীয়া ভাষাক আদৰ নকৰি অসমত বঙালী ভাষাক জাপি দিবলৈ ৰখা আক্ৰমণাত্মক মনোভাৱ। এই মনোভাৱ হিন্দু বঙালীসকলৰ

মাজত বিশেষ ভাবে পৰিলক্ষিত। তেঁওলোকে স'ততে কলিকতীয়া নেতৃত্বৰ ওপৰতে নিৰ্ভৰ কৰে। আনহাতে বাংলাদেশৰ পৰা অহা বঙালী মুছলমানসকলৰ অভিপ্ৰায় বেলেগ ধৰণৰ।

ছাৰ ছাদুল্লাৰ দিনৰে পৰা অসমত মুছলমান ধৰ্মীলোকক সংখ্যাগৰিষ্ঠ পাকিস্তানৰ বা বাংলাদেশৰ অন্তৰ্ভুক্ত কৰিবলৈ এক ষড়যন্ত্ৰ চলি আহিছে। এই ষড়যন্ত্ৰত অসমৰ বহুতো নেতাই ভোটৰ আশাত জানি বা নজনাকৈ সহায় কৰি আহিছে। বৰ্তমান অসমৰ সৰহ সংখ্যক বঙালীভাষী লোকেই হ'ল মুছলমানধৰ্মী। সেয়েহে ভাষা আন্দোলনক মুছলমান ধৰ্ম-বিৰোধী বুলি আখ্যা দিয়াটো সহজ হৈ পৰিছে। ফল স্বৰূপে অসমীয়া হিন্দু আৰু মুছলমান উভয়ৰে ভৱিষ্যতে বিপদাপন্ন হৈছে। বঙালীসকলে অসমীয়া হিন্দু মুছলমানৰ কেৱল ভাষাটোকে আক্ৰমণ কৰা নাই, তেঁওলোকৰ ঐতিহ্যপূৰ্ণ মিলাপ্ৰীতিৰ ঠাইত বিভেদ সৃষ্টি কৰিছে। কোৱা বাহুল্য যে অসমীয়া সমাজৰ হিন্দু, মুছলমান, খৃষ্টিয়ান আদি ভিন্নধৰ্মী লোকৰ মাজত ইমান দিনে বিৰাজ কৰি অহা মিঠা জাতীয় ঐক্য আজি লোপ পাওঁ পাওঁ। সেয়ে আজি অসমীয়া জাতিৰ অস্তিত্ব আজি গভীৰ সংকটত।

ভাষা আন্দোলনে ভূপেন হাজৰিকাক বিশেষ দোধোৰ মোধোৰত পেলাইছে। এফালে অসমীয়া ভাষা-কৃষ্টি-সমাজৰ প্ৰতি তেঁওৰ অপৰিসীম প্ৰেম, আনফালে কলিকতা তেঁওৰ কৰ্মক্ষেত্ৰ। তদুপৰি মানৱতাবাদ তেঁওৰ ধৰ্ম স্বৰূপ। তেঁও বিচাৰে যে অসমত বসবাস কৰা বঙালী বা আন অনা-অসমীয়ালোকে অসমকে মাতৃভূমি বুলি অসমীয়া ভাষা-কৃষ্টিক আদৰ কৰা উচিত। তেঁও বিচাৰে যে অসমীয়া লোকে অমানৱীয় বা হিংসাত্মক কাৰ্য্যত যেন লিপ্ত নহয়। তেঁও কয় অসমীয়াসকল বিশ্বৰ শৰীৰত পংগু অংগ নহৈ অসমীয়া ভাষাকৃষ্টি আৰু অসমীয়া সমাজক সকলোপিনৰ পৰা চহকী কৰিবলৈ উঠি পৰি লাগিব লাগে। সেয়েহে নিজৰ সংৰক্ষণ আৰু উৎকৰ্ষ সাধনৰ কাৰণে অসমীয়াসকলক বহ্নিমান ব্ৰহ্মপুত্ৰৰ দৰে জীৱন্ত জাগ্ৰত হ'বলৈ তেঁও আহ্বান জনাইছে।

ভাষা আন্দোলনবিলাকক উপলক্ষি গোৱা তেঁওৰ গীতবিলাকত তেঁও অসমৰ থলুৱা আৰু নতুন অসমীয়া আটাইলৈকে সমন্বয়ৰ বাণী শুনাইছে। ১৯৫০-৫১ চনৰ আন্দোলনৰ সময়ত তেঁও আমেৰিকাত আছিল, সেয়েহে হয়তো তেঁও সেই সময়ত ৰচা গীত পোৱা নগ'ল। ১৯৬০-৬১ চনৰ আন্দোলনৰ সময়ত তেঁও আৰু শ্ৰীহেমাংগ বিশ্বাসহঁতে গাই ফুৰা 'মৰমৰ ভাষাৰে আখৰ নাইকিয়া' গীতটোত বঙালী অসমীয়া প্ৰীতিৰ মধুৰ বাণী আছে। ১৯৭১-৭২ চনৰ আন্দোলনৰ সময়ত অলপ হতাশ আৰু অলপ অধৈৰ্য্যৰে তেঁও বঙালীসকলক সকিয়ালে যে অসমীয়া ভাষাকৃষ্টিক অনাদৰ কৰি তেঁওলোকে জুই লৈহে খেলিছে।

ভাৰত আকাশত হাঁহে

[এই গীতটো ১৯৪৭ চনৰ স্বাধীনতা উৎসৱৰ দিনা ভায়েক নৃপেন হাজৰিকাই তেজপুৰৰ বিৰাট জন সমাগমৰ আগত গাইছিল।]

ভাৰত আকাশত হাঁহে
স্বাধীনতাৰ উষাৰ প্ৰতীক
চিক মিক স্বাধীনতা
জিক মিক স্বাধীনতা
ভাৰতৰ বুকুত নতুন উছাহ
নতুন প্ৰতিজ্ঞা লৈ
পূৰ্ণ স্বাধীনতা আমাৰো লক্ষ্য
আগবাঢ়ি যাওঁ শত স্বহীদৰ কাম্য
চিক মিক স্বাধীনতা
জিক মিক স্বাধীনতা।

তেৰশ চৌৱন্নৰ

তেৰশ চৌৱন্নৰ মাঘৰে মাহৰে
যোলৰে বিয়লি বেলা
পৃথিৱীৰ শিৰতে বজ্ৰপাত পৰিলে
বাপুজী ক'লৈনো গ'লা?
এন্ধাৰৰ মাজেৰে জোৰ লৈ আহিলা
অশেষ যাতনা ভেদি
মৰমৰ হাঁহিৰে হেংদান ভাঙিলা
অসত্যক কেনিবা খেদি।

পৃথিৱীখনিয়ে হিংসাৰ তেজেৰে
যেতিয়া ৰাঙলী হ'ল
অহিংসাৰ বাণীৰে ধুৰালা পখালা
শতৰু বিস্ময় গ'ল।
অকলে অকলে কৰ্তব্য পালিলা
নাশিলা পুৰণি প্ৰথা
নামৰে প্ৰমাণি জগতক বিলালা
আল্লা-ৰাম একেটি কথা।

ধূলিৰো তলৰে ধূলিও মাকতিক
লগালা আলফুল মাত
হৰিজন দলিতক সাৰটি ধৰিলা
স্বাৰ্থও পৰিলে শাঁত।
সোতৰ মাঘতে আকাশত উৰিলে
চন্দন কাঠৰে ধোঁৱা
ধোঁৱাকে সাৰটি ফেকুৰি ফেকুৰি
বতাহে কান্দিছে চোৱাঁ
বাপুজী ক'লৈনো গ'লা?

[গুৱাহাটী, ফেব্ৰুৱাৰী ১৯৪৮ চন]

মহামানৱৰ ত্যাগ অগনিয়ে

মহামানৱৰ ত্যাগ অগনিয়ে
নাশিৰ স্বাৰ্থ অহংকাৰ
শান্তি দূতৰ শান্তি বাণী
জনতাই কৰে নমস্কাৰ।
আজি সেই মহামানৱৰ
শান্তিৰ আদৰ্শক শিৰত লৈ
সুন্দৰ সাম্যৰ সৃষ্টি হকে
আমি আগ বাঢ়িব লাগিব।

আগ বঢ়াঁ বাঢ়াই আগ বাঢ়াঁ আগ বাঢ়াঁ
ডেকা-গাভৰুৰ দল
আগ বাঢ়াঁ আগ বাঢ়াঁ
জনতাৰ মৃত্যু ভেৰী
আকাশ কঁপাই তোলে
ঘনে ঘনে কোলাহল
ডেকা-গাভৰুৰ দল! আগ বাঢ়াঁ।
সংকীৰ্ণতাৰ চিতাত চোৱাঁ
প্ৰগতিৰ ধল উঠিল
ক'লা ডাৱৰৰ বিভীষিকাত
জেউতিৰ ৰহণ চৰিল।
এন্ধাৰ অতীতৰ জকাত চোৱাঁ
শোণিতৰ বান উঠিল
ডেকা গাভৰুৰ দল!
তুমি শান্তিৰ পৃথিৱীত বুলাই দিয়া
সাম্যৰ নৱ বোল ।।

[গুৱাহাটী, ১৯৪৮ চন]

[ওপৰৰ গীত দুটা মহাত্মা গান্ধীৰ মহাপ্ৰয়াণৰ সময়ত লিখা]

ৰণক্লান্ত নহওঁ

[১৯৬২ চনত চীনে ভাৰত আক্রমণ কৰে আৰু সীমান্ত ৰখীয়া ভাৰতীয় সৈন্যক নিপাত কৰি অসম উপত্যকাৰ উত্তৰত কামেং অঞ্চল পায়হি। অসম ৰক্ষা কৰাৰ কোনো উপায় নেদেখি নেহৰু চৰকাৰে অসম আৰু উত্তৰ-পূব সীমান্ত অঞ্চলক শত্রুৰ হাতত এৰি শিলিগুৰিতেই চীনা সৈন্যক বাধা দিবৰ প্রদতি কৰে আৰু নেহৰুৱে ৰেডিঅ'ত 'অসমৰ ৰাইজৰ কাৰণে মোৰ প্ৰাণ কান্দি উঠিছে' (My heart bleeds for the people of Assam) বুলি অসমীয়া ৰাইজক বিদায় দিয়ে। সৌভাগ্যবশতঃ চীনা সৈন্যই অসম অধিকাৰ নকৰাকৈ উভতি গ'ল। তলৰ গীত তিনিটা, 'বুকু হম হম কৰে' আৰু 'বক্ষ তীখা হৈ গলে' গীত কেইটা এই পটভূমিতে ৰচা।]

ৰণক্লান্ত নহওঁ
সেই মুহূৰ্ত লৈ—
যি মুহূৰ্ততে
মোৰ সীমান্ততে
শেষ শত্রু দৈত্যটিৰ
নহয় মৰণ—
ৰণক্লান্ত নহওঁ।
ঝন ঝনায়
আজি ঝন ঝনায়
মোৰ অগণন জোৱানৰ মাৰণাস্ত্ৰ
গম গমায়
আজি গম গমায়
জয় প্ৰতিজ্ঞা ধ্বনিৰেহে মোৰ ৰাষ্ট্ৰ
নিয়তিৰ ৰূপ ধৰি
কাপুৰুষ শত্রুৰ
বিদাৰিম বক্ষ
কৰি ললোঁ পণ।
দিগভ্ৰান্ত নহওঁ
কোনো চক্ৰান্তত
যি চক্ৰান্তত
মোৰ দেশধ্বজাৰ হয়
বৰ্বৰ আঘাতত
অকাল পতন—
ৰণক্লান্ত নহওঁ।
বুদ্ধ গান্ধীক পদাঘাত কৰিলি
পঞ্চশীলকে 'ত্ৰাস' বুলি হাঁহিলি
বিশাল এচিয়াৰ সংহতি নাশিলি—
তোৰ গৰ্ব খৰ্ব হ'ব
দম্ভ তৰ্ক যাব।
ভাৰত সিংহ আজি জাগ্ৰত হয়
প্ৰতি ৰক্তবিন্দুতে
সহস্ৰ শ্বহীদৰ
সাহৰ ঐতিহ্য উজ্জ্বল হয়।
নৰৰক্ত লোলুপ
পৰৰাজ্য লোলুপ
কৰোঁ সাৱধান হ' পশ্চাৎগামী
মহাৰুদ্ৰ ৰূপে
মহা সত্য ৰূপে
মোৰ মুক্তিসৈন্য হয় অগ্ৰগামী
দেশৰ মাটিত আমি
বক্ষ ৰক্তেৰে
স্বাক্ষৰ কৰি কৰি
সঁপিম জীৱন।
ৰণক্লান্ত নহওঁ ।।

কত জোৱানৰ মৃত্যু হ'ল

কত জোৱানৰ মৃত্যু হ'ল?
কাৰ জীৱন যৌৱন গ'ল?
সেই মৃত্যু অপৰাজেয়।
তেনে মৃতক নহ'লোঁ মই কিয়?

হেনো হিমালয় ভাৰতৰ প্ৰহৰী
তাহানি শুনিছিলোঁ কাহিনী,
পিছে মৃত জোৱান সৱে চিঞৰিছে
'লাগে চিৰজাগ্ৰত এটি বাহিনী।'

আজি কামেং সীমান্ত দেখিলোঁ
দেখি শত্ৰুৰ পশুত্ব চিনিলোঁ,
আৰু মৃত মৌন শত জোৱানলৈ
মোৰ অশ্ৰু অঞ্জলি যাচিলোঁ।
কত পিতৃ পুত্ৰহাৰা হ'ল?
কোন মাতৃৰ বুকু শুদা হ'ল?
ৰঙা সেন্দুৰ কাৰ মচা গ'ল?
কাৰ বাসনা অপূৰ্ণ ৰ'ল?
প্ৰতি জোৱান ৰক্তৰে বিন্দু
হ'ল সাহসৰ অনন্ত সিন্ধু
সেই সাহসৰ দুৰ্জেয় লহৰে
যাচিলে প্ৰতিজ্ঞা জয়ৰে ।।

কপিলী কপিলী

কপিলী কপিলী
ৰাংঢালী ছোৱালী
তোৰ মহিমা বুজাকে টান
কপিলী কপিলী
তই হই বাউলী
বাৰিষাত মাৰিলি ধান।

কপিলী কপিলী
গাভৰু ছোৱালী
চঞ্চলা নাই তোৰ মান
কপিলী কপিলী
দেহাৰ ভাজে ভাজে
মিঠা যৌৱনৰ গান।
কপিলী কপিলী
তইটো নেজান
তোৰ গাত কিমান শকতি
তইটো নেজান
তোতেই লুকাই আছে
হেজাৰ সূৰুযৰে জ্যোতি।

সেয়ে বিজ্ঞানী ডেকাটি
সাজিকাচি ওলালে
লগত ওলালে হেজাৰ
মৃত্যুক নেওচি
শ্ৰমিকো ওলালে
সাৰটি তোৰ দুয়ো পাৰ।

কপিলী কপিলী
পাগলী ছোৱালী
মানুহক কৰিবি ত্ৰাণ
উমৰাংচু জনীও
তোৰেই লগে লাগি
হ'ব চিৰ জ্যোতিষ্মান।।

[নেপকোৰ ডাক ব
দহ জুলাই ১৯৭৮

ঘৰত নবহে মন সমনীয়া

[এই গীতটো ১৯৬০-৬১ চনৰ ভাষা আন্দোলনৰ সময়ত লিখা। এই গীতটো আৰু ইয়াৰ বঙালী ৰূপান্তৰৰ সৈতে অন্যান্য প্ৰীতিমূলক গীত হাজৰিকা আৰু শ্ৰীহেমাংগ বিশ্বাস আদি কেইজনমানে গাই ফুৰিছিল।]

ঘৰত নবহে মন সমনীয়া
পথাৰত নবহে মন
কমোৱা তুলাবোৰ যেনেকৈ উৰিছে
তেনেকৈ উৰিছে মন।
মনৰে বননিৰে চেনেহৰ নিজৰাৰ
পানীকে এটুপি পিওঁ
পোৱাকৈ ভেটিতে তুমি ঘৰে বান্ধা
আমি টঙাল তুলাই দিওঁ।
লুইতৰ চাপৰিত চাকৈয়ে কান্দিলে
মানুহৰ নাওখন চাই
মানুহৰ দোষতে মানুহ বুৰিব
আনকচোন দোষিবৰ নাই।
ভাষা নুবুজিও যুগে যুগে আছে
মানুহে মানুহৰ পিনে
মৰমৰ ভাষাৰে আখৰ নাইকিয়া
বুজিব খুজিলেই চিনে।
গংগাৰ চাপৰিৰ তলিতে দেখিবা
লুইতৰ পলসো আছে
তোমাৰে মোৰে আইয়ে কান্দিলে
একেই চকু পানী মচে।
তুমিয়ে মইয়ে দেশখন গঢ়োঁতে
যদিহে কেঁচা ঘাম সৰে
দুয়োৰে ঘামৰে মিলনে দেখিবা
বুৰঞ্জী ৰচনা কৰে।
এনেনো দুখ লাগে, বান্ধৈ
এনেনো দুখ লাগে
এনেনো ভাল লাগে, বান্ধৈ
এনেনো ভাল লাগে।

[কলিকতা, ১৯৬০ চন]

জেঠৰে তেৰৰে বুধৰ দুপৰীয়া

[টোকা: জৱাহৰলাল নেহৰুৰ মৃত্যুত লিখা]

জেঠৰে তেৰৰে বুধৰ দুপৰীয়া দেওবৰীয়া
তেৰশ এসত্তৰ চন
বাতৰি আহিলে জৱাহৰ নাই
অবিশ্বাস কৰিবৰ মন।।

চন্দন জ্যোতিৰে শিখা বাই বাই
যিদিনা জৱাহৰ গ'ল
জৱাহৰৰ মানৱী দেহা নেপাইহে
আমাৰো বিশ্বাস হ'ল।।

জৱাহৰ নোহোৱা হ'ৱনো পাৰেনে
এনুৱা কথা যে ফাঁকি।
সিদিনা জৱাহৰে নিজেই নকৈছিলে
জীৱনকাল বহুতো বাকী।।

দক্ষিণৰ সাগৰৰ নীলাৰে মিলালা
পূবৰে ৰঙাকৈ ৰবি।
উত্তৰৰ শুভ্ৰত পচিমৰ হেঙুল লৈ
আঁকিলা সমাজৰ ছবি।।

মানুহ পশু হৈ মানুহক বধিলে
হ'ল হেনো ধৰমৰ অন্ধ।

বাপুজীৰ সুৰেৰে তুমি গীতে গালা
মানুহে মানুহৰ বান্ধ।।

এহাতে ভাৰতৰ ৰাজহাঁড় পোনালা
দেখুৱাই ন ন সপোন।
আনটি হাতেৰে বিশ্ব মানৱৰ
দুখকো কৰিলা আপোন।।

ভাৰতী আয়ে দঢ়াই নকৈছিলে
অকমান জিৰণি লোৱাঁ
তুমি নুশুনিলা অশান্ত জৱাহৰ
জিৰণি আঁতৰাই থোৱাঁ।।

মৰম মুকুট পিন্ধাই অভিষেক পাতিলোঁ
আজীৱন মন্ত্ৰণা দিলা।
হে আমাৰে কাৰণেই নিজে সুখ নেওচি
নিজেই শৰ শয্যাত শোলা।।

বাঘে ছাগলীয়ে একেটা ঘাটতে
পানী যাতে পিব পাৰে।
তেনে পৃথিৱীৰে মূৰতি সাজি লৈ
বুজালা মহিমা তাৰে।।

দুটি ম'হৰ যুঁজত খাগৰিৰ মৰণ হয়
খাগৰিৰ কাষলৈ গ'লা।
দুটি ম'হৰ মাজৰে মানুহ খাগৰিৰ
হে তুমিহে সাৰথি হ'লা।।

ৰণ মতলীয়া বলিয়া ম'হৰো
শিঙতে ধৰিলা তুমি।

মহিষাসুৰকো চিঞৰি ক'লাগৈ
পৃথিৱী শান্তি ভূমি।।

সমাজৰ ধন ধান সকলৰ সবাকে
সমানে ভগাওঁ বুলি।
প্ৰতিজ্ঞা কৰোঁতেই লৈ গ'ল ক'ৰবাৰ
ঈশ্বৰে কোলালৈ তুলি।।

পুৰণি ঐতিহ্যৰ গুণেৰে মিলালা
ন বিজ্ঞানৰে জ্যোতি।
মানৱ নীতিৰে প্ৰগতিক চিনি লৈ
সলালা আমাৰে মতি।।

দৰ্শন প্ৰয়াগত তুমি স্নান কৰিলা
আমালৈও ছটিয়ালা পানী।
বুকু ডাঠে কৰি তোমাক কথা দিলোঁ
আগুৱাম তোমাকে মানি।।

ৰঙাকৈ গোলাপৰ কলি, হীৰালালে
কাৰ বুকুত সজায়ে দিব।
এ পৃথিৱীৰ বিবেক অসহায় হ'লেই
কাৰ পিনে লৰৰি যাব?

এতিয়া কৰোঁ কি, কান্দো নে হাঁহো
নে মূৰৰ চুলি ছিঙি মৰোঁ
নে অৰ্ধ শতিকাৰ জৱাহৰ যুগটোক
চিৰযুগমীয়া কৰোঁ।।

[কলিকতা, জুন ১৯৬৪ চন]

আয়ুব খাঁন আৰু ভুট্টোজান

[১৯৬৫ চনত পাকিস্তান আৰু ভাৰতৰ যুদ্ধৰ সময়ত ৰচা। তেতিয়া পাকিস্তানৰ ৰাষ্ট্ৰপতি আছিল আয়ুব খাঁন আৰু বিশেষ ক্ষমতাশালী নেতা আছিল জুলফিকৰ আলি ভুট্টো। ভুট্টো দুই এবাৰ পাকিস্তানৰ প্ৰধানমন্ত্ৰীও হৈছিল আৰু শেষত তেঁওক পাকিস্তান চৰকাৰে ১৯৭৯ চনত প্ৰাণদণ্ড বিহিছিল। ভাৰত বিৰোধী বক্তব্য আৰু কাৰ্য্যৰ বাবে ভুট্টো খ্যাত।]

অ' আয়ুব খাঁন আৰু ভুট্টোজান
শিয়াল কোন আৰু সিংহ কোন?
মদগৰ্বী হৈ নুশুনো নুশুনো বুলি
দুটিমান নঙঠা সত্যকে শুন
সিদিনা আকাশত ওফৰা দেখিলোঁ
দীঘল নেজীয়া তৰা।
শুনিলো জম্মুৰ মছজিদৰ
মিনাৰ বাগৰি পৰা
আনৰ নালাগে নিজ মজহৰকে
মৃত্যুৰ নিজে তই দিছ ভাবুকি
শান্তিত নামাজ পঢ়োঁতা কাশ্মীৰীক
কোৰাণ শিকাবিনো কি?
মোৰ ধৰম নিৰপেক্ষ আকাশত
উৰিছে সহস্ৰ 'নেট' বিমান
ওফৰালে মাৰ্কিন অনুকম্পাৰে দিয়া
তহঁতৰ চেবাৰ 'জেট' কিমান?
মিছাৰ সদাগৰ চৌ এন-লাইৰ
পাইছ হবলা মৰম বেথা।
অতদিনে নুবুজিলি এবেসে বুজিবি বগ হৈ
লুভীয়া শৃগালৰ কথা।।
গফুৰ খাঁ আজাদে আজাদী আনিলে
আজীৱন কাৰাগাৰ মানি
পাবতহে গজিলি, আয়ুব-ভুট্টো
ভৰিৰ নেপাৰ পানী।।
জাকিৰ, চাদিক, চাগলা মিৰ কাচিম
নায়ক প্ৰগতি মানৱতাৰ
ধৰ্মৰ মুখা পিন্ধি বিংশ শতাব্দীত
নেভাঙে গীৰ্জা আম্বালাৰ।
তোৰ বেটন জোকাৰি পেটন টেংকেৰে
দিল্লীত ফুৰিবৰ মন হেনো আছে
লাহোৰৰ ইচোগীল খালৰ পাৰে পাৰে
আমাৰ জোৱানহে তহলিছে।
তোৰ নিৰ্বাচন নাই, নাই গণৰাজ
উপনিবেশৰ তই ধ্বংসাৱশেষ
নাপাক যুক্তিৰে পাকিস্তানৰ
ৰাইজৰ মুক্তিৰো কৰিলি নাশ।
এক নায়কত্বেৰে দুদিনৰ ৰাজ পাই
পাক স্বাধীনতাকো কৰিলি হৰণ
ৱেলচ পাখটুন, পাঠান ওৱাজিৰ
অফ্ৰিদি খাটাকে নলয় শৰণ
আমাৰ দেশকে কাফীৰস্তান বুলি
জোকাবি আৰুনো কিমান?
কোটি মুছলিম ভাইয়ে বাচি দিয়া
প্ৰতিনিধিৰেও চলে হিন্দুস্থান।
আজিৰ যুগ মাথোঁ মানুহৰ যুগ
চুকৰ ভেকুলীক দিওঁ ধিক্কাৰ
প্ৰমত্ত অন্যায়-বক্ষত থিয় হোৱা
শাশ্বত নীতিৰ হে জয় জয়কাৰ।
শুন শুন শেষ কথা আয়ুব খাঁ
ভাৰত জয় কৰা এৰ উম্মিদ
আমাৰ মাজতে আছে হেজাৰ বিজাৰ
নিৰ্ভীক বীৰ আব্দুল হামিদ।।

নাই নাই নাই হেনো

[ভাৰতৰ দ্বিতীয় প্ৰধানমন্ত্ৰী লাল বাহাদুৰ শাস্ত্ৰীৰ ছোভিয়েট দেশৰ অন্তৰ্গত থকা তাছখণ্ডত হঠাতে ১৯৬৬ চনত হোৱা মৃত্যুৰ বাতৰি শুনি লিখা চন]

নাই নাই নাই হেনো আমাৰ আপোন শাস্ত্ৰী
তাছখণ্ডতে হ'ল শান্তি পথ যাত্ৰী
নিঃকিন শৈশৱে সংগ্ৰামী সাজিলে
সংগ্ৰামী যৌৱনে সাঠিক সাজিলে।
    ভাৰতৰে ঐতিহ্যৰ গূঢ়াৰ্থ বুজিলে
    প্ৰাচ্যৰ সংযমৰ স্বৰূপ বখানিলে
    প্ৰতিজন দৰিদ্ৰৰ তেঁও যেন ভাতৃ
    দূৰণিৰ দেশতে হ'ল শান্তি পথযাত্ৰী ।
ক্ষুব্ধ অতি ক্ষুব্ধ হৈয়ো মহত্ব দেখুৱালে
দানৱীয় ক্ৰোধাগ্নিতো, শিৰ নোদোঁৱালে
হিন্দু কাশী পীঠ জয়ী বিদ্যাৰ্থী আছিলে
হাফিজৰ দেশতে সুখ নিদ্ৰা লভিলে।
    সজ্ঞানী সন্ধিৰে মুহিলে ধৰিত্ৰী
    ওমৰৰ দেশতে হ'ল শান্তি পথযাত্ৰী
    প্ৰতি ভাৰতীয়কে তীখাৰে বন্ধালে
    প্ৰতিজনক মনে মনে নিজ নেতা সজালে।
কাৰ্য্য সমাপিহে তেঁও মৃত্যু কোলাত বহিলে
আপোনাৰ গৃহলৈ সুপ্ত শাস্ত্ৰী আহিলে
স্বদেশলৈ উভতিলে যেন আমাৰ পিতৃ
তাছখণ্ডতে হ'ল শান্তি পথযাত্ৰী।
    বিশ্ব সমাজ নাই ঘৰতে চমু নাট মেলিলে
    তিনটি দৃশ্যেৰে একাংকিকা ৰচিলে।
    প্ৰথম দৃশ্যতে তেঁও সৰলতা সানিলে
    দ্বিতীয় দৃশ্যতে তেঁও ৰুদ্ৰ ৰস ঢালিলে
    তৃতীয় দৃশ্যতে নাশে ঘোৰ ৰণৰাত্ৰি।
    তাছখণ্ডতে হ'ল শান্তি পথযাত্ৰী
    ওমৰৰ দেশতে হ'ল শান্তি পথযাত্ৰী
    দূৰণিৰ দেশতে হ'ল শান্তি পথযাত্ৰী।।

জয় জয় নৱজাত বাংলা দেশ

জয় জয় নৱজাত বাংলা দেশ
জয় জয় মুক্তিবাহিনী
ভাৰতীয় সৈন্যৰ সতে ৰচিলা
মৈত্ৰীৰ কাহিনী।
    ধৰ্মান্ধতাৰ বিপৰীতে ধৰ্মনিৰপেক্ষতা
    বিভেদকামী শক্তিৰ সলনি
    গংগা পদ্মাৰ একতা
সামন্ত তন্ত্ৰৰ বিপৰীতে
এক নতুন প্ৰজাৰ তন্ত্ৰ
সমৰ তন্ত্ৰৰ সলনিত
এক অভিনৱ সমাজতন্ত্ৰ
থাপনা কৰি ৰক্তেৰে লিখিলা
শেখ মুজিবুৰৰ বাণী।

    আমাৰ ভাৰত কিছু মাটি নহয়
    নহয় মানচিত্ৰ
    ভাৰত নহয়
    বিশেষ এখন শাস্ত্ৰৰ কিছু সূত্ৰ।
আমাৰ ভাৰত
এক প্ৰচণ্ড শক্তিৰে
মেলি থোৱা জাগ্ৰত নেত্ৰ
তাৰ দৃষ্টি মাথোন ন্যায়-মিত্ৰতা
নিবিচাৰে সি পৰৰাষ্ট্ৰ
বিশাল ভল্গা গংগা পদ্মাৰ
পাৰ ভাঙি এক হ'ল পানী ।

মৃত্যু কথা

[তলৰ গীত তিনিটা আৰু 'জুই লৈ নেখেলিবি' গীতটো ১৯৭২ চনৰ ভাষা আন্দোলনৰ সময়ত লিখা। ঐতিহ্যৰ ভাব প্ৰবল হোৱা দেখি আমি এই 'জুই লৈ নেখেলিবি' গীতটো বেলেগে ঐতিহ্যৰ গীতৰ লগত দিছোঁ যদিও তলৰ গীত তিনিটাক 'জুই লৈ নেখেলিবি'ৰ দ্বিতীয় ভাগ বুলিব পাৰি।]

আজি আই অসমী
মিঠা দুটি ওঁঠ আৰু জিভা কিয় ৰাঙলী
তোমাৰ?
চোকা শাণিত অস্ত্ৰেৰে ঘপিয়ালে কোনে
বোৱাই শোণিত সাতোধাৰ?

সাতোটি তেজৰ ধাৰা চিনিছোঁ চিনিছোঁ যেন
জ্বলে তাত মুখ কাৰোবাৰ।
এটি যেন ৰঞ্জিত, আনটি সূৰ্য্য আৰু
আনটি অনিল বৰাৰ।
গোলপ কলিটিৰ দৰে সুকোমল
মোজাম্মিল 'ধন'ৰ দেহাৰ
তেজ সানি কোৰাণত তহঁতে চিঞৰ কিয়?
কি নাম সেইটো ভাষাৰ?
ৰঙা ৰঙা তেজ সনা দেহা দুটি পৰি ৰ'ল
বলিন আৰু প্ৰমোদ বৰাৰ,
তাৰ প্ৰতিবাদ ৰূপে শুনিছিলোঁ শৰদ
মহন্ত বাগৰি পৰাৰ।
সূৰ্য্যৰ পিনে চাই সংগ্ৰাম কৰিবলৈ
অসমৰো আছে অধিকাৰ
তাৰেই প্ৰকাশক উচ্চাত্মিকা বুলি কৰ
লুকুৱাই নিজ ব্যভিচাৰ।
চিন্তাৰ বাহন মোৰ মাতৃভাষা,
অস্ত্ৰ নহয় ক্ষমতাৰ
মুখাপিন্ধা নীতিবিদ আওপাকে নুবুজাবি
মানে নাই তোৰ বক্তৃতাৰ।
ভাষাৰ সামন্তবাদ পুৰণি কলীয়া হ'ল
কিমান আৰু কৰ হুংকাৰ?
মই বৰ ভাবেৰে কত জাল তৰিবি
মিছা সাংবাদিকতাৰ?
শান্তিপূৰ্ণ এই অসমীয়া জাতিটো
ভাল ভাৰতীয় উদাৰ,
আভুৱা নাভাবিবি ভুৱা পণ্ডিত সৰ
নিজকেই চিকুট এবাৰ।

[গুৱাহাটী, ১৯৭২ চন]

যুক্তিকথা

হেৰ! দেখুৱাই দেচোন এই মহাভাৰতত
এচিকটা মাটি ক'ৰবাৰ
য'ত চিন পৰি থকা নাই
বহু ভাষা-ভাষীয়ে
বহু বহুবাৰ গছকাৰ?
তেন্তে কিয় ভাৰতৰ অঞ্চলে অঞ্চলে
সুআসন একোটি ভাষাৰ।
(তাত) দূৰণিৰ পৰা অহা
সংখ্যালঘুৱে লিখে
বুৰঞ্জী জীণ যোৱাৰ।
পুনৰ গঠন বুলি পুনৰ ভাঙন কৰা
চক্ৰান্ত আছে যাৰ যাৰ
জুই লই নেখেলিবি ৰঙা চকু দেখুৱাই
সঁকিয়ালোঁ এয়ে শেষ বাৰ।
বংগ বন্ধু শ্বেখ মুজিবুৰে যেতিয়া চিঞৰিলে
'সোণাৰ বাংলাৰ'

তেতিয়া জানো হেৰ’ অপমান কৰা হয়
বিশ্বৰ অন্য ভাষাৰ?
তৰ্ক নকৰোঁ মই, শেষ হ’ল তৰ্ক
এই গীত সতৰ্ক কৰাৰ
নানিবি অসমলৈ ত্ৰাস পৰিবেশ,
ধ্বংস যজ্ঞ জ্বলোৱাৰ।
বহু কাপুৰুষে ঘেৰি শিৰচ্ছেদ কৰিছিল
অহিংস অনিল বৰাৰ
সৌৰা চা আকাশত জ্বলিছে অনিল,
মোজাম্মিল ৰূপ ধৰি ধ্ৰুৱ তাৰকাৰ।

[আঠ নৱেম্বৰ, ১৯৭২ চন]

শেষ কথা

অসমীয়া জাতিটোৰে অসমীয়া ক’বলৈ
কাকনো কৰিছে বলাৎকাৰ?
হেৰ’
অসমীয়া ভাষাটিৰ অসমতে নাই জানো
যোগ্যতা পোৱাৰ অধিকাৰ?
সমগ্ৰ ভাৰতৰ ভাষা দুনীতিবান,
কুচক্ৰী যত কুলাংগাৰ?
হেৰ’
অসম দেশখন তহঁতৰ জানো
পৈতৃক পৰীক্ষাগাৰ?
আৰু যদি কোনোবাই
উচ্চাভিকা মন লৈ
অসমীক জোকাৰ এবাৰ,
লক্ষ লক্ষ নৱ ডেকা গাভৰুৱে
তেজ দিব ৰঙা কলিজাৰ
কাৰো প্ৰতি বিদ্বেষ,
কাৰো ভাষা অৱহেলা
লক্ষ্য নহয় আমাৰ
এই গীত নুবুজিলে
শত গীত লিখি যাম
জগাই লুইতৰে পাৰ।
জোনাকী যুগৰে পৰা সংগ্ৰাম কৰিও
চিন নাই ভাগৰি পৰাৰ
আজিৰ অসমীয়াৰ অগনি চৰিছে গাত
দীক্ষাৰে নৱ বাৰতাৰ।
আজিৰ অসমীয়াই নৱ ৰূপ ধৰি ল’লে
আগ্নেয় মহা জনতাৰ
দুৰ্জেয় নৱ চেতনাৰ
আগ্নেয় মহা জনতাৰ।

[আঠ নৱেম্বৰ, ১৯৭২ চন]

আমি অসমীয়া নহওঁ দুখীয়া

[১৯৭৯ চনত আৰম্ভ হোৱা ভাষা আন্দোলনৰ পিছত এই গীতটোৰ চতুৰ্থ ফাকি পদ তলত দিয়া ধৰণেৰে সলাইছে।]

কথা: ‘অসম মৰিলে, আমিও মৰিম’ বুলি
ক’বলৈ কোনো যে নাই বুলি সেইয়া
আজি কোনে কয়?
গীত: কোনোবা কাপুৰুষক পুৰুষ কৰিবলে
জ্যোতি প্ৰসাদও যে আছে
‘অসম মৰিলে, আমিও মৰিম’
বুলি ক’বলৈ শ্বহীদও আছে
আজি অম্বিকাগিৰিৰ চিঞৰক হেজাৰে
হাতে কামে নৱৰূপ দিব
আজিৰ অসমীয়াই সংগ্ৰাম নকৰিলে
অসমতে ভগনীয়া হ’ব।

[১৯৮০ চন]

১৯৭৯ চনৰ অসম আন্দেলনত আৰক্ষীৰ গুলী চালনাত ছত্ৰভংগ দিয়া নিৰস্ত্ৰ অসমীয়া

ৰিম জিম ৰিম জিম বৰষুণে

[এই গীতটোৰ মূল কথাখিনি ১৯৫৬-ত ৰচা যদিও ১৯৭৯ চনত আৰম্ভ হোৱা অসম আন্দোলনৰ পিছত ইয়াক নতুন ৰূপ দিয়ে।]

কথা: মোৰ আইৰ চকুপানী আৰু
দেউতাৰ কপালৰ ঘাম
কোন দেশৰ মাটিত সৰি পৰে?
গীত: ৰিম জিম ৰিম জিম বৰষুণে
নেপুৰ বজায় ক'ত, ক'ত?
গিৰ গিৰ গিৰ ডাৱৰেনো
মাদল বজায় ক'ত?
এই অসম দেশত, অসম দেশত।
হে মাইহাং বাটিত সোৱাদ পানী
যাচে কোনে ক'ত?
কাৰ পদূলিৰ কেতেকীনো
মলে মলাই ক'ত?
এই অসম দেশত, অসম দেশত।

এধানি এধানি নৈ
সাগৰ হয় ক'ত, ক'ত?
সাগৰকো ভয়
নকৰেনো কোনে ক'ত?
এই অসম দেশত, অসম দেশত।

আইৰে চকুৰে
মুকুতানো সৰে ক'ত?
সেই মুকুতাৰে মণি পিন্ধি
সাহ পাওঁ ক'ত?

মোৰ দেউতাৰে কপালৰে
ঘাম সৰে ক'ত?
সেই ঘাম দেখি মৰোঁ যেনে
লাগে মোৰ ক'ত?
অ' মোৰ অসম দেশত।
মোৰ কলিজাৰে সুৰবোৰ
বুজে কোনে ক'ত?
ন পুৰুষে দেশৰ হকে
তেজ দিয়ে ক'ত?
আনে কৰা উপলুঙা
ওফৰায়নো ক'ত?
এ মোৰ অসম দেশত, অসম দেশত।।

আজি ব্ৰহ্মপুত্ৰ হ'ল বহ্নিমান

[এই গীতটো ১৯৭৯ চনত আৰম্ভ হোৱা অসম আন্দোলনৰ সময়ত ৰচা]

কথা: মহামিলনৰ তীৰ্থ
এই ব্ৰহ্মপুত্ৰ
আজি বহ্নিমান কিয়?

গীত: আজি ব্ৰহ্মপুত্ৰ হ'ল বহ্নিমান!
মনৰ দিগন্তত ধোঁৱা উৰে,
আকাশত পপীয়া তৰা ঘূৰে
পদে পদে কৰে কাক অপমান?
আজি ব্ৰহ্মপুত্ৰ হ'ল বহ্নিমান।

এই বহ্নি নহয় শ্যামলী বনৰ
এই বহ্নি ক্ৰোধান্বিত লক্ষ মনৰ
পুঞ্জীভূত নোপোৱাৰ বেদনা
আগ্নেয়গিৰি সমান—
আজি ব্ৰহ্মপুত্ৰ হ'ল বহ্নিমান।

সমদলৰ পদধ্বনি
আবাল বৃদ্ধ, বনিতাৰ
স্বনিৰাপত্তা লক্ষ্য আৰু
আনকো জীয়াই ৰখাৰ
সহস্ৰজনৰ সাহস দেখি
পৃথিৱী কম্পমান
আজি ব্ৰহ্মপুত্ৰ হ'ল বহ্নিমান।

সৌৱা বজ্ৰ নিনাদৰ প্ৰতিধ্বনি
ভৈয়ামে পৰ্বতে বাজে
সংগ্ৰামী সুস্থ প্ৰকাশ
বলিষ্ঠ সংযম মাজে
প্ৰচণ্ড অৱহেলা এইবাৰ নাশিৰই
জীৱনকো কৰি বলিদান
আজি ব্ৰহ্মপুত্ৰ হ'ল বহ্নিমান।

তেজপুৰৰ অজিত সিংহৰ সতে
ফটো: ৰুবী সিংহৰ সৌজন্যত

শেষ সকীয়নি

[এই গীতটো ১৯৭৯ চনত আৰম্ভ হোৱা অসমীয়াৰ গণ-আন্দোলনত ৰাইজক উদ্গনি দিবলৈ লিখা চন]

সিদিনা

আঠ নৱেম্বৰ উনৈছ শ বাসত্তৰ চনত
লিখিছিলোঁ:

তৰ্ক নকৰোঁ মই, শেষ হ'ল তৰ্ক
এই গীত সতৰ্ক কৰাৰ
নানিবি অসমলৈ ত্ৰাস পৰিবেশ
ধ্বংস যজ্ঞ জ্বলোৱাৰ।

* * *

কাৰো প্ৰতি বিদ্বেষ, কাৰো ভাষা অৱহেলা
লক্ষ্য নহয় আমাৰ
এই গীত নুবুজিলে শত গীত লিখি যাম
জগাই লুইতৰে পাৰ।

ত ত ত

আজি লিখিছোঁ
উনাশী আশীত লুইতপৰীয়াৰ দলে
সহস্ৰ কণ্ঠেৰে ক'লে
অহিংস নীতিৰেই কৰিম সংগ্ৰাম
যাওকগৈ জীৱনটো গ'লে।
খৰ্গেশ্বৰৰ কোমল বুকুত
শোষণ শাণিত অস্ত্ৰ,
তেজাল ডেকাৰ তেজ বেগেৰে বলে
দেহত শুকুলা বস্ত্ৰ।
(এই) সংবাদ শুনিয়েই অসমবাসীৰ
কালিকা চৰিল যেন গাত
অগণন ৰাইজে সমদল সজালে
জীৱনটো কৰিও পাত
দুলিয়াজানত গ'ল অজিত নেওগ
নগেন ডেকা আৰু কুমুদ গগৈ
বাগান পাৰাৰ দিলীপ হুজৰীও
বীৰদৰ্পে গুচি গ'লগৈ
আৰু কত শত জনে, মৰণক নেওচি
নিতে নৱ কৰিছেহি পণ
পোহৰ সন্ধানী অগ্নিশিখাত
উজলিছে জন অগণন
মৃত্যু পণেৰেই, উলিয়াব লাগিবই
জীয়াই থকাৰ এটি বাট।

এই সংগ্ৰাম
সেই সংগ্ৰাম
এইয়েই
শেষ শৰাইঘাট।

[তৰাজান, যোৰহাট, উনৈছ মে', ১৯৮০ চন]

আৰক্ষী বাহিনীৰে কুশাসন ৰক্ষা কিছু দিনহে কৰিব পাৰি

[১৯৭৯ চনৰ পৰা চলি থকা আন্দোলন দমাবলৈ চি-আৰ-পিয়ে অসমীয়া ৰাইজৰ ওপৰত অমানুষিক অত্যাচাৰ চলাই আহিছে। কটন কলেজ তথা অন্যান্য বিদ্যালয়ত পাশৱিক সৈন্যৰ প্ৰৱেশ, নিসহায় লোকৰ ওপৰত গুলী চালনা, লাঠী চালনা, আদিৰে চৰকাৰে যি বৰ্বৰতাৰ পৰিচয় দিলে তাৰ বিষয়ে সতৰ্ক কৰি দিবলৈ তলৰ গীতটো ৰচে।]

নৱ নৱ পুৰুষৰ নোপোৱাৰ প্ৰকাশক
ভৱিৰে মোহাৰিব নোৱাৰি
আৰক্ষী বাহিনীৰে কুশাসন ৰক্ষা
কিছু দিনহে কৰিব পাৰি।

শেষ সকীয়নি

[এই গীতটো ১৯৭৯ চনত আৰম্ভ হোৱা অসমীয়াৰ গণ-আন্দোলনত ৰাইজক উদ্গনি দিবলৈ লিখা চন]

সিদিনা
আঠ নৱেম্বৰ উনৈছ শ বাসত্তৰ চনত
লিখিছিলোঁ:
তৰ্ক নকৰোঁ মই, শেষ হ'ল তৰ্ক
এই গীত সতৰ্ক কৰাৰ
নানিবি অসমলৈ ত্ৰাস পৰিবেশ
ধ্বংস যজ্ঞ জ্বলোৱাৰ।

* * *

কাৰো প্ৰতি বিদ্বেষ, কাৰো ভাষা অৱহেলা
লক্ষ্য নহয় আমাৰ
এই গীত নুবুজিলে শত গীত লিখি যাম
জগাই লুইতৰে পাৰ।

ত ত ত

আজি লিখিছোঁ
উনাশী আশীত লুইতপৰীয়াৰ দলে
সহস্ৰ কণ্ঠেৰে ক'লে
অহিংস নীতিৰেই কৰিম সংগ্ৰাম
যাওকগৈ জীৱনটো গ'লে।
খৰ্গেশ্বৰৰ কোমল বুকুত
শোষণ শাণিত অস্ত্ৰ,
তেজাল ডেকাৰ তেজ বেগেৰে বলে
দেহত শুকুলা বস্ত্ৰ।
(এই) সংবাদ শুনিয়েই অসমবাসীৰ
কালিকা চৰিল যেন গাত
অগণন ৰাইজে সমদল সজালে
জীৱনটো কৰিও পাত
দুলিয়াজানত গ'ল অজিত নেওগ
নগেন ডেকা আৰু কুমুদ গগৈ
বাগান পাৰাৰ দিলীপ হুজৰীও
বীৰদৰ্পে গুচি গ'লগৈ
আৰু কত শত জনে, মৰণক নেওচি
নিতে নৱ কৰিছেহি পণ
পোহৰ সন্ধানী অগ্নিশিখাত
উজলিছে জন অগণন
মৃত্যু পণেৰেই, উলিয়াব লাগিবই
জীয়াই থকাৰ এটি বাট।
এই সংগ্ৰাম
সেই সংগ্ৰাম
এইয়েই
শেষ শৰাইঘাট।

[তৰাজান, যোৰহাট, উনৈছ মে', ১৯৮০ চন]

আৰক্ষী বাহিনীৰে কুশাসন ৰক্ষা কিছু দিনহে কৰিব পাৰি

[১৯৭৯ চনৰ পৰা চলি থকা আন্দোলন দমাবলৈ চি-আৰ-পিয়ে অসমীয়া ৰাইজৰ ওপৰত অমানুষিক অত্যাচাৰ চলাই আহিছে। কটন কলেজ তথা অন্যান্য বিদ্যালয়ত পাশৱিক সৈন্যৰ প্ৰৱেশ, নিসহায় লোকৰ ওপৰত গুলী চালনা, লাঠী চালনা, আদিৰে চৰকাৰে যি বৰ্বৰতাৰ পৰিচয় দিলে তাৰ বিষয়ে সতৰ্ক কৰি দিবলৈ তলৰ গীতটো ৰচে।]

নৱ নৱ পুৰুষৰ নোপোৱাৰ প্ৰকাশক
ভৰিৰে মোহাৰিব নোৱাৰি
আৰক্ষী বাহিনীৰে কুশাসন ৰক্ষা
কিছু দিনহে কৰিব পাৰি।

লুইতপৰীয়া ডেকাবন্ধু জীয়াই থকাৰ যুঁজত নামিছা মৃত্যু শপত খাই

[১৯৮০ চনৰ এপ্ৰিল মাহত অসম আন্দোলনত আগ ভাগ লোৱা বহুতো ছাত্ৰক গ্ৰেপ্তাৰ কৰা বুলি বাতৰি কাকতৰ পৰা জানিব পাৰি তলৰ গীতটো এইচ-এম-ভিৰ ষ্টুডিঅ'তে ৰচে।]

লুইতপৰীয়া ডেকা বন্ধু
তোমাৰ তুলনা নাই
জীয়াই থকাৰ যুঁজত নামিছা
মৃত্যু শপত খাই।
পুৰণি পুৰুষে হাত সাৰটি
বহুতো হেৰুৱালে
উদাৰতাক শতৰুৱে
দুৰ্বলতা বুলি ল'লে।
আজি বক্ষৰ দৰে গৰ্জন কৰি
শতৰুক ওফৰাই
জীয়াই থকাৰ যুঁজত নামিছা
মৃত্যু শপত খাই।
তোমাৰ পৱিত্ৰ সাহত কলংক
সানোতা যিসৱ আছে
চোৰাঁ এটি এটিকৈ লাজতে সিহঁতে
নিজৰে সমাধি ৰচে।
লুইতে আজি ফেনে ফোটোকাৰে
তীব্ৰ বেগেৰে ব'লে
তোমাৰ সাহৰ জোৱাৰ দেখি
নতশিৰে প্ৰণামিলে।
পৃথিৱীয়ে আজি তোমাৰ পিনে
ডিঙি মেলি মেলি চায়
জীয়াই থকাৰ যুঁজত নামিছা
মৃত্যু শপত খাই।।

[এইচ-এম-ভি ষ্টুডিঅ', বোম্বাই, এঁকৈছ এপ্ৰিল ১৯৮০ চন]

বিদেশী বিতাৰণ আন্দোলনৰ সময়ত তেঁও আন অসমীয়াৰ দৰে উপলব্ধি কৰিছে যে হয়তো বহুত পলম হ'ল। এতিয়া আৰু যুক্তি, বুজনিৰ অপেক্ষাত ৰ'বলৈ সময় নাই। এতিয়া মহাবাহু ব্ৰহ্মপুত্ৰৰ বলতে বলিয়ান হৈ শেষ সংগ্ৰাম চলাবৰ হ'ল। এইয়া অসমীয়াৰ 'শেষ শৰাইঘাট'। এইবাৰ নিজকে সক্ষম কৰিব নোৱাৰিলে অসমীয়া জাতি অতি সোনকালেই নিশ্চিহ্ন হ'ব।

অসম আন্দোলনত আৰক্ষীয়ে গুলিয়াই হত্যা কৰা শ্বহীদ খৰ্গেশ্বৰ তালুকদাৰ হত্যাৰ প্ৰতিবাদ

জুয়ে পোৰা তিৰাশীৰ নিৰ্বাচনী বছৰ

[বিংশ শতাসীৰ অসমৰ ১৯৮৩ চনটো অতীব ভয়াবহ বুলি ইতিহাসত চিহ্নিত হৈ ৰ'ব। ই যেন পুনৰ নহয়। সেই জুয়ে পোৰা তিৰাশীৰ দিনবোৰ যেন আকৌ উভতি নাহে]

জুয়ে পোৰা তিৰাশীৰ নিৰ্বাচনী বছৰ
মোৰ ভাইটি নোহোৱা হ'ল,
নেপালোঁ খবৰ
তই জাননে খবৰ?
জিলাৰ দহো গাঁৱত তোৰ সমকক্ষ নাই

তোক হেৰুৱাই আমাৰ গঞাই
ক্ৰোধতে বিনায়
মৰিশালী হ'ল পাঠ্যপুথি থোৰা ঘৰ।
আহিম বুলি নাহিল দেখোঁ
জাননে খবৰ?
আৰু জান যদি কোনোবাই
তাৰ দিবি নে খবৰ?
জানো তাৰ পণ আছিল দেশখন গ'বি
অহাদিনৰ সুন্দৰ জীৱন
অসমবাসীক দিব
চিঞৰে সি নিজৰ মাটিত হ'ব কিয় পৰ
মোৰ ভাইটি নোহোৰা হ'ল
জাননে খবৰ?
তই জাননে খবৰ?
এদিন দেখোন চৌপাশে দৈত্য দানৱ আহি
লুইত পাৰত গুলিয়ালে
বহুতো গ'ল ভাহি,
লগত আছিল ৰংপি, পেগু,
গগৈ বসুমতাৰী,
ৰহিম, কুমী, যোছেফ আছিল
ছেত্ৰী তেৰাৰী
হৰবংচ আছিল শিষ্য গুৰু টেগ বাহাদুৰৰ
সবাকে দানৱে নিলে জাননে খবৰ?
তই জাননে খবৰ?
আইয়ে দেখোন ভাতৰ পাতৰ
কাষলৈ নাযায়
ছাত্ৰইঁতে দিনে নিশাই বাটত জুমি চায়
ভনীয়ে নিতে ভাইটিৰ ঘৰত বন্তি জ্বলায়
বুঢ়া পিতাই ষ্টেচনত ৰেলগাড়ীবোৰ চায়
অচিন যাত্ৰী ঠোহ খাই আহে
ভাইটিটোহে নাই
ঠিকনা আৰু নোহোৰা হ'ল সুদা ছাল ঘৰ
মোৰ ভাইটি নোহোৰা হ'ল জাননে খবৰ?
তই জাননে খবৰ?
সংবিধানৰ বাধ্যবাধকতা থকাৰ পৰিৱেশত
হেজাৰজনৰ ৰক্তনদী ব'লে অসমত
তিৰাশীৰ হত্যা যেন পুনৰ নহয়।
যদি হয় ভাৰততো হ'ব যে প্ৰলয়,
বিভেদকামীক দিব চিতা আৰু যে কবৰ
অ' ভাইটিক দে যদি দিবিনে খবৰ?

লুইতপৰীয়া তেজাল ডেকা

লুইতপৰীয়া তেজাল ডেকা
তুমি আজি অমৰ হ'লা
তুমি আজি শ্বহীদ হ'লা।।
যি শ্বহীদ বেদী
তুমি নিজ হাতেৰে
কালি মাথোঁ সাজিছিলাঁ।
শৰীৰ তোমাৰ আজি শব্দবিহীন
জ্যোতিত বিলীন হ'লাঁ।
পিচে প্ৰকাশৰ যেন আগ্নেয়গিৰি হৈ
আৰ্তনাদ হ'লাঁ
তুমি আজি অমৰ হ'লা
তুমি আজি শ্বহীদ হ'লা।।
লুইত পাৰৰে সবাৰে শান্তিৰ বাবেই
সংগ্ৰামী হ'লাঁ
প্ৰতাৰণাৰ চিকাৰ হৈ
আজি যেন গুচি গ'লাঁ।
সমাজৰ নাৰিকৰ কাল সাগৰত

তুমি যেন প্ৰদীপ হ'লাঁ
আজি তুমি শ্বহীদ হ'লাঁ।
আছিল কিমান তোমাৰেই আঁচনি
অপূৰ্ণ দেখি গ'লাঁ
অপূৰ্ণতাক পূৰ্ণ কৰিবলে
হেজাৰক প্ৰেৰণা দিলাঁ
হেজাৰক প্ৰেৰণা দিলাঁ
আজি তুমি শ্বহীদ হ'লাঁ।

শ্বহিদ প্ৰণামো তোমাক

শ্বহিদ প্ৰণামো তোমাক
লুইতৰ পাৰৰে তুমি ডেকা ল'ৰা
তুমিয়েটো বুকু পাতি দিলা
ভাৰতীৰ নুমলী জীক বচাবলে
তুমিয়েটো মৃত্যু বৰিলা।

বিংশ শতিকাৰ অষ্টম দশকৰ
নতুন পুৰুষ অগণন
জাতিৰ স্বকীয়তা ৰাখিবলৈ
অহিংসাৰে কৰা ৰণ
তুমিয়েটো দানৱীয় শক্তিক কিছু
যুক্তিৰ মৰ্ম শিকালা
ভাৰতীৰ নুমলী জীক বচাবলে
তুমিয়েটো মৃত্যু বৰিলা।

তুমি শ্বহিদ হ'লা তুমি সূৰ্য্য হ'লা
যি অসমলৈ প্ৰভাত আনিব
তুমি শ্বহিদ হ'লা তুমি ধুমুহা হ'লা
যি বৰদৈচিলা হৈ ৰ'ব
তুমিয়েই অনাগত সংগ্ৰামী সৈন্যৰ
আঁচনিৰ অস্ত্ৰ হ'লা
ভাৰতীৰ নুমলী জীক বচাবলে
তুমিয়েটো মৃত্যু বৰিলা।
প্ৰতি মাতৃৰ প্ৰতি ভগিনীৰ
প্ৰতি পিতৃৰে গৌৰৱ
ন্যায়ৰ গাণ্ডীব ধাৰী অৰ্জুন
পলাতক যত কৌৰৱ
লুইতৰ বহমান পানীক তেজেৰে
অধিক বলিয়ান কৰিলা
ভাৰতীৰ নুমলী জীক বচাবলে
তুমিয়েটো মৃত্যু বৰিলাঁ।
সৌভাগ্য আমাৰ জীৱনত
তুমিয়ে জনম লভিলা
দুৰ্ভাগ্য আমাৰ
আমাক জীয়াবলৈ
অকালতে মৃত্যু বৰিলা।
বিশ্বগতিৰ চক্ৰত লৰিও
মাতৃক আদৰিলা
ভাৰতীৰ নুমলী জীক বচাবলে
তুমিয়েটো মৃত্যু বৰিলা।

স্বহিদৰ ত্যাগ আৰু ৰঙা ৰক্তৰ
যেয়ে দিব খুজে অপবাদ
অগ্নেয় মন্ত্ৰ উচ্চাৰি দেশে
দিব নিতে প্ৰতিবাদ
ক'ব কুসুম কোমল চিত্তলোকত
মানৱতন্ত্ৰ থাপিলা
ভাৰতীৰ নুমলী জীক বচাবলে
তুমিয়েটো মৃত্যু বৰিলা।।

অতিকৈ চেনেহৰ বহলকৈ পৃথিৱী

[ভূপেন দাদাৰ টোকা: ১৬ নৱেম্বৰ, ১৯৬৫। গুৱাহাটী নেহৰু ষ্টেডিয়ামৰ সেউজীয়া পথাৰ। ৰাছিয়াৰ দল এটি (ফুটবল খেলুৱৈৰ দল) প্ৰথমবাৰৰ বাবে অসমলৈ আহি খেমালি কৰিছেহি আমাৰ অসমৰ পাহাৰ ভৈয়ামৰ ডেকাহঁতৰ সৈতে। অসম-ৰুছৰ খেলখন চাই থাকোঁতে মোৰ মনত পৰিছে, অসমৰ ৰাইজৰ প্ৰতিনিধি ৰূপে মই নিজকে মস্কো, টাছখণ্ড, লেনিগ্ৰাড আদি ঠাইত মৰম পোৱাৰই কথা। সেই ৰাছিয়াৰ প্ৰতিনিধিক পাই আমাৰ ভাল লগাৰ শেষ নাই। সেই দুপৰীয়া স্বতঃস্ফূৰ্ত ভাবে গীত এটিৰ জন্ম হ'ল।]

অতিকৈ চেনেহৰ বহলকৈ পৃথিৱী
তাতোকৈ চেনেহৰ ভাই,
তাতোকৈ চেনেহৰ ভল্গাৰ বান্ধৈ ঐ
আনন্দৰে সীমা নাই।
ৰুছ দলৰ কি ক্ষিপ্ৰতা চাব
কি কৌশল চাব?
সমাজৰ পথাৰতে
কিনো খোপ খেলিলাঁ
পাৰতে যেন এঠা সনা আছে
সেই এঠাৰে তোমাৰে আমাৰ
দুখন বুকু এখন হ'ল
ৰঙতে চোন বলিয়া হৈ নাচে।
এনেনো ভাল লাগে বান্ধৈ
এনেনো ভাল লাগে
ভল্গা নদী কিনো চাবা
যেন আমাৰ লুইতহে।
এনেনো ভাল লাগে
ডন নৈখন কিনো চাবা
যেন আমাৰ জীয়া ভৰলীহে
এনেনো ভাল লাগে
বোখাৰালৈ কিনো চাবা
যেন আমাৰ কাশ্মীৰহে
শান্তি বিৰাজ কৰিছে।
এনেনো ভাল লাগে
বিজ্ঞানীলৈ কিনো চাবা
মানৱ কল্যাণ সাধিছে।

এনেনো ভাল লাগে
ৰাজনীতিলৈনো কিনো চাবা
পঞ্চশীল মানিছে।
এনেনো ভাল লাগে
দূৰণিৰ বুকুৰে বান্ধৈক
আমাৰ অসমে আদৰিছে।
এনেনো ভাল লাগে বান্ধৈ
এনেনো ভাল লাগে—।

গুৱাহাটী ১৯৬৫ চন

নিউ যাৰ্চিৰ মিত্ৰা আৰু সঞ্জীৱ কলিতাৰ (মহেশ আৰু নিৰ্মলা কলিতাৰ সন্তান) সতে

টোকা: মিত্ৰা পাচলৈ এগৰাকী লেখিকা

অকণিৰ গীত

অসমীয়া ভাষাত অকণিৰ গীত অতি তাকৰ আৰু যিও আছে তাৰ বেছি ভাগেই উপদেশমূলক বা 'পেহী অ' পেহা, আমলখি কেহা'-ৰ নিচিনা একে গতৰে। কণ কণ ল'ৰাছোৱালীক ৰোমাঞ্চিত কৰিব পৰা বা বিচিত্ৰ কল্পনাৰে তেঁওলোকৰ মনত খলকনি তুলিব পৰা গীতৰ অসমীয়া ভাষাত বিশেষ অভাৱ। সেইদৰে যৌৱনত ভৰি নিদিয়া বা ভৰি দিওঁ দিওঁ হোৱা অকণমানিহঁত আৰু চেমনীয়াৰ গীতবিলাকও সাধাৰণতে উপদেশ বা আৰ্হিমূলক হোৱা কাৰণে সেইবিলাকত বয়সীয়াসকলেহে বেছি ৰস পায়। আমাৰ বয়োবৃদ্ধসকলে আশা কৰে যে চেমনীয়াহঁতে সেইবিলাক মন দি শুনিব কিন্তু চেমনীয়াহঁতে, যাৰ কাৰণে এই গীতবিলাক ৰচিত তেঁওলোকে এইবিলাক গীতলৈ ভ্ৰূক্ষেপ বা কৰ্ণপাত নকৰে। তেঁওলোকক মনোৰঞ্জন কৰিব পৰা অসমীয়া গীত নথকা কাৰণে এওঁলোকে ইংৰাজী 'পপ ছং', 'ডিস্কো' আদিহে বেছি ভাল পায়।

ভূপেন হাজৰিকাই অকণিৰ কাৰণে ৰচা গীত দুটামান সেইকাৰণে উল্লেখযোগ্য। মোনা ভৰাই ৰং বেচোঁতাৰ গীতটো আৰু এসোপা ভাইটি ভন্টি গোট খাই 'ইমান যে ফুৰ্তি' কৰাৰ গীতটো শিশু গীতৰ আৰ্হি স্বৰূপ। অদ্ভূত কিন্তু শিশুৰে চিনি আৰু বুজি পোৱা কল্পনাক সহজ সৰল ভাৱ আৰু থুনুক থানাক ভাষাৰে প্ৰকাশ কৰা বাবে এই গীত দুটা অতি মনোগ্ৰাহী হৈছে। 'ভূপেন মামাৰ গীতে মাতে অ আ ক খ' ৰ বিষয়েও এক মতকে দিব পৰা যায়।

আমাৰ মাজত ৱাল্ট ডিজনী বা ৰুদিয়াৰ্ড কিপলিং নাই। তথাপি শিশুৰ উদ্দেশ্যে ৰচা গীত, কবিতা সাহিত্য আদিত শিশুৱে ৰং পাব পৰা সহজ অথচ শিশুৰ মায়া চাতুৰীৰ লগত খাপ খোৱা বিশেষ কল্পনাৰ প্ৰয়োগ আশা কৰিব পৰা যায়। মাধৱদেৱৰ শিশুলীলাৰ গীতবিলাকৰ আৰু ভূপেন হাজৰিকাৰ উপৰোক্ত গীত কেইটাৰ গুণবিলাক আন অসমীয়া গীতত আৰু সাহিত্যত দেখিবলৈ পালে ভাল লাগিব।

অৱশ্যে, অকণমানিহঁতৰ কাৰণে ৰচা হাজৰিকাৰ আন কেইটামান গীতত উপদেশ, আৰ্হি আদি অলপ বেছিকৈ সোমালে। চেমনীয়া বা শিশু হ'ল বুলিয়েই সদায় উপদেশ বা নীতি বচন শুনি থাকিব লাগে বুলি আমি ভবাটো ভুল। তেঁওৰ 'আলফুলীয়া কুমলীয়া অ' মোৰ চেনেহৰ অকণি বীৰ' গীতটোত ঐতিহ্যৰ ভৰ বেছি হোৱা কাৰণে আমি তাক অতীত মূৰ্ত হোৱা গীতৰ ভিতৰতহে ধৰিলোঁ। 'ব্ৰহ্মপুত্ৰৰ দুটি পাৰ দলঙে লগ লগালে', 'কাজিৰঙা কাজিৰঙা' আৰু 'আমি অকণি ওলামেই' এই গীত কেইটা শিশু গীতৰ শ্ৰেণীতে ধৰিছোঁ যদিও এই গীত কেইটাৰ ভাৰ গধুৰ হোৱা কাৰণে শিশু বা চেমনীয়াহঁতৰ দ্বাৰা এইবিলাক এক প্ৰকাৰ পৰিত্যক্ত।

ৰং কিনিবা কোনে

ৰং কিনিবা কোনে অ'
ৰং কিনিবা কোনে?
মোনা ভৰাই ৰং আনিছো
কিনা মোণে মোণে
বাও ধানৰ সোণ পথাৰৰ হালধীয়া চৰাই
আৰু হালধীয়া সৰিয়হৰ ফুলৰ পাপৰিয়ে
হালধীয়া ৰহণ মোক বেচে ঘনে ঘনে
ৰং কিনিবা কোনে?
সেউজীয়া থোৰ মেলা ধাননিতে
বৰ আকাশৰ নীলা মিলা সীমা খিনিতে
উৰি ফুৰা বগটি হেৰালে,
বগ পাখিৰ বগা বিচাৰি
খালোঁ মই হাবাথুৰি
বগটি কেনিবা লুকালে।
ডাঠ পাতল সেউজ বোলত
লুকাই থকা বগটিয়ে হাঁহি মাৰি ক'লে,
মোৰ পাখিৰ বগা কিনা, নাপাবা সঘনে
হেঙুলীয়া ৰহণ খেদি
সেন্দুৰী আলিৰে গ'লোঁ
সূৰুয ককাইক লগ ধৰাৰ মনে
সূৰুযে বোলে—
সকলো ৰঙৰ বেহা কৰে ইন্দ্ৰ ধনুখনে,
সেই ধনুৰে অলপ বেচত
মোনাখনিত ঢালি দিলে
সপোন সনা ৰহণবোৰ জুখি দোনে দোনে
ৰং কিনিবা কোনে?
অকণি অ' অকণি
ৰং বেচোঁতা মই
দেশ বিদেশে বেহা আছে
মই নাথাকোঁ ৰৈ
লোৰা লোৰা ৰং লোৰা
আনা সবাকে মাতি
ৰঙৰ বাবে নালাগে মোক পইচা পাতি
মাথোঁ তুমি ৰং লোৰা লৰি লৰি আহি
সেই ৰঙেৰে ধৰা বোলোৰা
খিল খিলকৈ হাঁহি
আহাঁ জনে জনে
ৰং কিনিবা কোনে?

[চেনিকুঠি, গুৱাহাটী, ১৯৫৫ চন]

ৰং ৰং নানা ৰং

ৰং ৰং নানা ৰং কিনিবলৈ যাওঁ
ৰংপুৰ অভিমুখে আমি আগুৱাওঁ
য'তে যি ৰং পাওঁ, কোচত ভৰাওঁ
সেই ৰং পৃথিৱীলে আমি ছটিয়াওঁ।

শৰী শাৰী পাহাৰৰে সেউজ ৰং চোৱাঁ
গঙা চিলনীৰ পাখি কেনে মোহনীয়া।
সৰিয়হ ফুলনি চোৱাঁ মিঠা হালধীয়া
আমাৰ এই যাত্ৰা চোৱাঁ নানা ৰহণীয়া।
আমি ৰঙৰ পৃথিৱীখনি হাততে পাওঁ
সেই ৰং পৃথিৱীলে পুনু ছটিয়াওঁ।।
সজাৰ চৰাই জাক চোৱাঁ
মুকলি যে হ'ল
বিশাল আকাশলৈ চোৱাঁ
পাখি মেলি মেলি গ'ল
সেইদৰে সৰু সৰু সীমা আমি ভাঙি গৈ
মুকলি বতাহলৈ যাওঁ বহল মনবোৰ লৈ।

পৃথিৱীৰ পৰা আমি ৰঙকে গোটাওঁ
সেই ৰং পৃথিৱীলৈ পুনু ছটিয়াওঁ
ৰঙেৰে ৰঙৰ গীত হাঁহি হাঁহি গাওঁ
সেই গীত পৃথিৱীলৈ পুনু ছটিয়াওঁ।।

ব্ৰহ্মপুত্ৰৰ দুটি পাৰ দলঙে লগ লগালে

[চন্দ্ৰলৈ মানুহ যাবলৈ ওলোৱা বুলি শুনি লিখা]

ব্ৰহ্মপুত্ৰৰ দুটি পাৰ দলঙে লগ লগালে
চন্দ্ৰৰ বুকুলৈ মানুহ যাবলৈ ওলালে
মানুহৰ মনৰ মাজত চেনেহ দলঙ গঢ়িবলে
আমি অকণি ওলামেই দলে দলে ওলামেই
ক'ৰবাত কেনেবাকৈ ডাঙৰ সকল নোলালে।

ডাঙৰ জাঙৰ সকলৰ পোহৰৰ সমাজখন
অবিশ্বাসৰ এন্ধাৰে কেতিয়াবা ঢাকিলে,
আমি সৰু সৰু কৰি জোনাকী পৰুৱা হৈ
পোহৰ বিলাওঁ বুলি দলে দলে ওলামেই
ক'ৰবাত কেনেবাকৈ ডাঙৰসকল নোলালে।

মানুহৰ সমাজৰ মৰমৰ জলধিত
পৰিণত কৰিবলৈ বহু পানী লাগিলে
আমি সৰু সৰু কৰি মৰম কণিকা হৈ
সাগৰ ওপচাবলৈ দলে দলে ওলামেই
ক'ৰবাত কেনেবাকৈ ডাঙৰসকল নোলালে ।

[কলিকতা, ১৯৭১ চন]

আমি ভাইটি ভণ্টি

আমি ভাইটি ভণ্টি
নাই দেখোন গণ্টি
ইম্মান সোপা আমি আছোঁ
ইমান যে ফুৰ্তি?
অ' ডিফুৰে ভণ্টি আৰু
শদিয়াৰে ভাইটি
কোকৰাঝাৰৰ ৰাভাৰ স'তে
লোহিত মুখৰ কণটি
ইমান সোপা আমি আছোঁ
ইমান যে ফুৰ্তি?
ঢং ঢং ঢং শুনা ঘণ্টি
শেৱালি ফুলৰ ফালে
চৰেই মাৰ দৌৰটি
এতিয়াহে মন কৰিছোঁ
হৈছে পূজাৰ ছুটটী
ইমান যে ফুৰ্তি ?
(চোৰাঁ শৰতৰ জোনটি
মেলি থোৱা নীলা গামোচাৰ
যেন পানীপিঠাটি।)

কঁহুৱাৰ ওপৰেদি উৰে
হাঁহৰ জাকটি—
হাঁহ ওখ নে আকাশ ওখ
উৰি চোৰাঁচোন ভণ্টি।
(এইয়া আমাৰ মাটি
পাচলিৰো দাম বাঢ়িছে
হাতত লোৱা খন্তি
নকটাবা ক্ষণটি

লাই পালেং ধনিয়াৰে বাৰী কৰা ভৰ্তি।)
ভূগোলৰে মেপ এখনক
ফালি পেলাওঁ যদি
খণ্ডতে ওফন্দে দেখোন
দেৱযানী বাইটি।
(ডাঙৰ মানুহবোৰে পিছে
দেশখন কাটি কুটি
থানবান কৰিলে চোন
নিদিয়ে যে মাতটি
ডাঙৰে যি কৰে কৰক।)
ডাঙৰে দেশ ভাঙে যদি
আমি কৰিম কাম এটি
একেলগে চৰেই খেলিম
সজাই দেশৰ ঘৰটি।
(ঘৰৰ পৰা বহু বেলুন ফুওৰাই
একেলগে ৰছী বান্ধি
দিম্যে ঘনে উৰুৱায়।
তাকে দেখি দূৰ দেশৰো
মানুহে চিঞৰিব:
আহ হা অসমীৰ
ৰামধনু কোনে
ন-কৈ গঢ়িব?
মিঠা পানীপিঠাৰ দৰে
জোনৰ ফালে গৈ থকা
ৰঙীণ বেলুন কেইটি,
আমাৰ দেশৰ ভাই
ভণ্টিৰ মনৰেহে ছবিটি।
ধুবুৰীৰে ভণ্টি আৰু
তেজপুৰীয়া ভাইটি
শিবসাগৰৰ গোহাঁইৰ স'তে
লুইতৰে কণটি
ইমান সোপা ভাই ভণ্টিৰ
একে দেখোন মনটি।
ইম্যান যে ফুৰ্তি
ইম্যান যে ফুৰ্তি।)
[বিহু : গুৱাহাটী, ১৯৫৪ চন]

পাচলিৰ বাগিচা

[সুৰ: ঋতুপৰ্ণ শৰ্মা; শিল্পী: ঋতুপৰ্ণ শৰ্মা, আৰু দুৰৰি হাজৰিকা]

পাচলিৰ বাগিচা সৰু বাগিচা
মোৰ সৰু বাগিচা
জানো দেখিছা?
তাত মই ৰুইছোঁ পাচলি ইমান
সৰিয়হ ফুলবোৰ
ফুলিছে কিমান?
সৰু সৰু কোৰেৰে নিজে কোৰ মাৰোঁ
সৰু সৰু খন্তিৰে নিজে চহ কৰোঁ
আবেলি পাচলিত দিওঁ মই পানী
মটৰৰ কলিবোৰ খাওঁ ছিঙি আনি।
কবি, মুলা, উৰহি, শাক: লফা লাই
পুৰাতেই ছিঙো মই খৰাহি ভৰায়।।
বজাৰত পাচলি বহু বেচা হয়
মোৰ বাগিচাৰ দৰে সোৱাদ নহয়।।

অকণি তুলতুল (তেজপুৰৰ ডাঃ ৰবীন আৰু লক্ষ্মী গোস্বামীৰ ছোৱালীৰ) সতে মাহীয়েক মুকুট আৰু মেইনী

ফটো: গুৱাহাটীৰ কুল ৰহমানৰ সৌজন্যত

ভূপেন মামাৰ গীতে মাতে অ-আ-ক-খ

অ হ'ল অসমৰ প্ৰথম আখৰ
অসমৰ অকণি অসমতে ঘৰ।

আ-ই বোলে আহ আহ আহ মটৰ গাড়ী
তোৰ পেটত উঠি মই যাওঁ নলবাৰী।

ই-য়ে ভাল পায় ইলীহি মাছ
বিলাহী টেঙা খাই ঘূৰি ঘূৰি নাচ।

দীৰ্ঘ ঈ-ৰ দেখোন টিকনি দীঘল ডাঙৰ
নেদেখা ঈশ্বৰৰ ক'ত বা ঘৰ।

উ-য়ে বোলে উলখিনিৰ কি ৰং ভাই
অ' মা অ' মা চুৱেটাৰ নাই।

দীৰ্ঘ উ-ক তেজপুৰলৈ মাতিছে উষাই
চিত্ৰলেখী নাচি আছে লিচু খাই খাই।

ঋ-ৰ কথা নক'বা বৰ হাঁহি উঠে
ঋষিয়ে বা চাইকেলত উঠে নে নুঠে।

এ যায় নাজিৰালৈ এৰোপ্লেত উঠি
ৰঙা নীলা বেলুনৰ কিমান ফুৰ্তি।

ঐ নামৰ চৰায়ে ঐনিতম গায়
বৈ বৈ বান্দৰে গীটাৰ বজায়।

ও থাকে ওৰাঙৰ ওচৰে ওচৰে
ওখ ওখ গছৰ পৰা ৰসগোল্লা সৰে।

ঔ-ৰে বোলে কণপিতৌ ভৰিত দুখ পালি
ঔ টেঙাৰ বল খেলি লেঙেৰা হলি।

ক-ই বোলে কণাবপু কম কল খাবি
কল খাই বাকলিটো বাদুলিক দিবি।

খ-ই খগেনটো ইমান খকুৱা
খাই খাই খাই খাই হ'ব পেটুৱা।

গ হ'ল গৰখীয়া গৰু চৰায়
গধূলি গান গাই বগৰি চোবায়।

ঘ-ই কয় ঘৰটোত ঘড়ী এটা আছে
পিছে ভিতৰত এন্দুৰ এটাই বিহু নাচ নাচে

ঙ-ই কয় ডাঙৰীয়া খঙটো কমাওক
বেঙৰ পোৱালিক বেঙেনা খুৱাওক।

চ-ৰ বোলে চৰ খাই বাঘটো পলাল
হাফপেণ্ট খুলি গৈ টিকাটো ওলাল।

ছ-ই কয় ছাগলীয়ে কি যে নাখায়
ছজনী ছোৱালীয়ে জিলাপী খুৱায়।

জ-ই বোলে জয় আই অসমৰ জয়
অসমৰ জয় হ'লে ভাৰতৰো জয়।

ঝ-ই বোলে ঝন ঝন তৰোৱাল এৰি
ঝক ঝক চলাওঁ সৰু ৰে'ল গাড়ী।

ঞ-ই কয় বৰ ভাল ওচমান মিঞা
আমাকো তিয়ঁহৰ কলি এটা দিয়া।

ট হ'ল টগৰ ইমান ধুনীয়া
কেৰ্কেটুৱাই তাতে উঠি পিন্ধিছে জাঙিয়া।

ঠ-ই বোলে জেঠীটোৰ ঠিকনাটো কি
ঠিক ঠিক ঠিক বুলি কিয় মাতে সি।
ড হেনো ডালিম গছ বতাহতে হালে
পকি থকা ডালিম এটা ডালিমীয়ে খালে।
ঢ পৰে ঢলি ঢলি মিছাকৈয়ে ভাই
ভণ্টিয়ে পানী ঢালে জোকাই জোকাই।
ণ-টোৰ বৰ ভেম কাৰণ একো নাই
ৰণ কৰি কৰি সি, সময় কটায়।
ত যায় তলে তলে তলাতল ঘৰ
অ' তপন আহচোন লেমটো ধৰ।
থ থ থৈদে তোৰ বাহাদুৰি
লুইত পাৰ হ'চোন সাঁতুৰি সাঁতুৰি।
দ-ই বোলে দমৰাই অমৰা খায়
দেৰেনে দমৰাক আখৰ শিকায়।
ধ-ই বোলে ধনী মানুহ ধনৰ বলিয়া
ধাননিত কান্দিছে দুখীয়া কেঁচুৰা।
ন-ই কয় নয়না আহচোন বাৰু
নাৰিকল লাডু দিওঁ আৰু দিওঁ খাৰু।
প হ'ল পগলা পিং পং খেলে
পেণ্ডত উঠি নাচি যায় বলটোৰ ফালে।
ফ-ই কয় ফণী মামা থিয়েটাৰ কৰ
মানুহ একেজাতি ছিৰাজৰ ঘৰ
ব-ই কয় ব্ৰজনাথ শৰ্মাই বোলে
ইংৰাজ খেদিছিল যাত্ৰাৰ বলে।
ভ-ই বোলে ভালকৈ গা ভূপেন মামা
ভাল গান নাগালে নকৰোঁ যে ক্ষমা।
ম-ই বোলে মুছলমান হিন্দুও একে
গান্ধীয়ে কৈছিল বাৰে বাৰে তাকে।

য-ই কয় যঁতৰত সূতা কাটি যাওক
দুখীয়া মানুহেওঁ চোলা এটা পাওক।
ৰ-ই বোলে ৰঙা ৰং কিনিবা নো কোনে
মোনা ভৰাই আনিছোঁ কিনা মোণে মোণে।
ল হ'ল লাও আৰু বেঙেনা খা
বছৰে বছৰে বাঢ়ি বাঢ়ি যা।
ৱ হ'ল শেৱালি ইমান ফুলিছে
বুজিছোঁ বুজিছোঁ পূজা আহিছে।
শ হ'ল শাক আৰু পাচলিৰ বাৰী
ভণ্টিয়ে খন্তিৰে থাকে খুচৰি।
ষ হ'ল ষাড় গৰু খঙত বহি ল'লে
আঁতৰাব নোৱাৰা পুলিচ নহ'লে।
স-ই কয় সৰু সৰু তিলপিঠা ভাজোঁ
ওচৰতে ঘৰ এটা মিঠাইৰে সাজোঁ।
হ-ই বোলে হয় হয় নহয় নকওঁ
আমাৰ ঘৰ হ'ল হয়বৰ গাঁও।
ক্ষ-ই বোলে লক্ষ্য তেজপুৰ মোৰ
জ্যোতিবিষ্ণুৰ গীতে মাতে ভৰপুৰ।
ড়-ই ক'লে গঁড়টোৰে বেঁকাকৈ চালে
কাজিৰঙা নচলে গঁড় নহ'লে।
ঢ়- হ'ল বাঢ়নী চোতাল সাৰোঁ
জাবৰ সাৰি লৈ শেৱালি এৰোঁ।
য়-ই কয় কি যে দাম এই সময়ৰ
বৰ বেগে গুচি যায় সময়ৰ শৰ।
ৎ হ'ল হঠাৎ বৈ গ'ল ৰে'ল
ল'ৰাইঁতে পাৰিছে পকা পকা বেল।
ং থাকে কলঙৰ দলং তলত
জুৰমনে জপংকৈ ধৰিলে জালত।

ঃ অঃ অঃ অঃ নেকান্দিবি ৰঃ
আখৰৰ চকলেট খাই খাই লঃ

ঁ চন্দ্ৰবিন্দুটো আকাশৰ গাত
তৰাটো উমলিছে জোনৰ কোলাত।

০ শূন্য হ'ল ৰসগোল্লা গোল গোল ভাই
শূন্যৰ দৰে বলী আৰু কোনো নাই।

১ এক মানে মোৰ মা এজনী
মাৰ দৰে ভাল মা আৰু নাই যা।

২ দুই মানে মোৰ মাথোঁ দুখন ভৰি
বাইদেৱে পিন্ধালে মোজা এযুৰি

৩ তিনি মানে মই আৰু মা দেউতা
এই তিনিজনে মিলি পঢ়োঁ নেওতা

৪ চাৰি হ'ল চাৰিটা দুষ্ট কুকুৰ
চাৰিটাই নাচিছে বজাই নেপুৰ

৫ পাঁচ মানে ৰাজা, হিয়া,
আৰা, ট'ট', মা
পাঁচটা সন্দেশ পাঁচজনে খা।

৬ ছয়ে কয় ছয়টা ভাটৌৰে নাচে
মেকুৰীয়ে তাকে দেখি গীত গাইছে।

৭ সাত মানে ৰামধনুৰ সাতোটা ৰং
সাতোটা শিয়ালৰ উঠিছে যে খং।

৮ আঠ মানে আঠটা কুকুৰা পোৱালি
মৰমতে সাৰটিলে আজলী ছোৱালী।

৯ নও মানে এক দুই তিনি চাৰি পাঁচ
ছয় সাত আঠ আৰু নওটা মাছ।

১০ দহ মানে এক দুই তিনি চাৰি পাঁচ
ছয় সাত আঠ নও দহখন বাছ।

[সোতৰ জানুৱাৰী, ১৯৭৬ চন]

নিউ ইয়ৰ্কৰ সূৰ্য্যকিৰণ দাসৰ (ডাঃ সত্যেন্দ্ৰ আৰু ৰেণুকা দাসৰ সন্তান) সতে
টোকা: সূৰ্য্যকিৰণ পাচলৈ কথাছবিৰ পৰিচালক

ভাৰ্জিনিয়াৰ নমিতা আৰু প্ৰিতম

ষষ্ঠ ভাগ

সমদলৰ সহযাত্ৰী

দিহিঙে দিপাঙে

কমল কটকী, ভূপেন হাজৰিকা, নৰকান্ত বৰুৱা

দিলীপ দত্ত, লক্ষ্য চৌধুৰী, ভূপেন দাদা, ৰাম গোস্বামী

জয়ন্ত আৰু ভূপেন দাদা

যোৰহাটৰ অভিনেতা আৰু সংগীত শিল্পী ৰোহিণী বৰুৱাৰ সতে ভূপেন দাদা

ডাঃ অঞ্জন চৌধুৰীৰ সৈতে

ৰঞ্জন বেজবৰুৱাৰ সৈতে

১৯৮৭ চনৰ পিচত ৰচা গীতৰ এটি সমীক্ষা

আমাৰ বিচাৰত ভূপেন হাজৰিকাৰ মহত্বপূৰ্ণ গীতবিলাক ১৯৮৭ চনৰ আগতেই সৃষ্টি হ'ল। তাৰ পাচৰ সৃষ্টিবিলাক তেঁওৰ আগৰ প্ৰতিভাৰ ক্ষীণ সুঁতি যেন। বিষয়বস্তুৰ পিনৰ পৰাও সেইবিলাকত কোনো নতুন চিন্তাৰ, নতুন আৱেগ বা নতুন চেতনাৰ জিলিকনি দেখা নাযায়। সেইবিলাকত তেঁওৰ মানৱতাবাদী, দৃষ্টিভংগী, তেঁওৰ সৌন্দৰ্য্য বুভুক্ষা বা প্ৰেম অণ্বেষণ প্ৰকাশ পালেও সেইবিলাকত আগৰ দৰে অপৰূপ ৰূপ দেখা নাযায়।

নতুন পুৰুষলৈ তেঁও আগ বঢ়োৱা নীতি বচন বা স্বাৰ্থত্যাগী কৰ্মৰ বাবে উচটনিতও আগৰ বলিষ্ঠতা নাই। নিজে বিলাসী জীৱন আৰু ধনলোভ সাঙুৰি লোৱাৰ কাৰণে তেঁওৰ মনৰ পৰা সাম্যবাদী ভাবধাৰাও কেতিয়াবাই অন্তৰ্ধান হ'ল। তেঁওৰ ইন্দ্ৰিয় আসক্তি প্ৰৱণ গীত কেইটাতো বাৰ্ধ্যকৰ ব্যৰ্থতাহে প্ৰতিফলিত হৈছে। "প্ৰেমে বয়স আৰু নুবুজে" বুলি তেঁও বুঢ়াই তৰুণীৰ প্ৰেম জয় কৰিবলৈ কৰা প্ৰচেষ্টা প্ৰেমৰ গৌৰৱতকৈ প্ৰৱঞ্চনা যেনহে অনুমান হয়। জীৱনৰ বিয়লি বেলা পুৰণা প্ৰেয়সীৰ লগত মুখামুখি হৈ প্ৰেমৰ যি জ্যোতিপ্ৰপাত তেঁও সুঁৱৰিছে তাকও যেন বৰ্তমানৰ কুঁৱলীয়ে আবৰিছে। ভূপেন হাজৰিকাৰ এই কালছোৱাৰ সৃষ্টিয়ে কিয় এনে ৰূপ লৈছে সেইবিলাক আলোচনা কৰাৰ অভিপ্ৰায় আমাৰ নাই। আমাৰ সুধী সমাজে ভৱিষ্যতে সেইবিলাক নিশ্চয় ফঁহিয়াই চাব যেতিয়া ১৯৮৭ চনৰ পাচত তেঁওৰ জীৱন ৰথ ক'ত কেনেকৈ থমকিছিল বা দিক পৰিৱৰ্তন কৰিছিল তাৰ আমি জনা এটা সমীক্ষা ইয়াত দিলোঁ। তাৰ আগতে কেইটামান কথা আঙুলিয়াই দিয়া উচিত হ'ব।

১৯৬১ চনত তেঁওৰ পত্নী প্ৰিয়মে তেঁওক এৰি থৈ গ'লেও তেঁওলোকৰ বিবাহ বিচ্ছেদ হোৱা নাছিল। প্ৰিয়মৰ দৃঢ় ঘোষণা:

> "মই এবাৰ হাজৰিকা হৈছোঁ যেতিয়া সদায়ে হাজৰিকাই হৈ থাকিম। ভূপেনে যি কৰে কৰক, মই কিন্তু কেতিয়াও আমাৰ বিবাহ বিচ্ছেদ হবলৈ নিদিওঁ।"

সেয়েহে আইন মতে শেষলৈকে প্ৰিয়মেই ভূপেন হাজৰিকাৰ পত্নী।

প্ৰিয়ম যোৱাৰ পাচত ভূপেন দাদা অতিশয় ব্যস্ত হৈ পৰে। তেঁও 'শকুন্তলা', 'লটিঘটি', 'চিকমিক বিজুলী' আৰু 'ভাগ্য" কথাছবি কেইখনত প্ৰায় দহ বছৰমান ব্যস্ত থাকে। সেই কাল ছোৱাত তেঁওৰ ভনীয়েক কৰিতা আহি তেঁওৰ লগত আছিল আৰু তেঁওৰ চোৱা চিতা কৰিছিল। ১৯৬৯ চনত কৰিতাৰ বিয়া হয় আৰু তেঁও স্বামী উপেন বৰুৱাৰ লগত আমেৰিকালৈ যায় গৈ। তাৰ পিচত কেইবছৰমান তেঁও ভায়েক জয়ন্তৰ সতে গাবৰ কাৰণে গীত ৰচাৰ উপৰিও দেশে বিদেশে জয়ন্তৰ লগত ভূপেন দাদাই গীত পৰিৱেশন কৰে। মাজতে তেঁওৰ সৰু ভনীয়েক ৰুবীয়েও তেঁওৰ ছোৱালী কেইজনীক লগত লৈ তেঁওৰ লগত থাকেহি। নিজৰ ভাই ভনীসকলৰ সান্নিধ্যত ১৯৬১ চনৰ পৰা ১৯৭৭ চনলৈকে এই কালছোৱা ভূপেন হাজৰিকাৰ শ্ৰেষ্ঠ সৃষ্টিৰ যুগ বুলিব পাৰি। তেঁওৰ শ্ৰেষ্ঠ গীতবিলাৰ

অধিক সংখ্যক এই কালছোৱাতে ৰচিত হৈছিল। সাহিত্য ক্ষেত্ৰতো 'আমাৰ প্ৰতিনিধি'-ত ওলোৱা লেখনীৰ যোগেদি তেঁও অসমৰ সাহিত্য জগতত নিজকে প্ৰতিষ্ঠা কৰিব পাৰিছিল। চিত্ৰশিল্পী ৰূপেও তেঁওৰ অন্যতম ছবি 'লেডি গডাইভা' এই কাল ছোৱাতে তেঁও আঁকিছিল।

১৯৭৭ চনৰ পৰা ১৯৮৭ চনলৈকে কালছোৱা অসমৰ কাৰণে এক ঐতিহাসিক যুগ হোৱাৰ দৰে ভূপেন হাজৰিকাৰ কাৰণেও এক গুৰুত্বপূৰ্ণ যুগ। এই কালছোৱা আছিল ভূপেন দাদাই আগৰ সাধনা আৰু পৰিশ্ৰমৰ সুফল বিলাক ভোগ কৰাৰ সময়। এই কালছোৱাত তেখেতৰ সৃষ্টিবিলাকৰ দেশে বিদেশে বিৰাট স্বীকৃতি আহে। এই সময়তে জাপান, আমেৰিকা আদি দেশত তেখেতে গীত পৰিৱেশন কৰিবলৈ যায়। সেই কালছোৱাত তেখেতৰ লগত ১৯৭৩ চনৰ পৰা গীটাৰ বজোৱা সৰোজ বৰুৱা আৰু তবলাবাদক চঞ্চল খানে একোটা ভাল বৰ্ণনা দিছে:

> "১৯৭৩ চনত তেঁওক প্ৰথম লগ পাইছিলোঁ। . . . ভূপেন দাদাই প্ৰথম সাক্ষাততে তেঁওৰ সৈতে গীটাৰ বজাবলৈ মোক অনুমতি দিছিল। . . .তাৰ পিচত আৰম্ভ হৈছিল তেঁওৰ সৈতে মোৰ বিশ্ব যাত্ৰা। হাৰ্মনিয়াম, তবলা, গীটাৰ আৰু মেণ্ডোলিনেৰে অসমকে ধৰি বিশ্বৰ কেবাখনো মঞ্চত আমি সংগীত পৰিৱেশন কৰিছিলোঁ। আশ্চৰ্য্যকৰ ভাবে যি কোনো ঠাইৰ মানুহ তেঁওৰ গীতত বলিয়া হৈছিল। ভূপেনদাৰ কথা কৈ শেষ কৰিব নোৱাৰোঁ।
>
> *[সাদিন, ১৮ নৱেম্বৰ ২০১১ চন]*

সেইদৰে তবলাবাদক চঞ্চল খানে লিখিছিল:

> "১৯৭৮ চনত মই তেঁওক প্ৰথম লগ পাইছিলোঁ। 'মই এটি যাযাবৰ' গীতটো বঙালীত তৰ্জমা 'আমি এক যাযাবৰ' কৰি তেঁও বজাৰত এৰি দিছিল। সেই সময়ত, মাত্ৰ চাৰি দিনৰ ভিতৰত কলিকতাত কেছেটখনৰ দুই হেজাৰ কপি বিক্ৰি হৈছিল। এই ঘটনাটোৱে ভূপেনদাৰ প্ৰতি মোৰ আকৰ্ষণ বৃদ্ধি কৰিছিল। তেঁও মোক ভ্ৰাতৃৰ দৰে ব্যৱহাৰ কৰিছিল। য'লৈকে গৈছিলোঁ, যিয়েই কৰিছিলোঁ, ভূপেনদাৰ সৈতে মোৰ এই ককাই ভাইৰ সম্পৰ্ক অটুট আছিল। ভূপেনদাৰ কাৰণে অসমৰ মানুহে মোক চিনি পালে। এই সন্তুষ্টিক মই কিদৰে প্ৰকাশ কৰিম। কলিকতাত মুক্ত পখীৰ দৰে ভূপেনদাৰ সৈতে মই উৰি ফুৰিছিলোঁ। কেতিয়াবা মাজনিশা মন গ'লে ভূপেনদাই মোক লগত লৈ য'লৈ ত'লৈ গৈছিল। হঠাতে যি কোনো ঠাইত যি কোনো পৰিৱেশত তেঁও গীত লিখিছিল, সুৰ কৰিছিল আৰু গাইছিল। তেঁওৰ গীত সৃষ্টিৰ তেনে বহু মুহূৰ্তৰ সংগী হ'বলৈ পাই মই নিজকে ধন্য মানিছোঁ।"
>
> *[সাদিন, ১৮ নৱেম্বৰ ২০১১ চন]*

এই কালছোৱা আন এটা দিশতো অতিশয় গুৰুত্বপূৰ্ণ কাৰণ এই কাল ছোৱাতে ভূপেন দাদাৰ ব্যক্তিত্বৰ বিশেষ পৰিৱৰ্তন হোৱাৰ উপৰিও তেখেতৰ জীৱনৰ বিশেষ দিক পৰিৱৰ্তন হয়। এই যুগতে মাৰ্ক্সবাদী ভূপেন দাদা লাহে লাহে এক প্ৰকাৰ পুঁজিবাদীৰ পিনে ঢাল খায়। মানৱতাবাদী ভূপেন হাজৰিকাও ধনবাদী হ'বলৈ ধৰে। সেই পৰিৱৰ্তনৰ এটা কাৰণ আছিল তেঁওৰ ওপৰত কল্পনা লাজমীৰ প্ৰভাৱ।

সংগীত জগতৰ কাৰণেই হওক বা আন কাৰণতেই হওক, ভূপেন হাজৰিকাই পত্নীৰ অভাৱ অনুভৱ নকৰিলেও, বয়স বাঢ়ি যোৱাৰ লগে লগে তেঁও ঔষধ পাতিৰ নিয়ন্ত্ৰণকে ধৰি দৈনন্দিন জীৱনৰ প্ৰয়োজনবিলাক পূৰাবৰ কাৰণে এগৰাকী সহৃদয়া নাৰীৰ সচাকৈয়ে

প্ৰয়োজন হ'ল। তেনে পৰিস্থিতিতে তেঁওৰ যতন ল'বলৈ আৰু তেঁওৰ জীৱনত শৃংখলা আনিবলৈ আগ বাঢ়ি আহিল তেঁওৰ গুণমুগ্ধ যুৱতী কল্পনা লাজমী।

১৯৮৭ চনৰ পৰা তেখেতৰ মৃত্যুলৈকে ভূপেন দাদাৰ জীৱন ৰথৰ চকৰী সম্পূৰ্ণ ৰূপে কল্পনাৰ নিৰ্দেশতে চলিবলৈ ধৰে। ১৯৯০ চনত কলিকতা এৰি মুম্বাইলৈ যোৱাৰে পৰা ভূপেন দাদা অসমৰ পৰা দূৰ হোৱাৰ উপৰিও কলিকতাত শিল্পীসকলৰ জগতত মুক্ত পখীৰ দৰে উৰি ফুৰা ভূপেন দাদা বলিউদৰ জাকজমকীয়া কিন্তু বহু পৰিমাণে সাৰশূন্য জীৱনত আৱদ্ধ হ'ল। তেখেতে নিজেই ক'বৰ দৰে 'মোৰ ঘৰৰ সৰস্বতীক খেদি যেন লক্ষ্মী দেৱী সোমালহি।' মাজে মাজে সেই পৰিৱৰ্তন ভূপেন দাদাৰ নিজৰ অন্তৰৰ এক বেদনা যেন হ'ল। অন্তৰৰ সেই বেদনা ভূপেন দাদাই শেষত ধৰিত্ৰী আইৰ চৰণতে আশ্ৰয় লোৱালৈকে লগত থাকিল।

ভাটি বয়সত কলিকতাৰ হৈমন্তী শুক্লাই সুৰ দিয়া 'জয় বা পৰাজয় কপালত জিলিকাই প্ৰেম নাহে' গীতটি গাই ভূপেন দাদাই প্ৰেম সাগৰত পুনৰ ডুব মাৰিবলৈ নতুন বল পাইছিল। মুঠৰ ওপৰত, কুৰি শতিকাৰ অসমীয়া সংগীত জগতৰ ভোটা তৰা ভূপেন হাজৰিকাই এইটো ভালদৰে জানিছিল যে শিল্পীৰ জগতখন বৰ বিশাল আৰু সাহিত্য সংস্কৃতিৰ ক্ষেত্ৰখন অসীম। সেয়েহে সেই শিল্পীৰ জগতখন বা সাহিত্য সংস্কৃতিৰ ক্ষেত্ৰখন সৃষ্টিধৰ্মীলোকে অকলে চহাবলৈ চাব নালাগে। ভূপেন হাজৰিকাইও অসমীয়া গীতৰ অকলশৰীয়া সম্ৰাট হ'বলৈ চেষ্টা নকৰি সমকালীন প্ৰতিভাশালী লোকসকলকও সাঙুৰি একেখন নাওতে বেহাবলৈ লগত ল'লে।

সি যিয়েই নহওক, ১৯৮৭ চনৰ পিচত ৰচা গীতবিলাক তেঁওৰ আগৰ কালছোৱাৰ গীতৰ দৰে অপৰূপ নহয় বুলি আমি আগেয়ে মন্তব্য কৰিছোঁ যদিও এই কালছোৱাত তেঁওৰ সৃষ্টিবিলাকৰ কেইটীমান বৈশিষ্ট্য লক্ষ্য কৰিব লগীয়া।

প্ৰথমেই, শৈশৱ কালৰে পৰা তেঁও সদায় প্ৰদৰ্শাই অহা পূৰ্বোতৰ ভাৰতৰ পাহাৰে ভৈয়ামে থকা ভিন ভিন জনজাতি আৰু জনগোষ্ঠীৰ মাজত চেনেহৰ এনাজৰীদাল অধিক সষ্টম কৰিবলৈ তেঁও অধিক বলিষ্ঠ ভাবে প্ৰকাশ কৰি থাকিল।

দ্বিতীয়তে এগণ্ডা বোমাৰে লক্ষ লক্ষ মানুহক হত্যা কৰাৰ দৰে ৰণ বলিয়াহঁতৰ হিংসাত্মক কাৰ্য্যৰ অৱসান ঘটাবৰ কাৰণেও তেঁওৰ সুৰ বলিয়া হ'ল। হিংসাত্মক কাৰ্য্যৰ অৱসানৰ লগতে গোটেই বিশ্ব জুৰি শান্তিৰ আহ্বান মানৱতাবাদী ভূপেন হাজৰিকাৰ এই কালছোৱাৰ গীতত প্ৰতিফলিত হ'ল।

তৃতীয়তে, ১৯৮৭ চনত আৰু তাৰ পাচত কেববাৰও অসমত প্ৰলয়ংকাৰী বানপানীয়ে ধ্বংসৰ বিশেষ তাণ্ডৱ লীলা দেখুৱায়। নিৰ্মল শিল্পী গৰাকীয়ে দুৰ্দশাগ্ৰস্ত সকলক গীতেৰে সমবেদনা জনাবলৈ নাপাহৰিলে।

চতুৰ্থতে, পৃথিৱীৰ আন আন দেশৰ দৰে অসমৰ ৰাইজক পৰিয়াল পৰিকল্পনা, বনানি সংৰক্ষণ, প্ৰদূষণ, পৰিৱেশ সংৰক্ষণ আদিৰ বিষয়ে সকিয়াই দিয়াটো ভূপেন হাজৰিকাই নিজৰ কৰ্তব্য বুলি গ্ৰহণ কৰে। তেঁও গীতেৰে নিজৰ কৰ্তব্য পালন কৰিলে, এতিয়া অসমৰ ৰাইজে সেইবিলাক কেনেদৰে কামত খটুৱাই তাক একৈচ শতিকাত দেখা যাব।

আন একো নালগে, এই অমৰ শিল্পী গৰাকীৰ ব্যক্তিগত জীৱনৰ দোষ গুণবিলাক খুঁচৰি অযথা আত্মক্লেশ বঢ়োৱাতকৈ তেঁওৰ গীতত মূৰ্ত হোৱা অতীত বৰ্তমানৰ স্বৰূপ উপলব্ধি কৰি অসমবাসীয়ে চিৰ উজ্জ্বল ভৱিষ্যতত স্নান কৰাৰ তৃপ্তি লভিবলৈ যত্ন কৰা উচিত।

ৰংপুৰ তোমাৰ নাম

(সাময়িক প্ৰসংগৰ গীত)

কথা: উনৈচ শ তিৰানব্বৈ চনত অসম সাহিত্য সভাৰ অধিবেশন বহে শিৱসাগৰত। তাৰ আগদিনা শিৱসাগৰত অংকিত হোৱা সাহিত্য সভাৰ বুৰঞ্জী লিখি পেলাইছিলোঁ—নেগেৰা নামৰ আৰ্হিত।

ৰংপুৰ তোমাৰে নাম হওক মংগল তোমাৰ
অতীত ঘাটি চাইলে পাবা ঐতিহ্য অপাৰ হে।
চাওলুং চুকাফাই এ ৰাখি গৈলা খ্যাতি
আলফুলে গঢ়ি দিলা অসমীয়া জাতি হে।
ষোল্ল শ সোতৰ শকৰ এ হে চৈধ্য ফাগুনত
লাই কোঁৱৰ ৰুদ্ৰসিংহ বহে ৰাজপাটত হে।
এইজনা স্বৰ্গদেৱে হে ষোল্ল শ বিচত
ৰংপুৰ প্ৰতিষ্ঠা কৰে নতুন নগৰত হে।
উত্তৰে দিখৌ নদী হে নামদাং দক্ষিণত
বাঁহগড় পূবে বাকী দিখৌ পশ্চিমত হে।
বুৰঞ্জীৰ বাখৰপতোৱা গহনা ৰংপুৰ
আজিও আছে ৰঙে ৰসে হৈ ভৰপূৰ হে।
অসম সাহিত্য সভাৰ হে জন্ম এহি স্থানত
পদ্মনাথ সভাপতি উনৈশ শ সোতৰত হে।
উনৈশ শ একত্ৰিচৰ হে আৱাহন যুগতে
এহি স্থানে দ্বিতীয়বাৰ অধিবেশন পাতে হে।
ৰংপুৰ তোমাৰ নাম হওক মংগল তোমাৰ!
গোৱালপাৰাৰ গল্পলিখক হে নগেন্দ্ৰ চৌধুৰী
সভাপতি ৰূপে তাযাৰ ধৰিলাহি গুৰি হে।

উনৈশ শ চৌৱাল্লিচ চনতে এ আহি বাগ্মীবৰ
সোণালী অধ্যায় ৰচে ভাষা সাহিত্যৰ হে।
ভাষা গঠনৰ কত কথাকে লিখিম
জনজাতিৰ ভাষাৰ দান কিমান বখানিম হে।
বড়ো তিৱা হাজং ৰাভা হে দেউৰী মণিপুৰী
টাই ভাষাই অসমীয়াক ৰাখে দৃঢ় কৰি হে।
চৰৰ ন-অসমীয়া আৰু চাহ বাগিচাৰ ভাষা
অসমীয়া সাহিত্যলৈ আনে ৰঙীন আশা হে।
অৰুণাচলীৰ অসমীয়া চিৰযুগমীয়া
ৰাজনীতিয়ে নেমাৰে যেন বন্ধুত্বৰ অমিয়া হে
গদাপাণি ডালিমীৰ হে ভাষা নাজানি
নগা আৰু অসমীয়াৰ মৰমৰে জী হে
ৰংপুৰ তোমাৰ নাম হওক মংগল তোমাৰ!
লুম্বেৰ দাইয়ে লিখি গৈলা পৃথিৱীৰে হাহি
ৰংবং তেৰাঙে বজায় একতাৰে বাঁহী।
বৰাকৰ ৰাজমোহন হেমাংগ বিশ্বাসে
ইতিবাচক সেতু বান্ধে বন্ধুত্বৰ আশ্বাসে।
টাবু টাইড ভৃগুমুনি নাহেন্দ্ৰ পাদুনে
ঐনিতমৰ সুগন্ধি সাহিত্যলৈ আনে।
জনজাতিৰ ভাষাগোষ্ঠীৰ কত বুদ্ধিজীৱী
স্বভাষাৰ বিকাশ সধা সাহিত্যৰেই সেৱী।
কাৰো ভাষা কাৰো মূৰত জাপিব নেপায়
যুগ যুগৰ সমন্বয় তেহে শোভা পায়।
মনৰ সেতু বন্ধা আমাৰ অসমীয়া ভাষা
সংযোগী হৈ থাকিলেই পূৰ্ণ হ'ব আশা।
আজি সংঘাতৰে বহু পানী হে
দিখৌ নৈৰে বৈলা
তিৰানব্বৈত আহি আজি জাগ্ৰত হৈলা।

ৰংপুৰ নগৰ হৈলা এ হে ৰংপুৰ ক্ষেত্ৰ
হয় পৰস্পৰক সন্মান কৰা জনতা সমুদ্ৰ হে
নানা জাতি জনজাতিৰ হে সমবিকাশ
এহি মন্ত্ৰে উজ্জ্বল আজিৰ সাহিত্য আকাশ।

পঞ্চনদীৰ খুছৱন্ত সিং আৰু বংগৰ শংখ ঘোষ
অসমীয়াৰ মৰম ল'বা নধৰিবা দোষ হে
ভাষা সমন্বয় মঞ্চ হওক সঞ্জীৱিত
সৰ্বজাতি জনজাতি হওক মিলিত।
গুণগত নতুন সম্বন্ধৰে কাহিনী
নবীন সাহিত্যিকে গঢ়ক সমন্বয় বাহিনী।
গোবিন্দ পৈৰাৰ দান ভাষালৈ অপাৰ
এই পৰম্পৰা হওক জীয়া বাৰম্বাৰ।
ভাৰতে স্বীকৃতি দিলে হে নেপালী ভাষাৰ
এহি সভাই অভিনন্দন যাচে শতবাৰ হে।
দিখৌমুখৰ সৰাগুৰিৰ হে গধূলি প্ৰভাতে
হজৰত শ্বাহীৰান হাঁহি আছে তাতে হে।
অসমীয়া সাহিত্যৰ হে জিকিৰ আৰু জাৰী
সমন্বয়ৰ ধ্বজা উৰায় জয় ঘোষণা কৰি হে।
সমন্বয় সমন্বয় হে মাথোঁ সমন্বয়
সমন্বয়ে প্ৰগতিক কৰে জ্যোতিৰ্ময় হে।
আজি পৃথিৱীয়ে ডিঙি মেলি এৰংপুৰলৈ চায়
গায়ক ভূপেন্দ্ৰইও আহি প্ৰণতি জনায় হে।

[শিৱসাগৰ, ৫ ফেব্ৰুৱাৰী ১৯৯৩ চন]

কিৰিলি কিৰিলি মাৰিলি

(ইন্দ্ৰিয় আসক্তিৰ গীত)

কিৰিলি কিৰিলি কিৰিলি কিৰিলি মাৰিলি
কিৰিলি কিৰিলি মাৰিলি
পীৰিতিত কিয় মজিলি
কিৰিলি মাৰিলি
পীৰিতিত মজিলি।

অ' ৰূপহীৰ হাবিতে বাটে হেৰুৱালি
ৰূপহীক বিচাৰি হাবাথুৰি খালি
মিঠাকৈ ওঁঠ বুলি বিছাক চুমা খালি
মৎস্যকন্যা বুলি সৰ্পিনীক মুহিলি।
কিৰিলি কিৰিলি মাৰিলি
পীৰিতিত কিয় মজিলি?
কিৰিলি মাৰিলি
পীৰিতিত মজিলি?

ফলাফল নেজানি পীৰিতি কৰিলি
কোন গাঁৱৰ ডেকা তই কি ভুল কৰিলি?
পোহৰৰ মেখেলা জিলিকা দেখিলি
চিত্ৰলেখা বুলি অগনি সাৱটিলি।
কিৰিলি কিৰিলি মাৰিলি
পীৰিতিত কিয় মজিলি?
কিৰিলি মাৰিলি
পীৰিতিত মজিলি?

যদি কাহানিবা তাইক দেখিছিলি
মিঠা হাঁহি দেখি তয়ো হাঁহিছিলি।
অংগশোভা দেখি বলিয়া যেন হ'লি
শীতল পানী বুলি অগনি সাৱটিলি।।

কিৰিলি কিৰিলি মাৰিলি
পীৰিতিত কিয় মজিলি?
কিৰিলি মাৰিলি
পীৰিতিত মজিলি?

[কলিকতা, জুন ১৯৯৪ চন]

এই বহাগ জ্বলন্ত অৰুণ

কথা: এই বহাগবোৰ ক্লান্ত আছিল। পুৰণি বহাগবোৰ অশান্ত নাছিল। আজিৰ বহাগ যেন বলিয়া বসন্ত। এই বহাগ এক জ্বলন্ত অৰুণ এই বহাগ এক দূৰন্ত তৰুণ। পুৰণিত জহি যোৱা মূল্যবোধৰ ঠাইত নতুন নতুন চিন্তাৰ জোৱাৰ আজি দেখিছা নে?

এই বহাগ জ্বলন্ত অৰুণ
এই বহাগ দূৰন্ত তৰুণ।
পুৰণি শত শত বহাগ মাহৰ
জহি খহি যোৱা মূল্যবোধৰ
মৈদাম খান্দি খান্দি
হাড়বোৰ নিকা কৰি
অস্ত্ৰ সাজি সাজি লৈ নিশ্বাস
কোনে বাৰু হাঁহি হাঁহি
শোষণ সেনানীৰ কৰিছে বিনাশ?
এই বহাগ জ্বলন্ত অৰুণ
এই বহাগ দূৰন্ত তৰুণ।।
পুৰণি বহাগ ক্লান্ত আছিল
পুৰণি চিন্তা অশান্ত নাছিল।
আজিৰ বহাগ যেন বলিয়া বসন্ত
থিয় হৈছেহি এক তৰুণ দূৰন্ত।।
মৃত্যুৰে সখা পাতি ৰঙালে ফাগুন
বহাগত খেদিছেহি নিঠুৰ শগুন।
এই বহাগ জ্বলন্ত অৰুণ
এই বহাগ দূৰন্ত তৰুণ।।
দেশৰ মাটিত তাৰ ভৰি দুটা আছে
ক'লা ক'লা চুলিবোৰে চুইছে আকাশ
বাহু দুটা মেলি সি বুটলিছে তৰা
কণ্ঠত যুক্তিৰ মুক্ত প্ৰকাশ।।
আকাশে ঢালে নতুনৰ বৰষুণ
ঢোল বাই নাচে দূৰন্ত তৰুণ
এই বহাগ জ্বলন্ত অৰুণ
এই বহাগ দূৰন্ত তৰুণ।।

[এপ্ৰিল, ১৯৯১ চন]

আমি নহওঁ মাথোঁ ক্ৰন্দনৰত

আমি নহওঁ মাথোঁ ক্ৰন্দনৰত
আমি নহওঁ মাথোঁ ক্ৰন্দনৰত
গঢ়িম শক্তি সন্মিলিত
মানুহে মানুহে মিলি
মহা অজগৰ ৰূপী
মহা বান্ধ সাজি সাজি
পানীৰ ঐৰ্দ্ধ্যতক চূৰ্ণ কৰিম।।
পাগলী পাগলী দেওধানীজনীৰ
উলংগ নৃত্যক সভ্য কৰিম।
বিজ্ঞানেৰে দুৰ্বাৰ গতিক
শক্তিক পৰিণত কৰি
আমিয়েই মানুহৰ
কল্যাণ ধৰালে আনিম।।

মানুহে মানুহে মিলি
মহা অজগৰ ৰূপী
মহা বান্ধ সাজি সাজি
পানীৰ ঐৰ্দ্ধ্যতক চূৰ্ণ কৰিম।
মানুহৰ কল্যাণ ধৰালে আনিম:
উত্তৰে পানী দক্ষিণে পানী
পূবে পানী
পশ্চিমে পানী।।

[গুৱাহাটী, ১৬ জুন ১৯৯০ চন]

সূৰ্য্য উদয় যদি লক্ষ্য আমাৰ

সূৰ্য্য উদয় যদি লক্ষ্য আমাৰ
সূৰ্য্যাস্তৰ পিনে ধাৱমান কিয়?
শীতল বৃষ্টি যদি কাম্য আমাৰ
অনাবৃষ্টি খেদি ফুৰিছোঁ কিয়—
ফুৰিছোঁ কিয়?
কেতিয়াবা দেউতাৰ চকু দুটা পোৰে
বুঢ়ী আইয়ে নিজৰেই চকুপানী পিয়ে।
দেশৰ ৰাইজখনে প্ৰাপ্য বিচাৰি
নিজৰেই ডিঙি পাতি পাতি দিয়ে।
ভাবিছিলোঁ কিবা হ'লগৈ কিবা
অংকটো নিমিলা হ'ল
সমৃদ্ধি সপোন ভাগিল ছিগিল
পৃথিৱী নিমাতী হ'ল অ' আই
পৃথিৱী নিমাতী হ'ল।
সমাজ ঘড়ী আজি থমকিছে কিয়?
অনাবৃষ্টি খেদি ফুৰিছোঁনো কিয়?
সংজ্ঞাবিহীন শান্তিৰ ভাবনা
পুৰণি গুহাত লুকাই
অৱচেতনাৰ আৰ্তনাদেৰে
নিজকে নিজে ঘপিয়ায়।
বহুদিন হ'ল—খৰাং বতৰ
ক্ষয় চিহ্নিত ভালপোৱা
বৰগছ শিপা আৰু কঠিয়াতলীত
তেজ ঢালিবলৈ যোৱাঁ
সাৰ ঢালিবলৈ যোৱাঁ।
হওক কলিজাৰ তেজবোৰ
কাজল কাজল মেঘ
মৃত ভাইটিৰ চকু কৃষ্ণচূড়া।
ব্যক্তি গোষ্ঠী মিলি বোৱাওঁ আহাঁ
শান্তিৰ শীতল নিজৰা—
শান্তিৰ শীতল নিজৰা।
আৰু সময় নষ্ট কৰোঁ কিয়?
সূৰ্য্য উদয় যদি লক্ষ্য আমাৰ
সূৰ্য্যাস্তৰ পিনে ধাৱমান কিয়?

[মুম্বাই, ১৬ জুন ১৯৯৭ চন]

কি যে ছন্দত হ'লোঁ বন্দী

(নিজৰ প্ৰাণৰ কথা)

কথা:অনিয়মকেই নিয়ম কৰি মই আগ বাঢ়িছোঁ। এতিয়া নিজকেই প্ৰশ্ন কৰিবৰ মন যায় কি যে ছন্দত হ'লোঁ বন্দী ইহ জনমটো পায়।

কি যে ছন্দত হ'লোঁ বন্দী
ইহ জনমটো পাই
নেজানো কিমান ভ্ৰমিব লাগিব
সংগী কোনো যে নাই।
লংঘন কৰিব নোৱাৰা নিয়ম
লংঘন কৰিয়ে হায়
অনিয়মকেই কৰিলোঁ নিয়ম
পাম নে লক্ষ্য ঠাই?
শুনিছোঁ পংকত নেনামিলে
নেপায় জ্যোতি কমল
তেন্তে কিয়নো ইতিকিং কৰে
মথিলে পংকজল?
অনন্ত আকাশ গভীৰ সাগৰ
ইয়াতো লগৰী নাই
নাচিয়ে ফুৰিছোঁ সেয়েহে তাণ্ডৱ
দুন্দুভি বজাই।

[কলিকতা, ১০ মাৰ্চ ১৯৯৩ চন]

গুৱাহাটীৰ কোনোবা এটি

(প্ৰেমগীত)

[কথা:এই শতিকাৰ তৃতীয় চতুৰ্থ দশকত প্ৰেমিক প্ৰেমিকাই নিশ্চয় গণেশ গগৈৰ প্ৰেমৰ কৱিতা পঢ়ি মনৰ কথা পাতিছিল। মনত পৰে নে পুৰণি গুৱাহাটীৰ কোনোবা এটি মিঠা গধূলিৰ কথা? বহমান লুইতৰ পাৰৰ কথা? অস্তাচলত প্ৰতিশ্ৰুতি বিলীন হোৱাৰ কথা?]

গুৱাহাটীৰ কোনোবা এটি
মিঠা গধূলিৰ কথা
শুনাইছিলা গনেশ গগৈৰ
প্ৰেমৰ কৱিতা
আজি মনত পৰে নে?

মোক আঁকোৱালি চাৱনি মিলাই
কৈছিলা মধুৰ আৱেগেৰে
তোমাৰ প্ৰাণৰ পাপৰি ঢালি
সজাবা শয্যা দুয়োৰে।
আজি মনত পৰে নে?

লুইত বাগৰি বাগৰি গ'ল
ভৰলুমুখত গধূলি হ'ল
অস্তাচলৰ দিগন্তত
প্ৰতিশ্ৰুতিও বিলীন হ'ল
আজি মনত পৰে নে?

[দেৰগাঁও,
২৫ ছেপ্তেম্বৰ ১৯৯২ চন]

উৰ উৰ শান্তিৰ পখীটি (শান্তিৰ কামনা)

উৰ উৰ শান্তিৰ পখীটি!
উৰ উৰ শান্তিৰ পখীটি!
এই আকাশ এই ভূমি
নকৰিবি মৰুভূমি
বিষৰ ধোঁৱাৰে এন্ধাৰ।
এই মানুহ এই প্ৰদেশ
এই দেশ এই স্বদেশ
শোষণমুক্ত কৰ এইবাৰ।।

ৰংমন ৰঙিলী শুন
তহঁতৰ বহুতো গুণ
মুঠিত বহু অধিকাৰ।
নগৰীক নকৰিবি কাৰাগাৰ
গাঁও যেন নহয় ছাৰখাৰ
খোলা ৰাখ আশাৰ দুৱাৰ।
আবাল বৃদ্ধ অবলা নাৰী
সিহঁতক দে আশাৰ তৰী
পায় যেন সিহঁতে পাৰ—
জীৱন নৈৰ পাৰে পাৰে
গঢ় মথাউৰি দুৰ্নিবাৰ।।
শেষ কৰ মৃত্যু আশংকা
জীৱনলৈ আন অনুকম্পা
বজা শান্তিৰ জয় ডংকা
ভাঙি দে ক্ৰোধৰ কাৰাগাৰ।।

[কলিকতা,
১ মাৰ্চ ১৯৯৪ চন]

অ' কুলিটি কি গাইছা

(প্ৰেম গীত)

অ' কুলিটি কি গাইছা?
পিয়া পিয়া পিয়া নহয়
হিয়া দিয়া নিয়া।
কৌটিকালৰ বনানি অপাৰ
নিজৰাৰ কঁপনি হেজাৰ
আই ঐ তুমি মোৰ নে কাৰোবাৰ
কথা দিলোঁ:
সদায় তোমাৰ
এই আশাতে
আনন্দতে কিবা হয় ভুল
মদাৰ গছত যেন এজাৰৰে ফুল।

আগুৰাওঁ অহোৰাত্ৰি
অনন্ত সুৰৰে যাত্ৰী
নাহে যেন দুখ ৰাত্ৰি
হওক নিতে ন সৃষ্টি
তুমি গাই যোৱাঁ
গীত মই লিখোঁ
মিঠা কৰিতা—
সেউজৰে সৰক সোণালী সৰিতা।

[কলিকতা,
১৬ জুন ১৯৯৪ চন]

উদং উদং গা

[কথা: দিখৌৰ পাৰত সুঠাম হাতেৰে পথাৰ চহাই হাল বাই থকা কোন এইজন অসমীয়া ডেকা? যদি লাগে দেশৰ হকে মৰণ লৈও খেলা কোন এইজন অসমীয়া ডেকা?-

উদং উদং গা
কোন ডেকাৰে গা
সুঠাম হাতে পথাৰ চহাই
হাল বাইছে চা
সুঠাম হাতে পথাৰ চহাই
হাল বাইছে চা।।
ৰং লৈ সি খেলে
সৰিয়হৰ হালধীয়া
ৰঙত লুকাই খেলে।
কৃষ্ণচূড়াৰ কলিটি মোৰ
খোপাটিলে চা।।

মুগা পলু উম দি সি
নিশাটো কটায়।
পুৱাই উঠি দিখৌখন
সাঁতুৰি পাৰ হয়—
অ' সাঁতুৰি পাৰ হয়।।

জীৱন লৈ সি খেলে
যদি লাগে দেশৰ হকে
মৰণ লৈও খেলে
শৰতৰে শেৱালি মোৰ
শিৰত ঢালে চা।।

অকণ ঘৰলৈ আহিলে

[কথা: মোৰ বিপ্লৱী পুত্ৰ যেতিয়া মৃতদেহৰ ৰূপে ঘৰলৈ উভতি আহে তেতিয়া মই গৰ্বিত পিতা ৰূপে নিচুকণি গীতহে গাব পাৰোঁ: 'অকণ ঘৰলৈ আহিল'।]

অকণ ঘৰলৈ আহিলে
আমাৰ অকণ আহিলে
কেঁচা তেজ ভৰা ফুল শয়নত
কোনেনো সজায়ে দিলে।।
আমাৰ অকণে কৈশোৰতে
বীৰৰ সপোন দেখিলে
সংগ্ৰামৰে নেতা হ'ব বুলি
বিপ্লৱী ক্ষণ গণিলে।।

অকণ শীঘ্ৰে ডাঙৰ হ'ল
দেশৰ কামলৈ লৰৰি গ'ল
সীমান্তলৈ কোনোবাই
হাত বাউলি মাতিলে।।
জয়ৰ তিলক আঁকি সিদিনা
কৈছিলোঁ অকণক—
পৰাজয়ৰ গ্লানিয়ে তোক
পৰশ নকৰক।।
আমাৰ অকণ আহিলে
জয়ৰ মালা পিন্ধিলে
বুকু শীতলাব বুলি কৈছিলে
হিয়া দহিবলৈ আহিলে।।

হম হম কৰি জ্বলিল যেতিয়া
বীৰ অকণৰ চিতা।
এনে ভাব হ'ল—শত সেনানীৰ
মই গৰ্বিত পিতা।
চিতাৰ অগণি জ্বলিলে
অকণ আমাৰ জিৰালে
এজাক অকণ জাগিব আকৌ
অগণিয়ে সকিয়ালে।।

[কলিকতা, ১৯৯৪ চন ??]

এই পৃথিৱী এক ক্ৰীড়াংগন

এই পৃথিৱী এক ক্ৰীড়াংগন
ক্ৰীড়া হ'ল শান্তিৰ প্ৰাংগন
এই পৃথিৱী এক ক্ৰীড়াংগন, ক্ৰীড়াংগন
যৌৱন য'ত আজি জ্যোতিৰ্ময়—জ্যোতিৰ্ময়
অসুস্থ এলাহক এফলীয়া কৰি য'ত
জীৱনৰ গতি হয় কৰ্ম্মময়—
কৰ্ম্মময়, কৰ্ম্মময়।।

বিচ্ছিন্নতাৰ নীতি নেলাগে—
কাম্য সমন্বয়।
ক্ৰীড়াবিদে নেজানে একতা বিনে
একতাৰ ধিয়ানতে তন্ময়।
ক্ৰীড়া মাথোঁ খেল ধেমালি নহয়
নহয় মাথোঁ প্ৰতিযোগিতা
এক সুন্দৰ সবল জাতি গঠনত
ক্ৰীড়াই কৰে সহযোগিতা।।

চৌদিশে যত ভাঙনৰ চিন্তা
মূল্যবোধৰ অৱক্ষয়
নিয়মানুৱতী ক্ৰীড়াবিদে কৰে
অনন্ত জ্যোতিৰে অক্ষয়।।

[তেজপুৰ, ২০ ডিচেম্বৰ ১৯৯৫ চন]

আতংকবাদ হুচিয়াৰ

আতংক ঘোৰ আতংক
অতংকবাদ হুচিয়াৰ
সূৰ্য্যলোকত উজলিছে
শান্তি সমাহাৰ।।

অজস্ৰ জীৱন হ'ল যে নিধন
কত বোৱাৰীয়ে হেৰুৱালে স্বজন।
যুগ যুগ ধৰি আমি আক্ৰান্ত
তথাপি নহওঁ আমি ৰণক্লান্ত।।

আমি জানো সেই অপশক্তিক
তোমাক যোগায় যি গোপনে সহায়
শত কোটি দৃঢ় ভাৰতীয়ই
তোমাক কৰিব অসহায়।।

আত্মহত্যা অপমৃত্যু আত্মঘাতী,
উদ্দেশ্য
আনৰ মৃত্যু, আনি নিষ্ঠুৰ ভাবে
কৰিছাঁ আট্টহাস্য।।

সত্যম্ শিৱম্ সুন্দৰম্
বসুধৈৱকুটুম্বকম্।
আমাৰ ভাৰতীয় মন্ত্ৰ।
আতংকবাদে নোৱাৰে ৰুধিব
মানৱতাবাদ, গণতন্ত্ৰ।।

[২০০২ চন]

আকাশ সাৰটি নামিলোঁ সাগৰত

(নিজৰ প্ৰাণৰ কথা)

আকাশ সাৰটি
নামিলোঁ সাগৰত
বুকুত কঢ়িয়ালোঁ
আগ্নেয়গিৰি।
শব্দৰ বৰষুণে
ধৰিলে সাৰটি
কণ্ঠত সুৰৰ
অনন্ত সুহুৰি।।
অন্তহীন তৃষাৰে
ঘূৰিলোঁ ফুৰিলোঁ
খুলি দিলোঁ মোৰ
জীৱন সঁফুৰা।
নাজানো কিমাননো
কান্দিলোঁ হাঁহিলোঁ
সকলো এতিয়া
স্মৃতিৰ নিজৰা।।
প্ৰেমৰ বন্যাৰেই মই
ধুৱালোঁ তোমাক
হে মোৰ মৰমৰ
বিশ্লেষণ দাতা।
আবেলিৰ বেলিত আহি
দেখিলোঁ তোমাক
তুমি মোৰ হেঁপাহৰ
জীৱনশ্ৰোতা।।

[গুৱাহাটী, ১১ মাৰ্চ ২০০৭ চন]

কটন কলেজ

(সাময়িক প্ৰসংগ)

[কথা: এজন প্ৰাক্তন কটনিয়ান হিচাবে মোৰ আজি বহুতো কথা মনত পৰিছে। তাকেই এই গীতটিত সন্নিবিষ্ট কৰি দিছোঁ।]

ওঠৰ শ নিৰানব্বৈ চন—ব্ৰিটিছ শাসন।
মাণিক চন্দ্ৰ বৰুৱাৰ প্ৰতিবেদন
প্ৰাগজ্যোতিষপুৰতে কৰিব লাগিবই
এখনি কলেজ স্থাপন।।
উনৈশ শ এক আৰু দুহেজাৰ এক
এই উজ্জ্বল এশটা বছৰ
অসমীৰ কপালত ভোটাতৰা জিলিকিছে
হেনৰী কটন কলেজৰ
আমাৰ কটন কলেজৰ
কটন কলেজ, আমাৰ কটন কলেজ।।

কটন কলেজ চিকমিকনি নহয়
পুৰাতেই অন্ত যোৱা
কটন কলেজ হ'ল জ্ঞানৰ উৎস
উদ্দীপনা যোগোৱা।
উনৈশ শ একৰ সাতাইচ মে'ত
বিহগী কবি ৰঘুনাথ ৰচিত
উদ্বোধনী গীত হ'ল নিনাদিত
নিনাদিত নিনাদিত।
নবীন বৰদলৈ কৰ্মবীৰে
যন্ত্ৰ সংগীতেৰে কৰে সজ্জিত।
উনৈশ শ সোতৰত পোৱা হ'ল স্বীকৃতি—
বিশ্ববিদ্যালয়ৰ সন্মান
মাথোঁ সোতৰ বছৰতে
পৃথিৱীয়ে শলাগিলে গুণগত বৈশিষ্ট্যৰ মান।।
ভুবন দাস আৰু হেনৰী কটন, ছুইট চাহাব
ছুডমাৰ্চন আৰু শিক্ষাবিদ আছে যত
সৰে মিলিজুলি কটন কলেজতে
জ্ঞানৰ হেঁপাহ কৰে চিৰ জাগ্ৰত
জাগ্ৰত, জাগ্ৰত।
জ্ঞানত গভীৰ, বিজ্ঞানত গভীৰ
খেলত সুস্থিৰ, কলাত অধীৰ
হৈ আগ বাঢ়োঁ আমি কটনিয়ান
যোৱা শতিকাৰ ঐতিহ্যেৰে
আগুৱাওঁ আহাঁ হৈ চিৰ বলিয়ান,
আমি কটনিয়ান, আমি কটনিয়ান।।
পৃথিৱী আজি হ'ল গ্ল'বেল ভিলেজ
জিন্দাবাদ কটন কলেজ,
জিন্দাবাদ কটন কলেজ,
জিন্দাবাদ কটন কলেজ।

[মুম্বাই, ২৮ মাৰ্চ ২০০০ চন]

কটন কলেজৰ চৌহদত অসমত বিশ্ববিদ্যালয় পতাৰ সভা (অনুমানিক ১৯৩৯ চন)
বহি: কৃষ্ণকান্ত সন্দিকৈ (চতুৰ্থজন), গোপীনাথ বৰদলৈ (পঞ্চমজন), সুৰেন দত্ত (শেষৰ জন)
থিয় হৈ (বাওঁপিনৰ পৰা) উমেশ চৌধাৰী, মাধৱ বেজবৰুৱা, শৰৎ দত্ত, . . .
[ফটো: টেক্সাচৰ সত্যজিত দত্তৰ সৌজন্যত]

আজি কি আনন্দ পেখোঁ বিশ্বৰ ছন্দত

(সাময়িক প্ৰসংগ)

আজি কি আনন্দ পেখোঁ বিশ্বৰ ছন্দত।
পূৰ্ণ হৈলা এক শতাব্দী বাণৰে মঞ্চত হে।।
ওঠৰ শ ছয়ানব্বৈত হে লক্ষ্মীকান্তৰ গৃহত।
পূজা পাতি হৰিশ্চন্দ্ৰ কৰে অভিনীত হে।।

আজি কি আনন্দ পেখোঁ বিশ্বৰ ছন্দত।
পূৰ্ণ হৈলা এক শতাব্দী বাণৰে মঞ্চত হে।।
উনৈশ শ তিনি চনত হয় পাৰ্টি এমেচাৰ।
'ভ্ৰমৰংগ', 'জয়মতী'ৰ পাতে থিয়েটাৰ হে।।

আজি কি আনন্দ পেখোঁ বিশ্বৰ ছন্দত।
পূৰ্ণ হৈলা এক শতাব্দী বাণৰে মঞ্চত হে।।
'মহৰী' নামৰ নাট্য হে এদিন মঞ্চস্থ ভৈলা।
ভৱানীৰ গৃহে 'সীতাৰ বনবাস' হৈলা হে।।

আজি কি আনন্দ পেখোঁ বিশ্বৰ ছন্দত।
পূৰ্ণ হৈলা এক শতাব্দী বাণৰে মঞ্চত হে।।
উনৈশ শ ত্ৰিচ চনত হে এক ৰংগমঞ্চ হৈলা।
শ্ৰীমন্ত শংকৰ নামে নামকৰণ কৈলা হে।।

আজি কি আনন্দ পেখোঁ বিশ্বৰ ছন্দত।
পূৰ্ণ হৈলা এক শতাব্দী বাণৰে মঞ্চত হে।।
বহু বহু বছৰ ধৰি হে বিদ্যুৎ শক্তি নাই।
আৰিয়া ব্যৱহাৰ কৰি নাটক উজলায় হে।।

আজি কি আনন্দ পেখোঁ বিশ্বৰ ছন্দত।
পূৰ্ণ হৈলা এক শতাব্দী বাণৰে মঞ্চত হে।।
তেজপুৰত নাটঘৰ হে এহি দৰেই হৈলা।
জ্যোতি, বিষ্ণু, ফণী শৰ্মাই সৰগ ৰচিলা হে।।

আজি কি আনন্দ পেখোঁ বিশ্বৰ ছন্দত।
পূৰ্ণ হৈলা এক শতাব্দী বাণৰে মঞ্চত হে।।
দেশী বিদেশী যন্ত্ৰসংগীত একেলগ কৰিলা।
মঞ্চৰ আগত গাঁত খান্দি অৰ্কেষ্ট্ৰা ৰচিলা হে।।
ইটো বছৰ সিটো বছৰ সোণালী বছৰ।
যুগে যুগে বাচি থাওক বাণ থিয়েটাৰ হে।।
পৰীক্ষা নিৰীক্ষা কৰি বিবিধি নাটৰ।
দীৰ্ঘজীৱি হওক আমাৰ বাণ থিয়েটাৰ হে।।

আজি কি আনন্দ পেখোঁ বিশ্বৰ ছন্দত।
পূৰ্ণ হৈলা এক শতাব্দী বাণৰে মঞ্চত হে।।
নতুন নতুন নাট্যকাৰ নিজে ওলাওক।
বিশ্বনাটৰ সভাগৃহত জ্যোতিষ্মান হওক হে।।

আজি এহি ৰচনাতে বহু দোষ ৰৈলা।
লেখক ভূপেন্দ্ৰই আজি ক্ষমাহে মাগিলা হে।।

[তেজপুৰ, ১ ছেপ্তেম্বৰ ২০০৫ চন]

শিল্পী: ডাঃ সত্যেন্দ্ৰনাথ দাস, নিউ ইয়ৰ্ক

কি পালি

(কল্পনা চাওলা আৰু মহাকাশযাত্রীসকলৰ
দূৰ্ঘটনাত মৃত্যুৰ বাতৰি শুনি লিখা))
কি পালি? কি পালি?
একোটো নেপালি
উৰিলি তই যিমান
এটুকুৰা জোন, এটুকুৰা সোণ
সোণৰনো দাম কিমান?

কৌটি কৌটি তৰাৰে জেউতি
মহা আকাশৰ বক্ষত।
সিপাৰত ঘূৰে তই নজনাকৈ
আপোন আপোন কক্ষত।।
কল্পনা তই গাভৰু ছোৱালী
ভাৰত বৰিষৰে মান।
চাওলা ফৈদে বাট চাই আছে
ঘূৰাই আন বিদ্যুৎমান।।

অংক অংক কিমান যে অংক
গণনা কৰ কিমান?
এটা অংক, শুদ্ধ অংক
ৰাখিলি নাৰীৰে মান।।
চাওলা কল্পনা আঁকিলি আল্পনা
অংকশাস্ত্ৰৰ জীয়ৰী
মহাকাশ বিশাল হাতীপটি সহস্ৰ
উৰিলি কিনো বিচাৰি?
পঞ্চনদীৰে মন্ত্ৰ বহুতো বিজ্ঞান অস্ত্ৰ
লৈ উভটিলি সাঁতুৰি নাদুৰি—
কি পালি কি পালি?

[মুম্বাই, ২৫ মাৰ্চ ২০০৩ চন]

কিছু দিন আগতে পুৱতি নিশাতে

কিছু দিন আগতে পুৱতি নিশাতে
সপোন এটি দেখিছিলোঁ
ৰাজপথে ৰাজপথে বিজুলী খুটিত
ওলমা মৃতদেহ দেখিছিলোঁ।
সুধিলোঁ: এইয়া কাৰ মৃতদেহ?
ক'লে: ইহঁত চোৰাং বজাৰী
ঘটিছিল বহু ক'লা ধন
হৈ ৰাইজৰ মৰণৰ বেপাৰী।
হঠাৎ ভাগি গ'ল সপোন মোৰ
বিজুলী খুটিত দেখোঁ নাই মৃতদেহ
(বুজোঁ) মোৰেই মূৰৰ বিকৃতি ঘটিছে
দুনীতি নাই হোৱা শেষ।
মাতৃয়ে নিচুকনি গাবলৈ পাহৰিলে
অৰ্ধমৃত শিশু দেখি
ভেজাল খাদ্যৰো জুই ছাই দাম
পনীয়া ঔষধ দিয়ে লেখি।
হেৰ' দেখিছ নে নাই তোৰ ঘৰৰ কাষতে
দুৰ্বল অকণিৰ কামিহাড়
নোহোৱা নকৰ কিয় কিঞ্চিত দুখ
শত শত নিবনুৱাৰ।
হেৰ' লৈ আহ সকলো দুখী জনতাৰ
কাষলৈ অকণমান সুখ
তেতিয়াহে সন্মান কৰিম
তহঁতৰ বৰ বৰ কথা কোৱা মুখ।
চোৰাং বজাৰীৰ সংখ্যা যিমান
সিমানেই আছে দেখোঁ বিজুলী খুটি
সিহঁতক তেনেহলে ফাঁচি নিদিয় নেকি?
দিছিলি দেখোঁ প্ৰতিশ্ৰুতি।

অ' ভাৰতৰে পঁজা ঘৰত

(স্বদেশ প্ৰেমৰ গীত)

অ' ভাৰতৰে পঁজা ঘৰত
নৈ পাৰত
সোণ পথাৰত
বাজক সুখৰ বাঁহী।

পঞ্চনদী গোদাবৰী
মহানদী আৰু কাবেৰীৰ
সোঁতত উঠক ভাঁহি
পৃথিৱী ঘূৰি বহু ফুৰি
এই ভাৰতৰ চৰণ চুমিম
জনম জনম আহি।।

দূৰৈৰ আজান বাউলৰ গান
মিঠা কল তান মৃদু তাল মান
বাজক আকাশ ছানি।
কঁহুৱা বনৰ কোমল মনৰ
লুইত পাৰৰে বগলীৰে
বগা পাখিত লাগি।।

[কলিকতা, ১৯৯৪ চন ??]

জয় জয় অসমীৰ নতুন পুৰুষ

জয় জয় অসমীৰ নতুন পুৰুষ
জয় জয় স্বহীদ বাহিনী
পঁচাশীত লিখিলা
ত্যাগেৰে তোমাৰ মুক্তিৰ কাহিনী।
মহাভাৰতৰ মহা অংগ
অসমী আই আমাৰ
কত সন্তানৰ শোণিত ঢালে
নোপোৱা তুলনা তুমি তাৰ।
বহ্নিমান এই ব্ৰহ্মপুত্ৰ
নৈ উপনৈ আৰু পাহাৰ ভৈয়ামৰ
মচিলা চকুপানী
পঁচাশীত লিখিলা
সাহেৰে তোমাৰ মুক্তিৰ কাহিনী।

জাতি-ধৰ্ম-ভাষা-নিৰ্বিশেষে
বৈধ শত নাগৰিক শোষণবিহীন
মহামন্ত্ৰে ৰচা আঁচনি আৰ্থ-সামাজিক।
জন গণে একতাৰে পাতে সভাসদ
ৰাজসভাত বিৰাজিলে ছাত্ৰ পৰিষদ
উচ্চাৰি উদাৰ বাণী
পঁচাশীত লিখিলা
সাহেৰে তোমাৰ মুক্তিৰ কাহিনী।

সংকীৰ্ণতাৰ বিপৰীতে জীৱন বুৰঞ্জী পঢ়া
শংকৰ, আজান, জ্যোতি, বিষ্ণুৰ
সপোন দিঠক কৰা
শতাব্দী একবিংশ আহে প্ৰগতিক তীব্ৰ
কৰা
'কৰ্মই ধৰ্ম' কৰি হুংকাৰ
লুইতপাৰ পোহৰ কৰা।

অসমী আইক মোৰ সজাই তোলা
কৰি শান্তি সমন্বয় বাণী
পঁচাশীত লিখিলা
তেজেৰে তোমাৰ মুক্তিৰ কাহিনী।

কুলিটোৰে বাৰে বাৰে কান্দে

(মঘাই ওজাৰ বিয়োগত)

কুলিটোৰে বাৰে বাৰে কান্দে
তাঁতশালত শিপিনী থৰ লাগে
ঘনেপতি ৰাঁচ নচলে
দোৰপতি মাকো থমকে
মাধৈমালতী ফুলিও নুফুলে
ঢেঁকীও থমকি ৰয়—
মঘাই ওজা নাই।
গোনা ম'হৰ যুঁজ শেষ হয়
গগনাৰ মাতেৰে কোনোবাই উচুপে
ঢোলত চাপৰ নপৰে—
মঘাই ওজা নাই।
ৰিঙা ৰিঙা মন গধুৰ গধুৰ
এইবাৰ বিহুতলী যেন নহয়
সিমান মধুৰ— মঘাই নাই।

কোন চিত্ৰলেখীয়ে

(ইন্দ্ৰিয় আসক্তিৰ গীত)

নায়ক: কোন চিত্ৰলেখীয়ে এইয়া ছবি আঁকে?
চাওঁ, ছবিত নো
কোন ৰাজকোঁৱৰ থাকে?
(ময়েই থাকিম নিশ্চয়)
নায়িকা: (ইঃ, বৰ অনিৰুদ্ধ কোঁৱৰ ওলাইছে?)
মোক পাবলৈ তুমি
কিয় হাবাথুৰি খোৱাঁ?
মই গগনৰ চন্দ্ৰ ঢুকিকে নোপোৱা।
নায়ক: তুমি যদি চন্দ্ৰমা মই সূৰ্য্য
অ' চন্দ্ৰবদনী তুমি কোমল জোনাক
সূৰুযৰ জ্যোতি হৈ চুমিম তোমাক।
নায়িকা: খহনীয়া নৈ, ছেঙেলীয়া পানী
বৈ মোৰ উটায় পৰাণ।
নায়ক: তোমাৰেই নৈতে কৰোঁ শতবাৰ
সুমধুৰ মুক্তিস্নান।
মোৰ মন গহনলৈ তুমি আমন্ত্ৰিত।
নায়িকা: সেই আৱেশতে মোৰ বুকু স্পন্দিত
মন মোৰ হ'ল আল্পনা
কোনেনো তুলিকা বোলায়?
নায়ক: তোমাৰ আল্পনা নিমজ স্নিগ্ধ
কামদেৱ পিছলি যায়।।

চয়নিকা চয়নিকা

[কথা: আজিৰ এগৰাকী আধুনিকা পাত গাভৰুক কোৱা হৈছে: এই আহিব ধৰা একবিংশ শতিকাক সাৰটি ল'বলৈ, নতুন ভাবে সাজু হ'বলৈ। নাম তাইৰ কি? চয়ন কৰিব জনা চয়নিকা চয়নিকা।]

গাভৰু: চয়নিকা চয়নিকা চয়নিকা চয়নিকা
চয়নিকা চয়নিকা চয়নিকা চয়নিকা
ডেকা: একবিংশ শতিকা আহিল দেখোঁ
আহিলেই দেখোঁ চয়নিকা।
গাভৰু: নতুন শতিকাক সাৰটি ল'বলৈ
সাজু হোৱাঁ চয়নিকা,
চয়নিকা চয়নিকা।
তুমি যাক ভাল পাইছা আজি আজি
আজি সেই ডেকা বন্ধুকো কোৱাঁ
দুয়ো: বিংশ শতিকাৰ আৱৰ্জনা
ধুই পখালি থোৱাঁ

মনবোৰ নিকা কৰি লোৱাঁ
গাভৰু: বিংশ শতিকাৰ নাটঘৰত
পৰিব যৱনিকা
চয়নিকা চয়নিকা চয়নিকা চয়নিকা
তুমি কৈশোৰ পাৰ হ'বা
ডেকা: একবিংশ শতিকাত।
গাভৰু: ভৰা যৌৱন লৈ
দুয়ো: লুইতত সাঁতুৰিবা
এই শতিকাৰ বিঘিনি নেওচি
নতুন পথেৰে আগুৱাবা।
গাভৰু: তুমি নহ'বা পলাতকা, পলাতকা
পলাতকা পলাতকা ।।

জীৱন সিন্ধু বহু বিন্দুৰে হয়

জীৱন সিন্ধু বহু বিন্দুৰে হয়
যদি কৰ্মেৰে হয় বিন্দু পূৰ্ণ।
অলস চিন্তা অগভীৰ আঁচনিয়ে
জয়ৰ বাসনা কৰে চূৰ্ণ।
অসমবাসী এমুঠি মানুহ
তাতে যদি হয় নানান প্ৰভেদ
সামূহিক মংগল হয় মষিমূৰ
উমি উমি থাকে যদি
ক্ৰোধ অৰু জেদ,
সকলোৰে শান্তিৰে কৰাঁ আলচ
ৰিক্ত মনক কৰাঁ পূৰ্ণ।।

সমাজক এৰি কোনো বাদ নহয়
সমাজবাদ আজিৰ লক্ষ্য।
জীৱনবোধ-হীন ব্যক্তিৰ বাবে
পৰিধি মাথোঁ হয় নিজ কক্ষ
স্বাৰ্থপৰ যান্ত্ৰিক দৃষ্টিয়ে
শাসনক কৰে সংকীৰ্ণ।।

মহাভাৰতৰ মহা অংগ অসম
সবাৰে অৱহেলা নেওচিব লাগে,
লুভীয়া নৱ উপনিৱেশবাদীৰ
শোষণ বিপৰীতে হেজাৰে জাগে
শোষিতই সাহসৰ মন্ত্ৰেৰে কৰে
শোষকৰ বক্ষ বিদীৰ্ণ।।

তেজ দিলা, প্ৰাণ দিলা

[কথা: জনৈক ডেকা বন্ধুৰ প্ৰতি এই গীত]

তেজ দিলা, প্ৰাণ দিলা
ত্যাগ দিলা ডেকা বন্ধু
পুনু আহিবাঁ, আহি যুঁজিবাঁ
যুঁজি জিকিবাই ডেকা বন্ধু!
বেলি উঠিব জোন থাকিব
আশা ৰশ্মিৰ ৰেখা জ্বলিব
তোমাৰেই গুণ গান
পুনু শুনিবাই ডেকা বন্ধু।।

সৌৱা সমদল ভাঙি হিল দল
সমৰোল কোলাহল
ৰক্তিম উজ্জ্বল।
লুইত থাকিব পণ থাকিব
গণ তৰণীও নিতে চলিব
সমূহৰ কালিৰ বাবে
আজিক দিলা বন্ধু।।

জ্ঞানীজনে কয়

(পৰিয়াল পৰিকল্পনাৰ কথা)

জ্ঞানীজনে কয়—কি কয়?
জ্ঞানীজনে কয়:
শৃগালৰ জাক জাক
সিংহৰ এটাই ভাল
হেন জানি ভাবি গুণি
হে! নৱ দম্পতী
সীমিত কৰাঁ পৰিয়াল।
পৰিয়াল পৰিকল্পনা মাথোঁ
গৰ্ভ নিৰোধ আঁচনি নহয়
ই মাতৃ আৰু শিশুৰ সমানে
স্বনিৰাপত্তাহে হয়।

জ্ঞানীজনে কয়—কি কয়?
জ্ঞানীজনে কয়:
শৃগালৰ জাক জাক
সিংহৰ এটাই ভাল
হেন জানি ভাবি গুণি
হে! নৱ দম্পতী
সীমিত কৰাঁ পৰিয়াল।
ধৰালে আনিলে প্ৰতি শিশুৱে
মানৱৰ প্ৰাপ্যৰ ল'ব অধিকাৰ
সেই কিঞ্চিত প্ৰাপ্য দিব যদি নোৱাৰা
কিয় কৰা মিছা অংগিকাৰ?
যিটো শিশু আজি জন্ম দিলা
সন্মান কৰাঁ তাৰ সত্তা।
তাক দিয়া শাৰীৰিক মানসিক
আৰু গিয়ানৰ স্ব নিৰাপত্তা।

অবাঞ্চিত শিশুৰ যিটো জন্ম দিলা
সম্ভোগৰ আছে অধিকাৰ।
হয়তো অধিকাৰ আছে।
পিচে মিঠা শিশুৰ পৰিয়াল
আঁচনি কৰিলে,
তোমাৰ জানো হ'ব কিবা কাল?
হিন্দু খ্ৰীষ্টান শিখ বৌদ্ধৰ
শাস্ত্ৰই দোহাৰে সত্য হেজাৰ
পৰিকল্পিত সন্তানৰ প্ৰতি
প্ৰতি দম্পতীৰ আছে অধিকাৰ।

আব্দু চৈয়দ আয়ুবৰ নামতে
হজৰত মহম্মদে জীৱন কালত
জন্ম নিয়ন্ত্ৰণ কৰাৰ সপক্ষে
উপদেশ দিলে মুছলিম সমাজক।।
যাক দিলা জন্ম কিম্বা কালি দিবা,
তাৰ ভকথা ভাবিবা এবাৰ।
এই বিশ্বৰ সভাত সুযোগ্য কৰাৰ
যদি কৰা তুমি কৰা অংগিকাৰ।

সেয়ে জ্ঞানীজনে কয়—কি কয়?
জ্ঞানীজনে কয়:
শৃগালৰ জাক জাক
সিংহৰ এটাই ভাল
হেন জানি ভাবি গুণি
হে! নৱ দম্পতী
সীমিত কৰাঁ পৰিয়াল।

পাৰ ভাঙি দিলে শ্ৰীমন্ত শংকৰে

পাৰ ভাঙি দিলে শ্ৰীমন্ত শংকৰে
বহে ব্ৰহ্মাণ্ডক ভেদি
তৃষ্ণাতুৰ মানৱে ফুৰিছে বিচাৰি
শান্তি অমৃতৰ নদী।
শ্ৰীমন্ত শংকৰদেৱ কলাক্ষেত্ৰ
যাউতিযুগীয়া ৰূপতীৰ্থ
শ্ৰীমন্ত শংকৰদেৱ কলাক্ষেত্ৰ
এক অনেকৰ প্ৰীতি তীৰ্থ
শ্ৰীমন্ত শংকৰদেৱ কলাক্ষেত্ৰ
বৈয়ে যায় মাজেদি ব্ৰহ্মপুত্ৰ।
সাঁচিপাতে ভাষা দিছে
চিফুঙে আশা দিছে
ৰংঘৰে মেলিছে দুৱাৰ।
সমাজে সাৱটিছে মহান মানৱতা
বিজ্ঞানে আনিছে জোৱাৰ
জিলিকিছে লুইতৰে পাৰ।।
স্পৃশ্য অস্পৃশ্যৰ ভেদাভেদ নেমানি
সুন্দৰ সেনানী গঢ়ি
দুষ্কৃতি নাশিলে শ্ৰীমন্ত শংকৰে
বান্ধি লৈ একতাৰ জৰী।।
গাৰোৰ গোবিন্দ নগাৰ নৰোত্তম
যৱনৰ জয়হৰি কৈৱৰ্তৰ ৰাধিকা
মিচিঙৰ পৰমা আহোমৰ নৰহৰি
মোৰ গুৰু ঐ
ব্ৰাহ্মণৰ কন্দলি ৰাম সৰস্বতী
মুছলমানৰ চান্দসাই ভোটৰে দামোদৰ
বণিয়াৰ হৰিদাস
মোৰ গুৰু ঐ কছাৰীৰ আছিলে ৰমাই।।

[গুৱাহাটী, ১ নৱেম্বৰ ১৯৯৮ চন]

তেজৰে চাকি জ্বলাই

[ভূপেন দাদাই গোৱা এই গীতটোৰ কথা আৰু সুৰ বলেন হাজৰিকাৰ।]

তেজৰে চাকি জ্বলাই
সাৰে আছোঁ, সাৰে আছোঁ
মোৰ আই, মোৰ আই!
কাল এন্ধাৰ নাশিবলে
পণ ল'লোঁ, পণ ল'লোঁ
মোৰ আই, মোৰ আই!

মোৰ আইৰ চাদৰখন শুকুলা মেঘৰ
বুটাবছা ফুলবোৰ সোণ বৰণৰ
মেখেলাৰ ৰঙ আইৰ সেউজ ৰঙৰ
বুকুৰ উমখিনিও ন সূৰুযৰ
কাল এন্ধাৰ নাশিবলে
পণ ল'লোঁ, পণ ল'লোঁ
মোৰ আই, মোৰ আই!

মোৰ আইৰ কপালতে জোনৰ পোহৰ
দুচকুত জাঁহে যেন নীলা সাগৰ
মই দেখোঁ মোৰ আইক
সাগৰ ৰূপে সাগৰ ৰূপে
মনৰ উদাৰতাও আকাশৰ দৰে
মনৰ উদাৰতাও আকাশৰ দৰে।
তোৰেই প্ৰেৰণাৰে জীয়াই থাকি
তোকেই সজাম তোকেই সজাম
মোৰ আই, মোৰ আই!
কপৌ ফুলৰ চাকি সাজি
তোকেই পিন্ধাম তোকেই পিন্ধাম
মোৰ আই, মোৰ আই।।

ঢাক ঢাক ঢাক ঢাক

ঢাক ঢাক ঢাক ঢাক
ঢাক ঢাক ঢাক ঢাক ঢাকেই বজালি
লাখ লাখ তহঁত থাকিও একো নেপালি।
খাটি খোৱা তহঁতবোৰক দোস্ত কৰি লৈ
কুবুদ্ধিৰে দৈত্যবোৰে তেজ শুহি লয়
যুগে যুগে ঠগ খাইও নুবুজা হ'লি
লাখ লাখ তহঁত থাকিও একো নেপালি।
মুখৰ ভাষা বুকুৰ আশা বন্ধকতে থ'লি
সেই বাবে কেঁচা যৌৱন নিশা বেচিলি।
হিম্মতবিলাক হেৰুৱাই ক'লৈ পলালি
লাখ লাখ তহঁত থাকিও একো নেপালি।
ভেড়াৰ পালৰ দৰে
আজি বাচি কিয় আছ'?
এন্ধাৰ এন্ধাৰ গলিৰ মাজত ক্ষণ গণিছ'।
ভেড়া নহৈ তেজাল ঘোঁৰা কিয় নহ'লি
লাখ লাখ তহঁত থাকিও একো নেপালি।
জন অৰণ্য ধোদ জঘন্য পুঁজিপতি ধন্য
বনুৱা পণ্য, গণ্য মান্য সমাজো অনন্য।
মুখা পিন্ধা বৰ মানুহক প্ৰণাম কৰিলি।
নাই, নাই, নাই তোৰ ইজ্জত বেচিলি।।
ঢাকটো মাথোঁ বাজনা নহয়
ঢাক তহঁতৰ অস্ত্ৰ—
শোষকহঁতক নাঙঠ কৰ
কাঢ়ি সিহঁতৰ বস্ত্ৰ!
এক নতুন সমাজ গঢ়িবলে পণ কৰিলি!
জাক জাক তেজাল ঘোঁৰাৰ
চিঞৰ মাৰিলি।
নতুন সমাজ গঢ়িবলে পণ কৰিলি!

জিন্দাবাদ মেণ্ডেলা

(সাময়িক প্ৰসংগ)

জিন্দাবাদ মেণ্ডেলা
মেণ্ডেলা জিন্দাবাদ
জিন্দাবাদ মেণ্ডেলা
মেণ্ডেলা জিন্দাবাদ।
সাতাইচ বছৰ আৰু সাতটা মাহৰ
বন্ধ কাৰাগাৰ ভাঙিলা
প্ৰখৰ ৰৌদ্ৰ ৰূপে আফ্ৰিকাৰ
নতুন যুৱক হৈ ওলালা,
জিন্দাবাদ মেণ্ডেলা
মেণ্ডেলা জিন্দাবাদ।

বৰ্ণ বৈষম্যৰ জীৰ্ণ প্ৰাচীৰখনি
বজ্ৰ হাতুৰীৰে ভাঙিলা
মুক্ত আকাশৰ উদ্দেশ্যে
দৃঢ় মুষ্টি তুমি তুলিলা
জিন্দাবাদ মেণ্ডেলা
মেণ্ডেলা জিন্দাবাদ।
কৃষ্ণাংগৰ চিৰমুক্তি তোমাৰ আজীৱন যুক্তি
যাৱজ্জীৱন কাৰাদণ্ডতো
নকৰিলা আপোচৰ চুক্তি
তুমি নকৰিলা আপোচৰ চুক্তি।

সাম্যপিয়াসী লক্ষজনৰ
বন্দী শিবিৰ তুমি নাশিলা।
জিন্দাবাদ মেণ্ডেলা
মেণ্ডেলা জিন্দাবাদ।।

জয় বা পৰাজয়

(প্ৰেমগীত)

জয় বা পৰাজয় সময় অসময়
কপালত জিলিকাই প্ৰেম নাহে
প্ৰেমে সময় নুবুজে,
প্ৰেমে বয়স যে আৰু নুবুজে।

ৰিম জিম জিম বৰষাই
মোৰ দেহাটি যেতিয়া তিয়াই
উদাস যেতিয়া বেলি
সদ্যস্নাতা হৈ
হংসগামিনী হৈ প্ৰেয়সী নাহে—
প্ৰেমে সময় নুবুজে,
প্ৰেমে বয়স যে আৰু নুবুজে।

এখোজ দুখোজকৈ
কেনিও নোচোৱাকৈ
যেনি তেনি কৰে আগমন
মনৰ দুৱাৰ খুলি
কৰে দেখোঁ বাহু মেলি
বুজাব নোৱাৰা আচৰণ।

কুলিটিৰ মধুৰ মাতত
শিমলুৰ কমোৱা তুলাত
প্ৰেমৰ মন্ত্ৰ নেথাকে
ফাগুন দিনৰ বতাহতে অকলশৰে
মই কান্দোঁতে প্ৰেম নাহে—
প্ৰেমে সময় নুবুজে,
প্ৰেমে বয়স যে আৰু নুবুজে।

পাহাৰ ভৈয়ামৰ সংগম থলীতে

পাহাৰ ভৈয়ামৰ সংগম থলীতে
বন্ধু এজন মোৰ আছিলে এদিন
ৰ'দালিৰে ভৰা সেই সোণালী সুদিন
একেলগে খেলা পুৰা গধূলি বেলা
সেই শান্ত পাহাৰ সেই ধ্বনি নিজৰাৰ
একেলগে বজালোঁ যে বীণ
সোণ সৰি পৰা সোণালী সুদিন
ৰ'দালিৰে ভৰা সেই সোণালী সুদিন।

ওখ ওখ শাল বনৰ ছায়াৰ দেশত
মেঘ আৰু কুঁৰলীৰ কোমল খেলাৰ
মায়াৰ দেশত
গোন্ধ বাৰুদৰ কত নিহত জনৰ
কেঁচা তেজেৰে দেখোঁ পৃথিৱী ৰঙীন
কেনিবা হায় উৰি গ'ল
সোণালী সুদিন।

পাহাৰ আৰু লুইতৰে আকাশ তলীত
তুমি বজোৱা চিফুং বাঁহীৰ প্ৰতিধ্বনিত
তুমি আৰু মই সমভাগী হৈ
পুনৰ আনো আহাঁ সোণালী সুদিন
ৰ'দালিৰে ভৰা সেই সোণালী সুদিন
সোণ সৰা সেই সোণালী সুদিন।।

[কলিকতা, ১৯৮৯ চন]

তুলসীৰ তলে তলে

তুলসীৰ তলে তলে
কত চাকি জ্বলালোঁ
থাপনাৰ তলে তলে
শৰাই আগ বঢ়ালোঁ
তথাপিতো নেপালোঁ পাৰ
মোৰ গোঁসাই ঐ
তথাপিতো নেপালোঁ পাৰ।

সংসাৰ সাগৰে বুৰি
খালোঁ আমি হাবাথুৰি
মানৱী জনমটো অসাৰ
মোৰ গোঁসাই ঐ
মানৱী জনমটো অসাৰ।।
সৰু সৰু মানুহ আমি
ধৰাত জনম লভিলোঁ
সৎ পথে ঘুৰি ফুৰি
আজীৱন আগুৱালোঁ
অসত্য কৰি পৰিহাৰ
মোৰ গোঁসাই ঐ
তথাপিতো নেপালোঁ পাৰ।

পতিগৃহ সেৱি সেৱি
কত কাল না পুৰিলোঁ
এন্ধাৰ ঘৰৰ চোতালতে
শলিতা মই জ্বলালোঁ
চকুপানী পালোঁ উপহাৰ
মোৰ গোঁসাই ঐ
কোনোৰেই যে নেপালোঁ পাৰ।

মানৱী জনম দিলা
তাকে গ্ৰহণ কৰিলোঁ
নীতি শাস্ত্ৰ দিলা
নতশিৰে মানিলোঁ
তথাপি সুখ নাই যে আমাৰ
মোৰ গোঁসাই ঐ
ইনো কি কৰিলা বিচাৰ?
পাপীৰ কিয় জয় জয়কাৰ?
মোৰ গোঁসাই ঐ
ইনো কি কৰিলা বিচাৰ?

তোমাক সজাম বুলি

তোমাক সজাম বুলি মানস পটত
ভাবিছিলোঁ বহুবাৰ বহুতো পৰত
মানস পটত পিছে দাগ পৰি ৰ'ল
তোমাক হেৰুৱালোঁ মালতী।

এদিন দিছিলা গোলাপ এটি
তাতও আছিল তাৰ কাঁইট এটি
বিন্ধিব কলিজাৰ জোৱাৰ উঠি
সোঁৱৰাই তোমাৰেই প্ৰতিশ্ৰুতি।

দিগন্তৰ পাৰ ভাঙি তোমাৰ আশাৰ
চূৰমাৰ কৰি তোলে মোৰ কল্পনা
আছে জানো তোমাৰ মনত
মানস পটত পিছে দাগ বহি ৰ'ল
তোমাক হেৰুৱা ক্ষণটি।

[শিৱসাগৰ, ১৯৯৩ চন]

দুয়ো মুখামুখি

[কথা: বাহিৰ বিশ্ব যেতিয়া নিমাত, তেতিয়া দুজনে মুখামুখি হৈ কেইটামান মৰমী মুহূৰ্তক প্ৰেমৰ পৱিত্ৰ জ্যোতি প্ৰপাতলৈ পৰিণত কৰে, বোধ হয় এনেকৈ]:

নাৰী: দুয়ো মুখামুখি অতি সুখে সুখী
দুয়ো: দুয়ো মুখামুখি অতি সুখে সুখী
নাৰী: বাহিৰ বিশ্ব নিমাত
এই মুহূৰ্ত অতি পৱিত্ৰ
প্ৰেমৰ জ্যোতি প্ৰপাত
দুয়ো: এই মুহূৰ্ত অতি পৱিত্ৰ
প্ৰেমৰ জ্যোতি প্ৰপাত
নাৰী: দুয়ো মুখামুখি অতি সুখে সুখী
বাহিৰ বিশ্ব নিমাত
তুমি আহাঁ, ওচৰলৈ আহাঁ
মৰণ পিচলে ঠেলি
দুয়ো: প্ৰকৃতি পুৰুষ একাকাৰ হৈ
আনা নতুনৰ বেলি
আমাক নেলাগে সংঘাত।
নাৰী: এই মুহূৰ্ত অতি পৱিত্ৰ
প্ৰেমৰ জ্যোতিপ্ৰপাত
দুয়ো: দুয়ো মুখামুখি অতি সুখে সুখী
বাহিৰ বিশ্ব নিমাত
পুৰুষ: তোমাৰ এন্ধাৰ কেশৰ দৈৰ্ঘ্যই
দিগন্ত ধৰিছে ঢাকি
তাৰ ফাঁকে ফাঁকে মোৰ নয়নে
অমৃত দিছে বাকি।
নাৰী: তুমি আহাঁ, ওচৰলৈ আহাঁ
ভাঙি প্ৰাচীৰ বাধাৰ
কৰি মন্থন অমৃত সাগৰ
আনা অনন্ত সুৰ ভাণ্ডাৰ
আমাক নেলাগে সংঘাত।
দুয়ো: এই মুহূৰ্ত অতি পৱিত্ৰ
প্ৰেমৰ জ্যোতি প্ৰপাত।।

[দেৰগাঁও, ২৬ এপ্ৰিল ১৯৯২ চ

সেউজীয়া বনানিৰ বীণ বৰাগী

(নিজৰ প্ৰাণৰ কথা)

সেউজীয়া বননিৰ বীণ বৰাগী
বনে বনে ফুৰিছিলোঁ বনঘোষা গাই।
বগাকৈ বগলীয়ে বগা বগা পাখিৰে
বিচিছিল বগা বগা চোঁৰৰ বুলাই।।

গৈছিলোঁ বনৰীয়া বাটে বীণ বাই
বস্ত্ৰৰ বনগুটি গুচাই গুচাই।
বনমালা পিন্ধি বনমালী ৰূপ লৈ
উঠিছিলোঁ কদমত বংশী বজাই।।

আজি মুকলি বতাহৰ আহ যাহ নাই
বনানিত বন নাই নাই চৰাই।
সাঁচিপতীয়া বন বিনন্দীয়া পঁজাৰ কাষতে
আজি দিবা নে সজাই
আকৌ ফুৰিম মই বনঘোষা গাই।।

বিংশ শতিকাৰ অন্তাকাশত

বিংশ শতিকাৰ অন্তাকাশত
দিনৰ শিখা জ্বলিব নে?
একবিংশ শতিকাৰ প্ৰথম প্ৰভাতে
দিগন্ত উজলাব নে?
উজলাব, উজলাব, উজলাব?
দুটি শতিকাৰ সংগমে সংগমে
আশা নিৰাশাৰ গণনা
লুকা ভাকু খেলি মৃত্যুৰে কৰে
বিশ্ব প্ৰেমৰ ছলনা।

বিচ্ছিন্নতাৰ গুটি সিঁচি সৰে
নীতিৰ খেলাহে খেলিব নে?
একবিংশ শতিকাৰ প্ৰথম প্ৰভাতে
দিগন্ত উজলাব নে?
উজলাব, উজলাব, উজলাব।

পৃথিৱী এখন সৰু গাঁও হ'ল
মহাকাশ ৰণাংগন
গণ সংযোগে মুখা পিন্ধি নাশে
মূল্যবোধৰ প্ৰাংগন।
দুটি শতিকাৰ সন্ধিক্ষণত
সত্যৰ জ্যোতি জ্বলিব নে
জ্বলিব নে জ্বলিব নে?

শীতল যুঁজৰ হেনো অন্ত পৰিল
পৃথিৱীত শান্তিৰ কপৌ উৰিল
পিচে শীতলতাৰেই তলে তলে
উমি উমি ক্ৰোধাগ্নি জ্বলিল
সেই সৰ্বনাশী জুই নুমাব নে?
সেই শান্তিৰ ফল্গু ব'ব নে?
একবিংশ শতিকাৰ প্ৰথম প্ৰভাতে
দিগন্ত উজলাব নে?
উজলাব, উজলাব, উজলাব।

[তেজপুৰ,
১০ ডিচেম্বৰ ১৯৯৫ চন]

দিহিঙে দিপাঙে আজীৱন ঘূৰিলোঁ

দিহিঙে দিপাঙে আজীৱন ঘূৰিলোঁ
জীৱনৰ টোকাৰী বাই।
শতিকা শেষত থমকি চাওঁ যে
মৰণৰ তোৰণ নাই।।

জীৱন গলিল মৰণ গলিল
কোন যে কাহানি যায়।
দেহতত্ত্বৰো তত্ত্ব লুকাল
মানুহে মানুহক খায়।।

নতুন শতিকা আহিলেই দেখোঁ
আৰুটো অধিক পৰ নাই।
অনীতিৰ সাগৰত দেশখন বুৰিছে
ধৰিবৰ তৃণ কূটা নাই।।

মোৰ অসমী!
মানুহে মানুহক খায়
মৰণৰ তোৰণ নাই।।

বিহুটি বছৰি আহিবা

[কথা: অসমীয়া জাতিটোৰ আয়ুস ৰেখা বিহুটিক হাত যোৰ কৰি অনুৰোধ কৰা হৈছে বিহুটি ঐ বছৰি আহিবা অসমী আইকে জগাবাচোন বিপদৰ কালতো মাহ হালধিৰে জাতিটোৰ দেহ মন ধোৱাবাচোন।]

বিহুটি বছৰি আহিবা
অসমী আইকে জগাবা।
বিপদৰ কালতো মাহ হালধিৰে
জাতিটোৰ দেহ মন ধুৱাবা।

জাতিটোৰ কথাটি এহিমানে থওঁ
মোৰ মন গাভৰুৰ কথাকে কওঁ
গাভৰুৰ কথাকে কওঁ—
মোৰ চেনেহীৰ নাম হ'ল মামনি
তাইৰ কাহানিও নাছিলে আমনি
গোটেই জীৱনটো মোতেই সঁপিব
বুলি কথা দিছিল তাহানি
তাহানি তাহানি তাহানি তাহানি।।

কিবা কাৰণত তায়ো মোক নেমাতে
মোৰ বুকুতে জ্বলিছে অগণি
বিহুটি ঐ বছৰি আহিবা
পাৰাঁ যদি তুমি
তাইকো বিহুগীত গোৱাবা।।

বড়োৰ ভাষাৰে বৰ মানে বতাহ, দি মানে পানী আৰু চিখ্‌লা মানে হ'ল গোঁসানীজনী।

মন গাভৰুৰ কথা এহিমানে থওঁ
বৰদৈচিলাজনীৰ মহিমা কওঁ, মহিমা কওঁ—
যেতিয়া মনবোৰ দহে
হিল দল ভাঙি তাই আহে
পিচে পৃথিৱী তিওৱা আশিষ বৰষাই
গোঁসানী ৰূপেৰে নাহে।
মোৰ গোঁসানী
গোঁসানী ৰূপেৰে নাহে।
ম'হবোৰে যুঁজে
বিৰিণা জহে
মন লুইতৰ সৰু বৰ গড়াবোৰ
আখেজতে যেন খহে।
বিহুটি ঐ
কাবৌ কৰিছোঁ হাতযোৰ কৰিছোঁ
জাতিটোক শাক ভাত খুৱাবা
অসমীয়া জাতিটোক শাক ভাত খুৱাবা
এ মৰমৰ দীঘ দি হেঁপাহৰ আঁচুৰে
একতাৰ গামোচা বোৱাবা
একতাৰ গামোচা বোৱাবা
একতাৰ গামোচা বোৱাবা।

তিনচুকিয়াৰ ওচৰৰ ডাঙৰীত বিহুৰ আখৰা (১৯৮৬)

শুনা শুনা হে

শুনা শুনা হে শুনা পাতি কাণ
বিজ্ঞানসন্মত বনভূমিৰ অৱদান।
দূৰৈৰ বনভূমিত সৌ
সূৰুয ভৈলা দৃষ্ট
সূৰুযৰ জ্যোতিৰে বন
ভৈলা পৰিপুষ্ট।

বন এক কাৰখানা
জ্যোতি প্ৰপাতৰ
অম্লজান বাষ্প
সৃষ্টি কৰে নিৰন্তৰ।
প্ৰকৃতিৰ পৰা বনে অ'
কৰে আহৰণ
বৈজ্ঞানিক উপাদান
কৰি মন্থন।

তেনে ভাবে তৰু তৃণে
স্ৰজে শ্বেতসাৰ
সেহি খাদ্যত পায় জীৱে
জীৱনৰ আহাৰ।
বনভূমি সেৱাৰ থলী হে
মানৱ কল্যাণৰ
বন সংৰক্ষণ হওক
চিন্তা সমাজৰ।

যুগ যুগ ধৰি

যুগ যুগ ধৰি এচাম লোকে
শোষণ কিমাননো কৰিব?
নতুন সূৰ্য্যক ক'লা ডাৱৰে
আৰুনো কিমান ঢাকিব?
সিহঁতে বুধিৰে মুখা পিন্ধি
ভুৱানো কিমান দিব?
সিহঁতৰ মুখাবোৰ খুলি দিয়াৰ
প্ৰতিজ্ঞা কোনেনো কৰিব?
তুমি তুমি তুমি!
সমাজৰ মুষ্টিমেয় শোষকে
বনুৱাক সদায় ঠগিব খোজে
আলাসৰ লাডু বহি খোৱাহঁতে
যদি শ্ৰমৰ মৰ্য্যাদা নুবুজে
তেনে নিৰ্ভীক প্ৰতিবাদ কৰিবনো কোনে?
তুমি তুমি তুমি!
কিয় একেখন সমাজৰ দুটি ঘৰ
এটিত এন্ধাৰ এটিত পোহৰ
এটিত খাদ্য থাকে পাহাৰ সমান
আৰু আনটিত ভোকৰ চিঞৰ,
এই অসাম্য দূৰ কৰিবনো কোনে?
তুমি তুমি তুমি!
ছন পৰা মনবোৰ চহাই লৈ
শ্ৰমৰ ফলখিনি সমভাগে লৈ
বহুতৰ মৃত্যুত গৰ্জি উঠা
নতুনৰ অংক সাৰটি লৈ
আজি সাম্যৰ পৃথিৱী গঢ়িবনো কোনে?
তুমি তুমি তুমি!

শব্দ আৰু সুৰৰ পৃথিৱীত

(নিজৰ প্ৰাণৰ কথা)

শব্দ আৰু সুৰৰ পৃথিৱীত
ধেমালি কৰিলোঁ নানা মুদ্ৰাৰে
নিৰানন্দ আৰু মহানন্দে মই
সত্যক ফঁহিয়ালোঁ জীৱনবোধেৰে।
মই জীয়াই আছোঁ সময়ৰ আগে আগে
আত্মপ্ৰত্যয়ৰ বাবে
সাধাৰণৰ মাজতেই থাকিম
অসাধাৰণ ভাবে।

মোৰ গানৰ শব্দ অতিকে সহজ
ৰসাল মাটিৰ সুৰৰ।
মুক্ত আকাশ মুক্ত পৃথিৱী
মুক্ত সাগৰ লহৰ।।
বৰ্তমান পৃথিৱীৰ ভীষণ অসুখ
চৌদিশে দেখোঁ সংঘাত।
প্ৰত্যেকজনে গাওঁ আহাঁ শান্তিৰ গান
আনি জীৱনৰ জ্যোতিপ্ৰপাত।

[মুম্বাই, ৬ মাৰ্চ ২০০৩ চন]

চৰাইপুঙৰ কপৌ চৰাই

(শান্তিৰ কামনা)

[কথাঃ চৌদিশে ক্ৰোধ, চৌদিশে অভিমান, এফালে চৌদিশে শান্তিৰ বাবে আৰ্তনাদ। আকাশ সীমাৰ নতুন শান্তিৰ প্ৰতিজ্ঞা সোণালী, জোন সুৰুযৰ আৰতি হয় পুৱা গধূলি। চৰাইপুঙৰ কপৌ চৰাই জাকে জাকে আজি উৰে কিয়?]—

চৰাইপুঙৰ কপৌ চৰাই জাকে জাকে উৰে
নতুন নতুন মনৰ মানুহ নতুন ৰূপ ধৰে।
জিগিজা গিজাওঁ জিগিজা গিজাওঁ
ৰঙা জবা ফুল কেঁচা তেজ বিচাৰি
কোন বিয়াকুল?
দুই ম'হৰ যুঁজত আজি বিৰিণা বন মৰে
এই বিৰিণাৰ কান্দোনক
কোনে উলাই কৰে?

সেউজ পথাৰত সেউজ সেউজ
সোণ পৰি ৰয়
মনৰ মাজত অবুজ সেউজ
প্ৰেমৰ খেতি হয়।
আকাশ সীমাৰ ন-শান্তিৰ
প্ৰতিজ্ঞা সোণালী
জোন সুৰুযৰ আৰতি হয়
পুৱা গধূলি।।

[কলিকতা, ২৭ জুলাই ১৯৯১ চন]

ঘনে ঘনে কত শিশুক

(পৰিয়াল পৰিকল্পনাৰ কথা)

ঘনে ঘনে কত শিশুক
জন্ম দিবা তুমি
তুমি জন্ম দিবা
স্বাৰ্থবিহীন মৰতলে আনি।।
তুমি যদি নিজে হোৱা ভৰাল ৰোগৰ
তোমাৰ মৰম হ'ব পানী লুইতৰ।
এতিয়াই চিন্তি তোমাৰ শিশুক
তাক নকৰাঁ কিয় সুঠাম সবল
তেহে তুমি হাঁহিৰে ঘৰ উজলাবা।।

বিশ্ব জোৰাই জানো অভাৱৰ ভাব
অগণন শিশুক দিবা পোহপাল
সেয়ে আগতীয়া পন্থা গ্ৰহণ কৰি
সীমিত নকৰা কিয় সুখী পৰিয়াল।
তেহে তুমি প্ৰাণ ভৰি হাঁহিব পাৰিবা
ঘনে ঘনে কত শিশুক জন্ম দিবা?

ৰঙীন ৰঙীন এই জীৱন

(ইন্দ্ৰিয় আসক্তিৰ গীত)

ৰঙীন ৰঙীন এই জীৱন
মিঠা মিঠা প্ৰতিটো ক্ষণ
অ' বাৰে বাৰে বিচাৰিছে আলিংগন।

জীৱন দুদিনীয়া হেৰাই যাব খোজে
কামনাৰে প্ৰাণ সংকেত বাজে
মাদকতা ভৰা এই ধুনীয়া লগন
এৰি দিয়া দেহ প্ৰাণ মন।
কি হ'ব আদৰ্শৰে
কিনো হ'ব ত্যাগেৰে
কি হ'ব আজিৰ কথা ভাবি
আজিৰ এই কথা আজিয়েই ভাবা
নহ'লে ক্ষণ হেৰুৱাবা
এই ক্ষণ নাহে উভতি।।

ৰূপৰ জোৱাৰেৰে উটাই দিয়া না
প্ৰেমৰ ধুমুহাৰে উৰাই দিয়া না
লালসা ভৰা এই মোহময়ী ক্ষণ
সজোৱাঁ ৰূপৰে পোহৰ—
অ' বাৰে বাৰে বিচাৰিছে আলিংগন।

ইভা আচাও
ভূপেন হাজৰিকাৰ কেবাখনো কথাছবিৰ অভিনেত্ৰী

ভালকে পুনৰ চোৱাঁ এবাৰ

[কথা: কেতিয়াবা প্ৰেয়সীয়ে প্ৰিয়জনক সোঁৱৰাই দিব লগীয়া হয় এই বুলি—মোৰ দুচকুত চকু ৰাখি কোৱাঁচোন মনৰ বীণা বাজিছে নে? মনত পৰিছে নে?]

ভালকে পুনৰ চোৱাঁ এবাৰ
কোৱাঁচোন চিনিব পাৰিছা নে?
মোৰ দুচকুত চকু ৰাখি কোৱাঁ
মনৰ বীণা বাজিছে নে?
সোণালী আবেলি গছৰ ছাঁত
মুখামুখি বহি নীল গধূলিত
কতনা গীত শুনাইছিলাঁ
কোৱাঁচোন মনত পৰিছে নে?
অ' পটভূমিকাত সৌ নীলাচল
নাগৰিকজনে হাঁহে জলমল
প্ৰেমৰ গীত কোনেনো শুনাব
মই আজি দেখোঁ তুমিহীনা।।

মই সপোনপুৰীৰ ৰূপ কুঁৱৰী

(গীতেৰে চিত্ৰাংকন)

মই সপোনপুৰীৰ ৰূপ কুঁৱৰী
হাতত মৃণালৰে খাৰু
অ' কাণত পদুমৰে কেৰু
পখিলিৰ সতে মই
ৰঙা ৰঙা পাখিৰে
মলয়াত উৰি ফুৰোঁ।
ৰামধনু ৰঙেৰে ৰিহাৰ আঁচলৰে
সাগৰৰ মুকুতা আনো
পুৱাৰ সূৰুযৰ ৰঙা ৰ'দখিনি লৈ
উষাক ৰাঙলী কৰোঁ
অপৰূপ জগতৰ ৰজাৰ কোঁৱৰ
সূৰুযৰ সতে আহি
কাণে কাণে কৈ যায়—
'তুমি মোৰ তুমি মোৰ তুমি মোৰ' বুলি
অ' হাতত মদনৰে বেণু।

সুখ নাই দুখ নাই

সুখ নাই দুখ নাই
একো যেন নাই
হাহি নাই চকুৰো অশ্ৰু শুকায়।
নৈ আছে পানী নাই
সৰু বৰ ঢৌ নাই
জীয়াই থকাৰ নাই অকণো জোৰাৰ।

ঘড়ীৰ কাঁটা নাই
সময়ৰ গতি নাই
সময়েও বগৰাব নোৱাৰে হেঙাৰ
সময়ও দেখোঁ আজি ভাগি ছিগি যায়।

এই ভয়াবহ ক্ষণে
নিহত প্ৰতিজনে
গলি যোৱা আইনাত মুখবোৰ চায়
কাৰ নীতি কেনি যায়
পৰিণতি একো নাই
মৃত্যুৱে দিনে ৰাতি পাশা খেলি যায়
সুন্দৰতা আজি ত্ৰাসতে পলায়।

[কলিকতা, ২৭ মে ১৯৮৯ চন]

হাঁহি কান্দোনেৰে

হাঁহি কান্দোনেৰে
সুখ আৰু দুখৰ অহাযোৱাই
এইটো জীৱন
এইটো জীৱন এইটো জীৱন।

একা বেকা বাট জীৱন যুজৰ
কিছু অৱহেলা কিছু মৰমৰ
মায়াবী মনৰ এইটো জীৱন
এইটো জীৱন এইটো জীৱন।

আপোনজন হৃদয়ৰে
সময়েটো কাঢ়ি নিয়ে নিঠুৰ হাতেৰে
জীৱন আকাশত দেখোঁ গধূলিৰে সুৰ
তাতেই পৰিব যাত্ৰাৰ ওৰ
ভাগৰুৱা দেহৰ এইটো জীৱন
এইটো জীৱন এইটো জীৱন।।

দুই দহ দুই অধ্যায়

বিভিন্ন বিষয়ৰ গীত

গীতেৰে চিত্ৰাংকন

তলৰ গীত কেইটা হাজৰিকাই কোনো সৌন্দৰ্য্য মগন মুহূৰ্তত শব্দৰ তুলিকা আৰু ছন্দৰ ৰহণেৰে অঁকা একোখনি অতি বিতোপন ছবি। মাধৱদেৱৰ 'ত্যজৰে কমলাপতিৰ' দৰে প্ৰথম গীত দুটিও প্ৰাকৃতিক সৌন্দৰ্য্যই দিয়া সুন্দৰৰ সঁহাৰিৰ লগত সৌন্দৰ্য্য প্ৰয়াসী প্ৰাণে নিজক বিলীন কৰাৰ প্ৰকাশ মাথোন।

শৰতৰ শেৱালিৰ নতুন নিয়ৰ

[কথা: ১৯৭৯ চনত মই ভূপেন দাদাক এই গীতটি দেখুওৱাঁতে তেঁও এইটো গীত নহয় কৱিতাহে এইটোত মই সুৰ দিয়া নাই। এইটো কিন্তু আবৃত্তি কৰিব পৰা যায় বুলি তেখেতে মোক আবৃত্তি কৰি শুনালে। কোৱা বাহুল্য যে তেঁও তেতিয়া কোৱা কথা আৰু আবৃত্তি মই বাণীৱদ্ধ কৰি ৰাখিছোঁ। পাচত গুৱাহাটীৰ অৰুন্ধতি দাস বৰুৱাৰ পৰা জানিব পাৰিলোঁ যে এইটো ভূপেন দাদাই দিয়া সুৰেৰে ছিলঙৰ বন্দনা বৰুৱাই গাইছিল। সম্ভৱ ভূপেন দাদাই কথাটো পাহৰিছিল। অৰুন্ধতিয়ে ভূপেন দাদাই দিয়া সুৰতেই গীতটো বাণীৱদ্ধ কৰিছিল। তাৰ পাচত ভূপেন দাদাই আকৌ নতুনকৈ সুৰ দি গীতটো বাণীৱদ্ধ কৰে।]

শৰতৰ শেৱালিৰ নতুন নিয়ৰে
 শুভ্ৰ শুভ্ৰ কিবা ছবি আঁকে,
শুকুলা ডাৱৰৰ পতাকা উৰুৱাই
 মুকুতিৰ গীত গায় শৰালি জাকে।

নিয়ৰ বিন্দু হ'ল জীৱন দাপোণ
 তাতেই দেখোঁ মই আশাৰ সপোন
ক্ষুদ্ৰতে বিশালক যদি বিচাৰা
 দেখিবা বিন্দুতে সিন্ধু থাকে।

শৰতৰ সৰাপাত কিয় বুটলিম
 ৰিক্ত ৰিক্ত মন কিয় আদৰিম?
বন্ধ বন্ধ সীমা কিমান সহিম?
 মুগ্ধ মুগ্ধ মই আকাশ দেখি,
স্নিগ্ধ স্নিগ্ধ ফুল মনেৰে লেখি,
 মুক্ত মুক্ত কঁহুৱাৰ নাচোন
হঁহুৱায় নিৰাশাৰ ফাঁকে ফাঁকে।

[১৯৪৮ চনত ৰচা]

উষা আৰু নিশা

অসমীৰ সিপাৰতে
মহাজলধিৰ শেষতে
জ্যোতি এন্ধাৰৰ মাজতে
দুটি কণ্ঠৰ কথা শুনো
ৰিণিকি ৰিণিকি অহা—
এটি হ'ল উষা
আনটি ক'লীয়া নিশা।
নিশাই পিন্ধিছে জোনবিৰি কেৰুমণি
হেজাৰ তৰাই ফুল বাচি বোৱা।
এন্ধাৰৰ সিংখাপখনি
চকুত টোপনিৰ ভাষা—তাই উষাৰ সখীটি নিশা।
চকুটি মোহাৰি নিশাই বুলিলে—
"অ' মোৰ ভনীটি উষা
নাভাঙিবি মোৰ আশা
পৃথিৱীৰ যত আছে নৰনাৰী
ভাগৰত জুৰুলা হোৱা
আপোন পাহৰি নিদ্ৰা মগন
মোৰেই কোলাতে চোৱাঁ।
আজিৰ সুপ্ত মহাজীৱনক
তুমিয়ে সাৰটি লোৱাঁ
বিদায় মাগিছোঁ ভাগৰি পৰিছোঁ
এলাহ সামৰি থোৱাঁ
নাভাঙিবা মোৰ আশা।
অ' মোৰ সখীটি উষা।"
নিশাৰ চকুত নিয়ৰ উজ্বলিল
আৰু বিদায়ৰ ভাষা
উষাই পিন্ধিছে নতুন ৰিহা,
সেন্দূৰ ৰহণ জ্বলা
নীল জলধিৰ ঢৌ থেকা খোৱা
সু চণ্চল মেখেলা
কপালত আছে সূৰুয ফোঁটটি লিখা
তাই নিশাৰ সখীটি উষা ।
সেউজীয়া জীৱনৰ ছন্দত নাচি বাগি
মৌ কোঁহ আঁচলত লৈ
উৰি ফুৰা চুলিটাৰি সামৰি সামৰি ই
ৰাংঢালী উষাই কয়:
"অ' সখী নিশা
নাভাঙো তোমাৰ আশা
নিদ্ৰা এৰিছে মহাজীৱনে
পোহৰ বিচাৰি আজি
সেয়েহে আজি ন ৰহণেৰে
ওলালোঁ সাজোন কাচি
যোৱা মোৰ সখীটি নিশা'
নিশাৰ চকুত নিয়ৰ উজ্বলিল
আৰু বিদায়ৰ ভাষা
উষাই যাচিলে মহা জীৱনৰ
সাত ৰহণীয়া আশা।"

ডঃ তীৰ্থ দাসৰ সতে

কাশ্যপ ঋষিৰ আশ্ৰমখনি

[টোকা: তলৰ গীত দুটা ডক্টৰ হাজৰিকাই ইন্দ্ৰধনু থিয়েটাৰৰ 'শকুন্তলা' নাটকৰ (পৰিচালনা: ইন্দ্ৰেশ্বৰ বুজৰবৰুৱা, নাট্যৰূপ: এম চালেহ উদ্দিন চৌধুৰী) কাৰণে ৰচি সুৰ দিয়ে। ভ্ৰাম্যমান থিয়েটাৰৰ কাৰণে ডঃ হাজৰিকাৰ এই দুটাই একমাত্ৰ গীত। গীত কেইটা ডঃ হাজৰিকাই শিল্পী ইন্দিৰা পি-পি বৰাৰ ঘৰত কেছেটত বাণীবদ্ধ কৰি আমাৰ হাতত দিছিল।]

চিত্ৰলেখাৰ দেশৰ শিল্পী মৃদুস্মিতা শইকীয়া বৰদলৈয়ে এম্ব্ৰয়ডায়েৰী কৰা শকুন্তলা

কাশ্যপ ঋষিৰ আশ্ৰমখনি
আজি জ্যোতিষ্মান হ'ল
মেনকাই কন্যা শকুন্তলাক
মৰতত সমৰ্পি গ'ল।
ওমলি আহোঁগৈ ব'লা
অ' বাচা শকুন্তলা!
শংখ বজোৱাঁ দিয়াঁ উৰুলি
আনন্দে নধৰে হিয়া।
প্ৰকৃতি কোলাত ধেমালি মগন
শিশুটি আলফুলীয়া
ওমলি থাকোঁগৈ ব'লা
অ' বাচা শকুন্তলা!
বনানি পালিতা শকুন্তলাৰ
সংগী বন পশুপক্ষী
মৃগ শিশু সংগে নিতে বাঢ়ি যায়
বনানিৰ যেন শুভলক্ষ্মী
জিলিকে ৰূপ উৎপলা
ৰূপহী শকুন্তলা।।
নৱ মল্লিকাৰে কোমল কলিটি
ধীৰে প্ৰস্ফুটিত হ'ল।
কৈশোৰ পাৰ হৈ শকুন্তলাও
পূৰ্ণ যৌৱনা হ'ল
মালিনীত স্নান কৰোঁ ব'লা
অ' আই শকুন্তলা!

প্ৰতি নেত্ৰ অশ্ৰু সিক্ত

প্ৰতি নেত্ৰ অশ্ৰু সিক্ত মৃগই বিনায়
যায় যায় পতিগৃহে শকুন্তলা আই
পিতৃদেৱৰ কন্যা বিৰহ
চিত্ত ভাগি পৰে।
সখি সবৰ সুখৰ আকাশ
এন্ধাৰে আবৰে
তপোবনৰ মনোবনত
আশাৰ কুসুম নাই।
লতাৰ জীৱন আম্ৰতৰুৰ সংগ বিনে বৃথা
নাৰীৰ ভাগ্য স্বামীৰ সংগ চিৰ দিনৰ প্ৰথা

গৈ থাকাঁ আই
তোমাৰ পথত
পিছলৈ নেচায়।
তোমাৰ বাটৰ ধূলি যেন
পদুম পৰাগ হয়
নিৰাপদে যোৱাঁ মোৰ আই পতিগৃহলৈ
অশ্রু মচা নহ'লে যে পথ দেখা নেপায়।

[গুৱাহাটী, জুলাই ১৯৮৬ চন]

জীৱন নদীৰ মহিমা অপাৰ

জীৱন নদীৰ দুয়ো পাৰৰ
মহিমা অপাৰ
হাঁহি আৰু কান্দোনৰে শুন হাঁহাকাৰ
আশাৰ মিঠা ফুল হয় জীৱনৰে ভুল
সপোন কাজল সানি
কোনে হেৰুৱালি মূল
মূল হেৰুৱাই জীৱন ৰণত
মানিলি যে হাৰ
হাঁহি আৰু কান্দোনৰে শুন হাঁহাকাৰ।।

নাট ধেমেলীয়া আৰু হাঁহি পেলনীয়া
প্রীতি যুগমীয়া আৰু ছবি মোহনীয়া
মোহনীয়া ছবি হয় এদিন তাৰ সাৰ
হাঁহি আৰু কান্দোনৰে শুন হাঁহাকাৰ।

পাহৰি যা অতীতৰে মায়াৰ মিছা খেলা
হুমুনিয়াহ অগণিৰে বেজাৰ ভৰা মেলা
জয় পৰাজয় ভৰা নদীৰ নাই পাৰাপাৰ
হাঁহি আৰু কান্দোনৰে শুন হাঁহাকাৰ।।

অ' জোনালী দীপান্বিতা

অ' জোনালী দীপান্বিতা
দীপান্বিতা দীপান্বিতা
ঘিট মিটীয়া এন্ধাৰ কাতিৰ ৰাতি
চিকমিকীয়া জ্বলি উঠে চাকি
উজ্বলিল সোণৰে মাটি।

জ্বলে ঘৰে ঘৰে প্রদীপ শিখা
মংগল উৰুলি আৰতি
দেৱশিশু সৰে উমলিছে
পোহৰৰ দলিচা পাতি।

দীপান্বিতা দুদিনীয়া
আহিব বা' এছাটি
আনিব পৃথিৱীৰ সমুখলৈ
পুনৰ এন্ধাৰ মাতি।

এই পৃথিৱীৰ সচা জনতাৰ
দুখৰে এন্ধাৰ নাশি
সুন্দৰ পূজাৰী উজ্বলোৱা
বুকুৰ তেজৰে চাকি
সাম্যৰ দীপালী পাতি।

[গুৱাহাটী, ১৯৪৮ চন]

শিল্পী: ডাঃ সত্যেন্দ্রনাথ দাস, নিউ ইয়র্ক

টুপ টুপ নিয়ৰ সৰিছে

পুৰুষ: কেতিয়াবা এনেকুৱা লাগে কিয়নো
বুকুখনেই শুদা শুদা লাগে কিয় মোৰ
অ' মইনাজান অ'
নেজানো সোণ আজি তুমি
আছা কেনেকৈ, আছা কেনেকৈ
আছা কেনেকৈ?
টুপ টুপ নিয়ৰ সৰিছে
ছাৰে তিনটা (তিনিটা) বাজিছে
তোমালৈ মোৰ আজিও
মনত পৰে জানা নে (সচায়ে)
অ' দেহা ঐ!

নাৰী: যেন শৰতৰে অ' মইনা
সৰি পৰা শেৱালীৰ
ফুল তলেসৰা অ' মইনা ফুলেনো বহুতলী।
বহু আশা বুকুৰে ৰাতিতে যায় মৰহি
সাঁচি থোৱা সপোনবোৰ নাহে আৰু উভতি
নিয়ৰতে সেমেকি বৈ দুবৰিকে লৈ
মইও আছোঁ অতীতকে বুকুত বান্ধি ঐ।

পুৰুষ: আঘোণৰে কুঁৱলী
বুকুৰে বিয পোৰণি
পাহৰি যাওঁ বুলিও(চোন)
পাহৰিব নোৱাৰি

নাৰী: বিষ সাগৰতে অ' মইনা
তাকে লো বান্ধি হালি
কিয় গৰমতে অ' মইনা দেখিলা যে সলনি
মৰমে মোৰ তোমাকে আমুৱালে কিজানি
সেয়ে তুমি গ'লাগৈ মোৰে পৰা আঁতৰি
কলিজাকে বিন্ধি থকা দুখকে দি থৈ
দুদিনৰে বাবে মাথোঁ মোৰে আপোন হৈ
যেন শৰতৰে অ' মইনা
সৰি পৰা শেৱালী
ফুল তলেসৰা অ' মইনা ফুলেনো বহুতলী
বিষ সাগৰতে অ' মইনা
গাতে লো বান্ধি হালি
নিয়ৰতে সেমেকি বৈ দুবৰিকে লৈ
মইও আছোঁ অতীতকে বুকুত বান্ধি ঐ।
কলিজাকে বিন্ধি থকা দুখকে দি থৈ
দুদিনৰে বাবে মাথোঁ মোৰে আপোন হৈ

কেঁচা ৰঙা ৰক্তৰ দামেৰে গঢ়া

কেঁচা ৰঙা ৰক্তৰ দামেৰে গঢ়া
মধ্যবিত্তৰ এই সমাজ সোপান
কথাৰ মেৰপাক ফাকিৰে ভৰা
মহানগৰী আজি মহা শ্মশান।
ভিখাৰীৰ বুকু ভৰিৰে হেঁচি
চিৰিত উঠা আল্লাৰ
ক'লা বজাৰেই সুখত সুখী
মুখা পিন্ধা জল্লাৰ।
অ' নকল বাসনাৰ সেই চিৰি বগোৱা
বন্ধ কৰি গা গান
দেশখন মানুহৰ ঘামেৰে গঢ়া
শুন বজ্ৰৰ আহ্বান।

পৃথিৱীখন মাথোঁ দুখনে ভৰা
অত্যাচাৰৰ বলি শত শত প্ৰাণ
যি আজি জীৱিত সিহঁতো মৃত
বিকৃত শিল্পৰ এই অৱদান।

অ' মুক্ত কৰ এই সসাগৰা
ধৰালৈ ক'ৰ অভিযান
ৰইজৰ কণ্ঠত কণ্ঠ মিলাই গা
চিৰ মুক্তিৰ গান।

ৰিণিকি ৰিণিকি শুনিছোঁ

ৰিণিকি ৰিণিকি শুনিছোঁ দূৰণিত
প্ৰভাতী পখীয়ে গীত গায়
মৌন নিশা দেখোঁ চৌপাশে আছে
সূৰুযৰ দেখাদেখি নাই।
প্ৰভাতী পখীয়ে কিয় গায়?

অস্ত বেলিৰ সীমা পাৰ হৈ হৈ
বাট বুলি অকলে অকলে
খেদিছোঁ প্ৰভাত এন্ধাৰে এন্ধাৰে
আহিব নে প্ৰভাত সূৰুয নহ'লে
থাকিম কিমান বাট চাই?
প্ৰভাতী পখীয়ে কিয় গায়?

মৃত্যু সাৰটি ল'লাই নেকি
পলম কৰা কিয় সূৰ্য্য?
এন্ধাৰ বাটত দিয়াহি জ্যোতি
মোৰ আৰু নাই ধৈৰ্য্য
তোমাৰ সঁহাৰি কিয় নাই?
প্ৰভাতী পখীয়ে কিয় গায়?

জীৱন গঢ়োঁতে অগভীৰ

জীৱন গঢ়োঁতে অগভীৰ
পৰিকল্পনা আৰু অলস চিন্তাই
কোনো কাম নিদিয়ে
জীৱন সিন্ধু বহু বিন্দুৰে হয়
কিন্তু সেই বিন্দু
কৰ্মেৰে পূৰ্ণ হ'ব লাগিব।
জীৱন সিন্ধু বহু বিন্দুৰে হয়
যদি কৰ্মেৰে হয় বিন্দু পূৰ্ণ
অলস চিন্তা অগভীৰ আঁচনিয়ে
জয়ৰ বাসনা কৰে চুৰ্ণ।
অসমবাসী এমুঠি মানুহ
তাতে যদি হয় নানান প্ৰভেদ
সামুহিক মংগল হয় নেকি মোৰ
উমি উমি থাকে যদি
ক্ৰোধ আৰু খেদ
সকলোৰে শান্তিৰে কৰা আদৰ
ৰিক্ত মনক কৰা পূৰ্ণ।
সমাজক এৰি কোনো বাদ নহয়
সমাজবাদ আজিৰ লক্ষ্য
জীৱন বোধহীন ব্যক্তিৰ বাবে
পৰিধি মাথোন হয় নিস্তত
স্বাৰ্থপৰ জ্ঞান থেক দৃষ্টিয়ে
শাসনক কৰে সংকীৰ্ণ।

মহাভাৰতৰ মহা অংগ অসম
সবাৰে অৱহেলা নেওচিব লাগে
লুভীয়া নব উপনিবেশবাদীৰ
শোষণটি কৰিছে।
হাজাৰ জাগে
শোষিতৰ সাহসৰ মন্ত্ৰেৰে কৰে
শোষকৰ ৰক্ত বিদীৰ্ণ।

সদা হাঁহি মুখ
(বিড়ি বিজ্ঞাপনৰ গীত)

সদা হাঁহি মুখ নাই কোনো দুখ
    হাতত বানৰ বয় বিড়ি
    আধা শতিকাকে ধৰি
    অভ্যাসম মুখক কৰি।
চলি আছে এই বিড়ি
    চি-জে পেটেলৰ বিড়ি
    বানৰ বয় বিড়ি
    ভাল লাগে এই বিড়ি।
সুদূৰ গুজৰাটৰ নিপানী ধপাতৰ—
    ধুনীয়া সোৱাদে ভৰা
বচা বচা পাত কেন্দুৱেই পাত
    তাৰেই তৈয়াৰ কৰা।
জিৰণিৰ বেলা
চকু ৰাখি খোলা সপোন দেখিব পাৰি
হালোৱা বনুৱাৰ ধনী দুখীয়াৰ
    অতি প্ৰিয় এই বিড়ি
    চি-জে পেটেলৰ বিড়ি
      বানৰ বয় বিড়ি।
অসম দেশৰে ভৈয়ামে পাহাৰে
    এই বিড়ি মধু সমান
প্ৰথম টান বা শেষৰেই টান
    সুখময় প্ৰতিটো টান।
কৰ্মৰ বেলা বা জিৰণিৰ বেলা
    নিৰ্ভৰ কৰিব পাৰি
বাবু অফিচাৰ বা গৰখীয়াৰ
    অতি প্ৰিয় এই বিড়ি
    চি-জে পেটেলৰ বিড়ি
      বানৰ বয় বিড়ি।

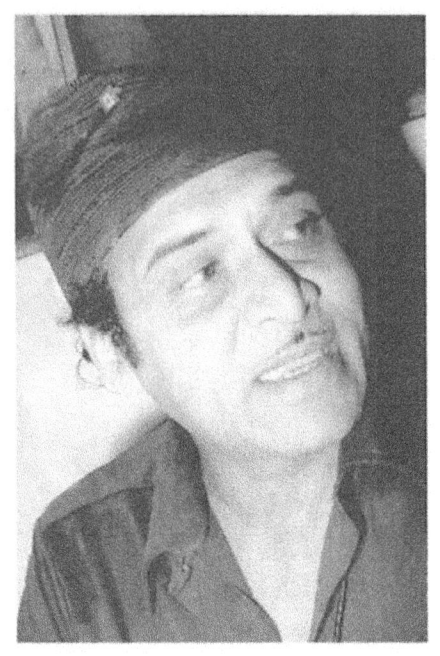

ওপৰৰ ছবি দুয়াখন যোৰহাটৰ শ্ৰীমতী গায়ত্ৰী (সাদৰ) বৰগোহাঞিৰ সৌজন্যত পোৱা হৈছে।

কথাছবিৰ গীত

কুৰি শতিকাৰ মানৱ সভ্যতাৰ বিশেষ আহৰণ হৈছে কথাছবি। এই আহৰণ মানুহৰ কাৰণে কিমান উপকাৰী বা মানৱ সভ্যতাৰ কাৰণে ই কিমান মূল্যৱান তাক হয়তো সময়েহে নিৰ্ণয় কৰিব কিন্তু এই শতিকাত প্ৰায় সকলো সমাজৰ প্ৰায় সকলো শিল্পী, শিল্প-বাণিজ্য আৰু সকলো সৃষ্টিৰ কাৰণে কথাছবিয়ে নতুন কৰ্মক্ষেত্ৰ মুকলি কৰি দিছে।

কথাছবিয়ে নাট্যসংস্কৃতিক ন-ৰূপ দিলে, গীত-সংগীত-নৃত্যৰ কাৰণে নতুন প্ৰতিশ্ৰুতি আনিলে আৰু জনসাধাৰণৰ কাৰণে সামূহিক আমোদৰ নতুন পথ উলিয়ালে। আনহাতে, কথাছবি এক বিশেষ ব্যৱসায় হোৱা কাৰণে আৰু ই আন বহু ন-পুৰণি ব্যৱসায়ৰ উৎপাদক হোৱা কাৰণে ই সমাজক কলুষিত কৰাৰও এপাত শক্তিশালী অস্ত্ৰ হৈ পৰিছে।

সকলো দেশতে প্ৰতি বছৰে প্ৰতিযোগিতা পাতি, শ্ৰেষ্ঠ অভিনেতা, শ্ৰেষ্ঠ অভিনেত্ৰী, শ্ৰেষ্ঠ কাহিনী আদি নানা ধৰণৰ পুৰস্কাৰ দিয়া হয়। এখন কথাছবিৰ উদ্দেশ্য কি? ভাল কথাছবি কি আৰু কেনে হোৱা উচিত? কথাছবিৰ মূল উপাদানবিলাক কি? আদৰ্শ কথাছবি কেনে হোৱা উচিত বা তাত কি থকা উচিত আদিৰ বিষয়ে কোনো সমাজতে গৃহীত সূত্ৰ নাই বা সেইবিলাকৰ বিষয়ে দাৰ্শনিক আলোচনা দেখা নাযায়। এইবিলাকৰ বিচাৰ দেশ কাল অনুসৰি বেলেগ বেলেগ। ভাৰতত কথাছবিৰ আৰম্ভণিতে অৰ্থাৎ নিৰ্বাক ছবিৰ যুগত ইয়াক নাট্যসংস্কৃতিৰ এটি নতুন ৰূপ বুলিয়ে ধৰা হয় আৰু ভাৰতৰ কথাছবিৰ জনক স্বৰূপ দাদাভাই ফাল্কেই পৌৰাণিক কাহিনী হৰিশ চন্দ্ৰৰ কাহিনীটোকে প্ৰথমে চিত্ৰাংকন কৰে। ভাৰতীয় কথাছবিৰ আদি ভাগত ৰামায়ণ মহাভাৰতৰ কাহিনী বা আন পৌৰাণিক কাহিনীৰে প্ৰাধান্য দেখা যায়। সেইবিলাকত ভক্তি ৰস আৰু বীৰ ৰসৰে প্ৰাধান্য আছিল। পিছলৈ পৌৰাণিক কাহিনীৰ আলমত শৃংগাৰ ৰসৰ ছবি আৰম্ভ হয়। সোনকালেই ভাৰতীয় কথাছবি নিৰ্মাতা সকলে শৃংগাৰ ৰসেৰে দৰ্শকক আকৰ্ষণ কৰাৰ শ্ৰেষ্ঠ কৌশল বুলি উপলব্ধি কৰে। আজিকালিৰ কথাছবিত মানুহৰ জীৱনৰ বা সামাজিক জীৱনৰ ভিন ভিন দিশত দৃষ্টিপাত কৰা হয় যদিও ভাৰতীয় কথাছবিত ঘাইকৈ শৃংগাৰ ৰসৰে প্ৰাধান্য। তথাপি ৰস বিচাৰ কথাছবিৰ লক্ষণ নহয়।

বহু ভাৰতীয় কথাছবিয়ে সংগীত, নৃত্য অভিনয় আদিৰে সৃষ্টিধৰ্মী শিল্পী মনৰ পৰিচয় দিয়ে। তথাপি আজিৰ ভাৰতীয় কথাছবি বৃহৎ জনগণক আমোদ দিব পৰা এক সস্তীয়া ব্যৱসায় ৰূপেই বৰ্তি আছে। ৰসৰ প্ৰতি ভ্ৰূক্ষেপ নাই দেখি আজিৰ কথাছবিয়ে দৰ্শকক আমোদ দিবলৈ বহু সস্তীয়া পথ বাচি লৈছে। যৌন সংগম, প্ৰেমবিহীন ইন্দ্ৰিয় আসক্তি, সংযমহীন দৈহিক সংগসুখ, হত্যা-কটাকটি-মাৰামাৰি-বলাৎকাৰ আদি হিংসাত্মক কাৰ্য্য আজিৰ কথাছবিৰ কাহিনীৰ প্ৰধান অংগ। এনেবিলাক ব্যতিক্ৰমী ঘটনাৰ দ্বাৰা জনসাধাৰণক আকৰ্ষণ কৰা ভাৰতীয় ছবিৰ জগতত হিন্দী কথাছবিয়ে পথ প্ৰদৰ্শকৰ নিচিনা। হিন্দী ছবিৰ সাধাৰণ বৈশিষ্ট্য হৈছে সাধাৰণ ৰাইজক আমোদ দিয়া আৰু তেঁওলোকৰ প্ৰধান কৌশল হৈছে:

(১) অতিশয় কাল্পনিক শৃংগাৰ ৰসৰ

পৰিস্থিতি আৰু দৃশ্য সৃষ্টি কৰা।

(২) হোৱাই নোহোৱাই অনুভূতিশীল গীতৰ সমাৱেশ

(৩) মাৰপিট কটাকটি আদি হিংসাত্মক কাৰ্য্যৰ অৱতাৰণা।

(৪) ডেকা গাভৰুৰ নাচেৰে সৈতে গোৱা দ্বৈত সংগীত, ডেকা গাভৰুৱে জোকোৱাজুকি কৰি গোৱা গীত আৰু বিৰহৰ গীত প্ৰায় বেছি ভাগ হিন্দী কথাছবিৰ প্ৰাণ স্বৰূপ।

অসমীয়া কথাছবিয়েও হিন্দী কথাছবিৰে গতটোকে অনুকৰণ কৰিছে। সেয়েহে উদ্দেশ্যধৰ্মী অসমীয়া কথাছবি অতি কম। হিন্দী কথাছবিৰ দৰে অসমীয়া কথাছবিৰও গীতেই প্ৰাণ স্বৰূপ। অসমীয়া কথাছবিৰ গীতৰ বিষয়ে 'নিৰ্মলপ্ৰভাৰ গীত আৰু নাৰীৰ জীৱন নদী" চাওক। অসমীয়া কথাছবিৰ গীতিধৰ্মলৈ ভূপেন হাজৰিকাই তেখেতৰ 'এৰা বাটৰ সুৰ' কথাছবিৰে নতুন প্ৰতিশ্ৰুতি আনিছিল। তাৰ পিচতও তেখেতে আন কেবাখনও গীতিপ্ৰধান কথাছবিৰ গীত পৰিচালনা কৰিছিল। তেখেতৰ জীৱনৰ প্ৰথম ভাগৰ এই কথাছবি বিলাকত তেখেতে নিজৰ মনৰ উচটনিত লিখা বহু গীত পৰিবেশন কৰিছে। পিছলৈ তেখেতৰ কথাছবিৰ গীতবিলাকও আধুনিক কথাছবিৰ গীতৰ আজিৰ স্বভাৱেই দেখা যায়।

ভূপেন হাজৰিকাই লিখা কথাছবিৰ গীততো আমি আগৰ অধ্যায়বিলাকত বৰ্ণোৱাৰ দৰে মানৱ-প্ৰেম, জাতীয়-প্ৰেম, অসমৰ ভিন ভিন জনগোষ্ঠীৰ ওপৰত দৃষ্টিপাত, নিজৰ প্ৰাণৰ কথা সঘনাই ফুটি ওলোৱা দেখিবলৈ পাওঁ। সেয়েহে, ভূপেন হাজৰিকাৰ কথাছবিৰ গীততো বৈশিষ্ট্য আছে। উদাহৰণ স্বৰূপে আমি 'ধুমুহা' কথাছবিৰ গীত কেইটালৈকে আঙুলিয়াব পাৰোঁ। তাত তেখেতৰ শ্ৰেণীভেদৰ প্ৰতি থকা ঘৃণা ('দুটি জীৱনৰ কথা শুনা'), মানৱতাদী দৃষ্টিভংগী (কাকনো বিচাৰি কিনো সুঁৱৰি), ৰম্যৰসী প্ৰাণ (ধুনীয়া ৰঙৰ নতুন পাহিৰ') আৰু শ্ৰমিকৰ বিপদ সংকুল জীৱন ('পৰহি পুৱাতে') আদিৰ দৰদী প্ৰকাশত ভূপেন হাজৰিকা মানুহজন ভালদৰেই প্ৰকাশ পাইছে। ই মোৰ ব্যক্তিগত বিচাৰ যে গীতিধৰ্মৰ গুণৰ দিশত 'ধুমুহা' কথাছবিখন অতি মনোমোহা। দ্বিতীয় মহাযুদ্ধৰ সময়ত ব্ৰহ্মদেশৰ পৰা পলাই অহা এটা অসমীয়া পৰিয়ালে বাটতে কোলাৰ কেচুৱাক এৰি আহিব লগীয়া কৰুণ কাহিনীৰ মৰ্মস্পৰ্শী মানৱীয় দিশ ভূপেন হাজৰিকাই কেইটীমান গীতেৰে 'ধুমুহা'-ত অনুপম ভাৱে ফুটাই তুলিছে। গীতেৰে এখন কথাছবিৰ তেনেদৰে সৌষ্ঠৱ বঢ়োৱাটো আকৰ্ষণীয় কথা।

কথাছবিত প্ৰকাশ পোৱা ভূপেন দাদাৰ বহু গীত তেখেতে নিজৰ মনৰ উচটনিত লিখা। সেয়েহে, সেইবিলাকত তেখেতৰ প্ৰাণৰ স্বাক্ষৰ হে বেছি স্পষ্ট। উদাহৰণ স্বৰূপে 'ছিৰাজ' বা 'এৰা বাটৰ সুৰ'-ৰ গীতবিলাকলৈকে আঙুলিয়াব পাৰি। পাচলৈ তেখেতে আন আন কথাছবিৰ ক্ষেত্ৰতো কাহিনীৰ লগত খাপ খুৱাই কিছুমান অতি মনোমোহা গীত সৃষ্টি কৰিলে। এই দিশত 'পুৱতি নিশাৰ সপোন', 'চিকমিক বিজুলী' আৰু 'লটি ঘটি' কথাছবি উল্লেখযোগ্য।

কথাছবি: ছিৰাজ ১৯৪৮ চন

(১)

অগ্নিযুগৰ ফিৰিঙতি

অগ্নিযুগৰ ফিৰিঙতি মই

[এই গীতটোৰ সম্পূৰ্ণ কথাৰ কাৰণে 'অগ্নিযুগৰ ফিৰিঙতি' অধ্যায় চাওক]।

(২)

কঁপি উঠে কিয় তাজমহল

[এই গীতটো এসময়ত ব্যাপক ভাবে প্ৰচলিত আছিল যদিও এই গীতটো জনা বা মনত ৰখা লোক বিচাৰি মই হাবাথুৰি খাব লগীয়া হ'ল। শেষত মোৰ কৈশোৰ শৈশৱ আৰু যৌৱনৰ অন্তৰংগ বন্ধু শ্ৰীপূৰ্ণেন্দু মোহন দাসে মনত পেলাই এই গীতটো লিখি আৰু গাই দিয়ে। পূৰ্ণেন্দু ইঞ্জিনীয়াৰ যদিও সদায় মনৰ আনন্দত গীত গাই থকা চেনেহুৱা গায়ক। কলা বা কৃষ্টি চৰ্চাৰ ক্ষেত্ৰত চেনেহুৱাই হওক বা বেপেৰুৱাই হওক সমাজৰ প্ৰতি উভয়ৰে বৰঙণি আছে।]

হায়! হায়! হায়! হায়! হায়! হায়!
কঁপি উঠে কিয় তাজমহল?
পুৰতী নিশাৰ অজানাৰ সতে আজান
যমুনাত তুলি শত ধুমুহাৰ কোলাহল।
তাজমহল! তাজমহল!

হায়! হায়! হায়!
ই যে চাহজাহানৰ হিযাৰ আজান
অ' মমতাজ জান অকলশৰীয়া হায়
কান্দে তোৰ চাহজাহান।
হায়! হায়! হায়!
মমতাজে কয় উচুপি উচুপি
মমতাজে কয় সমাধিত বহি
প্ৰেমিক প্ৰিয় চাহজাহান
দুখ হ'ল অৱসান
আশাৰ ফলিল ফল
গঢ়িলা তাজমহল।।

'ইন্দ্ৰমালতী' কথাছবিত অভিনয় কৰোঁতে 'বিশ্ববিজয়ী নজোৱান' গীত পৰিবেশনত চেমনীয়া ভূপেন

জাপানত গীত পৰিৱেশন

কথাছবিঃ পাৰঘাট, ১৯৪৮ চন

(১)

কাৰ আকাশৰ ৰামধনুখনি

কাৰ আকাশৰ ৰামধনুখনি
ক'তে বা লুকায়
কাৰ সপোনৰ ফুলনিখনি
মৰহি শুকায়?

জীৱনৰে লুইতত নাও মেলি দে
আশাৰে তুলি লৈ পাল
একোকে নেপালে, পায়ো হেৰুৱালে
নিছিগে মায়াৰে জাল।

হায়!
উৰি গুচি গ'ল লুইতপৰীয়া
চাকৈ চকোৱা হাল
অকলশৰীয়া নিশাটিক জনাই
ৰ'বনো কত বাট চাই?

নিশা এন্ধাৰত পঁজাতে চিঞৰি
উষাটি বলিয়া হ'ল
ওলাই জোনৰ হাঁহিটি দেখি
উষাকো পাহৰি গ'ল।

মানবী জলধিত পুৱাতে উঠিলে
জনমৰে কোলাহল
নিমাতী গধূলি আহিলে কুঁৱলী
মৰণৰে মহাকাল।

(২)

কৰ্মই আমাৰ ধৰ্ম

কৰ্মই আমাৰ ধৰ্ম
আমি জীৱন যুঁজত জিকিব লাগিব
পিন্ধি সাহসৰ বৰ্ম।।

স্বাৰ্থপৰৰ লোলুপ আশা
আমি কৰিম খৰ্ব।
মহামানৱৰ বাণী শিৰে লৈ
নাশিম যুঁজৰ গৰ্ব।।

সুফলা মাটিৰ সৃষ্টি বুকুত
গাঁৱেই দেশৰ গৰ্ব।
পীৰিত জনক আকোৱালি লৈ
গাঁৱতে পাতিম স্বৰ্গ।।

দ্বাপৰত ক'লে শ্ৰীকৃষ্ণই
নেপেলাবা নিজ ধৰ্ম।
কুৰি শতিকাত বাপুজীয়ে কয়
কৰ্মই সাৰ মৰ্ম।।

আমি নতুন যুগৰ নতুন মানব
আনিম নতুন স্বৰ্গ।
অৱহেলিত জনতাৰ বাবে
ধৰাত পাতিম স্বৰ্গ।।

কথাছবি: বিপ্লৱী, ১৯৪৮ চন

(১)

অ' আমি তেজাল গাঁৱলীয়া

অ'! অ'!
অ' আমি তেজাল গাঁৱলীয়া
গাঁৱৰে ৰাখিমে মান
নাঙল যুঁৱলিৰে পৃথিৱী সজাওঁ
ৰ'দত তিৰে বিৰাই জান।

লহেপহীয়া মুগা বৰণীয়া
মলয়াত হালিছে ধান
গাঁৱৰে ৰাখিমে মান।

অ' আমি গাভৰু ধুনীয়া
ছেগ চাই কাটিমে ধান
গাঁৱৰ গৰখীয়াই পেঁপাটি বজাই
সুৰতে হৰি গ'ল প্ৰাণ।
ছেগ চাই কাটিমে ধান—
গাঁৱৰে ৰাখিমে মান।

অ' বতৰ ডাৱৰীয়া
লুইতৰ আহিছে বান
কাযত কলচি লৈ অমৃত আনিছোঁ
শিৰতে বান্ধিছোঁ বান—
গাঁৱৰে ৰাখিমে মান।

(২)

অ' পৃথিৱীৰে

অ' পৃথিৱীৰে অ' ভাৰতীৰে
স্বাধীনচিতীয়া দল
ভাৰতী স্বাধীনা হ'ল।
ঘিট মিট এন্ধাৰ কংকাল সাৰ
আজি তাৰ অন্ত হ'ল
অতীত নাশি নৱ জেউতি
জিলমিলাই গ'ল।

(অগ্ৰদূত সৱে যাম আগুৱাই
তৰংগ সম কৰি কল কল
পৃথিৱীৰ প্ৰগতিৰ হকে আমি
পান কৰি দুখ হলাহল
সাম্যৰ মন্থন পাতিব লাগিব
চুৰ্ণ কৰি শোষণ অনল
মুমূৰ্ষু জনতাই নৱ চেতনাত
তোলক আনন্দৰ কোলাহল।)

ভাৰতীৰ দৃষ্টি ভাৰতীৰ কৃষ্টি
সকলো মহীয়ান হ'ল
মহা মানৱৰ মহা বাণীৰে
যাচে নিতে মহাবল।
ভাৰতী স্বাধীনা হ'ল।
জিকমিক হাতীপটি বিপ্লৱী বাটটি
সমুখত পৰি ৰ'ল
কৰা অভিযন মহা অভিযানৰ
জ্যোতিৰ সৃষ্টি অবিৰল
ৰূপ সৃষ্টি অবিৰল।।

কথাছবিঃ পিয়লি ফুকন, ১৯৪৮

চন

(১)

ৰমকে জমকে আছিল মোৰ

ৰমকে জমকে আছিল মোৰ অসমী
সোণৰ কপৌ ফুলে পিন্ধি
সিংখাপ পিন্ধি লৈ জেতুকাৰ বোলেৰে
হাতনো নোচোৰা কৰি
কিনো দিন পৰিলে কিনো দিন পৰিলে
কিনো দিন পৰিলে—আজি?
ক'লৈ গ'ল ৰঙচঙ ক'তনো সিংখাপ
গলৰ শিলিখাৰে মণি,
বদন, পূৰ্ণানন্দে শতৰু পালিলে
মানৰূপ অসুৰক আনি
কিনো দিন পৰিলে কিনো দিন পৰিলে
কিনো দিন পৰিলে—আজি?

আমাৰে মজিয়াত শগুন বপুৰাই
খায় মৰা শ টানি
জয়াৰে দ'লতে ফেঁচাই কুৰুলিয়ায়
অসমীৰ যাতনা দেখি,
কিনো দিন পৰিলে কিনো দিন পৰিলে
কিনো দিন পৰিলে—আজি?
কোম্পানী আহিলে মুখত হাঁহি লৈ
এখন্তেক বহোঁ দেই বুলি
বহিব পাই তেঁও বৰ ঘৰ সোমালে
বুকুতে শেলেৰে হানি
কিনো দিন পৰিলে—আজি?
স্বাধীন অসমীৰ ডিঙিতে আঁৰিলে
লোহাৰ শিকলিৰে মণি
কোন ক'ত আছা অসমীৰ বুকুতে
মোকলাই আনাহি ভাঙি
কিনো দিন পৰিলে কিনো দিন পৰিলে
কিনো দিন পৰিলে—আজি?
পানী টোপা টোপে সৰে মোৰ চকুটোৰ
বুকুত তুঁহে জুই জ্বলি
তুঁহ জুইকুৰা তেজেৰে জ্বলোৱা
অসমী উঠিব হাঁহি
কিনো দিন পৰিলে কিনো দিন পৰিলে
কিনো দিন পৰিলে—আজি?

(২)

অহো হো মহো হো

অহো হো মহ' হো
দেশৰ হকে মৰো অ'
কিঞ্চিতো নাই ভয় নাই
ওলালোঁ মুক্তিপথ যাত্ৰী হে! হে!

ৰংঘৰ ৰংঘৰ তেজীৰঙা ৰংঘৰ
আজি কিয় ৰং তোৰ নাই
ডাঙৰীয়া সৰুবৰে আৰু যত অনুচৰে
কিয় আহি শোকতে বিনায়
নাকান্দিবি অ' দেশ মাতৃ।
ওলালোঁ মুক্তিপথ যাত্ৰী হে! হে!
শান দিয়া হেংদান যত মহা অস্ত্ৰী
মন্ত্ৰণা দিয়া আজি যত মহা মন্ত্ৰী
আশিষ দিয়া আই মাতৃ
ওলালোঁ মুক্তিপথ যাত্ৰী হে! হে!

(৩)

গাঁৱৰ জীয়ৰী

অ' গাঁৱৰ জীয়ৰী সপোন সুন্দৰী
গাঁৱতে সৰগ ৰচোঁ মই
মাটিতে সৰগ ৰচোঁ মই
(মোক) দেৱতাই ৰ' লাগি চায়।

ধুনীয়া মন মোৰ কুমলীয়া
বাহু দুটি মোৰ লহপহীয়া
কাকনো সাৱটিব খুজি
অলিয়া বলিয়া হয়।
দেহৰ বৰণ চম্পা ফুলীয়া
চুলিৰ বৰণ মোৰ এন্ধাৰ কলীয়া
খোজত মলয়া বয়।

গাঁৱৰে ধাননিৰে ময়েই দাৱনী
মুগাৰে ৰিহাখনিৰ ময়েই বোৱনী
মোক দেশেই সাৱটি লয়,
মুকলিমুৰীয়া চেনেহ নিজৰাই
লুইতকে ধিয়াই বাগৰি বাগৰি যায়
আশাৰও যে শেষ আজি নাই।
জিৰ জিৰ জিৰ জিৰ নাচোন নাচে
ৰমক জমককৈ সাজোন কাচে
মোক সাগৰে সাৱটি লয়।
গাঁৱৰে জীয়ৰী সপোন সুন্দৰী
গাঁৱতে সৰগ ৰচোঁ মই
মাটিতে সৰগ ৰচোঁ মই
(মোক) দেৱতাই ৰ' লাগি চায়।।

(৪)

উজাই বুৰে দিলে

উজাই বুৰে দিলে শিহু কি ঘঁৰিয়াল
ভটিয়াই বুৰিলে মাছে, বান্ধৈ!
অসমীৰ মুখতে হাঁহি নাইকিয়া
মাথোঁ চকুপানী মচে, বান্ধৈ!

তাঁতীৰে কাপোৰে জগতখন জুৰিলে
তথাপি তাঁতীৰ গা উদি
ডা-ডাঙৰীয়াই দেশকে ঠগিলে
কৰিনো কতনো বুধি।

চাব দিয়া গাখীৰত মোলান পৰিলে
সোন্দাকল মৰহি চম্পাকল মৰহি গ'ল
খেনোৰে সোণৰে সিংহাসন সাজিছে
খেনোৰে ভোকতে খেনোৰে শোকতে ৰ'ল।

ঐৰাৱত গোসাঁইকে মতলীয়া কৰি
খেদিলা ৰাইজৰ ফালে হে
বলিয়া হাতীকো বলাব পাৰিবা
ৰাইজ একগোট হ'লে হে।

ডা-ডাঙৰীয়া!
কাবৌকৈ মাতিছোঁ
ৰাইজৰ বিলৈখন চোৱাঁ
ৰাইজৰ বলতে
তুমি বৰ্তি আছাঁ
কেলেই পাহৰি যোৱাঁ?
লুইতক ভেটিব কোনে??

(৫)

দুখৰে উপৰি দুখ

অ' অ'
দুখৰে উপৰি দুখ মোৰ ৰাইজ ঐ
লুইতত উটিলে জাঁজী
আমাৰে দেশখন হ'ল মৰিশালী
পানী নাই পথাৰত আজি
কিনো দিন পৰিলে
কিনো দিন পৰিলে
কিনো দিন পৰিলে আজি?

ৰহদৈয়ে ঢাকুৰে ভোগায়ে চিঞৰে
পেঁপাটি নেবাজে আজি
শিৱৰে দেউলত দবা নাইকিয়া
দবা কাঁহ নুঠে বাজি।
কিনো দিন পৰিলে
কিনো দিন পৰিলে আজি?

বৰঘৰ মজিয়াত সাপে বাহ ল'লে
বননি উঠিলে গজি।
কাৰেঙ ঘৰৰে বুকুতে উঠিছে
দুখৰে সুৰটি বাজি।
কোম্পনী আহিলে চ'ৰাঘৰ মুখলৈ
এখন্তেক বহোঁ দেই বুলি
চৰাঘৰ পাৰ হৈ বৰ ঘৰ সোমালে
শেলেৰে বুকুতে হানি।

ৰংঘৰ সমুখত ৰহইচ নাইকিয়া
ৰংবোৰ উৰিলে কেনি মোৰ দেউতা
তলাতল ঘৰতে মজিয়া নাইকিয়া
এন্ধাৰে ধৰিলে ছানি মোৰ দেউতা
এন্ধাৰে ধৰিলে ছানি।

পানী টোপা টোপে পৰে মোৰ চকুলো
বুকুত তুঁহে জুই জ্বলি—
তুঁহ জুইকুৰা তেজেৰে জ্বলোৱা
অসমী উঠিব হাঁহি।
কিনো দিন পৰিলে
কিনো দিন পৰিলে আজি।।

(৬)

পিয়লি

পিয়লি! পিয়লি!
ক'তেনো লুকালি
মুকুতি যুঁজৰ সেনাপতি?
পৰ্বেৰতৰ শিখৰতে ভৈয়ামৰ নামনিতে
দেশৰে ল'ৰা বুঢ়াই উচুপিছে দিনে ৰাতি
আমাৰে পিয়লি বোপাটিৰ
নাভাঙিলে কাল ঘুমটি
মৰণে ল'লে সাৰটি।

দেশৰ আকাশতে জুইৰে আঁকিলে
স্বাধীনতা হাতীপটি
পিয়লিক সুঁৱৰি দিখৌ নৈ থমকে
চকুপানী টুকি টুকি
মুকুতিৰে শিখা ৰাইজে জ্বলাব
পিয়লিৰ থাপনা পাতি—
মুকুতি যুঁজৰ সেনাপতি!!

কথাছবি: এৰাবাটৰ সুৰ, ১৯৫৬

(১)

অ' জীৱন ডিঙা বাই থাকাঁ

অ' জীৱন ডিঙা বাই থাকাঁ, বান্ধ হে!
গুম গুম গুম গুম মেঘে গৰজিলে
হুম হুম হুম হুম ধুমুহা আহিলে।
জীৱন ডিঙা বাই থাকাঁ,
জীৱন ডিঙা বাই থাকাঁ বান্ধ হে!

গভীৰ নদীত কুম্ভীৰ আছে
—আছে বন্ধু আছে
কুম্ভীৰৰো মৰণ আছে
—আছে বন্ধু আছে।
বাহুত তোমাৰ বল আছে
হেজাৰ হাতীৰ সাহ আছে
ভয় সংকোচ এৰা বান্ধ হে।

এ কলিজা কঁপোৱা সৌৱা চাকনৈয়া
—তাতে কিনো হ'ল?
মাজ পানীত নাও ভাগে চোৰাঁ
—এ তাতে কিনো হ'ল?
এ ব'ঠা ভাগি পৰে
—হে হাত ক'লৈ গ'ল?
পাল দেখোঁ চিৰে
—হে বুকু ক'লৈ গ'ল?

কান্দোন এৰি হাঁহি থাকা বান্ধ হে!
গুম গুম গুম গুম মেঘে গৰজিলে।।

(২)

জোনাকৰে ৰাতি

জোনাকৰে ৰাতি অসমীৰে মাটি
জিলিকি জিলিকি পৰে
মলয়াৰে ছাটি দুহাতে সাৰটি
ধুনীয়া মালতী সৰে।
এইখন দেশ মোৰ তেনেই আপোন,
নিতে নিতে আনে নতুন সপোন।

আমাৰ গাঁৱৰে সৰু জুৰিটিত
তৰাই ধেমালি কৰে
আশাৰ চাকি জ্বলে দুখীয়াৰে ঘৰে ঘৰে
তাকে দেখি এন্ধাৰবোৰে
আমাৰ গাঁও এৰে।

আমাৰে দেশৰ বোৱতী সুঁতিক
বাধা দিব কোনে পাৰে?
আগলতি কলাপাত লৰে চৰে
মনৰে পখিটি মোৰ উৰে উৰে
কোন চিফুঙৰ সুৰে সুৰে।

ফটো: মাধুৰ্য্য মহন্ত

(৩)

সাগৰ সংগমত

[এই গীতটো ১৯৫২ চনত কুইন এলিজাবেথ জাহাজেৰে নিউইয়র্কৰ পৰা ছাউথাম্পটনলৈ আহোঁতে আটলাণ্টিক মহাসাগৰৰ বুকুত আৰম্ভ কৰে আৰু শেষ কৰে গুৱাহাটীলৈ উভটি আহি।]

সাগৰ সংগমত
কতনা সাঁতুৰিলোঁ
তথাপিটো হোৱা নাই ক্লান্ত।
তথাপি মনৰ মোৰ
প্ৰশান্ত সাগৰৰ উৰ্মিমালা অশান্ত।
মনৰ প্ৰশান্ত
সাগৰৰ বক্ষত
জোৱাৰৰ নাই আজি অন্ত
অজস্ৰ লহৰে নৰ নৰ গতিৰে
আনি দিয়ে আশা অফুৰন্ত—
সাগৰ সংগমত।

প্ৰশান্ত পাৰৰে
মহা মহা জীৱনৰ
শান্তি আজি আক্ৰান্ত
নৰ নৰ সৃষ্টিৰে দৈত্য দানৱে
কৰে নিষ্ঠুৰাঘাত অবিশ্ৰান্ত।
সেয়েহ মনৰ মোৰ
প্ৰশান্ত সাগৰৰ উৰ্মিমালা অশান্ত।

ধ্বংসৰ আঘাতক
দিছে আজি সংঘাত
সৃষ্টিৰ সেনানী অনন্ত।
সংঘাতে আনে মোৰ
প্ৰশান্ত সাগৰত প্ৰগতিৰ নতুন দিগন্ত
সেয়েহে মনৰ মোৰ
প্ৰশান্ত সাগৰৰ উৰ্মিমালা অশান্ত—
সাগৰ সংগমত।

গভীৰ প্ৰশান্ত
সাগৰৰ শক্তিয়ে
ধ্বংসক কৰে দিগভ্ৰান্ত
অগণন মানৱৰ শান্তিৰ সমদল
সৃষ্টিকামী জীৱন্ত।
সেয়েহে মনৰ মোৰ
প্ৰশান্ত সাগৰৰ উৰ্মিমালা অশান্ত।

(৪)

জনকপুৰৰ জানকীয়ে

জনকপুৰৰ জানকীয়ে
মিচিক মাচাক হাঁহে
ৰতনপুৰৰ বুধু আজি তাইৰ পিনে আহে।

বুধুৰ গলত ৰঙা ৰুমাল
বাহুত তামৰ তাবিজ।
ক'লা চুলিত কত যে ভাজ
দেহত ৰঙীণ কামিজ
কাজল সনা চকু দুটাই হাঁহে—
ৰতনপুৰৰ বুধু আজি তাইৰ পিনে আহে।

জানকীৰে লাহী কঁকাল
বতাহতে হালে
হৰিণী যেন চকু দুটিত
বিজুলিটি খেলে
সাত সাগৰৰ ঢৌত যেন ভাঁহে।

কাণত লৰে চৰে কৰে
দুটি ৰূপৰ ঝুমকা
খোজে পতি কিবা বাজে
থুনুক থুনুক থুনুকা
কিহৰ ভৰত খোঁপাটি তাইৰ খহে—
ৰতনপুৰৰ বুধু আজি তাইৰ পিনে আহে।

কোমল ৰঙা ওঁঠ দুটি
যেন চাহৰ কুঁহিপাত
ঝুমুৰৰ সুৰ যেন
বহাগী কুলিৰে মাত অ'
শুনি বুধুৰ কলিজাটি দহে—
ৰতনপুৰৰ বুধু আজি তাইৰ পিনে আহে।

চাহ গছৰ মাজে মাজে
দূৰণিলৈ যোৱা বাট—
তাৰে মূৰত শনিবাৰে
বহে এখন ধুনীয়া হাট
তাৰে পৰা বুধু আজি আহে
কি বা আনে কি বা নানে
জানকীয়ে নেজানে
চকুত মাখোঁ সপোনটি ভাঁহে—
ৰতনপুৰৰ বুধু আজি
তাইৰ পিনে আহে।

'জনকপুৰৰ জানকীয়ে'-ৰ গায়িকা সন্ধ্যা মুখাৰ্জী

(৫)

ৰ'দ পুৱাবৰ কাৰণে

ৰ'দ পুৱাবৰ কাৰণে মাতিবানো কাক?
ওলাই দেখোন আহিলে ৰহদৈৰে জাক।
লগে লগে ল'ৰি আহিল সেউতীহঁতৰ মাক
পাহাৰ বগাই নামি আহিল
ডালিমীৰে জাক
শুৱনিকৈ অসমীৰে একতাৰে সূতাবোৰে
মহুৰাতে ল'লেহি পা
অ' আইতা, আইতা অ'
এনেই আইতা নাচনী
তাতে নাতিনীৰে বিয়া
অসম আকাশ পোহৰ হ'ব
উৰুলিটি দিয়াঁ।
তেজীমলা কোন?
সোৱণশিৰীৰ সোণ
সোণ চেকুৰা মাটিতে সিঁচি
দোকমোকালিতে চোতাল মচি
আহি হেনো দেখিছে গাঁৱৰে কঠিয়াতলী
পোহৰ শিশুৰ কোমল হাঁহি
নতুন দিনৰ ধুনীয়া সপোন।
চেৰেকীতকৈ চৰিছে যে আইতাৰহে পাক।
ৰ'দ পুৱাবৰ কাৰণে মাতিবানো কাক?

আজিৰ মূলা গাভৰুৱে দপদপাই ওলালে
হেংদানে মাকো দেখি ক'ৰবাতে লুকালে
মূলাই আজি সমাজশালত
চেনেহ চেলেং লগালে
সজাবলৈ পৰাবলৈ কাক?

ৰ'দ পুৱাবৰ কাৰণে মাতিবানো কাক?
মকৰাৰে পুৱণি জালবোৰৰ এলান্ধু
সাৰি পুচি নিবলৈ আহিল বতাহ এছাটি
তাতে উৰে হেজাৰ কপৌৰ জাক
পৃথিৱীৰে আকাশৰে শুকুলাকৈ ডাৱৰে
উলাহেৰে সাৰটিছে তাক।
অসীমৰ চোতালত ৰ'দ কাঁচলিত বহি বহি
ব' তোলাই ব' তোলে বাটি কঢ়াই কাঢ়ে
আমাৰ দেশৰ চেলেংখনিৰ
নতুন ৰহণ চৰে
সজাবলৈ হেজাৰ জনতাক
আনন্দতে পুৱাই উৰিল
হেজাৰ হেজাৰ কপৌৰে জাক
ধিয়াই মাথোন ৰঙা বেলিৰ
জীৱন যচা তাপ।
ৰ'দ পুৱাবৰ কাৰণে মাতিবানো কাক?

শিল্পী: ডাঃ সত্যেন্দ্ৰনাথ দাস, নিউ ইয়ৰ্ক

কথাছবিঃ ধুমুহা, ১৯৫৭ চন

(১)

পৰহি পুৱাতে

পৰসি পুৱাতে টুলুঙা নাৱতে
ৰংমন মাছলৈ গ'ল
মাছকে মাৰিবলৈ নেলাগে যাবলৈ
ধুমুহাই আহিবৰ হ'ল।
ক'ৰবাত কেনেবাকৈ ঘৰিয়ালে ধৰিব
বৈ যাব তেজৰে ঢল।
গধূলিৰে পৰতে বৰহমপুত্ৰৰ মাজতে
ৰংমন নাইকিয়া হ'ল।
হিযাখনি ভুকুৱাই আকাশলৈ চাই চাই
ৰহদৈ বাউলী হ'ল
অ' ঢৌ যা গুচি নিশাকে নেওচি
ৰংমনক আনিবৰ হ'ল।
ঢৌবোৰে সাৰটি ৰংমনৰ দেহাটি
পাৰতে শোৱাই থৈ গ'ল।
পৰসি পুৱাতে টুলুঙা নাৱতে
ৰংমন মাছলৈ গ'ল।।
[গুৱাহাটী, ১৯৫৪ চন]

(২)

যাবই লাগিব তই

যাবই লাগিব তই
অ' চকুলো মচি লৈ
অ' সবাৰে ভৰসা এৰি হে নৰ মনিষ।
সোণৰ জটাখাৰু মামৰে ধৰিলে
মামৰৰ বেচতো কেৰেচোন নল'লে
ফুৰিলে কি হ'ব ঘূৰি হে নৰ মনিষ?
দোকানী চিনিবি
পোহাৰী চিনিবি
চিনিবি চেনেহ লগৰী অ'
যিজন কিনোতাই মানুহক চিনিব
সংসাৰৰ হাট যায় সাৰি হে
হে নৰ মনিষ।

হাবিয়াসনো কৰি তই
মজিয়াতনো মচিলি ঐ
চিকণকৈনো বাটিতে ঐ
অমৃতনো সজালি ঐ
আনন্দৰে পীৰাখন পাৰি।

বৰে ঘৰে মজিয়াতে নিগনিনো বগালে ঐ
অমৃতৰ বাটিতে ঐ
বিহেনো উপচিলে ঐ
পীৰাখন যে নিলে হৰি।।
মিছা সাগৰতে তই বুৰ মাৰিলি
সাঁতুৰি নাদুৰি ভাগৰো লগালি
মুকুতাৰ আশাকে কৰি হে নৰ মনিষ।।

সাগৰত মুকুতাৰ চিনও নাই চাবও নাই
ভাগৰত পিবলৈ পানী নাই দুনি নাই
আছে মায়াজালৰ জৰী
হে নৰ মনিষ।
যাবই লাগিব তই
অ' চকুলো মচি লৈ
অ' সবাৰে ভৰসা এৰি হে নৰ মনিষ।

(৩)

দুটি জীৱনৰ কথা শুনা

সোণৰ কাঠিৰ পৰশ পোৱা
আলফুলীয়া হাতেৰে
কোনেনো ধুলিক সাৰটি লয়?

একেটি ঘৰৰ দুটি মানুহ
দুটি জীৱনৰ কথা শুনা—
এজুপি লতাৰ দুটি কলি
দুটি জীৱনৰ কথা শুনা।
এজুপি লতাৰ দুটি কলি
এটিয়ে নিয়ৰত হাঁহে উমলি
আনটিয়ে নিয়ৰৰ টোপাল নাপাই
মাথো কৰে ভবাগুণা।

এটিৰ জীৱনত নিতৌ হৰষ
কোনোবাই সানি দিয়ে সোণৰ পৰশ
আনটিৰ জীৱনৰ আজিৰ সমল
মাথোঁ দুখৰে দিন গণা।
একেটি ঘৰৰ দুটি মানুহ
দুটি জীৱনৰ কথা শুনা—

এটি জীৱনৰ চকৰি ঘৰে
তাত চিকমিক জেউতিৰ ৰহণ চৰে
আনটিৰ আশা ধূলিত বাগৰে
নাই তাত পোহৰৰ এটিও কণা।
একেটি ঘৰৰ দুটি মানুহ
দুটি জীৱনৰ কথা শুনা—

এটিয়ে সৰগক হাততে পায়,
সৰগৰ সোৱাদে নিতে আমুৱায়
আনি দিব ওভোতাই কোনেবা আজি
আনটিৰ জীৱনে হেৰুৱা হাঁহি?
সুন্দৰ সৰগৰ মধুৰ কণা—
একেটি ঘৰৰ দুটি মানুহ
দুটি জীৱনৰ কথা শুনা।।

(৪)

কাকনো সুঁৱৰি

কাকনো সুঁৱৰি কিনো বিচাৰি
খাৰ তই হাবাথুৰি?
বৈ বৈ হেৰ' হুমুনিয়াহ কাঢ়
বুকু উঠে গুমৰি গুমৰি।

কাৰ অভিশাপে কিনো তাপে
মন উঠে শোকেৰে ভৰি?
কাক নিচিনিলি
অ' তই কাক দলিয়ালি
কোন কেনি গ'ল যে আঁতৰি?

কোন ধুমুহাই নিলে উৰুৱাই
কিবা তোৰ নিলে কাঢ়ি—
নোপোৱাটো পালি পায়ও হেৰুৱালি
ক'ত পাবি এতিয়া বিচাৰি??

(৫)

ধুনীয়া ৰঙৰ নতুন পাহিৰ

ডেকা: ধুনীয়া ৰঙৰ নতুন পাহিৰ
তুমি মোৰ পদূলিৰ কেতেকী ফুল
তাকেই দেখি মই ভোল যাওঁ
গাভৰু: কেতেকী নহওঁ মই সূৰ্য্যমুখী
পুৱাৰ সুৰুয তুমি কত ৰহণৰ
তাৰেই আশাত মই নিশা কটাওঁ
নিশা কটাওঁ।

ডেকা: তোমাৰ চকুৰ বন্তি দেখি
মোৰ মনৰ চগা উৰে।
গাভৰু: তোমাৰ চগাকে
বুকুৰ উমেৰে সাৱটিবলৈ
মই শলিতা জ্বলাওঁ
মই শলিতা জ্বলাওঁ।

ডেকা: মনৰ সাগৰখনি
তোমাৰ জোৱাৰেৰে
থউকি বাথউকৈ উথলে।
গাভৰু: মনৰ আশাৰে ৰামধনুখনি
তোমাৰ জেউতিৰে উজ্বলে।
ডেকা: মনৰ সাগৰখনে
প্ৰীতি ৰামধনুখনিক
কেতিয়ানো আঁকোৱালি লয়?
দুয়ো: আমি দুয়ো একেলগে
জীৱনৰ ফুলনিত
মৰমৰ শেৱালি ফুলাওঁ।

কথাছবি: কেঁচাসোণ, ১৯৫৯ চন

নতুন নতুন সাহ

নতুন নতুন সাহ নিতে নিতে আহে
নতুন নতুন সাহ
আহিল নতুন সাহ
আমাৰ বহল বুকুতে
বগলীৰে বগা পাখি জিলিকে আকাশতে
জা-জাবৰ চিকুণাও আমাৰ আপোন
হাতে।

মৰা সুঁতিৰ ঢল আনো
শুকান শুকান মাটিতে
সমাজৰে পিতনিতে
মাটি ঢালোঁ ৰঙতে
পঢ়াশুনাৰ চাকিটিক
জ্বলালোঁ উলাহতে
সেউজীয়া সপোন আঁকোঁ
জিলমিল জেউতিতে।

হেজাৰ যুগৰ এন্ধাৰকে
আঁতৰাম নিজ হাতে
একতাৰে আগবাঢ়োঁ
জেউতিৰে বাটে বাটে
সুৰুযৰে ধেমালিত
ৰাঙলী চোতালতে
পুৰণিৰে গাত নাচে
নতুন উলাহতে।।

কথাছবি: পুৱতি নিশাৰ সপোন, ১৯৫৯ চন

(১)

কঁহুৱা বন মোৰ অশান্ত মন

কঁহুৱা বন মোৰ অশান্ত মন
আলফুল হাতেৰে লোৱাঁ সাৱটি
এটি এটি ক্ষণ যেন মুকুতাৰে ধন
এনেয়ে হেৰুৱালে নাহে উভতি।

নীলা আকাশৰ একোটি তৰা
হঠাতে খহি সাৱটে ধৰা
ঘিট মিট এন্ধাৰৰ নিমাত ৰাতি
এটি এটি ক্ষণ যেন এটি এটি পণ
এনেয়ে হেৰুৱালে নাহে উভতি।
কোনোবা ৰাতিৰ সপোন দেখি
দেখিও নেদেখিলোঁ সেই ক্ষণটি
অনন্ত সময়ৰ সাগৰখনিৰ
চঞ্চল কোলাহলে ভাঙে ঘুমটি
অ' বলিয়া মন, কিয় উচাটন
কালিৰ সূৰুযে ঢালি দিব ৰংটি।

(২)

এক বাম মিলে না—

এক বাম মিলে না—
সোঁৱৰণী মোৰ
ৰাঙলী জীৱনৰ ৰঙবোৰ কেনিবা গ'ল
পাহৰণি এন্ধাৰত
ধুনীয়া অতীতৰ জীৱন্ত সমাধি হ'ল।

মনৰে আঁতবোৰ
কেনি হেৰুৱালোঁ।
ভাযাৰে পখিলী কেনি উৰুৱালোঁ
বহু দূৰ আঁতৰি গ'ল
উভতি নোচোৱা হ'ল।
হাতীপটি ভাগি পৰিল
আকাশত অগনি জ্বলিল
সুৰুযৰ চকুলো সৰিল।
পাহৰা দিনৰে কত পম খেদিলোঁ
গভীৰ নিৰাশাৰ লুইতত বুৰিলোঁ
উশাহ নোহোৱা হ'ল
সুৰবোৰ আঁতৰি গ'ল
সোঁৱৰণী মোৰ
ৰাঙলী জীৱনৰ ৰঙবোৰ কেনিবা গ'ল।

কথাছবিঃ শকুন্তলা, ১৯৬১ চন

(১)

বনৰে পখিটি (শিশু ভৰত)

জোনটি! পখিটি!
তোমাৰ লগৰীয়া
আমাৰে জোনটি পদুমৰে কলিটি
তোমাৰ লগৰীয়া আমাৰে জোনটি,
সোণটি, অ' অ' জোনটি
আমাৰ তপোবনৰ ধুনীয়া ধনটি,
সোণটি, অ' অ' জোনটি
তুমি শকুন্তলাৰ হিয়াৰ মাণিক
জিলমিল জিলমিল কৰাঁ
জননীৰে মনৰ আকাশ
উজলোৱা ধ্ৰুৱতৰা।

নোপোৱাৰে বেদনাৰে
এন্ধাৰ পঁজাত তুমিয়েই বন্তি।
পদুমৰে মধু দিলোঁ
আৰু দিলো ক্ষীৰ কামধেনুৰ
তিলক দিলোঁ চন্দনৰ
আৰু দিলোঁ ৰহণ ৰামধনুৰ।
আমাৰ শত মৰম দিলোঁ
দিনে দিনে তুমি বাঢ়া
মানৱৰে দুখ নাশি
পৃথিৱী মহান কৰাঁ।

ইতিহাসৰ পাতে পাতে
যুগমীয়া হওক তোমাৰে নামটি।

শকুন্তলা কথাছবিৰ পৰিচালনাত ভূপেন দাদা

(২)

নৰ মল্লিকাৰ হেঁপাহ

নৰ মল্লিকাৰে হেঁপাহ জানো পলাব
মালিনী নৈত নিতে ৰূপ চাই, চাই?
শকুন্তলা আইৰ জানো দেহাটি শীতলিব
পদুমৰে পৰশন পায়, পায়?

দেহা ভংগিমাৰে বিৰৰণী কিনো দিম
দেখিয়েই ভাষাটি হেৰায়।
হংসগামিনী সখি বন মৃগ নয়না
খোজে পতি পদুম ফুলায়, ফুলায়।

ময়ুৰ পংখী ৰূপী সপোনৰে ৰংবোৰে
হাঁহিচিত শেৱালি সৰায়
ভ্ৰমৰ গুঞ্জন ধ্বনি শুনা যদি সখি তুমি
নাযাবা লৰবি পলায়, পলায়।

(৩)

বিৰাজে কি সাজে

বিৰাজে কি সাজে
প্ৰকৃতিৰে জীয়ৰী
জোনক দেখি হাঁসে সখি
 নিজকে পাহৰি।
শোক তাপ নিৰানন্দৰ
 আজি পৰিল অন্ত
ৰঙে ৰঙে ভৰিল
 আজি মনৰে দিগন্ত।

শকুন্তলা দুষ্যন্তৰে মনত আজি হৰ্ষ
পুত্ৰ ভৰতৰ নামে হ'ল ভাৰতবৰ্ষ।

সমাপ্তম ইদম
অভিজ্ঞানম শকুন্তলা নাম নাটকম।

(৪)

অলৌগুটি তলৌগুটি

অলৌগুটি তলৌগুটি
কোন ক'ত লটি ঘটি
 কচুপাতৰ লাই
যিহাতে আঙঠি নাই
 সেই হাতে কেনেকৈ পায় ঐ ৰাম
 সেই হাতে কেনেকৈ পায়?

ৰৌ, কুটি, চেনী পুঠি
 চিতলৰে কলঠি
লগতে শাক লফা নাই
কি ক'ত বিচাৰি গৈ
 কোনে হাবাথুৰি খায় ঐ ৰাম
 কোনে হাবাথুৰি খায়?
মৎস্য কন্যা এহি, ঐ ৰাম
 আঙঠি হেৰুৱালে, ঐ ৰাম
 পানী তুলিবলৈ গৈ, ঐ ৰাম
পানী তুলিবলৈ গৈ
চিকমিক আঙঠিয়ে ঐ ৰাম
 দৰিদ্ৰ জনৰে, ঐ ৰাম
 গৃহ উজলালে গৈ,
 ঐ ৰাম গৃহ উজলালে গৈ।

কোন ক'ত আছা
 সোণৰে সদাগৰ?
 দৰ দাম কৰাহি চাই
সোণাৰী শালতে বহি
 শিলৰে পাটতে ঘঁহি
 সোণৰ আঙঠি কিনা
 নাপাবা দুনাই।

(৫)

পিতৃ গৃহ ত্যাগি

পিতৃ গৃহ ত্যাগি আই মোৰ
পতি গৃহে যায়
দুই পাৰ চলে যদি
এক পিছুৱায়
মৃগ শিশুটিয়ে আই তোক
এৰিকে নিদিয়ে
পিতৃ আৰু সখি দ্বয়ে
কোন সতে এৰে?
ঐশ্বৰ্য্যৰ সাগৰ পাব নৃপতিৰ ঘৰে
তথাপি কি মতে আজি
মালিনী নৈ এৰে?
ময়ুৰ পংখী নাও তই
কন্যাক ক'লৈ কাঢ়ি নিয়?
পত্ৰবিহীন বৃক্ষক কিয়
সঁহাৰি নিদিয়?
দিগন্ত ঢাকিলে অন্তহীন দুখৰ ছাঁই
তপোবনৰ গীতিকাৰেও প্ৰকাশ হেৰুৱায়।

(৬)

প্ৰথম প্ৰহৰ ৰাত্ৰি

প্ৰথম প্ৰহৰ ৰাত্ৰি ফুলি আছিল চম্পা
শুনা সখি শকুন্তলা তুলি বান্ধা খোপা।

দ্বিতীয় প্ৰহৰ ৰাত্ৰি ফুলি আছিল তগৰ
শুনা সখি ৰূপৱতী নধৰাঁ জগৰ।

তৃতীয় প্ৰহৰ ৰাত্ৰি ফুলিলে শেৱালি
কেতেকীয়েও তোমাৰ হিয়াত
পৰাগ দিলে ঢালি।
আইদেউৰে গালৈকে চাবকে নোৱাৰি
হীৰা কি মুকুতা জ্বলে ধৰিব নোৱাৰি।

ষষ্ঠ প্ৰহৰ ৰাত্ৰি ফুলি আছিল যুতি
তোমাৰ স্বামী দুষ্যন্তকে আজি কৰা তুতি।

কথাছবি: মণিৰাম দেৱান, ১৯৬৩

(১)

বুকু হম হম কৰে

বুকু হম হম কৰে মোৰ আই!
কোনে নিদ্ৰা হৰে—মোৰ আই!
পুত্ৰ হৈ মই কি মতে তৰোঁ?
আই! তোৰে হৈ মই মৰোঁ।
দেশৰে চন্দ্ৰমা
কাল এন্ধাৰে আৱৰে
অগনি কালিকা
দেহ ৰন্ধ্ৰে ৰন্ধ্ৰে চৰে।

বজ্ৰসম দৃঢ় আই
চৌপাশৰে গড়
চৌপাশৰে গড় ভেদিম
কিঞ্চিতো নাই পৰ।
যাচিম সান্তনা
আই মুক্তি প্ৰভাতেৰে
থাপিম থাপনা
আই শোণিত তিয়াগেৰে।

মণিৰাম দেৱান কথাছবিত নিৰদা ভূঞা (বাঁও পিনে)
আৰু কমল চৌধুৰী

(২)

তপ্ত তীখাৰে

[কথা: মণিৰাম দেৱানৰ দিনতো ৰাইজৰ পণ কম নাছিল।]

তপ্ত তীখাৰে
অগ্নি শক্তি
ৰক্ত বৰ্ণে জ্বলে—এ জ্বলিলে
মুক্তি পিয়াসী
সুপ্ত মানুহৰ
বক্ষ তীখা হৈ গলে—এ গলিলে
জনতা তন্ত্ৰৰ
সাজি ল'লো অস্ত্ৰ
স্বতন্ত্ৰতাকে আনিম বুলি—
শোষণ জৰ্জৰ
সহস্ৰ মানুহৰ
আৰ্তনাদ আৰু নুশুনো বুলি।
আমাৰে দেশতে
ফল্গু সদৃশ
গুপ্ত সংগ্ৰাম চলে—হে চলিলে।।

হে হেইয়া কি ৰাম, ৰাম
ডাৰ মাৰিবলৈ আহাঁ কি ৰাম, ৰাম
হে হেইয়া কি ৰাম, ৰাম
জীৱন লুইতলৈ আহাঁ কি ৰাম, ৰাম
হে হেইয়া কি ৰাম, ৰাম
ক্ষুদ্ৰ স্বাৰ্থ এৰি আহাঁ কি ৰাম, ৰাম
হে হেইয়া কি ৰাম, ৰাম!!
ৰাইজ নেকান্দিবাঁ টঙালি বান্ধিবাঁ
যাত্ৰাৰ অন্ত হয় হে হয়
হে হেইয়া কি ৰাম, ৰাম!!
দেশৰ হকে মৰিবলৈ আহাঁ কি ৰাম, ৰাম
হে হেইয়া কি ৰাম, ৰাম!
দেশৰেই প্ৰজা অন্যায় যুঁজাঁ
সত্যৰ আজি হ'ব জয় হে জয়।
হে হেইয়া কি ৰাম, ৰাম!!

(৩)

কালজয়ী মণিৰাম

কালজয়ী, মৃত্যুঞ্জয়ী কালজয়ী মণিৰাম
তোৰ মৃত্যুৰে আজি
ঘৰে ঘৰে কৰে
মুক্তি যুঁজৰ আহ্বান
ই জ্যোতিৰ কৰিব আল্পনা
হ'ব এন্ধাৰও অৱসান।
অসমীৰ অতীতৰ ফিৰিঙতি তই
আজিৰ অগনিৰ প্ৰাণ
ৰাইজক সাহসক উদঙাই দে তই
হওক সৃষ্টি অবিৰাম
কালজয়ী মণিৰাম দেৱান।

(৪)

এইটি বা কোন ওলালে

এইটি বা কোন ওলালে
সিংহ কেনি লুকালে
নেগুৰ কটা শৃগাল আজি
ৰাজসভালৈ যায়।

পপীয়া তৰা ওলালে
সূৰুয কেনি লুকালে
তপস্বী বিড়াল আজি
নাম ঘৰলৈ যায়।

গৰ্দভৰে নৃপতি
গৰ্দভে শোভে
ন্যায় এৰি নৃপতিটি
মৰিল অতি লোভে।

কাউৰী সজাওঁ যদি
গজৰাজ মুক্তাৰে
তাৰ থোঁট যদি জিলিকাওঁ
সুবৰ্ণ মাণিকেৰে—
তথাপি কাউৰী জানো ৰাজহংস হয়?

ৰাইজ যদি ৰজা হয়েই
নৃপতি নো কোন?
দেশখন বেচোঁতা এই
বদনটি কোন?
তেজ শোহা জোক জানো
মহাপুৰুষ হয়?

(৫)

সংগ্ৰাম লগ্নে আজি

সংগ্ৰাম লগ্নে আজি
শংকা ত্ৰাস ত্যাজি
আইস বীৰসব, দুষ্কৃতি নাশিতে।
অগ্নিমন্ত্ৰে দীক্ষা লৈয়া আইস
আজি যত দৈত্যকে বধিতে।
ন্যায় তন্ত্ৰে শিক্ষা লৈয়া আইস
আজি যত পশুত্ব ৰোধিতে।
সাষ্টাংগে কৰোঁহোঁ প্ৰণাম
মাতৃ চৰণতে।
সোণৰে অসমী মাতৃ!
নাকান্দা, নাকান্দা
কেনে কান্দা অভাগীৰ দৰে?
পুত্ৰ আছে, আছে কন্যা
ৰাত্ৰি দিনে চিন্তে সবে—
থাপিব আনন্দ মেলা আজি তোৰ ঘৰে
কেনে কান্দা অভাগীৰ দৰে?
(তোৰ)ৰূপে গুণে সম নাহি
ত্ৰৈলোক্য ভিতৰে।
কেনে কান্দা অভাগীৰ দৰে?
অসমী আই মোৰ
অতি ভয়ংকৰ ৰাক্ষসৰ কাৰণে
ভয়ে নকৰিবাঁ, ভয়ে নকৰিবাঁ
আমাৰো হেংদান আছে।
অতি নিষ্ঠুৰ কাল সৰ্পৰ কাৰণে
ভয়ে নকৰিবাঁ, ভয়ে নকৰিবাঁ
আমাৰও মন্ত্ৰ আছে।
এ আমাৰে দুচকুতে অগনি বৰষিছে
সমৰৰে শিখাবোৰ নাচে
সমৰৰে শিখাবোৰ নাচে।।

(৬)

মণিৰাম দেৱানৰ গীত

ফেঁচুৱে কৰিলে ছিঁউ, মোৰ দেউতা
ফেঁচুৱে কৰিলে ছিঁউ
মণিৰাম দেৱানক ফাঁচী দি মাৰিলে
আকাশে উৰি গ'ল জীউ।
মণিৰামক মাৰিলে আঁৰ কাপোৰ তৰিলে
ওপৰে বগালে চিলা।
মণিৰামৰ কামে কাজ কৰিব লাগিলে
আজি হাতে হাতে মিলা।
এ চান্দও লৰিছে, সূৰুযও লৰিছে
লৰিল বসুমতী আই
এ বাৰপাল বনুৱাই খেদিব লাগিছে
মণিৰামৰ কিনো ৰিলাই?
আজি কি বাৰে গুৰু বৃহস্পতি
কালি কি বাৰে শুকুৰ
মণিৰাম দেৱানৰ অমংগল মিলিলে ঐ
ছালতে বগালে কুকুৰ।

হে বৈনো বৈ কান্দিলে বৃন্দাবনী গাভৰু
তামৰ ঘৰৰ মুধলৈ চায়
তামৰ ঘৰ আছে দেও স্বামী নাইকিয়া
কোনে নিলে মণিৰামক পায়?
ফেঁচুৱে কৰিলে ... হাতে হাতে মিলা।
এ চম্পাৱতী আইদেউৰ
সেন্দুৰ মচে খালে
ঘনে সোঁহাত লৰে
কাউৰীয়ে ৰমলিয়াই ফেঁচাই কুৰুলিয়াই
সপোনত আগ দাঁত লৰে।।

কথাছবিঃ প্ৰতিধ্বনি, ১৯৬৪ চন

(১)

লিয়েংমাকাও

লিয়েংমাকাও
কোন পাহাৰ শিখৰতে
বাট চাইছাঁ?
সুৰৰ পঁজা কিয় উদং ৰাখিম
অকলশৰে মই কিমান কান্দিম
তাকে এক মনে ভাবিছাঁ?

চুলিটাৰি—তাতে
ডিয়েংচিয়ে পাতৰ ৰঙ সানিছা।
সেই ৰঙ লাগি হঁহা
শ্বৰতি বাঁহীৰ
সুৰধ্বনি তুমি শুনিছা।
অ' আকাশ
মোৰ লগৰীক তুমি জানো দেখিছা?
তেঁওৰ জেইনচেম খনি বিজুলীৰে বোৱা,
ৰঙা ওঁঠ যুৰি অ' মৌৰে বোলোৱা,
তুমি জানো মন কৰিছা?
অ' নিয়ৰ
সুহুৰি মাৰিছাঁ
খুবলেই শ্বিবুন
শ্বিবুন তোমাকে—
মোৰ মানসীৰ
দেহাৰে ভাজত
কোমলতা তুমি সানিছা।

[ছিলং: জ্ঞানেন শৰ্মাপাঠকৰ ঘৰত,
১৫ জুন ১৯৬৪ চন]

ভাবাৰ্থ: লিয়েংমাকাও: খাচীয়া গাভৰুৰ নাম
জেইন্‌চেম: খাচী গাভৰুৰ গাৰ কাপোৰ
ডিয়েংচি:সৰল গছ খুবলেই শ্বিবুন: ধন্যবাদ

(২)

হে হে হে ঢোলে ডগৰে

হে হে হে ঢোলে ডগৰে
হে হে হে হিয়াৰ উমেৰে
নেদেখা এনাজৰীৰে
এ বান্ধো আমি পাহাৰ শিখৰৰে
মহান চিয়েমক।
হে হে হে চেৰাপুঞ্জীৰে
হে হে হে ভিজা আকাশৰে
উদাৰ মেঘে যেনেদৰে
সাৰটি ধৰে বাৰিষা ৰূপেৰে
আমাৰ লুইতক।
মুগা সোণালী শুৱালকুচিৰে
হয় জেইনচেম খাচী ৰূপহীৰে
সৰল গছৰে ধূপ কাঠৰে
সুগন্ধি সুবাসে ভুলায় আমাক
হে হে হে ঢোলে ডগৰে।

(ওখ সৰলৰে পাত সেউজীয়া
আমাৰো আইঁত গছ সেই বৰণীয়া
ব্লেই বা জোনে
পাহাৰ ভৈয়ামতে
শাৰদী নিশা ঢালে একেই জোনাক।
ৰঙা পাহাৰৰে মাটি কাটি
খাচী কৃষকে খাটে দিনে ৰাতি
ভৈয়ামৰো খেতিৰ
হেজাৰ ৰংমনে
আঁকোৱালি ধৰিব সেই কৃষকক।)

খাচীৰ ঈশ্বৰ হ'ল উব্লেই মহান
নাগধাৰী শিৱ আমাৰো ভগৱান
খাচী আৰু আমি
ভেদাভেদ এৰি
বঢ়াওঁ অসমীৰ মহান একতাক
হে হে হে ঢোলে ডগৰে।
কৃষ্ণ গৰখীয়াই বায় বাঁহী
খাচী গৰখীয়াই বায় শ্বৰতি
দুয়োটি বাঁহী বাঁহৰে বাঁহী
দুয়ো প্ৰকাশে একেটি সুৰক।
হে হে হে হিয়াৰ উমেৰে
নেদেখা এনাজৰীৰে
এ বান্ধো আমি পাহাৰ শিখৰৰে
মহান চিয়েমক।

[বোম্বাই, ৩০ৰ জুলাই, ১৯৬৪ চন]

ভাবাৰ্থ: চিয়েম: খাচী ৰজা ব্লেই: জোন
শ্বৰাতি: বাঁহৰ বাঁহী উব্লেই: ঈশ্বৰ

প্ৰতিধ্বনি কথাছবিত ইভা আচাও আৰু পবিত্ৰ বৰকাকতি

(৩)

অয় অয় আকাশ শুব

অয় অয় আকাশ শুব
অয় অয় বতাহ শুব
দিগন্ততে হাহাকাৰ হ'ব।
দিগন্ততে হাহাকাৰ হ'ব।।

সময় যেন স্তব্ধ হয়, হয়
ভীত হয়, হয়
চকুলোও শিল হ'ব—
অয় অয় সময় হ'ব।
পাপ যদি বেয়া,
কামনা কিয় দিলে, দিলে, দিলে?
মোহ যদি বেয়া,
সুৰ কিয় দিলে, দিলে, দিলে?
ভাঙন যদি বেয়া,
বিৰহ কিয় দিলে, দিলে?
তাৰ সমিধান কোনে দিব
কোনে দিব?

অয় অয় সময় শুব
সাঁথৰ ভৰা নিশা মোৰ সোণ শুব—
বৈধ কি অবৈধ কি
বৈধ কি অবৈধ কি প্ৰশ্ন হ'ব
দিগন্ততে হাহাকাৰ হ'ব।

[ছিলং: জ্ঞানেন শৰ্মাপাঠকৰ ঘৰত, ১৯৬৪ চন]

কথাছবিঃ লটিঘটি, ১৯৬৬ চন

(১)

জীৱনটো যদি অভিনয় হয়

জীৱনটো যদি অভিনয় হয়
যদি অভিনয়তে মৰম ৰয়
সেই মৰমৰ দাম কিমান নো?
আকাশ এখিলা যদি কাগজ হয়
আৰু জোনটো যদি আচল নহয়
সেই জোনাকৰ ৰহণ কিমান নো?

বুজিও নুবুজা হৈ আমি
ভুলকে ভাল বুলি বোটলোঁ কিয়?
বাহিৰে ৰং ঢং দেখি আমি
কোৱাভাতুৰীকে আদৰোঁ কিয়?
সেয়ে ক্ষণে ক্ষণে
কান্দো মনে মনে
নিচুকাব নিতে কোনেনো?

বহুৰূপী সাজি সাজি আমি
মিছা মৰমতে সাঁতোৰোঁ কিয়?
তপত মৰুভূমিতে আমি
মিছা মৰীচিকা খেদোঁনো কিয়?
সেয়ে কতজনে
নিতে নিতে গণে
পৃথিৱীত সুখী কিমান নো?

লটিঘটি কথাছবিত মনীষা সেনগুপ্তা আৰু জয়ন্ত হাজৰিকা

(২)

মই আৰু মোৰ ছাঁ

কোনে কয় মই অকলশৰীয়া?
নহওঁ মই অকলশৰীয়া
মই আৰু মোৰ ছাঁ
দুয়ো দুয়োৰে লগৰীয়া—
পৃথিৱী, নক'বা মই অকলশৰীয়া।

সংগীহীনতা মোৰেই সংগী বুলি
কিয় তুমি উপহাস কৰিছাঁ?
মই আৰু মোৰ ছাঁ
দুয়ো দুয়োৰে লগৰীয়া।
দূৰণিৰ বন্ধু সকলো মিছা
নিচেই কাষৰেই ছাঁহে সচা।
মই আৰু মোৰ ছাঁ
দুয়ো দুয়োৰে লগৰীয়া।

আশাৰ বালিচৰত
যেতিয়া ঘৰ সাজোঁ
মোৰেই ছাঁই বালি তুলি দিয়ে
এন্ধাৰ বাটতো মোৰেই ছাঁই
মেলি দিয়ে নিতে
জ্যোতিৰ দলিচা।

পৃথিৱী, নক'বা মই অকলশৰীয়া
মই আৰু মোৰ ছাঁ
দুয়ো দুয়োৰে লগৰীয়া।

[কলিকতা, সাত জুলাই, ১৯৬৬]

(৩)

টিৰাপ সীমান্ত

টিৰাপ সীমান্ত
ৰূপৰ নাই অন্ত
নক্তে ৰান্চু
টাংচা উগলিৰ
দেখিলোঁ মনৰ সেউজ দিগন্ত।

সৌৱা টিৰাপৰে কিশোৰ ৰান্চু
তাৰ মুঠিতে জোঙা যাঠি পাকমু
ডিঙিত তিলিক মণি
মূৰত কাপ্মান
সৰু ফানাট মাৰি নাচিছে খোৱান।

চুটিকৈ নিচ্ছাৰে আৱৰা কঁকাল
ভাঙি ভাঙি গাভৰুৱে দিয়ে কিনো তাল?
ভয়াবহ পাহাৰক সাৱটি ধৰি
চুমা খাই থকা ডাৱৰ আঁৰত
সুৰুযটি অস্পষ্ট।

ৰিংকি ৰিংকি দেখিলোঁ খুন্চা বস্তি।
সৌৱা সুঠাম নক্তেই ডেকাটি
গাত পিন্ধি জেংচম চোলাটি
মূৰত বেটৰে খপক শোভে
আৰু কঁকালত ৰঙীণ খাপৰি
সি লোণৰ পুঙত ব্যস্ত।
টিৰাপৰে বস্তি চাংলাং
তাতে সৰল জনজাতি লুংচাং
সৌৱা টিৰাপ নৈৰে বুকুৰে
বাঁহৰ গুলোমা সাঁকোৰে
টাংচা খেতিয়ক পাৰ হয়।
সৌৱা দেখোঁ দলে দলে নামিছে
পিঠিত পহু লৈ নামিছে
বোলোঁ—ককাই ক'লৈনো যোৱা?
ক'লে—মাৰ্ঘৰিটাৰ হাটলৈ
নহ'লে শ্ৰম হ'ব নষ্ট।

আহোম সৰ্গদেউৰ দিনতে
লোণ বান্ধি নামিছিল নক্তে
তাহানিৰ শ্ৰীশ্ৰীৰাম আতাই
নক্তে নৃপতিক দিছিলে শৰণ
কৰি নক্তেই শিষ্যৰ নামকৰণ
নৰৰো উত্তম 'নৰোত্তম'।
কৈছিল—
'মানুহ মানুহ হ'লে
ইজনে সিজনক সাৱটিলে
নহয় জাতিকুল ভ্ৰষ্ট।'

টোকা: 'নিচ্ছা' সম্ভৱ টিৰাপ (অৰুণাচল) অঞ্চলৰ কোনো কোনা নাৰীয়ে কঁকালত পিন্ধা কাপোৰ, গীতটো টিৰাপতে ৰচা।

(৪)

ৰমজানৰে ৰোজা গ'ল

ৰমজানৰে ৰোজা গ'ল গুলাল ঈদৰ জোন
চেনেহৰে মেহফিলতে বহে আজি কোন?
—বহে আজি কোন কোন?
আজিৰ ঈদ মজলিছতে একেলগে বহিছে
—একেলগে বহিছে।
আজিৰ ঈদ মজলিছতে ৰহিম চাচাও বহিছে

—একেলগে বহিছে
আজিৰ ঈদ মজলিছতে শ্ৰীৰাম কুমাৰও বহিছে
—একেলগে বহিছে
আজিৰ ঈদ মজলিছতে ফাতেমা পেহী বহিছে
—একেলগে বহিছে
আজিৰ ঈদ মজলিছতে তৈয়াব মোমাইটিবহিছে
—একেলগে বহিছে
আজিৰ ঈদ মজলিছতে জেকব খুড়াও বহিছে
—একেলগে বহিছে
ইনচানিয়ত লৈ মহফিলত
আমিও বহোঁচোন।
আমাৰ গাঁৱৰ আতাজানে পুৰণি কথা জানে
—পুৰণি কথা জানে
চমৰখন্দ বোখাৰা ওমৰ খৈয়ামক জানে
—পুৰণি কথা জানে
শ্বাহেনশ্বাহ আকবৰৰো উদাৰতাও জানে।
মোগল-ৰাজপুত মিলি ছবি আঁকাৰ কিচ্চাও জানে
টিপু ছিৰাজদৌল্লাৰ আজাদীৰ লৰাই জানে
—পুৰণি কথাও জানে
গান্ধীজীৰ বুকু ভেদা গুলীৰ কথাও জানে।
—গুলীৰ কথাও জানে।
দুনিয়াৰ নাতি জৱাহৰ চাচাকো জানে।
—পুৰণি কথা জানে।
আজি ভাৰততে মুহব্বতৰ আমি সিঁচোঁ সোণ।
আজি কিয় অসমীৰে কথা মনত পৰিছে
—কথা মনত পৰিছে
আমাৰ হাজোত মক্কাৰ দৰে পোৱামক্কাও সাজিছে
—কথা মনত পৰিছে
কাষতে মাধৱৰে মন্দিৰো বিৰাজ কৰিছে
—কথা মনত পৰিছে
ৰাম ৰহিমে ঘাম মচি এটা জাতি গঢ়িছে
—কথা মনত পৰিছে
শংকৰে ইছলামকো সন্মান যাচিছে
—কথা মনত পৰিছে
আজানে জিকিৰ ৰচি ভাষা চহকী কৰিছে
—কথা মনত পৰিছে
ভকতক ফকিৰে চেলাম গীতেৰে জনাইছে
—কথা মনত পৰিছে।
দিলোৱাৰ দোচায়ে শ্ৰীহস্তী পুথি আঁকিছে
—কথা মনত পৰিছে
লক্ষ্মীধৰে ছিৰাজ কাকাৰ গুণ বখানিছে
—কথা মনত পৰিছে
জ্ঞান বিলাই মফিজেও জ্ঞান মালিনী ৰচিছে
—কথা মনত পৰিছে।

কোৰাণ গীতাই ইনচানকে ইনচান হ'ব কৈছে
—কথা মনত পৰিছে।
ফৰমুদ আলি বাউল হৈ মুক্তিৰ গীত ৰচিছে
—কথা মনত পৰিছে।
বাহাদুৰ গাঁওবুঢ়ায়ে জান দি মণিৰামক সেৰিছে
এই বেহতৰিণ দোস্তি ভাঙে সেই দুচমন কোন
— সেই দুচমন কোন?
মজলিছৰে ডেকা বুঢ়াই কাৰ কাৱালী শুনিছে?
—কাৰ কাৱালীনো শুনিছে?
এই কাৱালে মেহফিলকে সুকুৰ আদা কৰিছে
—কাৰ কাৱালীনো শুনিছে?
ভূপেন কাৱালে মজলিচৰে এই কাৱালে
মজলিচৰে ইজাজত বিচাৰিছে।

(৫)

প্ৰচণ্ড ধুমুহাই প্ৰশ্ন কৰিলে মোক

প্ৰচণ্ড ধুমুহাই প্ৰশ্ন কৰিলে মোক:
'তোমাৰ প্ৰাপ্য কি কোৱাঁ'
মনৰ দুৱাৰ মেলি নিৰ্ভীক ভাবে কলোঁ:
'তোমাৰ শক্তিখিনি দিয়াঁ'
বজ্ৰৰ গৰ্জনে বক্ষ উজাৰি ক'লে:
'তোমাৰ কাম্য কি কোৱাঁ?'
মই কলোঁ, 'বজ্ৰ তোমাৰ
শক্তিশালী উদাত্ত কণ্ঠটি দিয়াঁ'
এদিন আকাশে ক'লে, 'জনৈক গীতিকাৰে
অকণি আকাশ দেখোঁ মাগে,
তুমি কিয় আজি বাৰু কম্পিত
কণ্ঠেৰে
মাগিছা সৰ্বাকাশ সত্তা।'
মই ক'লোঁ:
'তুমিয়েইতো কৈছিলা ৰাতিপুৱা
যিমানে বিলাই দিবা
সিমানে মহান হ'বা
তাৰে নাম সচা উদাৰতা'।
সেয়েহে আকাশ তুমি
দিব যদি খুজিছাই
সংকীৰ্ণতা এৰি দিয়া
অৱদান ৰূপে তোমাৰ পূৰ্ণ বিশালতা
দিয়া যদি আজিয়েই দিয়া।'

মহাকাশে দিলে মোক বিশাল দৃষ্টি
আৰু ধুমুহাই প্ৰচণ্ড শক্তি
বজ্ৰই দিলে মোক উদাত্ত কণ্ঠ
আৰু দিলে সাহসৰ যুক্তি।
বজ্ৰৰ কণ্ঠেৰে
ধুমুহাৰ শক্তিৰে
গীত গাই কঁপাম দিগন্ত
দানৱৰ সমাজতো গাম মানৱৰে গীত
কলিজাৰ সচা সুৰ সিক্ত।
মুমূৰ্ষু মানৱক
জীৱনৰ বিদ্যুত
কিঞ্চিতো যদি দিব পাৰোঁ
আকাশ ধুমুহা আৰু বজ্ৰক
তাৰ বাবে শতবাৰ প্ৰণিপাত কৰোঁ
শতবাৰ প্ৰণিপাত কৰোঁ।

[অসম সাহিত্য সভাৰ সংগীত শাখাৰ সভাপতি ৰূপে গোৱা, বহাগ, ১৯৬৩ চন]

(৬)

সহস্ৰজনে মোক প্ৰশ্ন কৰে

সহস্ৰজনে মোক প্ৰশ্ন কৰে
মোৰ প্ৰেয়সীৰ নাম
মালবিকা নে লিপিকা নে মল্লিকা?
অৰ্থপূৰ্ণ ভাবে ঈষৎ হাঁহিৰে কওঁ—
'নহয় মালবিকা, লিপিকা বা
হৈমন্তী বা মল্লিকা'।
সহস্ৰজনে মোক প্ৰশ্ন কৰে—
আমাৰ চেনেহ
আমাৰ মৰম
কিয় ফল্গু হ'ল
বহিৰ্জগতৰ অদেখা?
সমিধানত কওঁ—
'বুকুতেই সাঁচে কিয়,

পৃথিৱীয়ে গৰ্ভতো

অব্যক্ত কত বহ্নিশিখা?'

বেদৰ মন্ত্ৰেৰে দম্পতী

যদিও নহলোঁ আমি কাহানি

একেটি পাত্ৰতে জীৱন মদিৰা

পান কৰোঁ আমি তথাপি।

সহস্ৰজনে মোক প্ৰশ্ন কৰে—

মোৰ মৌন পৰত

কোনো প্ৰেৰণাৰে জ্যোতি যাচে

জানো নাম তাইৰ জানো মধুচন্দ্ৰিকা?

সমিধানত কওঁ—

'বুকুৰ ৰক্তেৰে

গুপুতে জীয়াই ৰখা

নাম বিহীনা তাই অনামিকা'।

[ৰচনা, ১৯৬৬ চন]

কথাছবিঃ ভাগ্য, ১৯৬৭ চন

[এই কথাছবিৰ গীতবিলাকৰ
কথা: আনন্দ বাক্সী; সুৰঃ লক্ষ্মীকান্ত প্যাৰেলাল
অসমীয়া ৰূপান্তৰ: ভূপেন হাজৰিকা]

(১)

কোনে জানে তোমাৰ সপোন

কোনে জানে তোমাৰ সপোন হ'ব নে পূৰণ?

আকাশতে থকা জনে লিখে কঁপালৰ লিখন।

জীৱনৰে ছবি আঁকি কোনে সজাই দিব?

আকাশতে থকা জনে লিখে কঁপালৰ লিখন

জীৱন বীণা আনন্দেৰে যদি খোজাঁ বজাব

হাঁহি হাঁহি বিধিৰ লিপি মানিলেই হ'ব হ'ব

দুখত যদি হাঁহি থাকা মচি তোমাৰ মৰণ

আকাশতে থকাজনে লিখে কঁপালৰ লিখন।।

জীৱনৰে আন এটি নাম পদুম পাতৰ পানী

প্ৰভাতে যে কাল সন্ধিয়াৰ নেজানে আঁচনি—
আঁচনি

কোনে জানে কাহানি হয় উশাহৰ মৰণ?

আকাশতে থকাজনে লিখে কঁপালৰ লিখন।।

(২)

মোৰ বুকুৰ জ্বালাত

মোৰ বুকুৰ জ্বালাত নয়ন উতলে

নাবিক হিয়াত সনা লহৰ নগলে।

মেলা পাল সুৰৰে অবাক নিমাত

হয় হিয়াৰো ভুল হেৰালে যে বাট

আজি কোনে কাকনো পঢ়ালে ই পাঠ

হায় অশ্ৰু পেলালি অকলে অকলে।।

ফুৰে ভুৱা বলাকা মেঘে ক'ব কবৰ

যদি লুকুৱা মন শোভে কোন ঘৰ

উম সেমেকে সাঁতুৰি লাগে ভাগৰ

কান্দে বুকুৰ আশাই অকলে অকলে।

(৩)

স্বাদী কৰোৱাই লওক

স্বাদী কৰোৱাই লওক
অ' দিলৱালো মতৱালো
সবেই স্বাদী কৰোৱাই লওক
ধুনীয়া নহ'লে ৰাপচ পইচা
গেৰাণ্টি লিখোৱাই লওক।

ময়ে বনোৱা তিলিকা দৰা
মাৰ খায়েই ফিৰে যেন ঘোঁৰা
ময়ে মেনেজাৰ দিলটো খোলা
নাম বিয়াৰ বজাৰৰ মোল্লা
হুকুম কা এক্কা কাম হায় পাক্কা
টুকুৰা দিল জোৰাই লওক।।

জাগীৰোড, বোম্বাই নাজিৰা পুণা
কইনা বিনা জীৱন চুনা।
মস্তাক সোণালী বৈ নাথাকে
ছিট খালি বুক হৈ যে থাকে।
খৰখেদাকৈহে নুলুকাই
এক পাৰ্মিট বনোৱাই লওক।।

আধে চৰাবী আধা স্বৰগে
আজি হ'ল ল'ৰা লড়কে
ঘৈণী দিছিলোঁ নাচোন জনা
লিষ্ট তেৰিফিক ভেনিটি চেনা
মেই ভি গুণৱালা কৰক ইচাৰা
ঘপকে ভাল পোৱাই লওক।।

(৪)

নৱ নৱ বহাগ আহে

নৱ নৱ বহাগ আহে
সৰুফুলে মিচিকি হাঁহে
মনে তোমাক ধিয়ায়।
নৱ নৱ মিলন নিশাৰ
সৰুতৰা জকমকায়
মনে তোমাক ধিয়ায়।
স্বপ্ন হৈ ৰচনাত
মেদিনীৰ হাঁহি বঢ়ালা
তুমিয়ে মোৰ আপোন বৰ
সৰগৰ সুৰ সজালা
অ' নৱ নৱ মোৰ ৰচনাকে
শুনোতাই গুন গুনায়।
মনে তোমাক ধিয়ায়।
ই যে ভাগ্য সু-আৱাহনী
শতবাৰ মানি ল'লোঁ
অভিজ্ঞতা উপচি পৰে
জলধিত মানসৰো
অ' লেখি লহৰ যে ধুনীয়া
হিয়া যে ৰূপতে নাচে
মনে তোমাক ধিয়ায়।
মুমূৰ্ষু ৰিক্ত গানে
কত নিৰৱে ভবায়
সেইদিন যে পাৰ হৈ যায়
যি সময় নাহে দুনাই
অ' দেখে মিলন বাসনা
অপৰূপ ৰূপ পিয়াসে
মনে তোমাকে ধিয়ায়।।

(৫)

হাঁহিকে ভগাওঁ

হাঁহিকে ভগাওঁ সমভাগেৰে
তিল তিল বিষাদ ল'ম ভাগৰে
মিলিজুলি মধুৰতা ল'ম
শুভ দিন আদৰি ল'ম প্ৰাণেৰে।

যিয়েই পায় সুখী অকণি সুখ দিয়াঁ হে
সৌ ধুসৰ হৈ বেচৰা উভতি বিমুখী হৈছে
অকণি পোৱাহে অপবাদেৰে
শুভ দিন আদৰি ল'ম প্ৰাণেৰে।
পিয়াহত আঁতুৰ হৈ
ভোকতে কাতৰ হৈ
সৌৱা কান্দে কোনে বহি
যাতনা সহি লৈ
অশ্ৰুৰ সেই ধাৰকো ল'ম প্ৰাণেৰে।

(৬)

সাত সমুদ্ৰ পাৰ ৰে

সাত সমুদ্ৰ পাৰ ৰে
দুনীয়াকে বজাৰ ৰে
হাতী কি ঘোঁৰা আনা
ঘোঁৰা আনা নে নানা,
পাপা লক্ষ্মী আহাঁ না।।
তুমি পৰদেশলে যাবৰে পৰাই যে
গান ধোঁৰাই আৰবে
দিন দিবসো অন্ধকাৰ
স্বৰো কণ্ঠ নাই
জিলমিল চাৰনিৰ তৰাই
খিৰিকী দুৱাৰে
সকলোৰে বিচাৰে তোমাক
কঁপনি গুচোৱা দেৰ হে
কঁপনি গুচোৱা দেৰ হে
কঁপনি গুচাই আহা না।।
নজনাকৈ বতৰা আহে
কাগজ নহয় ই ভাগ্য লেখা
দূৰ সখি দূৰণিত
চেনেহী কৃপা মন কৰি
তুমিটো নজনা নহয়
তুমিটো অজান নহয়
ই জীৱনৰ কঠিনতা
এক দুনীয়া অন্ধকাৰ
এই দুনীয়া আপোন দেশৰ
অহাঁ সৱাই বেদনা।।

কথাছবি: চিকমিক বিজুলী, ১৯৬৯ চন

(১)

মিলনৰ এই শুভক্ষণ
মিলনৰে এই শুভক্ষণ
পখিলা উৰা দি উৰে মন
মৰমৰে এই আৱাহন
জীৱনৰে মধুৰী লগন।

লাজৰে বান্ধোন খুলি যায় যায়
বুকুৰে সঁহাৰি পায় পায়
অমৃতময় আজি জীৱন যেন
হৰ গৌৰীৰ মহা মিলন।

দয়াৱতী পাৰ্বতী আই
নধৰিবা দোষ দায়।
তোমাৰ আশিষ মাগিছোঁ
তোমাৰ শিখৰে নাচিছোঁ
উলাহৰ মুকুতি পায়।

প্ৰণয়ৰ পৰিধি নাই নাই
অসীমৰে সীমা এৰি আই
সত্যম শিৱম সুন্দৰম
যুগে যুগে আমি দুয়ো
দুয়োতে মগন।।

(২)

কুমাৰ: পক্ষীৰাজ ঘোঁৰা খট খট খট
খটকৈ দৌৰা
মোৰ কপাল ফুটা,
পাখি দুখনেও কটা
উৰি ফুৰিবৰ নাই মন
কাৰণ ধৰাতে জনগণ।
কুমাৰ: অনিৰুদ্ধ নহওঁ ৰো'মিঅ লখিন্দৰ
নহওঁ মজনু কিম্বা জুলিয়াচ চিজাৰ
কুম্ভকৰ্ণৰে দৰে নিদ্ৰা যোৱা
ৰাইজক জগাই তোলোঁ
দানৱৰো সমাজতো মানৱ বিচাৰি
বজাৰত থিতাপি ললোঁ
মই মানুহক ভালপোৱা ৰূপৰে কুমাৰ
অগতিৰ গতি মই দুষ্কৃতি নাশোঁ মই।
কুমাৰী: স্বৰ্গ এৰা এক ৰূপ কুমাৰী
আহিছোঁ মৰতলে প্ৰেম বিচাৰি
স্বৰ্গত ইন্দ্ৰই ঠগিলে কিমান
বৰুণেও মিছাকৈ কান্দিলে ইমান
স্বৰ্গ এৰা এক ৰূপ কুমাৰী
আহিছোঁ বজাৰলে প্ৰেম বিচাৰি।
ৰজা: মই এন্ধাৰৰ ৰজা ইয়েঃ ইয়েঃ
এন্ধাৰ লাগে মজা
কুমাৰ: যা ৰজা খা গজা পাবি মজা
ৰজা: মই জ্যোতিক কৰি দিওঁ নষ্ট
ভাল মন ভাল কাম দেখি পাওঁ কষ্ট
সুন্দৰ কোঁৱৰ আৰু ৰূপৰ কুঁৱৰীৰ
মিলন নহয় মোৰ পছন্দ
দুয়োটাকে কাটি কুটি
কৰি দিম লণ্ড ভণ্ড।

কুমাৰ: খবৰ খবৰ খবৰদাৰ।
ৰজা: আহ ক'লা ক'লা বজাৰতো
এন্ধাৰ দিওঁ অনবৰত
এন্ধাৰ যোগান ধৰি যাওঁ
তাৰ বাবে কিছু কমিছন পাওঁ।
আহ, দে যুদ্ধ! খবৰদাৰ খবৰদাৰ!
কুমাৰ: খবৰদাৰ খবৰদাৰ হুচিয়াৰ!

কুমাৰ: জ্যোতিৰে লগতে এন্ধাৰে যুঁজিলে
এন্ধাৰ যায় যে ভাগৰি
মানুহ নমনা এন্ধাৰ নৃপতি
যায় চুচৰি বাগৰি
ৰূপৰ কুমাৰ হ'লোঁ শিৰ জটাধাৰী।

কুমাৰী: সমাজক এন্ধাৰে ঢাকেহি যেতিয়া
তেতিয়া কি হয়, তেতিয়া কি হয়?
যুগে যুগে বিজুলীয়ে হাঁহিব যেতিয়া
তেতিয়া ভাল হয়, তেতিয়া ভাল হয়
স্বৰ্গ এৰা দুটি মিঠা মন
দুটি মনে একে মনে সেৰে জনগণ।
কুমাৰ: দেৱলোকত মেনকা ৰম্ভাই ঠগে
উৰ্বশীয়েও ধৰা দিম বুলি কৈ ভাগে।

কুমাৰী: মই পিচে নঠগোঁ সুন্দৰ কুমাৰ
যুগে যুগে লগৰী হমেই তোমাৰ।।

(৩)

ঘৰ আমাৰ মাটি হয়

ঘৰ আমাৰ মাটি হয়
মাটিয়েই ঘৰ
বাটেই আমাৰ আপোন হয়
আপোনেই পৰ ।
এটি মিঠা জীৱন
এটি জীৱিকাৰ বাট
ৰাজপথে, এৰা বাটে
এষাৰি মৰমী মাত।
বিচাৰোঁতে দিন যায়
কৰি দাম দৰ।।

চোৰাং ক'লা বজাৰতে
বহু ক'লা ধন পাবা
এন্ধাৰ এন্ধাৰ গুদামতে
কুবেৰৰো ধন পাব
তেনে পাপী কুবেৰৰ
নহওঁ আমি অনুচৰ।।
খাটি খাটি অৰ্জা
দুটি শুদা নিকা ভাত
এযোৰ মাথোন কাপোৰ
থাকে যদি এই গাত
তেতিয়াই পাওঁ দেখোন
প্ৰেৰণা মনৰ।।

(৪)

বিজুলীৰ পোহৰ মোৰ নাই

বিজুলীৰ পোহৰ মোৰ নাই
তথাপি এন্ধাৰে মোলৈ ৰ' লাগি চায়।
সমাজৰ নাটঘৰ তেনেই উদং হয়
আমাৰ ৰূপৰে বজাৰ
আজিৰ পোহৰ যদিহে নেপায়।
কোনেনো কাহানি ৰচিব কাহিনী
আমাৰ চকুলো লৈ
কাৰো যে চেতনা নাই
আহৰিও নাই, আজৰিও নাই।
নিশাচৰ পিশাচৰ মুখা খুলি যায়
আমাৰ বুকুৰে উমৰ
ওঁঠৰে উমৰ পৰশন পায়।

(৫)

মৃত্যু সাৰটি

মৃত্যু সাৰটি
সমাধি তলিত
অকলে আছোঁহি শুই
এতিয়া পুনৰ
আহিছা কিয়
জ্বলাব কলিজাৰ জুই?
মৰণ পৰতো
আছিলোঁ দেখোন
তোমাৰ বাটকে চাই—
তেতিয়া তুমি
সময় নেপালা
তোমাৰ আহৰি নাই।
মোৰ মৃতদেহ
বগা কাপোৰেৰে
কোনোবাই ঢাকি দিলে
আন কোনোবাই
গংগা জলেৰে
দেহাটি তিয়াই দিলে।
নিশ্চয় তুমি তেতিয়া আছিলা
আনৰ মৰম চুই
মই আছিলোঁ ক্ষণ গণি গণি
আশাৰ বৃক্ষ ৰুই।

চিৰ শান্তিৰ কোলাত আজি
পালোঁ মোৰ বিচৰা ঠাই
তুমি কিয় বাৰু এতিয়াও মোক
জোকাবলে এৰা নাই?

জীৱন পাৰৰ কাহিনী সামৰি
তুমি যোৱা কিয় নাই?
জীয়া মায়াৰ বান্ধ খুলি ললোঁ
মৰণ প্ৰেয়সীক পায়।
নোজোকাবাঁ মোক
মিছা হাঁহি মাৰি
ভাল পাওঁ বুলি কৈ
এতিয়াতো পাৰ হ'বটো নোৱাৰোঁ
অসীম মৰণ নৈ।।

(৬)

শ্বমা থাকিলে

শ্বমা থাকিলে
জৰুৰ জৰুৰ পৰৱানা যে আহিবই
বিজুলী দেখিলে
আস্মানখনও জিলিকি জিলিকি উঠিবই।
মনৰ কাপোৰ ফাটি গ'লেও
মহব্বতে চিলাবই
দুটা দিলৰ দুই ইন্চানক
নিগাহ এটা কৰিবই।
এই যোৱা পাভ যোৰা
যোৰা ই মামুলী নহয়
ই আলি আৰু ফাতিমাৰ যোৰা
যোৰা কায়েম থাকিবই।
পৰবৰ দিগাৰক দোৱা মাগিছোঁ
জিন্দগী সুন্দৰ হ'বই।
বিজুলী দেখিলে আস্মানৰো দিল
ধৰক ধৰক কৰিবই।

(৭)

আনৰ কাৰণে

আনৰ কাৰণে জীৱন শলিতা
কিমান জ্বলাবা আৰু
আৰু কিমান বাকী আছে?
আনৰ কাৰণে কলিজাৰ তেজ
কিমান ঢালিবা আৰু
আৰু কিমান বাকী আছে?
নিজৰ কাৰণে ভাবিবলে' আহৰি
নাই নাই তোমাৰ
সোঁৱৰালোঁ শতবাৰ।
প্ৰতি উষা শোণিতেৰে
কত পট আঁকা
সেই পটে তোমাকে
নিঃশেষ কৰি নাচে।
আনৰ কাৰণে কলিজাৰ ৰং
কিমান ঢালিবা আৰু
আৰু কিমান বাকী আছে?

শকুন্তলা, প্ৰতিধ্বনি, চিক মিক বিজুলী আদি কথছবিৰ অভিনেত্ৰী কৃষ্ণা দাসৰ স্মৃতিলেখাত স্বাক্ষৰ কৰোঁতে
ফটো: কৃষ্ণাদাস নাথৰ সৌজন্যত

কথাছবিঃ খোজ, ১৯৭৪ চন

(১)

জিলমিলিয়া কোমল বালি

জিলমিলিয়া কোমল বালি
তাহানিৰ কথা কিয় আজি ক'লি
ভুল হ'ল নেকি?
তাহানিৰ কাহিনী কিয় শুনালি
(অ')বুকুতে মিঠা মিঠা সুৰ ঢালিলি
ওহোঁ বুকুতে মিঠা মিঠা বিহ ঢালিলি।

জিলমিলিয়া কোমল বালি
তাহানিৰ কাহিনী কিয় শুনালি?
বুকুতে মিঠা মিঠা সুৰ ঢালিলি ?
বালিমাহী বালিমাহী বালিমাহী
তই আজি কৰ দেখোঁ হাঁহি হাঁহি
উভতি নবয় সময় নদী
নুফুলে সৰা পাহি।

ভৰিতে উলিয়ালে তেজৰ টোপাল
কাঁইটীয়া গছৰ হুলে
সময় বালিত কাৰোবাৰ খোজ
মচি দিয়ে সৰু সৰু ভুলে।

হেঁপাহৰে বালিঘৰ সাজিবহে পাৰি
তাতটো এপলকো থাকিব নোৱাৰি
তেনে কিয় সাজি সাজি
খাইছোঁ হাবাথুৰি?

(২)

চিনাকী মোৰ মনৰ মানুহ

চিনাকী—চিনাকী মোৰ মনৰ মানুহ
তোমাৰ বাবেই জনম লভিছোঁ
তোমাৰ ঘাটৰ বিপৰীতে
নাওখনি মোৰ বান্ধিছোঁ।
তুমি চিনিছা নে নাই
মই নাজানিলোঁ—নাজানিলোঁ।
গধূলিটো হ'ল দেখোঁ অতি সেমেকা
জীৱনটো হ'ল কিবা পানী মেটেকা
তুমি দেখিছা নে নাই,
মই নাজানিলোঁ।
মণি বুলি কালসাপ ডিঙিতে পিন্ধিলোঁ
হুলকেই ফুল বুলি খোপাত গুজিলোঁ
তুমি দেখিছা নে নাই
মই নাজানিলোঁ।
তুমি আছা সিটো পাৰে ইপাৰে যে মই
দুয়োৰে মাজতে বয় সোঁৱৰণী নৈ
সাকোঁ দেখিছা নে নাই,
মই নাজানিলোঁ।
সাকোঁ দেখিছা নে নাই,
সাকোঁ দেখিছা নে নাই?
সাকোঁ দেখিছা নে নাই?
সাকোঁ দেখিছা নে নাই?
মই নাজানিলোঁ।

চিনাকী—চিনাকী মোৰ মনৰ মানুহ
তোমাৰ বাবেই জনম লভিছোঁ।

কথাছবিঃ বৃষ্টি, ১৯৭৪ চন

(১)

ৰম্ভা মেনকা

ৰম্ভা মেনকা কিম্বা যূথিকা
নামবোৰ নাজানো ভাই
হংসগামিনী ইস্মান ৰমণী
কলিজা ধপে ধপায়।
তইঁতৰ লাজ কাজ নাই যা
গাভৰুক জোকাব নাপায়।

সাইলাখ ৰাম হে আমি যেন ৰাৱণ
কৰিছোঁহি সীতা হৰণ।
এবাটি গাখীৰত মুখ ধুই আহ গৈ
যোৰাঁ হনুমান দুয়োজন।
এখনি দাপোণত ৰূপ চাই আহগৈ
ইমান সুদৰ্শন।

কাৰ্তিক কাষতে পাইছা হাততে
হেৰালে আৰু নেপায়।
প্ৰেম প্ৰেম জখলা বগাবলৈ হবলা
ৰূপহীৰ মনেই নাযায়।
কাৰ্তিক দুটালৈ চাই
ৰম্ভাই নাকেই কোঁচায়।

ৰিহাৰে মেলতে চকুহাল পৰোঁতে
হিয়া মোৰ দহিহে যায়।
খং খং চাৰনি আৰু যেন শুৰনি
উঠে পিছে মিচিকিয়াই
বিয়া নাম নোগোৱা নাই
এই মাত দিলে কিনো ক্ষয় যায়?

গাভৰু খেমিবা দায় নধৰিবাঁ
ইহঁতৰ মগজু নাই
হুলাবাৰি এচাৰি ব্যৱহাৰ নকৰি
দিয়াঁ দেই আমাক বিদায়।।

(২)

সুৰাত মগন

সুৰাত মগন ভয়াল ৰাতি
মৌন কোলাহল
মই যেন এক ৰ'দৰ বিলাপ
শব্দৰ সমদল।

চন্দ্ৰ তৰাক থাপ মাৰি আনি
থেকেচি পেলাবৰ হ'ল
সূৰ্য্যমুখীয়ে সজাব কাহানি
বেথাৰ সমাধি তল।

নিয়ম পিয়াসী সন্তানবোৰে
নিয়ম নমনা হ'ল
মাতৃৰ চকু ঘন কুঁৱলীৰ
গহ্বৰ হৈ গ'ল।

শগুনে সদায় সভাকে পাতে
ভাষণ পৰি ৰ'ল
দিনবোৰ আমাৰ মৃত হৰিণৰ
বেকা শিং যেন হ'ল।।

(৩)

কাৰোবাৰ দুনয়ন

কাৰোবাৰ দুনয়ন সৰগৰ তৰা যেন লাগে
নেজানো মোৰ কি যে হ'ল
মৰমৰ সাগৰত সাঁতোৰাৰ হেঁপাহত চাগে
কোন দেৱী বাউলী হ'ল।

জোনৰ কামনাত জোনাক সৰিলে
ফুলৰ বাসনাত বুকু
মোৰ হম হম কৰে
নেজানো মোৰ কি যে হ'ল।

কোনোবা ৰূপহীৰ মৰমী চাৱনি
লাজুকী লতাৰে লাজ যেন শুৱনি
কলিজাই লগৰী বিচাৰি বিচাৰি ফুৰে
নেজানো কাৰ কি যে হ'ল
ৰাগিনীৰ পৰা জানো
গীতিকাৰ পলাব পাৰে??

দিহিঙে দিপাঙে

নিউ ইয়ৰ্কত বিমল ৰাজবংশীৰ সতে

কথাছবিঃ চামেলি মেম চা'ব, ১৯৭৫ চন

(১)

হাঁয়ৰে প্ৰাণেৰ বাচা মোৰ

হাঁয়ৰে প্ৰাণেৰ বাচা মোৰ
তুই কোলে নাই
যনে দেখি তনে অন্ধকাৰ।
আমাৰ শিশু বুকে নাই
আমাৰ মনে সুখ নাই
পৰাণটা মোৰ কৰে হাঁহাকাৰ
পৰাণটা মোৰ কৰে হাঁহাকাৰ।।

(২)

হাৱা নাই বাতাস নাই

হাৱা নাই
বাতাস নাই
সব দিশে সুখ নাই
তোমাৰ বিনা কেমনে ৰহিবো,
কেমনে সাগৰে হ'ব পাৰ?

পখিৰ খাঁচা আমাৰ বাচা
উৰি গেলো জীৱন পখিটি
পৰি ৰৈলো আশাই আমাৰ
উৰি গেলো প্ৰাণ সোণটি
নৰৈলে নাহি পাৰাপাৰ ।।
কেমনে সাগৰে হ'ব পাৰ?

(৩)

অসম দেশৰ বাগিচাৰে ছোৱালী

অসম দেশৰ বাগিচাৰে ছোৱালী
ঝুমুৰ টুমুৰ নাচি কৰোঁ ধেমালি
হে লছমী নহয়
মোৰে নাম চামেলি।

শিৰীষ তলে ধৰবি পাহি
পাতা লম্বা পাবি বলি
নাকে পিন্ধি নাক ফুলী
জোৱান ভুলালি
হে চম্পা নহয়
মোৰে নাম চামেলি।

বাৰ মাসেৰ বাৰ ফুল
ভাদৰ মাসেৰ কিয়াৰে
কিবা দৰে ছাড়ে গেল
অভাগিনী পিয়াৰে
অ' অভাগিনী পিয়াৰে।
ছোট ছোট ছোকৰী বৰ বৰ টুকৰী
মৰম সবুজ পাতা তলে ডক ডক
জোৱান বুঢ়াৰ আখি দেখ কৰে লক লক
ছোট ছোট বুক খানা কৰে ধক ধক
কি ভাবিস ঐ আমাৰ চাহেলী
মনে ৰাখ মোৰ নাম চামেলি।

এ বাপ দাদা আছিলে কোনোবা মুলুকত
পিছে, আমি বিহু গাব জানো—
'এ হাঁহে হৈ চৰিমগৈ
অ' মইনা তোমাৰেনো পুখুৰীত
পাৰ হৈনো পৰিমগৈ চালত
এ ঘামে হৈ সোমাম গৈ
অ' মইনা তোমাৰেনো শৰীৰত
মাখি হৈনো চুমা দিম গালত।'
ভাদৰ মাসৰ ধম ধমাধম
কৰম পূজা ধম ধমাধম
বাজাও আমি ধম ধমাধম
মাদল চাওঁতালী।
ঐ মুখাপিন্ধা!!
তই কোন ছোৱালী ৰে?
আৰে বীৰবলৰ বেটী তই কি হাণ্টাৰৱালী
নে পিস্তলৱালী
আৰে পাগলী!
পাগলী নহয়, মোৰে নাম চামেলি
বীৰবলেৰ বেটী মোৰ নাম চামেলি
অসম দেশৰ বাগিচাৰে ছোৱালী
ঝুমুৰ টুমুৰ নাচি কৰোঁ ধেমালি
হে লছমী নহয়, মোৰে নাম চামেলি
বীৰবলেৰ বেটী মোৰ নাম চামেলি
অসম দেশত আমি ফুৰোঁ উমলি।

চৰ্দাৰ বলে কাম কাম
বাবু বলে ধৰি আন
চাহেব বলে লিব পিঠেৰ ছাম
অ' বিদেশী শ্যাম
ফাকি দিয়ে আনিলি আসাম।।

ধৰব পাহি: চাহপাত ছিঙা
চাহেলী: সখি

(৪)

ক-খ-গ-ঘ

ক-খ-গ-ঘ
চ-ছ-জ-ঝ
দুয়ে দুয়ে চাৰি গো
এ দেশেৰে স্কুল পঢ়ি গিয়ানী বনিব গো।
হামাৰ কচি কচি বাচ্ছা
স্কুলে পঢ়িব গো
লিখি পঢ়ি বৰ হাৰা গাড়ীতে
হাৰা খাইবে গো।

আসাম দেশে
আসি মোৰা
পাই বহু মৰম গো
কাচা সোণাৰ ডালে ডালে
টাকাৰ কচি পাতা গো।
পাতা তোলা
মেহনত কৰা
কলম কৰা ঝুঠা গো
স্কুল পঢ়ি সাহস কৰি
জাতিকে জাগাব গো।।
অন্ধকাৰাৰ
কাচে যে আমি
চান্দ তাৰা জ্বলে গো
মাষ্টাৰ বাবু ভাল মানুষ
হামাক আলো দিব গো
হামাক গিয়ান দিব গো
ভাল আলো দিব গো।

কচি কচি: সৰু

(৫)

অ' বিদেশী বন্ধু

অ' বিদেশী বন্ধু! দুৰ্ভগীয়া
আজি কিয়নো বন্ধু অকলশৰীয়া
প্ৰতিধ্বনি শুন কান্দোনৰ।
প্ৰেমৰ সাগৰে জাহাজ মেলিলি
নেপালি কোনো বন্দৰ
সৰু চাকনৈয়াতে বন্দী হ'লি
হেৰুৱালি তোৰ লংগৰ।
চিৰ সেউজতে চামেলি দেখিলি
অতি মনোমুগ্ধকৰ
লিৰিকি বিদাৰি সুগন্ধি লওঁতেই
চামেলি হ'ল গৈ পৰ।।

(৬)

জিগিজা গিজাও

জিগিজা গিজাওঁ অ' গিজাওঁ জিগিজা গিজাওঁ
ছোটো ঘৰেৰে বহু বেটী পিঠে পৰে চুল গো
যৌৱনেৰ আংগনাই উৰে গেন্দা ফুল গো।

কাঠেৰ মাজে তুলসী পাতেৰ মাজে পাট
আৰে নাৰীৰ মাজে চামেলী পুৰুষ সাৰধান।
দেহকে গঢ়ি গঢ়ি খোপা বান্ধে ফটকাৰি
হাতে সাখা চুৰি লালকাৰী
ৰাজহংসে চা চ'লে গোৰী।
শিশিৰে কি ফুটে ফুল বিনা বৰিষণে
বচনে কি মজে মন বিনা দৰিশনে।

লাল লাল শালুকেৰ ফুল
আৰে ৰাত্রি ফুটে লাল গো
কোন ফুল তাত কত মধু
গণিতে নাপাৰি গো,
পাকিলো ফুটিলো ডাড়িম লোকে
তোৰে খায় ৰে
শ্যালা, এই দেশে পণ্ডিত নাই
পিয়াকে বুজাই ৰে
জিগিজা গিজাওঁ অ' গিজাওঁ জিগিজা গিজাওঁ।

চোখেৰ কদম ঝলকে আৰে
জিয়া মোৰ ললকে
ভৰ যৌৱন কলসীৰ পানী ছলকে
অ' জিয়া মোৰ ললকে।

কথাছবি: কাঁচঘৰ, ১৯৭৫ চন

(১)

অ' ঠুনুকা কাঁচঘৰ

অ' ঠুনুকা কাঁচঘৰ
তই বান্ধিবি কিমান
মোৰ মন পখী
সীমাৰ পৰিধি টানি।

সৌ অসীম আকাশ
মোৰেই বাবে বাট চাই আছে
কামনাৰ ৰহণ সানি।
জানো মৰণ জীৱন একেটি নদীৰ
দুপাৰৰে দুটি ঘাট।
শুনো মৰণ হেনো শ্যাম সমান
নিতে বাঁহী বায় তাত
তথাপি কিয় ছবি আঁকি যাওঁ
জীৱন লালসাৰ
তথাপি কিয় মোৰ মানসত
বোৱতী সুঁতিৰ ধাৰ
য'ত জিলমিলিয়া পানী।

অ' কাঁচঘৰ মই যে তোৰেই
অতিথি ক্ষণিকৰ
দেশে বিদেশে মন গতি মোৰ
হয় যে ক্ষিপ্রতৰ
তইটো নোৱাৰ পখীক বান্ধিব
জীয়া সাগৰ পাৰৰ
কাঁচৰ শিকলি আনি।

(২)

আমাৰে ভণ্টী শুব

আমাৰে ভণ্টী শুব
সপোনৰ দেশলৈ যাব
শুকুলা ৰঙৰে মিঠাকে সপোনক
দিঠকৰ ৰূপকে দিব।

আমাৰে ভণ্টী মহিলা হ'ব
আৰোগ্য নিকেতন গঢ়িব
বিজ্ঞানেৰে ৰুগীয়া জনক
সুঠাম তেজাল কৰিব
জীৱন মধুৰ হ'ব।

শুকুলা চিকুণ বৰেকৈ ঘৰটিত
শুকুলা খটে খটি
শাৰি শাৰি আছে শুকুলা শয্যা
ইমান পৰিপাটী
কতনা ৰুগীয়ে বাট চাই আছে
কেতিয়া আহিব আমাৰে ভণ্টী
নিৰাশ ৰুগীকে অমৃত দিবহি
দিবহি দৰব জাতি
জীৱন পদুম ফুলিব।

(৩)

জীৱন ঘড়ীৰ প্ৰতিটো পল

জীৱন ঘড়ীৰ প্ৰতিটো পল
যেন গলি গলি গ'ল।
নিসংগতাৰ পৰুৱা এটি
মাথো তাতে পৰি ৰ'ল।

তেজত আজি ৰক্ত কণিকা
কিয় জানো কমি গ'ল
দংশন ৰত বীজাণুৰ দল
মোৰ যে লগৰী হ'ল।
বিলম্বিত লয় শূন্যতা ভৰা সুৰ
সোঁৱৰণী সমলয় হাহাকাৰেৰে পুৰ
দিনবোৰ যেন সাগৰ পাৰৰ
অঘৰী চৰাই হ'ল
অন্ধকাৰৰ দিগবলয়ত
পোহৰ হেৰাই গ'ল।

(৪)

আশ্বিন মাসে দুৰ্গা পূজা

আশ্বিন মাসে দুৰ্গা পূজা
ঢাকেৰ কেমন গুড় গুড়ি
তাৰেই মাঝে ঝিলমিল কৰে
মোৰ প্ৰাণেৰ সুন্দৰী।
লাল শাড়ী পিন্ধি নাচে
মাদল ঝুমুৰ বাজানা
নাকে নোলুক বায়ে তাবিজ
ৰুন জুন বাজে গহনা।
অইন দিনে দেখি কালা
কাণে কদম ফুল গো
আজি কেন
তোমাৰ কালা বদন মলিন গো?
একখানি পান দিয়ে

আশা দিয়া পালাইলি
ফাঁকি দিয়ে
ওৰে পিয়া কাহে নাহিলি
বৃথা মোৰ নিশি গেল
জাগায়া ৰাখিলি।

যখন ফুল কলি ছিল
তখন ভ্ৰমৰ আইল গেল
এখন নতুন ফুলে মজিল
পুৰাণা পীৰিতি ছাড়ে নতুনে মজিল ৰে।
এত যদি ছিল মনে
আগে না বলিলি কেনে
মোৰ যৌৱন তোৰ হাথে ৰইল
তুমি তৰু হামি লতা
যাও দেখি কোথা যাবে
হাঁসিৰ চান্দ আকাশে উঠিল।

আসে পাচে লাথৌ গাছ
গমকি উথিল বাঁস
কেওৰা ফুল খোপাই পিন্ধি
নাচ ৰে ঝুমুৰ নাচ
আৰে নাচ ৰে ঝুমুৰ নাচ।
দুই পইচাৰ পুঠি মাছ
কেঞা গোলৰ তেল ৰে
কোমৰ ধৰি সবাই খেলি
প্ৰেম পীৰিতৰ খেল ৰে।

কথাছবিঃ পলাশৰ ৰং, ১৯৭৬ চন

(১)

পলাশৰ ৰং

পুৰুষ: পলাশৰে ৰং
পলাশৰে ৰং কোনেনো সানিলে
এই মিঠা সেউজ বননিত
আৰু তোমাৰ কোমল চাৱনিত?
নাৰী: জীৱনৰে ৰং
জীৱনৰে ৰং পলাশে সানিলে
কোমল কোমল ঘাঁহনিত
আৰু তোমাৰ বুকুখনিত।
পুৰুষ: যৌৱনৰে এই বলিয়া বানত
তুমিয়ে ময়ে সাঁতোৰোঁ আহাঁ
নাৰী: মৰমৰে এই এনাজৰীৰে
দুয়ো দুয়োকো বান্ধো আহাঁ।
বান্ধ ভাগি গ'লে হেৰাব সৰগ
ধুমুহা আহিব ধৰণীত।

পুৰুষ: মনে ভবা কথাটি নাথাকে গুপুত
আৰু কথা থাকিল বহুত—
নাৰী: নোকোৱা কথাষাৰি
নোকোৱাকৈ থাকিলেও
ধৰা পৰে তোমাৰ চকুত।
নীলা আকাশত আজি আউজি লৈ
হালিছে জালিছে পলাশৰ ফুল
পুৰুষ: ফুলটো নহয় এইয়া মৰমৰে জুই
নেমানে মৰমে কোনো জাতি কুল
দানৱী বিভেদক মানৱী চেনেহে
কৰিব এদিন পৰাজিত।

(২)

পদ্মাৰ ধুমুহাই

পুৰুষ: পদ্মাৰ ধুমুহাই উৰুৱাই নিছিলে
হে আমাৰ সোণৰ ঘৰে বাৰী
হে উজনি পানীতে সাঁতুৰি পালোহি
বৰ লুইতৰ চাপৰি।
আকৌ বান্ধিম ঘৰ আকৌ গামেই গীত
আপোন হাতে অসম গঢ়িম
শাঁত পৰিব চিত।
নাৰী: মনৰে বননিত সমনীয়া চেনেহৰে নিজৰা
পানীকেহে এটুপি পিওঁ
তোৰাসব ভেটিতে ঐ চেনাই
তুমিয়ে ঘৰে বান্ধা
আমি টঙাল টুলায়ে দিওঁ।
পুৰুষ: ভাষা নুবুজিও যুগে যুগে আহে
মানুহে মানুহৰ পিনে
মৰমৰ ভাষাৰে আখৰ নাইকিয়া
অ' বুজিব খুজিলেই চিনে।
দুয়ো: পীৰিতি পীৰিতি পীৰিতি
পীৰিতি মিঠা চুৰা দৈ
পীৰিতি পীৰিতি পীৰিতি
পীৰিতি বোৰা বোৰতি নৈ
পীৰিতি পীৰিতি পীৰিতি
ওৰে জীৱন থাকিব বই—নৈ।
পুৰুষ: তুমিয়ে মইয়ে দেশখন গঢ়োঁতে
যদিহে কেঁচা ঘাম সৰে
দুয়োৰে ঘামৰে মিলনে দেখিবা
বুৰঞ্জী ৰচনা কৰে।
নাৰী: গংগা পদ্মা কৃষ্ণা গোদাবৰী
ব্ৰহ্মপুত্ৰ কাবেৰী
সবে মিলি ভাৰত মহাসাগৰলৈ যায়
ৰঙতে বাগৰি বাগৰি।
পুৰুষ: গংগা পদ্মা কৃষ্ণা সোৱণশিৰী
ব্ৰহ্মপুত্ৰ কাবেৰী
সবে মিলি ভাৰত মহাসাগৰলৈ যায়
ৰঙতে বাগৰি বাগৰি।

(৩)

অ' জীৱনৰ নদীৰে কতনা মোহনা

পুৰুষ: অ' জীৱনৰ নদীৰে কতনা মোহনা
কোনটো দিশেনো ঘাট?
হে কতেনো পামগৈ মৰমৰে ভৰা
এষাৰি আপোনে মাতে।
মোৰ বান্ধৈ ঐ চিনাই নিদিয়ানে বাট?

সচা সোণৰ মৰম যাচি যাচি পালোঁ
শোকেৰে জীৱনটো জোৰা
কাঁচৰে মোলতে সোণবোৰ বিকিলোঁ
কিনো কপালখন পোৰা।
বেহা হেৰুৱালোঁ ভুৱা হাট বেহালোঁ।
চিনাই নিদিয়ানে বাট
চিনাই নিদিয়ানে বাট?

নাৰী: এমন ৰসেৰ দিতে সইগো
ডুব দিলাম না
নদীৰ কূলে কূলে ঘূৰে বেড়াই
পাইনা ঘাটেৰ ঠিকানা
সই ডুব দিলাম না।

পুৰুষ: আলহী ঘৰটি জিৰণীয়া ঘৰে
দুদিনীয়া ক্ষণিকৰ
সিও যে হয়গৈ আপোনাৰে ঘৰ
ওৰেটি জীৱনৰ।
চেনেহ ঢালি ঢালি ললোঁ আঁকোৱালি
হিয়াখন পৰি যায় শাঁত।
চিনাই নিদিয়ানে বাট?

নাৰী: নিতে ঘাটে স্নান কৰিতাম
জলেৰ ছায়ায় ঐ ৰূপ দেখতাম না
জলে নামি নামি নামি ব'লে
পৰাণ ভয়ে নামি না।
সই পৰাণ ভয় ডুব দিলাম না।
চনকা মনটি বৰ আদৰুৱা
থুনুকাই থুনুকাই ভাগে,

অচিন ভাবৰে নিঠৰুৱা জীৱ
ঘনে ঘনে আউল লাগে
নিশাৰে সপোনটি নুবুজা মায়া যেন
নাপাওঁ দেখোঁ তাৰে আঁত।
চিনাই নিদিয়ানে বাট?

(৪)

মই অসমৰ

মই অসমৰ, মই ভাৰতৰ
ময়ে ডেকা ল'ৰা অগ্নিগড়
ময়ে কাৰুকৰ ময়ে খনিকৰ
ময়েই চিত্ৰকৰ
গঢ়ি যাওঁ মনোহৰ
সুৰ অপৰূপ কত নৱৰূপ
ময়েই ৰূপ কোঁৱৰ।
কামৰূপা মোৰ সুৰদি সুৰীয়া
অসমীয়া ভাষা জগত সভালৈ যাব
উজ্জ্বল সুজ্জ্বল কহিনুৰ পিন্ধি
হাঁহি জ্যোতিৰূপা হ'ব।
ময়ে অসমীয়া শৰাইঘাটৰ
চোকা তৰোৱাল লওঁ লাচিতৰ
মোমাই তামুলী গড়
দুৰ্জেয় অগ্নিগড় ময়েই
নাই মোৰ সমসৰ।
ময়েই খাছীয়া মই জয়ন্তীয়া
ডফলা আবৰ অঁকা
ময়েই চিংফৌ ভৈয়ামৰ মিৰি
সোৱণশিৰীয়া ডেকা।
বিজয়ী আহোম কছাৰী কোচৰ
মেচৰ কুমাৰ মই ৰাজবংশী ৰাভা
কপালত জ্বলে শত গৌৰৱ আভা
মই লালুং চুতীয়া লুচাই মিকিৰ গাৰো
মিচিমি খামতি নগা আংগামী বীৰ
পৰ্বতে পাহাৰে জলিছে উচ্চ শিৰ।
সাম্য মৈত্ৰীৰ ময়েই ৰনুৱা
চাহ বাগিচাৰ ময়েই বনুৱা
ন অসমীয়া মৈমনসিঙীয়া
থলুৱা নেপালী
নৃত্যকুশলী মণিপুৰীয়াও মই
মই কত পৰ্বতৰ কত ভৈয়ামৰ
কত শত নিজৰাৰ ধাৰ
হিল দ'ল ভাঙি বৈ আহি আহি
বৰ লুইতত হৈ যাওঁ একাকাৰ।।

কথাছবি: বনহংস, ১৯৭৭

(১)

আগলি বাঁহৰে লাহৰী গগনা

আগলি বাঁহৰে
লাহৰী গগনা
বাজি উঠিল কিয়?
আগলি কলৰে
এখিলানো পাত
কঁপি উঠিল কিয়?
মুকুতিৰ মুৰুলী শুনি।
অহংকাৰী ৰজাৰে নগৰী
কংকাল হ'ল কিয়?
বন্দীশালৰ শিকলিবোৰ ছিগি পৰিল কিয়?
মুকুতিৰ উৰুলি শুনি।

ৰাজ কাৰেঙৰ
ৰঙা চকু নেওচি আহিল কোন?
ডেকা বৰুৱাহে
এইজন মোৰেই কেঁচা সোণ
বজ্ৰ কঠোৰ
ৰাজনীতিক নেওচি ওলাল কোন?
ৰূপহী ৰাজকুঁৱৰী
মোৰ আকাশৰে জোন।

মৰমৰ বৰ নামঘৰৰে বৰ খুটা পুতিলোঁ
সমপ্ৰেমৰ সোণ ৰূপৰ পাত মেৰিয়ালোঁ
আও পুৰণি নীতিনিয়ম আমিয়ে ভাঙিলোঁ
মনৰ সীমাক বাধা দিয়া ধন গচকিলোঁ।
নিৰস মনক জীপাল কৰা বৰদৈচিলা আমি
বিচাৰৰে তুলাচনীৰ বিচাৰকো আমি
শতিকাৰে এলন্ধুৰে সাৰোঁ পোচোঁ আমি
সমতাৰে ৰহণ সানি নিকা কৰোঁ আমি।
মুকলি আকাশ
মুকলি উশাহ
আমি দুয়ো আজি যেন
মুকলি প্ৰকাশ।
দুটি দেহৰ দুটি মানুহ
একেটি মাথোন হিয়া
সমুখতে বাট আমাৰ
মৰম সেন্দুৰীয়া।।

(২)

অকোৰা পকোৰা বাট

অকোৰো পকোৰা বাট এই পাহাৰীয়া
ঝক ঝক চলিছে যেন কেৰেলুৱা
অকোৰা পকোৰা বাটটো 'পাতাচিয়া'
ঝক ঝক চলিছে যেন কেৰেলুৱা
ঝিক ঝিক ঝিক ঝিক ঝক ঝক ঝক
পাতাচিয়া লকো খন চলি থক থক
দুটা কল খালা আমালৈ নথলা
আৰু এটা খালা আমাক নিদিলা
ভগাই ভগাই খালে আঁটি আঁটি যায়
লুকাই খালে ফ্ৰেণ্ড, ঢুকাইহে যায়।
শকত ল'ৰা: আই এম ন'ট ছেলফিচ,
লুক এট মাই বডি।
শুকাই মৰিম ফ্ৰেণ্ড
কম খাওঁ যদি
ঘৰ পাম যেতিয়া মাম্মি ক'ব তেতিয়া

ঘৰ পাম যেতিয়া দেদি ক'ব তেতিয়া:
'আই ঐ দেহি!
সোণ হ'লি আধাপেটীয়া'
খোৱাই খায় নোখোৱাৰ নাই
এই কথা ভাল কথা নহ'ব যে ভাই
খাদ্যৰ ভড়াল উদং নকৰিবাঁ
আনৰো উদৰ আছে পাহৰি নাযাবাঁ
দুজনৰ আসনক এজনে নল'বাঁ
পিচত দেখিবা তুমি এখনো নাপাবাঁ
হ'ম, হ'ম ছুইট হ'ম
লৈ যোৱাঁ পাহাৰীয়া ৰেল
কেৰেলুৱা ৰেল তুমি নকৰিবা ফেল
হ'ম, হ'ম ছুইট হ'ম।।

(৩)

নিজক দেখি আজিকালি

নিজক দেখি আজিকালি বেলেগ ভাব জাগে
দাপোণ খনিৰ মই জনীক
সপোন সপোন লাগে
সিদিনালৈকে আছিলোঁ দেখোন
পুতলা ঘৰ সাজি
পুতলাৰে কইনা-দৰা নেখেলোঁ যে আজি
পুতলাবোৰ মানুহ মানুহ
লগা হ'ল যে কিয়
মৰম চাৱনিয়ে মোক জোকাই কিয়
চাৱনিৰো মানেবোৰো বুজা যেন লাগে।
সোণ পুৰতীৰ সোণ আঙুলিৰ
পৰশ লাগি যায়
সেই পৰশৰ মিঠা উমত দেহা দহি যায়
বৰষাই এঙামুৰি দি সকিয়াই
মই হেনো যুৱতী হ'লো শৈশৱ আৰু নাই
কিয় যেন আজিকালি লাজ লাজ লাগে।

(৪)

ভাবিছিলা এবুকু ভৰাই

[এই গীতটো ১৯৭৭ চনত অকালতে মৃত্যু হোৱা ভাতৃ জয়ন্তৰ সোঁৱৰণত ৰচিছিল।]

ভাবিছিলা এবুকু ভৰাই
ঘৰৰ মায়া পাবা
সেই মায়াৰে কোমল কোলাত
ক্ষণিক জিৰাবা।
ঘৰ আছে মায়া নাই
সংগীহীনৰ সংগী নাই
ফুলৰ যেন সুগন্ধি নাই
প্ৰদীপ আছে জেউতি নাই,
কাৰনো মৰম আঁকোৱালি ল'বা
সঁহাৰি নেপাবা।
শ্ৰান্ত বতৰ
ক্লান্ত বায়ু
সুৰত বন্দী হ'ল
আশাৰ তৰী নিৰাশাৰ বালিত লাগি ৰ'ল।
সকলো আছে কিবা নাই,
জীৱন আছে ৰস নাই।
প্ৰভাত আছে সূৰ্য্য নাই,
শূন্যতে একো যে নাই,
কি বিচাৰি ক'লৈ গুচি যাবাঁ
সঁহাৰি নেপাবাঁ।।

(৫)

অ' নতুন মনৰ তৰুণ তৰুণী

অ' নতুন মনৰ তৰুণ তৰুণী
বুজিছোঁ তোমাৰ চকুৰ চাৱনি
সমুখা সমুখি দুয়ো
কিবা প্ৰকাশ কৰাৰ মন
বুকুৰে খুজিলেও মুখেৰে নুফুটে
কটোৱা নিৰৱ ক্ষণ।
মৌন সময় মৌন মুহূৰ্ত
ভাল লগা হৈ যায় মৰম
মৰম হৈ যায় ভাল পোৱা
জনা নজনা অভিজ্ঞতা অনভিজ্ঞতা
মিলি মিলি মিলি হয়
মৰমৰ বিশাল সাগৰ।
কৈশোৰ আৰু যৌৱনৰ মাজৰ
ঘনে কঁপে আজি সাঁকোখন
তাতে থিয় হৈ দুয়ো বাহু মেলি দিছা—
সাগৰ সিঁচিবৰ মন।
চকুৰ পতাত লাজ আছে
আছে মিলনৰ বাসনা
সমাজৰ ভেদাভেদ নীতি দেখি
পাইছা তীব্ৰ যাতনা।
হে মোৰ প্ৰভাত সূৰ্য্যসম তৰুণ তৰুণী
ধৰি হেজাৰ হেজাৰ বছৰ শ্ৰেণী সংঘৰ্ষ
শাসক শোষিতৰ ধনী দুখীয়াৰ
পোৱা নোপোৱাৰ
তুমি নতুন মানুহ তোমালোক
তোমালোক নতুন কৱিতা
নতুন গীতি কবিতা
সুৰ হ'ল তাত গৌণ চিন্তাহে মুখ্য
আশাৰ সংগীতক কবৰ দিব খোজা
ঔৰঙজেৱ আজিও আছে এই সমাজতে
মানৱ প্ৰেমৰ সংগীতক শিৰত তুলি
সন্মান যচা
মহামতি আকবৰ আজিও আছে
এই সমাজতে
সমাজ শিল্পী শংকৰদেৱ আজিও আছে
সুৰৰ বৈৰী নাশি নাশি।
মোহন দাসৰ ৰামৰাজ্যৰ শত শত
স্বপ্ন কৰে লণ্ডভণ্ড
তুমি দেখিছা মইয়ো দেখিছোঁ
এই মুখা পিন্ধা ৰাৱণৰ
বিকৃত ছন্দ কৰাঁ বন্ধ
ৰক্ত ৰঙা সাহস লৈ অগণন
সূৰ্য্য পুত্ৰ চোৱাঁ আগমন।
উত্তপ্ত ধৰণী
উত্তপ্ত ধমনী
পুৱাৰ ৰজনী
প্ৰজ্জ্বলিত কৰা
প্ৰজ্জ্বলিত কৰা সমতাৰ অগনি
হে তৰুণ তৰুণী!
অ' সূৰ্য্যসম তৰুণ তৰুণী
বুজিছোঁ তোমাৰ চকুৰ চাৱনি
সেয়েহে নিৰ্ভয়ে কৰি যোৱাঁ
নিজ হাতেৰে
এই সমাজক সলনি
অ' সূৰ্য্যসম তৰুণ তৰুণী।।

(৬)

কাৰ ঘৰৰ লখিমী ঘৰলৈ উভতিছে

কাৰ ঘৰৰ লখিমী ঘৰলৈ উভতিছে?
কাৰ ঘৰ সজাই পৰাই
কোনে বাট চাইছে?
কাৰ ঘৰত মেটমৰা ক'লা ধন বিৰাজিছে?
কাৰ ঘৰত অভাবে জীৱন জোকাৰিছে?
কাৰো ঘৰত প্ৰাচুৰ্য্যই পোহাৰ মেলিছে?
কাৰো ঘৰত নোপোৱাৰ চকুলো সৰিছে।
কোনোবাই কাৰেং সাজি
বিদ্যাৰ আলয় পাতিছে
অভিজাত দুলাল সবে ৰঙৰ খেলা খেলিছে
কাৰোবাৰ পঢ়াশালিত জকা ভাগি পৰিছে
দুখীয়াৰ ছৱালে তাতে বিয়োগ অংক শিকিছে।
কাৰোবাৰ সোণৰ সজাত ঈশ্বৰ বন্দী হৈছে
দুখীয়াৰ থাপনাতে শলিতা কঁপিছে।
আমি যেন একোটি বনহংস
উৰি উৰি বিচাৰিছোঁ নিজ সত্ব
খাদ্য শান্তি আৰু নিৰাপত্তা
উৰিছোঁ উত্তৰ দক্ষিণে ঘনে
উৰিছোঁ পূৰ্ব আৰু পশ্চিম পিনে
উৰি উৰি যাওঁ চাইবেৰিয়ালৈ
উৰি উৰি আহোঁ আমি তিব্বতলৈ
উৰি ফুৰি আহোঁ প্ৰাগজ্যোতিষলৈ
আমি যেন একোটি বনহংস
আমিটো বিচৰা নাই কাৰো ধ্বংস
বিচাৰিছোঁ কিছু শান্তিৰ অংশ
বনহংস। বনহংস। বনহংস।।

কথাছবি: ধৰ্মকাই, ১৯৭৭ চন

ভৰিৰ তলুৱাৰ পৰা

ভৰিৰ তলুৱাৰ পৰা যদি ধৰাখন
খহি খহি পৰা যেন লাগে
তিল তিলকৈ যদি নিজৰেই ঘৰখন
কাৰোবাৰ দোষতে ভাগে
পুনৰ গঢ়িবা তুমিহে বান্ধ'
পুনৰ গঢ়িবা তুমি
যদি পৰিয়ালে তোমাৰ সংগ এৰে
তুমি অকলশৰীয়া হোৱা
যদি সৎ কাম কৰি কৰি সংসাৰ সজালেও
অপযশ পদে পদে পোৱা
পুনৰ সজাবা তুমি হে বান্ধ'
পুনৰ সজাবা তুমি
শান্তিক কৰি লোৱাঁ তোমাৰ গৃহিণী
ধৈৰ্য্য হ'ব লাগে পিতৃ
দয়া হ'ব লাগে মৰমী ভগিনী
ক্ষমা হ'ব লাগে ভাতৃ
আশা হ'ব লাগে তোমাৰ সহোদৰ
সংগ্ৰাম হ'বগৈ মাতৃ।
যদি বিচনাৰ অভাৱত আকাশৰ তলতে
বাগৰি পৰিব লাগে
যদি পোছাকৰ অভাৱত সময়ৰ ৰঙকে
মেৰিয়াই ল'বগৈ লাগে
তাকেই কৰিবা তুমি হাঁহিমুখে
তাকেই কৰিবা তুমি।।

কথাছবিঃ বনজুই, ১৯৭৮ চন

(১)

জোনাই যেন জোনাকত

জোনাই যেন জোনাকত গা ধুইছিল।
নৈৰ যেন সোঁতে তাইক উটুৱাই নিছিল।।
খৰস্ৰোতা নৈত তাই গা এৰিছিল।
অচিনাকী বলুকাত লাগি ৰইছিল।।
বোকাৰ পুতলা যেন তাই হৈছিল।
ক'ৰবাৰ এখনি উজনীয়া নাও পায়।।
পুনু যেন লাহে লাহে উভতিল তাই।
নিজ সাজযোৰ হেৰুৱাই পেলায়।।
বোকাৰ কলংক গাত সানি ল'লে তাই।
নঙঠা দেহা ঢকা বস্ত্ৰ নেপাই।।

বোকাকে লিপি ল'লে দেহাটি লুকাই।
(হঠাৎ)
কিবা এটি দেখা যেন তাইৰ ভাব হয়।।
উগুল থুগুল কৰি থমকি যে ৰয়।।
কাষলৈ গৈ দেখে বোকাত আছে ফুলি।
নিৰৱে অকল এটি পদুমৰ কলি।।
আলফুলকৈ তাই ছিঙি ল'লে ফুল।
শান্তিময়ী বলে তাইৰ বুৰাই দুকুল।।
তাকে লৈ আগ বাঢ়ি বিচাৰে পৰিচয়
পদুম কলিটি পাচে নিমাত হৈ ৰয়
তাই ভাবে ফুলে শান্তি ফুলাত হে পায়
(সেয়ে) পৰিচয় পত্ৰৰ কোনো, প্ৰয়োজন নাই।

[কলিকতা, উনত্ৰিচ নৱেম্বৰ ১৯৭৭ চন]

(২)

কি বিচাৰি ওৰে জীৱন

কি বিচাৰি ওৰে জীৱন কেনি আগুৱালোঁ
বহু সুদৰ মোহত পৰি মূলও হেৰুৱালোঁ
যাবৰ পৰত হাঁহি হাঁহি এন্ধাৰলৈ গ'লোঁ
অতি লোভত পৰি আজি
পাপত বন্দী হ'লোঁ।

মানুহকে মানুহ বেচি বেহা পাতিছিলোঁ
আনৰ সুখক কাঢ়ি আনি ৰঙ চাইছিলোঁ
যি বোকাৰে পদুমতে কলংক সানিলোঁ
ধুই পখালি সাৰটিবি তোকেই
সঁপি দিলোঁ।

আনে সঁপি দিয়া জন যেন পদুমৰে কলি
কলংকিতা নাৰী হ'লেও ললোঁ ভনী বুলি
বোকাৰ পৰা পদুমকে মূৰত ললোঁ তুলি
পণ কৰিলোঁ ওৰে জীৱন ৰক্ষা কৰিম বুলি।
ভোগৰ সমল নহ'ব তই কামুক সৱৰ বলি
নিৰ্ভয়ে মই আগচিম জীৱন গ'লেও জ্বলি।

শ্যাম কানু সত্যৰ মৰণ নাই
সাধিলে হেৰোৱা বস্তু হাততে যে পায়।
ঐ ৰাম!
স্ত্ৰীৰ বাবে স্বামীৰ চৰণ পূত পুণ্য ঠাই
মাতৃৰ বুকু ভৰে যেবে পুত্ৰই বোলে 'আই'।।
ঐ ৰাম!
বন্য জন্তু শান্ত নহয় সংযম হেৰায়
মানুহ ৰূপে বন্য হ'লে শোভা যে নেপায়।

(অগ্নিযুগৰ ফিৰিঙতি তই
গলিগৈ অগনি জ্বলাই
কালিৰ শিশুৰ বাবে তোৰেই আজিক
সঁপিলি শোণিত বোৱাই
ভৱিষ্য পুৰুষৰ বিপ্লৱী মন
জোকাৰি জোকাৰি যায়
শোষণকাৰীৰ গুলী লথিয়াই
শ্বহীদ আজি আগুৱায়।)

[কলিকতা, সাতাইচ নৱেম্বৰ ১৯৭৭ চন]

(৩)

ঘুমটি যাওৰে মোৰে সোণ

নাৰী: ঘুমটি যাওৰে মোৰে সোণ জীউটি
শিয়ালী নাহিবি ৰাতি
তোৰে কাণে কাটি লগাম তেলৰ চাকি
শিয়ালী নাহিবি ৰাতি।
সোণ হালে জালে আগলি বতাহে
লফা হালে জালে পাতে
আমাৰে সোণটি হালিছে জালিছে
দুখীয়াৰ সুদা পঁজাতে।

পুৰুষ: এন্ধাৰ জীৱনক উজলাই তুলিলি
ক'ৰে দেৱ শিশু তই
এচেৰেঙা পোহৰ পুৱাৰে সুৰুযৰ
পোহৰ হৈ উঠিছোঁ মই।

নাৰী: সোণে যেন সুধিছে কাৰ বা চেনেহৰ
চিনাকি পৰশন পায়
মৰম কৰা জনে কিয়বা কৰিছে
বুজাবৰ ভাষা যে নাই।

পুৰুষ: কোনোবাই মনতে আজি যেন সুধিছে
সোণৰ নিলাজ চকু চাই
সোণনো কোনবা কাৰ এনাজৰী
সমিধান একো যে নাই।

নাৰী: সোণে যেন সুধিছে অকণি মনেৰে
মৰম কৰা জননো কোন
বুকুৰ উমেৰে আশাৰ চাৱনিৰে
কিয়নো বুলিছে 'সোণ'?

পুৰুষ: মৰম কৰা জনে সঘনাই ভাবিছে
পুনৰ জনমটোনো কি
বিনা অনুমতিত ঘৰলৈ সোমালে
বচাম চেনেহ ঢালি দি।
জনমৰ সাথৰক ভাঙিব নোৱাৰোঁ
নিজৰো ক্ষমতা নাই
সেই বুলি জানো জনম লোৱা জনক
অহাত বাধা দিব পায়?

ফেঁহুজালিত আহে নতুন সপোন
হেঙুল কিৰণ ভাঁহে
চন্দ্ৰই ভাবিছে তেঁওৰহে সপোন
সূৰ্য্যই মাথোন হাঁহে।।

(৪)

কিনো কপাল সাধি

কিনো কপাল সাধি আহিলি বান্ধ
ঘৰ মৰিশালি হ'ল,
আপোন হাতেৰে ফুলনি পাতিলি
থিতাতে মৰহি গ'ল হে।

আকাশৰ মনেৰে জোনক সাৱটিলি
জোনৰ নুবুজিলি ছল
জোনো লুকালে জোনাকো পলালে
সৰিছে চকুলোৰ ঢল হে।
গৰু গাই মাউৰা পাৰহো মাউৰা
তাঁতৰ শাল নিমাও মাও হ'ল।
পুখুৰীৰ পাৰটো উকা উকা লাগে
সোঁৱৰণী পৰি ৰ'ল।
মনৰে দাপোণৰ মনৰ মানুহজনী
কিয় নাইকিয়া হ'ল
মায়াময় পৃথিৱীৰ আশাৰে থাপনা
ছেদেলি ভেদেলি হ'ল।

"মৎস্য কূৰ্ম নৰসিংহ
বামন পৰশুৰাম হলিৰাম বৰাহ শ্ৰীৰাম
বুদ্ধ কল্কি নামে দশ আকৃতি ধৰিছা কৃষ্ণ
তযু পাৰে কৰোঁহোঁ প্ৰণাম"
মোৰে উদং ঘৰখনিৰ
নঙলা খুলিছে
লখিমী উভতি আহি
নিজ হাতে সাৰিছেহি
মোৰে বাহী চোতালখনি
অ' ফুলালে মৰহা পাহি।
এন্ধাৰকৈ আকাশত
আকৌ যেন দেখিছোঁ
মৰমী জোনাকৰ ঢল
হেৰুৱা লখিমীক হাততে পাই যেন
সংসাৰ শুৱনি হ'ল।

(৫)

বনজুই বনতহে জ্বলে

বনজুই বনতহে জ্বলে দেখা পোৱা যায়
মনৰ জুই মনত জ্বলে
দেখাটো নাপায় হে।
হিটলাৰৰ জোতাৰ শব্দ হে
গিৰিপ গাৰাপ চলে
ইহুদী নিধন পৰ্বত সহস্ৰ মাৰিলে হে।।
বিংশ শতাব্দীৰ সিদিনা এ চতুৰ্থ দশক
বিশ্বজুৰি মহাসমৰে পৃথিৱী জ্বলাওক।
ভাৰতৰে গান্ধী বাপু হে
আৰু ফৰণ্টিয়াৰ গান্ধী
ইংৰাজকে ওফৰাব নকৰে যে সন্ধি হে।
হিংসা আৰু অহিংসা হে
এ দুটি অস্ত্ৰ আছে
হিংসা এৰি গান্ধী বাপুই
অহিংসা বাচিছে হে।
বিশ্বযুদ্ধত জনগণৰহে নিধন হয় দুগুণ
তাৰ পাছে শিশুৰ জন্ম হয় তিনিগুণ।

বৰ পদুমনি গাঁৱৰহে এক দম্পতীৰ কথা
সন্তানহীন দেখি বুকুত লাগিছে যে বেথা হে।
বিশ্বযুদ্ধৰ অশান্ত বায়ু আমাৰ অসমতো বয় হে
নেতাজীৰ মুক্তিযুদ্ধ কহিমাতে ৰয়
বৰ পদুমনি গাঁৱত হে ইংৰাজৰ পুলিচে
অত্যাচাৰী হৈ হাঁহ কুকুৰা কাঢ়িছে হে।
জাপান দেশৰ যুদ্ধৰ বিমানহে অসমত উৰিছে
চহৰ নগৰ মহাত্ৰাসত এন্ধাৰতে বুৰিছে হে।
স্কুল কলেজ বন্ধ কৰি হে হস্পিতেল পাতিছে
বিশ্বযুদ্ধৰ সংগে সংগে মুক্তিৰণ চলিছে হে।

শংকৰ মাধৱৰে ভাওনাৰ শুদা আখৰা থলী
ডবা নাই নামঘৰৰো চাকি নুঠে জ্বলি হে।
আমাৰ দম্পতীৰ মনতো এক মনৰ যুদ্ধ চলে
সন্তানহীন হৈ দুয়ো কান্দে অকলে হে।
কঠীয়া পাৰিছে দুয়ো হে আৰু ভূঁইও ৰুইছে
লখিমী পথাৰৰ ধান আঘোণত দাইছে হে।
সোণালী আঘোণ মাহ হে বছৰে আহিছে
মনৰ পথাৰ শুদা দেখি অন্তৰ দহিছে হে।

জয়ন্ত হাজৰিকা
ফটো: ডাঃ তীৰ্থ দাস

কথাছবিঃ নিয়তি, ১৯৭৮ চন (সুৰঃ জয়ন্ত হাজৰিকা)

(১)

মহিলা মহিলা

মহিলা মহিলা ক'লৈনো আহিলা
গচকত মাৰিলা বন,
মহিলা মহিলা কি যে ভুল কৰিলা
পুৰুষৰ নুবুজা মন।
গল চাই গহনা গাটো চায়ে চোলা
মূৰ চাই সেওঁতা ফালা,
(পিচে) মূৰৰে ভিতৰত যিকনি মগজু
তাৰে উমান জানো পালা?
লাও বাই পোহাৰী জিকা বাই পোহাৰী
জিকাৰে মূৰৰে ফুল
তোমাৰে তুলনাত পোহাৰীও সুন্দৰী
নিবিচাৰে জাতি কুল।
কিমাননো পানীৰে মাছ তুমি মহিলা
বাৰুকৈয়ে জনা আছে,
মাখিৰ মূৰে কাটি জয় ঢোল বজালে
পুৰুষে যে নানাচে।
হে বতাহী ৰথৰে বেগেৰে নাযাবা
বাটত ধূলি পৰি ৰ'ল,
হেজাৰ হওক মহিলা পাহৰি নেযাবা
মহিলা পুৰুষৰ তল।
হাতীৰে দাঁতকে চিকুটি ছিঙিব
খুজিলেই জানো পাৰে,
পুৰুষ জাতিটো পৃথিৱীত নহ'লে
মহিলা থাকিব কাৰে?

(২)

ধম ধমা ধম ধমা ধম জীৱন মাদল

ধম ধমা ধম ধমা ধম জীৱন মাদল বাজে
আজি নতুন নতুন মনৰ মানুহ
নতুন ভাবে সাজে।

গিজিতা গিজাওঁ গিজিতা গিজাওঁ
ৰঙা জবা ফুল
ছোট বড়ো গৰীব নাই নাই জাতি কুল।
ওপৰ মহল নীচৰ মহল
কোনো বিভেদ নাই
এই আসমত যিমান আছোঁ
সবে ভাই ভাই ।
চাহ বাগানত সবুজ সবুজ
সোণা পৰি ৰয়
মনৰ মানুহৰো দিলত
প্ৰেমৰ খেতি হয়।
আচমান এক এক দুনিয়া
সবৰ খুনেই লাল
সবে মিলি দুনিয়াটোকে সজাই দিয়া ভাল।

(৩)

সুন্দৰী চাওঁ কিনো কল্পনা

সুন্দৰী চাওঁ কিনো কল্পনা
সুন্দৰী আঁকা কিনো আল্পনা
মই কল্পনা জল্পনা আল্পনা চাল্পনা
যিহকে আঁকো মোৰ পৰিকল্পনা
কিয় কম কোৰা না?
'মোকে না আঁকা কিয়? মোৰ ৰূপ জানো
দ্বাৰকাৰ অনিৰুদ্ধ যেন নহয় বাৰু?'
দাপোণত মুখ চাই আহিলেই ভাল
আৰু চিত্ৰলেখাময়ো নহওঁ কাৰো
বুজিছানে নাই কোৰা না?

বাৰু চিত্ৰলেখা তুমি নহয় কাৰো
উষা ও কাৰো নোহোৱা বাৰু
পিছে ঢুকি পাব নোৱৰা বিধৰ মই
আকাশৰ মিঠা মিঠা চন্দ্ৰমা?
যদি চন্দ্ৰমা তুমি হোৱা ময়ো সূৰ্য্য
আঁকিম চন্দ্ৰমাতে মৰমী চুমা
অ' সূৰুয বদন কিয় ইমান প্ৰতাপ
সহিম কেনেকৈ বাৰু মিঠা উত্তাপ।
খহনীয়া নৈ চেঙেলীয়া পানী
বৈ মোৰ উটায় পৰাণ
তোমাৰেই নৈতে কৰোঁ শতবাৰ
সুশীতল মুক্তিস্নান।

ফটো: গায়ত্ৰী (সাদৰ) বৰগোঁহাইৰ সৌজন্যত

কথাছবিঃ মন প্ৰজাপতি, ১৯৭৮

(১)

চেনাই মোৰ অ'

গাভৰু: চেনাই মোৰ অ' গাভৰু কালতে
এজনী আছিলোঁ এজনী আছিলোঁ
ফুলক নুবুলিলোঁ ফুল
থুৰীয়া তামোলে কোচে নধৰিছিল
খোপায় নধৰিছিল ফুল।

ডেকা: নৰমী অ'
তেল পৰি পিছলা
ভৰি দিব নোৱৰা
ৰঙাজানৰ তেলীয়া সাঁকো
দিনটো নেদেখি থাকিব নোৱাৰোঁ
ৰাতি কেনে কৰি থাকোঁ?

গাভৰু: হাঁচটি হাঁচটি কৰ ডেকাটি
হাঁচটি ৰাখিছোঁ বৈ ডেকাটি
হাঁচটি পাবি তই মোকে নাপাব
গামোচা পাবি তই মনটি নাপাব।
অই ভটিয়াই যাবিগৈ কলবাৰী পাবিগৈ
চপাই নাকাটিবি পাত
আলহীৰ নিচিনা খাবি চাউল সিজা
মোৰ গাত নিদিবি হাত।

ডেকা: গাভৰু অ'
তেলৰে বাটিতে তেলে মলঙিলে
গাতে মলঙিলে ঘাম
পদূলি মুখতে সুহুৰি মাৰিবি
দুয়ো একেলগে যাম।

গাভৰু: মোকে লাগে লাগে কৰ' ডেকাটি
তোলৈ যাবলে নাই মনটি
চকু কেৰাহিকৈ নাচাবি ডেকা
বাওনাই চন্দ্ৰক নাপাবি একা
অ' আমাকে পাবলৈ গংগাস্নান কৰগৈ
বিধাতাৰ ধৰগৈ ভৰি
হাতত নধৰিবি হাতযোৰ কৰিছোঁ
লাজতে যামগৈ মৰি।।

(২)

অ' অভিমানী বন্ধু

অ' অভিমানী বন্ধু!
ভুল (তুমি) নুবুজিবা
নাপাহৰিবা, পাহৰি নাযাবা।
সংযমহীনা বুলি দোষিছিলা
তুমিয়ে চাগে শুদ্ধ।
পৰপুৰুষত অধিকাৰ নাই
সেয়ে মোৰ পথৰুদ্ধ—
সেয়ে বিদায় মাগিলোঁ
হাৰও মানিলোঁ
কৰি নিয়তিৰে যুদ্ধ।
নাপাহৰিবা, পাহৰি নাযাবা।
তম্মু তৰিলোঁ তোমাৰ সভাত
লুকাই খেলিলোঁ খেলা
অঘৰী জীৱন ক'তো নাপাম
শূন্যতে মোৰ মেলা।

(৩)

এই ধুনীয়া গধূলি লগন

ডেকা: জানকী,
কিয় এই সংযমহীন আচৰণ?
গাভৰু: কিয়? এই ধুনীয়া গধূলি লগন
সংযমহীন আচৰণ
সমাজৰ আঁৰতে নিয়ম ভাঙি
কিয় দুয়ো দুয়োতে মগন?
ডেকা: কিয় বাৰু?
গাভৰু: এই ধুনীয়া গধূলি লগন
ডেকা: প্ৰেমনো কি?
গাভৰু: প্ৰেম যেন বহুতৰ কটাৰীৰ খেল
শানিত কটাৰী চলে
শন শন শৰদে বুকু ভেদিলে,
বাধা দিব কোন কৌশলে?
ডেকা: কিয় এই আকৰ্ষণ?
গাভৰু: এই ধুনীয়া গধূলি লগন
জীৱন এন্ধাৰ জগত এন্ধাৰ
তুমিটো বিজুলীৰ চাকি
তোমাৰ জ্যোতিয়ে যদি বুকুতে হেৰাই
দিলাই বা অকমান ফাকি
অঘৰী জীৱন অকলশৰীয়া
পাপ যদি হয় মই জগৰীয়া
কম্পিত বুকুৰ আকলুৰা
দুটি বাহু মৰম বলিয়া
দিয়া মিঠা আলিংগন?
ডেকা: হুঁ
গাভৰু: এই ধুনীয়া গধূলি লগন।

কথাছবিঃ অকণ, ১৯৮০ চন

(১)

ৰং ৰং নানা ৰং

ৰং ৰং নানা ৰং কিনিবলৈ যাওঁ
ৰংবোৰ অভিমুখে আমি আগুৱাওঁ
য'তে যি ৰং পাওঁ কোঁচত ভৰাওঁ
সেই ৰং পৃথিৱীলৈ আমি ছটিয়াওঁ।
শাৰী শাৰী পাহাৰৰে সেউজ ৰং চোৱাঁ
গঙা চিলনীৰ পাখি
কেনে মোহনীয়া
সৰিয়হ ফুলনি চোৱাঁ
মিঠা হালধীয়া
আমাৰ এই যাত্ৰা চোৱাঁ
নানা ৰহণীয়া
(আমি) ৰঙৰ পৃথিৱীখনি হাততে যে পাওঁ
সেই ৰং পৃথিৱীলে পুনু ছটিয়াওঁ।
সজাৰ চৰাই জাক চোৱাঁ
মুকলি যে হ'ল
নিশাৰ আকাশলৈ সৌৱা
পাখি মেলি মেলি গ'ল—
সেইদৰে সৰু সৰু সীমাৰ
আমি ভনীবোৰ মুকলি বতাহলৈ যাওঁ বলা
বহল মনবোৰ লই
পৃথিৱীৰ পৰা আমি ৰঙকে গোটাওঁ
সেই ৰং পৃথিৱীলৈ পুনু ছটিয়াওঁ।
ৰঙেৰে ৰঙৰ গীতকে
হাঁহি হাঁহি গাওঁ
সেই গীত পৃথিৱীলৈ পুনু ছটিয়াওঁ।

(২)

কাজিৰঙা কাজিৰঙা

কাজিৰঙা, কাজিৰঙা
ভয়াবহ নহয়, নহয় অভয়াৰণ্য
ইয়াতকৈও ভয়াবহ জানা
পৃথিৱীৰ জনঅৰণ্য।
অৰণ্যই যুগে যুগে জন্ম দিলে
সাধনা ব্ৰতি ঋষি মুনি
কত শত জ্ঞানৰ আদৰ্শ দিলে
দিলে কত মনিষী মুনি
সেয়ে ভাৰত আজি হ'ল ধন্য।।
কাজিৰঙা মোৰ সেউজ সপোন
আপোন কহুৱা বাগৰী
সীমাৰ লুইত আৰু ডিফলু আপোন
আপোন মৰমী কুঠৰী
মোৰ কাজিৰঙা খনি অনন্য।।
কাজিৰঙাৰ চিৰ সেউজ পৰিৱেশ
হস্তী ব্যাঘ্ৰৰে বাস
এক খড়্গৰ গড় পৃথিৱীয়ে চায়
পখীৰ সুৰদীয়া প্ৰকাশ
মোৰ কাজিৰঙা নহয় যে বন্য।
কাজিৰঙাত মিলিজুলি খেলে
গড় আৰু হৰিণীৰ জাক
পিছে জনৰ অৰণ্যত হিংস্ৰজনে
কাহানি শিকিবনো তাক
সভ্য মানুহ হেনো মান্য।
কাজিৰঙা, কাজিৰঙা আমাৰ কাজিৰঙা অন্য
প্ৰকৃতিৰ ধুনীয়া কোলাত খেলি
আমাৰ মন হ'ল পুণ্য।।

কথাছবিঃ অপৰূপা, ১৯৮২ চন

(১)

[দাৰ্শনিক দৃষ্টিকোণৰ পৰা লিখা]

নাৱৰীয়া-১: অ' বান্ধ, অ' সিপাৰৰ বান্ধ, শুনা
এন্ধাৰ ইটো পাৰ
কাল ধুমুহাই ঢাকে আকাশ
কৰঁাচোন সিপাৰ।
নাৱৰীয়া-২: মেঘ বৰষুণ নেওচি মই
তোমাক কৰিম পাৰ
পিছে, ইপাৰ এৰি কিহৰ আশাত
মানি ল'লা হাৰ।
নাৱৰীয়া-১: বঠা ভাগে কাঠো পচা
শিমলুৰে নাও
জীৱনৰে সোঁত নেজানো
আৰু পানীৰ ভাও।
কৰঁাচোন সিপাৰ।
নাৱৰীয়া-২: ইপাৰে আনিলোঁ বাৰু
এৰি সিটো পাৰ
এৰা পাৰ সুঁৱৰি যদি
কৰা হাহাকাৰ।
নাৱৰীয়া-১: নেলাগে নেলাগে মোক
মায়া ইপাৰৰ
বিচাৰিছোঁ মোহময়ী
কায়া সিপাৰৰ
মোক কৰঁাচোন সিপাৰ।
নাৱৰীয়া ২: সিপাৰ পালে ইপাৰ লাগে
অনন্ত পিয়াস
ইপাৰ সিপাৰ অহা যোৱা
চক্ৰ অভিলাষ।

(২)

অপৰূপা! অপৰূপা!

[নাৰী মুক্তিক উদগাই লিখা]

অপৰূপা! অপৰূপা!
অসীমৰ নীল নভত
তুমি এক বিন্দু অনন্ত
অপৰূপা! তুমি মুক্ত
অনুভৱ জানো তুমি কৰা নাই
মকৰা জালৰ ভাঙিলা সজা
পাতলালা তুমি দুখৰ বোজা
পলাতকা হৈ এতিয়া কিয়নো
বিহংগম হ'ব খোজাঁ?

মাটিৰ মধু জানো দেখা নাই?
তোমাৰ হাতৰ মুঠিতে আছে
তোমাৰ জীৱন ৰথ
ভাঙিব পাৰা গঢ়িব পাৰা
তোমাৰেই নিজা পথ
তোমাৰ যুক্তি হেৰোৱা নাই।।
অপৰূপা! অপৰূপা

(৩)

আই সৰস্বতী

পাতগাভৰু: আই সৰস্বতী অ' ৰংফুল বকুলী
তোমালৈ মানি যাওঁ কি?
পুৰুষ: বোলোঁ কি?
পাতগাভৰু: তোমালৈ মানি যাওঁ শুকুলা ছাগলী
মাহে পৰমানে দি
মিলন দৈ, শশীমিলন দৈ
শশীমিলন দৈ বাখৰ কলি দৈ
বাখৰ কলি দৈ আৰু মঙলদৈ
মাহে পৰমানে দি।
পুৰুষ: ক'লা চোলা কুৰুতা গুদাম আছে চাৰিটা
চাৰিও চাৰিকে চৰে
এইজনীৰ চকুলৈ চাবকে নোৱাৰি
জালুক জলকীয়াই পোৰে
মিলন দৈ শশীমিলন দৈ
শশীমিলন দৈ বাখৰ কলি দৈ
বাখৰ কলিদৈ আৰু মঙলদৈ
জালুকে পোৰাদি পোৰে।
পাতগাভৰু: যা এইডাল নাহিবি,
যা দূৰতে থাকিবি
মোৰ পিনে নেচাবি একা
যা ক'ৰেনো গেন্ধেলা
গেন্ধেলা নে ফেদেলা
একে ভুকুত কঁকাল হ'ব বেঁকা।

পুৰুষ: অ' পীৰিতি কি বস্তু চিনিব নোৱাৰি
হে কোনজন ঈশ্বৰৰ মায়া?
হে তুমি নকৰিলে কৰোঁতা নাই মোক
এ ভাটী বয়সতে বিয়া।
পাতগাভৰু: পাণ বৰীয়ালৰ পাণ ঐ নানিবি
নানিবি গোৱালৰ দৈ
গাম খাৰু আনিলেও
তোৰ দৰে বুঢ়াটোক
কাহানিও নোবোলোঁ পৈ।
পুৰুষ: মইনাজান মইনাজান বিয়া যদি নকৰ

পুৰুষ: মইনাজান মইনাজান বিয়া যদি নকৰ
মইনাজান মইনাজান
পলুৱাই নিম তোক
মইনাজান মইনাজান
নেলাগে ঐ হোমৰে জুই
মইনাজান মইনাজান
তোৰ দৰে নাচনীক
মইনাজান মইনাজান পলুৱাই নিনিলে
মইনাজান মইনাজান মৰিমে বৰলা হৈ
পাতগাভৰু: কি ক'লি? কি ক'লি?
মোক নিবি পলুৱাই
তোৰ তেনে সাহস ফেৰা আছে
পলুৱাই নিলেহে পুৰুষ বুলি ভাবিম
ঐ লৰি যাম তোৰ পাছে পাছে।
পুৰুষ: ৰাজগড়ৰ হাবিতে মাটি
মই পোৱা নাই
মোৰ নামে ওলাইছে পটা
তোমাকে পলুৱাই নিবই যে লগিব
নহ'লে জীৱনটো বৃথা—
মিলন দৈ শশীমিলন দৈ
শশীমিলন দৈ বাখৰ কলি দৈ
বাখৰ কলি দৈ আৰু মঙলদৈ
নহ'লে জীৱনটো বৃথা।।

(৪)

সেন্দুৰ সেন্দুৰ প্ৰভাতী সূৰুয

[কণ্ঠ: সত্য বৰুৱা]
সেন্দুৰ সেন্দুৰ প্ৰভাতী সূৰুয
মোৰ গালে মুখে পৰিছে
পাহৰণিৰ কুঁৱলী ফালি
সোঁৱৰণি যেন আহিছে।
মনত পৰিছে যেন অস্ত বেলিৰ
বিদায় সনা চাৱনি
লগে লগে যেন দেখিছোঁ পুনৰ
লৱণু কোমল মুখখনি।
মন পথাৰৰ সেউজ শইচত
মলয়াৰ মৃদু নাচোন
মনত পৰিছে যেন ডেকা গাভৰুৰ
চেনেহী সাজোন কাচোন।
মৰমী গাঁৱৰ সোণালী ৰ'দ
শাওণৰ কজলা মেঘ
ৰিম ঝিম বৰষাও পৰিছে মনত
শৰালিৰ নাই লেখ।
সেইয়া মাথোঁ মোৰ গাঁও নহয়
সেইয়া মোৰ মৰমী আই
ঘৰমুখী পখী আহিছোঁ উভতি
পাবলৈ কোলাতে ঠাই।

(৫) [কণ্ঠঃ ৰীতা বৰুৱা]

'সেন্দুৰ সেন্দুৰ প্ৰভাতী সূৰুয
.... চেনেহী সাজোন কাচোন।'(৪)-ৰ একে
গাঁও ধুনীয়া সেউজ বুলীয়া
ৰূপৰ মহিমা নাই
পিছে মন লাগে আৰু শ্ৰম লাগে
সজাবলৈ এই ঠাই।
গাঁৱলৈ কত মানুহ আহে
আহি মৰহি যায়
সেয়েহে গাঁৱৰ জকাটো থাকে
মৃত্যুৰ মুখলৈ চাই।

কথাছবি: মা, ১৯৮৩ চন

(১)

আকাশ বিশাল সাগৰ বিশাল

আকাশ বিশাল সাগৰ বিশাল
তাতোকৈ বিশাল মাতৃ হৃদয়
পশুপক্ষী বা নৰনাৰীৰ
মাতৃৰ স্নেহমায়া চিৰ মধুময়।।

মাতৃৰ প্ৰতি ধনী দুখীয়াৰ
মায়া মমতা একেটাই
মাথোঁ ভিন্ন ৰূপে স্নেহ প্ৰকাশে
হৈ নিস্বাৰ্থ সদায়।।
মাতৃ যদি সন্তানহীনা হয়
জীৱন পূৰ্ণ নহয়
ধৰাৰ স্বৰ্ণহীৰা মণি মুকুতা
মাটিৰ চপৰাহে হয়।।

কোনো সন্তানৰ দৰিদ্ৰ মাতৃয়ে
গোপনে চকুলো সৰায়
ৰক্ষা কৰাৰ সংগ্ৰামত
কলিজাৰো শোণিত বোৱায়।।

যি মাতৃয়ে আপোন সন্তানৰ
কিছু স্বীকৃতি নেপায়
তেনে সন্তানে জীৱন মৰুত
শান্তি সিন্ধু হেৰুৱায়।।

(২)

কঁহুৱা কোমল উশাহ মোৰ

কঁহুৱা কোমল উশাহ মোৰ
বন্ধ হ'ব খুজিছে
বন্ধ আকাশ গলি গলিহে
বন্দিনী ৰূপে আহিছে।।
উশাহ কিহৰ মিঠা মৰমৰ
আকাশ কিহৰ মিঠা প্ৰণয়ৰ।
ব্যাখ্যা কৰাৰ চেষ্টা মিঠা
পিচে দুটি প্ৰাণৰ এটি প্ৰণয়ৰ
সংগম আৰু মিঠা—
উন্মুক্ত আকাশ গলি গলি যেন
আজি নৈ হৈ পৰিছে।
যুগ যুগান্তৰৰ মিলন বাসনাই
মিঠা আমনি কৰিছে
কিছু আশা কিছু নিৰাশা
প্ৰকাশবিহীন হৈ পৰিছে।।

(৩)

নিশাৰ এন্ধাৰ পোহৰালে কোনে?

নিশাৰ এন্ধাৰ পোহৰালে কোনে?
দূৰ আকাশৰ ৰূপালী জোনে।
উদং কোলা মোৰ পূৰালেহি কোনে?
দূৰ আকাশৰ মৰমী জোনে।
অপূৰ্ণ মোৰ বাসনাবোৰ
জ্যোতিৰে ভৰি গ'ল
মোৰ হাহাকাৰ বুজিবনো কোনে?
দূৰ আকাশৰ মৰমী জোনে।

(৪)

জন্মদিন

জন্মদিন জন্মদিন শুভ জন্মদিন
প্ৰতিদিন হয় যেন ৰঙীন ৰঙীন
জোনে পঢ়াশুনা কৰি
উঠি ৰেল গাড়ীত
জোনে যাব মানুহৰ উপকাৰ কৰি
পুতলায়ো নাচে আজি
তাক ধিনা ধিন ধিন।

লহৰা লহৰি আঙুলি বুলাই
সময়ৰ বাঁহীটিত সুৰ দি যায়
শুভ আশিষেৰে যেন বাঢ়ে প্ৰতিদিন
প্ৰতিক্ষণ হয় যেন ৰঙীন ৰঙীন।

ফটো: গুৱাহাটীৰ কুল ৰহমানৰ সৌজন্যত

কথাছবি: গজমুক্তা, ১৯৮৬ চন

মোক জংগ্লী জংগ্লী দুনিয়াই কয়

মোক জংগ্লী জংগ্লী দুনিয়াই কয়
জংঘলেই মোৰ ঘৰ
মুক্ত হাৱা মোৰ বন্ধু
নকল জীৱন মোৰ পৰ।
খোলা আকাশ খোলা প্ৰকাশ
খোলা খোলা মোৰ প্ৰাণ
জংঘলতেই শ্ৰম কৰি যাওঁ
গাই নিতে মুক্তিৰ গান
জংঘল পৱিত্ৰ বৰ জংঘলেই মোৰ ঘৰ।।
চহৰৰ উচ্চ আট্টালিকাৰ
তুমি নাগৰিক অহংকাৰী
এই সব পকাঘৰ ঘৰটো নহয়
ই ভদ্ৰ লোকৰ বস্তি বাৰী,
তাত হৃদয় হয় পাথৰ
জংঘলেই মোৰ ঘৰ।।
চহৰ বন্য জন-অৰণ্য
মানৱ হৈ যায় যন্ত্ৰ
জংগ্লি যত জানোৱাৰেও
প্ৰেমৰ দিব পাৰে মন্ত্ৰ
ই তুলনাত জংঘল সুন্দৰ
জংঘলেই মোৰ ঘৰ।।
উন্মত্ত হস্তীক ধৰি আনি
কৰিব পাৰোঁ বশীকৰণ
আমাৰ হস্তী বন্ধু হ'লে
ই ৰক্ষা কৰে বন্ধুৰ জীৱন
ই নহয় অবিশ্বাসী নৰ
জংঘলেই মোৰ ঘৰ।।

কথাছবিঃ যুগে যুগে সংগ্ৰাম
১৯৮৬ চন

(১)

আবৃতিঃ ৰূপান্তৰৰ মই যুগান্তৰ
মই ভাৰতৰ জগতৰ বিদ্ৰোহী বীৰ্য্য
বিপ্লৱে বিপ্লৱে বিজুলী বজ্ৰ হানি
সুঘোষিত কৰি যাওঁ অগ্নি তূৰ্য্য।

গীতঃ চৌদিশে জনতা জাগিল
জাগিল জাগিল জাগিল।
এলাহৰ নিদ্ৰা ভাগিল ভাগিল
ভাগিল ভাগিল
পৰাধীনতাৰ শিকলি ছিঙাৰ
অন্তিম প্ৰহৰ আহিল।
হিংসাতকৈয়ো বহু পৰাক্ৰমী
অহিংসা জনতাৰ অভিযান
এই মহাসত্য জানে বিশ্বই
মহাত্মাৰ এই অভিযান
আজি মুক্তিৰ সাগৰত জোৱাৰ আহিল
পৰাধীনতাৰ শিকলি ছিঙাৰ
অন্তিম প্ৰহৰ আহিল।
মনিৰাম পিয়লীৰ ফাঁচি কাঠৰ
কেঁচাতেজ আজিও শুকোৱাই নাই।
বাহাদুৰ গাওঁবুঢ়া ফৰ্মুদ আলিৰ
মুক্তিৰ আজান ম্লান হোৱা নাই।
তৰুণ ফুকন, গোপীনাথ, নবীনৰ
জিলিকিছে সৌৱা চোৱা সাহৰ নিচান
জ্যোতিপ্ৰসাদ আৰু বিষ্ণু ৰাভাই
চিঁয়ৰিছে গাই জীৱনৰ জয়গান
আজি আলোকৰ প্ৰচণ্ড বান আহিল।
পৰাধীনতাৰ শিকলি ছিঙাৰ
অন্তিম প্ৰহৰ আহিল।

আবৃতি: *কালান্তৰৰ ই ৰূপান্তৰৰ ই যুগমীয়া সত্য*
সেয়েহে সত্য নিশ্চিত সেই সত্য বিজুলীৰে গঢ়ি
লোৱা মানৱ সেৰা অস্ত্ৰ অন্তৰ ফালিচিলি
দিগন্তৰ জ্যোতিৰ্ময় যুগে যুগে পিন্ধো মালা
উপযোগী নৱ নৱ যুগযন্ত্ৰ
মহাকালে নাচে সৃষ্টি স্থিতি প্ৰলয়ৰ
মধু মৃদু ক্ষান্ত প্ৰশান্ত উত্তাপ তাণ্ডৱ ভংগ
এইকাল বাজানাৰ প্ৰধান ময়েই প্ৰজা।

মুক্তিবাহিনী সব হোৱা আগুৱান
লৈ অহিংস নীতিৰ নেদেখা হেংদান
শত্ৰুৰ শিৰচ্ছেদ কৰা বিধৰ
অহিংস হেংদান নহয় তীখাৰ
এইবিধ হেংদানে মন্ত্ৰ জানে
—দানৱক মানুহ কৰাৰ।

আবৃতি: আৱৰ্তন বিৱৰ্তন সমৱৰ্তন পৰিৱৰ্তনৰ
ময়েই দ্ৰুতগামী কালৰূপ চক্ৰ
নতুন কুমলীয়া শিলত আকোঁ
মোৰ তত্ত্বশীল যন্ত্ৰ ৰূপান্তৰ সেনাই মোৰ জগত
ধুনীয়া কৰে সেই মোৰ গায়ত্ৰী মন্ত্ৰ। দ্ৰুতগামী
হুতাশন ৰূপে হ'লো আমি পুৰণিক খাণ্ডৱ দহি
নৱ সৃষ্টিক আমি পোহৰাওঁ পম খেদি হৈ
তাপমান। সেয়ে কৰি ললোঁ মুক্তি অগ্নিস্নান।
সৌৱা চোৱাঁ কোনোবা বাগৰি পৰিল।

আমাৰ জীৱনৰ আজিবোৰক
অনাগত কালিৰ বাবে সঁপি দিম
আমাৰ ৰঙা তেজ মিহলাই
দৃঢ়তাৰ সেন্দুৰী আলি সাজি দিম
মাৰ তাপ উমেৰে জীৱনৰ হাঁহি ফুলাওঁ
পোহৰেৰে বাট দেখুৱাওঁ
নৱ সৃষ্টিৰ বাবে
পুৰণিক দেই পুৰি যাওঁ।

আবৃতিঃ 'অতীতক আতৰাই ভৱিষ্যক গঢ়া
ময়েই মহা শক্তিমান
অনাদি অনন্ত ব্যাপি ময়ে মাত্ৰ আছোঁ
চিৰ বৰ্তমান।' *(জ্যোতিপ্ৰসাদ)*

(২)

পলম কিয় হ'ল অ' নয়ন

তগৰ: পলম কিয় হ'ল অ' নয়ন
নিমাত কিয়, মন পখী কাৰ ফালে যায়
নয়ন: যাঃ অ' মন তগৰ সখী মোৰ মনত
কাৰ গালে উৰি উৰি যায়
তই যেন ৰধিকা বিচাৰি ফুৰিছ
কলীয়া কৃষ্ণ গোঁসাই।
তগৰ: তই যেন ৰধিকা বিচাৰি ফুৰিছ
কলীয়া কৃষ্ণ গোঁসাই।
নয়ন: তগৰ, ধৰ মই উষা আইদেউ
তাহানিৰ বাণৰে জীয়ৰী
চিত্ৰলেখা হৈ দ্বাৰকালৈ গৈ
অনিৰুদ্ধক আন ধৰি
তগৰ: দ্বাৰকাও বহু দূৰ পাখিও নাই মোৰ
গাঁৱৰে ডেকাচোন আছে
কৃষ্ণ নাতিকে আনিলে হৰিহৰে
মহাৰণ কৰিব পাছে।
নয়ন: অনিৰুদ্ধ আনিব?
তগৰ: নানো যা
নয়ন: পীৰিতি কেনেকৈ মই ৰাখিমে লুকাই
হাততে পোৱা প্ৰেম নাপামে দুনাইহে
পীৰিতি কেনেকৈ মই ৰাখিমে লুকাই
তগৰ: পীৰিতি কেনেকৈ তই ৰাখিবি লুকাই
নয়ন: সঁজা হ'লে চৰাই লাগে
অ' চৰাই হ'লে সজা
তগৰ: সীতা হ'লে নিশ্চয় লাগে ৰাম ৰজাহে
নয়ন: পীৰিতি কেনেকৈ মই ৰাখিম লুকাই
তগৰ: যৌৱন হ'লে সংগী লাগে
অ' নয়ন হ'লে জ্যোতি
নয়ন: মনৰ মানুহ নহ'লে
কি হ'ব পীৰিতিহে
পীৰিতি কেনেকৈ মই ৰাখিমে লুকাই
তগৰ: পীৰিতি কেনেকৈ তই ৰাখিবি লুকাই

(৩)

সাতোটি সাগৰ আৰু তেৰটি নদী

সাতোটি সাগৰ আৰু তেৰটি নদী
পাৰ হৈ অতিথি সাউদ আহিছিল।
আমাৰ দেশে উদাৰ মনে
বৰপীৰা পাৰি দি বহুৱাইছিলে
আজি গৃহস্থক অতিথিয়ে লঠিয়াই কিয়?
অ' লঠিয়াই কিয়, অ' লঠিয়াই কিয় ?
নদন বদন দেশ মৰিশালী কৰি
জীয়া মানুহৰ কংকাল সাজিলে।
সেই কংকালেৰে অস্ত্ৰ সাজি
শোষণকাৰীক আমি নবধিম কিয়
অ' নবধিম কিয়?
অগ্নিযুগ অ' অগ্নিযুগ,
অগ্নিযুগৰ ফিৰিঙতি মই
নতুন ভাৰত গঢ়িম, নতুন অসম গঢ়িম
সৰ্বহাৰাৰ সৰ্বস্ব পুনৰ ফিৰাই আনিম
অগ্নিযুগ অ' অগ্নিযুগ
তোৰে ফিৰিঙতি আমি নহ'ম কিয়
আমাৰ ঘৰত বাহ লোৱা
কাল সাপটিক আমি নবধিম কিয়?

(৪)

আজি বতৰ গাভৰু হ'ল

আজি বতৰ গাভৰু হ'ল
প্ৰকৃতি নেথাকে শুই
আগেয়ে নেজানো
এতিয়া জানিলোঁ শৰীৰত একুৰা জুই।
গা সিৰেসিৰায় বুকু ধপেধপায়
মন হ'ল বোৰতী নৈ।
পদুমৰ কলিটিৰ তত নাই গাত
ফুলোঁ নে নুফুলোঁকৈ
চাওঁচোন হাতেৰে চুই।

আগেয়ে নেজানো
এতিয়া জানিলো শৰীৰত একুৰা জুই।
লহ পহ দেহাতে নিজেই ভোল গ'লোঁ
মনৰে দাপোণত চাই
ভীমকল পুলি যেন চুবকে নোৱাৰি
চুলে হাত পিছলি যায়
কোনে জানো দিলেহি ৰুই।।

আগেয়ে নেজানো
এতিয়া জানিলোঁ শৰীৰত একুৰা জুই।
আকাশত ফুলিলে আকাশী চন্দ্ৰমা
সূৰুয ভোমোৰাই চুমে।
মোৰও যে দেহাকে বতাহে চুমিছে
চন্দ্ৰই লাজতে জুমে।
হাঁহিছে টগৰে যুঁই
আগেয়ে নেজানো
এতিয়া জানিলোঁ শৰীৰত একুৰা জুই।

কথাছবিঃ প্ৰতিশোধ, ১৯৮৭ চন

(১)

অ' মোৰ ধৰিত্ৰী আই

অ' মোৰ ধৰিত্ৰী আই
চৰণতে দিবা ঠাই
খেতিয়কৰ নিস্তাৰ নাই
মাটি বিনে অসহায়
দয়া কৰা দয়াশীলা আই।
ৰ'দ বৰষুণ কাটি কৰি
ঘাম সৰাই চহ কৰি
তোমাৰ বুকুত সোণ সলাওঁ
লোকে নিয়ে কাঢ়ি
ধৰিত্ৰী আই মোৰ!
আমাক তুমি নেৰিবা
তোমাৰ চেনেহ বিনে আই
আমি নিৰূপায়।
(মাটিকে সাৰথি কৰি
জিৰণি পাহৰি
মাটিৰ বুকুত শোণিত চালোঁ
মাটি আৰু খেতিয়কৰ
সম্বন্ধ আছে যুগ যুগৰ
কৃষক মাটিৰ মিলনত
দিয়ে অন্তৰায়।)

মই হ'লো মাউৰা ল'ৰা
মোৰ আই নাই
কাবৌ কৰোঁ ধৰিত্ৰী মোৰ
তুমিয়ে হ'বা আই
ধৰিত্ৰী আই মোৰ!

আমাক তুমি নেৰিবা
তোমাৰ চেনেহ বিনে আই
আমি নিৰুপায়।

(২)

টু টু টু টু টুপি

টু টু টু টু টু টু টুপি অ' টুপি
(তুমি) নেগুৰ কটা শিয়াল
সমাজৰে ঘৰিয়াল
টুপি পিন্ধি চৌদিশে
কৰা পয়মাল।
এই টুপি পিন্ধি তুমিচোন
দিনক ৰাতি কৰা
টুপি পিন্ধি নিৰ্দোষীকো
তিলে তিলে মাৰা।
টুপি পিন্ধি মানুহক
কৰা ভেঁড়াৰ পাল
টুপিৰ বলত তুমি
হোৱা তপস্বী বিড়াল।
টুপি পিন্ধাৰ যোগ্যতা
তোমাৰ কুলাই
সেয়ে আজি এই টুপি
তোমাক নিদিওঁ ভাই।
তুমি এটি ঢোৰা সাপ
টুপি তোমাৰ বিষ দাঁত—
এই দাঁতৰ বলত লোকৰ
তুমি জেপ লুকুকি ফুৰা
আনৰ ধনচান কাঢ়ি
নিজক ধনী কৰা।
টুপি পিন্ধাৰ অধিকাৰ
হেৰুৱালা তুমি
টুপি নিদিওঁ কান্দা যদিও
আমাৰ চৰণ চুমি।
যোৱাঁ যোৱাঁ নোশুৱাবা
আৰু এই টুপি
তুমি মৰি যোৱাঁ
দাদা উচুপি উচুপি।।

কথাছবি: প্ৰিয়জন, ১৯৯৩ চন

(১)

এটি মনৰ দুটি মানুহ

এটি মনৰ দুটি মানুহ
মৰমী সৰগ ৰচে
সৰগী মৰতত এই প্ৰিয়জনে
আৱেগৰ নাচোন নাচে।
তেনেকৈ নেচাবা বুকু দহি যায়
মৰমৰ ৰিহাখন লাজতে খহি যায়।
তপত বতাহে জীৱন জোকাৰে
ৰঙেৰে সাজোনে কাচোনে
মৰমী সাগৰ ৰচে।।

প্ৰিয়জন প্ৰিয়জন অতিকে আপোন
চিৰদিন কাষতে থাকে নে প্ৰিয়জন
সপোনে দিঠকে মৰণে জীৱনে
সেন্দুৰী আলিটিৰ বাটেৰে
মৰমী সৰগ ৰচে।

(২)

আহুধান দাবলৈ

ডেকা: আহুধান দাবলৈ লাগে কেতে বেলি
বাওধান দাবলৈ টান—অ' টান।
আমাৰে গাঁৱতে সোণ বুটলিছোঁ
পথাৰত ওপচে ধান—
পথাৰত ওপচে ধান নাজীতৰা
পথাৰত ওপচে ধান
ৰাখাহি গাঁৱৰে মান।।
মাছ মাৰোঁ দিচাঙত
পানী খাওঁ কলঙত—
হে! মাছ মাৰোঁ দিচাঙত
পানী খাওঁ কলঙত
টুলুঙা নাৱতে উঠি।
জীৱন লুইততে বিচাৰোঁ তোমাক জান
জীৱন লুইততে বিচাৰোঁ তোমাক জান
আমালৈ নিদিবা পিঠি নাজীতৰা!
আমালৈ নিদিবা পিঠি।।
একোটি বৰশী বাবা ঐ চেনাইটি
ছেঙেলী মাৰিবৰ চিপত।
অ' গাভৰুক দেখিলে মিচিকাই হাঁহিবা
আহিব চকুৰে টিপত
অ' ছেঙেলী মাৰিবৰ চিপত।।
চকু তিৰেবিৰাই জান ঐ
হৃদয়ে নসহে জান ঐ
শৰালি হাঁহজাক চোৱাঁ
আমালৈ নেচায়ে, আকাশে চাইছা
চিলনী সাঁতোৰহে দিয়াঁ।
মাকৰি ঐ ঘিলাটি ঘূৰাব নেজানা
বাগৰি বাগৰি পৰে।
অ' কঁকাল সৰু সৰু গাভৰু আনিমে
উঘানো ঘূৰা দৰে ঘূৰে।।

গাভৰু: যা লাজো নেলাগে
গাভৰু জোকাৰ
নিজ হাতে ৰিহা বৈ লওঁ।
বজৰুৱা পটলুং পিন্ধি মাৰ ফিটাহি
ছি কটা, লাজত মৰি যাওঁ।।

ডেকা: কাপোৰত বাচিলা ঐ জান
ইলাচী বিলাহী ঐ জান
ৰিহাত বাচি ল'লা কেশ
বিহুটি আহিছে
টিপতে সুধিছোঁ—
লাগিছা কি গুণে পেচ?
সোণে হালধীয়া সৰিয়হ ডৰা ঐ
চালে চকু ধৰে তাৰ।
অ' কিনো আনন্দতে ঢাপলি মেলিছা
কিহৰনো বতৰা পাই?
ৰাজহুৱা ন-খোৱা, ঐ ৰাম
গাঁৱে গাঁৱে পাতিছে, ঐ ৰাম
গাঁৱে গাঁৱে পাতিছে, ঐ ৰাম
হিয়াখন নাচিছে, ঐ ৰাম
হিয়াখন নাচিছে, ঐ ৰাম
হিয়াখন নাচিছে, ঐ ৰাম
গাঁওখন বচাবা, ঐ ৰাম
গাঁওখন বচাবা, ঐ ৰাম
সকলোৱে মিলিজুলি, ঐ ৰাম
সকলোৱে মিলিজুলি, ঐ ৰাম।।

কথাছবিঃ ময়ূৰী, ১৯৮৬ চন

ভাবিছিলা তুমি হাত মেলিলেই

ভাবিছিলা তুমি হাত মেলিলেই
বিশাল আকাশ পাবা
হয়তো তুমি পোৱা নোপোৱাৰ
দোমোজাত পৰি ৰ'বা।
পায়ো হেৰুৱাৰ অনুভূতিখিনি
কলিজাত সাঁচি থ'বা
সোঁৱৰণী মোৰ যি কণ পালা
তাকেই সাৰটি ল'বা।
সেই সোঁৱৰণী বুকুতেই তুমি
গুপুতেই সাঁচি থ'বা।
তৰু তৃণে হাঁহি হাঁহি নাচিছিলে কত
সেউজ সাজেৰে সাজি
তৰু তৃণে জানো সলাব বাগৰ
নঙঠা ডালেৰে আজি
শুকান নদীৰ শুনি হাহাকাৰ
ডাৱৰে উঠিব গাজি
সেমেকা চকুত অশ্রু নমাব
অতীতৰ সুৰ বাজি।
সেই সুৰধ্বনি মৌনতাৰেই
বুকুতেই সাঁচি থ'বা।
জীৱন এটি সাঁথৰ মাথোঁ
অৰ্থ ভঙাহে টান
হাঁহিব খুজিলে কিহবাই যেন
ত্রাসতে কঁপায় প্রাণ।
কতনো অপ্রত্যাশিত
বেদনাৰ আহে বান
বানৰ জোৱাৰে ছিঙি ভাঙি নিয়ে
যত মান অভিমান
অভিমানখিনি অভিনয়ৰেই
লুকুৱাই তুমি থ'বা।
মানা বা নেমানা কিছু কথা যেন
হঠাতেই ঘটি যায়
নেমানো বুলিও নোৱাৰা থাকিব
তুমি যেন নিৰুপায়
প্রতিদিনে কত ঘটনা ঘটে
অচিন আঘাত পায়।
সময়ৰ এটি গুণ আছে
ই আঘাত শুকুৱায়
ধৈৰ্য্যখিনি নিভীক ভাবেই
বুকুতেই পুহি থ'বা।

কথাছবিঃ অশান্ত প্ৰহৰ, ১৯৯৪ চন

(১)

অভাগিনীক কৃপা কৰা

অভাগিনীক কৃপা কৰা হে মধুসূদন
ভাতৃক ৰক্ষা কৰা প্ৰভূ জনাৰ্দন
আত্মীয়ৰ বিপদে দেহমন পুৰে
সাঁতুৰি নাপাওঁ পাৰ দুখৰ সাগৰে।
অগতিৰ গতি তুমি ভগৱন্তিজন
অশ্রুৰে পখালোঁ তোমাৰ চৰণ।
অসংযত হিয়া আমাৰ নৰ সাধাৰণ
অজানিতে পাপ কৰোঁ শুধ নোহে মন।
ভাতৃ মোৰ কাৰাৰুদ্ধ মুক্তিক্ষণ গণ
তুমি প্ৰভূ মুক্তি দিয়া মংগল ক্ষণে।
অগতিৰ গতি তুমি ভগৱন্তিজন
অশ্রুৰে পখালোঁ তোমাৰ চৰণ।।

(২)

অ' তই অবুজ মন

অ' তই অবুজ মন
চেনেহৰ বাট নিচিনিলি
সচা বাট বিচাৰি
যাওঁতে চাবি যেন
নপৰ অবাটে পিছলি।

প্ৰেমৰ অৰ্থ:
দুটি মানুহ একেটি মনৰ দুটি মানুহ
দুটি মনৰ একেটি সুৰ
এটিৰ শুন্যতা আনটিৰে পূৰ—
এইবোৰ কথা পাহৰিলি।
যৌৱন ফুলনিত তই ৰোৱা পুলিতে
এপাহি ফুল তই ফুলালি
নিজেই নজনাকৈ নিজ হাতেৰে
ফুলটিৰ পাহিবোৰ ছিঙিলি।।

আত্মঅভিমান জেদ আৰু খেদ
প্ৰেমৰ ৰাজ্যত শোভা নাপায়
দুয়ো দগ্ধ হয় আপোন দোষত
প্ৰতিক্ষণে দুয়ো দুয়োকে নেপায়
এই কথা ফঁহিয়াই নেচালি।

(৩)

মুখ উজ্জ্বল যৌৱন উজ্জ্বল

মুখ উজ্জ্বল যৌৱন উজ্জ্বল
সেউজীয়া বন উৰণীয়া মন
বিশ্বৰ অগনি জ্বলাই
হাত বাউল দি মাতিছে—
মাতিছে মাতিছে মাতিছে।
বিশাল আকাশ মৰমী বতাহ
মুক্ত আমাৰ উশাহ নিশাহ
এসাজ বনভোজ খাবলৈ
হাত বাউল দি মাতিছে—
মাতিছে মাতিছে মাতিছে।
দিয়াঁ দিয়াঁ দলিয়াই ফিজিক্স কেমিষ্ট্ৰি
অসমীয়া ইংৰাজী আৰু জ্যামিতি
মিলিজুলি আহাঁ ভাই সুখেৰে এসাজ
খাই লৈ লিখি যাওঁ ভোজনৰ হিষ্ট্ৰী।
এটি পাৰে মই এটি পাৰে তুমি
মাজে বয় চেনেহৰ জুৰি
হাতখনি দিয়াঁ পাৰ কৰি নিয়াঁ
নহ'লে পিছলিব ভৰি।
জীৱন কেৱল জোনাক নহয়
নহয় আলি কুমলীয়া
জীৱনৰ বাটে বাটে খলাবমা
খোজবোৰ সাৱধানে দিয়াঁ।
একেটি সুৰতে মিলাওঁ কণ্ঠ যদি
বুকুৰ মৰমবোৰ ঢালি
কোনে মিলন কৰিব পাৰে
আগ বাঢ়োঁ যদি দুয়ো মিলি।

কেমেৰাৰে তোলা ছবি আচল নহয়—
নিজীৱ দুদিনীয়া।
বুকুৰ কেমেৰাৰে ছবি তোলাঁচোন,
স্থায়ী হ'ব মনৰ মায়া। ...
কেমেৰাৰে ছবি মোৰ বুকুৰ বাবেহে

বুজিও নুবুজা হোৱাঁ কিয়?
তুমি মানুহটো বুকুৰ বাবে,
মোৰ তুমি সবাতোকে প্ৰিয়।
পৰীক্ষাৰ ক্ষণ হ'ল কিতাপী জ্ঞানৰ
হ'লো আজি সৈন্য জীৱন যুঁজৰ।
নিতে নৱ সংগ্ৰামে ভেটিবহি বাট
নিজ বলে নেওচিম ঘাত প্ৰতিঘাত।
আমি আজি প্ৰতিনিধি ন পুৰুষৰ
আমি আজি সেনা হলো জীৱন যুঁজৰ।

কথাছবিঃ পানী, ১৯৯৫ চন

(১)

লুইতৰ বলিয়া বান

লুইতৰ বলিয়া বান
তই ক'লৈনো ঢাপলি মেলিছ'?
হিৰ হিৰ শৰদে
কাল ৰূপ ধৰি লৈ
কাকনো বাৰে বাৰে খেদিছ'?

লুইতৰ বুকু হেনো বাম হৈ গ'ল
গভীৰতা হেনো কিছু নোহোৱা হ'ল
বান তই সেয়ে হেনো
অলিয়া বলিয়া হৈ
দুয়ো পাৰে উপচি পৰিছ'?
বান তই টিঘিল নিঘিলাবি
আশাৰে কঠীয়া নুটুৰাবি
শিশুবধ ভাওনা নাপাতিবি
ঘৰৰ ছালতে শগুনক বহুৱাই
মৰণৰ সবাহ নাপাতিবি।

লুইতৰৰ পাৰতে জনম আমাৰ
পানীয়েই পিতৃ শক্তি আমাৰ
সেই শক্তিৰে বানক ৰুধিম
সহস্ৰ হাতেৰে দুপাৰ বান্ধিম
তোৰেই শক্তিক কাঢ়ি কাঢ়ি আনি
তোকেই আমাৰ ভৃত্য কৰিম।
[১৯৬৮ চনৰ বলিয়া বানৰ বিৰুদ্ধে ৰচিত]

(২)

মই অথাই জলধিৰ মাজলৈ

মই অথাই জলধিৰ মাজলৈ
আহিলোঁ সাঁতুৰি
দূৰ দূৰণিত দুপাৰ এৰি
খাইছোঁ হাবাথুৰি
মই অথাই জলধিৰ মাজলৈ
আহিলোঁ সাঁতুৰি।।
এটি পাৰে অহংকাৰ স্বাৰ্থপৰতাৰ
চৌদিশে প্ৰস্তুতি মাথোঁ মৃত্যু অনাৰ
অন্য পাৰৰ দিগন্ততে কিৰণ পৰে সৰি
মই অথাই জলধিৰ মাজলৈ
আহিলোঁ সাঁতুৰি।
মৰম জীৱন লহৰলীলা শূন্যতে হয় লীন
সপোননো নাই শংকা মাথোঁ শান্তিবিহীন
মন সাগৰৰ পাৰে পাৰে সাজোঁ মথাউৰি
আশাৰ প্ৰদীপ জ্বলাই
কোন পথিক আহে ঘূৰি
চিনিও নিচিনো দেখোঁ পৰিলোঁ ভাগৰি
মই অথাই জলধিৰ মাজলৈ
আহিলোঁ সাঁতুৰি।
[কলিকতা, ৯ ছেপ্তেম্বৰ ১৯৯০ চন]

(৩)

পাগলাদিয়াৰ পাৰে পাৰে

অ' মই বেছু, অ' মই বকুলী
অ' মই মইনা আৰু মই আল্পনা
পাগলাদিয়াৰ পাৰে পাৰে
কোন সুন্দৰী যায়?
কিবা গুণি আপোন মনে
কিবা গুনগুনায়।
পাগলাদিয়াৰ পাৰে পাৰে
কোন সুন্দৰী যায়?
দুগদুগী নাই ৰিহাও নাই
আধুনিকাৰ সাজ।
আমাৰ সখি চহৰ এৰি
পালে গাঁৱৰ মাজ।
গাঁৱৰ শোভা দেখি সখিৰ
হিয়া মন জুৰায়।
পাগলাদিয়াৰ পাৰে পাৰে
কোন সুন্দৰী যায়?
বতাহত সুখী কিয়
আমাক সোধা যদি
ক'ম: গাঁৱৰে আয়ুস ৰেখা হ'ল
পাগলাদিয়া নদী
এই নদীৰ পানীয়ে
আমাৰ দেহা শীতলায়।
পাগলাদিয়াৰ পাৰে পাৰে
কোন সুন্দৰী যায়?
আমাৰ সখি সুখী কিয়
(আমাৰে সখী)
আমাক সোধা হওক।
ক'ম: ঘৰতে পাইছে এক
কলিৰ কৃষ্ণৰ লগ
সেই কৃষ্ণ সখীৰ নয়ন
নয়ন ভৰি চায়।
পাগলাদিয়াৰ পাৰে পাৰে
কোন সুন্দৰী যায়?

(৪)

এক বিন্দু দুই বিন্দু

এক বিন্দু দুই বিন্দু
জীৱনৰ অমৃত পানী।
হেজাৰ বিন্দু, লক্ষকোটী বিন্দু
পানী, মাথোঁ পানী
উত্তৰে পানী, দক্ষিণে পানী,
পূবে পানী, পশ্চিমে পানী।

ই নিষ্ঠুৰ মৃত্যুৰ ধেই ধেই তাণ্ডৱ
ভয়াল জয়াল বানপানী
ভয়াল জয়াল বানপানী।।
এই পানী নহয় আনন্দৰ
ভয়াবহ পানী আতংকৰ
এই পানী শীতল নহয়
এই পানীয়ে মাথোঁ দহে।
এই পানী নহয় পৱিত্ৰ
এই পানীয়ে আশা দহে,
ই আশা দহে, ই প্ৰাণ দহে
যৌৱন দহে, ই জীৱন দহে
ই কি বীভৎস পানী
ই কি বীভৎস পানী।।

এই পানীয়ে মাথোঁ দহে।
এই পানী নহয় পৱিত্ৰ
এই পানীয়ে আশা দহে,
ই আশা দহে, ই প্ৰাণ দহে
যৌৱন দহে, ই জীৱন দহে
ই কি বীভৎস পানী
ই কি বীভৎস পানী।।
উত্তৰে পানী, দক্ষিণে পানী,
পূবে পানী, পশ্চিমে পানী
ই নিষ্ঠুৰ মৃত্যুৰ ধেই ধেই তাণ্ডৱ
ভয়াল জয়াল বানপানী
ভয়াল জয়াল বানপানী।
এই পানীয়ে প্ৰাণ দহে
এই পানীৰ খঙাল কোবত
আকাংক্ষাৰ ওখ ওখ গড়া খহে
গড়া খহে।।

উত্তৰে পানী, দক্ষিণে পানী,
পূবে পানী, পশ্চিমে পানী
ভয়াল জয়াল বানপানী
ই ভয়াল জয়াল বানপানী।
ই নিষ্ঠুৰ মৃত্যুৰ ধেই ধেই তাণ্ডৱ
ভয়াল জয়াল বানপানী।

[চেৰাপুঞ্জী, ২৫ মে ১৯৯০ চন]

ফটো: ৰিজু বড়ো

(৫)

উত্তৰে পানী

উত্তৰে পানী
এই পানী কি যে পানী—দুৰ্বিষ পানী
তৃষ্ণাৰ্তৰ ই নহয়টো পানী।।
শুকান ধৰিত্ৰীৰ অশ্ৰুভৰা
নহয় ই আকুতি
এই বানপানী।।
এই পানী
এই পানী ত্ৰাসৰ
এই পানী বেজাৰৰ
এই পানী মৃত্যুৰ কুসংবাদ।।
এই পানীয়ে মাতৃ স্তনৰ পৰা
কেচুৱাক কাঢ়ে
এই পানীয়ে কৃষকক পথাৰৰ পৰা
কাঢ়ি নি মৃতদেহলৈ পৰিণত কৰে।
এই পানীয়ে মানুহৰ সকলো বুদ্ধিবৃত্তিক
উপলুঙা কৰি কৰি লথিয়াই থৈ যায়
সহস্ৰ গাঁৱৰে ঘাট।
এই পানী ভয়াবহ
বিষাক্ত মৃত্যুৰ মহা আৰ্তনাদ।।

[গুৱাহাটী, ৩১ মে ১৯৯০ চন]

ফটো: ৰেৱ বৰ

■ মৰিগাঁও জিলাৰ মায়ঙত ভয়ংকৰ বানে একাকাৰ কৰা পথ-পথাৰ। ফটো ঃ বিজু বড়ো

কথাছবিঃ কুঁৱলী, ১৯৯৬ চন

কোন এই ললনা

কোন এই ললনা
মাথোঁ কৰে ছলনা
ধৰা দেখোঁ দিয়া নাই—
দিয়া নাই, দিয়া নাই।
চাই অতীতৰ কোনো ছায়া
নে বৰ্তমানৰ কায়া
নে অনাগত ভৱিষ্যৰ
সাঁথৰ ভৰা মায়া—
বুজা নাই, বুজা নাই, বুজা নাই।

অতীতৰ কুঁৱলী তাই আহে ফালি ফালি
চিনাকী চিনাকী লাগে
স্মৃতি দেখোঁ নেজাগে
শুনি তাইৰ নিশ্বাস মই পাওঁ আশ্বাস
অতীতৰ হাত বাউলি হয় কিয় বিশ্বাস
হয় কিয় বিশ্বাস।
তাই উৰি উৰি যোৱা সুৰ
নে ৰূপান্তৰৰ ৰূপ
নে আদি অনাদি প্ৰশ্নৰ
নিৰুত্তৰ স্বৰূপ—
বুজা নাই, বুজা নাই, বুজা নাই।

কুঁৱলী কুঁৱলী

কুঁৱলী কুঁৱলী কি ৰগৰ কৰিলি?
অতীতৰ কাৰোবাৰ নেপুৰ শুনিলি।
পাহৰণি কুঁৱলীৰ
নিৰৱ সিপাৰে পৰি আছোঁ।
একাধিক শতাব্দী ধৰি পৰি আছোঁ
পৰি আছোঁ, পৰি আছোঁ।।

ধুঁৱলী কুঁৱলী কি সপোন ভাঙি দিলি
অতীতৰ কাৰোবাৰ নেপুৰ শুনিলিহি
অন্ধযুগৰ মকৰাৰ পুৰণি
জালৰ বন্দিনী মই
অদেখা অজানা অশৰীৰী পৰি আছোঁ—
উচুপিছোঁ, পৰি আছোঁ।
বৰ্তমান তই তৃষ্ণাৰ্ত
অতীতক হঠাতে কিয় তই জগালি।।

ভূপেন হাজৰিকাৰ কণ্ঠত পৰম্পৰাগত গীত

ডক্টৰ ভূপেন হাজৰিকাই বহু অসমীয়া লোকগীত আৰু লোকগীতৰ সুৰ হেৰাই যোৱাৰ পৰা ৰক্ষা কৰিবলৈ বিষ্ণুপ্ৰসাদ ৰাভাই আৰম্ভ কৰা প্ৰচেষ্টাক পুৰ্ণ উদ্যমেৰে চলাই থাকিলে। এইটো মন কৰিব লগীয়া যে বিষ্ণুপ্ৰসাদ ৰাভাই তেঁওৰ গ্ৰামোফোন নাটকবিলাকত কেইবাটাও বৰগীত আৰু বহু থলুৱা গীতক শৃংখলা লগাই থৈ গৈছিল। ৰাভাদেৱে সেই গীতবিলাকৰ আৱেগ আৰু সুৰেৰে কেনেকৈ গাব লাগে তাকও প্ৰতিষ্ঠা কৰি যায়। দুৰ্ভাগ্যবশত, গ্ৰামোফোন নাটকৰ সময় সীমাৰ কাৰণে ৰাভাদেৱে সেইবিলাকৰ এটা বা দুটা অন্তৰা গায়েই সামৰিছিল। ভূপেন দাদাই সেই গীতবিলাক ৰাভাদেৱে দেখুওৱাৰ দৰে সম্পূৰ্ণ ৰূপে গাই বাণীবদ্ধ কৰে।

হাজৰিকাদেৱে কেনেদৰে বৰগীতৰ যোগেদিয়েই নিজৰ গায়ক জীৱন আৰম্ভ কৰিছিল তাক আমি আগেয়ে উল্লেখ কৰিছোঁ। ইয়াত তেখেতৰ প্ৰিয় বৰগীত কেইটামানৰ বিষয়ে অলপ সমিধান দিয়া যুগুত হ'ব। আমি জনাত তেখেতে ৰেকৰ্ডত বাণীবদ্ধ কৰা দুটা বৰগীত হৈছে 'ত্যজ ৰে কমলাপতি' আৰু 'শুন শুন ৰে শূৰ বৈৰী প্ৰমাণা'।

ৰাভাদেৱে 'ৰতনী' পাল্লাত গোৱাৰ দৰেই ভূপেন দাদাই 'ত্যজ ৰে কমলাপতি' বাণীবদ্ধ কৰিছিল। এই বৰগীতটো বহু পুৰণি পুথিত 'তেজৰে' বুলি লিখে। এইটো সচা যে অসমীয়াই সংস্কৃতৰ পৰা অহা কোনো কোনো শব্দৰ আদি ধ্বনিত থকা য়-কাৰৰ সলনি এ-কাৰ ব্যৱহাৰ কৰে আৰু তেনেদৰেই উচ্চাৰণ কৰে। যেনে বেপাৰ (ব্যপাৰৰ সলনি), বেথা (ব্যথাৰ সলনি) কিন্তু আদি ধ্বনি আকাৰন্ত হ'লে শব্দটো সলনি নকৰি সংস্কৃতৰ ৰূপেৰে ৰাখে: যেনে ব্যায়াম, ব্যাকৰণ, ন্যায়, ত্যাগ আদি। আমি ভাবোঁ যে ত্যজ শব্দটোত এই নিয়ম খটালে অৰ্থাৎ তেজ লিখিলে এটা বেলেগ অসমীয়া শব্দ ওলায় কাৰণে আমি 'ত্যজ'-ক সলনি কৰা উচিত নহয়। এই গীতটো 'তেজ ৰে' বুলি গোৱা কাৰণে বহুতে গীতটোৰ অৰ্থও ভুলকৈ বুজে। তদুপৰি বিষ্ণুপ্ৰসাদ ৰাভাদেৱে আৰু ভূপেন দাদাই গাওঁতে 'ত্যজ' উচ্চাৰণ স্পষ্ট।

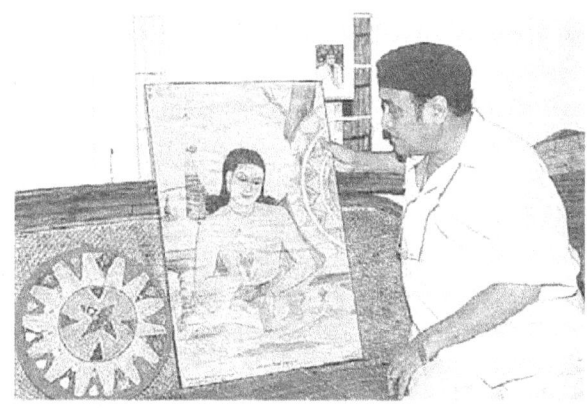

বিষ্ণুপ্ৰসাদ ৰাভাই অঁকা গুৰুজনাৰ ছবি চাই বিস্মান্বিত ভূপেন হাজৰিকা

ফটো: গোলাঘাটৰ নৰপল্লৱ মহন্ত

ভূপেন দাদাই 'শুন শুন ৰে সুৰ' ৰাভাদেৱে 'শংকৰদেৱ' পাল্লাত (১৯৪৩ চনত) গোৱাৰ দৰেই গাইছে। ভূপেন দাদাই তেখেতৰ প্ৰিয় বৰগীত 'আলো মঞি কি কহব দুখ' আৰু 'পাৰে পৰি হৰি কৰহোঁ কাতৰি' মোৰ টেপত বাণীবদ্ধ কৰি গৈছে। ভূপেন দাদাই কোৱা মতে সেই বৰগীত কেইটাও তেখেতে

বিষ্ণুপ্ৰসাদ ৰাভাদেৰে শৃংখলা লগোৱা মতেই গাই আহিছে।

শিল্পী: ডাঃ সত্যেন্দ্ৰনাথ দাস, নিউ ইয়ৰ্ক

এইটো উল্লেখযোগ্য যে বিষ্ণুপ্ৰসাদ ৰাভাৰ আগতে প্ৰসন্নলাল চৌধুৰীয়ে ১৯২৮ চন মানতে 'শুন শুন ৰে সুৰ' বৰগীতটো বাণীৱদ্ধ কৰিছিল। সেইদৰে কমলানন্দ ভট্টাচাৰ্য্য 'পাৰে পৰি হৰি' গীতটো বাণীৱদ্ধ কৰিছিল। আমি এই দুয়োটা গীতেই সংগ্ৰহ কৰিব আৰু শুনিব পাৰিছোঁ। কিন্তু, তেঁওলোকৰ সুৰ আৰু পৰিৱেশন বিষ্ণুপ্ৰসাদ বা ভূপেন দাদাৰ সুৰ আৰু পৰিৱেশনৰ লগত নিমিলে। ভূপেন দাদাই আমাক এইটোও কৈছিল যে তেখেতৰ বহু গীতৰ সুৰত বৰগীতৰ প্ৰভাৱ বিদ্যমান। তেখেতৰ 'অগ্নিযুগৰ ফিৰিঙতি মই' আৰু 'সময়ৰ অগ্ৰগতি' গীত দুটাৰ সুৰতও বৰগীতৰ সুৰ স্পষ্ট বুলি তেখেতে আমাক কৈছিল।

বৰগীতৰ উপৰিও কেইটামান পুৰণা ভক্তিমূলক গীত ভূপেন হাজৰিকাৰ বৰ প্ৰিয় আছিল। সেই কেইটাও তেখেতৰ কণ্ঠত প্ৰায়ে শুনিবলৈ পোৱা গৈছিল। সেই কেইটাও ইয়াত সংযোগ কৰিলোঁ।

ভূপেন হাজৰিকাই নিজেও আমাৰ পুৰণা কামৰূপী আৰু গোৱালপৰীয়া লোকগীত বাণীৱদ্ধ কৰি সেইবিলাকক জনপ্ৰিয় কৰে। তদুপৰি, তেঁও আমাৰ পুৰণা জতুৱা সুৰৰ কাৰণে নতুন গীত ৰচনা কৰি সেই সুৰবিলাকক নতুন জীৱন দিছে আৰু পুৰণা বহু গীতক কৌশলেৰে গাই তেঁও সেইবিলাকক সৰ্বজন প্ৰিয় কৰিছে। অসমীয়া লোকগীতৰ সুৰেৰে বঙালী আৰু হিন্দী গীত পৰিৱেশন কৰিও সেইবিলাক তেঁও ভাৰতৰ চুকে কোণে জনপ্ৰিয় কৰিছে। এই গীতবিলাকে এতিয়া প্ৰত্যেক অসমীয়াৰে জীৱন ভৰপূৰ কৰিছে। ইয়াত তেঁওৰ প্ৰিয় বা তেঁওৰ কণ্ঠত শুনিবলৈ পোৱা কেইটিমান গীত উল্লেখ কৰা হ'ল।

কামৰূপী লোকগীত

[কামৰূপী লোকগীতৰ বিষয়ে শ্ৰীচানাৰাম কলিতাৰ 'বহুৰূপী কামৰূপী লোকগীত', গোস্বামী এজেন্সী, বাৰাংহাটী, কামৰূপ, ১৯৭৯ চন আৰু শ্ৰীশ্ৰীৰামচন্দ্ৰ দাসৰ 'অসমীয়া জনসাহিত্যৰ পাৰিজাত', গৌতম প্ৰকাশন, সুন্দৰীদিয়া, বৰপেটা, ১৯৭২ চন পুথি দুখনৰ উল্লেখ কৰিব পৰা যায়। এই পুথি দুখনত বহু গীত সংগৃহীত আছে কিন্তু বিষয়বস্তু, লোক সংস্কৃতি আদি দিশৰ পৰা গীতবিলাকৰ কোনো আলোচনা নাই। সেইকাৰণে কোনোবাই আমাৰ অতি চহকী কামৰূপী লোকগীতবিলাক সংগ্ৰহ আৰু বিশ্লেষণ কৰিব বুলি আশা কৰিলোঁ।]

অ' মোৰ গুৰুদেউ

এই গীতটোৰ অধিকাংশই কবীৰা ৰচিত উল্টা পুৰাণৰ গীতত পোৱা যায় (শ্ৰীশ্ৰীৰামচন্দ্ৰ দাসৰ পৃঃ ২১-২২ দ্ৰষ্টব্য)। কবীৰাৰ বিষয়ে শ্ৰীশ্ৰীৰামচন্দ্ৰ দাসে লিখিছে, 'পুৰণি কেৱাটাও লোকগীতিৰ ভিতৰত কবীৰাৰ নাম পোৱা যায়। এই সন্ত পুৰুষ গৰাকীনো কোন আছিল? কবীৰাৰ বিষয়ে তথ্যপাতি কোনোবাই

গৱেষণা কৰি উলিয়াব বুলি আশা কৰিলোঁ। এইখিনিতে এইটো উল্লেখযোগ্য যে আমি আগেয়ে উল্লেখ কৰা চান্দ খাঁৰ নামত প্ৰচলিত টোকাৰী গীতৰ কথাৰ লগত কবীৰাৰ গীতৰ বিশেষ সাদৃশ্য আছে। সেয়েহে কবীৰা শংকৰদেৱৰ শিষ্য চান্দ খাঁ বুলিও প্ৰমাণিত হ'লে একো আচৰিত হ'ব লগীয়া নাই।]

অ' মোৰ গুৰুদেউ,
ই কথা পতিয়াব কোনে?
অ' মোৰ গুৰুদেউ,
ই কথা পতিয়াব কোনে?
এ হৰি এ
হালোৱাই নিচিনে হালৰ হালে গৰু
ৰান্ধনিয়ে নিচিনে চৰু
টিকৰে ভাৰ্য্যাই স্বামীক নিচিনে
শিষ্যে নিচিনে গুৰু।।
এ হৰি এ
বাৰীকে গিলিলে বাৰীৰে জিৰাফে
ঘৰকে গিলিলে দুৱাৰে
হাতত টাঙোন লৈ গৃহস্থ পলাই যায়
পাছে পাছে খেদে চোৰে ।।
এ হৰি এ
গোহালিক গিলিলে হেৰামৰ কাঠে
পঘাই গিলিলে গৰু
হাতত সপতি লৈ ৰান্ধনি পলাই যায়
পাছে পাছে খেদে চৰু।।
এ হৰি এ
বাঘৰে ছাগৰে হালখন জুৰিলোঁ
কাৰ্শলা সাপৰে লৰু
ভালুক বপুৰাই আলিৰ পাহে কাটে
বান্দৰে চাৰে ঐ গৰু।।
এ হৰি এ
সাগৰৰ মাজতে ঘোঁৰাৰ খটে খটি
বজাৰত চলিলে নাও
ই গীত ৰচিছে কবীৰা ফকীৰাই
কি বুজিবা ভকতিৰ ভাও?

ঘোষা

শ্যাম কানু দূৰৈ হৈ নাযাবাঁ
সোণৰ বাঁহী গঢ়াই দিম ঘৰতে বজাবাঁ।
নন্দেৰ ঘৰৰ যদু তুমি আছিলা যে সৰু
পঞ্চ বয়সতে তুমি ৰখাইছিলা গৰু।
ঐ ৰাম
নন্দেৰ দুলাল বাচা তুমি নন্দেৰ দুলাল
এত ৰাত্ৰি গৰু চাৰে কাৰ হে ছৱাল?
লোকৰ বাচা ডাঙৰ দীঘল
মোৰে বাচা সৰু
সিংহ ব্যাঘ্ৰ লগে চৰে
তাতে চৰে গৰু ।।
চিৰা থৈছোঁ, আখৈ থৈছোঁ
থৈছোঁ ঘৃতৰ লাৰু
শীতল পাটী পাৰি থৈছোঁ
তাতে থৈছোঁ গাৰু।।
আগে ধেনু পাশে ধেনু মুখে বংশী বায়
বন পুষ্প মালা পিন্ধি গো ধেনু চৰায়।

(ঐ ৰাম বালিকো ছলিলা প্ৰভু কংসকো বধিলা
চন্দ্ৰাৱলী ৰাতিতে, গোপীকো কেলিলা
সেন্দুৰৰে জকেমকে কাজলৰে ৰেখা
বিজুলী চমকে আহি কৃষ্ণই দিলে দেখা
বৃন্দাবন মাজে প্ৰভু আছিলা লুকাই
কালে গতি কান্দি দিলে বিচাৰি নাপায়।)

নাৱ খেলৰ গীত

গুৰিয়াল: অ' মোৰ মলুৱা ৰে!
অ' মোৰে মলুৱাক কোনে মাৰিলা
হায় অ', হায় মোৰ মলুৱা ৰে!
বৈচাসকল: অ' মোৰ মলুৱা ৰে!
অ' মোৰে মলুৱাক কোনে মাৰিলা
হায় অ', হায় মোৰ মলুৱা ৰে।

গুৰিয়াল: যঁতৰ যঁতৰ কৰে তাই
বৈচাসকল: হায় অ' হৰি
গুৰিয়াল: যঁতৰ আনি দিলোঁ মই
বৈচাসকল: হায় অ' হৰি
গুৰিয়াল: অ' যঁতৰত ধৰি ধৰি কান্দে
মোৰ মলুৱা ৰে
সকলোৰে: অ' মোৰে মলুৱাক কোনে মাৰিলা
হায় অ', হায় মোৰ মলুৱা ৰে।

গুৰিয়াল: এ ৰিহা ৰিহা কৰে তাই
বৈচাসকল: হায় অ' হৰি
ৰিহা আনি দিলোঁ মই
বৈচাসকল: হায় অ' হৰি
গুৰিয়াল: এ ৰিহাৰ আঁচলে ধৰি কান্দে
মোৰ মলুৱা ৰে
সকলোৰে: হে মোৰে মলুৱাক কোনে মাৰিলা
হায় অ', হায় মোৰ মলুৱা ৰে।
গুৰিয়াল: কপাহ কপাহ কৰে তাই
বৈচাসকল: হায় অ' হৰি
গুৰিয়াল: কপাহ আনি দিলোঁ মই
বৈচাসকল: হায় অ' হৰি
গুৰিয়াল: অ' কপাহত ধৰি ধৰি
কান্দে মোৰ মলুৱা ৰে
সকলোৰে: হায় অ' হৰি
অ' মোৰে মলুৱাক কোনে মাৰিলা
হায় অ', হায় মোৰ মলুৱা ৰে।

গুৰিয়াল: নেঠা, নেঠা কৰে তাই
বৈচাসকল: হায় অ' হৰি
গুৰিয়াল: নেঠা আনি দিলো মই
বৈচাসকল: হায় অ' হৰি
গুৰিয়াল: অ' নেঠাত ধৰি ধৰি
কান্দে মোৰ মলুৱা ৰে,
সকলোৰে: হায় অ' হৰি
অ' মোৰে মলুৱাক কোনে মাৰিলা
হায় অ', হায় মোৰ মলুৱা ৰে।।

এইদৰেই গুৰি ধৰোঁতাই তাঁতশালৰ সকলো সঁজুলিৰ নামৰ এটা এটাকৈ উল্লেখ কৰি দিহা লগাই দিয়ে আৰু বৈচাসকলে বঠা মাৰি মাৰি জাত জাতকৈ সমস্বৰে গায়। হাজৰিকাই একে সুৰতে আৰু এই একেটা দিহাকে ব্যৱহাৰ কৰি তিৰোতাৰ পৰিধান সামগ্ৰী বৰ্ণনা কৰা গীত এটা 'সতী বেউলা' কথাছবিত দিছে। সেইদৰে আন প্ৰসংগকো এই নাৱ খেলৰ গীতেৰে গোৱা হয়।]

[শ্ৰীশ্ৰীৰামচন্দ্ৰ দাসৰ, পৃঃ ৫২-৫৩ চাওক চন]

ৰাধে ক'লা নুবুলিবি মোক

অ' ৰাধে! ৰাধে, ক'লা নুবুলিবি মোক
কোনো দিনে কোনো কথা বোলা নাই তোক।
ক'লা ক'লা নুবুলিবি গোৱালৰে জী
বিধিয়ে কৰিছে ক'লা মইনো কৰিম কি?
ক'লা ক'লা তুলসীৰ ক'লা ক'লা পাত

আইও ক'লা বাপও ক'লা
        ক'লীয়াৰে জাত।
গজ ভাল ক'লা ৰাধে তাতো মুক্তা জ্বলে
ক'লা বগাই মিল ৰাধে, আন একো নিমিলে।
ৰাতিৰ আকাশ ক'লা তাতো চিকুণ তৰা জ্বলে
জ্ঞানৰ চকু মুদি কোনে আকাশ বেয়া বোলে?
        |চানৰাম কলিতা, পৃঃ ২ৰয়দাস, পৃঃ ৬|

হে মাই যশোৰা

হে মাই যশোৰা হে
    মাই হেৰে যশোৰা
আমাক লাগিয়া অলপ
    তোৰ মৰমও নাই।
তোৰে ঘৰে আসি
গৰু চাৰি ফুৰোঁ কৰেকবা ভাত খাই
    মাই হেৰে যশোৰা।।

কাঠ বাজী বুলি
জগতে হাঁসয় অ' দেখিও সুমৰা হৰি।
তোৰে ঘৰে আসি
পুত্ৰ উপজিলোঁ ইটো দুখ দূৰ কৰি
    মাই হেৰে যশোৰা।।

এক তোলা সোণাৰে
বাঁহী গঢ়ে নেদা ৰাজ পটেশ্বৰী হুই।
দুয়ো ওঁঠ ফাটি
তেজ বৈই যাই বাঁহৰ বাঁহী বাজাওঁতে
    মাই হেৰে যশোৰা।।
[মণিৰাম দেৱান (১৯৬৩ চন) কথাছবিত দিছে]

বৰ বৰিবা যায় মেনকা

বৰ বৰিবা যায় মেনকা
    সংগে দুনী ঘট
মাথাৰ কাপোৰ গুচাই চাইলা
    জোঁৱাই উলংগত।।

মাথাত আছে সৰ্পৰ ফণা অ'
    গলে মুণ্ড মালা।
কংকালে বাঘৰ ছাল
    গাৰে ভস্ম ধূলা।।

বাইছটা টেঁকী ভাংগুৰাৰ অ'
    তেইচখান কুলা।
দিনে ৰাতি খুন্দি মৰে
    জইতা ভাঙৰ গুড়া।।

হাতত আছে ডম্বৰুটো অ'
    গাৰে ভস্ম ধূলি
চকু দুটা ডাঙৰ ডাঙৰ
    পেটটো ভাঙা ডুলি।
জইতা ভাঙৰ গুড়া ভাঙুৱা এ
    গাল ভৰিয়া খাই
ভাঙৰ জালত থাকবা নৰি
    ঘুটনী পাৰাক যায়।।
ঘুটনী পাৰাক যাবাক লাগি
    এ হকৰা দমৰা
নেদোঁ পাৰ্বতিক বিয়া
    যা গুচি ভাঙুৱা।
[চানৰাম কলিতাৰ, পৃঃ ৪১ চাওক]

চানমাই আকালাই ওলালি অ'

চানমাই আকালাই ওলালি অ'
পোৱাণ মাছ মাৰিবাক লাগি লা লুই
সৰুতে সুতা কাটি জাখে ৰই দিছিলি
হায় মোৰ দেহি ঐ
বাওতে ধৰিলা কোনে
নদী পাৰে কৰি মোকে বিয়া দিলি
পোৱাণ মাছ মাৰিব কোনে লা লুই?

আজিও চানমাই কালিও চানমাই
হায় মোৰ দেহি ঐ
চানমাই বিয়াৰ জ্বালি
নদী পাৰে কৰি মোকে বিয়া দিলি
পোৱাণ মাছ মাৰিব কোনে লা লুই?
আগতে কৈছিলোঁ দয়াৰে সূতা কাট
হায় মোৰ দেহি অ'
ঢুলীয়াত নিদিবি বিয়া
নাচিব নেজানে কাটিব নেজানে
শোকে পুৰি যাব হিয়া।

পোৱাণ মাছ: পোণা মাছ; জাখে: জাকৈ

শিল্পী: ডাঃ সত্যেন্দ্ৰনাথ দাস, নিউ ইয়ৰ্ক

কানাই পাৰ কৰা হে

অ' কানাই পাৰ কৰা হে বেলিৰ পৰিল ছায়া
নষ্ট হৈল দুধেৰ ভাণ্ডাৰ বাজাৰ গৈল বইয়া।
কাঠৰে দেশতে থাকা অ' কাঠৰ কিবা দুখ
ভাঙা নৌকাত পাৰ কৰি কিবা পাৱা সুখ?

ভাঙা নহয় ছিঙা নহয় গামেৰীৰ হাঁড়
হস্তী ঘোঁৰা পাৰ কৰা ৰাধাৰ কিমান ভাৰ?

অন্য লোকক পাৰ কৰিলা অ'
লৈয়া আনা আনা
তোমাৰ ৰাধাক পাৰ কৰিলা
লৈয়া কাণৰ সোণা।

উপাদ্দি যায় উৰান জাহাজ

উপাদ্দি যায় উৰান জাহাজ
তাৰও দুখান পাখা
মোকে লাগি আনি দিয়া
হাতী দাঁতৰ শাখা
ইখান গোলাত গেলুঁ কইনা
সিখান গোলাত গেলুঁ
তোমাৰ হাতৰ শাখা
আৰু বিচেৰি নেপালোঁ

দূৰৈকৈ পুখুৰী খনালা পিতাদেউ, ঐ ৰাম
বন্ধালা সেন্দুৰী আলিহে
সেন্দুৰী আলিতে চলিব নোৱাৰে, ঐ ৰাম
সোণৰ খৰিকা যেন ভৰি হে।।

ভূপেন হাজৰিকাৰ কণ্ঠত পৰম্পৰাগত গীত

দুৰ্গাবৰী গীত

(১)

এ জয় ৰঘুৰ নন্দন হে ৰাঘৱ
ৰামে জয় ৰঘুৰ নন্দন
এ জয় ৰঘুৰ নন্দন হে ৰাঘৱ
ৰামে জয় ৰঘুৰ নন্দন!
এ মোকে কিনা কিনা প্ৰভু
মোকে কিনা কিনা
জয় ৰঘুৰ নন্দন
আন ধন নালাগয় নামধন বিনা
জয় ৰঘুৰ নন্দন হে ৰাঘৱ
ৰামে জয় ৰঘুৰ নন্দন
কিনো ভাগ্য কিনো ভাগ্য
মিলল হামাৰি
নিৰমল ৰাঙাপদ পেখিনোঁ তুমহাৰি
জয় ৰঘুৰ নন্দন হে ৰাঘৱ
ৰামে জয় ৰঘুৰ নন্দন।

(২)

মইও বনে যাওঁ স্বামী

মইও বনে যাওঁ স্বামী হে
অ' স্বামী নকৰা নৈৰাশ
তোমাৰে লগতে স্বামী খাটিম বনবাস হে
ওপৰে সুৰুযৰ ছটা
তলে তপ্ত বালি হে
কিমতে চলিবা সীতা সুকোমল ভৰি হে
দণ্ডকা বনতে আছে সিংহ ব্যঘ্ৰ আদি
কিমতে চলিবা সীতা নাৰী ভীৰুমতি হে
আগে যাইব' ৰামচন্দ্ৰ মধ্যতে জানকী হে
তাৰ পাছে চলি চাইব' লক্ষ্মণ সাৰথি হে।।

জিকিৰ

হয় চাহেব হয়

আজান দেউ চাহেব
আজি কোন বেহেস্তলৈ বা যায়?
চাহেব যায় আগতে হয় চাহেব হয়
ভকত যায় পাচতে হয় চাহেব হয়
হায় হায় ঐ সোণাইনো নৈৰ পাৰতে
ঘৰে আল্লা ৰহমৰ গিৰিহঁত
তুমি আল্লা চাহেব ঐ
যদি কৰা দৰীয়া পাৰ।
শুকুৰবাৰৰ বেলিয়া হয় চাহেব হয়
দুপৰ চাই উঁৰিয়া হয় চাহেব হয়
হায় হায় ঐ চাহেব ঢুকাল বুলি ওলাল
আল্লা ৰহমৰ গিৰিহঁত . . .
ফুলাম বৰে কাপোৰ হয় চাহেব হয়
গাতে মেলি দিলে হয় চাহেব হয়
হায় হায় ঐ ৰাহেমৰ বিহিস্তে গলে
আল্লা ৰহমৰ গিৰিহঁত . . .
ৰাইজে ভকতে হয় চাহেব হয়
গুৰু মুচাফিৰে হয় চাহেব হয়
হায় হায় ঐ মছজিদৰনো কাষতে থলে
আল্লা ৰহমৰ গিৰিহঁত . . .
হাজোৰে মোকামত উৰুমি লাগিছে
হায় হায় ঐ ছিগিল কামায়নৰ জৰী
হিন্দুৱে বিলালে হয় চাহেব হয়
মাহে পৰসাদে হয় চাহেব হয়
হায় হায় ঐ মুছলমানে বিলালে ৰুটি
আল্লা ৰহমৰ গিৰিহঁত
তুমি আল্লা চাহেব ঐ
যদি কৰা দৰীয়া পাৰ।

ৰহম: দয়া; চাহেব: গৰাকী, নিয়ন্ত; দীয়া: সাগৰ, নদী, ভৱ সাগৰ; মোকাম: স্থান, ঘৰ; কামায়ন: মোহ, কামনা]

[টোকা: জিকিৰৰ বাবে এছ-এম হুচেইনৰ পুথি চাওক]

চেনেহৰ চৈয়দ যুঁজৰ শ্বহীদ!
—হায়ৰে হায়!
হাচান হুচেন দুয়ো ভাই কান্দিছে বিনাই
—হায় ৰে হায়!
আৰাছত লাগিলে গোলমাল চাহেবে,
—হায় ৰে হায়
হাচানে পিন্ধিব পাগবৰে জামা
—হায় ৰে হায়!
আৰু হুচেনে পিন্ধিব লাল চাহেবে
—হায় ৰে হায়!
ক'বলৈ ধৰিলে হুচেন চাহেবে
—হায় ৰে হায়!
মাকৰ মুখলৈ চায়ে চাহেবে
—হায় ৰে হায়!
বান্দীৰ বেটা, বেদিন কাফেৰে
—হায় ৰে হায়!
সিও মোক মাগে লেড়াই চাহেবে
—হায় ৰে হায়!

ভাত ৰান্ধি দিয়া খাওঁ মই আই
—হায় ৰে হায়!
পানী আনি দিয়া খাওঁ চাহেবে
—হায় ৰে হায়!
তহবাহ খালোঁ মই, তহকিক খালোঁ
—হায় ৰে হায়!
মোকও নধৰিবা মাও চাহেবে
—হায় ৰে হায়!
মাওৰ বচন নললা হুচেন
—হায় ৰে হায়!
নললা বিবিৰে বচনে চাহেবে
—হায় ৰে হায়!
বিচমিল্লাহ বুলি দুল দুলত উঠি
—হায় ৰে হায়!
মাকলৈ চালাম জনায়ে চাহেবে
—হায় ৰে হায়!

কান্দিব ধৰিলে মদিনাৰে বিবি
—হায় ৰে হায়!
মোকও লগ ৰণলৈ যায় চাহেবে
—হায় ৰে হায়!
সাত দিন সাত ৰাতি মহিম কৰিলে
—হায় ৰে হায়!
লগতো ইয়াৰি নায়ে চাহেবে
—হায় ৰে হায়!

সাত দিনে সাত ৰাতি কাফিৰকে কাটে
—হায় ৰে হায়!
কুফৰৰ নমৰিল জধে চাহেবে
—হায় ৰে হায়!
একোতে তৰণি নেপায় হুচেনে
—হায় ৰে হায়!
পৰিল গৈ ফোৰাতৰ মাজে চাহেবে
—হায় ৰে হায়!!

গোৱালপৰীয়া লোকগীত

[এই গীত কেইটাৰ বেছি ভাগেই ভূপেন হাজৰিকাৰ ভাই ভনী আৰু শ্ৰীমতী প্ৰতিমা বৰুৱাই সংগ্ৰহ কৰা। ডক্টৰ হাজৰিকা আৰু শ্ৰীমতী বৰুৱাৰ উপৰিও কৰিতা বৰুৱাই এই গীত কেইটা ৰেকৰ্ডিং কৰোঁতে কণ্ঠদান কৰিছিল। গীত কেইটাৰ বানানৰ কাৰণে যিমান পৰা যায় বীৰেন্দ্ৰনাথ দত্তৰ পুথিৰ ওপৰতে নিৰ্ভৰ কৰা হৈছে।

বিঃ দ্ৰঃ শ্ৰীধীৰেন দাসৰ 'গোৱালপৰীয়া লোকগীত'-ত গোৱালপাৰাৰ সমাজ, সংস্কৃতি আৰু ভাষা তত্ত্ব আদিৰ চিন্তামূলক আলোচনা ও বহু গীত সংগৃহীত আছে।]

বন্ধুৰ বাড়ীতে

বন্ধুৰ বাড়ীতে তাল গাছে ঢোলে,
হ্যাসকা টানে পীৰিত খচে মাঘ মাসী শীতে
যাৰে বন্ধু যা,
জ্বলিয়া গেলে মনেৰ আগুন
নিভিয়া গেলেন না।

বন্ধু ধন ধন ৰে,
এতই গোসা কি তোমাৰ শৰীৰে
দেখিতে দেখিতে গাভুৰ হনু
ৰবি বাৰেৰ দিন নাই ওৰ গেনু
পাৰাৰ ছেংৰাই কৰে হায় ৰে হায়।

মুই তো পীৰিত কৰং না,
ছেংৰা বন্ধু ছাড়ে না।
আৰু দিয়া যায় পীৰিতিৰ বাইনা
বাপ ও ভাই তোৰ হিয়াৰ ছাড়া,
বেচায়া না খায় তোক ছোটতে,
হিয়া ঢোলে তোৰ পূবাল বাতাসে।

লাউ খাওৱাৰ পাৰে (বিয়া নাম)

[তলৰ গীতটিৰ কথা আগৰ তাঙৰণত ভুল হৈছিল। ইয়াত শ্ৰীমতী অৰুন্ধতি দাস বৰুৱাৰ সহায়ত শুদ্ধ পাঠ আৰু অৰ্থ দিয়া হ'ল।]

লাউ খাওৱাৰ পাৰে কি পাৰে মাও
তোৰ কেওৰা বা কেষ্টি ফুল
লাউ খাওৱাৰ পাৰে কি পাৰে মাও
তোৰ কেওৰা বা কেষ্টি ফুল ।

তোৰ বাবাই সেনে আইনছে কি আইনছে মাও
তোৰ ভেংৰা বা চাইয়া পাত্তৰ
ওই ভেংৰাৰ ভীতি দেখং কি দেখং মাও
মুই হাসং বা মনে মনে মাও
মুই কান্দং বা চিত্তে চিত্তে।।

তোৰ দাদাই সেনে আইনছে কি আইনছে মাও
তোৰ কাণা বা চাইয়া পাত্তৰ
ওই কাণাৰ ভীতি দেখং কি দেখং মাও
মুই হাসং বা মনে মনে মাও
মুই কান্দং বা চিত্তে চিত্তে।।

তোৰ চাচাই সেনে আইনছে কি আইনছে মাও
তোৰ তেৰা বা চাইয়া পাত্তৰ
ওই তেৰাৰ ভীতি দেখং কি দেখং মাও
মুই হাসং বা মনে মনে মাও
মুই কান্দং বা চিত্তে চিত্তে।।

বাৰো মাসে তেৰ ফুল ফোটে

বাৰো মাসে তেৰ ফুল ফোটে
বছৰে ফোটে হলা চৈ
না যাইও যমুনাৰ জলে
তোমৰা নাযাইও নাযাইও
নাযাইও চৈৰে ঐনা যমুনাৰ জলে
যে ঘাটে ভৰিব আৰও জল
সেই ঘাটে কানাই আসৈ
নন্দেৰ বেটা চিকনাৰো কালা
কালা বিহিলে কি বিষম জ্বালা চৈ
কদম গাছে হেলানীৰে দিয়া
কালা বাজাই মোহন বাঁশী চৈ।

আৰে, গেইলে কি আসিবেন

আৰে, গেইলে কি আসিবেন
মোৰ মাহুত বন্ধু ৰে?
হস্তীৰ নৰাং, হস্তীৰ চৰাং,
হস্তীৰ গলাৰ দড়ী
অৰে, সত্য কৰিয়া ক'ন ৰে মাহুত
কোন বা দেশে বাড়ী ৰে?

হস্তীৰ নৰং, হস্তীৰ চৰং,
হস্তীৰ পায়ে বেড়ী
অৰে সত্য কৰিয়া কইলাম কথা
গৌৰীপুৰে বাড়ি ৰে
খাটা খুটা মাহুত ৰে
তোৰ গালে চাপা দাড়ি
অৰে সত্য কৰিয়া ক'ন ৰে মাহুত
ঘৰে কয়জন নাৰী ৰে?
হস্তীৰ নৰাং, হস্তীৰ চৰাং
চম্পা নদীৰ পাৰে
অৰে সত্য কৰিয়া কইলাম তোমাক
বিয়াও হয় নাই মোৰে ৰে।
[বীৰেন দত্তৰ পৃ: ২৬৫ চাওক]

ধৌলী মোৰে মাই

ধৌলী মোৰে মাই, সুন্দৰী মোৰে মাই
দুনো জনে বুদ্ধি (যুক্তি) কৰি
চল পালায়া যাই।

নাই শোনং মাই তোৰ মুখেৰ ৰাও,
চান্দী ৰুপাৰ মতোন জ্বলে তোৰ গাও।
আৰে তোক যদি পাওং
মুই ছাড়ং বাপ, মাও!

ওটি যদি হয় কোনো গণ্ডগোল
এক দমে চলিয়া যাবো
মৰুচ বাৰীৰ কোল,
আৰে ওটি আছে বড় মামা
কৰিবে আড্ডোল।

ও মুই বুজোঁ নুবুজোঁ নু বৈদেশা বন্ধু আৰ
মন কান্দে হায় মোৰ জুনুকা গঢ়িয়া দে
জুনুকাৰ ভৰতে হাথিবাৰ নাপাং বন্ধু
পিঁঠিতঁ কৰিয়া নে মোক
হায় মোৰ জুনুকা গঢ়িয়া দে।

বিহুগীত

ফটো: বিশ্বজিত গৌহাই

এইটো এটা লক্ষণীয় কথা যে ভূপেন হাজৰিকাই নিজে বেছি বিহুগীত বা বনগীত ৰচনা কৰা নাছিল। সেইবিলাক হেমেন হাজৰিকা আৰু আন আন লোকে সংগ্ৰহ কৰি দিছিল। সেইদৰে হেমেন হাজৰিকাৰ লগতে ৰুবী সিংহ, লক্ষহীৰা দাস, গকুল পাঠক আদি গীতিকাৰেও বিহুগীত ৰচি তেঁওৰ হতুৱাই গোৱাইছিল। ভূপেন হাজৰিকাই সেইবিলাক বিশেষ প্ৰতিভাৰে পৰিৱেশন কৰি জনপ্ৰিয় কৰাৰ লগতে বিহু সুৰক আধুনিক ৰূপ দিছিল।

এই ক্ষেত্ৰত কলাগুৰুৰেহে বিশেষ কষ্ট কৰিছিল। বিষ্ণুপ্ৰসাদ ৰাভাদেৱে অসমৰ গাঁৱে ভূঞে ঘূৰি বিহুগীত আৰু লোকগীত সংগ্ৰহ কৰিছিল। তদুপৰি সাধাৰণ মানুহৰ লগত তেঁও মিহলি হ'বলৈ ভাল পাইছিল কাৰণে তেঁও অসমৰ ধূলি মাকতিৰ পৰা বিহুগীত আৰু লোকগীত মথি আনিব পাৰিছিল। ৰাভাদেৱৰ এইটো কৃতিত্ব যে তেঁও বহু বিহুগীত আৰু লোকগীতক শৃংখলা লগাই ৰাইজৰ হাতত দি যাব পাৰিছিল। (এই বিষয়ে আমাৰ 'বিষ্ণুপ্ৰসাদৰ প্ৰসাদ' চাওক)।

আনহাতে জ্যোতিপ্ৰসাদেও কলাগুৰুৰ দৰে সত্ৰ, গাঁৱে ভূঞে ঘূৰি কলাগুৰুৰ দৰে সক্ৰিয় ভাবে গীত সংগ্ৰহ কৰা নাছিল। জ্যোতিপ্ৰসাদৰ গীতত ঘাইকৈ তেঁও মাকৰ মুখত সৰুৰে পৰা শুনা নিচুকণি গীত, বিয়ানাম, প্ৰাৰ্থনা গীতৰ সুৰেই বেছিকৈ প্ৰতিধ্বনিত হোৱা দেখা যায়। জ্যোতিপ্ৰসাদৰ সৃষ্টিৰ ই এক মহত্ত্ব যে তেঁও কেনেকৈ অসমীয়া গীতত অসমীয়া থলুৱা সুৰ দি আধুনিক গীত ৰচিব পাৰি তাৰেই পথ দেখুৱাই দি গ'ল। সেই পথ অনুকৰণ কৰি বিষ্ণুপ্ৰসাদে আধুনিক অসমীয়া গীতক এক জীৱন্ত বোৱতী সুঁতিত পৰিণত কৰিলে। কলাগুৰুৱে অসমৰ জনজাতীয় লোকৰ পৰা মাত কথা আৰু গীতৰ সমল বুটলিছিল। এনেহে লাগে যেন বিষ্ণুপ্ৰসাদৰ লক্ষ্য আছিল প্ৰচলিত লোকগীত বিহুগীত বৰগীত আদিক

শৃংখলা লগাই অসমৰ জাতীয় জীৱন চহকী কৰা।

ভূপেন হাজৰিকাই জ্যোতিপ্ৰসাদ আৰু বিষ্ণুপ্ৰসাদ দুয়োকে অনুকৰণ কৰিলেও তেঁওৰ লক্ষ্য আছিল থলুৱা আৰু দেশী বিদেশী সকলো ধৰণৰ সুৰ সংগ্ৰহ কৰি এক বিস্তীৰ্ণ সুৰ সাগৰ সৃষ্টি কৰা যাতে তেঁও তাৰ মুকুতা বুটলি নিজে ৰচা গীতত খাপ খোৱাকৈ ব্যৱহাৰ কৰিব পাৰে। তেনেদৰেই তেঁওৰ প্ৰতিভাৰ পূৰ্ণ বিকাশ হ'ল তেঁওৰ গীতৰ কথা আৰু সুৰত।

(১)

ছাগৰ ছাল ছেলাবৰ

[কথা: গকুল পাঠক; শিল্পী: গকুল পাঠক আৰু কুইনী হাজৰিকা]

ছাগৰ ছাল ছেলাবৰ ডবুৱা কটাৰী
পহুৰ ছাল ছেলাবৰ মিট
ৰাইজ নধৰিবা আমাকে দোষাৰো
গাই যাওঁ বতৰৰ গীত।

দেউতা অই! গছেও যে সলালে পুলি
অই ভনিটী! বিহুনো মাৰিবলৈ যাবেঁ
অই ভনিটী, চেনেহৰে গামোচা দিয়া
অ' ভনিটী, উৰোঁ উৰোঁ কৰিছে মন।
বিহুটি নাহিলে সোণ কালিবাৰীৰ নাচনি
বৰজাপৰ জপনী সোণ কালিবাৰীৰ নাচনি
গৰকাৰ দপদপনি নিশা নাহে টোপনি
নিশানো সমাজিকত দেখোঁ।
কুলি তামোলৰে পুলি
অ' কুলি তামোলৰে পুলি
এ কঁকাল ভাঙি ভাঙি নাচিছা আইজনী
অ' গৰাকী লাগকহি বুলি মোৰ আইজনী
অ' গৰাকী লাগকহি বুলি।
উজায়ে চালোঁ মই ভটিয়াই চালোঁ মই
তোমাৰ মান শুৱনি নাই
দেৱে ঐ মাৰিব অ' মনিষে মাৰিব
তোমাক ধন অকলে পায়।

অ' হাতলৈ কি চাবা
অ' সোণাই লিতিকাই
হাতীৰে শুৰে যেন অ' চেনাই লিতিকাই
ভৰিলৈনো কি চাবা গোটে
চেনাই মিচিকাই নেহাঁহিবা
মিচিকাই নেহাঁহিবা
শৰীৰনো ক'লা পৰি যায়।
হাবি কাটি ওলাই ওলাই যাম
শদিয়ালৈ পোনাই পোনাই যাম
পেলাইনো যাম তোমা তোমালৈ মনত
তুমি দিয়া ৰুমালখনিৰে
চকু পানী মচি মচি যাম
চকু পানী মচি মচি যাম
পেলাইনো যাম পেলাইনো যাম
তোমা তোমালৈ মনত।।

ফটো: তৰুণী গগৈ

(২)

[কথা: ভূপেন হাজৰিকা; শিল্পী: ভূপেন হাজৰিকা আৰু পৰিয়ালবৰ্গ]

ছাগৰ ছাল ছেলাবৰ ডবুৰা কটাৰী
পহুৰ ছাল ছেলাবৰ মিট
অ' দেশৰ বুঢ়া মেথা দায়ে নধৰিবা
গাই যাওঁ আজিৰে গীত—
লুইতত ভোটোঙাই ওলাল শিহু
আজি বোলে ৰঙালী বিহু বিহু
ধেমালি চাই যা ধেমালি চা—
যেন লেটেকুৰে থোপ
দলদোপ দলদোপ হেন্দোলদোপ
সমাজৰ পথাৰত কোন খেলুৱৈয়ে
কাক বা সাজিছে ঢোপ?
গাঁৱৰে এইগাল লোক
হ'ল মিছলীয়াৰ ঢোপ।।
ধেমালি চাই যা ধেমালি চা—
যেন লেটেকুৰে থোপ
দলদোপ দলদোপ হেন্দোলদোপ।
অতিকৈ চেনহৰ মুগাৰে মহুৰা
অতিকৈ চেনেহৰ মাকো
সমাজৰ গামোচাত ন ফুল বাছিলি ঐ
লুইতত সাজি দিওঁ সাকো।

এহি মানৰ কথাখিনি এহিমানে থওঁ
হালোৱা হজুৱাৰ কথাখিনি কওঁ—
ইফালেদি লথিয়াই তোক, নাজীতৰ
সিফালেদি লথিয়াই তোক, নাজীতৰা!
ৰঙালী বিহুটি কঙালী কৰিলে
পেটৰহে নুগুচে ভোক, নাজীতৰা!
দুদিন বিহু কৰি এবছৰ কান্দিবি
গিলিবি দুখৰে ঢৌ।
গাঁৱৰ এইগাল লোক
হ'ল মহাজনৰ ঢোপ
ধেমালি চাই যা ধেমালি চা।।
দেউতাৰ পদূলিত গোন্ধাইছে মাধুৰী
কেতেকী ফুলিবৰ হ'ল ঐ গোবিন্দাই ৰাম
উজাগাৰ দেউতাৰ পদূলি সাৰোঁতে
কঁকাল মোৰ ভাগি এ গ'ল
ঐ গোবিন্দাই ৰাম
পিছে কাচিখনত আজি বৰ চোক
গাঁৱৰ দাৱনীয়ে বাছি বাছি ৰাখিছিল
বৰাধানৰ দুটামান থোক,
তাতে পৰে পিয়দা পোক।
সুদা সুদা মাকোটি খট খট চলে
বোৱনীয়ে হেঁপাহেৰে চানেকী ল'লে
ক'লা ক'লা বজাৰত সূতাৰ দাম দেখি
দুখুনীয়ে পাইছে শোক
ৰাইজৰ এইগাল লোক
হ'ল কাৰোবাৰে ঢোপ

ধেমালি চাই যা ধেমালি চা।
দলদোপ দলদোপ হেন্দোলদোপ
ধেমালি চাই যা ধেমালি চা।।

দুজন এজনে কলঘৰ সাজিছে
থানে থানে কাপোৰ ওলায়
এ উৰণীয়া জাহাজত চিলিক আহিছে
আমাৰ বিহু কাপোৰ নাই।
বিহু কাপোৰ নাই বুলি বনগীত নেগাবি
সচা সচা কথাবোৰ কৈ
ধুতি পিন্ধা চেহাবে এনুৰা গীত গালে
পিঙতহে তুলিব গৈ।
সচা কোৱা বৰ বেয়া ৰোগ
দঢ়াই নকৈছিলোঁ তোক
এ ধেমালি চাই যা, ধেমালি চা।

এ কোনোবা সমুদ্ৰত বোমা ফুটুৱালে
ক'ৰবাত পৰিলে ছাই
এগণ্ডা বোমাৰে পৃথিৱী পুৰিব
ক'ৰবাৰ ৰণ বলিয়াই
উদ্‌যান বোমাৰে গুণগান বখানি
নক'বি এনেকৈ মোক
বোলো ৰণ হ'লে খাম কি?
ৰণ হ'লে গাম কি?
মৰিব দেশৰহে লোক।।

যেন লেটেকুৰে থোপ
ধেমালি চাই যা ধেমালি চা।
দলদোপ দলদোপ হেন্দোলদোপ
ধেমালি চাই যা ধেমালি চা।।

শান্তিৰে নিজৰাত নিজৰি নব'লে
আমি হ'ম বৰশীৰ টোপ
অতিকৈনো চেনেহৰ বহাগৰে বিহুটিৰ
সুৰটি যে পাবগৈ লোপ।
কাঢ়ি নিয়া মাটিখিনি
হাতৰ খাৰু মণি
ৰাইজে পালেহে গুচিব পিয়াহ ভোক
বিহুতলী তেতিয়া ৰজন জনাব
নাচিব দেশৰে লোক
বোলোঁ দেখিবি ন ন ৰূপ।

বোৱতী সুঁতিটিক অ' আইতা
ভেটিব যে নোৱাৰি আইতা
ভেঁটা ভাঙে ঘনে ঘনে।
বিদ্ৰোহী ৰাইজক অ' আইতা
কঢ়িয়াই লৈ যোৱা
সময়ক ভেটিব কোনে?

ফটো: শচীন সোণোৱাল

(৩)

অ' বিহুৰেনো বিৰিণা
অ' বিহুৰেনো বিৰিণা অ' আইতা!
অ' নাচনীৰ কলাফুল লৰে।
বিহুৰেনো বিৰিণা অ' আইতা
কেৰুমণি থুৰিয়া
তাতে সমনীয়া অ' আইতা
তুমি আমাৰ যুৱীয়া
বহাগতে পাতি যাওঁ বিয়া অ' আইতা
কেৰুমণি গেজেৰা নামাৰিবা কেটেৰা
চায়েনো চাই থাকিবৰ মনে অ' আইতা
চায়েনো চাই থাকিবৰ মন।
সলগুৰি বাগিচাত ঘননি অ' বননি
তাতে নো বহিলে মন।
সুমলাৰ তাঁতশাল
সোণাপুৰ ঐ নগৰখন
তাতেহে মোৰ বহি গ'ল মনে
অ' আইতা নিমাতী ঐ
কেলেই দিছা নিমাতী ঐ
কেলেই দিছা, কেলেই দিছা
কেলেই দিছা যৌৱনত ভৰি?
বা বাগিচাৰে চা চাকৰি
নেলাগে লা লাহৰী
নেলাগে তলপৰ ধন।
তইয়ে ধানে দাবি
মইয়ে হালে বামে
সেয়ে হ'ব জীৱনৰ ধন।
অ' আইকণ! তোৰ ঘৰ সিপাৰত আইকণ
অ' আইকণ! মোৰ ঘৰ ইপাৰত
আকৌ আইকণ দেহি ঐ
তুমি যাবা ঘাটলৈ
মই থাকিম বাটলৈ চাই।
এনেনো ভাল লাগে আইতা
এনেনো ভাল লাগে।
মুখলৈনো কিনো চাবা?
পূর্ণিমাৰে জোনে
এনেনো ভাল লাগে আইতা
এনেনো ভাল লাগে।
চকুলৈনো কিনো চাবা? সৰগৰে তৰা
অ' এনেনো ভাল লাগে আইতা
এনেনো ভাল লাগ।
অ' নাকলৈনো কিনো চাবা?
তিলফুলে নাকে
অ' এনেনো ভাল লাগে আইতা
এনেনো ভাল লাগে।
অ' দাঁতলৈনো কিনো চাবা?
ডালিমৰে গুটি
অ' এনেনো ভাল লাগে আইতা
এনেনো ভাল লাগে।

(৪)

গাভৰু: বহাগী অ'
ডেকা: অ' শাওণী
গাভৰু: অ' ভাদৈ পাট মাদৈ
কি জগৰ লগালোঁ মই?
ডেকা: জানো কি জগৰ লগালি তই?
গাভৰু: ৰগৰ উঠা গগনাটিৰ সুৰটি কাঢ়ি লৈ
যাব' কোননো দেশলৈ?
অ' মোক নিঠৰুৱা কৰি এৰি থৈ—
ডেকা: নেমাতিবি কেটেৰাই

গাভৰু : শৰীৰনো ক'লা পৰি
দহি দহি হ'লো ছায়।
ডেকা: কিয় হ'ল এনুৱা বিলাই?
গাভৰু : কিয় হ'ল এনুৱা বিলাই?
ডেকা: আহিনীৰে পীৰালিত
কাটি ছেঙা ৰ'দালি
গাভৰু : আঘোণীৰে চোতালত
পুহি দেহি ৰূপালী।
ডেকা: মাটি মাহীৰ মুখত হাঁহি নাই
গাভৰু : মাটি মাহীৰ মুখত হাঁহি নাই।
ক'লৈ যাব ফাগুনী তোৰ
লগত সখি গোটালি
ডেকা: কেলেই বাৰু সুৰৰ খাৰু
পিন্ধিও নিপিন্ধিলি?
ঝুমুক ঝুমুক ঝুমুকা বজাই
গাভৰু : এ ঝুমুক ঝুমুক ঝুমুকা বজাই
ডেকা: নেযাবি মোক এৰি থৈ
নেৰিবি মোক অকলৈ।
গাভৰু : মিঠা মিঠা মনটি মোৰ
তিতাকেহা কৰি থৈ।
ডেকা: নিজান জাৰণিত বন্দী কৈ।

(৫)

চ'তৰে বিহুৰে গীত

চ'তৰে বিহুৰে গীত
এইবেলি কি? বান্ধৈ এইবেলি কি?
ঢোলৰে পেপাৰে সুৰ
বান্ধৈ এইবেলি কি
বোলোঁ এইবেলি কি?
ৰংশিঙা খংশিঙা কৰি একলগ
উতলাই তোল মন
বুকুৰ কৰিবি চন ন সুৰ দি
বোলোঁ ন সুৰ দি।।
চ'তৰে বিহুৰে নাচ
অ' বোলোঁ নাচনি নাচিবি তই কি?
বিহুৰে হুচৰি অ' বোলো বিহুৱা
গাবি তই কি?
অ' বোলোঁ নাচনি নাচিবি তই কি?
চোতালত গজে বন মূৰ খিয় দি—
সেন্দুৰী বাটৰ বাধা ধূলি কৰি যা
দেওধনী তোল আজি বৰতীয়া গা
হে লুইতকে ৰোধে কোনে
বালি ভেটা দি??

(৬)

[কথা আৰু সুৰ: হেমেন হাজৰিকা;
সহযোগী শিল্পী: ৰুণুমী ভট্টাচাৰ্য্য]

ডেকা: দেহি ঐ! হেৰ' এই হেন বতৰত
কোন থাকে ভিতৰত
থাকেনো ঐ আখলত নে
জুহালত নে মাৰলত?
এ ক'ৰেনো ঐ আকৰী এইজনী
হেৰৌ নাজীতৰা! অ' নাহ' নে ঐ
মোৰ সৰিয়হ হৈ ফুটিছে গাত।
হেৰৌ আহ অ' আহ ওলাই
আহ ওলাই ঐ এইজনী
মিতিৰাৰ অই বাইভনী
দয়াৰ মৰমৰ বাখৰমণি
যে আগলতি কলৰে পাত

বোলোঁ কেলেই উচপিচখন কৰিছ
জীয়া জুইত পেলাই মাৰিছ
জীয়া জুইকুৰা পুহিছ
দে দে ঐ এষাৰি মাত
আকৌ ছিঙি তুলা তুলাপাত
আইজনী গুলাই গুলাই মাত
মইনা চৰাই মতা দি মাত ঐ—

গাভৰু: মাত ঐ!
বৰ ককাই যেন গুণিছোঁ কাইটি
তেনেহে মন কৰিছোঁ কাইটি
মন কাৰোবাক যাচিছোঁ কাইটি
কেলেইনো তই এনুৰা হ'লি?

ডেকা: অ' তই ককাই বুলিলি?
তোৰ কথাষাৰটো
মই টং কৰা নাছিলোঁ।

গাভৰু: বোলোঁ কেলেই এনেখন কৰিছ
কেলেই জীয়া জুইত পৰিছ
কেলেই দেই পুৰি মৰিছ—
যা যা ঐ
নাখাবি সমাজৰ শাওপাত।

ডেকা: হেৰৌ নাজীতৰা!
মই যাওঁগৈ দে নগাপাহাৰলৈকে
কি কৰিবি তই ককাই বুলিলি
যেতিয়া আৰু উপায় কি?
চাপৰি চাপৰি মইনা তোলোঁ বাখৰি
এসন্ধ্যা ঐ সুখেৰে খামে বুলি আইজনী
কাৰেনো পোৱাল মণি?

কথাকে নেপালিলি
নগানো পাহাৰলৈ যাওঁ।

গাভৰু: এ যা যা

ডেকা: হেঁ! অ' নাজীতৰা
নাহোঁনো আজিৰ পৰা
নাচাওঁনো আজিৰ পৰা
নাচাওঁনো সোণ পূৰ্ণিমাৰ জোন।

গাভৰু: যোৰ পাতি উৰিলে
বগ বগলী বগা হৈ
কপালত লিখিছিলে
বিধিৰে বিধাতাই ঐ
আমাৰ যোৰ ঐ পাতোঁতা নাই।
অ' নাম লোৱা নাই।
নাহোঁনো আজিৰ পৰা
নাচাওঁনো আজিৰ পৰা
একাদশীৰ বৰতীয়া গা।

ডেকা: হেৰৌ কোনে যোৱা দিব?
তোৰ নাই, মোৰো নাই।
অ' ফুলপানী ছিঙাত ছিটিকা পাতিলোঁ
লাগক কপৌজনী বুলি বোলোঁ এইজনী
কোন ফালৰ মোৰ ভনী
কোন তেল কাকৈ ফণি
লং ইলাচি ডালচিনি
লুকুৱাই ঐ এ থুৰিয়াই ঐ
দিছিলি তামোলখনি মোক।

গাভৰু: ফুলগুৰি মেলিলোঁ ছিটিকা ছিঙিলো
গ'ল কপৌজনী উৰি বোলোঁ এইজনী
তোৰ মিতিৰাৰ মই ভনী
যা যা অই নগাৰ ছাঙে ফালে বা।

ডেকা: পৰ্বতে পৰ্বতে বগাব পাৰোঁ মই

গাভৰু: এ লতানো বগাবলৈ টান
যুৰীয়া হাতীকো বলাব পাৰ তই।

ডেকা: তোকেনো অই বলোৱা টান

হয় নে নহয় নে—
গাভৰু: নে নে ফুচুলাই নে
ডেকা: নিমেইটো মই নহ'লে
গাভৰু: নে তামোল পান কাটি নে
নহ'লে পলুৱাই নে
তেহেঁ বুলিম ভোমোৰাৰ জাত।
ডেকা: কি বুলিলি ভোমোৰা?
হেৰৌ ভোমোৰা যেতিয়া বুলিছ লাহৰী
কথা এটা কওঁ তই শুন—
বোলোঁ প্ৰথম বহাগতে ককাই বুলি
মতাটো তোৰ বা দোষ নে গুণ?
গাভৰু: ককাই বুলি মাতি লৈ
ওঠৰ হেঁচা দিছিলোঁ
ডেকা: হেৰৌ এইটো কথা নেকি
গাভৰু: ভিতৰি যে কথাটো অইন
মোৰ চেনাইটি নুবুজিলি মোৰ মনটি
ভিতৰি মোৰ কথাটো অইন।

ডেকা: হয় যদি কথাটো
ভনী বুলি তোক নামাতোঁ
তেতিয়াহে প্ৰেম হ'ব ধইন।
অ' মোৰ লাহৰী
নাযাওঁ তোক ঐ পাহৰি
গাভৰু: নাযাবি মোক পাহৰি
নাঢালিবি জ্বলা জুইত ঘিঁউ
ডেকা: ভাটীৰে ডঙুৱা নহওঁ মই বেপাৰী
নাজান যদিহে
হেৰৌ শুন অ' আকৰী
আভুৱা নাভাবিবা মোক।
গাভৰু: আভুৱা?

সেন্দুৰীক চলি চলিছিল
সেন্দুৰৰ টেমা টেমাটি
সতিনীকচলি চলিছিল লগে
মাৰাক অই চলি চলিছিল
গোৱালৰ এঠা গাখীৰে
বাপেৰক চলি চলিছিল ধনে।
ডেকা: তোক মই মনেৰেহে জিনিছোঁ দেই
ধনেৰে কিনা নাই
এই কথাষাৰ ব্ৰহ্মাণ্ডই জানে।
গাভৰু: জানেটো
বা বা বা ঢোলে বা
গা গা বিহু গা মই নাচোঁ তয়ে বা
নাচোঁ নাচোঁখন কৰে গা
বহাগৰে বলিয়া বা
ডেকা: বাওঁ বাওঁ ঢোলে বাওঁ
তই নাচি দে ময়েই গাওঁ
উজাই নে ভটিয়াই যাওঁ
ইচাট বিচাট লাগিছে গা
তোৰ ডম্বৰু
জীয়া যৌৱন কি কৰোঁ
কেঁচা যৌৱন কি কৰোঁ
বহাগৰে উতলা বা
ডুগ ডুগ ডম্বৰু
জীয়া যৌৱন মই কি কৰোঁ

গাভৰু: কেঁচা যৌৱন মই কি কৰোঁ
বহাগৰে বলিয়া বা
জীয়া যৌৱন মই কি কৰোঁ
কেঁচা যৌৱনে মই কি কৰোঁ?

(৭)

কুলি কেতেকী সৰু ভনীটি
তোমালোকৰ ঘৰলৈ
সদায় যাব পাৰোঁ মই
দিয়া যদি মৰমৰ মাত।
মই যোৱা দেখিলে
তোমাৰেনো মাৰ বাপেৰে
দিয়ে মূৰে কপালে হাত।
বাৰীৰে ঢাপৰে এজাৰ মোৰ চেনাই
বাৰীৰে ঢাপৰে এজাৰ
চেঙেলীয়া কালতে পীৰিতি এৰিলা
মনত দি গ'লা যে বেজাৰ।
চতাই পৰেৰত ধুঁৰলী ঐ কুঁৰলী
কোনে ভাত ৰান্ধি খায়?
মাক নাই মাউৰা তিৰী নাই বৰলা
হাতী ধৰিবলৈ যায়।

দেহা হ'ল অলিয়া দেহ হ'ল বলিয়া
দেহ হ'ল দিহিঙৰ গড়া
তোমাৰে লগতে হ'লো মই বলিয়া
চিনাকি হ'বৰে পৰা।
কচুটেঙা খুতুৰা বিলাহী ঢেকীয়া
জুতি লগাই লগাই খাবাঁ
গধূলিৰ পৰা দুৱাৰ মেলি থমে
বিৰালী যোৰাদি যাবাঁ।
নৈ দেখি লাগিলে পানীৰে পিয়াহটি
তোমাক দেখি লাগিলে দয়া
হাতৰে তামোলখনি হাততে যে থাকিলে
নহলা ঐ নিজৰে গয়া।

(আই ঐ চাপৰি চাপৰি তোলোঁ মই বাবৰি
পুৰণিনো কলীয়া কচু।
দেহি দেহা ঐ
পীৰীতিৰে বেহা ঐ
যৌৱনৰে সাঁচতীয়া ধন
যাকে চাব খোজোঁ তাকে ঐ নেদেখোঁ
কিনো জুইয়ে লগা চকু।
ইমাননো ধুনীয়াকৈ অ' নো দেহেশ্বৰী
কোনে সৰজিলে অ' নো দেহেশ্বৰী
কোনেনো নামে দিলে হীৰা?

দেহেশ্বৰী ঐ উঠা লাহে কৰি ঐ
কেতিয়া পুৱাব ৰাতি?
গুম গুমনি
কঁকালৰ খোচনি
বহিলে জুনুকা বাজে
কি ৰৈয়া বৈ
দুফালে দুখন ছৈ
মাজে বয় যমুনা নৈ
এ ভনী জানা তুমি কৰিছোঁহে ধেমালি
নাই যদি তোমাৰ মন
নকৰিবা সম্ভাষণ,
আছে যদি তোমাৰ মন
দিব পাৰোঁ হিয়াখন
জানা ভনী ডেকাৰনো চেঙেলীয়া মনে
ভনী তোমাৰো চেঙেলীয়া মন।)

ফটো: মুন চিৰঞ্জীৱ চুতিয়া

(৮)

চকলা টেঙাটি অকলৈ নাখাবি

[কথা: হেমেন হাজৰিকাৰ; সুৰ: ভূপেন হাজৰিকা; শিল্পী: ভূপেন হাজৰিকা আৰু সংগী]

মতা: চকলা টেঙাটি অকলৈ নাখাবি
এ আমাকো এচকল দে
ৰঙা গড়াত তললৈ এনেকৈ নাযাবি
আমাকো লগতে নে ঐ।।

মাইকী: ঐ তোক দেখি মোৰ গা
জিম জিম জাম জাম
চিম চিম চাম চাম
পুৰ পুৰ পাৰ পাৰ
পিৰ পিৰ পাৰ পাৰ কৰে জান ঐ
নৈ মালিনীৰ ৰঙা গড়া
পানীনো জিলমিলীয়া
মনেনো চুইয়ে যোৱা
চাই থাক চাই থাক চাই থাক
হেঁপাহনো নপলায় অ' মানে

ডেকা: ঐ টুকু কুমলীয়া
হাঁহিনো খিলখিলিয়া
গোন্ধে আমোল মোলোৱা
ৰৈ থাক ৰৈ থাক ৰৈ থাক ৰৈ থাক
ৰঙা গড়া নাপাৰ মানে।
অ' শহুৰৰ জীয়েক ঐ,
ঐ নাচাৰ কেলৈ অ'?

মাইকী: বাখৰৰ টেমেকা মন

মতা: হেৰ' কোন জনাই সৰজিলে এ তোক
বাঁহ বিজুলীৰ বিচনী
এ তিনিজনীৰ কোনজনী
সোণজনী মোৰ কোনজনী?
এ চিনো চিনো লাগিছে।

মাইকী: চিনাকি

মতা: মাতোঁ মাতোঁ লাগিছে?

মাইকী: নিমাতী

মতা: মিচিক মাচাক হাঁহিছে।

মাইকী: কিয়নো

মতা: ঘূৰি ঘূৰি চাই চাইছে?

মাইকী: কাকেনো

মতা: মাতোতে ভুলে ঐ ভুলে হয়
মোৰ জানোচা

মাইকী: নকৈছিলো তোক।

মতা: কি কৈছিলি?

মাইকী: জাপি, লাঠী, তিয়নী
নেৰিবি ঐ নেৰিবি
এৰিব যে লাগিলে
থিয়ৈ থিয়ৈ মৰিবি চাবি।

মতা: হয় নেকি?

বণিজলৈ গৈছিলোঁ তিয়নীখন নিনিলোঁ
যাবৰ পৰত নেমাতিলি
কিনো জগৰ লগালো মই?
মাইকী: কিনো ৰগৰ কৰিলি
তিয়নীখন নিনিলি
চেৰেং চেৰেং মনত পৰে
আহোঁ ৰঙাগড়ালৈ বুলি।
মতা: এ দেহি কলঙে কলঙে
মাইকী: এ দেহি
মতা: উজায়ে গয়েনো গৈ
মাইকী: এ দেহি
মতা: ৰহাতনো কিনো গৈ পালো হে ৰাম
মাইকী: এ দেহি
ডেকা: ৰহাৰে ৰহেদৈয়ে
মাইকী: এ দেহি
মতা: দিলে পাৰি দিয়া
মাইকী: এ দেহি
মতা: ফুলাম ঔ ফুলা গামোচা
এ উজনিলৈ গৈছিলোঁ
মাইকী: জাপিটো নিনিলি
ইচাত বিচাত লাগিছিল
ডেইপুৰি মাৰিলি।
দুয়ো: জুয়ে পোৰা সোণ হেন দেহা
পোৰা মাটি কৰিলি
মাইকী: চিনিব তই নোৱাৰা হ'লি।
মতা: হয় নে? ঐ শুন
ইয়াতে মাৰিলোঁ টিপা (বুজিছ)
গড়গাঁও পালেগৈ শিপা।
টিপামৰ ভাদৈয়ে দিলে কি চা ঐ
ছাঁতে শুকুৱা, মুঠিতে লুকোৱা
মিহি আঁশী সূতাৰ বৰ খনিয়া।
মতা: কি জানো বেহালোঁ লাঠিডালও নিনিলোঁ
মাইকী: দিছিলোঁ, নিনিলি
মতা: নিদিলি
মাইকী: দিছিলোঁ
আহ ভনী এ এইজনী
অ' জেং খৰি লুকুংগৈ ব'ল
খৰি একোচা
মতা: সলগুৰিৰ এলেঙী আঘোণী
শুনা এটি বচনী
তোৰ এটি সোণ পীৰিতিৰে বোকোচা
পীৰিতি নাভাগে
পীৰিতি নিছিগে
অ' পীৰিতি নপৰে সৰি।
মাইকী: য'তে মেৰিয়াবি
মতা: হয় নে?
মাইকী: ত'তে মেৰে খাব
মতা: কি
মাইকী: এ পীৰিতি মৰমৰ জৰী।।

(৯)

নামৰে কঠীয়া অ'

[কথা: হেমেন হাজৰিকা; সুৰ আৰু শিল্পী: ভূপেন হাজৰিকা আৰু সংগী]

গাভৰু: হে নামৰে কঠীয়া অ' ঈশ্বৰে দিছিলে
ব্ৰহ্মায়ে সৰজা নাম
ডেকা: বেয়া নাম ওলালে অই
খেমিবা সদৌৰে
পীৰিতি নামকে গাম।।

অই ছোৱালী গা ঐ!
বোলোঁ চ'তত?
গাভৰু: চ'ততে চকৰী
ডেকা: বহাগত?
গাভৰু: বহাগত বগৰী
ডেকা: জেঠতে?
গাভৰু: জেঠতে আমনা ধান
ডেকা: আৰু?
গাভৰু: গৰু বিহু দিনা বাৰু?
লবি আশীৰ্বাদে
ডেকা: ল'মে।
গাভৰু: পাবি বৈকুণ্ঠতে স্থান
দুয়ো: যুতি ফুলে মালতী ইফালে টকাৰ মাত
যুতি ফুলে মালতী সিফালে টকাৰ মাত
যুতি ফুলে মালতী
মাজতে সোলেং গুৰিৰ সূঁতি
যুতি ফুলে মালতী টকাৰ মাতে শুনি
যুতি ফুলে মালতী বাঢ়িল চতিয়না
যুতি ফুলে মালতী
পুলিয়ে না ধৰিলে গুটি
ডেকা: বিহুৰে বাতৰি নিদিবি কুলিটি
এ অলিয়া বলিয়া মন।
গাভৰু: কলীয়া চেনাই মোৰ আছে বিদেশতে
হে ঘটিছে বণিজৰ ধন।
দুয়ো: ধন ধন ধন ধনে ঐ কি হ'ব?
ধন ধন ধন ধনে ঐ নহ'লে
ধন ধন ধন ধনে ঐ নেলাগে
নহ'লে বিহুৱা মন।
মন মন মন মনে ঐ সুৰীয়া
মন মন মন মনে জুৰণীয়া
মন মন মন মন নহয় উৰণীয়া মৌ।
ডেকা: হয় নেকি অ'?
দুয়ো: হয়ে কি হয় হয় হয় হয়
কেহ কলি নিকলি
হয়ে কি হয় হয় হয় হয়
কপাহ সূতা মুকলি
হয়ে কি হয় হয় হয় হয়
ঠেহ পাতি নেখালি ভাত
হয়ে কি হয় হয় হয় হয়
এপুৰা সেন্দূৰৰ
হয়ে কি হয় হয় হয় হয়
যোৰ ফোঁট মাৰি লৈ
হয়ে কি হয় হয় হয় হয়
ৰঙা ৰিহা ল'লি ঐ গাত।
ডেকা: উজায়ে চালোঁ মই ভটিয়াই চালোঁ মই
তোমাৰ মান শুৱনি নাই
গাভৰু: ই ডৰা বন বননিত
কোনে জুই জ্বলালি
কি যে ঐ পীৰিতিৰ ঠাই
দুয়ো: অ' পীৰিতি পীৰিতি পীৰিতি
পীৰিতি মিঠা চুৰা দৈ
পীৰিতি পীৰিতি পীৰিতি পীৰিতি
বোৱা বোৱতী নৈ
পীৰিতি পীৰিতি পীৰিতি
ওৰে জীৱন থাকিব বৈ।
ডেকা: আমনা ধানকে দাবলৈ গৈছিলা
বাউলী বতাহে পালে সমনীয়া
গাভৰু: কাঁচি দলি মাৰি হাবিতে সোমালোঁ

গুঁঠতে বৰলে খালে—
অ' বহনা ইমাননো যাতনা
দেহাইনো কেনেকে সহে?

ডেকা: হে চ'তেনো মহীয়া ৰ'দে চৌৰে চৌৰে
কিনো দুপৰে ভোকে অ' আইজনী
তিঁয়হও নহ'লি চিৰালো নহ'লি
কেঁচাই খালোহেঁতেন
তোকে পানীমলা দুহাতে দুমলা
ৰৈনো ৰৈ ধেমালি কৰ।

গাভৰু: ৰৈয়া ৰৈ ৰৈ ৰৈ গজে পানী খালে
ৰৈয়া ৰৈ ৰৈ ৰৈ হৈয়াঙে দৈয়াঙে
ৰৈয়া ৰৈ ৰৈ ৰৈ ঘোঁৱাই
পানী খালে ৰৈ
ৰৈয়া ৰৈ ৰৈ ৰৈ ধনে পানী খালে
ৰৈয়া ৰৈ ৰৈ ৰৈ পীৰিতি নিজৰাত
ৰৈয়া ৰৈ ৰৈ ৰৈ থিয়
গড়াত খোপনি থৈ।

দুয়ো: ফেউ ফেউ ফেউৱাই মাতিছে
এ ফেই ফেউ বনৰজা আহিছে
এ ফেউ ফেউ খৰকে খোজটি পেলা
অ' ৰঙিলী বেলা হ'ল গধূলি
মনি নে নমনি চিনাকি পদূলি তোৰ
এ ফেউ ফেউ আলিবাটৰ মেকুৰী
এ ফেউ ফেউ ঢপলিয়াই ফেঁকুৰী
এ ফেউ ফেউ চেনেহ ঐ পাহৰি
ক'লে যাব লাহৰী
কাষতে কলহটি লৈ?
এ ফেউ ফেউ আলিৰে দাঁতিৰে ঘৰ
এ ফেউ ফেউ ঘৰ ঘৰ ঘৰ কৰ

এ ফেউ ফেউ বাৰীৰে গাজলি বাঁহ
এ লাজ এৰি বান্ধি ল' সাহ
এইফালে বনৰজা কৰে আহ যাহ।

ডেকা: নহওঁ মই অই বনৰ ৰজা
মাদৈ, তই মোৰ মই তোৰেই ৰজা
সোমাই আহ ঐ আমাৰ পঁজা।

গাভৰু: ফুলে ঐ দুৱাৰ ডলিত নৰবি
দুৱাৰ ডলি গৰকি
দুৱাৰ ডলি পাৰে হৈ আহ।

ফটো: মুন চিৰঞ্জীৱ চুতিয়া

(১০)

বিহুৱে বিৰিণা বৃটিছ ৰজা

[কথা আৰু সুৰ: ভূপেন হাজৰিকা; শিল্পী (আদি সংস্কৰণ): ভূপেন হাজৰিকা; দ্বিতীয় সংস্কৰণ: উষা মংগেছকাৰ। উষা মংগেছকাৰে বাণীৱদ্ধ কৰোঁতে কিছু অংশ বাদ দিছিলে। বাদ দিয়া অংশ বন্ধনীৰ ভিতৰত দিয়া হৈছে।]

বিহুৰে বিৰিণা বৃটিছ ৰজা উঠি গ'ল
পাতে সমনীয়া দেশৰ নেতা ৰজা হ'ল।
বিহুৰে বিৰিণা পাতে হে
নয়া পইচা ওলাই গ'ল
বিহুৰে বিৰিণা পাতে হে
ষোল অনা লুকাই গ'ল
বিহুৰে বিৰিণা পাতে হে
এশ পইচা এটকা হ'ল।
(চেনাই দিয়ে গ'লা মইনা মোৰ কলিজা
চেনেহৰ টোপোলা মইনা মোৰ কলিজা)

মইনাজান মইনাজান তোমাৰে ঐ বেজাৰত
মইনাজান মইনাজান জাজী নৈতে পৰিমগৈ
মইনাজান মইনাজান
সোঁতে মোক উটুৱাই নিব।
মইনাজান মইনাজান মাংস গেলি যাব
মইনাজান মইনাজান হাড়ও পচি যাব
মইনাজান মইনাজান
মাছেনো কুটি কুটি খাব।।

ফটো: বাসু দাস

(১১) বিহু বিহু লাগিছে

[কথা: ৰুবী সিংহ; সুৰ: অজিত সিংহ:
শিল্পী: ভূপেন হাজৰিকা আৰু ৰুবী সিংহ]

ডেকা: বিহু বিহু লাগিছে
বিহু মাৰোঁ আহা না
উৰোঁ উৰোঁ কৰিছে মন
এপাক নাচোঁ আহা না
চিনো চিনো লাগে তোমাক
নামটি তোমাৰ কোৱা না জান।
অ' নাচনীয়ে নাচি যা বিহুগীত এফাকি গা
ছেউৰী মহৰে পেঁপাটি কাটিলোঁ
আহঁতৰ তলতে ঐ উখল মাখল লগালোঁ।
গাভৰু: ঘূৰি ঘূৰি নাচা জান
অ' বহাগৰে আকাশতে নাচে
খৰেকৈয়ে বিজুলীৰ উলাহেৰে
মেঘৰ হিয়াৰ আঁৰে আঁৰে
অ' ডাৱৰে যেন ঢোল বজাই তালে তালে
বতাহ জাকে বিহুৰে গীত গালে
পোহৰৰ পাৰে পাৰে
ডেকা: জুন জুন মইনা গুন গুন মইনা
ঘূৰি ঘূৰি জান নাচা না
ৰুন জুন মইনা জুন জুন মইনা
ঘূৰি ঘূৰি জান নাচা না।।

(১২)

আৰৈ ধান লেছীয়া

গাভৰু: আৰৈ ধান লেছীয়া বান্ধিবি কেতিয়া
কুলাতকৈ চালনী ঘন
চকুৰে চাইছা মুখেৰে নেমাতা
হে কালৈনো কৰিছা মন?
বিন্ধিলে বিন্ধিলে
বিন্ধিলে অ' পীৰিতিৰে হুলে
পীৰিতিৰ হুল বৰ যে চোকা
মন পথাৰত বৰ যে বোকা
বোকা গছকি হোম দি উঠি
যাম তোমাকে বিচাৰি
পানী অনাৰ চলেৰে
বিন্ধিলে অ' পীৰিতিৰে হুলে

ডেকা: তোলৈ চাওঁতে ৰিজু ৰিজু ৰিজু বন
বিহুলৈ আহোঁতে ৰিজু ৰিজু ৰিজু বন
বিন্ধিলে পীৰিতিৰ হুলে হে
ৰিজু ৰিজু ৰিজু বন
ফুলে তগৰ বৃন্দাবন
যুঁতি জাঁই বৃন্দাবন
নাচোঁ নাচোঁ নাচোঁ নাচোঁ লাগিছে মন
তোৰে মন পালে ৰিজু ৰিজু ৰিজু বন
মোৰে মনে খালে ৰিজু ৰিজু ৰিজু বন
কি কৰিব অজাতিৰ কুলে?

গাভৰু: নধৰে নধৰে নধৰে ঐ
ৰেবাব টেঙাৰ ৰঙা দিম
চিঠি পালে পিছত দিম
ৰেবাব টেঙাৰ ৰঙা দিম
ঘৰতে মোক নিদিলে ঐ
দিখৌ নদীত জাঁপ দিম।
বতাহতে হালিছে
ৰেবাব টেঙাৰ ৰঙা দিম
পদুমৰে কলিটি
ৰেবাব টেঙাৰ ৰঙা দিম
মূৰ দুপিয়াই মাতে চেনাই
ৰেবাব টেঙাৰ ৰঙা দিম
চিঠি পালে পিচত দিম
ৰেবাব টেঙাৰ ৰঙা দিম
ঘৰতে মোক নিদিলে ঐ
দিখৌ নদীত জাঁপ দিম।

নহ'লে মোক কথা দিয়াঁ
দিখৌৰ ঘাটত ধৰি নিম
ৰেবাব টেঙাৰ ৰঙা দিম
দিখৌ নদীত মই জাঁপ দিম।

(১৩)

[ৰঙালী বিহুত মন হয় ৰঙা ৰঙা। মাকণ গাভৰু হোৱা দেখি মন আৰু ৰঙা হয়। যোৱাটো বানপানীত ডেকাজন শিবিৰত ভিখাৰী হ'ব লগাত পৰিছিল। পিছে নতুনকৈ সি শপত খাইছে নৈখন সি বান্ধিবই আৰু অহা বিহুত মাকণক সি বিয়া কৰাবই।]

মোৰ গাটো দেখোন অ' মাকণ
হে সাতখন আঁঠখন
ৰঙালী বিহুত ৰঙা ৰঙা মন
তই দেখোন গাভৰু হ'লি মাকণ।
কালি দেখিছিলোঁ

অ' মাকণ ভৰলীৰে পাৰত
লহ পহ দেহাৰে প্ৰতিটো ভাজত
গা ধুই গা ধুই অ' মাকণ
হাঁহিলি লাজতে অ' মাকণ
দুয়ো লগ হ'লো ভৰলীৰ মাজত
কি সেই সোণালী ক্ষণ
তই দেখোন গাভৰু হ'লি মাকণ।

বানপানী আহিলে অ' মাকণ
সোপাই উটি গ'ল অ' মাকণ
শিবিৰত ভিখাৰী হ'লোঁ মাকণ।

শপত খায়েই ল'লোঁ অ' মাকণ
হে নৈখন বান্ধিমেই অ' মাকণ
সমাজখন গঢ়িমেই অ' মাকণ
ধান ৰুম বানটো অহাৰ আগতে
থঁহিব পথাৰখন
তই দেখোন গাভৰু হ'লি মাকণ।

অহাবাৰ বিহুতে অ' মাকণ
তোকে বিয়া কৰাম অ' মাকণ
সমাজৰ বাধাক অ' মাকণ
এহাতে থৈ যাম অ' মাকণ
বিয়াখন পাতি লৈ হাল কোৰ বাম
শইচ গোটাই লৈ ভঁৰাল ভৰাম
জিলিকি উঠিব ঘৰখন
তই দেখোন গাভৰু হ'লি মাকণ।

(১৪)

দে উদঙাই দে ঢালি দে

[কথা আৰু সুৰ: হেমেন হাজৰিকা;
শিল্পী: ভূপেন হাজৰিকা, লক্ষহীৰা দাস]

ডেকা: দে উদঙাই, দে ঢালি দে
গাভৰু: দে উজাৰি, দে বাকি দে
ডেকা: অ' ৰঙিলী! অ' বহাগী!
গাওঁ বিহুৰে সুৰ
গাভৰু: তাঁতৰে পাততে মাকো খিটেখিটায়
মনে চিতেচিতাই মোৰ।
ডেকা: মনে পিটে পিটাই মোৰ—
জকেমকায় ফুলিলে ফুল
কেতেকী ফুল
ফুলিলে ফুল কেতেকী
গাভৰু: তোকেনো পায় নাচিলে মন মালতী
মোৰ নাচিলে মন মালতী
উতনুৰা মোৰ মন বান্ধে
বান্ধোনো কেনেকৈ
মনত ঘনে ঘনে পৰে।
ডেকা: দে হাইতাল দে সানি দে
দে হাচতি দে বান্ধি দে
অ' ৰঙিলী! অ' বহাগী!
গাওঁ বিহুৰে সুৰ।
দুয়ো: ঘাটৰে বাটতে শিঙে ৰিঙে ৰিঙায়
গাভৰু: মনে চমে চমায় মোৰ
ডেকা: দেহা ৰমে ৰমায় মোৰ
গাভৰু: কাইটিয়ে নিদিয়ে মোক যাবলৈ
বিহু গাবলৈ তোক চাবলৈ।
ডেকা: ভাইটিয়ে নিদিয়ে মোক যাবলৈ

তোকে চাবলৈ মৰম দিবলৈ।
গাভৰু: মনত মলঙিলে মোৰ মনৰ মাধৈ মালা
হিয়া পৰিব নে জুৰ?
ডেকা: দে হাইতাল দে সানি দে
দে হাচতি দে বান্ধি দে
অ' ৰঙিলী! অ' বহাগী!
গাওঁ বিহুৰে সুৰ
গাভৰু: তাঁতৰে পাততে মাকো খিটেখিটায়
মনে চিতেচিতাই মোৰ।
ডেকা: মনে পিটে পিটাই মোৰ
গাভৰু: মনে চমে চমায় মোৰ
ডেকা: দেহা ৰমে ৰমায় মোৰ।

(১৫)

চৰাইৰে চিকুণ অ' লীলা ৰহিলা
চৰাইৰে চিকুণ অ' লীলা ৰহিলা
তেলীয়া সাৰেঙ অ' লীলা ৰহিলা
মাছৰে চিকুণ মালি লীলা ৰহিলা
আকৌ এদিন আহিলা
আহিয়ে যে গ'লাগৈ?
দিলা তামোল এখনি
খালা তামোল এখনি
এ লগালা লগালা মৰমৰ মাত।
ল' ল' লতি লতি তিল
ল' ল' লতি লতি তিল
লতি তিল লতি তিল লতি তিল
ল' ল' ল' ল' ল'
ইমান ধুনীয়াকৈ কোনে সৰজিলে
সোণ ৰূপৰ বৰণে কৰি?—এ হয়!
এ আমাক সৰজিলে কণাজন বিধাতাই
গোবৰ মাটি মিহলি কৰি
হে খিন্দাওঁ কুৰুলি কোবাওঁ
বিহু মাৰিবলৈ যাওঁ
হে খিন্দাওঁ কুৰুলি কোবাওঁ
মথুৰা হাটলৈ যাৰেঁ বৈয়া পাতি দৈয়া
চাৰিঙৰ বেহেলা ভাঙে
ৰান্ধি খাই যাওঁ তিমিৰৰ পানী
বৈয়া বৈ নাচিলে নাচনী নাচিলে

আই ঐ দেহি কলাফুলৰ গোটে দেখি
ৰাইজাই ৰাইজাই কৰে দেহি
তোমাকনো মই কাহানি পাম?
কেঁচা মৰম চেঁচা নৈ
মুখৰ মিঠা এঠা দৈ

মিঠা মিঠা তিলৰ পিঠা
দেহাটি মোৰ চেনাই
অসমীৰে বিহুটি ঐ
বাপতি যে সাহোন ঐ
আমাৰ অতি আপোন ঐ।
হায় ঐ! বিহুটিনো আদৰৰ
বিহুটিনো সাদৰৰ
বিহুটিনো অসমৰ ধন।
হায় ঐ! এনুৰানো বিহুটি
এৰিব যে লাগিলে
নাথাকেনো অসমৰ ধন।।

ভূপেন হাজৰিকা আৰু বিষ্ণুপ্ৰসাদ ৰাভা
ফটো: গায়ত্ৰী (সাদৰ) বৰগোঁহাইৰ সৌজন্যত

নিৰ্মলপ্ৰভা বৰদলৈ
ফটো: জগত চেতিয়াৰ সৌজন্যত

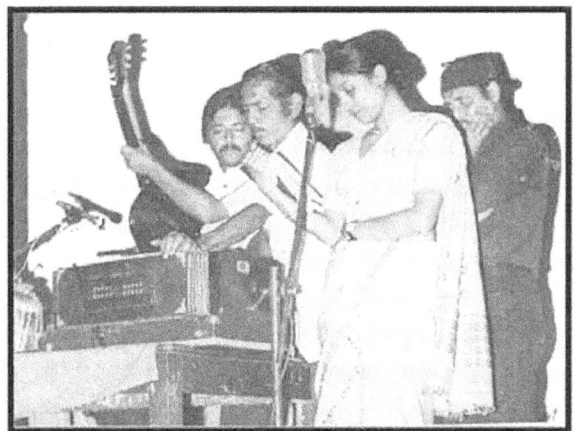

ভাস্কৰ দাস, অজিত সিংহ, ৰুবী সিংহ, ভূপেন দাদা

নৱকান্ত বৰুৱা, জুনুকা, আইনু আৰু বীণা বৰুৱা

লক্ষহীৰা দাস

ভূপেন হাজৰিকাৰ কণ্ঠত আন গীতিকাৰৰ গীত

ভূপেন হাজৰিকাই আন বহুতো গীতিকাৰৰ গীতত কণ্ঠদান কৰি কিছুমান অপৰূপ গীত সৃষ্টি কৰি গ'ল। তেনেদৰে তেখেতে কেবা গৰাকীও সমসাময়িক অসমীয়া গীতিকাৰক প্ৰতিষ্ঠা কৰাত সহায় কৰিলে। সেইবিলাকৰ বেছি ভাগ ভূপেন দাদাই নিজে স্বইচ্ছাই নিজৰ মনৰ লগত মিলা গীতহে বাচি লৈছিল। সেইকাৰণে তেনে গীতবিলাকৰ বেছি ভাগেই বহুতে ভূপেন হাজৰিকাৰ গীত বুলিয়েই ধাৰণা কৰে। অৱশ্যে, কথাছবিৰ কাৰণে গাব লগীয়া হোৱা গীতবিলাকৰ ক্ষেত্ৰত এই কথা প্ৰযোজ্য নহয়।

পাৰ্বতিপ্ৰসাদ বৰুৱা, আনন্দিৰাম দাস, নৰকান্ত বৰুৱা, লক্ষহীৰা দাস, নিৰ্মলপ্ৰভা বৰদলৈ, হেমেন হাজৰিকা আদিৰ দৰে স্বনামধন্য গীতিকাৰৰ উপৰিও ভূপেন হাজৰিকাই জয়ন্ত বৰুৱা, ৰুবী সিংহ, নগেন বৰা, সদা গগৈ, নুৰুল হক, প্ৰশান্ত বৰদলৈ, ৰীতা চৌধুৰী আদি আন বহুতো গীতিকাৰৰ গীত বাণীবদ্ধ কৰি তেঁওলোকক যোগ্য সন্মান দি গৈছে।

এটা কথা মই দৃঢ় ভাবে লিপিবদ্ধ কৰোঁ যে সততা ভূপেন হাজৰিকাৰ ব্যক্তিত্বৰ এক বিশেষ অলংকাৰ। আনৰ ৰচনাক তেখেতৰ বুলিলে তেখেতে সচাকৈয়ে বেয়া পাইছিল। আনৰ গীত তেখেতে নিজে হাত ফুৰাই নিজে গাব পৰাকৈ সাল সলনি কৰি ল'লেও তেখেতে তাৰ বাবে কোনো কৃতিত্ব নলৈছিল। উদাহৰণ স্বৰূপে, 'গংগা মোৰ মা, পদ্মা মোৰ মা' গীতটোলৈ আঙুলিয়াব পৰা যায়। এই গীতটোৰ বিষয়ে কলিকতাত এদিন ভূপেন দাদা আৰু শিবদাস বন্দ্যোপাধ্যায়ৰ লগত ভূপেন দাদাৰ কলিকতাৰ ঘৰতে আমাৰ আলোচনা হৈছিল। তেতিয়া ভূপেন দাদাই নিসংকোচে কৈছিল যে গীতটোৰ মুল ৰচনা শিবদাস বন্দ্যোপাধ্যায়ৰ। ভূপেন দাদাৰ প্ৰখ্যাত 'আমি এক যাযাবৰ' নামৰ বঙালী এলবামতো গীতটোৰ ৰচনা শিবদাস বন্দ্যোপাধ্যায় আৰু সুৰ ভূপেন হাজৰিকা বুলিয়েই আছে। ভূপেন দাদাইও মোক কৈছিল যে তেঁও শব্দ দুই এটাহে অলপ ইফাল সিফাল কৰি লৈছিল।

আনহাতে বহুত বঙালী সাংবাদিক বা লিখকে আচল সত্যৰ পম উলিয়াবলৈ চেষ্টা নকৰি ভূপেন হাজৰিকাৰ দ্বাৰা ৰচিত গীতৰ শিৱদাস বন্দোপাধ্যায়ে কৰা ৰূপান্তৰক বন্দোপাধ্যায়ৰে ৰচনা বুলি দাবী কৰাও আমি দেখিছোঁ। সেইবিলাক খুঁচৰি আমি সময় নষ্ট কৰিবলৈ নিবিচাৰোঁ। সেইবিলাকৰ সচা তথ্য তপতী লাহিড়ীয়ে আমাৰ পুথি অনুবাদ কৰি লিখা 'ভূপেন হাজাৰিকাৰ গীত আৰু জীৱন চক্ৰ'-ত দিয়া আছে। পুথিখন লয়াৰ্ছ বুক ষ্টলে প্ৰকাশ কৰিছিল যদিও আমি জনাত পুথিখন এতিয়া পাবলৈ নাই। পুথিখনৰ এটা নতুন সংস্কৰণ আমি অদূৰ ভৱিষ্যতত প্ৰকাশ কৰিব পাৰিম বুলি আশা কৰিছোঁ।

সুৰৰ ক্ষেত্ৰতো ভূপেন হাজৰিকাই তেখেতৰ কোন কোন গীতত কোন গীতৰ বা

কোন সুৰৰ প্ৰভাৱ পৰিছিল বা পৰিব পাৰে তাক নিসংকোচে কৈছিল। তেখেতৰ মতে বৰগীত, কামৰূপী লোকগীত, গোৱালপৰীয়া লোকগীত বা অসমৰ থলুৱা গীতৰ প্ৰভাৱৰ পৰা সম্পূৰ্ণ মুক্ত অসমীয়া সুৰ সৃষ্টি কৰা এক প্ৰকাৰ বৃথা। তেখেতে এইটোও কৈছিল যে তেখেতৰ প্ৰথম সুৰ (দেউতাক নীলকান্ত হাজৰিকাই ৰচা 'অ' মইনা কেতিয়া আহিলি তই' গীতটোৰ সুৰত বিষ্ণুপ্ৰসাদ ৰাভাৰ 'বৈ বৈ কেতেকী বিনাৱই' গীতটিৰ সুৰৰ প্ৰভাৱ পৰিছিল। হয়তো, সেইকাৰণেই 'অ' মইনা কেতিয়া আহিলি তই' কুইনী হাজৰিকাই বাণীবদ্ধ কৰা ৰেকৰ্ডত গীতটিৰ সুৰ বিষ্ণুপ্ৰসাদ ৰাভাৰ বুলি লিখা আছে। হয়তো ৰেকৰ্ড কোম্পানীৰ উদ্দেশ্য ব্যৱসায়িকও হ'ব পাৰে কিয়নো সেই সময়ত অসমৰ গীতৰ জগতত বিষ্ণুপ্ৰসাদ ৰাভাহে বেছি জনাজাত আছিল।

সুৰ ভাল পালে ভূপেন দাদাই আনে সুৰ দিয়া গীতও গাবলৈ ভাল পাইছিল। সৰু কালত তেঁও গোৱা বিষ্ণুপ্ৰসাদ ৰাভাৰ গীত আৰু সুৰে তেঁওক সংগীত জগতত প্ৰতিষ্ঠা কৰিছিল। যৌৱন কালত তেঁও আনন্দিৰাম দাসে ৰচা আৰু সুৰ দিয়া গীত গাই আপ্লুত হৈছিল। চল্লিচৰ দশকত তেঁও গোৱা আনন্দিৰাম দাসৰ 'মোৰে ওৰে জীৱন কৰি জ্বলাকলা' আৰু 'তুমিয়ে গোৱালা প্ৰিয়া গান' গীত দুটাই সেই সময়ত এক প্ৰকাৰ আলোড়ন তুলছিল। ভূপেন দাদাৰ মতে 'মোৰে ওৰে জীৱন কৰি জ্বলাকলা' গীতটোৰ সুৰৰ কাৰণে সেই সময়ত খাৰঘুলি অঞ্চলত বাস কৰা নেপালী লোকসকলৰ মুখত সততে শুনা নেপালী লোকগীতৰ প্ৰভাৱ পৰিছিল।

বিলাতৰ পৰা উভতি আহোঁতে জ্যোতিপ্ৰসাদে ইংৰাজী সুৰৰ বিশাল জ্ঞান লৈ আহিছিল আৰু সেইবিলাক বজাবলৈ লগত এটা অৰ্গেনও লৈ আহিছিল। ভূপেন হাজৰিকাই সেইবিলাক শুনি তেঁওৰ সুৰৰ ভাণ্ডাৰত সাঁচি থৈছিল। ১৯৪৯ চনত আমেৰিকালৈ যোৱাৰ আগতে ভূপেন হাজৰিকাই ছিলঙৰ হস্পিটালত শয্যাশয়ী হৈ থকা জ্যোতিপ্ৰসাদ আগৰৱালাদেৱক লগ ধৰি গৈছিল। ভূপেন দাদা আমেৰিকালৈ যাব বুলি শুনি জ্যোতিপ্ৰসাদে তেঁওক উপদেশ দিছিল:

> 'তুমি আমেৰিকাত প'ল ৰবচনৰ গীত পৰিৱেশন নিশ্চয় চাবাগৈ আৰু পাৰিলে তেঁওক যেনে তেনে লগ ধৰিবাঁ।'

জ্যোতিপ্ৰসাদ আগৰৱালা

ফটো: কিৰণ খনিকৰৰ সৌজন্যত

ভূপেন দাদাই আমেৰিকালৈ গৈ প'ল ৰবচনক লগ ধৰিলে যদিও তেঁওৰ প্ৰথম সাক্ষাৎ বৰ সুখৰ হোৱা নাছিল। সেই সময়ত কলম্বিয়া বিশ্ববিদ্যালয়ত পঢ়া তেঁওৰ সহপাঠী প্ৰমিলা ৰঘুবীৰৰ মতে:

> "সেইদিনা প'ল ৰবচনৰ ৩০ বছৰীয়া জন্মদিনৰ সংগীত আলেখ্য আছিল। সংগীতৰ সেই বিৰাট পুৰুষজনে হয়তো কাৰ্ণেগি হল লোকাৰণ্য কৰিব পাৰিলেহেঁতেন, তেঁও কিন্তু আহিল হাৰ্লেমৰ এটা ভঙাছিঙা প্ৰেক্ষালয়লৈ।

সেইটোৰেই প'ল ৰবচনৰ লগত এতিয়া প্ৰসিদ্ধ সাক্ষাৎ। ৰবচনে পোনেই আমালৈ আঙুলিয়াই গৰজিলে—'তোমালোকে গৈ নেহৰুক কোৱা, মই গণহত্যাৰ অভিযোগ আনিছোঁ।'

আপোনালোকে দাগ দি থ'ব পৰা সেইটো আছিল এক স্মৰণীয় মুহূৰ্ত। সেই মুহূৰ্তই ভূপেনৰ অন্তৰত উমি উমি থকা ফিৰিঙতি এটাক যেন জ্বলাই তুলিলে—এটা সপোন যেন বাস্তৱত পৰিণত হ'ল—আগুণ জ্বালাও—।"

বহু সময়ত কোনো কোনোৱে ভূপেন হাজৰিকাই অ'ৰ ত'ৰ পৰা সুৰ ধাৰ কৰা বুলি বা ভূপেন হাজৰিকাৰ অমুক গীতৰ সুৰ অমুক গীতৰ পৰা ধাৰ কৰা বা লোৱা আদি ধৰণৰ লঘূ কথাৰে তেঁওৰ সৃষ্টি কিছুমান হেয় কৰিবলৈ বৃথা চেষ্টা কৰে।

আমেৰিকাৰ লোকগীতৰ দ্বাৰাও ভূপেন দাদা আকৰ্ষিত হৈছিল। ভূপেন দাদাই আমেৰিকাৰ জনপ্ৰিয় লোকগীত বিলাক মন দি অধ্যয়ন কৰিছিল। সেইদৰে তেঁও প'ল ৰ'বচন, পিট ছীগাৰ, জিম ৰীভচ আদি সেই সময়ৰ জনপ্ৰিয় আমেৰিকান গায়কসকলৰ পৰিৱেশন পদ্ধতি আৰু পৰিৱেশন কৌশলবিলাকও মন দি চাইছিল। সেইবিলাকৰ সহায়ত তেঁও নিজকে যে উপকৃত কৰিছিল তাত সন্দেহ নাই। সেইবিলাকৰ পৰা ভাল ভাল গুণ তেঁও আহৰণ কৰি নিজৰ প্ৰতিভাক ৰূপ দিছিল।

তেঁও নিজেই কোৱা মতে সেইবিলাকৰ প্ৰভাৱ তেঁওৰ গীত আৰু পৰিৱেশন কৌশলত নিশ্চয় পৰিছে। সেইটো বাৰু দোষ নে গুণ?

আমাৰ মতে সুৰৰ ভঁৰালখন হৈছে: আকাশে বতাহে থকা পখীৰ গুঞ্জন, নদ নদী পৰ্বত পাহাৰে সৃষ্টি কৰা ধ্বনি প্ৰতিধ্বনি, আই বসুমতিৰ চুকে কোণে বাস কৰা জাতি উপজাতিয়ে সৃষ্টি কৰা লোকগীত আদি। সফল গীতিকাৰে সেই সুৰৰ ভঁৰালৰ পৰাই সুৰ আৰু সংগীত আয়ত্ত কৰি সেইবিলাক সুৰৰ সমন্বয়তে নিজৰ গীতৰ সুৰ সৃষ্টি কৰে। সুৰ সমন্বয়ৰ অদ্বিতীয় সম্ৰাট ভূপেন হাজৰিকায়ো তেনেদৰেই নিজৰ গীতবোৰত সুৰ দিছিল। তেঁওৰ গীতৰ সুৰত বৰগীত, কামৰূপী লোকগীত আৰু আমেৰিকাৰ লোকগীতৰ প্ৰভাৱ কেনেদৰে পৰিছে তাক তেঁও আমাক নিজেই বহুবাৰ উদাহৰণৰ সৈতে বুজাইছিল। সেইদৰে খাচিয়া গৰখীয়াৰ বাঁহীৰ সুৰ, মিচিং ডেকাৰ পেঁপাৰ সুৰ, গৌৰীপুৰীয়া গাভৰুৰ মোহিনী গতি আদিয়েও তেঁওৰ গীতৰ সুৰত প্ৰাণ দিছিল। সুৰৰ সমন্বয় ভূপেন দাদাৰ প্ৰতিভাৰ অন্যতম দিশ।

ভূপেন দাদা আমেৰিকাৰ পৰা উভতি অহাৰ পিচত গুৱাহাটীৰ অ'ত ত'ত তেখেতক দিয়া সম্বৰ্ধনাত তেখেতে দিয়া ভাষণ আমি গৈ হেঁপাহেৰে শুনিছিলোঁ। সেই ভাষণবিলাকত তেখেতে প্ৰায়ে লোকগীতৰ বিষয়ে কৈছিল আৰু আমেৰিকাৰ লোকগীতৰ লগত অসমীয়া লোকগীতৰ ৰিজনি দিছিল। আমি সেইবিলাক আগ্ৰহেৰে শুনাৰ এটা কাৰণ আছিল যে ভাষণৰ মাজে মাজে তেখেতে নিজৰ কথাৰ সমৰ্থনত সদায়ে দুই এটা গীত গাইছিল। সেই সময়ত সেইবিলাক বিষয়বস্তুৰ লগত পৰিচয় নাছিল কাৰণে কথাবিলাক মনত নাই যদিও মোৰ এইটো মনত আছে যে তেখেতে প্ৰায়ে 'আকাশত যায় উৰাণ জাহাজ', 'অল্ড মেন ৰিভাৰ' আৰু 'হেং ডাউন ইয়ৰ হেড টম ডুলি' গীত কেইটা গাইছিল—কি প্ৰসংগত বুজা নাছিলোঁ। সেয়েহে, ভূপেন দাদাই গাবলৈ আৰু শুনিবলৈ ভাল পোৱা ইংৰাজী গীত কেইটামান ইয়াত দিলোঁ।

Auld Lang Syne (Lyrics and music: Robert Burns; Artist: Duncan Macrae)

Hang down your head Tom Dooley

If you miss the train I'm on (Peter,

Paul and Mary)

John Brown's body

Old man river ((Compsed by Huddie William Ledbetter, recorded by Paul Robeson)

Que Sera, Sera (Whatever Will Be, Will Be; Lyrics: Jay Livingston and Ray Evans songwriting team. The song was introduced in the Alfred Hitchcock film *The Man Who Knew Too Much* (1956), starring Doris Day and James Stewart in the lead roles. Doris Day's rendering of this song is still regarded as the best ever.)

We are in the same boat

We shall overcome (Folk song upgraded by Pete Seeger)

You are always in my heart (Artist: Vera Lynn from the movie of the same name)

সুৰ ভাল পালে ভূপেন দাদাই আনে সুৰ দিয়া গীতও গাবলৈ ভাল পাইছিল। তেঁওৰ শিল্পী জীৱন আৰম্ভ হয় জ্যোতিপ্ৰসাদ আৰু বিষ্ণুপ্ৰসাদ ৰাভাই সুৰ দিয়া গীতেৰে।

সৌভাগ্যক্ৰমে মহত্বপূৰ্ণ ১৯৩৫ চনত তেজপুৰৰ কোনোবা এখন সভাত দহ বছৰীয়া ভূপেন হাজৰিকাই বৰগীত এটা গোৱা শুনি জ্যোতিপ্ৰসাদ আগৰৱালাই এদিন নে দুদিন পাচতে বিষ্ণুপ্ৰসাদ ৰাভাক সেই শিশু শিল্পীজনক বিচাৰি আনিবলৈ পথাইছিল। বিষ্ণুপ্ৰসাদ ৰাভাইও ভূপেন হাজৰিকাক চাইকেলত তুলি আনি জ্যোতিপ্ৰসাদ আগৰৱালাৰ লগত সাক্ষাৎ কৰাইছিল। তাৰ পাচত জ্যোতিপ্ৰসাদ আগৰৱালাই 'শোণিত কুঁৱৰী' আৰু 'জয়মতী' নাটিকা বাণীৱদ্ধ কৰিবলৈ আখৰা আৰম্ভ কৰে। জ্যোতিপ্ৰসাদ আগৰৱালাৰ দৃঢ় সিদ্ধান্ত সেই নাটিকা দুখনৰ গীতবিলাক গাব শিশু ভূপেন হাজৰিকা আৰু স্বৰ্গজ্যোতি বৰুৱাই। তেঁওলোকক গীত নাট শিকোৱাৰ ভাৰ পৰে বিষ্ণুপ্ৰসাদৰ গাত। ভূপেন হাজৰিকাক বুকুত লৈ কোলাত লৈ ৰাভাদেৱে গান শিকায়। তেনেদৰেই বিষ্ণুপ্ৰসাদ ৰাভাই গায়ক ভূপেন হাজৰিকাৰ প্ৰতিভাৰ উমান পায় আৰু তেঁও ৰচা গীত গাবৰ কাৰণে তেঁও প্ৰথমে বাচি লৈছিল সেই দহ বছৰীয়া শিশু ভূপেন হাজৰিকাক।

সেই সময়ত ভূপেন হাজৰিকাৰ মাত যৌৱনৰ দুৱাৰডলীত ভৰি দিয়া ছোৱালীৰ দৰে আছিল আৰু সুৰৰ ওপৰত তেঁওৰ নিয়ন্ত্ৰণ অতিশয় পৈণত আছিল। কণ্ঠস্বৰ আৰু আৱেগেৰে তেঁও প্ৰতিটো শব্দত প্ৰাণ দিব পাৰিছিল। সেয়েহে, জ্যোতিপ্ৰসাদ আগৰৱালাই 'শোণিত কুঁৱৰী' আৰু 'জয়মতী' নাটিকাৰ অতি গুৰুত্বপূৰ্ণ গীত কেইটা ভূপেন হাজৰিকাৰ হতুৱাই গোৱাইছিল। শিশু ভূপেন হাজৰিকাই 'শোণিত কুঁৱৰী' নাটিকাত চাৰিটা সম্পূৰ্ণ আৰু কেইটামান সৰুসুৰা গীত বাণীৱদ্ধ কৰে। সম্পূৰ্ণ গীত কেইটা হৈছে: 'সুৰৰে দেউলৰে', 'আমি কৰি ফুৰোঁ বিয়াকুল', 'সপোন পাৰৰ মই সপোন কুঁৱৰী' আৰু 'সোণৰ সপোন মোৰ ভাঙিলি কিয়'। ইয়াৰে 'সুৰৰে দেউলৰে' গীতটিৰ কথা আৰু সুৰ বিষ্ণুপ্ৰসাদ ৰাভাৰ। এইটোৱেই ভূপেন হাজৰিকাই গ্ৰামোফোন ৰেকৰ্ডত বাণীৱদ্ধ কৰা প্ৰথম গীত।

'শোণিত কুঁৱৰী' নাটিকাৰ আন কেইটা

গীতৰ কথা আৰু সুৰ জ্যোতিপ্ৰসাদৰ। গোটেই কেইটা গীতৰ সুৰ কেৱল নতুনেই নহয় একেবাৰে বেলেগ বেলেগ। তালও বিলম্বিত লয়ৰ পৰা আৰম্ভ কৰি অতি খৰতকীয়া তাললৈকে। সেই সকলো কেইটা গীত ভূপেন হাজৰিকাই ইমান পাৰদৰ্শিতাৰে গাইছে যে সি তবধ মানিব লগীয়া। তদুপৰি তেঁও প্ৰতিটো শব্দ এনে অৰ্থবাহী ৰূপে উচ্চাৰণ কৰিছিল যে সেইটো গীতত শুনিলেই শব্দটোৰ অৰ্থ স্পষ্ট হৈ ওলাইছিল। তেঁওৰ সেই গীত কেইটাৰ পৰিৱেশনৰ পৰা এইটোও স্পষ্ট যে তেঁও গীতটোৰ সুৰ আৰু আৱেগ সম্পূৰ্ণ ৰূপে আয়ত্ত কৰিছিল। ভূপেন হাজৰিকাই গীত পৰিৱেশন কৰোঁতে আয়ত্ত কৰা এই গুণ বহু পৰিমাণে যে জ্যোতিৰ জেউতি আৰু ৰাভাৰ আভাৰ প্ৰভাৱত হৈছিল তাত সন্দেহ নাই। দুজন মহান গুৰুৰ প্ৰশিক্ষণ আৰু নিজৰ প্ৰতিভাৰ বলত ভূপেন হাজৰিকাই আজি প্ৰায় চাৰি কুৰি বছৰ আগতেই আধুনিক অসমীয়া গীতলৈ নতুন প্ৰতিশ্ৰুতি আনিলে।

'জয়মতী' নাটিকাত গীত তাকৰ। সম্ভৱ তাৰ কাহিনীৰ গুৰুত্ব আৰু ৰসৰ সীমাবদ্ধতাৰ কাৰণেই তেনে হৈছিল। ভূপেন হাজৰিকাই তাত 'সখি হে কি কম দুখৰে কথা', 'ল'ৰা বুঢ়া কাক কয় ডালিমী নুবুজে তাক', আৰু 'লুইতৰে পানী যাবি অ' বই' গীত কেইটা গাইছে। সেই গীত কেইটাৰ প্ৰথমটোত দুখ বেদনাৰে ভৰা হিয়াৰ আৱেগ, দ্বিতীয়টোত শিশুসুলভ সৰল ভংগিমা আৰু শেষৰটোত গৌৰৱ, আশা আৰু বেদনাৰ সংমিশ্ৰণ। সেই গীত কেইটাও শিশু ভূপেন হাজৰিকাই বিশেষ দক্ষতাৰে পৰিৱেশন কৰে। গুৰুৱে প্ৰতিশ্ৰুতিপূৰ্ণ শিষ্যৰ প্ৰতিভা আৱিষ্কাৰ কৰি শিশু ভূপেনৰ কণ্ঠত নিজৰ গীত বাণীবদ্ধ কৰাত লাগি যায়।

১৯৩৫ চনৰ সেই কলিকতা যাত্ৰাত বিষ্ণুপ্ৰসাদ ৰাভাই শিশু ভূপেন হাজৰিকাৰ কণ্ঠত বাণীবদ্ধ কৰোৱা দুটা গীত আমি সংগ্ৰহ কৰিব পাৰিছোঁ। সেই গীত কেইটা হ'ল:

(১) উলাহেৰে নাচি বাগি

(২) কাষতে কলচি লৈ যায় অ' ৰচকী বাই।

(৩) আজলি হিয়াৰ মাজে আৰু

(৪) কোন কলীয়াই যমুনাৰ পাৰতে বাজাই।

[টোকা: ভূপেন হাজৰিকাই গোৱা বিষ্ণুপ্ৰসাদ ৰাভাৰ গীতৰ সম্পূৰ্ণ বিৱৰণীৰ কাৰণে এই লিখকৰ 'বিষ্ণুপ্ৰসাদৰ প্ৰসাদ" চাওক]

উলাহেৰে নাচি বাগি গীতটোৰ তালে তালে নাচিব পৰাকৈ ৰাভাদেৱে সুৰ দিছিল। কাষতে কলচি লৈ যায় অ' ৰচকী বাই এটি অপৰূপ বনগীত। তাৰ বিষয়-বস্তু ৰম্যৰসী হ'লেও সি শিশুসুলভ, সৰল আৰু এক প্ৰকাৰ ধেমেলীয়া। এই গীতটো যৌৱনৰ দুৱাৰডলীত ভৰি দিয়া বা ষোড়শী গাভৰুৱে নিজৰ ৰূপ লাৱণ্যৰ প্ৰতি সজাগ হোৱা উলাহৰ গীত। সেই উলাহেৰে নাচি বাগি বিয়াকুল হোৱা বা কাষত কলচি লৈ হালি জালি যোৱা ৰচকীজনী আমি গাঁৱ বা চহৰৰ আলিয়েদি আপোন বিভোৰ হৈ যোৱা (বিশেষকৈ সৰস্বতী পূজাৰ সময়ত) আমাৰ মৰমৰ ভনিটী কেইজনীহে।

'আজলি হিয়াৰ মাজে' গীতটোত তেঁও গজলৰ সুৰ আৰোপ কৰিছিল; সুৰ আৰু কথাৰ জটিলতাৰ কাৰণে এইটো অকণিৰ গীত বুলিব নোৱাৰি। 'কোন কলীয়াই যমুনাৰ পাৰতে বাজাই' গীতটোৰ সুৰ গোৱালপৰীয়া গীতৰ। সেই গীতটোত অসমীয়া 'বজাই'-ৰ সলনি গোৱালপৰীয়া 'বাজাই'-ৰ ব্যৱহাৰ মন কৰিব লগীয়া। ৰাভাদেৱে সময় আৰু সুবিধা বুজি বা কেতিয়াবা সুৰ আৰু ছন্দৰ কাৰণে তেঁওৰ গীতত অসমৰ ভিন ভিন অঞ্চলৰ বা বেলেগ বেলেগ জনজাতিৰ শব্দ দুই একোটা ব্যৱহাৰ কৰিছিল। সেইটোও তেখেতে ভিন ভিন জনগোষ্ঠীৰ মাজত ভাল বুজাপৰা গঢ়িবলৈ কৰা প্ৰচেষ্টাৰে চিন।

তাৰ পাচত বিষ্ণুপ্ৰসাদ ৰাভাই বেউলা নাটকৰ গীত কেইটাও ভূপেন হাজৰিকাৰ হতুৱাই বাণীৱদ্ধ কৰে। 'বেউলা' নাটকত ভূপেন হাজৰিকাই দুটামান চুটি চুটি গীত আৰু 'ৰূপৰ ঢৌ' তথা 'মধুৰ ৰহণ সনা সোণৰ সপোন' গীত কেইটা গাইছে। তদুপৰি সেই নাটকত তেঁও বিষ্ণুপ্ৰসাদ ৰাভাৰ লগত 'মাতে সেন্দুৰীয়া' শীৰ্ষক মনোৰম গীত এটি গাইছে। 'বেউলা'ৰ বিষয়ে আৱাহনত সম্পাদক দীননাথ শৰ্মাই লিখিছিল:

> "নাটকখনিৰ সৌন্দৰ্য্য বঢ়াইছে শ্ৰীমান ভূপেন হাজৰিকাৰ সুমধুৰ গান কেইটাই। গানৰ সুৰবিলাক শ্ৰীযুত ৰাভা ডাঙৰীয়াৰেই। গানৰ সুৰবিলাক অসমীয়া হোৱাত আৰু তাকে অতি সুন্দৰকৈ গোৱাত শুনিবলৈ অতি মনোমোহা হৈছে। হাজৰিকাৰ বয়স বৰ্তমান এঘাৰ বছৰ। ভৱিষ্যতে তেঁও এজন নিপুণ সংগীত শিল্পী হ'ব বুলি আশা কৰা যায়।"

কোৱা বাহুল্য যে শৰ্মা ডাঙৰীয়াৰ ভৱিষ্যত বাণী ফলিয়ালে। মহত্বপূৰ্ণ কথা এয়েই যে সেই বয়সতে আৱাহন আলোচনীয়ে সুচিন্তিত ভাৱে গুণৰ আদৰ কৰিলে। মুঠৰ ওপৰত, সৰু কালতে বিষ্ণুপ্ৰসাদ ৰাভাৰ গীত আৰু সুৰে ভূপেন হাজৰিকাক অসমৰ সংগীত জগতত প্ৰতিষ্ঠা কৰিলে। তাৰ পিচত ১৯৩৯ চনত তেঁওৰ যুৱাকালত জ্যোতিপ্ৰসাদৰ 'ইন্দ্ৰমালতী' কথাছবিত অভিনয় কৰি গোৱা 'বিশ্ববিজয়ী ন জোৱান' গীতটিয়ে তেঁওক অগ্নিযুগৰ ফিৰিঙতি ৰূপে গঢ় দিয়াত সহায় কৰিলে।

যৌৱন কালত তেঁও আনন্দিৰাম দাসে ৰচা আৰু সুৰ দিয়া গীত গাই আপ্লুত হৈছিল। চল্লিচৰ দশকত তেঁও গোৱা আনন্দিৰাম দাসৰ 'মোৰে ওৰে জীৱন কৰি জ্বলাকলা' আৰু 'তুমিয়ে গোৱালা প্ৰিয়া গান' গীত দুটাই সেই সময়ত এক প্ৰকাৰ আলোড়ন তুলছিল। ভূপেন দাদাৰ মতে 'মোৰে ওৰে জীৱন কৰি জ্বলাকলা' গীতটোৰ সুৰত সেই সময়ত খাৰঘুলি অঞ্চলত বাস কৰা নেপালী লোকসকলৰ মুখত সততে শুনা নেপালী লোকগীতৰ প্ৰভাৱ পৰিছিল।

সেই সময়তে তেঁও বাণীৱদ্ধ কৰা আনন্দিৰাম দাসৰ আন দুটা গীত 'স্মৃতিৰ বুকুত থৈ যাম মই' আৰু 'বান্ধৈ! মৰোঁ যেন লাগে তাত' গীত দুটা আন দুটা গীতৰ সমানে জনপ্ৰিয় হৈছিল। সেই গীত দুটাৰ কাব্যিক সৌন্দৰ্য্য আৰু ভাষাজননীৰ প্ৰতি আন্তৰিক চেনেহৰ প্ৰকাশে ভূপেন দাদাৰ সমুখত জিলিকালে সৃষ্টিৰ নতুন সেন্দুৰীয়া আলি। ভূপেন দাদাৰ মতে সেই গীত দুটাই তেঁওৰ গোটেই জীৱন প্ৰভাৱ পেলাইছিল। সেই কথাৰ এটা ভাল প্ৰমাণ তেঁওৰ 'আকাশী যানেৰে' গীতটিত আছে বুলি আমি আগেয়ে আঙুলিয়াইছোঁ।

পাৰ্বতিপ্ৰসাদ বৰুৱা আৰু ভূপেন হাজৰিকা
ফটো: কল্লোল দত্তৰ সৌজন্যত

জ্যোতিপ্ৰসাদ, বিষ্ণুপ্ৰসাদ আৰু আনন্দিৰামৰ গীতৰ পাচত ভূপেন হাজৰিকাক নলিনীবালা দেৱী ৰচিত 'কত দিন আৰু আশাৰ সপোন ৰচিবি বলিয়া মন' গীতটি বাণীৱদ্ধ কৰে। পাচত তেঁও জনপ্ৰিয় হৈ নিজ বিচাৰেৰে বাণীৱদ্ধ কৰিবলৈ লয় গীতি কবি পাৰ্বতিপ্ৰসাদ বৰুৱাৰ এক বুজন সংখ্যক গীত

বাণীৱদ্ধ কৰি সেইবিলাকক অসমীয়াৰ জাতীয় জীৱনৰ সম্পদ কৰে।

আন আন গীতিকাৰৰ ৰচনাক আদৰ কৰি ভূপেন হাজৰিকাই এইটো সাব্যস্ত কৰি গ'ল যে শিল্পীৰ জগতত তেঁও এক অকলশৰীয়া সেনাপতি নহয়, এক শিল্পী সমদলৰ আদৰ্শ সহযাত্ৰীহে। মোৰ এই অভিমত ভূপেন দাদাই সুৰ দি গোৱা নৰকান্ত বৰুৱাৰ (১৯২৬-২০০২) গীত 'নিয়ৰবে ফুল এপাহ ফুলিল, এপাহ সৰিল' গীতটোৰ বিষয়ে দিয়া সমিধানত স্পষ্ট:

"এদিন ভাত খাবলৈ মাতিছিল নৰকান্ত বৰুৱাই—গ'লো। খাই বৈ উঠি ক'লো, 'বৰুৱাদেউ, মোক আপোনাৰ গান এটা লাগে এতিয়াই। তেঁও স্বভাৱজাত লাজ লাজ ভাবেৰে ক'লে, 'তুমি বেলেগৰ গান গোৱা জানো? মই ক'লো কেলেই নাগাওঁ। ডঃ নিৰ্মলপ্ৰভা বৰদলৈ, মুকুল বৰুৱা, হেমেন হাজৰিকা আদিৰ দেখোন মই গান গাইছোঁ—ক'লো। তেতিয়া ঠিক আবেলি। ৰ'দ আছেই। মুনিচুনি বেলিটি ৰঙা হৈ উঠা নাই—ভৰলুমুখৰ সোণাৰাম স্কুলৰ কাষৰ ফিল্ডৰ আকাশত। নৰকান্তই চোতাললৈ চাই পঠিয়ালে, ময়ো চালোঁ। অকালতে কালে হৰি নিয়া জুনুকা তেতিয়া কণমানি। ঘৰৰ কাষৰ ৰেল পথেৰে ঘৰ্ঘৰ শব্দ কৰি পাৰ হৈ গ'ল এখন ৰেল। তৎ মুহূৰ্ততে নৰকান্তই লিখিলে:

নিয়ৰৰে ফুল এপাহ ফুলিল
 এপাহ সৰিল কেনি?
যেনি যায় বলাকাই মেঘ কাগজতে
 নেদেখা ৰেখা টানি
আইনুজনীৰ চকুৰ মণিত
 দিনৰ পাহাৰ নাচিছিল
সেই পাহাৰেই ৰাতিৰ মায়াত
 আকাশ হৈ পৰিছিল।।
অন্ধকাৰৰ এটোপাল মম
গান হৈ সৰি পৰিছিল।
শব্দময়ী!
পৰীৰ ৰাণী উৰি আহিছিল
গণি গণি—
 তৰাৰ মালাৰ মণি।।
সেই কণ্ঠমণিৰ গুণ গুণনি
 সৰি পৰি বনৰ নিয়ৰ হ'ল
 এপাহ ফুলিল
 এপাহ সৰিল কেনি?

গানটো দি তেখেতে মোক কৈছিল, 'গান এটা দিলে ছোৱালী এজনী উলিয়াই দিয়া যেন লাগে।' উত্তৰত মই কৈছিলোঁ—ভয় নকৰিব মই দূৰৈকৈ পুখুৰী খন্দাই নিদিওঁ।"

গীতটো আকাশবাণীত গোৱাৰ বছৰচেৰেক পাচতেই নৰকান্ত বৰুৱাৰ জীৱনৰ দুটি ফুলৰ এপাহ জুনুকাৰ (১৯৬৪-১৯৯৯) অকাল বিয়োগ হয়। তাৰ পিচত আকাশবাণীৰ পৰা গীতটিও অন্তৰ্ধান হয়। কমল কটকীয়ে পুনৰ গীতটি এখন চি-ডিৰ কাৰণে ভূপেন হাজৰিকাৰ কণ্ঠত বাণীৱদ্ধ কৰিবলৈ আয়োজন কৰে। ৰেকৰ্ডিং কৰিবৰ দিনা (২০০২ চনৰ ২৮ ফেব্ৰুৱাৰী) দুপৰীয়া খবৰ আহে যে ভূপেন হাজৰিকাৰ ভনী জোঁৱেয়ক কৈলাস পেটেল ঢুকায়। ভূপেন দাই ক'লে, 'কমল, এই গীতটিত কিবা এটা আছে জানা—গীতটিৰ জুনুকাও ঢুকাল—আজি কৈলাসও। আজিয়েই গীতটি গাই শেষ কৰিব লাগিব আৰু কোনোবা ঢুকুৱাৰ আগতে।"

মই জানিব পাৰিছোঁ যে ভূপেন দাদাৰ শংকা বহুতলৈ অপসাৰিত হৈছে আৰু তেঁওলোকে নৰকান্ত বৰুৱাই ৰচা আৰু ভূপেন

হাজৰিকাই সুৰ দি গোৱা এই গীতটো গাবলৈ বা শুনিবলৈ ভয় কৰে। এই শংকা যুক্তিসংগত নহয়। বিধিৰ লিখন মৰণক উপাদান বুলি ভাবি জীৱন ঘড়ী নচলে। আনহাতে মবাইলত কথা পাতি গাড়ী চলোৱা, মদ খাই গাড়ী চলোৱা, অপকাৰী খাদ্য খোৱা আদিয়েহে দূৰ্ঘটনা ঘটাই মৰণৰ সম্ভাৱনা বঢ়ায়। গীতটি নতুনকৈ গোৱা চি-ডিখন বজাৰত পোৱা যায় বুলিয়েই জানোঁ। মোৰ নিজা আৰ্কাইভত অৱশ্যে গীতটি ভূপেন দাই প্ৰথমে আকাশ বাণীত গোৱা গীতটি আছে। বিশেষ উল্লেখযোগ্য যে কমল কটকীয়ে এই গীতটিৰ বিষয়ে ১২ ফেব্ৰুৱাৰী ২০১২ চনৰ 'সাদিন'-ত সবিশেষ বৰ্ণনা কৰি এটা সুন্দৰ আৰু বহু সমিধান সমৃদ্ধ প্ৰবন্ধ প্ৰকাশ কৰিছে। আমিও সেই প্ৰবন্ধৰ পৰাই বহু কথা লৈছোঁ।

গীতিকাৰ নিৰ্মলপ্ৰভা বৰদলৈৰ ৰচনাৰ ভূপেন দাদাই বিশেষ শলাগ লৈছিল। তেঁওৰ মতে নিৰ্মলপ্ৰভা নোহোৱা হ'লে তেঁও আৰু হয়তো ভৱিষ্যতৰ অসমীয়াই নাৰী হৃদয়ৰ আন্তৰিক আৱেগ কিছুমান কেতিয়াও হৃদয়ংগম কৰিব নোৱাৰিলেহেঁতেন। তেঁওৰ এটা অতিশয় প্ৰিয় গীত নিৰ্মলপ্ৰভাৰ 'ধুমুহা! ধুমুহাত মই থৈ যাম মোৰ গতি' গীতটোৰ বিষয়ে কৈছিল যে গীতটোৰ কথাখিনি পঢ়ি তেঁওৰ প্ৰাণ উদ্ভাসিত হৈছিল। গীতটোৰ কথাখিনি পঢ়ি তেঁও নিজকে এগৰাকী নাৰী মুক্তি আন্দোলনৰ নায়িকা যেন অনুভৱ কৰিছিল আৰু তৎক্ষণাৎ তাৰ সুৰ দি অকাশবাণীত বাণীবদ্ধ কৰিছিল। তেঁও গীতটো পাচত ৰেকৰ্ডত বাণীবদ্ধ কৰিছিল যদিও হেনো আকাশবাণীত বাণীবদ্ধ কৰাটো বহুত উৎকৃষ্ট আছিল।

[টোকা: ভূপেন হাজৰিকাই গোৱা নিৰ্মলপ্ৰভাৰ গীতৰ সম্পূৰ্ণ বিৱৰণীৰ কাৰণে এই লিখকৰ 'নিৰ্মলপ্ৰভাৰ গীত আৰু নাৰীৰ জীৱন নদী" চাওক। এই পুথিৰ পৰিৱৰ্দ্ধিত দ্বিতীয় সংস্কৰণ সোনকালেই ওলাব।]

প্ৰাপ্ত বয়সত ভূপেন দাদাৰ এজন প্ৰিয় সুৰকাৰ আছিল তেজপুৰৰ অজিত সিংহ। ভূপেন দাদাৰ কেইটামান প্ৰিয় গীত হৈছে:

কোন অনামী নদী' (কথা: জয়ন্ত বৰুৱা);

'ধুমুহা নাহিবি পচোৱা নাহিবি' (কথা: জয়ন্ত বৰুৱা);

'বিহু বিহু লাগিছে' (কথা: ৰুবী সিংহ)

'ৰিম জিম ৰিম জিম বৰষুণ পৰিছে' (কথা: ৰুবী সিংহ)

এই গীত কেইটাৰ সুৰকাৰ হৈছে অজিত সিংহ (১৯৩১-২০০৩)। এইটোও উল্লেখযোগ্য যে অজিত সিংহৰ সুৰ ৰাভাদেৰৰও খুব প্ৰিয় আছিল। ৰাভাদেৰে অজিত সিংহৰ 'এজাক চৰাই উৰি উৰি যায়' গীতটি ক'ৰবাত গাই আহি হেনো অজিত সিংহক 'অজিত তোমাৰ চৰাই জাক মই শিৱসাগৰত উৰাই আহিলোঁ' আদি ৰস লগাই কৈছিল।

গীতিকাৰ, সুৰকাৰ আৰু গায়ক উপেন কাকতিক ভূপেন হাজৰিকাই এজন প্ৰতিশ্ৰুতিপূৰ্ণ শিল্পী বুলি সহযোগৰ হাত আগ বঢ়াইছিল। কিন্তু উপেন কাকতিৰ অকাল বিয়োগ হোৱা কাৰণে ভূপেন দাদাই কাকতিৰ লগত বেছি গীত গাবলৈ নাপালে।

এই প্ৰসংগত ভূপেন দাদাই নতুন প্ৰাণ দিয়া লক্ষ্মীনাথ বেজবৰুৱাৰ গীতৰ কথা উনুকিওৱা উচিত হ'ব। বিশেষ এই যে বেজবৰুৱাই গীত আৰু কৱিতা লিখিবলৈ জীৱনৰ পিচ ভাগতহে হাত দিয়ে। তেখেতে লিখা মতে তেখেতে যে কৱিতাও লিখিব পাৰে তাকে দেখুৱাবলৈকে 'কদম কলি'-ত সংগৃহীত কৱিতা সমূহ ৰচনা কৰে। তেখেতৰ জীৱন কালতে 'অ' মোৰ আপোনাৰ দেশ' ভিন্নজনৰ সুৰত গীত ৰূপ লোৱা তেখেতে শুনি গৈছিল যদিও তেখেতৰ আন গীতি কৱিতাবিলাকৰ বেছি ভাগেই মূৰ্ত হোৱা নাছিল। তাৰ হয়তো এটা কাৰণ আছিল

সেইবিলাকত বেজবৰুৱৰই সুৰ সংযোজনা কৰা নাছিল। তেখেতে 'অ' মোৰ আপোনাৰ দেশ'-ৰ সুৰ ইংৰাজী বুলি উল্লেখ কৰিছিল যদিও সুৰ ৰাণীয়ে তেখেতৰ জীৱনত ধৰা দিয়া নাছিল। পাচত জ্যোতিপ্ৰসাদ আগৰৱালাই 'জয়মতী' কথাছবিৰ কাৰণে তাৰ চুটি চুটি গীত 'সখি হে কি কমে দুখৰ কথা', 'ল'ৰা বুঢ়া কাক কয় ডালিমী নুবুজে তাক', 'পৰ্বতৰ ঢেকীয়া লিহিৰি পতীয়া' আদিত সুৰ দি গীতিকাৰ বেজবৰুৱাক প্ৰতিষ্ঠা কৰে। সেই গীত কেইটা বাণীৱদ্ধ কৰাৰ সৌভাগ্য হয় শিশু ভূপেন হাজৰিকাৰ।

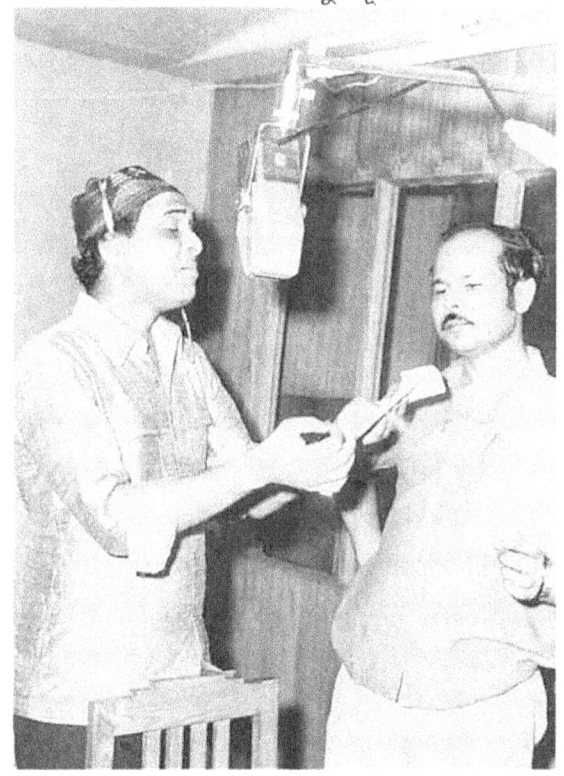

উপেন কাকতিৰ সতে গীতৰ আখৰা
ফটো: অঞ্জলি কাকতিৰ সৌজন্যত

ভূপেন হাজৰিকাই বেজবৰুৱাৰ ৰচনা অধ্যয়ন কৰোঁতে গীতৰ সমল বিচাৰে। বিশেষ ব্যস্ততাৰ মাজতো তেখেতে বেজবৰুৱাৰ 'প্ৰেম প্ৰেম বুলি জগতে ঘূৰিলোঁ' আৰু 'মোৰ একেটি সুৰৰ বাঁহীটি বজালা' গীত দুটা বাণীৱদ্ধ কৰে। মই তেখেতক বেজবৰুৱাৰ 'বেলিমাৰ' নাটকৰ 'কিয়নো আনিলি মানে অ' বদন তই' আৰু চক্ৰধ্বজ সিংহ নাটকৰ 'নিকুঞ্জলতা সপোন মগন' গীত দুটা সুৰ দি বাণীৱদ্ধ কৰিবলৈ অনুৰোধ কৰিছিলোঁ। তেখেতে মোক জনাইছিল যে 'কিয়নো আনিলি মানে অ' বদন তই' গীতটো এটা প্ৰচলিত সুৰত চলি আছে আৰু 'নিকুঞ্জলতা সপোন মগন' গীতটো কোনোবা এগৰাকীয়ে সুৰ দি বাণীৱদ্ধ কৰা আছে।

প্ৰেম প্ৰেম বুলি জগতে ঘুৰিলোঁ

(কথা: লক্ষ্মীনাথ বেজবৰুৱা; সুৰ: ভূপেন হাজৰিকা)

প্ৰেম প্ৰেম বুলি জগতে ঘুৰিলোঁ
ঘৰতে আছিলে প্ৰেম
ধন ধনে কৰি ঢাপলি মেলিলোঁ
হিয়াতে পৰম ধন
হে গুৰু শংকৰ—
গংগা যমুনা চানিলোঁ যতনে
গয়া কাশী তীৰ্থ গৈলোঁ
হিয়াৰে ঈশ্বৰ হিয়াতে আছিলে
ক'ৰবাত বিচাৰি থৈলোঁ
হে গুৰু শংকৰ—
প্ৰকৃত ধৰম বিচাৰি খোচাৰি
বিদেশে বগালোঁ দুখে
নিজৰ দেশৰ নিৰ্মল ধৰম
নামঘৰ দুৱাৰ মুখে
হে গুৰু শংকৰ—
মোক গুৰু লাগে মই শিক্ষিত শিষ্য
জগতক জাননী দিলোঁ
হে জগতৰ গুৰু শংকৰ ঘৰতেই
অন্ধলাই নেদেখিলোঁ
হে গুৰু শংকৰ—।।

তলত আমি ভূপেন দাদাই গোৱা কিন্তু আন গীতিকাৰে ৰচা কেইটামান অতি জনপ্ৰিয় গীতৰ কথাখিনি দিলোঁ।

গংগা মোৰ মা

[ভূপেন দাদাই আমাক নিজে কোৱা মতে এই গীতটোৰ মুল ৰচনা শিৱদাস বন্দোপাধ্যায়ৰ। ইয়াৰ অসমীয়া অনুবাদ আৰু বঙালী অসমীয়া দুয়োটা ভাষাৰ সুৰ হাজৰিকাদেৰৰ।]

গংগা মোৰ মা, পদ্মা মোৰ মা
মোৰ চকুলোৰে দুটি ধৰা মেঘনা যমুনা।
একেই আকাশ একে বতাহ
দুই কলিজাত একে উশাহ
দুটি চৰাইৰ দুটি মাতৰ একে মূৰ্চ্ছনা
অ' মোৰ চকুলোৰে
দুটি ধাৰা মেঘনা যমুনা।

ইপাৰ সিপাৰ কোন পাৰে নেজানো
অ' মই চৌপাশতে আছোঁ
লুইততে নাও মেলিও
পদ্মাত ভাটিয়ালি ৰচোঁ
ৰাজহংস পাখি মেলি
অ' মই দুই নদীতে নাচোঁ।
একে প্ৰেম একে আশা
কান্দোন হাঁহিৰ একে ভাষা
সুখ দুখৰ বুকুৰ মাজত একে যন্ত্ৰণা
অ' মোৰ চকুলোৰে
দুটি ধাৰা মেঘনা যমুনা।

[কলিকতা, ১৯৭৪ চন]

অ' বান্ধৈ মৰোঁ যেনে লাগে তাত

(কথা আৰু সুৰ: আনন্দিৰাম দাস)

অ' বান্ধৈ! দুপৰীয়া মৰোঁ যেনে লাগে ঐ
অ' বান্ধৈ! অ' বান্ধৈ!
লুইতৰ শুৱনি ৰূপহী মাজুলী
ৰূপহী মাজুলী --
মৰোঁ যেনে লাগে তাত দুপৰীয়া
অ' বান্ধৈ মৰোঁ যেনে লাগে তাত।

ৰই যা হেৰ' ক'ৰে নাৱৰীয়া, ক
'ৰে নাৱৰীয়া
খাই যা এমুঠি ভাত, দুপৰীয়া
অ' বান্ধৈ মৰোঁ যেনে লাগে তাত।
বাঁহৰে শুৱনি আগে ঐ লেকেচি
পৰে কপৌ যুৰি তাত
পৰে কপৌ যুৰি তাত
পথাৰৰ শুৱনি সোণালী ধাননি
গছৰে এধানি ছাঁত
মৰোঁ যেনে লাগে তাত, দুপৰীয়া
অ' বান্ধৈ মৰোঁ যেনে লাগে তাত।

পৰ্বতৰ শুৱনি আজলী হৰিণী
পৰ্বতৰ শুৱনি আজলী হৰিণী
নিজানৰ শুৱনি ঘাট
দূৰৈৰে শুৱনি গাঁও ঐ
চিনাকী গাঁও ঐ চিনাকী
চেনেহৰ এষাৰি মাত
মৰোঁ যেনে লাগে তাত দুপৰীয়া
অ' বান্ধৈ মৰোঁ যেনে লাগে তাত।

প্ৰৌঢ় বয়সত পূৰ্ণমল ভূঞাই ৰচা 'কথা কোৱাঁ উৰ্বশী' গীতটিৰ ক্ষেত্ৰত আমি আগেয়ে লিখা বহু কথাই প্ৰযোজ্য নহয়। এই গীতটিত ধূসৰ যুগৰ ৰূপ শিখা উৰ্বশীৰ সৌন্দৰ্য্যৰ প্ৰভাৱ বৰ্ণনা কৰি পূৰ্ণমল ভূঞাই থোৰতে মানৱ সভ্যতাৰ বহু দিশ সামৰিছে। নিজৰ সহপাঠী বন্ধু পূৰ্ণমল ভূঞাই এই গীতটো আৰু আন এটা গীত ভূপেন হাজৰিকাৰ হাতত দি কেতিয়াবা পাৰিলে সুৰ দি গাবলৈ কৈছিল। 'কথা কোৱা উৰ্বশী' গীতটো পঢ়ি হেনো ভূপেন দাদাৰ গা শিঁহৰি উঠিছিল। তেঁওৰ হেনো এনেকুৱা লাগিছিল যে পূৰ্ণমল ভূঞাই যেন তেঁওৰ প্ৰাণৰ কথাই গীতটো প্ৰকাশিছে। তথাপি তেঁও বহুবাৰ চেষ্টা কৰিও হেনো গীতটিৰ কাৰণে সুৰ উলিয়াব নোৱাৰিলে। সুৰ নাপালেও তেঁও গীতটো সযত্নে সাঁচি থলে। শেষত তেঁও গীতটো কমল কটকীক দি তাৰ সুৰ কৰিবলৈ খাটিলে। কমলে গীতটোৰ এটি সাৰ্থক সুৰ দি ভূপেন দাদাক দিলে।

ভূপেন দাদাই কমলে দিয়া সুৰ খুব ভাল পালে আৰু ততাতৈয়াকৈ গীতটো বাণীবদ্ধ কৰিলে। আমাৰ মতে ভূপেন দাদাই প্ৰৌঢ় বয়সত পৰিৱেশন কৰা এইটোৱেই শ্ৰেষ্ঠ গীত। গীত এটাৰ এনে অতুলনীয় পৰিৱেশন ভূপেন দাদাৰ দৰে সুন্দৰৰ পূজাৰীৰ দ্বাৰাহে সম্ভৱ। এই গীতটো শুনিলে এনে লাগে যে জ্যোতিপ্ৰসাদ আৰু বিষ্ণুপ্ৰসাদৰ কল্পনাৰ সুন্দৰৰ পূজাৰী ভূপেন হাজৰিকা পূৰ্ণ ৰূপে প্ৰতিভাত হ'ল। পূৰ্ণমল ভূঞা আৰু কমল কটকীয়ে পূৰ্ণচন্দ্ৰ ভূপেন হাজৰিকাক পূৰ্ণ ৰূপে প্ৰকাশ পোৱাত সহায় কৰিলে।

কথা কোৱাঁ হে উৰ্বশী!

(কথা: পূৰ্ণমল ভূঞা; সুৰ: কমল কটকী)

কথা কোৱাঁ হে উৰ্বশী! ৰূপৰ শিখা!
বনে বনে প্ৰান্তৰে
কত ফুল ফুলি উঠে
উদাত্ত যৌৱন হৈ যায় ম্লান
মৰ্মৰিত গুঞ্জন ধ্বনি
কান্দিছে আত্মা বিয়পি ধৰা।
সৌৰভে ৰূপ পায় তাৰেই গান গায়
কত শৃংখল ভাঙি পৰে
আকৌ কত ট্ৰয় ধ্বংস হয়
জ্বলি উঠে লংকা কুৰুক্ষেত্ৰ।
আঁচলৰ ভাজে ভাজে
কত কথা ৰূপ লয়
এয়েই হেনো সৃষ্টি তাৰেই জ্ঞান গুঁথি
অমলিন হৈ ৰয় কত যে সভ্যতা
ভাগৰি পৰা কত মানুহে
এটি ঘৰৰ কোণ বিচাৰি
অধীৰ হয় বাৰ বনিতা
ইলোৰা অজন্তা তাৰেই চানেকী।
মন্দিৰত কান্দে কত বীভৎস ৰূপ
নতুন ৰূপৰ নতুন লাসৰ
কত সৃষ্টি কত সমাধি।

ধুমুহা নাহিবি

(কথা: জয়ন্ত বৰুৱা; সুৰ: অজিত সিংহ)

ধুমুহা নাহিবি
পচোৱা নাহিবি
নুনুমাবি এই গছি চাকি
এই চাকি নুমালে
এই শিখা শুকালে
মহাদেশ ধৰিব

এন্ধাৰে ঢাকি।।
ইগছি চাকিৰ শিখাই
পোহৰাই ৰওক
জনজীৱনৰে এন্ধাৰ নিশা
ইগছি চাকিৰ শিখা
ভাৰতে জ্বলোৱা
জণতন্ত্ৰৰে সাক্ষী
জণতন্ত্ৰৰে সাক্ষী।

ধুমুহাত মই থৈ যাম মোৰ গতি

(কথা: নিৰ্মলপ্ৰভা বৰদলৈ; সুৰ: ভূপেন হাজৰিকা। কোনো কোনোৰ মতে এই গীতটিৰ সুৰ জয়ন্ত হাজৰিকাৰ মুকুল বৰুৱাই আকৌ গীতটোৰ সুৰ তেখেতৰ বুলিহে আমাক কৈছিল।)

ধুমুহাত !!
ধুমুহাত মই থৈ যাম মোৰ গতি
এই পৃথিৱীত ধূলি উৰুৱাওঁ
বৰ বৰ গছ উভালি পেলাওঁ
সৃষ্টিৰ ন সঁহাৰি বিলাওঁ
পুৰণিক দিওঁ যতি।।
মোৰ দুৰন্ত বিশাল প্ৰেমে
অনন্ত আকাশ চুমে
যেন হাজাৰ শ্ৰাৱণে
প্ৰাণলে প্লাৱন আনে
সেই জোৱাৰত সৰু বৰ আদি
যাওক উটি ভাঁহি।।
মই দুৰ্বাৰ বেগে
যাওঁ আগ বাঢ়ি
সীমাৰ পৰিধি ভাঙি।
মই মৃত্যুক নকৰোঁ ভয়
পাছলে নেচাওঁ মই
নতুন দিনৰ সৃষ্টি বিচাৰি
কৰোঁ নৱ প্ৰস্তুতি
ধুমুহাত থৈ যাওঁ মোৰ গতি।।

ভূপেন দাদাৰ কণ্ঠত আন গীতিকাৰৰ গীতৰ তালিকা এখন ইয়াত দিলোঁ। এই তালিকা সম্পূৰ্ণ নহয়। আমি ইয়াত বাছকবনিয়া গীতহে দিছোঁ। ইয়াত কিবা ভুল পালে আৰু ইয়াত নথকা গীত বা মই দিব নোৱাৰা সমিধান সহৃদয় পাঠকে আমাক জনালে কৃতজ্ঞ হ'ম।

১) অ' মোৰ প্ৰিয় জনগণ (কথা আৰু সুৰ: অনিল দত্ত; অসমীয়া ৰূপান্তৰ ভূপেন হাজৰিকা)

২) অ' মোৰ দেহাৰ ভৰসা (কেছেট: নহওঁ ৰণক্লান্ত, মিণ্টু মুখাৰ্জী প্ৰডাকচন্স ১৯৮৮)

৩) অ' বান্ধৈ এইয়া সোৱণশিৰি নৈ (কথা: নগেন বৰা; সুৰ: জে-পি দাস)

৪) অ' বান্ধৈ মৰো যেন লাগে তাত (কথা আৰু সুৰ: আনন্দিৰাম দাস)

৫) অ' বোৱাৰী (কথা আৰু সুৰ: মণ্টু বৰগোঁহাই; সহযোগী শিল্পী; সংগীতা বৰঠাকুৰ, ২০০৩ চন)

৬) অ' মইনা (কথা: নীলকান্ত হাজৰিকা; সুৰ:ভূপেন হাজৰিকা, বিষ্ণুপ্ৰসাদ ৰাভা)

৭) অঞ্জলী (কথা আৰু সুৰ: প্ৰশান্ত বৰদলৈ; কথাছবি: অঞ্জলী, ১৯৮৪ চন)

৮) অথাই জলধিতে যশোৱা মাই (কথা: নিৰ্মল প্ৰভা বৰদলৈ; সুৰ: উপেন কাকতি; কথাছবি: প্ৰাণ গংগা, ১৯৭৬)

৯) অনামিকা বিদায় (মূল ৰচনা: শিৱদাস বন্দ্যোপাধ্যায়; অসমীয়া ৰূপান্তৰ আৰু সুৰ: ভূপেন হাজৰিকা)

১০) অলিয়া বলিয়া কৃষ্ণাই কলিয়া (কথা আৰু সুৰ: বিষ্ণুপ্ৰসাদ ৰাভা)

১১) অস্তিত্বৰ উমান (কথা: ৰঞ্জিত ভট্টাচাৰ্য্য; সুৰ: ভূপেন হাজৰিকা, ২০০১ চন)

১২) আই তোক কিহেৰে পূজিম (কথা আৰু সুৰ: মুকুল বৰুৱা)

১৩) আই মোৰ (কথা আৰু সুৰ: পাৰ্বতি প্ৰসাদ বৰুৱা)

১৪) আকৌ প্ৰমাণ কৰ (কথা আৰু সুৰ: হীৰেন গোঁহাই, ১৯৮৯)

১৫) আকৌ যদি যাবই লাগে (কথা: নগেন বৰা; সুৰ: জয়ন্ত নাথ)

১৬) আকৌ শৰাইঘাট (কথা: নগেন বৰা; সুৰ: মৃদুল ভূঞা)

১৭) আজলি হিয়াৰ মাজে বিজুলী বাণ মাৰে (কথা আৰু সুৰ: বিষ্ণুপ্ৰসাদ ৰাভা)

১৮) আজি ঈদৰ মজলিচতে (কথা: নুৰুল হক; সুৰ: জয়ন্ত নাথ)

১৯) আজি আকাশৰ শেষ হব পায় (কথা আৰু সুৰ: পাৰ্বতি প্ৰসাদ বৰুৱা)

২০) আজি জীৱনৰ বাট চৰাত (কথা: কীৰ্তিকমল ভূঞা; সুৰ: জে-পি দাস)

২১) আজি ফাগুনৰ (কথা আৰু সুৰ: পাৰ্বতি প্ৰসাদ বৰুৱা)

২২) আমাৰ সমাজৰ (কথা: নগেন বৰা; সুৰ: জয়ন্ত নাথ)

২৩) আৰৈ ধান লেচীয়া (কথা: নিৰোদ চৌধুৰী; সুৰ: ভূপেন হাজৰিকা; সহযোগী শিল্পী: অঞ্জু দেবী)

২৪) আল্লাৰ বিনে (কথা: আজান ফকীৰ; সহযোগী শিল্পী: সদানন্দ গগৈ আৰু প্ৰণৱিৰাম বৰুৱা)

২৫) আহিছোঁ বৰাগী (কথা আৰু সুৰ: পাৰ্বতি প্ৰসাদ বৰুৱা)

২৬) আহিন মহীয়া গৰখীয়া (কথা আৰু সুৰ: পাৰ্বতি প্ৰসাদ বৰুৱা)

২৭) উদাস উদাস মন পথাৰ (কথা আৰু সুৰ: সদানন্দ গগৈ)

২৮) উলাহেৰে নাচি বাগি (কথা আৰু সুৰ: বিষ্ণুপ্ৰসাদ ৰাভা)

২৯) এইখন কলিয়াবৰ (কথা: কুসুম বৰা; সুৰ: যোগেন বৰদলৈ)

৩০) এখনি শুকুলা কাকততে (কথা: বিজয় বৰদলৈ; সুৰ: মৃদুল ভূঞা)

৩১) একবিংশ শতিকাৰ পঞ্চম দশক (কথা: বনজিত তালুকদাৰ; সুৰ: ৰঞ্জিৱ দাস)

৩২) ক'ত তোমাৰ উৎস (কথা: স্বপ্নালী শইকীয়া; সুৰ ৰঞ্জিৱ দাস)

৩৩) কত দিন আৰু আশাৰ সপোন ৰচিবি বলিয়া মন (কথা: নলিনীবালা দেৱী; সুৰ: গৌৰ গোস্বামী; কথাছবি: বদন বৰফুকন, ১৯৪৭ চন)

৩৪) কংস বধৰ ভাওনা (কথা: নগেন বৰা; সুৰ: ভূপেন উজীৰ)

৩৫) কথা কোৱাঁ হে উৰ্বশী (কথা: পূৰ্ণমল ভূঞা; সুৰ: কমল কটকী)

৩৬) কথাৰে নহয় বন্ধু (কথা আৰু সুৰ: পুৰুষোত্তম দাস)

৩৭) কপালতে পিন্ধিলোঁ (কথা: নিৰোদ চৌধুৰী; সুৰ: ভূপেন হাজৰিকা; সহযোগী শিল্পী: অঞ্জু দেবী)

৩৮) কাকডোঙাৰ (কথা আৰু সুৰ: শোণিত গগৈ; সহশিল্পী; সংগীতা বৰঠাকুৰ)

৩৯) কাজল বৰণ কন্যা (কথা: শৈল দাস; সুৰ: ভাস্কৰ দাস)

৪০) কাষতে কলচি লৈ (কথা আৰু সুৰ: বিষ্ণুপ্ৰসাদ ৰাভা)

৪১) কি চাই আছা (কথা, সুৰ: মানস ৰবিন; সহযোগী শিল্পী: সংগীতা বৰঠাকুৰ)

৪২) কি মায়জৰীৰে (কথা: নগেন বৰা; সুৰ: সুভাষ দত্ত)

৪৩) কিনো পখীয়ে (কথা আৰু সুৰ: পাৰ্বতি প্ৰসাদ বৰুৱা)

৪৪) কিহৰ ৰাগীত (কথা আৰু সুৰ: পাৰ্বতি প্ৰসাদ বৰুৱা)

৪৫) কুলি কেতেকীয়ে ইনালে বিনালে (কথা আৰু সুৰ: পাৰ্বতি প্ৰসাদ বৰুৱা)

৪৬) কোন অনামী নদী (কথা: জয়ন্ত বৰুৱা; সুৰ: অজিত সিংহ)

৪৭) কোন কলীয়াই (কথা আৰু সুৰ: বিষ্ণুপ্ৰসাদ ৰাভা)

৪৮) কোন ক'ত আছ (কথা আৰু সুৰ: অপূৰ্ব বেজবৰুৱা)

৪৯) কোন ক'ত লটিঘটি (কথা: নিৰ্মলপ্ৰভা বৰদলৈ; সুৰ: ভূপেন হাজৰিকা; সহযোগী শিল্পী: জয়ন্ত হাজৰিকা, গীতা দাস, অনিল দত্ত; কথাছবি: লটিঘটি, ১৯৬৬ চন)

৫০) কোমল কোমল (কথা: লক্ষহীৰা দাস; সুৰ: বীৰেন দত্ত; সহযোগী শিল্পী: লক্ষহীৰা দাস)

৫১) গংগা মোৰ মা (মূল ৰচনা: শিবদাস বন্দ্যোপাধ্যায়; অসমীয়া ৰূপান্তৰ আৰু সুৰ: ভূপেন হাজৰিকা)

৫২) গৰখীয়া হেৰ' গৰখীয়া (কথা আৰু সুৰ: পাৰ্বতি প্ৰসাদ বৰুৱা)

৫৩) গাঁৱৰ ল'ৰা (কথা, সুৰ: জ্যোতিপ্ৰসাদ আগৰৱালা, সহযোগী শিল্পী: কবিতা হাজৰিকা, ইলা বোস আদি)

৫৪) গীতৰ ভাষাৰে (কথা: খঞ্জৰী নাথ; সুৰ: বুবুল বৰা;সহশিল্পী: সন্ধ্যা মেনন)

৫৫) চিৰ বিদ্ৰোহী (কথা আৰু সুৰ: জ্যোতিপ্ৰসাদ আগৰৱালা)

৫৬) ছাঙৰ চিৰা পিঠা (কথা আৰু সুৰ: শোণিত গগৈ; সহযোগী শিল্পী: সংগীতা বৰঠাকুৰ)

৫৭) ছাড়িয়া না যাচ (গোৱালপৰীয়া লোকগীত; কথাছবি: মাহুত বন্ধু ৰে)

৫৮) জীৱন জুৰি (কথা আৰু সুৰ: প্ৰশান্ত বৰদলৈ; কথাছবি: অঞ্জলী, ১৯৮৪ চন)

৫৯) জীৱন যদি হেৰালে (কথা আৰু সুৰ: পাৰ্বতি প্ৰসাদ বৰুৱা)

৬০) জীৱন সুন্দৰ, মৰম সুন্দৰ (কথা: নিৰোদ চৌধুৰী; সুৰ: ভূপেন হাজৰিকা; সহযোগী শিল্পী: অঞ্জু দেবী)

৬১) জোনাক জোনাক (কথা আৰু সুৰ: পাৰ্বতিপ্ৰসাদ বৰুৱা)

৬২) তুমি অসমীয়া (কথা আৰু সুৰ: ৰসানন্দ গগৈ, ১৯৮৯ চন)

৬৩) তুমি মোৰ (কথা আৰু সুৰ: প্ৰশান্ত বৰদলৈ; সহযোগী শিল্পী: মমতা বৰঠাকুৰ; কথাছবি: অঞ্জলী, ১৯৮৪)

৬৪) তুমি হ'বা মোৰ (কথা: সূৰ্য্য হাজৰিকা; সুৰ আৰু শিল্পী: ভূপেন হাজৰিকা)

৬৫) তুমিয়ে গোৱালা প্ৰিয়া গান (কথা আৰু সুৰ: আনন্দিৰাম দাস)

৬৬) তেঁও মেলানি মাগিছে (কথা আৰু সুৰ: পাৰ্বতি প্ৰসাদ বৰুৱা)

৬৭) তেজৰে চাকি জ্বলাই (কথা আৰু সুৰ: বলেন হাজৰিকা)

বলেন হাজৰিকা (১৯৩৮-২০১৬)

৬৮) তোমাৰ প্ৰেমৰ ভোগজৰা (কথা আৰু সুৰ: পাৰ্বতি প্ৰসাদ বৰুৱা)

৬৯) তোমাৰ ৰথৰ (কথা আৰু সুৰ: পাৰ্বতি প্ৰসাদ বৰুৱা)

৭০) তোমালৈ মনত পৰে (কথা আৰু সুৰ: নুৰুল হক; সহযোগী শিল্পী: বিউটি শৰ্মা বৰুৱা)

৭১) তোমালৈ বাট চাওঁ (কথা: বনজিত তালুকদাৰ; সুৰ: ৰঞ্জিৰ দাস)

৭২) তোৰ নাই যে (কথা আৰু সুৰ: পাৰ্বতিপ্ৰসাদ বৰুৱা; ১৯৪৬ চনৰ শিল্পী: পাৰ্বতিপ্ৰসাদ বৰুৱা, চাৰু বৰদলৈ ; কথাছবি: ৰূপহী, ১৯৪৬ চন)

৭৩) তোৰ পৰা মই (কথা: নগেন বৰা, সুৰ: জয়ন্ত নাথ)

৭৪) দে উদঙাই (কথা আৰু সুৰ: হেমেন হাজৰিকা; সহশিল্পী: লক্ষহীৰা দাস)

৭৫) ধুমুহা নাহিবি পচোৱা নাহিবি (কথা: জয়ন্ত বৰুৱা; সুৰ: অজিত সিংহ)

৭৬) ধুমুহাত মই থৈ যাম (কথা: নিৰ্মলপ্ৰভা বৰদলৈ; সুৰ: ভূপেন হাজৰিকা)

৭৭) নতুন সূৰুয (কথা আৰু সুৰ: প্ৰণৱিৰাম বৰুৱা: শিল্পী: ভূপেন হাজৰিকা)

৭৮) নজানিলো কি কথা: অমৰজ্যোতি চৌধুৰী; সুৰ: মৃদুল ভূঞা)

৭৯) নানা ৰহণীয়া (কথা আৰু সুৰ: অপূৰ্ব বেজবৰুৱা)

৮০) নামৰে কঠীয়া (কথা: হেমেন হাজৰিকা; সুৰ আৰু শিল্পী: ভূপেন হাজৰিকা আৰু সংগী)

৮১) নিজকে কিয় চাওঁ (কথা: নিৰ্মলপ্ৰভা বৰদলৈ; সুৰ: কুল বৰুৱা আৰু অতুল মেধি; কথাছবি: শ্ৰীমতী মহিমাময়ী)

৮২) নিজৰা পাৰত বহি (কথা: বলেন হাজৰিকা; সুৰ আৰু শিল্পী: ভূপেন হাজৰিকা আৰু পৰিয়ালবৰ্গ)

৮৩) নিয়ৰৰে ফুল (কথা: নৰকান্ত বৰুৱা; সুৰ আৰু শিল্পী: ভূপেন হাজৰিকা)

৮৪) পৰজনমৰ শুভ লগনত (কথা আৰু সুৰ: বিষ্ণুপ্ৰসাদ ৰাভা)

৮৫) পিন্ধিলোঁ কতনা (কথা: নগেন বৰা; সুৰ: ভূপেন উজীৰ)

৮৬) পুঠি মাছৰ (কথা আৰু সুৰ: মানস ৰবিন; সহশিল্পী: সংগীতা বৰঠাকুৰ)

৮৭) পোহৰ বিচাৰি কিনো ... অভাগা কপাল (কথা: হেমন্ত দত্ত)

৮৮) পোহৰ বিলাসী (কথা: নুৰুল হক; সুৰ: মহম্মদ হোছেইন)

৮৯) পৃথিবী আমাক চেনেহ অকণ (কথা: পুৰুষোত্তম দাস; সুৰ: জিতেন দেৱ)

৯০) প্ৰেম প্ৰেম বুলি (কথা: লক্ষ্মীনাথ বেজবৰুৱা, সুৰ: ভূপেন হাজৰিকা)

৯১) বজালে আহিনে (কথা আৰু সুৰ: পাৰ্বতি প্ৰসাদ বৰুৱা)

৯২) ব্ৰহ্মপুত্ৰ কিয় (কথা আৰু সুৰ: প্ৰণৱিৰাম বৰুৱা)

৯৩) বিশ্ববিজয়ী ন জোৱান (কথা আৰু সুৰ: জ্যোতিপ্ৰসাদ আগৰৱালা; কথাছবি: ইন্দ্ৰ মালতী ১৯৩৯ চন)

৯৪) বিশ্ববাসী শান্তিকামী (কথা: চক্ৰধৰ দাস; সুৰ: বিপুল বৰুৱা)

৯৫) বিশ্ববিজয়ী ন জোৱান (কথা আৰু সুৰ: জ্যোতিপ্ৰসাদ আগৰৱালা; কথাছবি: ইন্দ্ৰমালতী, ১৯৩৯ চন)

৯৬) বিশ্বৰ ছন্দে ছন্দে (কথা আৰু সুৰ: বিষ্ণুপ্ৰসাদ ৰাভা)

৯৭) বিহু বিহু লাগিছে (কথা আৰু সহযোগী শিল্পী: ৰুবী সিংহ; সুৰ: অজিত সিংহ)

৯৮) বোলোঁ সচা মানৱতা (কথা আৰু সুৰ: মহেন্দ্ৰ হাজৰিকা)

৯৯) ভৰ বাৰিষাৰ (কথা আৰু সুৰ: অমৰজ্যোতি চৌধুৰী, ২০০১ চন)

১০০) মই আহিছোঁ (মূল ৰচনা: শিবদাস বন্দ্যোপাধ্যায়; অসমীয়া ৰূপান্তৰ আৰু সুৰ: ভূপেন হাজৰিকা)

১০১) মই এই মাটিৰে ল'ৰা (কথা: নিৰ্মলপ্ৰভা বৰদলৈ; সুৰ: ভূপেন হাজৰিকা)

১০২) মই গান্ধীজীৰ দৰে হ'ম (কথা: লক্ষ্যধৰ চৌধুৰী; সুৰ: অঞ্জনজ্যোতি চৌধুৰী; সহযোগী শিল্পী: মণীষা হাজৰিকা)

১০৩) মই জানো (কথা: নিৰ্মলপ্ৰভা বৰদলৈ; সুৰ: ভূপেন উজীৰ)

১০৪) মই পিয়লা পিয়লা (কথা: নিৰ্মল প্ৰভা বৰদলৈ; সুৰ: উপেন কাকতি; সহযোগী শিল্পী: নিৰ্মলা মিশ্ৰ, শ্যামল মিত্ৰ; কথাছবি: প্ৰাণ গংগা, ১৯৭৬ চন)

১০৫) মই বিচাৰিছোঁ হেজাৰ চকুত (কথা: নিৰ্মলপ্ৰভা বৰদলৈ; সুৰ: ভূপেন হাজৰিকা)

১০৬) মই যেন এক স্তিমিত (কথা: অমৰজ্যোতি চৌধুৰী সুৰ: অঞ্জনজ্যোতি চৌধুৰী)

১০৭) মই লাচিতে কৈছোঁ (কথা: নগেন বৰা; সুৰ: জয়ন্ত নাথ)

১০৮) মই সুধিছিলোঁ (কথা: নিৰ্মলপ্ৰভা বৰদলৈ; সুৰ: ভূপেন হাজৰিকা; কথাছবি: প্ৰিয়জন)

১০৯) মাজ নিশা মোৰ (কথা আৰু সুৰ: পাৰ্বতি প্ৰসাদ বৰুৱা)

১১০) মানুহৰ দেহাতে (কথা আৰু সুৰ: পাৰ্বতি প্ৰসাদ বৰুৱা)

১১১) মুকলি আকাশ মোৰ আপোন (কথা চক্ৰধৰ দাস; সুৰ: জেপি দাস)

১১২) মোক এজন বগা মানুহ দিয়া (কথা: লোকমান ফকীৰৰ বঙালী গীতৰ অসমীয়া ৰূপান্তৰ: সদানন্দ গগৈ; সহযোগী শিল্পী: সদা গগৈ)

১১৩) মোৰ একেটি সুৰৰ (কথা: লক্ষ্মীনাথ বেজবৰুৱা; সুৰ: ভূপেন হাজৰিকা)

১১৪) মোৰ জীৱনৰ আকাশতে (কথা আৰু সুৰ: বিষ্ণুপ্ৰসাদ ৰাভা)

১১৫) মোৰ নাই (কথা: অমৰজ্যোতি চৌধুৰী; সুৰ: ভূপেন হাজৰিকা; ২০০১ চন)

১১৬) মোৰ প্ৰেম মোৰ কৱিতা (কথা:বনজিত তালুকদাৰ; সুৰ: ৰঞ্জিৰ দাস, ২০১১)

১১৭) মোৰ মন যায় (কথা: নিৰ্মলপ্ৰভা বৰদলৈ; সুৰ: মুকুল বৰুৱা)

১১৮) মোৰে ওৰে জীৱন কৰি জ্বলাকলা (কথা আৰু সুৰ: আনন্দিৰাম দাস)

১১৯) মোৰে জীৱনৰে সখা কৃষ্ণ (কথা আৰু সুৰ: জ্যোতিপ্ৰসাদ আগৰৱালা; ১৯৭৯)

১২০) যদি বিচৰা নাই (কথা আৰু সুৰ: শোণিত গগৈ; সহযোগী শিল্পী: সংগীতা বৰঠাকুৰ)

১২১) যাওঁ দেই মৰমী অই (কথা: নগেন বৰা; সুৰ: কেদাৰ বৰা)

১২২) যায় গত সংকল্প ভাগি (কথা আৰু সুৰ: পাৰ্বতি প্ৰসাদ বৰুৱা)

১২৩) ৰাতি নিবিড় নিবিড় হ'ল (কথা: লক্ষহীৰা দাস; সুৰ: মুকুল বৰুৱা)

১২৪) ৰিম জিম ৰিম জিম বৰষুণ পৰিছে চোৰাঁ (কথা: ৰুবী সিংহ; সুৰ: অজিত সিংহ; সহযোগী শিল্পী: সংগীতা সিংহ)

১২৫) ৰূপহ কোঁৱৰৰ চুমা পৰশত (কথা আৰু সুৰ: জ্যোতিপ্ৰসাদ আগৰৱালা; গ্ৰমোফোন নাটক: শোণিত কুঁৱৰী)

১২৬) লুইতৰ চাপৰিত ক'ৰে নাৱৰীয়া (কথা আৰু সুৰ: পাৰ্বতিপ্ৰসাদ বৰুৱা)

১২৭) লুইতৰ পাৰতেই (কথা আৰু সুৰ: কমল কটকী)

১২৮) লুইতৰ পাৰৰে (কথা আৰু সুৰ: জ্যোতিপ্ৰসাদ আগৰৱালা;)

১২৯) সচা মানৱতা (কথা আৰু সুৰ: জয়ন্ত নাথ)

১৩০) সজা এৰি পখী উৰিলে (কথা: নিৰোদ চৌধুৰী; সুৰ: ভূপেন হাজৰিকা)

১৩১) সময়ৰ গাত আজি (কথা আৰু সুৰ: মণি মহন্ত, ১৯৮৯ চন)

১৩২) সমাজ (কথা আৰু সুৰ: অমৰজ্যোতি চৌধুৰী, ২০০১ চন)

১৩৩) সখি হে কি ক'মে দুখৰে কথা (কথা: লক্ষ্মীনাথবেজবৰুৱা, সুৰ: জ্যোতিপ্ৰসাদ)

১৩৪) সৰুপোণা মোৰ (কথা আৰু সুৰ: অপূৰ্ব বেজবৰুৱা; সহশিল্পী: সন্ধ্যা মেনন)

১৩৫) সাগৰ তীৰত পৰি (কথা: নিৰ্মলপ্ৰভা বৰদলৈ; সুৰ: ভূপেন হাজৰিকা)

১৩৬) সুৰৰে দেউলৰে ৰূপৰে পূজাৰী (কথা আৰু সুৰ: বিষ্ণুপ্ৰসাদ ৰাভা; গ্ৰমোফোন নাটক: শোণিত কুঁৱৰী)

১৩৭) সুৰৰে দেউলৰে ৰূপৰে পূজাৰী (কথা আৰু সুৰ: বিষ্ণুপ্ৰসাদ ৰাভা; দিলীপ দত্তৰ ৰ'ড আইলেণ্ডৰ ঘৰত বাণীৱদ্ধ কৰা ১৯৭৯ চন)

১৩৮) সুৰৰে দেউলৰে ৰূপৰে পূজাৰী (কথা আৰু সুৰ: বিষ্ণুপ্ৰসাদ ৰাভা)

১৩৯) সেউজী পাৰৰ (কথা আৰু সুৰ: পাৰ্বতি প্ৰসাদ বৰুৱা)

১৪০) সেউজী সেউজী অ' (কথা আৰু সুৰ: জ্যোতিপ্ৰসাদ আগৰৱালা)

১৪১) সোঁৱৰণী সমিধান দিয়া (কথা আৰু সুৰ: জ্যোতিপ্ৰসাদ আগৰৱালা)

১৪২) সোণৰ হৰিণা তই ক'ত দেখিলি (কথা আৰু সুৰ: পাৰ্বতি প্ৰসাদ বৰুৱা)

১৪৩) সৌ কাজল কাজল(কথা: নিৰ্মলপ্ৰভা বৰদলৈ; সুৰ: ভূপেন হাজৰিকা)

১৪৪) সৌ সীমাৰ সিপাৰে (কথা: নিৰ্মলপ্ৰভা বৰদলৈ; সুৰ: মুকুল বৰুৱা)

১৪৫) স্মৃতিৰ বুকুত থৈ যাম (কথা আৰু সুৰ: আনন্দিৰাম দাস)

১৪৬) ষড়যন্ত্ৰ কৰি (কথা: ৰীতা চৌধুৰী; সুৰ: জয়ন্ত নাথ)

১৪৭) হয় চাহেব হয় (পৰম্পৰাগত জিকিৰ; সহযোগী শিল্পী: মহম্মদ ৰফি)

১৪৮) হে বিপ্লৱী বীৰ (কথা আৰু সুৰ: বিষ্ণুপ্ৰসাদ ৰাভা)।

ভূপেন হাজৰিকা আৰু কিশোৰ কুমাৰ

ভূপেন হাজৰিকা, লতা মংগেস্কাৰ আৰু হেমন্ত কুমাৰ

গীতৰ আখৰাত ভূপেন হাজৰিকা আৰু মহম্মদ ৰফি

আশা ভোঁশলে আৰু ভূপেন হাজৰিকা
ফটো: মাধুৰ্য্য মহন্তৰ সৌজন্যত

ভূপেন হাজৰিকা আৰু উষা মংগেস্কাৰ

ভাৰতৰ প্ৰসিদ্ধ গায়ক বা গায়িকাৰ কণ্ঠত ভূপেন হাজৰিকাৰ গীত

লতা মংগেস্কাৰ

এবাৰ শ্ৰীমান হকাশমে ভূপেন দাদাক প্ৰশ্ন কৰিছিল:

'আপুনি আপোনাৰ ছবিবোৰত আন প্ৰদেশৰ মানুহৰ হতুৰাই যে গান গোৱায়, আমাৰ মানুহ নাই নেকি? নে এইটো আপোনাৰ ব্যৱসায় বুদ্ধি?'

সেই প্ৰশ্নৰ উত্তৰত ভূপেন দাদাই লিখিছিল:

"মোৰ ছবিবোৰত যে অসমীয়া কণ্ঠশিল্পীৰ দ্বাৰাও গীত গোৱাওঁ সেইটো আপোনালোকে উনুকিয়াব নোখোজে কিয়? ব্যৱসায় বুদ্ধি হোৱা হ'লে ইমান খৰচ নকৰিলেও হ'লহেঁতেন। অসমীয়া গীতৰ প্ৰচাৰ সৰ্বভাৰতীয় কণ্ঠশিল্পীৰ কণ্ঠেৰে প্ৰচাৰ কৰাটো অসমীয়া সংগীতৰ প্ৰচাৰ নহয় জানো? তদুপৰি মই যেতিয়া বঙালী গীত গাওঁ তেতিয়া বংগদেশত কণ্ঠশিল্পী নাই বাবে গাওঁ নেকি?'

ওপৰৰ কথাখিনিত ভূপেন দাদাই যি চিন্তাধাৰাৰ অৱতাৰণা কৰিলে সেইটো অসমীয়া সমাজ আৰু সংস্কৃতিৰ কাৰণে সেই সময়ত এক প্ৰকাৰৰ নতুন আছিল। বহু ক্ষেত্ৰত অসমীয়াসকলৰ মনটো অতিশয় ঠেক আৰু অসমীয়াই সহজে আনৰ পৰা শিকিবলৈ বুজিবলৈ মনটো মুকলি নকৰে। নিজৰটোৰেই ভাল নিজৰখিনিয়েই শ্ৰেষ্ঠ আদি ভাবধাৰাই সময়ত জাতিগত বা গোষ্ঠীগত চিন্তাৰহে বীজ সিঁচে। নিজৰ জাতি বা গোষ্ঠীক উন্নত কৰিবলৈ প্ৰয়োজন যুগ চেতনা আৰু মহৎ লোকৰ আদৰ্শৰ পৰা গুণ আহৰণ কৰাৰ আন্তৰিক প্ৰচেষ্টা—সেইবিলাক অসমৰেই হওক বা বহিৰ্জগতৰ পৰাই অহাই হওক।

গীত আৰু গীত পৰিৱেশনৰ ক্ষেত্ৰত ভূপেন দাদাই কুৰি শতিকাৰ ভাৰতৰ কেই গৰাকীমান অতি প্ৰসিদ্ধ গায়ক গায়িকাৰ সহায় লৈ যিখিনি কৰিলে সেইয়া যে দুনাই আন এজন অসমীয়া সংগীতকাৰৰ দ্বাৰা ভৱিষ্যতে সম্ভৱ হ'ব সেইটো সন্দেহ। সচাকৈয়ে অসমীয়া গীত সৰ্বভাৰতীয় কণ্ঠশিল্পীৰ কণ্ঠেৰে প্ৰচাৰ কৰাটো যেনেকৈ অসমীয়া সংগীতৰ প্ৰচাৰ সেইদৰে তেনে প্ৰচাৰে অসমীয়া গায়ক আৰু গায়িকাসকলক পাৰদৰ্শী সৰ্বভাৰতীয় গায়ক বা গায়িকাৰ সাধনা, কলা কৌশল আৰু পৰিৱেশন পদ্ধতি শিকিবলৈ সুবিধা দিয়ে।

উদাহৰণ স্বৰূপে লতাৰ কণ্ঠত বাণীৱদ্ধ হোৱা 'জোনাকৰে ৰাতি অসমীৰে মাটি' গীতটোলৈ আঙুলিয়াব পাৰি। এই গীতটো লতাৰ 'এৰাউণ্ড ইণ্ডিয়া উইথ লতা' (Around India with Lata—মোৰ যিমান মোৰ বিশ্বাস এইখন ভাৰতত ওলোৱা প্ৰথম এল-পি এলবাম) নামৰ এল-পি এলবামত ওলোৱাৰ পাচত গোটেই ভাৰতত প্ৰচাৰ হয় আৰু ভাৰতৰ আন আন ঠাইৰ লোকেও অসমীয়া গীতক আদৰিবলৈ শিকে। এই প্ৰসংগত এটা কথা উল্লেখ কৰা যুগুত হ'ব।

১৯৬০-৬২ চনত দিল্লী বিশ্ববিদ্যালয়ৰ গয়াৰ হ'লত থাকোঁতে মোক তাৰ ধুনীয়া কমন ৰুমৰ সম্পাদক পাতিছিল। সেই সময়ত কাশ্মীৰৰ যুৱৰাজ কৰণ সিংহ (তেঁও গয়াৰ হলৰ প্ৰাক্তন নিবাসী আছিল) গয়াৰ হ'ল চাবলৈ আহি তেঁও আমাক কিবা এটা উপহাৰ দিবলৈ বিচৰাত আমি এটা দামী ৰেকৰ্ড প্লেয়াৰৰ কথা ক'লত তেঁও তাকে দিবলৈ সন্মত হ'ল আৰু ৰেকৰ্ড কিছুমান কিনিবলৈ অতিৰিক্ত টকাও দিলে। বস্তু কেইটা কিনাৰ ভাৰ মোৰ ওপৰতে পৰিলে। তেতিয়া হিন্দী গীতৰ এল-পি আঙুলিৰ মূৰত লিখিবলৈকো যথেষ্ট নাছিল। মই লতাৰ এল-পিখন আৰু হিন্দী গীতৰ সৰু ৰেকৰ্ড কিছুমান কিনিলোঁ। কোৱা বাহুল্য যে মোৰ গয়াৰ হ'লৰ বন্ধুসকলে 'জোনাকৰে ৰাতি অসমীৰে মাটি' খুব ভাল পালে আৰু সেইটো আটাইৰে খুব প্ৰিয় হ'ল। তেতিয়া তেঁওলোকে মোক কৰণ সিংহই দিয়া ৰেকৰ্ড প্লেয়াৰত বজাবৰ কাৰণে আন অসমীয়া গীতৰ ৰেকৰ্ড কিনিবলৈ খাটিলে।

'জোনাকৰে ৰাতি অসমীৰে মাটি' গীতটো লতাই ইমান আন্তৰিকতাৰে গাব পৰাৰ প্ৰধান কাৰণ হৈছে ভূপেন দাদাৰ যোগেদি অসম আৰু অসমীয়া গীতৰ প্ৰতি লতাৰ মনত ওপজা অকৃত্ৰিম ভাল পোৱা। সেইকাৰণে লতাৰ কাৰণে ভূপেন দাদাই ৰচিছিল 'গোদাবৰী নৈৰ পাৰৰে পৰা অসমী আইলৈ যাচোঁ প্ৰণাম'। অৱশ্যে, সেই গীতটো লতাই বহুত দিন পাচতহে বাণীৱদ্ধ কৰে। সেই গীতটো আনে বাণীৱদ্ধ কৰিবলৈ বিচাৰিছিল যদিও ভূপেন দাদাই আনক নিদি লতাৰ কাৰণেই গীতটো সাঁচি ৰাখিছিল। ভূপেন দাদাৰ মতে লতাৰ গীত কেৱল কণ্ঠৰ পৰা নাহে সি আহে তেঁওৰ প্ৰাণৰ একেবাৰে গভীৰতম কোণৰ পৰা।

লতা মংগেস্কাৰ
ফটো: উইকিপিডিয়াৰ সৌজন্যত

'গোদাবৰী নৈৰ পাৰৰ পৰা অসমী আইলৈ যাচোঁ প্ৰণাম' গীতটো আৱেগ, সুৰ, কাব্যিক সৌন্দৰ্য্য আৰু অতুলনীয় পৰিৱেশনৰ পিনৰ পৰা এটা অতি মনোৰম গীত। অসমীয়াই গীতটোক যথাযথ ভাৱে মৰ্য্যদা নিদিয়া কাৰণেই হয়তো লতাই অসম আৰু অসমীয়ালৈ আগ বঢ়োৱা মৰম আৰু শ্ৰদ্ধাৰ উত্তৰ আজিলৈকে দিব পৰা নাই।

লতাই গোৱা ভূপেন দাদাৰ আন এটা গীত হৈছে 'পানী' কথাছবিৰ

'মই অথাই জলধিৰ মাজলৈ
আহিলোঁ সাঁতুৰি
দূৰ দূৰণিত দুপাৰ এৰি
খাইছোঁ হাবাথুৰি।

আমাৰ বোধেৰে 'পানী' ছবিখনেই ভূপেন দাদাই গা লাগি সংগীত পৰিচালনা কৰা শেষ কথাছবি। তাৰ দুই এটা গীত আগেয়ে বাণীৱদ্ধ কৰা যদিও ভূপেন দাদাই সেইবিলাকত নিজৰ প্ৰাণৰ কথাও উজাৰিছে। সেই কেইটা গীতত ভূপেন দাদাই লতা আৰু তেঁওৰ পুৰণা কিন্তু আন্তৰিক বন্ধুত্বৰ ওপৰত দৃষ্টিপাত কৰি কি দেখিলে তাকেই বৰ্ণাইছে। সেইদৰে লতাই গোৱা তেঁওৰ শেষ গীততো একেই অতীত ৰোমন্থন।

দুয়োঃ দুয়ো মুখামুখি অতি সুখে সুখী
নাৰীঃ বাহিৰ বিশ্ব নিমাত
এই মুহূৰ্ত অতি পৱিত্ৰ
প্ৰেমৰ জ্যোতি প্ৰপাত
দুয়োঃ এই মুহূৰ্ত অতি পৱিত্ৰ
প্ৰেমৰ জ্যোতি প্ৰপাত।

উষা মংগেস্কাৰ

অসমীয়া গীত সৰ্বভাৰতীয় কণ্ঠশিল্পীৰ কণ্ঠেৰে প্ৰচাৰ কৰাটো যেনেকৈ অসমীয়া সংগীতৰ প্ৰচাৰ সেইদৰে তেনে প্ৰচাৰে অসমীয়া গায়ক আৰু গায়িকাসকলক পাৰদৰ্শী সৰ্ব ভাৰতীয় গায়ক বা গায়িকাৰ সাধনা, কলা কৌশল আৰু পৰিৱেশন পদ্ধতি শিকিবলৈ সুবিধা দিয়ে। এই ক্ষেত্ৰত ভূপেন দাদাই উষাৰ কণ্ঠত যিখিনি গীত সৃষ্টি কৰিলে সি অপৰূপ।

ভূপেন দাদাৰ গীতত কণ্ঠদান কৰা অনা-অসমীয়া গায়ক গায়িকাসকলৰ ভিতৰত আটাইতকৈ বেছি গীত বাণীৱদ্ধ কৰিছে উষা মংগেস্কাৰে। তেনে হোৱাৰ এটা কাৰণ আছিল যে ভূপেন দাদাৰ যোগেদি অসমীয়া গীতৰ লগত পৰিচয় হোৱাৰ পাচত উষাই অসমীয়া গীত গাবলৈ খুব ভাল পোৱা হৈছিল। উষা মংগেস্কাৰে অসমৰ থলুৱা সুৰ আদি অধ্যয়ন কৰি তেঁও গাবলৈ গীত যোগাই দিবলৈ ভূপেন দাদাক খাটিছিল। উদাহৰণ স্বৰূপে, উষাই বিহু সুৰীয়া গীত বিচাৰি ভূপেন দাদাক বৰকৈ লগাত তেঁও উষা মংগেস্কাৰৰ কাৰণে ৰচিলে, 'অ' মালতী কথা এটা কওঁ শুনা' আৰু 'বিহুৰেনো বিৰিণা'। উষাই কামৰূপী লোকগীত গাবলৈ বিচাৰিলে। সেইকাৰণে, ভূপেন দাদাই 'এ শ্যাম কানু দূৰৈ হৈ নাযাবাঁ' গীতটোকে সজাই পৰাই উষাক গাবলৈ দিলে।

উষা মংগেস্কাৰ
ফটো: উইকিপিডিয়াৰ সৌজন্যত

ভূপেন দাদাই আমাক কোৱা মতে তেঁও উষা মংগেস্কাৰৰ গীত পৰিৱেশন খুব ভাল পাইছিল আৰু আমাক এনে ধৰণৰ কৈছিলঃ

"উষাক গীতটোৰ কথা আৰু সুৰটো এবাৰ বুজাই দিলেই সকলো আয়ত্ত কৰিছিল আৰু মই আশা কৰাতকৈও বেছি ভালদৰে গাব পাৰিছিল। সুৰৰ কথাটো ক'বই

নালাগে গীতটোৰ আৱেগ বুজি প্ৰকাশ কৰাত উষাৰ সাংঘাটিক পাৰদৰ্শিতা আছিল। উচ্চাৰণত খাটি অসমীয়াৰ ঠাচটো নাছিল কাৰণে মই ভাবিলোঁ যে অসমৰ যিসকল থলুৱা লোকৰ মাতত একেবাৰে অসমীয়া ঠাচটো নাই সেইবিলাক চৰিত্ৰৰ গীত গোৱাবলৈ উষাই আটাইতকৈ ভাল হ'ব। সেইকাণে চাহ বাগিচাৰ ছোৱালীৰ গীত গাবলৈ উষাকে খাটিলোঁ। তাৰ পাচত কি হ'লটো জানাই—'চামেলি মেম চা'ব'-ত তেঁও গোৱা গীত কেইটা একেবাৰে অতুলনীয়। মই ভাবোঁ যে 'চামেলি মেম চা'ব' কথাছবিৰ বাবে শ্ৰেষ্ঠ সংগীত পৰিচালকৰ ৰাষ্ট্ৰীয় সন্মান লাভ কৰাত উষা মংগেস্কাৰৰ কণ্ঠৰ গীত কেইটাৰ বৰঙণি যথেষ্ট।"

তলত উষা মংগেস্কাৰৰ কণ্ঠত ভূপেন হাজৰিকাই বাণীৰদ্ধ কৰোৱা গীতৰ তালিকা দিলোঁ। এই কেইটাৰ উপৰিও উষা মংগেস্কাৰে আন শিল্পীয়ে আগেয়ে বাণীৰদ্ধ কৰা দুই এটা গীত বাণীৰদ্ধ কৰিছিল। উষা মংগেস্কাৰে হিন্দী, গুজৰাটী আৰু মাৰাঠী ভাষাত গীত বাণীৰদ্ধ কৰিছে। তেঁও ১৯৭৫ চনত 'জয় সন্তোষী মা' কথাছবিৰ ভক্তিমূলক গীতবিলাক গাই খিয়াতি অৰ্জন কৰে। উষা মংগেস্কাৰৰ চিত্ৰশিল্পতো বিশেষ অনুৰাগ আছে।

চেনাই মোৰ অ' (কথাছবি: মন প্ৰজাপতি)

অ' মালতী কথা এটা কওঁ শুনা

অপৰূপা, অপৰূপা (কথাছবি: অপৰূপা, ১৯৮২)

অসম দেশৰ বাগিচাৰে (কথাছবি: চামেলি মেম চা'ব)

ক-খ-গ-ঘ (কথাছবি: চামেলি মেম চা'ব)

কুঁৰলী কুঁৰলী (কেছেট: কোমল পৰশ)

জানকী, কিয় এই সংযমহীন (কথাছবি: মন প্ৰজাপতি)

জিগিজাগি গিজাওঁ (কথাছবি: চামেলি মেম চা'ব)

জিলমিলয়া কোমল (কথাছবি: খোজ)

হাওৱা নাই বাতাস নাই (কথাছবি: চামেলি মেম চা'ব)

হায়ৰে প্ৰাণেৰ বাসা (কথাছবি: চামেলি মেম চা'ব)

লুইততে মোৰ ঘৰ

পাহৰণিৰ কুঁৰলী (কেছেট: কোমল পৰশ)।

আশা ভোশলে

গায়িকা আশা ভোশলে হৈছে লতাৰ ভনীয়েক আৰু উষাৰ বায়েক। চিৰ কুমাৰী লতা আৰু চিৰ কুমাৰী উষাৰ বিপৰীতে, আশাই দুবাৰ বিয়া কৰাইছিল। ১৯৪৮ চনত তেঁও ১৫ বছৰ বয়সতে ওচৰৰ গণপত ৰাও ভোশলে নামৰ এজন যুৱকৰ লগত ঘৰৰ পৰা পলাই গৈ বিয়া হৈছিল। তেঁওৰ বৈবাহিক জীৱন সুখৰ নহয়। সেয়েহে, তেঁও ১৯৬০ চনত নিজৰ তিনিটা সন্তানক লৈ আকৌ মাকৰ ঘৰলৈ উভতি আহে। তেঁও ল'ৰা ছোৱালী কেইটাক আইতাক, জেঠাইক লতা, মাহীয়েক উষা আৰু পৰিয়ালৰ আন আন লোকৰ সৈতে একেটা ঘৰতে ৰাখি ডাঙৰ কৰে। পাচত তেঁও আকৌ আঁতৰি আহি বেলেগে থাকিবলৈ লয়।

১৯৮০ চনত আশাই আৰ-ডি বৰ্মনক বিয়া কৰায়। ২০০০ চনত আশাক দাদা চাহেব ফাল্কে বঁটা আৰু ২০০৮ চনত পদ্মবিভূষণ খিতাপি দিয়া হয়। আশাই জীৱনত বহু সংঘাত সহিব লগীয়া হয় যদিও সদায়ে বিশেষ ধৈৰ্য্য আৰু সাহসেৰে সকলোখিনি অতিবাহিত কৰি নিজৰ কাম কৰি যায়। তেঁওৰ দ্বিতীয়

স্বামী ৰাহুল দেৱ বৰ্মণৰ ১৯৯৪ চনত অকাল মৃত্যু হয়। ২০১২ চনত আশাৰ কন্যা বৰ্ষাই ৫৭ বছৰ বয়সত আত্মহত্যা কৰে। তেঁওৰ আন দুজন সন্তান হেমন্ত আৰু আনন্দই মাকৰ যতন লয়। ভূপেন দাদাৰ দৰে আশাইও ৰন্ধা বঢ়া কৰি ভাল পায়।

আশা ভোশলে
ফটো: উইকিপিডিয়াৰ সৌজন্যত

বহুতৰ মতে একে ঘৰৰ হলেও লতা মংগেস্কাৰ আৰু আশা ভোশলেৰ মাজত ব্যক্তি ৰূপে আৰু গায়িকা ৰূপে বহুত পাৰ্থক্য আছে। প্ৰথমেই, লতা হৈছে দেৱীৰ নিচিনা কিন্তু আশা সম্পূৰ্ণ মানৱী। লতা অতিশয় ধাৰ্মিক আৰু নিষ্কলংক তেঁও জনসাধাৰণৰ পৰা সততে আঁতৰি থাকে; আশাই কিন্তু মানুহৰ লগত মিলি মানুহৰ মাজতে থাকিবলৈ বিচাৰে।

আশাই নিজৰ জীৱনৰ অভিজ্ঞতাৰ কাৰণেই হওক বা আন কাৰণতেই হওক, ইন্দ্ৰিয় প্ৰৱণ আৱেগৰ (sensuous) গীতক পাৰদৰ্শী কণ্ঠেৰে বেছি আৱেদনময়ী কৰি পৰিৱেশন কৰিব পাৰিছিল। সেইকাৰণেই হয়তো ভূপেন দাদাই আশা ভোশলেৰ কণ্ঠত তলৰ গীত কেইটা গোৱায়।

অ' অভিমানী বন্ধু (কথাছবি: মন প্ৰজাপতি)

এই ধুনীয়া গধূলি লগন (সহশিল্পী: ভূপেন হাজৰিকা; কথাছবি: মন প্ৰজাপতি)

ভালকে পুনৰ চোৱাঁ

অসমৰ এজন পাৰদৰ্শী সৰোদ বাদক আৰু তৰুণ সংগীতজ্ঞ তৰুণ কলিতাই 'ভূপেন হাজৰিকাৰ গীতৰ সৌন্দৰ্য্য বিচাৰ' নামে এটা প্ৰবন্ধত কিছুমান অতি সাৰুৱা আৰু মৌলিক চিন্তাধাৰাৰ অৱতাৰণা কৰিছে। তেঁও কোৱা এষাৰ অতি ভাবোদ্দীপক মন্তব্য হৈছে:

> "তেখেতৰ সময়ৰ প্ৰায়বিলাক দেশৰ নামজ্বলা গায়কৰ কণ্ঠত ডঃ হাজৰিকাই গীত বাণীবদ্ধ কৰোৱাইছে। যি গৰাকী শিল্পীৰ বাবে গীতিটোৰ সুৰ ৰচনা কৰা হৈছে, সেইগৰাকী গায়িকাৰ গায়ন পদ্ধতি, পটুতা আৰু চৰিত্ৰৰ কথা মনত ৰাখি তেঁওৰ বাবে সুৰ ৰচনা কৰিছে। মন প্ৰজাপতি ছবিৰ 'এই ধুনীয়া গধূলি লগন' শীৰ্ষক গীতটি আশা ভোশলেৰ বাবেহে সুৰৰ ৰচনা কৰা। আশা ভোশলেৰ কণ্ঠত গীতটোৱে যিদৰে প্ৰাণ পাই উঠিছে আৰু সেই মন পৰশা গীতটোৰ সংগীতসজ্জা অনুৰূপ। গীতটিৰ অপাৰ জনপ্ৰিয়তাত আশা ভোঁশলেৰ অৱদান যিমান হাজৰিকাৰ অৱদান বৰঞ্চ বেছি, কাৰণ অসাধাৰণ সুৰ, সুন্দৰ সজ্জা আৰু যোগ্যতম গায়িকাৰ বাছনি।"

[তৰুণ কলিতা, ভূপেন হাজৰিকাৰ গীতৰ সৌন্দৰ্য্য বিচাৰ, নম্ৰতা দত্ত সম্পাদিত 'ভূপেন দা', জ্যোতি প্ৰকাশন, পাণ বজাৰ গুৱাহাটী, ২০১১ চন]

সুমন কল্যাণপুৰ
(জন্ম: ১৯৩৭ চন)

সুমন কল্যাণপুৰ
ফটো: উইকিপিডিয়াৰ সৌজন্যত

সুমন কল্যাণপুৰৰ প্ৰথম নাম আছিল হেমা দে। হেমাৰ ১৯৩৭ চনত ঢাকাত জন্ম হয়। ১৯৪৩ চনত তেঁওলোকৰ পৰিয়ালটো মুম্বাইলৈ উঠি যায়। সুমনে তাতেই ডাঙৰ হয় আৰু সংগীত শিক্ষা লাভ কৰে। তেঁও ৰমানন্দ কল্যাণপুৰৰ লগত বৈবাহিক সম্পৰ্ক আৰম্ভ কৰি সুমন কল্যাণপুৰ নাম লয়। আৱেদনময়ী কোমল মাতৰ গৰাকী সুমন কল্যাণপুৰক চিনেমা জগতলৈ তালাত মহমুডেই প্ৰথমে আদৰি আনে। এখন সংগীত অনুষ্ঠানত সুমন কল্যাণপুৰৰ গীত শুনি তেঁওক নিজৰ লগত এটা দ্বৈত সংগীত গোৱাৰ সুবিধা দিয়ে। ১৯৫৪ চনত মুক্তিলাভ কৰা 'দৰৱাজা' কথাছবিৰ সেই গীতটো অতিশয় জনপ্ৰিয় হোৱাত হিন্দী কথাছবিৰ সংগীত পৰিচালক সকলৰ চকু মেল খায়। তাৰ পিচত তেঁও ৭৪০ খনতকৈ অধিক হিন্দী কথাছবিত গীত পৰিৱেশন কৰে।

ইতিমধ্যে তেঁও মাৰাঠী কথাছবিতো গীত পৰিৱেশন কৰিবলৈ সুবিধা পায়। সুমন কল্যাণপুৰে ২০ খন মাৰাথী কথাছবিত গীত পৰিৱেশন কৰিছে। মাৰাঠী ভাষাত তেঁওৰ ভৱগীত আৰু ভক্তিগীত বিশেষ জনপ্ৰিয়।

ভূপেন হাজৰিকাই সুমন কল্যাণপুৰক প্ৰথমে 'প্ৰতিধ্বনি' কথাছবিৰ গীত গোৱায়। তাৰ পিচত 'চিকমিক বিজুলী' আৰু 'কাঁচঘৰ' কথাছবিত সুমন কল্যাণপুৰে কেবাটাও গীত গাই কথাছবি কেইখনৰ শোভা বঢ়ায়।

১৯৭৫ চনত 'কাঁচঘৰ' কথাছবি মুক্তিলাভৰ বহু বছৰৰ পাচত ১৯৯৩ চনত ভূপেন হাজৰিকাই 'প্ৰিয়জন' কথাছবিত একে প্ৰকৃতিৰ গীত গাবলৈ সুমন কল্যাণপুৰক নিমন্ত্ৰণ কৰে।

ভূপেন হাজৰিকাই সুমন কল্যাণপুৰক গাবলৈ দিয়া গীতৰ বৈশিষ্ট্য কেইটামান হৈছে সেইবিলাক শান্ত ভাব, অনেক আশা, আন্তৰিক আৱেদন আদি আৱেগৰ কোমলতাৰে পৰিপূৰ্ণ। অসমীয়া কথাছবিৰ জগতত সুমন কল্যাণপুৰৰ গীতৰ জনপ্ৰিয়তাই আন পৰিচালককো গায়িকা গৰাকীৰ হতুৱাই অসমীয়া গীত গোৱাবলৈ প্ৰেৰণা দিয়ে। সেইবিলাকো এই অধ্যায়ৰ শেষৰ পিনে দিছোঁ।

সুমন কল্যাণপুৰ গোৱা ভূপেন হাজৰিকাৰ গীত কেইটা হ'ল:

১) অয় অয় আকাশ শুব (কথাছবি: প্ৰতিধ্বনি)

২) মিলনৰ এই শুভক্ষণ (কথাছবি: চিকমিক বিজুলী)

৩) এটি মনৰ দুটি মানুহ (কথাছবি: প্ৰিয়জন)

৪) জীৱন ঘড়ীৰ প্ৰতিটো পল (কথাছবি: কাঁচঘৰ)

৫) বিজুলীৰ পোহৰ মোৰ নাই (কথাছবি: চিকমিক বিজুলী)

৬) বৃন্দাবন শুৱনী (কথাছবি: প্ৰিয়জন)

সন্ধ্যা মুখোপধ্যায় বা সন্ধ্যা মুখাজী (জন্ম: ১৯৩১ চন)

সন্ধ্যা মুখাজী

ফটো: উইকিপিডিয়াৰ সৌজন্যত

কুৰি শতিকাৰ বংগদেশৰ গায়ক গায়িকাসকলৰ মাজত উচ্চ আসন লোৱা সন্ধ্যা মুখাজী নিজৰ ব্যক্তিত্ব, সংগীতৰ সাধনা আৰু অতুলনীয় পৰিৱেশন কৌশলৰ কাৰণে হয়তো আটাইতকৈ বেছি সমাদৃত। তেঁওৰ অন্যতম গুৰু বড়ে গোলাম আলি খানৰ মতে 'সন্ধ্যাক কেৱল সন্ধ্যাৰ লগতহে তুলনা কৰিব পাৰি।'

সন্ধ্যা মুখাজীৰ দেউতাক সংগীতপ্ৰেমী নৰেন্দ্ৰনাথ মুখাজী ৰেলৱেৰ কৰ্মচাৰী আছিল আৰু তেঁওৰ মাক হেমপ্ৰভাও এগৰাকী ভাল গায়িকা আছিল। মুখাজী পৰিয়ালটো কৃষ্ণভক্ত আছিল আৰু তেঁওলোকৰ ঘৰত প্ৰতি সন্ধিয়া কৃষ্ণ পূজা আৰু কৃষ্ণ ভজন গোৱা হৈছিল। সন্ধ্যা মুখাজীয়েও সৰুৰে পৰাই বিশেষ আন্তৰিকতাৰে ভজন গাইছিল। সোনকালেই স্কুলৰ বা পাৰাৰ যেই কোনো অনুষ্ঠান সন্ধ্যাৰ ভজন অবিহনে সফল হ'ব নোৱাৰা হ'ল। সেয়েহে অতি সোনকালেই তেঁও ৰেকৰ্ড কোম্পানীৰ দৃষ্টি আকৰ্ষণ কৰে।

তেঁওৰ ১৩ বছৰ বয়সতে গ্ৰামোফোন ৰেকৰ্ডত তেঁওৰ প্ৰথম গীত 'তুমি ফিৰায়ে দিয়েছো যাৰে' বাণীবদ্ধ কৰে। মেট্ৰিক পৰীক্ষা দিয়াৰ আগতেই তেঁও পঢ়াশুনা নকৰি সংগীত শিক্ষাতে একান্ত ভাৱে লাগিব বুলি দৃঢ় সিদ্ধান্ত লয়। তেঁও মেট্ৰিক পাছ কৰাৰ আগতেই সন্তোষ মল্লিকৰ ওচৰত ৰাগ সংগীতৰ শিক্ষা আৰম্ভ কৰে। তাৰ পিচত, তেঁও যামিনী গংগোপধ্যায়, জ্ঞানপ্ৰকাশ ঘোষ, চিণ্ময় লাহিড়ী, ধ্ৰুৱতৰা যোশী, এ-টি কন্নান আৰু পণ্ডিত গণপত ৰাও আদি সেই সময়ত কাষ চাপিব পৰা প্ৰায় প্ৰতিজন গুৰুৰ ওচৰত সংগীত শিক্ষা লয়। সন্ধ্যাৰ শেষ গুৰু আছিল বড়ে গোলাম আলি খান।

১৯৪৮ চনত তেঁও হিন্দী কথাছবি 'অঞ্জনগড়'-ত গীত এটিৰে কথাছবিৰ জগতত সোমায়। তাৰ পিচত তেঁও 'পহলা আদমী', 'সজা' আদি কথাছবিত গীত গাই সফলতা অৰ্জন কৰা কাৰণে তেঁও কলিকতা এৰি মুম্বাইলৈ যায়। তেঁও বঙালী গীত পৰিৱেশনতো জনপ্ৰিয়তা অৰ্জন কৰিবলৈ ধৰে। বিশেষকৈ বঙালী কথছবিত জনপ্ৰিয় হোৱা উত্তম-সুচিত্ৰা যুতিৰ কণ্ঠ ৰূপে হেমন্ত কুমাৰ আৰু সন্ধ্যা মুখাজীৰ যুতি আটাইৰে প্ৰিয় হৈ পৰে।

সন্ধ্যা মুখাজীৰ দৃঢ় ঘোষণা, "মই কাৰো লগত প্ৰতিদ্বন্দিতা নকৰোঁ কাৰণ মই নিজৰ কাৰণেই গীত গাওঁ—গীত গোৱাটোয়েই মোৰ আৰতি আৰু মোৰ পূজা।" সকলো ৰাগ ৰাগিণীৰ লগত বিশেষ সাধনাৰে সম্পৰ্ক গঢ়া সন্ধ্যা মুখাজীয়ে ভজন, ঠুংৰি, খেয়াল, ৰবীন্দ্ৰ সংগীত, আধুনিক গীত আদি প্ৰায় সকলো

ধৰণৰ গীতত প্ৰাণ ঢালিব পাৰে।

ভূপেন হাজৰিকাৰ এয়েই কৃতিত্ব যে সন্ধ্যা মুখাৰ্জী ভাৰতৰ সংগীত জগতত সমাদৃত হোৱাৰ আগেয়েই তেঁও সন্ধ্যা মুখাজীৰ গুণ উপলব্ধি কৰিব পাৰিছিল আৰু বহু চেষ্টা কৰি এৰা বাটৰ সুৰত গীত এটা গোৱাব পাৰিছিল।

জনকপুৰৰ জানকীয়ে (শিল্পী: সন্ধ্যা মুখোপধ্যায়, ভূপেন হাজৰিকা; কথাছবি: এৰা বাটৰ সুৰ, ১৯৫৬ চন)।

হেমন্ত কুমাৰ মুখোপধ্যায়
(১৯২০-১৯৮৯)

হেমন্ত কুমাৰ
ফটো: উইকিপিডিয়াৰ সৌজন্যত

আমি আগেয়ে উল্লেখ কৰিছোঁ যে অসমীয়া গীত সৰ্বভাৰতীয় কণ্ঠশিল্পীৰ কণ্ঠেৰে প্ৰচাৰ কৰি ভূপেন দাদাই অসমীয়া গায়ক আৰু গায়িকাসকলক পাৰদশী সৰ্ব ভাৰতীয় গায়ক বা গায়িকাৰ সাধনা, কলা কৌশল আৰু পৰিৱেশন পদ্ধতি শিকিবলৈ সুবিধা দিয়ে। ভূপেন দাদাৰ কিন্তু হিন্দী, বঙালী, মাৰাঠী, তামিল আদি আন আন ভাষাৰ জনপ্ৰিয় গায়ক বা গায়িকাসকলক গীতৰ যোগেদি অসমীয়াৰ বুকুলৈ টানি অনাৰ আন এটা মহৎ উদ্দেশ্য আছিল। সেইটো হৈছে অসমীয়াক ভাৰতীয় ভাবাপন্ন কৰা। ভূপেন হাজৰিকাই একে ৰাষ্ট্ৰৰ নাগৰিক ভাৰতীয় সকলৰ মাজত ৰাষ্ট্ৰীয় ঐক্য প্ৰতিষ্ঠা কৰিবলৈ অতি অন্তৰিকতাৰে চেষ্টা কৰিছিল। ভাৰতৰ আন আন ভষা কোৱা লোকৰ লগত সংগীতৰ যোগেদি চেনেহ এনাজৰী দৃঢ় কৰি ভূপেন দাদাই ৰাষ্ট্ৰীয় ঐক্যৰ ভেটি গঢ়িবলৈ চেষ্টা কৰিছিল।

উদাহৰণ স্বৰূপে কুৰি শতিকাৰ কথাছবি জগতৰ প্ৰসিদ্ধ গায়কসকলৰ মাজত অন্যতম হেমন্ত কুমাৰ মুখোপধ্যায় (১৯২০ - ১৯৮৯), তালাত মহম্মদ (১৯২৪ - ১৯৯৮), মুকেছ (১৯২৩ - ১৯৭৬), মান্না দে (জন্ম: ১৯১৯), কিশোৰ কুমাৰ (১৯২৯ - ১৯৮৭), মহম্মদ ৰফি (১৯২৪ -১৯৮০), প্ৰত্যেকৰ কণ্ঠত এটা গীত হ'লেও ভূপেন হাজৰিকাই অসমীয়া গীত বাণীৱদ্ধ কৰাইছে।

এইটোও উল্লেখযোগ্য যে পাচত আন অসমীয়া প্ৰযোজক আৰু সংগীত পৰিচালকে দেখুওৱা পথ অনুকৰণ কৰি ভাৰতৰ প্ৰসিদ্ধ গায়ক বা গায়িকাৰ কণ্ঠত অসমীয়া গীত বাণীৱদ্ধ কৰিছে। এইটো এক শুভ লক্ষণ। সেয়েহে, আমি এই অধ্যায়ৰ শেষৰ পিনে দিয়া তালিকাত আমি জনা সকলো গীত অন্তৰ্ভূক্ত কৰিছোঁ।

ভূপেন দাদাই গায়কজনক কেৱল নামৰ কাৰণেই লোৱা নাই। সাধাৰণতে, গীতটোৰ কথা, পটভূমি, সুৰ আদিৰ লগত খাপ খাব পৰা ব্যক্তিকহে বাছি লৈছিল। অৱশ্যে, এইটোও সচা যে ভাৰতৰ ভিন ভিন ৰাজ্যৰ ভিন ভিন ভাষা ভাষীৰ লোকক একেডাল ভাৰতীয় ডোলেৰে বান্ধিবলৈ ভূপেন দাদাই মনে প্ৰাণে বিচাৰিছিল আৰু তাকে কৰিবলৈ চেষ্টা কৰিছিল। সেইদৰে ভাৰতৰ বিভিন্ন সংস্কৃতি আৰু বিভিন্ন ধৰ্মৰ মাজত বিৰাজ কৰা অনৈক্যৰ মাজত ঐক্য প্ৰতিষ্ঠা কৰাটোও তেঁওৰ জীৱনৰ এটা লক্ষ্য আছিল। সেয়েহে, দুই এবাৰ তেখেতৰ অনুৰোধ ৰক্ষা কৰা গায়কৰ

উপযোগীকৈ ভূপেন দাদাই গীত সৃষ্টি কৰিছিল।

উদাহৰণ স্বৰূপে, 'এৰা বাটৰ সুৰ' কথাছবিত হেমন্ত কুমাৰ মুখোপধ্যায়ে কণ্ঠদান কৰা গীত দুটা লক্ষণীয়। প্ৰথমেই বিশাল এখন নৈত ধুমুহা গাজনিত মন দৃঢ় কৰা নাৱৰীয়াৰ গীতটোত হেমন্ত কুমাৰ মুখোপধ্যায়ৰ বলিষ্ঠ কণ্ঠই নাৱৰীয়া সকলক সাহস যোগোৱাৰ লগতে নাৱৰীয়া দুজনৰ মুখৰ ভাষা অলপ অমিল হ'লেও সাহস অৰু মনৰ দৃঢ়তা স্পষ্ট কৰিছে। সেইদৰে 'ৰ'দ পুৱাবৰ কাৰণে' গীতটোত হেমন্ত কুমাৰ আৰু লতাই অসমীৰ চোতালখনৰ বহল চৰিত্ৰ ফুটাই তুলিছে।

তালাত মহম্মদ (১৯২৪-১৯৯৮)

তালাত মহম্মদ
ফটো: উইকিপিডিয়াৰ সৌজন্যত

'প্ৰতিধ্বনি' কথাছবিত 'লিয়েংমাকও' গীতটো গাবলৈ তেঁওৰ লগত ভাৰতৰ অন্যতম প্ৰসিদ্ধ গায়ক তালাত মগম্মদক লোৱাটো এক অনুপম কৌশল। প্ৰথমেই, পাহাৰ শিখৰত বাট চাই চাই বৈ থকা খাচীয়া গাভৰু ভৈয়ামৰ কাৰণে এক প্ৰকাৰ এক ৰহস্যাবৃত সৌন্দৰ্য্য, তেঁওৰ মনৰ ভাব বা বেদনা হয়তো আৰু বেছি ৰহস্যপূৰ্ণ। তেঁওক উদ্দেশি এজন যুৱকে (ভূপেন হাজৰিকা) গোৱা গীত পাহাৰত ঠেকা খাই আহি অলপ সলনি হৈছে। সেই প্ৰতিধ্বনি প্ৰায় একে ৰূপতে প্ৰকাশিবলৈ তেঁও বাছি ল'লে তালাত মহম্মদক কাৰণ আনৰ কণ্ঠক নিজৰ কৰিব পৰাৰ বিশেষ প্ৰতিভা আছিল তালাত মহম্মদৰ। ভূপেন হাজৰিকা আৰু তালাত মহম্মদে ধ্বনি-প্ৰতিধ্বনিৰ দৰে গোৱা এই গীতটো ৰচনা, সুৰ আৰু পৰিৱেশন কৌশলৰ পিনৰ পৰা অতুলনীয়।

লক্ষ্ণৌৰ এক পুৰণি সম্ভ্ৰান্ত পৰিয়ালত জন্ম গ্ৰহণ কৰা তালাতৰ সৰুৰে পৰাই গীতত বিশেষ ৰাপ আছিল। তেঁও ভাৰতৰ খ্যাতনাম শাস্ত্ৰীয় গীত মন দি শুনিছিল আৰু দিনে নিশাই গীত আওৰাইছিল। তেঁওৰ গোড়া মাক দেউতাকে কিন্তু তেঁওৰ সংগীতৰ প্ৰতি আকৰ্ষণ ভাল নাপাইছিল। পৰিয়ালৰ বয়োবৃদ্ধ সকলৰ বাধাবিঘিনি নামানি তেঁও পণ্ডিত ভাটৰ সংগীত কলেজত (বৰ্তমান ভাটখাণ্ডে বিশ্ববিদ্যালয়) শাস্ত্ৰীয় সংগীত শিক্ষা লয়। প্ৰথমৰে পৰা তালাতৰ গজল গোৱাতে বিশেষ আনন্দ আছিল আৰু অ'ল ইণ্ডিয়া ৰেডিঅ'ত গজল গায়েই তেঁও নিজৰ সংগীত জীৱন আৰম্ভ কৰে। সোনকালেই তেঁও লক্ষ্ণৌৰ অন্যতম গজল গায়ক বুলি খিয়াতি অৰ্জন কৰে। ১৯৪১ চনতে এইচ-এম-ভিয়ে তেঁও গোৱা দুটা গজল বাণীবদ্ধ কৰে। সেই ৰেকৰ্ড বিশেষ জনপ্ৰিয় হোৱা কাৰণে এইচ-এম-ভিয়ে তেঁওৰ আন আন গজলও বাণীবদ্ধ কৰে। ১৯৪৪ চনত তালাতে বাণীবদ্ধ কৰা 'তস্বীৰ তেৰা দিল মেৰা বেহালা ন সকেগি' গীতটো আজিকোপতি শ্ৰেষ্ঠ গজলৰ ভিতৰত অন্যতম বুলি সুধী সমাজৰ দ্বাৰা সমাদৃত। তালাতৰ সংগীতৰ প্ৰতি আকুলতা, নিষ্ঠাৰে সংগীত শিক্ষাৰ চেষ্টা, তেঁওৰ সাধনা আৰু তেঁওৰ সফলতা দেখি তেঁওৰ গোড়া পৰিয়ালৰ আটায়ে আনন্দিত হয় আৰু তেঁওক লৈ

গৌৰৱ কৰাৰ লগতে সংগীতকো আঁকোৱালি লয়।

পাচত তেঁও কলিকতালৈ আহি সেই সময়ৰ প্ৰসিদ্ধ গজল গায়ক ছাইগল, ওস্তাদ বৰাকত আলি খান আদিৰ কাষ চাপে। সুঠাম দেহী তালাত মহম্মদে গীত গাবলৈ সুবিধা পোৱাৰ উপৰিও কথাছবিতো অভিনয় কৰিবলৈ পায়। কলিকতাত তেঁও 'তপন কুমাৰ' ছদ্ম নামেৰে বঙালী গীতও বাণীবদ্ধ কৰে। ১৯৪৯ চনত তেঁও আন বহু শিল্পীয়ে কৰাৰ দৰে সেই সময়ত ভাৰতীয় কথাছবিৰ কেন্দ্ৰ ৰূপে গঢ়ি উঠা বোম্বাইলৈ উঠি যায়। এক সোণালী কণ্ঠস্বৰৰ অধিকাৰী তালাতৰ খ্যাতি কথাছবি জগতত প্ৰৱেশ কৰাৰ আগতেই সমগ্ৰ ভাৰতত বিয়পি পৰিছিল। তেঁওৰ মাতৰ ধ্বনিক প্ৰতিধ্বনিত কৰিবলৈ সেই সময়ত তালাত মহম্মদক বাছি উলিওৱাটো ভূপেন দাদাৰ বিশেষ কৃতিত্ব।

সেইদৰে, শোকৰ গীতত বেজাৰৰ চকুলো নমচাকৈ ধৈৰ্য্যৰ আস্থাৰে পৰিৱেশন কৰাত সিদ্ধহস্ত মুকেছৰ কাৰণে ভূপেন হাজৰিকাই ৰচিলে 'ঘৰ আমাৰ মাটি হয়' (কথাছবি: চিকমিক বিজুলী, ১৯৬৯ চন)। এইটো উল্লেখযোগ্য যে হিন্দী কথাছবিত 'দিল জ্বলতা হাইটো জ্বলনে দো' গীতেৰে আলোড়ন সৃষ্টি কৰা মুকেছৰ অসমীয়া গীত 'ঘৰ আমাৰ মাটি হয়'-ৰ বহু সাদৃশ্য আছে।

মুকেছ চান্দ মাথুৰ (১৯২৩-১৯৭৬)

দিল্লী নিবাসী মুকেছ মাথুৰৰ সংগীত জীৱন তেঁওৰ ভনীয়েক সুন্দৰ পিয়াৰীৰ জীৱনৰ আওপকীয়া প্ৰভাৱতে হয়। সুন্দৰ পিয়াৰীৰ ঘৰুৱা সংগীত শিক্ষকে সুন্দৰক সংগীত শিকাই থাকোঁতে কাষৰ কোঠা এটাত সেইবিলাক শুনি শুনি গীতবিলাক গাবলৈ লয়। তাৰ পিচত, সুন্দৰ পিয়াৰীৰ বিয়াৰ দিনাখন তেতিয়াৰ হিন্দী কথাছবিৰ অভিনেতা আৰু দূৰ সম্পৰ্কীয় আত্মীয় মতিলালে মুকেছৰ গীত শুনি মুকেছক বোম্বাইলৈ লৈ যায় আৰু 'নিৰ্দোষ' নামে কথাছবি এখনত গায়ক এজনৰ চৰিত্ৰৰ অভিনয় আৰু গীত গাবলৈ সুবিধা কৰি দিয়ে। তাৰ পিচত ১৯৪৫ চনত মুকেছে মতিলালৰে নেপথ্য গায়ক হয়। তেতিয়াৰে পৰা মুকেছে বহু হিন্দী কথাছবিৰ নেপথ্য গায়ক হয়।

মুকেছ
ফটো: উইকিপিডিয়াৰ সৌজন্যত

সৰুৰে পৰা মুকেছৰ আৰ্হি আছিল ছাইগল। মুকেছে ছাইগলৰ উচ্চাৰণ পদ্ধতি আৰু পৰিৱেশন কৌশল অনুকৰণ কৰিছিল। সেইকাৰণে মুকেছৰ গীত সাইলাখ ছাইগলে গোৱা গীতৰ নিচিনা হৈছিল। এবাৰ মুকেছে গোৱা 'দিল জলতা হাইটো জ্বলনে দো' গীতটো শুনি ছাইগলে সেইটো তেঁও নিজে গোৱা গীত বুলি ভাবি কৈছিল, 'আচৰিত কথা, মই এই গীতটো গোৱা মোৰ একেবাৰে মনত নাই।'

পাচলৈ নৌছাদৰ উপদেশত মুকেছে নিজৰ স্বকীয় পৰিৱেশন শৈলী গঢ় দিয়ে। নৌছাদে হিন্দী কথাছবিৰ নায়ক দিলীপ কুমাৰৰ নেপথ্য গায়ক ৰূপে প্ৰতিষ্ঠা কৰে। ছাইগলক

অনুকৰণ কৰোঁতে আহৰণ কৰা আনৰ মাত মাতিব পৰা প্ৰতিভাৰ কাৰণে মুকেছে বহুত অভিনেতাৰ মাতৰ লগত খাপ খুৱাই গীত পৰিৱেশন কৰিব পাৰিছিল। সেইকাৰণে তেঁও সংগীত পৰিচালক কল্যাণজী-আনন্দজী যুতিৰ খুব প্ৰিয় আছিল আৰু তেঁওলোকে মুকেছক অভিনেতা ৰাজকাপুৰৰ নেপথ্য গায়ক ৰূপে প্ৰয়োগ কৰে।

লতা মংগেস্কাৰৰ সৈতে আমেৰিকাত গীত পৰিৱেশন কৰিবলৈ যাওঁতে ১৯৭৬ চনৰ ২৭ আগষ্টত মুকেছৰ আমেৰিকাৰ ডিট্ৰয়ত চহৰত হৃদযন্ত্ৰ ৰুদ্ধ হৈ মৃত্যু হয়। সেই বাতৰি শুনি ৰাজকাপুৰে কান্দি কান্দি কৈছিল, 'মই মোৰ কণ্ঠস্বৰ হেৰুৱালোঁ'।

এইটো সচাকৈয়ে প্ৰশংসনীয় কথা যে ভূপেন দাদাই দেখুওৱা পথ অনুকৰণ কৰি আন অসমীয়া কথাছবি বা সংগীত পৰিচালকে ভাৰতৰ প্ৰসিদ্ধ গায়ক বা গায়িকাৰ কণ্ঠত অসমীয়া গীত বাণীবদ্ধ কৰিছে। এই খেত্ৰতো আমি ভূপেন দাদাৰ আৰ্হি মনত ৰখা উচিত যে তেনে কৰাৰ লক্ষ্য ব্যৱসায়িক হ'ব নালাগে। লক্ষ্য হ'ব লাগে:

১) অসমীয়া আৰু আন আন ভাৰতীয় লোকৰ মাজত মিলন সেতু গঢ়া।

২) অসমীয়া সংগীতক ভাৰতীয় সংগীতৰ এক বিশিষ্ট ধাৰা ৰূপে প্ৰতিষ্ঠা কৰা।

৩) গীত একোটাৰ আৱেগ, চৰিত্ৰ, বৈশিষ্ট্য আদি বুজি গায়ক বা গায়িকা বাছিবলৈ শিকা।

৪) অসমীয়া গীতৰ মান দণ্ড উন্নত কৰা।

মহম্মদ ৰফি (১৯২৪-১৯৮০)

মহম্মদ ৰফি
ফটো: উইকিপিডিয়াৰ সৌজন্যত

অভিষেক নাপতিলেও ভাৰতৰ সুধী সমাজে কুৰি শতিকাৰ হিন্দী কথাছবিৰ গায়কসকল মাজত মহম্মাদ ৰফিকে সম্ৰাট বুলি বিনা দ্বিধাই মানিছিল। ৰফিৰ কণ্ঠস্বৰত আছিল উদাত্ত শক্তি। তেঁও লঘূ ৰসৰ পৰা উচ্চাংগ সংগীতৰ কঠিনতম ৰাগৰ সকলো ধৰণৰ গীত গাব পাৰিছিল। কথাছবিৰ নায়ক নায়িকাই সন্মুখীন হ'ব পৰা সকলো ধৰণৰ আৱেগকে বিশেষ পাৰদৰ্শিতাৰে পৰিৱেশন কৰিব পাৰিছিল। ৰফিৰ প্ৰতিভাৰ কাৰণেই নৌছাদ, শচীন দেৱ বৰ্মণ, শংকৰ জয়কিষণ আদি সংগীত পৰিচালকসকলে হিন্দী কথাছবিত নানান ধৰণৰ গীত প্ৰদৰ্শাবলৈ সাহস কৰিব পাৰিছিল।

মহম্মদ ৰফিৰ বিশেষ কৃতিত্ব এয়েই যে

তেঁও নিজৰ জন্ম প্ৰদত্ত শক্তিতে সন্তুষ্ট নাথাকি সকলো প্ৰকাৰৰ শিক্ষা আৰু সাধনাৰে কুৰি শতিকাৰ কথাছবিৰ গায়কসকলৰ মাজত নিজকে উচ্চ শিখৰত উপৱিষ্ট কৰিব পাৰিছিল। সেইকাৰণে তেঁওৰ সংগীত জীৱনৰ কেইটীমান বিশেষ ঘটনা উল্লেখযোগ্য।

মহম্মদ ৰফিৰ জন্ম হৈছিল অমৃতসৰৰ ওচৰৰ এখন গাঁৱত। তেঁও ছজন ককাই ভাইৰ আটাইতকৈ কনিষ্ঠ। তেঁওৰ জন্মৰ আগতেই পৰিয়ালটো লাহোৰলৈ যায়। তাত তেঁওৰ দেউতাক হাজি আলি মহম্মদে এখন দাড়িচুলি কটা চেলুন লয়। তেঁও গীত গাবলৈ আৰম্ভ কৰে এজন ফকীৰে জপ কৰোঁতে গোৱা গীত অনুকৰণ কৰি। ৰফিৰ বাৰ নে তেৰ বছৰ বয়সত সম্ৰাট ষষ্ঠ জৰ্জক সিংহাসন আৰোহণ অভিনন্দন দিবলৈ পতা এখন বিৰাট ৰাজহুৱা সভাত ছাইগলে গীত গাবলৈ লওঁতে হঠাৎ বিজুতি ঘটাত গীত গাবলৈ এৰে। তেতিয়া শিশু ৰফিয়ে মঞ্চত উঠি মাইক্ৰফন নোহোৱাকৈ গীত গাবলৈ আৰম্ভ কৰে। দৰ্শকে স্তব্ধ হৈ শুনে আৰু বিপুল হৰ্ষধ্বনি দিয়ে। সেই সফলতাৰে তেঁও এখন পাঞ্জাৰী কথাছবিত গীত গাবলৈ পায় আৰু লাহোৰ ৰেডিঅ' ষ্টেচনতো তেঁওক ৰেডিঅ'ত গীত গাবলৈ সুবিধা দিয়ে। ৰফিৰ এজন ককায়েকৰ বন্ধু আব্দুল হামিদে ৰফিৰ গায়ক হোৱাৰ প্ৰতিশ্ৰুতি উপলব্ধি কৰি তেঁওক ১৯৪৪ চনত সংগীত শিক্ষা দিয়াবলৈকে বোম্বাইলৈ লৈ আহে।

ৰফিয়ে সেই সময়ৰ শাস্ত্ৰীয় সংগীতৰ সাধক বড়ে গোলাম আলি খান, আবদুল ৱাহিদ খান, জীৱন লাল মত্তু আদি স্বনামধন্য পুৰুষৰ ওচৰত শাস্ত্ৰীয় সংগীত শিকে। ১৯৪৫ চনতে তেঁও হিন্দী কথাছবিৰ কাৰণে প্ৰথম গীত দিল হাঁই কাবেমে বাণীবদ্ধ কৰে। তেতিয়াৰ পৰা আৰম্ভ কৰি তেঁওৰ জীৱন কালত ৰফিয়ে হিন্দী কথাছবিৰ কাৰণে ৪,৫১৬ টা গীত বাণীবদ্ধ কৰি যায়।

ৰফিয়ে ছাইগল আৰু নুৰজাহান বেগমৰ লগতো দ্বৈত সংগীত বাণীবদ্ধ কৰিছিল। দেশ বিভাজনৰ পিচত ৰফিয়ে পাকিস্তানলৈ নগৈ ভাৰততে থাকিবলৈ লয়। নুৰজাহান বেগম পাকিস্তানলৈ যায়গৈ। ১৯৪৮ চনত লালকিলাত অনুস্থিত ভাৰতৰ প্ৰথম গণৰাজ্য দিৱস উৎসৱত জৱাহৰলাল নেহৰুৱে ৰফিক নিজৰ লগত ৰাখি 'লেহৰো লেহৰো ত্ৰিৰংগ নিচান' গীতটি গোৱায়। সেই বছৰৰ ৩০ জানুৱাৰীত গান্ধীজীৰ হত্যাৰ পিচত ৰফিয়ে 'শুনো শুনো এই দুনিয়াৱালোঁ বাপুজীকী অমৰ কহানি' গীতটিৰে জৱাহৰলাল নেহৰুৰ লগতে সমগ্ৰ দেশবসীক কন্দুৱায়।

সংগীতৰ নিষ্ঠাৱান সাধক আৰু এজন আদৰ্শ ব্যক্তি ৰূপে তেঁওক আটায়ে সন্মান কৰিছিল। তেঁও চিগাৰেট, মদ আদি নীচাযুক্ত বস্তুৰ পৰা সদায় আঁতৰি থাকিছিল। আনকি তেঁও বলিউডত সঘনে হোৱা প্ৰীতিমেল বিলাকত ভোজন আৰু নীচাপানৰ অতিশয্যা দেখি সেইবিলাকত কাশ্চিৎহে যোগদান কৰিছিল। তেঁও সংগীতৰ ৰিয়াজ নিয়মিত ভাবে কৰিছিল। আনকি তেঁও বাণীবদ্ধ কৰিবলৈ লোৱা গীতবিলাক ভালদৰে বাৰে বাৰে আখৰা কৰিছিল আৰু নিজে সন্তুষ্ট নোহোৱালৈকে তাক বাণীবদ্ধ কৰিবলৈ সাজু নহৈছিল।

মহম্মদ ৰফিয়ে বাধ্যত পৰি দুবাৰ বিয়া কৰিব লগীয়া হৈছিল। তেঁওৰ প্ৰথম পত্নীৰ মাক দেউতাক দুয়ো দেশ বিভাজনৰ সময়ৰ সংঘৰ্ষত প্ৰাণ হেৰুৱায়। সেই আক্ষেপতে ৰফি পত্নীয়ে ভাৰতত নাথাকি পাকিস্তানলৈ যায়।

বিনয়ী আৰু অতিশয় ধাৰ্মিক বুলি মহম্মদ ৰফিৰ ওচৰত সকলো নতশিৰ হৈছিল। হয়তো সেইকাৰণেই অসমৰ ইছলাম ধৰ্মী ভক্তিগীত 'জিকিৰ'-ৰ প্ৰতি বাহিৰৰ লোকৰ চকু মেল খুৱাবলৈ ভূপেন হাজৰিকাই 'জিকিৰ' আৰু কাৱালী গাবলৈ মহম্মদ ৰফিক লগত লৈছিল।

ৰফিৰ লগত ভূপেন দাদাই গোৱা জিকিৰটো আছিল, 'হয় চাহেব হয়'। মহম্মদ ৰফি ইচলাম ধৰ্মী লোক কাৰণে তেনে গীতে বিশেষ প্ৰাণ পালে। সেই গীতটোৰ ৰফিয়ে মৰা সামৰণিখিনি মন কৰিব লগীয়া। ভূপেন দাদাই আমাক কৈছিল যে ৰফিৰ পাৰদৰ্শিতাৰ উপযোগী দুই এটা অসমীয়া গীত গোৱাবলৈ তেঁওৰ বিশেষ ইচ্ছা আছিল কিন্তু মহম্মদ ৰফিৰ অকল বিয়োগৰ কাৰণে সেই আশা পূৰ্ণ নহ'ল। মান্না দেৰ মতে:

> "ৰফি আৰু মই সকলো ধৰণৰ গীত গাব পাৰোঁ আৰু তেঁও আছিল এজন ভদ্ৰলোক। তেঁও মোতকৈ ভাল গায়ক আছিল—মই এইটো ন দি ক'ব পাৰোঁ যে আন কোনেও তেঁওৰ সমান হ'ব নোৱাৰে। তেঁও পোৱা সকলোখিনিৰেই তেঁও পোৱাৰ যোগ্য।"

কিশোৰ কুমাৰেও মহম্মদ ৰফিৰ বিষয়ে কোৱা এষাৰ কথা প্ৰণিধানযোগ্য:

> "ৰফি চাহাবে এটা গীত প্ৰায় শ শ বেলেগ বেলেগ ধৰণেৰে গাব পাৰে। মই মাত্ৰ দুই বা তিনি ধৰণেৰেহে গাব পাৰোঁ। সেইকাৰণে ৰফি চাহাব আৰু মোৰ তুলনা নহয়।"

ৰফি, - - -, তালাত, জৱাহৰলাল নেহৰু
ফটো: ফেচবুক আৰু চেলিম খানৰ সৌজন্যত

কিশোৰ কুমাৰ (১৯২৯-১৯৮৭)

কিশোৰ কুমাৰ
ফটো: উইকিপিডিয়াৰ সৌজন্যত

একালৰ হিন্দী কথাছবিৰ ৰূপহ কোঁৱৰ কিশোৰ কুমাৰকো ভূপেন দাদাই বাছি লৈছিল তেঁওৰ অনন্য ধৰণৰ কথাছবি 'চিক মিক বিজুলীৰ' অনন্য ধৰণৰ গীত 'পক্ষীৰাজ ঘোঁৰা' গীতটো গাবলৈ। এক বলিষ্ঠ কণ্ঠৰ অধিকাৰী কিশোৰ কুমাৰে প্ৰায় সকলো ধৰণৰ গীতকে নাটকীয় ৰূপে পৰিৱেশন কৰি জীৱন্ত কৰিব পাৰিছিল। কে-এল ছাইগলৰ পাচত গায়ক-অভিনেতা ৰূপে বিশেষ দক্ষতাৰে কিশোৰ কুমাৰেই হয়তো ভাৰতীয় জনতাৰ মন জয় কৰিব পৰা দ্বিতীয় জন শিল্পী। তদুপৰি ব্যংগাত্ম বা ধেমেলীয়া গীত গোৱাত কিশোৰ কুমাৰ আছিল অপ্ৰতিদ্বন্দী শ্ৰেষ্ঠ শিল্পী।

অশোক কুমাৰৰ ভায়েক কিশোৰ কুমাৰৰ আচল নাম আছিল আভাষ কুমাৰ গাংগুলী আৰু ১৯২৯ চনৰ ৪ আগষ্টত তেঁওৰ জন্ম হৈছিল মধ্য প্ৰদেশৰ খাণ্ডোৱা চহৰত। অশোক

কুমাৰে ভায়েক কিশোৰ কুমাৰক ল'ৰালি কালৰে পৰা কথাছবিৰ অভিনেতা হোৱাটো বিচাৰিছিল আৰু বহুত সুবিধা দিছিল। কিশোৰ কুমাৰৰ কিন্তু গায়ক আৰু গীতিকাৰ হোৱাতহে মন আছিল। ঘৰত তেঁও ছাইগলক অনুকৰণ কৰি ছাইগলৰ দৰে গীত গাবলৈ চেষ্টা কৰিছিল। ছাইগলৰ গীত অনুকৰণ কৰা নিজৰ প্ৰচেষ্টাৰ বাদে কিশোৰ কুমাৰৰ সংগীতৰ আন কোনো শিক্ষা নাছিল। সেইকাৰণে, সংগীত পৰিচালক সকলে কিশোৰ কুমাৰক গীত গাবলৈ দিয়াৰ কথা নাভাবিছিল। এবাৰ সলীল চোধুৰীয়ে অশোক কুমাৰক লগ ধৰিবলৈ যাওঁতে কিশোৰে ছাইগলৰ দৰে গোৱা গীত শুনি কিশোৰৰ কণ্ঠত 'ছোটা সা ঘৰ হোগা' গীতটো বাণীবদ্ধ কৰে। সেইদৰে শচীন দেৱ বৰ্মণেও কিশোৰৰ গান শুনি কিশোৰ গায়ক হোৱাৰ প্ৰতিশ্ৰুতি দেখে। শচীন দেৱ বৰ্মণে কিন্তু কিশোৰক কেৱল ছাইগলক অনুকৰণ নকৰি নিজা পৰিৱেশন শৈলী আহৰণ কৰিবলৈ উপদেশ দিয়ে। কিশোৰ কুমাৰেও পশ্চিমীয়া গায়ক টেক্স মৰ্টন আৰু জিম্মী ৰ'জাৰৰ দৰে সঘনাই মাতৰ উৎস সলনি কৰা কৌশল খটুৱাই গীতত গাবলৈ লয়। সেয়েহে তেঁও ব্যংগাত্মক বা ধেমেলীয়া গীত পৰিৱেশনত বিশেষ দক্ষতা অৰ্জন কৰে।

তেঁওৰ জীৱন কালত কিশোৰ কুমাৰে গায়ক, গীতিকাৰ, সংগীত পৰিচালক, অভিনেতা আদি কথাছবিৰ জগতৰ প্ৰায়বিলাক বিভাগতে নিজৰ শিল্পীপ্ৰাণ প্ৰকাশ কৰে যদিও তেঁও গায়ক আৰু এজন ব্যতিক্ৰমী ব্যক্তি ৰূপেহে নিজৰ খ্যাতি ৰাখি যায়।

কিশোৰ কুমাৰে চাৰিবাৰ বিয়া কৰাইছিল। ১৯৫০ চনত বিয়া কৰোৱা তেঁওৰ প্ৰথম পত্নী ৰুমা গুহ ঠাকুৰতাৰ লগত ১৯৫৮ চনত বিবাহ বিচ্ছেদ হয়। তাৰ পিচত তেঁও খ্যাতনামা অভিনেত্ৰী মধুবালাক বিয়া কৰায়। নানা সংঘৰ্ষৰ মাজেদি চলা সেই বিবাহ ১৯৬৯ চনত মধুবালাৰ মৃত্যুত সামৰণি পৰে। ১৯৭৬ চনত তেঁও যোগিতা বালিক বিয়া কৰায়। সেই বিবাহৰও দুবছৰও নিটিকিলে। ১৯৮০ চনত তেঁও লীণা চন্দভাৰ্কাৰক বিয়া কৰায়। সেই বিবাহ তেঁওৰ মৃত্যুলৈকে থিৰ আছিল। কিশোৰ কুমাৰৰ ব্যতিক্ৰমী ব্যক্তিত্বৰ বহুত ঘটনাই আছে। উদাহৰণ ৰূপে তেনে এটা দিলোঁ।

আন মানুহে ঘৰৰ বাহিৰত 'কুকুৰৰ পৰা সাৱধান' বুলি দিয়া ফলকৰ দৰে কিশোৰ কুমাৰে 'কিশোৰৰ পৰা সাৱধান' (বিৱৰঅৰই ওফ খসিহওৰই) বুলি ফলক এখন আঁৰি থৈছল। এবাৰ এজন প্ৰযোজকে আহি কিশোৰ কুমাৰক দিব লগীয়া ধনখিনি দিয়াৰ পাচত হাত মিলাবলৈ হাতখন আগ বঢ়াওঁতে কিশোৰে প্ৰযোজকজনৰ হাতখন টানি নি কামুৰি দিলে। তেঁও কিয় তেনে কৰিলে সোধোঁতে কিশোৰে ফলকখনলৈ আঙুলিয়াই তেঁওক বিদায় দিলে।

কিশোৰ কুমাৰ আৰু ভূপেন হাজৰিকাই গোৱা 'পক্ষীৰাজ ঘোঁৰা' গীতটো এক অনন্য গীতৰ এক বিশেষ নিদৰ্শন ৰূপে সদায় জিলিকি থাকিব। (এই গীতটোৰ বিষয়ে আমি পৰিশিষ্টত দিয়া তৰুণ কলিতাৰ 'ভূপেন হাজৰিকাৰ গীতৰ সৌন্দৰ্য্য বিচাৰ' প্ৰৱন্ধটো প্ৰণিধান যোগ্য।)

মেঘৰ দেশত উৰা পক্ষীৰাজ ঘোঁৰা

ফটো: খজেন ডেকা

মান্না দে (১৯১৯-২০১৩)

মান্না দে
ফটো: উইকিপিডিয়াৰ সৌজন্যত

ভূপেন দাদাই মনে প্ৰাণে ভাল পোৱা অন্যতম গায়ক আছিল মান্না দে। সম্ভৱ গায়ক ৰূপে নিজৰ লগত থকা বহু সাদৃশ্যৰ কাৰণে মান্না দেক তেঁও বিশেষ শ্ৰদ্ধা কৰিছিল। ভূপেন দাদাৰ মতে, 'মান্না দে দুৰন্ত সাহসি পুৰুষ, একেবাৰে ডেম কেয়াৰ মানুহ, কাকো ভয় নকৰে। গীত গাওঁতেও তেঁওৰ ব্যক্তিত্বৰ সেইবিলাক দিশ প্ৰকাশ পায়। বহু প্ৰতিভাৰ গায়ক, অথচ সকলোখিনি নিজে আহৰণ কৰা। আনৰ বিশেষ সহায় নোলোৱাকৈ নিজৰ চেষ্টা আৰু সাধনাৰ বলতে নিজে গঢ়া শিল্পী। ডেকা কালত তেঁওৰ বক্সিং আৰু মাল যুজতহে ৰাপ আছিল। কলেজীয়া জীৱনত সেইবিলাকৰ চেম্পিয়নও হৈছিল।'

ভূপেন দাদাৰ দৰে বিশেষ মনোবল থকা ব্যক্তি আৰু সচাকৈয়ে সৰ্ব ভাৰতীয় দৃষ্টিভংগীৰ মানুহ মান্না দেই বহু ভাৰতীয় ভাষাতে দক্ষতাৰে গীত পৰিৱেশন কৰি আহিছে। হিন্দী, বঙালী, গুজৰাটী, মাৰাঠী, মালয়ালম, কানাড়া, পাঞ্জাৱী, সিন্ধি আদি ভাষাৰ উপৰিও অৱধী, মগধী, মৈথিলী, কংকনী, ছট্টিচগঢ়ী আদি কথিত ভাষাটো মান্না দেই গীত বাণীৱদ্ধ কৰিছে।

১৯১৯ চনৰ ১ মে'ত জন্ম গ্ৰহণ কৰা মান্না দেৰ আচল নাম আছিল প্ৰবোধ চন্দ্ৰ দে। তেঁও ১৯২৯ চনত বিদ্যাসাগৰ কলেজৰ স্নাতক হয়। তেঁওৰ এজন খুৰাক কৃষ্ণচন্দ্ৰ দে এজন ভাল সংগীতজ্ঞ আছিল। খুৰাক কৃষ্ণচন্দ্ৰৰ উচটনিতে মান্না দেই গীত গাবলৈ লয়। কৃষ্ণচন্দ্ৰই গীত ৰচনা কৰাৰ উপৰিও কথাছবিৰ সংগীতও পৰিচালনা কৰিছিল। ১৯৪২ চনত কৃষ্ণচন্দ্ৰই মান্না দেক মুম্বাইলৈ লৈ যায় আৰু 'তমন্না' কথাছবিৰ দ্বৈত সংগীত এটা সেই সময়ৰ প্ৰখ্যাত চিত্ৰ তাৰকা সুৰায়াৰ লগত গাবলৈ দিয়ে। গীতটো আছিল 'জাগো আয়ি উষা, পন্চী বলে জাগো'। সেই গীতটো বিশেষ জনপ্ৰিয় হোৱাই মান্না দেৰ ভাগ্য উদয় হয়। পুৰুষ নাৰী উভয়ৰে লগত দ্বৈত সংগীতত মান্না দেই এনেদৰে প্ৰাণ দিব পাৰিছিল যে সংগী গায়ক বা গায়িকা গৰাকীয়েও পৰিৱেশনত অধিক মনোগ্ৰাহী কৰিবলৈ প্ৰেৰণা পাইছিল।

সুৰায়াৰ পাচত তেঁও অমীৰা বাই, মীনা কাপুৰ, ছামছাদ বেগম, লতা মংগেস্কাৰ, গীতা ৰয়, উমা দেবী, আশা ভোশলে, শুধা মালহোট্ৰা, সৰিতা বেনাৰ্জী, সুমন কল্যাণপুৰ আদি উনৈচ শতিকাৰ লেখত লবলগীয়া প্ৰায় সকলো গায়িকাৰ লগতেই মান্না দেই গীত পৰিৱেশন কৰি বিশেষ সফল হৈছিল। হিন্দী কথাছবিৰ কাৰণে মহম্মদ ৰফিৰ লগ লাগি গোৱা দ্বৈত সংগীতবিলাকে বিশেষ জনপ্ৰিয়তা অৰ্জন কৰিছিল। মান্না দে আৰু মহম্মদ ৰফিয়ে লগ লাগি গোৱা ৫৮টা হিন্দী গীতে

একালত গোটেই ভাৰতকে ৰম ৰমাই আমোদ দিছিল। সম্ভৱ সেইকাৰণেই ভূপেন দাদাই 'অপৰূপা' কথাছবিত তেঁওৰ লগত 'অ' বান্ধ! অ' সিপাৰৰ বান্ধ' গীতটো গাবলৈ মান্না দে'ক লগত লৈছিল। সেই গীতটো অলপ মন দি শুনিলেই মান্না দেৰ প্ৰতিভা আৰু ভূপেন দাদাৰ মুকুতা বুটলিব পৰা গুণ স্পষ্ট হয়।

এইটোও উল্লেখযোগ্য ভূপেন হাজৰিকাৰ উপৰি আনেও মান্না দেৰ কণ্ঠত অসমীয়া গীত গোৱাইছে। এই সংক্ৰান্তত নিৰ্মলপ্ৰভা বৰদলৈয়ে আমাক কোৱা এটা কথা মনত আছে যে তেখেতৰ কেইটামান গীত কোনোবা এখন কথাছবিৰ কাৰণে মান্না দেই নিজে সুৰ দি বাণীবদ্ধ কৰিছিল। কিবা কাৰণত কথাছবিখন কৰা নহ'ল কিন্তু গীত চাৰিটা এখন ৰেকৰ্ডত বিক্ৰি কৰাত বিশেষ জনপ্ৰিয় হয়।

আন আন বঙালী গায়ক আৰু গীতিকাৰ

ভূপেন দাদাৰ দৃঢ় ঘোষণা:

> "বংগ আৰু অসমৰ মাজত সেতু বন্ধনৰ কামতো দীৰ্ঘ দিন ধৰি মই নিৰলস ভাবে ব্যস্ত। এই কামত কেতিয়াবা ফাঁকি দিছোঁ বুলি মনে নধৰে। ১৯৬০ চনত অসমৰ মাটিত যেতিয়া হত্যালীলা সংঘটিত হৈছিল, মই আৰু হেমাংগ বিশ্বাস দুয়োৰে সমস্ত ভয়, দ্বিধা, দ্বন্দ্ব দূৰলৈ থেলি পঠিয়াই দি জনতাক উদ্দেশ্য কৰি গাইছিলোঁ 'মানুহে মানুহৰ বাবে' (মানুহ: মানুহৰ বাবে)। এই ধৰণৰ কামত প্ৰবৃত্ত হোৱৰ শিক্ষা মই পল ৰবচনৰ পৰা পাইছোঁ। অৱহেলিত মানুহৰ কথা তেঁও গীতৰ মাজেৰেই কৈছিল আৰু ফৰ্মতকৈ কন্টেন্টৰ প্ৰতি বেছি দৃষ্টি ৰাখিছিল। এই অনুপ্ৰেৰণাৰ বশৱৰ্তী হৈয়ে মোৰ জীৱনৰো যাত্ৰা পথ নিৰ্দেশিত হৈছে।"
>
> *ভূপেন হাজৰিকা*

সচাকৈয়ে বংগ আৰু অসমৰ মাজত সেতু নিৰ্মাণ ভূপেন দাদাৰ জীৱনৰ এক গৌৰৱোজ্জ্বল কৰ্ম। দুয়ো ভাষী লোকৰ কথা, সংস্কৃতি, আচাৰ ব্যৱহাৰ, ৰীতিনীতি আদিৰ বহু মিল থকা সত্বেও এই দুই ভাষাগোষ্ঠীৰ মাজত নানান বিভেদ থকাটো দুখৰ কথা। সময়ে সময়ে সেই বিভেদ ভাবে নানান অপ্ৰীতিকৰ সংঘৰ্ষৰ সৃষ্টি কৰি আহিছে। সেই অপ্ৰীতিকৰ সংঘৰ্ষ বিলাকৰ কাৰণে সাধাৰণতে নেতৃস্থানীয় লোকসকলেই জগৰীয়া। সি যিয়েই নহওক, ভূপেন দাদাই গীতৰ সহায়তেই এক চিৰস্থায়ী মিলন সেতু গঢ়ি গ'ল। তেঁওৰ প্ৰায় প্ৰত্যেকটো গীতেই তেঁও বঙালী ভাষালৈ ৰূপান্তৰিত কৰি তেঁও বংগভাষীসকলৰ অন্তৰ জয় কৰি গ'ল। তেঁওৰ বহু বঙালী গীতেই বঙালী অমৰ গীতৰ অন্যতম হৈ যে ৰ'ব তাত সন্দেহ নাই। সেইদৰে তেঁও বঙালী গীতিকাৰৰ গীতও বাণীবদ্ধ কৰি বঙালী সংস্কৃতিৰ জগতত একক আসন পাবলৈ সমৰ্থ হয়।

কলিকতাতে তেঁওৰ জীৱনৰ আটাইতকৈ সৃষ্টিসফল সময়কণ কটোৱা বাবে তেঁও বঙালী শিল্পীসকলৰ লগত বন্ধুত্ব আৰু সৌহাৰ্দ্যৰ সম্পৰ্ক গঢ়িবলৈ সমৰ্থ হৈছিল। সেইকাৰণে সেইসকলৰ মাজৰ পৰা পাৰদৰ্শী গায়ক গায়িকাক তেঁও অসমীয়া গীত পৰিৱেশন কৰাই কেইটামান অমৰ গীত সৃষ্টি কৰি থৈ গ'ল। ইতিমধ্যে আমি সন্ধ্যা মুখাৰ্জী, হেমন্ত কুমাৰ মান্না দে আৰু সুমন কল্যানপুৰৰ অৱদান আগেয়ে উল্লেখ কৰিছোঁ। এতিয়া আন কেই গৰাকীমান শিল্পীৰ কণ্ঠত ভূপেন দাদাই সৃষ্টি কৰা কেইটামান গীতৰ উদহৰণ দিওঁ।

বঙালী শিল্পীসকলৰ লগত ভূপেন দাদাৰ সহযোগ সক্ৰিয় ভাবে আৰম্ভ হয় গণনাট্য

সংঘৰ যোগেদিয়েই। আমেৰিকাৰ পৰা উভতি অহাৰ পিচৰে পৰা তেঁও গণনাট্য সংঘৰ যোগেদি অসমত গীত পৰিৱেশন কৰিবলৈ অনা দুগৰাকী শিল্পী আছিল মণ্টু ঘোষ আৰু গায়ত্ৰী দেৱী। তেঁওলোকে গুৱাহাটীত পৰিৱেশন কৰা বঙালী আৰু অসমীয়া গীত আমি শুনিবলৈ পাইছিলোঁ। পাচত ১৯৫৭ চনত মুক্তি লাভ কৰা 'ধুমুহা' কথাছবিত ভূপেন দাদাই 'ধুনীয়া ৰঙৰ নতুন পাহিৰ তুমি মোৰ পদুলিৰ কেতেকী ফুল তাকেই দেখি মই ভোল যাওঁ' বোলা এটা অতুলনীয় দ্বৈত গীত সেই শিল্পী দুগৰাকীৰ কণ্ঠত বাণীৱদ্ধ কৰে।

এই গীতটো এই কাৰণেই অতুলনীয় যে গীতটোত কথা, সুৰ আৰু পাৰদৰ্শী পৰিৱেশনৰ অপৰূপ মিলন ঘটিছে। মণ্টু ঘোষ আৰু গায়ত্ৰী দেৱীয়ে ইমান মিঠাকৈ এই মধুৰ গীতটো গাইছে যে তেওঁলোকে অসমীয়া ভাষা নাজানে বুলি বিশ্বাস কৰিবলৈ টান। সম্ভৱ তেঁওলোকে গীতটোৰ আৱেগ হিয়াই হিয়াই উপলব্ধি কৰা কাৰণেই মৌৰ দৰে মিঠাকৈ গীতটো পৰিৱেশন কৰিব পাৰিলে। বঙালী গায়ক গায়িকাই গোৱা এই গীতটো শুনিলে এটা কথা স্পষ্ট হয় যে আমাৰ আৱেগবিলাক ভাষাৰ অধীন নহয়।

গণনাট্য সংঘৰ যোগেদি ভূপেন দাদাই সলিল চৌধুৰীকো অসমলৈ আনিছিল। তেখেতে ভূপেন দাদা আৰু আন আন গায়কৰ লগত হাৰ্মনিয়াম বজোৱা দেখিছোঁ যদিও তেখেতে সুৰ দিয়া বা গোৱা ভূপেন দাদাৰ গীত আছে নেকি মই নাজানো। অৱশ্যে, সলিল চৌধুৰীয়ে সুৰ দিয়া আৰু তেখেতৰ পত্নী সবিতা চৌধুৰীয়ে বাণীবদ্ব কৰা কেইটামান প্ৰখ্যাত অসমীয়া গীত আছে। গীত কেইটা হৈছে:

'অ' কপৌ পাহি তোমাৰ লাহি' (কথা: ফণী তালুকদাৰ; সুৰ: সলিল চৌধুৰী),

'অ' ফাগুনৰে উতলা বা' (কথা: অনুৰাধা দাস; সুৰ: সলিল চৌধুৰী),

'ফাগুন তোমাক জনালো নিমন্ত্ৰণ' (কথা: অনুৰাধা দাস; সুৰ: সলিল চৌধুৰী),

'মন পচোৱা বা' (কথা: ফণী তালুকদাৰ; সুৰ: সলিল চৌধুৰী)

হেমাংগ বিশ্বাস, পুলক বেনাৰ্জী, ডলী ঘোষ, আৰতি মুখাৰ্জী আদি আন কেবা গৰাকীও বঙালী মাতৃভাষাৰ অসম সন্তানে অসমীয়া গীত আৰু সংস্কৃতিক চহকী কৰিছে। তেঁওলোকৰ লগতও ভূপেন দাদাই কেৱল সহযোগ কৰাই নহয় তেঁওলোকক মৰমেৰে আঁকোৱালি লৈ তেঁওলোকৰ সদায় শলাগ লৈছিল। সেইদৰে অসমীয়া গীত পৰিৱেশন কৰিবলৈ ভাল পোৱা কেবা গৰাকীও বংগবাসী গায়ক গায়িকাৰ কণ্ঠত ভূপেন দাদাই বিশেষ উৎসাহেৰে গীত বাণীৱদ্ধ কৰাইছিল। সেইসকলৰ ভিতৰত অন্যতম হৈছে ইলা বোস। তেঁওৰ বিষয়ে ইয়াত দুআষাৰ কোৱা যুগুত হ'ব।

কথাটো এন ধৰণৰ। স্বাধীনতাৰ আগৰ কাল ছোৱাত অসমীয়া গীত বাণীৱদ্ধ কৰিবৰ কাৰণে বা আকাশবাণী (আগৰ অ'ল ইণ্ডিয়া ৰেডিঅ') অসমীয়া শিল্পীসকল কলিকতালৈ যাব লাগিছিল। তেতিয়াৰ দিনত কলিকতালৈ যোৱাটো আৰু তাত গৈ থকামেলা আৰু খোৱাবোৱাটো কেৱল ব্যয়বহুলেই নহয় এক প্ৰকাৰ বিপদ সংকুল আছিল। তথাপি জ্যোতিপ্ৰসাদ আগৰৱালা আৰু বিষ্ণুপ্ৰসাদ ৰাভাই অসমৰ শিল্পীসকলক কলিকতালৈ লৈ গৈছিল। কলিকতালৈ গৈ জ্যোতিপ্ৰসাদ আগৰৱালা সঘনাই নৰিয়াত পৰিছিল আৰু বিষ্ণুপ্ৰসাদ ৰাভাই গভীৰ সংকটত পৰিব লগীয়া হৈছিল। ১৯৩৭ চনত 'অ' মোৰ আপোনাৰ দেশ' গীতটো বাণীৱদ্ধ কৰাৰ পাচতে ৰাভাদেৱৰ পত্নী প্ৰিয়বালা সন্নিপাত ৰোগত (টাইফয়ড) আক্ৰান্ত হয় আৰু কেইদিনমান পিচত সেই ৰোগতে কলিকতাত শেষ নিশ্বাস পেলায়।

তাৰ পিচত ১৯৪৩ চনত ৰাভাদেৱে অসমীয়া গীত আৰু নাটক বাণীৰদ্ধ কৰিবলৈ এটা শিল্পীৰ দল কলিকতালৈ লৈ যায়। সেই দলটোত আছিল তেতিয়াৰ শিশু কুইনী হাজৰিকা। কুইন বাইদেৱে প্ৰথম ৰেকৰ্ড 'অ' মইনা কেতিয়া আহিলি তই', 'দূৰণিৰ সৌ ৰিণি ৰিণি' বাণীৰদ্ধ কৰে। সেই একে ৰাতিপুৱাই তেঁও কমল নাৰায়ণ চৌধুৰীৰ লগত দ্বিতীয় ৰেকৰ্ড: 'নাহৰ ফুলে নুশুৱায়', 'বিশ্বৰ ছন্দে ছন্দে' বাণীৰদ্ধ কৰে। দ্বিতীয় ৰেকৰ্ডখন বাণীৰদ্ধ কৰা শেষ হোৱাৰ লগে লগে কুইন বাইদেউ ষ্টুডিঅৰ ভিতৰতে সংজ্ঞাহীন হৈ পৰি যায়। ডাক্তৰে তেঁও সন্নিপাত ৰোগত আক্ৰান্ত হোৱা বুলি কোৱাত হুলস্থূল লাগে। সেইদিনাখন আবেলি তেঁও ৰাভাদেৱৰ শংকৰদেৱ নাটকত শিশু শংকৰৰ ভাও বাণীৰদ্ধ কৰাৰ কথা আছিল।

তাৰ কেই বছৰমান আগতে তেঁও কলিকতাত গীত বাণীৰদ্ধ কৰিবলৈ লৈ যোৱা প্ৰিয়বালাই সন্নিপাত ৰোগত কলিকতাতে প্ৰাণ হেৰুৱা কথাটো সুঁৱৰি ৰাভাদেৱ বিচলিত হয়। সেই যাত্ৰাত কুইন বাইদেউ ৰক্ষা পৰিল যদিও তেঁওৰ নিজৰে কিবা গ্ৰহ দোষ আছে বুলি ৰাভাদেৱে দুনাই আন কোনো শিশু বা কিশোৰ কিশোৰীক গীত বাণীৰদ্ধ কৰিবলৈ কলিকতালৈ নিয়া নাছিল। তথাপি অসমীয়া গীতটো বাণীৰদ্ধ কৰিব লাগিবই। সেইকাৰণে ৰাভাদেৱে বুদ্ধি কৰিলে যে কলিকতাত থকা অসমীয়া আৰু বঙালী ল'ৰাছোৱালীকে তেঁও অসমীয়া গীত মাত শিকাই ল'ব। সেই বুলি তেঁও কেইজনমান ছাত্ৰছাত্ৰী গোটাই লয়। সেইসকলৰ ভিতৰত অন্যতম আছিল ইলা বোস। বিষ্ণুপ্ৰসাদ ৰাভাই কলিকতা এৰি অহাৰ পাচত ইলা বোসে ভূপেন দাদা, দিলীপ শৰ্মা আৰু পাচলৈ কুইন বাইদেউ আৰু কৰিতাহঁতৰ পৰা অসমীয়া গীত শিকি থাকিল।

ইলা বোসে ভূপেন হাজৰিকাৰ 'শকুন্তলা', 'পুৱতি নিশাৰ সপোন', 'লটিঘটি', 'প্ৰতিধ্বনি' আৰু 'ভাগ্য' কথাছবিৰ কেবাটাও গুৰুত্বপূৰ্ণ গীত বিশেষ দক্ষতাৰে পৰিৱেশন কৰিছে।

ভাৰতৰ প্ৰসিদ্ধ গায়ক বা গায়িকাৰ কণ্ঠত ভূপেন হাজৰিকাৰ গীত:

১) অ' অভিমানী বন্ধু (শিল্পী: উষা মংগেস্কাৰ; কথাছবি: মন প্ৰজাপতি)

২) অ' জীৱন ডিঙা বাই থাকা ('গুম গুম মেঘে গৰজিলে' চাওক। গীতটোৰ এইটোৱেই প্ৰথম শাৰী যদিও ৰেকৰ্ডত শিৰোনামা দিছে 'গুম গুম মেঘে গৰজিলে')

৩) অ' বান্ধ! অ' সিপাৰৰ বান্ধ (সহযোগী শিল্পী: মান্না দে; কথাছবি: অপৰূপা)

৪) অ' মালতী কথা এটা কওঁ শুনা (শিল্পী: উষা মংগেস্কাৰ)

৫) অপৰূপা, অপৰূপা (শিল্পী: উষা মংগেস্কাৰ; কথাছবি: অপৰূপা)

৬) অলৌগুটি তলৌগুটি (সহযোগী শিল্পী: ইলা বোস; কথাছবি: শকুন্তলা)

৭) অসম দেশৰ বাগিচাৰে (শিল্পী: উষা মংগেস্কাৰ,কথাছবি: চামেলি মেম চা'ব)

৮) অয় অয় আকাশ শুব (শিল্পী: সুমন কল্যাণপুৰ; কথাছবি: প্ৰতিধ্বনি)

৯) আজি বতৰ গাভৰু হ'ল (শিল্পী: শিপ্ৰা বসু; কথাছবি: যুগে যুগে সংগ্ৰাম)

১০) আহ, আহ ওলাই আহ (সহযোগী শিল্পী: কৰিতা হাজৰিকা, ইলা বোস)

১১) এই ধুনীয়া গধূলি লগন (শিল্পী: আশা ভোশলে, ভূপেন হাজৰিকা)

১২) এটি মনৰ দুটি মানুহ (সহযোগী শিল্পী: সুমন কল্যাণপুৰ; কথাছবি: প্ৰিয়জন)

১৩) ক-খ-গ-ঘ (শিল্পী: উষা মংগেস্কাৰ; কথাছবি: চামেলি মেম চা'ব)

১৪) কঁহুৱা বন মোৰ (সহযোগী শিল্পী: ইলা বোস; কথাছবি: পুৱতী নিশাৰ সপোন)

১৫) কুঁৱলী কুঁৱলী (শিল্পী: উষা মংগেস্কাৰ; (কেছেট: কোমল পৰশ)

১৬) গুম গুম মেঘে গৰজিলে (সহযোগী শিল্পী: হেমন্ত কুমাৰ মুখোপধ্যায়; কথাছবি: এৰা বাটৰ সুৰ)

১৭) ঘৰ আমাৰ মাটি হয় (শিল্পী: মুকেছ; কথাছবি: চিকমিক বিজুলী)

১৮) জনকপুৰৰ জানকীয়ে (সহযোগী শিল্পী: সন্ধ্যা মুখাৰ্জী; কথাছবি:এৰা বাটৰ সুৰ)

১৯) জানকী, কিয় এই সংযমহীন (শিল্পী: উষা মংগেস্কাৰ;কথাছবি: মন প্ৰজাপতি)

২০) জিগিজা গিজাওঁ (শিল্পী: উষা মংগেস্কাৰ; কথাছবি: চামেলি মেমচা'ব)

২১) জিলমিলিয়া কোমল (সহযোগী শিল্পী: উষা মংগেস্কাৰ; কথাছবি: খোজ)

২২) জীৱন ঘড়ীৰ প্ৰতিটো পল (কথা: ভূপেন হাজৰিকা; সুৰ: জিতু-তপন; শিল্পী: সুমন কল্যাণপুৰ; কথাছবি: কাঁচঘৰ)

২৩) জীৱনটো যদি অভিনয় হয় (শিল্পী: জয়ন্ত হাজৰিকা, ইলা বোস; কথাছবি: লটিঘটি)

২৪) নৱ মল্লিকাৰ হেঁপাহ (শিল্পী: ইলা বোস, অনামিকা দেৱী; কথাছবি: শকুন্তলা)

২৫) পলম কিয় হ'ল অ' নয়ন (শিল্পী: শিপ্ৰা বসু, কৃষ্ণা বৰ্মন; কথাছবি: যুগে যুগে সংগ্ৰাম)

২৬) পক্ষীৰাজ ঘোঁৰা (সহযোগী শিল্পী: কিশোৰ কুমাৰ, কথাছবি: চিকমিক বিজুলী)

২৭) পাহৰণিৰ কুঁৱলী (শিল্পী: উষা মংগেস্কাৰ; (কেছেট: কোমল পৰশ)

২৮) প্ৰথম প্ৰহৰ ৰাত্ৰি (শিল্পী: ইলা বোস, কৰিতা হাজৰিকা; কথাছবি: শকুন্তলা)

২৯) বনৰে পখীটি (শিল্পী: ইলা বোস; কথাছবি: শকুন্তলা)

৩০) বিজুলীৰ পোহৰ মোৰ নাই (শিল্পী: সুমন কল্যাণপুৰ; কথাছবি: চিকমিক বিজুলী)

৩১) বৃন্দাবন শুৱনী (সুৰ: পৰম্পৰাগত; শিল্পী: ভূপেন হাজৰিকা আৰু সুমন কল্যাণপুৰ; কথাছবি: প্ৰিয়জন)

৩২) ভালকে পুনৰ চোৱাঁ (শিল্পী: আশা ভোঁশলে)

৩৩) মিলনৰ এই শুভক্ষণ (সহযোগী শিল্পী: সুমন কল্যাণপুৰ; কথাছবি: চিকমিক বিজুলী)

৩৪) ৰ'দ পুৱাবৰ কাৰণে (সহযোগী শিল্পী: হেমন্ত কুমাৰ মুখোপধ্যায়, লতা মংগেস্কাৰ; কথাছবি: এৰা বাটৰ সুৰ)

৩৫) লিয়েংমাকাও (সহযোগী শিল্পী: তালাত মহম্মদ, কথাছবি: প্ৰতিধ্বনি)

৩৬) লুইততে মোৰ ঘৰ (শিল্পী: উষা মংগেস্কাৰ)

৩৭) হয় চাহেব হয় (কথা আৰু সুৰ: পৰম্পৰাগত জিকিৰ; সহযোগী শিল্পী: মহম্মদ ৰফি)

৩৮) হাওৰা নাই বাতাস নাই (সহযোগী শিল্পী: উষা মংগেস্কাৰ; কথাছবি: চামেলি মেম চা'ব)

৩৯) হায়ৰে প্ৰাণেৰ বাসা (শিল্পী: উষা মংগেস্কাৰ; কথাছবি: চামেলি মেমচা'ব)

৪০) হে ঢোলে ডগৰে (সহযোগী শিল্পী: ইলা বোস, কথাছবি: প্ৰতিধ্বনি)

ভাৰতৰ প্ৰসিদ্ধ গায়ক বা গায়িকাৰ কণ্ঠত আন অসমীয়া গীতৰ তালিকা

৪১) অসমীৰে চোতালতে (কথা: নুৰুল হক; সুৰ:জিতু-তপন; শিল্পী: মহম্মদ ৰফি)

৪২) আকাশৰ নীলাই (কথা: প্ৰদীপ শৰ্মা; সুৰ: কুমাৰ ৰঞ্জন; শিল্পী: সুমন কল্যাণপুৰ; কথাছবি: পোণাকণ)

৪৩) আকৌ এবাৰ লগ পাওঁ যদি (কথা: কেশৱ মহন্ত; সুৰ: সুধীন দাশগুপ্ত; শিল্পী: মান্না দে)

৪৪) আমাৰে বাৰীখন (কথা: লক্ষহীৰা দাস; সুৰ: ভূপেন হাজৰিকা;শিল্পী: মান্না দে)

৪৫) আহাঁ আহাঁচোন (কথা: নগেন বৰা; সুৰ: কুমাৰ ৰঞ্জন; শিল্পী: পুলক বেনাৰ্জী, সুমন কল্যাণপুৰ; কথাছবি: পোনাকন)

৪৬) কাজল লতা (কথা: নিৰ্মলপ্ৰভা বৰদলৈ; সুৰ: ভূপেন হাজৰিকা: শিল্পী: মান্না দে)

৪৭) গাঁৱৰ ল'ৰা (কথা আৰু সুৰ: জ্যোতিপ্ৰসাদ আগৰৱালা, সহযোগী শিল্পী: কৰিতা হাজৰিকা, ইলা বোস)

৪৮) দিনৰ পোহৰ (কথা: কেশৱ মহন্ত; সুৰ: সুধীন দাস গুপ্ত; শিল্পী: মান্না দে; কথাছবি: অৰণ্য)

৪৯) নৱ নৱ বহাগ আহে (কথা: আনন্দ বাক্সী, অসমীয়া ৰূপান্তৰ: ভূপেন হাজৰিকা; সুৰ: প্যাৰেলাল; শিল্পী: ইলা বোস, কথাছবি: ভাগ্য)

৫০) নিৰৱ কাৰেং (কথা: প্ৰদীপ শৰ্মা; সুৰ: জিতু-তপন, শিল্পী: তালাত মহম্মদ, কথাছবি: মেঘ)

৫১) ফুল ভৰা ফুলনিত (কথা: প্ৰদীপ শৰ্মা; সুৰ: কুমাৰ ৰঞ্জন; শিল্পী: সুমন কল্যাণপুৰ; কথাছবি: পোনাকণ)

৫২) মই সুধিছিলোঁ মোৰ আকাশ (কথা: নিৰ্মলপ্ৰভা বৰদলৈ; সুৰ: ভূপেন হাজৰিকা; শিল্পী: সুমন কল্যাণপুৰ; কথাছবি: প্ৰিয়জন)

৫৩) মন দাপোণত (কথা: সুৰ: সুধীন দাশগুপ্ত: শিল্পী: মান্না দে)

৫৪) মোৰ দৃষ্টিত তুমি (কথা: নুৰুল হক; সুৰ: জিতু-তপন; শিল্পী: ৰফি)

৫৫) সাধু এটা কোৱাঁ না (কথা: নিৰ্মলপ্ৰভা বৰদলৈ; সুৰ: ভূপেন হাজৰিকা; সহযোগী শিল্পী: সুমন কল্যাণপুৰ; কথাছবি: প্ৰিয়জন)

সপ্তম ভাগ

সমিধান সামগ্রী

বলেন, তেজ, শোভা, ডাৱৰ, ছেজ, ভূপেন দাদা, ৰুবী, সুমিত্ৰা, পাপৰি(বিছনাত বহি), আজৰি, সমৰ

সমুখৰ শাৰী: ৰুবী হাজৰিকা, শোভা, বাবৰি, তুহিন, টিকলি, সুমিত্ৰা
পিছৰ শাৰী: সমৰ, নৃপেন, কুইন বাইদেউ, বলেন, ভূপেন দাদা, দুবৰী, কৰিতা, ৰুবী, নিয়ৰ, উদ্দীপ

ভূপেন হাজৰিকাৰ (ডাঙৰ মইনাৰ) জীৱনৰ কথা অমৃত সমান

এক: ভূপেন হাজৰিকাৰ পৰিয়ালবৰ্গ

নীলকান্ত আৰু শান্তিপ্ৰিয়া হাজৰিকা

"মোৰ মাৰ ঘৰখনৰ প্ৰত্যেকজনেই সংগীতৰ চৰ্চা কৰিছিল। মোৰ মামা অনাথ দাস এজন ভাল সংগীতজ্ঞ আছিল। তেঁও নিজে এজন ভাল গায়ক আৰু গীতিকাৰ আছিল।. . .

মোক কিন্তু সৰাতোকৈ বেছি প্ৰেৰণা যোগাইছিল মায়ে নিজেই। তেঁওৰ মাতটো বৰ মিঠা আছিল আৰু খুব ভাল গান গাইছিল। মাক মই গীত গাই শুনালে মায়ে কয় তোৰ গীত একেবাৰে কলগানৰ নিচিনা। কেতিয়াবা কেতিয়াবা তোৰ গান কলগানতকৈও ভাল যেন লাগে।"

[ভূপেন হাজৰিকা]

"আমাৰ দেউতা নীলকান্ত হাজৰিকা আৰু মা শান্তিপ্ৰিয়া হাজৰিকা দুগৰাকী অতি সাধাৰণ অসমীয়া মধ্যবিত্ত ঘৰৰ মুখিয়াল আছিল। তেঁওলোক দুয়ো গৰাকীৰ জীৱনলৈ অহা ধুমুহা-আশা-নিৰাশাক আওকাণ কৰি আমাৰ আটাইৰে জীৱন গঢ়াৰ বাট মুকলি কৰি দিবলৈ আজীৱন চেষ্টা কৰি গ'ল। আমাৰ জীৱনৰ দুয়োৰে মৰমৰ স্নেহে আৰৰি সাধাৰণ সচা মানুহ হ'বলৈ শিকাই থৈ গ'ল।"

[প্ৰবীণ হাজৰিকা]

ডক্টৰ ভূপেন হাজৰিকাৰ উপৰি পুৰুষসকল শিৱসাগৰৰ নাজিৰা চহৰৰ বাসিন্দা আছিল। পুৰণা পুথিত নাজিৰাৰ তলত দিয়া ধৰণৰ বৰ্ণনা পোৱা যায়:

"গড়গাঁও ৰাজধানী স্বৰ্গদেৱ থাকে।
বাট ঘাট মনোৰম দেখা চতুৰ্দ্দিকে।।
নাম নাজিৰাহাট অতি বিতোপন।
তাত যত লোক থাকে সবে সুশোভন।।
হাতী ঘোঁৰা পদাতিয়ে কৰিছে ৰঞ্জিত।
শস্যে মৎস্যে পুৰিৰখন অতি সুবেশিত।।
যতেক সন্তাৰ মানে আছে সেহি স্থানে।"
নীলকান্ত হাজৰিকাৰ জন্ম সেহি থানে।।

নীলকান্ত হাজৰিকা, বি-এ, বি-টি (১৮৯৮-১৯৬৬)

নীলকান্ত হাজৰিকা
ফটো: এডমণ্টন কানাডাৰ স্মৃতি পেটেলৰ সৌজন্যত

ভূপেন হাজৰিকাৰ দেউতাক নীলকান্ত হাজৰিকাৰ ১৮৯৮ চনত শিৱসাগৰ জিলাৰ নাজিৰা চহৰত জন্ম হয়। তেখেত নাজিৰা উচ্চতৰ মাধ্যমিক বিদ্যালয়ৰ প্ৰতিষ্ঠাপক বংশীধৰ হাজৰিকাৰ তৃতীয় পুত্ৰ আছিল। নীলকান্ত হাজৰিকাদেৱে ১৯১৫ চনত নাজিৰা হাইস্কুলৰ পৰা মেট্ৰিক, ১৯২০ চনত কটন কলেজৰ পৰা বি-এ আৰু ১৯২৪ চনত বি-টি পাছ কৰি শদিয়াত শিক্ষকতা আৰম্ভ কৰে। ১৯২৩ চনত নীলকান্ত হাজৰিকাই শান্তিপ্ৰিয়াৰ লগত বৈবাহিক জীৱন আৰম্ভ কৰে। নীলকান্ত হাজৰিকা প্ৰথমে শদিয়া এম-ই স্কুলৰ শিক্ষক আছিল। তাৰ পিচত তেঁও কিছুদিন কলেজিয়েট স্কুলত শিক্ষকতা কৰাৰ পিচত ধুবুৰীলৈ স্কুলৰ উপ-পৰিদৰ্শক ৰূপে নিযুক্ত হয়। ১৯৩৪ চনত তেঁও এ-চি-এছ পাছ কৰি এছ-ডি-চি পদ পায়। তাৰ পৰা তেঁও ভিন ভিন পদত তেজপুৰ আৰু বালিপাৰাত চাকৰি কৰি মংগলদৈত ছাব ডেপুটি কালেক্টৰ হয়। চাকৰিৰ শেষত তেঁও গুৱাহাটীৰ মেজিষ্ট্ৰেট ৰূপে চাকৰি কৰি ১৯৫২ চনত চাকৰিৰ পৰা অৱসৰ লয়। সেই বছৰতে তেখেতে আইনৰ প্ৰাথমিক পৰীক্ষা পাছ কৰিয়েই ওকালতি অৰম্ভ কৰে যদিও ১৯৬৪ চনতহে আইনৰ চূড়ান্ত পৰীক্ষা পাছ কৰে। ১৯৬৬ চনৰ লক্ষ্মী পূৰ্ণিমাৰ দিনা তেঁও নিজৰাপাৰৰ নিজ ঘৰত স্বৰ্গী হয়।

শিক্ষা আৰু সংস্কৃতিপ্ৰিয় হাজৰিকাদেৱে ল'ৰাছোৱালী কেইটাৰ শিক্ষা আৰু সংগীতচৰ্চাৰ প্ৰতি বিশেষ চকু দিছিল। নিজে চৰ্কাৰী কামত ঘূৰি ফুৰিব লগীয়া হোৱা কাৰণে তেখেতে প্ৰথমে ১৯৩৫ চনত তেজপুৰত ঘৰ বাৰীৰে খোপনি পুতিছিল। তাৰ পিচত ১৯৪১ চনত (ভূপেন হাজৰিকাই কটন কলেজত পঢ়া আৰম্ভ কৰা কাৰণে) পৰিয়ালটোক ভৰলুমুখৰ ভাড়া ঘৰতে সংস্থাপিত কৰিছিল। ১৯৪২ চনত কটন কলেজৰ ভৱিষ্যত স্থিতি সন্দেহজনক হোৱা কাৰণে তেখেতে ভূপেন দাদাক ততাতৈয়াকৈ কাশী বিশ্ববিদ্যালয়লৈ পঠিয়াইছিল। ১৯৫৯ চনৰ পৰা তেখেতে নিজৰাপাৰৰ নিজৰ ঘৰলৈ আহে।

> "১৯৫৫ চনৰ শেষৰ দিনা বৰঝাৰত আফ্ৰিকামুখী হৈ এৰোপ্লেনত উঠাৰ আগ মুহূৰ্তত দেউতাই একাষলৈ মাতি নি কোৱা কথা: 'তই স্ব-বিশ্বাসী সত্য আৰু

সততাৰে পোন বাটেৰে জীৱনৰ বাটত খোজ কাঢ়িবি, লক্ষ্যস্থল পাবি, কোনো শক্তিয়েই তোক বাধা দিব নোৱাৰে। দেউতাই দি থৈ যোৱা মোৰ কৰচ।"

[প্ৰবীণ হাজৰিকা]

"দেউতা সংস্কৃতিসম্পন্ন মনৰ সমাজপ্ৰিয় আৰু সমাজসচেতন ব্যক্তি আছিল। যাত্ৰা, ভাওনা, নাটক আদি চোৱাৰ উপৰিও সক্ৰিয় ভাবে অংশ লৈ অভিনয়ও কৰিছিল। বুৰঞ্জীমূলক নাটকত মিৰজুমলা, ছাহজাহান আদি চৰিত্ৰত ভাও ল'বৰ বাবে নিজৰ সাজসজ্জা পোছাকবোৰ নিজৰ ফালৰ পৰাই তৈয়াৰ কৰি ঘৰতে ৰাখিছিল। . . . নিতৌ পুৱা দোকমোকালিতে ঘৰৰ বাৰাণ্ডাত 'ইজি চেয়াৰখন পাৰি তাম ৰূপেৰে ভূপেন দাদাই কৰা ষ্টেণ্ডত ধঁপাতৰ চিলিম লগাই ৰবৰৰ নলীৰে ধঁপাত হুপি হুপি টেবুলৰ ওপৰত হিজ মাষ্টাৰছ ভয়চৰ গান শুনাটো আন এটা চখ আছিল। সেই সময়ত ৰবীন্দ্ৰ সংগীত, নজৰুল গীতি, আঙুৰবালা, কানাই কৃষ্ণ দেৰ বঙালী গীতৰ উপৰি অসমীয়া শিল্পী প্ৰফুল্লবালা বৰুৱা, সাধনা বৰুৱা, কমল নাৰায়ণ চৌধুৰী, আনন্দিৰাম দাস আদিৰ দৰে শিল্পীৰ গীত একান্ত মনে শুনি তৃপ্তি লভিছিল। তদুপৰি জ্যোতিপ্ৰসাদৰ শোণিত কুঁৱৰী, জয়মতী পাল্লাৰ ৰেকৰ্ডবোৰ বজাই নাটকৰ ভাবধাৰা উপভোগ কৰিছিল। দেউতাই পুৱা গধূলি নামঘোষা, কীৰ্তন, লক্ষ্মী চৰিত পুথি আদি উজনি অসমৰ শুৱলা সুৰেৰে পাঠ কৰাৰ ধ্বনি আজিও আমাৰ কাণত বাজে। . . . আমাৰ মায়ে আইনাম, বিয়ানাম, ধাইনাম, বঙালী গীত গাওঁতে দেউতায়ো টোকাৰি গীত, দেহবিচাৰৰ গীত আদি গুনগুনাইছিল।"

[নৃপেন হাজৰিকা]

শান্তিপ্ৰিয়া হাজৰিকা (১৯০৮-১৯৭১)

শান্তিপ্ৰিয়া হাজৰিকা
ফটো: এডমণ্টন, কানাডাৰ স্মৃতি পেটেলৰ সৌজন্যত

১৯২৩ চনত গুৱাহাটীৰ ভৰলুমুখৰ ৰতিকান্ত দাসৰ জীয়ৰী শান্তিপ্ৰিয়াৰ নীলকান্ত হাজৰিকাৰ

বিয়া হয়। শান্তিপ্ৰিয়া নিজে এগৰাকী ভাল গায়িকা আছিল।

শান্তিপ্ৰিয়া ব্ৰাহ্ম সমাজত দীক্ষিতা আছিল কাৰণে সেই সময়ত প্ৰচলিত ব্ৰাহ্মগীতৰও চৰ্চা কৰিছিল। শান্তিপ্ৰিয়াৰ সৰু ভনীয়েক স্নেহলতা ডাঃ ঘনশ্যাম দাসৰ পত্নী আছিল। স্নেহলতাৰ উপৰিও শান্তিপ্ৰিয়াৰ আন এগৰাকী ভনীয়েক ভৱলতাই (ভূপেন দাদাৰ মাজু মাহীয়েক) উজান বজাৰতে বাস কৰিছিল। এই মাজু মাহীয়েকৰ ঘৰতে ভূপেন দাদাই আমেৰিকালৈ যোৱাৰ আগলৈকে বহু সময় কটাইছিল আৰু নিজৰ উজান বজৰীয়া চৰিত্ৰ আহৰণ কৰিছিল।

ভূপেন দাদা: মোৰ মাৰ ঘৰখনৰ প্ৰত্যেকজনেই সংগীতৰ চৰ্চা কৰিছিল। মোৰ মামা অনাথ দাস এজন ভাল সংগীতজ্ঞ আছিল। তেঁও নিজে এজন ভাল গায়ক আৰু গীতিকাৰ আছিল। মই ওপজাৰ আগতেই তেঁও এখন গীতৰ পুথি প্ৰকাশ কৰিছিল। সেই কিতাপখন মই বহুত বিচাৰিও তাৰ কপি এটা উলিয়াব নোৱাৰিলোঁ। তুমি কথাটো মনত ৰাখিবাচোন আৰু কিতাপখন বিচাৰিবা।

লিখক:কিতাপখনৰ নামটো আপোনাৰ মনত আছে নেকি?

ভূপেন দাদা: নাই। মই কিতাপখন দেখাও মনত নাই। অনাথ মামাই ভাল তাবলা, চেতাৰ আৰু এছৰাজ বজাইছিল বুলি মোক মাইঁতে কৈছিল। অনাথ মামা মই ওপজিবৰ দিনাখনেই নে এদিনমান আগতেই মাত্ৰ ২৩ বছৰ বয়সতে কেন্সাৰ ৰোগত অকাল বিয়োগ হৈছিল। এটা বৰ ইন্টাৰেষ্টিং কথা আছে। মোক মায়ে সদায় অনাথ বুলি মাতিছিল। কিয় জানা?

লিখক: নাই নাজানো। কিয়? ককায়েক অনাথক তেঁও সদায় সুঁৱৰিবৰ কাৰণে নেকি?

ভূপেন দাদা: কথাটো আৰু বেছি ৰহস্যময়। মই ওপজিবৰ দিনাখন আমাৰ ঘৰৰ পৰা মানে শদিয়াৰ পৰা বহু দূৰৈত থকা আমাৰ জেঠাই এগৰাকীক অনাথে সপোনত দেখা দি ক'লে, 'তইঁতে দুখ কৰি নাথাকিবি। মই আকৌ আহিলোঁ নহয়, শান্তিৰ গৰ্ভত।' সেইকাৰণে মায়ে সদায় মোক অনাথৰ অৱতাৰ বুলিয়েই ভাবিছিল আৰু মইও অনাথৰ নিচিনা গায়ক, গীতিকাৰ আৰু সংগীতপ্ৰিয় হোৱাটো বিচাৰিছিল।

মুঠৰ ওপৰত, ভূপেন দাদাৰ সংগীতজ্ঞ মোমায়েক অনাথ দাসে ঘৰখনলৈ অনা সংগীতমুখৰ পৰিৱেশ সদায়ে বিৰাজ কৰিছিল আৰু ভূপেন দাদাৰ ওপৰত তাৰ প্ৰভাৱ পৰিছিল। ভূপেন দাদাই প্ৰায়ে কৈছিল:

'মোক কিন্তু সৰ্বাতোকৈ বেছি প্ৰেৰণা যোগাইছিল মায়ে নিজেই। তেঁওৰ মাতটো বৰ মিঠা আছিল আৰু খুব ভাল গান গাইছিল। মাক মই গীত গাই শুনালে মায়ে কয় তোৰ গীত একেবাৰে কলগানৰ নিচিনা। কেতিয়াবা কেতিয়াবা তোৰ গান কলগানতকৈও ভাল যেন লাগ। কলগান মানে বুজিছা নে নাই? গ্ৰামোফোনৰ গান। তেতিয়া অসমত চিনেমা হল হোৱা নাই। দুই এখন অসমীয়া গানৰ ৰেকৰ্ড ওলাইছে। মানুহৰ ঘৰত গ্ৰামোফোনও নাই। দুই এজন ব্যৱসায়ীয়ে গ্ৰামোফোন কিনি দুই এঠাইত সেইবিলাক বজাই শুনায়। গুৱাহাটীৰ পাণবজাৰৰ হৰিসভাত তেনেকৈ কলগানৰ গীত চলে। ভৰ্তি মাচুল এক অনা (আজিকালিৰ ২৫ পইচা তেতিয়া চাৰি অনা আছিল)। মোৰ কলগানৰ গীত শুনাত বৰ চখ, দেউতা অফিচৰ পৰা ঘৰলৈ আহিলেই কওঁ-আজি

কলগান শুনিবলৈ নিবা দেই। মায়েও দেউতাক হেঁচা দিয়ে। কলগানত বঙালী আৰু হিন্দী গানও শুনায়। তেতিয়াই ছাইগলৰ গীত শুনি খুব ভাল লাগিছিল আৰু মনে মনে ভাবিছিলোঁ ছাইগলৰ নিচিনাকৈ কলগানৰ গীত গাবলৈ পালেই হয় বুলি। মানে আমি সৰু থাকোঁতে ফিল্ম ষ্টাৰ হোৱাৰ কথা নাই, কলগানৰ ষ্টাৰ হোৱাহে লক্ষ্য।'

শান্তিপ্ৰিয়া হাজৰিকা আৰু ভনীয়েক স্নেহলতা দাস প্ৰাদেশিক মহিলা সমিতিৰ এগৰাকী অতি সক্ৰিয় মহিলা আছিল আৰু জিলা মহিলা সমিতিৰ প্ৰধান সম্পাদিকা নিৰ্বাচিত হৈছিল। তেঁওলোকৰ বান্ধৱী উষা দাসে বৰ্ণোৱা এটি ঘটনা ইয়াত উল্লেখ কৰা যুগুত হ'ব।:

'যি সময়ত আমাৰ মহিলা সমাজখন বৰ পিছপৰা আৰু অন্ধ হৈ আছিল, সেই সময়ত এজন প্ৰখ্যাত উচ্চ সম্প্ৰদায়ৰ মানুহৰ বৰপুত্ৰৰ বিয়ালৈ নিমন্ত্ৰণ কৰাত মহিলা সমিতি হিচাবে আমি গৈছিলোঁ। তেতিয়া সেই বিয়াত কেইগৰাকীমান উচ্চ সম্প্ৰদায়ৰ মহিলাই আমাক নিন্দা কৰি খোৱাপাতৰ পৰা উঠি গৈছিল। আমি কিন্তু সেই কথালৈ ভ্ৰূক্ষেপ নকৰি বিয়া ঘৰত অপ্যায়িত হৈ উভতি আহিলোঁ। সেই সময়ত কেই গৰাকীমান মহিলাই যেনে পদ্মশ্ৰী চন্দ্ৰপ্ৰভা শইকীয়া, মিচ পি ৰছুল, গিৰিজা বৰুৱা, কনকলতা বৰুৱা, ললিতা ফুকন, ইন্দুপ্ৰভা বৰুৱাকে আদি কৰি আমি সকলোৰে সমাজৰ উচ্চ আদৰ্শ লৈ পৰিচিত হৈ সকলোৰে নিজৰ বাই ভনীৰ দৰেই একেটি পৰিয়ালৰ দৰেই আছিলোঁ।"

[উষা দাস, একালৰ লোকসভাৰ সদস্য ধৰণীধৰ দাসৰ বোৱাৰী]

"আনৰ দুখত দুখী হোৱা মাৰ মলিন মুখৰ হাঁহিটো আৰু চন্দ্ৰপ্ৰভা শইকীয়ানী জেঠাই, ললিতা ফুকন স্নেহলতা দাস মাহীহঁতৰ লগত সমাজ কৰ্মী হৈ সভা সমিতিয়ে ঘূৰি ফুৰোঁতে গেৰোহা ফাটি তেজ ওলোৱা মাৰ ভৰি দুখন মোৰ সদায়েই নমস্য হৈ ৰ'ব।"

[প্ৰবীণ হাজৰিকা]

শান্তিপ্ৰিয়া হাজৰিকাই ডিডিত কৰ্কট ৰোগৰ দ্বাৰা আক্ৰান্ত হৈ তেজপুৰত নৃপেন হাজৰিকাৰ বাসগৃহত ১৯৭১ চনৰ ১৬ আগষ্টত ইহ লীলা সম্বৰণ কৰে। মাকৰ প্ৰতি ভূপেন দাদাৰ অগাধ ভক্তি আছিল আৰু গোটেই জীৱন মাকৰ স্মৃতি আৰু অনুপ্ৰেৰণাৰে নিজকে বলিয়ান কৰিছিল। এই সংক্ৰান্তত ভূপেন দাদাই ১৯৭৮ চনত ইংলণ্ড ভ্ৰমণ কালত কৰা এটা সাধাৰণ কিন্তু অতি গুৰুত্বপূৰ্ণ সকাম প্ৰবীণ দাদাই বৰ্ণনা কৰিছে:

"চাওঁতে চাওঁতে ১৬ আগষ্ট আহিল— আগদিনা ভূপেনদাই তৃষাক মাতি ঘৰত মগু মাহ আৰু বুত আছে নেকি সুধি দুটামান তিয়াই থ'বলৈ ক'লে। ১৬ আগষ্টৰ দিনা ৰাতিপুৱাই গা-পা ধুই নিজেই মগু মাহ আৰু বুত মাহেৰে মাহ ছাউল শৰাই এখনত সজাই দ্ৰইং ৰুমৰ একোণত থাপিলে। তাৰ পিচত ধূপ ধূনা চাকি জ্বলাই তৃষা, লুইত, বিপাশা আৰু মোক কাষতে বহুৱাই স্বৰ্গীয়া মাৰ মৃত্যু তিথিত স্বৰ্গীয়া মাৰ আত্মাৰ চিৰশান্তিৰ বাবে প্ৰাৰ্থনা জনালে। লুইত আৰু বিপাশাক অসমীয়া আইতাকৰ কথা সাধু কথা কোৱা দি ক'লে।"

ভূপেন দাদাৰ সৰু মোমায়েক অৰবিন্দ দাস ভাৱৰীয়া সকলক সজোৱাত সিদ্ধহস্ত আছিল। তেঁও 'এৰা বাটৰ সুৰ' আৰু 'শকুন্তলা' কথছবিত সহায় কৰাৰ উপৰিও 'এৰা বাটৰ সুৰ' কথাছবিত নাৱৰীয়াৰ ভাও দিছিল।

প্ৰিয়মৰ পৰিয়ালবৰ্গ

মাটিত বহি: আৰা (কৈলাস আৰু স্তুতিৰ), অনুৰা (দিলীপ আৰু পান্নাৰ), অসিত (অনিল আৰু নলিনীৰ), অৰনী (দিলীপ আৰু পান্নাৰ)
পিছৰ শাৰী: কৈলাস, জ্যোতি, নলিনি, বাটুক গঠানী, দিলীপ, স্তুতি, পান্না, অনিল
চকীত বহি: তেজ, প্ৰিয়ম, মুলজী ভাই পেটেল (কোলাত অনুস্কা), সিদ্ধাৰ্থ, মানিবেন, মিনাল

প্ৰিয়মৰ মাক: মণিবেন পেটেল
প্ৰিয়মৰ দেউতাক: মুলজী ভাই পেটেল
ভায়েক: কৈলাস (পত্নী: স্তুতি), অনিল (পত্নী: নলিনি), সিদ্ধাৰ্থ (পত্নী: জ্যোতি), দিলীপ (পত্নী: পান্না)
প্ৰিয়মৰ ভনীয়েক: মিনাল (স্বামী: বাটুক গঠানী)

এইটোও উল্লেখযোগ্য যে উজান বজাৰ নিবাসী ডক্টৰ সূৰ্য্যকুমাৰ ভূঞাই বিলাতৰ পৰা উভতি আহি কলগানত ভূপেন দাদাৰ গীত শুনি পোনেই অনাথ দাসক সুঁৱৰি কৈছিল যে নীল হাজৰিকাৰ ল'ৰাই (মানে ভূপেন দাদাই) একেবাৰে অনাথ দাসৰ নিচিনাকৈ গান গাব পৰা হৈছে। ভূঞাদেৱৰ সেই মতৰ কথা মোক কেবাজনেও জনাইছিল। স্তুতি পেটেলেও সুঁৱৰিছিল যে তেঁওলোকৰ উজান বজাৰত থকা মাহীয়েকও সেই কথা উল্লেখ কৰিছিল।

প্ৰিয়ম হাজৰিকা (১৯২৮-২০১৫)

[টোকা: প্ৰিয়ম হাজৰিকাৰ বিষয়ে পৰিশিষ্টিত *প্ৰিয়ম প্ৰণতি* চাওক]

প্ৰিয়ম হাজৰিকা (১৯৫৩ চন)

প্ৰিয়ম পেটেল ইউগাণ্ডাৰ সৰবৰহী চিকিৎসক মুলজী ভাই পেটেল আৰু তেঁওৰ পত্নী মণিবেন পেটেলৰ সন্তান। ইউগাণ্ডাত স্কুলীয়া শিক্ষা সাং কৰি তেঁও বোম্বাইৰ (আজিকালিৰ মুম্বাই) ছফিয়া কলেজৰ পৰা ইণ্টাৰমেডিয়েট পাছ কৰে। ভাৰতত থকা কাল ছোৱাত তেঁও ভাৰতীয় নৃত্যও অধ্যয়ন কৰিছিল। তেঁও কিছুদিন শান্তিনিকেটনতো নৃত্য আৰু অন্যান্য কলাৰ প্ৰশিক্ষণ লৈছিল। তাৰ পিচত প্ৰিয়মে উচ্চ শিক্ষাৰ কাৰণে নিউ ইয়ৰ্কৰ কলম্বিয়া বিশ্ববিদ্যালয়লৈ যায়। তাৰ পৰা বি-এ পাছ কৰি তেঁও ৰাজনীতি আৰু আন্তৰ্জাতিক সম্পৰ্কত এম-এ পাছ কৰে। এম-এ ডিগ্ৰী শেষ কৰাৰ আগতেই তেঁওৰ ভূপেন হাজৰিকাৰ লগত পৰিচয় হয়। তেঁওলোক দুয়ো ১৯৫০ চনৰ এক আগষ্টত নিউ ইয়ৰ্ক নগৰীৰ কাছাৰীত আইন মতে বিবাহ পাশত আৱদ্ধ হয়। বিয়াৰ কেইমাহমান পাচত নিজৰ শিক্ষা সাং কৰি প্ৰিয়মে দেউতাকৰ বৰোদাত থকা ঘৰলৈ আহি পুত্ৰ তেজক জন্ম দিয়ে।

ভূপেন দাদা আমেৰিকাৰ পৰা অহাৰ পাচত প্ৰিয়মে তেজৰ সৈতে ভূপেন দাদাৰ পৰিয়ালৰ লগত গুৱাহাটীত থাকিবলৈ লয়। পাচত ভূপেন দাদাৰ লগত কলিকতালৈ যাব লগীয়া হোৱাত প্ৰিয়মে তেজক প্ৰথমে বৰোদালৈ পাচত ইউগাণ্ডাত মাক দেউতাকৰ লগত থাকিবলৈ পঠিয়ায়। প্ৰিয়মে ভূপেন দাদাৰ লগত 'এৰা বাটৰ সুৰ', 'ধুমুহা' আৰু 'শকুন্তলা' কথাছবিৰ কামত সক্ৰিয় ভাবে সহায় কৰে যদিও ভূপেন দাদা আৰু প্ৰিয়মৰ সাংসাৰিক জীৱন বৰ সুখৰ নহ'ল। ১৯৬১ চনত প্ৰিয়মে ভূপেন হাজৰিকাৰ লগত থাকিবলৈ এৰি ইউগাণ্ডাত বসতি আৰম্ভ কৰে। পাচত তেঁও কানাডাত চাকৰি লৈ কানাডাৰ নাগৰিক হয়।

তেঁওক ভালদৰে জনা লোকসকলৰ বেছি ভাগৰ মতেই প্ৰিয়ম আছিল পাৰদৰ্শী শিল্পী, উচ্চ শিক্ষিতা আৰু অভিমানী। তাতে তেঁও অতি উচ্চ চৰিত্ৰ আৰু উচ্চ আদৰ্শৰ হোৱা কাৰণে তেঁওৰ আত্ম সন্মানও বেছি। অসমীয়াৰ অতি চেনেহৰ আদৰ্শ মহিলা গৰাকীয়ে ৩ জুন ২০১৫ চনত অটোৱাত ইহলীলা সম্বৰণ কৰে।

অমৰ হাজৰিকা

(বুলবুলিয়া; ১৯২৯ - ১৯৮৯)

অমৰ ভূপেন হাজৰিকাৰ আটাইতকৈ ডাঙৰ ভায়েক। সৰুৰে পৰা ভূপেন দাদাৰ লগত একেলগে ডাঙৰ হোৱা। পাচলৈ দুয়ো এৰাব নোৱৰা বন্ধু আৰু সহযোগী হৈছিল। ভূপেন দদাৰ লগত মঞ্চত একেলগে গীত পৰিৱেশন কৰাৰ উপৰিও অমৰে অকলে সাংস্কৃতিক অনুষ্ঠানত গীত গাই প্ৰশংসাৰ পাত্ৰ হোৱা আমি দেখিবলৈ পাইছিলোঁ। ভূপেন দাদাই প্ৰযোজনা কৰা প্ৰায় প্ৰতিখন কথাছবিৰ লগত অমৰ ওতঃপ্ৰোত ভাবে জড়িত আছিল আৰু ককায়েকক সম্পূৰ্ণ ভাবে সহায় কৰিছিল।

অমৰ হাজৰিকাৰ প্ৰাণ আছিল উত্তৰ পূব ভাৰতৰ ভিন ভিন জনগোষ্ঠীৰ মাজত চেনেহৰ এনাজৰীডাল সুদৃঢ় কৰাৰ। ভূপেন দাদাৰ লগত কাম কৰাৰ অভিজ্ঞতাৰে তেঁও ভিন ভিন জনগোষ্ঠীৰ ভাষাত সৰু সৰু তথ্যচিত্ৰ আৰু পূৰ্ণ দৈৰ্ঘ্যৰ কথাছবি প্ৰযোজনা কৰে। উদাহৰণ স্বৰূপে, তেঁও অৰুণাচলৰ সোৱণশিৰি জিলাৰ নিশি সম্প্ৰদায়ৰ ভাষাত 'এখন নিশি বিবাহ' তথ্যচিত্ৰ আৰু বড়ো ভাষাত 'ডাইনা' কথাছবিখন উল্লেখ কৰিব পাৰি। দৰাচলতে, প্ৰসেনজিত ব্ৰহ্ম আৰু আন কেইজনমান বড়ো সংস্কৃতিৰ উন্নয়নৰ নিষ্ঠাবান কৰ্মীৰ সহায়ত অমৰ হাজৰিকাই বড়ো ফিল্ম ছচাইটি গঢ় দিয়াত আগ ভাগ লয়।

ভূপেন দাদাই নিজৰ সীমিত সামৰ্থ্যৰে নিজৰ ভাই ভনীৰ প্ৰতি যি কৰিবলৈ বিচাৰিছিল সেইয়া অমৰ হাজৰিকাৰ যোগেদিয়েই কৰিবলৈ চেষ্টা কৰিছিল। সেয়েহে ১৯৮৯ চনত অমৰৰ অকাল বিয়োগত ভূপেন দাদাই মৰ্মান্তিক বেজাৰ পাইছিল। নৃপেন হাজৰিকাই কোৱাৰ দৰে:

> "অমৰ দা সচা বাস্তৱতাৰ লগত যুঁজ দিয়া ব্যক্তি। আমাৰ সকলো ভাইভনীৰ পঢ়াশুনাকে আদি কৰি ঘৰখনৰ আৰ্থিক দিশত সহায় কৰিবলৈ বিভিন্ন সময়ত নানান কষ্ট স্বীকাৰ কৰিব লগীয়া হৈছিল। অমৰ দাই নিজৰ দুখ কষ্ট লুকুৱাই বাস্তৱ জীৱনত সদায় সংগ্ৰাম কৰি আনক আনন্দ বিলাই নিজেই হাঁহি আনন্দৰে শান্তি লভিছিল।"

অমৰ হাজৰিকাই কটন কলেজৰ পৰা আই-এ পাছ কৰি ইঞ্জিনিয়াৰিং পঢ়িবলৈ চেষ্টা কৰি ব্যৰ্থ হৈছিল। অমৰ হাজৰিকাই ১৯৭০ চনত সুমিত্ৰা মেধিক বিয়া কৰায়। সত্যজিত ৰায়ে এখনি ক্ষুদ্ৰ আলোচনী প্ৰকাশ কৰাৰ সময়তে ভূপেন হাজৰিকাই 'বিন্দু' নামে এখন অতি সৰু কলেৱৰৰ আলোচনী প্ৰকাশ কৰিবৰ ইচ্ছা প্ৰকাশ কৰে। অমৰ হাজৰিকাই সেই আলোচনীখন প্ৰকাশ কৰাৰ দায়িত্ব লয় আৰু মানুহে জেপত লৈ ফুৰিব পৰাকৈ ছপায়। সেই আলোচনীত ছুটি ছুটি কিন্তু সম্পূৰ্ণ কথাৰ প্ৰবন্ধ প্ৰকাশ কৰিছিল।

অমৰ হাজৰিকাই গীত ৰচিছিল। তেঁও লিখা আৰু সুৰ দিয়া গীত 'কোনেবা কয় আজি' সুদক্ষিণা শৰ্মাই বাণীবদ্ধ কৰিছিল। গীতটো 'নিজৰাপাৰৰ গীতত' প্ৰকাশ পইছে।

প্ৰবীণ হাজৰিকা

(কণ মইনা; জন্মঃ ১৯৩২ চন)

ভূপেন হাজৰিকাৰ দ্বিতীয়জন ভায়েক প্ৰবীণৰ ১৯৩২ চনত গুৱাহাটীত জন্ম হয়। তেঁও ১৯৫১ চনত কটন কলেজৰ পৰা বি-এছ-চি পাছ কৰি প্ৰথমে কটন কলেজৰ ব'টানি বিভাগত সহায়কৰ চাকৰি কৰে। তাৰ পিচত তেঁও নেফা (North East Frontier Agency) মানে বৰ্তমানৰ অৰুণাচলত চাকৰি কৰে। ১৯৫৫ চনত তেঁও পুব আফ্ৰিকাৰ আগৰ ইউগাণ্ডা দেশত শিক্ষকতা কৰেগৈ। ১৯৬৮ চনত প্ৰবীণ হাজৰিকাই ইউগাণ্ডাতে পাঞ্জাৰী মূলৰ কন্যা তৃষা হৰবন্স কৌৰৰ পাণি গ্ৰহণ কৰে। ১৯৭৩ চনত ইউগাণ্ডাত হোৱা ৰাজনৈতিক গণ্ডগোলৰ

কাৰণে প্ৰবীণ হাজৰিকাই সপৰিয়ালে ইংলণ্ডলৈ যায় আৰু তেতিয়াৰে পৰা বৃটিছ নাগৰিক ৰূপে বাস কৰি আহিছে। ইংলণ্ডত তেঁও প্ৰথমে কেম্ব্ৰিজত প্ৰশাসনীয় চাকৰি কৰি ১৯৭৬ চনত কেম্ব্ৰিজ বিশ্ববিদ্যালয়ৰ পৰা শিক্ষা বিভাগৰ স্নাতকোত্তৰ ছাৰ্টিফিকেট আহৰণ কৰে। সেই ছাৰ্টিফিকেটৰ সহায়ত তেঁও কেম্ব্ৰিজ এলেকাৰ উচ্চতৰ মাধ্যমিক বিদ্যালয়ত শিক্ষকতা কৰি পাচত লেইষ্টাৰ চহৰত শিক্ষকৰ নিগাজী চাকৰি লয়। ১৯৯৪ চনত তেঁও চাকৰিৰ পৰা অৱসৰ লৈ সেই চহৰতে বসবাস কৰি আছে।

তৃষা আৰু প্ৰবীণ হাজৰিকা
(লেইষ্টাৰ, ইংলণ্ড, ২০০৬ চন)

বিজ্ঞানৰ স্নাতকোত্তৰ প্ৰবীণ হাজৰিকাই গায়ক আৰু গীতিকাৰ ৰূপে বিশেষ প্ৰতিশ্ৰুতি প্ৰদৰ্শাইছিল। কিন্তু কম বয়সতে তেঁও বিদেশত পেট প্ৰৱৰ্তাবলৈ যোৱা বাবে তেঁও অসমীয়া সংগীত জগতলৈ বিশেষ বৰঙণি দিব নোৱাৰিলে। তেঁওৰ ৰচিত কৱিতা 'বৰষুণ পৰিছে ধৰণীৰ বুকুতে' হাজৰিকা পৰিয়ালে আবৃত্তি কৰে। শেহতীয়াকৈ প্ৰবীণ হাজৰিকাই 'মন সাগৰৰ ঢৌ' নামৰ কৱিতাৰ পুথি প্ৰকাশ কৰিছে। সেই পুথিখনৰ বঙালী ৰূপান্তৰ 'মন সাগৰেৰ ঢেউ' প্ৰকাশ পাইছে।

ডেকা কালৰে পৰা বিদেশত থাকিলেও প্ৰবীণ হাজৰিকাই কিশোৰ ভূপেন হাজৰিকাক আৰু কিশোৰ তেজ হাজৰিকাক শৈশৰ কালৰে পৰা খুব ওচৰৰ পৰা লগ পাইছিল। সেইকাৰণে পিতা পুত্ৰ দুয়োৰে জীৱনৰ আদি ভাগৰ বিষয়ে প্ৰবীণ হাজৰিকাৰ মতামত প্ৰণিধান যোগ্য।

'মই নিজকে এইকাৰণেই ভাগ্যৱান বুলি ভাবোঁ যে সৰুৰে পৰাই তেঁওৰ লগত নানা ধৰণৰ ধেমালি কৰি কটাবলৈ পাইছিলোঁ। ভৰলু দলঙৰ তলত বৰশী বোৱা আৰু ভৰলু দলঙৰ পৰা ভৰলু নদীৰ পানীত জাপ দিয়াটো আছিল তেঁওৰ বিশেষ আনন্দ। তেঁও বৰশী বাই খুব ভাল পাইছিল যদিও বৰশীত কেঁচুৰ টোপ লগাবলৈ ভাল নাপাইছিল। তেঁওৰ বৰশীত টোপটো মইহে লগাই দিব লাগিছিল। সেইকাৰণে বৰশী বাবলৈ যাওঁতে তেঁও মোক সদায় লগত লৈ গৈছিল। সেইদৰে তেঁওৰ বৰশীত মাছ উঠিলেও ধৰফৰাই থকা মাছটো মইহে মোকলাব লাগিছিল। খাবৰ সময়ত কিন্তু ডাঙৰ মাছটো সি খাই আনক সৰু কেইটাহে দিছিল। আমি সাধাৰণতে টিঙৰা বোলা মাছ এবিধ পাইছিলোঁ। কেতিয়াবা বৰশী নাপালে ভূপেন দাদাই আলপিনকে বেকা কৰি বৰশী বনাইছিল। ভৰলু নদীখন বৰ বেছি বহল নহয়। তাৰ দলঙখনৰ পৰা জাপ মাৰি পানীত ধপধপাই পাৰত উঠিব পৰা যায়। সেইটো ভূপেন দাদা আৰু তাৰ লগৰ ডাঙৰ ল'ৰাবিলাকৰ বেচ চখ আছিল। সৰুৰে পৰাই তেঁওৰ সৃষ্টিধৰ্মী আৰু উৎসাহী মনে আমাক সদায়ে বিশেষ প্ৰেৰণা দিছিল। সৰুৰে পৰাই আমি তেঁও ৰচা বা গোৱা গীতবিলাক গাই খুব ভাল পাইছিলোঁ।

সেইদৰে আমাৰ ভাই ভনী আটাইৰে জীৱনৰ গঢ় লওঁতে তেঁওৰ মৰম আৰু দিহা ভৰসাত আমাৰ গভীৰ আস্থা আছিল।"

তেজৰ বিষয়ে প্ৰবীণ দাদাই লিখিছে:

'ভূপেন দাদাৰ একমাত্ৰ সন্তান তেজ বেছি ভাগ সময় হাজৰিকা পৰিয়ালটোৰ পৰা আঁতৰত ডাঙৰ হ'লেও তেঁও আমাৰ সকলোৰে অতি মৰমৰ। ভূপেন দাদাই শিশু অৱস্থাতে তেজক যি কেইদিন পাইছিল তেজক আখৰ লিখিবলৈ আৰু গীটাৰ আদি বজাবলৈ শিকাইছিল। তেজ শৈশৱৰে পৰা খুব মেধা আৰু সৎ স্বভাৱৰ আছিল। তেঁও মেধাৱী আছিল আৰু দেউতাকৰ দৰে সংগীতৰ প্ৰতিভা প্ৰদৰ্শন কৰিছিল। তেজে নাটক আৰু সাহিত্য ৰচনাতো মন দিছিল। তেজৰ তেৰ বছৰমান বয়সত মই তেজক অসমলৈ লৈ গৈছিলোঁ। বহুত দিনৰ পাচত তেজক পাই মোৰ মা দেউতা, ভূপেন দাদা আৰু আটায়ে অতি আনন্দিত হৈছিল। ভূপেন দাদাই তেজক পাই আনন্দত আত্মহাৰা হৈছিল। তেজেও সেই সাক্ষাতত বিশেষ প্ৰেৰণা লাভ কৰে।

অসমৰ পৰা উভতি অহাৰ বছৰচেৰেক পাচতে তেজে নিজৰ কঠোৰ পৰিশ্ৰম আৰু মেধাৰ বলত তেঁওৰ মাক দেউতাকে শিক্ষা লাভ কৰা নিউ ইয়ৰ্কৰ কলম্বিয়া বিশ্ববিদ্যালয়ত ভৰ্তি হয়।"

সুদক্ষিণা শৰ্মা

(কুইন, জন্ম: ১৯৩৪ চন)

ভূপেন হাজৰিকাৰ ডাঙৰ ভনীয়েক আৰু দিলীপ শৰ্মাৰ পত্নী সুদক্ষিণাৰ ১৯৩৪ চনত গুৱাহাটীত জন্ম হয়। তেঁওৰ ঘৰত মতা নাম আছিল কুইনী বা কুইন, পঢ়াশালিত দিয়া নাম আছিল নিৰুপমা হাজৰিকা। ৰাণীৰ দৰে ধুনীয়া, গুণত আৰু প্ৰতিভাত তুলনাবিহীন কুইন বাইদেউৰ সেই দুয়োটা নামেই খাপ খায় পৰে। বিয়াৰ পাচত তেঁও নাম ল'লে সুদক্ষিণা। অসমীয়া গীতৰ ৰেকৰ্ডত এই তিনিওটা নাম পোৱা যায়। কুইন বাইদেউৰো সংগীত শিক্ষা আৰম্ভ হয় মাকৰ কোলাতে। কলগান ষ্টাৰ মাষ্টাৰ ভূপেনে গঢ় লোৱা কালতে কুইন বাইদেৰে বিষ্ণুপ্ৰসাদ ৰাভা আৰু জ্যোতিপ্ৰসাদ আগৰৱালাৰ সংস্পৰ্শলৈ আহে যদিও ১৯৪৩ চনত দেউতাক গুৱাহাটীলৈ বদলি হৈ অহাৰ পাচতহে তেতিয়া কামাখ্যাৰ নামনিত বাস কৰা বিষ্ণুপ্ৰসাদ ৰাভাৰ পৰা তেঁও গীত মাত শিকিবলৈ সুবিধা পায়।

ফটো: ফেচবুক আৰু বিতোপন গগৈৰ সৌজন্যত

১৯৪৩ চনতে তেঁওৰ সুযোগ আৰু দুৰ্যোগ দুয়োটাই আহে। সেই বছৰতে, বিষ্ণুপ্ৰসাদ ৰাভাই কুইন বাইদেউৰ কণ্ঠত গীত আৰু নাট বাণীবদ্ধ কৰিবলৈ কলিকতালৈ লৈ যায়। তেঁও প্ৰথম ৰেকৰ্ড 'অ' মইনা কেতিয়া আহিলি তই', 'দূৰণিৰ সৌ ৰিণি ৰিণি' বাণীবদ্ধ কৰে। সেই একে ৰাতিপুৱাই তেঁও কমল নাৰায়ণ চৌধুৰীৰ লগত দ্বিতীয় ৰেকৰ্ড: 'নাহৰ ফুলে নুশুৱায়', 'বিশ্বৰ ছন্দে ছন্দে' বাণীবদ্ধ কৰে। দ্বিতীয় ৰেকৰ্ডখন বাণীবদ্ধ কৰা শেষ হোৱাৰ লগে লগে কুইন বাইদেউ সংজ্ঞাহীন হৈ পৰি যায়। ডাক্তৰে তেঁও সন্নিপাত ৰোগত আক্ৰান্ত হোৱা বুলি কোৱাত হুলস্থূল লাগে।

সেইদিনাখন আবেলি তেঁও বিষ্ণুপ্ৰসাদ ৰাভাৰ শংকৰদেৱৰ নাটকত শিশু শংকৰৰ ভাও বাণীবদ্ধ কৰাৰ কথা আছিল। ৰাভাদেৱ এই

কাৰণেই বিশেষ বিচলিত হয় যে তাৰ কেইবছৰমান আগতে তেঁও কলিকতাত গীত বাণীবদ্ধ কৰিবলৈ লৈ যোৱা প্ৰিয়বালাই সন্নিপাত ৰোগত কলিকতাতে প্ৰাণ হেৰুৱাইছিল। সেয়েহে নিজৰে কিবা গ্ৰহ দোষ আছে বুলি ৰাভাদেৱ বিচলিত হৈ পৰিছিল। তাৰ পাচত ৰাভাদেৱে দুনাই আন কোনো শিশু বা কিশোৰ কিশোৰীক গীত বাণীবদ্ধ কৰিবলৈ কলিকতালৈ নিয়া নাছিল। যাহওক, কুইনীৰ মহাক গুৱাহাটীৰ ডাক্তৰ ঘনশ্যাম দাস আৰু দেউতাকহঁত কলিকতালৈ গৈ অশেষ চেষ্টা কৰি কুইনীক আৰোগ্য কৰে। সেই দিনত সন্নিপাত ৰোগত আক্ৰান্ত হ'লে আৰোগ্য হোৱাটো অসম্ভৱ আছিল। সেয়েহে সকলোৱে কয় কোনো ৰোগে কুইন বাইদেউক সহজে বগৰাব নোৱাৰে।

কুইন বাইদেউ বিশেষ পাৰদৰ্শিতাৰ গায়িকা আৰু তেখেতৰ কণ্ঠস্বৰৰ অমিয়া অবৰ্ণনীয়। ডক্টৰ হাজৰিকাই জীৱনৰ আদি ভাগত গীতিকাৰ হিচাপে খ্যাতি অৰ্জন কৰাত কুইন বাইদেৱে বিশেষ সহায় কৰিছিল কিয়নো ডক্টৰ হাজৰিকাই ৰচা গীতবিলাকৰ বেছি ভাগেই প্ৰথমে হয় কুইন বাইদেৱে অকলে বা হাজৰিকাৰ লগত মেলে মিটিঙে গাইছিল। হাজৰিকাৰ গীতসমূহে কুইন বাইদেউৰ কণ্ঠত বিশেষ প্ৰাণ পায়। কেৱল হাজৰিকাৰ গীততে নালাগে কুইন বাইদেৱে গোৱা প্ৰত্যেকটো গীতৰ প্ৰতিটো শব্দতে তেঁও প্ৰাণ দিব পাৰিছিল। সেয়েহে কুৰি শতিকাৰ চল্লিশ আৰু পঞ্চাশৰ দশকৰ অসমীয়া সমাজত কুইন বাইদেউৰ কণ্ঠস্বৰে বিশেষ প্ৰভাৱ পেলাইছিল।

১৯৪৬ চনত মহাত্মা গান্ধী অসমলৈ আহোঁতে পানবজাৰৰ জুবিলী বাগিচাত (আজিকালি কুন্দচ পানীৰ টেংকিৰে আবৰা) এখন বিৰাট সভাৰ আয়োজন কৰা হৈছিল। সভাৰ আৰম্ভণিতে মহাত্মা গান্ধীয়ে এটা ভজন শুনিবলৈ বিচৰাত গোপীনাথ বৰদলৈয়ে কুইন বাইদেউক বিষ্ণুপ্ৰসাদ ৰাভাই শিকোৱা 'এ জয় ৰঘুৰ নন্দন' গীতটো গাবলৈ দিলে। গীতটো শুনি মহাত্মা গান্ধী ইমান আনন্দিত হৈছিল যে তেঁও নিজেও গীতটো গালে আৰু ৰাইজকো তেঁওৰ লগত গাবলৈ ক'লে।

মহাত্মা গান্ধীক ১৯৪৮ চনৰ ৩০ জানুৱাৰীৰ দিনাখন নাথুৰাম গডছেই হত্যা কৰিছিল। গান্ধীৰ অস্থিক ভাৰতৰ মাটি পানীত মিলাবলৈ সকলো প্ৰদেশলৈ পঠিয়াইছিল। অসমৰ ভাগ ৰেলেৰে আমিনগাঁৱ পায়হি ১৯৪৮ চনৰ ফেব্ৰুৱাৰী মাহৰ ১২ তাৰিখে। আমিনগাঁৱৰ পৰা সেই অস্থি গোপীনাথ বৰদলৈ আদি নেতাসকলে ফেৰীৰে (শৰাইঘাটৰ দলং তেতিয়া নিৰ্মিত হোৱা নাছিল) শুক্লেশ্বৰ ঘাটলৈ আনে। শুক্লেশ্বৰ ঘাটত অস্থিক আদৰিবলৈ যোৱা হাজাৰ হাজাৰ ৰাইজক কুইন বাইদেৱে 'তেৰ শ চৌৱন্নৰ মাঘৰে মাহতে শুকুৰৰ বিয়লি বেলা' গীতটো গাই কন্দুওৱা দৃশ্য আমি পাহৰা অসম্ভৱ। সেই গীতটোৰ কথা আৰু সুৰ ভূপেন হাজৰিকাৰ যদিও সেইদিনাখন অসুস্থতাৰ কাৰণে ভূপেন দাদা শুক্লেশ্বৰ ঘাটলৈ যাব নোৱাৰিলে। গীতটো পাচত ভূপেন দাদা আৰু কুইন বাইদেৱে বাণীবদ্ধ কৰে।

১৯৫৪ চনত কুইন বাইদেউ শিল্পী দিলীপ শৰ্মাৰ লগত বিবাহ পাশত আবদ্ধ হয়। ১৯৪৩ চনত আৰম্ভ কৰি আজিকোপতি কুইন বাইদেৱে বহু গীতত কণ্ঠদান কৰিছে। 'পাৰঘাট', 'মণিৰাম দেৱান', 'চিকমিক বিজুলী', 'অবুজ বেদনা', 'হেঁপাহ' আদি কেবাখনো কথাছবিৰ গীতত কুইন বাইদেউৰ কণ্ঠই প্ৰাণ দিছে। ককায়েক ভূপেন দাদা আৰু স্বামী দিলীপ শৰ্মাৰ উপৰিও কমল চৌধুৰী, গকুল শৰ্মা পাঠক আদি বহুতৰ লগতে তেঁও গীত বাণীবদ্ধ কৰিছে। আধুনিক গীতৰ উপৰিও কুইন বাইদেৱে বৰগীত, কামৰূপী লোকগীত, গোৱালপৰীয়া লোকগীত, বিহুগীত আদি প্ৰায় সকলো ধৰণৰ গীত বাণীবদ্ধ কৰিছে। আজি অসমৰ চুকে কোণে অনুষ্ঠিত উছৱে পৰৱে মঞ্চত কুইন বাইদেউৰ

উপস্থিতিয়ে সভালৈ বিশেষ শোভা আনে কাৰণে সকলোৰেই তেঁওক বিচাৰে। আনক নিৰাশ নকৰিবলৈ কুইন বাইদেৰেও গাৰ বিষ কোপ আৰু বেমাৰ আজাৰ কাতি কৰিও ওলায়।

কুইন বাইদেউ স্কুলীয়া দিনৰে পৰা মোৰ অতি মৰমৰ বাইদেউ শান্তাৰ সহপাঠী বান্ধৱী। তেতিয়াৰে পৰা কুইন বাইদেৰে মোক সদায় নিজৰ ভাই যেন মৰম কৰি আহিছে। সেয়েহে, আমি 'ভূপেন হাজৰিকাৰ গীত আৰু জীৱন ৰথ'-ৰ কাম আৰম্ভ কৰি প্ৰথমেই কুইন বাইদেউৰ ওচৰলৈকে গৈছিলোঁ আৰু আজিও তেঁওৰ ওচৰলৈ যাওঁ। কুইন বাইদেৰে মোক সদায় সহায় কৰি আহিছে আৰু আজিও কৰে। আটাইতকৈ ডাঙৰ কথা কুইন বাইদেউ আৰু মোৰ এটা প্ৰিয় বস্তু হৈছে গৰু গাখীৰ দিয়া গৰম চাহ একাপ আৰু একোটা ভাল শিঙাৰা। মোৰ কি সৌভাগ্য, কুইন বাইদেউৰ বৰ্তমান শৰণীয়া পাহাৰ অংচলৰ ঘৰৰ ওচৰত ভাল শিঙাৰা পোৰা দোকান এখন আছে। মই গ'লেই কুইন বাইদেৰে একাপ ধুনীয়া চাহ আৰু গৰম শিঙাৰা সদায় খুৱায়।

আমি 'ভূপেন হাজৰিকাৰ গীত আৰু জীৱন ৰথ'-ৰ কাৰণে গোটোৱা সমলৰ ভিতৰত কুইন বাইদেৰে ১৯৭৯ চনতে গোৱা 'কুসুম্বৰে পুত্ৰ শ্ৰীশংকৰ গুৰুৱে ধৰিছিল নামৰে তান'-কে ধৰি কেবাটাও গীত কেছেটত তুলি থোৱা আছে। তদুপৰি, কুইন বাইদেৰে বাণীবদ্ধ কৰা প্ৰায় সকলো গীতেই মোৰ সংগ্ৰহত আছে।

দিলীপ শৰ্মা (১৯২৬ - ২০০৭)

জন্ম: ১৯২৬ চনৰ ২৫ জানুৱাৰীত পাঠশালাৰ বামুণকুচি গাঁৱত, দেউতাক: ডাঃ দীননাথ শৰ্মা, মাক: ৰেণু দেৱী। দিলীপ শৰ্মাই তেঁওৰ শৈশৱ, কৈশোৰ আৰু যৌৱন কাল কলিকতাতে অতিবাহিত কৰে। তেঁও শিক্ষাও গ্ৰহণ কৰে বঙালী মাধ্যমত।

কলিকতাতে তেঁও জ্যোতিপ্ৰসাদ আগৰৱালা, বিষ্ণুপ্ৰসাদ ৰাভা, কমল নাৰায়ণ চৌধুৰী, পুৰুষোত্তম দাস, মুক্তিনাথ বৰদলৈ আদি কুৰি শতিকাৰ আধুনিক অসমীয়া গীতৰ কৰ্ণধাৰ সকলৰ সান্নিধ্য লাভ কৰাৰ উপৰিও তেওঁলোকৰ ওচৰত অসমীয়া গীত মাতৰ চৰ্চা কৰিবলৈ সুবিধা পাইছিল। সেয়েহে তেঁও কেবা গৰাকীও খ্যাতনামা গীতিকাৰৰ গীত শিকিবলৈ আৰু পৰিৱেশন কৰিবলৈ সুবিধা পায়। তেঁও ১৯৪২ চন মানতেই প্ৰথম গ্ৰামোফোন ৰেকৰ্ডত বাণীবদ্ধ কৰিছিল 'কৰে হেৰ তই বাটৰুৱা' (কথা আৰু সুৰ: পুৰুষোত্তম দাস) আৰু 'সপোন সুৰভিৰ দেশতেই' (কথা: মহেশচন্দ্ৰ দেৱ গোস্বামী)। ১৯৪৪ চনত প্ৰচাৰ হোৱা তেঁওৰ দ্বিতীয়খন ৰেকৰ্ডৰ গীত কেইটা আছিল 'মোৰ কবিতাৰ ছন্দ লাগি' (কথা আৰু সুৰ: বিষ্ণুপ্ৰসাদ ৰাভা) আৰু 'তুমিটো নাজানা হায়' (কথা: মহেশচন্দ্ৰ দেৱ গোস্বামী)। ১৯৪৬ চনত ভূপেন হাজৰিকাৰ তাজমহল কঁপি উঠাৰ আগতেই দিলীপ শৰ্মাই বাণীবদ্ধ কৰিছিল তেখেতৰ প্ৰথম স্বৰচিত গীত 'প্ৰিয়া আজি দিয়া বিদায়, মোৰ এই বিদ্ৰোহী প্ৰাণ'। তেঁও সেই

সময়তে ভনীয়েক আৰতি শৰ্মাৰ লগত বাণীবদ্ধ কৰা 'হালি জালি পখিলি' আৰু 'শেৱালীৰে তল সৰা কুমলীয়া ফুল' (দুয়োটা গীতৰ কথা, সুৰ: কীৰ্তিনাথ শৰ্মা বৰদলৈ) বিশেষ জনপ্ৰিয় হৈছিল।

১৯৫০ চনৰ পৰাহে দিলীপ শৰ্মাই অসমত থিতাপি লয়। তেতিয়াৰে পৰা তেঁও ভাৰতীয় গণনাট্য সংঘত সক্ৰিয় অংশ গ্ৰহণ কৰে। গণনাট্য সংঘৰ অনুষ্ঠানত দিলীপ শৰ্মাই গাবলৈকে ভূপেন দাদাই 'ঝক ঝক ৰেল চলে' আৰু 'প্ৰতিধ্বনি শুনো' গীত দুটি ৰচি দিয়ে। দিলীপ শৰ্মাই অসমীয়া কথাছবিৰ কেবাটাও গীতত কণ্ঠদান কৰে। সেইবিলাকৰ ভিতৰত উল্লেখযোগ্য: 'যাৰ জীৱনত জেউতি হেৰাল' (কথাছবি: নিমিলা অংক), 'সমুখত দেখি কলীয়া আন্ধাৰ' আৰু ধূলিৰ ধৰাত আপোন পাহৰি' (কথাছবি: পাৰঘাট)', 'লুইতৰ পানী যাবি অ' বৈ' আৰু 'মোৰে ভাৰতৰে মোৰে সপোনৰে' (কথাছবি: 'জয়মতী-ৰ দ্বিতীয় সংস্কৰণ), 'অ' মোৰ মলুৱা ৰে' (কথাছবি: চিকমিক বিজুলী; সহযোগী শিল্পী: ৰত্ন ওজা)।

১৯৫৪ চনত দিলীপ শৰ্মা ভূপেন হাজৰিকাৰ ভনীয়েক কুইনীৰ লগত বিবাহ পাশত আবদ্ধ হয়। বিয়াৰ পাচত তেঁও সুদক্ষিণা শৰ্মা নাম লয়। যাহওক, শৰ্মা দম্পতীয়ে তেতিয়াৰে পৰা আধুনিক অসমীয়া গীতলৈ বিশেষ বৰঙণি যোগাই আহিছে। শৰ্মা দম্পতীয়ে বাণীবদ্ধ কৰা কেইটামান গীত হৈছে: 'নাহৰ ফুলে নুশুৱায়' (কথা আৰু সুৰ: বিষ্ণুপ্ৰসাদ ৰাভা), 'ধনপুৰ অ' মনপুৰ' (কথা আৰু সুৰ: আনন্দিৰাম দাস), 'ৰাতিপুৱাই লো ৰে' (কথা আৰু সুৰ: পুৰুষোত্তম দাস), 'এই আকাশ এখন মৰু' (কথা: নৰকান্ত বৰুৱা), ময়ো বনে যাওঁ স্বামী হে' (দুৰ্গাবৰী গীত), 'অ' আইকণ তোৰ ঘৰ ইপাৰত' (বিহুগীত), 'তামোলৰে বাৰীখন' (কথা, সুৰ: দিলীপ শৰ্মা)। এইটো উল্লেখযোগ্য যে 'তামোলৰে বাৰীখন' গীতটোত চীন পৰ্য্যটক হিউৱেন চাঙ আহিছিল কথাষাৰ থকা কাৰণে অসম চৰ্কাৰে গীতটোৰ প্ৰচাৰ বন্ধ কৰি দিছিল কাৰণ সেই সময়ত কমিউনিষ্ট বিৰোধী চৰ্কাৰ ইমানেই শংকিত বা ঠেক দৃষ্টিৰ আছিল যে তেঁওলোকে হোৱাই নোহোৱাই যিহকে তিহকে কৰিছিল। এই সংক্ৰান্তত বিষ্ণুপ্ৰসাদ ৰাভাক গৰু বন্ধা পঘাৰে বান্ধি নিয়া কাৰ্য্যলৈকো আঙুলিয়াব পাৰি। দিলীপ শৰ্মাই জ্যোতি সংগীত আৰু ৰবীন্দ্ৰ সংগীতৰ প্ৰণালীবদ্ধ চৰ্চা আৰু প্ৰচাৰৰ তেঁও এজন আদৰ্শ ব্যক্তি। তেঁওৰ দেউতাকে আৰম্ভ কৰা 'আৱাহন' আলোচনীখনও প্ৰচলনত তেঁও জড়িত আছিল।

গোটেই জীৱন সংগীত চৰ্চা কৰা সংগীত প্ৰেমী দিলীপ শৰ্মা অসমৰ সুধী সমাজৰ এজন অতিশয় আদৰ্শনীয় ব্যক্তি। দিলীপ শৰ্মা ২০০৭ চনত গুৱাহাটীত স্বৰ্গী হয়।

[উৎস: *গণশিল্পী দিলীপ শৰ্মালৈ চাৰি কুৰি বছৰীয়া জন্ম দিনত ৰাজহুৱা অভিনন্দন, ২৫ জানুৱাৰী ২০০৬ চন। উদযাপন সমিতিৰ সম্পাদক: কীৰ্তিকমল ভূঞা।*]

নৃপেন হাজৰিকা

(জন্ম: ১৯৩৬ চন)

ভূপেন হাজৰিকাৰ তৃতীয় ভায়েক নৃপেন হাজৰিকাৰ জন্ম ধুবুৰীত। নৃপেনৰ পৰিয়ালেই বৰ্তমান তেজপুৰৰ লগত হাজৰিকা পৰিয়ালৰ সম্পৰ্ক ৰক্ষা কৰি আছে। নৃপেনে মংগলদৈ, ধুবুৰী, তেজপুৰ আৰু গুৱাহাটীত স্কুলীয়া শিক্ষা সাং কৰি গুৱাহাটীৰ বি-বৰুৱা কলেজৰ ছাত্ৰ হৈ থাকোঁতে 'এৰা বাটৰ সুৰ' কথাছবিৰ চিত্ৰ গ্ৰহণত বিশেষ সহায় কৰে। তাৰ পিচত ভূপেন দাদাই তেঁওক চিনেমাৰ ফটোগ্ৰাফীৰ কাম শিকিবলৈ কলিকতালৈ লৈ আহে। কিন্তু, এমাহমান কিছু প্ৰশিক্ষণ লোৱাৰ পাচত প্ৰশিক্ষকসকলৰ কৰ্কশ ব্যৱহাৰৰ কাৰণে তাত ৰাপ নবহিল। তাতে কেনেবাকৈ ভূপেন দাদাৰ সন্মান হানি কৰা হ'ব বুলি ভাবি তেঁও সেই

411

প্ৰশিক্ষণ বাদ দিয়ে। তাত পাচত ভূপেন দাদাৰ উৎসাহত তেঁও কবিগুৰুৰ আনখন প্ৰতিষ্ঠান শ্ৰীনিকেটনত গ্ৰাম্য সেৱা অধ্যয়ন কৰে (১৯৫৭-১৯৬০) আৰু বি-এ ডিগ্ৰী লাভ কৰে। পাচলৈ নৃপেনে 'প্ৰতিধ্বনি' কথাছবিৰ সকলো দিশতে ভূপেন দাদাক সহায় কৰে। নৃপেন হাজৰিকাই অসম চৰ্কাৰৰ স্বাস্থ্য আৰু পৰিয়াল পৰিকল্পনা আদি ভিন ভিন বিভাগত চাকৰি কৰি ১৯৯৫ চনত অৱসৰ গ্ৰহণ কৰে। নৃপেনৰো কলা সংস্কৃতিত ৰাপ কাৰণে সৰুৰে পৰাই গীত মাতৰ আৰু সাংস্কৃতিক চৰ্চাত মনোনিবেশ কৰিছিল। তেঁও ১৯৪৭ চনৰ প্ৰথম স্বাধীনতা দিৱস উৎসৱত তেজপুৰৰ বিৰাট সমদলৰ আগত ভূপেন দাদাই ৰচা 'ভাৰত আকাশত হাঁহে স্বাধীনতাৰ উষাৰ প্ৰতীক' গীতটি পৰিৱেশন কৰিছিল। বিদ্যাৰ্থী জীৱনত তেঁও সাংস্কৃতিক অনুষ্ঠানত গীত গাই পুৰস্কৃত হৈছিল। বি-বৰুৱা কলেজত পঢ়ি থাকোঁতে অসমৰ আন্ত মহাবিদ্যালয় সংগীত প্ৰতিযোগিতাত তেঁও অংশ গ্ৰহণ কৰাই নহয় নেতৃত্ব দিছিল। সেইদৰে শান্তিনিকেটনৰ ছাত্ৰ ৰূপে তেঁও ৰঙালী বিহু আৰু শংকৰদেৱৰ তিথিত অসমীয়া গীত মাতৰ অনুষ্ঠান পাতি শান্তিনিকেটনৰ ছাত্ৰছাত্ৰী, শিক্ষক আদিক অসমীয়া সংস্কৃতিৰ সোৱাদ দিছিল। শেহতীয়াকৈ তেঁওৰ গীত 'নিজৰাপাৰৰ গীত' আৰু 'ৰ'দ পুৱাবৰ কাৰণে মাতিবানো কাক' চি-ডিত প্ৰকাশ পাইছে।

নৃপেন আৰু এনিশাৰ পুত্ৰ নিয়ৰে অৰুণাচলৰ লগত হাজৰিকা পৰিয়ালৰ সম্পৰ্ক সুদৃঢ় কৰি ৰাখিছে। নিয়ৰে পাচিঘাটৰ স্থায়ী বাসিন্দা বাসু প্ৰসাদ বৰুৱা আৰু য়াছাৰ ('আদি' জনগোষ্ঠীৰ) কন্যা অনিতাৰ লগত বিবাহ পাশত আৱদ্ধ হয়। অনিতাই কটন কলেজৰ পৰা এম-এ পাছ কৰি অৰুণাচলৰ তেজুত চাকৰি কৰি আছে। সৰুৰে পৰা নিয়ৰৰ গীত গোৱাৰ উদ্যম দেখি ভূপেন দাদাই নিয়ৰক এখন গীটাৰ উপহাৰ দিছিল। নৃপেন আৰু এনিশাৰ জীয়ৰী দুবৰিয়ে এঘাৰ বছৰ বয়সতে 'প্ৰতিমা' (১৯৮৭ চন) কথাছবিত গীত পৰিৱেশন কৰিছিল আৰু ঋতুপৰ্ণৰ লগত 'পাচলিৰ বাগিচা' গীতটো বাণীৱদ্ধ কৰিছিল।

নৃপেন, ভূপেন দাদা আৰু বলেন হাজৰিকা

প্ৰবীণ হাজৰিকাৰ মতে:

> 'নীলকান্ত হাজৰিকা আৰু শান্তিপ্ৰিয়া হাজৰিকা বৰ উদাৰ আৰু বহল দৃষ্টিভংগীৰ লোক আছিল। সেয়েহে, হাজৰিকা পৰিয়ালৰ ঘৰখনেই সম্প্ৰীতিৰ এক জ্বলন্ত প্ৰতীক। ঘৰখনত বৈবাহিক সূত্ৰে গুজৰাটী, পাঞ্জাৱী, বঙালী, নেপালী, কৃষ্ণাংগ আমেৰিকান, ৰাছিয়ান, ছিংগাপুৰ বাসী, ইছলাম ধৰ্মী, অসমৰ ভিন ভিন জনগোষ্ঠী আৰু সম্প্ৰদায়ৰ জীয়ৰী, বোৱাৰী, জোঁৱাই আৰু সতি সন্ততিৰে ভৰপূৰ। অসম ৰত্নই যৌৱনত ভৰি দিয়েই সপোন দেখা ভেদাভেদৰ প্ৰাচীৰ ভাঙি গঢ় লোৱা সাম্যৰ সৰগ নীলকান্ত আৰু শান্তিপ্ৰিয়া হাজৰিকাৰ চোতালতে।'

বলেন হাজৰিকা (১৯৩৮ - ২০১৬)

ভূপেন দাদাৰ প্ৰতিভা উপলব্ধি কৰি ককায়েকক সকলো প্ৰকাৰে সদায় সহায় কৰিবলৈ চেষ্টা কৰা বলেন লিখকৰ কান সমনীয়া অৰু স্কুলীয়া দিনৰ বন্ধু। খেলাধূলাতো বলেনৰ ৰাপ কাৰণে গুৱাহাটীৰ খেল পথৰাত বলেনক প্ৰায়ে লগ পাইছিলোঁ। বলেন এজন পাৰদৰ্শী গায়ক। তেঁও ১৯৫৪ চনৰ যুৱ মহোৎসৱত শ্ৰেষ্ঠ বটা বিজয়ী গুৱাহাটী বিশ্ববিদ্যালয় দলটোৰ সভ্য আছিল। ১৯৫৮ চনত তেঁও কটন কলেজৰ সংগীতৰ সম্পাদক নিৰ্বাচিত হৈছিল। তেঁওৰ নেতৃত্বত কটন কলেজে আন্ত মহাবিদ্যালয় সংগীত প্ৰতিযোগিতাত শ্ৰেষ্ঠ দলৰ বঁটা পাইছিল।

ভূপেন দাদা কলিকতালৈ যোৱাৰ পাচত ভূপেন দাদাই অসমত কৰিবলৈ বিচৰা কাম কিছুমান অসমত কৰিবলৈ বলেন আগ বাঢ়ি আহিছিল আৰু ভূপেন দদাৰ পৰামৰ্শ, উপদেশ আৰু সহযোগত নানা কৰ্মৰাজিত হাতে কামে লাগি গৈছিল। 'গতি' আৰু 'বিন্দু' আলোচনী দুখন প্ৰস্তুত, প্ৰকাশ অৰু প্ৰচাৰ কৰোঁতেও বলেন ভূপেন দাদাৰ সোঁহাত স্বৰূপ আছিল। ১৯৫৮ চনত বলেনও ভাৰতীয় গণ নাট্যসংঘৰ সদস্য হয়। তদুপৰি, ১৯৬১ চনত হোৱা ভাষা আন্দোলনৰ সময়ত বলেনে 'মধুচয়নিকা' নামৰ শিল্পী গোট গঠন কৰি শান্তি প্ৰতিষ্ঠা কৰাত আগ ভগ কৈছিল। তেঁও গুৱাহাটীত চিনে ক্লাৱত সক্ৰিয় অংশ গ্ৰহণ কৰি তাৰ যুটীয়া সম্পাদকও হৈছিল।

বলেনে গুৱাহাটীৰ সোণাৰাম স্কুল আৰু কটন কলেজত শিক্ষা লাভ কৰি গুৱাহাটী বিশ্ববিদ্যালয়ৰ পৰা এম-এ পাচ কৰে। পাচত বলেনে চৰ্কাৰী চাকৰি লৈ ছিলঙলৈ যায়। কিন্তু, সেই চাকৰিত বেছি দিন নাথাকি তেঁও ছিলঙৰ ছেণ্ট এন্থনিজ কলেজৰ অধ্যাপক হয়। শিক্ষক ৰূপে তেঁও ছাত্ৰ, আন শিক্ষক আৰু ছিলঙৰ সংস্কৃতিপ্ৰিয় ৰাইজৰ শুভ কামনাৰে অসম মেঘালয় শান্তি সম্প্ৰীতিৰ বাবে 'দিগন্ত' নামে এটি সংঘ আৰম্ভ কৰে। সেই কামত তেঁওক কণ্ঠশিল্পী হেলেন গিৰি, চেষ্টাৰফিল্ড খাংগাৰি, ভায়োলিন বাদক ফিল্কিন লালু আদি খাছী সম্প্ৰদায়ৰ বিশিষ্ট শিল্পীসকলে সক্ৰিয় ভাৱে সহায় কৰিছিল।

২০০০ চনত অবিবাহিতা বলেন হাজৰিকাই শিক্ষকতাৰ পৰা অৱসৰ লৈ ছিলঙতে নিগাজীকৈ থাকিবলৈ লয়। তথাপি নীলকান্ত আৰু শান্তিপ্ৰিয়াই ভৈয়ামত পাতি থৈ যোৱা বৰ চোতালখনলৈ সঘনাই আহি আছিল। বলেনে ৰচনা কৰা গীত 'তেজৰে চাকি জ্বলাই' আৰু 'নিজৰা পাৰত বহি' গীত দুটা 'নিজৰা পাৰৰ সুৰ' নামৰ চি-ডিখনৰ বিশেষ আকৰ্ষণ। ২০১৬ চনৰ ৬ ফেব্ৰুৱাৰীৰ দিনা বলেন গুৱাহাটীত স্বৰ্গী হয়।

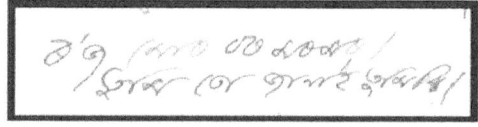

কৰিতা বৰুৱা

(ৰ'জ, জন্মঃ ১৯৪০ চন)

কৰিতা ভূপেন দাদাৰ দ্বিতীয় গৰাকী ভনীয়েক। কৰিতাই গুৱাহাটীৰ পানবজাৰ হাইস্কুল আৰু কটন কলেজত শিক্ষা গ্ৰহণ কৰে। কলেজত পঢ়ি থকা দিনৰে পৰা তেঁও ভাৰতীয় গণনাট্য সংঘৰ সক্ৰিয় সদস্য ৰূপে ভূপেন দাদাৰ লগতে বিষ্ণুপ্ৰসাদ ৰাভা, হেমাংগ বিশ্বাস, দিলীপ শৰ্মা আদি লোকৰ লগত গাঁৱে ভূঞে গৈ গান গোৱাৰ উপৰিও নাচিছিল। পাচত তেঁও কলিকতাত লাইব্ৰেৰী ছাইন্সও পঢ়ে। অৱশ্যে, লাইব্ৰেৰী ছাইন্স পঢ়াৰ আগতেও কৰিতাই সংৰক্ষণৰ কাম আৰম্ভ কৰিছিল। তেঁও ভূপেন দাদাৰ সকলো গীত এখন বহীত তুলিছিল। ভূপেন দাদাই সদায় ৰ'জে লিখি থোৱা বহীখনকে লগত লৈ

ফুৰিছিল। সেই বহীখন ভূপেন দাদাই ৰাছিয়ালৈ যাওঁতে হেৰুৱালে। তেতিয়া কৰিতাই আকৌ এখন নতুন বহীত গীতবোৰ লিখি দিয়ে। ১৯৮১ চনত 'ভূপেন হাজৰিকাৰ গীত আৰু জীৱন ৰথ' ওলোৱাৰ আগলৈকে ভূপেন দাদাই কৰিতাৰ সেই বহীখন লগত ৰাখিছিল। কৰিতাই নিজৰ কাৰণেও ভূপেন দাদাৰ গীতৰ বহী এখন লগত ৰাখিছিল।

ৰ'জে টালিগঞ্জত ভূপেন দাদাক যতনেৰে ভাত খুৱাইছে

কুইনীৰ বিয়াৰ পিচত ভূপেন দাদাক সকলো প্ৰকাৰে সহায় কৰিবলৈ কৰিতাই আগ বাঢ়ি আহে। কৰিতাই বৌৱেক প্ৰিয়মক তেঁওলোকৰ ঘৰখনত সহায় কৰাৰ উপৰিও কলিকতাত ভূপেন দাদাই কথাছবিৰ কামত লাগি থাকোঁতে সহায় কৰিবলৈ তেঁওলোকৰ লগত গৈ আছিল। নিজে গীত গাবলৈ মনে প্ৰাণে ভাল পোৱা ছোৱালী যদিও তেঁও ভূপেন দাদাৰ লগত গীত গাবলৈ বা ভূপেন দাদাৰ লগত গীত শিকিবলৈ কুইনীৰ দৰে সুবিধা পোৱা নাছিল। ভূপেন দাদাৰ গীতবিলাক তেঁও ৰেডিঅ' বা গ্ৰামোফোনত শুনিহে শিকিব লাগিছিল। তেনেদৰেই তেঁও গীতবিলাক নিজৰ বহীত তুলি ৰাখিছিল। কৰিতাৰ কিন্তু নিজৰ ৰাপ আছিল লোকগীতত। আইনাম, বিয়ানামৰ উপৰিও তেঁও গোৱালপৰীয়া গীত খুব ভাল পাইছিল। সেইকাৰণে তেঁও প্ৰতিমা পাণ্ডে বা অৰূপ বৰুৱাক (প্ৰমথেচ বৰুৱাৰ পুতেক) যেতিয়াই লগ পাই গোৱালপৰীয়া গীত শিকি তেঁওলোকৰ লগত সেইবিলাক গাইছিল আৰু দুটি গীত বাণীবদ্ধও কৰিছিল।

কৰিতাই নাচিবলৈকো ভাল পাইছিল। 'এৰা বাটৰ সুৰ'-ত ত্ৰিপুৰাৰ লোকনৃত্য এটা ভূপেন দাদাই নাচিবলৈ কোৱাত তেঁও মুকুন্দ ভট্টাচাৰ্য্যৰ লগত সেই নৃত্যটো নাচিছিল। ভূপেন দাদাৰ 'শকুন্তলা' কথাছবিত বিয়ানামৰ সুৰত 'প্ৰথম প্ৰহৰ ৰাতি' গীতটো তেঁও ইলা বোসক শিকাবলৈ পালে যদিও তেঁও সহযোগী শিল্পী ৰূপেহে নিজৰ কণ্ঠ দান কৰে। গুৱাহাটীত এইচ-এম-ভি কোম্পানীয়ে এটা ষ্টুডিঅ' খুলি অসমৰ শিল্পীসকলে গীত পৰিৱেশন কৰিবলৈ সুবিধা কৰি দিয়াৰ কাৰণে কৰিতাইও বাণীবদ্ধ কৰিবলৈ ভূপেন দাদা আৰু জয়ন্তক খাটিলে। জয়ন্তই নিৰ্মলপ্ৰভাৰ গীত এটাত সুৰ দি কৰিতাৰ কাৰণে সাজু কৰিলে যদিও ভূপেন দাদাক বহুত দিন খাটিও গা লৰাব নোৱাৰা হ'ল। শেষত এদিন নিজৰাপাৰত তেঁও ভূপেন দাদাক হেঁচা মাৰি ধৰিলে। ভূপেন দাদাই 'তই কেনেকুৱা গান ভাল পাৱ' বুলি সোধাত তেঁও ঝুমুৰৰ সুৰৰ ওপৰত সুৰ দিবলৈ ক'লে। ভূপেন দাদাই কাগজ কলম লৈ বহিল। ভূপেন দাদাই অতি কম সময়তে লিখিলে 'ৰাধা চূড়াৰ ফুল গুজি' গীতটো আৰু তাত সুৰ দিলে (চাওতালী সুৰৰ আলমত)। সৃষ্টি হ'ল কুৰি শতিকাৰ এখন মনোমোহা গীতৰ ৰেকৰ্ড: 'ৰাধা চূড়াৰ ফুল গুজি' আৰু 'গধূলি আহিল, তৰা জিলিকিল' গীত দুটিৰ। ইয়াৰ দ্বিতীয় গীতটি ৰচিছিল নিৰ্মলপ্ৰভা বৰদলৈয়ে আৰু তাত সুৰ দিছিল জয়ন্ত হাজৰিকাই। কৰিতাই জয়ন্তৰ লগত আন আন গীতো পৰিৱেশন কৰিছিল।

ভূপেন দাদাই কৰিতাৰ কণ্ঠ চিনেমাৰ গীতত ব্যৱহাৰ কৰাৰ উপৰিও তেঁওক নৃত্য পৰিৱেশন কৰিবলৈ লগাইছিল। একাধিক কথাছবিৰ সৰুসুৰা দৃশ্যতো কবিতাই অভিনয় কৰিছিল। কৰিতাই *চিক মিক বিজুলী* কথাছবিত

এটা গুৰুত্বপূৰ্ণ ভূমিকাৰ অভিনয় কৰে।

ককাই ৰূপে ভূপেন দাদাই ভনীয়েকহঁতক সংস্থান দিয়াৰ দায়িত্ব বুজিছিল আৰু তেঁওলোকৰ বিয়াবাৰুৰ কথা নিশ্চয় চিন্তা কৰিছিল। কুইনীৰ বিয়া পতাত তেঁও আগ ভাগ লৈছিল। নিজৰ খুলশালীয়েক কৈলাস পেটেলে তেঁওৰ সৰু ভনীয়েক ৰুবীক (স্তুতিক) বিয়া কৰিবলৈ ইচ্ছা প্ৰকাশ কৰাত তেঁও উপযুক্ত পাত্ৰ বুলি জানি সেই বিয়াতো সক্ৰিয় ভাবে লাগিছিল।

কৰিতাৰ বিয়া পতাৰ বহুদিন আগেয়ে তেঁও 'ভণ্টি অ' ভণ্টি' গীতটিত কৰিতাৰ বিয়াৰ কথা কল্পনা কৰি লিখিছিল। ১৯৮০ চনত ভূপেন দাদাই সেই গীতটো কৰিতাৰ অনুৰোধত তেঁওৰ বিয়াৰ সময়ত লিখা বুলি কৈছিল। এতিয়া কৰিতাৰ পৰা জানিব পাৰিছোঁ যে সেই কথা সম্পূৰ্ণ সচা নহয়। তেঁও ভূপেন দাদাক তেঁও গাব পৰা গান লিখি দিবলৈ বহুত দিন অনুৰোধ কৰা সচা কিন্তু সেই বিষয়ক নহয় বা থিক তেঁওৰ বিয়াৰ আগতে নহয়। গীতটোৰ কথা সম্পূৰ্ণ ভূপেন দাদাৰ কল্পনা। গীতটো লিখি ভূপেন দাদা আৰু কৰিতাই আকাশ বাণীত গাইছিল। যাহওক, ১৯৬৯ চনত কৰিতাৰ পাণি গ্ৰহণ কৰিবলৈ অনুৰোধ আহিল জাগীৰোডৰ ডেকাৰ পৰা নহয় সাত সাগৰৰ সিপাৰৰ গুণী পুৰুষ উপেন বৰুৱাৰ পৰা।

সি যিয়েই নহওক, ১৯৬০ চনৰ পৰা ১৯৬৯ চনলৈকে কৰিতাই কলিকতাত ভূপেন দাদাৰ লগত থাকি ভূপেন দাদাৰ চোৰা চিতা আৰু সকলো প্ৰকাৰে সহায় কৰিছিল। ভূপেন দাদাৰ শাৰীৰিক বা মানসিক কষ্টৰ সময়ত কৰিতা সদায় তেঁওৰ লগত আছিল। তাত থাকোঁতেই কৰিতাই লাইব্ৰেৰী ছাইন্সও পাছ কৰে।

তদুপৰি, ১৯৬১ চনত প্ৰিয়মে ভূপেন দাদাৰ সংগ এৰাৰ পাচত, কৰিতাই ভূপেন দাদাৰ যতন লৈ আছিল। ১৯৬৯ চনত কৰিতা উপেন বৰুৱাৰ লগত আমেৰিকালৈ গুচি অহাত ভূপেন দাদাৰ এটা ৰক্ষা কৱচ যেন সুলকি পৰিল।

উপেন বৰুৱা (১৯৩৪ - ২০১১)

উপেন বৰুৱা

ভূপেন হাজৰিকাৰ পৰিয়ালৰ তেজপুৰৰ লগতে সম্পৰ্ক বেছি। ভূপেন দাদাৰ দ্বিতীয় গৰাকী ভনীয়েক ৰ'জৰ স্বামী উপেন বৰুৱাও তেজপুৰৰে ব্যক্তি। অসমক অতিশয় ভালপোৱা আৰু ভূপেন দাদাৰ বিশেষ গুণমুগ্ধ উপেন বৰুৱা আছিল এজন প্ৰগতিশীল স্থাপত্য কলাৰ লোক (আৰ্কিটেক্ট) আৰু প্ৰতিভাশালী ব্যক্তি। উপেন বৰুৱাই তেজপুৰ একাডেমীত হাইস্কুলীয়া শিক্ষা সাং কৰি দৰং কলেজৰ পৰা ইণ্টাৰমেডিয়েট পাছ কৰে। তাৰ পিচত, তেঁও বৰোদাৰ পৰা বি-আৰ্ক ডিগ্ৰী লয়। উপেন বৰুৱাই নিজৰ নেৰানেপেৰা চেষ্টা আৰু মেধা শক্তিৰ বলত আমেৰিকাৰ ইলিনয় ইনষ্টিটিউট অৱ টেকন'লজিৰ পৰা এম-আৰ্ক পাছ কৰে। সেই কালত এজন বিদেশী ছাত্ৰই আমেৰিকাৰ বিশ্ববিদ্যালয়ত পঢ়িবলৈ সুবিধা কৰি ল'ব

পৰাটো আছিল এক দুৰূহ কাম। উপেন বৰুৱাই সেইটো সম্ভৱ কৰি আমেৰিকাতে চাকৰি কৰে।

১৯৬৬ চনত মই মোৰ প্ৰথম পত্নীক লগত লৈ অসমলৈ গৈছিলোঁ। উপেন বৰুৱাৰ ভায়েক পূৰ্ণানন্দ বৰুৱা কলেজত মোৰ সহপাঠী আছিল। পূৰ্ণানন্দ ক্ৰীড়ামোদী হোৱা কাৰণে আমাৰ ভাল বন্ধুত্ব আছিল। সেইকাৰণে উপেন বৰুৱাই মোক ভালদৰে জানিছিল। ভূপেন দাদাৰ কলিকতাৰ টালিগঞ্জৰ ঘৰৰ সমুখতে আমাৰ আকৌ দেখা হ'ল। ভূপেন দাদাক দেখা কৰি মই আৰু মোৰ পত্নী ওলাই আহিছোঁ আৰু উপেন বৰুৱাই ভূপেন দাদাক লগ ধৰিবলৈ সোমাইছে। কথাবতৰা হোৱাৰ পাচত বৰুৱা দাদাই মোক ক'লে:

'আমেৰিকাৰ ছোৱালী বিয়া কৰাইছা হয়, পিচে সদায় অসমলৈ যাওঁ অসমলৈ যাম যাম কৰি নাথাকিবা।'

কথাষাৰৰ গুৰুত্ব মই পাচতহে উপলব্ধি কৰিলোঁ। পিচত জানিব পাৰিলোঁ যে উপেন বৰুৱাই এগৰাকী আমেৰিকান যুৱতীৰ পাণি গ্ৰহণ কৰিছিল। সেই বিবাহ বিচ্ছেদ হোৱাত তেঁও সেইবাৰ অসমলৈ কইনা বিচাৰি গৈছিল।

উপেন বৰুৱাৰ ভাগ্য ভাল আছিল। ভূপেন দাদাৰ টালিগঞ্জৰ ঘৰৰ দুৱাৰত টক টকাওঁতে ৰ'জেই দুৱাৰখন খুলি দিছিল। মোক কোৱা মতে উপেন বৰুৱাৰ এনে লাগিছিল যে সেই মৰম লগা ছোৱালীজনীয়ে তেঁওৰ ভৱিষ্যতৰ কাৰণে এখন নতুন দুৱাৰ মুকলি কৰি দিলে। উপেন বৰুৱা বৰ চিধাচাধা আৰু স্পষ্টবাদী মানুহ। তেঁও সত্যবাদী কাৰণে নিৰ্ভীক আৰু তেঁওৰ সকলো কথাই পোনপটীয়া। পাচত, তেঁও ভূপেন দাদাক সকলো বিৱৰি কৈ ৰ'জক বিয়া কৰোৱাৰ প্ৰস্তাৱ দিলে। তেজপুৰৰ মানুহ কাৰণে ভূপেন দাদাই উপেন বৰুৱাৰ গুৰি গোষ্ঠী ভালদৰে জানিছিল। উপেন বৰুৱাৰ প্ৰতিভা আৰু গুণ বুজিবলৈ ভূপেন দাদাক বেছি দেৰী নালাগিল। তথাপি, তেঁওৰ শংকা হ'ল কিজানিবা এবাৰ বিয়া কৰোৱা বুলি ৰ'জে বেয়া পায়। সেইকাৰণে, ভূপেন দাদাই ৰ'জক ভাঙি পাতি সকলো কৈ প্ৰস্তাৱটো জনালে। ৰ'জে মানুহজনৰ লগত ভালদৰে কথাবতৰা পাতিহে তেঁওৰ মত জনাব বুলি ক'লে। তেনে কৰাৰ পাচত গুণীৰ মোল বুজা ৰ'জ সন্মত হ'ল।

১৯৬৯ চনত ৰ'জক বিয়া কৰাই উপেন বৰুৱাই আমেৰিকাৰ ৰাজধানী ৱাছিংটনত নতুন বৈবাহিক জীৱন আৰম্ভ কৰে। তেতিয়া ৱাছিংটন, নিউ ইয়ৰ্ক, ৰ'ড আইলেণ্ড অঞ্চলত অসমীয়া মানুহৰ সংখ্যা তেনেই তাকৰ। ৰ'জ অহা শুনি আমি আটায়ে আনন্দিত হওঁ আৰু বিহু গীত এফাকি শুনিবলৈ পাম বুলি ১৯৭১ চনত প্ৰথম বাৰৰ বাবে আমেৰিকাত ৰঙালী বিহু পাতিবলৈ আগ বাঢ়োঁ। সেই প্ৰথম বিহু ৱাছিংটনৰ পটোমাক নদীৰ পাৰৰ এটুকুৰা মুকলি ঠাইত হৈছিল।

আমি তাত খেল ধেমালিও পাতিছিলোঁ। তাত ডেকাসকলৰ দৌৰৰ প্ৰতিযোগিতাও হৈছিল। মোতকৈ বয়সত সৰু কেবাজনও ছেঙেলীয়া ডেকা থকা স্বত্বেও দৌৰাত প্ৰথম হৈ মই শেষ ৰেখা পাবৰ সময়ত কোনোবাই বেইমানী কৰে বুলি ৰ'জে দূৰৈৰ পৰা 'দিলীপ দত্ত ফাৰ্ষ্ট' বুলি দৌৰি দৌৰি চিঞৰি চিঞৰি আহিছিল (ৰ'জে গুণীৰ মোল বুজাৰ এইটো দ্বিতীয় উদাহৰণ)। মোৰ মনটো বৰ ভাল লাগিছিল আৰু তাৰ বহু দিন আগতে জজ ফিল্ডত ৰঙালী বিহুত হোৱা বেগাই চাইকেল দৌৰত প্ৰথম হোৱা দেখি মোৰ ভনী বুলবুলে (আজিৰ ৰীতা ৰাজখোৱা) 'টুটু দাদা ফাৰ্ষ্ট' বুলি দৌৰি দৌৰি চিঞৰি চিঞৰি ঘৰত সকলোকে জনাবলৈ অহাৰ কথা মনত পৰিছিল। যাহওক, পটোমাকৰ পাৰত মোৰ আপোনজন কোনো নাছিল; উপেন বৰুৱাই ককায়েকৰ গাম্ভীৰ্য্যৰে গহীনাই কিন্তু মিচিকিয়াই হাঁহি হাঁহি কৈছিল, 'বুজিছা, ভূপেন দাদাহে তেজপুৰৰ, এঁও (মানে ৰ'জ) খাটি গুৱাহাটীয়া।'

উপেন বৰুৱা আৰু ৰ'জ আমেৰিকাত বেছি দিন নাথাকিল। তেওঁলোকৰ কন্যা হিয়া আৰু পুত্ৰ জুৰ ওপজাৰ পাচত ৱৰ্ল্ড বেংকৰ অনুদান এটা লৈ তেঁও যোৰহাটৰ কৃষি বিদ্যালয়ৰ গৃহ নিৰ্মাণ কৰিবলৈ আৰ্কিটেক্ট ৰূপে আহে। সেই কামত তেঁও পাঁচ বছৰ থাকে। সেই কাম শেষ কৰি তেঁও আমেৰিকালৈ আৰু উভতি নাহিল। গুৱাহাটীতে তেঁও নিজা ব্যৱসায় কৰি থাকিল।

তেতিয়াৰ ভূপেন হাজৰিকা ন্যাসে চৰ্কাৰৰ পৰা পোৱা ঠাইত সজোৱা ঘৰটোৰ কামত ভূপেন দাই নিজে আগ ভাগ লৈছিল আৰু তাৰ পৰিকল্পনা আঁচনি উপেন বৰুৱাই কৰিছিল।

উপেন বৰুৱা এগৰাকী অতি চিন্তাশীল লোক আছিল। ভূপেন দাদাৰ দৰে উপেন বৰুৱাৰ মানৱ প্ৰীতি অনন্য আছিল। আমেৰিকাৰ বৰ্ণ বৈষম্য নীতিৰ বিৰুদ্ধে আন্দোলনত তেঁও ছাত্ৰ জীৱনৰ পৰাই অংশ গ্ৰহণ কৰিছিল। তেখেতৰ ভিন ভিন বিষয়ত ৰাপ আছিল আৰু সদায় কিবা নহয় কিবা এটা বিষয়ৰ অধ্যয়নত ব্যস্ত আছিল। অসমীয়া আৰু ইংৰাজী দুয়ো ভাষাতে তেখেত পাৰ্গত আছিল। তেঁও নানান প্ৰৱন্ধৰ উপৰিও 'এজনী ধুনীয়া ছোৱালী' বুলি এখন চুটি উপন্যাস আৰু গল্পৰ সংকলন, 'মুকুতা' নামৰ এখন অনুবাদ গ্ৰন্থ, 'মোৰ মন, মোৰ কৱিতা' নামৰ এখন কৱিতা পুথি প্ৰকাশ কৰে। ইংৰাজীত মাৰ্টিন লুথাৰ কিংগৰ এখন জীৱনী অলপ বেলেগ দৃষ্টি ভংগীৰে লিখি প্ৰকাশ কৰিছিল। ইংৰাজী পুথিখনৰ নাম আছিল Portrait of A Gandhian: A Biography of Dr. Martin Luther King.

উপেন বৰুৱাই 'মন প্ৰজাপতি' নামৰ এখন কথাছবিও প্ৰযোজনা কৰে। কথাছবিখনৰ কাহিনী নিৰোদ চৌধুৰীৰ এটা গল্পৰ আধাৰত ৰচা। ছবিখনৰ পৰিচালনা আৰু সংগীত পৰিচালনা কৰিছিল ভূপেন হাজৰিকাই।

উপেন বৰুৱা আছিল স্পষ্টবাদী। তেঁও প্ৰয়োজনত ভূপেন দাদাক সমালোচনাও কৰিছিল। দুয়ো দুয়োকে শ্ৰদ্ধা কৰিছিল। ভূপেন দাদাই হাকিম, মন্ত্ৰী আদি সৰু বৰ সকলোকে গালি পৰা বা ধমকি দিয়া মই দেখিছোঁ কিন্তু তেঁও উপেন বৰুৱাৰ আগত সদায় বিনয়ী আছিল। উপেন বৰুৱাৰ প্ৰতি থকা তেনে শ্ৰদ্ধাৰ কাৰণেই ২০১১ চনৰ ২২ ফেব্ৰুৱাৰীৰ দিনা উপেন বৰুৱা স্বৰ্গী হোৱা বাতৰিটো শুনি ভূপেন দাদাৰ মন ভাঙি পৰিছিল বুলি ভায়েক ভনীয়েকহঁতক কৈছিল।

স্তুতি পেটেল

(ৰুবী, জন্ম: ১৯৪২ চন)

ভূপেন হাজৰিকাৰ আটাইতকৈ সৰু ভনীয়েক আৰু হয়তো আটাইতকৈ কোমল মনৰ। ৰুবী জয়ন্তকৈ ডেৰ বছৰমান ডাঙৰ। সেইকাৰণে সংগীতৰ জগতত ৰুবীয়ে ভূপেন দাদাতকৈ জয়ন্তৰ সান্নিধ্যহে বেছি পাইছিল। জয়ন্তৰ লগত অ'ত ত'ত গীত গাবলৈ পোৱাৰ উপৰিও সেই সময়ত কিশোৰ কিশোৰীৰ বাবে বেচ সক্ৰিয় ভাবে চলি থকা পাৰিজাত কাননত ৰুবীয়ে নাচ আৰু গীতৰ চৰ্চা আৰু পৰিৱেশন কৰিছিল। তেঁও উজান বজাৰৰ বালিকা এম-ই স্কুল, তাৰিণী চৌধুৰী স্কুল আৰু পাণবজাৰ ছোৱালী হাইস্কুলত শিক্ষা লাভ কৰে। তাৰ পিচত তেঁও কটন কলেজত বি-এ পঢ়িছিল। কটন কলেজত তেঁও কলেজৰ সংগীত জগতত ভালদৰে সোমাই পৰিছিল আৰু আন্ত মহাবিদ্যালয় সংগীত প্ৰতিযোগিতাত অংশ গ্ৰহণ কৰি সুনাম অৰ্জন কৰিছিল। ৰুবীয়ে বি-এ পঢ়ি থাকোঁতেই ভূপেন দাদাৰ খুলশালীয়েক কৈলাস পেটেলে ৰুবীক বিয়া কৰাৰ প্ৰস্তাৱ আহে।

কৈলাস পেটেলে কলিকতাৰ যাদৱপুৰ বিশ্ববিদ্যালয়ত বি-এ পঢ়ি থাকোঁতেই ৰুবীক লগ পাইছিল। কৈলাসে ইউগাণ্ডাত থাকোঁতেই

আমেৰিকাত চাকৰি লৈ আমেৰিকালৈ যাবলৈ ওলোৱাত ঘৰৰ আটায়ে তেঁওক বিয়া কৰিহে বিদেশলৈ যাবলৈ হেঁচা দিলে। কৈলাসে ৰুবীৰ লগত বিয়া থিক কৰিব পাৰিলে তেনে কৰাত সন্মতি দিলে। প্ৰিয়ম তেতিয়া ইউগাণ্ডাত। প্ৰিয়মে কথাটো ভাল পালে আৰু লিখালিখি চলিল।

সকলো ঠিক হ'ল কিন্তু লেঠা হ'ল যে বিয়া পাতিবলৈ কৈলাস ভাৰতলৈ আহিব নোৱাৰে, ৰুবীহে ইউগাণ্ডলৈ গৈ কন্যা হ'ব লাগিব। ৰুবীৰ দেউতাকে কথটো বৰ ভাল নাপালে। শেষত ভূপেন দাদাই সকলোকে মান্তি কৰালে—কৈলাস বৰ ভাল ল'ৰা বুলি তেঁও ভালদৰে জানে, প্ৰিয়মৰ পৰিয়ালটোৰ প্ৰতি তেঁও সদায় শ্ৰদ্ধাবান, তাতে ৰুবীৰ ককায়েক প্ৰবীণ আৰু প্ৰিয়ম তেতিয়া ইউগাণ্ডাতে। ভূপেন দাদাই নিজেই গৈ ৰুবীক বোম্বাইত আকাশী জাহাজত তুলি দিলে। কৈলাস আৰু ৰুবীৰ বিয়া ১৯৬৫ চনত ইউগাণ্ডাতে সম্পন্ন হ'ল। প্ৰিয়মেই কন্যাৰ মাক হৈ দায়িত্বখিনি পালন কৰিলে।তেতিয়াৰে পৰা ২০০২ চনত কৈলাস স্বৰ্গী হোৱা লৈকে কৈলাস আৰু ৰুবীৰ সাংসাৰিক জীৱন অতিশয় মধুৰ হয়। তেওঁলোকৰ তিনি কন্যা আৱা, চিকু আৰু কুকি তিনিও কানাডাতে সংসাৰ পাতি বসবাস কৰি আহিছে।

ভূপেন দাদাৰ পৰা বেছি ভাগ সময় আঁতৰি থাকিব লগীয়া হ'লেও ভূপেন দাদাৰ গীত মাত সংগ্ৰহ কৰা আৰু ভৱিষ্যত প্ৰজন্মৰ কাৰণে তাক সংৰক্ষণ কৰাটো ৰুবীৰ জীৱনৰ এটা দৃঢ় লক্ষ্য। আমিও উপলব্ধি কৰোঁ যে ৰুবীৰ জীৱনতে ভূপেন দাদাৰ ব্যক্তিত্বৰ এখন ধুনীয়া ছবি লুকাই আছে।

ৰুবীয়ে স্কুলীয়া দিনতে ভূপেন দাদাৰ 'ৰং কিনিবা কোনে' গীতটো গুৱাহাটীৰ বিহুতলীত আৰু আই-পি-টি-এৰ অনুষ্ঠানত গাইছিল; সেই গীতটো গাওঁতে তেঁওৰ লগত নাচি নাচি ভাও দিছিল স্বয়ং বিষ্ণু ৰাভাই।

ৰুবী আৰু ভূপেন দাদা (মৰমৰ ভনীয়েকক ইউগাণ্ডালৈ বিয়াৰ কাৰণে যাবলৈ মুম্বাইত আগ বঢ়াই থবলৈ যাওঁতে)

ৰুবীয়ে মণিৰাম দেৱান কথাছবিৰ সমবেত সংগীতত কণ্ঠদান কৰিছিল। শেহতীয়াকৈ তেঁওৰ স্বামী কৈলাস পেটেলৰ লগত লগ লাগি আৰু কৈলাস-ৰুবী'-ৰ নিবেদনৰ কেবাটাও গীতত কণ্ঠদান কৰিছে। বাণীবদ্ধ হোৱা তেঁওৰ ৰচিত গীত এটি হৈছে 'অ জুৰি অ' নদী'। ৰুবীয়ে ২০১৬ চনত *যাযাবৰী ভূপেনদা মোৰ ডায়েৰীৰ পাতৰ পৰা* নামেৰে এখন বৃহৎ গ্ৰন্থ প্ৰকাশ কৰে। ভূপেন দাদাৰ বিষয়ে অতি আন্তৰিক কথাৰে লিখা এইখন এক সমৃদ্ধিশালী পুথি।

কৈলাস পেটেল (১৯৩৮ - ২০০২)
কৈলাস পেটেল প্ৰিয়মৰ ভায়েক। ইউগাণ্ডাত স্কুলীয়া শিক্ষা সাং কৰি কৈলাসে কলিকতাৰ যাদৱপুৰ বিশ্ববিদ্যালয়ৰ পৰা বি-এ ডিগ্ৰী লাভ কৰি ইউগাণ্ডালৈ উভটি যায়। ইতিমধ্যে ৰাজনৈতিক দুৰ্যোগ আহি পৰা ইউগাণ্ডাত ভাল চাকৰি নাপাই তেঁও আমেৰিকাত চাকৰি কৰিবলৈ যাবলৈ ওলায়। ১৯৬৫ চনত তেঁওৰ ভূপেন হজৰিকাৰ ভনীয়েক ৰুবীৰ লগত ইউগাণ্ডাতে বিবাহ হয়। তেঁওৰ আমেৰিকাৰ চাকৰিৰও গণ্ডগোল লগাত নৱ দম্পতী ইউগাণ্ডাতে থাকিব লগীয়া হয়।

কৈলাস পেটেল

১৯৭১ চনত ইউগাণ্ডাৰ স্বেচ্ছাচাৰী শাসক ইডি আমিনে তাৰ ভাৰতীয় আৰু আন আন এছিয়াবাসীক খেদি দিয়াত কৈলাস পৰিয়ালৰ পানীত হাঁহ নচৰা অৱস্থা হয়। ৰুবী আৰু ছোৱালী কেইজনীক ভাৰতলৈ পঠিয়াই কৈলাসে জীৱিকাৰ পথ বিচাৰি কানাডালৈ যায়। তেঁও কানাডাৰ এডমণ্টণ চহৰত থানথিত লগাৰ পাচত ১৯৭২ চনতহে ৰুবী আৰু ছোৱালী কেইজনী তেওঁৰ লগ লাগেহি। তেতিয়াৰে পৰা কৈলাস পেটেলৰ পৰিয়ালে কানাডাতে বাস কৰে। ২০০২ চনত তেঁও কানাডাত স্বৰ্গী হয়।

স্বৰ্গী হোৱাৰ বহু দিন আগতে আৰু 'ভূপেন হাজৰিকাৰ গীত আৰু জীৱন ৰথ' ৰচনা কৰি থাকোঁতে এই লিখকে কৈলাস পেটেলক লগ ধৰি যথেষ্ট আলোচনা কৰিছিল। কৈলাস পেটেলে আমাক কোৱা কথাৰ সাৰ মৰ্ম এনে ধৰণৰ:

> 'বুজিছে প্ৰিয়ম বাইদেউ আৰু ভূপেন দাদা একেবাৰে নিমিলিলে। বাইদেউ নিজে পাৰদৰ্শী শিল্পী আৰু উচ্চ শিক্ষিতা আৰু অভিমানী। তাতে তেঁও অতি উচ্চ চৰিত্ৰ আৰু উচ্চ আদৰ্শৰ কাৰণে আত্ম সন্মানও বেছি। তেঁও যদি আন কথা বাদ দি ভূপেন দাদা আৰু তেজক লৈ কেনেদৰে সুখী হওঁ তাৰ চেষ্টা কৰিলেহেঁতেন তেনেহলে হয়তো বহুত ভাল হ'ল হয়। তেজক দেউতাকৰ পৰা সদায় আঁতৰাই ৰাখি বাইদেৱে ডাঙৰ ভুল কৰিলে। মইটো ভাই মোৰ ছোৱালী কেইজনী আৰু ৰুবী অবিহনে জীয়াই থকাৰ কথা ভাবিবই নোৱাৰোঁ।"

সি যিয়েই নহওক, স্বামী স্ত্ৰীৰ মাজত দুষ্টা তিৰোতা সোমাই তেঁওলোকৰ সংসাৰ নষ্ট কৰিবলৈ ল'লে (যিটো আজিকালি সঘনে হোৱা দেখা যায়) কৈলাসে দিয়া পৰামৰ্শ নিজৰ অভিমানক অলপ বিসৰ্জন দিয়া আৰু ল'ৰাছোৱালীক সদায় মাক দেউতাকৰ লগত ৰাখি পৰিয়ালটোক ধৰি ৰাখিবলৈ চেষ্টা কৰাৰ কথা প্ৰণিধান যোগ্য।

কৈলাস পেটেলৰ ইচ্ছা অনুসৰি ৰুবীয়ে পৰিয়ালব তিনি প্ৰজন্মাৰ সহায়ত ভূপেন দাদাৰ গীত বাণীৱদ্ধ কৰি প্ৰচাৰ কৰি আছে। সেইবিলাক 'কৈলাস-ৰুবী' নামে কৈলাসৰ

সাঁচতীয়া ধনেৰে কৰা হৈছে। 'কৈলাস-ৰুবী'-ৰ প্ৰথম নিবেদন চি-ডি 'নিজৰা পাৰৰ গীত' কৈলাস পেটেল ঢুকোৱাৰ আগতে প্ৰকাশ হয় আৰু দ্বিতীয় নিবেদন 'ৰ'দ পুৱাবৰ কাৰণে' ২০১০ চনত প্ৰকাশ হয়।

জয়ন্ত হাজৰিকা

(ৰানা, ১৯৪৪-১৯৭৭)

আমি জয়ন্ত হাজৰিকাৰ বিষয়ে 'নিৰ্মল প্ৰভাৰ গীত আৰু নাৰীৰ জীৱন নদীত' কিছু বহলাই আলোচনা কৰিছোঁ। ইয়াত এতিয়া তেঁও ভূপেন দাদাৰ লগত পৰিৱেশন কৰা গীত কেইটা আৰু তেঁও সুৰ দিয়া ভূপেন দাদাৰ গীত কেইটা অলপ আলোচনা কৰোঁ।

জয়ন্তই প্ৰথমে ভূপেন দাদাৰ লগত ভূপেন দাদাই ৰচা আৰু সুৰ দিয়া 'অট'ৰিক্সা চলাওঁ আমি দুয়ো ভাই', 'চুচুক চামাককৈ দীপালিজনীয়ে' আদি গীতেৰে অসমৰ আকাশ উজ্বলাই তোলাৰ পাচত ভূপেন দাদাই লিখা আৰু সুৰ দিয়া গীত 'আজি জীৱন বুটলিবি হাঁহি হাঁহি আহ', 'যদি জীৱনে কান্দে নাই নাই বুলি', 'আনৰ কাৰণে জীৱন শলিতা কিমান জ্বলাবা', 'মৃত্যু সাৰটি সমাধি তলীত অকলে আছোহি শুই', আদি কেইটীমান গীত দক্ষতাৰে পৰিৱেশন কৰি গায়ক ৰূপে প্ৰতিষ্ঠা কৰাৰ পাচত নিজৰ গতিপথ সলায়।

আমাতকৈ কেইবছৰমান সৰু জয়ন্তক আমি সৰুৰে পৰাই অ'ত ত'ত লগ পাইছিলোঁ আৰু তেঁওৰ কিছুমান অসাধাৰণ চৰিত্ৰ লক্ষ্য কৰিছিলোঁ। তেঁওৰ পঢ়াশুনা বা খেলাধূলাত বেছি মন নাছিল। তেঁও এক প্ৰকাৰ অশান্ত আছিল যদিও দুষ্ট বা অস্থিৰ নাছিল। ফুটবল বা ক্ৰিকেটে তেঁওক আকৰ্ষণ নকৰিছিল। য'তে ত'তে শিলগুটি ফৰ্মুটি আদি দলিয়াইহে তেঁও ভাল পাইছিল।

লুইতৰ পাৰত জয়ন্ত, ভূপেন দাদা আৰু বিক্ৰম সিং
ফটো: গুৱাহাটীৰ কুল ৰহমানৰ সৌজন্যত

তেঁও বাটে ঘাটে ঘূৰি নুফুৰিছিল, তেঁওৰ বিচৰণ থলী আছিল হাবি জংঘল। খাৰঘুলিৰ জাও বনৰ মাজত বা নৱগ্ৰহ পাহাৰৰ গছ গছনিৰ মাজত। সেই কালত নৱগ্ৰহ পাহাৰত জন বসতি নাছিল; তাৰ লুঙলুঙীয়া ঠেক কেঁচা পথৰ দুয়ো কাষে অটব্য হাবি। নানা ধৰণৰ চৰাই উৰি ফুৰা সেইখন আছিল সম্পূৰ্ণ বান্দৰৰ ৰাজ্য। তাত আমি লগৰীয়াহঁতৰ লগত প্ৰায়ে সোমাইছিলোগৈ। সেই হাবিত আমি নানা ধৰণৰ সাপ দেখা পোৱাৰ উপৰিও বহুবাৰ জয়ন্তক অকলে ঘূৰি ফুৰা দেখিছিলোঁ। গচাকৈয়ে জয়ন্তক নিবিড় বনেহে বেছিকৈ আকৰ্ষণ কৰিছিল। তেতিয়া জয়ন্তহঁতৰ হেপি ভিলাৰ ঘৰটো নৱগ্ৰহ পাহাৰতে বুলিব পাৰি।

জয়ন্তক দুই এবাৰ গুৱাহাটীৰ বিহুতলীত মাউথ অৰ্গেন এটা লৈ লগৰীয়াহঁতক নানা সুৰ

আৰু গীত বজাই আমোদ দিয়াও দেখিবলৈ পাইছিলোঁ। তেতিয়াই শুনিছিলোঁ যে জয়ন্তই যেই কোনো বাদ্য যন্ত্ৰ হাতত ল'লেই তাত সুৰ তুলিব পাৰে। পাচত গম পালোঁ জয়ন্তই কামৰূপ একাডেমীত তেঁওৰ লগত পঢ়া আৰু সেই স্কুলৰ আন কেইজনমান ছাত্ৰক লৈ এটা অৰ্কেষ্ট্ৰা দল গঠন কৰিছে। জয়ন্তৰ নিজা বাদ্য যন্ত্ৰ নাই। সদায় আনৰ পৰা ধাৰ কৰা। তথাপি মাউথ অৰ্গেন, বেহেলা, গীটাৰ ক্লেওৰনেট আদি সকলোতে জয়ন্তৰ হাত দেখি ভূপেন দাদা উৎফুল্লিত হয় আৰু তেঁওৰ লগত প্ৰয়োজন অনুসাৰে বাদ্য বজাবলৈ জয়ন্তক লগত ল'বলৈ আৰম্ভ কৰে। জয়ন্ত লগত থাকিলে ভূপেন দাদাৰ মুখত এক বেলেগ আনন্দ বিৰিঙি উঠিছিল। ভূপেন দাদাই সেই আনন্দ অকপট ভাবে প্ৰকাশ কৰি এবাৰ কৈছিল:

> "মইয়ো এবাৰ ভ্ৰাম্যমান নাট্যদলত গৈ 'শোণিত কুঁৱৰী'ৰ সংগীত পৰিচালক হৈছিলোঁ। ধান খেৰত বহি ক্লেওৰনেট বজোৱাই মই ডাইৰেক্সন দিওঁ জয়ন্তই গান গায়। সেইটোৰ নিচিনা আনন্দ মই পোৱা নাই।"

তাৰ পিচত, 'লটিঘটি' (১৯৬৫ চন) কথাছবিত ভূপেন দাদাই জয়ন্তক এটা গুৰুত্বপূৰ্ণ চৰিত্ৰৰ অভিনয় কৰাৰ উপৰিও দুটামান গীত গাবলৈ দিযে। আৰম্ভ হয় দুই ককাই ভাইৰ আনন্দপূৰ্ণ সৃষ্টি, 'অট'ৰিক্সা চলাওঁ আমি দুয়ো ভাই', 'চুচুক চামাক কৈ দীপালিজনীয়ে মোৰ পিনে কিয় ৰ' লাগি চাই' আদি গীতৰ। সৈইদৰে 'চিকমিক বিজুলী' (১৯৬৯ চন) কথাছবিতো জয়ন্তই 'মৃত্যুক সাৰটি সমাধিতলীত অকলে আছোহি শুই' গীতটি নিজে সুৰ দি গাবলৈ সুবিধা পায়। জয়ন্ত বেছি দিন অকলে থাকিব লগীয়া নহ'ল। ১৯৬৯ চনতে তেঁও মনীষা সেনগুপ্তৰ লগত বিবাহ পাশত আৱদ্ধ হয় আৰু ১৯৭১ চনত তেঁওলোকৰ একমাত্ৰ পুত্ৰ ময়ুখৰ জন্ম হয়।

ইতিমধ্যে, জয়ন্তৰ সুৰ আৰু নিৰ্মলপ্ৰভাৰ কথাৰ সংযোগত কেইটামান অপৰূপ গীত সৃষ্টি হয়। জয়ন্ত হাজৰিকাই সুৰ দিয়া নিৰ্মলপ্ৰভাৰ প্ৰথম গীতটো হৈছে 'আগলি বতাহে কঁপালে কলৰে পাত, মন উৰনীয়া হেৰালে বাটৰে আঁত' (জয়ন্ত নিজে সুৰ দি বাণীৱদ্ধ কৰা এইটোৱেই প্ৰথম গীত। এইটোও উল্লেখযোগ্য যে নিৰ্মল প্ৰভাৰ মতে এই গীতটোৰ কথা 'আগলি বতাহে' নহৈ 'আবেলিৰ বতাহে' হ'ব লাগিছিল, কিন্তু জয়ন্তই ভুলকৈ বাণীৱদ্ধ কৰিলে। এই গীতটোৰ সৃষ্টি হয় ১৯৬০ চনত উজান বজাৰৰ এখন বিয়াৰ ৰভাতলীত বিয়াৰ আগদিনাখন হোৱা এক ঘৰুৱা বৈঠকত। তাত নিৰ্মলপ্ৰভা আৰু তেতিয়াও কুৰিৰ ডেওনা পাৰ নোহোৱা জয়ন্ত হাজৰিকাক দেখি শ্ৰীহীৰেন ভট্টাচাৰ্য্যই অপ্ৰস্তুত ভাৱে সুৰ দিয়াৰ ধেমেলীয়া কথা এটা উলিয়ালে—তিনি মিনিটত লিখিব লাগিব নিৰ্মলপ্ৰভাই আৰু তিনি মিনিটত সুৰ দিব লাগিব জয়ন্তই। 'আৰম্ভ' বুলি কোৱা হ'ল আৰু কাগজ নথকাত চিগাৰেটৰ পেকেট এটাৰ বুকুফালকে শ্ৰীহীৰেন ভট্টাচাৰ্য্যই নিৰ্মলপ্ৰভাৰ পিনে আগ বঢ়াই দিলে। হঠাৎ নিৰ্মলপ্ৰভাৰ চকুত পৰিল আবেলিৰ বতাহত লৰি চৰি থকা এখিলা কলপাত। সেই দৃশ্য, সেই মুহূৰ্ততে ৰূপান্তৰিত হ'ল গীতটোত। গীতটোৰ সুৰও জয়ন্তই তিনি মিনিটতে দিলে। সেই আবেলিৰ বতাহে কঁপোৱা কল পাত, চিনাকি কুলিৰ মাত, বুজোঁ কি নুবুজোঁ লগা সেই ভাব, সেই ডালত কঁপা ফুল বা উৰোঁ উৰোঁ কৰা পখীৰ চিত্ৰপট জয়ন্তই তৎক্ষণাৎ বুজি পালে আৰু সেইবিলাকৰ মাজেদি নিৰ্মলপ্ৰভাই প্ৰকাশ কৰা আঁত হেৰোৱা মনৰ কি কৰোঁ কি নকৰোঁ ভাব অতি সহজ ভাৱেই সুৰেৰে মূৰ্ত কৰি তুলিলে। তেওঁলোকে ইজনে সিজনক আৱিষ্কাৰ কৰিলে—অসমীয়া গীতৰ ইতিহাসত আৰম্ভ হ'ল এক নতুন ধৰণৰ সৃষ্টি।

সুৰৰ ওপৰত ভায়েকৰ পাৰদৰ্শিতা দেখি

ভূপেন দাদাই জয়ন্তক সুৰ দি বাণীৰদ্ধ কৰিবলৈ কেইটামান গীত লিখি দিয়ে। 'অ' ছিলঙৰ মনালিছা লিংডো', 'লুইতৰ বলিয়া বান', 'এই লগনত ক'লো' আদি কেইটামান গীতত সুৰ দিয়াৰ পাচত জয়ন্তৰ ওপৰত 'বনৰীয়া ফুল' (১৯৭৩ চন), 'বৃষ্টি' (১৯৭৪ চন), 'নতুন আশা' (১৯৭৭ চন), ধৰ্মকাই (১৯৭৭ চন) আদি কেবাখনও কথাছবিৰ সংগীত পৰিচালনা কৰাৰ ভাৰ পৰে। জয়ন্তই সেইবিলাকৰ কাৰণে নিৰ্মলপ্ৰভা আৰু আন আন গীতিকাৰৰ গীতৰ উপৰিও দুই এটা ভূপেন দাদাৰ গীত লয়।

জয়ন্তই সুৰ দিয়া ভূপেন দাদাৰ গীত কেইটা হৈছে: 'ঐ নিলাজ পাহাৰ' (শিল্পী: ভূপেন হাজৰিকা; কথাছবি: বনৰীয়া ফুল), 'কাৰোবাৰ দুনয়ন সৰগৰ' (শিল্পী: কুল বৰুৱা; কথাছবি: বৃষ্টি), 'সুৰাত মগন ভয়াল ৰাতি'(শিল্পী: জয়ন্ত হাজৰিকা, কথাছবি: বৃষ্টি), 'ৰম্ভা মেনকা' (শিল্পী: কুল বৰুৱা, জয়ন্ত হাজৰিকা; কথাছবি: বৃষ্টি), 'ভৰিৰ তলুৱাৰ পৰা' (শিল্পী: জয়ন্ত হাজৰিকা, কথাছবি: ধৰ্মকাই), 'ধম ধমা ধম' (শিল্পী: জয়ন্ত হাজৰিকা আৰু সংগী; কথাছবি: নিয়তি), 'মহিলা মহিলা কলৈনো আহিলা' (শিল্পী: জয়ন্ত হাজৰিকা আৰু সংগী; কথাছবি: নিয়তি)।

অসমীয়া গীতৰ সূৰ্য্য হেন পুৰুষ ককায়েক ভূপেন হাজৰিকাৰ সান্নিধ্যতে তেনেদৰে সুৰকাৰ আৰু গায়ক ৰূপে গঢ়ি উঠিলেও জয়ন্ত আৰু ভূপেন দাদাৰ সুৰৰ প্ৰকৃতি আৰু গীত পৰিৱেশন পদ্ধতিৰ বিশেষ পাৰ্থক্য আছিল। ভূপেন দাদাই থলুৱা আৰু দেশ বিদেশৰ সুৰ গোটাইছিল, অধ্যয়ন কৰিছিল আৰু সেইবিলাকেৰে নিজৰ কাৰণে গঢ়ি লৈছিল সুৰৰ এক অফুৰন্ত ভাণ্ডাৰ। তেঁও গীত ৰচি সুৰ দিবলৈ লওঁতে সেই ভাণ্ডাৰৰ পৰা যথাযথ সুৰ বাচি লৈ তাৰ সমন্বয়ত বা সহায়ত নতুন নতুন সুৰ সৃষ্টি কৰিব পাৰিছিল। শাস্ত্ৰীয় সংগীতৰ বিশেষ অধ্যয়ন নাথাকিলেও ভূপেন দাদাই ঋতু, কাল, পৰিৱেশ আৰু আৱেগক সুৰত এনেভাৱে সজাব পাৰিছিল যে তেঁও যেন নিজেই ৰাগ ৰাগিণী আৱিষ্কাৰ কৰিছিল।

জয়ন্তৰ ক্ষেত্ৰত কথাটো সম্পূৰ্ণ বেলেগ। জয়ন্ত সচাকৈয়ে সুৰৰ কুমাৰ, কোনোবা সুৰ সম্ৰাটৰ স্বভাৱগত পুত্ৰ। তেঁওৰ প্ৰাণলৈ সুৰ আপোনাপুনি আহে। জয়ন্তৰ সুৰ ৰাগ ৰাগিণী, থলুৱা বা দেশ বিদেশৰ সুৰৰ প্ৰভাৱৰ পৰা সম্পূৰ্ণ মুক্ত। সেইবিলাক যেন কোনোবা সুৰ নগৰৰ সুৰৰ কুমাৰৰ আপোন তন্ত্ৰীৰ অমিয়া জোকাৰ। জয়ন্তৰ সুৰবিলাকে তেঁওৰ প্ৰাণ আন্দোলিত কৰি প্ৰকাশ বিচাৰি তেঁওক আমনি কৰি থাকোঁতেই সিহঁতৰ মিলন হৈছিল নিৰ্মলপ্ৰভাৰ গীতৰ লগত। সৃষ্টি হৈছিল 'নিবিড় বনে যে মাতিছে যা যা দূৰণিলৈ', 'বৰ্ষাৰ ঋতু ভাল পাওঁ মই প্ৰতিশ্ৰুতি আছে তাত', 'জিৰি জিৰি যে নিজৰাতে যে', 'সাৰ পাম মই পুৱতি নিশাতে' আদিৰ দৰে অসমীয়া সংগীত জগতৰ কেইটিমান অমৰ গীত।

নিৰ্মলপ্ৰভাৰ দৰে জয়ন্তও প্ৰকৃতিৰ লগত আত্মবিলীন। জয়ন্তই প্ৰকৃতিক যে মাথোঁ ভাল পায় এনে নহয় নিৰ্মলপ্ৰভাৰ দৰে তেওঁও নিজকে প্ৰকৃতিৰ লগত সাঙুৰি প্ৰকৃতিৰ লগত একাত্ম হৈছিল। জয়ন্তৰ গোটেই জগত খনেই প্ৰকৃতিৰ লগত, কেৱল দৃশ্যমান প্ৰকৃতিয়েই নহয়, প্ৰকৃতিৰ অদৃশ্যমান আত্মাৰ লগতও জয়ন্তৰ পোন পটীয়া সম্পৰ্ক।

ভূপেন হাজৰিকাৰ দৃষ্টি মানুহত, জয়ন্তৰ দৃষ্টি প্ৰকৃতিত। ভূপেন হাজৰিকাৰ দৃষ্টি নাৰীত, কিন্তু জয়ন্তৰ দৃষ্টি নাৰীৰ প্ৰকৃতিত। তেওঁ ভাল পোৱা ছোৱালীজনীৰ লগত জয়ন্তই আলিংগনৰ খেলা বিচৰা নাছিল বা দুয়োৰে লাজুকী দেহৰ পৰশ মনলৈ অনা নাছিল।
জয়ন্তৰ সুৰ আৰু গীতৰ বিষয়ে ভূপেন দাদাই ইটো সিটো আলোচনাৰ মাজত কিছু কথা কৈছিল। সেইবিলাক মই কথোপকথনৰ দৰে তলত দিলোঁ।

ভূপেন হাজৰিকা: জয়ন্তৰ কথা একেবাৰে বেলেগ। তাৰ মনত যে সুৰবিলাক কেনেকৈ ক'ৰ পৰা উদ্ভৱ হয় আচৰিত। সেইকাৰণে সেইয়া ভাটিয়ালী নে ভূপালী তাৰ আঁত বিচাৰি লাভ নাই। সি যি নহওক, সি তাৰ সুৰবিলাক গুন গুনাই বা হাৰ্মনিয়ামত বজাই নিৰ্মলক শুনায় আৰু নিৰ্মলে গীত এটা লিখি দিয়ে। দুয়োটা ইমান সুন্দৰকৈ খাপ খাই পৰে আচৰিত। তেনেকৈয়ে তেঁওলোক দুয়ো মিলি কেইটামান সাংঘাটিক ভাল গীত ৰচনা কৰিলে।

লিখক: জয়ন্তই কেতিয়াবা তেঁওৰ সুৰত কথা দিবৰ কাৰণে আপোনাক খাটিছিল নেকি?

ভূপেন হাজৰিকা: নাই, তেনেকৈ অহা মনত নপৰে। তাতে মই সদায় আন চিন্তাত ব্যস্ত থাকোঁ। নাহিলে ভালেই কৰিলে। সুৰ শুনি গীত ৰচিবলৈ মোৰ নিৰ্মলৰ নিচিনা ধৈৰ্য্যও নাই আৰু হয়তো তেনে দৰে তাৰ সুৰৰ লগত মনে প্ৰাণে মিলি যোৱা গীতও ৰচিব নোৱাৰিলোহেঁতেন। আৰু এটা কথা, নিৰ্মল এগৰাকী অসাধাৰণ গীতিকাৰ বুলিয়েই ভাবোঁ। মোৰ পিচত যদি আন গীতিকাৰৰ বিষয়ে লিখিব খোজা তেনেহলে তুমি নিৰ্মলৰ গীতবিলাককে ল'বা।

লিখক: জয়ন্তই কথাছবিৰ সংগীত পৰিচালনা কৰিবলৈ লওঁতে আপোনাৰ সহায় বিচাৰি অহা নাছিল নেকি?

ভূপেন হাজৰিকা: আহিছিল, কেবাবাৰও আহিছে। সি কেতিয়াবা আনে লিখা গীতৰ সুৰ দিবলৈকো খাটিছিল। মই কেইটামান গীতত সুৰও দিছোঁ।

লিখক: জয়ন্তইটো আপুনি লিখা আৰু সুৰ দিয়া কেবাটাও গীত বাণীবদ্ধ কৰিছিল। সেইবিলাক আপুনি তেঁওৰ কাৰণেই লিখিছিল নেকি, আপুনি অলপ ক'ব নে?

ভূপেন হাজৰিকা: বুজিছা, মই কেতিয়াও কাকো লৈ গীত ৰচা নাই। অঁ চিনেমাৰ কাৰণে কাহিনীৰ লগত খাপ খুৱাবলৈ দুই এটা গান লিখিছোঁ। মোৰ বেয়া গানবিলাক সেইবিলাকৰ মাজতে পাবা। কিন্তু সাধাৰণতে মনৰ উচটনিত আপোন মনেৰেহে গীত লিখি যাওঁ। সেইকাৰণে, মোৰ ভাই ভনী কেইটাই গাবলৈ গান বিচাৰিলেও মই সাধাৰণতে সিহঁতক গান দিব নোৱাৰিছিলোঁ। লিখি থোৱা গান উপযুক্ত বুলি ভাবিলে সিহঁতক দিওঁ। হয়তো, জয়ন্তক বেছি গান দিছোঁ। কোন কেইটা তুমিয়েই জানিবা।

লিখক: মোৰ মনত পৰা জয়ন্তই গোৱা আপোনাৰ গীত কেইটা হৈছে 'আজি জীৱন বুটলিবি হাঁহি হাঁহি আহ', 'যদি জীৱনে কান্দে নাই নাই বুলি', 'আনৰ কাৰণে জীৱন শলিতা কিমান জ্বলাবা', 'মৃত্যু সাৰটি সমাধি তলীত অকলে আছোহি শুই'।

ভূপেন হাজৰিকা: কিয় 'অট'ৰিক্সা চলাওঁ' পাহৰিলা। আৰু তাৰ লগতে 'চুচুক চামাককৈ দীপালিজনীয়ে'—অঁ সেই কেইটা অৱশ্যে, মইও লগতে গাইছোঁ। সেই কেইটাও মই জয়ন্তৰ কাৰণে লিখা নাই। লিখা আছিল। তাৰ লগত গালে ভাল হ'ব বুলি সজাই পৰাই ল'লোঁ। সেই কেইটা তাৰ লগত গাই সাংঘাটিক ভাল লাগিছিল। মঞ্চত গাওঁতেও বিৰাট ফুৰ্তি।

লিখক: অ' ৰ'ব। এইখিনিতে কথা এটা সোধোঁ। কেইটামান গীত জয়ন্তই বাণীবদ্ধ কৰাৰ পিচত আকৌ আপুনি বাণীবদ্ধ কৰিছে, সেইকাৰণে দুই একে আপুনি জয়ন্তৰ প্ৰতিদ্বন্দ্বিতাৰ দ্বাৰা শংকিত বা আন অসন্তোষৰ কাৰণে তেনে কৰা বুলি কিবাকিবি কয় আৰু মোকো কৈছে।

ভূপেন হাজৰিকা: কাৰ মগজত যে এনেকুৱা ভাববিলাক উদয় হয় মই ক'ব নোৱাৰোঁ। সেইবিলাক হয়তো তল খোচৰা লোকৰ

স্বভাৱ। শুনা, তুমি লিখিবা—জয়ন্তই মোৰ যি কেইটা গান ৰেকৰ্ডিং কৰিছে সেই কেইটা সাংঘাটিক ভাল গাইছে। সি ইমান ভাল গাইছে যে সেইবিলাক মোৰো গাবৰ মন গৈছে। সেইকাৰণে গাইছোঁ। তাৰে দুই এটা বহুত দিন পাচতহে এইচ-এম-ভিয়ে আকৌ মোৰ গান বাণীৱদ্ধ কৰিবলৈ বিচৰাত আন গান নাপাই তাকেই গালোঁ। তাত প্ৰতিদ্বন্দ্বিতাৰ কোনো কথা নাই।

খক: আপুনি ঠিকেই কৈছে আমাৰ মানুহে গীত কেইটাৰ গুণাগুণ বিচাৰ কৰাৰ কথা নাভাবি গীতিকাৰ বা গায়কৰ খুঁত ধৰাতহে মন। আৰু এটা কথা কওকচোন, আপুনি জয়ন্তই সুৰ দিয়া গীতো গাইছে। সেই বিলাকৰ বিষয়ে আপোনাৰ ধাৰণা কি?

:পেন হাজৰিকা: অঁ ৰ'বা, 'ঐ নিলাজ পাহাৰ' গীতটোৰ কথা মনত পৰিছে। চিনেমাখন কি আছিল—বনৰীয়া ফুল। অঁ বনৰীয়া ফুল সেইখন মই সংগীত পৰিচালনা কৰা নাছিলোঁ, জয়ন্তই কৰিছিল। সি সংগীত পৰিচালনা কৰা সেইখনেই প্ৰথম চিনেমা আছিল নেকি তুমি চাবাচোন। সি নিৰ্মল প্ৰভাৰ পৰাই কেইটামান ভাল গীত পোৱা বুলি ক'লে কিন্তু, কিবা খঙাল চৰিত্ৰ এটাৰ কাৰণে গীত এটা লাগে বুলি ক'লে। বুজিছা, মোৰ খং উঠিলে যাকে তাকে গালি পাৰোঁ।

খক: অঁ, আপোনাৰ সেই স্বভাৱৰ সোৱাদ মই ভালদৰেই পাই থৈছোঁ। এবাৰ মোৰ লগত মা থাকোঁতে আপোনাৰ মানুহ এজনৰ ওপৰত খং উঠি মানুহজন লগত নাথাকোতেও খঙত ইমান গালি পাৰিছিল যে মায়ে চিন্তা কৰি মোক কৈছিল 'যাচোন তেঁওক ধৰ গৈ, কেনেবাকৈ খঙত পৰি যাব।' আপোনাৰ মনত আছে নে নাই ক'ব নোৱাৰোঁ, পিচত মায়ে আপোনাক কৈছিল, 'ভূপেন তোমাৰ খঙটো বৰ বেছি হে। অলপ সংযত কৰিবা, নহ'লে তোমাৰেই ভয়ানক অনিষ্ট কৰিব।'

ভূপেন হাজৰিকা: মনত নাই। খঙ মোৰ আছে। কেতিয়াবা কাকো নাপালে মই নদী, পাহাৰ যিহকে তিহকে গালি পাৰোঁ। এবাৰ মই গুৱাহাটী নগাঁৰৰ বাটত গাড়ীৰ পৰা নামি জাগীৰোডৰ পাহাৰখনকো গালি পাৰিছোঁ। জাগীৰোডৰ পাহাৰখনৰ প্ৰকাণ্ড প্ৰকাণ্ড শিল কেইটা দেখিলে মোৰ এনেয়েও গালি পাৰিবৰ মন যায়। সেইকাৰণে গীত এটা লিখি জয়ন্তক দিলোঁ।

লিখক: গীতটো তৎক্ষণাৎ তেতিয়াই লিখিছিল নে পাচত লিখিছিল?

ভূপেন হাজৰিকা: নাই, তেতিয়াই লিখা নাই, পাচত বহু ভাবি চিন্তি। সেই খঙাল চৰিত্ৰটো আৰু জাগীৰোডৰ পাহাৰখনৰ কথা বাৰে বাৰে মনলৈ অহাৰ পাচত। গীতটো লিখি তাক দিলোঁ সুৰ কৰি গাবলৈ।

লিখক: সেই গীতটো দেখোন আপুনিহে বাণীৱদ্ধ কৰিছিল। ৰেকৰ্ডখন মোৰ লগত আছে।

ভূপেন হাজৰিকা: তুমি বৰ হ'পলেচ (hopeless) হে, মোক কথাখিনি শেষ কৰিবলৈ দিয়াচোন। সি গীতটোৰ সুৰ এটা থিক কৰি মোক শুনালে আৰু খাটিলে 'তই এবাৰ গাই চাছোন।' গীতটোৰ কথাখিনি লৈ আৰু তাৰ সুৰটো আয়ত্ব কৰিবলৈ কিছু দেৰী মই চিন্তা কৰি গালোঁ, হাৰ্মনিয়াম ছাৰ্মনিয়াম একো লোৱা নাই। সি খুব মন দি শুনিলে আৰু মোৰ গোৱা হ'লত সি হাঁহিলে। কেলেই কৈছোঁ, জয়ন্তই বেছিকৈ নাহাঁহে, তাৰ খঙও নাই আৰু বেছি হাঁহিও নাই। মনত বিৰাট কিবা এটা আনন্দ লাগিলেহে সি হাঁহে। সেই গানটো শুনি তাৰ বিৰাট ফুৰ্তি।

লেখক: অঁ সেই গানটো মইও খুব ভাল পাওঁ। তাৰ মানে 'ঐ নিলাজ পাহাৰ' গীতটোৰ সুৰ জয়ন্তৰ।

ভূপেন হাজৰিকা: অঁ জয়ন্তৰ, মই তাকেই গাবলৈ ক'লোঁ। সি কিন্তু ক'লে বোলে তয়েই গা সাংঘাটিক ভাল হৈছে। ৰেকৰ্ডিং কৰোঁতে মই অলপ চলপ সলনি কৰি লৈছিলোঁ।

লেখক: গীতটো জয়ন্তই নাগালে কিয়?

ভূপেন হাজৰিকা: তাকেইটো কৈছোঁ, মই গোৱা শুনি সি খুব ভাল পালে আৰু সি গালে হয়তো গীতটো তেনেদৰে প্ৰকাশ নাপাব। কৈছো নহয় তাৰ খঙ নাই। সি কেতিয়াও পাহাৰক থুই পেলাই গালি পাৰি পোৱা নাই। আমাৰ মাজত সম্পৰ্কটো তেনেকুৱাই। সিয়ে মইয়ে গীত সৃষ্টিৰ কাৰণে যি অলপ দিন পালোঁ বা একেলগে গীত গাবলৈ পালোঁ সেই কেইটা মোৰ জীৱনৰ অন্যতম আনন্দৰ দিন। জয়ন্ত মোৰ অতি মৰমৰ সৰু ভাই, তাতে সি ভীষণ ভাল সুৰকাৰ আৰু গায়ক। তাক মই ভালও পাওঁ আৰু আৰু এডমেয়াৰও কৰোঁ। আমাৰ সেই সম্পৰ্কক যদি কোনোবাই কিবা ৰকমে বিকৃত কৰিবলৈ বিচাৰে তাৰ মুখত মই থুই পেলাম, লাথি মাৰি একেবাৰে মুখ ভাঙি দিম।

ভূপেন দাদাৰ জয়ন্তৰ প্ৰতি থকা মৰম আৰু তেওঁৰ বাদ্যযন্ত্ৰৰ ওপৰত থকা প্ৰতিভাৰ শলাগ লোৱা কথা মনীষাইও সোঁৱৰে। ১৯৬২ চনত জয়ন্ত কলিকতালৈ অহাৰ কথা সুঁৱৰি মনীষাই লিখিছিল:

'কেইদিন মান আগতে ভূপেনদাই কৈছিল: দেখবি আমাৰ ভাইকে, কি সুন্দৰ গান কৰে আৰ গীটাৰ বাজায়। তোদেৰ কলকাতাৰ ছেলেৰা পাট্টাই পাবে না।'

১৯৭০ চনৰ পৰা জয়ন্তৰ সুৰ আৰু সংগীতে কেইটামান অভিনৱ সৃষ্টিৰ অৱতাৰণা কৰে গায়ক কুল বৰুৱাৰ সহায়ত। কুলই ১৯৭১ চনত বাণীৱদ্ধ কৰা 'তেনেকৈ নাচাবি আজলি ছোৱালী', 'জুমি জুমি চোৱাঁ তুমি' গীত দুটাই আধুনিক অসমীয়া গীতলৈ এক নতুন জোৱাৰ আনিলে। সেই গীত দুটা বিহু সুৰীয়াও নহয়, পশ্চিমীয়া ঢঙৰও নহয়, হিন্দী বা বঙালী গীতৰ সুৰত আউজাও নহয়—তাৰ সুৰ আৰু সংগীতত আছে কেৱল জয়ন্ত হাজৰিকাৰ স্বকীয় স্বাক্ষৰ। সেইদৰে জয়ন্তই নিজে গোৱা 'দেখা নাই আগে এনে ছবি দেখা নাই, শুনা নাই আমি এনে সুৰ শুনা নাই', 'মনৰ মৰম যদি হ'লহেঁতেন নদী'' বা নিৰ্মলা মিশ্ৰৰ লগত গোৱা 'সচাকে কোৱাঁ কথাটি কোৱা ভাল জানোঁ মোক পোৱা' গীতবিলাকত আছে যৌৱনৰ দুৱাৰডলিত ভৰি দিয়া মনৰ নিৰ্মলতা। নিৰ্মলপ্ৰভাৰ অনুপম কথা আৰু আৱেগক জয়ন্তৰ সুৰে আধুনিক অসমীয়া গীতলৈ আনিলে এক নতুন নিৰ্মল সুৰৰ প্ৰৱাহ। আমি সচাকৈয়ে আগেয়ে এনে সুৰ শুনা নাই।

জয়ন্ত হাজৰিকা আৰু কুল বৰুৱাক অসমৰ মঞ্চত গীত পৰিৱেশন কৰাৰ এক সফল কৌশল প্ৰৱৰ্তন কৰাৰ কৃতিত্বও দিব লাগিব। গীতৰ কথা আৰু সুৰৰ লগত খাপ খুৱাই মুখৰ প্ৰকাশ আৰু দেহৰ ভাষাৰে মঞ্চত গীত পৰিৱেশন কৰাৰ এক মনোমোহা কৌশল তেঁওলোক দুয়ো প্ৰৱৰ্তন কৰে। কুলই মঞ্চত গোৱা 'তেনেকৈ নাচাবা আজলি ছোৱালী', 'জুমি জুমি চোৱাঁ তুমি' বা জয়ন্তই মঞ্চত গোৱা 'নিবিড় বনে যে মাতিছে', 'সাৰ পাম মই পুৱতি নিশা', 'যদি জীৱনে কান্দে নাই নাই বুলি', 'পিতাইটি অ' কি কৰিলি' আদি গীত শুনিবলৈ আৰু দেখিবলৈ পোৱা সকলে সেই কৌশল সদায় মনত ৰাখিব। আজিৰ বহু গায়কে গীত গাওঁতে মঞ্চত কৰা লম্ফ জম্ফ, দেহৰ অশালীন ভংগিমা, নীচা খাই কৰা বলিয়ালিৰ বিপৰীতে জয়ন্ত আৰু কুলই এক মঞ্চ শুৱনি কৌশল প্ৰদৰ্শন কৰি গৈছে। দুৰ্ভাগ্যবশত সেইকালত আজিকালিৰ দৰে

চলচিত্ৰ লোৱাৰ সুবিধা নাছিল কাৰণে সেইবিলাক হেৰাই গ'ল যদিও আজিকালি গীতৰ কৰ্মশালা পতাসকলে সেইবিলাক কিছু পৰিমাণে হ'লেও শিকাব পাৰে।

জয়ন্তৰ সামাজিক দায়বদ্ধতাও আছিল অনন্য। ১৯৭৭ চনত বানপানীৰ তাণ্ডৱ দেখি তেঁও নিজৰ ডায়েৰিত লিখিছিল:

> 'যোৱা কেইদিনমানৰ পৰাই ভাবি আছোঁ বানপানীত যিবিলাক মানুহ দুৰ্দশাগ্ৰস্ত হৈছে তেঁওলোকক আমাৰ শিল্পীসকলৰ ফালৰ পৰা কিবা এটা সহায় কৰিব লাগে।'

জয়ন্ত আৰু মনীষা হাজৰিকাৰ প্ৰচেষ্টাতে গোলাঘাটত ৮ জুনৰ দিনা 'সুৰ বাহিনী' নামৰ এক উদ্যোগী প্ৰতিষ্ঠানৰ জন্ম হয়। 'সুৰ বাহিনী অকল এখন ঠাইতে নাথাকে, থাকিব অসমৰ বিভিন্ন ঠাইত। সকলো ঠাইতে সুৰ বাহিনীৰ উদ্দেশ্য হ'ব ৰাইজক বিপদত সহায় কৰা আৰু সংস্কৃতিৰ নামত কৰা দুষ্কৃতিক দমন কৰা।'

দুৰ্ভাগ্যবশত, জয়ন্তই সুৰ বাহিনীক কৰ্মক্ষেত্ৰত দেহে কেহে লগাবলৈ পোৱাৰ আগতেই ১৯৭৭ চনৰ ১৫ অক্টোবৰত জয়ন্তৰ কলিকতাত অকাল বিয়োগ হয়। ভূপেন দাদাই কোৱা মতে চিনেমাৰ গীত ৰেকৰ্ডিঙ কৰিবলৈ আহি জয়ন্তই কলিকতাৰ হোটেল এটাত মদৰ লগত কিবা টিনত বিদেশৰ পৰা অহা বস্তু খাই খাদ্যৰ বিহক্ৰিয়া আৰম্ভ হয়। তেঁওৰ পেট বিষাই বমি হোৱা কাৰণে শহুৰেকৰ ঘৰলৈ যায়। মিঠু মানে মনীষা তেতিয়া লগত নাছিল। মিঠুৰ দেউতাকে ওচৰৰ কোনোবা এজন ডাক্তৰক দেখুৱাই বমি বন্ধ হোৱা দৰৱ এটা খুৱালে। বিষ বেছি হোৱা কাৰণে পাচত তেঁওলোকে টেক্সিৰে মেডিকেল কলেজৰ হস্পিটেললৈ লৈ গ'ল। যাওঁতে, জয়ন্তই বাটে বাটে কৈ গ'ল 'মিঠু থকা হ'লে মোক বচালেহেঁতেন'।

মই এই ঘটনাটো দুটামান কাৰণে কৈছোঁ। প্ৰথমেই বিদেশৰ পৰা যোৱা টিনৰ খাদ্য বৰ ভাল বস্তু নহয়। তাত ছালমলিনা, ইকলাই আদি অনিষ্টকাৰী আৰু বটুলিন বোলা মাৰাত্মক বীজাণু সহজেই থাকিব পাৰে। আমেৰিকাৰ মানুহে টিনৰ খাদ্য নোৱাৰাতহে খায়। ইয়াৰ চৰ্কাৰে টিনৰ বস্তু তৈয়াৰ কৰা আৰু সেই খাদ্য সময় মতে বেচাৰ কঠোৰ নিয়ম বান্ধি দিয়া আছে। দ্বিতীয়তে, বেয়া বস্তু খালে বমি হ'বলৈ দিয়াটোহে ভাল বুলি চিকিৎসকে কয়, বমি বন্ধ কৰিবলৈ চেষ্টা কৰাটো ভাল কথা নহয়। মদ খোৱাটো বেয়া কথা; মদৰ লগত জুতি লগাবলৈ যিহকে তিহকে খোৱাটো আৰু ভয়ংকৰ।

জয়ন্তই মনীষাৰ প্ৰকৃতিত মুগ্ধ হৈ কৈছিল:

> 'তুমি আমাৰ জন্যে পাঁচ বছৰ অপেক্ষা কৰতে পাৰবে।'

এই কথাফাকিতেই জয়ন্তই নিজৰ প্ৰাণৰ বহু কথাই কৈ গ'ল। সেই অপেক্ষা, সেই দৃঢ়তা আৰু সেই আত্মবিশ্বাসত প্ৰতিফলিত হৈছে এক অন্তৰ্দৃষ্টি—প্ৰেমিকাৰ বাহ্যিক আৱৰণ ভেদি অন্তৰ স্পৰ্শ কৰিব পৰা এক দৃষ্টি। এই অৰ্ন্তদৃষ্টিৰ কাৰণেই জয়ন্তই নিৰ্মলপ্ৰভাৰ দৰে প্ৰকৃতিক ভাল পাবলৈ, প্ৰকৃতিৰ পৰা প্ৰেৰণা পাবলৈ আৰু প্ৰকৃতিৰ লগত আত্মবিলীন হ'ব পৰা শক্তি পাইছে। এই শক্তিয়েই জয়ন্ত আৰু নিৰ্মলপ্ৰভা একাত্মিক হ'ব পৰাৰ মূল কাৰণ। বৰ্ষাৰ ঋতুৱে তেওঁলোকলৈ প্ৰতিশ্ৰুতি আনে, নিবিড় বনৰ আহ্বানত বা হেৰোৱা সুবাসৰ নিমন্ত্ৰণত তেওঁলোকে আকাশে বতাহে জীৱন মায়াৰ প্ৰাণৰ সুৰভি বিচাৰিবলৈ সাহস পায়, মৰুত হেৰোৱা তেওঁলোকৰ জীৱন নদীক গতি দিয়ে বনৰ জুৰিয়ে। প্ৰকৃতিৰ বুকুতে আত্ম-বিলীন হৈ প্ৰকৃতিৰ চিত্ৰবিচিত্ৰ ৰঙেৰে জীৱনৰ ছবি আঁকা নিৰ্মলপ্ৰভাৰ গীতবিলাককে প্ৰকৃতিৰ বুকুত সজাগ সচেতন ভাৱে জীৱনৰ মন্ত্ৰ বিচৰা প্ৰতিভাশালী সুৰকাৰ জয়ন্তই সুৰ আৰু কণ্ঠেৰে সাৰ্থক প্ৰাণ দিলে।

'বৰ্ষাৰ ঋতু ভাল পাওঁ মই প্ৰতিশ্ৰুতি আছে তাত' গীতটোৰ সুৰৰ বিষয়ে নিৰ্মলপ্ৰভা

বৰদলৈয়ে কয়:

"গীতটো লিখিছিলোঁ বৰ্ষাকালৰ ৰাতিপুৱা এটাত আৰু জয়ন্তই সুৰ দিছিল সেই সন্ধিয়া। কথাখিনিক শ্ৰোতাৰ হৃদয়লৈ লৈ যাব পৰাকৈ যিখিনি গতিৰ কেৱল প্ৰয়োজন ঠিক সেইখিনি গতি যথাৰ্থ সুৰেৰে দি জয়ন্তই গীতটো গালে। কঠিন আৰু কোমল সুৰৰ সমন্বয়ে আৰু ভাব অনুপাতে কথা নিক্ষেপৰ চমৎকাৰ কৌশলে গীতটোক প্ৰাণৱন্ত কৰি তুলিলে। মুগ্ধতাৰে মোৰ হৃদয় উপচি পৰিল। আৰু লিখি যোৱাৰ প্ৰেৰণা মানুহে এনেকৈয়ে নেপায় জানো?"

নিৰ্মলপ্ৰভাই গীত লিখিবলৈ প্ৰেৰণা পালে জয়ন্তৰ সুৰৰ পৰা। সেইদৰে জয়ন্তৰ আকুল অদেহী সুৰে দেহ ধাৰণ কৰিলে নিৰ্মলপ্ৰভাৰ গীতি কৱিতাত।

মনীষা হাজৰিকা (জন্ম:১৯৫০ চন)

মনীষাৰ জন্ম হয় ১৯৫০ চনত কলিকতাত। তেঁওৰ দেউতাক ৰবীন্দ্ৰনাথ সেনগুপ্ত আৰু মাক অঞ্জলি সেনগুপ্ত দুয়ো গায়ক আছিল। তেঁওৰ মোমায়েক কমল আৰু সুবল দাসগুপ্তও প্ৰতিষ্ঠিত সংগীতজ্ঞ আছিল। সেয়েহে, সৰুৰে পৰাই মনীষা সংগীতৰ প্ৰতি আকৰ্ষিতই নহয় চৰ্চা কৰিবলৈ সুবিধা পাইছিল। তদুপৰি, তেঁওলোকৰ ঘৰলৈ কলিকতাৰ সংগীত আৰু কথাছবিৰ জগতৰ নানান ব্যক্তিসকলে অহাযোৱা কৰিছিল। তেনেকৈ আহোঁতে তেঁওৰ কণ্ঠস্বৰ আৰু গীত ভূপেন হাজৰিকাৰ কাণত পৰে। ভূপেন দাদাই 'লটিঘটি' কথাছবিত তেঁওক গীতা দাসৰ লগত 'ফাগুন আয়োৰে হাঠিলা নাৰী বাজে' ৰাজস্থানী লোকগীত গোৱায়। সেই কথাছবিত মনীষাই জয়ন্ত হাজৰিকাৰ লগত অভিনয় কৰিবলৈকো পায়। ১৯৬৪ চনত 'লটিঘটি' কথাছবিৰ কাৰণে তেনেদৰে একেলগে কাম কঁৰোতেই মনীষা আৰু জয়ন্ত ইজন সিজনৰ প্ৰতি আকৃষ্ট হয়। তেওঁলোকৰ বিয়া হয় ১৯৬৯ চনৰ ৬ আগষ্টত কলিকতাতে । সেই আগষ্টৰ পৰাই তেঁও আহি নিজৰাপাৰত থাকিবলৈ লয়। ১৯৭১ চনত তেঁওলোকৰ একমাত্ৰ সন্তান ময়ুখৰ জন্ম হয়।

বৈবাহিক জীৱন আৰম্ভ কৰাৰ আগতে মনীষাই 'লটিঘটি' আদি কথাছবিত গীত গোৱাৰ উপৰিও অভিনয় কৰিছিল। ১৯৭৬ চনতহে তেঁও পুনৰ স্বামীৰ সৈতে গীত গাবলৈ আৰম্ভ কৰে। ১৯৭৭ চনত তেঁও জয়ন্ত হাজৰিকাৰ সৈতে 'বহাগ হয় যদি ফুলৰে পাহি' (কথা: হেমন্ত দত্ত; সুৰ: জয়ন্ত হাজৰিকা) গীতটি বাণীবদ্ধ কৰে। ১৯৭৭ চনত জয়ন্ত হাজৰিকাই বানপীড়িত ৰাইজৰ সাহায্যৰ কাৰণে গোলাঘাটৰ শিল্পী সকলৰ সহযোগত গঠন কৰা 'সুৰ বাহিনীত' মনীষাই সক্ৰিয় অংশ গ্ৰহণ কৰে আৰু আজিও তাক জীয়াই ৰাখিছে।

এটা কাৰণে অসমীয়াই মনীষাৰ শলাগ চিৰদিন ল'ব লাগিব। সেইটো হৈছে বংগদেশত জন্ম লাভ কৰি বিয়াৰ আগলৈকে অসমীয়া ভাষাৰ লগত বিশেষ সম্পৰ্ক নথকা মনীষাই জয়ন্তৰ অকাল বিয়োগৰ পিচত কোলাৰ

কেচুৱাক বুকুত বান্ধি অসমলৈ আহিল জয়ন্তৰ সন্তানক অসমীয়া ৰূপে ডাঙৰ কৰিবলৈ। তেনেদৰে মৃত স্বামীৰ ঐতিহ্যেৰে সন্তানক মহিমা মণ্ডিত কৰাৰ আদৰ্শ বিৰল। জয়ন্তৰ মৃত্যুৰ পাচত তেঁও কলিকতাত থকা তেঁওৰ আৰু জয়ন্তৰ সকলো বয়বস্তু লৈ নিজৰাপাৰত থানথিত লাগিবলৈ লগুঁতেই লগ ধৰিছিলোঁ। তেতিয়া তেঁওৰ লগত তেঁওৰ মাক দেউতাকো কিছুদিনৰ কাৰণে আহিছিল। তেঁওৰ মাক দেউতাক সচাঁকৈয়ে জীয়েক আৰু নাতিয়েকৰ ভৱিষ্যতৰ কথা ভাবি যে খুব সন্দিহান হৈছিল তাক মোৰ আগত খোলাখুলিকৈ ব্যক্ত কৰিছিল। অসমৰ আৰু আমাৰ সমাজৰ কথা জানি মই তেঁওলোকতকৈও বেছিহে চিন্তা কৰিছিলোঁ। অসমীয়া নাজানে, উপাৰ্জনৰ কোনো নিশ্চিত পথ নাই। তেঁওক সহায় কৰিবলৈ হাজৰিকা পৰিয়ালও আৰ্থিক ভাবে শকত নহয়। তেঁওৰ সাহস আৰু দৃঢ়তা দেখি কিন্তু তবধ মানিলোঁ।

অসমত তেঁও অসমীয়া গীতৰ কাৰণে জয়ন্তৰ আধৰুৱা কামখিনি কৰিবলৈ উঠি পৰি লাগিল। দেহে কেহে খাটি তেঁও অসমীয়া মাত কথা আহৰণ কৰিলে। 'সুৰবাহিনী'-ক সজীৱ কৰিলে, অ'ত ত'ত অসমীয়া গীত গাবলৈ ধৰিলে। জয়ন্তৰ গীতৰ দুখন এল-পি উলিওৱাৰ পাচত, ১৯৮৪ চনত তেঁও নিজে গোৱা গীতৰ এখন ই-পি ৰেকৰ্ড উলিয়ায়। সেই ৰেকৰ্ডত থকা গীত চাৰিটা আছিল:

জীৱনৰ লগন (কথা: নিৰ্মলপ্ৰভা বৰদলৈ; সুৰ: জয়ন্ত হাজৰিকা),

আকাশী গংগা (কথা: নিৰ্মলপ্ৰভা বৰদলৈ; সুৰ: জয়ন্ত হাজৰিকা),

ফাগুনে পৰশা (কথা: হেমন্ত দত্ত; সুৰ: ভূপেন উজীৰ) আৰু

প্ৰভাতী পখীয়ে কিয় গায় (কথা আৰু সুৰ: ভূপেন হাজৰিকা)।

সেই ৰেকৰ্ডখন কিমান জনপ্ৰিয় হৈছিল নাজানো কিন্তু, মনীষাৰ উচ্চাৰণত খুঁত ধৰি দুই একে কৰা মন্তব্যই আমাৰ মনত সচাঁকৈয়ে দুখ দিছিল। সেইকাৰণে সদা গগৈয়ে গণেশ গগৈৰ গীতৰ কেচেট এটা কৰিবলৈ গীত গোটাই দিওঁতে মই সদাক অনুৰোধ কৰিছিলোঁ যাতে মনীষাকো গীত এটা গাবলৈ দিয়ে। সদাৰ কেচেটত মনীষাই গোৱা গণেশ গগৈৰ গীত 'দিয়া যদি দেখা আই' ইমান মৰ্মস্পৰ্শী হ'ল যে যাকে শুনাওঁ প্ৰত্যেকেই কয় যে সেইটো এক চিৰস্মৰণীয় গীত। সেয়েহে মনীষাৰ আদৰ্শক আঙুলিয়াই আমি কাগজে পত্ৰেও লিখিছিলোঁ। এটা মন কৰিব লগীয়া কথা এই যে পাচলৈ মনীষাৰ মাত কথা সম্পূৰ্ণ হাজৰিকা পৰিয়ালৰ কথাৰ ঠাচৰ লগত অভিন্ন হ'ল।

জয়ন্তৰ গীত সমূহক জীয়াই ৰখাৰ উপৰিও জয়ন্তৰ প্ৰেৰণাৰে গীত পৰিৱেশন কৰি অসমীয়া গীতলৈ মনীষাই আপুৰুগীয়া বৰঙণি যোগাই আহিছে। বলিষ্ঠ কণ্ঠস্বৰ আৰু প্ৰতিভাশালী গায়িকা মনীষা হাজৰিকাই অসমীয়া গীতৰ মান উন্নত কৰাৰ উপৰিও অসমত সংগীত চৰ্চাৰ নতুন বাতাবৰণ সৃষ্টি কৰিলে। ১৯৭৯ চনত 'উপপথ' কথাছবিৰ সংগীত পৰিচালক হৈ মনীষাই অসমীয়া কথাছবিৰ প্ৰথম মহিলা সংগীত পৰিচালক হোৱাৰ খিয়াতিও অৰ্জন কৰে।

এই প্ৰসংগত আৰু এটা কথা জনাই থওঁ যে সম্ভৱ ১৯৭৮ চনত 'ভূপেন হাজৰিকাৰ গীত আৰু জীৱন ৰথ' পুথিখনৰ সমল বিচাৰি কুইন বাইদেউ আৰু দিলীপ শৰ্মা ডাঙৰীয়াৰ লগত আলোচনা কৰোঁতে কুইন বাইদেৱে মোক এষাৰ কথা এইবুলি স্পষ্ট কৰি দিছিল:

> 'দিলীপ, তুমি ভূপেন দাদাৰ বিষয়ে কিতাপ লিখিবলৈ লৈছা ভাল কথা। কিন্তু এটা কথা মনত ৰাখিবাঁ যে আমি প্ৰিয়ম বৌক অতি আপোন কৰি লৈছোঁ। সেইদৰে মনীষাও আমাৰ অতি আপোন। সেইয়া কেৱল সামাজিক দায়বদ্ধতাৰ কাৰণেই নহয়

তেঁওলোকক আমি সচাকৈয়ে আপোনৰ দৰে ভাল পাওঁ কাৰণে।'

হাজৰিকা পৰিয়ালৰ ভূপেন দাদা আৰু জয়ন্তৰ প্ৰতি থকা মৰম চেনেহ কেতিয়াবাৰেই পৰা প্ৰিয়ম আৰু মনীষালৈ যে অপসাৰিত হৈছে তাত সন্দেহ নাই। সেয়েহে, ভূপেন দাদা স্বৰ্গী হোৱাৰ পাচত মনীষাই পৰিয়ালৰ পক্ষ নলৈ কল্পনা লাজমীৰহে সংগ লোৱা কাৰণে হাজৰিকা পৰিয়ালৰ বহুতৰ মনত ওপজা এক বেদনাৰ উমান মই পাইছোঁ।

[সহায়: মৌচুমী বৰকাকতি, মনীষা হাজৰিকা, দেওবৰীয়া অনুভূতি, দৈনিক বাতৰি, ১৭ জুন ২০০৭ চন; অৰুণলোচন দাস, ৰাইজক সাবটিম কণ্ঠেৰে, প্ৰান্তিক প্ৰকাশন, পূব শৰণীয়া, গুৱাহাটী, দ্বিতীয় প্ৰকাশ, ১৯৭৯ চন]

সমৰ হাজৰিকা (কণ ভাইটি)
জন্ম: ১৯৪৯ চন

ভূপেন হাজৰিকাৰ আটাইতকৈ সৰু ভায়েক সমৰ হাজৰিকাইও এজন সুগায়ক ৰূপে প্ৰতিষ্ঠা কৰিছে। এক প্ৰকাৰে সমৰৰ শিল্পী জীৱনটো বেছ নাটকীয়। দুই আকাশলংঘা দুজোপা বৰগছৰ ছাঁতে গজা এটা সৰু পুলি হ'লেও সমৰে নিজৰ চেষ্টা আৰু অক্লান্ত পৰিশ্ৰমেৰে পাচলৈ এজন প্ৰতিভাশালী গায়ক ৰূপে গজগজীয়া হোৱাৰ উপৰিও অসমৰ চিনেমা জগতক সক্ৰিয় ভাৱে সহায় কৰি আহিছে।

সৰুতে আকাশ বাণীৰ চেমনীয়াৰ চৰাত গীত পৰিৱেশন কৰা ককায়েক বায়েকহঁতৰ লগত অ'ত ত'ত সংগীতৰ অনুষ্ঠানত যোগ দিয়াটোৱেই আছিল তেঁওৰ সৌভাগ্য। তথাপি তেঁও ভালদৰে সংগীতৰ শিক্ষা বা কলেজীয়া শিক্ষা ল'বলৈ নাপালে। ভূপেন দাদাৰ সহায়তে তেঁও কলিকতাত অট'মবাইল ইঞ্জিনিয়াৰিং পঢ়িছিল যদিও পৰিয়ালটোৰ আৰ্থিক সমস্যাৰ কাৰণে তাকো আধাতে এৰিব লগীয়া হয়। সেয়েহে, গুৱাহাটীলৈ উভতি আহি তেঁও অট'ৰিক্সা চলাবলৈ লয়। ১৯৭১ চন মানৰ পৰা সমৰে ঘৰৰ ওচৰৰ চানমাৰি কলনীতে ভূপেন দাদাৰ সহযোগত এখন কফি আৰু কেছেটৰ দোকানৰ ব্যৱসায়ত লাগে। তদুপৰি মাজে মাজে ধাৰ কৰি লোৱা অট'ৰিক্সাও চলায়। 'অট'ৰিক্সা চলাওঁ' গীতটো ভূপেন দাদা আৰু জয়ন্তই গাইছিল যদিও তেঁওলোক এজনেও অট'ৰিক্সা চলোৱা নাছিল, অট'ৰিক্সা চলাইছিল সমৰেহে। তাকও আনৰ পৰা ধাৰ কৰি লোৱা অট'ৰিক্সা। তথাপি সেই গীতটো সমৰক লৈ লিখা নহয়, গীতটোৰ বিষয়বস্তু শ্ৰমৰ মৰ্য্যদাহে।

সমৰ হাজৰিকা (ফটো: ভবেশ গোস্বামীৰ সৌজন্যত)

অলপ টকা সাঁচিব পৰাৰ পাচত সমৰে নিজা কিবা এখন কিনিবলৈ মন কৰে। তেঁও কিন্তু অট'ৰিক্সা নিকিনি এখন ফিয়েট গাড়ীহে কিনিলে। সেই ফিয়েট গাড়ীখনেৰে তেঁও টেক্সি গাড়ীৰ ব্যৱসায়ও আৰম্ভ কৰে। ফিয়েট গাড়ীৰ ব্যৱসায়ে তেঁওক শিল্পী জীৱনত বিশেষ সহায় কৰিলে। তেঁও নিজে গাড়ীত তুলি লগৰ

বন্ধুইঁতকো ফুৰাব পৰা হ'ল। বাটত, তেঁও কেতিয়াবা মুখ খুলি বা কেতিয়াবা গুন গুনাই গীত জগতৰ বৰগছ ককায়েক দুজনৰ গীত গায়। তেঁওৰ নিয়মীয়া বন্ধু বঙাইগাঁৱৰ অজিত বৰুৱা, অনন্ত গোস্বামী, ভূপেন বৰকটকী, ৰমেশ শৰ্মা আদিয়ে ১৯৭৭ চনত বঙাইগাঁৱত পাতিবলৈ লোৱা বিহুৰ আয়োজনত আগ ভাগ লয়। তেঁওলোকে বিহুৰ সাংস্কৃতিক অনুস্থানৰ কাৰণে জয়ন্ত হাজৰিকা আৰু ৰিদিপ দত্তক নিমন্ত্ৰণ কৰিবলৈ সিদ্ধান্ত লয়। শিল্পী দুজনক সন্মত কৰি অনা নিয়াৰ ভাৰ তেঁওলোকে সমৰকে দিয়ে। সৌভাগ্যবশত, শিল্পী দুজনে আন ঠাইত যাবলৈ আগেয়ে চূক্তিৱদ্ধ হৈ থকা কাৰণে যাব নোৱাৰোঁ বুলি জনোৱাত বন্ধুসকলে সমৰকে বিহুত গীত পৰিৱেশন কৰিবলৈ খাটিলে। সমৰ সন্মত হ'ল।

সমৰে বিহুত জয়ন্তই সুৰ দিয়া 'আপোন হাতে ঘৰ বান্ধিলি', 'দূৰ সুদূৰ বনে বনে' আৰু 'সুৰাত মগন ভয়াল ৰাতি' গীত তিনিটা ভালদৰে অনুশীলন কৰি সাজু হ'ল। তেঁওৰ গীতে বঙাইগাঁৱৰ বিহুতলী ৰমজমাই দিয়াৰ পাচত গায়ক সমৰ হাজৰিকা উজলি উঠিল। সেই সময়ত 'উপপথ' কথাছবিৰ সংগীত পৰিচালক ৰূপে জয়ন্ত হাজৰিকাই গীত কেইটামান প্ৰস্তুত কৰি আছিল। দুৰ্ভাগ্যবশত, কথাছবিখনৰ কাম শেষ কৰিবলৈ পোৱাৰ আগতেই জয়ন্তৰ অকাল বিয়োগ হোৱাত মনীষা হাজৰিকাৰ ওপৰতে তাৰ ভাৰ পৰে। বঙাইগাঁৱৰ সফলতাৰ কাৰণে 'উপপথ'-ৰ প্ৰযোজক প্ৰমোদ বৰুৱা আৰু পৰিচালক হেমন্ত দত্তৰ অনুৰোধত সমৰে উপপথৰ গীতবিলাক বাণীবদ্ধ কৰে। 'উপপথ' কথাছবিখনে ১৯৮০ চনত মুক্তি লাভ কৰে। তাত সমৰ হাজৰিকাই গোৱা 'শুন হেৰ' ৰূপহী বিজুলী' আৰু 'নদী তোৰে বুকুতে' (মনীষাৰ লগত) বিশেষ জনপ্ৰিয় হয়। এতিয়ালৈকে সমৰ হাজৰিকাই ছাব্বিশখন কথাছবিৰ গীতত কণ্ঠদান কৰিছে।

সমৰ হাজৰিকাই 'পাল তুলি দিলোঁ' নামৰ এখন ই-পি ৰেকৰ্ডেৰে অসমৰ সংগীত জগতত পাল মেলি দিয়াৰ পাচত বহু গীতত কণ্ঠ দান কৰিছে। সেই ৰেকৰ্ডখনৰ গীত চাৰিটা হ'ল:

১) প্ৰথম মৰমে যদি সঁহাৰি নাপাই (কথা আৰু সুৰ: ভূপেন হাজৰিকা)

২) পাল তুলি দিলোঁ (কথা: আমিনুল হক; সুৰ: ভূপেন উজীৰ)

৩) আকাশৰ ৰংবোৰ (কথা: হেমন্ত দত্ত; সুৰ: নন্দ বেনাৰ্জী)

৪) অভিযাত্ৰী (কথা: নিৰ্মপ্ৰভা বৰদলৈ; সুৰ: জয়ন্ত হাজৰিকা)

১৯৭৭ চনত জয়ন্তৰ মৃত্যুৰ পাচত ভূপেন দাদাই তেঁওৰ লগত গীত গাবলৈ সমৰক সংগী কৰি লয়। ভূপেন দাদাই সংগীত পৰিচালনা কৰা 'গজমুক্তা', 'প্ৰতিশোধ', 'অশান্ত প্ৰহৰ', 'ছিৰাজ' আদি কথাছবিৰ গীতত সমৰ হাজৰিকাই কণ্ঠদান কৰে। সমৰৰ মতে,

> 'ভাতৃ হিচাপে নহয়, সংগীত পৰিচালক হিচাপে মই ভূপেনদাৰ পৰা বহু নজনা কথা শিকাৰ সুযোগ পালোঁ। এটা গান ৰচোঁতে সেই গানটো সুৰ কৰোঁতে ভূপেনদাই কিমান কষ্ট কৰিছিল সেয়া অতি ওচৰৰ পৰা নিজ চকুৰে দেখিছোঁ। গীত লিখোঁতে ভূপেনদা খুব চিৰিয়াছ আছিল আৰু সেইকাৰণে তেঁওৰ গীতবোৰ আজিও চিৰযুগমীয়া। গৱেষণা কৰিহে ভূপেনদাই গীত এটি ৰচনা কৰে।"

এইটো বিনা দ্বিধাই ক'ব পাৰি যে সমৰ হাজৰিকাই বাণীৱদ্ধ কৰা ভূপেন দাদাই ৰচা আৰু সুৰ দিয়া 'প্ৰথম মৰমে যদি সঁহাৰি নাপাই' গীতটি চিৰস্মৰণীয়া হৈ ৰ'ব। সেইদৰে মহকাশৰ পৰা উভটাৰ পথত মৃত্যু হোৱা মহাকাশৰ প্ৰথম মহিলা যাত্ৰী কল্পনা চাওলাৰ বিয়োগৰ বাতৰি শুনি ভূপেন দাদাই ৰচা আৰু সমৰৰ কণ্ঠত বাণীৱদ্ধ কৰা 'কি পালি হে' গীতটো মহাকাশ

বিজয়ৰ জয়গান ৰূপে সদায়ে মুখৰিত হ'ব।

[সহায়: ১) সব্যসাচী মহন্ত, ৰাতুল কোঁৱৰ (সম্পাদিত), সুধাকণ্ঠ, শিৱসাগৰ, ২০১০ চন;

২) আজাহাৰ আলম: টেক্সি ব্যৱসায়ৰ পৰা জনপ্ৰিয় গায়কলৈ, অনুভূতি, দৈনিক বাতৰি, ২৪ জুন, ২০০৭]

তেজ হাজৰিকা (জন্মঃ ১৯৫১ চন)

ভূপেন আৰু প্ৰিয়ম হাজৰিকাৰ একমাত্ৰ সন্তান তেজ হাজৰিকাৰ জন্ম হয় বৰোদা চহৰত। ভূপেন দাদা ১৯৫২ চনত অসমলৈ উভতি অহাৰ পিচত তেজ কিছুদিনৰ কাৰণে অসমলৈ আহিছিল আৰু পাচত কলিকতাতো হাজৰিকা দম্পতীৰ লগত আছিল। কিন্তু মেলেৰিয়াকে ধৰি সঘনে ৰোগাক্ৰান্ত হৈ থকা কাৰণে তেঁওক প্ৰিয়মে প্ৰথমে নি বৰোদাত থয়। ১৯৫৫ চনত ভূপেন দাদা আৰু প্ৰিয়মে পেটেল পৰিয়ালৰ বিয়া খাবলৈ আহোঁতে তেজৰ লগত কিছুদিন কটায়। সেই বছৰতে প্ৰিয়মে ককাক আৰু আইতাকৰ লগত তেজক ইউগাণ্ডাৰ কাম্পালা চহৰলৈ পঠিয়াই দিয়ে।

দিলীপ শৰ্মা, তেজ, ভূপেন দা, কুইন বাইদেউ

ফটো: দেৱজিত ভূঞাৰ সৌজন্যত

আমাৰ বিচাৰত এইটো তেজৰ কাৰণে এটা ডাঙৰ দুৰ্ভাগ্য হ'ল। এপিনে, ই তেজক তেঁওৰ অসাধাৰণ পিতৃৰ সান্নিধ্যৰ পৰা বঞ্চিত কৰিলে আৰু আনপিনে তেঁওৰ মাকো ভূপেন দাদাৰ পৰা আঁতৰি যোৱাৰ সম্ভাৱনা বঢ়ালে। শেষত সেয়েই ঘটিল। কেইবছৰমান পাচত প্ৰিয়মও কাম্পালালৈ যায় আৰু তাতেই তেজক ডাঙৰ দীঘল কৰে। তাৰ পিচত, তেজে ১৯৬৪ চনতহে খুৰাক প্ৰবীণ হাজৰিকাৰ লগত অসমলৈ আহি দেউতাক আৰু পৰিয়ালৰ আন লোকসকলক দেখা কৰে। তেজে কাম্পালাতে স্কুলীয়া শিক্ষা সাং কৰি ১৯৬৯ চনত নিউ ইয়ৰ্কৰ কলম্বিয়া বিশ্ববিদ্যালয়ত কলেজীয়া শিক্ষা লয়। তেঁও গতানুগতিক ভাবে বিজ্ঞান আৰু গণিত পঢ়িলেও, ইতিহাস, কলা আদিতহে তেঁওৰ বেছি ৰাপ আছিল। ভূপেন দাদা আমেৰিকালৈ আহিলে সদায়ে তেজক ওচৰত পাবলৈ হাবিয়াস কৰিছিল আৰু তেজেও দেউতাকক চিনিব বুজিবলৈ আকুল হৈছিল।

তেজ হাজৰিকা

প্ৰায় গোটেই জীৱন মহান পিতৃৰ সান্নিধ্যৰ পৰা বঞ্চিত হ'লেও তেজৰ ব্যক্তিত্বত দেউতাকৰ মহিমাৰ ছাঁ স্পষ্ট। তেঁও শিল্প প্ৰদৰ্শন, শিক্ষকতা, প্ৰকাশক আদি নানা বৃত্তিত লিপ্ত

হয়। ১৯৯১ চনত তেজে কেন্দাচ হেমিল্টনক বিয়া কৰায়। তেঁওলোকৰ একমাত্ৰ সন্তান ছেজ আকাশৰ জন্ম হয় ১৯৯২ চনত। তেজ পৰিয়াল বৰ্তমান নিউ ইয়ৰ্কৰ বাসিন্দা।

তেজে কলম্বিয়া বিশ্ববিদ্যালয়ৰ আৰ্কাইভৰ পৰা ভূপেন দাদাৰ ডক্টৰেট থেছিচখন উদ্ধাৰ কৰি আন প্ৰাসংগিক সমিধানৰ সৈতে প্ৰকাশ কৰে। পুথিখনৰ নাম দিছে 'দিমিষ্টিফায়িংগ ডঃ ভূপেন হাজৰিকা'। আমেৰিকাৰ কুলগুড প্ৰেছে কিতাপখন ২০১৩ চনত প্ৰকাশ কৰিছে। তেজে 'ভূপেন হাজৰিকা ফাউণ্ডেশ্বন' নামে আন্তৰ্জাতিক সন্থা এটি প্ৰতিষ্ঠা কৰি ভূপেন দাদাই নিজৰ সৃষ্টি সমূহৰ যোগেদি আজিৰ সমাজলৈ আনিব বিচৰা লক্ষ্য সমূহলৈ অৱিৰত যাত্ৰা চলাই ৰাখিবলৈ আৰম্ভ কৰিছে।

কেন্দিচ লিন হেমিল্টন হাজৰিকা (জন্মঃ ১৯৫২ চনত)

তেজ হাজৰিকাৰ পত্নী কেন্দিচ বাৰ্ণাৰ্ড 'বাৰ্নি' হেমিল্টন আৰু মেক্সিনৰ জীয়ৰী। বাৰ্ণাৰ্ড নিজে এজন অভিনেতা আছিল আৰু তেঁওৰ ডাঙৰ ককায়েক ফৰেষ্টন 'চিকো' হেমিল্টন এজন নামকৰা যাজ সংগীতজ্ঞ আছিল। বাৰ্ণিয়ে পাঁচ জন ককাই ভাই আৰু এগৰাকী ভনীয়েকৰ সৈতে লছ এঞ্জেলচ চহৰত এক সংগীতমুখৰ পৰিৱেশত বাস কৰিছিল। কেন্দিচৰও সেই চহৰতে জন্ম হৈছিল যদিও তেঁও ১৯৭২ চনত নিউ ইয়ৰ্ক চহৰলৈ আহে। সৰুৰে পৰাই কেন্দিচৰ সংগীত অৰু আন আন সুকুমাৰ কলাত বিশেষ ৰাপ আছিল আৰু সেইবলাকৰ সংগ্ৰহ আৰু সংৰক্ষণত সক্ৰিয় আছিল। নিউ ইয়ৰ্কত তেঁও সুবিধা বুজি অভিনয় পৰিৱেশন কৰাৰ উপৰিও গীত পৰিৱেশনো কৰে। কেন্দিচে সদায় গীত-নাটৰ লগতে সেইবিলাকৰ লগত জড়িত সাজসজ্জাৰ কামতে ব্যস্ত থাকে।

কেন্দিচ হেমিল্টন

ফটো: লমা চিম্মে

নিউ ইয়ৰ্কতে তেঁও এজন বন্ধুৰ লগত গীত পৰিৱেশনো কৰে। কেন্দিচে সদায় গীত-নাটৰ লগতে দায়িত্ব পৰিৱেশনো কৰে। কেন্দিচে সদায় গীত-নাটৰ লগতে গীত পৰিৱেশনো কৰে। তেনেদৰে সদায় গীত-নাটৰ লগত একেলগে লাগি থাকোঁতে তেঁওলোক দুয়ো ইজন সিজনৰ প্ৰতি আকৃষ্ট হয় আৰু ১৯৯০ চনত আইনসংগত ভাৰে বিবাহ সম্পন্ন কৰে। ভূপেন দাদা সেই বিয়ালৈ নাহিলে যদিও তেঁও তেজ আৰু কেন্দিচৰ সফল বৈবাহিক জীৱন সদায় কামনা কৰিছিল আৰু আশীৰ্বাদ পঠাছিল।

তেজ, ভূপেন দাদা আৰু ছেজ

ছেজ-আকাশ হাজৰিকা
(জন্ম ১৬ ডিচেম্বৰ ১৯৯১ চন)

তেজ আৰু কেন্দিচৰ একমাত্ৰ সন্তান ছেজৰ জন্ম হয় নিউ ইয়ৰ্কৰ মানহাট্টানত। তেজ আৰু কেন্দিচে সংগীত জগতৰ লগত নিজৰ নিজৰ পৰিয়ালৰ নিবিড় সম্পৰ্কৰ কাৰণে ছেজকো সৰুৰে পৰাই সংগীতৰ জগতৰ লগত সম্পৰ্ক গঢ়িবলৈ সুবিধা দিয়ে। ছেজে পিয়ানো শিকাৰ উপৰিও নিউ ইয়ৰ্ক মহানগৰীত থকা নানান কেন্দ্ৰৰ পৰা সুকুমাৰ কলাৰ সোৱাদ লভিবলৈ সমৰ্থ হয়। তদুপৰি কেন্দিচ আৰু তেজে নিউ ইয়ৰ্কত বাস কৰা ভিন ভিন দেশীয় আৰু ভিন ভিন জনগোষ্ঠীৰ লোকৰ সংস্কৃতিৰ লগত পৰিচয় কৰি সকলোৰে প্ৰতি শ্ৰদ্ধাৱান হ'বলৈ শিকাৰ ওপৰত বিশেষ গুৰুত্ব দিয়ে।

ছেজ হাজৰিকা

ছেজৰ স্কুলীয়া শিক্ষাও চৰ্কাৰী আৰু বেচৰ্কাৰী দুয়ো ধৰণৰ পঢ়াশালিত হয়। তেঁও কলেজীয়া শিক্ষা লয় অহাইঅ' ৰাজ্যৰ উইটিনবাৰ্গ বিশ্ববিদ্যালয়ত। তেঁওৰ প্ৰধান বিষয় আছিল ব্যৱসায় আৰু বিক্ৰী-ব্যৱস্থা (Marketing).

দুই: ভূপেন হাজৰিকাৰ ভাই ভনী, ভাগিন ভতিজা আৰু নাতি নাতিনী

ভাই ভনী	পুত্ৰ, ভাগিন ভতিজা	নাতি নাতিনী
ডঃ ভূপেন হাজৰিকা এম-এ, এম-এড, পি-এইচ-ডি পত্নী: প্ৰিয়ম্বদা পেটেল, এম-এ	তেজ হাজৰিকা, বি-এছ-চি পত্নী: কেন্দিচ হেমিল্টন	ছেজ আকাশ
অমৰ হাজৰিকা, বি-এ পত্নী: সুমিত্ৰা হাজৰিকা	সন্দীপ পাপৰি (স্বামী: এম্‌চ পেৰিয়াট)	অড্ৰি
প্ৰবীণ হাজৰিকা বি-এছ-চি পত্নী: তৃষা	লুইত (ছানি), পত্নী: ভিয়েনা বিপাশা (নীল) স্বামী: নীক	কাইনিয়া
সুদক্ষিণা শৰ্মা (কুইনী, নিৰুপমা) স্বামী: দিলীপ শৰ্মা	ঋতুপৰ্ণ (পত্নী: ভানু)	তৃণ, তুহিন
নৃপেন হাজৰিকা পত্নী: এনিশা হাজৰিকা	নিয়ৰ (পত্নী: অনিতা) দুবৰি (স্বামী: জ্যোতি)	আদি (উজ্জয়ন্ত)
বলেন হাজৰিকা এম-এছ-চি		
কৰিতা বৰুৱা (ৰ'জ), বি-এ, লাইব্ৰেৰী ছাইন্সৰ ডিপ্লমা স্বামী: উপেন বৰুৱা, এম-আৰ্ক	উদ্দীপ (জুৰ) অংগনা (হিয়া), স্বামী: জেফ্ৰি	ঈশানা
স্তুতি পেটেল (ৰুবী) স্বামী: কৈলাস পেটেল, বি-এ	আৰাধনা (আৰা), স্বামী: নজিৰ মিৰ্জা শিশিৰকণা (চিকু), স্বামী: জ'ন গৎসে	তাজ
	প্ৰাৰ্থনা (কুকি), স্বামী: কেচী প্ৰস্ক	এনাজৰী, দীয়া জেভিন কাচ্ছ
জয়ন্ত হাজৰিকা পত্নী: মনীষা	ময়ুখ (পত্নী: লাইলী)	আহিৰি
সমৰ হাজৰিকা পত্নী: শোভা হাজৰিকা	ডাৱৰ কুঁৱলী (আজৰি)	

তিনি: ভূপেন দাদাৰ কেইটামান গীতৰ বিষয়ে বিশেষ সমিধান

অ' জোনালী দীপান্বিতা

ভূপেন দাদাই ডেকা কালত লিখা প্ৰথম গীত দুটা বহুত দিন ভাবি চিন্তি পৰীক্ষা নিৰীক্ষা কৰি সৃষ্টি কৰা। প্ৰথমটো মানে 'অগ্নি যুগৰ ফিৰিঙতি মই' বিপ্লৱী আৰু দ্বিতীয়টো 'কঁপি উঠে কিয় তাজমহল' ৰম্যৰসী (Romantic) গীত। তেঁও গীত দুটাৰ কথা লিখি ছন্দ মিলাই সজাই পৰাই লৈহে সুৰ কৰা। আন কছুমান গীত কিন্তু সুৰৰ ওপৰত লিখা। তেঁওলৈ সুৰ এটা আহে, সেই সুৰত গীত এটা লিখিবলৈ লৈ প্ৰথমে তাৰ প্ৰকৃতিটো নিৰ্ণয় কৰে—গীতটো বিপ্লৱী হ'ব নে ৰম্যৰসী হ'ব, সুৰটোত দুখৰ আৱেগ ভাল হ'ব নে আনন্দৰ আৱেগ খাপ খাব আদি ঠিক কৰি লৈ সেই সুৰত কথা বহুৱাই লিখে। ইয়াৰ এটা ভাল উদাহৰণ 'অ' জোনালী দীপান্বিতা' গীতটো। এই ধুনীয়া গীতটোৰ সুৰ তেঁওৰ মনলৈ শান্তিপূৰ্ণ ভক্তিপূৰ্ণ অসমৰ দীপান্বিতাৰ গধূলি আহিছিল আৰু তেঁও গীতটোৰ সৃষ্টি কৰিছিল। এইটো এক নিৰ্মল আনন্দৰ ৰম্যৰসী গীত যদিও গীতটোত তেঁওৰ বিপ্লৱী মনটোৱে 'সাম্যৰ দীপালি পাতি'-ম বুলি ভুমুকি মাৰিছে।

অ' বান্ধৈ তাঁতৰ শালৰ শিপিনী

[টোকা: এই গীতটো কেনেদৰে মনত পেলাই গাবলৈ চেষ্টা কৰিছিল তাক তলত দিলোঁ।

অ' বান্ধৈ তাঁতৰ শালৰ শিপিনী
অ' বান্ধৈ ৰাধা নে অ' ৰুক্মিণী
অ' বান্ধৈ বিজুলীৰে চাৱনি
দেখি মন ৰাই জাই কৰে।
মনে মোৰ কইনা বিচাৰে।
অ' বান্ধৈ হোজা চহা ডেকা মই
ৰ'দত ঘামো জামো অই
অ' বান্ধৈ সজাওঁ পৰাওঁ পথাৰখনি
মনে মোৰ কইনা বিচাৰে—
মনে মোৰ কইনা বিচাৰে। . . .

তাৰ পিচত ওপৰলৈ যায়, এ পাহৰিছোঁ . . .

অ' বান্ধৈ সোণ খটোৱা ঢোলবিৰি
অ' বান্ধৈ মিনাকৰা জোনবিৰি
অ' বান্ধৈ যাচিব যে নোৱাৰোঁ . . .

অ' বান্ধৈ সোণ খটোৱা ঢোলবিৰি
অ' বান্ধৈ মিনাকৰা জোনবিৰি
অ' বান্ধৈ যাচিব যে নোৱাৰোঁ
মনে মোৰ কেনেবা কৰে।
মনে মোৰ কইনা বিচাৰে। . . .

স্কেলটো অলপ ভুল হৈছে নেকি? ... অঁ ঠিকেই আছে। . . মাজে মাজে দুখ লাগি যায়

অ' বান্ধৈ একঠা যে আছে মাটি
অ' বান্ধৈ তাকে ৰাখিম সাৰটি
অ' বান্ধৈ সঁপি দিম জীৱনটি
কেৱে আৰু কাঢ়িব নোৱাৰে।

অলপ ভুল হৈছে কিন্তু ... তাৰ পিচত আনন্দ

অ' বোলোঁ শিপিনীয়ে চাইছে
অ' বোলোঁ মিচিক মাচাক হাঁহিছে . . .

দেখিছোঁ মোৰ মাটিবাৰী একো নাই শিপিনীয়ে
কিন্তু চাই পেলালে মোলৈ . . .
অ' বোলোঁ শিপিনীয়ে চাইছে
অ' বোলোঁ মিচিক মাচাক হাঁহিছে
অ' বোলোঁ মোকে হেনো বৰিব
ক'লে মোক চকুৰ ঠাৰেৰে
মনে মোৰ কইনা বিচাৰে।।

ঐ নিলাজ পাহাৰ

নিজৰ গীত সৃষ্টিৰ প্ৰক্ৰিয়াটোৰ বিষয়ে ভূপেন দাদাই 'বনৰীয়া ফুল' কথাছবিৰ খঙাল চৰিত্ৰ এটাৰ কাৰণে লিখা 'ঐ নিলাজ পাহাৰ! ঐ শুকান পাহাৰ! মৰমবিহীন হৈ মৰ মৰ মৰ, লাজতে মৰ।' গীতটোৰ উদাহৰণ প্ৰায়ে দিছিল। যেনে:

> "মোৰ জীৱনত কি হয়—প্ৰথমতে গীতৰ ভাবটো আহে, গীতৰ ভাবটো আহাঁতেই ছন্দৰ কথা ভাবিব লগা হয়। কি ছন্দত গীতটো লিখোঁ ভাবোঁতেই আপোনা আপুনি কব নোৱাৰাকৈয়ে এটা ছন্দ আহে, সেই গীতটোৰ বিষয় বস্তু লৈ। যেতিয়া 'ঐ নিলাজ পাহাৰ! ঐ শুকান পাহাৰ!' বুলি মোৰ কলমৰ পৰা ওলায়, চিঞৰ এটাও লগতে আহে। সেই চিঞৰটো মই দিব পাৰোঁ বা জয়ন্তই দিব পাৰে বা আন কোনোবাই দিব পাৰে। কিন্তু গীত ৰচনা কৰোঁতে সমান্তৰল ভাবে মোৰ সুৰ এটা আহে।"

"পৰিচালক অতুল বৰদলৈয়ে মোক ক'লে যে এজন জনজাতীয় ল'ৰা, তেঁও খুউব ভাল ল'ৰা। সেই ল'ৰাজনৰ প্ৰেয়সীও এজনী জনজাতীয় ছোৱালী।। এনেতে এটা চৰিত্ৰ আহিল ভৈয়ামৰ পৰা। চৰিত্ৰটি হ'ল ৰিজু ফুকন। জিয়ল'জিষ্ট হিচাপে পাহাৰলৈ অহা চৰিত্ৰটিৰ লগত সেই পাহাৰী ছোৱালীজনীৰ চিনাকি হ'ল। বিনিময়ত দুয়ো ভাল পাই বিয়া হৈ গুচি গ'ল। তেতিয়া সেই পাহাৰী ল'ৰাজনৰ খং উঠিছে। ভীষণ খং সি তেতিয়া মনৰ ভাব প্ৰকাশ কৰিবলৈ, যেনেকৈ আমি খং উঠিলে নিজৰ মাক গালি পাৰোঁ, যেনেকৈ বুঢ়া লুইত বোৱা কিয়? বুলি লুইতক মৰমৰ গালি পাৰোঁ ঠিক তেনেকৈ।

তেনেদৰে খং উঠিলে কি হয়? নিজৰ হাতখনকে জানো কামুৰি নিদিওঁ? ঠিক সেইদৰ সেই পাহাৰী চৰিত্ৰটোৱে সেই ভাবটোকে লৈ খঙতে দা এখন খুউব জোৰেৰে দলিয়াই উন্মাদৰ দৰে হাঁহিব আৰু হাঁহি ক'ব, 'ঐ নিলাজ পাহাৰ! ঐ শুকান পাহাৰ! মৰমবিহীন হৈ মৰ মৰ মৰ, লাজতে মৰ। তোৰ সোণ ৰূপ চব খান্দি নিব অৰ্থাৎ জিয়লজিষ্ট বিজু ফুকনে চব খান্দি নিব। তই একোকে নাপাবি। আওপকীয়া ভাবে নিজৰ মনৰ ক্ষুণ্নতাৰ কথাকে প্ৰকাশ কৰিছে। এইটো হ'ল এটা চৰিত্ৰৰ ভাব প্ৰকাশৰ গীত। যিটো মানুহে, মই ভূপেন হাজৰিকাই গোটেই জীৱন পাহাৰ ভৈয়ামৰ সম্প্ৰীতিৰ কাৰণে দিনে নিশাই কাম কৰি আহিছোঁ, তেঁওনো বাৰু পাহাৰীক গালি পাৰিব নে?'

তুমিয়ে মোৰ কল্পনাৰে হৰিণী নয়না

ভূপেন হাজৰিকাই কোৱা মতে ১৯৫৪ চন মানৰ কথা। তেখেতে আমেৰিকাৰ পৰা উভতি আহি পত্নী প্ৰিয়ম আৰু পুতেক তেজৰ সৈতে চেনী কুঠীৰ সৰু ঘৰ এটা ভাড়া লৈ আছে। এদিন আবেলি তেঁও বাৰীৰ পাচ ফালে থকা শাকনি বাৰীখনত কিবা এটা চাওঁ বুলি ওলাই যাওঁতে বাহিৰৰ পৰা খিড়ীকীৰ কাষত ধুনীয়াকৈ বহি থকা হৰিণী নয়না প্ৰিয়মৰ মুখখনি দেখি মনতে গুন গুনাই ৰচিলে:

'তুমিয়ে মোৰ কল্পনাৰে হৰিণী নয়না
তুমিয়ে মোৰ জীৱনৰে মধুৰ আল্পনা
তোমাৰ বাবেই মোৰেই সুৰৰ কতনা মূৰ্চ্ছনা
তুমি জানা নে নাজানা?'

সেই কথা আৰু সেই সুৰ লৈ ঘৰৰ ভিতৰলৈ অহাৰ পিছত জীৱনৰ বাস্তৱতাই তেঁওৰ কথাক সলাই পেলালে। পত্নীয়ে ইটো কৰ, সিটো কৰ আদিৰ কৰকৰনিত তেঁওৰ ভাব সলনি হৈ গ'ল। ভাব সলনি হ'লেও তেঁওৰ আৱেগ সলনি নহ'ল। তেঁও মনক থিৰ কৰিবলৈ আৰু বেজাৰত সান্তনা লভিবলৈ সদায় কৰাৰ দৰে অসমী আইৰ কাষলৈ গ'ল আৰু পাচত ধীৰে ধীৰে সংযোগ কৰিলে:

'জীৱন ৰণাংগনত তুমি সাহসৰে তীৰ্থভূমি
পৰাজয়ৰ নিৰাশাতো তুমিয়ে সান্ত্বনা
তুমি জানা নে নাজানা?
জীৱন বনৰ গভীৰতাত উৎস তুমি
সেউজৰে
সেই সেউজত সুন্দৰতাও তোমাৰে হাঁহিৰে
ভাৰতৰে পূব আকাশৰ,
জেউতি তুমি ন সূৰুযৰ
তোমাৰ পোহৰ অবিহনে বৃথা
পৰিকল্পনা।
তুমি জানা নে নাজানা?'

পাচত তেঁও গীতটো সুৰ দি বাণীৰদ্ধ কৰিলে।

সেই গীতটোৰ আঁৰপটৰ কথাখিনি মোক কওঁতে মই তেখেতক সুধিছিলোঁ, 'আপোনাৰ কল্পনাৰ হৰিণী নয়নাজনী ধুনীয়া যে হ'ব লাগিব সেইটো বুজিলোঁ, কিন্তু তেঁও আপোনাৰ প্ৰতি কেনে ভাব প্ৰদৰ্শোৱাটো আপুনি বিচাৰে?' তাৰ উত্তৰত তেখেতে কৈছিল:

"অঁ, ধুনীয়া হ'ব লাগিব আৰু মোক ভাল পাব লাগিব। বুজিছা, মই বহুত মৰম বিচাৰোঁ। তাই মোক একেবাৰে নিস্বাৰ্থ ভাবে ভাল পাব লাগিব, মোৰ যতন লব লাগিব আৰু সুখে দুখে মোৰ আস্থাৰ থলী হ'ব লাগিব। আটাইতকৈ ডাঙৰ কথা তাই যদি মোৰ জীৱনলৈ অলপ শৃংখলা অনাত সহায় কৰে মই তাইক সকলো দিম।"

তেতিয়া মই স্বাভাৱিক ভাবে মন্তব্য কৰিছিলোঁ যে তেখেতে তেতিয়ালৈকে নিশ্চয় তেঁওৰ কল্পনাৰ হৰিণী নয়নাক লগ পোৱা নাই। তেখেতে হয়ভৰ দি কৈছিল বোলে, 'নাই হে নাই পোৱা।' তেতিয়া মই অৱশ্যে সহজ ভাবে সুধিছিলোঁ, 'আপুনি বাৰু তেঁওক পাম বুলি আশা ৰাখিছে নে?'

তেখেতে, 'নিশ্চয় পাম হে, ৰ'বা, এদিন নিশ্চয় তাই মোৰ জীৱনলৈ আহিব।' বুলি তেঁও মোৰ ওচৰৰ পৰা আঁতৰি গৈছিল।

তেতিয়া মই ভালদৰে বুজিছিলোঁ যে ১৯৬১ চনত তেঁওৰ পত্নী প্ৰিয়মে তেঁওক এৰি থৈ যোৱাৰ পাচত ভূপেন দাদাৰ জীৱনটো অতিশয় বিশৃংখল হৈ পৰিছিল। তেঁওৰ জীৱনটোক আৰু তেঁওৰ কৰ্মৰাজিক শৃংখলা লগাবলৈ এগৰাকী সহনশীলা নাৰীক তেঁওৰ সচাকৈয়ে বৰ প্ৰয়োজন হৈছিল। তেঁও তেতিয়া আন এগৰাকী পত্নীক বিচৰাটোও অসম্ভৱ আছিল কাৰণ তেঁওৰ পত্নী প্ৰিয়মে তেঁওক

এৰি থৈ গ'লেও তেঁওলোকৰ বিবাহ বিচ্ছেদ হোৱা নাছিল। প্ৰিয়মৰ দৃঢ় ঘোষণা: 'মই এবাৰ হাজৰিকা হৈছোঁ যেতিয়া সদায়ে হাজৰিকাই হৈ থাকিম। ভূপেনে যি কৰে কৰক, মই কিন্তু কেতিয়াও আমাৰ বিবাহ বিচ্ছেদ হবলৈ নিদিওঁ।' সেয়েহে আইন মতে তেতিয়া (আৰু জীৱনৰ শেষ মুহূৰ্তলৈ) প্ৰিয়মেই ভূপেন হাজৰিকাৰ পত্নী।

নৱ নৱ বহাগ আহে

১৯৬৭ চনত হিন্দী চিনেমা 'তকদিৰ'-ৰ গীত মাত অসমীয়া কৰি অসমীয়া ৰূপান্তৰ 'ভাগ্য' চিনেমাখন মুক্তিলাভ কৰিছিল। মোৰ বন্ধু ডাঃ সত্যেন্দ্ৰনাথ দাসৰ মতে 'ভাগ্য' অসমত বিশেষ জনপ্ৰিয় হৈছিল—তেঁও নিজে চিনেমাখন তিনিবাৰ চাইছিল। তাৰ এটা কাৰণ আছিল সেই মনোৰম হিন্দী কথাছবিখনৰ সংলাপ আৰু গীত কেইটাৰ ভূপেন হাজৰিকাই কৰা অসমীয়া ৰূপান্তৰ। 'তকদিৰ'-ৰ আটাইতকৈ মৰ্মস্পৰ্শী গীতটো হৈছে 'জব জৱ বাহাৰোঁ আয়ি'। গীতটোৰ সুৰ লক্ষ্মীকান্ত প্যাৰেলালৰ আৰু গীতটো গাইছিল মহম্মদ ৰফিয়ে। সেই গীতটো ৰচিছিল আনন্দ বাক্সীয়ে।

'ভাগ্য' কথাছবিৰ 'নৱ নৱ বহাগ আহে' গীতটো 'জব জৱ বাহাৰোঁ আয়ি' গীতৰ অসমীয়া ৰূপান্তৰ। গীতটোৰ কথা আমি কথাছবিৰ গীতত দিছোঁ। গীতত দুটাৰ সুৰও একে। 'নৱ নৱ বহাগ আহে'-ৰ ভাব আৰু আৱেগ 'জব জৱ বাহাৰোঁ আয়ি'-ৰ সৈতে একেই বুলিব লাগিব। কিন্তু গীত দুটাৰ কথা আৰু প্ৰকাশ ভংগীত যথেষ্ট পাৰ্থক্য আছে। 'জব জৱ বাহাৰোঁ আয়ি'-ৰ আধাৰত ৰচিত যদিও ভূপেন হাজৰিকাই আনন্দ বাক্সীৰ আৱেগ ৰাখি সৃষ্টি কৰিলে মনোমোহা অসমীয়া গীত 'নৱ নৱ বহাগ আহে'। ইয়াৰ প্ৰকাশ ভংগী আনন্দ বাক্সীৰ কথাতকৈ ইমান বেলেগ যে ইয়াক ৰূপান্তৰ বুলিবলৈ মন নাযায় যদিও সুৰ, ভাব আৰু আৱেগৰ সাদৃশ্যৰ কাৰণে ইয়াক ভূপেন হাজৰিকাই ৰত্ন ওজাৰ সহায়ত কৰা অসমীয়া ৰূপান্তৰ বোলাই উচিত হ'ব। অৰ্থাৎ এই গীতটোও ভূপেন হাজৰিকাৰ কণ্ঠত আন গীতিকাৰৰ গীত বুলিয়েই ধৰিব লাগিব।

আমাৰ মতৰ সমৰ্থনত তলত 'জৱ জৱ বাহাৰোঁ আয়ে'-ৰ কথাখিনি দিলোঁ। [মই হিন্দী ভাষা ভালদৰেই শিকিছিলোঁ যদিও নিৰ্ভুল বাবে লিখিব পৰা নহ'লো। সেইকাৰণে গীতটোৰ শব্দবিলাক হিন্দী বানানৰ মতে শুদ্ধ নহ'বও পাৰে। মই যিমান পাৰোঁ হিন্দী উচ্চাৰণ অসমীয়াতে লিখিছোঁ]।

জৱ জৱ বাহাৰোঁ আয়ে

জৱ জৱ বাহাৰোঁ আয়ে
আউৰ ফুল মুস্কুৰায়ে
মুঝে তুম য়াদ আয়ে।
জৱ জৱ হি চাঁদ নিকল আয়ে
আউৰ তাৰেঁ জগমগায়ে
মুঝে তুম য়াদ আয়ে।
অ' অপনা কোই তৰাণা
মেইনে নহী বনায়া
তুমনে মেৰে লৰোঁপে
হৰেক ফুল সজায়া
জৱ জৱ মেৰে তৰাণে
দুনিয়ানে গুন গুনায়ে
মুঝে তুম য়াদ আয়ে।
এক প্যাৰ অউৰ ৱাফা কি
তস্বিৰ মানতা হুঁ
তস্বিৰ ক্যা তুম্হে মেই
তকদিৰ মানতা হুঁ।

অ' দেখি তুমে খুচিয়োঁ
য়া দেখে গমকী ছাঁয়ে
মুঝে তুম য়াদ আয়ে।

আনন্দ বাক্সীয়ে এটা সুখী পৰিয়ালৰ গিৰিহঁতে নিজৰ পত্নীকে নিজৰ ভাগ্য বোলাৰ আত্মতৃপ্তিৰ আবেগ বিশেষ দৰদী ভাব আৰু ভাষাৰে প্ৰকাশ কৰা কথাখিনি ভূপেন দাদাই 'নৱ নৱ বহাগ আহে'-ত অধিক দৰদী ভাবে প্ৰকাশ কৰিছে। এইয়া ভূপেন দাদাৰ প্ৰতিভাৰ এক বিশেষ দিশ।

এইটোও উল্লেখযোগ্য যে 'তকদিৰ'-ৰ কাহিনী ১৯৪২ চনত মুক্তিলাভ কৰা অলৱেজ ইন মাই হাৰ্টৰ (Always in my Heart) নকল বুলিলেও মিছা মতা নহ'ব। ৱাৰ্ণাৰ ব্ৰাদাৰ্চে উলিওৱা অপত্য স্নেহ আৰু দীঘলীয়া বিচ্ছেদৰ তাড়নাত নিৰুপায় হোৱা এগৰাকী নাৰীৰ পতিভক্তিৰ আৱেগেৰে পৰিপূৰ্ণ এই কথাছবিখন মনোৰম পৰিয়ালমুখী কাহিনীৰ অন্যতম ছবি ৰূপে আজিও সমাদৃত হৈ আছে।

এই কথাছবিতে প্ৰথম অভিনয় কৰি গ্লৰিয়া ৱাৰেণে হলিউদৰ অন্তৰ জয় কৰিছিল। এই কথাছবিখনৰ বিশেষ আকৰ্ষণ হৈছে ইয়াৰ গীত "You are always in my heart'। সেই গীতটোৰ গীতিকাৰ আৰু সুৰকাৰ হৈছে আৰ্নেষ্টো লেকুনা (Ernesto Lecuona) নামৰ স্পেনীয় শিল্পী। স্পেনীয় ভাষাত গীতটোৰ প্ৰথম শাৰী হৈছে ছিয়েম্প্ৰে এঁ মি কৰাজিয়ঁ (Siempre en Mi Corazón)। গীতটো ইংৰাজীলৈ কিম গেননে ৰূপান্তৰিত কৰে। প্ৰথমে ব্ৰডৱেত নাটক ৰূপে প্ৰদৰ্শন কৰোঁতে এই গীতটো গোৱা হৈছিল। আজিকোপতি অতিশয় জনপ্ৰিয় এই গীতটো ডীন মাৰ্টিন, গ্লেন কুপাৰ আদি বহু গীতিকাৰে বাণীবদ্ধ কৰিছে। ইংৰাজী কথাছবিখনে অস্কাৰ পুৰস্কাৰৰ বাবে মনোনীত হোৱাৰ উপৰিও 'ইউ আৰ অলৱেজ ইন মাই হাৰ্ট' বহু ঠাইত শ্ৰেষ্ঠ মৌলিক ৰচনাৰ গীত পুৰস্কাৰ পাইছিল।

গীতটোৰ ইংৰাজী কথাখিনি এনে ধৰণৰ:

[Spanish Lyrics: Ernesto Lecuona
English translation: Kim Gannon]
You are always in my heart
Even though you're far away
I can hear the music of
The song of love
I sang with you
You are always in my heart
And when skies above are grey
I remember that you care
And then and there
The sun breaks through

Just before I go to sleep
there's a rendezvous I keep
And a dream I always meet
Helps me forget we were far apart
I don't know exactly when, dear,
But Im sure we'll meet again, dear,
And my darling, till we do
You are always in my heart!

'নৱ নৱ বহাগ আহে' গীতটোৰ সুৰ 'ইউ আৰ অলৱেজ ইন মাই হাৰ্ট'-ৰ সুৰৰ সৈতে একে নহ'লেও তাত ইংৰাজী গীতটোৰ সুৰৰ ধ্বনি ভালদৰেই শুনিবলৈ পোৱা যায়। তেনে হোৱাৰ এটা কাৰণ হৈছে গীত দুটাৰ কথা আৰু আৱেগৰ মিলন।

স্পেনীয় 'চিয়েম্প্ৰে এঁ মি কৰাজিয়ঁ'-ৰ পৰা ইংৰাজী 'ইউ আৰ অলৱেজ ইন মাই হাৰ্ট', তাৰ পৰা হিন্দী 'জব জব বাহাৰোঁ আয়ে' আৰু শেষত অসমীয়া 'নৱ নৱ বহাগ আহে' একেই সুৰতে একেই আৱেগ বহন কৰিব পৰা শক্তি দেখি এই ভাব মনলৈ আহে যে মানুহৰ আৱেগো ভাষাৰ অধীন নহয়।

বিমূৰ্ত মোৰ নিশাটি

ভূপেন দাদাই কয়:

"ধৰক, আপোনাৰ কল্পনাৰ প্ৰেয়সীক আপুনি এটি নিশা বৰ কাষতে পাইছে। সেই নিশাটি আপোনাৰ বাবে এন্ধাৰ নহয়। সেই নিশাটি আপোনাৰ মনত এখন উজ্জ্বল নীলা চাদৰ হৈ গ'ল। সেই চাদৰ মৌনতাৰ সূতাৰে বোৱা। কাৰণ নিশাটো বৰ শান্ত। তাৰে এটি ভাঁজত (যিটো বৰ মিঠা ভাঁজ)। আপুনি প্ৰেয়সীৰ তপত নিশ্বাস আৰু জীৱন্ত মৰমৰ উত্তাপ বা উম পাইছে। সই প্ৰেমত কামনাও আছে কাৰণ তেজ মঙহৰ প্ৰেয়সীৰ সৈতে একে হৈ যোৱাৰ মন স্বাভাৱিক শৰীৰৰ প্ৰেমিকৰ থাকিবই। কামনাৰ ৰং তেজ ৰঙা। আপোনাৰ প্ৰেমৰ গভীৰতাও অধিক। তাতে আপোনাৰ মৰমে আজি সহস্ৰ শাওণ আৰু ভাদ মাহৰ বৰষুণৰ দৰে বৰষিব খুজিছে। আপুনি আশা কৰি থকা প্ৰেয়সীৰ বুজিব নোৱৰা কোমল কণ্ঠৰ প্ৰতিধ্বনি আপোনাৰ কাণত নিয়ঁৰ বিন্দুৰ দৰে সৰি সৰি পৰিছে। প্ৰেয়সীৰ ওঁঠ দুটাও কঁপি কঁপি কাতৰ হৈছে। অশান্ত প্ৰেমিকে নিয়ম ভাঙে। নিয়ম ভঙাৰ নিয়মকে তেঁওলোকে কেতিয়াবা তেঁওলোকৰ নিয়ম কৰি লয়। মৰমত কিমান নিয়ম মানিব। প্ৰেমিক-প্ৰেমিকাই নীলা ৰঙৰ সেই মৰমী নিশা মধুৰ নাট ৰচনা কৰে। তাৰ শীৰ্ষবিন্দুত (ক্লাইমেক্স) থাকে আঘাত প্ৰতিঘাত। কিন্তু মোৰ গীতটোত সেই আঘাত প্ৰতি আঘাত কোমল বুলি কৈছোঁ।

যেতিয়া আপুনি আপোনাৰ সবাতোকৈ মৰমৰ জনৰ সৈতে মিলি আলিংগন সাগৰত সাঁতুৰি আছে—তেতিয়া দূৰত বৈ থকা আৰ্তনাদৰ নদীৰ কোনো ঘাটে যদি ক্ৰন্দন কৰি পৃথিৱী কঁপায় আপুনি ভ্ৰূক্ষেপ কৰিব নে? তেতিয়া নীলা চাদৰ সদৃশ সেই মিঠা নিশাক (য'ত আপুনি পূৰ্ণতা পাইছে) আপুনি যদি গীতিকাৰ-সুৰকাৰ-গায়ক হয় সেই মুহূৰ্ত কেইটি গীতেৰে অমৰ কৰি থোৱাৰ পৰা বিৰত থাকিব নে?"

ভূপেন দাদাই সদায় এইটো সম্পূৰ্ণ কল্পনাৰ এটা বিমূৰ্ত (abstract) গীত বুলি কয়। বহুতে ইয়াক মুক্ত প্ৰেমৰ গীত বুলি শলাগে। এই অতি সুন্দৰ সুৰৰ, সুন্দৰ শব্দ যোজনাৰ আৰু পৈণত পৰিৱেশনৰ গীতটো আমাৰ মতে কিন্তু অশ্লীল এটি বিষয়-বস্তুক নীলা চাদৰেৰে ঢাকি ৰখাৰ প্ৰচেষ্টা মাথোন।

'বিমূৰ্ত মোৰ নিশাটি', 'গুপুতে গুপুতে কিমান খেলিম', 'কি যে তোমাৰ সংগ প্ৰিয়া', 'এই ধুনীয়া গধূলি লগন' আদি ইন্দ্ৰিয় আসক্তিৰ গীত কেইটা ভূপেন হাজৰিকাই তেঁও আদ-বয়সীয়া সংঘাতৰ (Midlife Crisis) সময়ত লিখা। মনোবিজ্ঞানীসকলৰ মতে ৩৫ বছৰ বয়সৰ পৰা ৫৫ বছৰৰ বয়সৰ সময় ছোৱাত লাহে লাহে ক্ষয়িষ্ণু হোৱা ডেকাশক্তিক ঘূৰাই পোৱাৰ অভিলাষেৰে তেঁওলোকে ডেকা কালত উপভোগ কৰা আনন্দবিলাক পুনৰ আহৰণ কৰিবলৈ বিচাৰে। এই বয়সত পুৰুষ নাৰী উভয়েই জীৱনৰ প্ৰথম ভাগত লোৱা সকলো সিদ্ধান্ততে খুঁত উলিয়ায়। বিবাহিত পুৰুষেও আন নাৰীৰ মৰম আৰু সংগ বিচাৰে। বন্ধু বান্ধৱী বা ডেকা শ্ৰোতা পালে কেনেকৈ কোন নাৰীয়ে তেঁওৰ প্ৰতি আসক্ত হৈছিল বা কোন নাৰীক তেঁও কেনেকৈ জয় কৰিছিল তাৰ কাহিনী কৈ নিজৰ যশ বঢ়াবলৈ চেষ্টা কৰে।

এই আদ-বয়সীয়া সংঘাতৰ কাল ছোৱাত বহুতেই জুলিয়াচ ছিজাৰৰ দৰে এন্দ্ৰকলৰ বন্ধু সিংহৰ গাত ভৰি তুলি 'মই এটা সিংহক বশ কৰিলোঁ' বুলি বা ভূপেন হাজৰিকাৰ দৰে 'মই

কত দেশ বিদেশৰ সৰ্পিনী বশিলোঁ' বুলি গৌৰৱ কৰিবলৈ ভাল পায়। নিজে কমি যৌন ভাবে দুৰ্বল হৈ পৰা এই আদ-বয়সীয়া সকলে কাল্পনিক ৰমণীৰ লগত যৌনসংগমৰ সপোন ৰচে বা তেঁও যৌনসংগম উপভোগ কৰাৰ গৌৰৱ ব্যক্ত কৰে। পইচা থাকিলে দামী গাড়ী বা বেগী মটৰ চাইকেল কিনি দেখুৱায় বা গাড়ী বা মটৰ চাইকেল বেগেৰে চলাই পৌৰুষত্ব দেখুৱাবলৈ চেষ্টা কৰে। সাহস থাকিলে পেৰাচুটেৰে আকাশী জাহাজৰ পৰা জপিয়াই দেখুৱায় বা অতিপাত মদ খাই নিজৰ শক্তি সাব্যস্ত কৰিবলৈ বিচাৰে।

ভূপেন হাজৰিকাৰ উপৰোক্ত গীত কেইটা কাল্পনিক ৰমণীৰ লগত যৌনসংগমৰ সপোন বা তেঁওৰ সাৰ্থক নাৰী বিজয়ৰ কাহিনী মাত্ৰ— পাৰ্থক্য এয়েই যে তেঁও সেইবিলাক গীতত প্ৰকাশ কৰি গ'ল। এইটোও মন কৰিব লগীয়া কথা এই যে গীত কেইটা আদ-বয়সীয়া সকলৰ বৰ প্ৰিয়। বিপদত পৰাৰ ভয়ত মই তেনে হোৱাৰ কাৰণ ইয়াত নিলিখোঁ।

বিস্তীৰ্ণ পাৰৰে

'বিস্তীৰ্ণ পাৰৰে' গীতটোৰ বিষয়ে ভূপেন দাদাই লিখিছিল:

> "যোৱা ২২ ছেপ্তেম্বৰৰ নিশা কলিকতা মহানগৰীত দুকুৰি আঠ ঘণ্টিয়া 'বংগ বন্ধ'ৰ ভয়াবহ জনমানবিহীন ৰাজপথ গচকি আহি নিশা মোৰ মন উৰি গৈছিল অসমলৈ। মোৰ অসমতো যে তাৰ দুদিন আগতে চাউলৰ কিউত অসংখ্য মানুহ ৰৈ থকা নিজ চকুৰে দেখি আহিছোঁ। নাতিল'ৰাৰ ক্ষোভ অভিমানেৰে অত দিন শ্ৰদ্ধা কৰি অহা পিতামহ বৃদ্ধ ব্ৰহ্মপুত্ৰৰ ওপৰত ক্ৰোধান্বিত হৈ ৰচিছিলোঁ এটি নতুন গীত—শতকণ্ঠে সমবেত ভাবে গাব পৰা সুৰ সংযোজনাৰে:

একক কণ্ঠে: বিস্তীৰ্ণ পাৰৰে
অসংখ্য জনৰে
হাহাকাৰ শুনিও
সমবেত কণ্ঠে: নিঃশব্দে নিৰৱে
বুঢ়া লুইত তুমি
বুঢ়া লুইত বোৱা কিয়?
নৈতিকতাৰ স্খলন দেখিও
একক কণ্ঠে: মানৱতাৰ পতন দেখিও
নিৰ্লজ্জ অলস হৈ আছা কিয়?
সমবেত কণ্ঠে: জ্ঞানবিহীন নিৰক্ষৰৰ
খাদ্যবিহীন
একক কণ্ঠে: নাগৰিকৰ
নেতৃবিহীনতাত নিমাত কিয়?
সহস্ৰ বাৰিষাৰ
উন্মাদনাৰ অভিজ্ঞতাৰে
পংগু মানৱক
সমবেত কণ্ঠে: সবল সংগ্ৰামী
আৰু অগ্ৰগামী
কৰি নোতোলাঁ কিয়?
ব্যক্তি যদি ব্যক্তিকেন্দ্ৰিক
সমষ্টি যদি ব্যক্তিত্ব ৰহিত
একক কণ্ঠে: তেনে শিথিল সমাজক
নাভাঙা কিয়?
তুমিয়ে যদি ব্ৰহ্মাৰে পুত্ৰ
সেই পিতৃত্ব
একক কণ্ঠে: তেনে নাম মাত্ৰ
নহ'লে প্ৰেৰণা নিদিয়া কিয়?
উন্মত্ত ধৰাৰে
কুৰুক্ষেত্ৰৰে
শৰশয্যাকে

আলিংগন কৰা

সমবেত কণ্ঠে: ভীষ্মৰূপী

অজস্ৰ বীৰক

জগাই নোতোলাঁ কিয়?

যুৱতী অনামিকা গোস্বামী

ভূপেন দাদাই 'ডুগ ডুগ ডুগ ডম্বৰু' গীতটো তেঁও আমেৰিকাৰ পৰা উভটি অহাৰ পাচতহে বাণীবদ্ধ কৰিছিল। তেখেতৰ লগত গীতটোৰ কথাৰ বিষয়ে আলোচনাৰ কথোপকথন এনে ধৰণৰ:

ভূপেন দাদা: এই গীতটো মোৰ বৰ প্ৰিয় বুজিছা। সুৰটো মই বৰ যতনেৰে সজাইছোঁ। ই একেবাৰে থলুৱা। শুনাত কামৰূপী লোকগীত যেনও লাগিব, উজনিৰ হুচৰিও যেনও লাগিব কিন্তু একেবাৰে নতুন। ইয়াত বঙালী বা পশ্চিমীয়া সুৰৰ প্ৰভাৱ নাই। এই সুৰ একেবাৰে মোৰ প্ৰাণৰ নিভৃত কোণৰ পৰা ওলোৱা বুলিব পাৰাঁ। কথাখিনিটো বুজিব পাৰিছাই।

লিখক: হয় আপুনি বহুতৰে প্ৰাণৰ কথা ক'লে। আপুনি সৰুদৈ আৰু সৰুকণৰ বিয়াখন ইমান ধুনীয়াকৈ পাতিলে যে গীতটো শুনিলেই মই অভিভূত হৈ পৰোঁ।

মোৰ মত শুনি ভূপেন দাদাই গুনগুনাই গালে:

বন জুয়ে হোম দিলে

বিজুলীয়ে ৰভা দিলে

জিলিয়ে যে বিয়ানাম গায়

ধুমুহাই গগনা বাই

সাহসৰ বাতৰি বিলায়।

সৰু সৰু সমাজৰ

সৰু সৰু বিচাৰতে

ভেকুলীয়ে বৰ লাজ পায়,

এ চিক্ মিক্ বিজুলী।

ৰমেশ চৌধুৰী আৰু মিনতি গোস্বামী (১৯৬১ চনত)
ফটো: নৰ্ফক, ভাৰ্জিনিয়া, আমেৰিকাৰ
নন্দিতা বেনাজীৰ সৌজন্যত

ভূপেন দাদা:এইবিলাক আহি যায় বুজিছা, কেতিয়াবা আপোনা আপুনি আৰু কেতিয়াবা নানান কল্পনাৰ পাচত। কিন্তু এটা কথা থিক আমি সজাগ হ'ব লাগিব। আমাৰ সমাজখন কেনে ধৰণৰ, তাত কি ঘটি আছে, কি ভাল কি বেয়া সকলোবিলাকৰ প্ৰতি

সচেতন হ'লেহে আমি কিবা ভাল কথা ক'ব বা লিখিব পাৰোঁ। আৰু এটা কথা, ভাল গীত হ'বলৈ তাত সুন্দৰ নৈসৰ্গিক উপাদান থাকিব লাগিব।

মই সুধিলোঁ নৈসৰ্গিক শব্দটোৰ আচল অৰ্থ কি আৰু নৈসৰ্গিক উপাদান মানে আপুনি কি বুজাইছে? আপুনি গীতৰ কথা কওঁতে মোৰ আগত বহুবাৰ শব্দটো ব্যৱহাৰ কৰিছে। সেইকাৰণে আপুনি কি অৰ্থত শব্দটো ব্যৱহাৰ কৰিছে মোক বুজাই দিয়কচোন।

ভূপেন দাদা: নৈসৰ্গিক মানে হৈছে প্ৰকৃতিত স্বভাৱতে থকা আমাৰ দৃশ্যমান জগতৰ উপাদান যেনে 'বন জুই', 'জিলিৰ মাত', 'চিক মিক বিজুলী' আদি। এই নৈসৰ্গিক উপাদানবিলাকক কল্পনাপ্ৰসূত ভাবে বৰ্ণনা কৰিব পাৰিলেহে কবিৰ প্ৰতিভা প্ৰকাশ পায়। এই চোৰা মই ধুমুহাৰ হতুৰাই গগনা বজাইছোঁ। এইটো মোৰ কল্পনা, ই সম্পূৰ্ণ নিভাঁজ। অঁ তুমি থিক কৈছা বিয়াখন বৰ ধুনীয়া হৈছে।

লিখক: আপুনি গীতটোত কোৱা "সেই সৰু সৰু সমাজক বিজুলীৰ পোহৰত সৰুদৈ সৰুকণে এৰে" কথাটোহে মই বৰ ভাল নাপালোঁ। সমাজক সংস্কাৰ কৰিবলৈ গৈ সমাজক কিয় এৰিব লাগে? সমাজতে থাকি সমাজক শুদ্ধ নিয়ম আঁতৰাবলৈ চেষ্টা কৰাহে হয়তো বেছি ভাল নেকি?

ভূপেন দাদা: নহয়, নহয়, তুমি ভুল বুজিছা। এইখিনি মই খণ্ডত কৈছোঁ। মই নিজেই ভুক্তভোগীটো; সেইকাৰণে এনে কথাই মানুহৰ প্ৰাণত কেনেদৰে খুন্দিয়াই তাকে অলপ ক্ষুব্ধ হৈ কৈছোঁ। মানে মই বিদ্ৰোহী হৈছোঁ। মই সমাজৰ বিপক্ষে বিদ্ৰোহ কৰিছোঁ। হয়তো মই আনকো তেনে কৰিবলৈ উচটাইছোঁ।

লিখক: মই কৈছোঁ কেলেই, মোৰ লগৰ বামুণ ছোৱালী এজনীয়ে বেলেগ জাতৰ ডেকা এজনক বিয়া কৰিলে। তাই কিন্তু বিদ্ৰোহ নকৰি বিনম্ৰ ভাবে বিধিগত ভাবে বিয়া হ'বলৈ অপ্ৰাণ চেষ্টা কৰিছিল। তাই দেউতাকক বাৰে বাৰে খাটিছিল দেউতাকে যেন তাইক সমাজৰ আগত সম্প্ৰদান দি বিয়া দিয়ে যাতে দৰা কইনাই ৰাইজৰ আশীৰ্বাদেৰে তেঁওলোকৰ বৈবাহিক জীৱন আৰম্ভ কৰিব পাৰে।

ভূপেন দাদা: পিছত কি হ'ল? দেউতাকে তাইক সম্প্ৰদান দিলে নে নাই?

লিখক: নাই নিদিলে, কিন্তু কথাটো তাতেই শেষ নহয়, কথাটো বৰ ৰহস্যপূৰ্ণ আৰু আনন্দৰ। আপুনি শুনে যদি কওঁ। কেতিয়াবা অলপ বেলেগ ধৰণৰ গীত এটা ৰচিব পাৰিব।

ভূপেন দাদা: লেকচাৰ বাদ দিয়া। আচল ঘটনাটো কোৱাঁ। ছোৱালীজনীৰ নাম কি?

লিখক: মানে ছোৱালীজনী মোৰ লগত একেলগে পঢ়া। নাম মিনতি গোস্বামী। মোৰ ভাল বন্ধু, দেউতাক মোৰ দেউতাৰ কলেজীয়া দিনৰ সহপাঠী বন্ধু। সেইকাৰণে, মই তেঁওলোকৰ ঘৰলৈ মাজে মাজে যাওঁ। তেঁওৰ মাক দেউতাক, ভনীয়েক দুজনীয়ে আটাইয়ে মোৰ লগত ভালদৰে কথা বতৰা পাতে। ছোৱালীজনী বৰ ৰাংঢালী, পঢ়াশুনাতো ভাল, দেখিবলৈকো ভাল, অতিশয় মৰম লগা, বোলোঁ লাগিলেও লাগক, পৰিলেও পৰক।

ভূপেন দাদাঃ কি হ'ল? তুমিও তাইৰ প্ৰেমত পৰিলা নেকি?

লিখকঃ আপুনিও ভাল দিয়ক, মই তেতিয়াও প্ৰেমত পৰিব পৰা হোৱা নাই। কোনোবা ছোৱালীয়ে মোৰ প্ৰেমত পৰা বুলি গম পালে মই পলাই পত্ৰং দিওঁ। তাই ছোৱালী বৰ বুদ্ধিমতীও। মানুহজনও ভাল। তেঁও আমাতকৈ ডাঙৰ, দেখিবলৈকো ভাল, ইঞ্জিনীয়াৰিং পাছ কৰি ভাল উপাৰ্জন থকা অৰ্থাৎ তাইক ভালদৰে খুৱাব পৰা। মিনতিয়ে ভাল ঘৰৰ আৰু নিজৰ ঘৰ দুৱাৰমুখতে থকা ডেকা এজনকহে ভালদৰেই ভাল পালে আৰু বিয়া কৰিম বুলি দৃঢ়প্ৰতিজ্ঞ হ'ল। বিপদত পৰিলোঁ মই।

ভূপেন দাদাঃ কেনেকৈ?

লিখকঃ ছোৱালীয়ে যেতিয়া মাক দেউতাকক কথাটো ক'লে, পৰিয়ালটোৰ ওপৰত চৰগ ভাগি পৰিল। দেউতাকে মোক ক'লে, "দিলীপ, তুমি তোমাৰ বান্ধৱীক বুজোৱাচোন, ল'ৰাটো খুব ভাল, সেইটো কথা নহয়। কথা হৈছে বিবাহ হৈছে এক সামাজিক প্ৰথা। আমিটো আমাৰ সমাজখন এৰিব নোৱাৰোঁ।"

মাকে মোক ক'লে, "বুজিছা, তায়েই ঘৰৰ লখিমী, তাই আন এখন ঘৰৰ লখিমী হওক বুলি তাইক লখিমী কৰিয়েই গঢ় দিবলৈ চেষ্টা কৰি আহিছোঁ। এতিয়া এইখন ঘৰৰ সৰ্বনাশ কৰি তাই কেনেকৈ আন এখন ঘৰৰ লখিমী হ'ব পাৰিব?"

ভূপেন দাদাঃ আমাৰ বুঢ়াবুঢ়ীবিলাকৰ সকলোৰে একেই কথা, একেই যুক্তি, আনে কি ক'ব। আনে কি ক'ব, গুলী মাৰা আনৰ কথা।

লিখকঃ নাই, নহয়। তাইৰ ভনীয়েকহঁতেও ভয় কৰিছিল নহয়। ভনীয়েকহঁতেও মোক খাটিলে, "অ' দিলীপ দাদা, আপুনিহে যদি বাইদেউক বুজাব পাৰিব। তাই তেনে কৰিলে আমাৰ কি হ'ব। তাই য'তে যায় সদায় চকুত পৰা ছোৱালী। তাই সকলোৰে লগত মিলিব পাৰে। আমাৰটো তেনে গুণ নাই। আমি আমাৰ বিয়াৰ কাৰণে মা দেউতাৰ ওপৰতে নিৰ্ভৰ কৰিব লাগিব। তাই তেনে কৰিলে যে আমাক সকলোৱে আঁতৰাই ৰাখিব। আমি কোনো জাতৰ লোকক বেয়া নাপাওঁ বা আমাৰও উচ্চ-নীচ ভাব নাই। কিন্তু আমি সমাজৰ নীতি নিয়ম মানি আটাইৰে মিলি থাকিব বিচাৰোঁ।"

ভূপেন দাদাঃ সাহস লাগে, বুজিছাঁ। এইবিলাক মিছা কথা। নিজৰ আত্মবিশ্বাস থাকিলে, সাহস থাকিলে এইবিলাক কথালৈ ভয় কৰিব নালাগে। সেইকাৰণেই মই কৈছোঁ "সৰু পুঠি মাছবোৰো সাহসী হৈছে"। মানে মই আটাইকে সাহসী হ'বলৈ কেছোঁ।

লিখকঃ অঁ, সম্ভৱ আপোনাৰ গীতৰ পৰাই সাহস পায় মোৰ বান্ধৱীয়ে মোক খাটিলে, 'দিলীপ তুমিটো ইমান ইন্টেলিজেন্ট ল'ৰা, কিবা এটা বুদ্ধি কৰি সকলোকে বুজোৱাচোন ভাই, আমি পুৰণা কথা কিছুমান ধৰি থাকিলেটো নহ'ব। মই ঘৰ এৰি বা পৰিয়ালটোক কেতিয়াও এৰি নিদিওঁ। সদায় সকলোৰে লগতে সকলোকে সহায় সহযোগ কৰি থাকিবলৈ বিচাৰোঁ। মই সমাজখন ভাল পাওঁ কাৰণেইটো মই বিচাৰিছোঁ যে দেউতাই মোক সম্প্ৰদান মাত্ৰ দিয়ক। সম্প্ৰদান আৰু আশীৰ্বাদ তাৰ বাদে মোক একো নালাগে। সেই কেইটা পালেই মই জীৱনত সুখী হ'ব পাৰিম।"

ভূপেন দাদাঃ কি হ'ল দেউতকে সম্প্ৰদান দিলে নে নাই?

লিখক: নাই নিদিলে, বেচেৰীয়ে কেবা বছৰও খাটিলে। অৱশ্যে, দেউতাকে মোক এদিন আশ্বাস দিলে, "বুজিছা দিলীপ, তোমাৰ বন্ধুৰ কাৰণে মই এদিন মৰিম বুলিয়েই ভাবিছিলোঁ। এতিয়া মন ডাঠ কৰিছোঁ। তাইৰ মনটো কোনেও ঘূৰাব নোৱাৰিলে যেতিয়া মই তাইক আৰু বাধা নিদিওঁ। আৰু বাধা দিলে তাইক অভিশাপ দিয়াহে হ'ব। তেনেদৰে কোনো মাক দেউতাকে নিজৰ ল'ৰাছোৱালীৰ অহিত সাধিব নাপায়। মই সম্প্ৰদান নিদিওঁ কিন্তু সিহঁত দুয়োকে সদায় অশীৰ্বাদ দিম। চকুপানী ওলালেও আশীৰ্বাদত কৃপণালি নকৰোঁ।"

ভূপেন দাদা: তাৰ পিচত কি হ'ল?

লিখক: আমি দুয়ো বি-এ পাছ কৰিলোঁ, এম-এ পঢ়িবলৈ মই গ'লো দিল্লীলৈ, বান্ধৱীয়ে গুৱাহাটীতে এম-এ পঢ়ি সম্প্ৰদানৰ কাৰণে যুঁজি থাকিল।

ভূপেন দাদা: বিয়া নহ'ল? ছোৱালীজনীয়ে সম্প্ৰদানৰ ওপৰত দিয়া গুৰুত্ব আৰু দেউতাকে আশীৰ্বাদৰ ওপৰত গুৰুত্ব দিয়া কথা কেইটা কিন্তু মই ভাল পাইছোঁ। কেতিয়াবা কিবা গীত এটা ওলাব পাৰে। কিন্তু বিয়া নহ'লে গীতৰ সমল নাই।

লিখক: ৰ'ব বিয়া হ'ল নহয়। আপুনি অধৈৰ্য্য নহ'বচোন মই ক'ম নহয়।

ভূপেন দাদা: তুমি বৰ থাৰ্ড ক্লাচ হে ইমান দীঘলীয়া কৰিছা কেলেই? আচল কথাটো সোনকালে কোৱাঁ।

লিখক: ৰ'ব বহুত ইন্টাৰেষ্টিং কথা আছে। সেইবিলাক কৈ লওঁ। সেইবিলাক শুনিলে, আপুনি এটা কি দহটা গীতৰ সমল পাব। এই চাওক, মই দিল্লীত থাকোঁতেই কুইন এলিজাবেথ দিল্লীলৈ আহিল। সেই একে সময়তে মোৰ বান্ধৱীও দিল্লীলৈ আহিল আৰু মই অলপ ফুৰাই দিব লাগিব বুলি মোলৈ আগতীয়াকৈ খবৰ দিলে।

ভূপেন দাদা: বঢ়িয়া কথা। তুমি কি কৰিলা, ভাল চান্স পালা?

লিখক: চান্স দান্স আপুনিহে বিচাৰি ফুৰে, মোৰ কেৱল ট্ৰেজেডিহে হয়। মোৰ ওচৰতে থকা এজন অসমীয়া ছাত্ৰই মোক কুইন এলিজাবেথক চাবলৈ লগ ধৰাত, মই এনে বুৰ্বক, তেঁওক অলপ ৰস লগাই ক'লো যে ইংলণ্ডৰ ৰাণীক কি চাম অসমীয়া ৰাণী এজনী আহিব তাইকহে চাব লাগিব। বন্ধুৱে কোন সোধাত মইও ভাল অকৰা, বান্ধৱীৰ নাম ধাম গুণ গান সকলো গালোঁ। লাভৰ মূৰত বন্ধুৱে মোতকৈ আগতেই গৈ মোৰ বান্ধৱীৰ ওপৰত এক প্ৰকাৰ দখলী স্বত্ব সাব্যস্ত কৰিলে। তাতে মোৰ বন্ধুক পাই মোৰ বান্ধৱীয়ে মোক এক প্ৰকাৰ দূৰতে বিদূৰ কৰিলে। মোৰ প্ৰথমে অলপ বেয়া লাগিছিল যদিও অলপ ভাবি দেখিলোঁ কথাটো হয়তো বেয়া নহ'ব কাৰণ মোৰ বন্ধুজনও বামুণ আছিল, পঢ়াশুনা, দেখাই শুনাই সচাকৈয়ে বান্ধৱীৰ উপযুক্ত পাত্ৰ হ'ব। সেইটো হ'লে হয়তো সকলো পিনৰ পৰাই কথাটো ভাল হ'ব। তাতে মোৰ বন্ধুৱে আমাৰ ৰাণীক অভ্যৰ্থনা আৰু অতিথি সৎকাৰ কৰোঁতে ভাৰত চৰকাৰে ৰাণী এলিজাবেথকৈ দিয়া অভ্যৰ্থনাকো চেৰ পেলোৱা যেন লাগিছিল। সেইকাৰণে এবাৰ সুযোগ পাই মই বান্ধৱীক ক'লো, "হেৰা, তেঁওচোন খুব আগ্ৰহ কৰা যেন লাগিছে। তুমি কোৱা যদি মই প্ৰস্তাৱটো দি দিওঁ নেকি?" মোৰ কথা শুনি বান্ধৱীয়ে কিন্তু বৰ বেয়া পালে আৰু তেনে কথা কেতিয়াও নাভাবিবলৈ সতৰ্ক কৰি দি ক'লে, "দিলীপ, তুমি বলিয়া হৈছা নেকি? মই ৰমেশক এৰি আন এজনক বিয়া কৰিম বুলি কেতিয়াও

নাভাবিবাঁ।”

ভূপেন দাদা: ঘটকালি কৰিবলৈ গৈ ভালদৰে গালি খালা নহয়। তাৰ পিচত কি হ'ল?

লিখক: তাৰ পিচত বান্ধৱী গুৱাহাটীলৈ উভটি আহিল। মই পঢ়াশুনাত ব্যস্ত হ'লোঁ আৰু মোৰ দিল্লীৰ বন্ধুৱে বান্ধৱীৰ পৰা কিবা খবৰ পাওঁ বুলি ক্ষণ গণি গণি আশাৰে বৃক্ষ ৰুই থাকিল। কেইদিনমান পিচত খবৰ আহিল বান্ধৱীয়ে মনৰ গৰাকীকে বৰিলে।

ভূপেন দাদা: কি কামাখ্যাত গৈ বিয়া পাতিলে নেকি?

লিখক: নাই, তেঁওলোকে এঘৰত ন্যায়াধীশ মাতি আইন মতে বিয়া পাতিলে। শুভাকাংখী বন্ধু বান্ধৱীৰ আশীৰ্বাদেৰে শুভ কাৰ্য্য সমাধা কৰিলে।

গ'ল কথা গুচিল কাহিনীটো ভূপেন দাদাক কোৱাৰ কেইবছৰমান পাচতে ভূপেন দাদাই

'যুৱতী অনামিকা গোস্বামী

আৰু যুৱক প্ৰশান্ত দাসে

বিয়াত হেনো কিছু বাধা পালে'

গীতটো বাণীৱদ্ধ কৰিলে। সেই গীতটোত আশীৰ্বাদৰ ওপৰত দিয়া গুৰুত্ব আৰু সমাজক এৰাৰ বিপৰীতে "মনৰ পথাৰ বহল কৰি প্ৰেমৰ ৰসেৰে জীপাল" কৰাৰ দৃষ্টিভংগীৰে সমাজলৈ যুগচেতনা অনাৰ কাৰণে ভূপেন দাদাৰ অনামিকা গোস্বামীত মোৰ বান্ধৱী মিনতি গোস্বামীৰে প্ৰতিবিম্ব দেখিবলৈ পালোঁ।

সি যিয়েই নহওক, মিনতি গোস্বামী আৰু ৰমেশ চৌধুৰীৰ দ্বৈত জীৱন আৰম্ভ হৈছিল ১৯৬১ চনৰ ৫ জুলাইত। সেয়েহে, ২০১১ চনৰ ৫ জুলাইত তেঁওলোকৰ অতিশয় সফল আৰু মধুময় দ্বৈত জীৱনৰ পঞ্চাচ বছৰ সম্পূৰ্ণ হ'ল। এই পঞ্চাচ বছৰ আমি মানে তেঁওলোকৰ বন্ধুসকলে তেঁওলোকক লৈ সচাঁকৈয়ে গৌৰৱ অনুভৱ কৰি আহিছোঁ। সেয়েহে, তাৰ আগৰ বছৰ আমি কেইগৰাকীমান লগ হৈ তেঁওলোকৰ সফল আৰু বহু সজ কৰ্মেৰে পঞ্চাচ বছৰ সম্পূ'ণ কৰা সেই দিনটোক তেঁওলোকৰ 'শুভ বিবাহ' নে 'পলুৱাই নিয়া' নে 'জাতি কুল নেওচা সাহ'ৰ নে কি বোলা উচিত আলোচনা কঁৰোতে মিনতিৰ দেউতাক অশ্বিনী গোস্বামীয়ে (১৯০০-১৯৮৮) জীৱন নাট সামৰাৰ আগতে মোক কোৱা অতি গুৰুত্বপূৰ্ণ কথা এষাৰ মনত পৰিল।

শয্যাগত কিন্তু সম্পূৰ্ণ সচেতন গোস্বামী ডাঙৰীয়াই মোক কাষলৈ মাতি নি নিজৰ লগুনত জোৰেৰে খামুচি ধৰি সজ্ঞানে আধা অসমীয়া আৰু আধা ইংৰাজীত কৈছিল,

> "দিলীপ, তোমাক মই আজি কথা এটা কওঁ। তুমি আটাইকে ক'বা—your friend did the right thing, Ramesh is gem of a man (তোমাৰ বান্ধৱীয়ে থিক কামেই কৰিলে, ৰমেশ মানুহৰ মাজত এটি ৰত্ন)। সজ আৰু সৎ লোকে কৰা এনে কাৰ্য্যৰ দ্বাৰা জাতি কুল ভ্ৰষ্ট নহয়।"

সেয়েহে, ২০১১ চনৰ ৫ জুলাইত ৰমেশ আৰু মিনতিৰ ৰত্ন-সংযোগৰ পঞ্চাচ বাৰ্ষিকীত উলহ মালহেৰে পালন কৰি তেঁওলোকক আশীৰ্বাদ দিলোঁ।

সাগৰ সংগমত কতনা সাঁতুৰিলোঁ

বহুত দিন মোৰ মনলৈ এই প্ৰশ্নটো আহিছিল যে ভূপেন দাদাই সাঁতুৰিব জানে নে নেজানে, কাৰণ মই এইটো মন কৰিছিলোঁ যে ভূপেন দাদাই কেতিয়াও পানীত নেনামিছিল। ৰ'ড

আইলেণ্ডৰ সাগৰৰ পাৰৰ বালিপাৰ বিলাক জগত বিখ্যাত। আমেৰিকালৈ আহিলেই মই ভূপেন দাদাক সেইবিলাকত গা ধুবলৈ লৈ যাওঁ আৰু সাধাৰণতে লগত জুডি স্কাৰ্ফপিন, জিন হাৰ্ভে আদি কেবা গৰাকীও মোৰ বান্ধৱী আমাৰ লগত যায়। বান্ধৱীহঁতে আৰু মইও সাঁতোৰা জাঙিয়া পিন্ধি পানীত সাঁতুৰি নাদুৰী ফুৰ্তি কৰোঁ কিন্তু ভূপেন দাদাক পানীত নমাব নোৱাৰোঁ। সেইকাৰণে এদিন মই ভূপেন দাদাক সুধিলোঁ:

> 'ভূপেন দাদা! সচাকে কওকচোন, আপুনি সাঁতুৰিব জানে নে নেজানে?'

ভূপেন দাদাই সৰু ল'ৰাৰ দৰে উত্তৰ দিলে:

> 'জানো হেঁ, মোক বিষ্ণু ককাইদেৱে তেজপুৰৰ পদুম পুখুৰীত সাঁতুৰিবলৈ শিকাইছিল নহয়।'

মই হেঁচা দি সুধিলোঁ:

> 'শিকাইছিল বুজিছোঁ, কিন্তু আপুনি ব্ৰহ্মপুত্ৰত সাঁতুৰিছিল নে নাই?'

ভূপেন দাদাই কথা সলাই ক'লে:

> 'মানে শংকৰদেৱৰ নিচিনাকৈ সাঁতুৰি ব্ৰহ্মপুত্ৰ পাৰ হ'ব নোৱাৰিছিলোঁ। কিন্তু ভৰলু নদীত আৰু ভৰলুমুখৰ লুইতৰ বাম পানীত খপ জপাব পাৰিছিলোঁ।'

তাৰ পিচত আমাৰ মাজত হোৱা আলোচনাখিনি কথোপকথনৰ ৰূপতে দিলোঁ:

লিখক: অ' এতিয়াহে বুজিলোঁ 'বহাগ মাহৰ লুইতখনিত দুয়ো সাঁতোৰা মনত আছে', 'সাগৰ সংগমত কতনা সাঁতুৰিলোঁ' আদি কথা সকলো মিছা।'

ভূপেন দাদা: এই ৰ'বা, তুমি তেনেকৈ ক'তো নিলিখিবা দেই। বদমাচহঁতে বৰ ভাল পাব। মোৰ গীত সকলো অসাৰ মিছা বুলি একো বকলা লিখিব।

'বদমাচ' মানে অৱশ্যে ভূপেন দাদাই তেতিয়া হোৱাই নোহোৱাই ভূপেন দাদাৰ খুঁত ধৰি বাতৰি কাকত আলোচনী আদিত যিহকে তিহকে লিখা তথাকথিত বুদ্ধিজীৱী সকলকে বুজাইছিল। মই তেতিয়া ভূপেন দাদাক আশ্বাস দিছিলোঁ যে মোৰ সেইবিলাকত ৰাপ নাই।

লিখক: মই আপোনৰ প্ৰতিভা আৰু আপোনাৰ গীতবিলাকৰ মহত্বখিনি হে বুজিবলৈ আৰু মই বুজাখিনিকে ৰাইজক দিবলৈ বিচাৰোঁ।

ভূপেন দাদাই মোক তেতিয়াই কেনেদৰে 'সাগৰ সংগমত' গীতটো নিউ ইয়ৰ্কৰ পৰা ছাউথাম্পটনলৈ কুইন এলিজাবেথ নামৰ জাহাজেৰে যাওঁতে লিখিবলৈ আৰম্ভ কৰিছিল তাক ক'লে। পাচত আমি গাড়ীৰে ফুৰিবলৈ যাওঁতে সেই গীতটোকে কেবাবৰও বজালোঁ আৰু তাৰ বিষয়ে আলোচনা কৰিলোঁ।

লিখক: মোৰ মতে আপোনাৰ এই গীতটোৱেই শ্ৰেষ্ঠ গীত। আপুনি বাৰু কি ভাবে?

ভূপেন দাদা: সচা কথা ক'বলৈ গ'লে মই প্ৰতিটো গীতেই খুব ভাল কৰিবলৈ চেষ্টা কৰোঁ। অৱশ্যে, মানুহৰ হেঁচাত বা আন আন কাৰণত মই বহুত বেয়া গীতও ৰচিছোঁ। যিবিলাক গীত মই মনৰ ভাববোৰ যতনেৰে সজাই পৰাই লিখিছোঁ আৰু প্ৰাণ ঢালি গাব পাৰিছোঁ সেইবিলাকক লৈ মই গৌৰৱ কৰোঁ। তাৰ ভিতৰত কোনটো বেছি ভাল বা কোনটো শ্ৰেষ্ঠ তাক মই কেতিয়াও চিন্তা কৰা নাই। তুমিয়েই কোৱাচোন তুমি কিয় সেইটো শ্ৰেষ্ঠ গীত বুলি ভাবিছা।

লিখক: এই চাওক আপোনাৰ মন অশান্ত কৰা চিন্তাৰ ঢৌবিলাক দৰ্শাবলৈ আপুনি শ্ৰোতাক সাগৰৰ বুকুলৈ লৈ গৈছে। সাগৰত অনবৰতে ছন্দবিহীন ভাবে নাচি থকা ঢৌবিলাকৰ দৰে অশান্ত

উপাদান বাৰু কি থাকিব পাৰে? গীতটোৰ সেই পটভূমি কেৱল সুন্দৰ বা অপূৰ্ব বুলিলেই যথেষ্ট নহ'ব। তাৰ পিচত আপুনি 'মনৰ মোৰ প্ৰশান্ত সাগৰৰ উৰ্মিমালা' বুলি আপোনাৰ মনটো যে পাৰাপাৰহীন সাগৰৰ দৰে বিশাল তাক উদঙাইছে—আপোনাৰ মনৰ দুশ্চিন্তাবিলাক ব্যক্তিগত সুখ দুখৰ কাৰণে নহয় দৈত্য দানৱে মানৱ জীৱনৰ শান্তিক অবিৰত ভাবে কৰি থকা নিষ্ঠুৰ আঘাতৰ কাৰণেহে। আপোনাৰ মনত নিশ্চয় এগণ্ডা বোমাৰে পৃথিৱীক নিশেষ কৰিবলৈ ওলোৱা ধ্বংসৰ আঘাতবিলাকৰ কথাই আহিছে। তথাপি গীতটিত আশাৰ সঞ্চাৰ কৰিবলৈ আপুনি সৃষ্টিৰ সেনানীক অৱতাৰণা কৰিছে যি ধ্বংসকো দিগভ্ৰান্ত কৰিছে। মুঠৰ ওপৰত আপোনাৰ ভাবৰ গাম্ভীৰ্য্য, চিন্তাৰ গভীৰতা, পটভূমিৰ ঐশ্বৰ্য্য, বিশাল কল্পনা আদি সকলো পিনৰ পৰা এই গীতটোৰ প্ৰাচুৰ্য্য অতুলনীয়।

ভূপেন দাদাঃ ওঁ, তুমি থিকেই ভাবিছা নেকি?

লিখকঃ বুজিছে, মইও আটলাণ্টিকৰ বুকুৰ প্ৰায় একেটা পথেৰেই মানে ছাউথাম্পটনৰ পৰা মণ্ট্ৰিয়ললৈ জাহাজেৰে আহিছিলোঁ। সেই সময়ত মোৰও মন অতিশয় অশান্ত আছিল। কিন্তু, মোৰ মনলৈ গীত, কবিতা নালাগে কোনো ধৰণৰ সৃষ্টিকামী ভাবৰ খলকনি উঠা নাছিল। আপোনাৰ মোৰ এই পাৰ্থক্যখিনিয়েই হয়তো আপোনাৰ হেজাৰ শ্ৰোতাৰ চকু মেল খুৱাব। এই গীতটো শুনি অসমীয়াই যুগে যুগে আপোনাৰ প্ৰতিভাৰ সোৱাদ ল'ব পাৰিব।

ভূপেন দাদাঃ তুমি তেনেকৈয়ে লিখিবা। বহুতে নিশ্চয় বুজি পাব।

লিখকঃ আৰু এটা কথা। মই ভালদৰে সাঁতুৰিব জানো। বহু সাগৰ আৰু সাগৰ সংগমত সচাকৈয়ে সাঁতুৰিছোঁ। কিন্তু মই আপোনাৰ দৰে কল্পনাৰ জগতত সাঁতুৰিবলৈ সমৰ্থ হোৱা নাই।

ভূপেন দাদাঃ হেৰা এটা কথা নহয়, মানুহে দেখোন 'মানুহে মানুহৰ বাবে' গীতটোহে বেছি আদৰ কৰে যেন লাগে? সেই গীতটোৰ বিষয়ে তোমাৰ কি ধাৰণা?

লিখকঃ আঁ সেই বিষয়ে আপোনাৰ লগত আলোচনা কৰিম ৰ'ব।

সোঁৱৰণী মোৰ

'পুৱতি নিশাৰ সপোন' কথাছবিৰ এটা চৰিত্ৰৰ কাৰণে লিখা এই গীতটোৰ বিষয়ে ভূপেন দাদাই কৈছিলঃ

> "এই গীতটো যেতিয়া মই গাওঁ, মই সেই গীতটোৰ সতে আৱেগক আপোন কৰি লওঁ অথচ মই জানো যে সি মোৰ মনৰ কথা নহয়। মই যিটো চৰিত্ৰৰ মনৰ কাৰণে গীতটো লিখিছোঁ, সেই মানুহটোৰ ভাবখিনিহে মই দিওঁ। তাকেই কোনোবাই যদি মোৰ জীৱনৰ লগত সাঙুৰিবলৈ ধৰে আৰু কয় 'আজিকালি ভূপেন হাজৰিকাই বৰ নিৰাশবাদী গীত গাবলৈ ধৰিছে দেখোন' তেনেহলে মোৰ বৰ দিগদৰ হয়। তেতিয়া চিঞৰি কবৰ মন যায় যে সেইটো সেই মানুহজনৰ বাবে লিখা, যিজনে গালে সেইটো তেঁওৰ মনৰ কথা হ'লহেঁতেন। মানুহজনে কেনেদৰে গালে হেঁতেন তাকেই মই গাই দেখুৱাইছোঁ। আনহাতে 'অগ্নিযুগৰ ফিৰিঙতি মই' গীতটো মোৰ প্ৰাণৰ কথা। 'ছিৰাজ' কথাছবিৰ চৰিত্ৰটোৰ কাৰণে লিখা নহয়।"

শীতৰে সেমেকা ৰাতি

". . . তাৰ পিচত হঠাৎ এদিন শুনিলোঁ দীপালিৰ কণ্ঠ ৰুদ্ধ হ'ল। ডাক্তৰক সুধিলোঁ — দীপালিয়ে গীত গাব পাৰিব নে নোৱাৰে? তেঁও ক'লে, 'নোৱৰিবও পাৰে, যদি যি অসুখ হৈছে বুলি শুনিছোঁ সেইটো সচা হয়। মই লেখি থকা গীতটো আছিল 'শীতৰে সেমেকা ৰাতি'। তাত খেতিয়কৰ তুঁহ জুইৰ, দিন মজদুৰৰ, সংখ্যালঘূ আদিৰ সমস্যা লেখি লেখি—অকল দীপালিৰ কণ্ঠৰুদ্ধ হোৱাৰ কথাকে ভাবি (কাকো নকৈ) লেখিছিলোঁ তলৰ কেইষাৰি কথা। গায়িকা বুলি নকৈ গায়ক বুলি লিখিছিলোঁ কিয়নো তেতিয়াও নেজানোঁ সচাকৈয়ে দীপালিয়ে গাব পাৰিব নে নোৱাৰে।"

শীতৰে সেমেকা ৰাতি
কণ্ঠৰুদ্ধ কোনো সুগায়কৰ
প্ৰভাত আনিব পৰা
অথচ নোগোৱা
এটি অমৰ গীতৰ বাবে
মই যেন এটি সুধাকণ্ঠ হওঁ
সুধাকণ্ঠ হওঁ, সুধাকণ্ঠ হওঁ।"

[শিল্পীৰ পৃথিৱী, এপ্ৰিল-মে', ১৯৮২, পৃ: ৪৭]

হৰি ইখন স্ৰজিলা কিনো শান্তি নিকেটন

ভূপেন হাজৰিকা: দিলীপ! এইটো মই খুব সৰুতেই লিখা। শংকৰদেৱৰ ব্ৰজাৱলী— এইবিলাক নেজানো ভালকৈ, তথাপি তেনেকৈ লিখাৰ এটা ইচ্ছা আৰু অসমখনত (থকা) ল'ৰাছোৱালীৰ কাৰণে এই বাল্মীকি আস্ৰমখন কেনেকুৱা আছিল সেইটো বৰ্ণনা কৰিবৰ কাৰণে মই শান্তি নিকেটনৰ কথাটো ব্যৱহাৰ কৰিছোঁ কাৰণ তেতিয়া মই শুনিছোঁ শান্তি নিকেটন মানে এবড অৱ পীচ (Abode of Peace):

হৰি ইখন স্ৰজিলা কিনো শান্তি নিকেটন
নাম ধৰিবও পাৰি।"

তাৰ পিচত তেখেতে গীতটো সম্পূৰ্ণকৈ গায় আৰু কয়:

"এইখিনিতে চোৱাঁ, তুমি কেতিয়াবা লিখিলে লিখিবাঁ। চোৱাঁ, স্কেন্চন, শিষ্যসৱে পুষ্প আনে আঞ্চোল ভৰিয়া' ইয়াত শিষ্য, পুষ্প, আঞ্চোল এইবিলাক চৰ যুক্তাক্ষৰ দিছোঁ। তেতিয়াই ছন্দৰ লগত স্কেন্চনৰ কাৰণে পৰীক্ষা নিৰীক্ষা। আৰু কামৰূপ লৈছোঁ আৰু ওপৰ অসমও লৈছোঁ, টোকাৰী গীতও লৈছোঁ ওজাপালিও লৈছোঁ। অ' আমাৰ ইয়াত শিষ্যসৱে পুষ্প আনে আঞ্চোল ভৰিয়া এনেকৈ গাব পাৰে তাত।

যদি নলবাৰীত গায়

অ' শিষ্যসৱে পুষ্প আনে আঞ্চোল ভৰিয়া মৃগ শিশু সংগে নাচে আনন্দ কৰিয়া, হৰিয়ে এ ডুগৰু ডু ডুম ডুগৰু ডু ডুম কৰি একেবাৰে নাগ্ৰা নাম গাব পাৰি। অথচ লিখা মোৰ কিন্তু একেবাৰে নতুনকৈ লেখা।

চন্দন বন হালি জালি সুগন্ধি বিলাই
পাৰিজাতে হাঁসি মাৰি ভ্ৰমৰ ভুলাই।।
জ্ঞানৰ বেদীত বহি আছে বাল্মীকি মহান
হংস পাখি কাপ ধৰি ৰচে ৰামায়ণ।।

এইটো মই দুৰ্বলতা পাইছোঁ। মহান হা-ন এইটো ৰামায়ণ অ-ণ। মই যে সৰু আছিলোঁ তাৰ প্ৰমাণ আছে। এতিয়া মই তাক মানে দহ মাৰ্ক কম দিম এই ভূপেন হাজৰিকাটোক। আৰু শান্তি নিকেটনৰ লগত হিমাচল দিছোঁ সেইটো ভল হোৱা নাই। কিন্তু তেতিয়াৰ ল'ৰা ছোৱালীয়ে খুব গাইছিলে।"

দিহিঙে দিপাঙে

গুৱাহাটীত: কুল বৰুৱা আৰু অতুল মেধিৰ সতে

ভাৰ্জিনিয়া, আমেৰিকাত: সত্যেন দাসৰ সতে

যোৰহাটত: জ্যোতি দত্ত আৰু ৰাজনীলৰ সতে

তেজপুৰ বিশ্ববিদ্যালয়ত
ফটো: ফেচবুক আৰু উৰ্মিমালা দত্তৰ সৌজন্যত

অটোৱাত: ডঃ সুৰভি কাকতিৰ সতে

প্ৰাসংগিক সমিধান

অজিত সিংহ (১৯৩২-২০০৩)

আমি উজান বজৰীয়া সকলে ভূপেন দাদাক খুব আপোন বুলি ল'লেও ভূপেন দাদাৰ তেজপুৰীয়াসকলৰ প্ৰতিহে টানটো বেছি আছিল যেন লাগে। তেখেতৰ অতি আন্তৰিক আস্থাভাজন বন্ধুবান্ধৰী হয়তো তেজপুৰতেই বেছি আছিল। সেইসকলৰ ভিতৰত অন্যতম আছিল শিল্পী অজিত সিংহ। অজিত সিংহও এগৰাকী কৃতী গায়ক, সুৰকাৰ আৰু গীতিকাৰ। ভূপেন দাদাই অজিত সিংহৰ লগত গীত বাণীৰদ্ধ কৰাৰ উপৰিও মেলে মিটিঙে গীত পৰিৱেশন কৰিছিল। আনকি ১৯৫৪ চনত দিল্লীৰ আন্তবিশ্ববিদ্যালয় যুৱ মহোৎসৱলৈ নিয়া গুৱাহাটী বিশ্ববিদ্যালয়ৰ দলটোত অজিত সিংহক লগত লৈ গৈছিল।

ভূপেন দাদাই অজিত সিংহৰ পত্নী ৰুবী সিংহ আৰু জীয়েক সংগীতা সিংহৰ (মুনমিৰ) লগতো গীত পৰিৱেশন কৰিছিল আৰু গীত বাণীৰদ্ধ কৰিছিল। কুৰি শতিকাৰ আগৰণুৱা মহিলা গায়িকা প্ৰফুল্লবালা বৰুৱাৰ নুমলীয়া জীয়েক ৰুবী সিংহই অসমৰ গীত জগতলৈ স্মৰণীয় বৰঙণি যোগাই আহিছে।

অৰুন্ধতি দাস বৰুৱা (১৯৬২ -)

১৯৬২ চনত বিজনীত জন্ম গ্ৰহণ কৰা অৰুন্ধতি এগৰাকী অনাতাঁৰ শিল্পী। বিজনী ছোৱালী হাইস্কুল আৰু বিজনী কলেজত পি-ইউ (প্ৰাক বিশ্ববিদ্যালয় পৰ্য্যায়লৈকে পঢ়ি অৰুন্ধতিয়ে গুৱাহাটীৰ সন্দিকৈ কলেজৰ পৰা ১৯৮৫ চনত অসমীয়া মেজৰ বিষয় ৰূপে লৈ বি-এ পাছ কৰে।

অৰুন্ধতিৰ মাক বৰপেটাৰ সত্ৰীয়া সংস্কৃতিৰ একান্ত ভক্ত আছিল। মাকে শিকোৱা বৰগীতৰ যোগেদিয়েই অৰুন্ধতিয়ে নিজৰ সংগীত চৰ্চা আৰম্ভ কৰে। তেঁও বিজনী সংগীত বিদ্যালয়ত কিছুদিন শাস্ত্ৰীয় সংগীত অধ্যয়ন কৰিছিল। অনাতাঁৰ কেন্দ্ৰত তেঁও গীত পৰিৱেশন আৰম্ভ কৰে যুৱবাণীৰ যোগেৰে। অৰুন্ধতি আধুনিক আৰু গোৱালপৰীয়া লোকগীতৰ একান্ত সেৱিকা। ইতিমধ্যে, তেঁও আধুনিক অসমীয়া গীতৰ দুটা কেছেট: 'নীহাৰিকা', 'আকাশ ধিয়াই', আৰু গোৱালপৰীয়া লোকগীতৰ এটা কেছেট 'মনেৰ মানুষ' প্ৰচাৰ কৰিছে। 'আকাশ ধিয়াই' কেছেটটোৰ গীতবিলাক অৰুন্ধতিয়ে নিজে ৰচনা কৰা আৰু সুৰ দিয়া। অৰুন্ধতিৰ মতে ভূপেন হাজৰিকা 'সংস্কৃতিৰ নিটোল প্ৰতীক'। অৰুন্ধতিৰ আটাইতকৈ প্ৰিয় ভূপেন্দ্ৰ গীত হৈছে 'জোনাকৰে ৰাতি অসমীৰে মাটি'।

আনন্দিৰাম দাস (১৯০৯ - ১৯৬৯)

গুৱাহাটীৰ খাৰঘুলি অঞ্চলৰ অখ্যাত আৰু অৰ্ধশিক্ষিত যুবক আনন্দিৰাম দাসে (১৯০৯ - ১৯৬৯) পিচলৈ বনগীতৰ শ্ৰষ্টা বুলি স্বীকৃত হৈ অসমীয়া গীতি সাহিত্যত এক চিৰস্থায়ী আসন পালে। 'বনকোঁৱৰ উপাধিৰে ভূষিত হৈ তেঁও হয়তো চিৰ কুমাৰৰ ৰূপেই পালে। সেয়েহে,

বনগীত বুলিলেই সকলোৱে আনন্দিৰাম দাসক সোঁৱৰে। এই বিশেষণে বনকোঁৱৰৰ প্ৰতিভাৰ হয়তো এটা কথা ঢাক খুৱালে। সেইটো হৈছে আনন্দিৰাম দাসে বনগীতৰ উপৰিও বহুতো আন ধৰণৰ আধুনিক গীত আমাক দি থৈ গৈছে। সেইবিলাকৰ কিছুমান সময়ত অতিশয় জনপ্ৰিয় হোৱাৰ উপৰিও সেইবিলাকে ভূপেন হাজৰিকাকে ধৰি অনুকূল নাথ, অমিয় মোহন দাস, কুইনী হাজৰিকা, গুণদা দাস, চাৰু বৰদলৈ, দিলীপ শৰ্মা, ধীৰেন দাস, বলোৰাম দাস, হেমেন হাজৰিকা, হিৰণ্ময়ী বৰা, আদি বহু গায়ক, গায়িকা আৰু সুৰকাৰক প্ৰতিষ্ঠা কৰাত বা খিয়াতি অৰ্জাত সহায় কৰি গৈছে।

উদাহৰণ স্বৰূপে, ১৯৪৪ চনত যেতিয়া আগৰ শিশু শিল্পী ভূপেন হাজৰিকাই যৌৱনৰ দুৱাৰ দলিত ভৰি দিলে, যেতিয়া "একালৰ 'ভায়োলীনৰ' মাত 'চেলো'ৰ মাতলৈ ৰূপান্তৰিত" হ'ল তেঁও গ্ৰামোফোনত গোৱা প্ৰথম গীত কেইটা আছিল আনন্দিৰাম দাসৰ "তুমিয়ে গোৱালা প্ৰিয়া গান", "মোৰে ওৰে জীৱন কৰি জ্বলা কলা", "লুইতৰ শুৱনি ৰূপহী মাজুলী মৰোঁ যেন লাগে তাত" আৰু "স্মৃতিৰ বুকুত থৈ যাম মোৰ"।

বিষ্ণুপ্ৰসাদ ৰাভাই আনন্দিৰাম দাসৰ বনগীতবিলাক খুব ভাল পাইছিল। ৰাভাদেৱে এইটো উপলব্ধি কৰিছিল যে আনন্দিৰাম দাসে তেঁওৰ উপদেশ 'বনগীত সুৰীয়া, বনগীত সুৰীয়া অ' গোৱা অসমীয়া প্ৰাণ মন ভৰি' আখৰে আখৰে পালন কৰিছিল। সেয়েহে, নিজৰ বিশেষ আগ্ৰহ থকা সত্বেও তেঁও দুই এটা বনগীত ৰচাৰ পাচত বনগীত ৰচিবলৈ এৰি আনন্দিৰাম দাসৰ বনগীতকে স্বীকৃতি আৰু উৎসাহ দিবলৈ ধৰিলে। ৰাভাদেৱে নিজৰ উদ্যমেৰে আনন্দিৰাম দাসৰ দুটা বনগীত বাণীৱদ্ধ কৰায়। সেই কেইটা হৈছেঃ কমল নাৰায়ণ চৌধুৰীৰ কণ্ঠত 'তুমি কোন বসন্তৰ প্ৰথম পুৱা' আৰু শিশু সুদক্ষিণা শৰ্মাৰ কণ্ঠত 'দূৰণিৰ সৌ ৰিণি ৰিণি'। এজন শিল্পীৰ আন এজন একে বয়সীয়া শিল্পীৰ প্ৰতি এনে সদ্ভাব সচাকৈয়ে আদৰ্শনীয়। দুখীয়া আনন্দিৰাম দাসৰ প্ৰতি এনে চেনেহে বিষ্ণুপ্ৰসাদ ৰাভাই মাৰ্ক্স আদৰ্শ কেনেদৰে নিজৰ জীৱনত প্ৰয়োগ কৰিছিল তাৰও প্ৰমাণ দিয়ে।

ভূপেন দাদাই অনন্দিৰাম দাসৰ 'স্মৃতিৰ বুকুত থৈ যাম মই' গীতটো শেষলৈকে সুন্দৰকৈ গাব পাৰিছিল যদিও মোৰ অতিশয় প্ৰিয় 'মোৰে ওৰে জীৱন কৰি জ্বলা কলা' গীতটোৰ প্ৰথম ফাকিৰ বাদে আন কথা আৰু সুৰ একেবাৰে মনত পেলাব নোৱাৰিলে। তেখেতে মাথোঁ ক'লে যে গীতটোত আনন্দিৰাম দাসে নেপালী লোকগীতৰ সুৰ লগাইছিল।

এই শতিকাৰ আন্তণিতে বিজাতৰীয়া গীত, সুৰ আৰু চিঞৰ বাখৰেৰে জৰ্জৰিত অসমীয়া প্ৰাণে আকৌ বনগীতৰ সোৱাদ বিচাৰি আকুল হোৱা কাৰণে জুবিন গাৰ্গ, মধুমিতা ভট্টাচাৰ্য্য আদি দুই এগৰাকী শিল্পীয়ে আনন্দিৰাম দাসৰ বনগীত আকৌ নতুন উদ্যমেৰে পৰিবেশন কৰিবলৈ লগাত নতুন অসমীয়াই আকৌ বনকোঁৱৰৰ অপৰূপ বনগীত বিলাক আদৰ কৰি তৃপ্তি লভিবলৈ সমৰ্থ হৈছে।

আনন্দিৰাম দাসৰ আধুনিক বা আন ধৰণৰ গীতবিলাক কিন্তু এক প্ৰকাৰ হেৰাই যাবৰ উপক্ৰম হৈছে। তেখেতৰ দুই এটা গীত আনৰ নামত প্ৰচাৰিত হোৱাও দেখিবলে পাইছোঁ উদাহৰণ স্বৰূপে, তেখেতৰ 'ক'ৰে তই শুৱনি নাচনি বিজুলী' গীতটো শিৱপ্ৰসাদ ভট্টাচাৰ্য্যৰ গীত বুলি এজনে বাণীৱদ্ধ কৰিছে। সেইকাৰণে ইয়াত অনন্দিৰাম দাসৰ আধুনিক গীতৰ এটি আলোচনা আগ বঢ়ালো।

আমি আগেয়ে উল্লেখ কৰিছোঁ যে আনন্দিৰাম দাসে স্কুলীয়া শিক্ষা বেছি পোৱা নাছিল। স্কুলীয়া শিক্ষা তেঁও সপ্তম শ্ৰেণীৰ পঢ়া কোঠালীত ভুমুকি মাৰি আহোঁতেই শেষ হৈছিল। তেঁও আন প্ৰতিষ্ঠানৰ পৰা কোনো কাৰিকৰী শিক্ষাও পোৱা নাছিল বা উপৰি

পুৰুষৰ পৰা কোনো পৰম্পৰাগত প্ৰবৃত্তিৰও জ্ঞান আহৰণ কৰিবলৈ পোৱা নাছিল। জীৱনত তেঁওৰ প্ৰতিভা প্ৰকাশ কৰিবলৈ বা কিবা সৃষ্টিৰে তেঁওৰ মানৰ জীৱন সাৰ্থক কৰিবলৈ তেঁওৰ আছিল মাত্ৰ এটাই সমল আৰু সেইটো হৈছে মাতৃভাষা। প্ৰেছত আখৰ বন্ধা (কম্প'জিটৰ) কাম কৰি থকা কাৰণে আৰু নিজৰ মনত প্ৰকাশ বিচাৰি ঘটমটাই ফুৰা নানা ভাব আৱেগ অনুভূতিৰ তাৰণাৰ কাৰণেই হয়তো তেঁও আৱিস্কাৰ কৰিলে মাতৃভাষাৰ শক্তি। সেয়েহে, তেঁওৰ কণ্ঠৰ পৰা গুঞ্জৰিত হৈ ওলাল 'স্মৃতিৰ বুকুত থৈ যাম মই'ৰ দৰে গীত। অসমীয়া ভাষা আৰু গীতৰ সেই ডাবৰে আবৰা যুগত তেঁওৰ গীতে নতুন প্ৰতিশ্ৰুতি আনিলে।

আনন্দিৰাম দাসে আধুনিক বোলা গীতবিলাকৰ কেইটীমানত এটা নতুন ভাবৰ প্ৰাধান্য দেখা যায় —সেইটো হৈছে মাতৃ ভাষাৰ প্ৰতি থকা তেঁওৰ ৰঞ্জিত মঞ্জিত অনুৰাগ। সেই চিনাকী ভাবক আনন্দিৰাম দাসে অতি আধুনিক ৰূপ দিছে।

প্ৰেমৰ জগতত আনন্দিৰাম দাস কিন্তু ভূপেন হাজৰিকাৰ দৰে 'উৰণীয়া মৌ' বা 'প্ৰেমিক অশ্বাৰোহী' নহয়; তেঁও বিষ্ণু ৰাভাৰ দৰে 'অপূৰ্ণ আশা' পূৰাবলৈ বিচৰা বলিষ্ঠ অণ্বেষীও নহয়। সেইদৰে জ্যোতিপ্ৰসাদৰ নিচিনাকৈ নিৰাপত্তাৰ কোঠাত বহি সুন্দৰৰ আৰাধনা কৰিব পৰা অৰ্থনৈতিক স্বচ্ছলতাও তেঁওৰ নাছিল। ১৪ বছৰ বয়সতে পিতৃক হেৰুৱাই এটা পৰিয়ালক ভৰণ পোষণ দিব লগীয়া হোৱা আনন্দিৰাম দাসৰ নিঃকিন জীৱন অতি সীমিত ভাবে খাৰঘূলিৰ সৰল চৌসীমাতে আৱদ্ধ আছিল। তেঁওৰ উচ্ছল যৌৱনৰ জোৱাৰও জীৱন সংগ্ৰামৰ মৰুতেই হেৰাই গৈছিল। ২৫ বছৰ বয়সতে তেঁও ওচৰৰ দেৱযানীৰ লগত বৈবাহিক জীৱন আৰম্ভ কৰিছিল। তাৰ পিচত পাঁচ গৰাকী মনোমোহা কন্যা আৰু দুজন পুত্ৰৰ সৈতে তেঁও গঢ় দিয়া মৰমৰ সংসাৰতে তেঁও জীৱনৰ পূৰ্ণতাখিনি আৰু প্ৰেমৰ সকলো সুবাস পাবলৈ সমৰ্থ হৈছিল। কিশোৰী মোহন পাঠকে ক'বৰ দৰে, আনন্দিৰাম দাসে "প্ৰথম ৰচিত গীত দুটি লিখি, সুৰ দি, দুয়োটি গাই শুনালে পত্নী দেৱযানী দাসক। পত্নীয়ে দুয়োটি গীত শুনি ভাল পোৱা বুলি কলে। প্ৰথম গীতটি হ'ল — 'কোনেনো সখি জগালে মাতি"।

এন্দ্ৰক'ল

এন্দ্ৰক'ল নামৰ এজন ৰোমান বন্দীদাসৰ এটা কাহিনী বহুদিনৰ পৰা প্ৰচলিত হৈ আহিছে। সেই কাহিনীৰ মতে খৃষ্টিয়ান ধৰ্মী হোৱা কাৰণে এন্দ্ৰক'লক ৰোমৰ প্ৰখ্যাত কলছিয়ামত শাস্তি দিবলৈ অনোৱা হৈছিল। শাস্তি আছিল এটা ভোকাতুৰ সিংহৰ আগত এন্দ্ৰক'লক মেলি দিয়া। সিংহটোৱে কিন্তু এন্দ্ৰক'লৰ অনিষ্ট নকৰি এন্দ্ৰক'লৰ প্ৰতি চেনেহ দেখুওৱাত এন্দ্ৰক'ল ৰক্ষা পৰিল। ইংৰাজ নাট্যকাৰ জৰ্জ বাৰ্ণাৰ্ড শ্বই সেই কাহিনীৰ আধাৰত এন্দ্ৰক'ল এণ্ড দি লাইয়ন (Androcles and the Lion) নামে এখন অতি চতুৰ উপহাসপূৰ্ণ নাটক লিখে। সেই নাটকখনত তেঁও কোনো কোনো খৃষ্টিয়ানৰ ভণ্ডামি, দন্দুৰী পত্নী, সম্ৰাট জুলিয়াচ চিজাৰ আদি বহু চৰিত্ৰৰ স্বৰূপ উপহাসেৰে উদঙাইছে।

এন্দ্ৰক'লৰ সিংহটোৰ লগত বন্ধুত্ব হয় তেঁও সিংহটোৰ ভৰিৰ কাঁইট উলিয়াই তাৰ যন্ত্ৰণা দূৰ কৰা কাৰণে। তাৰ পিচত এন্দ্ৰক'লে সিংহটোৰ লগত বিপদে আপদে আনন্দেৰে সময় কটোৱা হ'ল। বিশেষকৈ তেঁওৰ ঘৈণীয়েকে তেঁওক বেলনামৰি, ঝাড়ু আদিৰে আক্ৰমণ কৰিবলৈ খেদি আহিলে এন্দ্ৰক'লে গৈ সিংহটোৰ কাষত আশ্ৰয় লয়। তেতিয়া এন্দ্ৰক'লৰ ঘৈণীয়েকে 'কটা ভীৰু কাপুৰুষ, সিংহটোৰ কাষত লুকাই সাৰিবলৈ তোৰ লাজ নালগে নে?' বুলি ভয়তে সিংহৰ (গতিকে এন্দ্ৰক'লৰ) ওচৰৰ পৰা আঁতৰে। সেইদৰে এবাৰ জুলিয়াচ ছিজাৰে এন্দ্ৰক'লক ধৰিবলৈ

গৈ এন্দ্ৰক'লৰ লগত সিংহটোক দেখি ভয়ত পেপুৱা লগাত এন্দ্ৰক'লে তেঁওক আশ্বাস দিলে যে এন্দ্ৰক'ল কাষত থাকিলে সি ছিজাৰৰ একো অনিষ্ট নকৰে। তেতিয়া ছিজাৰে ভয়ে ভয়ে সিংহটোৰ ওচৰলৈ গৈ তাৰ পিঠিত ভৰি দি মহা দৰ্পেৰে ঘোষণা কৰিলে, 'ছিজাৰে এটা সিংহকো বশ কৰিলে'।

উৰ্বশী

ভূপেন হাজৰিকাই গোৱা বা ৰচা কেইবাটাও গীতত কালজয়ী সৌন্দৰ্য্য কুঁৱৰী উৰ্বশীয়ে ভুমুকি মাৰিছে। ভূপেন হাজৰিকাৰ জীৱনত আৰু গীতত উৰ্বশীৰ প্ৰভাৱ তাৎপৰ্য্যপূৰ্ণ। উদাহৰণ স্বৰূপে, 'কথা কোৱা হে উৰ্বশী!', 'পক্ষীৰাজ ঘোঁৰা' আৰু 'সুউচ্চ পাহাৰৰ শৃংগলৈ উঠা মই প্ৰেমিক অশ্বাৰোহী' গীত কেইটালৈ আঙুলিয়াব পাৰি। সেয়েহে, সেই গীতবিলাকৰ সৌন্দৰ্য্য আৰু সেইবিলাক পৰিৱেশন কৰোঁতে প্ৰকাশ পোৱা ভূপেন হাজৰিকাৰ প্ৰতিভা উপগম কৰিবৰ কাৰণে আমি কালজয়ী সৌন্দৰ্য্য কুঁৱৰী উৰ্বশীৰ বিষয়ে কিছু জানিব লাগিব।

সৌন্দৰ্য্য কুঁৱৰী উৰ্বশীৰ বিষয়ে ঋকবেদৰ পৰা আৰম্ভ কৰি বিষ্ণুপুৰাণ মৎস্য পুৰাণ আদি বহু পুৰণা শাস্ত্ৰত আছে। মহাকবি কালিদাসে 'বিক্ৰমোৰ্ব্বশীয়ম' নামৰ অমৰ নাটিকাত উৰ্বশী চৰিত্ৰক এটা কাহিনীৰে প্ৰতিষ্ঠা কৰিছে। কালিদাসৰ নাটককে ধৰি আন আন শাস্ত্ৰত উৰ্বশীৰ বিষয়ে লিখা কথাৰ ইটোৰ সিটোৰ লগত বহু অমিল আছে। সেই কাহিনীবিলাকৰ বহু কথাই আজিৰ জন মানসত অলৌকিক যেন লাগিলেও আমি সেইবিলাক আঁতৰোৱা উচিত নহয় কিয়নো সেই সকলোবিলাকৰ আঁৰপটত আছে সৌন্দৰ্য্য, চিৰ সুন্দৰ আৰু সৃষ্টিৰ চৰিত্ৰৰ বৰ্ণনা। তদুপৰি চিৰ সুন্দৰৰ বা সৃষ্টিৰ অৰ্থ নুবুজি অজ্ঞ বা দুষ্টজনে কিয় আৰু কেনেকৈ মানৱক বিপথে নিয়ে বা মানৱ সভ্যতাত বীভৎস কালিমা সানে সেইটো বুজাত উৰ্বশীৰ কাহিনী সহায় হয়।

এটা কথাত গোটেইবিলাক কাহিনীৰ মিল এয়ে যে অপৰূপ সৌন্দৰ্য্যৰ অধিকাৰিনী উৰ্বশী আছিল ইন্দ্ৰৰ ৰাজসভাৰ এগৰাকী অপেস্বৰী। উৰ্বশী নৃত্যপটীয়সী আৰু এগৰাকী অভিনেত্ৰী ৰূপে ইন্দ্ৰৰ ৰাজসভা শোভাই আছিল। তাৰ বাদে বেলেগ বেলেগ শাস্ত্ৰত উৰ্বশীৰ কাহিনী বেলেগ বেলেগ।

ৰজা ৰবি ৰামে (১৮৪৮-১৯০৬) আঁকা উৰ্ব্বশী আৰু পুৰুৰূৱাৰ ছবি
উইকিপিডিয়াৰ সৌজন্যত

পণ্ডিতসকলে 'উৰ্বশী' শব্দৰ দুটা অৰ্থ দিয়ে। প্ৰথমটোৰ মতে শব্দটোৰ উৎপত্তি হৈছে উৰ + বশ। উৰ মানে হৈছে হৃদয় আৰু বশ মানে বশ কৰা। গতিকে, 'উৰ্বশী' মানে হৈছে যি হৃদয়ক বশ কৰে অৰ্থাৎ অতি মোহনীয় নাৰী।

আনটোৰ মতে, হৈছে উৰু + অশ। উৰু মানে হৈছে বহল আৰু অশ মানে বিস্তাৰ কৰা। গতিকে, 'উৰ্বশী' মানে হৈছে বহলি থকা।

১৯৭২ জ্ঞানপীঠ বঁটা বিজয়ী কবি ৰামধাৰী সিংহ দিনকৰে তেঁওৰ অমৰ কৰিতা 'উৰ্বশী'-ত কৈছে যে 'উৰ্বশী' মানে হৈছে এনে এক অপৰূপা নাৰী যাক মানুহে কামনা কৰিব পাৰে কিন্তু পাব নোৱাৰে।

উৰ্বশীৰ জন্মৰ বিষয়ে আৰু কিয় উৰ্বশী মৰতলৈ আহি পুৰূৰবাৰ পত্নী হ'ল সেই বিষয়ে কাহিনীবিলাকও বেলেগ বেলেগ। তদুপৰি, পুৰূৰবাৰ সতে উৰ্বশীৰ দাম্পত্য জীৱনৰ ঘটনাবিলাকও বেলেগ বেলেগ। সেয়েহে, আমি উৰ্বশীৰ কাহিনী ঘাইকৈ মহাকবি কালিদাসৰ 'বিক্ৰমোৰ্ব্বশীয়ম' নাটকৰ ওপৰতে নিৰ্ভৰ কৰিম।

আমাৰ সংস্কৃতৰ জ্ঞান সীমিত। সৌভাগ্যবশত, যোৰহাটৰ বঙালপুখুৰী অঞ্চলৰ শ্ৰীৰামেশ্বৰ বড়া বি-এল ডাঙৰীয়াই অসমীয়ালৈ অনুবাদ কৰা 'বিক্ৰমোৰ্ব্বশীয়ম' পুথিখন মোৰ হাতত আছে। ১৯৭৭ চনত ধলৰ সত্ৰ প্ৰেছত ছপা কৰা পুথিখন লিখকে নিজে প্ৰকাশ কৰিছিল আৰু পুথিখনৰ দাম আছিল তিনি টকা। বড়া ডাঙৰীয়াক মই লগ পোৱা নাই যদিও তেখেতে অনুবাদ কৰা মহাকবি কালিদাসৰ তিনিওখন পুথি পঢ়ি মই বিশেষ তৃপ্তি লাভ কৰি আহিছোঁ। তেখেতে অনুবাদ কৰা আন দুখন পুথি হৈছে: 'অভিজ্ঞানশকুন্তলম' আৰু 'মালবিকাগ্নিমিত্ৰ'। মহাকবি কালিদাসৰ কাব্য ৰসৰ সোৱাদ মই শ্ৰীৰামেশ্বৰ বড়াৰ যোগেদিয়েই পোৱা। বড়া ডাঙৰীয়াই সম্ভৱ ওকালতি কৰি জীৱিকা নিৰ্বাহ কৰিছিল আৰু অৱসৰ সময়ত সংস্কৃত সাহিত্যৰ চৰ্চা কৰিছিল। তেখেতৰ পাণ্ডিত্যৰ বিচাৰ কৰিব পৰা সামৰ্থ্য নাই যদিও পাঠক ৰূপে ক'ব পাৰোঁ যে তেখেতৰ ৰচনা পদ্ধতি তথা প্ৰকাশ ভংগীৰ পৰা এইটো স্পষ্ট যে তেখেত এজন পৈণত পণ্ডিত আৰু চিন্তাশীল লিখক। পুথিবিলাকত জটিল কথা কিছুমানৰ মূল সংস্কৃত পাঠ দি তেখেতৰ উৎসৰ মূল কাব্যৰ লগত সম্পৰ্ক বাৰে বাৰে সাব্যস্ত কৰিছে। সাধাৰণ পাঠকৰ কাৰণে আটাইতকৈ সহায়ৰ কথা হৈছে তেখেতে দিয়া শব্দাৰ্থ। দৰাচলতে সেইয়া শব্দাৰ্থ নুবুলি প্ৰাসংগিক সমিধানহে বোলা উচিত কিয়নো তেখেতে সংস্কৃত শব্দ কিছুমানৰ অৰ্থৰ লগতে নাটকত ব্যৱহাৰ হোৱা প্ৰসংগৰ সহজ সৰল বিৱৰণ দিছে। তেখেতৰ ভাষা অতিশয় মিঠা আৰু সহজ সৰল কাৰণে পুথি কেইখন বৰ উপভোগ্য।

কালিদাসে সৃষ্টি কৰা অপৰূপ ৰসৰ সম্ভাৰ বড়া ডাঙৰীয়াই অতি নিখুঁত ভাবে অসমীয়া পাঠকলৈ কঢ়িয়াই নিয়াত সফল হৈছে। আমাৰ এটাই আক্ষেপ যে বড়া ডাঙৰীয়াই নিজৰ জেপৰ ধন ভাঙি পুথি কেইখন প্ৰস্তুত কৰা বাবে পুথি কেইখনৰ বাহ্যিক ৰূপ আৰু ব্যৱহাৰ কৰা কাগজ আদি উচ্চ মানৰ হোৱা নাই। আমাৰ আশা যে পুথি কেইখন কোনোবা উদ্যোগী প্ৰকাশকৰ চকুত পৰিব আৰু পুথি কেইখন একেলগে মনোমোহাকৈ ছপা কৰি ৰাইজৰ হাতত দিব।

সৌন্দৰ্য্যৰ ৰূপশিখা উৰ্বশীৰ শিল্পী ৰূপে নৃত্য, অভিনয়, সংগীত আদিত আহৰণ কৰা গুণৰ কাৰণে কালিদাসে উৰ্বশীক সাক্ষাৎ সৰস্বতী বুলিছে। ভূপেন হাজৰিকাৰ উৰ্বশী অৱশ্যে তেনেদৰে সন্মানিত নহয়। ভূপেন হাজৰিকাৰ মতে:

"দেৱলোকত মেনকা ৰম্ভাই ঠগে
উৰ্বশীয়েও ধৰা দিম বুলি কৈ ভাগে।"

সেয়েহে, ভূপেন হাজৰিকাৰ উৰ্বশী সৰগৰ পৰা মৰতলৈ প্ৰেম বিচাৰি অহা সৌন্দৰ্য্য কুঁৱৰী যদিও তেঁও 'ধৰা দিম বুলি কৈ' ভগা কাৰণে শাপভ্ৰষ্টা হৈ লুইতৰ বুকুত শিল হৈ বিৰাজ কৰা উৰ্বশীহে।

উৰ্বশী প্ৰদীপ দৌল
ফটো: দীপজ্যোতি চক্ৰৱৰ্তী, নৱগ্ৰহ, গুৱাহাটী

এইটো উল্লেখযোগ্য যে গুৱাহাটীৰ উমানন্দ মন্দিৰৰ সমুখৰ জলৰাশিত বিৰাজ কৰা শিলাখণ্ড শাপভ্ৰষ্টা 'উৰ্বশী' বুলি জনাজাত। সেইপিনে জাহাজ বা ডাঙৰ নাও যোৱাটো বিপজ্জনক কাৰণে বৃটিচ চৰ্কাৰে সাধাৰণ কিন্তু ধুনীয়া প্ৰদীপ দৌল (Light House) এটা সাজি দিয়ে। দেশ স্বাধীন হোৱাৰ আগলৈকে উৰ্বশীত আন্ধাৰ হোৱাৰ লগে লগে কেৰাচিন তেলৰ বা তেনে ধৰণৰ চাকি জ্বলাই থোৱাৰ ব্যৱস্থা আছিল।

সম্ভৱ সেই প্ৰদীপ দৌলটো আৰু উৰ্বশীৰ সৌন্দৰ্য্যক সুঁৱৰিয়েই সৃষ্টি হৈছিল ভূপেন হাজৰিকাই পৰিৱেশন কৰা কালজয়ী গীত, 'কথা কোৱা হে উৰ্বশী'। সেই গীতটো বুজিবলৈ আমি কালিদাসে বৰ্ণোৱা পুৰূৰবা আৰু উৰ্বশীৰ প্ৰেম কাহিনীটোৰ এটা আভাস পাব লাগিব।

কালিদাসৰ মতে, 'মনোমোহা প্ৰভাৰ চন্দ্ৰ এওঁৰ গুৰি হ'ব পাৰে নেকি, নতুবা শৃংগাৰ ৰসৰ মদন নিজেই নেকি পুষ্পমাহ বসন্তই বা? নহলেনো বাৰু বিষয়-সুখ-স্পৃহা-বিৰোধী, বেদাভ্যাস জড় তপস্বী এজনে কেনেকৈ এনে মনোহৰ ৰূপ সৃষ্টি কৰিব পাৰিব?'উৰ্বশী ইন্দ্ৰৰ স্বৰ্গত আটাইতকৈ মোহিনী অপেস্বৰী ৰূপে প্ৰতিষ্ঠিত হ'লেও স্বৰ্গত তেঁও সুখী নহ'ল। স্বৰ্গৰ বিলাস আভিজাত্য আৰু প্ৰেম অভিনয়ৰ নাটকে তেঁওক শান্তি দিব নোৱাৰিলে। স্বৰ্গত যেন কিবা এটা নাই। সেইকাৰণে তেঁও সময়ে সময়ে প্ৰেম বিচাৰি মৰতলৈ আহে।

ভূপেন হাজৰিকাই তেনে এগৰাকী ৰূপ কুঁৱৰীকে পক্ষীৰাজ ঘোঁৰা গীতত সুঁৱৰিছে:

"স্বৰ্গ এৰা এক ৰূপ কুমাৰী
আহিছোঁ মৰতলে প্ৰেম বিচাৰি
স্বৰ্গত ইন্দ্ৰই ঠগিলে কিমান
বৰুণেও মিছাকৈ কান্দিলে ইমান
স্বৰ্গ এৰা এক ৰূপ কুমাৰী
আহিছোঁ বজাৰলে প্ৰেম বিচাৰি।"

অৱশ্যে, মৰতত কেৱল প্ৰেমেই নাই, আছে দুৰ্বৃত্ত, আছে এন্ধাৰ যি মানুহৰ সমাজত পশুত্ব বিলাবলৈ যত্নপৰ হৈ থাকে। তেনে এন্ধাৰৰ ৰজাৰ কাম হৈছে:

এন্ধাৰৰ ৰজা: মই জ্যোতিক কৰি দিওঁ নষ্ট
ভাল মন ভাল কাম দেখি পাওঁ কষ্ট
সুন্দৰ কোঁৱৰ আৰু ৰূপৰ কুঁৱৰীৰ
মিলন নহয় মোৰ পছন্দ
দুয়োটাকে কাটি কুটি
কৰি দিম লণ্ড ভণ্ড।

সেই দুৰ্বৃত্ত দুৰ্জনসকলে সৌন্দৰ্য্যৰ যোগেদি চিৰসুন্দৰক চিনিবলৈ নিবিচাৰে বা সৃষ্টিশীল হ'বলৈ নিবিচাৰে। সিহঁতে বিচাৰে সৌন্দৰ্য্যক নিজৰ বশ কৰিবলৈ, সিহঁতে বিচাৰে সুন্দৰক ইন্দ্ৰিয় তৃপ্তি, ব্যৱসায় বা পাশৱিক সম্ভোগৰ সমল কৰিবলৈ।

মৰতত প্ৰেম বিচাৰি আহোঁতে উৰ্বশীৰও ভাগ্যত সেয়ে ঘটিল। উৰ্বশী আৰু তেঁওৰ সখিয়েক চিত্ৰলেখাক কেশিন নামৰ এক দুৰ্জনে বাটতে পায় ধৰি নিলে। মহাকবি কালিদাসৰ 'বিক্ৰমোৰ্ব্বশীয়ম' নাটকৰ আৰম্ভণি এই নাটকীয় পৰিস্থিতিতে আৰম্ভ কৰিছে। ৰজা পুৰূৰবাই ঘটনাস্থলীত উপস্থিত হৈ নিজৰ বিক্ৰমেৰে কেশিনক বধ কৰি দুয়ো অপ্সেৰীক উদ্ধাৰ কৰে।

পুৰূৰবাৰ বিক্ৰম আৰু সদাচাৰ দেখি

উৰ্বশী মুহিত হয়। আনপিনে উৰ্বশীৰ ৰূপ দেখি পুৰূৰবা প্ৰকাশ কৰিব নোৱৰা এক প্ৰেম অনুভূতিৰ দ্বাৰা বিচলিত হয়। তাৰ পিচত কালিদাসে নানান নাটকীয় পৰিস্থিতিৰ সৃষ্টি কৰি অপৰূপ ৰস সৃষ্টি কৰিছে আৰু তেঁওৰ কাব্য প্ৰতিভা প্ৰকাশ কৰিবলৈ নানান পটভূমি গঢ়িছে। পাঠকে 'বিক্ৰমোৰ্ব্বশীয়ম' নিজে পঢ়ি পাব পৰা আনন্দত যাতে বাধা নপৰে সেইকাৰণে সেইবিলাক বিশদ ভাবে আলোচনা নকৰি ইয়াত কেইটামান উদাহৰণ দিওঁ।

১) পুৰূৰবাৰ উৰ্বশীক তেঁওৰ মনৰ কথা জনাবলৈ ভয় কিয়নো চন্দ্ৰবদনা উৰ্বশী সহজলভ্যা নহয়, তাতে পুৰূৰবা নিজে বিবাহিত। উৰ্বশীৰ পুৰূৰবাৰ প্ৰতি প্ৰেম নিবেদন কৰিবলৈ ভয় কিজানি পুৰূৰবাই তাক প্ৰত্যাখান কৰে।

২) বিদুষক আৰু চিত্ৰলেখাৰ সহায়ত তেঁওলোকৰ প্ৰেম ভাবৰ বুজাবুজি হ'ল যদিও তাৰ আদান প্ৰদান হ'বলৈ নৌপাওঁতেই ইন্দ্ৰই লোকপালকৰ সৈতে উৰ্বশীৰ অভিনয় চাবলৈ মন কৰাত উৰ্বশীয়ে ততাতৈয়াকৈ স্বৰ্গলৈ যায়।

৩) স্বৰ্গলৈ গৈ উৰ্বশীৰ অথন্তৰ মিলে। ভৰত মুনিৰ নাটকত অভিনয় কঁৰোতে উৰ্বশীয়ে এটা সংলাপত মাৰাত্মক ভুল কৰে—য'ত 'পুৰুষোত্তম' ক'ব লাগিছিল তেঁও ক'লে 'পুৰূৰবা' বুলি। খঙ আৰু অপমানত গুৰু ভৰত মুনিয়ে তেঁওক অভিশাপ দিলে 'তুমি মোৰ উপদেশ লংঘন কৰিলা যেতিয়া স্বৰ্গত তোমাৰ আৰু স্থান নাই।' সহানুভূতিশীল ইন্দ্ৰই অভিশপ্ত উৰ্বশীৰ শাস্তি লঘূ কৰি ক'লে, 'যাৰ লগত তোমাৰ ভাব হৈছে, তেঁও ৰাজৰ্ষি, মোৰ ৰণৰ সহায়ক। তেঁওৰ মই প্ৰিয় কাৰ্য্য সাধন কৰিব লাগে। তুমি বাৰু তোমাৰ কামনা অনুযায়ী পুৰূৰবাৰ লগতে থাকাগৈ। কিন্তু তেতিয়ালৈকেহে যেতিয়ালৈকে তোমাৰ পৰা হোৱা সন্তানৰ তেঁও মুখ নেদেখে।'

৪) আনপিনে উৰ্বশীয়ে পুৰূৰবালৈ দিয়া ভূৰ্জপত্ৰ (গছৰ বাকলিত লিখা চিঠি) খন বতাহে উৰুৱাই নি সেই উপবনতে বিচৰণ কৰি ফুৰা পুৰূৰবাৰ পত্নী দেৱীৰ হাতত পেলায় আৰু তেঁও সকলো জানিব পাৰে। গতি বিষম হয়।

৫) দেৱীক কেনেকৈ বুজাব, কি ক'ব কেনেকৈ উৰ্বশীকো তেঁওৰ কৰিব আদি জল্পনা কল্পনা কৰি তেঁও ৰাজপ্ৰসাদত দেৱীৰ ওচৰলৈ যায়। কিন্তু তেঁও য'ত দেৱীক লগ পায় দেৱীৰ কোপ দৃষ্টিৰ সন্মুখীন হ'ব বুলি ভাবিছিল তাত উৰ্বশীহে উপস্থিত হয়।

৬) দেৱীয়ে উৰ্বশীক পুৰূৰবাৰ পত্নী ৰূপে গ্ৰহণ কৰে আৰু তেঁওৰ সৈতে প্ৰীতি বান্ধোনেৰে থাকিম বুলি প্ৰতিশ্ৰুতি দিয়ে। তাৰ পিচত আকৌ অঘটন ঘটে। এদিন গন্ধমাদন উপবনত বিচৰণ কৰি ফুৰোঁতে পুৰূৰবাই অন্য এক নাৰীৰ পিনে কিছুক্ষণ চাই থকা কাৰণে উৰ্বশীয়ে খঙতে তেঁওৰ পৰা অলপ আঁতৰি গৈ অজানিতে কাৰ্ত্তিকেয়ই চিৰকুমাৰ ব্ৰত ধৰি থকা আশ্ৰমত সোমায় আৰু লগে লগে এডাল লতাত পৰিণত হয়। কাৰ্ত্তিকেয়ই এই বিধি বান্ধি দিছিল যে কোনো নাৰী তেঁওৰ আশ্ৰমত প্ৰৱেশ কৰিলে তৎক্ষণাৎ লতাত পৰিণত হ'ব। তাৰ পিচত, উৰ্বশীক বিচাৰি নাপায় পুৰূৰবা মৰ্মাহত হয় আৰু উৰ্বশীৰ সমিধান বিচাৰি গছ গছনি পশু পক্ষী পহাৰ নদ নদী আটাইৰে কাষ চাপে। কাব্যিক দৃষ্টি কোণৰ পৰা পুৰূৰবাৰ বিৰহ আৰু সেই বিৰহত ছাটি ফুটি কৰি তেঁও এটা এটাকৈ প্ৰত্যেককে অনুনয় বিনয় কৰি উৰ্বশীৰ সমিধান দিবলৈ কৰা অনুৰোধ 'বিক্ৰমোৰ্ব্বাশীয়মৰ' শ্ৰেষ্ঠ অলংকাৰ।

৭) সংগমনীয় মণিৰ সহায়ত পুৰূৰবাই

উৰ্বশীক ঘূৰাই পালেও তেঁওলোকৰ জীৱনলৈ পুনৰ দুৰ্যোগ আহে। এদিন এটা শগুনে সেই সংগমনীয় মণিটো লৈ উৰা মাৰি পলাই যায়। সেই মণিটোৰ অবিহনে অথন্তৰ মিলিব বুলি সেই শগুনটোক মাৰি হ'লেও মণিটো যেনে তেনে লৈ আহিবলৈ তেঁও আটাইকে পাচিলে। শেষত মণিটো ঘূৰাই পালে এজন কুমাৰৰ সহায়ত। সেই কুমাৰক দেখি পুৰূৰবাৰ অপত্য স্নেহ জাগি উঠিল আৰু সচাকৈয়ে উৰ্বশীৰ গৰ্ভত ওপজা তেঁওৰেই পুত্ৰ আয়ুস বুলি জানিব পাৰি আনন্দত অধীৰ হ'ল। কিন্তু তেঁওৰ আনন্দ ক্ষণস্থায়ী হ'ল কিয়নো উৰ্বশীক ইন্দ্ৰই কি চৰ্তত পুৰূৰবাৰ কাষত থাকিবলৈ দিছিল তাক বিৱৰি ক'লে। সেয়েহে, পুৰূৰবাই যাতে সহজে পুত্ৰ মুখ নেদেখে তাক নিশ্চিত কৰিবলৈ তেঁও আয়ুস জন্মাৰ লগে লগে ভগবান চবনৰ আশ্ৰমত সত্যবতীৰ তত্ত্বাৱধানত আয়ুসক থৈ আহে আৰু সেই বিষয়ে পুৰূৰবাক একো জানিবলৈ নিদিযে। সেয়েহে, নিজৰ দায়িত্ব মানি স্বামী আৰু পুত্ৰক এৰি উৰ্বশী পুনৰ স্বৰ্গলৈ যাত্ৰা কৰে।

সৌভাগ্যবশত, ইন্দ্ৰই দানৱসকলৰ লগত আগন্তুক সমৰত পুৰূৰবাৰ সহায়ৰ প্ৰয়োজন উপলব্ধি কৰি উৰ্বশীক পুনৰ পুৰূৰবাৰ লগত জীৱন যাপন কৰিবলৈ পঠিয়ায়। তাতেই 'বিক্ৰমোৰ্ৰ্বশীয়ম' নাটক সমাপ্ত হয়।

পুৰূৰবাই তেঁওৰ দুই পত্নী দেৱী আৰু উৰ্বশীৰ লগত কেনেদৰে জীৱন অতিবাহিত কৰিলে বা তেঁওলোকৰ কি হ'ল সেইয়া দৰ্শক আৰু পাঠকৰ খোৱাক ৰূপে মহাকবি কালিদাসে এৰি দিলে। তথাপি তেঁও তাৎপৰ্য্যপূৰ্ণ ভাবে নাটকখনৰ সামৰণিত ভৰত বাক্য দিছে (টোকা: সংস্কৃত নাটকৰ মূল চৰিত্ৰৰ মুখেদি দেশৰ আৰু প্ৰজাৰ মংগল কামনা কৰি গোৱা সামৰণি শ্লোক। ভৰত মুনিয়ে প্ৰৱৰ্তন কৰা কাৰণে তেনে শ্লোকক তেঁওৰ নামেৰেই পৰিচিত):

পৰস্পৰবিৰোধিন্যোৰেকসংশ্ৰয় দুৰ্ল্লভম্
সংগতং শ্ৰীসৰস্বত্যোভূৰ্তয়েস্তু সদা সত্যম্।

ভাবাৰ্থ: সজ্জনৰ মংগলৰ কাৰণে একেলগে বাস কৰাটো দুৰ্লভ পৰস্পৰ বিৰোধী লক্ষ্মী আৰু সৰস্বতীৰ যেন চিৰ মিলন হয়।

কুমাৰ ভূপেন হাজৰিকাই নিজকে সুউচ্চ শৃংগলৈ উঠা এক প্ৰেমিক অশ্বাৰোহী ৰূপে বিচাৰিছিল ধাৱমান পুৰুষৰ সন্ধানত ফুৰা উৰ্বশীৰ দৰে এগৰাকী প্ৰেমিকা।

কমল কটকী (জন্ম: ১৯৬১ চন)

ভূপেন দাদা অতিশয় মৰমিয়াল লোক; তেঁওৰ হৃদয় মানৱী মৰমেৰে ভৰা কিন্তু তেঁওৰ মৰমৰ উপমাবিলাক বহুত ক্ষেত্ৰত কল্পনাপ্ৰসূত। তেঁও যদি কাৰোবাক 'তেঁৱেই মোৰ প্ৰেমিকা' বুলি কয় সেইটো থিক সচা নহয় কাৰণ তেঁও প্ৰেমিকাক ভাল পাব বা সন্মান কৰাৰ অভিজ্ঞতা নাই বুলি তেঁওৰ তথাকথিত সকলো 'প্ৰেমিকাই' কয়। সেইদৰে তেঁও যদি কয় 'তাই মোৰ নিজৰ ছোৱালীৰ নিচিনা' তেনেহলে সেই প্ৰকাশও সন্দেহজনক কিয়নো তেঁওৰ নিজৰ জীয়ৰী নাই। তেঁওৰ সচা মৰমৰ অভিজ্ঞতা নিজৰ আই বোপাই, মাহীয়েক আৰু ভাই ভনী সকলৰ প্ৰতিহে। সেয়েহে তেঁও যদি কাৰেবাক 'তাই মোৰ ভনীৰ নিচিনা' বা 'তেঁও মোৰ ভ্ৰাতৃসম' বুলিছে তেনেহলে সেই মৰম অৰ্থপূৰ্ণ। সচাকৈয়ে তেঁও খুব কম সংখ্যক লোককহে 'ভগ্নীসম' বা 'ভ্ৰাতৃসম' বুলিছে। তেঁও কেবাজনকও নিজৰ 'পুত্ৰসম' বুলিছে। সেই আখ্যাও যথেষ্ট কল্পনাপ্ৰসূত কাৰণ তেঁওৰ নিজৰ পুত্ৰ তেজৰ লগত সম্পৰ্ক অৱস্থাই বহুত জটিল কৰিছিল আৰু জীৱন কালত তেঁও তেজৰ লগত আন্তৰিক সম্পৰ্ক গঢ়িবলৈ তেনে সুবিধা নাপালে। সেয়েহে তেঁও যাকে তাকে নিজৰ 'পুত্ৰসম' বুলিব পাৰিছিল।

অসমৰ উদীয়মান শিল্পী কমল কটকীৰ

ক্ষেত্ৰত কিন্তু ১৯৮৪ চন মানৰ পৰা সচাই তেঁও জীৱনৰ এক চৰম আনন্দ লাভ কৰিলে। কমলেও সচাকৈয়ে ভূপেন দাৰ জীৱনৰ শেষৰ প্ৰায় ২৫ বছৰ কাল ভূপেন দাদাৰ লগত মঞ্চত গীত পৰিৱেশন কৰা গীতৰ সুৰ আৰু সংগীত সজোৱা আদিৰ ব্যৱস্থা কৰাৰ উপৰিও ঘৰ আৰু বাটে পথে ভূপেন দাদাৰ ছাঁৰ দৰে থাকি ভূপেন দাদাক নিজৰ পিতৃ যেন জ্ঞান কৰি সুপুত্ৰৰ দৰে নিস্বাৰ্থ ভাবে সহায়, সেৱা আৰু শুশ্ৰুষা কৰিলে।

কমল কটকীৰ জন্ম হয় নগাঁৱৰ ৰহাত। তেঁওৰ দেউতাক প্ৰবোধ চন্দ্ৰ কটকী আৰু মাক প্ৰতিভা। তেঁওৰ দেউতাক শিক্ষক আৰু স্বাধীনতাৰ যুঁজাৰু আছিল। কমলে যোৰহাট ইঞ্জিনিয়াৰীং কলেজৰ পৰা বি-ই (১৯৮৪ চনত) আৰু গুৱাহাটীৰ আসাম ইঞ্জিনিয়াৰীং কলেজৰ পৰা এম-ই ডিগ্ৰ পোৱা অভিযন্তা হ'লেও তেঁওৰ ৰাপ সংগীতত। সংগীত আৰু গীটাৰ বজাবলৈ তেঁও ৰহাৰ বেল্জাৰ বেগ, ডিব্ৰুগড়ৰ ৰতন চৌধুৰী আৰু গুৱাহাটীৰ ভূপেন উজিৰৰ পৰা খুঁচুৰি খুঁচুৰি জ্ঞান আহৰণ কৰে। ১৯৮৪ চনত ভূপেন দাদাই উষা মংগেস্কাৰ, হৃদয়নাথ মংগেস্কাৰ আৰু নিটিন মুকেছক লগত লৈ নগাঁৱত গীত পৰিৱেশন কৰিবলৈ আহোঁতে তেঁও ভূপেন দাদাৰ লগত প্ৰথমবাৰৰ কাৰণে গীটাৰ বজাবলৈ পায়। তাৰ পিচত ভূপেন দাদাই তেঁওক এৰি নিদিয়া হ'ল। সেয়েহে তেঁও ভূপেন দাদাৰ লগত অসম আৰু ডুবাইকে ধৰি অসমৰ বাহিৰৰ মঞ্চত গীটাৰ বজায়।

কমলৰ বিয়াৰ পিচত তেঁওৰ পত্নী সুগায়িকা আশাইও ভূপেন দাদাৰ গীত পৰিৱেশনত সহায় কৰিবলৈ লয়। ১৯৯৭ চনৰ পাচত ভূপেন দাদাই কমলক তেঁওৰ উত্তৰ পূব অঞ্চলৰ সকলো অনুষ্ঠানৰ যো-জা, মঞ্চ সজ্জা, সামাজিক সম্পৰ্ক, গীত বাণীৱদ্ধ ব্যৱস্থা আদি সকলো দিশৰ দায়িত্ব দিয়ে। কমলেও অবৈতনিক ভাবে আৰু অকাতৰে সকলোখিনি সমাধা কৰে। আনকি ভূপেন দাদাৰ অসুখ বিসুখৰ সময়তো তেঁও ভূপেন দাদাৰ কাষত উপস্থিত হৈছিল। ভূপেন দাদাৰ হৃদ ৰোগৰ অসুখৰ সময়ত তেঁও সুদূৰ মুম্বাইলৈ গৈ ভূপেন দাদাই বাই-পাছ অস্ত্ৰোপাচাৰৰ চিকিৎসা কৰাৰ সিদ্ধান্ত লোৱাত সহায় কৰিছিল। সেই চিকিৎসাৰ পিচতো তেঁও মুম্বাইত থাকি ভূপেন দাদাক চোৱা চিতা কৰিছিল।

অসমৰ সাংস্কৃতিক ঐতিহ্যৰ সংগ্ৰহ আৰু সংৰক্ষণৰ কাৰণে কমল কটকীৰ প্ৰচেষ্টাও প্ৰশংসনীয়। তেঁও ভূপেন দাদাৰ নতুন পুৰণি গীত ন ৰূপত সজাই পৰাই তলত দিয়া গীতৰ চি-ডি প্ৰস্তুত কৰাত সহায় কৰে:

১) গ্লৰিয়াচ ছংগচ অৱ ভূপেন হাজৰিকা (Glorious Songs of Bhupen Hazarika) (আঠটা গীত)

২) চিৰযুগমীয়া গীত (আঠটা গীত)

৩) বৰদৈচিলা (আঠটা গীত)

৪) আমি একেখন নাৱৰে যাত্ৰী (ছটা গীত; এই কেইটা গীতত সদা গগৈ আৰু পুলিচৰ বিষয়া শংকৰ বৰুৱাইও কণ্ঠদান কৰিছিল।)

৫) এইখন কলিয়াবৰ (চাৰিটা গীত; এই চি-ডিতে পূৰ্ণমল ভূএ়া ৰচিত 'কথা কোৱা হে উৰ্বশী' আৰু কমল কটকীয়ে নিজে ৰচা 'লুইতৰ পাৰতে ওমলি জামলি কৰিলোঁ কৈশোৰ পাৰ' গীত কেইটা আছে।

কমল কটকীয়ে আৰু এটা বিশেষ দূৰদৃষ্টিপূৰ্ণ কাম কৰিলে। সেইটো হৈছে ভূপেন হাজৰিকাই জনা কেইটামান জ্যোতি সংগীত আৰু বিষ্ণুপ্ৰসাদ ৰাভাৰ গীত বাণীবদ্ধ কৰি প্ৰচাৰ কৰা তলৰ চি-ডি কেইখন।

৬) জ্যোতিৰ জেউতি (সাতটা গীত আৰু এটা কৱিতা)

৭) ৰাভাৰ আভা (আঠটা গীত)

সেইদৰে ভূপেন দাদা জড়িত থকা আন আন শিল্পীৰ সৃষ্টিত হাতে কামে লাগি সংগীতাংশ প্ৰস্তুত কৰাত সহায় কৰিছিল। তেনেদৰেই কমলে প্ৰণৱিৰাম বৰুৱাই প্ৰস্তুত কৰা পাৰ্বতীপ্ৰসাদ বৰুৱাৰ গীতৰ চি-ডি 'বীণ বৰাগী, ভূপেনদাই প্ৰস্তুত কৰা তথ্যচিত্ৰ 'সতী ৰাধিকা', ভূপেন দাদা আৰু কল্পনা লাজমীয়ে ৰাষ্ট্ৰীয় দূৰদৰ্শনৰ কাৰণে প্ৰস্তুত কৰা মিষ্টি লেণ্ড অৱ ব্ৰহ্মপুত্ৰ (Misty Land of Brahmaputra)। সেইদৰে জীৱনৰ শেষ ভাগত 'মই কহিমাৰে আধুনিকা ডালিমী' নামৰ চি-ডিৰ কাৰণে ভূপেন দাদাৰ কণ্ঠত অমৰজ্যোতি চৌধুৰীৰ এটা গীত, আনন্দ চ বৰুৱাৰ এটা গীত, দেৱজিত খনিকৰৰ দুটা গীত আৰু ভপন দাদাই গোৱ দুটা গীত বাণীৱদ্ধ কৰাৰ কাম কমলেই কৰিছিল।

ভূপেন দাদাৰ জীৱনৰ শেষ আবৃত্তিৰ শ্ৰব্য সঁফুৰা 'মই তোমালৈ বাট চাম' (কবি বনজিত তালুকদাৰৰ) প্ৰয়োজনীয় কামখিনি কমল কটকীয়েই কৰিছিল। এইটো উল্লেখযোগ্য যে কমল কটকী চানমাৰিৰ আচাম ইঞ্জিনিয়াৰীং ইনষ্টিটিউটৰ অধ্যাপক। সেই দায়িত্ব নিষ্ঠাৰে পালন কৰিও কমলে ভূপেন দাদাৰ কাৰণে আৰু তেঁওৰ লগত কৰাখিনি সচাকৈয়ে প্ৰশংসনীয়। কমল কটকীৰ সংগীত উপজীৱিকা নহয়, সংগীত তেঁওৰ নিচাৰ নিচিনা। সেয়েহে ভূপেন হাজৰিকাৰ নিচিনা এগৰাকী কালজয়ী শিল্পীৰ সান্নিধ্য নিজ পিতৃৰ দৰে পেৱাটো তেঁও নিজৰ এক সৌভাগ্য বুলিয়েই ভাবে।

কল্পনা ছাওলা (১৯৬১ - ২০০৩)

ভূপেন দাদাই 'কি পালি হে' গীতত দৃষ্টিপাত কৰা ভাৰতী আইৰ চেনেহৰ কিন্তু মহাকাশত মৃত্যমুখত পৰা দুৰ্ভগীয়া জীয়ৰী কল্পনা ছাওলাৰ চমু জীৱন প্ৰতি ভাৰতীয় যুৱক যুৱতীৰ কাৰণে প্ৰেৰণাৰ বিষয়। কল্পনাৰ ১৯৬১ চনৰ ১ জুলাইত পাঞ্জাৱৰ কৰ্নল চহৰত জন্ম হয়। তেঁওৰ মাক দেউতাক হৈছে সঞ্জয়জ্যোতি আৰু বানাচী লাল ছাওলা।

কল্পনাই ওচৰৰ টেগৰ বাল নিকেটনৰ পৰা স্কুলীয়া শিক্ষা সাং কৰি ছান্দিগড়ৰ পাঞ্জাৱ ইঞ্জিনীয়াৰিং কলেজত এৰোনটিকেল ইঞ্জিনীয়াৰিংৰ ডিগ্ৰী লয়। ১৯৮২ চনত কল্পনাই আমেৰিকাৰ আৰ্লিংগটন চহৰৰ টেক্সাচ বিশ্ববিদ্যালয়ৰ এৰোস্পোচ ইঞ্জিনীয়াৰিং পঢ়িবলৈ যায় আৰু ১৯৮৪ চনত সেই বিশ্ববিদ্যায়ৰ পৰা এম-এচ ডিগ্ৰী লৈ বল্ডাৰ চহৰৰ ক'লোৰাডো বিশ্ববিদ্যালয়ত গৱেষণা আৰম্ভ কৰে। ১৯৮৮ চনত সেই বিশ্ববিদ্যালয়ৰ পৰা ডক্টৰেট ডিগ্ৰী অৰ্জন কৰি তেঁও নাচাৰ (NASA) গৱেষণা কেন্দ্ৰত মহাকাশ যাত্ৰাৰ নানান দিশৰ ওপৰত গৱেষণা চলায়। সেই বছৰতে তেঁও জ'ন-পিয়েৰ হেৰিছনৰ লগত বিবাহ পাশত আৱদ্ধ হয়। বৈবাহিক জীৱন আৰম্ভ কৰিলেও কল্পনাই মহাকাশ যাত্ৰী হোৱাৰ সপোন দিঠকত পৰিণত কৰাৰ প্ৰচেষ্টা চলাই থাকে। তেঁও নানা ধৰণৰ আকাশী বিমান চালকৰ চাৰ্টিফিকেট লোৱাৰ উপৰিও

বিমান চালকৰ প্ৰশিক্ষক হ'ব পৰা অৰ্হতাও অৰ্জন কৰে। গৱেষণাৰ কাৰণেও তেঁও বাছি লয় পোনে উৰা মৰা আৰু পোনে মাটিত নমা আদি মহাকাশ বাহনৰ প্ৰয়োজনীয় বিষয়।

১৯৯৫ চনত কল্পনা মহাকাশ যাত্ৰীৰ দলত অন্তৰ্ভূক্ত কৰা হয়। ১৯৯৭ চনৰ ১৯ নৱেম্বৰত কলম্বিয়া মহাকাশ বাহনত ছজনীয়া দলৰ সভ্য ৰূপে মহাকাশ যাত্ৰা আৰম্ভ কৰে। সেই যাত্ৰাত কল্পনাৰ এটা দায়িত্ব আছিল স্পাৰ্টান উপগ্ৰহ প্ৰক্ষেপ কৰা। দূৰ্ভাগ্যবশতঃ সেইবাৰ সেই উপগ্ৰহ প্ৰক্ষেপনত কিছু বিজুতি ঘটে যাৰ বাবে বহুতে কল্পনাকে জগৰীয়া কৰিবলৈ চেষ্টা কৰিছিল। কল্পনাই কিন্তু ডাঠি সাব্যস্ত কৰিলে যে তেঁও কৰিব লগীয়া প্ৰতিটো কামেই শুদ্ধ ৰূপত নিয়াৰিকৈ কৰিছিল। নাচাৰ বৈজ্ঞানিকসকলে পুংখানুপুংখ ভাবে অনুসন্ধান কৰিও তেঁওলোকৰ নিৰ্দেশ সঁজুলিতহে (software) খুঁত পালে আৰু কল্পনাৰ দক্ষতাৰ প্ৰমাণ পালে। সেই যাত্ৰাত কল্পনাই মহাকাশত পৃথিৱীক ২৫২ বাৰ প্ৰদক্ষিণ কৰিছিল। মহাকাশত নিজৰ শৰীৰৰ ওজন হেৰুৱা অভিজ্ঞতাক কল্পনাই

'তুমি কেৱল তোমাৰ ধী শক্তিহে' (যওউ অৰই জউসত য়ওউৰ নিতইললগিইনচই)

বুলি নিজৰ ধী শক্তিৰ স্থিতিক প্ৰতীয়মান কৰা উক্তিক এতিয়া এক ধ্ৰুৱসত্য বুলি জ্ঞানীজনে ব্যক্ত কৰে। কল্পনাই নাচাত কৰা কামৰ কাৰণে তেঁওৰ সহকৰ্মীসকলৰ বিচাৰেৰে এক বিশেষ পুৰস্কাৰ লাভ কৰে। ২০০৩ চনৰ ১৬ জানুৱাৰীত নানান গৱেষণাৰ দায়িত্বৰে কল্পনাক সাতজনীয়া দল এটাৰ বৈজ্ঞানিক গৱেষক ৰূপে পুনৰ মহাকাশলৈ পঠিওৱা হয়। সেই কামবিলাক সুচাৰুৰূপে সমাধা কৰি উভতি আহোঁতে পৃথিৱীৰ বায়ুমণ্ডল প্ৰৱেশ কৰোঁতে হোৱা দূৰ্ঘটনাত সেই সাতজন মহাকাশ যাত্ৰীৰ দেহ ক্ষন্তেকতে চূৰ্ণ বিচূৰ্ণ হয়। সেই বাতৰিৰ সোঁৱৰণত ভূপেন হাজৰিকাই ৰচিলে 'কি পালি' গীতটি।

কল্পনা লাজ্‌মী

ভূপেন দাদাৰ গীত আৰু জীৱন ৰথৰ কথা লিখোঁতে কল্পনা লাজমীৰ বিষয়ে দুআষাৰ নিলিখিলে সচাকৈয়ে পুথিখন অসম্পূৰ্ণ হ'ব। কল্পনা কোন, কল্পনাই কি কৰিছিল আৰু ভূপেন দাদাৰ লগত তেঁওৰ সম্পৰ্ক কি? আদি প্ৰশ্নৰ মই সদায়ে উত্তৰ দিব লগা হৈছে। সেয়েহে, মই যি জানো আৰু যি ক'ব পাৰোঁ তাকেই ইয়াত অকপট ভাবে লিখিছোঁ।

কল্পনা কোন তাৰ সমিধান দিয়া সহজ। তেঁও হিন্দী চিনেমাৰ গায়ক আত্মাৰামৰ ভনীয়েক ললিতা লাজমীৰ জীয়েক। আত্মাৰামে 'নাগিন' নামে কথাছবিত 'ৰৌ মেই সাগৰকে কিনাৰে' গীতেটো গই ভাৰতৰ হিন্দী গীত প্ৰিয় লোকসকলক চমক খুৱাইছিল। তেতিয়াৰে পৰা আত্মৰামক সকলোৰে ছাইগল সদৃশ গায়ক বুলি আখ্যা দিছিল। আত্মাৰামে হিন্দী কথাছবিৰ পৰিচালকও হৈছিল। তেঁওৰ প্ৰথম কথাছবি 'আৰূপ'-ৰ সংগীত পৰিচালনা কৰাৰ দায়িত্ব ভূপেন দাদাৰ ওপৰতে দিছিল। সেই কথাছবিৰ গীতৰ কাম কৰিবলৈ যাওঁতেই তেতিয়াৰ ১৭ বছৰীয়া কল্পনা ভূপেন দাদাৰ প্ৰেমত পৰা বুলি কল্পনাই নিজে কয়। তাৰ পিচত ১৯৭৫ চনত তেঁও কলিকতালৈ আহে। সম্ভৱ ১৯৭৭ চন মানৰ পৰা কল্পনা ভূপেন দাদাৰ সংগী হয়।

কল্পনাই ভূপেন দাদাৰ লগ লাগি এচথেটিক্স নামৰ এক ব্যৱসায় প্ৰতিষ্ঠান আৰম্ভ কৰে। এচথেটিক্সৰ ব্যৱসায় আছিল গীত বাণীবদ্ধ কৰা, কেমেৰা ভাড়া দিয়া আদি। তেঁও ভূপেন দাদাই গীত পৰিৱেশন আদিৰ ব্যৱস্থা কৰা আৰু যথাবিহিত প্ৰাপ্য আদায় কৰা আদিৰ দায়িত্ব লৈ ভূপেন দাদাৰ ব্যৱস্থাপকৰ কামখিনি কৰিবলৈ লয়। ভূপেন দাদাৰ উপাৰ্জন টনকিয়াল কৰি তেঁও সাম্যবাদী ভূপেন হাজৰিকাক পুঁজিবাদীলৈ ৰূপান্তৰৰ সূচনা কৰে।

কল্পনাই নিজে কোৱা মতে তেঁওৰ

জীৱনৰ এটা লক্ষ্য আছিল কথাছবিৰ প্ৰযোজক হোৱা। ভূপেন দাদাৰ সহায়ত বা ভূপেন দাদাৰ লগত তেঁও ছখন কথাছবি কৰে। সেইবিলাকৰ ভিতৰত 'ৰুদালী', 'এক প'ল' আৰু 'দামন' কথাছবি কেইখনে বিশেষ খ্যাতি অৰ্জন কৰিছিল। তদুপৰি 'লোহিত কে কিনাৰে' নামৰ দূৰদৰ্শনৰ ধাৰাবাহিকখনকে ধৰি কল্পনাই কেবাখনও ডকুমেণ্টৰীও প্ৰযোজনা কৰে। নিজৰ জীৱনৰ লক্ষ্য সাধন কৰাত ভূপেন দাদাৰ সহায় যে বিশেষ সহায় আছিল তাত সন্দেহ নাই। আৰ্থিক ভাবেও হয়তো তেঁও ভূপেন দাদাৰ ওপৰতে বহু নিৰ্ভশীল আছিল।

আমি 'ভূপেন হাজৰিকাৰ গীত আৰু জীৱন ৰথ'-ৰ (২০০৭ চনত লিখা) চতুৰ্থ তাঙৰণত আন কথাৰ লগতে কল্পনাই ভূপেন হাজৰিকাৰ অন্যতম গুণমুগ্ধা আৰু শুভাকাংক্ষী বুলি মত দিছিলোঁ। সেয়েহে, কল্পনাই ২০১১ চনৰ ১৭ ফেব্ৰুৱাৰীত অৰ্থাৎ ভূপেন দাদাৰ মৃত্যুৰ কেইমাহমান আগতে নিজকে ভূপেন দাদাৰ স্বত্বাধিকাৰী আৰু উত্তৰাধিকাৰী মনোনয় কৰা এখন উইলত ভূপেন দাদাক চহী কৰায় বুলি জানিব পাৰি মই আচৰিত হ'লোঁ।

আমাৰ এয়েই আক্ষেপ যে ভূপেন দাদাৰ কাৰণে কল্পনা লাজমীয়ে যিখিনি কৰিলে তাৰ কাৰণে তেঁও অসমৰ সাংস্কৃতিক ইতিহাসত এগৰাকী স্বাৰ্থত্যাগী মহীয়সী নাৰী ৰূপেই জিলিকি থাকিলহেঁতেন। কিন্তু তেঁও ভূপেন দাদাৰ মৃত্যুৰ পাচত ভূপেন দাদাৰ উত্তৰাধিকাৰী আৰু তেখেতৰ সৃষ্টিবিলাকৰ স্বত্বাধিকাৰী হৈ নিজে ঐহিক আৰু বৈষয়িক ভাবে উপকৃত হ'বলৈ কৰা প্ৰচেষ্টাই তেঁও ভূপেন দাদাৰ কাৰণে কৰাখিনি স্বাৰ্থপ্ৰনোদিত বুলিহে ভৱিষ্যতে প্ৰমাণ কৰিব। বিষয়ৰ প্ৰতি তেঁওৰ এই আক্ৰোশে তেঁওক এগৰাকী স্বাৰ্থণ্বেষী কলংকিনী নাৰীতহে পৰিণত কৰিব। সেয়ে হ'লে ভৱিষ্যতে কল্পনা লাজমীক ভূপেন দাদাৰ জীৱনৰ বহু গ্ৰহ উপগ্ৰহৰ মাজত এটি কলংক বুলিহে পৰিচয় থাকিব।

ভাৰত আৰু আমেৰিকা উভয় দেশতে পত্নী আৰু সন্তানসকলহে আইনসংগত স্বাভাৱিক উত্তৰাধিকাৰী। আমাৰ বিচাৰত কল্পনাইহে ভূপেন দাদাৰ অসুস্থ আৰু মনৰ এক প্ৰকাৰ জ্ঞানহীন অৱস্থাতহে উইল এখনত চহী কৰাই নিজকে উত্তৰাধিকাৰী কৰিবলৈ চেষ্টা কৰিছে। ভাৰতত এনেকুৱা চাল ছলনা চলিলেও আমেৰিকাত তেনে প্ৰচেষ্টা সম্পূৰ্ণ বিফল হোৱাটো স্বভাৱিক।

উইলখন ভূপেন দাদাৰ মৃত্যুৰ কেইবছৰমান আগতে ভূপেন দাদাৰ সুস্থ অৱস্থাত চহী কৰা হ'লেও অলপ বিশ্বাসযোগ্য হ'লহেঁতেন। ভূপেন দাদাই ২০০০ চনত এক প্ৰকাৰ নিজে পতা ন্যাসখনৰ কাম কাজত অতিশয় সন্তোষিত আছিল বুলি মই ২০০২ চনতে নিজে দেখি আহিছিলোঁ আৰু ২০০৪ চনতো তাৰ উমান পাইছিলোঁ।

এইবিলাক কল্পনা লাজমী আৰু সুধী সমাজে আলোচনা কৰিব বুলি আশা ৰাখিলোঁ। [সহায় লোৱা পুথিঃ Syed Zarir Hussain: *The Undying Maestro BHUPEN HAZRIKA,* Wordweaves, 77 K K Bhatta Road, Chenikuthi, Guwahati, 781003, 2012

কুল গগৈ(১৯২৯ - ২০০৭)

নিৰৱ সাহিত্যিক কুল গগৈৰ জন্ম হয় নাহৰকটিয়াত। তেঁও কটন কলেজৰ পৰা বি-এ আৰু গুৱাহাটী বিশ্ববিদ্যালয়ৰ পৰা এম-এ আৰু কলিকতা বিশ্ববিদ্যালয়ৰ পৰা লাইব্ৰেৰী ছাইন্স পাছ কৰে। তেঁও দীৰ্ঘদিন কলিকতাত থকা ৰাষ্ট্ৰীয় পুথিভঁৰালৰ অসমীয়া বিভাগৰ দায়িত্বত থাকে। অৱসৰ লোৱাৰ পাচত তেখেতে কলিকতাতে থাকিবলৈ লয়। তেখেত শ্ৰীভূমি পাব্লিকেছনৰ গৰাকী অৰুণ

পুৰকায়স্থৰ পৰম আস্থাভাজন সাহিত্যিক আছিল। অসমীয়া ভাষাৰ সকলো দিশতে কুল গগৈৰ বিশেষ ব্যুৎপত্তি থকাৰ উপৰিও গগৈদেউ সাহিত্যৰ এগৰাকী বিদগ্ধ পণ্ডিত আছিল। গগৈদেউ কলিকতাত থকা কালত শ্ৰীভূমিয়ে প্ৰকাশ কৰা প্ৰত্যেক পুথি আৰু আলোচনীত তেখেতৰ পাণ্ডিত্যৰ প্ৰভাৱ পৰিছিল। গগৈদেউ ভূপেন হাজৰিকাৰ এজন বিশ্বস্ত বন্ধু আছিল। 'আমাৰ প্ৰতিনিধি' আলোচনীৰ সম্পাদনাত গগৈদেউ ভূপেন দাদাৰ সোঁহাত স্বৰূপ আছিল।

কুল গগৈয়ে মহেশ্বৰী দেবীৰ বঙালী পুথি 'অৰণ্যেৰ অধিকাৰ' পুথি অনুবাদ কৰি লিখা 'অৰণ্যৰ অধিকাৰ' পুথিৰ কাৰণে ১৯৯৫ চনত সাহিত্য একাডেমীৰ বটা লাভ কৰিছিল। কলেজীয়া দিনৰে পৰা গগৈদেৱে গল্প লিখক ৰূপে খ্যাতি লাভ কৰিছিল। কলেজীয়া কালত চুটি গল্প ৰচনাৰ প্ৰতিযোগিতাত কুল গগৈয়ে প্ৰথম পুৰস্কাৰ পাইছিল আৰু দ্বিতীয় পুৰস্কাৰ পাইছিল আজিৰ খ্যাতনামা সাহিতিক হোমেন বৰ গোঁহাইদেউ। ২০০৭ চনৰ ৯ আগষ্টত কেন্সাৰ ৰোগত মৃত্যু বৰণ কৰাৰ কেইমাহমান আগতে কুল গগৈয়ে তেখেতৰ গল্পৰ সংকলন 'মাটি মৰম মানুহ' প্ৰকাশ কৰি যায়।

এই লিখকে গগৈদেউৰ সান্নিধ্যত লাভ কৰা অসমীয়া ভাষা আৰু সাহিত্যৰ জ্ঞানৰ কাৰণে চিৰদিন ঋণী হৈ থাকিব। বহুদিন অসমৰ বাহিৰত থাকিলেও কুল গগৈৰ নিভাঁজ অসমীয়া মাত কথা আছিল অতিশয় শুৱলা। ভূপেন দাদাই কুল গগৈক গীত আৰু কথাছবিৰ অ'ত ত'ত ব্যৱহাৰ কৰিছে। বিশেষকৈ তেখেতৰ বৰদৈচিলা গীতত গগৈৰ কণ্ঠত "অসমৰ আকাশত সেইয়া কাকতৰ চিলা নে বৰদৈচিলা' কথাষাৰৰ গুৰুত্ব বুজাই আমাক কৈছিল যে সেই কথাষাৰিত গোটেই গীতটোৰ প্ৰাণ স্বৰূপ আছিল। বাণীৱদ্ধ কৰোঁতে গগৈৰ কণ্ঠস্বৰে কথাখিনিত "এনে গতি দিছিল যে মই গীতটো বিনাকষ্টে সুন্দৰকৈ গাই বাণীৱদ্ধ কৰিব পাৰিছিলোঁ।"

গৌৰী বৰ্মন (জন্ম: ১৯৩৬ চন)

অসমৰ এজন প্ৰতিভাশালী শিল্পী গৌৰী বৰ্মন চিত্ৰশিল্পী ৰূপে খ্যাত যদিও তেখেতে অসম আন্দোলনৰ পটভূমিত 'যুগে যুগে সংগ্ৰাম' নামৰ এখন কথাছবি প্ৰযোজনা কৰি অসমবাসীক প্ৰেৰণা যোগাইছিল। ছবিখনৰ সংগীত পৰিচালনা কৰিবলৈ লৈ ডক্টৰ ভূপেন হাজৰিকাই কেইটীমান মহত্বপূৰ্ণ গীত ৰচিছিল। গীত কেইটাত কণ্ঠদান কৰিছিল ছিপ্ৰা বসু আৰু কৃষ্ণা বৰ্মনে। দুৰ্ভাগ্যবশতঃ সেই গীত কেইটা কেছেট বা ৰেকৰ্ডত বাণীৱদ্ধ কৰা হোৱা নাছিল। গীত কেইটা ২০১৩ চনত প্ৰকাশ পোৱা অৰুণলোচন দাসৰ 'এশ অসমীয়া চলচিত্ৰৰ কাহিনী আৰু গীত' পুথিত উল্লেখ কৰা বুলি জানিব পাৰি আমি যোৰহাটৰ ৰঞ্জন দত্ত, কৃষ্ণা বৰ্মন আৰু মোৰ ভনী ৰীতা ৰাজখোৱাৰৰ সহায়ত গীত কেইটা সংগ্ৰহ কৰিবলৈ সমৰ্থ হ'লো।

গৌৰী বৰ্মনে তেজপুৰত স্কুলীয়া শিক্ষা সাং কৰি দৰং কলেজত কলেজীয়া শিক্ষা আৰম্ভ কৰে। ১৯৫৬ চনত গৌৰী বৰ্মনে মুম্বাইৰ জে-জে কলেজ অৱ আৰ্কিটেক্সাৰত অধ্যয়ন কৰে। চিত্ৰলেখাৰ দেশত ডাঙৰ হোৱা বৰ্মনে সোনকালেই চিত্ৰশিল্পৰ প্ৰতি আকৰ্ষিত হয় আৰু নিষ্ঠাৰে ছবি আঁকিবলৈ লয়। বৰ্তমান ভাৰতৰ প্ৰতিষ্ঠিত আধুনিক চিত্ৰশিল্পীসকলৰ মাজত সন্মানিত আসন ল'বলৈ সমৰ্থ হোৱা গৌৰী বৰ্মনে অঁকা ছবি বৰ্তমান অসম আৰু ভাৰতৰ ভিন ভিন ঠাইত সংৰক্ষিত আছে। ১৯৬০ চনৰ পৰা আৰম্ভ কৰি বৰ্মনে গোটেই জীৱন ভাৰতৰ নানান ঠাইত আয়োজন কৰা এজনীয়া শিল্পীৰ চিত্ৰ প্ৰদৰ্শনীতও অংশ গ্ৰহণ কৰি আহিছে। নিজে চিত্ৰশিল্পী হ'বলৈ মনে মনে হাবিয়াস ৰখা ভূপেন হাজৰিকাও বৰ্মনৰ চিত্ৰকলাৰ প্ৰতি আকৰ্ষিত হৈ বৰ্মনৰ লগত বিশেষ বন্ধুত্ব স্থাপন কৰিছিল। ডক্টৰ হাজৰিকাই হয়তো বৰ্মনৰ চিত্ৰশিল্পৰ চমু কথাৰেৰ অতি সুন্দৰ বৰ্ণনা দি গৈছে:

"বৈষ্ণৱ যুগৰ সাঁচিপাতৰ চিত্ৰ, অসমৰ সেউজীয়া পৰ্বতমালাৰ জনজাতীয় সকলৰ ইন্দ্ৰিয়প্ৰৱণ জ্যামিতিক আকৃতিৰ প্ৰকাশ প্ৰক্ৰিয়াৰ লগত নিজৰ যুগৰ সাঁথৰুৱা আকৃতিৰ লগত মিহলাই বৰ্মনে প্ৰতিখন ছবিত একোখন বিমুৰ্ত সংকলন সৃষ্টি কৰিছে। তেঁওৰ তুলিকাত আছে প্ৰাচুৰ্য্য সম্ভাৰ। তেঁওৰ দিহিঙে দিপাঙে যোৱা প্ৰকাশ কৰিতা কৰিতা লগা। . . তেঁও যেন উদ্গীৰণৰ অপেক্ষাত থকা পূবৰ এক নতুন আগ্নেয়গিৰি।"

কোৱা বাহুল্য যে বৰ্মন আৰু হাজৰিকা দুয়ো গৰাকী শিল্পীৰ আন্তৰিক বন্ধুত্ব গঢ়ি উঠিছিল। তেনে হোৱাৰ আন এটা কাৰণ আছিল যে উদ্যোগী বৰ্মনে ভূপেন হাজৰিকাৰ দৰে কথাছবিৰ যোগেদিও শিল্পীমনৰ প্ৰকাশ কৰিবলৈ চেষ্টা কৰিছিল। তেঁও কথাছবিৰ কেমেৰা এটা নিজা ৰবীয়াকৈ কিনি লৈছিল আৰু ১৯৪২ চনৰ স্বাধীনতা আন্দোলনৰ পটভূমিত 'জীৱন জেউতি' নামে কথাছবি এখন প্ৰযোজনা কৰিছিল। সেই কথাছবিখন বৰ সফল নহ'ল যদিও অসম আন্দোলনৰ সময়ত বৰ্মনৰ সংগ্ৰামী মনে অসমীয়া মনক সংগ্ৰামী কৰি জগাই তুলিবলৈ ভূপেন হাজৰিকাৰ লগ লাগে।

১৯৮৭ চনত বৰ্মনে 'যুগে যুগে সংগ্ৰাম' কথাছবিখন প্ৰযোজনা কৰি উলিয়ায়। ভূপেন দাদাই 'যুগে যুগে সংগ্ৰাম' ছবিখনৰ সংগীত পৰিচালনা কৰে। সেই কথাছবিখনও সিমান সফল নহয়। তেতিয়া এইটো স্পষ্ট হয় যে গৌৰী বৰ্মনৰ কথাছবিৰ লগত ভাল ৰাহিযোৱা নাই আৰু ভূপেন হাজৰিকাৰ চিত্ৰ অংকনত মনোনিবেশ কৰিবলৈ অৱসৰ নাই।

সেই কথাটো অসমৰ ৰাইজৰ কাৰণে সৌভাগ্যৰ কথা হয়—কাৰণ, গৌৰী বৰ্মনে একান্তচিত্তে চিত্ৰ অংকনতে মনোনিবেশ কৰে আৰু ভূপেন হাজৰিকাই সংগীত সৃষ্টিকে আঁকোৱালি থাকে।

দধীচি মুনি

ভূপেন দাদাই মহাত্মা গান্ধীক তুলনা কৰা দধীচি মুনিৰ পিতৃ মাতৃৰ বিষয়ে বিভিন্ন পুৰাণত ভিন ভিন মত আছে। ব্ৰহ্মাণ্ড পুৰাণৰ মতে তেঁওৰ পিতৃ চ্যৱন ভাৰ্গৱ আৰু মাতৃ সৰস্বতী। এটা কথাত সকলো এক মত যে শান্ত শৌম্য ধীৰ দধীচি আছিল ত্যাগৰ আদৰ্শ আৰু যথাৰ্থতে বিশ্বপ্ৰেমী। তেঁও জগতৰ মংগলৰ কাৰণেই দুষ্টক বিনাশ কৰাবলৈ নিজৰ দেহ ত্যাগ কৰিছিল। কাহিনীটো এনে ধৰণৰ:

ভোগ বিলাসত মত্ত হৈ দুৰ্বল হোৱা ইন্দ্ৰক বৃত্ৰাসুৰ নামে এটা পৰাক্ৰমী অসুৰে অমৰাৱতীৰ পৰা খেদি স্বৰ্গ অধিকাৰ কৰে। অকল সেয়ে নহয় বৃত্ৰাসুৰে ইন্দ্ৰপত্নী শচীক লিগিৰী ৰূপে পাবলৈ নিজৰ পত্নীয়ে কৰা মনোবাঞ্চা পূৰণ কৰিবলৈ বুলি শচীক ধৰি আনিবলৈ যায়। নিজৰ গৌৰৱ আৰু পত্নীৰ সন্মান ৰক্ষা কৰিবলৈ আন একো উপায় নেদেখি ইন্দ্ৰই ব্ৰহ্মাৰ সহায় ভিক্ষা কৰেগৈ। ব্ৰহ্মাই ইন্দ্ৰিয়াসক্ত হৈ লাস বিলাসত মতলীয়া হৈ চৰিত্ৰহীন হৈ পৰা কাৰণে ধিক্কাৰ দি ক'লে যে কোনোবা ত্যাগী পুৰুষৰ হাঁড়েৰে সজা অস্ত্ৰ ব্যৱহাৰ কৰিব পাৰিলেহে ইন্দ্ৰই বৃত্ৰাসুৰক পৰাস্ত কৰি স্বৰ্গ পুনৰ অধিকাৰ কৰিব পাৰিব। তেনে এক কাৰ্য্যৰ কাৰণে দেহত্যাগ কৰিব পৰা একমাত্ৰ পুৰুষ দধীচি মুনি বুলি ব্ৰহ্মাই পৰামৰ্শ দিয়াত ইন্দ্ৰ আৰু শচী দধীচি মুনিৰ ওচৰলৈ গৈ সকলো বিৱৰি কয়।

ইতিমধ্যে, ইন্দ্ৰ আৰু শচীক পিচে পিচে খেদি যোৱা বৃত্ৰাসুৰ সসৈন্যে সেইখিনিত উপস্থিত হয়। দধীচিয়ে বৃত্ৰাসুৰক তেঁওৰ অন্যায় অভিপ্ৰায় এৰাবলৈ সন্মত কৰাব নোৱাৰি ক'লে, 'ঠিক আছে, দেখা যাব। এটা কথা, মই সৌ হ্ৰদটোত স্নান কৰিবলৈ যাওঁ। কিন্তু মই স্নান কৰি উভটি নহালৈকে একো নকৰিবা।'

দধীচিয়ে গা ধুবলৈ যোৱা এপৰ দুপৰকৈ বহু পৰ হ'ল, এদিন দুদিনকৈ বহু দিন গ'ল,

কিন্তু দধীচি মুনিৰ কোনো খবৰ নাই। আটাইৰে বাট চাই চাই আমনি লাগিল। ইন্দ্ৰই শেষত অধৈৰ্য্য হৈ দধীচিয়ে কিনো কৰিছে বুলি হ্ৰদৰ পাৰলৈ গৈ দেখে যে হ্ৰদৰ পাৰত বা পানীত দধীচিৰ কোনো চিনচাবেই নাই। তেঁও পানীত ডুব মাৰি চাই দেখে যে হ্ৰদৰ তলীত নিষ্প্ৰাণ কিন্তু দধীচিৰ জ্যোতিষ্মান দেহ পৰি আছে। ইন্দ্ৰই দধীচিৰ মৃতদেহ তুলি আনি ব্ৰহ্মাই নিৰ্দেশ দিয়াৰ দৰে দধীচিৰ ৰাজহাঁড়েৰে এপাত অস্ত্ৰ তৈয়াৰ কৰিলে। সেই অস্ত্ৰই ইন্দ্ৰৰ বজ্ৰ বুলি জনাজাত হ'ল। ইন্দ্ৰই সেই বজ্ৰক বৃত্ৰাসুৰক লক্ষ্য কৰি মাৰি পঠিওৱাত সেই বজ্ৰই আধুনিক মৰণাস্ত্ৰ দ্ৰনৰ (drone) দৰে বৃত্ৰাসুৰ আৰু তেঁওৰ সৈন্যসকলক খেদি খেদি মাৰি নিপাত কৰিলে।

নগেন বৰা (১৯৪৭-২০১৩)

বোকাখাতৰ কুৰুৱাবাহী সত্ৰত জন্ম গ্ৰহণ কৰা নগেন বৰাই অসমীয়া গীতি সাহিত্যত উল্লেখনীয় বৰঙণি যোগাই গ'ল। তেখেতে কেবাটাও গীতত নিজে সুৰ দিছিল। তেখেতে ৰচা গীতত নবীন প্ৰবীণ বহু গায়কে বাণীৱদ্ধ কৰিছে। অসমৰ গীতি জগতত তেঁও প্ৰথমে প্ৰৱেশ কৰে 'আইতা তোমাৰ গালে মুখে কোনে আঁচুৰিলে' (সুৰ: জনি জোচেফ; শিল্পী: খগেন মহন্ত) গীতটিৰে। তেখেতৰ সামাজিক বিষয়ক আৰু জাতীয়তাবোধৰ গীতবিলাক অতি উচ্চ মানৰ। তেনে হোৱাৰ কাৰণ এই যে নগেন বৰাৰ গীতৰ কথা, ভাব আৰু আৱেগ অসমীয়াৰ অতি চিনাকী, সহজ সৰল ভাষাৰে অসমৰ জাতীয়তাবোধক বলিষ্ঠ ভাবে প্ৰকাশ কৰাত তেঁও সিদ্ধহস্ত। তেঁওৰ কথা আৰু ছন্দ সত্ৰীয়া নাচৰ দৰেই অসমীয়া। ভূপেন দাদাই গোৱা আৰু নগেন বৰাই ৰচা গীতবিলাক আমি দুই দহ চাৰি অধ্যায়ৰ তালিকাত দিছোঁ।

নগেন বৰাই কুৰুৱাবাহী সত্ৰতে প্ৰাৰম্ভিক শিক্ষা লৈ বোকাখাত, মৰঙী আৰু গোলাঘাটত স্কুলীয়া শিক্ষা লয়। নগাঁৱত কলেজীয়া শিক্ষা সাং কৰি তেঁও নগাঁৱৰ 'সপ্তাহিক গণতন্ত্ৰ' কাকতত সাংবাদিক জীৱন আৰম্ভ কৰে। পাচত তেঁও যোৰহাটৰ 'দৈনিক জনমভূমি' কাকতৰও কৰ্মচাৰী হয়। ভূপেন হাজৰিকাৰ দৰে তেঁও ভাৰতীয় গণনাট্য সংঘৰ সভ্য আছিল। যোৰহাটত তেঁও সাহিত্য আৰু সংস্কৃতিৰ কেবাটাও অনুস্থানৰ লগত জড়িত আছিল। তেঁও কেৱাখন গীতৰ পুথিৰ উপৰিও গল্প, কৰিতা, জীৱনী আদিৰ পুথি প্ৰকাশ কৰে।

পকাহান্টাচ (১৫৯৫-১৬১৭)

আমেৰিকাৰ এগৰাকী প্ৰখ্যাত নাৰী পকাহান্টাচ অসমৰ ডালিমীৰ দৰে আমেৰিকাৰী আদিম অধিবাসীৰ কুঁৱৰী আছিল। পকাহান্টাচৰ আচল নাম আছিল মাতুৱকা কিন্তু তেঁওৰ উলাহেৰে

পৰিস্থিতিটোৰ আওভাও বুজি ভাৰতৰ স্বাধীনতাৰ কাৰণে বিশেষ কিবা এটা কৰাৰ ভাল সুযোগ দেখিলে।

নেতাজী সুভাষ বসু

মোহন সিঙে ডিচেম্বৰৰ ১৫ তাৰিখে মেজৰ ফুজিৱাৰাৰ লগত সাক্ষাৎ কৰে আৰু ডিচেম্বৰৰ ১৮ তাৰিখে সেই অঞ্চলৰ জাপানী সেনাধ্যক্ষ জেনেৰেল য়ামাছিতাক লগ ধৰে। ডিচেম্বৰৰ ৩১ তাৰিখে জেনেৰেল য়ামাছিতাৰ হুকুম অনুযায়ী জাপানীসকলে ৰখা সকলো ভাৰতীয় যুদ্ধবন্দীক মোহন সিঙৰ হাতত গতাই দিয়ে আৰু মোহন সিঙক সেনাধ্যক্ষ হিচাপে লৈ আজাদ হিন্দ ফৌজ গঠন কৰে। কিন্তু জাপানীসকলৰ সকলো দাবী আৰু প্ৰতিবন্ধকতা নমনা কাৰণে মোহন সিঙক জাপানীসকলে ১৯৪২ চনৰ ২৯ ডিচেম্বৰত গ্ৰেপ্তাৰ কৰি সুমাত্ৰাত বন্দী কৰি থয়। তাৰ পৰা তেঁওক বৃটিছসকলে মুক্ত কৰি বিচাৰৰ বাবে দিল্লীৰ লালকিল্লালৈ পঠিয়ায়। তাত তেঁওক বৃটিছসকলে মুক্ত কৰি দিয়াত, গান্ধীজী, জৱাহৰলাল নেহৰু, পেটেল প্ৰমুখ্যে নেতাই সম্বৰ্ধনা জনায়। ১৯৪৩ চনৰ ১৬ মে'ত নেতাজী টকিঅ' পায়গৈ আৰু জাপানী বিষয়াসকলক লগ ধৰেগৈ আৰু জুলাইৰ ৫ তাৰিখে আজাদ হিন্দ ফৌজৰ নেতৃত্ব গ্ৰহণ কৰে। সেই বছৰতেই তেঁওৰ সৈন্য আহি অসমৰ সীমাতে বৃটিছৰ লগত যুদ্ধ কৰে।

গান্ধীজীৰ অহিংসা মন্ত্ৰৰ বলিষ্ঠ আন্দোলন, দুৰ্জেয় শত্ৰুক জিনিবলৈ মোহন সিং আৰু নেতাজীৰ দুঃসাহসিক প্ৰচেষ্টা, বৃটিছ সাম্ৰাজ্য সদায় সুদৃঢ় কৰি ৰাখিবলৈ চাৰ্চিলৰ দৃঢ়তা আৰু ছেগ বুজি শৰ মৰা জিন্নাৰ কাৰ্য্যকলাপে ১৯২৫ চনৰ পৰা ১৯৪৬ চন পৰ্য্যন্ত বিয়পি থকা ভূপেন হাজৰিকাৰ জীৱনৰ প্ৰথম কুৰিটা বছৰ এক অগ্নি যুগত পৰিণত কৰে। সেয়েহে যুৱক হিচাপে তেঁও নিজকে অগ্নি যুগৰ এক জ্বলন্ত ফিৰিঙতি ৰূপেহে দেখে। বৃটিছ শোষণকাৰীৰ অত্যাচাৰ আদি কুমলীয়া বয়সতে তেঁও দেখিবলৈ পায়। পৰাধীন দেশৰ নাগৰিকসকলে ভুগিব লগীয়া হোৱা শাৰীৰিক আৰু মানসিক নিৰ্য্যাতনবিলাকৰ প্ৰতিও তেঁও তেতিয়াই সচেতন হয়। যি অগ্নিযুগত বংগদেশৰ বিদ্ৰোহী সুৰকাৰ গীতিকাৰ নজৰুলৰ 'অগ্নিবীণা'ৰ ঝংকাৰ উঠিছিল আৰু জ্যোতিপ্ৰসাদৰ 'লুইত পাৰৰ অগ্নিসুৰ' নিজৰি পৰিছিল, সেই অগ্নিযুগতে স্বদেশ অনুৰাগৰ অগনিৰে ভূপেন হাজৰিকাই ষোল্ল বছৰ বয়সতে ৰচনা কৰে তেঁওৰ তৃতীয় গীত, 'অগ্নি যুগৰ ফিৰিঙতি মই'।

ভূপেন হাজৰিকাৰ শৈশৱ, যৌৱন আৰু ছাত্ৰ জীৱনৰ প্ৰায় গোটেই কালছোৱা উপৰোক্ত অগ্নি যুগতে সীমিত। স্কুলীয়া ছাত্ৰ হিচাপে তেঁও দুবছৰমান ধুবুৰীত, দুবছৰমান গুৱাহাটীত আৰু শেষত চাৰি বছৰমান তেজপুৰত পঢ়েগৈ। তেজপুৰৰ পৰাই তেঁও ১৯৪০ চনত মেট্ৰিক পাছ কৰে। তাৰ পাচত তেঁও গুৱাহাটীৰ কটন কলেজৰ পৰা আই-এ পাছ কৰি ১৯৪৬ চনত কাশী হিন্দু বিশ্ববিদ্যালয়ৰ পৰা এম-এ পাছ কৰে। এই যুগৰ যিসকল ব্যক্তিয়ে তেঁওৰ কবি প্ৰাণত বিশেষ প্ৰভাৱ পেলাইছিল সেইসকলৰ বিষয়ে ইয়াত দুআষাৰ উল্লেখ কৰা যুগুত হ'ব।

ধুবুৰীত থকা দিন কেইটাত তেঁও বঙালী ভাষাত ব্যুৎপত্তি লাভ কৰিবলৈ সমৰ্থ হয়।

গুৱাহাটীত থাকোঁতে তেঁও দেশ ভক্ত তৰুণৰাম ফুকনৰ নিচিনা লোকৰ ব্যক্তিত্বৰ মহত্ব দেখিবলৈ পাইছিল। তেজপুৰত তেঁও সমাজৰ অনাচাৰ, অনিয়ম, অন্ধবিশ্বাস আদিক ব্যংগ ভাবে উপহাস কৰাত সিদ্ধহস্ত সাহিত্যিক দণ্ডিনাথ কলিতাৰ পৰা অসমীয়া ভাষা শিকিবলৈ আৰু অসমীয়া সমাজক সমালোচনাৰ চকুৰে চাবলৈ সুবিধা পাইছিল। তাৰ পিচত কাশী হিন্দু বিশ্ববিদ্যালয়ত তেঁওৰ ডঃ ৰাধাকৃষ্ণণৰ পৰা গীতাৰ ব্যাখ্যা শুনাৰ সৌভাগ্য ঘটিল। এই শতিকাত ডঃ ৰাধাকৃষ্ণণৰ দৰে এজন সংস্কৃত পণ্ডিত, অসাধাৰণ প্ৰতিভাৰ বক্তা আৰু হিন্দু ধৰ্মৰ বিশেষ জ্ঞান থকা লোকৰ পৰা যিসকলে গীতাৰ ব্যাখ্যা নিজে শুনিবলৈ পাইছে তেঁওলোকে যে আনক সেই সোৱাদৰ আভাস দিব পাৰিব সি সন্দেহজনক। তেজপুৰত হাজৰিকাই সংগীত চৰ্চা কৰিবলৈ আৰু তেঁওৰ জীৱনত বিশেষ প্ৰভাৱ পেলোৱা দুজন অসাধাৰণ ব্যক্তিৰ ওচৰ সম্বন্ধলৈ আহিবৰ সুযোগ পায়। তেঁওলোক হৈছে অসমৰ শিল্পী জগতৰ চিৰ জ্যোতিষ্মান তাৰকা জ্যোতিপ্ৰসাদ আগৰৱালা আৰু শিল্পী বিষ্ণুপ্ৰসাদ ৰাভা।

বিপ্লৱী, সুন্দৰ দেহী আৰু কৰ্মপটু বিষ্ণুপ্ৰসাদ ৰাভাৰ পৰা হাজৰিকাই নিষ্পেষিত, পীড়িত, অনুন্নত লোকসকলক সহানুভূতিৰে চাবলৈ শিকে। হাজাৰ হাজাৰ বছৰ ধৰি জীৱনৰ সাধাৰণ অধিকাৰৰ পৰা বঞ্চিত হৈ অহা লোকৰ কাৰণে কৰা বিষ্ণুপ্ৰসাদ ৰাভাৰ সশস্ত্ৰ সংগ্ৰামে হাজৰিকাক মানৱতা আৰু মানৱাধিকাৰৰ প্ৰতি সজাগ কৰিলে। ৰাভাৰ চিৰ প্ৰফুল্ল ব্যক্তিত্ব আৰু নাটকীয় জীৱনৰ মুহূৰ্তবোৰে ভূপেন হাজৰিকাৰ মনত বিশেষ প্ৰভাৱ পেলালে। নাৱত 'মোৰে জীৱনৰে সখা কৃষ্ণ' গাই গাই বিষ্ণু ৰাভাই লগৰীয়া ছোৱালীহঁতক মুগ্ধ কৰা বা পুলিচৰ পৰা হাত সাৰিবলৈ পাগুৰিত বন্দুক বান্ধি লৈ নিশা প্ৰবল সোঁতা পাগলাদিয়া নদী সাঁতুৰি পাৰ হওঁতে তেঁওৰ লগত সাঁতুৰি পাৰ হোৱা কনকলতাৰ লগত ৰাভা প্ৰেম পাশত আবদ্ধ হোৱা আদি কাহিনী ডঃ হাজৰিকাৰ মুখত প্ৰায়ে শুনিবলৈ পাইছিলোঁ।

'হাতীও ধৰিলো, তাইকো মুহিলো সাঁতুৰি গদাধৰ নৈ' বুলি হাজৰিকাই গোৱা গীতত আমি পাগলাদিয়া নৈত সাঁতুৰি কনকলতাক জয় কৰা বিষ্ণু ৰাভাকহে দেখিবলৈ পাওঁ। এইখিনিতে উল্লেখযোগ্য যে বিষ্ণু ৰাভাই কেৱল স্বাধীনতাৰ কাৰণেই যুঁজা নাছিল, তেঁও এখন সাম্যবাদী সমাজ গঢ়িবলৈকো যুজিছিল। ডক্টৰ হাজৰিকাইও ভাৰতীয় জনসাধাৰণৰ দুখ কষ্টৰ ওৰ পেলাবলৈ এখন সাম্যবাদী সমাজৰ প্ৰয়োজনীয়তা সদায় উপলব্ধি কৰি আহিছে। তেঁওৰ বহু গীতত সাম্যবাদী সমাজ গঢ়িবলৈ জাগি উঠা আত্মাৰ বিদ্ৰোহী আৰু বিপ্লৱী সুৰ শুনিবলৈ পোৱা যায়। সেইবিলাক তেঁও বিষ্ণু ৰাভাৰ সৈতে বজোৱা একেটা বাঁহীৰ সুৰ। [এই লিখকৰ 'বিষ্ণুপ্ৰসাদৰ প্ৰসাদ' চওক]।

জ্যোতিপ্ৰসাদ আগৰৱালাৰ ক্ষেত্ৰত স্বদেশ প্ৰীতি, স্বাধীনতা আৰু এখন ন্যায় সমাজৰ অন্বেষণ এক প্ৰবল অন্তঃস্ৰোতা ৰূপে বিদ্যমান যদিও ৰাভাৰ দৰে তেঁও তীব্ৰ আন্দোলনত অৱতীৰ্ণ হোৱা নাছিল। তেঁও সৌন্দৰ্য্য সৃষ্টিৰ দ্বাৰা অসমীয়া মানুহক আৰু অসমীয়া সমজাক চিৰসুন্দৰৰ আৰাধনাৰ প্ৰতি সচেতন কৰিবলৈ চেষ্টা কৰিছিল। যিদৰে বিষ্ণু ৰাভাই স্বাধীনতাৰ কাৰণে স্বদেশ প্ৰেমৰ কাৰণে আৰু এখন ন্যায় সমাজৰ কাৰণে হাতত বন্দুক লৈছিল সেইদৰে সেই একে উদ্দেশ্যেৰেই জ্যোতিপ্ৰসাদে অস্ত্ৰ হিচাপে লৈছিল অগ্নিবীণাৰ সুৰ। জ্যোতিপ্ৰসাদৰ গীত, কবিতা আৰু অন্যান্য সৃষ্টিত বিশেষ ভাবে প্ৰকাশ পাইছিল স্বদেশ প্ৰেম, অসম আৰু অসমীয়াৰ প্ৰতি আন্তৰিক প্ৰীতি, নতুন সমাজ গঢ়াৰ সংকল্প আৰু সুন্দৰৰ আৰাধনা। জ্যোতিপ্ৰসাদৰ বৈচিত্ৰ্যময় সৌন্দৰ্য্য সৃষ্টিয়ে যে

কৰিবলৈ যোৱা প্ৰায় প্ৰতিজন শিল্পীকে তেঁও নানা প্ৰকাৰে সহায় কৰে।

কলিকতাত তেঁও কমল চৌধুৰীৰ লগত বাস কৰিছিল ৫৬ কলেজ ষ্ট্ৰীটত। উদাহৰণ স্বৰূপে, অনুকুল নাথ আৰু ৰাণী পালে তেঁওৰ গীত বাণীৱদ্ধ কৰিয়েই খ্যিয়াতি অৰ্জন কৰিছিল। শিৱ ভট্টাচাৰ্য্যও বাণীৱদ্ধ কৰা প্ৰথম গীত কেইটা পুৰুষোত্তম দাসৰ পৰা লৈছিল। তেঁও গোৱা গীত দুটা আছিল পুৰুষোত্তম দাসৰ কথা আৰু সুৰৰ, "বাট বুলি বুলি ভাগৰি পৰিলে", "মলয়া অ' মলয়া অ' মোৰ প্ৰিয়াৰে দেশলৈ যা'। মুকুল বৰুৱাৰ মতে,

> 'ইয়াৰ পিচত ১৯৪৫ চনত কলিকতাৰ কলেজ ষ্ট্ৰীটৰ 'অসম মেছত' শ্ৰদ্ধেয় পুৰুষোত্তম দাস ও কমলদাৰ সান্নিধ্যলৈ আহোঁ। ... কমলদাহঁতৰ মেছত আমি সেই সময়ৰ আটাইবোৰ অসমীয়া শিল্পী প্ৰায়েই লগ হৈছিলোগৈ। ... আমাৰ প্ৰত্যেক শিল্পীৰেই প্ৰেৰণাৰ উৎস আছিল শ্ৰদ্ধেয় পুৰুষোত্তম দাস ও কমলদা। তেখেত সকলৰ নানান পৰিকল্পনাৰ ৰূপ দিবলৈ আমাক অক্লান্ত পৰিশ্ৰম কৰি গীত শিকায় ৰেডিঅ' ও গ্ৰামোফোন ৰেকৰ্ডত বাণীৱদ্ধ কৰোৱাই সেই গীত সমূহ প্ৰচাৰ কৰাই অসমীয়া লোক সংস্কৃতিৰ সমাজ সচেতনতা জগাই তোলাৰ মহান উদ্দেশ্য নিহিত আছিল।' [মুকুল বৰুৱা, *পৰজনমৰ শুভ লগনত যদিহে আমাৰ হয় দেখা*, আছু (সদৌ অসম ছাত্ৰ সন্থা, শ্ৰদ্ধাঞ্জলি: কমল নাৰায়ণ চৌধুৰীৰ সোঁৱৰণত, গুৱাহাটী, প্ৰকাশ: সম্ভৱ ১৯৮৫ চনত, পৃ: ১৩-১৪]।

১৯৪৩ চনত পুৰুষোত্তম দাস কলিকতাৰ অনাতাঁৰ কেন্দ্ৰৰ অসমীয়া বিভাগৰ প্ৰযোজক ৰূপে যোগদান কৰে। ১৯৪৮ চনত তেঁও গুৱাহাটী অনাতাঁৰ কেন্দ্ৰত যোগদান কৰে আৰু তাত ভিন ভিন পদত চাকৰি কৰি অৱসৰ লয়। তেঁও সংগীত পৰিচালনা কৰা কথাছবি কেইখন হ'ল: 'জয়মতী' (দ্বিতীয় প্ৰচেষ্টা, ১৯৪৯ চন; সহকাৰী সংগীত পৰিচালক ৰূপে), 'বদন বৰফুকন' (১৯৪৭ চন), 'পাৰঘাট' (১৯৪৮ চন, ভূপেন হাজৰিকাৰ সতে), 'নিমিলা অংক' (১৯৫৫ চন)। পুৰুষোত্তম দাস এজন পৰিশ্ৰমী লিখক যদিও তেখেতৰ বহু লিখনীয়ে পোহৰ নেদেখিলে। তাৰ কাৰণ তেখেতে এইবুলি কৈ গৈছে:

> "১৯৭৫ চনৰ ১৩ মাৰ্চ তাৰিখে গুৱাহাটীৰ কণ্ঠাচলৰ পৰা চান্দমাৰীলৈ হোৱা বিধ্বংসী অগ্নিকাণ্ডত মোৰ ঘৰৰো আধামান পুৰিল। আন বয়-বস্তুৰ লগতে পুৰিল পাঁচ শ খনমান বিভিন্ন কিতাপ, আৰু মই লিখা চাব্বিশটা প্ৰকাশিত আৰু অপ্ৰকাশিত চুটি গল্প, পঞ্চাশটা বিভিন্ন প্ৰৱন্ধ, আজি অতদিনে অনাতাঁৰৰ বাবে লিখা এশখন সংগীতালেখ্যৰ 'স্ক্ৰীপ্ট' আৰু ছয়টা ডাঙৰ ডাঙৰ একচাৰচাইজ বুকত লিখি ৰখা অসংখ্য গীত।"
>
> *[পুৰুষোত্তম দাস, পোৱা নাই পৰসাদ, নিউ বুক ষ্টল, গুৱাহাটী-১, ১৯৭৬ চন, আগকথা]*

ভূপেন হাজৰিকাৰ পলাৰয়ড কেমেৰা

কুৰি শতিকাৰ সত্তৰৰ দশকত আমেৰিকাৰ কোদাক কোম্পানীয়ে পলাৰয়দ কেমেৰা নাম দি এবিধ নতুন ধৰণৰ কেমেৰা উয়াইছিল। কেইবাটও দিশত সেই কেমেৰাবিধৰ নতুনত্ব আছিল। আটাইতকৈ ডাঙৰ কথা আছিল যে পলাৰয়ড কেমেৰাৰে তোলা ছবি (ৰঙীন) খন্তেকৰ পাচতে কেমেৰাটোৰ পৰা ছপা হৈ ওলাইছিল। সেইকাৰণে সেই কেমেৰাবিধে ভূপেন দাদাক বৰকৈ আকৰ্ষণ কৰিলে। আকৌ তেঁও ভাল ফটো তোলাত মনোনিৱেশ কৰিব পৰাৰ আশাত তেঁওৰ মন উৎফুলিলত হ'ল। পলাৰয়ড কেমেৰা এটা কিনি দিবলৈ তেঁও মোক একেবাৰে বলিয়া কৰি দিলে। দোকানলৈ লৈ যোৱাত ভূপেন দাদাই ভালৰ

ভাল চাই দামী পলাৰয়ড কেমেৰা এটা আৰু এসোপা ফিল্ম কিনি ল'লে।

কেমেৰাটো লৈ তেঁও ধুম ধাম বহুত ফটো তুলিলে। দুৰ্ভাগ্যবশতঃ, পলাৰয়ড কেমেৰাত তোলা ফটোবিলাক বৰ স্পষ্ট নহৈছিল আৰু তাত ছপা হৈ ওলোৱা ফটোবিলাকৰ ৰঙও বৰ সন্তোষজনক নহৈছিল। তাতে তাৰ ফিল্ম বিলাকৰ দামও যথেষ্ট আছিল। সেইকাৰণে তেঁও সেই পলাৰয়ড কেমেৰাৰে ফটো তুলি ভাল ফটোগ্ৰাফাৰ হোৱাৰ আশা বাদ দিলে। সেই সময়ত মোৰ ন বছৰীয়া ল'ৰা দ্বাৰিক মোৰ লগতে আছিল। ভূপেন দাদাই যাবৰ সময়ত সেই কেমেৰাটো দ্বাৰিকক দি থৈ গ'ল।

কেমেৰাটোৰ কথা মই এক প্ৰকাৰ পাহৰিছলোঁ যদিও ২০১৩ চনত অৰ্থাৎ দ্বাৰিকে ভূপেন দাদাৰ সেই কেমেৰাটো উপহাৰ পোৱাৰ ত্ৰিশ বছৰতকৈও অধিক কাল পাচত তেজৰ লগত দ্বাৰিকৰ পৰিচয় কৰি দিওঁতে দ্বাৰিক তেজক গৌৰৱেৰে ক'লে,

'তোমাৰ দেউতাই মোক মোৰ জীৱনৰ প্ৰথম কেমেৰাটো উপহাৰ দিছিল।'

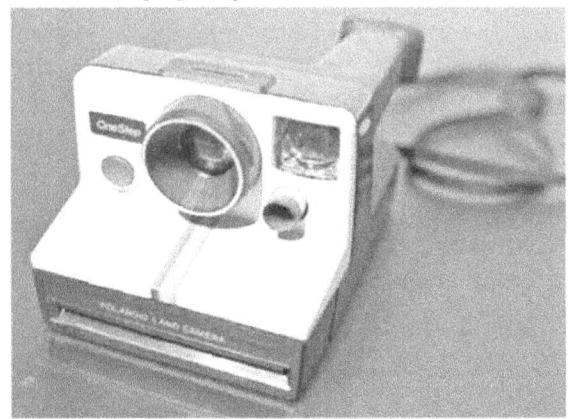

ভূপেন দাদাই দ্বাৰিকক উপহাৰ দিয়া পলাৰয়ড কেমেৰাটোৰ ছবি

দ্বাৰিকে তেজক কেমেৰাটোৰ বিষয়ে সবিশেষ জনালত মোৰও কথাটো মনত পৰিল। দ্বাৰিকে সেই কেমৰাটো তাৰ লগত এতিয়াও আছে বুলি কোৱাত তেজে দ্বাৰিকক সেই কেমেৰাটো সংৰক্ষণৰ বাবে তেঁওক দিব নেকি বুলি সোধাত দ্বাৰিকে কিন্তু ক'লে,

'কেতিয়াও নিদিওঁ, মোৰ ফটোগ্ৰাফীৰ জীৱন সেই কেমেৰাটোৰেই আৰম্ভ হৈছিল আৰু তাক মই সযত্নে সাঁচি থৈছোঁ।'

কোৱা বাহুল্য যে বৰ্তমান কানাডাৰ ভেনকুভাৰ মহানগৰীৰ নিবাসী দ্বাৰিক এজন ব্যৱসায়িক ফটোগ্ৰাফাৰ। সি যিয়েই নহওক, মোৰ অনুৰোধত দ্বাৰিকে পঠিয়াই দিয়া কেমেৰাটোৰ ফটো এখন লগত দিলোঁ।

ভূপেন হাজৰিকাৰ উইল আৰু ন্যাস

১৯৯৭ চনৰ আগৰে পৰা ভূপেন হাজৰিকাই এখন ন্যাস পতাৰ কথা আমাৰ লগত বহুবাৰ আলোচনা কৰিছিল। তেঁও মোক সদায়ে খাটিছিল, 'দিলীপ তুমি মোৰ ন্যাসত থাকিব লাগিব দেই'। শেষত সদা গগৈয়ে আমাৰ, ভূপেন দাদাৰ পৰিয়ালবৰ্গ আৰু আন শুভাকাংক্ষী সকলৰ সহায়ত ভূপেন হাজৰিকা ন্যাস গঠন কৰে। অনুৰাধা শৰ্মা পূজাৰীয়ে ক'বৰ দৰে:

> 'অৰ্থনৈতিক ভাবে এটা মাৰাত্মক বিপদৰ সন্মুখীন হৈছিল ভূপেন হাজৰিকা ১৯৯৮-৯৯ চনত। মানসিক অস্থিৰতা আৰু হতাশাৰ এই অৱস্থাৰ কথা জানিছিল কেইজনমান শুভাকাংক্ষী বন্ধুয়েহে। সদা গগৈয়ে ভূপেন হাজৰিকাৰ সাংস্কৃতিক ন্যাসৰ তদাৰক কৰে।"
>
> *[সাতসৰী, ১-১৫ জানুৱাৰী, ২০০৬, পৃ: ৩৭]*

ন্যাসৰ তদাৰক ৰূপে সদা গগৈয়েই ২০০০ চনত মহন্ত চৰ্কাৰৰ পৰা ভূমি আহৰণ কৰে আৰু অনুষ্ঠান অদিও পাতে। সেই ন্যাসৰ ২০০২ চনত ন্যাসৰ নিজা ঘৰত হোৱা এক অনুস্থানত ভূপেন দাদাৰ সৈতে আমিও অংশ গ্ৰহণ কৰিছিলোঁ। সেইদিনাখন ভূপেন দাদাক মই যিমান সুখী আৰু আনন্দিত দেখিছিলোঁ

তাৰ আগতে বা পাচতে কেতিয়াও দেখা নাছিলোঁ। সেই সময়ত ভূপেন দাদাই কোনোদিনে কল্পনাক ন্যাসত সাঙুৰি লোৱাৰ কথা কোৱা নাছিল।

ইতিমধ্যে, কাকতে পত্ৰে ভূপেন হাজৰিকা আৰু কল্পনা লাজমী সম্পৰ্কে নানা আলোচনা তথা তৰ্ক বিতৰ্ক হৈ গৈছে আৰু হৈ আছে। আমি তেঁওলোক দুয়োকে বহু বছৰৰ পৰা ঘনিষ্ঠ ভাবে পাইছোঁ। ভূপেন হাজৰিকাৰ কলিকতাৰ বাসগৃহত আমি বহুত বাৰ অতিথি ৰূপে আছিলোঁ আৰু তেঁওলোক দুয়ো আমাৰ আমেৰিকাৰ ঘৰত দীঘলিয়াকৈ কেবাবাৰও আছিলেগৈ। সেয়েহে আমি নিবিড় ভাবে উপলব্ধি কৰা কেইটামান কথা লিপিৱদ্ধ কৰাটো যুগুত বিবেচনা কৰিলোঁ।

কল্পনা লাজমী এগৰাকী সৃষ্টিশীল শিল্পী। তেঁও ইতিমধ্যে ভাৰতৰ সংস্কৃতি জগতত নিজকে প্ৰতিষ্ঠা কৰিছে। কথাছবি বা তথ্যচিত্ৰৰ প্ৰযোজনা বা পৰিচালনা কৰোঁতে নিশ্চয় ভূপেন হাজৰিকা আৰু কল্পনা ইজন সিজনৰ দ্বাৰা উপকৃত হৈছিল। সেইখিনি সহযোগিতাৰ কাৰণে দুয়ো কৃতকাৰ্য্যও হৈছে।

এইটো আচৰিত কথা যে ভূপেন দাদাৰ তেনে শুভাকাংক্ষী, গুণমুগ্ধ হৈও শেষত কল্পনাই ২০১১ চনৰ ১৭ ফেব্ৰুৱাৰীত অৰ্থাৎ ভূপেন দাদাৰ মৃত্যুৰ কেইমাহমান আগতে নিজকে ভূপেন দাদাৰ স্বত্বাধিকাৰী আৰু উত্তৰাধিকাৰী মনোনয় কৰা এখন উইলত ভূপেন দাদাক চহী কৰায় কাকতে পত্ৰে প্ৰকাশ কৰা দেখি আমি আচৰিত হৈছিলোঁ। এইটো এটা অতি বিসংগতিপূৰ্ণ কথা। আমি নিজেই ২০১০ চনত হোৱা সাক্ষাতৰ পৰা জানো যে ভূপেন দাদাৰ মন তেতিয়া সম্পূৰ্ণ অসুস্থ আৰু তেঁওৰ হিতাহিত জ্ঞান তথা বিচাৰ বুদ্ধি অক্ষম আছিল। সেই উইলৰ ওপৰতে নিৰ্ভৰ কৰি কল্পনা লাজমীয়ে এখন নতুন ন্যাস পাতে। সেই ন্যাসে পাচত

তদুপৰি ১৯৯৭ চনৰ আগৰে পৰা ভূপেন দাদাই এখন ন্যাস পতাৰ কথা বাৰে বাৰে আলোচনা কৰিছিল। তেঁও মোক সদায়ে খাটিছিল, 'দিলীপ তুমি মোৰ ন্যাসত থাকিব লাগিব দেই'। সেই সময়ত তেঁও কোনোদিনে কল্পনাক ন্যাসত সাঙুৰি লোৱাৰ কথা কোৱা নাছিল। শেষত সদা গগৈয়ে আমাক, ভূপেন দাদাৰ পৰিয়ালবৰ্গ আৰু আন শুভাকাংক্ষী সকলৰ সহায়ত ভূপেন হাজৰিকা ন্যাস গঠন কৰে। অনুৰাধা শৰ্মা পূজাৰীয়ে ক'বৰ দৰেঃ

> 'অৰ্থনৈতিক ভাবে এটা মাৰাত্মক বিপদৰ সন্মুখীন হৈছিল ভূপেন হাজৰিকা ১৯৯৮-৯৯ চনত। মানসিক অস্থিৰতা আৰু হতাশাৰ এই অৱস্থাৰ কথা জানিছিল কেইজনমান শুভাকাংক্ষী বন্ধুয়েহে। সদা গগৈয়ে ভূপেন হাজৰিকাৰ সাংস্কৃতিক ন্যাসৰ তদাৰক কৰে।" [ঐ, পৃঃ ৩৭]।
>
> ন্যাসৰ তদাৰক ৰূপে সদা গগৈয়েই ২০০০ চনত মহন্ত চৰ্কাৰৰ পৰা ভূমি আহৰণ কৰে আৰু অনুষ্ঠান অদিও পাতে। সেই ন্যাসৰ ২০০২ চনত ন্যাসৰ নিজা ঘৰত হোৱা এক অনুস্থানত ভূপেন দাদাৰ সৈতে আমিও অংশ গ্ৰহণ কৰিছিলোঁ। সেইদিনাখন ভূপেন দাদাক মই যিমান সুখী আৰু আনন্দিত দেখিছিলোঁ তাৰ আগতে বা পাচতে কেতিয়াও দেখা নাছিলোঁ।

আমাৰ বিষয়বস্তু ভূপেন দাদাৰ গীতহে। ১৯৮৭ চনৰ পিচত ভূপেন দাদাই সৃষ্টি কৰা গীতবিলাকৰ চৰিত্ৰ বৰ্ণনা কৰিবলৈ আমি এইবিলাক উল্লেখ কৰিলোঁ।

ভূপেন হাজৰিকাক লৈ ব্যৱসায়

এইটো সচা যে ভূপেন হাজৰিকা এক বৃহৎ সংখ্যক অসম বাসীৰ অতি মৰমৰ আৰু অতিশয় শ্ৰদ্ধাৰ পাত্ৰ হোৱা সত্বেও এচাম অসমীয়াই ছেগ বুজি তেঁওক সমালোচনাৰ চোকা তৰোৱালেৰে খুঁচিবলৈ চেষ্টা কৰি আহিছে। এইসকলৰ মাজত আছে এচাম

শিল্পী যাৰ কাৰণে ভূপেন হাজৰিকাৰ গীতৰ সফলতা এক অসহ্য বেদনা। সেইসকলৰ মাজত আছে এচাম বুদ্ধিজীৱী যাৰ কাৰণে ভূপেন হাজৰিকাৰ জ্ঞান গৰিমা আৰু জনপ্ৰিয়তা ঈৰ্ষাৰ কাৰণ। সেইসকলৰেই মাজত এচাম সাংবাদিক আৰু পুথিপ্ৰণেতা আছে যাৰ কাৰণে ভূপেন হাজৰিকাৰ অপযশ ৰটনা কৰাটো এক ভাল ব্যৱসায়।

১৯৮১ চনত *'ভূপেন হাজৰিকাৰ গীত আৰু জীৱন ৰথ'* প্ৰকাশ হোৱাৰ পাচত এইটো স্পষ্ট হয় যে ভূপেন হাজৰিকা সচাঁকৈয়ে অতিশয় জনপ্ৰিয়। তেঁওৰ জনপ্ৰিয়তা সফল ব্যৱসায়ৰ কাৰণে এক ভাল সমল বুলি উপলব্ধি কৰাৰ লগে লগে আৰম্ভ হয় এক ব্যৱসায়ৰ প্ৰতিদ্বন্দ্বিতা। মনত ব্যৱসায় থকা বহু লোকে তেঁওৰ জনপ্ৰিয়তাক ব্যৱহাৰ কৰি ভূপেন হাজৰিকাক এক প্ৰকাৰ নিষ্ঠুৰ ভাবে ব্যৱহাৰ কৰিবলৈ আৰম্ভ কৰে আৰু আজিকোপতি তেনে ব্যৱসায় কৰিবলৈ এৰা নাই।

উদাহৰণ স্বৰূপে, ষ্টাৰ চিমেণ্টে বিজ্ঞাপনৰ কাৰণে ৮৫ বছৰীয়া নিশকতীয়া শিল্পী গৰাকীক সাঙিত কঢ়িয়াই ব্যৱসায়ৰ লাভ শকত কৰিবলৈ চেষ্টা কৰিলে। তাতে খুঁত ধৰি তিলকে তাল কৰি কোনো কোনো বাতৰি কাকত আৰু সংবাদ মাধ্যমে প্ৰচাৰ ব্যৱসায় চলাই লাভবান হ'বলৈ চেষ্টা কৰিলে। ভূপেন হাজৰিকাই বিজেপি দলৰ হৈ নিৰ্বাচনীত নামিল। বিজেপি দলে নিৰ্বাচনীত জিকাৰ সেইটো এটা ভাল কৌশল বুলি শিল্পী গৰাকীক ব্যৱহাৰ কৰিলে। তাতে খুঁত ধৰি গণতন্ত্ৰৰ জয়গান গোৱা বহু বুদ্ধিজীৱিয়ে তেঁওক তীব্ৰ ভাবে গৰিহণা দিলে। কোনো কোনো বাতৰি কাকতে সেই গৰিহণা বহুল ভাবে প্ৰচাৰ কৰি লাভবান হ'বলৈ চেষ্টা কৰিলে। সেইবিলাকৰ বহুতেই আকৌ ভূপেন হাজৰিকাক 'অসম ৰত্ন' সন্মান দিওঁতে ভূপেন হাজৰিকাৰ জয়গান লিখি বিশেষ সংখ্যা উলিয়াই লাভবান হ'ল। তেনে ব্যৱসায় কৰোঁতে কোনো কোনোৱে সততাও ৰক্ষা নকৰিলে। উদাহৰণ স্বৰূপে 'অসম বাণী' কাকতৰ তেনে বিশেষ সংখ্যাত এই লিখকৰ প্ৰৱন্ধ বিনা অনুমতিত প্ৰকাশ কৰিলে। সেই বিষয়ে সম্পাদকৰ দৃষ্টি আকৰ্ষণ কৰাত একো নকৰি নিমাতে ব্যৱসায় চলাই থাকিল।

ই অতি আনন্দৰ কথা যে ভূপেন হাজৰিকাক সমালোচনাৰ চোকা তৰোৱালেৰে খুঁচিবলৈ চেষ্টা কৰি অহা বীৰসকলে ভূপেন হাজৰিকাৰ জনপ্ৰিয়তাত লেশমানও প্ৰভাৱ পেলাব নোৱাৰিলে আৰু তেঁওৰ প্ৰতিভাক কোনো প্ৰকাৰে ম্লান কৰিব নোৱাৰিলে।

সেইদৰে আমি বহুকাল কষ্ট কৰি আৰু বহুলোকৰ সহায়ত সংকলন কৰা ভূপেন হাজৰিকাক ব্যৱসায় ৰূপে কেনেদৰে ব্যৱহাৰ কৰি আহিছে তাক আমি আগকথাত অলপ উল্লেখ কৰিছোঁ আৰু আনেও কাকতে পত্ৰে লিখিছে। আটাইতকৈ দুখৰ কথা এয়েই যে স্বাৰ্থ অন্বেষীলোকে নিজৰ ধন দৌলত বা ক্ষমতা বঢ়াবৰ কাৰণে অসমীয়াৰ অতি মৰমৰ শিল্পী গৰাকীকৰ ব্যক্তিত্বক নানা ছলনাৰে বিতৰ্কমূলক কৰিলে। অৱশ্যে, সেই সুবিধাবাদীসকলে নকলি সোণেৰে সজোৱা পঁজা যে এদিন জহি খহি যাব সিও নিশ্চিত।

ভূপেন্দ্ৰ সংগীত

অসমীয়াই সাধাৰণতে গুণীজনক মৃত্যুৰ পাচত শলাগ লোৱাটোহে পৰম্পৰা। গুণীজনে সমাজ আৰু সংস্কৃতিৰ কাৰণে যোগোৱা বৰঙণিক তেঁওলোক জীয়াই থাকোঁতেই শলাগ ল'লে কিহবাই খুন্দিয়াব বুলি অসমীয়াৰ প্ৰাণত কিবা এটা শংকা থকা যেন লাগে। হয়তো সেইকাৰণেই গুণীজন জীয়াই থাকোঁতেই বহুতে গুণীজনকে খুন্দিয়াই থাকে। ভূপেন হাজৰিকাৰ ভাগ্যতো সেয়েই ঘটিছিল। অসমীয়াৰ সেই স্বভাৱৰ কিছু পৰিৱৰ্তন আনিবলৈকে আমি 'ভূপেন হাজৰিকাৰ গীত আৰু জীৱন ৰথ', 'নিৰ্মলপ্ৰভাৰ গীত আৰু নাৰীৰ জীৱন নদী'

আদি পুথি ৰচনা কৰিছিলোঁ। ভূপেন দাদাৰ ক্ষেত্ৰত যোৰহাটৰ কেইজনমান ডেকাই আমাতকৈও এখোপ আগবাঢ়ি গ'ল ১৯৮১ চনৰ ২০ জুনত 'ভূপেন্দ্ৰ সংগীত' আখ্যাৰে ভূপেন দাদাৰ সৃষ্টিসমূহক স্বীকৃতি দি। ঘটনাটো ভূপেন দাদাৰ উপস্থিতিতে এক প্ৰকাৰ নাটকীয় ভাবে ঘটিল।

সেইদিনা ডেকাহঁতে যোৰহাটৰ বিষ্ণু জ্যোতি সংগীত বিদ্যালয়ত বিষ্ণু দিৱস পালনৰ আয়োজন কৰিছিল। তেঁওলোকক আগেয়ে খবৰ নিদিয়াকৈ ভূপেন দাদা আৰু নিৰোদ চৌধুৰী ৰাতিৰ বাছত গুৱাহাটীৰ পৰা আহি ৰাতিপুৱাই যোৰহাটত বাছৰ পৰা নামিল। নিজৰ শাহুৰেকক আদৰি আনিবলৈ গৈ বিভূচৰণ বৰুৱাই তাতেই গুণীদ্বয়ক দেখি ঘৰলৈ লৈ আহিল। বিভূহঁতৰ ঘৰলৈ আহি ভূপেন দাদাই যেতিয়া গম পালে যে ডেকাহঁতে বিষ্ণু ৰাভা দিৱস পাতিবলৈ লৈছে, তেঁও নিজেই ক'লে:

> "আজি মই তোমালোকৰ সংগীত মহাবিদ্যালয়ৰ ছাত্ৰছাত্ৰী বিলাকক জ্যোতিপ্ৰসাদ, বিষ্ণুপ্ৰসাদ আৰু ফণী শৰ্মা আদিৰ বিষয়ে সাধু কথা ক'ম, যিবিলাক কথা ডাঙৰ সভাবিলাকত কোৱা নাযায়।"

দেবীচৰণ বৰুৱা ছাত্ৰী মহাবিদ্যালয়ৰ প্ৰেক্ষাগৃহত অনুষ্ঠিত সেই সভাখনৰ মঞ্চত ভূপেন দাদা বহি থকা অৱস্থাতে বিভূচৰণ বৰুৱাই হঠাৎ ঠিক কৰিলে যে ভূপেন হাজৰিকাৰ গীত ৰচনা, সুৰ সংযোজন আৰু পৰিৱেশনৰ স্বকীয়তা আৰু মৌলিকতাক সন্মান জনাই তেঁওৰ গীত ৰাজিক 'ভূপেন্দ্ৰ সংগীত' আখ্যা দিয়া যাওক। কথাটো তেঁও ডেকাসকলক কোৱাৰ লগে লগে সকলো সন্মত হ'ল। সেই সময়ত যোৰহাট অভিযান্ত্ৰিক মহাবিদ্যালয়ৰ ছাত্ৰ সুমন্ত চলিহাই আনুষ্ঠানিক ভাবে সেই প্ৰস্তাৱ দিয়াত অশোক বৰদলৈয়ে সমৰ্থন কৰে। তাৰ পিচত সমবেত ৰাইজৰ আটাইয়ে বিপুল হৰ্ষধ্বনিৰে প্ৰস্তাৱটো গ্ৰহণ কৰে। লেঠা হ'ল ভূপেন দাদাই বা কথাটো কেনেদৰে লয়, তেনে এটা প্ৰস্তাৱ লোৱা হ'ব বুলি আয়োজক সকলে আগেয়ে ভবা নাছিল আৰু সেই বিষয়ে ভূপেন দাদাৰ লগত আগেয়ে একো আলোচনা কৰা নাছিল। যাহওক, নিজৰ ভাষণত স্বভাৱসুলভ ৰসেৰে ভূপেন দাদাই ক'লে:

> "অলপ আগতে ডেকা ল'ৰাজনে লোৱা প্ৰস্তাৱটো শুনি মোৰ ভয় হৈছে যে মই বেছিদিন জীয়াই নাথাকিম নেকি? প্ৰস্তাৱটোত উল্লেখ কৰা বাকী কেইগৰাকী সংগীতজ্ঞৰ সংগীতৰ নামাকৰণ হৈছিল তেখেতসকলৰ মৃত্যুৰ পাচতহে—মোৰ ক্ষেত্ৰত কিয় এই ব্যতিক্ৰম কৰা হ'ল। ... মোৰ গীতবিলাকে ধাৰাৰ সৃষ্টি কৰিছে নে নাই সেইটো সংগীত বিশ্লেষকসকলে বিচাৰ কৰিব। মই শান্তি পাম যদি উদীয়মান কণ্ঠশিল্পীসকলে তেঁওলোকৰ কণ্ঠস্বৰত মোৰ গীতবিলাক গাওঁতে মই গুৰুত্ব দিয়া দিশবিলাকৰ প্ৰতি সচেতন হয়।"

ৰঞ্জন দত্তৰ মতে সেই সময়ত হাজৰিকাদেৰক কিছু অপ্ৰস্তুত দেখা গৈছিল। কিন্তু শিল্পী জ্যোতিৰ্ময় নাথে দুটা ভূপেন্দ্ৰ সংগীত দক্ষতাৰে পৰিৱেশন কৰি তেখেতৰ মনলৈ ভূপেন্দ্ৰ সংগীতৰ ভৱিষ্যতৰ প্ৰতিশ্ৰুতি প্ৰদৰ্শন কৰাত তেখেত উৎফুল্লিত হৈছিল।

তাৰ পিচত যোৰহাটৰ সেই ডেকাসকলেই সদৌ অসম ভূপেন্দ্ৰ সংগীত সমিতি' গঠন কৰে। সেই সমিতিৰ প্ৰথম বিষয় ববীয়াসকল আছিল:

মুখ্য উপদেষ্টা: দণ্ডধৰ হাজৰিকা

উপদেষ্টা: অধ্যাপক মৰিমুটো (জাপানৰ ৰ'-অন সাংস্কৃতিক গোষ্ঠীৰ সভাপতি)

সভাপতি: জিতেন শইকীয়া

সম্পাদক: অশোক বৰদলৈ।

তেতিয়াৰে পৰা তেঁওলোকে প্ৰতি বছৰ যেৰহাটত ভূপেন্দ্ৰ সংগীতৰ প্ৰতিযোগিতা

পাতি আহিছে।

সুমন্ত চলিহাৰ সতে

সেই সময়ত এচাম অসমীয়াই তেঁওলোকৰ ঈৰ্ষাপৰায়ণ, গুণীৰ গ্ৰণ নুবুজা চৰিত্ৰ প্ৰকট কৰি কাগজে পত্ৰে 'ভূপেন্দ্ৰ সংগীত' আখ্যাক তীব্ৰ ভাবে সমালোচনা কৰিলে। সেইবিলাককৈ ভ্ৰূক্ষেপ নকৰি অসমৰ ৰাইজে ডিগবৈ, ডুমডুমা, ডিব্ৰুগড়, শিৱসাগৰ, কলিয়াবৰ, নগাৰঁ, কামপুৰ, তেজপুৰ, গুৱাহাটী, পলাশবাৰী আদি ঠাইতো ভূপেন্দ্ৰ সংগীতৰ শাখা সমিতি গঠন কৰে আৰু ভূপেন্দ্ৰ সংগীতৰ প্ৰতিযোগিতা পাতিবলৈ আৰম্ভ কৰে।

এই প্ৰসংগত আমি 'ভূপেন্দ্ৰ সংগীত' বুলিলে কি বুজোঁ সেইটো অলপ স্পষ্ট কৰা যুগুত হ'ব। অসমীয়াই গীত, বৰগীত, সংগীত, মাগীয় সংগীত আদি নানান আখ্যাৰে সংগীতৰ বিচাৰ আৰু শ্ৰেণী ভাগ কৰি আহিছে। সেইবিলাকৰ যোগেদি এপিনে যিদৰে সংগীতৰ চৰ্চা আৰু সাধনা চলি আহিছে সেইদৰে সৃষ্টিবিলাকৰ চৰিত্ৰ নিৰ্ণয়ৰ প্ৰথাও চলি আহিছে। যেনে, ৰাগ, তাল আদিৰ ব্যাকৰণেৰে সংগীতক বিচাৰ কৰা হয়। সেইদৰে নাটকত ব্যৱহাৰ হোৱা ৰসৰ বিচাৰও সংগীতত প্ৰয়োগ কৰা হয়। সংগীত চৰ্চাৰ পৰম্পৰাৰও (ঘৰাণা) সংগীতৰ বিচাৰত প্ৰয়োজন। ভাৰতীয় সংগীতৰ আন এক গুণগত বিচাৰ হৈছে লক্ষ্য। উদাহৰণ স্বৰূপে, বৰগীতৰ লক্ষ্য হৈছে ভক্তি ৰস বিলোৱা। জয়দেৱৰ গোবিন্দ গীতিৰ লক্ষ্য হৈছে শৃংগাৰ ৰসক বিবেক তত্ত্বৰ অধীন কৰা আদি।

তেনেবিলাক বিচাৰৰ আহিলা থকা কাৰণেই সংগীত জগতত বেলেগ বেলেগ প্ৰতিভাশালী লোকৰ সৃষ্টিবিলাক একগোট কৰি ৰখা হয় যাতে সেবিলাকৰ লক্ষণ আৰু বৈশিষ্ট্যবিলাক অধ্যয়ন কৰি ভৱিষ্যতে আনেও সংগীত সৃষ্টিৰে আমাৰ সমাজক চহকী কৰিব পাৰে বা সেইবিলাকৰ চৰ্চাৰে নিজৰ ব্যক্তিত্বক গঢ় দিব পাৰে। তেনে ব্যক্তিয়ে সমাজক কলাপ্ৰিয় চৰিত্ৰ দিব পাৰে। তাকেই কয় সভ্যতা।

উদাহৰণ স্বৰূপে শংকৰ মাধৱৰ গীতবিলাক ভক্তসকলে 'বৰগীত' আখ্যা দি আছুতীয়া আসন দিয়া কাৰণেই সেইবিলাকেই আজি পাঁচ শৰো অধিক কাল অসমীয়া সমাজৰ ৰাজহাঁড় স্বৰূপ হৈ অসমীয়া সমাজক সুস্থ সবল কৰি ৰাখিছে। এই দৃষ্টিকোণৰ পৰা আমি 'ভূপেন হাজৰিকাৰ গীত আৰু জীৱন ৰথ'-ৰ প্ৰথম দুটা তাঙৰণত শ্ৰীমন্ত শংকৰদেৱ আৰু শ্ৰীমাধৱদেৱৰ গায়ক আৰু গীতিকাৰ ৰূপে প্ৰতিভাৰ বিশেষ আলোচনাৰ লগতে তেঁওলোকৰ সৃষ্টি 'বৰগীত'ৰ বিষয়েও দীঘলীয়া আলোচনা আছিল। সেইখিনি ভালদৰে নপঢ়াকৈ বা মই কি ক'বলৈ বিচাৰিছোঁ তাক বুজিবলৈ চেষ্টা নকৰি কেবা গৰাকীও বুদ্ধিজীৱীয়ে মই শংকৰদেৱ আৰু মাধৱদেৱৰ পিচতে ভূপেন দাদাক প্ৰতিষ্ঠা কৰিবলৈ চেষ্টা কৰিছোঁ বুলি পুথিখনক তীব্ৰ সমালোচনা কৰিছিল। ঠিক সেইকাৰণে নহয় আন কিছুমান কাৰণত পাচৰ তাঙৰণত সেই অধ্যায়টো বাদ দিয়া হ'ল। সেই আলোচনাখিনি বৰ্তমান আমি সম্পাদনা কৰা *'যুৱক যুৱতী সকলৰ বাবে মহাপুৰুষ শ্ৰীমন্ত শংকৰদেৱ'* (মূল ৰচনা: ধূৰ্জুটি প্ৰসাদ খাওন্দ, প্ৰকাশক: বেদকণ্ঠ, পুলিবৰ, যোৰহাট) পুথিত দিয়া হৈছে।

চমুতে, মই ইয়াকেই বুজাবলৈ বিচাৰিছোঁ যে ভূপেন হাজৰিকাৰ গীত সমূহ 'ভূপেন্দ্ৰ সংগীত' বুলি নামাকৰণ কৰি সেইবিলাকৰ

অন্তর্নিহিত গুণ আৰু বৈশিষ্ট্যবিলাক উজলাই ৰখাটো আমাৰ কর্তব্য। তাকে কৰিবলৈ আজি ডেৰ কুৰি বছৰতকৈও অধিক কাল আগতেই যোৰহাটৰ তেতিয়াৰ সেই ডেকা কেইজনে লোৱা পদক্ষেপৰ আমি ইয়াতে শলাগ ল'লোঁ। [সহায়: (১) বিভুচৰণ বৰুৱা: 'ভূপেন্দ্র সংগীতৰ জন্মৰ আঁৰৰ কথা', সমীৰণ বৰদলৈ, সুধাকণ্ঠ, পৃ: ৭-৮; (২) ৰঞ্জন দত্ত: ব্যক্তিগত চিঠি]

ভূপেন্দ্র সংগীতৰ বৈশিষ্ট্য আৰু লক্ষণ

ভূপেন্দ্র সংগীতৰ প্ৰতিযোগিতা আদিৰে ভূপেন দাদাৰ সৃষ্টিবিলাক জীয়াই ৰাখিবলৈ অসমীয়া ৰাইজে কৰা প্রচেষ্টা শলাগিব লগীয়া। প্ৰতিযোগিতা পদ্ধতিৰে সুধাকণ্ঠৰ সৃষ্টিয়ে অসমীয়া ভাষা কৃষ্টি আৰু সংস্কৃতিৰে অসমীয়া জাতিক সুস্থ সবল ৰূপে জীয়াই ৰখাৰ সফলতা কিন্তু নির্ভৰ কৰে তেঁওৰ গীতবিলাকৰ ভাব আৰু যুগচেতনাৰ বাণীবিলাক অসমীয়াই কিমান নিজৰ নিজৰ জীৱনত প্রয়োগ কৰিব পাৰিছে তাৰ ওপৰতহে। সেইদৰে তেঁও তেঁওৰ গীতৰ যোগেদি দেখুৱাই যোৱা ভাষাৰ প্ৰকাশ ভংগী, উচ্চাৰণ পদ্ধতি, সুৰৰ সমন্বয়ৰ কৌশল, বাদ্যযন্ত্ৰৰ ব্যৱহাৰ আদি সকলো ধ্বৰণৰ কৌশলবিলাক আয়ত্ত কৰিব পাৰিলেহে তেঁওৰ সৃষ্টিবিলাক সাৰ্থক কৰা হ'ব। সেয়েহে বঙালীসলৰ ঘৰে ঘৰে ৰবীন্দ্ৰ সংগীতৰ চৰ্চা আৰু প্ৰশিক্ষণ চলি থকাৰ দৰে অসমীয়াৰও ঘৰে ঘৰে নিতৌ ভূপেন্দ্র সংগীতৰ চৰ্চা আৰু প্ৰশিক্ষণ চলাব পাৰিলেহে অসমীয়া জাতিৰ মর্য্যদা অটুট থাকিব। আমি প্ৰতিযোগিতাতকৈ অভিজ্ঞসককলে পতা ভূপেন্দ্র সংগীতৰ কৰ্মশালা, ঘৰে বাহিৰে, স্কুল কলেজত আৰু উছৱে পৰৱে ভূপেন্দ্র সংগীতৰ চৰ্চা আদিৰ মূল্য বেছি দোখোঁ।

অলপ সহায় হ'ব বুলি ইয়াত থূল মূলকৈ ভূপেন্দ্র সংগীতৰ বৈশিষ্ট্য কেইটামান উল্লেখ কৰিলোঁ।

১) ভাষা, সাহিত্য, ঐতিহ্য আৰু সমাজৰ পৰম্পৰা অধ্যয়নত ভূপেন দাদাৰ সাধনা আৰু আহৰণ কৰা জ্ঞান।

২) তেখেতে নিজৰ গুৰু যেন জ্ঞান কৰা বিষ্ণুপ্ৰসাদ ৰাভাৰ পৰা আৰু সুন্দৰৰ পূজাৰী জ্যোতিপ্ৰসাদ আগৰৱালাৰ পৰা ভূপেন দাদাই আহৰণ কৰা জ্ঞান আৰু সেইবিলাকৰ নিজৰ সৃষ্টিত প্রয়োগ।

যোৰহাটৰ ৰঞ্জন দত্তৰ সৈতে ভূপেন্দ্র সংগীতৰ আলোচনা

৩) গীতিকাৰ ৰূপে ভূপেন দাদাই বাচি লোৱা বিষয়বস্তু বিলাকৰ তাৎপৰ্য্য আৰু দার্শনিক অভিব্যক্তি।

৪) সুৰকাৰ ৰূপে ভূপেন দাদাই প্রয়োগ কৰা সুৰ সংযোজনৰ নীতি নিয়ম আৰু বিশেষ কলা কৌশল।

৫) তেখেতৰ গীতৰ সংগীতাংশত তেখেতে বাদ্যযন্ত্ৰৰ ব্যৱহাৰৰ কৌশল।

৬) ডঃ ভূপেন হাজৰিকাৰ উচ্চাৰণ পদ্ধতি, শব্দ প্রক্ষেপণ পদ্ধতি।

৭) আৱেগৰ ক্ষেত্ৰতো ভূপেন দাদাই যিজন

ব্যক্তিৰ অন্তৰৰ আৱেগৰ কথা বৰ্ণাইছিল সেই ব্যক্তিজনৰ হৃদয়ত তেঁও প্ৰৱেশ কৰিব পৰা এক অদ্ভুত শক্তি প্ৰদৰ্শন কৰি গৈছে। 'ঝক ঝক ৰেল চলে'-ত তেঁও ফায়াৰমেন, বয়লাৰমেন, ছিগনেলমেন আদিৰ প্ৰাণৰ কথা, 'অসমী আইৰ লালিতা পালিতা'-ত অসমৰ তোলনীয়া জীৱ মনৰ কথা, 'শীতৰে সেমেকা ৰাতি'-ত বস্ত্ৰবিহীন শ্ৰমিক, সংখ্যালঘূ কোনো সম্প্ৰদায়ৰ ভয়াৰ্ত মন আদি ইমান মৰ্মস্পৰ্শী ভাবে বৰ্ণনা কৰিছে যে সি বিস্ময়জনক। তেঁও এইখিনি কৰিব পৰাৰ মূলতে আছিল তেঁওৰ মানৱতাবাদী দৃষ্টিভংগী আৰু মানুহৰ বাবে ভাবিব পৰা অসাধাৰণ গুণ। সেইখিনি আহৰণ কৰিবলৈকো প্ৰয়োজন হৈছিল বিশষ অনুকম্পা, সাধনা আৰু আন্তৰিক প্ৰচেষ্টা।

৮) সাময়িক প্ৰসংগৰ গীত ৰচোঁতেও তেঁও ৰাজনীতি, ইতিহাস, সমাজ নীতি আদি যে সদায় অধ্যয়ন কৰিছিল তাৰ পৰিচয় দিছিল। কি মহাত্মা গান্ধীৰ হত্যাই হওক, জৱাহৰলাল নেহৰুৰ মৃত্যুয়েই হওক বা অসমত আৰক্ষী বাহিনীৰ কুশাসনেই হওক ভূপেন দাদাই নিজৰ ৰচনাক ইতিহাসৰ পাতত খাপ খুৱাব পৰা ৰূপ দিছিল।

৯) যুগ চেতনা আছিল ভূপেন্দ্ৰ সংগীতৰ এক বৈশিষ্ট্য। সেই বৈশিষ্ট্যও তেঁওৰ মানৱতাবাদী প্ৰাণ, সাম্যবাদী চিন্তাধাৰা, শ্ৰেণীভেদ- বৰ্ণভেদ-জাতিভেদহীন সমাজৰ কামনা আৰু গণতান্ত্ৰিক প্ৰথাৰ ওপৰত গভীৰ বিশ্বাসে গঢ় দিছিল। সেয়েহে, ভূপেন দাদাৰ যুগ চেতনা আছিল বিস্ময়জনক। সমকালীন বহু বুদ্ধিজীৱী, সাংবাদিক, সাহিত্যিক আদিয়ে হাজাৰ খোঁচা বিন্ধা নক'ৰক লাগিলে তেঁওলোক কোনেও যুগৰ বিশাল সাগৰৰ উৰ্মিমালাৰে গঢ়া ভূপেন দাদাৰ চেতনাক স্পৰ্শ কৰিব নোৱাৰে। অসমীয়াৰে সৌভাগ্য যে তেঁও গীতেৰে সেইবিলাক বৰ্ণাই থৈ গ'ল।

১০) ভূপেন দাদাৰ সকলো সৃষ্টিতে যে সমাজ আৰু সভ্যতাৰ ধৰলী প্ৰলেপ পৰিছিল তেনে নহয়। 'নেলাগে সমাজ', 'সমাজৰ নীতি নিয়ম ভঙাটো নতুন নিয়ম' আদি কথাও তেঁও গীতত ব্যক্ত কৰিছে। তেনেদৰে সমাজৰ নীতি নিয়ম ভংগ কৰি তেঁও নিজেও শৰশয্যাত শুব লগীয়া হ'ল। সেয়েহে ভূপেন্দ্ৰ সংগীতৰ সেই দিশটোও চালি জাৰি চাব পৰাকৈ উপলব্ধি কৰাটোও প্ৰয়োজন। ভূপেন দাদাই মোক কৈছিল যে তেঁওৰ গীতৰ যোগেদি আজিৰ সমাজৰ নীতিনিয়ম বিলাকৰ আলোচনা হোৱাটো তেঁও বিচাৰে।

আজি বহু বছৰৰ পৰা কেইগৰাকীমান শিল্পীয়ে ভূপেন দাদাৰ গীতৰ মাহাত্ম্য উপলব্ধি কৰি নিজৰ নিজৰ স্বকীয় প্ৰচেষ্টাৰে ভূপেন দাদাৰ গীতৰ অধ্যয়ন, চৰ্চা আৰু প্ৰচাৰ চলাই আহিছে। মই ঘনিষ্ঠ ভাবে জনা কমল কটকী, মৌচুমী চহৰীয়া, ৰবীন গোস্বামী, ৰূপম শৰ্মা আৰু সদা গগৈৰ বিষয়ে একোটা আদৰ্শ ৰূপে ইয়াত অলপ আলোচনা দিলোঁ। অৱশ্যে, হয়তো এইটোও সচা যে আমি নজনা আন লোকেও হয়তো একে প্ৰচেষ্টা চলাই আহিছে।

এইটোও উল্লেখযোগ্য এই পুথিৰ বিষয়বস্তু হৈছে ভূপেন দাদাৰ অসমীয়া ভাষাৰ সৃষ্টিহে। বঙালী, হিন্দী, নেপালী, ইংৰাজী বা সংস্কৃত ভাষাত ৰূপান্তৰিত হোৱা ভূপেন্দ্ৰ সংগীতত আমি হাত দিয়া নাই। তথাপি এইটো কৈ থওঁ যে ৰঞ্জন বেজবৰুৱাৰ সংস্কৃতলৈ ৰূপান্তৰ শুনি ভূপেন দাদা অতিশয় আনন্দিত হৈছিল।

মাজুম্বা মেডিয়া এণ্ড এণ্টাৰটেইনমেণ্ট

আজিৰ অনলাইনৰ যুগত অসমীয়া গীত-মাত-কথাছবিৰ যেগেদি অসমীয়া সংস্কৃতিৰ বহুল চৰ্চা আৰু প্ৰচাৰৰ কাৰণে আধুনিক প্ৰকৌপ (প্ৰকৌপ: প্ৰয়োগ কৌশল পদ্ধতি মানে technology) ব্যৱহাৰ কৰিবলৈ

মাজুস্বা এটা সংগঠন। এই সংগঠনটো প্ৰতিষ্ঠা কৰিছে আমেৰিকাৰ ছাক্ৰামেণ্ট চহৰৰ নিবাসী ৰূপম শৰ্মাই। ইতিমধ্যে, মাজুস্বাই বহু অসমীয়া গীত, অসমীয়া কথাছবি, ভিডিঅ' আদি সংৰক্ষণ আৰু প্ৰচাৰৰ কাৰণে অনলাইনত ৰাখিছে আৰু যোৰহাটত এটা অতি আধুনিক ষ্টুডিঅ' প্ৰতিষ্ঠা কৰিছে। এই সকলোবিলাক অনলাইনৰ জালত প্ৰতিষ্ঠিত হৈছে কাৰণে পৃথিৱীৰ যেই কোনো ঠাইৰ পৰা যেয়ে সেয়ে সেইবিলাক উপভোগ কৰিব পাৰে। এতিয়ালৈকে মাজুস্বাৰ সহযোগীতাত কৰা কামৰ ভিতৰত আছে:

১) মাজুলীৰ আধ্যাত্মিক পৰিৱেশৰ পটভূমিত কথাছবি ইন চাৰ্চ অৱ গ'ড (ীন স্ইঅৰচহ ওফ গশুদ) নিৰ্মাণ আৰু আইটিউনৰ যোগেদি প্ৰচাৰ। এই কথাছবিখনে ২০১১ চনত আমেৰিকাৰ হিউষ্টন মহানগৰীত অনুষ্ঠিত আন্তৰ্জাতিক ভাৰতীয় কথাছবি উৎসৱত শ্ৰেষ্ঠ তথ্যচিত্ৰৰ বঁটা লাভ কৰিছিল। অসমীয়া থলুৱা সংগীতৰ আধাৰত ৰচিত ইয়াৰ সংগীতাংশৰ কাৰণে কথাছবিখন সংগীতৰ অস্কাৰৰ বাবেও মনোনীত হৈছিল। তদুপৰি ইন চাৰ্চ অৱ গ'ড কথাছবিখন অস্কাৰ সংগ্ৰহালয়ত সংৰক্ষণৰ বাবে লোৱা হয়।

২) বিষ্ণুপ্ৰসাদ ৰাভাই বাণীবদ্ধ কৰা গীতৰ উদ্ধাৰ আৰু আইটিউনৰ যোগেদি প্ৰচাৰ। সেইবিলাকৰ ভিতৰত উল্লেখযোগ্য গীত হৈছে 'অ' মোৰ আপোনাৰ দেশ', শিশু ভূপেন হাজৰিকাই গোৱা গীত।

৩) 'বিশ্ব শান্তিৰ অৰ্থে মহাযাত্ৰা' শীৰ্ষক এক বিলাস বহুল সংগীতানুষ্ঠান ২০১৩ চনৰ ২৪ ফেব্ৰুৱাৰীৰ দিনাৰ বিয়লি যোৰহাটৰ ক্ৰীড়া সংস্থাৰ খেল পথাৰত অনুস্থিত হৈ যায়। টেলিভিছনৰ যোগেদি গোটেই পৃথিৱীতে প্ৰচাৰ হোৱা এই সংগীতানুষ্ঠানত পাঁচ শৰো অধিক স্থানীয় আৰু আন্তৰ্জাতিক শিল্পী আৰু তিনি শৰো অধিক বিভিন্ন ধৰনৰ বাদ্যযন্ত্ৰ ব্যৱহাৰ কৰা হয়। ৰূপমৰ সুৰ আৰু পৰিচালনাত এই সংগীত আলেখ্যই চিম্ফনী টোৰে গিনিজৰ অভিলেখ পুথিত স্থান পায় (Guinness Book of World Record)।

৪) উন্নত ৰূপত পাব নোৱৰা ৰাভা সংগীত আৰু বাণীবদ্ধ নোহোৱা ভূপেন্দ্ৰ সংগীত শুদ্ধ ৰূপত নতুন গায়ক আৰু গায়িকাৰ কণ্ঠত প্ৰচাৰ। ইতিমধ্যে, ময়ুৰপংখী চেতিয়াৰ কণ্ঠত 'বৈ বৈ কেতেকী বিনাৰয়', 'জয় সাগৰৰ বুকুৰ মাজত জয়া নাই' (ৰাভা সংগীত), 'দিখৌৰে বুকুতে সেউজী মাজুলী' (ভূপেন্দ্ৰ সংগীত) আইটিউনৰ যোগেদি প্ৰচাৰ কৰা হৈছে।

৫) পৰিষ্কাৰ ৰূপত পাব নোৱৰা (প্ৰথমে বাণীবদ্ধ হোৱা) কিছুমান জ্যোতি সংগীত, ৰাভা সংগীত আৰু ভূপেন্দ্ৰ সংগীত ৰূপম শৰ্মাই নিজৰ কণ্ঠত আৰু নতুন নতুন শিল্পীৰ কণ্ঠত বাণীবদ্ধ কৰাৰ আঁচনি লৈছে। এই ক্ষেত্ৰত গীতবিলাক দিলীপ দত্তই কৰা সংগ্ৰহৰ ওপৰত নিৰ্ভৰ কৰা হৈছে।

৬) দিলীপ দত্তৰ সহায়ত ৰূপম শৰ্মাই প্ৰাক স্বাধীনতা যুগৰ আধুনিক অসমীয়া গীতৰ ঐতিহাসিক পটভূমিত এখন গীতি কথাছবি নিৰ্মাণৰ পৰিকল্পনা কৰিছে। কোৱা বাহুল্য যে এই কথাছবিত শিশু ভূপেনৰ গীতেই প্ৰাধান্য পাব।

৭) অতি সোনকালেই অনলাইনত ভূপেন্দ্ৰ সংগীতৰ প্ৰতিযোগিতাৰ যো-জা কৰা হৈছে। এই প্ৰতিযোগিতা কণ্ঠ আৰু বাদ্যযন্ত্ৰ দুয়োটা মাধ্যমতে পতা হ'ব। এই প্ৰতিযোগিতাত শিল্পীসকলে নিজ নিজ ঠাইৰ পৰাই অনলাইনৰ সহায়ত অংশ গ্ৰহণ কৰিব পাৰিব।

৮) ৰূপমৰ পৰিচালনাত প্ৰতিবন্ধী (Disabled)

সকলক লৈ ইতিমধ্যে এখন ইংৰাজী কথাছবি নিৰ্মাণৰ কাম আমেৰিকাত আৰম্ভ হৈছে। এই কথাছবিত অসমৰ ন-পুৰণি শিল্পীকেই সুবিধা দিয়া হ'ব আৰু অসমতো ছুটিং লোৱা হ'ব।

মৌচুমী চহৰীয়া (জন্ম: ১৯৮১ চন)

মৌচুমী চহৰীয়া আৰু 'ভূপেন হাজৰিকাৰ গীত আৰু জীৱন ৰথ'-ৰ জন্ম একে বছৰতে। সৰুৰে পৰাই সংগীত শিক্ষা আৰু আধুনিক শিক্ষা দুয়োটাকে অতি আপোন কৰি লৈ মৌচুমীয়ে বিশেষ একাগ্ৰতাৰে নিজৰ ব্যক্তিত্বক গঢ় দিবলৈ সক্ষম হয়। আৰম্ভণিৰে পৰাই স্কুল আৰু কলেজৰ শিক্ষাৰ সকলো পৰ্য্যায়তে মেধাৱী ছাত্ৰী মৌচুমীয়ে বিশেষ দক্ষতা দেখুৱাই ইখনৰ পাচত সিখন জখলা পাৰ হৈ কটন কলেজৰ পৰা শিক্ষাৰ (Education) এম-এত প্ৰথম শ্ৰেণীত উত্তীৰ্ণ হয়। মৌচুমী চহৰীয়াই এতিয়ালৈলেকে তিনিখন চি-ডিত সুধাকণ্ঠৰ ২৪টা গীত বাণীবদ্ধ কৰিছে। তেঁওৰ গীত শুনি ভূপেন হাজৰিকাই কিমান আনন্দিত হৈছিল তৰ প্ৰমাণ ৰূপে তেখেতে লিখা দুখন চিঠি ইয়াৰ লগত সংযোগ কৰিলোঁ। নৱ প্ৰজন্মৰ গায়িকা এগৰাকীয়ে বাণীবদ্ধ কৰা তেঁওৰ গীত শুনি ভূপেন দাদা প্ৰৌঢ় বয়সত ইমান প্ৰফুল্লিত হোৱাটো সচাকৈয়ে অতি আনন্দৰ কথা।

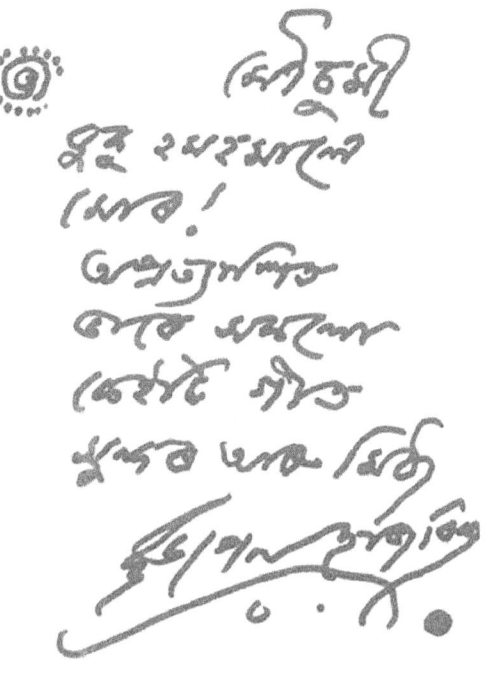

গায়িকা ৰূপে মৌচুমী ভূপেন দাদাৰ কেনেকৈ ইমান আস্থাভাজন হ'ল আৰু ভূপেন দাদাই মৌচুমীৰ প্ৰচেষ্টাৰ বিষয়ে আৰু কি মতামত দিছিল সেইটো ভৱিষ্যতৰ অসমীয়াৰ কাৰণে অতি প্ৰয়োজনীয় কথা।

নিজৰ শিক্ষাত একান্তচিত্তে লাগি থাকিও মৌচুমীয়ে সংগীতৰ জ্ঞান আহৰণতো পোৱা সকলো সুযোগ উলিয়াই শাস্ত্ৰীয় সংগীত শিকাত নেৰানেপেৰাকৈ লাগি থাকে। উদাহৰণ স্বৰূপে তেঁও গুৱাহাটীৰ তাৰিণী চৌধুৰী বালিকা বিদ্যালয়ত পঢ়ি থাকোঁতে স্কুলৰ শিক্ষয়িত্ৰী খ্যাতনামা সংগীতজ্ঞ গুণদা দাসৰ পৰা যিমান পাৰে সংগীতৰ শিক্ষা লয়। সেইদৰে তেঁও অসমৰ কৰুণা শংকৰ ঠাকুৰীয়া, আনন্দ নাৰায়ণ দেৱ, শীৱেন বেনাজীৰ ওচৰত আৰু পাচলৈ মুম্বাইৰ সুৰেশ ৱাডেকাৰ আৰু পণ্ডিত পৰেশ জানাৰ তত্ত্বাৱধানতে সংগীত শিক্ষা লৈ ২০০১ চনত মুম্বাইৰ গন্ধৰ্ব বিদ্যালয়ৰ পৰা বিশাৰদ ডিগ্ৰী

লাভ কৰে।

২০০৮ চনত মৌচুমীয়ে ভাৰতীয় স্থল সেনাবাহিনীৰ মেজৰ ৰুপজ্যোতি দাসৰ লগত বৈবাহিক জীৱন আৰম্ভ কৰে। ২০১২ চনত মৌচুমীয়ে গুৱাহাটী বিশ্ববিদ্যালয়ৰ পৰা পি-এইছ-ডি ডিগ্ৰীও লাভ কৰে।

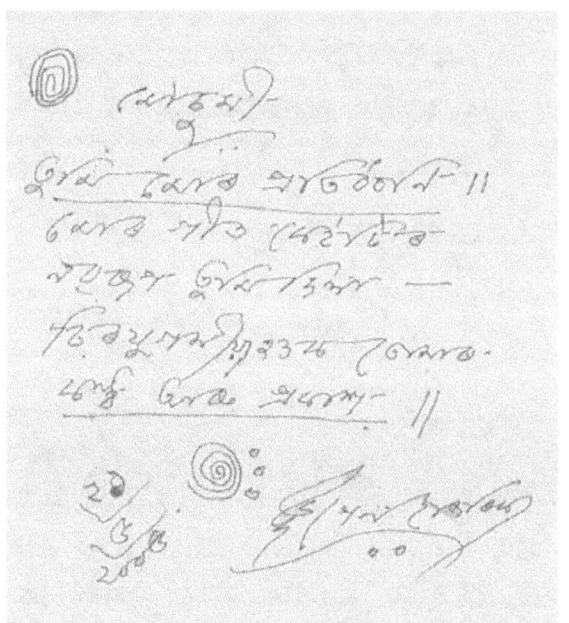

শিক্ষা বিষয়ত গৱেষণা কৰা কাৰণে ভূপেন দাদাই হয়তো ভাবিছিল যে মৌচুমীয়ে শিক্ষয়িত্ৰী হবলৈ বিচাৰে। মৌচুমীৰ সংগীতৰ প্ৰতি স্পৃহা দেখি আৰু তেঁও দুই এখন চিনেমাত প্লেবেক ছিংগাৰ ৰূপে গান গাবলৈ লোৱা দেখি ভূপেন দাদাই ভবিবলৈ বাধ্য হ'ল যে মৌচুমীয়ে প্লেবেক ছিংগাৰ হলেও ভাল হ'ব সেইকাৰণে ভূপেন দাদাই কৈছিল:

"জ্ঞান, উচ্চাৰণ আৰু সাহিত্যৰ জ্ঞান ভালকে উপলব্ধি নকৰিলে ভাল প্লেবেক ছিংগাৰ হ'ব নোৱাৰি। প্লেবেক ছিংগাৰৰ আৰু এটা কথা আছে—যিটো চৰিত্ৰই গাব সেই চৰিত্ৰৰ বিষয়ে তুমি জানি ল'ব লাগিব আৰু ডিৰেক্টৰেও জানি ল'ব লাগিব যে এইটোহে কৰিম জো না ক ৰে ৰাতি এই কেইটা শ্ৰুটহে থাকিব বুলি আগতে মোৰ হাতত থাকিব লাগিব। লতাৰ জ্ঞান লাগিব যে চাৰিটা মাত্ৰাৰ পাচত আৰু এটা শব্দ আহে।

গতিকে তুমি সেই সাধনাটো কৰি আছা বুলি প্ৰমাণ কিয় পাইছোঁ জানা? সেইটো হ'ল তুমি এম-এ পাছ কৰিছা, এতিয়া শিক্ষক যদি হোৱা ই-ডি কৰিব লাগিব। পি-এইছ-ডি কৰি আছা। কথাবতৰা বিলাকও ঠিক আছে, উচ্চাৰণ বিলাকও ঠিক আছে। মোৰ সামগ্ৰীখিনিও ঠিকেই পাইছোঁ মই তোমাৰ গানত।"

এটা কথা হয়তো বহুতে নাভাবে যে কাশী বিশ্ববিদ্যালয়ৰ এম-এ আৰু কলম্বিয়া বিশ্ববিদ্যালয়ৰ ডক্টৰেট ভূপেন হাজৰিকা এজন জ্ঞান পিপাসু ব্যক্তি। তেঁও গোটেই জীৱন সচেতন ভাবে নানান পুথি পত্ৰ, ভিন ভিন ভাষাৰ সাহিত্য অধ্যয়ন কৰি জ্ঞান আহৰণ কৰাৰ উপৰিও ভিন ভিন দেশৰ সুধী লোকৰ পৰাও সদায় জ্ঞান লভি আহিছে। শাস্ত্ৰীয় সংগীতৰ আনুষ্ঠানিক শিক্ষা নললেও সেই বিষয়ত তেঁও নিজৰ সাধনাৰে অপৰিসীম জ্ঞান অৰ্জন কৰিছে। সেয়েহে, ভাল গায়ক বা গায়িকা হ'বলৈ জ্ঞান, উচ্চাৰণ আৰু সাহিত্যৰ জ্ঞান ভালকে উপলব্ধি কৰাৰ ওপৰত ভূপেন দাদাই দিয়া গুৰুত্ব বিশেষ প্ৰণিধান যোগ্য। মৌচুমীৰ প্ৰচেষ্টাৰ শলাগ লৈ ভূপেন দাদাই ভৱিষ্যতে ভূপেন্দ্ৰ সংগীতৰ চৰ্চা কৰিবলৈ বিচৰাসকলক নিৰ্দিষ্ট পথ দেখুৱাই দি গ'ল।

ৰবীন গোস্বামী (জন্ম: ১৯৬০, শিৱসাগৰ)

আশা ভোঁশলেই কয় সংস্কৃতৰ শ্লোক এটা মাতিলে তাৰ শব্দবিলাকৰ ধ্বনিয়েই মনত কিবা এটা ভাল প্ৰভাৱ পেলায়, 'পাৰে পৰি হৰি বৰগীতটো গাই' ভূপেন দাদাৰ চকুৰ পৰা টপ টপকৈ পৰা চকুপানী মচি ভূপেন

দাদাই কৈছিল 'বৰগীত এটা গালেই প্ৰেম আৰু ভক্তি ভাবেৰে প্ৰাণ ভৰি পৰে', আমি নিজেই দেখিছোঁ মুখত হিন্দী ইংৰাজী মাত কথাৰে ছটফটাই থকা অসমীয়া ল'ৰাছোৱালীয়ে জ্যোতি সংগীত এটা গালে ধীৰে বৈ থকা লুইতৰ পানীৰ দৰে ধীৰ সুস্থিৰ হয়, উদ্ধত যুৱক যুৱতীয়ে বিষ্ণুৰাভাৰ গীত শুনিলে বা গালে সংযত হৈ পৰে—অসমৰ সুৰীয়া মাতৰ সুৱদী গীত গালে বা শুনিলে অসমীয়া প্ৰাণে জীৱনত গতি পথ পায়। কুৰি শতিকাৰ মহামানৱ ভূপেন হাজৰিকাৰ অসমীয়াৰ কাৰণে অপৰূপ দান তেঁওৰ গীতবিলাক নিজৰ ব্যক্তিত্ব গঢ়াৰ আৰু যুগৰ লগত খোজ মিলাই জীৱন ধন্য কৰাৰ অমূল্য সম্পদ দি গ'ল। সেই অমূল্য সম্পদেৰে কেনেকৈ নিজৰ জীৱন ধন্য কৰিব পাৰি তাৰ এটা ভাল উদাহৰণ দেখা যায় ৰবীন গোস্বামীয়ে শৈশৱৰে পৰা কৰি অহা প্ৰচেষ্টাৰ পৰা।

ৰবীন গোস্বামীয়ে সৰুৰে পৰাই ভূপেন দাদাৰ গীত গাবলৈ লয়—ভাল পাইছিল কাৰণে, প্ৰথমে গীতবিলাকৰ অৰ্থ নুবুজাকৈয়ে। পাঠ্যপুথিৰ সহায়ত শব্দৰ অৰ্থ ভাঙিবলৈ শিকাৰ পাচত গীতবিলাকৰ অৰ্থ বুজিবলৈ চেষ্টা আৰম্ভ কৰিলে। এপিনে ভাষাৰ শিক্ষাই যেনেকৈ গীতবিলাকৰ অৰ্থ বুজাত সহায় কৰিলে তেনেকৈ গীতবিলাকৰ অৰ্থ বুজিবলৈকে অসমীয়া ভাষা শিকিবলৈ প্ৰেৰণা দিলে। ৰবীন গোস্বামীয়ে নিজৰ প্ৰচেষ্টা আৰু অভিজ্ঞতা সুন্দৰকৈ বৰ্ণনা কৰি লিখা কথাখিনি এনে ধৰণৰ :

"গীতবিলাকৰ অৰ্থ বুজাৰ লগে লগে গীত সমূহৰ চৰ্চা বেছিকৈ কৰিবলৈ ল'লোঁ, দুগুণ উৎসাহেৰে গীত বিলাক গাবলৈ ল'লোঁ। পিচলৈ ভূপেন হাজৰিকাৰ গান একোটা মোৰ গৱেষণাৰ বিষয় হৈ পৰিল। ভূপেন দাদাৰ প্ৰতিটো শব্দৰ উচ্চাৰণ, সুৰবোৰৰ সঠিক স্বৰ নিৰ্ণয়, তেখেতৰ গায়ন শৈলীৰ অনুধাৱন আদিৰ ওপৰত একাণপতীয়া ভাবে মনোনিবেশ কৰিলোঁ। সেইবিলাকৰ জ্ঞানেৰে নিজৰ মনৰ পৰিসৰ বঢ়াৰ লগে লগে সেইবিলাকনো কেনেকৈ আয়ত্ব কৰিব পাৰি তাৰেই অনুশীলনত ব্ৰতী হৈ ভোক পিয়াহ পাহৰা হ'লোঁ। গীতবিলাক সুন্দৰকৈ গাবলৈ নিজৰ ভিতৰতে এক অঘোষিত প্ৰতিযোগিতা আৰম্ভ হ'ল।"

মোক এটা চিন্তাইও বিশেষ অনুপ্ৰেৰণা দিলে—আমি নতুন প্ৰজন্মইটো ভৱিষ্যতৰ কাৰণে ভূপেন দাদাৰ গীতবিলাক শুদ্ধ ৰূপত জীয়াই ৰাখিব লাগিব। তাকে কৰিবলৈ মই শাস্ত্ৰীয় সংগীতৰ শিক্ষাও আৰম্ভ কৰিলোঁ যাতে মই ভূপেন দাদাৰ গীতবিলাকৰ স্বৰ লিপি লিখি সেইবিলাক নিখুত ভাবে পৰিৱেশন কৰিব পাৰোঁ। এই ক্ষেত্ৰত মোক মোৰ পৰিয়ালৰ লোক, বন্ধুবান্ধৱ, সংগীত শিক্ষক আদি বিভিন্নজনে বিশেষ সহায় কৰিলে। প্ৰয়োজন হ'ল ৰাইজে মোৰ প্ৰচেষ্টাক কেনেদৰে গ্ৰহণ কৰে তাক পৰীক্ষা কৰাৰ।

প্ৰথমে ঘৰ ওচৰৰ দুই এটা অনুষ্ঠানত, তাৰ পাচত নিজৰ স্কুলত গীত পৰিৱেশন কৰাৰ সুযোগ পালোঁ। সেইবিলাকত শ্ৰোতাৰ সমাদাৰ পায় উৎসাহিত হ'লোঁ। ভূপেন দাদাৰ গীতবিলাক মোৰ জীৱন কালত জীয়াই ৰখাত ব্ৰতী হ'বৰ বিশেষ স্বীকৃতি আৰু প্ৰেৰণা পালোঁ মই ইঞ্জিনীয়াৰিং কলেজৰ ছাত্ৰ হৈ থাকোঁতে ১৯৮৭ চনত পলাশবাৰীত হোৱা ভূপেন্দ্ৰ সংগীতৰ প্ৰতিযোগিতাত প্ৰথম পুৰস্কাৰ

লাভ কৰা মুহূৰ্তৰ পৰা। শিক্ষা সাং কৰি চাকৰি জীৱন আৰম্ভ কৰিলোঁ আৰু ১৯৯ চনত বৈবাহিক জীৱনৰও পাতনি মেলিলোঁ। মোৰেই সৌভাগ্য যে চাকৰি বা মোৰ পত্নীয়ে মোক ভূপেন দাদাৰ গীতৰ লগত সম্পৰ্কৰ হেঙাৰ নহৈ তাক বেছিহে ঘনীভূত কৰিলে। পত্নী, পৰিয়াল আৰু বন্ধুবান্ধৱৰ তাগিদাত ১৯৯৭ চনত 'মাজত তৃষাৰে নৈ' নামৰ কেছেট এটাত ভূপেন দাদাৰ আঠটা গীতৰ (তাৰে এটা নিৰ্মলপ্ৰভাই আৰু এটা উপেন কাকতিয়ে ৰচা) কেছেট এটা মোৰ কণ্ঠেৰে বাণীৱদ্ধ কৰি প্ৰচাৰ কৰিলোঁ। কেছেটটোৰ কোনো ব্যৱসায়িক উদ্দেশ্য নাছিল। সেইটো আছিল মহান গীতিকাৰজনক শ্ৰদ্ধা নিবেদন কৰিবলৈ এজন গুণমুগ্ধৰ প্ৰচেষ্টা। হয়তো তেঁওৰ সৃষ্টি সমূহক আজিৰ প্ৰজন্মাই কেনেদৰে আঁকোৱালি লৈ ভৱিষ্যতৰ কাৰণে জীয়াই ৰাখিব লাগে তাৰ এটা পথ দেখুওৱা।

১৯৯৯ চনত মই সপৰিয়ালে আমেৰিকাত চাকৰি কৰবলৈ আহোঁ। সকলোপিনৰ পৰা সেই যাত্ৰা আনন্দপূৰ্ণ আছিল যদিও মই মনত এটা দুখ লৈ আহিছিলোঁ যে ভূপেন দাদাক কেতিয়াও ওচৰৰ পৰা পোৱা নহ'ল। ১৯৮৭ চনৰ পলাশবাৰীৰ প্ৰতিযোগিতাৰ পুৰস্কাৰবিলাক পুৰস্কাৰবিলাক ভূপেন দাদাই আহি নিজ হাতেৰে দিয়াৰ কথা আছিল কিন্তু বিশেষ কাৰণত ভূপেন দাদা আহিব নোৱাৰিলে কাৰণে মোৰ মনটো তেনেই সেমেকি গৈছিল। সেই বিষাদ ২০০০ চনত ভূপেন দাদা আমেৰিকালৈ আহোঁতেহে মোৰ মনৰ পৰা আঁতৰিল। ভূপেন দাদাৰ লগত বহি মুকলিমূৰীয়া ভাবে ককথা পাতিবলৈ যথেষ্ট সময় আৰু সুবিধা পালোঁ। পৰৱৰ্তী প্ৰজন্মাই তেখেতৰ গীতৰ চৰ্চা অব্যাহত ৰাখিবলৈ মোৰ প্ৰচেষ্টাৰ কথা জানিব পাৰি তেখেত অতিশয় আনন্দিত হৈছিল আৰু মোৰ পৰিকল্পনাক উদগণি দিছিল। সেই উদগণিতে আৰু মোৰ পত্নীৰ প্ৰাণভৰা উৎসাহ আৰু প্ৰেৰণাতে ৰাইজলৈ ভূপেন দাদাই গোৱা আঠোটি গীতৰ এখন চি-ডি ৰাইজৰ হাতত তুলি দিবলৈ সমৰ্থ হ'লোঁ। 'চিনাকি সুৰদি সুৰ' নামৰ সেই চি-ডিখনত আঠোটা গীত আছে। ভূপেন দাদাই আন গীতিকাৰ আৰু সুৰকাৰক স্বীকৃতি দিয়াৰ আদৰ্শ অনুকৰণ কৰি তাত হেমেন হাৰিকাৰ এটা আৰু নুৰুল হকৰ এটা গীত (সুৰ: জিতু-তপন) অন্তৰ্গত কৰিলোঁ। তদুপৰি ভূপেন দাদাই যেনেদৰে শিল্পীৰ জগতত অকলশৰীয়া সেনাপতি নহৈ এক সমদলৰ সহযাত্ৰী হ'বলৈহে বিচাৰিছিল তেনেদৰে সেই চি-ডিত তেখেতৰ গুণমুগ্ধ নবীন শিল্পী শান্তা উজীৰ, শ্বাশ্বতী ফুকন, তৰালী শৰ্মা আৰু পত্নী অৰুন্ধতীৰ কণ্ঠৰও সহায় ল'লোঁ। সেই চি-ডিখন মুম্বাইতে বাণীৱদ্ধ কৰা হৈছিল কাৰণেভূপেন দাদাক গীত কেইটা মুম্বাইতে শুনাব পাৰিছিলোঁ। ভূপেন দাদাই প্ৰতিটো গীত মন দি শুনিছিল আৰু আমাৰ প্ৰচেষ্টাক প্ৰশংসা কৰিছিল।

ৰূপম শৰ্মা (জন্ম: ১৯৬৬ চন)

বলিনাৰায়ণ আৰু ৰুণু শৰ্মাৰ পুত্ৰ ৰূপম নৱম শ্ৰেণীত পঢ়ি থাকোঁতেই পিতৃহাৰা হয়। ৰূপমে সৰুৰে পৰা পঢ়াশুনা, গীত বাজানা আৰু খেলাধূলা সকলো দিশতে যিমান পাৰে সিমান দক্ষতা অহৰণ কৰিবলৈ একান্ত মনে খাটে। যোৰহাটৰ স্থানীয় স্কুল কলেজত বি-ই ডিগ্ৰীৰ (১৯৮৯ চনত) শিক্ষা সাং কৰি তেঁও ১৯৯৫ চনত ৱেষ্টাৰ্ন মিচিগান বিশ্ববিদ্যালয়ৰ পৰা কম্পিউটাৰ ছাইন্চত এম-এছ ডিগ্ৰী অৰ্জন কৰে। পাচত তেঁও কাৰিকৰী ডক্টৰেট আৰু মেনেজমেণ্টত এম-এছ ডিগ্ৰীও অৰ্জন কৰে। তেঁও কম্পিউটাৰৰ লগত জড়িত নানান ব্যৱসায়ী গোষ্ঠীত চাকৰি কৰাৰ পাচত ২০০৫ চনৰ পৰা ২০১১ চনলৈকে এপ্পল কোম্পনীত চাকৰি কৰে। সেই কালছোৱাতে ৰূপমে মাজুম্বা মেডিয়া এণ্ড এণ্টাৰটেইনমেণ্ট (maZumba Media and Entertainment) আৰু আৰ-জে ইণ্টাৰনেচনেল (RJ International, A

Technology and Media Company) নামৰ দুটা কোম্পানী প্ৰতিষ্ঠা কৰে। ২০১১ চনৰ পৰা তেঁও সেই দুটা প্ৰতিষ্ঠানতে আশা শুধীয়াকৈ লাগি কাম কৰি আছে। ৰূপমে বৰ্তমান সংগীত, মন আৰু মগজুৰ (Music and Mind Mapping) বিষয়ত গবেষণা কৰি আছে।

ৰূপমে সংগীতৰ শিক্ষাও গোলাঘাট আৰু যোৰহাটতে আৰম্ভ কৰে। গীত পৰিৱেশনৰ উপৰিও তেঁও তাবলা বাদনতো বিশেষ দক্ষতা অৰ্জন কৰে। স্কুলীয়া ছাত্ৰ হৈ থাকোঁতেই তেঁও ১৯৮৬ চনত তেঁওৰ কণ্ঠত কেবাটাও নিজে ৰচনা কৰা আৰু সুৰ দিয়া গীত বাণীবদ্ধ কৰে। গীতৰ প্ৰথম কেছেট 'গীতালি' উলিয়ায়। ১৯৯২ চনত আমেৰিকাত গৈ তেঁও 'সুৰ-সংগম' নামেৰে এটি অনুষ্ঠান আৰম্ভ কৰে আৰু নিজে গীত ৰচিবলৈ আৰু গীতৰ সুৰ কৰিবলৈ মন দি লাগে, লগতে চলচিত্ৰ পৰিচালনা আৰু শব্দৰ কাৰিকৰী শিক্ষা লয়। তদুপৰি তেঁও আলি আকবৰ খানৰ ওচৰত শাস্ত্ৰীয় সংগীত শিকে।

অসমীয়া আৰু ইংৰাজী গীত আৰু কথাছবিৰ বাবে সংগীত ৰচনা আৰু পৰিচালনা কৰাৰ উপৰিও তেঁও 'সাগৰ কিনাৰে', 'আলোৰ ঠিকানা' আদি বঙালী কথাছবিৰ সংগীত পৰিচালনা কৰে। অসমীয়া বিহুগীত, বৰগীতক ইংৰাজী ভাষাৰ গীতৰ লগত সুৰ দি গ্ৰেমীৰ (Grammy) পৰ্যায়লৈ নিয়ে।

ৰূপমে ২০০২ আৰু ২০০৬ চনত হলিউদত বিশ্বৰ সমসাময়িক গীতৰ বিভাগত পুৰস্কাৰ লাভ কৰে। ২০০৫ চনৰ পৰা ৰূপম শৰ্মা গ্ৰেমীৰ এজন ভোটাধিকাৰ থকা সদস্য আৰু হলিউদৰ এজন চলচিত্ৰ পৰিচালক।

লতা মংগেস্কাৰ (জন্ম: ১৯২৯ চনৰ ২৮ ছেপ্টেম্বৰত)

লতা মংগেস্কাৰৰ ১৯২৯ চনৰ ২৮ ছেপ্তেম্বৰত ইন্দোৰত জন্ম হয়। তেঁওৰ মাক শেভান্তি আছিল গুজৰাটী আৰু তেঁওৰ দেউতাক দীননাথ মংগেস্কাৰ এজন মাৰাঠী গায়ক আৰু অভিনেতা আছিল। ১৩ বছৰ বয়সতে পিতৃক হেৰুৱাই লতাই ১৯৪২ চনত 'পহিলি মংগলাগৌৰ' নামে এখন মাৰাঠী কথাছবিত অভিনয় কৰি শিল্পী জীৱন আৰম্ভ কৰে। সেই বছৰতে তেঁও আন এখন মাৰাঠী কথাছবি 'কিটি হাচল' নামে ছবিত নেপথ্য গায়িকাৰ দীঘলীয়া জীৱন আৰম্ভ কৰে যদিও সেই কথাছবিত তেঁওৰ গীতটো কাটি দিয়ে। তথাপি আৰ্থিক অনাটনৰ কাৰণে লতাই ইখনৰ পিচত সিখনকৈ ১৯৪৮ চনৰ আগতেই আঠখন মাৰাঠী কথাছবিত অভিনয় কৰে। ১৯৪৮ চনত গোলাম হাইদৰে তেঁওৰ হতুৱাই হিন্দী কথাছবি 'মজবুৰ'-ত গীত গাবলৈ দিয়াৰ পিচত লতাৰ ভাগ্য উদয় হয়। ১৯৪৯ চনত তেঁও 'মহল', 'আন্দাজ', 'বৰসাত' আৰু 'দুলড়ী' নামে চাৰিখন হিন্দী কথাছবিৰ নেপথ্য-গায়িকা ৰূপে গীত পৰিৱেশ কৰাৰ পিচত তেঁওৰ ভাগ্য উদয় হোৱাৰ লগতে হিন্দী কথাছবিয়েও নতুন চৰিত্ৰ লয়। সেই কথাছবি কেইখনৰ গীতবিলাক ইমান জনপ্ৰিয় হয় যে গীতেই হিন্দী কথাছবিৰ এক বিশেষ আকৰ্ষণ হৈ পৰে। তাৰ পিচৰ বেছি ভাগ জনপ্ৰিয় হিন্দী কথাছবিক গীতপ্ৰধান আখ্যা দিলে ভুল কৰা নহ'ব।

নিজে কষ্টেৰে উপাৰ্জন কৰা ধনেৰে কিনা হীৰাৰ কাণফুলি আৰু হীৰাৰ কণ্ঠমালাৰে কোকিলকণ্ঠী

লতাই অসমীয়াকে ধৰি ২০ টা বেলেগ বেলগ ভাষাত গীত পৰিৱেশন কৰিছে। তেঁও বাণীৱদ্ধ কৰা গীতৰ সংখ্যা ৩০,০০০ তকৈও অধিক। ১৯৪৮ চনৰ পৰা ১৯৯১ চনলৈকে গিনিছৰ পৃৱিবীৰ অভিলেখ (Guinness Book of World Records)-ত আটাইতকৈ বেছি গীত বাণীৱদ্ধ কৰা শিল্পী বুলি স্থান পাইছিল। পাচত কিন্তু ৩০,০০০ সংখ্যাটো অতিৰঞ্জিত বুলি অলপ ভালদৰে গণনা কৰি পোৱা গ'ল যে লতাই বাণীৱদ্ধ কৰা গীতৰ সংখ্যা ১২,০০০ মানহে হ'ব আৰু আশা ভোঁশলেই লতাতকৈ বেছি গীত বাণীৱদ্ধ কৰিছে। সেয়েহে, ২০১১ চনত তেঁওৰ ভনীয়েক আশা ভোঁশলেই পৃথিৱীৰ ভিতৰতে আটাইতকৈ বেছি সংখ্যাক গীত বাণীৱদ্ধ কৰা সন্মানৰ অধিকাৰী হয়।

কুৰি শতিকাৰ দ্বিতীয় আধা ভাগত লতাৰ গীতে ভাৰতীয় চিনেমা জগত আৰু আধুনিক গীতত এনেভাবে প্ৰভাৱ পেলাইছে যে লতাক ভাৰতলৈ ভগৱানৰ বিশেষ উপহাৰ বুলি আটায়ে আদৰে। ভাৰত চৰ্কাৰেও লতাৰ গুণ আৰু কৰ্মক আদৰি ২০০১ চনত 'ভাৰত ৰত্ন' উপাধিৰে ভূষিত কৰে। তাৰ আগতে ১৯৮৯ চনত তেঁও দাদা চাহেব ফাল্কে বঁটাও লাভ কৰে। বিশেষ বাহুল্য নকৰি তলত লতাৰ বিষয়ে কেইটামান টোকা দিলোঁ।

১) লতাই শৈশৱৰ পৰাই গীত গাবলৈ ভাল পাইছিল আৰু ভাল গায়কসকলৰ প্ৰতি আকৰ্ষিত হৈছিল। সৰুতে তেঁও কলগানত ছাইগলৰ গীতত মুগ্ধ হৈ প্ৰায়ে কৈছিল 'মই ছাইগলক বিয়া কৰিম'।

২) লতা চিৰদিন অবিবাহিতা হৈয়েই থাকিল। তেঁও সদায় দৃঢ় ভাবে কৈ আহিছে যে বিবাহ নকৰা কাৰণে তেঁওৰ অকণো আক্ষেপ নাই আৰু বৈবাহিক জীৱন নোলোৱা কাৰণে তেঁও জীৱনত একো হেৰুওৱা নাই।

৩) পিতৃৰ বিয়োগৰ পাচত ঘৰৰ আৰ্থিক অনাটনৰ কাৰণে তেঁও জীৱনৰ আগ ডুখৰত কোনো গহনা কিনিব নোৱাৰিছিল। সেইকাৰণে তেঁও প্ৰতিজ্ঞা কৰিছিল যে তেঁও যেতিয়ালৈকে হীৰাৰ গহনা কিনিবলৈ সমৰ্থ নহয় তেতিয়ালৈকে তেঁও কোনো গহনা নিপিন্ধে।

লেডি গ'ডাইভা

ইংলণ্ডৰ কিম্বদন্তী নাৰী গডাইভাৰ বিষয়ে তেৰ শতিকাৰে পৰা চলি অহা কাহিনীটো এনে ধৰণৰ: কভেণ্ট্ৰি চহৰৰ নিষ্ঠুৰ শাসক আৰু গডাইভাৰ স্বামীয়ে সেই চহৰৰ ৰাইজক নানা কৰ কাটল লগাইছিল। শাসক গৰাকীৰ দয়ালু পত্নী গডাইভাই ৰাইজৰ ওপৰত তেনেদৰে কৰ কাটল লগাই হাৰাশাস্তি নকৰিবলৈ গিৰীয়েকক দিনৌ খাটিছিল। ঘৈণীয়েকৰ পেৰ পেৰনি বন্ধ কৰিবলৈ বুলি গিৰীয়েকে গডাইভাক ক'লে যে গডাইভাই যদি উলংগ ভাবে ঘোঁৰাত উঠি চহৰখনত এটা পাক মাৰিব পাৰে তেনেহলে তেঁও কিছু কৰ কমাই দিব। তেঁও হয়তো ভাবিছিল যে গডাইভাই হয়তো তেনে

কৰিবলৈ প্ৰস্তুত নহ'ব। গডাইভাই ৰাইজৰ মংগলৰ কাৰণে তেনে কৰিবলৈ মান্তি হ'ল।

১৯৪৯ চনৰ ২২ অক্টোবৰত উন্মোচন হোৱা ছাৰ উইলিয়াম ডিক (Sir William Dick) ফটো: উইকিপিডিয়াৰ সৌজন্যত

বুদ্ধি কৰি গডাইভাই ঘোষণা কৰি জনালে যে তেঁওৰ সেই উলংগ ভ্ৰমণৰ সময়ত সকলোৱেই যেন দুৱাৰ খিড়ীকী বন্ধ কৰি ঘৰৰ ভিতৰত সোমাই থাকে আৰু তেঁওক চাবলৈ কোনো চেষ্টা নকৰে। সমূহ ৰাইজে তাকেই কৰিলে যদিও টম নামাৰে দৰ্জি এটাই খিড়িকীত অটা ফুটা কৰি উলংগ গডাইভাক জুমি চোৱাত তৎক্ষণাৎ টম কণা হৈছিল। গডাইভাৰ কাহিনীটোৰ পৰাই ইংৰাজীত পিপিংগ টম (Peeping Tom) অৰ্থাৎ জুমি চোৱা অধম (অৰ্থাৎ টম) কথাষাৰি উদ্ভৱ হয়।

আজিৰ বহু ঐতিহাসিকে গডাইভাৰ কাহিনীটো সচা বুলি নামানে যদিও কভেণ্ট্ৰি অঞ্চলত কেবা গৰাকীও গডাইভা নামৰ নাৰীৰ উল্লেখ আছে। সেইসকলৰ ভিতৰত দয়ালু গডাইভা লগত মিল থকা এগৰাকীৰ ১০৬৬ৰ পৰা ১০৮৬ চনৰ ভিতৰত কোনোবা এটা দিনত মৃত্যু হৈছিল বুলি জনা যায়। সি যিয়েই নহওক গডাইভাই বহু শিল্পীক তেঁওৰ সেই উলংগ অশ্বযাত্ৰাৰ ছবি আঁকিবলৈ বা মূৰ্তি সাজিবলৈ প্ৰেৰণা যোগাই আহিছে। সেই সকলৰ বেছি ভাগেই উলংগ গডাইভাকে দেখুৱাবলৈ চেষ্টা কৰি আহিছে। ভূপেন দাদাই অঁকা গডাইভাৰ ছবিত কিন্তু ৰাইজক উদ্ধাৰ কৰাৰ আনন্দ আৰু এটা লাজ লগা কাম কৰিব লগীয়া হোৱাৰ মনোকষ্ট গডাইভাৰ চকু আৰু মুখত ফুটাই তুলিবলৈ চেষ্টা কৰা যেন অনুমান হয়।

সত্যেন্দ্ৰনাথ দাস (জন্ম: ১৯৫০ চন)

ডাঃ দাস নিউ ইয়ৰ্ক চহৰৰ লুথাৰেন মেডিকেল চেণ্টাৰৰ ট্ৰমা অস্ত্ৰ-উপাচাৰৰ (Lutheran Medical Center, Trauma Surgeon) ডাক্তৰ যদিও এজন প্ৰতিভাশালী চেনেহুৱা শিল্পী। আজৰিৰ সময়ত হাৰ্মনিয়াম লৈ গীত গোৱা বা কাগজ কলম লৈ ছবি অঁকাটো তেওঁৰ এক বিশেষ আনন্দ। নলবাৰীৰ শিল্পী আদ্য শৰ্মাৰ পৰা তেওঁ এই বিদ্যা শিকিবলৈ আৰু জানিবলৈ সুবিধা পায়। আদ্য শৰ্মাই নটৰাজ থিয়েটাৰৰ মঞ্চ সজ্জাৰ ছবি আঁকিবলৈ লগত সত্যেন দাসক সদায় লৈছিল। সত্যেন দাস পাঠশালাৰ একালৰ বিশিষ্ট নাগৰিক সৰ্বেশ্বৰ আৰু অমলা দাসৰ সৰু পুতেক। সত্যেন্দ্ৰনাথ দাসে শৈল চিকিৎসক ৰূপেও বিশেষ খিয়াতি অৰ্জন কৰিছে। তেওঁ গুৱাহাটী মেডিকেল কলেজৰ পৰা শৈল চিকিৎসাৰ এম-এছ ডিগ্ৰী লাভ কৰে। আমেৰিকাত অস্ত্ৰ উপাচাৰৰ ইণ্টাৰ্ণ ৰূপে প্ৰশিক্ষণ লোৱা তেওঁৱেই প্ৰথম আৰু একমাত্ৰ অসমীয়া।

ডাঃ দাসে নিউ ইয়ৰ্ক মহানগৰীৰ এক নম্বৰীয়া লুথাৰেন চিকিৎসা কেন্দ্ৰৰ দুৰ্ঘটনাত আহতৰ চিকিৎসা কেন্দ্ৰৰ প্ৰবীণ শৈল চিকিৎসক। তেঁও আমেৰিকান কলেজ অৱ ছাৰ্জনচৰো প্ৰশিক্ষক—তাত তেঁও গুৰুতৰ আকস্মিক দুৰ্ঘটনাত আহতৰ জীৱন সুৰক্ষা দিয়াৰ উচ্চতম পদ্ধতি Advance Trauma Life Support(ATLS) শিকায়।

নিউ ইয়ৰ্কৰ ডাঃ সত্যেন্দ্ৰনাথ দাসৰ লগত

শিল্পী ডাঃ দাসে এই পুথিৰ বেটুপাত আৰু আন আন বহু ছবি আঁকিছে

২০০১ চনৰ ১১ ছেপ্তেম্বৰত নিউ ইয়ৰ্কত আল কায়দাই ঘটোৱা অমানুষিক ধ্বংস যজ্ঞৰ সময়ত ডাঃ দাসৰ নেতৃত্বত লুথাৰেন হস্পিতালে ৬৮ জন গুৰুতৰ ভাৱে আহত লোকক শুশ্ৰূষা কৰে। সেইদিনা ডাঃ দাসে ৩৮ ঘণ্টা একেৰাহে অস্ত্ৰোপচাৰ কৰে। তেঁও অস্ত্ৰোপচাৰ কৰা আহতসকলৰ প্ৰত্যেকজনেই বাৰ বছৰ পাচতো জীয়াই আছিল।

বিশেষ গৌৰৱৰ কথা এয়েই যে তেঁও এক্স-ৰেৰ নিগেটিভত আৰু আন আন মাধ্যমত তেঁও প্ৰকাশ কৰা ছবিৰ কাৰণে আমেৰিকাৰ জনপ্ৰিয় ছাৰ্জিকেল নিউজ মেগাজিনে তেঁওক শৈল চিকিৎসাৰ শিল্পী ৰূপে স্বীকৃতি দিছে।

সদা গগৈ (জন্মঃ ১৯৬০ চন)

অসাধাৰণ প্ৰতিভাশলী ব্যক্তি ডঃ ভূপেন হাজৰিকাৰ জীৱন আৰু শিল্প কৌশলবিলাকতো ভৱিষ্যতৰ অসমীয়াই শিকি নিজৰ জীৱন সাৰ্থক কৰিবলৈ প্ৰচুৰ সমল আছে। ভূপেন দাদাৰ জীৱিত কালতে কেইবা গৰাকীও গায়ক আৰু গায়িকাই ভূপেন হাজৰিকাৰ পৰা পোনপটীয়া সাহায্যৰে বা ভূপেন দাদাৰ পৰিৱেশন পদ্ধতি অধ্যয়ন কৰি গীত পৰিৱেশন কৰি আহিছে। সেইসকলৰ ভিতৰত অন্যতম হৈছে সদানন্দ গগৈ। সংগীতত স্বশিক্ষিত সদা গগৈয়ে ৰেডিঅ'ত শুনি শুনিয়েই গীত গাবলৈ শিকিছিল।

তেঁওৰ প্ৰিয় গায়ক ভূপেন হাজৰিকাৰ গীতবিলাক সদা গগৈয়ে তন্ন তন্নকৈ অধ্যয়ন কৰিছিল। বিশেষকৈ ভূপেন হাজৰিকাৰ উচ্চাৰণ পদ্ধতি আৰু শব্দ প্ৰক্ষেপণৰ কৌশলৰ মূল নিয়ম কিছুমান তেঁও নিজাববীয়াকৈ আয়ত্ত কৰিব পাৰিছিল। আন গীতৰ ক্ষেত্ৰতো উচ্চাৰণৰ কাৰণে তেঁও ভূপেন হাজৰিকাৰ উচ্চাৰণকে সাৰথি কৰি লৈছিল আৰু গীতত ব্যৱহৃত প্ৰায় প্ৰতিটো শব্দ তেঁও ভূপেন হাজৰিকাৰ নিয়মেৰে উচ্চাৰণ কৰিছিল। সদা গগৈৰ মাত ভূপেন হাজৰিকাৰ দৰে নহয়, কিন্তু একে উচ্চাৰণৰ কাৰণে বহুতে সদা গগৈয়ে গোৱা গান ভূপেন দাদাই গোৱা বুলি ভুল কৰে। এবাৰ নিউ আৰ্ট প্লেয়াৰ্ছৰ এটা অনুষ্ঠান আৰম্ভ হোৱাৰ আগতে মোৰ বাল্য বন্ধু ৰমেন

বৰুৱা আৰু মই ক্লাৱৰ বাহিৰত থিয় হৈ কথা পাতি আছিলোঁ। তেনেতে ভিতৰৰ কেছেট প্লেয়াৰত 'মোৰে জীৱনৰে সখা কৃষ্ণ' গীতটো বাজিলে। গীতটো অলপ শুনি ৰমেনে মোক সুধিলে, 'এইটো ভূপেন দাই কেতিয়া ৰেকৰ্ড কৰিছিল অ', মইটো আগেয়ে শুনা নাই?' মই উত্তৰত ক'লো, 'ধেৎ সেইয়া ভূপেন দাদাৰ মাত নহয়, সদা গগৈৰ মাত। ভূপেন দাদাই গীতটো মোৰ ঘৰত গাওঁতে মই বাণীৱদ্ধ কৰি থৈছিলোঁ, সেইটো মই সদাক দি পাৰিলে ৰেকৰ্ড কৰিবলৈ কৈছিলোঁ।'

সি যিয়েই নহওক, যি সময়ত ৰেডিঅ'ৰ বাহিৰে সদাৰ কাৰণে গীত শুনাৰ আন উপায় নাছিল, সদাই শুনি শুনিয়েই ভূপেন দাদাৰ গীত পৰিৱেশন পদ্ধতি শিকি ১৯৮০ চনত আকাশ বাণীৰ যুৱক গায়ক ৰূপে স্বীকৃত হয় আৰু ১৯৮২ চনত পূৰ্ণ পৰ্য্যায়ৰ গায়ক ৰূপে স্বীকৃতি পায়। তেতিয়াৰে পৰা তেঁও মঞ্চত বিশেষকৈ গণ সংস্কৃতিক (চেয়াৰমেন: ভূপেন হাজৰিকা) পৰিষদৰ মঞ্চত ভূপেন দাদাৰ লগত একেলগে গীত গাবলৈকো সুবিধা পায়। ১৯৮৫ চনত সদাৰ প্ৰথম কেছেট 'নহওঁ ঘৰতে পৰ'-ত ভূপেন দাই সদাক 'স্বহীদ প্ৰণামো তোমাক' গীতটো গাবলৈ দিয়ে। তাৰ পিচত ভূপেন দাদাৰ লগত সদাই কেবাটাও গীত একেলগে গাই বাণীবদ্ধ কৰে। সেইবিলাকৰ ভিতৰত বিশেষ জনপ্ৰিয় হোৱা গীত কেইটামান হৈছে: 'মোক এজন বগা মানুহ দিয়া', 'আমি একেখন নাৱৰে যাত্ৰী' আদি।

সংগীতৰ সাধক ৰূপে সদা গগৈয়ে পালি অহা কিছুমান নীতি নিয়ম আজিৰ প্ৰজন্মৰ কাৰণে আদৰ্শ স্বৰূপ। তেঁও চাধা, ধপাত, চিগাৰেট, তামোল পাণ, মদ ভাং আদিৰ পৰা সকলে পৰাই আঁতৰি থকাৰ সৎ বুদ্ধি তেঁও আহৰণ কৰে। কণ্ঠ ভালে আৰু সক্ষম কৰি ৰাখিবলৈ তেঁও গজল আৰু ৰাগ প্ৰধান গীতৰ অনুশীলন নিয়মীয়াকৈ কৰে। সদা গগৈয়ে আমেৰিকা আৰু কানাডত গীত পৰিৱেশন কৰিবলৈ কেবাবাৰও নিমন্ত্ৰিত হৈ আহিছিল আৰু বিদেশত তেঁও অসমীয়া, বঙালী আৰু হিন্দী তিনিও ভাষাৰ লোকক মুহিব পাৰিছিল। আনকি তেঁও বিদেশত বসবাস কৰা ভাৰতীয় লোকৰ আৱেগক বৰ্ণাই ৰচনা কৰা 'পৰিধি ভাঙি সীমাৰ' গীতটো ইয়াত আজিও জনপ্ৰিয়। সেই গীতটো পাচত পুলিৎজাৰ বঁটা বিজয়ী ঝুম্পা লাহিড়ীৰ মাক তপতী লাহিড়ীয়ে একেটা সুৰতে গাব পৰাকৈ ৰূপান্তৰ কৰি দিয়াত সেই গীতটো গাই সদা গগৈ ইয়াৰ বঙালীসকলৰও প্ৰিয় হয়। পাচত অনিমা চৌধুৰীয়েও চিকাগোৰ বঙালী শ্ৰোতাৰ আগত 'পৰিধি ভেঙে সীমনাৰ' গাই প্ৰশংসা লভিছিল।

সদা গগৈয়ে নিজে ৰচি সুৰ দি বাণীবদ্ধ কৰা জনপ্ৰিয় গীতৰ সংখ্যাও যথেষ্ট। তেঁও 'জীৱন সুৰৰ গান' নামৰ এখন গীতৰ পুথি আৰু 'মই আৰু মোৰ কৱিতা' নামৰ এখন কৱিতাৰ পুথি প্ৰকাশ কৰিছে।

সদা গগৈৰ প্ৰচেষ্টাতে ২০০০ চনত ভূপেন হাজৰিকা ন্যাস গঠন হয় আৰু প্ৰফুল্ল মহন্ত চৰ্কাৰে ন্যাসৰ কাৰণে ভূমি দান কৰে। সেই ভূমিতে সদাৰ প্ৰচেষ্টাতে উপেন বৰুৱাই কৰা আঁচনিৰে ন্যাসৰ এটা নিজা ববীয়া ঘৰও নিৰ্মাণ কৰা হয়। ২০০২ চনৰ সেই গৃহ উদ্বোধনীত ভূপেন দাদাৰ লগত আমিও উপস্থিত আছিলোঁ। ২০০৬ চনলৈ সদা গগৈয়ে সেই ন্যাস চলাইছিল। অনুৰাধা শৰ্মা পূজাৰীয়েও কয়:

> "অৰ্থনৈতিক ভাবে এটা মাৰাত্মক বিপদৰ সন্মুখীন হৈছিল ভূপেন হাজৰিকা ১৯৯৮-৯৯ চনত। মানসিক অস্থিৰতা আৰু হতাশাৰ এই অৱস্থাৰ কথা জানিছিল কেইজনমান শুভাকাংক্ষী বন্ধুৱেহে। সদা গগৈয়ে ভূপেন হাজৰিকাৰ সাংস্কৃতিক ন্যাসৰ তদাৰক কৰে।"

[অনুৰাধা শৰ্মা পূজাৰী, গীতৰ ঘৰ সাজি যি অঘৰী, সাতসৰী, ১-১৫ জানুৱাৰী, ২০০৬ চন, পৃ: ৩৭]

সদা গগৈয়ে ভূপেন দাদাৰ লগত অসম আৰু বংগদেশৰ বহু ঠাইত একেলগে গীত পৰিৱেশন কৰিছিল। ভূপেন দাদাৰ লগত তেনেদৰে দীৰ্ঘদিন জোৱা সহযোগৰ কাৰণে আৰু ভূপেন দাদাৰ সুখে দুখে সদায় সহায় আৰু সেৱা আগ বঢ়োৱা সদা গগৈয়ে ভূপেন হাজৰিকাক ভালদৰে জানিবলৈ সুবিধা

পাইছিল। সেয়েহে, ভূপেন দাদাৰ বিষয়ে সদাই কোৱা তলৰ কথাখিনি কেৱল আখৰে আখৰে সচাই নহয় তাৎপৰ্য্যপূৰ্ণ:

> "মানুহজনে হিচাব নাজানে, ক'ত কি চহী কৰিছে নাজানে, কাক ক'ত কি কথা ক'লে সেয়া নাজানে, জীৱনত কিমান মানুহৰ পৰা প্ৰৱণ্চনা পালে সেয়াও মনত নাৰাখে। আশ্চৰ্য্যকৰ বিষয় তেঁওক আটাইতকৈ বেছি অপকাৰ কৰা মানুহজনকো তেঁও মনত নাৰাখে। সেই মানুহকে প্ৰশংসা কৰে। মনত পেলাই দিলে কয়—এ পাহৰিছিলোঁ, ভাল হ'ল মনত পেলাই দিলা। মোৰ দৰে ছাগৈ তেঁৱো পাহৰিলে কথাবোৰ, নহ'লে পুনৰ মোৰ ওচৰলৈ তেঁও কিয় আহিব।"
>
> *[ঐ, পৃঃ ৩৩]*

ওপৰৰ কথাখিনি কেৱল সদা গগৈয়ে কেনেদৰে ভূপেন দাদাৰ আদৰ্শৰ পৰা অনুপ্ৰেৰণা লৈ নিজকে গায়ক গীতিকাৰ ৰূপে উন্নত কৰিবলৈ সমৰ্থ হৈছিল তাৰ এটি আভাসহে। তথাপি সদা গগৈ ভূপেন হাজৰিকাৰ ছাঁতে গঢ় লোৱা শিল্পী নহয়। আজি সদা গগৈ এজন স্বনাম ধন্য ব্যক্তি। তেঁওৰ বহুমুখী প্ৰতিভা নানা ৰূপত নানান সৃষ্টিৰ মাজেদি প্ৰকাশ পাই আহিছে।

১৯৮৭ চনৰ পৰা তেঁও আকাশ বাণীৰ স্বীকৃত গীতিকাৰ। গীতিকাৰ আৰু সুৰকাৰ ৰূপে তেঁও দূৰদৰ্শনৰ কাৰণে 'সংগীত সাগৰ', 'সংগীত লহৰ', 'সুৰৰ লহৰ', 'স্বৰগম' আদি বহু ধাৰাবাহিক সংগীত আলেখ্য ৰচনা, পৰিকল্পনা আৰু সংযোজনা কৰে। সেইদৰে ভিন ভিন টেলিভিছন গোটৰ কাৰণে তেঁও সংযোজনা কৰা টেলিভিছন প্ৰদৰ্শনী আৰু ধাৰাবাহিকৰ তালিকাখনও বেছ দীঘল। সেইবিলাকৰ ভিতৰত উল্লেখযোগ্য 'জীৱন সুৰৰ গান', 'সপোনৰ ঘৰ', 'জীৱন নদীৰ দুটি পাৰ'। ৰাষ্ট্ৰীয় দূৰদৰ্শনৰ কাৰণে তেঁও ইংৰাজী "Brahmaputra the Endless Journey' ছাব্বিচটা খণ্ডৰ ধাৰাবাহিক ২০০৬ চনত সফল ভাবে সম্পন্ন কৰে। তথ্যচিত্ৰ নিৰ্মাণৰ ক্ষেত্ৰতো তেঁও ঐতিহাসিক ব্যক্তিৰ আদৰ্শ উজ্বলাই 'কৃষ্ণকান্ত', 'ডঃ মহেশ্বৰ নেওগ', 'চু-কা-ফা' আদিক সফল ভাবে প্ৰদৰ্শন কৰিছে। ১৯৮৭ চনত তেঁও ভূপেন হাজৰিকাই পৰিচালনা কৰা 'ছিৰাজ' কথাছবিত সহকাৰী পৰিচালক ৰূপে সহায় কৰে আৰু ২০০০ চনত তেঁও ভূপেন হাজৰিকাই পৰিচালনা কৰা 'দামন' নামৰ হিন্দী কথাছবিৰ প্ৰযোজন সচিবৰ দায়িত্ব লয়। তেঁও নিজে 'প্ৰথম প্ৰেম' আৰু 'মনে মোৰ কইনা বিচাৰে' নামৰ দুখন কথাছবি পৰিচলনা কৰে। তেঁওৰ 'শতিকাৰ আন্ধাৰ' চুটি কথাছবিখন ২০০৭ চনত নিউ ইয়ৰ্কত অনুস্থিত আন্তৰ্জাতিক চিনেমা উৎসৱত প্ৰদৰ্শিত আৰু প্ৰশংসিত হৈছিল। সেই ছবিখন ২০০৮ চনত কেইনচৰ কথাছবি মহোৎসৱতো প্ৰদৰ্শিত হৈছিল। ২০০৮ চনত তেঁও দলৈ লামাৰ কাহিনীৰ ভিত্তিত প্ৰযোজন কৰা 'ইয়ৰ হলিনেছ' তথ্যচিত্ৰই নিউ ইয়ৰ্ক আন্তৰ্জাতিক কথাছবি মহোৎসৱত শ্ৰেষ্ঠ সংগীত চলচিত্ৰৰ পুৰষ্কাৰ লাভ কৰিছিল।

ৱেব ছাইট্চ (Websites)

আজিকালি অনলাইনৰ যুগত আৰু মহাকাশত জাগি উঠা ইউ টিউব, সামাজিক মাধ্যম আদিৰ সহায়ত পুথি, লিখনী, গীত, কথাছবি আদি সংৰক্ষণ আৰু নহুল প্ৰচাৰৰ অতি সহজ হৈ পৰিছে। ভূপেন হাজৰিকাৰ ক্ষেত্ৰতো বহুজনে বহু তথাকথিত ৱেব ছাইট গঢ়িছে। সেইবিলাক আটাইৰে বিষয়ে তথ্যপাতি সংগ্ৰহ কৰাটো আমাৰ বাবে সম্ভৱ নহয়। আমি মাজুস্মা আৰু ৰূপম শৰ্মাৰ কথা আগেয়ে উল্লেখ কৰিছোঁ। ইয়াত এতিয়া আমি জনা আৰু ভালপোৱা কেইটামান পাঠকৰ সহায়ৰ বাবে উল্লেখ কৰিলোঁ। ভাৰ্জিনিয়াৰ সত্যেন আৰু নমিতা দাসে ৰচনা কৰা তলৰ এক নম্বৰৰ ৱেবচাইটটো সৰ্বাংগসুন্দৰ।

1. http://bhupenda-live.com/
2. BhupenHazarikaDigitalArchive - Gauhati University *www.gauhati.ac.in › ... › BhupenHazarikaDigitalArchive.*

গীত পৰিৱেশনৰ ভিন ভিন ৰূপ

ছেণ্ট লুইচ, আমেৰিকাৰ অকণিহঁতৰ লগত

উৎসাহ
(তেজপুৰৰ লক্ষ্মী গোস্বামীক গীত গাবলৈ)

নিষ্ঠা

ঐকান্তিকতা

আলোচনা
(চিত্ৰশিল্পী গৌৰী বৰ্মনৰ সতে)

মাধুৰ্য্য

গভীৰ আস্থা অনাৰ প্ৰচেষ্টা

আত্মবিশ্বাস

[ওপৰৰ ছবি দুখন যোৰহাটৰ শ্ৰীমতী গায়ত্ৰী (সাদৰৰ) বৰগোঁহাইৰ সৌজন্যত পোৱা হৈছে।]

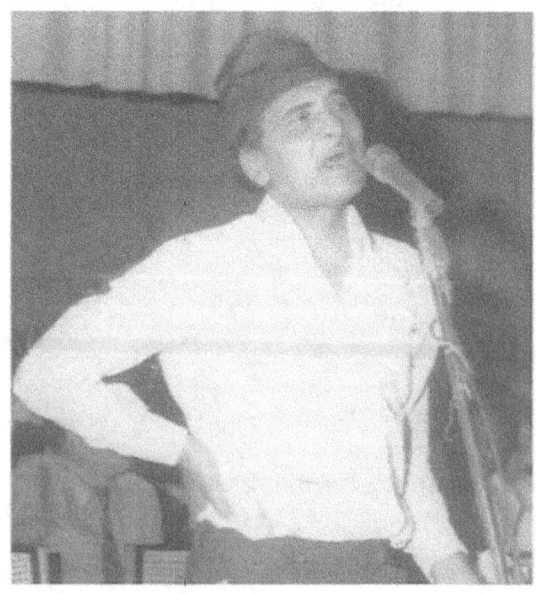

আৱেগৰ প্ৰকাশ

দুই দহ আঁঠ অধ্যায়

পৰিশিষ্টি

এক: ভূপেন হাজৰিকাৰ গীতৰ সৌন্দৰ্য্য বিচাৰ

তৰুণ কলিতা

ভূপেন হাজৰিকাৰ গীতসমূহ প্ৰিলুড, ইন্টাৰলুড, কাউণ্টাৰ মেলডি (Prelude, Interlude, Counter melody) আদিৰে পৰিপূৰ্ণ। সকলো গীত প্ৰায় একে ধৰণে অলংকৃত কৰা হয় যদিও হাজৰিকাৰ গীতৰ সংগীত সজ্জাৰ এটা বিশেষত্ব আছে। গীতিকাৰৰ গীত এটি সুৰকাৰে সুৰ সংযোজন কৰাৰ পিচত বাণীবদ্ধ বা পৰিৱেশন কৰিবলৈ এটা গুৰুত্বপূৰ্ণ পৰ্য্যায় আহি পৰে, তাক সংগীত ব্যৱস্থাপনা (Arrangement) বুলি কোৱা হয়। সাধাৰণতে সুৰকাৰ বা সংগীত পৰিচালকৰ লগত এজন ব্যৱস্থাপক জড়িত হৈ থাকে। হাজৰিকাৰ গীতসমূহো ভালে কেইজন ব্যৱস্থাপকে সংগীত ব্যৱস্থাপনা কৰিছে। তাৰ ভিতৰত অলক নাথ দে, অনিল মুহলে আদিয়েই প্ৰধান। গীতসমূহত ব্যৱস্থাপকৰ সাংগীতিক চৰিত্ৰতকৈ হাজৰিকাৰ ৰুচিৰ বেছি প্ৰভাৱ দেখা যায়। গীত এটিত কি ধৰণৰ বাদ্যযন্ত্ৰ কি ভাবে ব্যৱহাৰ কৰিব লাগে, সেই বিষয়ত হাজৰিকাৰ বাদ্যযন্ত্ৰ নিৰ্বাচন সাংগীতিক চাতুৰ্য্যৰ সুফল।

'বিমূৰ্ত মোৰ নিশাটি' এটি এবষ্ট্ৰেক্ট গীত। গীতৰ কথাংশ আধুনিক কালৰ কিন্তু গীতটিৰ সুৰ অৰু সংগীত সজ্জা আধুনিক কালৰ নহয়। প্ৰায় ৪০-ৰ দশকলৈ ভাৰতীয় সুগম সংগীতত অৰ-কিছ-ট্ৰা (Orchestra) ব্যৱহাৰ নাছিল। সেই সময়ত মূল গীতৰ সুৰটোকেই বাদ্যযন্ত্ৰত গায়ক বা গায়িকাৰ লগত সমান্তৰাল ভাবে বজোৱা হৈছিল। সেই সময়ত কাউণ্টাৰ মেলডি, অবলিগেটৰি (counter melody, obligatory) আদি কথাবিলাক প্ৰচলন নাছিল। 'বিমূৰ্ত মোৰ নিশাটি শীৰ্ষক গীতটো আধুনিক কালৰ কিন্তু সংগীতৰ ব্যৱহাৰ পৌৰাণিক কালৰ, এই দিশটো নিজেই এক বিমূৰ্ত (Abstract)। বাদ্যযন্ত্ৰৰ সঠিক প্ৰয়োগ ঘটাব পৰাটো হাজৰিকাৰ পক্ষে এক সহজ কাম। গীতটোৰ 'দূৰৈত আৰ্তনাদৰ কথাখিনিৰ পুনৰাবৃত্তিৰ আগত বেহেলা, গীটাৰ আৰু মেন্দোলিনৰ এক অপূৰ্ব সুৰ সংযোজন, যেন দূৰৈত ৰিণিকি ৰিণিকি স্থিৰ স্বৰত আৰ্তনাদ কৰি আছে। মণিৰাম দেৱান কথাছবিৰ 'বুকু হম হম কৰে' গীতটিত চাহনাই বাদ্যযন্ত্ৰৰ ব্যৱহাৰ একক; বহুক্ষেত্ৰত এই বাদ্যযন্ত্ৰটিক কণ্ঠৰ সমান্তৰল ভাবে মৰ্য্যদা দিয়া পৰিলক্ষিত হয়; অথচ চাহনাই বাদনে গীতটিক অতিক্ৰম

গীতটিক অতিক্ৰম কৰি যাব খোজা নাই। 'চামেলি মেম চাব' ছবিৰ 'অসম দেশৰ বাগিচাৰে ছোৱালী' ছোৱালী শীৰ্ষক গীতটিৰ সংগীত সজ্জাত বাঁহী বাদ্যযন্ত্ৰৰ ব্যৱহাৰ প্ৰায় একক ধৰণৰ—গীতটোৰ সুৰৰ ভাঁজবিলাক যেন বাঁহীটোৱে সেইফালে পোনাই দিছে। বাঁহীৰ ব্যৱহাৰ এক প্ৰকাৰৰ স্বতন্ত্ৰবাদনৰ দৰে কিন্তু বাঁহীটোৰ ব্যৱহাৰ আৰু প্ৰয়োগ সমানখিনিলৈকে কৰিছে যিমানখিনিয়ে গীতটোক এক পূৰ্ণ তৃপ্তিৰ পৰ্য্যায়লৈ তুলি ধৰিছে। পৰিমিতিবোধৰ ই এক ডাঙৰ উদাহৰণ। একেই ছবিৰ আন এটা গীত 'ছোট ঘৰেৰ বহু বেটি' গীতটিত অকল যেন মাদলৰ পয়োভৰ। এই গীতটোত অইন বাদ্যযন্ত্ৰৰ গুৰুত্ব বহু কম—মাথোন মাজে মাজে সমূহীয়া কণ্ঠস্বৰৰ প্ৰয়োগ?

বহু গীতত হাজৰকাই নিৰ্দিষ্ট একোটা বাদ্যযন্ত্ৰক গুৰুত্ব দিয়া পৰিলক্ষিত হয়। ''তোমাৰ হেনো নাম পত্ৰলেখা' গীতটোত চেতাৰৰ সংযোজনে গীতটোক এক অন্য মাত্ৰা প্ৰদান কৰিছে। ডিৰি ডিৰি বাণীৰ বহুল সফল প্ৰয়োগ বহু হিন্দী চিনেমাত শুনা যায়, কিন্তু অকল এটি বাদ্যযন্ত্ৰৰ সঘন প্ৰয়োগ হাজৰিকাৰ গীতৰ সংগীতৰ বাহিৰে অন্যত কিছু বিৰল। অপৰূপা ছবিৰ মান্না দেৰ কণ্ঠত 'অ' বান্ধৈ' গীতটিৰ বাঁহীৰ সুৰত ইপাৰৰ পৰা সিপাৰলৈ বাই গৈ থকা নাও এখনৰ ছবি এখন ভাঁহি উঠে। প্ৰতিধ্বনি ছবিৰ গীতসমূহ সুশ্ৰাব্য আৰু অতুলনীয় হোৱাৰ মূলতে অছে গীতবোৰৰ সংগীত সজ্জা। অলক নাথ দে আৰু অনিল মুহলে প্ৰমুখ্যে বৰেণ্য ব্যক্তিসকলে অইন সুৰকাৰ, সংগীত পৰিচালকৰ বাবেও সংগীত ব্যৱস্থাপনা কৰিছে, কিন্তু অইনৰ ব্যৱস্থাপনা আৰু ডঃ হাজৰিকাৰ সংগীত ব্যৱস্থাপনাৰ মাজত বহু পাৰ্থক্য আছে।

সাধাৰণতে সুগম সংগীত প্ৰিলিউদৰ (Prelude) পিছত স্থায়ীৰে আৰম্ভ কৰা হয়, ইন্টাৰলিউডৰ পিছত অন্তৰা, অন্তৰাৰ পিছত পুনৰ স্থায়ী, পিছত পৰৱৰ্তী অন্তৰাসমূহ, আকৌ শেষত স্থায়ীৰে সামৰণি মৰা হয়। হাজৰিকাই এই চিৰাচৰিত পদ্ধতিৰ পৰিধি ভাঙি এটি গীতৰ সুৰ ৰচনা কৰিলে, যিটোত দুনাই স্থায়ীলৈকে ঘূৰি অহা নাই। 'জোনাকৰে ৰাতি অসমীৰে মাটি'—এই গীতটিত আৰম্ভণিৰ পৰা শেষলৈকে ক্ৰমানুসাৰে গাই গৈছে। এই চৰিত্ৰৰ উপৰি গীতটিৰ শেষত ডবাৰ কোব কেইটাই জোনাক ৰাতিৰ অসমীয়া গাঁৱৰ নামঘৰৰ ছবি এখন আঁকি দিলে। সাধৰণ ভাবে এক অসাধাৰণ অনুভূতি। যি কোনো গীত সাধাৰণতে তালৱদ্ধ হয়, আৰু সেই তাল প্ৰকাশ্য ৰূপ প্ৰকাশিত হয় তাবলা, ঢোলক, মৃদংগ, পাখৱাজ, খোল আদি তালবাদ্য সমূহৰ দ্বাৰা। প্ৰতিধ্বনি ছবিৰ সুমন কল্যাণপুৰে গোৱা 'অয় অয় আকাশ শুব' গীতটিত তালৰ কোনো প্ৰকাশ্য ৰূপ নাই।

গীত এটিক ছবিৰ দৰে দৃশ্যময় কৰি উপস্থাপন কৰাত হাজৰিকা অনন্য। উদাহৰণ স্বৰূপে বহু গীতৰ প্ৰসংগই তুলিব পাৰি। 'অটোৰিক্সা চলাওঁ অমি দুয়ো ভাই' গীতটি এটি কাহিনী গীত (বা মালিতা), ইংৰাজীত Modern Ballad বুলি ক'ব পাৰি। এই আধুনিক কাহিনী গীতটিৰে গুৱাহাটীৰ এখন ছবি অঁকা হৈছে। এটি সুন্দৰ কাহিনীক সাংগীতিক চিত্ৰ ৰূপ দিয়া হৈছে। 'ফুট গধূলিতে' শীৰ্ষক গীতটিৰ দ্বাৰা গৰুৰ খুঁটি (বাথান) এখনৰ ছবি তাত থকা গৰুৰ বৰ্ণনা আৰু গো-পালক গোৰ্খালী ছোৱালীৰ বৰ্ণনা অপূৰ্ব। হাজৰিকাই ৰচনা কৰা গীত সমূহৰ সুৰকাৰ তেখেত নিজেই (হয়তো দুই-চাৰিটা জয়ন্ত হাজৰিকাই সুৰ কৰি গাইছিল) আন প্ৰায় ভাগ গীতৰ গায়ক তেখেত নিজেই। তেখেতৰ সময়ৰ প্ৰায়বিলাক দেশৰ নামজ্বলা গায়কৰ কণ্ঠত ডঃ হাজৰিকাই গীত বাণীৱদ্ধ কৰোৱাইছে। যি গৱাকী শিল্পীৰ বাবে

গীতিটোৰ সুৰ ৰচনা কৰা হৈছে, সেইগৰাকী গায়িকাৰ গায়ন পদ্ধতি, পটুতা আৰু চৰিত্ৰৰ কথা মনত ৰাখি তেঁওৰ বাবে সুৰ ৰচনা কৰিছে। মন প্ৰজাপতি ছবিৰ 'এই ধুনীয়া গধূলি লগন' শীৰ্ষক গীতটি আশা ভোঁশলেৰ বাবেহে সুৰৰ ৰচনা কৰা। আশা ভোঁশলেৰ কণ্ঠত গীতটোৱে যিদৰে প্ৰাণ পাই উঠিছে আৰু সেই মন পৰশা গীতটোৰ সংগীতসজ্জা অনুৰূপ। গীতটিৰ অপাৰ জনপ্ৰিয়তাত আশা ভোঁশলেৰ অৱদান যিমান হাজৰিকাৰ অৱদান বৰণ্চ বেছি, কাৰণ অসাধাৰণ সুৰ, সুন্দৰ সজ্জা আৰু যোগ্যতম গায়িকাৰ বাছনি। চিক মিক বিজুলী ছবিৰ 'পক্ষীৰাজ ঘোঁৰা' গীতটি কিশোৰ কুমাৰক মুখ্য হিচাপে লৈ সুৰ ৰচনা কৰা, কিশোৰ কুমাৰৰ গায়কী চৰিত্ৰৰ লগত মিলাই এই গীতটিৰ সংগীত ব্যৱস্থাপনা গীতটি এটা সময়ত নাটকীয় মুহূৰ্তলৈ ৰূপান্তৰিত হয়। এই নাটকীয় মুহূৰ্তটোৱে ভাওনাত কাজিয়া লগা অংক বা দৃশ্য এটাৰ ছবি এখন আঁকি গৈছে। যুদ্ধৰ পৰিৱেশৰ পৰা আকৌ আগৰ পৰিৱেশলৈ যতি নপৰাকৈ ঘূৰাই আনি পুনৰ গীতটোৰ মাজলৈ শ্ৰোতাক লৈ যাব পৰাটো হাজৰিকাৰ দৰে বিৰল সাংগীতিক প্ৰতিভাৰ পক্ষেহে সহজ। যুদ্ধখন হৈ আছিল এন্ধাৰৰ ৰজা আৰু জ্যোতিৰ মাজত। যুদ্ধৰ শেষত 'জ্যোতিৰ লগত এন্ধাৰে যুঁজিলে' কথাখিনিৰে যুদ্ধৰ কথাকেই কৈ আকৌ যুদ্ধৰ পৰা অইন ফালে গতি কৰালে।

হাজৰিকাৰ বহু গীত অসমৰ লোকগীতৰ ওপৰত আধাৰিত। অসমীয়া লোকসংগীতৰ খনিৰ পৰা সুৰবিলাক তেখেতে সযতনে উলিয়াই আনি তাক বিশেষ ধৰণে অন্য এক অপুৰ্ব গীতলৈ ৰূপান্তৰিত কৰিছে। 'হে মাই যশোৰ হে'—এইটো লোকগীত হাজৰিকাৰ সুৰ আৰু কণ্ঠত প্ৰাণ পাই উঠিছে। এান এক লোকগীত 'উপাদ্‌দি যাই ৰান তেইকা' কামৰূপৰ লোকগীতটিক হিন্দী ছবি 'কপল'ত 'যাৰা ধিৰে যাৰা ঢিমে' শীৰ্ষক গীতটিক অনন্য মাত্ৰা প্ৰদান কৰিছে।

হাজৰিকাই নিজৰ ৰচনাৰ লগত ভালে কেইজন নমস্য ব্যক্তিৰ গীততো সুৰ ৰচনা কৰিছে। লক্ষ্মীনাথ বেজবৰুৱাদেৱৰ 'প্ৰেম প্ৰেম বুলি জগতে ঘূৰিলোঁ' গীতটিৰ সুৰ ৰচনা কৰোঁতে সেই সময়ৰ সংগীত প্ৰৱাহৰ কৰা মনত ৰাখি সুৰ ৰচনা কৰা যেন পৰিলক্ষিত হয়। উক্ত গীতটিৰ সুৰ আৰু সংগীত সজ্জাৰ গুণগত মানৰ বাবে ই এক ভক্তিগীতলৈ উন্নীত হৈছে', ফল স্বৰূপে গীতটিয়ে আকাশবাণীৰ 'বন্দনা' অনুষ্ঠানত স্থান পালে। নৱকান্ত বৰুৱাদেৱৰ মাত্ৰ এটি গীতত হাজৰিকাই সুৰ ৰচনা কৰিছে। 'নিয়ৰৰে ফুল' শীৰ্ষক গীতটি অপাৰ জনপ্ৰিয়তাৰ কাৰণ বোধ হয় সংগীতসজ্জাও। সচৰাচৰ গীতবিলাকত স্থায়ী আৰু অন্তৰাৰ যোগসূত্ৰ চিাপে ইণ্টাৰলিউডৰ ব্যৱহাৰ হয়। কিন্তু 'নিয়ৰৰে ফুল' গীতটি কিছু ব্যতিক্ৰম, স্থায়ী শেষ হোৱাৰ পিছত সংগীত (বাদ্যযন্ত্ৰৰ সুৰ) খিনিয়ে যেন নোকাৰাকৈ সুৰখিনিৰ জোৰ টানি গৈছে।

অইন যিসকল গীতিকাৰৰ গীত গাইছে তাৰ ভিতৰত প্ৰয়াত পাৰ্বতীপ্ৰসাদ বৰুৱা অন্যতম। ডঃ হাজৰিকাই পাৰ্বতীপ্ৰসাদ বৰুৱাক সাংগীতিক দিশত পুনৰ জনম দিয়ালে। ৮০ৰ দশকত এখন এল-পি ৰেকৰ্ডত ডঃ হাজৰিকাই পাৰ্বতীপ্ৰসাদ বৰুৱাৰ গীত বাণীবদ্ধ কৰিছিল। সেই দশকৰ শেষৰ ফালে 'তোমাৰ প্ৰেমৰ ভোগজৰাটি' নামৰ শ্ৰব্য ক্যাছেটটোৰ অভূতপূৰ্ব জনপ্ৰিয়তাই পাৰ্বতীপ্ৰসাদ বৰুৱাক কৃতী আৰু গুণী সংগীত শিল্পী হিচাপে পুনৰ প্ৰতিষ্ঠা কৰিছে। এই কামৰ বাবে হাজৰিকা নমস্য হৈ থাকিব।

লোক সংগীতৰ ওপৰত হাজৰিকাৰ অগাধ দখলৰ কথা সকলোৱে জানে। তেখেতে ভাৰতীয় শস্ত্ৰীয় সংগীতৰ ওপৰত থকা দখলৰ প্ৰমাণ দিছে কেইটীমান গীতৰ সুৰ ৰচনাৰে।

'নতুন নিমাতী নিয়ৰৰে নিশা' গীতটি কেদাৰ ৰাগৰ ওপৰত আধাৰিত। গীতটিৰ আৰম্ভণিত সা মা-মা পা-পা, মা পা ধা মা-সা ৰে সা - স্বৰ বিন্যাসত কেদাৰ ৰাগ ওলাই পৰে। 'স্নেহে আমাৰ শত শ্ৰাৱণৰ' গীতটিত বৃন্দাবনী সাৰংগ প্ৰভাৱ বেছি। 'বুকু হম হম কৰে' গীতটিত ভূপালী ৰাগৰ ছায়া দেখা যায়। ভাৰতীয় উপশাস্ত্ৰীয় সংগীতত ৰাগৰ ধৰাবন্ধা নিয়মতকৈ ভাবৰ গুৰুত্ব বেছি, তেনেকুৱা চৰিত্ৰৰ এটি গীত হাজৰিকাই মণিৰাম দেৱান কথাছবিত ব্যৱহাৰ কৰিছে। 'এইটি বা কোন ওলালে' এই গীতটি থিক শাস্ত্ৰীয় সংগীতৰ ৰাগ ভিত্তিক নহয়, কিন্তু লোকসংগীতৰ ওপৰতো আধৰিত নহয়। এনেকুৱা বৈচিত্ৰৰ সমাহাৰ ডঃ হাজৰিকাৰ সংগীত সজ্জাত দেখিবলৈ পোৱা যায় তেখেতৰ গীতবিলাকৰ কথাংশৰ শব্দচয়ন যিদৰে স্বকীয় বৈশিষ্ট্যৰ চানেকী, তেনেদৰে সুৰ আৰু সংগীতৰ সজ্জা স্বমহিমাৰে বন্দিত, যাৰ ফলত তেখেতৰ সৃষ্টিৰ ফচলে অসমৰ সাংস্কৃতিক সম্পদক চহকী কৰি থৈ গৈ আছে।

দিহিঙে দিপাঙে ১৯৭৯ চনত অটোৱাত ভূপেন দাদাৰ সম্বৰ্ধনা

মহেশ শৰ্মা, মিনতি শৰ্মা, প্ৰিয়ম পেটেল, গীতা বৰুৱা, ভূপেন দাদা, সুৰভি কাকতি, ললিতা বৰা
১৯৭৯ চনত ভূপেন দাদা কানাডাৰ অটোৱা চহৰতলৈ গৈ বহু দিনত পাচত পত্নী প্ৰিয়মৰ লগত আছিলগৈ। সেইবাৰ অটোৱা আৰু ওচৰ পাজৰৰ অসমীয়াই ভূপেন দাদাক সম্বৰ্ধনা দিয়াৰ উপৰিও কাৰ্লটন বিশ্ববিদ্যালয়ত এটা অসমীয়া সংগীতানুষ্ঠান পাতিছিল আৰু অটোৱাৰ দূৰ দৰ্শনতো ভূপেন দাদাৰ সৈতে অসমীয়া গীত মাতৰ এটি অনুষ্ঠান প্ৰদৰ্শন কৰা হৈছিল। সেই দুটা অনুষ্ঠান বৈজ্ঞানিক কুমুদ বৰাৰ পত্নী ললিতা বৰাৰ নেতৃত্বতে হৈছিল। পাচত প্ৰিয়ম পেটেলেও অটোৱাৰ সকলো ভাৰতীয়ৰ কাৰণে এটা অনুষ্ঠানৰ আয়োজন কৰিছিল।

দুই: ডঃ ভূপেন হাজৰিকাৰ জীৱনী আৰু আত্মজীৱনী

ডঃ নগেন শইকীয়া

ডঃ নগেন শইকীয়া আৰু ডঃ ভূপেন হাজৰিকা
আত্মজীৱনীৰ প্ৰস্তুতি কৰি থকা অৱস্থাত
ফটো: হৰিবিনোদ বাৰ্মা

জীৱিত কালতেই কিংবদন্তিৰ নায়কত পৰিণত হোৱা, সাম্প্ৰতিক কালৰ অসমৰ জাতীয় সাংস্কৃতিক জীৱনৰ মহানায়ক স্বৰূপ ডঃ ভূপেন হাজৰিকাৰ জীৱন অৱসান হোৱাৰ সংবাদটো ৰাজ্যখনত বনজুইৰ দৰে বিয়পি আবাল-বৃদ্ধবণিতাৰ হৃদয় কেনেভাৱে দগ্ধ কৰিবলৈ ধৰিলে, সেই কথা অসমৰ জাতীয় ইতিহাসত চিৰস্মৰণীয় হৈ ৰ'ল। এতিয়াও অসমৰ মানুহৰ হৃদয়ৰ যন্ত্ৰণা যেন একেদৰেই সমানে সজীৱ হৈ আছে। এই ঘটনাৰ পূৰ্বে এনেভাৱে সমগ্ৰ জাতীয় জীৱন দুখত আন্দোলিত হৈ উঠাৰ কোনো দৃষ্টান্ত আমাৰ ইতিহাসত নাছিল। এই গৰাকী মহানায়কৰ প্ৰতি মানুহৰ স্নেহ, প্ৰেম, শ্ৰদ্ধা আৰু অনুৰাগৰ গভীৰতা আৰু ব্যাপকতা দেখা যি কোনো মানুহেই যে বিস্মিত হৈছে আৰু হ'ব সেই বিষয়ে কোনো সন্দেহ নাই।

তেঁও কেৱল এজন গায়ক নাছিল, তেঁও আছিল গীতকাৰ-সুৰকাৰ, গায়ক-কবি, অপূৰ্ব গদ্য লেখক, চিত্ৰকৰ, চলচিত্ৰ পৰিচালক, সাহিত্য-শিল্প আলোচনীৰ সম্পাদক আৰু পৃথিৱীৰ য'লৈকে গৈছে তাৰেই শ্ৰোতা-দৰ্শকৰ হৃদয় সুৰৰ যাদুৰে, কথাৰ মাধুৰ্য্যৰে মুগ্ধ কৰি আহিব পৰা শিল্পী। ব্যক্তিগত ভাৱে তেঁওৰ সামান্য সান্নিধ্য লাভ কৰাসকলেও প্ৰত্যেকেই নিচেই ওচৰৰ পৰা তেঁওক পোৱা বুলি অনুভৱ কৰে।

তেঁওৰ গীতৰ মাজত তেঁওৰ 'সুন্দৰৰ সৰু-বৰ আলিয়েদি' শিতানৰ পৰা আৰম্ভ অজস্ৰ লেখাৰ মাজত তেঁওৰ জীৱনৰ অনেক মুহূৰ্ত তেঁওৰ ভাব আৰু অনুভৱৰ সজীৱ প্ৰকাশ বিয়পি আছে। তদুপৰি তেঁওৰ গুণমুগ্ধসকলে লিখা অজস্ৰ সৰু বৰ ৰচনাৰ মাজতো তেঁওৰ জীৱনৰ অনেক মুহূৰ্তৰ খণ্ডিত ছবি সোমাই আছে। কিন্তু তেঁওৰ বিষয়ে এখন বিস্তৃত জীৱনী যিদৰে লিখা হোৱা নাই, ১৯৮২ চনলৈকে তেঁও নিজেও এখন আত্মজীৱনী ৰচনা কৰাৰ সময় পোৱা নাছিল।

অলপতে ডি-ৱাই ৩৬৫-ত সাম্প্ৰতিক কালৰ অসমৰ এগৰাকী সৃষ্টিশীল আৰু চিন্তাশীল দিগদৰ্শক লেখক, বুদ্ধিজীৱী, সাংবাদিক হেমেন বৰগোঁহাঞিয়ে এটা সাক্ষাৎকাৰত তেখেতে পূৰ্বে লিখিত ভাৱে কৈ যোৱা কিছু কথা পুনৰ শ্ৰোতাৰ স্পৰ্শ কৰাকৈ কোৱাৰ সময়ত ভূপেন হাজৰিকাৰ জীৱনী ৰচনাৰ প্ৰসংগটোও উল্লেখ কৰি গৈছে। কোনো সন্দেহ নাই যে এজন ব্যক্তিৰ জীৱনী ৰচনাৰ বাবে কেৱল বাহিৰৰ জীৱনটো দেখা পালেই প্ৰকৃত অৰ্থত ব্যক্তি গৰাকীৰ জীৱনী লিখা হৈ নুঠে, যিদিহে ব্যক্তি গৰাকীৰ অন্তৰ্জীৱনৰ লগত জীৱনী লেখক পৰিচিত হৈ ল'ব নোৱাৰে। বৰগোহাঞিয়ে ভূপেন হাজৰিকাৰ জীৱিত

কালতো তেঁওৰ লগত থকা অন্তৰংগ পৰিচয়ৰ কথা উল্লেখ কৰিছে। মই ভাবোঁ যে এতিয়াও বোধকৰোঁ এই গুৰুত্বপূৰ্ণ কামটোৰ কাৰণে যোগ্যতম ব্যক্তি হ'ব বৰগোহাঞিয়েই।

প্ৰসংগক্ৰমে উল্লেখযোগ্য যে ছাত্ৰাৱস্থাৰ পৰাই ডঃ ভূপেন হাজৰিকাৰ গুণমুগ্ধ সূৰ্য্য হাজৰিকাই ৰচনাৱলীৰ গুটীয়াকৈ আৰু তিনিটা খণ্ডত একত্ৰ সংকলন কৰি এটা অতি গুৰুত্বপূৰ্ণ কাম কৰিছে। অন্ততঃ তেঁওৰ দুই এখন ৰচনা ক'ৰবাত কেনেবাকৈ বাদ পৰি গ'লেও বোধকৰোঁ ৯৯.৯৯ অংশই গ্ৰন্থাৱলীত সন্নিৱিষ্ট হৈছে। তাৰ বাবে সূৰ্য্য হাজৰিকা আমাৰ সকলোৰে ধন্যবাদৰ পাত্ৰ।

ডঃ ভূপেন হাজৰিকাৰ বৰ্ণাঢ্য জীৱনে মোকো আকৰ্ষণ কৰি আহিছিল। আমাৰ সময়ৰ এই গৰাকী উজ্জ্বল আৰু ওখ ব্যক্তিক মোৰ লগ পোৱাতৰ প্ৰথম সৌভাগ্য হৈছিল ১৯৬১ খ্ৰীষ্টাব্দত। সেই সময়ত ডঃ ভূপেন হাজৰিকাই সাপ্তাহিক জনমভূমিত 'সুন্দৰৰ সৰু বৰ আলিয়েদি' শিৰোনামাৰে এটা নিয়মীয়া স্তম্ভ লিখিছিল। সেই সময়ত ওলোৱা 'লাচিত বৰফুকন' নামৰ বোলছবিখনৰ বিষয়ে তেখেতে সেই স্তম্ভতে সেই ছবি চাওঁতাসকলৰ পৰা সমালোচনামূলক লেখা আহ্বান কৰিছিল আৰু শ্ৰেষ্ঠ সমালোচকজনক আইজেনষ্টিনৰ 'ফিল্মছেন্স' নামৰ গ্ৰন্থখন উপহাৰ স্বৰূপে দিব বুলিও ঘোষণা কৰিলে। মই তেতিয়া গোলাঘাটৰ ঢেকিয়াল হাইস্কুলত শিক্ষকতা কৰি আছিলোঁ। ইতিপূৰ্বে চোৱা ছবিখনৰ বিষয়ে মই লিখি পঠিওৱা সমালোচনাটো তেখেতৰ তুলাচানীত শ্ৰেষ্ঠ বিবেচিত হ'ল আৰু 'জনমভূমি' কাকতত মোৰ সেই লেখাটো তেখেতৰ শিতানতে প্ৰকাশ কৰিলে। তদুপৰি মোলৈ লিখা এখন চিঠিত তেখেতে জনালে যে ১৯৬১ চনত গোলাঘাটত বহা সদৌ অসম মহিলা সমিতিৰ অধিবেশন উপলক্ষে আয়োজিত সংগীত সন্ধিয়ালৈ তেখেত আহিব আৰু তেখেত আহি সেই সময়ৰ গোলাঘাটৰ এস-ডি-পি-অ' হিৰণ্য কুমাৰ ভট্টাচাৰ্য্যৰ ঘৰত থাকিবহি, আৰু মই লগ পাবলৈ বিচাৰিলে তাতেই লগ পাব পাৰিম। সেয়াই আছিল তেখেতৰ লগত মোৰ প্ৰথম সাক্ষাত। ইয়াৰ পিচত অসমলৈ আহিলে তেখেতৰ অনুষ্ঠান চোৱাৰ সুযোগ উলিয়াব পাৰিলে যাবলৈ, চাবলৈ আৰু শুনিবলৈ যত্ন কৰিছিলোঁ।

১৯৭২ চনত ডিব্ৰুগড়লৈ স্থায়ী ভাৱে অহাৰ পিচত ইয়াতো লগ পাইছিলোঁ। পিচলৈ ডিব্ৰুগড়লৈ আহিলে সূৰ্য্য হাজৰিকাই তেখেতক সদায় আতিথ্য আগ বঢ়াইছিল। সূৰ্য্যক মোৰ এক প্ৰকাৰ জ্যেষ্ঠ পুত্ৰস্থানীয় বুলিও ক'ব পাৰোঁ, কনিষ্ঠ ভ্ৰাতৃপ্ৰতিম অথবা ছাত্ৰোপম উদ্যোগী যুৱক বুলিও ক'ব পাৰোঁ। ডঃ ভূপেন হাজৰিকা আহি তেঁওলোকৰ ঘৰত আলহী হ'লে সূৰ্য্যই মোকো খবৰ দিয়ে। ১৯৮১ চনত তেখেতে আহি সূৰ্য্যহঁতৰ ঘৰত থাকোঁতে মোক খবৰ দিয়াত মই তেখেতক প্ৰশ্ন কৰিলোঁ— ইমান বৰ্ণাঢ্য জীৱনৰ অধিকাৰী তেখেতে কিয় এখন আত্মজীৱনী নিলিখে। তেখেতে ক'লে, 'মোৰ ক'ত সময় আছে নগেন?' মই ক'লো যে ৰবিশংকৰৰ দৰে লোকে যদি শ্ৰুতলিপি দি "ৰাগ-অনুৰাগ"ৰ দৰে এখন আত্মজীৱনী লিখি উলিয়াব পাৰে, তেখেতে কিয় উলিয়াব নোৱাৰিব। তেখেতে উত্তৰত ক'লে, 'মই আকৌ মাৰ্চত ডিব্ৰুগড়লৈ আহিম। তুমি মোক এটা পৰিকল্পনা কৰি দিবা। আমি দুয়ো বহি ফাইনেল কৰি ল'ম।' মই ক'লো, 'হ'ব, হ'ব মই প্ৰস্তুত কৰিম।' সেই কথাবতৰাৰ সময়ত সূৰ্য্য নিজেও উপস্থিত আছিল। সূৰ্য্যই ক'লে, গন্থখন মই প্ৰকাশ কৰিম।' মই এই কথাখিনিৰ কিছু বিৱৰণ মোৰ 'ধূলিৰ ধেমালি' নামৰ কিতাপখনত উল্লেখ কৰাৰ উপৰিও ২০১০ চনত 'কথা গুৱাহাটী'ৰ ডঃ ভূপেন হাজৰিকা সংখ্যাত উল্লেখ কৰি গৈছোঁ।

১৯৮২ চনৰ আঠ মাৰ্চত ডঃ ভূপেন

হাজৰিকা ডিব্ৰুগড়লৈ আহিল আৰু সূৰ্য্যহঁতৰ ঘৰতেই আছিল। মই তেখেতক ৯ মাৰ্চৰ দিনা সূৰ্য্য হাজৰিকাহঁতৰ ঘৰত লগ পাওঁতে ক'লোঁ—'মই এটি যাযাবৰ' শিৰোনামা দি যোল্লটা অধ্যায়ত বিভক্ত কৰি তেখেতৰ আত্মজীৱনীৰ পৰিকল্পনা এটা কৰি থৈছোঁ। এই গ্ৰন্থখন কেনে হ'ব লাগিব সেই বিষয়ৰ আঠোটা দিশ নিৰ্দিষ্ট কৰি যোল্লটা অধ্যায়ৰ প্ৰত্যেকটো অধ্যায়ৰ নাম তেখেতৰ গীতৰ কথাৰে নামাংকন কৰি, প্ৰত্যেকটো অধ্যায় সামৰিব লগীয়া বিষয় সমূহো জুকিয়াই থৈছোঁ। মই এই কথাও ক'লো যে তেখেতে সময় দিলেই মই নিজৰ প্ৰতিটো অধ্যায়ৰ বিষয় সমূহৰ উল্লেখ কৰি প্ৰুফ কৰি যাম আৰু তেখেতে কৈ যোৱা কথা মই মোৰ টেপ ৰেকৰ্ডাৰত বাণীৱদ্ধ কৰি যাম। তেখেতে পৰিকল্পনাটো খুব ভাল পালে আৰু ক'লে, 'মই কাইলৈ পুৱা ন বজাত ৰূপহহঁতৰ (প্ৰণৱিৰাম বৰুৱা) লগত শিৱসাগৰলৈ যাম। যাওঁতে তোমাৰ ঘৰত সোমাই তাতেই আমি দহ পোন্ধৰ মিনিটমান বহি প্ৰথম আৰম্ভ কৰি যাম।'

সূৰ্য্যই ক'লে, 'ছাৰ, টেপ ৰেকৰ্ডাৰৰ কেছেটখিনি মই কিনি দিম।'

পিচদিনা পুৱা ঠিক ন বজাত ডঃ ভূপেন হাজৰিকা সদলবলে আহি আমাৰ সৰু ঘৰটোত সোমালহি। প্ৰণৱিৰাম বৰুৱাকে ধৰি বাকীসকল বহা কোঠাত বহিল আৰু ভূপেনদাক মই মোৰ বহা কোঠাৰ সংলগ্ন সৰু পঢ়াকোঠালৈ লৈ আহিলোঁ। টেপ ৰেকৰ্ডাৰ সাজু কৰি থৈছিলো। মই সেই বছৰৰ অৰ্থাৎ '৮২ চনৰ ডায়েৰী এখনত কৰি থোৱা পৰিকল্পনাটো প্ৰথমতে তেখেতলৈ আগ বঢ়াই দিলোঁ। তেখেতে চাই বৰ সন্তোষ প্ৰকাশ কৰিলে আৰু প্ৰথম পৃষ্ঠাটোতে চহী কৰি সেইদিনাৰ তাৰিখটো (১০.০৩.৮২) নিজৰ ষ্টাইলেৰে লিখি ক'লে, 'আৰম্ভ কৰাঁ।' মই প্ৰথম অধ্যায়টোৰ নাম দিছিলোঁ 'শদিয়াত সূৰ্য্যোদয়'। তাত উল্লেখ কৰা বিষয়বোৰৰ সম্পৰ্কে মই প্ৰশ্ন কৰিবলৈ আৰম্ভ কৰিলোঁ আৰু তেখেতে উত্তৰ দি গ'ল। ১০ মিনিটৰ ঠাইত যেতিয়া ৪৫ মিনিট হ'ল, তেতিয়া বাহিৰত অপেক্ষা কৰি থকা সকলৰ উদ্বিগ্নতা অনুভৱ কৰি মই তেখেতক যোৱাৰ সময়ৰ কথা সোঁৱৰাই দিলোঁ। সেই সময়ত টেপ কৰাৰ পৰা আৰম্ভ কৰি আমাৰ পৰিয়ালৰ সকলোৰে লগত ডিব্ৰুগড়ৰ বিশিষ্ট ফটোগ্ৰাফাৰ হৰিবিনোদ বাৰ্মাই তোলা ছবিখনি এতিয়াও সংৰক্ষিত হৈ আছে। তেখেতে যাবলৈ উঠি প্ৰস্তাৱ দিলে যে মই তেখেতৰ লগতে গাড়ীত শিৱসাগৰলৈ যাব লাগে আৰু গাড়ীত যাওঁতে তেখেতে আৰু কিছু কথা বাণীৱদ্ধ কৰি যাব খোজে। তেখেতৰ লগত শিৱসাগৰলৈকে বহি প্ৰায় ডেৰ ঘণ্টা আৰু কিছু প্ৰশ্ন কৰি বাণীৱদ্ধ কৰিলোঁ।

শিৱসাগৰ পোৱাৰ পিচত তেখেতে সুধিলে, 'বাকীখিনি কেতিয়া কৰিবা?' মই ক'লো, এপ্ৰিলৰ প্ৰথম সপ্তাহতে মই কলিকতালৈ যোৱাৰ কথা আছে। তেখেতৰ যদি আন কাৰ্য্যসূচী নাথাকে, মই এসপ্তাহ থাকি বাকীখিনি কাম কৰি লৈ আহিম' তেখেতে ক'লে, মই দহ এপ্ৰিললৈকে ক'লৈকো নাযাওঁ। তুমি আহিবা বুলি ধৰি ল'লোঁ।'

মই দুই এপ্ৰিলত কলিকতা পালোঁগৈ। তিনি তাৰিখৰ পৰা পুৱাই অসম ভৱনৰ পৰা মই টালিগঞ্জ পাওঁগৈ আৰু তেখেতৰ লগত বহোঁ। দুপৰীয়াৰ ভাত ভূপেনদাৰ লগত একেলগে খাওঁ। মই 'ধূলিৰ ধেমালি'ত লিখিছোঁ—কেনেকৈ তেখেতে মজিয়াত বহি ষ্টোভত নিজে পালেং শাক আৰু মাছৰ আঞ্জা ৰান্ধিছিল সেই কথা।

ষাঠিখন কেছেটত তেখেতৰ জীৱন কাহিনী বাণীৱদ্ধ কৰি মই ঘূৰি আহিলোঁ আৰু আমাৰ

বিশ্ববিদ্যালয়ৰ অসমীয়া বিভাগৰ কাৰ্য্যালয়ৰ সহকাৰী যতীন্দ্ৰ কুমাৰ বৰ্মনৰ লগত কথাবতৰা হৈ মোৰ টেপ ৰেকৰ্ডাৰ আৰু কেছেটখিনি তেখেতক দি সেইখিনি লিখি উলিয়াই দিবলৈ দায়িত্ব দিলোঁ। বৰ্মনে দুমাহ কি তিনি মাহৰ ভিতৰত বাণীবদ্ধ কথাখিনি টেপৰ পৰা হাতেৰে লিখি উলিয়ালে (বৰ্মনে এতিয়াও ভাল স্বাস্থ্যৰে জীৱন যাপন কৰি আছে। সূৰ্য্যই নাজানি বোধকৰোঁ 'প্ৰয়াত' বুলি লিখিছে।)

এটা ডাঙৰ পাণ্ডুলিপি মোৰ হাতত পৰিল। কিন্তু মই দেখিলোঁ যে বিভিন্ন ঠাইত অনেক পুনৰাবৃত্তি হৈছে। সেই সময়ত অসম আন্দোলন চলি আছিল। মই অসম সাহিত্য সভাৰ প্ৰধান সম্পাদকৰ দায়িত্বত আছিলো। এই পুনৰাবৃত্তিখিনি আঁতৰাই দিবলৈ মোক কোনোবাই সহায় কৰিব পাৰিলে কামটো মোৰ বৰ সহজ হয়। ভাৰতী বৰুৱা (এতিয়া স্বৰ্গীয়) ডঃ ভূপেন হাজৰিকাৰ এগৰাকী অনুৰাগী আছিল। কথা প্ৰসংগত তেখেতক কোৱাত তেখেতে যত্ন কৰিবলৈ আগ্ৰহ প্ৰকাশ কৰিলে। পাণ্ডুলিপি তেখেতৰ হাতত দিলোঁ। কিন্তু কিছু দূৰ আগ বঢ়াৰ পিচত তেখতে স্বাভাৱিকতেই কিছু অসুবিধা অনুভৱ কৰিলে। ইয়াৰ পিচত আগবাঢ়ি আহিল ভূপেন হাজৰিকাৰ এগৰাকী একান্ত অনুৰাগী বিশিষ্ট লেখক ডিগবৈৰ পূণ্য শইকীয়া। তেখেতেও কিছু অংশ কৰি দিলে। কিন্তু সম্পূৰ্ণ কৰা সম্ভৱ নহ'ল। ইতিমধ্যে '৮২ চন কেতিয়াবাই শেষ হ'ল। '৮৩ৰ অগ্নিময় সময় আৰম্ভ হ'ল। কাম পৰি থাকিল। সূৰ্য্য হাজৰিকাই কিছু সহায় কৰি দিব পাৰে নেকি চাবলৈ মোৰ পৰা পাণ্ডুলিপিসহ কেছেটখিনি লৈ গ'ল—বোধকৰোঁ ১৯৮৪ কি '৮৫ চন মানত।

'৮৫ৰ 'অসম চুক্তি' আৰু নিৰ্বাচনৰ পিচত ১৯৮৬ত মই ৰাজ্যসভালৈ গ'লো। পাণ্ডুলিপি আৰু কেছেটখিনি সূৰ্য্যৰ হাততে থকা বুলি ভাবি আছিলো। মই এবাৰ সূৰ্য্য হাজৰিকাক পাণ্ডুলিপি আৰু কেছেটখিনিৰ কথা সোধোঁতে তেঁও কেছেটখিনি নিৰোদ চৌধুৰীয়ে শুনিবলৈ নিয়া বুলি ক'লে আৰু পিচত ক'লে যে নিৰোদ চৌধুৰীৰ মৃত্যুৰ পিচত কেছেটখিনি বিচাৰি পোৱা নগ'ল। সেই কেছেটখিনি যে কিমান অমূল্য সম্পদ আছিল, সেই কথা ভাবি মোৰ এতিয়াও ভিতৰত এটা যন্ত্ৰণা অনুভৱ কৰোঁ।

'মই এটি যাযাবৰ'-ৰ প্ৰস্তুতি

গায়ত্ৰী, লাৱণ্য, নগেন অৰু কৌশিক শইকীয়া

ফটো: হৰিবিনোদ বাৰ্মা

ইয়াৰ প্ৰায় ছয়-সাত বছৰৰ পিচত হঠাৎ কোনোবা এখন দোকানত 'মই এটি যাযাবৰ' এই কিতাপখন দেখি হাতত তুলি লৈ দেখিলোঁ যে কিতাপখন সূৰ্য্যৰ নামত প্ৰকাশ হৈছে আৰু তেঁও পাতনিত যিখিনি কথা লিখিছে, সেইখিনি পঢ়ি দেখিলোঁ যে সূৰ্য্যই

নিজকে অনুলেখক স্বৰূপেই প্ৰতিষ্ঠা কৰিছে। তেঁওৰ শেহতীয়াকৈ লিখা প্ৰবন্ধত ১৯৭৯ চনত তেঁৱেই প্ৰথম এনে ভাৱে টেপ ৰেকৰ্ডাৰত বাণীবদ্ধ কৰি আত্মজীৱনী লিখাৰ প্ৰস্তাৱ আগবঢ়োৱা বুলি আৰু তেঁওৰ এই প্ৰস্তাৱত মোক সহযোগিতা আগ বঢ়াবলৈ অনুৰোধ কৰা বুলি লিখাও দেখিলোঁ আৰু বাণীবন্ধনৰ সময় ছোৱাত মই 'আগবঢ়োৱা সৃষ্টিধৰ্মী পৰিকল্পনা আৰু শ্ৰমৰ বাবে তেঁওৰ এই কামখিনি আগুৱাই নিয়াত যথেষ্ট সহায়ক হোৱা বুলি উল্লেখ কৰিছে। মই বিস্মিত হোৱাৰ বাহিৰে কৰিব লগীয়া একো নাই। অথচ তেঁও মোক কেছেটখিনি দিয়াৰ বাহিৰে এই কিতাপখন কৰাত বিন্দুমাত্ৰ সহায়ো কৰা নাছিল। কেছেটখিনিৰ যদি ক'ৰবাত এটা বা দুটাও পোৱা যায়, মোৰ আৰু ডঃ ভূপেন হাজৰিকাৰ কথোপকথনখিনিৰ সেয়ে সাক্ষী হ'ব। অৱশ্যে, ডঃ ভূপেন হাজৰিকাই চহী কৰি থৈ যোৱা তেখেতৰ আত্মজীৱনীৰ আঁচনিখন আৰু আমাৰ ঘৰত তোলা ছবিসমূহ সাক্ষী আৰু সোঁৱৰণী হৈ থাকিব।

তথাপি সূৰ্য্য হাজৰিকাই যে আত্মজীৱনীখন প্ৰকাশ কৰি উলিয়াই দিলে, তাৰ বাবে নিশ্চয় আমাৰ ধন্যবাদৰ পাত্ৰ হৈ ৰ'ব। সেয়ে নোহোৱা হ'লে ডঃ ভূপেন হাজৰিকাৰ আত্মজীৱনী বুলি ক'বলৈ একো নাথাকিলেহেঁতেন। সি যি কি নহওক, সূৰ্য্যৰ লগত এই বিষয়টোক লৈ বিতৰ্ক কৰাৰ মোৰ সামান্যতম ইচ্ছাও নাই। ব্যৱহাৰিক জীৱনত এইটোও ঠিক যে তেঁও ডঃ ভূপেন হাজৰিকাৰ অত্যন্ত ওচৰৰ মানুহ বুলি পৰিচিত। মই তেনে ওচৰৰ বুলি দাবী কৰাৰ প্ৰশ্নই নুঠে। মই কেৱল নিজৰ ভিতৰৰ সুখ আৰু দুখখিনি প্ৰকাশ কৰিলোঁ। তেঁওৰ মই সদায় মংগল বাঞ্চা কৰি আহিছোঁ আৰু কৰি থাকিম। তেঁও ২০১০ চনৰ আগছোৱাত তেঁওৰ ৰচনাৱলীৰ তিনিটা মূল্যবান খণ্ড মোক উপহাৰ স্বৰূপে দিয়াৰ বাবে ধন্যবাদ জনালোঁ। অৱশ্যে 'মই এটি যাযাবৰ'ৰ ক'পী এটা কিন্তু দিবলৈ পাহৰিলে।

[আমাৰ অসম, ২০ নৱেম্বৰ, ২০১১ চন]

ডঃ ভূপেন হাজৰিকাৰ আত্মজীৱনী আৰু নিৰোদ চৌধুৰী প্ৰসংগ

ডাঃ ইন্দিৰা চৌধুৰী

২০ নৱেম্বৰৰ (২০১১ চন) 'আমাৰ অসম' কাকতত ডঃ নগেন শইকীয়াৰ 'ডঃ ভূপেন হাজৰিকাৰ জীৱনী আত্মজীৱনী' প্ৰবন্ধটোৰ এটা কথাই মোক বৰকৈ বিন্ধি যোৱাত স্পষ্টীকৰণ হিচাপে এইখিনি লিখিবলৈ বাধ্য হ'লোঁ। প্ৰবন্ধটোত শইকীয়াই উল্লেখ কৰা ডঃ ভূপেন হাজৰিকাৰ জীৱন গাঠাৰে বাণীবদ্ধ কৰা যাঠিটা কেছেট সূৰ্য্য হাজৰিকাৰ পৰা মোৰ স্বামী প্ৰয়াত নিৰোদ চৌধুৰীয়ে শুনিবলৈ অনাৰ পিচত আৰু বিচাৰি পোৱা নগ'ল বুলি কোৱা কথাষাৰৰ কোনো সত্যতা বা যুক্তি বিচাৰি নাপালোঁ। নাপালোঁ এই বাবেই যে পঞ্চাশৰ দশকতে নিৰোদ চৌধুৰীয়ে লিখা ভূপেন দাৰ সাক্ষাৎকাৰ পঢ়ি ভূপেনদাই হেনো চাইকেল মাৰি পুৰাই চৌধুৰী থকা ভাৰাঘৰত উপস্থিত হৈছিলহি—সেয়াই আৰম্ভণি। তাৰ পিচৰ পৰা ভূপেনদাৰ জীৱনৰ বহু সুখ-দুখ, ঘাত প্ৰতিঘাতৰ সংগী হৈছিল চৌধুৰী। বহু সময়ত ভূপেনদাৰ প্ৰতি হোৱা বহু কটু সমালোচনাও শিৰ পাতি লৈ যথোচিত উত্তৰ দিবলৈ যত্ন কৰিছিল। ভূপেনদা কলিকতালৈ গুচি যোৱাৰ পিচতো অসমৰ সৈতে তেঁওক অবিচ্ছিন্ন কৰি ৰাখিছিল চোধুৰীয়ে সংবাদ মাধ্যমৰ কৰিয়তে। তাৰ পিচত ভূপেনদাৰ ছবিৰ চিত্ৰনাট্য, নিৰোদ চৌধুৰীৰ সাত-আঠখন চিনেমাৰ সংগীত পৰিচালনাৰে প্ৰায় ছল্লিশ বছৰ দুয়োজনৰ মাজত পোনপটীয়া যোগাযোগ থকাৰ পিছতো ভূপেনদাৰ বিষয়ে কাৰোবাৰ বাবে ভূপেনদাই দি যোৱা কেছেট নিৰোদ

চৌধুৰীয়ে কিয় আনিব বা শুনিব? তাকো এটা দুটা নহয়, ষাঠিটা। আৰু সচাকৈয়ে যদি হেৰাইছিল, তেন্তে যোৱা দহটা বছৰত সূৰ্য্যই এবাৰো মোক নুসুধিলে কিয়? এজন মৃত ব্যক্তিৰ ওপৰত এনেদৰে দোষ জাপি দি মানুহজনৰ প্ৰতি আস্থাভংগ কৰিব খুজি অক্ষমনীয় অপৰাধ কৰিছে সূৰ্য্য হাজৰিকাই। নিৰোদ চৌধুৰীৰ প্ৰতিটো বস্তুৰেই আমি সযতনে ৰাখিছোঁ। চৌধুৰীৰ শত সহস্ৰ লিখনীৰ মাজত চৌধুৰীলৈ লিখা 'একান্ত ব্যক্তিগত' বহু চিঠিও নিশ্চয় পাইছোঁ। কিন্তু কোনো কেছেট পোৱা নাই বা দেখা নাই কাহানিও। পদ্মশ্ৰী সূৰ্য্য হাজৰিকাই এয়া গোকাট মিছা মাতিছে। প্ৰবন্ধটো পঢ়ি ডঃ নগেন শইকীয়াক ফোন কৰি সোধোঁতে তেঁও ক'লে—'মই তেনে সন্দেহেই কৰিছোঁ। বৰ দুখত লিখিছোঁ মই প্ৰবন্ধটো। সূৰ্য্যই নিৰোদ চৌধুৰীৰ বহুত অন্যায় কৰিলে আৰু মোৰো বহুত অন্যায় কৰিলে ...।' প্ৰসংগক্ৰমে কওঁ যে সূৰ্য্যক নিৰোদ চৌধুৰীয়ে ভূপেন হাজৰিকাৰ সৈতে চিনাকি কৰাই দিছিল, যেতিয়া সূৰ্য্য হাজৰিকা এজন কিতাপৰ ব্যৱসায়ী আছিল। উদীয়মান ডেকাজনক তেঁও খুব মৰম কৰা দেখিছিলোঁ। নিজৰ কিতাপৰ লগতে ভূপেনদাৰ সিঁচৰিত বহু প্ৰবন্ধ, গীত, ফটো সন্নিৱিষ্ট কৰি প্ৰকাশৰ বাবে সূৰ্য্যৰ হাতত তুলি দিয়াও দেখিছিলোঁ। পিছে সাহিত্যৰে ব্যৱসায় হ'ব পাৰে। ব্যৱসায়ৰে সাহিত্য হ'ব পাৰে জানো? ভূপেনদাৰ আত্মজীৱনী প্ৰসংগত মই ইয়াতে আৰু এষাৰ কথা ক'ব খুজিছোঁ। বহুতে মোক প্ৰশ্ন কৰে—নিৰোদ চৌধুৰীয়ে ৰাধাগোবিন্দ বৰুৱাৰ জীৱনী লিখিলে, ভূপেন হাজৰিকাৰ জীৱনী নিলিখিলে? আত্মজীৱনী সম্পৰ্কে সেই সময়ত ভূপেনদাৰ অভিমত কেনে ধৰণৰ আছিল, ভূপেনদাৰ চিঠিৰ অকণমান উদ্ধৃতিৰে জনালোঁ।

"ৰাইজে মোৰ জীৱনৰ এন্ধাৰ মুহূৰ্তবোৰ আজিও নাজানে। পিছে সেইবোৰ আনে জানিবৰ বাবে নেকি? মোৰ নাটকীয় জীৱনটোত বহুতৰ যোগাযোগ Abstract আকাৰত লিখাও যে টান। সকলো যে জীৱন্ত হৈ আছে!"

(ডঃ ভূপেন হাজৰিকাই নিৰোদ চৌধুৰীলৈ লিখা ব্যক্তিগত চিঠিৰ পৰা উদ্ধৃত)।

ৰাইজে নিজে বুজি লয় যেন উক্ত কেছেট কেলেংকাৰীত নিৰোদ চৌধুৰী আৰু পৰিয়ালক কোনেও সাঙুৰি ল'বলৈ চেষ্টা নকৰে যেন।

[আমাৰ অসম ২২ নৱেম্বৰ, ২০১১ চন]

সূৰ্য্য হাজৰিকাৰ ভাষা শোষণকাৰীৰ: সুমন্ত চলিহা

মোৰ প্ৰথম প্ৰকাশিত গ্ৰন্থ 'আধুনিক অসমীয়া শব্দকোষ'ৰ প্ৰকাশক আছিল সূৰ্য্যকান্ত হাজৰিকা নিজে। গতিকে সুমন্ত চলিহা পেছাদাৰী আৰ্হিপাঠক নে তেঁওৰ আন কিবা পৰিচয়ো আছে, সেই কথা সূৰ্য্য হাজৰিকাক নতুনকৈ ক'বৰ আৱশ্যক নাই। দক্ষ আৰ্হিপাঠক হ'বলৈকো পৰ্য্যাপ্ত ভাষা জ্ঞানৰ প্ৰয়োজন। ডঃ মহেশ্বৰ নেওগৰ দৰে লব্ধপ্ৰতিষ্ঠ পণ্ডিতেও সম্পাদনা কৰা গ্ৰন্থৰ আৰ্হিকাকত নিজে শুধৰাইছিল। মই কোনো এখন বৃহৎ গ্ৰন্থৰ সম্পাদনাৰ দায়িত্ব কান্ধ পাতি লোৱা হ'লে কোনো পেছাদাৰী আৰ্হিপাঠকৰ সহায় বিচাৰি নগ'লোহেঁতেন আৰু আৰ্হি শুধৰাবলৈ বুলি দি কৌশলেৰে সম্পাদনাৰ কামফেৰাও কৰাই নল'লোহেঁতেন। সুৰ্য্য হাজৰিকাই আনৰ শ্ৰম শোষণ কৰি এজন সামৰ্থ্যবান সম্পাদকৰ শাৰীলৈ নিজকে উত্তীৰ্ণ কৰাৰ প্ৰচেষ্টা বহুদিনৰ পৰাই যে চলাই আহিছে সেই কথা জনাসকলে ভালকৈয়ে জানে। কিন্তু ভূপেন হাজৰিকাৰ ৰচনা সমগ্ৰৰ দৰে সুবৃহৎ সাহিত্যকৰ্মৰ আৰ্হিপাঠক হ'ব পৰাৰ দক্ষতাও যে সূৰ্য্য হাজৰিকাৰ নাই, সেই কথা তেঁও প্ৰকাৰান্তৰে স্বীকাৰ কৰি লৈছে। ২০০৮ চনত প্ৰকাশিত

ভূপেন হাজৰিকা ৰচনাৱলীত সন্নিৱিষ্ট প্ৰায় প্ৰতিটো লেখাই পৃথক পৃথক গ্ৰন্থৰ ৰূপত ১৯৯৩ চনত প্ৰকাশিত হৈছিল। সেই ছিৰিজটোৰ প্ৰতিখন গ্ৰন্থত সুমন্ত চলিহাই 'ভাষা পুনৰীক্ষণ কৰি দিয়া বুলি' প্ৰকাশক সূৰ্য্য হাজৰিকাৰ টোকাত স্পষ্টভাৱে উল্লেখ কৰা আছে। এই ভাষা পুনৰীক্ষণৰ দায়িত্বটো এজন সম্পাদকৰ নে এজন আৰ্হিপাঠকৰ শিৰোধাৰ্য্য, সেই কথা সচেতন পাঠকমণ্ডলীক বুজাই নক'লেও হ'ব। ১৯৯৩ চনত প্ৰকাশিত গ্ৰন্থলানিৰ অতিৰিক্ত যিখিনি লেখা ২০০৮ চনত প্ৰকাশিত ভূপেন হাজৰিকা ৰচনাৱলীত নতুনকৈ অন্তৰ্ভুক্ত হৈছে, সেইখিনিও তন্ন তন্নকৈ সূৰ্য্য হাজৰিকাই মোৰ দ্বাৰা সম্পাদনা কৰাই লৈছিল। কিন্তু এই কথা স্বীকাৰ কৰি ল'লে যে তেঁওৰ সম্পাদকৰ দায়িত্বটো তল যাব, সেই বাবেই সূৰ্য্য হাজৰিকাই এতিয়া আসৈ মাতিছে।

এইখিনিতে সূৰ্য্য হাজৰিকাক জনাই থব খোজোঁ যে যোৱা ২০০৮ চনৰ পৰা মই দেশৰ সৰ্বোচ্চ সাহিত্য বিষয়ক সংস্থা সাহিত্য অকাডেমীৰ ভাষা উপদেষ্টা পৰিষদৰ (অসমীয়া) সদস্য হৈ আছোঁ আৰু বিগত চাৰি বছৰত ভালেকেইখন বহুমূলীয়া গ্ৰন্থ সম্পাদন কৰি দিয়াৰ সৌভাগ্য মোৰ হৈছে। অৰ্থাৎ সাহিত্য অকাডেমিয়ে স্বীকৃতি দিয়া মই এজন পাণ্ডুলিপি সম্পাদকো।

[দৈনিক জনমভূমি, নৱেম্বৰ ২৫, ২০১১ চন]

'ভূপেন হাজৰিকাৰ গীত সমগ্ৰ'তো প্ৰৱঞ্চনাৰ অভিযোগ

হাতীগাঁৱৰ প্ৰতিবেদক, ২১ নৱেম্বৰ: 'আইকন' প্ৰকাশনে ২০০৯ বৰ্ষত প্ৰকাশ কৰা 'ভূপেন হাজৰিকাৰ গীত সমগ্ৰৰ চমু বিশ্লেষণ' শীৰ্ষক গ্ৰন্থখনৰ লেখক তৰণী পাঠকে প্ৰৱঞ্চনাৰ জৰিয়তে প্ৰকৃত প্ৰকাশকক ফাঁকি দি নিজে প্ৰকাশ কৰা বুলি দেখুওৱাৰ অভিযোগ উত্থাপন কৰিছে আইকন একাডেমীৰ স্বত্বাধিকাৰ ৰাধা বৰাই। গুৱাহাটী প্ৰেছ ক্লাবত এখন সংবাদ মেল আয়োজন কৰি বৰাই কয়—'ভূপেন হাজৰিকাৰ অনুমতি সাপেক্ষে তেঁওৰ গীতসমূহৰ বিশ্লেষণ কৰি ২০০৯ বৰ্ষত গ্ৰন্থখন প্ৰকাশ কৰিছে আইকন প্ৰকাশনে। ৫৬৬ পৃষ্ঠাৰ গ্ৰন্থখন মিনিঅ'ন অফছেট প্ৰেছত মুদ্ৰণ কৰা হৈছিল। কিন্তু সুধাকণ্ঠৰ মৃত্যুৰ পিছত গ্ৰন্থখনৰ লেখক তৰণী পাঠকে প্ৰকাশনৰ স্বত্বাধিকাৰ বুলি উল্লেখ কৰি মুল প্ৰকাশনৰ নাম সলনি কৰিছে।' তেঁও জনোৱা মতে গ্ৰন্থখনৰ সকলো হুবহু ভাবে ৰাখি কেৱল বেটুপাত আৰু ভিতৰৰ পৃষ্ঠাত থকা প্ৰকাশনৰ নাম উঠাই 'পাঠক প্ৰকাশন' বুলি উল্লেখ কৰিছে।

আচৰিত ভাৱে গ্ৰন্থখনত ৰাধা বৰাই লিখা প্ৰকাশকৰ দুষাৰো অবিকল ৰূপত প্ৰকাশ কৰিছে। ইয়াৰ বিৰুদ্ধে খড়গহস্ত হৈ প্ৰয়োজনত আইনৰ সহায় ল'ব বুলি উল্লেখ কৰিছে বিশিষ্ট ব্যক্তি গৰাকীয়ে। আনহাতে, এক চুক্তিমৰ্মে তৰণী পাঠকৰ পৰা ২০১১ বৰ্ষৰ মাৰ্চত এখন চুক্তি সম্পাদনা কৰি ২ লাখ টকাৰ বিনিময়ত মুদ্ৰণ আৰু প্ৰকাশৰ স্বত্ব কিনি লোৱা ৰাধা বৰাই সংবাদ মেলত চুক্তিপত্ৰখনো প্ৰদৰ্শন কৰে। বৰাই জনোৱা মতে, গ্ৰন্থখনক কেন্দ্ৰ কৰি প্ৰকৃত প্ৰকাশক বৰাৰ বিৰুদ্ধেও তৰণী পাঠকে অপপ্ৰচাৰ চলাইছে। আনকি তেঁও আইকণ প্ৰকাশন সন্দৰ্ভত কেতবোৰ বিৰূপ মন্তব্য কৰা বুলিও উল্লেখ কৰিছে অসম সাহিত্য সভাৰ সাংস্কৃতিক বিশ্ববিদ্যালয়ৰ প্ৰাক্তন প্ৰকল্প আহ্বায়ক ৰাধা বৰাই।

[আমাৰ অসম ২২ নৱেম্বৰ, ২০১১ চন]

তিনি: ভূপেনদাৰ গীতৰ সংগ্ৰহ আৰু কৃতজ্ঞতাবোধ

অৰুন্ধতি দাস বৰুৱা

ডঃ ভূপেন হাজৰিকাৰ অবৰ্তমানতো তেঁওক বিচাৰি পাবলৈ আমাৰ মাজত তেঁওৰ চিৰযুগমীয়া গীতবোৰ আছে। জীৱনৰ বহু বিক্ষিপ্ত সময়, আনন্দ-বেদনাৰ মুহূৰ্তবোৰত এই গীতবোৰে আমাৰ সংগ দিয়ে, সাহস আৰু প্ৰেৰণা দিয়ে। কিন্তু এই গীতবোৰ আমাৰ হাতত পৰিছে এগৰাকী প্ৰকৃত অসমীয়া মানুহৰ অক্লান্ত শ্ৰম আৰু নিষ্ঠাৰ বিনিময়ত। সকলোৰে জানে সেই প্ৰকৃত অসমীয়া গৰাকী হ'ল আমেৰিকা প্ৰবাসী ডঃ দিলীপ কুমাৰ দত্ত। বিদেশত থাকিও তেঁও নিৰামিষ আহাৰ খায়। নিজ হাতে ঘৰৰ সকলো কাম কৰে। ছিগি যোৱা বুটাম চিলাই লয়। হাতুৰি বটালি লৈ হাৰমনিয়াম মেৰামতি কৰে। আমেৰিকাৰ ৰ'ড আইলেণ্ড বিশ্ববিদ্যালয়ৰ গণিত বিভাগৰ ব্যস্ত অধ্যাপক হৈ থকাৰ সময়তে ব্যস্ততাৰ মাজতো সুৰুঙা উলিয়াই তেঁও 'ভূপেন হাজৰিকাৰ গীত আৰু জীৱন ৰথ'ৰ সৃষ্টিৰ কামত হাত দিছিল। দিচাংমুখৰ নোমল চন্দ্ৰ পায়িং, নিউ ইয়ৰ্কৰ নিৰ্মালি বৰুৱা, অটোৱাৰ প্ৰিয়ম হাজৰিকা, বিলাসীপাৰাৰ ববিতা ভাগৱতী, মানচেষ্টাৰৰ প্ৰফুল্ল বৰুৱা আৰু গুৱাহাটীত থকা পৰিয়ালৰ লোক আদি অজস্ৰ মানুহক লগ ধৰি তেঁও গীত সংগ্ৰহ কৰিছিল আৰু আনুসাংগিক কথাবোৰ জানি লৈছিল। ১৯৬৪ চনৰ পৰা ১৯৮০ চনলৈকে কৰা গৱেষণা সাধনাৰ ফল 'ভূপেন হাজৰিকাৰ গীত আৰু জীৱন ৰথ'। এতিয়া বজাৰত সৰু-ডাঙৰ অজস্ৰ ভূপেন হাজৰিকাৰ গীতৰ কিতাপ। অলপ ভালদৰে মন কৰিলেই ধৰিব পাৰি ছপাৰ ভুল সমন্বিতে গীতবোৰ 'ভূপেন হাজৰিকাৰ গীত আৰু জীৱন ৰথ'ৰ পৰা তুলি লোৱা মাথোঁ।

বাতৰি কাকত আৰু টেলিভিছনত চলি থকা ভূপেন হাজৰিকাৰ গীত সংগ্ৰহ বিতৰ্ক দেখি দিলীপ দত্তৰ কিতাপখনৰ সৈতে আন গীতৰ কিতাপ কেইখনমান মিলাই চোৱাৰ তাড়না মনত অনুভৱ কৰিলোঁ। লগে লগেই ইমান দিনে চকুত নপৰা ভুল কেইটামান মোৰ চকুত পৰি গ'ল। দত্ত ছাৰে কিতাপখন প্ৰস্তুত কৰোঁতে বহু লোকৰ মুখৰ পৰা শুনি শুনি গীতসমুহ লিখি লৈছিল। কোনো কোনাজনে আকৌ হাতেৰে লিখি গীতসমূহ ছাৰক দিছিল। তেঁওলোকে যেনেদৰে বুজিছিল তেনেদৰে গীতসমূহ লিখি দিছিল। সকলো গীতৰ কথা কোৱা মোৰ উদ্দেশ্য নহয়। মোৰ উদ্দেশ্য হ'ল 'ভূপেন হাজৰিকাৰ গীত আৰু জীৱন ৰথ'ৰ পৰা যে গীতবোৰ নকল কৰা হৈছে, সেয়া প্ৰমাণ কৰা। মই মাথোঁ এটা গোৱালপৰীয়া লোকগীতেৰে তাৰ প্ৰমাণ দাঙি ধৰিম।

ডঃ ভূপেন হাজৰিকা আৰু প্ৰতিমা পাণ্ডেই গোৱা 'লাও খাওৱাৰ পাৰে' গীতটো এটা বিয়ানামৰ গীত। তাত কইনাজনীক জোকোৱা হৈছে এই বুলি—'তোৰ দেউতাৰ, ককায়েৰ, খুৱায়েৰহঁতে তোৰ বাবে খোৰা-ভেঙুৰা, কণা অথবা ভীজ লগা (তেৰা) চেহেৰাৰ দৰাহে আনিছে। তাকে চাই মই হাঁহিমেই নে কান্দিমেই বাৰু।

এইখিনিতে এটা কথা ক'বই লাগিব। বৃহত্তৰ গোৱালপাৰা (অবিভক্ত) অঞ্চলৰ কথিত ভাষা কিছু দূৰৰ অন্তৰে অন্তৰে সলনি হয়। গোৱালপৰীয়া লোকগীতৰ প্ৰচলিত ভাষাটো গৌৰীপুৰৰ কথিত ভাষা। গৌৰীপুৰৰ পৰা পূবলৈ আহি কথিত ভাষাটো অৱশেষত কামৰূপীয়া উপভাষাৰ লগত মিলি গৈছে। 'লাও খাওৱাৰ পাৰে' গীতটো যাৰ পৰা সংগ্ৰহ কৰা হ'ল তেঁও নিশ্চয় গৌৰীপুৰ অঞ্চলৰ মানুহ নাছিল। সেয়ে গীতটো দত্ত ছাৰৰ

কিতাপত ভুলকৈ প্ৰকাশ পালে। গীতটো প্ৰকৃততে এনে হ'ব লাগিছিল:

লাউ খাওৱাৰ পাৰে কি পাৰে মাও
তোৰ কেওৱা বা কেষ্টি ফুল
লাউ খাওৱাৰ পাৰে কি পাৰে মাও
তোৰ কেওৱা বা কেষ্টি ফুল ।
তোৰ বাবাই সেনে আইন্‌ছে কি আইন্‌ছে মাও
তোৰ ভেংৰা বা চাইয়া পান্তৰ
ওই ভেংৰাৰ ভীতি দেখং কি দেখং মাও
মুই হাসং বা মনে মনে মাও
মুই কান্দং বা চিত্তে চিত্তে।।

'লাও খাওৰা' নৈৰ পাৰে পাৰে কেতেকী আৰু কেষ্টি ফুল ফুলিছে মাজনী! পিছে তোৰ দেউতাৰাইচোন তোৰ বাবে সেয়াহে আনিছে। কি আনিছে জান নে? তোৰ বাবে এটা খোৰা ভেঙুৰা চাই পাত্ৰ (দৰা) আনিছে। সেই ভেঙুৰাটোৰ ফালে মই চাওঁ কি নাচাওঁ, মনে মনে মোৰ হাঁহি হে উঠে। অন্তৰে পিছে মোৰ কান্দিহে উঠে।' তেনেদৰে ককায়েকে অনা বক্ৰ বা ভাঁজ লগা (তেৰা) দৰাৰ কথা কৈ কইনাজনীক জোকোৰা হয়।

'ভূপেন হাজৰিকাৰ গীত আৰু জীৱন ৰথ'ত গীতটো প্ৰকাশ হ'ল এনেদৰে:

লাও খাওৱাৰ পাৰে কি পাৰে মাও
মোৰ কেউৰা বাকেস কী ফুল!!
তোৰ বাবাই সনে আন্চে কি আন্চে মাও
তোৰ ভেঙৰা বাজাইয়া পাৎথৰ
ওই ভেঙৰাৰ ভীতি দেখুম কি দেখুম মাও
মুই হাসুম বা মনে মনে মাও
মুই কান্দুম বা চিতে চিতে।

দত্ত ছাৰে অৱশ্যে দুখ প্ৰকাশ কৰিছে যে গোৱালপাৰা অঞ্চলৰ ভাষাৰ বিষয়ে তেঁওৰ জ্ঞান সীমিত কাৰণে গীতটো এনেদৰে প্ৰকাশ পালে। কিন্তু ইমান দিনে অনেক গায়ক গায়িকাই এনেদৰেই গালে। তদুপৰি গীত সংগ্ৰাহকসকলেও নিজৰ নিজৰ পুথিত এনেদৰেই গীতটো প্ৰকাশ কৰিলে। গীত এটা এনেদৰে ভুলকৈ চলি থকাটো পৰিতাপৰ বিষয়। কিন্তু বজাৰত চলি থকা সৰু ডাঙৰ কলেৱৰৰ 'ভূপেন্দ্ৰ সংগীত'ৰ পুথিবোৰ যে দত্ত পুথিখনৰ পৰাই নকল কৰা হৈছে, এই ভুল গীতটো তাৰ এটা প্ৰমাণ।

তৰণী পাঠক আৰু মনোমতী পাঠকৰ 'ভূপেন হাজৰিকাৰ গীত সমগ্ৰ' পুথিখনতো 'লাও খাওৱাৰ পাৰে' গীতটো হুবহু এনেদৰেই প্ৰকাশ পাইছে। তেঁওলোকে অৱশ্যে আন আন পুথিৰ পৰাও গীত সংগ্ৰহ কৰিছে। কিন্তু সংগ্ৰহৰ উৎসৰ বিষয়ে একো জনোৱা নাই। গীতবোৰৰ বাবে কিতাপৰ পাতনিত কাৰো প্ৰতি কৃতজ্ঞতাৰে কোনো কথা উল্লেখ নাই। কিতাপখন প্ৰকাশ কৰিবলৈ অনুপ্ৰেৰণা দিয়া বাবে ৰাধা বৰাক মাথোঁ কৃতজ্ঞতা জনাইছে। বজাৰত চলি থকা ত্ৰিছ-পঁয়ত্ৰিছ টকা দামৰ 'ভূপেন হাজৰিকাৰ গীত'ৰ পুথিয়েই হওক বা দুশ আঢ়ৈ শ টকা দামৰ বৃহৎ কলেৱৰৰ পুথিয়েই হওক, কিতাপৰ পাতনিত সকলোতে মূল উৎসৰ বিষয়ে লিখিবলৈ সৎ সাহস আৰু কৃতজ্ঞতাৰ নামত একলম লিখিবলৈ সৌজন্যবোধৰ অভাৱ দেখা যায়। যেন এইসকল সংগ্ৰাহকেই ইমান দিনে ভূপেন হাজৰিকাৰ গীতবোৰ তেঁওলোকৰ বৰপেৰাত সাঁচি থৈছিল আৰু পিচত কিতাপ আকাৰেৰে ৰাইজৰ আগলৈ উলিয়াই দি সকলোকে কৃতাৰ্থ কৰিছে। এইসকল গীত সংগ্ৰাহকলৈ মোৰ অনুৰোধ—তেঁওলোকে যেন ডঃ দিলীপ কুমাৰ দত্তৰ 'ভূপেন হাজৰিকাৰ গীত আৰু জীৱন ৰথ'ৰ পাতনি আৰু তেঁও কৃতজ্ঞতা জনোৱা ব্যক্তিসকলৰ তালিকাখন পঢ়ি চায়।

[আমাৰ অসম (পৰিপুৰিকা), ১০ ডিচেম্বৰ, ২০১১ চন]

চাৰি: ১৯৮১ চনত 'ভূপেন হাজৰিকাৰ গীত আৰু জীৱন ৰথ' প্ৰকাশৰ প্ৰতিক্ৰিয়া

[১৯৮১ চনত 'ভূপেন হাজৰিকাৰ গীত আৰু জীৱন ৰথ' প্ৰকাশ হোৱাৰ লগে লগে ৰাইজে পুথিখন বিশেষ ভাবে আদৰিছিল আৰু বহুতেই তাৰ দুই এটি ত্ৰুটি আঙুলিয়াই পিছৰ সংস্কৰণ উন্নত কৰিবলৈ দিহা পৰামৰ্শ দিছিল। আন দুই একে কিন্তু কিতাপখনৰ বিষয়ে ৰাজহুৱা বা ব্যক্তিগত ভাবে বিৰূপ মন্তব্য কৰিছিল। কোনোৱে ছদ্ম নামেৰে অলোচনীৰ পাতত ভূপেন হাজৰিকা আৰু এই লিখকক হেয় কৰিবলৈ চেষ্টা কৰিছিল। সেয়েহে পুথিখনে সেই সময়ৰ অসমীয়া মনক আলোড়িত কৰা কেইটামান উদাহৰণ ইয়াত দিলোঁ।]

"ডঃ দিলীপ দত্তই ভূপেন হাজৰিকাৰ শিল্প প্ৰতিভাৰ প্ৰতি আকৃষ্ট হৈ অলপতে এখন কিতাপ উলিয়াইছে। কিতাপখনৰ নাম দিছে 'ভূপেন হাজৰিকাৰ গীত আৰু জীৱন ৰথ'। মই পঢ়া এই কিতাপখন অফচেটত লিখকৰ হাতৰ আখৰৰ পাণ্ডুলিপিতে ছপোৱা হৈছে।

'ভূপেন হাজৰিকাৰ গীত আৰু জীৱন ৰথ'-ত ডঃ দত্তই ভূপেন হাজৰিকাৰ গীত ৰচনাৰ বিভিন্ন দিশ আৰু পটভূমি বিশদ ভাবে আলোচনা কৰিছে। হাজৰিকাৰ সংগীত জীৱনক কেইবাটাও পৰ্বত বিভক্ত কৰি দত্তই দেখুৱাইছে কেনেকৈ বিভিন্ন পৰিৱেশে গীতিকাৰজনৰ জীৱন ৰথ নিয়ন্ত্ৰণ কৰি আহিছে। হাজৰিকাই ৰচনা কৰা মানৱ প্ৰেমৰ গীত, প্ৰেম-পীৰিতিৰ গীত, জাতীয় প্ৰেমৰ গীত, নিজ প্ৰাণৰ গীত, শিশু গীত, লোক গীত, সাময়িক প্ৰসংগৰ গীত আদি বিভিন্ন ধৰণৰ গীত ইয়াত আলোচনা কৰা হৈছে আৰু প্ৰত্যেকটো দিশকে স্বতন্ত্ৰ ভাবে সমুজ্জল ৰূপত ডাঙি ধৰিছে। দুকুৰি বছৰৰো অধিক কাল জুৰি ভূপেন হাজৰিকাই গীত গাইছে, গীত লিখিছে, সুৰ দিছে, আনৰ হতুৱাই গোৱাইছে। ডক্টৰ দত্তই হাজৰিকাৰ সান্নিধ্যলৈ আহি বহুতো নজনা কথাৰ ভিতৰলৈ সোমাইছে, ব্যক্তিগত জীৱন, বৈবাহিক জীৱন, সকলো দিশতে ডঃ দত্তই প্ৰৱেশ কৰি অনেক নজনা কথাৰ সন্ধেদ দিছে। আমেৰিকালৈ ভূপেন হাজৰিকা যাওঁতে দত্তই তেঁওক লৈ হাজাৰ মাইল ফুৰিছে, গীত শুনিছে, মাৰ্কিণবাসীৰ লগত পৰিচয় কৰাইছে। হাজৰিকাই গোৱা প্ৰায়বোৰ গীতেই তেঁওৰ কেচেটত বাণীৱদ্ধ কৰিছে, সযত্নেৰে সংৰক্ষণ কৰিছে। কেচেট বজাই দত্তই হাজৰিকাক শুনাইছে, গীতৰ সাৰ মৰ্ম, ছন্দ আৰু সুৰৰ বুনিয়াদ, গভীৰতা মৰ্মে মৰ্মে উপলব্ধি কৰিবলৈ যত্ন কৰিছে। ভূপেন হাজৰিকাক লিখক দত্তই স্কটলেণ্ডৰ কবি ৰবাৰ্ট বাৰ্ণচৰ লগত তুলনা কৰি কৈছে:

"স্কটলেণ্ডত কটোৱা দিন কেইটাৰ প্ৰতিটো মুহূৰ্ততে মোৰ ডক্টৰ ভূপেন হাজৰিকা আৰু তেঁওৰ গীতবিলাক মনত পৰিছিল। বাৰে বাৰে মই উপলব্ধি কৰিছিলোঁ—তেখেতৰ সংগীত প্ৰতিভা আৰু অসমীয়া সকলৰ ওপৰত সেইবোৰৰ প্ৰভাৱ। ডক্টৰ হাজৰিকাক ৰবাৰ্ট বাৰ্ণচৰ লগত বহুত দিশৰ পৰা তুলনা কৰিব পাৰি। বাৰ্ণচৰ দৰে তেখেতেও আমাৰ পুৰণা সুৰৰ কাৰণে নতুন গীত ৰচনা কৰি সেইবিলাকক নতুন জীৱন দিছে, আৰু নতুন নতুন গীত, নতুন নতুন সংগীত সৃষ্টি কৰি অসমীয়াৰ জাতীয় জীৱন চহকী কৰিছে। বাৰ্ণচৰ দৰে হাজৰিকাই তেঁওৰ গীতৰ মাজেদি অসমৰ লোকগীতৰ স্বভাৱিক অলংকাৰ নতুন ৰহণেৰে উজ্বল কৰি তুলিছে।"

ডক্টৰ দিলীপ দত্তই কিতাপখনৰ 'ঐতিহ্য'ৰ

শিতানত কেনেকৈ ভূপেন হাজৰিকাই মহাপুৰুষ শংকৰদেৱ, মহাপুৰুষ মাধৱদেৱৰ পৰা আগ বয়সত অনুপ্ৰেৰণা লাভ কৰিছিল বৰ্ণনা কৰিছে। শংকৰদেৱৰ নামৰ সুৰেৰে নাচি উঠা পৱিত্ৰ বৰদোৱা থানৰ বন্দনাৰে হাজৰিকাই ৰচনা কৰিছিল, 'কুসুম্বৰে পুত্ৰ শ্ৰীশংকৰ গুৰুৱে'। বৰগীতৰ প্ৰভাৱ হাজৰিকাৰ গীতত থকাৰ মূলতে হৈছে ইয়াৰ আধ্যাত্মিক দৰ্শন। ধৰ্মপ্ৰাণ অসমীয়া ৰাইজক গীত পৰিৱেশনৰ দ্বাৰাই ভূপেন হাজৰিকাই ভকতিৰ বাণী শুনাইছিল। প্ৰকৃততে ক'বলৈ গ'লে, গীত সৃষ্টিৰ ক্ষেত্ৰত ভূপেন হাজৰিকাক বৰগীতেই সৰ্বপ্ৰথম অনুপ্ৰেৰণা যোগালে। ডক্টৰ দত্তই অতি বিস্তৃত ভাবে এই কথা প্ৰতিপন্ন কৰিবলৈ যত্ন কৰিছে। হাজৰিকাৰ সংগীত জীৱনত প্ৰভাৱ বিস্তাৰ কৰা আন আন ব্যক্তি আছিল, সাহিত্যৰথী বেজবৰুৱা, ৰূপকোঁৱৰ জ্যোতিপ্ৰসাদ আৰু কলাগুৰু বিষ্ণুৰাভা।

ডক্টৰ দিলীপ দত্তৰ কিতাপখন পঢ়িলে সুৰশিল্পী ভূপেন হাজৰিকাৰ অসাধাৰণ প্ৰতিভাৰ চিনাকি পাব পাৰি। হাজৰিকাৰ শব্দ প্ৰকাশৰ ভংগী, লোকগীতৰ সৰ্বজয়ী আকৰ্ষণ, জীৱন আৰু সংগীতৰ সমন্বয় ইয়াত অনুপম হৈ প্ৰকাশ পাইছে।

[ৰাম গোস্বামী, তিনিদিনীয়া বাতৰি, সোমবাৰ, ১২ এপ্ৰিল ১৯৮২ চন]

"আপোনাৰ দ্বাৰা ৰচিত 'ভূপেন হাজৰিকাৰ গীত আৰু জীৱন ৰথ' কিতাপখনে মোক বৰকৈ আকৰ্ষণ কৰিলে। সেই কিতাপখনৰ প্ৰথম অধ্যায়ত যি ধৰ্মৰ বিষয়ৰ অৱতাৰণা কৰিলে সিয়েই আমাৰ ধৰ্মীয় লোকসকলৰ কাৰণে এটা আপুৰুগীয়া বিষয় বুলি মোৰ ধাৰণা। বাকীবিলাক অধ্যায় যে আমাৰ লাগতিয়াল নহয় এনে নহয়। মুঠতে, ক'বলৈ গলে ডঃ হাজৰিকা দেৱৰ জীৱিত অৱস্থাতে এনেদৰে ৰচিত কিতাপখনে তেখেতৰ গুণ গৰিমা আকাশ চুম্বি হ'লগৈ। মই কিতাপখন পঢ়াৰ বাদেও বন্ধু কেবাজনকো পঢ়ুৱালোঁ, যাৰ কিতাপ কিনা সমল নাই বা থাকিলেও অনিচ্ছা।"

নগেন হাজৰিকা, সাংগঠনিক সম্পাদক, শিৱসাগৰ জিলা সাহিত্য পৰিষদ, গোলাঘাট

"আপোনাৰ 'ভূপেন হাজৰিকাৰ গীত আৰু জীৱন ৰথ' যে অসমীয়া ভাষা সাহিত্যৰ ভঁড়াললৈ আগ বঢ়োৱা এক মহত্বপূৰ্ণ অৱদান তাক নিঃসন্দেহে স্বীকাৰ কৰিব পাৰি। মহাপুৰুষ শংকৰদেৱ আৰু মাধৱদেৱক ভগৱানৰ শাৰীত নাৰাখি সাধাৰণ মানুহৰ মাজলৈ টানি আনি, তেঁওলোকে অসমীয়া জাতিলৈ দিয়া অৱদানক চালি জাৰি চাব খোজা আপোনাৰ ভাবধাৰাই মোক বৰকৈ আকৰ্ষণ কৰিছে।"

[শ্ৰীমতী সোণালী গোস্বামী, জেইল ৰোড, যোৰহাট]

"এদিন নামঘৰত ভকত সকলে গুৰুজনাৰ কথা এটাৰ প্ৰসংগত এজন ভকতে আপোনাৰ কিতাপৰ কথা কৈ তাৰ যুক্তিৰ মোখনি মাৰিলে। তেঁওৰ মতে গুৰু দুজনাৰৰ বিষয়ে আলোচনা ভালেমান পণ্ডিতে দিছে, তাত আপোনাৰ খিনি আধুনিক দৃষ্টিভংগীৰ আৰু উচ্চ মান বিশিষ্ট বুলি তেঁও অভিহিত কৰে।"

[ডঃ চন্দ্ৰ কান্ত চেতিয়া, ডিব্ৰুগড় বিশ্ববিদ্যালয়]

"এনে কিতাপ এখনে অন্ততঃ মহাপুৰুষ শ্ৰীমন্ত শংকৰদেৱৰ দিনৰ পৰা শ্ৰদ্ধেয় ভূপেনদা পৰ্য্যন্ত, অসমীয়া সাংস্কৃতিক জগতৰ উত্তৰণৰ বিষয়ে জনাত আমাক অধিক ভাবে সহায় কৰিছে। তাৰ বাবে আপুনি অসমীয়া জাতিটোৰ ধন্যবাদৰ পাত্ৰ।'

[সঞ্জয় কুমাৰ তাঁতী, সমলাবাৰী, কলাইগাঁৱ, দৰং]

"আপোনাৰ 'ভূপেন হাজৰিকাৰ গীত আৰু জীৱন ৰথ' কিতাপখন পঢ়ি নথৈ আনন্দ লাভ কৰিলোঁ। আমি অসমীয়া মানুহে সাধাৰণতে স্বজাতিৰ গুণ বখানাতকৈ দোষহে খুচৰি উলিয়াবলৈ চেষ্টা কৰোঁ। উন্নতিৰ জখলাত কোনোবাই উঠিব খুজিলেও নানা ধৰণৰ বাধা দিয়াৰ চেষ্টা কৰোঁ। আপোনাৰ এই প্ৰচেষ্টাই আমাৰ সমাজৰ সামাজিক চেতনা জগাই তুলিব বুলি আশা কৰিছোঁ।"

শ্ৰীমতী কল্পনা বৰুৱা, ডিগবৈ

"আপুনি ডঃ হাজৰিকাৰ বিষয়ে সকলোবোৰৰ ব্যাখ্যা দাঙি ধৰিছে। অথচ এচাম অসমীয়াই ডঃ ভূপেন হাজৰিকাই প্ৰকৃততে ডক্টৰেট ডিগ্ৰী নাই পেৱা বুলি মাজে মাজে আলোচনী আৰু বাতৰি কাকতৰ পৃষ্ঠালৈ ধুমুহা আনে। এটা জাতিৰ চৰম অধঃপতনৰ চৰম নিদৰ্শন ইয়াতকৈ আৰু কি হ'ব পাৰে? আপোনাৰ লিখনীত 'গঢ়' দিয়াৰ প্ৰমাণ মই পাইছোঁ।"

ডাঃ মুনীন্দ্ৰ নাৰায়ণ বৰদলৈ শিলচৰ মেডিকেল কলেজ, শিলচৰ

"এনে কিতাপ এখনৰ অভাৱ অসমীয়া সমাজে বহু দিনৰ পৰাই বোধ কৰি আহিছিল যদিও, কিয় আমি নাজানো, যোগ্যতা থকা কোনো লোকে সেই অভাৱ পূৰাবলৈ এখোজো আগবাঢ়ি নাহিল। অসমীয়া মানুহে ভাল মানুহৰ মোল মৰাৰ পিচতহে বুজি পায় বুলি থকা বহু দিনীয়া অভিযোগটো আপুনি সাহস আৰু স্পষ্টবাদিতাৰে খণ্ডন কৰিলে। ইয়াৰ বাবে আমি আপোনাৰ ওচৰত চিৰ কৃতজ্ঞ।"

কৌমুদী ভূঞা, বিনু বৰা কেতেকী বাৰী, তেজপুৰ

"ফেব্ৰুৱাৰীৰ পৰা কিতাপপত্ৰৰ পৰা আঁতৰি নগাঁও চিভিল হস্পাতাল, ডিব্ৰুগড় মেডিকেল আদিত কটাই এতিয়া পঢ়িব পৰা হৈয়েই হাতত লৈছোঁ আপেনোৰ আন্তৰিকতাপূৰ্ণ কষ্টৰ ফলশ্ৰুতি 'ভূপেন হাজৰিকাৰ গীত আৰু জীৱন ৰথ'। ডঃ ভূপেন হাজৰিকাৰ গীতৰ ওপৰত এনে এখন অপূৰ্ব গ্ৰন্থ প্ৰকাশ কৰা বাবে মোৰ পৰিবাৰ শ্ৰীমতী খলমাই বৰা, পুত্ৰ উৎপল বৰা আৰু পুত্ৰী গায়ত্ৰী বৰাৰ হৈয়ো আপোনালৈ যাচিছোঁ অকুণ্ঠ ধন্যবাদ। সামগ্ৰিক ভাবে এই কিতাপ অপূৰ্ব আৰু আপোনাৰ যত্ন প্ৰশংসনীয়।"

শ্ৰীগোলাপ চন্দ্ৰ বৰা, ৰত্নপুৰ, নগাঁও

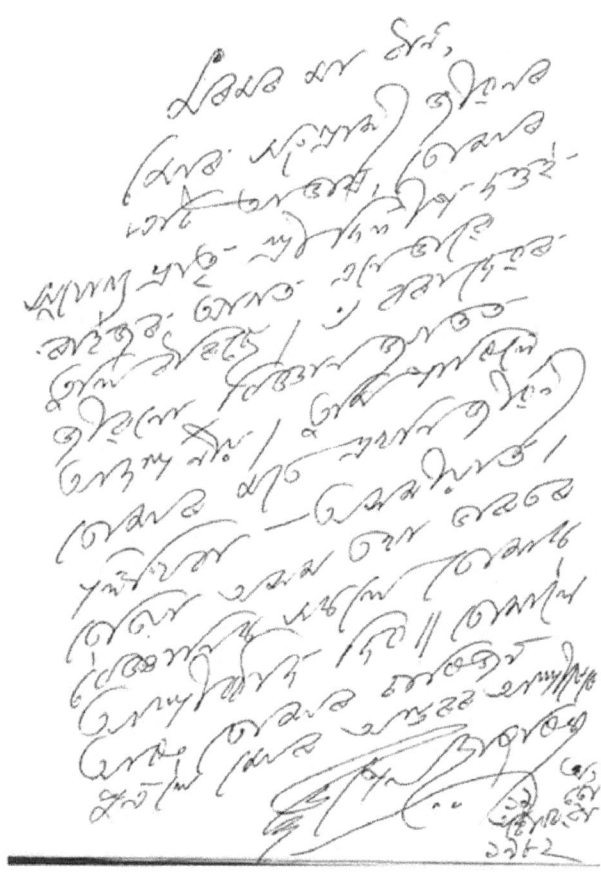

টোকা: মাধান হৈছে লিখকৰ ডাঙৰ বায়েক বৰ্তমান অটোৱা, কানাডা নিবাসী ললিতা বৰা। তেঁও বৈজ্ঞানিক প্ৰয়াত কুমুদ বৰাৰ পত্নী। বৈজ্ঞানিক কুমুদ বৰাৰ বিষয়ে লিখকৰ *'পৰম্পৰাগত শিক্ষা আৰু আই পূজনীয়া'* চাওক।

মনালিচাই ভূপেন দাদাৰ সাক্ষাৎ লওঁতে

"১৯৮৪, মই তেতিয়া প্ৰাথমিক বিদ্যালয়ৰ ছাত্ৰী। আপুনি দিচাংমুখলৈ গৈছিল। স্বৰ্গীয় বিক্ৰম সিং য়েইনৰ চংঘৰত বহি প্ৰভাত সিং য়েইনৰ সৈতে কথা পাতি আছিল। দেউতাৰ চাকৰি সূত্ৰে অমি তেতিয়া দিচাংমুখত আছিলোঁ। মোৰ দেউতাই মোক লৈ গৈছিল আপোনাক লগ পাবলৈ। সেই সময়ত আপোনাৰ 'ভূপেন হাজৰিকাৰ গীত আৰু জীৱন ৰথ' নামৰ কিতাপখন প্ৰকাশ পাইছিল। মই সেইখনৰ কথা আপোনাক কৈছিলোঁ। এটা টুপী আৰু হাফ পেণ্ট ডাড়িৰে আপুনি জীপ এখনত আহিছিল। লগত বোধকৰোঁ আপোনাৰ কন্যা আছিল। আপোনাৰ কোলাত বহি মই এটা গানো গইছিলোঁ।

২০১৮, এতিয়া মোৰ ভাব হয় 'ভূপেন হাজৰিকাৰ গীত আৰু জীৱন ৰথত' আপুনি ভূপেন দাক যিদৰে জানি বুজি অধ্যয়ন কৰি অনুভৱ কৰিছিল, তেঁওৰ ভিতৰৰ সত্তাটোক বিচাৰি উলিয়াইছিল সেয়া আৰু কোনেও কৰিব পৰা নাই।"

মনালিচা শইকীয়া, সংবাদিকা
গুৱাহাটী

"এজন প্ৰবাসী ভাৰতীয় খ্যাতিসম্পন্ন অধ্যাপক, গণিতজ্ঞ। তেঁওৰ আছে সদায় শিপাৰ সন্ধান। এটা সুকীয়া পৰিচিত নাম। অসমৰ কৃতী সন্তান। প্ৰায়ে বছৰত জন্মভূমিখনলৈ জ্ঞানৰ পোহৰ বিলাবলৈ আহে। স্বৰ্গগত পিতৃমাতৃ তেঁওৰ ঈশ্বৰপ্ৰদত্ত। এগৰাকী সুবক্তা, সকলো কথাত, কেৱল কথাতেই নহয়, যুক্তিৰে সু-সমন্বয় ঘটায়। প্ৰতিটো শিশুক অনুপ্ৰাণিত কৰে। তেঁওৰ প্ৰতিখন গ্ৰন্থতে খুব সাৱলীল ভাষাৰ সু-সমাহাৰ ঘটে। অসমীয়া সাহিত্যত অসমৰ বহু জনপ্ৰিয় কাকতত তেঁও কেইবা দশকৰ আগৰে পৰা আত্মপ্ৰকাশ কৰে। অকল সাহিত্যত অত্ম প্ৰকাশেই নহয়, বহু তাত্ত্বিক ভাষাতো তেঁওৰ দখল আছে। আমি জানো যে ডঃ দিলীপ কুমাৰ দত্ত ছাৰৰ প্ৰতিটো দিশেই ব্যতিক্ৰমী। স্বাভাৱিকতে প্ৰতিখন পুথিতে প্ৰতিজন ব্যক্তি, সমাজৰ লগত বিষয়বস্তুৰ সম্বন্ধ ৰাখিবলৈ আৰু বহু গুণৰ বহু লোকক প্ৰতিষ্ঠিত কৰিবলৈ তেঁও চেষ্টা কৰি আহিছে। ছাৰৰ সৃজনীমূলক সাহিত্য সকলোৰে লগতে আমাৰো প্ৰেৰণাৰ উৎস।

গীত আৰু জীৱন ৰথৰ নতুন সংকলনখনত গভীৰ মনস্তত্ত্ব প্ৰকাশ পাইছে। এই গ্ৰন্থখনৰ বাবে ছাৰে কিছু বছৰ আগতেই তিক্ততাত ভুগিছিল। তথাপি ছাৰ বিতত নহ'ল। ২০১২ চনৰ পৰা বহু কষ্ট কৰি পুৰণি শিল্পীসকলৰ লগত থকা ডঃ ভূপেন হাজৰিকাৰ ঘনিষ্ঠ সম্পৰ্কবোৰ সংৰক্ষণ কৰি পুথিখনৰ নতুন সংকলনটো আটক ধুনীয়াকৈ সজাইছে। এই অভাগীৰো ডঃ ভূপেন হাজৰিকাই সৰুতেই উপহাৰ দিয়া এখন ফটো (পৃঃ ১৪) আৰু ভূপেন হাজৰিকাৰ সোঁৱৰণত সংগীতেৰে পতা এখন কুইজ প্ৰতিযোগিতাৰ বিজেতাসকলৰ এখন গ্ৰুপ ফটো প্ৰকাশ কৰি শিল্পীৰ চেতনাক অনুধাৱন কৰাইছে।"

মঞ্জুলা গোস্বামী, যোৰহাট

[৩১ মে ২০১৫ চনৰ পূৰ্বাচল (আমাৰ অসম)]

দিহিঙে দিপাঙে

গুৱাহাটীত: কুল বৰুৱা আৰু অতুল মেধিৰ সতে

ভাৰ্জিনিয়া, আমেৰিকাত: সত্যেন দাসৰ সতে

যোৰহাটত: জ্যোতি দত্ত আৰু ৰাজনীলৰ সতে

তেজপুৰ বিশ্ববিদ্যালয়ত
ফটো: ফেচবুক আৰু উৰ্মিমালা দত্তৰ সৌজন্যত

অটোৱাত: ডঃ সুৰভি কাকতিৰ সতে

পাঁচ: প্ৰিয়ম প্ৰণতি

প্ৰিয়ম পেটেল আৰু মেক্সিন হেমিল্টন

ভূপেন হাজৰিকা আৰু প্ৰিয়ম পেটেলৰ ৰহস্য আবৃত বৈবাহিক জীৱনৰ সামৰণি পৰিল। আজীৱন অপৰূপ সৃষ্টিৰে ধৰণী কঁপাই শেষত নিজেই 'ব্যৰ্থ স্বামী' আৰু 'ব্যৰ্থ পিতৃ' বুলি অভিহিত কৰি যোৱা এগৰাকী যুগশ্ৰেষ্ঠ পুৰুষ আৰু বহু গুণেৰে বিভূষিতা এগৰাকী উচ্চ অভিলাষী নাৰীয়ে আজীৱন আশাৰ সপোন ৰচি অকলশৰীয়া জীৱন কটোৱা বৈবাহিক কাহিনী আমাৰ আটাইৰে কাৰণে জ্ঞানৰ এক অনন্ত নিজৰা। সেই নিজৰাৰ মধু পান কৰাবলৈ ইয়াত তাৰ কিছু সমিধান দিলোঁ।

প্ৰিয়ম পেটেল (১৯২৮-২০১৫) ইউগাণ্ডাৰ সৰ্বৰহী চিকিৎসক মুলজী ভাই পেটেল আৰু তেঁওৰ পত্নী মণিবেন পেটেলৰ সন্তান। ইউগাণ্ডাত স্কুলীয়া শিক্ষা সাং কৰি তেঁও বোম্বাইৰ (আজিকালিৰ মুম্বাই) ছফিয়া কলেজৰ পৰা ইণ্টাৰমেডিয়েট পাছ কৰে। ভাৰতত থকা কাল ছোৱাত তেঁও ভাৰতীয় নৃত্যও অধ্যয়ন কৰিছিল। তেঁও কিছুদিন শান্তিনিকেটনতো নৃত্য আৰু অন্যান্য কলাৰ প্ৰশিক্ষণ লৈছিল। তাৰ পিচত প্ৰিয়মে উচ্চ শিক্ষাৰ কাৰণে নিউ ইয়ৰ্কৰ কলম্বিয়া বিশ্ববিদ্যলয়লৈ যায়। তাৰ পৰা বি-এ পাছ কৰি তেঁও ৰাজনীতি আৰু আন্তৰ্জাতিক সম্পৰ্কত এম-এ পাছ কৰে। এম-এ ডিগ্ৰী শেষ কৰাৰ আগতেই তেঁওৰ ভূপেন হাজৰিকাৰ লগত পৰিচয় হয়। তেঁওলোক দুয়ো ১৯৫০ চনৰ এক আগষ্টত নিউ ইয়ৰ্ক নগৰীৰ কাছাৰীত আইন মতে বিবাহ পাশত আৱদ্ধ হয়। বিয়াৰ কেইমাহমান পাচত নিজৰ শিক্ষা সাং কৰি প্ৰিয়মে দেউতাকৰ বৰোদাত থকা ঘৰলৈ আহি পুত্ৰ তেজক জন্ম দিয়ে।

ভূপেন দাদা, তেজ আৰু প্ৰিয়ম (বৰোদা, ১৯৫৩ চন)

ইউগাণ্ডাৰ ভাৰতীয়

ভাৰতত বহুত দিন ইংৰাজৰ ৰাজত্ব চলাৰ এটা ফল আছিল এই যে ইংৰাজসকলে আন য'তে উপনিৱেশ পাতিছিল, তালৈকে ভাৰতীয় লোকক আমদানী কৰিছিল। সেই ভাৰতীয়সকলে ইংৰাজসকলৰ শাসনযন্ত্ৰ চলোৱাত সহায় কৰাৰ উপৰিও উপনিৱেশ বিলকত ব্যৱসায় বাণিজ্যৰ বেহা পাতিছিল। তেঁওলোকৰ সহায়তে ইংৰাজ চৰ্কাৰে শাসন কৰা ৰাজ্যখনৰ আৰ্থ সামাজিক জীৱনক এক স্থায়ী ৰূপ দিবলৈ সমৰ্থ হৈছিল। তেনেদৰেই দক্ষিণ আফ্ৰিকা, ৱেষ্ট ইণ্ডিজ, পুব আফ্ৰিকা আৰু অজান্তি মুলুকতো ভাৰতীয় লোকসকলে গৈ

পুব আফ্ৰিকা আগৰ কেনিয়া, ইউগাণ্ডা আৰু টাংগানিকাৰ ইংৰাজসকলে চাহ খেতি আৰু ছিছাল (এবিধ খুব আঁহ থকা ডাঠ পাতৰ জোপোহা) গছৰ খেতি বিশাল ভাবে কৰিবৰ কাৰণে ভাৰতীয় লোকক তাত বসতি কৰিবলৈ লৈ যায়। চাহ আৰু ছিছালৰ লগত জড়িত উৎপাদন আৰু সেইবিলাকৰ বেহা বেপাৰ কৰিবলৈকো বহু ভাৰতীয় লোকে নিজেই সেই কেইখন ৰাজ্যত বসতি আৰম্ভ কৰে। সোনকালেই সেই কেইখন ৰাজ্যত ভাৰতীয়ৰ বসতি ঘন হয়। সেই ভাৰতীয় সকলৰ বেছি ভাগেই গুজৰাটী আছিল। তেঁওলোকৰ মাজত কিছু সংখ্যক বঙালী আৰু পাঞ্জাবী লোকো আছিল।

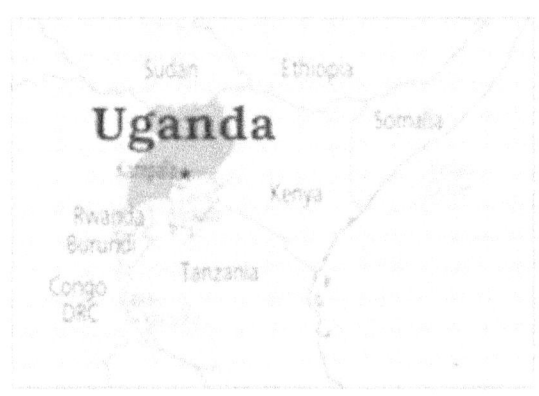

পূব আফ্ৰিকাত বসতি কৰা ভাৰতীয়সকলে নিজৰ ভাষা, সংস্কৃতি আৰু সমাজত ভাৰতীয় পৰম্পৰা বেছ গোড়া ধৰণেৰেই মানি চলিছিল। তেঁওলোকৰ বেছি ভাগেই ইংৰাজী সজ ধজৰ পৰা আঁতৰি চলিছিল আৰু আফ্ৰিকাৰ আদিম অধিবাসীসকলৰ প্ৰতি এক প্ৰকাৰ ঘৃণাৰ নীতিহে অবলম্বন কৰিছিল। এই লিখকে ১৯৫৭ চনত ভাৰতীয় নৌ সেনাৰ তিনিখন যুদ্ধ জাহাজত শুভ ইচ্ছাৰ ভ্ৰমণত যাবলৈ সুবিধা পাইছিল। ভাৰতৰ শুভ ইচ্ছা কাৰ প্ৰতি আছিল আৰু কাৰ প্ৰতি প্ৰদৰ্শিত হৈছিল নেদেখিলোঁ যদিও কেৰল স্থানীয় ভাৰতীয়সকলে ভোজ মেল বা চাহ মেল পাতি ভাৰতীয় নৌসেনাৰ বিষয়াসকলক আদৰা দেখিলোঁ। নৌসেনাৰ নাৱিকসকলে আৰু তল খাপৰ বিষয়াসকলে অতিপাত মদ খোৱা আৰু কিছুমান নিৰ্লজ্জ ব্যৱহাৰ দেখি মই ভাৰতীয় নৌ সেনাত যোগ নিদিবলৈকে থিক কৰিলোঁ।

সেই ভ্ৰমণত মোৰ কাৰণে এটা ভাল কথা আছিল যে আমাৰ লগত যোৱা নৌ সেনাৰ কেইজনমান বিষয়া ভাল ক্ৰিকেট খেলুৱৈ আছিল আৰু তেঁওলোকে এটা ক্ৰিকেট খেলৰ দল গঠন কৰি প্ৰত্যেক ঠাইত স্থানীয় দলৰ লগত প্ৰীতি প্ৰতিদ্বন্দ্বিতাৰ খেল খেলিছিল। মইও সেই দলত খেলিবলৈ নিৰ্বাচিত হোৱা কাৰণে স্থানীয় ঠাইবিলাকত গাড়ীৰে ফুৰিবলৈ সুযোগ পইছিলোঁ। সেয়েহে দাৰে-চেলাম, মোম্বাছা, কাম্পলা আদি ডাঙৰ চহৰৰ উপৰিও ম'ৰ'গৰো আদি সৰু চহৰ চাবলৈ আৰু স্থানীয় লোকৰ লগত মিলামিছা কৰিব পাৰিছিলোঁ। স্থানীয় ক্ৰিকেট দলবিলাকৰ বেছি ভাগৰে খেলুৱৈবিলাক ইংৰাজ লোক আছিল। সেই খেলুৱৈবিলাকৰ দুই এজন ভাৰতীয় লোক আছিল যদিও কৃষ্ণাংগ লোক এজনো নাছিল।

সেইকালত ইংৰাজৰ শাসনাধীন আফ্ৰিকাৰ সকলো দেশতে ইংৰাজৰ বৰ্ণবৈষম্য নীতি পূৰ্ণ পয়োভৰেৰে চলি আছিল। মই দেখা চহৰবিলাকতো তথৈবচ। তাত ইংৰাজসকলে বসবাস কৰিবলৈ সম্পূৰ্ণ পৃথক এলেকা এটা লৈছিল য'ত ভাৰতীয় বা আফ্ৰিকাৰ স্থানীয় লোক বসবাস কৰা নিষেধ আছিল। ইংৰাজ সকলে নিজ নিজ এলেকাত নিজৰ ল'ৰাছোৱালীৰ কাৰণে স্কুল, চিকিৎসালয় আদি পতিছিল কিন্তু আদিম অধিবাসী সকলৰ শিক্ষা বা চিকিৎসাৰ কাৰণে চৰ্কাৰৰ পিনৰ পৰা একো ব্যৱস্থা নকৰিছিল বুলিলেই হয়।

ভাৰতীয়সকলে অ'ত ত'ত নানা ধৰণৰ হিন্দু মঠ মন্দিৰ সাজি লৈছিল। তেঁওলোকৰ গুজৰাটী লোকেই সৰহ আছিল আৰু তেঁওলোক বেছি উদ্যোগী আছিল কাৰণে তেঁওলোকে দুই এখন গুজৰাটী প্ৰাথমিক বিদ্যালয় পাতি লৈছিল।

বঙালী আৰু পাঞ্জাবী লোকসকলেও নিজৰ ল'ৰাছোৱালীক সেই গুজৰাটী বিদ্যালয়তে পঢ়ুৱাইছিল। লেখত ল'ব লগীয়া হাইস্কুল নাছিল কাৰণে আটায়ে কিন্তু হাইস্কুলীয়া আৰু উচ্চ শিক্ষাৰ কাৰণে পৰাপক্ষত ল'ৰাছোৱালীক ইংলণ্ড, জাৰ্মাণী, আমেৰিকা আদি দেশলৈ পঠিয়াইছিল। সেইবিলাক দেশত সুবিধা কৰিব নোৱাৰিলে কোনো কোনোৱে ল'ৰাছোৱালীক শিক্ষাৰ কাৰণে ভাৰতলৈকো পঠিয়াইছিল।

ইউগাণ্ডাত প্ৰবীণ হাজৰিকা

১৯৪৭ চনত ভাৰত স্বাধীন হোৱাৰ পাচত কালিচৰণ দাসগুপ্ত নামৰ এজন বঙালী ৰসায়নিক ইউগাণ্ডাৰ কাম্পালা চহৰলৈ আহে। তেঁও ইউগাণ্ডাত ভৰতীয়সকলৰ ল'ৰাছোৱালীৰ শিক্ষাৰ সাসুবিধা নথকা দেখি কিবা এটা কৰিবলৈ মন বান্ধে। তেঁও ইংৰাজ চৰ্কাৰক সেই বিষয়ে কিবা কৰিবলৈ উঠি পৰি লাগে। তেঁওৰ চেষ্টাতে ইউগাণ্ডাত দুই এখন হাইস্কুল স্থাপিত হয়। কালিচৰণ দাসগুপ্তৰ প্ৰচেষ্টাক সমাদৰ জনাই চৰ্কাৰে তেঁওক শিক্ষা বিভাগৰ বিষয়া ৰূপে নিয়োগ কৰি হাইস্কুলবিলাকত শিক্ষক আদি নিযুক্ত কৰাৰ দায়িত্ব দিয়ে। কোৱা বাহুল্য যে সেই কালৰ ইউগাণ্ডাত শিক্ষকৰ উপযুক্ত শিক্ষিত লোকৰ বিশেষ অভাৱ আছিল। সেয়েহে, কালিচৰণ দাসগুপ্তই শিক্ষক বিচাৰি কেবাবাৰো ভাৰতলৈ যায়। তেঁও শিক্ষক ৰূপে ইউগাণ্ডালৈ নিয়া লোকসকলৰ ভিতৰত আছিল ডক্টৰ ভূপেন হাজৰিকাৰ ভায়েক প্ৰবীণ হাজৰিকা। বৰ্তমান ইংলণ্ডৰ নাগৰিক প্ৰবীণ হাজৰিকাৰ পৰাই এই পুথিৰ বহু সমল পোৱা গৈছে।

পূব অফ্ৰিকাত বসতি কৰা ভাৰতীয় সকলৰ মাজত শিক্ষক, চিকিৎসক, অভিযন্তা আৰু আন আন কাৰিকৰীলোকো বহুত আছিল। সেই দেশ সমূহত জীৱিকা নিৰ্বাহ কৰিবলৈ বা চাকৰি কৰিবলৈ সুবিধাজনক পৰিৱেশ পোৱাৰ কাৰণে তেঁওলোকৰ বহুতৰে উপাৰ্জন প্ৰচুৰ হোৱাৰ উপৰিও তেঁওলোক ইংৰাজ প্ৰশাসকসকলৰ প্ৰিয় হ'ব পাৰিছিল আৰু তেঁওলোকৰ পৰা অনুগ্ৰহ আদায় কৰিবলৈ সক্ষম হৈছিল। প্ৰিয়মৰ দেউতাক মুলজী ভাই পেটেল ইউগাণ্ডাৰ তেনে এজন প্ৰতিপত্তিশালী চিকিৎসক আছিল। ডাক্তৰ পেটেল ইউগাণ্ডাৰ বিধান সভাৰো সদস্য হৈছিল। ডাক্তৰ পেটেল ১৯২৪ চনতে ইউগাণ্ডাত বসতি আৰম্ভ কৰিছিল যদিও ভাৰতৰ লগত সম্পৰ্ক ৰক্ষা কৰি আছিল।

ষোড়শী প্ৰিয়ম

যুৱতী প্ৰিয়ম (ইউগাণ্ডাত)

প্ৰিয়মৰ জন্ম হৈছিল ১৯২৮ চনৰ ২ মাৰ্চত গুজৰাটৰ ভাদোদাৰা নামে চহৰত। সৰুৰে পৰাই প্ৰিয়মৰ ৰাপ আছিল নাচত। কলগান বা ৰেডিঅ'ত কিবা গান বাজিলেই প্ৰিয়মে গীতৰ তালে তালে নাচিবলৈ আৰম্ভ কৰিছিল। সেইকাৰণে তেঁওৰ দেউতাকে প্ৰিয়মক নাচ শিকিবলৈ সুবিধা কৰি দিছিল। আনকি কিশোৰী প্ৰিয়মে বৰোদালৈ আহি উদয় শংকৰৰ পৰা ভাৰত নাট্যম শিকিবলৈকো সুবিধা পায়। ডাক্তৰ পেটেল আৰু কালিচৰণ দাসগুপ্ত বিশ্বাসী বন্ধু হৈ পৰে। দাসগুপ্তই শিক্ষক বিচাৰি বা আন কাৰণত ভাৰতলৈ আহোঁতে দুই এবাৰ দেউতাকে প্ৰিয়মকো ভাৰতলৈ পঠিয়াছিল।

ভাৰতলৈ আহি যুৱতী প্ৰিয়মে শান্তিনিকেটন আৰু আন আন ঠাইত নৃত্য গীতৰ লগতে আন আন শিল্পকলাৰ চৰ্চা আৰু আদৰ দেখি তেঁওৰ মনৰ আকাশ মুকলি হয়। ভাৰতীয় নৃত্য, বিশেষকৈ ভাৰত নাট্যম আৰু মণিপুৰী নৃত্যাই প্ৰিয়মক বৰকৈ আকৰ্ষণ কৰে। তেঁও শান্তিনিকেটনত কবিগুৰুৰ নৃত্যনাটিকাত নৃত্যৰ সহায়ত অভিনয় আৰু কাব্যিক সৌন্দৰ্য্য দুয়োটাৰে শোভা বৰ্ধন কৰা কলাকৌশল দেখি অভিভূত হৈছিল আৰু সেইবিলাক শিকিবলৈ দৃঢ়প্ৰতিজ্ঞ হৈছিল। কাম্পালাত হাইস্কুলীয়া শিক্ষা সাং কৰি প্ৰিয়মে নিউ ইয়ৰ্কৰ মানহাট্টা নভিল কলেজ অৱ ছেক্ৰেড হাৰ্ট নামৰ কলেজত পঢ়েগৈ। তেঁও তাৰ পৰা ৰাজনীতি বিজ্ঞানত বি-এ পাছ কৰি কলম্বিয়া বিশ্ববিদ্যালয়ৰ স্কুল অৱ ইণ্টাৰনেছনেল এফেয়াৰ্ছত এম-এ পঢ়ে।

কলম্বিয়া বিশ্ববিদ্যালয়ৰ ছাত্ৰী হৈ থাকোঁতে তেঁও নিজৰ জীৱন সাৰ্থক কৰিব পৰা কিবা এক সন্মানিত জীকাৰ পথ (career) গঢ়াৰ আশাৰেই খাটিছিল যদিও ভাৰত নাট্যম আৰু মণিপুৰী নৃত্য অধ্যয়ন কৰাৰ হাবিয়াস হে নিজৰ বুকুত বান্ধি লৈ ফুৰিছিল। তেঁওৰ উজ্জ্বল চকুযুৰিয়েও তেনে এক অদম্য অভিলাষৰ হে বতৰা বহন কৰিছিল। কলম্বিয়া বিশ্ববিদ্যালয়ত তেঁও নানা সাংগঠিনক আৰু সামাজিক অনুষ্ঠানত সক্ৰিয় অংশ গ্ৰহণ কৰিছিল। সেই কালছোৱাতে আমেৰিকাৰ জেনেৰেল মাৰ্ছালে দ্বিতীয় মহাযুদ্ধত বিধ্বস্ত হোৱা ইউৰোপৰ অৰ্থনৈতিক উন্নয়নৰ কাৰণে পুঁজি সংগ্ৰহৰ বাবে নিউ ইয়ৰ্ক আৰু আন আন চহৰত পতা সাংস্কৃতিক অনুষ্ঠানত ভাৰতীয় নৃত্য পৰিৰেশন কৰি প্ৰশংসা লাভ কৰাৰ উপৰিও নৃত্যৰ সাধনাত মনোনিবেশ কৰিবলৈ উৎসাহ পায়।

গাভৰু প্ৰিয়ম (আমেৰিকাত)

সেই কালত তেঁও ভাৰতীয় ছাত্ৰছাত্ৰীসকলৰ লগত ভাৰতীয় পৰম্পৰাৰ উছৰে পৰৰেহে বেছিকৈ ঘূৰিছিল। নিজৰ ৰূপ, কথাবতৰা, চলন ফুৰণ আদিৰে অপৰূপা প্ৰিয়মে সেই সময়ৰ বহু দেশী বিদেশী আৰু আমেৰিকাৰ সমাজত উচ্চ খিয়াতি সম্পন্ন পৰিয়ালৰ ডেকাৰ দৃষ্টি আকৰ্ষণ কৰিছিল আৰু তেঁওলোকৰ প্ৰণয় প্ৰাৰ্থনা

পাইছিল যদিও প্ৰিয়মে সদায় নিজকে সেইসকলৰ পৰা আঁতৰাই ৰাখিছিল। কলম্বিয়া বিশ্ববিদ্যালয়ত তেঁও ছাম্বা, ৰাম্বা, ছা-ছা-চ্ছা আদি তথাকথিত আৰু আমেৰিকাত জনপ্ৰিয় লেটিন আমেৰিকান নাচবিলাক শিকিছিল যদিও ভাৰতত নৃত্য শিকাৰ আৰু ভাৰতীয় পৰম্পৰাৰে জীৱন অতিবাহিত কৰাৰ আশাত প্ৰিয়মৰ মনটো সঘনাই ভাৰতলৈ উৰা মাৰিছিল।

আমেৰিকাত অসমীয়া উৰণীয়া মৌ

প্ৰিয়মৰ জীৱনৰ সকলো আশা, তেঁওৰ শিল্পীপ্ৰাণৰ সকলো হাবিয়াস পূৰ্ণ কৰিব পৰাৰ বহু প্ৰতিশ্ৰুতি লৈ ১৯৪৯ চনত কলম্বিয়াত উচ্চ শিক্ষাৰ কাৰণে আহি পৰিল অসমৰ উৰণীয়া মৌমাখি ভূপেন হাজৰিকা। ভূপেন দাদাৰ গাত প্ৰিয়মে বিচাৰিব পৰা সকলো ৰূপ গুণৰ অপৰূপ সমাবেশ ঘটিছিল। সেয়েহে প্ৰিয়মৰ ছাঁতে ভূপেন দাদাই ক্ষন্তেক জিৰাবলৈ যো-জা কৰিবলৈ লোৱাৰ আগতেই প্ৰিয়ম ভূপেন্দ্ৰ প্ৰেমত আপোন পাহৰা হয়। ১৯৫০ চনৰ এক আগষ্টত প্ৰিয়ম আৰু ভূপেন হাজৰিকাৰ আমেৰিকাতে শুভ বিবাহ সম্পন্ন হয়। তেঁওলোকে বেদৰ মন্ত্ৰেৰে দম্পতী নহলেও একেটি পাত্ৰতে জীৱন মদিৰা পান কৰিবলৈ দৃঢ়প্ৰতিজ্ঞ হয়।

১৯৫১ চনত প্ৰিয়মে ৰাজনীতিত এম-এ ডিগ্ৰী লাভ কৰাৰ উপৰিও সন্তান সম্ভৱা হৈ বৰোদাত থকা আইতাকৰ ঘৰলৈ আহে। তাতেই পুত্ৰ তেজৰ জন্ম হয়। কেইমাহমান পাচতে ভূপেন দাদাই পি-এইচ-ডি ডিগ্ৰী লৈ ভাৰতলৈ উভতি অহাত দুয়ো গুৱাহাটীত থাকিবলৈ লয়।

প্ৰিয়মে অসম আৰু অসমীয়াকে নিজৰ আপোন বুলি আঁকোৱালি লয়। ভূপেন দাদাৰ পৰিয়ালৰ আটায়েও প্ৰিয়মক অতি মৰমেৰে নিজৰ বুলি গ্ৰহণ কৰে। অকল সেয়ে নহয় ভূপেন দাদাৰ পত্নী হৈ প্ৰিয়মৰ সকলো সপোন এটা এটাকৈ দিঠকত পৰিণত হ'বলৈ ধৰে। এটা অস্বাভাৱিক ভাবে সংগীত মুখৰ পৰিয়ালৰ এজন বুলি প্ৰিয়ম আত্মহাৰা হ'ল। নৃত্য শিকিবলৈ বলিয়া প্ৰিয়মে গুৱাহাটীত মণিপুৰী নৃত্যৰ গুৰু কালাৱন্ত সিংহৰ পৰা মণিপুৰী নৃত্য শিকিবলৈ পোৱাৰ উপৰিও তেঁওৰ লগত তালে তালে নাচিবলৈ মৰমৰ লগৰী পালে নৃত্যৰ কাৰণে একে ধৰণেৰে বিয়াকুল কৰিতাক।

অসমৰ বোৱাৰী প্ৰিয়ম

প্ৰিয়ম হাজৰিকা (১৯৫৩ চন)

১৯৪২ চনতে ভাৰতীয় কমিউনিষ্ট দলৰ সাংস্কৃতিক বিভাগ ৰূপে প্ৰতিষ্ঠিত হোৱা বামপন্থী শিল্পীসকলৰ দলটোৱে ভাৰতীয় লোকৰ সাংস্কৃতক জীৱন উদ্ভাসিত কৰিবলৈ সজাগ আৰু পৰিকল্পিত পদক্ষেপ লৈছিল। প্ৰিয়ম, ননদ কৰিতা আৰু ভূপেন দাদা আই-পি-টি-এ আন্দোলনৰ সক্ৰিয় সদস্য হয়। সেই সময়ত বংগদেশৰ খ্যাতনামা নৃত্যশিল্পী শম্ভু ভট্টাচাৰ্য্য, গায়ক মণ্টু ঘোষ, শিল্পী ঋত্বিক ঘটক, অভিনেতা বলৰাজ চাহানি আদি সেই দলৰ সভ্য আছিল। সেই সকলৰ লগত ওচৰ সম্বন্ধলৈ আহি প্ৰিয়ম বিশেষ ভাবে উপকৃত

হয়। স্বামীৰ পৰিয়ালৰ ব্যক্তিবিশেষৰ লগতে সেই সময়ৰ বহু সিদ্ধ আৰু দৃঢ় শিল্পীৰ সতে নৃত্য, গীত, নাট আদিৰ চৰ্চাই প্ৰিয়মৰ জীৱনটোক অতিশয় সাৰ্থক আৰু আনন্দপূৰ্ণ কৰিলে।

ইতিমধ্যে তেতিয়া নতুন প্ৰতিশ্ৰুতি অনা কথাছবিৰ জগতত ভাৰতৰ আন আন ভাষাৰ লগত খোজতে খোজ মিলাই চলা অসমীয়া কথাছবি জগতে অসমীয়া সকলৰ কাৰণে অনা প্ৰতিশ্ৰুতিৰ কাৰণে উচ্চ মনৰ অসমীয়া সকলৰ প্ৰাণতো কথাছবি কৰি উলিওৱাটো আছিল এক অদম্য হাবিয়াস। জ্যোতিপ্ৰসাদ আগৰৱালাৰ 'জয়মতী' আৰু 'ইন্দ্ৰমালতী'ৰ পাচত পাৰ্বতিপ্ৰসাদ বৰুৱাই উলিয়ালে 'ৰূপহী' তাৰ পিচত এখন এখনকৈ ওলাল ৰোহিণী বৰুৱাৰ 'মনোমতী', আব্দুল মজিদৰ 'ছিৰাজ', কমল নাৰায়ণ চৌধুৰীৰ 'বদন বৰফুকন'।

চিনেমাই শিল্পীপ্ৰাণক আলোড়িত কৰাৰ প্ৰধান কাৰণ এই যে চিনেমা হৈছে এক সামূহিক শিল্পকলা। এখন চিনেমাত সাহিত্য (নাট, গীত), সংগীত, নৃত্য, অভিনয়, চিত্ৰশিল্প আদি সকলো সুকুমাৰ কলাৰ অপৰূপ সমাৱেশ ঘটে। তদুপৰি চিনেমা আধুনিক বিজ্ঞানৰ সৃষ্টি যেতিয়া ইয়াত আধুনিক বিজ্ঞানৰ বৈচিত্ৰময় সৃষ্টিৰো সমাৱেশ কৰাৰ সুযোগ আছে। লগতে আজিৰ বিজ্ঞানে আনি দিয়া, ফটোগ্ৰাফী, পোহৰৰ লীলাখেল আদি নতুন নতুন কলাকৌশলেৰে একোখন চিনেমাক আজিৰ আমোদ জগতত একোখন নতুন নতুন নদন বদন উদ্যান ৰূপে গঢ়িব পাৰি। জীৱিকাৰ কাৰণেও চিনেমা এক সফল ব্যৱসায় বুলি গণিত হৈছে। সেয়েহে, আজিৰ প্ৰায় সকলো সৃষ্টিশীল মন চিনেমা কৰিবলৈ উদ্বাউল হয়।

ভূপেন হাজৰিকাইও বহুত দিনৰ পৰা পুহি ৰখা এটা আকাংখ্যা আছিল এখন চিনেমা কৰাৰ। বিশেষকৈ দিল্লীৰ যুৱ কংগ্ৰছৰ প্ৰতিযোগিতাত তেঁওৰ নেতৃত্বত গুৱাহাটী বিশ্ববিদ্যালয়ৰ দলটোৱে 'এৰা বাটৰ সুৰ' নাটিকা পৰিৱেশন কৰি শ্ৰেষ্ঠ পুৰস্কাৰ পোৱাৰ পাচত তেঁওৰ সেই আকাংখ্যা আৰু প্ৰবল হয়। তেঁওৰ মন গৈছিল ৰাইজক সুৰৰ বিশেষ এক চৰিত্ৰ বৰ্ণনা কৰা—কেনেকৈ সুৰে একোজন সুৰ সাধকক মহামানবলৈ ৰূপান্তৰিত কৰে, কেনেকৈ নৃত্যই ৰূপ অৰু সুৰৰ সমন্বয়ত সৌন্দৰ্য্য সৃষ্টি কৰে আদি। এৰা বাটৰ পৰা তেঁও বুটলি অনা সুৰলিকৰ মহিমাময় সৌন্দৰ্য্য ৰূপালী পৰ্দাত প্ৰদৰ্শন কৰিবলৈ তেঁও উদ্বাউল হয়। প্ৰিয়মৰ লগত সেই বিলাক আলোচনা কৰাত প্ৰিয়ম আনন্দত অধীৰ হয় আৰু কোনটো গীতক কেনে ধৰণেৰ নৃত্যেৰে সজাব পাৰি তাৰ জল্পনা কৰিবলৈ আৰম্ভ কৰে।

প্ৰিয়মে মনে মনে দেউতাকক কথাটো কোৱাত দেউতাকে তেনেকুৱা এখন কথাছবিৰ খৰচ বহন কৰিবলৈ ইচ্ছা প্ৰকাশ কৰে আৰু সেইখন সফল হ'লে ভৱিষ্যতেও তেঁওলোকৰ চিনেমা প্ৰযোজনা কৰাৰ প্ৰতিশ্ৰুতি দিয়ে। জন্ম হ'ল বি-পি ফিল্মচৰ (ভূপেন প্ৰিয়ম ফিল্মচৰ)। দ্ৰুত গতিত আগ বাঢ়িল এৰা বাটৰ সুৰৰ কাম। মিছিছিপৰ নাৱৰীয়াৰ গীতত প্ৰকাশ পোৱা সাহসৰ সুৰ ফুটি উঠিল লুইতৰ নাৱৰীয়াৰ কণ্ঠত, সাগৰ সংগমৰ সোঁত আৰু প্ৰশান্ত সাগৰৰ অশান্ত উৰ্মিমালাৰ সুৰ প্লাৱিত হ'ল প্ৰিয়মৰ নৃত্যত। অসমীৰ চোতালৰ আইতাৰ পাকৰ সুৰ ভংগিমাত লেটিন আমেৰিকাৰ নৃত্যৰ তাল খাপ খুৱাই প্ৰিয়মে আইতাৰ চেৰেকীত পাক দিলে। সুৰৰ প্ৰাধান্য বঢ়াবলৈ ভূপেন হাজৰিকাই লতা মংগেস্কাৰ, সন্ধ্যা মুখাৰ্জী, হেমন্ত কুমাৰ আদি সেই সময়ৰ অতি সন্মানিত গায়ক গায়িকাক 'এৰা বাটৰ সুৰ' কথাছবিৰ গীতত কণ্ঠদান কৰাবলৈ সমৰ্থ হয়।

এখন ভিন্নধৰ্মী কথাছবি বুলি 'এৰা বাটৰ সুৰ' গোটেই ভাৰততে সমাদৃত হ'ল। সেই সফলতাই প্ৰিয়মৰ জীৱনৰ বাটত ফাট মেলাৰ কাৰণ হ'ল। ইতিমধ্যে, অসমীয়া আৰু বঙালী

দুয়ো ভাষাৰ সংগীত আৰু কথাছবিৰ জগতত ভূপেন হাজৰিকা ভোটা তৰাৰ দৰে জিলিকিবলৈ আৰম্ভ কৰে। ভূপেন দাদাৰ গীতৰ কথা, সুৰ আৰু পৰিৱেশনে অসম, বংগদেশ আৰু বাংলাদেশ তিনিওখন ৰাজ্যতে আলোড়ন সৃষ্টি কৰে। গায়ক, গীতিকাৰ, কথাছবিৰ পৰিচালক আৰু সংগীত পৰিচালক ভূপেন হাজৰিকাৰ সান্নিধ্য পাবলৈ, কথাছবিৰ জগতত প্ৰৱেশ কৰিবলৈ বিচৰা যুৱক যুৱতী তথা নাৰীয়ে ছগাৰ দৰে আহিবলৈ ধৰিলে। আমোদ শিল্পীৰ জগতখনত শিল্পীৰ তেনে সমাগমে প্ৰিয়ম আৰু ভূপেন দাদাৰ বৈবাহিক জীৱনলৈ ধুমুহাৰ পাচত ধুমুহা আনিবলৈ ধৰিলে। জীৱনত প্ৰতি পুৰুষে আৰু প্ৰতি নাৰীয়ে এবাৰ মাত্ৰ বৈবাহিক সম্বন্ধ কৰা বৈদিক পৰম্পৰাক বিশেষ ভাবে মানিবলৈ বিচৰা প্ৰিয়মৰ পদে পদে সংঘাত হ'ল সমাজৰ নীতি নিয়ম উলংঘা কৰি ভালপোৱা ভূপেন দাদাৰ গুপুতে গুপুতে খেলা আলিংগনৰ খেলাৰ লগত। সেয়েহে, ভূপেন দাদা আৰু প্ৰিয়মৰ সাংসাৰিক জীৱন বৰ সুখৰ নহ'ল।

সতী মন্দোদৰীৰ আদৰ্শক অনুকৰণ কৰি প্ৰিয়মে ভূপেন দাদাক অন্য নাৰীৰ ৰূপ লাৱণ্যত ভোল নাযাবলৈ বহু চেষ্টা কৰিও কোনো ফল নধৰাত প্ৰিয়মে ১৯৬১ চনত ভূপেন দাদাৰ পৰা আঁতৰি গ'ল। যোৱাৰ আগতে প্ৰিয়মে 'শকুন্তলা' আৰু 'মাহুত বন্ধু ৰে' কথাছবিৰ কামত সক্ৰিয় ভাবে সহায় কৰে। 'শকুন্তলা' কথাছবিখনেই বি-পি ফিল্মচৰ তৃতীয় আৰু শেষ কথাছবি। ১৯৬১ চনত প্ৰিয়মে ভূপেন হাজৰিকাৰ লগত থাকিবলৈ এৰি ইউগাণ্ডাত বসতি আৰম্ভ কৰে।

তেজৰ শৈশৱ আৰু যুৱকাল

প্ৰিয়মক 'অভিমানী' বুলি প্ৰিয়ম চৰিতক চমু কৰা বহুতেই ১৯৬১ চনত ভূপেন দাদাক এৰি যোৱাৰ পাছত প্ৰিয়মে ভূপেন দাদাৰ লগত সম্পৰ্ক পুনৰ প্ৰতিষ্ঠা কৰিবলৈ কেতিয়াও চেষ্টা নকৰিলে বুলি এটা অতি ভুল মন্তব্য দিয়ে। তেনে মন্তব্য সচা নহয় বুলি মই বহুত উমান পাই আহিছোঁ। উদাহৰণ স্বৰূপে, প্ৰিয়মৰ ভায়েক কৈলাসে ভূপেন দাদাৰ ভনীয়েক ৰুবীক বিয়া কৰিবলৈ ইচ্ছা প্ৰকাশ কৰাত সেই বিয়া পাতিবলৈ আগ ভাগ ল'লে ইউগাণ্ডাত প্ৰিয়মে আৰু ভাৰতত ভূপেন দাদাই। কৈলাস আৰু ৰুবীৰ বিয়া ১৯৬৫ চনত ইউগাণ্ডাতে সম্পন্ন হ'ল। ভূপেন দাদাহঁতৰ পৰিয়ালৰ লগত বাস কৰি থাকোঁতে প্ৰিয়মে পৰিয়ালটোক ইমানেই আপোন কৰিছিল আৰু ৰুবীক ইমানেই ভাল পাইছিল যে তেঁও প্ৰায়েই 'ৰুবীক মোৰ ভাইটোলৈ নিমেই নিম' বুলি আত্মতৃপ্তি প্ৰকাশ কৰিছিল। কৈলাস-ৰুবীৰ বিয়াত প্ৰিয়মেই কন্যাৰ মাক হৈ দায়িত্বখিনি পালন কৰিছিল। এইখিনিতে এইটো উল্লেখযোগ্য যে বহুতে উল্লেখ কৰাৰ দৰে ৰুবী আৰু কৈলাসৰ বিবাহ থিক দুয়োৰে প্ৰেমত পৰি হোৱা বিবাহ নহয়। তেঁওলোকৰ বিবাহৰ আগতে পৰিচয় হৈছিল যদিও আজিকালিৰ চিনেমা বা টেলিভিছনত প্ৰদৰ্শোৱা ধৰণৰ প্ৰেম আৰম্ভ হোৱা নাছিল, বিয়াৰ পাছতহে তেঁওলোকৰ প্ৰেম উপলব্ধি আৰু বিনিময় হৈছিল। [লিখকৰ *'ভূপেন হাজৰিকাৰ গীত আৰু জীৱন ৰথ'*, ষষ্ঠ তাঙৰণ, বনলতা, পৃ:৪১৯ দ্ৰষ্টব্য]

তাৰ পিচত, তেতিয়া ইউগাণ্ডাত বাস কৰা ভূপেন দাদাৰ ভায়েক প্ৰবীণ হাজৰিকা ঘৰলৈ অহাৰ সুযোগ লৈ প্ৰিয়মে তেজক দেউতাকৰ ওচৰলৈ পঠাইছিল আৰু ভূপেন দাদাই বহুত দিনৰ পাচত পুত্ৰক লগ পায় হয়তো পুনৰ এক লগ হোৱাৰ কথা ভাবিব, সেই আশাৰে। ভূপেন দাদাই তেজক লগ পোৱাৰ প্ৰতিক্ৰিয়া প্ৰবীণ হাজৰিকাই তলত দিয়া ধৰণে বৰ্ণনা কৰিছে:

> "তেজৰ তেৰ বছৰমান বয়সত মই তেজক অসমলৈ লৈ গৈছিলোঁ। বহুত দিনৰ পাচত তেজক পাই মোৰ মা দেউতা, ভূপেন দাদা আৰু আটায়ে অতি আনন্দিত হৈছিল।

ভূপেন দাদাই তেজক পাই আনন্দত আত্মহাৰা হৈছিল। তেজেও সেই সাক্ষাতত বিশেষ প্ৰেৰণা লাভ কৰে।"

অসমৰ পৰা উভতি অহাৰ বছৰচেৰেক পাচতে তেজে নিজৰ কঠোৰ পৰিশ্ৰম আৰু মেধাৰ বলত তেঁওৰ মাক দেউতাকে শিক্ষা লাভ কৰা নিউ ইয়ৰ্কৰ কলম্বিয়া বিশ্ববিদ্যালয়ত ভৰ্তি হয়। তেজ নিউ ইয়ৰ্কলৈ অহা বুলি শুনি ভূপেন দাদাৰ আনন্দ তেঁও ১৯৭০ চনৰ ২৫ ছেপ্তেম্বৰত প্ৰিয়মলৈ দিয়া চিঠিত প্ৰকাশ পাইছে:

"মৰমৰ প্ৰিয়ম—ৰ'জে তোমাৰ আৰু তেজৰ বিষয়ে মোলৈ সকলো লিখিছে, মই সচাকৈয়ে অতিশয় আনন্দিত যে তেজে তেঁওক (ৰ'জক) চহৰখন দেখুৱালে। তেঁও তেজৰ, সি ভালপোৱা বা বেয়া পোৱা কথা, তাৰ আচৰিত ব্যক্তিত্ব আৰু সামাজিক পৰৱৰ্তনৰ বিষয়ে তাৰ অৱধামন বৰ্ণনা কৰিছে। আমি তাক লৈ গৌৰৱান্বিত আৰু মই জানো আন নিউইয়ৰ্কবাসীও তেনে—কেইমাহমান আগতে মই এজন নিউ ইয়ৰ্কবাসী বঙালী ভদ্ৰলোকৰ পৰা তাৰ বিষয়ে শুনিছিলোঁ, তেঁও তাৰ কেৱল প্ৰশংসাই কৰিলে। মই এইটো নিশ্চিত যে তোমালোক দুয়ো ভালে আছা। মোৰ যেহেন তেহেন। আমাৰ দেশৰ কাণ্ডকাৰখানা বৰ ভাল নহয়। আজিৰ কলিকতাই মোক মাজে মাজে ভিয়েটনামৰ কথাহে সোঁৱৰায়।"

সেই চিঠিখনত তেঁও প্ৰিয়মক কৈলাস-ৰূবী আৰু উপেন-ৰ'জ সকলোৰে বাতৰি দিছে। চিঠিখন তেঁও চেনেহ ঢালি এনেদৰে সামৰিছে:

"... তোমাক এইটো জনোৱা মোৰ কৰ্তব্য বুলি ভাবোঁ যে কৈলাস আৰু তেঁওৰ পৰিয়াল কলিকতা আৰু গুৱাহাটীত মোৰ লগতে আছিল। তেঁওলোকক আমাৰ মাজত পায় আমি আটায়ে অতিশয় আনন্দিত। তেঁওলোক বৰ্তমান শ্বিলঙত আছে। ৰুবীয়ে তেঁওৰ তৃতীয় সন্তান এই মাহৰ শেষৰ পিনে জন্ম দিয়াৰ কথা। ... তেঁওলোক আটাইৰে মংগল। ৰ'জ আৰু উপেন তোমাৰ প্ৰতি কৃতজ্ঞ—সেইদৰ আমি আটায়ে। তোমালৈ সকলোতে ভালৰো ভাল আৰু মৰম দিলো, তেজলৈ বহুত মৰম জনালো। তোমাক বহুত কথাৰে আমনি দিয়া বাবে ক্ষমা কৰিবা --- ভূপেন।"

অটোৱাত প্ৰিয়ম

১৯৬২ চনত ইউগাণ্ডা স্বাধীন হোৱাত শিক্ষিত আৰু সকলো দেশৰে ভদ্ৰ সমাজৰ মাৰ্জিত আচাৰ ব্যৱহাৰ কৰিব জনা প্ৰিয়মে ইউগাণ্ডা চৰ্কাৰৰ পৰা সোনকালেই এটাৰ পিচত এটাকৈ দায়িত্বপূৰ্ণ পদবী পায়। প্ৰথমেই তেঁও ইউগাণ্ডা ৰেডিঅ'ৰ বাতৰি যোগনিওৱা সম্পাদক আৰু পাচলৈ টেলিভিছনৰ বাতৰিৰ গুৰিয়াল হয়। তাৰ পিচত তেঁওক পেৰিছৰ ছৰ্বন বিশ্ববিদ্যালয়ত বৈদেশিক পৰিক্ৰমাৰ প্ৰশিক্ষণ ল'বলৈ পঠিয়ায়। সেই প্ৰশিক্ষণ সফল ভাবে সাং কৰাৰ পাচত ১৯৬৯ চনত ইউগাণ্ডা চৰ্কাৰে তেঁওক ৰাষ্ট্ৰসংঘত থকা ইউগাণ্ডাৰ স্থায়ী মিছনৰ প্ৰথম সম্পাদিকা পাতে। সেই পদবীয়ে তেঁও পুতেক তেজৰ লগত নিউ ইয়ৰ্কত একে লগে বাস কৰাৰ সুযোগ দিয়ে। ১৯৭০ চনত তেঁওক পেৰিছত থকা ইউগাণ্ডা মিছনলৈ পঠিয়ায়।

১৯৭২ চনত ইউগাণ্ডাৰ শাসনকৰ্তা ইদি আমিনৰ মইমতীয়া কাৰ্য্যৰ কাৰণে প্ৰিয়মে ইউগাণ্ডা চৰ্কাৰৰ লগত সম্পৰ্ক ছেদ কৰে আৰু পেটেল পৰিয়ালৰ আন বহুতৰ লগত কানাডাৰ নাগৰিক হয়। কানাডাৰ চৰ্কাৰে তেঁওক কানাডাৰ গুৰুত্বপূৰ্ণ এক্সেছ টু ইনফৰ্মেচন বিভাগত নিয়োগ কৰে। সেই বিভাগতে তেঁও চাকৰি কৰি ১৯৯৮ চনত অৱসৰ গ্ৰহণ কৰে।

কানাডাত তেঁও সদায় অটোৱাতে বাস কৰিছিল। অটোৱাতে মোৰ বাইদেউ আৰু ভিনদেউ ডক্টৰ কুমুদ বৰা বাস কৰা কাৰণে মই

প্ৰায়ে অটোৱালৈ গৈছিলোঁ আৰু প্ৰিয়মক দেখা সাক্ষাৎ কৰিছিলোঁ। তেঁওৰ পৰা ভূপেন দাদাৰ গীতৰ বিষয়ে বিশেষ কোনো সমিধান নাপালেও ভূপেন দাদাৰ লগত তেঁও কটোৱা কালছোৱাৰ বিষয়ে বহুত কথা জানিব পাৰিছিলোঁ। প্ৰিয়মৰ এইটো দৃঢ় মত যে নিজৰ আত্মসন্মান ৰক্ষা কৰিবৰ কাৰণেই ভূপেন দাদাৰ পৰা তেঁও আঁতৰি গৈছিল। আমাৰ আগতো তেঁও দৃঢ়াই দৃঢ়াই কৈছিল:

> 'মই এবাৰ হাজৰিকা হৈছোঁ যেতিয়া সদায়ে হাজৰিকাই হৈ থাকিম। ভূপেনে যি কৰে কৰক, মই কিন্তু কেতিয়াও আমাৰ বিবাহ বিচ্ছেদ হবলৈ নিদিওঁ।'

হাজৰিকা পৰিয়ালৰ কাৰণে ভূপেন দাদা আৰু প্ৰিয়মৰ বিচ্ছেদ বিশেষ বেদনাদায়ক আছিল। প্ৰবীণ হাজৰিকাৰ মতে:

> "মোৰ মা-দেউতাই প্ৰিয়মক অতি মৰমৰ বোৱাৰী ৰূপে আঁকোৱালি লৈছিল আৰু আমাৰ ভাই ভনী আটাইৰে কাৰণে তেঁও আছিল আমাৰ যতন লোৱা আৰু আমাক মৰম কৰা অতি চেনেহৰ নবৌ। তেঁও আমাক আটাইকে অপৰিসীম ভাল পাইছিল আৰু চেনেহ ঢালি ঢালি আটাইকে আপোন কৰি লৈছিল। তেঁও পৰিয়ালটোৰ প্ৰতিজন ব্যক্তিৰে মংগলৰ কাৰণে সদায় খাটিছিল আৰু সদায় যি পাৰে কৰি আহিছিল। ভূপেন দাদাৰ পৰা আঁতৰি থাকিলেও আমি ভাই ভনী আটায়ে তেঁও আমাক দিয়া মৰম চেনেহ আৰু আমাৰ উন্নতিৰ কাৰণে কৰাখিনিৰ কাৰণে চিৰ কৃতজ্ঞ। তেঁওক আমি মাৰ পাচতে আন এগৰাকী মা যেনেই জ্ঞান কৰোঁ।"

সেইদৰে মই যেতিয়া ভূপেন দাদাৰ গীত সংগ্ৰহ কৰাৰ কথা কুইন বাইদেউক কওঁ, কুইন বাইদেৱে দৃঢ় ভাবে মোক কৈছিল,

> 'দিলীপ, তুমি ভূপেন দাদাৰ ওপৰত কিতাপ লিখিবলৈ ওলাইছা, ভাল কথা, কিন্তু এটা কথা মনত ৰাখিবা যে প্ৰিয়ম বৌ আমাৰ খুব আপোন। আমি তেঁওক কেতিয়াও নেৰোঁ।"

ভূপেন দাদাৰ পৰা দীৰ্ঘদিন বিচ্ছেদ হৈ থাকিব লগীয়া হ'লেও প্ৰিয়মে সদায়ে আন পুৰুষৰ পৰা আঁতৰি থাকিল। ভূপেন দাদাৰ পৰা যি আশা কৰিছিল সকলো নাপালেও পোৱাখিনিতেই তেঁও আনন্দ প্ৰকাশ কৰিছিল আৰু নোপোৱাখিনিৰ বাবে বিদ্বেষ কৰা নাছিল। বিশেষকৈ অসমৰ বোৱাৰী আৰু হাজৰিকা পৰিয়ালৰ এজন হৈ তেঁও গৌৰৱ কৰিছিল। সেইপিনৰ পৰা তেঁও অসমে গৌৰৱ কৰিব পৰা অসমীয়া নাৰীসকলৰ মাজত অন্যতম।

প্ৰিয়মে সদায়ে বুকুত এই আশা বান্ধি ৰাখিছিল যে ভূপেন দাদাই এদিন নিজৰ ভুল বুজিব। তেনে দিন আহিলে তেঁওলোকে পুনৰ স্বামী-স্ত্ৰীৰ দৰে একেলগে থাকিব পাৰিব আৰু তেঁও ভালপোৱা অসমীয়াসকলৰ লগত জীৱনৰ বাকী দিন কটাব পৰিব।

আমি আগেয়ে উল্লেখ কৰা ভূপেন দাদাৰ মৰম সনা চিঠিখন পোৱাৰ পাচত ভূপেন দাদাৰ লগত পুনৰ মিলন হোৱাৰ আশাৰ সপোন প্ৰিয়মৰ মনত বেছি সজীৱ হ'বলৈ ধৰিলে। সেই আশাৰ ক্ষণ গণি থাকোঁতে ১৯৭৯ চনত ভূপেন দাদাই বহুত দিনৰ মুৰত অমেৰিকালৈ আহিবলৈ সাজু হ'ল। সেই বাতৰি শুনা দিনৰে পৰা ভূপেন দাদাক কানাডালৈ আনিবলৈ প্ৰিয়ম বেছি সক্ৰিয় হ'ল। সেইবাৰ ভূপেন দাদাক আমেৰিকাৰ ভিন ভিন ঠাইত গীত পৰিৱেশন কৰিবলৈ টেগৰ ছচাইটিয়েহে নিমন্ত্ৰণ কৰি আনিছিল আৰু ভূপেন দাদাই আমেৰিকালৈ আহি প্ৰথমে মোৰ ঘৰতে উঠাৰ কথা আছিল কাৰণে প্ৰিয়মে মোৰ লগতো যোগাযোগ কৰিছিল। প্ৰিয়মে ভায়েক কৈলাসৰ সহায়ত কেনেদৰে ভূপেন দাদা কানাডালৈ অহাটো সম্ভৱ কৰিছিল সেইটো ভূপেন দাদাই ১৯৭৯ চনৰ ৫ মেইৰ দিনা

প্ৰিয়ম প্ৰণতি

প্ৰিয়মলৈ সযত্নে লিখা চিঠিত প্ৰকাশ পাইছে। তেওঁ লিখিছিল:

"মোৰ মৰমৰ প্ৰিয়ম---তোমাৰ চিঠি আৰু তোমাৰ অনুমোদন (স্পন্সৰশ্বিপ) দুয়োটাৰ কাৰণে ধন্যবাদ। হয়, কৈলাসে মোৰ টিকটটো কিনিবলৈ সন্মত হৈছে আৰু মই মোৰ ভ্ৰমণ এজেণ্টক কৈলাসলৈ মোৰ ভ্ৰমণ সূচী জনাবলৈ কৈছোঁ। মই ৮ জুনৰ দিনা অটোৱালৈ বুলি বৃটিছ এয়াৰৱেজৰ বিমানেৰে কলিকতা এৰিম—বিমানখন লণ্ডন আৰু মণ্ট্ৰিয়ল হৈ যাব। মই কানাডাত এমাহ থাকিম বুলি পাঙিছোঁ, তাৰ পিচত একেখন টিকেটেৰে অটোৱাৰ পৰা নিউ ইয়ৰ্কলৈ যাম—যুক্তৰাষ্ট্ৰত এমাহ থাকিম তেজে পাৰে যদি তাৰ লগত জামাইকালৈ যাম, আৰু তাৰ পাছত ৩০ আগষ্টৰ দিনা কলিকতা পোৱাকৈ নিউইয়ৰ্কৰ পৰা কলিকতালৈ বুলি উৰা মাৰিম।'

BHUPEN HAZARIKA
77B. GOLF CLUB RD
TOLLYGUNGE
CAL – 33.

My dear Priyam, 5th May'79. (1)

Thank you very much for both your letters and your sponsorship.
Yes, Kailash has agreed to buy my ticket and I have informed my travel agency here to inform Kailash my plans.
I leave Calcutta for Ottawa on 8th June by British Airways which goes via London and Montreal. I plan to stay in Canada for a month after which by the same ticket I fly from Ottawa to New York, stay for a month in the States go to Jamaica with Tej if possible for him, and then fly back to Calcutta from New York in order to arrive back by 30th Aug'79.
All functions can be arranged according to my stay in Canada from 30th June onwards.
My rates should be 400 dollars and above but nothing less than

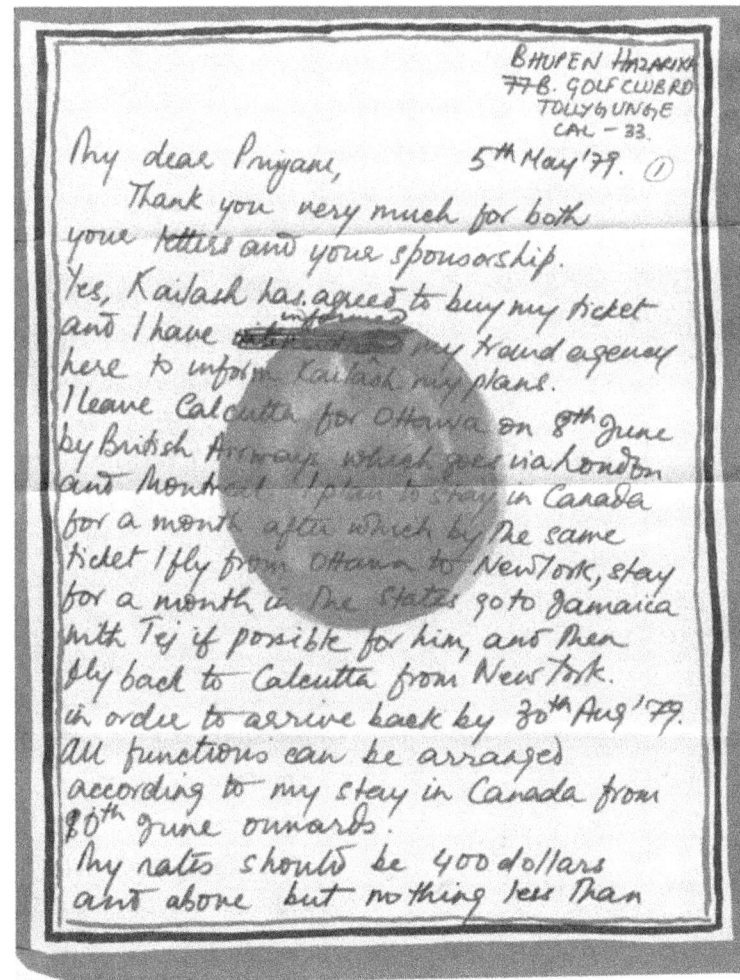

কানাডাত ভূপেন দাদাই কিছুদিন ভনীয়েক ৰুবীৰ পৰিয়ালৰ লগত আৰু কিছুদিন অটোৱাত প্ৰিয়মৰ লগত থাকিল। নিউ ইয়ৰ্কত ভূপেন দাদাই বেছি দিন নাথাকি পোনেই ৰ'ড আইলেণ্ডলৈ আহিল। ইয়াৰ পৰাই তেখেতে বষ্টন, হাৰ্ফৰ্ড, ছেণ্ট লুইছ আদি ঠাইলৈ গৈ গীত পৰিৱেশন কৰাৰ ব্যৱস্থা আমি কৰি দিওঁ। তদুপৰি টেগৰ ছচাইটিয়ে আন আন ঠাইত তেখেতৰ গীত পৰিৱেশনৰ ব্যৱস্থা কৰিছিল।

তেঁওৰ কাৰণে গীত পৰিৱেশন অনুষ্ঠানৰ আয়োজন কৰাৰ উপৰিও ঘৰে ঘৰে খুৱালে বোৱালে। ধুনীয়া প্ৰিয়মে সেই কেইদিন ধুনীয়াকৈ সাজি পাৰি ভূপেন দাদাক অপ্যায়িত কৰিলে। তেঁওলোক দুয়োৰ পুনৰ্মিলন বেছ সুখৰেই হৈছিল যেন লাগে যদিও তেঁওলোকে ফোনত হোৱা কথাবতৰাৰ পৰা এইটো স্পষ্ট হয় যে তেঁওলোকে দেহে মনে স্থায়ী সম্পৰ্কলৈ অহাৰ আশা নাই। সেয়েহে, প্ৰিয়ম অতিশয় হতাশ হোৱা যেন লাগিল আৰু ভূপেন দাদাৰ প্ৰতি তেঁওৰ বিদ্বেষৰ অগনি উমি উমি জ্বলিবলৈ ধৰিবলৈ ল'লে। তাৰ পিছত নিউ ইয়ৰ্কত ঘটা এটা ঘটনাৰ কাৰণে ভূপেন দাদা আৰু প্ৰিয়মৰ মনোমালিন্য বাঢ়িল। আজি দুবছৰমান আগতে তেজে তেঁওৰ মাকে হয়তো মনত দুখ পাব বুলি সেই ঘটনাটো মোক তেতিয়া লিখিবলৈ মনা কৰা কাৰণে মই ঘটনাটো ইয়াৰ আগতে লিখা নাছিলোঁ। বৰ্তমানৰ প্ৰসংগত ঘটনাটো অতি মহত্বপূৰ্ণ কাৰণে ইয়াত বৰ্ণালোঁ।

সুধাকণ্ঠ ভূপেন দাদাৰ কাৰণে তেনে সম্ভাৱনা কল্পনাতীত আছিল যদিও তেঁও যেতিয়াই উত্তৰ আমেৰিকাৰ কোনো দেশলৈ আহে তেঁও প্ৰিয়মৰ লগত কানাডাৰ অটোৱা চহৰত দুই এদিন কটাইছিল।

এখন তাল অকলে নাবাজে

সেইবাৰ পুতেকৰ লগত কিছু সময় কটাওঁ বুলি তেজৰ লগত জামাইকালৈ যাবলৈ আশা কৰা ভূপেন দাদাই নিউ ইয়ৰ্কত তেজৰ সহায়ত চিনেমাৰ ডাঙৰ কেমেৰা এটা কিনিবলৈ পাঙিছিল। তেঁও অটোৱাৰ পৰাই তেজৰ লগত টেলিফোনেৰে যোগাযোগ কৰি কেমেৰাৰ দোকান বিচাৰি সকলো চাই থবলৈ ক'লে। তেজেও নিউইয়ৰ্কৰ এখন ডাঙৰ দোকানৰ লগত কথাবতৰা হৈ এদিন ৰাতিপুৱা দহটা বজাত ভূপেন দাদাই কেমেৰা চোৱাৰ সময় বান্ধি থ'লে। ভূপেন দাদা তেতিয়া মোৰ লগতে আছিল। সেইদিনা সেই সময়তে কেমেৰাৰ দোকানতে মই ভূপেন দাদা আৰু তেজক লগ ধৰাই দিয়াৰ কথা। সেই সময়ত মোৰ মা আৰু মোৰ আঠ বছৰীয়া পুত্ৰ দ্বাৰিক মোৰ লগতে আছিল।

নিৰ্ধাৰিত দিনা ভূপেন দাদা, মা আৰু দ্বাৰিকক লৈ গাড়ীৰে নিৰ্ধাৰিত সময়ৰ কিছু আগতেই দোকানখন পালোগৈ। দোকানৰ গৰাকীয়েও সেইদিনা ভূপেন দাদাক নিজে গুদাম ঘৰলৈ নি সকলো দেখুৱাম বুলি সোনকালেই আহি পাইছিল। তেঁও অকণো পলম নকৰি তেতিয়াই ভূপেন দাদাক লৈ যাবলৈ ওলাল। কিন্তু লেঠা হ'ল মা আৰু দ্বাৰিকক মই নি এম্পায়াৰ ইষ্টেট দেখুওৱাৰ কথা গতিকে তেজ আহি পালে তেঁও কাকো নেদেখিলে অসুবিধাত পৰিব পাৰে। তাকে শুনি দোকানৰ লিণ্ডা নামৰ পৰিচাৰিকা গৰাকীয়ে আশ্বাস দিলে, "আপোনালোকে চিন্তা কৰিব নালাগে, হাজৰিকাৰ পুতেক আহিলে, মই কফি একাপ খুৱাই অলপ দেৰী বহুৱাই থ'ব পাৰিম।" তেঁওৰ আশ্বাসত সন্তুষ্ট হৈ আমি ভাগে ভাগে গলোঁগৈ।

এঘণ্টামান পাচত মা আৰু দ্বাৰিকক এম্পায়াৰ ইষ্টেট দেখুওৱাই দোকানখনলৈ আহি দেখোঁ যে তাত তেজ, ভূপেন দাদা কোনো নাই, আনকি আগৰ পৰিচাৰিকা গৰাকীও নাই— তেঁওৰ ঠাইত আন এগৰাকী পৰিচাৰিকাই গ্ৰাহকৰ সোধাপোছ কৰি আছিল। তেঁওক সুধিলত ক'লে যে হাজৰিকা নামৰ গ্ৰাহক এজন তেতিয়াও গুদাম ঘৰত আছে। মই তেজৰ কথা সুধিলত তেঁও মূৰে কপালে হাত দি ক'লে, 'মই বৰ ডাঙৰ ভুল এটা কৰিলোঁ, ডেকা ল'ৰা এজনে হাজৰিকাক বিচাৰি আহিলে তেঁওক কফি খুৱাই বহুৱাই থবলৈ লিণ্ডাই মোক কৈ গৈছিল, তেঁও এই কাগজখনত নমটোও লিখি থৈছিল। দহ মিনিটমান আগতে ডেকা ল'ৰাজন আহিছিল। মই কথাটো একেবাৰে পাহৰি তেঁওক নাই বুলি ক'লো আৰু তেঁও গুচি গ'ল।' মুঠৰ ওপৰত তেজ অলপ পলমকৈ আহি সম্ভৱ হতাশ হৈ গুচি গ'ল। তেঁও কেনেবাকৈ বাহিৰত অপেক্ষা কৰিব পাৰে বা ওচৰ পাজৰৰ কোনোবা দোকানত থাকিব পাৰে বুলি চালোঁ। তেঁওক নেদেখি মই গাড়ীত বহি থকা মা আৰু দ্বাৰিকৰ লগতে কথা পাতি থাকিলোঁ।

অলপ পাচতে ভূপেন দাদাই কেমেৰা চাই ওলাই আহি পোনেই তেজ ক'ত বুলি সুধিলে। মই সকলো বিৱৰি তেজ কোনোবা দোকানে পোহাৰে আছে বুলি চাবলৈ ধৰিলোঁ। ভূপেন দাদাইও তেজক বিচাৰি ইখনৰ পিচত সিখন দোকানত সোমাল, ইপিনৰ পৰা সিপিনলৈ গ'ল, ইজনৰ পৰা সিজনক চালে কিন্তু ক'তো তেজৰ ছাঁটোও নাই। তেজক লগ পোৱাৰ সম্ভাৱনা নেদেখি তেঁওৰ লাহে লাহে খং উঠিবলৈ ধৰিলে, সি কিয় তেঁওৰ কাৰণে কিছুক্ষণ ৰ'ব নোৱাৰিলে আদি নানা ধৰণৰ গালি পাৰিবলৈ ধৰিলে—প্ৰতি মিনিট আৰু প্ৰতিটো গালিৰ লগে লগে তেঁওৰ খঙ বাঢ়িবলৈ ধৰিলে, খঙ আৰু অপমানত তেঁও গা কঁপিবলৈ ধৰিলে। তেঁওৰ অৱস্থা দেখি মায়ে মোক ক'লে,

> 'মানুহটোক ধৰ, কেনেবাকৈ পৰি যাব, ইমান খং'।

ক'ৰবাত কিবা বেমেজালি হৈছে বা কিবা ভুল বুজাপৰা হৈছে, আপুনি এতিয়া এইবিলাক বাদ দিয়ক, আমাৰ দেৰী হ'ব সোনকালেই যাওঁগৈ আদি কৈ মই ভূপেন দাদাক আথে বেথে ধৰি আনি গাড়ীত বহুৱালোঁ আৰু লং আইলেণ্ডত থকা নিখিল আৰু নিৰ্মালী বৰুৱাৰ ঘৰলৈ বুলি ৰাওনা হ'লো। বাটত বেছি কথাবতৰা পতা নাছিলোঁ। কেৱল মায়ে এবাৰ ছেগ বুজি ভূপেন দাদাক মৰমেৰে ক'লে, 'ভূপেন, তোমাৰ খঙটো পিছে বৰ বেছি। ইমান খঙ উঠিবলৈ নিদিবা, ই কেতিয়াবা তোমাৰ বৰ অনিষ্ট কৰিব।' ভূপেন দাদাই দুখেৰে উত্তৰ দিলে, 'নাই মাহীদেউ, এই মানুহজনীয়ে মোৰ ল'ৰাটোক যিমান পাৰে মোৰ পৰা আঁতৰাই ৰাখিবলৈ বিচাৰে' আদি অন্তৰৰ গ্লানি কিছুমান এটা দুটাকৈ কৈ গ'ল।

আমি নিখিল আৰু নিৰ্মালীৰ ঘৰ পাওঁ মানে ভূপেন দাদা একেপ্ৰকাৰ শান্ত হ'ল। সেইদিনা ভূপেন দাদা নিৰ্মালীহঁতৰ ঘৰতে থকাৰ কথা। তাত তেঁও দুদিনমান থাকি নিউ ইয়ৰ্ক এলেকাত গীত পৰিৱেশন কৰাৰ কথা। আমি তেঁওক তাত থৈ সন্ধিয়া ৰ'ড আইলেণ্ড পালোহি। বাটত মায়ে এনেকুৱা অভিমতও দিলে, 'ভূপেনৰ খঙৰ ভমক দেখিয়েই ছাগৈ প্ৰিয়মে তেঁওক এৰি গ'ল?' সচাকৈয়ে মই আগেয়েও ভূপেন দাদাৰ খং বহুবাৰ দেখিছিলোঁ যদিও সেইদিনাখন ভূপেন দাদাই খঙত কেনেকৈ চূৰ্তি হেৰুৱাইছিল তাক দেখি আচৰিত হৈছিলোঁ। আমি ৰ'ড আইলেণ্ড পোৱাৰ অলপ পাচতে প্ৰিয়মে ফোন কৰি খুব কৰ্কশ ভাবে মোক ক'লে,

> 'আজিৰ পৰা তোমাৰ সেই কৰিটোক মোৰ ল'ৰাৰ পৰা আঁতৰাই ৰাখিবা।', 'তাক মোৰ ল'ৰাৰ কাষ চাপিবলৈ নিদিবা', আদি।

সাধাৰণ এটা ভুল বুজাপৰা হৈছে সকলো থিক হৈ যাব, মই দুয়োকে আকৌ লগ লগাই

দিম আদি তেঁওক আশ্বাস দিলোঁ। কিন্তু মোৰ আশ্বাসে ফল নিদিলে, প্ৰিয়মৰ খং দুগুণে বাঢ়িল। তেঁও 'নাই, নাই খবৰদাৰ তেনে কাম কেতিয়াও নকৰিবা বুলি খঙেৰে ফোনটো ঠেকেচ মাৰি থৈ দিলে।' সেইবিলাক সকলো দেখি শুনি মায়ে দুখেৰে ক'লে—এখন তাল অকলে নাবাজে।

কেমেৰাৰ দোকানত দেউতাকৰ লগত দেখা কৰিবলৈ অসমৰ্থ হৈ তেজ নিৰাশ হৈছিল যদিও বিচলিত হোৱা নাছিল। মাকে যদিও দেউতাকে তেঁওৰ কথা চিন্তা নকৰে কাৰণেই হয়তো ইচ্ছা কৰিয়েই তেনে কৰিছিল বুলি তেঁওৰ মনত দেউতাকৰ প্ৰতি বেয়া ভাব সুমুৱাই দিছিলে তথাপি তেজে নিজে পলম কৰা কাৰণে সেই কথালৈ বৰ কাণ দিয়া নাছিল। সাধাৰণ এটা কথাৰ কাৰণে তেঁওলোক দুজনৰ যে সাক্ষাৎ নহ'ল, সেই কথাটো তেজে বহুত দিনলৈকে জনা নাছিল আৰু তাৰ কাৰণে মাক দেউতাকৰ যে বেছ মনোমালিন্য হৈছিল তাৰ স্বৰূপ তেজে বহুত দিনলৈকে বুজা নাছিল। ভূপেন দাদা আৰু প্ৰিয়মৰ এজনৰ আনজনৰ প্ৰতি অকণো বিশ্বাস নাই বুলি জানিব পাৰি মইও তেঁওলোকৰ কন্দলৰ মাজত সোমাবলৈ বিচৰা নাছিলোঁ। পাচত তেজে নিজে আগ বাঢ়ি ভূপেন দাদাক সেই দোকানখনৰ পৰাই এটা ভাল চিনেমাৰ কেমেৰা কিনাত সহায় কৰিলে। আনকি ইয়াৰ বেংকৰ বিষয়া মহেশ কলিতাৰ সহায়ত টকা পইচাৰ লেন দেনখিনি কৰাত সহায় কৰিলে ভূপেন দাদাই সেই কেমেৰাটো লৈ যথা সময়ত ভাৰতলৈ উভতিলে।

এইখিনিতে, এইটো উল্লেখযোগ্য যে তেজে ১৯৭৫ চনত কলম্বিয়া বিশ্ববিদ্যালয়ৰ পৰা বি-এ ডিগ্ৰী অৰ্জন কৰে। তেঁওৰ মূল বিষয় আছিল প্ৰয়োগ গণিত আৰু শিল্পকলাৰ ইতিহাস। বি-এ ডিগ্ৰী লাভ কৰাৰ পাচত তেজেও দেউতাকৰ দৰে গীত ৰচনা আৰু পৰিৱেশন কৰাত মনোনিবেশ কৰে আৰু সোনকালেই গীত পৰিৱেশনৰ দল এটা গঠন কৰে। সেই দলটোৰ তেঁওয়েই প্ৰধান গায়ক আৰু গীটাৰ বাদক আছিল। ১৯৮২ চনত তেঁও দেউতাকক লগতে পাই দেউতাকৰ লগতো কেইটামান সাংস্কৃতিক অনুষ্ঠানত যোগদান কৰে। বিশেষকৈ সেই সময়ত আমেৰিকা ভ্ৰমণ কৰা পূৰ্ণদাস বাউলৰ লগত একেলগে ভূপেন দাদাৰ গীত পৰিৱেশনৰ তিনিটা অনুষ্ঠান আয়োজন কৰে। সেই অনুষ্ঠান কেইটা সফল ভাবে সমাধা কৰি তেজ বহুত উৎসাহিত হৈ দেউতাকৰ লগত ভৱিষ্যতে সংগীত জগতত সৃষ্টিমূলক কামৰ সম্ভাৱনাৰ উহ বিচাৰিবলৈ তেঁও বছৰচেৰেক পাচতে ১৯৮৬ চনত অসমলৈ যায়। সেইবাৰ তেঁও লগত ৰুবী-কৈলাস পেটেলৰ জীয়ৰী কুকি আৰু চিকুক লগত লৈ যায়। সেইবাৰ ভূপেন দাদাই পুতেক আৰু ভাগিনীয়েকহঁতক অসমত ভালদৰে ফুৰায়। তাৰ কিছুদিন পাচত ৰুবী-কৈলাসৰ জ্যেষ্ঠ কন্যা আৰাইও ভূপেন দাদাৰ লগত কিছু দিন কটাবলৈ অলপ দীঘলীয়াকৈ যায়। আৰাকও ভূপেন দাদাই অসম আৰু বংগ দেশত তেঁও পৰিৱেশন কৰা কেবাখনও গীতৰ অনুষ্ঠানলৈ লগত লৈ যায়।

সেই সকলোবিলাক কাৰণত তেজে দেউতাকৰ লগত পুনৰ লগ হোৱাৰ সুযোগৰ অপেক্ষা কৰি থাকিল। তেঁও বেছি দিন অপেক্ষা কৰিব লগীয়া নহ'ল কাৰণ ১৯৮৯ চনত ভূপেন দাদা আকৌ আমেৰিকালৈ আহিবলৈ ওলাল। তাৰ পিচতে, ভূপেন দাদা আৰু প্ৰিয়মৰ বৈবাহিক জীৱনত ঢেকীৰ শেষ খুন্দাটো পৰিল আৰু পিতাপুত্ৰৰ সম্পৰ্ক মষিমুৰ হ'ল।

আমেৰিকালৈ আহিবলৈ সিদ্ধান্ত লৈ ভূপেন দাদাই আগেয়ে কৰাৰ দৰে মোক জনালে যে তেঁও দুদিনমানৰ কাৰণে ৰ'ড আইলেণ্ডত থাকিবহি আৰু মোক পাৰিলে ওচৰে পাজৰে দুই এটামান অনুষ্ঠানৰ আয়োজন কৰিবলৈ ক'লে। তেজে ভূপেন দাদাৰ সংগীত জীৱনৰ লগত জড়িত হ'বলৈ কৰা হাবিয়াসৰ কথা জানি

মই তেজক কথাটো ক'লো আৰু নিউ ইয়ৰ্ক অঞ্চলত অনুষ্ঠান আয়োজন কৰিব পাৰিব নেকি সুধিলোঁ। দুদিন পাচতে তেজে মোক ফোন কৰি জনালে 'দিলীপ দাদা, আপুনি চিন্তা নকৰিব, নিউ ইয়ৰ্ক অঞ্চলত এইবাৰ মই ভালদৰে পোহৰৰ প্ৰদৰ্শনীৰে দেউতাৰ সাংস্কৃতিক পৰিৱেশনৰ ব্যৱস্থা কৰিম আৰু সেইটোৰ ব্যৱসায়িক ভিডিঅ' কৰিম। মই দেউতালৈ আজি কালিতে নিজেই লিখিম।' তেজে ভূপেন দাদালৈ লিখিলে আৰু মইও সবিশেষ জনাই ভূপেন দাদালৈ লিখিলোঁ।

তেতিয়াৰ দিনত আমেৰিকা আৰু ভাৰতৰ মাজত ফোনৰ ব্যৱস্থা আজিকালিৰ দৰে সহজলভ্য নাছিল। তথাপি মই ফোন কৰিও ভূপেন দাদাক তেজৰ পৰিকল্পনাৰ কথা আগতীয়াকৈ জনাই থলো। ভূপেন দাদাই কথাটো শুনি খুব আনন্দিত হ'ল। তাৰ পিচত আমি দুয়ো ভূপেন দাদাৰ উত্তৰৰ কাৰণে বাট চাই ৰ'লো। কিন্তু বহুত দিনলৈ কোনো খবৰ নাই।

তেজৰ দুৰ্ভাগ্য

১৯৭৯ চনৰ পৰা ১৯৮৯ চনলৈকে কাল ছোৱাত মই অসমলৈ সঘনাই গৈ আছিলোঁ আৰু আহোঁতে যাওঁতে কলিকতাত ভূপেন দাদাৰ লগত দুই এদিন কটাই কিতাপৰ আৰু তেঁওৰ গীত সংগ্ৰহৰ কামবিলাক কৰিছিলোঁ। ইতিমধ্যে, ভূপেন দাদাৰ জীৱন ৰথৰ চকৰী বহু পৰিমাণে কল্পনা লাজমীৰ নিৰ্দেশমতে চলিছিল। কল্পনাই ভূপেন দাদাৰ লগ লাগি এচথেটিক্স নামৰ এক ব্যৱসায় প্ৰতিষ্ঠান আৰম্ভ কৰে। এচথেটিক্সৰ ব্যৱসায় আছিল গীত বাণীৱদ্ধ কৰা, ১৯৮২ চনত তেজৰ সহায়ত কিনি অনা কেমেৰা ভাড়া দিয়া আদি। কল্পনাই ভূপেন দাদাই গীত পৰিৱেশন আদিৰ ব্যৱস্থা কৰা আৰু যথাবিহিত প্ৰাপ্য প্ৰাপ্য আদায় কৰা আদিৰ দায়িত্ব লৈ ভূপেন দাদাৰ ব্যৱস্থাপকৰ কামখিনি কৰিবলৈ লয়। ভূপেন দাদাই মোৰ চিঠিৰ উত্তৰ নিদিলে কিন্তু তেজৰ চিঠিৰ উত্তৰ দি তাৰে এটা নকল মোলৈ পঠিয়ালে। ইংৰাজীত টাইপ কৰি দিয়া সেই চিঠিখনত অতি কৰ্কশ ভাষা আৰু নিষ্ঠুৰ ভাবে তেজক কোৱা হৈছিল:

> "তই মোৰ কাৰণে একো কৰাটো মই নিবিচাৰোঁ। তই আৰু প্ৰিয়মে মোৰ পৰা আঁতৰি থকাটোহে মই বিচাৰোঁ। তহঁতে মোক গোটেই জীৱন বহু কষ্ট দিলি, এতিয়া মোৰ জীৱনৰ পৰা আঁতৰি থাক।"

চিঠিখন পাই তেজৰ মূৰত সৰগ ভাগি পৰিল। তেঁও দুদিনমান খাব ব'ব নোৱাৰা হৈছিল। নিজকে অলপ সম্ভম কৰি তেজে মোক এদিন ফোন কৰি জনালে, "দিলীপ দাদা, ভূপেন হাজৰিকাৰ লগত মোৰ আৰু কোনো সম্পৰ্ক নাই। আপুনি যি ভাল দেখে কৰিব।"

সেই চিঠিখন দেউতাকে তেঁওক ত্যাজ্যপুত্ৰ কৰাতকৈও যে নিৰ্মম আছিল তাক মই হৃদয়ংগম কৰিব পাৰিছিলোঁ। সেয়েহে, মই একো নক'লো আৰু একো নকৰিলো। দুদিনমান পাচত ভূপেন দাদাই লগত কল্পনাক লৈ ৰ'ড আইলেণ্ড পালেহি। একে সময়তে কানাডাৰ পৰা ভূপেন দাদাৰ ভনীয়েক ৰুবীও আহি তেঁওলোকৰ লগত যোগ দিলে। বহুত দিনৰ পাচত ৰুবীক লগ পাই ভাল লাগিল। সেইবাৰ মই ভূপেন দাদাৰ কাৰণে সচৰাচৰ কৰাৰ দৰে ৰ'ড আইলেণ্ড, বষ্টন বা হাৰ্টফৰ্ড আদি ঠাইত একো অনুষ্ঠানৰ আয়োজন কৰা নাছিলোঁ। ভূপেন দাদাহঁতক ভালদৰে সোধপোচ কৰি দুদিনমান ৰাখিলোঁ। তেঁওলোকক সাগৰত মাছ মাৰিবলৈকো নিলোঁ। তাৰ পিচত তেঁওলোক নিউ ইয়ৰ্ক আৰু আন আন ঠাইলৈ গ'ল।

সেই নিৰ্মম চিঠিখনৰ বিষয়ে কেইটামান কথা স্পষ্ট কৰা ভাল হ'ব।

প্ৰথমেই, 'পত্ৰলেখা পত্ৰ তুমি নিলিখা হ'লা' বুলি পত্ৰলেখিকাক দোষ দি গীত গোৱা ভূপেন দাদাই নিজে নিজ হাতে চিঠি লিখি ভাল

পাইছিল। তেঁও অসমীয়া বা ইংৰাজীৰ যেই কোনো এটা ভাষাতে তৎক্ষণাতে একোখন ধুনীয়া চিঠি লিখিব পাৰিছিল। সেই চিঠিখন হাতে লিখা নাছিল; টাইপ ৰাইটাৰত ইংৰাজীত টাইপ কৰা চিঠি—কোৱা বাহুল্য যে ভূপেন দাদাই টাইপ কৰিব নজনাৰ নিচিনা।

দ্বিতীয়তে, সেই চিঠিখনৰ ভাব আছিল অতি কৰ্কশ আৰু ভাষা অতিশয় কঠুৱা। মই ভূপেন দাদাই ইংৰাজী বা অসমীয়াত লিখা বহু চিঠি দেখিবলৈ আৰু পঢ়িবলৈ পাইছোঁ। সেইবিলাকৰ কোনো এখনত তেনে ভাব ভাষা কেতিয়াও দেখা নাই। সেয়েহে, সেই ভাব বা ভাষা ভূপেন দাদাৰ নিশ্চয় নহয় বুলি আমাৰ ধাৰণা। ভূপেন দাদাই কোনো লোকৰ বিষয়ে কেতিয়াও এনে নীচ অভিযোগ তোলা মই কেতিয়াও শুনা নাই।

তৃতীয়তে, ভূপেন দাদাই মোক প্ৰিয়মৰ বিষয়ে বহুত কথাই কৈছিল কিন্তু কেতিয়াও তেঁওৰ অপযশ ৰটি বা দোষাৰোপ কৰি এষাৰও কথা কোৱা নাছিল।

চতুৰ্থতে, এইটোও এটা জানিব লগীয়া কথা যে কথাছবিৰ জগতত পৰিচালক ৰূপে ভূপেন দাদাই প্ৰৱেশ কৰাৰ গুৰিতে আছিল প্ৰিয়মৰ প্ৰেৰণা আৰু প্ৰিয়মৰ দেউতাকৰ বিত্তীয় সহায়। সেই সহায়তেই ভূপেন দাদাই বি-পি ফিল্মচ প্ৰতিষ্ঠা কৰিবলৈ সক্ষম হৈছিল। বি-পি ফিল্মচ মানে হৈছে ভূপেন-প্ৰিয়ম ফিল্মচ। এই বি-পি ফিল্মচেই ভূপেন দাদাই পৰিচালনা কৰা প্ৰথম তিনিখন কথাছবি 'এৰা বাটৰ সুৰ', 'মাহুত বন্ধু ৰে' আৰু 'শকুন্তলা' প্ৰযোজনা কৰিছিল। সেইবিলাক কাৰণত ভূপেন দাদাই প্ৰিয়ম, প্ৰিয়মৰ দেউতাক আৰু তেঁওলোকৰ পৰিয়ালবৰ্গৰ প্ৰতি সদায় কৃতজ্ঞতা প্ৰকাশ কৰিছিল। আমাৰ ধাৰণা যে ভূপেন দাদাৰ মনুষ্যত্ব ইমান তললৈ নমা নাছিল যে নিজৰ সন্তান তেজ আৰু পত্নী প্ৰিয়মক তেঁও তেনেদৰে তুচ্ছ কৰিব। সেয়েহে আমাৰ বহুতৰে ধাৰণা যে সেই চিঠিখন ভূপেন দাদাই লিখা নহয়। সেইখন আনে লিখা আৰু কোনো এক দুৰ্বল মুহুৰ্তত ভূপেন দাদাৰ হতুৱাই চহী কৰোৱা।

সেইবাৰ নিউ ইয়ৰ্কত ভূপেন দাদাৰ গীত পৰিৱেশনৰ অনুষ্ঠান চাবলৈ তেজক ৰুৱীয়ে কেবাবাৰো ফোন কৰি লগ ধৰিলে কিন্তু তেজে পেহীয়েক ৰুৱীক লগ পাবলৈ ইচ্ছা প্ৰকাশ কৰিলে যদিও দেউতাকক লগ পাবলৈ নিবিচাৰিলে। ভূপেন দাদাৰ অনুষ্ঠান আৰম্ভ হোৱাৰ আগে আগে তেজে চাইকেলেৰে বন্ধু এজনৰ ঘৰলৈ গৈ থাকোঁতে এখন ট্ৰাকে তেজক খুন্দিয়াই বেয়াকৈ জখম কৰিলে। তেজৰ ভৰিত গুৰুতৰ অস্ত্ৰোপচাৰ কৰিব লগা হ'ল যদিও তেঁওৰ প্ৰাণ ৰক্ষা পৰিল। তেঁও হস্পিটালত কেবাদিনও কটাব লগীয়া হ'ল। হস্পিটালত তেঁওক ৰুৱীয়ে গৈ দেখা কৰিলে যদিও সেই চিঠিখনে তেজৰ মনক ইমান বিষাক্ত কৰিছিল যে তেঁও দেউতাকক চাবলৈ নিবিচাৰিলে। ভূপেন দাদা হস্পিটাললৈ নগ'ল যদিও নিউ ইয়ৰ্কত থকা শৈল চিকিৎসক ডাঃ সত্যেন্দ্ৰনাথ দাসৰ যোগেদি তেজৰ চিকিৎসাৰ ডাৰৰ বাতৰি ডাৱে লৈ থাকিল। প্ৰিয়মে কানাডাৰ পৰা আহি তেজৰ কাষত থাকি তেজক সুস্থ হোৱাৰ যুঁজত মনোবল যোগালেহি। সেই সময়ত তেজ আৰু প্ৰিয়মৰ শাৰীৰিক আৰু মানসিক কষ্ট তথা বেদনা হৃদয়ংগম কৰাটো তেঁওলোকৰ শুভাকাংখী সকলৰ কাৰণে আছিল হৃদয় বিদাৰক।

কোৱা বাহুল্য যে সেই দুৰ্ঘটনাটো প্ৰিয়মৰ কাৰণে এক প্ৰকাৰ দুৰ্ভাগ্যৰ আগতীয়া সংকেত যেন হ'ল। আমি জনাত তাৰ পিচত আৰু ভূপেন দাদাৰ সেই আপদীয়া চিঠিখন পঢ়ি পঢ়ি প্ৰিয়মে এই জনমত পুনৰ ভূপেন দাদাৰ সংগলৈ অহাৰ সকলো আশা আৰু অভিলাষ মনৰ পৰা বিসৰ্জন দিলে।

সম্ভৱ ১৯৮৫ চনৰ পাচত প্ৰিয়মৰ মনৰ পৰা ভূপেন দাদাৰ লগত পুনৰ মিলনৰ আশা লাহে লাহে লোপ পায়। প্ৰিয়মক মই শেষ

বাৰৰ কাৰণে ২০05 চনত অটোৱাতে মোৰ ভাগিন বিজয় বৰাৰ (বৈজ্ঞানিক ডঃ কুমুদ বৰাৰ দ্বিতীয় পুত্ৰৰ) বিবাহ উপলক্ষ্যে পতা সম্বৰ্ধনা মেলত লগ পাইছিলোঁ। তেতিয়া তেঁও কৈছিল যে তেঁও ভূপেন দাদাৰ লগত জীৱন কটোৱাৰ আশা কেতিয়াবাই এৰিলে আৰু তেঁওৰ মনৰ তিক্ততা বিলাকো কেতিয়াবাই অন্তৰ্ধান হ'ল। ইতিমধ্যে, তেঁওলোকৰ পুত্ৰ তেজ, বোৱাৰী কেন্দিচ আৰু নাতি ছেজে নিউ ইয়ৰ্কত নিগাজীকৈ থাকিবলৈ লৈ তেঁওৰ লগত সঘনে সংযোগ ৰখা কাৰণে তেঁও অটোৱাতে শান্তিৰে জীৱন কটাইছে বুলি তেঁও ভূপেন দাদাৰ জীৱনত সুখ আৰু শান্তি কামনা কৰিছিল।

প্ৰিয়মৰ ভায়েক কৈলাস আৰু ভূপেন দাদাৰ ভনীয়েক ৰুবীৰ পৰিয়ালটোও কানাডাৰ বাসিন্দা হোৱা কাৰণে কানাডাত প্ৰিয়মৰ পৰিয়ালৰ লোক আছিল। বিশেষকৈ কৈলাস আৰু ৰুবীৰ কন্যা আৱা অটোৱাতে বাস কৰে আৰু দ্বিতীয় কন্যা কুকিৰ পৰিয়াল ওচৰৰ টৰণ্টো চহৰৰ বাসিন্দা। অৱশ্যে, ইতিমধ্যে কৈলাস স্বৰ্গী হোৱাৰ পাচত ৰুবীও কানাডাৰ এডমণ্টন চহৰত বাস কৰে। ভূপেনবিহীন প্ৰিয়মৰ জীৱন সম্পূৰ্ণ অকলশৰীয়া নাছিল। তদুপৰি আত্মসন্মান, নিজৰ চৰিত্ৰ আৰু পত্নীৰ আদৰ্শ অনুকৰণত দৃঢ়তা তেঁওৰ চিৰ লগৰীয়া আছিল।

আমাৰ আন এটা আন্তৰিক বিশ্বাসৰ কাৰণেও আমি প্ৰিয়ম হাজৰিকাৰ প্ৰতি কৃতজ্ঞ। সেইটো হৈছে প্ৰিয়ম আৰু ভূপেন দাদাৰ বিবাহ নোহোৱা হ'লে হয়তো আমি 'এৰা বাটৰ সুৰ' আৰু 'শকুন্তলা'-ৰ দৰে সুৰ সমৃদ্ধ কথাছবি নাপালোহেঁতেন। এইটোও নিশ্চিত যে ভূপেন দাদাৰ বহু দৰদী গীতৰ আঁৰ পটত আছে প্ৰিয়মহীন তেঁওৰ জীৱনৰ আৱেগ, অনুভূতি আৰু হয়তো কিছু দুষ্টবুদ্ধি।

তেঁওক ভালদৰে জনা লোকসকলৰ বেছি ভাগৰ মতেই প্ৰিয়ম আছিল এগৰাকী পাৰদৰ্শী শিল্পী, উচ্চ শিক্ষিতা আৰু অভিমানী। ইয়াৰ প্ৰথম দুটাৰ লগত আমি একমত হ'লেও আমি প্ৰিয়মক 'অভিমানী' বুলি কাহিনীটো সামৰিবলৈ নিবিচাৰোঁ। আমাৰ মতে প্ৰিয়ম অতি উচ্চ চৰিত্ৰ আৰু উচ্চ আদৰ্শৰ হোৱা কাৰণে তেঁওৰ আত্ম সন্মানো দৃঢ় আছিল। তেঁওৰ আত্মবিশ্বাসো আছিল অতুলনীয়। তেঁওৰ মতে 'বিবাহ' হৈছে এজন নাৰী আৰু এজন পুৰুষে আত্মিক ভাবে প্ৰৱেশ কৰা এক চিৰ নিত্য সম্পৰ্ক সি কেৱল এই জীৱনতেই সীমাবদ্ধ নহয় কিন্তু জনমে জনমে চলি থাকিব লগীয়া প্ৰতিষ্ঠিত সম্পৰ্ক।

ভূপেন দাদা জীয়াই থাকোঁতে প্ৰিয়মে অসমলৈ নাযাওঁ বুলি প্ৰতিজ্ঞা কৰা নাছিল যদিও অসমলৈ যোৱা নাছিল। তেঁও কিয় নাযায় সুধোঁতে মোক কৈছিল যে তেঁওক যদি ভূপেন দাদাই নিজৰ পত্নী ৰূপে লগত লৈ যায় তেঁও পৰম আনন্দেৰে তেনে কৰিব।

ভূপেন দাদাৰ জীৱন কালত প্ৰিয়মৰ সেই সৌভাগ্য নহ'ল। মুঠৰ ওপৰত ১৯৬১ চনৰ পৰা ২০১১ চনলৈকে প্ৰিয়ম আৰু ভূপেন দাদাই ইটিয়ে সিটিৰ পৰা আঁতৰি বিচ্ছেদৰ জীৱন নিৰ্বাহ কৰিলে।

ভূপেন দাদাই ২০১১ চনৰ ৫ নৱেম্বৰ দিনা মুম্বাইত ইহ লীলা ত্যাগ কৰাৰ পাচত প্ৰিয়মে হাজৰিকা পৰিয়ালৰ আনসকলৰ লগত দুখৰ সমভাগী হ'বলৈ অসমলৈ যায়।

অসমৰ পৰা উভতি আহি প্ৰিয়মে এদিন মোক ফোন কৰি ক'লে মই যেন পুত্ৰ তেজক ভূপেন দাদাৰ বিষয়ে সকলো কওঁ আৰু ভূপেন দাদাৰ কৰ্মৰাজি সংৰক্ষণ কৰিবলৈ তেজে যিবিলাক কাম হাতত লৈছে মই যেন তেঁওক সকলো প্ৰকাৰে সহায় কৰোঁ।

কানাডাৰ ৰাজধানী অটোৱাতে ২০১৫ চনৰ ৩ জুনৰ দিনা পুত্ৰ তেজ আৰু নাতি ছেজৰ সান্নিধ্যত প্ৰিয়মে শান্তিৰে শেষ নিশ্বাস পেলায়। তেজে যেতিয়া মাকৰ বস্তু বাহানিবিলাক চমজি ল'বলৈ যায় মই তেজক অনুৰোধ কৰিছিলোঁ যে

সেইবিলাকৰ মাজত ভূপেন দাদাৰ চিঠিপত্ৰ, ফটো বা আন কিবা স্মৃতিচিন পালে তেঁও যেন সেইবিলাক লৈ আনি মোক দেখুৱায়। নাই, 'ভূপেন হাজৰিকাৰ গীত আৰু জীৱন ৰথ' পুথিৰ প্ৰথম তাঙৰণৰ এটা কপিৰ বাদে তেজে আন একো নাপালে। তেঁওলোকৰ দ্বৈত জীৱনৰ সকলো স্মৃতি প্ৰিয়মে হয়তো নিজৰ বুকুতেই বান্ধি ৰাখিছিল আৰু হয়তো সেইবিলাক নিজৰ বুকুতেই বান্ধি তেঁও ইহলীলা সামৰিলে।

প্ৰিয়মে সযতনে সাঁচি থোৱা 'ভূপেন হাজৰিকাৰ গীত আৰু জীৱন ৰথ' পুথিখন এইকাৰণেই গুৰুত্বপূৰ্ণ যে সেইখনেই আছিল প্ৰথম তাঙৰণৰ প্ৰথম পুথি। সেইখনকে ভূপেন দাদাই মৰমেৰে আনি প্ৰিয়মক উপহাৰ দিছিল। উপহাৰ পাতত ভূপেন দাদাই বিশেষ মৰমেৰে লিপিৱদ্ধ কৰা কথাখিনি ইয়াত দিলোঁ।

সেই চিঠিখন পঢ়ি সামৰোঁতে —তেঁওলোকৰ বহুত চেনেহ বহুত মৰমৰ ফল্গুৰ কেই টোপালমান মোৰ চকুৰ পৰা নিগৰি পৰিল। ইমান দিনে বহিৰ্দেশৰ অদেখা ৰূপে বৈ থকা সেই ফল্গুৱে *ভূপেন হাজৰিকাৰ গীত আৰু জীৱন ৰথতে* আত্মপ্ৰকাশ কৰি চিৰদিন বৈ থকাৰ সম্ভাৱনাই মোৰ জীৱন ধন্য কৰিলে।

তেঁওলোক দুয়োৰে সমান্তৰাল জীৱন শেষ হ'ল। সেই সমান্তৰাল জীৱনত তেঁওলোকে কি পালে কি নাপালে সেইবিলাক সময়ে সাৰটিব। তেঁওলোকৰ দোষ ত্ৰুটিবোৰৰ অন্ধকূপলৈ যাত্ৰাৰ পথত বাধা দিয়াৰ প্ৰয়োজন নাই। তেঁওলোকে আমাৰ মনপ্ৰাণ উদ্ভাসিত কৰিবলৈ আমালৈ এৰি থৈ যোৱা জীৱন অমৃতখিনিকে পান কৰি আমি দুয়োলৈকে শ্ৰদ্ধাত নতশিৰ হৈছোঁ। প্ৰিয়মে তেঁওৰ উচ্চ আদৰ্শ আৰু অসমীয়াক আপোন কৰাৰ আত্মগৌৰৱেৰে আমাৰ জীৱনলৈও উচ্চল জীৱনৰ জোৱাৰ অনা বাবে প্ৰিয়মৰ প্ৰতি এইয়া আমাৰ আন্তৰিক প্ৰণতি—প্ৰণতি, প্ৰণতি।

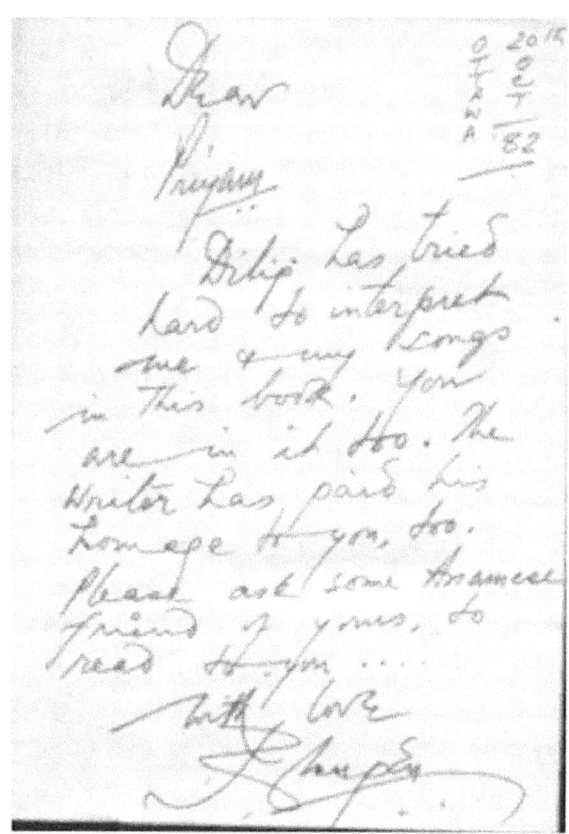

OTTAWA 20 OCT 82

Dear Priyam

Dilip has tried hard to interpret me & my songs in this book. You are in it too. The writer has paid his homage to you, too. Please ask some Assamese friend of yours, to read to you...

With love
Bhupen

চিঠিখনৰ অসমীয়া ৰূপান্তৰ তলত দিলোঁ:

অটোৱা ২০ অক্টোবৰ ৮২

মৰমৰ

প্ৰিয়ম

দিলীপে এই কিতাপখনত মোক আৰু মোৰ গীতবিলাক ব্যাখ্যা কৰিবলৈ বহুত চেষ্টা কৰিছে। ইয়াত তুমিও আছা। লিখকজনে তোমাৰও শলাগ লৈছে। অনুগ্ৰহ কৰি তোমাৰ কোনোবা অসমীয়া বন্ধুক পঢ়ি শুনাবলৈ ক'বা ...

মৰমেৰে

ভূপেন

উল্লেখিত পুথিৰ তালিকা

অৰুণলোচন দাস: *অসমীয়া চিনেমাৰ কথা*, শিশু-শশী প্ৰকাশন, গুৱাহাটী-৭৮১০০৭, ২০০৫ চন

এশ অসমীয়া চলচিত্ৰৰ কাহিনী আৰু গীত, লিখকৰ দ্বাৰা প্ৰকাশিত, ২০১৩ চন

অসম সাহিত্য সভা: *প্ৰৱন্ধ সৌৰভ*, চতুস্ত্ৰিংশতম অধিবেশনৰ স্মৃতি-গ্ৰন্থ, ডিব্ৰুগড়, ১৯৮৮ চন

আবদুল কাদিৰ (সম্পাদিত) *নজৰুল ৰচনা-সম্ভাৰ*, ইউনিভাৰ্চাল বুক ডিপো, কলিকতা, ১৯৬৫ চন

উমেশ চন্দ্ৰ ঠাকুৰ: *শংকৰদেৱৰ পৰা ডঃ ভূপেন হাজৰিকালৈকে বিভিন্নজনৰ অসমীয়া গীতৰ সংস্কৃত ৰূপান্তৰ:* এটি অভিনৱ প্ৰচেষ্টা, প্ৰান্তিক, ১৬-৩১ জুলাই, ২০১৩ চন

এছ-এম হুছেইন (সংগৃহীত আৰু সম্পাদিত): *অসমীয়া জিকিৰ-জাৰী সাৰ*, জ্যোতি প্ৰকাশন, গুৱাহাটী, ১৯৯০ চন

চানাৰাম কলিতা: *বহুৰঙী কামৰূপী লোকগীত*, এইচ চি গোস্বামী এজেন্সী, বাৰাংহাটী, কামৰূপ, ১৯৭৯ চন

জগত চেতিয়া (সম্পাদিত): *সুৰ সাগৰৰ মুকুতা বিচাৰি*, সুন্দৰবন কলা মন্দিৰ, শিৱসাগৰ, ১৯৬৪ চন

জয়কান্ত গন্ধীয়া: মুকলি বিহু আৰু বিহু নাচ, অনন্ত হাজৰিকা, ডিব্ৰুগড়, ১৯৮৪ চন

জ্যোতিপ্ৰসাদ আগৰৱালা: *লুইতৰ পাৰৰ অগ্নিসুৰ*, সম্পাদনা অতুলচন্দ্ৰ হাজৰিকা, জ্যোতিপ্ৰসাদ সোঁৱৰণী সংস্থা, তেজপুৰ, ১৯৭১ চন

বাণীকান্ত কাকতি: *পুৰণি অসমীয়া সাহিত্য*, লয়াৰ্ছ বুক ষ্টল, প্ৰথম তাঙৰণ, গুৱাহাটী, ১৯৬৮ চন

স্বামী কৃষ্ণানন্দ: *শ্ৰীমদ্ভাগৱদগীতা*, পঞ্চৰতন ফাৰ্ম, হাউলী, ১৯৭১ চন

তিলক দাস: *বিষ্ণু ৰাভা, এতিয়া কিমানি ৰাতি*, গুৱাহাটী বুক ষ্টল, গুৱাহাটী, ১৯৭৭ চন

দিলীপ কুমাৰ দত্ত: *নিৰ্মলপ্ৰভাৰ গীত আৰু নৱীৰ জীৱন নদী'*, শ্ৰীভূমি পাব্লিছিং, কলিকতা, ১৯৮৫ চন

পৰম্পৰাগত শিক্ষা আৰু আই পূজনীয়া, বেদকণ্ঠ, পুলিবৰ, যোৰহাট-৭৮৫০০৬, ২০১২ চন

ফলি লোৰা বুৰঞ্জী, চিত্ৰলেখা, গুৱাহাটী ১৯৮৬ চন

বিষ্ণুপ্ৰসাদৰ প্ৰসাদ, বেদকণ্ঠ, পুলিবৰ, যোৰহাট- ৭৮৫০০৬, ২০১১ চন

দেবেন্দ্ৰনাথ বৰা: *বিষ্ণু ৰাভাৰ সংগ্ৰামী আভা*, বাণী মন্দিৰ, ডিব্ৰুগড়-গুৱাহাটী, ১৯৮২ চন

দেবেন্দ্ৰনাথ বৰুৱা: *গীতা ৰহস্য*, দীপালী বৰুৱা, গুৱাহাটী-৯, ১৯৭১ চন

ধীৰেন্দ্ৰনাথ দাস: *হেৰায়ো হেৰোৱা নাই*, জাহ্নবী পাবলিচাৰ্চ, গুৱাহাটী, ১৯৭৮ চন

ধীৰেন দাস: *গোৱালপৰীয়া লোকগীত*, (তিনি খণ্ড), ৰতন বুক ষ্টল, গৌৰীপুৰ, ১৯৭৬ চন

নম্ৰতা দত্ত (সম্পাদিত): *ভূপেন দা*, জ্যোতি প্ৰকাশন, পাণবজাৰ, গুৱাহাটী, ২০১১ চন

বাবুল দাস (সংকলিত আৰু সম্পাদিত): *পঞ্চাচ বছৰৰ অসমীয়া বোলছবিৰ গীতৰ সংকলন*, বাণী মন্দিৰ, ডিব্ৰুগড়, ১৯৮৫ চন

মহেশ্বৰ নেওগ: *অসমীয়া গীতি-সাহিত্য*, বাণী মন্দিৰ, ১৯৫৮ চন

ৰামচন্দ্ৰ দাস: *অসমীয়া জনসাহিত্যৰ পাৰিজাত*, গৌতম প্ৰকাশন, সুন্দৰীদিয়া, বৰপেটা, ১৯৭২ চন

লভিত কুমাৰ শইকীয়া: *সোণোৱাল কছাৰী সংস্কৃতি*, লিখকৰ দ্বাৰা প্ৰকাশিত, মেগলা-ছৈখোৱা ঘাট, ডিব্ৰুগড়, ১৯৮১ চন

শ্ৰীকুমাৰ দহোতীয়া: *মৰাণ, মটক, ময়ামৰা*, ঘনকান্ত মৰাণ, দলিয়াভেটি গাঁৱণ তিনচুকিয়া

লক্ষ্মীনাথ বেজবৰুৱা: *বেজবৰুৱা গ্ৰন্থাৱলী* (প্ৰথম খণ্ড), অতুলচন্দ্ৰ হাজৰিকা সম্পাদিত, সাহিত্য প্ৰকাশ, গুৱাহাটী, ১৯৬৮ চন

সত্যেন্দ্ৰ নাথ শৰ্মা: *অসমীয়া সাহিত্যৰ ইতিবৃত্ত*, বাণীপ্ৰকাশ, গুৱাহাটী, ১৯৬১ চন (২য় প্ৰকাশ)

সমীৰণ বৰদলৈ (সম্পাদিত): *সুধাকণ্ঠ*, ভূপেন্দ্ৰ জয়ন্তী উদযাপন সমিতি, যোৰহাট, ২০১২ চন

ভূপেন হাজৰিকা: *জিলিকাৰ লুইতৰে পাৰ*, গণনাট্য সংঘ

সংগ্ৰাম লগ্নে আজি, গতি প্ৰকাশ, গুৱাহাটী

আগলি বাঁহৰে লাহৰী গগনা, লয়াৰ্ছ বুক ষ্টল, গুৱাহাটী, ১৯৬৫

সুন্দৰৰ ন দিগন্ত, লয়াৰ্ছ বুক ষ্টল, ১৯৬৭ চন (তৃতীয় সংস্কৰণ, ১৯৮৭)

বহ্নিমান ব্ৰহ্মপুত্ৰ, বাণী মন্দিৰ, ডিব্ৰুগড়, ১৯৮০ চন

গীতাৱলী, বাণী মন্দিৰ, ডিব্ৰুগড়, ১৯৯৩

মই এটি যাযাবৰ, বাণী মন্দিৰ, ডিব্ৰুগড়

হোমেন বৰগোহাঞি (সম্পাদক): *সাতসৰী*, ১-১৫ জানুৱাৰী, ২০০৬ চন

ENGLISH

Birinchi K. Barua: *History of Assamese Literature,* East-West Press, Honolulu, USA, 1965.

Prafulla P. Bora: *Cinema in Assam*, Peforming Art Center, 1978

Lewis Broad:*Winston Churchill*, Hutchinson and Company, London, 1941

Winston Churchill: *The Gathering Storm*, Cassell, London, 1964

Tez Hazarika: *Demystifying Bhupen Hazarika*, Coolgrove Press, 2013

Mazumdar, Roy Chaudhury and Datta: *An Advanced History of India*, Macmillan, 1956

Harriette Bronson Gunn: *In a Far Country: A story of Christian Heroism and Achievement,* American Baptist Publication Society, Philadelphia, 1912.

Syed Zarir Hussain: *The Undying Maestro BHUPEN HAZRIKA*, Wordweaves, 77 K K Bhatta Road, Chenikuthi, Guwahati, 781003, 2012

গীতৰ প্ৰথম শাৰীৰ সূচী

[প্ৰথম সংখ্যাটো গীতৰ সম্পূৰ্ণ কথা থকা পৃষ্ঠা, পিছৰবিলাক উল্লেখ পৃষ্ঠা]

অ

অ হ'ল অসমৰ ২১৮
অ' অভিমানী বন্ধু ৩১৩
অ' আমাৰ গাঁও ২৭৬
অ' আমি তেজাল গাঁৱলীয়া ২৬৩
অ' আয়ুব খাঁন ২০২
অ' কানাই পাৰ কৰা ৩৩৬
অ' ককাইটি ১১০
অ' কুলিটি কি গাইছা ২৩১
অ' জীৱন ডিঙা বাই ২৬৭
অ' জোনালী দীপান্বিতা ২৫৫, ৩, ৪৩৫
অ' জীৱনৰ নদীৰে কতনা ৩০২
অ' ঠুনুকা কাঁচঘৰ ২৯৯, ৩৯৪
অ' তই অবুজ মন ৩২৬
অ' দুখৰে উপৰি দুখ ২৬৬
অ' নতুন মনৰ তৰুণ তৰুণী ৩০৬
অ' পৃথিৱীৰে, অ' ভাৰতীৰে ২৬৩
অ' বান্ধ, অ' ৩১৫, ৩৯২
অ' বান্ধৈ তাঁতৰ শালৰ শিপিনী ১৫৭, ৩, ৪৩৫
অ' বান্ধৈ! দুপৰীয়া মৰোঁ যেনে ৩, ৩৬৪, ৩৬৮
অ' বিদেশী বন্ধু ২৯৮
অ' বিহুৰেনো বিৰিণা ৩০৯, ৩৪৫
অ' ভাৰতৰে পঁজা ঘৰত ২৩৭
অ' মইনা কেতিয়া আহিলি ২, ৫৩, ৩৬০
অ' মালতী! কথা এটি ১৫৮, ৩৭৯
অ' মোৰ গুৰুদেউ ৩৩৩
অ' মোৰ ধৰিত্ৰী আই ৩২২
অ' মোৰ ভৈয়াই ৫৯
অ' মোৰ মলুৱা ৩৩৪
অ' মোৰ ভৈয়াই ৫৫
অ' ৰাধে ক'লাই নুবুলিবি ৩৩৪
অ' হৰি! ইখন সৃজিলা কিনো ৫৮
অকণ ঘৰলৈ আহিলে ২৩২
অকোৰা পকোৰা বাট ৩০৪
অগ্নিযুগৰ ফিৰিঙতি মই ৭১, ৩, ৬৬, ৬৮, ৭০
৭১, ২৬০, ৩৩২
অট'ৰিক্সা চলাওঁ ১০৮, ৪৮৮
অতিকৈ চেনেহৰ বহলকৈ পৃথিৱী ২১৩
অতীতৰ বুৰঞ্জী ১২৬
অপৰূপা, অপৰূপা ৩১৫
অভাগিনীক কৃপা কৰা ৩২৫
অৰুণ কিৰণ শিৰৰ ১৮০
অলিয়া বলিয়া মন ১৪৩
অলৌ গুটি তলৌ গুটি ২৭৬
অসম আমাৰ ৰূপহী ১৬৭
অসম দেশৰ বাগিচাৰে ২৯৭, ৪৮৮
অসম মৰিলে ২৩৯
অসমী আইৰে লালিতা পালিতা ১৭৫
অসীমৰ সিপাৰতে ৩১৭
অস্ত অকাশৰে ১৬৭, ৫
অয় অয় আকাশ শুব ২৮১, ৪৮৬
অসমীয়া জাতিটোৰে ২০৮
অহো হো মহো অ' ২৬৪

আ

আই সৰস্বতী অ' ৰং ফুল ৩১৬
আকাশ বিশাল সাগৰ বিশাল ৩১৮
আকাশ সাৰটি ২৩৩
আকাশী গংগা বিচৰা নাই ১৩৫, ৫
আকাশী যানেৰে ১৬৮
আগ বাঢ়া বাঢ়াই ২৫০, ৩
আগলি বাঁহৰে লাহৰী ৩০৪
আজলি হিয়াৰ মাজে ২, ৩৬৩
আজি আই অসমী ২০৪
আজি ঈদৰ মজলিচ (ৰমজানৰে চাওক)
আজি কি আনন্দ পেখোঁ ২৩৫
আজি জীৱন বুটলিবি ১০৭
আজি বতৰ গাভৰু হ'ল ৩২২
আজি ব্ৰহ্মপুত্ৰ হ'ল বহ্নিমান ২০৭
আজি লিখিছোঁ ২১২
আতংকবাদ হুচিয়াৰ ২৩৩
আনৰ কাৰণে ২৯৩
আমাৰে ভণ্টী শুব ৩০০
আমি অসমীয়া নহওঁ দুখীয়া ১৮৩, ২০৫
আমি নহওঁ মাথোঁ ক্ৰন্দনৰত ২২৮

আমি ভাইটি ভণ্টি ২১৬
আৰক্ষী বাহিনীৰ কুশাসনে ২১২
আৰে, গৈলে কি আসিবেন ৩৪০
আৰৈ ধান লেচীয়া ৩৫৫
আলফুলীয়া কুমলীয়া ৫৯
আহ আহ ওলাই আহ ৮১
আহুধান দাবলৈ ৩২৪
আশ্বিন মাসে দুৰ্গাপূজা ৩০০

উ

উজাই বুৱে দিলে ২৬৫
উত্তৰে পানী ৩২৯
উদং উদং গা ২৩১
উনাশী আশীত লুইতপৰীয়া দলে ২১০
উষা আৰু নিশা ২৫৩
উৰ উৰ শান্তিৰ পখীটি ২৩০
উলাহেৰে নাচি বাগি ২, ৫২
ওচৰা-উচৰি দুটি ঘৰ ১১৯
উপাদদি যায় ৩৩৬, ৪৮৮

এ

এ চেনেহীৰ ফটা বিহাৰ ১৬৩
এ জয় ৰঘূৰ নন্দন ৩৩৭, ৬, ৩৫, ৪১০
এই ধুনীয়া গধূলি লগন ৩১৪, ৪৯১
এই পৃথিৱী এক ক্ৰীড়াংগন ২৩২
এই ভিজা ভিজা ৰাতি
এই বহাগ জ্বলন্ত ২২৮
এই বিহুৰ উৰুকা নিশা ১৫৮
এইটি বা কোন ওলালে ২৭৯
এক ঠাম মিলে না (সোঁৱৰণী মোৰ) ২৭৪
এক বিন্দু, দুই বিন্দু ৩২৮
এটি কুঁহি (কলি) দুটি পাত ১৪৯
এটি মনৰ দুটি মানুহ ৩২৩
এটুকুৰা আলসুৱা ১৪৩
এন্ধাৰ কাতিৰ নিশাতে ৭৬
ঐ নিলাজ পাহাৰ ১২৯, ৪২৬, ৪৩৬

ক

ককাই, অসমৰ আকাশত ১৮১
ক-খ-গ-ঘ ২৯৮
কটন কলেজ কটন কলেজ ২৩৪
কত জোৱানৰ মৃত্যু হ'ল ১৯৯
কথা কোৱা হে উৰ্বশী ৩৬৯, ৪৫৪, ৪৬৬

কঁপি উঠে কিয় ২৬১, ৩, ৬৮, ৭০, ৪৩৫
কপিলী, কপিলী ১৯৯
কঁহুৱা বন মোৰ ২৭৪
কঁহুৱা কোমল উশাহ মোৰ ৩১৮
কপিলী কপিলী ২১০
কৰ্মই আমাৰ ধৰ্ম ২৬২, ৩
কলিৰ কৃষ্ণ ১৩৭, ৫
কাকনো সুঁৱৰি ২৭২, ২৬০
কাকিনী তামোলৰ ১৪৮
কাজিৰঙা, কাজিৰঙা ৩১৪
কানাই পাৰ কৰা ৩৩৬
কাৰ আকাশৰ ৰামধেনুখনি ২৬২, ৩
কাৰ ঘৰৰ লখিমী ৩০৭
কাৰোবাৰ দুনয়ন সৰগৰ ২৯৫
কালজয়ী, মৃত্যুঞ্জয়ী ২৭৮
কাশ্যপ ঋষিৰ আশ্ৰমখনি ২৫৪
কাহিনী এটি লিখা ১২৩
কাং মঙাই চেঃ ১৭৯
কি কৰোঁ ১৫২
কি পালি ২৩৬
কি বিচাৰি ওৱে জীৱন ৩০৮
কি যে ছন্দত ২২৯
কি যে তোমাৰ সংগ ১৬২
কিছু দিন আগতে ২৩৬
কিনো কপাল সাধি ৩১০
কিনো গীত গালি চান্দ খাঁ বৰা ৩৯
কিৰিলি কিৰিলি ২২৭
কুঁৱলী, কুঁৱলী ৩৩০
কুলি কেতেকী সৰু ভনীটি ৩৪৯
কুলিটোৱে বাৰে বাৰে ২৩৮
কুসুম্বৰ পুত্ৰ ৫৬, ২
কেঁচা ৰঙা ৰক্তৰ দামেৰে ২৫৬
কোন এই ললনা ৩৩০
কোন চিত্ৰলেখীয়ে ২৩৮
কোনে কয় মই অকলশৰীয়া ২৮৬
কোনে জানে তোমাৰ ২৮৭
খৰাং বিহাৰৰ অভাৱনীয় দুৰ্দশা ১৩৩

গ

গংগা মোৰ মা ৩৬৮, ৩৫৯
গাঁৱৰে জীয়ৰী ২৬৫
গুপুতে গুপুতে ১৬৪
গুম গুম মেঘে গৰজিলে (অ' জীৱন ডিঙা চাওক)
গুৱাহাটীৰ কোনোবা ২৩০

গীতৰ প্ৰথম শাৰীৰ সূচী

গোদাবৰী নৈৰ পাৰৰে পৰা ১৭৮, ৩৭৮
গৌৰীপুৰীয়া গাভৰু দেখিলোঁ ১৫০, ৬৭

ঘ

ঘনে ঘনে কত ২৪৯
ঘৰ আমাৰ মাটি হয় ২৯১
ঘৰ ঘৰ বুলি ১৮৭
ঘৰত নবহে মন ২০০
ঘুমটি যাওঁৰে মোৰে সোণ ৩০৯

চ

চ'তৰে বিহুৱে গীত ৩৪৬
চকলা টেঙাটি ৩৫০
চৰাইৰে চিকুণ ৩৫৭
চৰাইপুঙৰ কপৌ ২৪৯
চয়নিকা চয়নিকা ২৩৮
চানমাই আকালাই ৩৩৬
চামের্লি মেম চা'ব ৩০
চিত্ৰলেখা ১৩১
চিনাকী মোৰ মনৰ মানুহ ২৯৪
চিৰযুগমীয়া ট্ৰো তুলি ১৮৯, ৫
চিয়াঙৰে গালঙ ১৭১, ৫
চেনাই মোৰ অ' ৩১৩
চেনেহৰ চৈয়দ ৩৩৮
চেনেহীৰ ফটা বিহা ১১৮
চেলিম খান ৩৯০
চুচুক চামাকৈ ১৫৪
ছাগৰ ছাল ছেলাবৰ (পাঠক) ৩৪২
ছাগৰ ছাল ছেলাবৰ ৩৪৩
ছিলঙৰে গধূলি ১৭২, ৫
ছিলঙৰ মনালিছা ১৪৮

জ

জনকপুৰৰ জানকীয়ে ২৬৯
জন্মদিন ৩১৯
জৱ জৱ বাহাৰোঁ আয়ে ৪৩৮
জয় জয় অসমীৰ ২৩৭
জয় জয় নৱজাত ২০৩
জয় বা পৰাজয় ২৪৩
জাগিজা গিজাঁও ১৫০
জাগ্ৰত মানুহৰ ছাঁ দেখি ১২৭
জানকী, কি? কিয় এই ৪২০
জিক মিক দেৱালীৰ ১১০

জিগিজা গিজাও অ' গিজাও ২৯৯
জিন্দাবাদ মেণ্ডেলা ২৪২
জিলিকাৰ লুইতৰে পাৰ ১৬৯
জিলমিলীয়া কোমল বালি ২৯৪
জীৱন গঢ়োতে অগভীৰ ২৫৭
জীৱন ঘড়ীৰ প্ৰতিটো পল ৩০০
জীৱন জোৰা খাতিয়ে যদি ১৪৬
জীৱন নদীৰ মহিমা ২৫৫
জীৱন সিন্ধু ২৩৯
জীৱনটো যদি অভিনয় ২৮২
জীৱনটোৰ কান্দোনখিনি ১২৪, ১৩০
জুই লৈ নেখেলিবি ৫৩
জুয়ে পোৰা তিৰাশীৰ ২১০
জেঠৰে তেৰৰে ২০০
জোনাই যেন জোনাকত ৩০৮
জোনাকী পকৰাৱ ১১১
জোনাকৰে ৰাতি ২৬৭, ৩৭৭-৩৭৯, ৪৫২, ৪৯০
জ্ঞানীজনে কয় ২৪০
ঘক্ ঘক্ ৰেল চলে ৭৮

ট - ড

টিৰাপ সীমান্ত ২৮৪
টিহু হ'ল ১৭৭
টু টু টু টু টু টু টুপি ৩২৩
টুপ টুপ নিয়ৰ ২৫৬
ডিফু হ'ল তোমাৰে নাম ১৮০
ডুগ ডুগ ডুগ ডুগো ডম্বৰু ১০৬, ৪৪৬
ঢাক ঢাক ঢাক ২৪২

ত

তপ্ত তীখাৰে অগ্নিশক্তি ২৭৮
তুমি নতুন পুৰুষ ১১১
তুমি বিয়াৰ নিশাৰ ১৫৩
তুমিয়ে মোৰ কল্পনাৰে ১৭১, ৪৩৭
তুলসীৰ তলে তলে ২৪৪
তেজ দিলা, প্ৰাণ দিলা ২৩৯
তেজৰে চাকি জ্বলাই ২৪১
তেৰশ চৌৱন্নৰ ১৯৭, ৮৫
তোমাক সজাম বুলি ২৪৪
তোমাৰ উশাহ কঁহুৱা ১৪৭
তোমাৰ দেখোঁ নাম পত্ৰলেখা ১৩৭, ৫, ৪৯০

দ - ধ

দৰিকা দিচাঙে ১৫২
দিখৌৰে বুকুতে ১৭২, ৩
দিহিঙে দিপাঙে ২৪৬
দুখৰে উপৰি দুখ ২৬৬
দুটি জীৱনৰ কথা ২৭২, ২৬০
দুয়ো মুখামুখি ২৪৫, ৩৭৯
দূৰ দিগন্তত ১৩৯
দে উদঙাই দে ঢালি দে ৩৫৬
দেখুৱাই দেচোন ২৩৭
দেহৰ ৰন্ধ্রে ৰন্ধ্রে ১৬৪
দেহি ঐ ৩৪৬
দোলা, হে দোলা ৫২
ধম ধমা ধম ধম ধম ধম ৩১২
ধুনীয়া ৰঙৰ নতুন পাহিৰ ২৭৩, ২৬০, ৪৯৩
ধুমুহা নাহিবি ৩৬৯
ধুমুহাত মই থৈ যাম ৩৭০
ধৌলী মোৰে মাই ৩৪০

ন

নতুন নাগিনী তুমি ১৪৫, ৫
নতুন নিমাতী নিয়ৰৰ নিশা ১৪৩, ৫, ৪৯২
নতুন পুৰুষ ১১০
নতুন নতুন সাহ নিতে নিতে ২৭৩
নৱ নৱ পুৰুষৰ ২১২
নৱ নৱ বহাগ ২৮৮, ৪৩৮
নৱ মল্লিকাৰে হেঁপাহ ২৭৫
নবীন ভাৰতৰ ৫৯
নাই নাই নাই হেনো ২০৩
নাই ভয় নাই ১৩২
নামৰে কঠীয়া অ' ৩৫১
নামি আহাঁ সুন্দৰৰে ১৩০
নিজক দেখি আজিকালি ৩০৫
নিয়ৰৰে ফুল ৩৬৫, ৪৯১
নিশাৰ এন্ধাৰ পোহৰালে কোনে ৩১৮
নেকান্দিবা, নেকান্দিবা ১০৫
নেলাগে সমাজ ১১০

প

পদ্মাৰ ধুমুহাই ৩০১, ৩৯৯
পৰহি পুৱাতে টুলুঙা ২৭১, ২৬০
পলম কিয় হ'ল অ' নয়ন ৩২১
পলাশৰে ৰং ৩০১
পক্ষীৰাজ ঘোঁৰা ২৯০, ৪৫৪, ৪৯১
পাগলাদিয়াৰ পাৰে পাৰে ৩২৮
পাচলিৰ বাগিচা ২১৭
পাৰ ভাঙি দিলে ২৪১
পাহাৰ ভৈয়ামৰ সংগম ২৪৩
পাহাৰৰ সিপাৰে ধুনীয়া ১১৩
পিতৃগৃহ ত্যাগি ২৭৭
পিয়লি! পিয়লি ২৬৬
প্ৰচণ্ড ধুমুহাই প্ৰশ্ন কৰিলে ২৮৬
প্ৰতি নেত্ৰ অশ্ৰু সিক্ত ২৫৪
প্ৰতিধ্বনি শুনো ৮২
প্ৰথম নহয়, দ্বিতীয় নহয় ১২৭, ৫
প্ৰথম প্ৰহৰ ৰাত্ৰি ২৭৭
প্ৰথম মৰমে যদি ১৫৬, ১৯৪
প্ৰেম প্ৰেম বুলি জগতে ৩৬৭, ৪৯১

ফ - ব

ফুট গধূলিতে ১৫২, ৫, ৪৮৬
ফেঁচুৰে কৰিলে ছিঁউ ২৮০
বন জুই বনতহে ৩০৮
বন্ধুৰ বাড়ীতে ৩৩৯
বনৰে পখীটি ২৭৫
বৰ বৰিবা যায় ৩৩৫
বৰদৈচিলা ১৮২, ৪৬৫
বহাগ মাথোঁ এটি ১৭০
বহাগৰে প্ৰথম পুৱা ১৫৩
বহাগী অ' ৩৪৫
বহুত দিনৰ আগতে ১৩৫
বান্ধৈ! মৰোঁ যেনে লাগে ৩৬৫
বাৰো মাসে তেৰ ফুল ৩৪০
বাল্মীকি আশ্ৰম ৫৮
বিংশ শতিকাৰ ২৪৬
বিংশ শতাব্দী অসমৰ ৪৩৭
বিজুলীৰ পোহৰ মোৰ নাই ২৯২
বিমূৰ্ত মোৰ নিশাটি ১৬২, ৪৪০, ৪৮৭
বিৰাজে কি সাজে ২৭৬
বিশ্ববিজয়ী ন জোৱান ৭১
বিস্তীৰ্ণ পাৰৰে ৮০, ৪৪১
বিহু বিহু লাগিছে ৩৫৪
বিহুটি বছৰি আহিবা ২৪৭

বিহুৱে বিৰিণা অ' আইতা ৩৪৫
বিহুৱে বিৰিণা বৃটিছ ৰজা ৩৫৩
বিক্ষুব্ধ বিশ্বকণ্ঠই ৭৮
বুকু হম হম কৰে ২৭৭, ১৬৫, ৪৮৭, ৪৯২
বোলো অ' মিচিং ডেকাটি ১৭৪
ব্ৰহ্মপুত্ৰৰ দুটি পাৰ ২১৬

ভ

ভণ্টি অ' ভণ্টি ১৫৪
ভৰা বাৰিষাৰ বানে ১২৮
ভৰিৰ তলুৱাৰ ৩০৭
ভাঙ, শিল ভাঙ ৭৯
ভাবিছিলা এবুকু ৩০৫
ভাবিছিলা তুমি হাত মেলিলেই ৩২৫
ভাৰত আকাশত হাঁহে ১৯৬
ভাৰতৰে পঁজা ঘৰত ২৩৮
ভালকৈ পুনৰ চোৱাঁ ২৫০
ভাষা ভৰা পৃথিৱীৰ ১৩৭
ভূপেন মামাৰ গীতে মাতে ২১৮

ম

মই অসমৰ, মই ভাৰতৰ ৩০৩
মই অথাই জলধিৰ ৩২৭, ৩৭৮
মই আৰু মোৰ ছাঁ ২৮৩
মই এটি যাযাবৰ ১২৬
মই কহিমাৰে আধুনিকা ১৭৩, ৪৬০, ৪৬৬
মই যেতিয়া এই জীৱনৰ ১৩৬
মই যেন আজীৱন ১৪৪
মই সপোনপুৰীৰ ২৫১
মইও বনে যাওঁ স্বামী হে ৩৩৭
মইনাজান, মইনাজান ১১২, ৫
মংগলদৈ তোমাৰে নাম ১৭৬
মৎস্য কূৰ্ম (কিনো কপাল সাধি চাওক)
মণিৰাম দেৱানৰ গীত ২৭৯
মদাৰৰে ফুল হেনো ১০৭, ৫
মনত আছে নে ১৫২
মহাবাহু ব্ৰহ্মপুত্ৰ ৫৬
মহামানৱৰ ত্যাগ অগনিয়ে ১৯৭
মহামিলনৰ তীৰ্থ ২৪১
মহাত্মাই হাঁসি বোলে ৫৮
মহিলা মহিলা ক'লৈনো ৩১১
মাঘত দেখোঁ উৰুকা নহয় ১৪৬
মানুহৰ মুকুতিৰ কথা ১৩৪
মানুহে মানুহৰ বাবে ১২২, ৪৪৮
মিঠা মিঠা বহাগৰ ১৩৬
মিলনৰে এই শুভক্ষণ ২৯০
মুক্তিকামী লক্ষজনৰ ৮২
মুখ উজ্জ্বল যৌৱন উজ্জ্বল ৩২৬
মেঘে গিৰ গিৰ কৰে ৭৭
মোক জংঘ্মী জংঘ্মী ৩১৯
মোৰ আইৰ চকুপানী ২০৯
মোৰ গাৱঁটো দেখোন ৩৫৫
মোৰ গান হওক ১৮৭
মোৰ গীতৰ হেজাৰ শ্ৰোতা ১৩১
মোৰ জীৱন ৰথ ১৬৪
মোৰ বুকুৰ জালাত ২৮৭
মোৰ মন বাঘ ১৮৮, ১১৭
মোৰ মৰমৰ নতুন পুৰুষ ১১৬
মোৰ মৰমে মৰম বিচাৰি ১৩৮
মৃত্যুকথা ২০৪
মৃত্যু সাৰথি ২৯২

য

যদি জীৱনে কান্দে ১২৫
যাই যদি জীৱনটো ৮০
যাবই লাগিব তই ২৭১
যাঃ যাগৈ ১৯১
যুক্তিকথা ২০৪
যুগ যুগ ধৰি ২৪৮
যুৱতী অনামিকা গোস্বামী ১০৬, ৪৪২

ৰ

ৰং কিনিবা কোনে ২১৫
ৰং ৰং নানা ৰং ৩১৪
ৰংপুৰ তোমাৰ নাম ২২৬
ৰঙীন ৰঙীন ২৫০
ৰণক্লান্ত নহওঁ ১৯৮
ৰ'দ পুৱাবৰ কাৰণে ২৭০
ৰমকে জমকে ২৬৪, ৩৩৪
ৰমজানৰে ৰোজা গ'ল ২৮৪
ৰম্ভা, মেনকা ২৯৫
ৰক্ষা কৰা মোক ১৩০
ৰাইজ আজি ভাৱৰীয়া ৮১
ৰাখে ক'লা নবুলিবি ৩৩৪
ৰাধাচূড়াৰ ফুল গুজি ১৫৪

ৰিণিকি ৰিণিকি শুনিছোঁ ২৫৭
ৰিম জিম ৰিম জিম বৰষুণে ২০৬
ৰুদ্ধ কাৰাৰ দুৱাৰ ভাঙি ১৮৬
ৰুম জুম নেপুৰ বজাই ১৫১, ৫
ৰূপান্তৰৰ মই ৩২০

ল

লাউ খাওয়াৰ পাৰে ৩৩৯, ৫০০
লিয়েংমাকা ২৮০, ৩২৩
লুইতৰ বলিয়া বান ৩২৭
লুইতত ভোটোঙাই ওলাল ১১৪
লুইততে মোৰ ঘৰ ১৭৬
লুইতপৰীয়া ডেকা বন্ধু ২১০
লুইতপৰীয়া তেজাল ডেকা ২১১
লুইতৰ পাৰ দুটি ১৭৫

শ

শংকৰ মাধৱৰ মহা মহা ৫৭
শতিকাৰ ৰূপ খেদোঁ ১৮৬
শব্দ আৰু সুৰৰ পৃথিৱীত ২৪৯
শৰতৰ শেৱালিৰ নতুন ২৫২, ৩
শাৰদী ৰাণী তোমাৰ হেনো নাম ১৭০
শীতৰে সেমেকা ৰাতি ১২৩, ৪৪৭
শুক্লেশ্বৰ ৪১০
শুনা শুনা হে ২৪৮
শেষ কথা ২০৫
শেষ সকীয়নি ২০৮
শৈশৱতে ধেমালিতে ১০৮
শ্বমা থাকিলে ২৯৩
শ্বহিদ প্ৰণামো তোমাক ২১২, ৪৮৪
স্বাদী কৰোৱাই লওক ২৮৮
শ্যাম কানু ৩০৮, ৩৩৩, ৩৭৯
শ্যাম কানু দূৰৈ হৈ নাযাবা (কি বিচাৰি ওৰে জীৱনত চাওক)

স

সংগ্ৰাম লগ্নে আজি ২৭৯
সংগ্ৰাম যদি জীৱনৰ এটি ৮০
সদা হাঁহি মুখ ২৫৮
সময়ৰ অগ্ৰগতি ১৯০, ৩৩২
সহস্ৰজনে মোক প্ৰশ্ন কৰে ২৮৬
সাগৰ সংগমত ২৬৮, ১১, ২৯, ৪৪৬
সাত সমুদ্ৰ পাৰৰে ২৮৯
সাতোটি সাগৰ আৰু তেৰটি ৩২১
সিদিনা আঠ নৱেম্বৰ ২৪২
সুউচ্চ পাহাৰৰ ১৮৮, ৪৫৪
সুখ নাই দুখ নাই ২৫১
সুখী হোৱা তুমি ১৩৯
সুন্দৰী চাওঁ কিনো কল্পনা ৩১২
সুৰ নগৰীৰ সুৰৰ কুমাৰে ১৩৮, ৩, ৬৮
সুৱাত মগন ভয়াল ২৯৬
সূৰ্য্য উদয় যদি ২২৯
সেউজীয়া বননিৰ বীণ বৰাগী ২৪৫
সেন্দুৰ সেন্দুৰ প্ৰভাতী সূৰুয ৩১৭
সেন্দুৰ সেন্দুৰ প্ৰভাতী (ৰীতা) ৩১৭
সেন্দুৰ সেন্দুৰ ফোঁটটিয়ে ১৮৯
সোণৰ কাঠিৰ পৰশ পোৱা ২৭৪
সোণে যেন সুধিছে ১১২
সোঁৱৰণী কুঁৱলীয়ে ১৯১
সোঁৱৰণী মোৰ ২৭৬
স্নেহে আমাৰ ১৪৫, ৬৮, ৭০, ৪৯২
স্বকীয় ৰূপ লৈ ৬০
স্বাদী কৰোৱাই লওক ২৮৯

হ

হৰি, ইখন সৃজিলা ২, ৫৮, ৪৪৯
হয় চাহেব হয় ৩৩৭
হাঁহি কান্দোনৰ ২৫১
হাৱা নাই ২৯৬
হায়, হায়, হায় কঁপি উঠে কিয় ৩২৭
হাঁয়ৰে প্ৰাণেৰ বাচা মোৰ ২৯৬
হাঃ হাঃ হাঃ হাঃ থুই ১৩৬
হুঁ হুঁ ধুমুহা আহিলেও ১৪৪
হে দোলা ৭৯
হে বান্ধ! মই নিৰুপায় ১৪৭
হে মাই যশোৱা ৩৩৫, ৪৯১
হে মোৰ অসমৰ শ্ৰোতা ১২৮
হে হে হে ঢোলে ডগৰে ২৮১
হেৰ! দেখুৱাই দেচোন ২০৮
হেৰৌ মন বৰুৱা ৩৯
হাঁয়ৰে প্ৰাণেৰ বাচা মোৰ ২৯৬
হাঁহি কান্দোনেৰে ২৫১
হাঁহিকে ভগাওঁ ২৮৯
হাৱা নাই বাতাস নাই ২৯৭

উল্লেখ সূচী

অ. চি. গাংগুলী ১৯ ২৬
অকণ ৮, ৩১৫
অংগীকাৰ ৮
অজিত সিংহ ৩৫৮, ৩৬৬, ৪৫১
অটোৰা ৪০৫, ৪৯২
অঞ্জলি কাকতি ৩৬৬
অতুল বৰদলৈ ৪৩৬
অতুল মেধি ৪৫০
অন্জন চৌধুৰী ২২২
অনাথ দাস ৩৯৯
অনিমা চৌধুৰী ৪২
অনুকূল নাথ ৪৫২
অনুপম হাজৰিকা vi, ১২৬
অনুৰাধা দাস ৩৯৩
অনুৰধা শৰ্মা পূজাৰী ৪৮৫
অন্নদাশংকৰ ৫৭
অপৰূপা ৮, ৩১৬
অপেক্ষা ৯
অমৰ হাজৰিকা ৪০৬, ৪০৭
অমিয় মোহন দাস ৪৫২
অৰুণ পুৰকায়স্থ ১৫, ৪৬৫
অৰুন্ধতি দাসবৰুৱা ২৫২, ৩৩৯, ৪৫১, ৫০০
অশান্ত প্ৰহৰ ৮
অশোক বৰদলৈ ৪৭২
অশ্বিনী গোস্বামী ৪৪২-৪৪৬
অশ্বিনী বৰুৱা ৪৪
অসম ৰত্ন ১২, ৪৭০
অসম সাহিত্য সভা ১, ৪, ৫, ৬
অসমাপ্ত ৮
অসমীয়া সমাজত জাতপাত ৮৬
অসহযোগ আন্দোলন ৬৩
আইনু ৩৫৮
'আগলি বাঁহৰে লাহৰী গগনা' পুথি ৪, ১০, ২৪
আজাদ হিন্দ ফৌজ ৬৫
আজান ফকীৰ ৪৮, ৩৩৭
আজাহাৰ আলম ৪৩১
আনন্দ চন্দ্ৰ বৰুৱা ৫
আনন্দ বাক্সী ৪৩৮
আনন্দিৰাম দাস ৩, ৪৭, ৫২, ৩৫৯, ৪৫১
আব্ৰাহাম লিংকন ৯৫
আমাৰ প্ৰতিনিধি ৪, ১৪-৩৪, ২২৪
আমি কৰি ফুৰোঁ ৩৬২
আৰমান আলি ৩০
আৰতি মুখাৰ্জী ৩৯৩
আৰোপ ৯
আলো মঞ্জি কি কহব দুখ ৩৩১
আশা কটকী ২২২
আশা ভোশলে ৩৭৬, ৩৭৯-৩৮২, ৩৮৭
ইউগাণ্ডা ৯৭
ইন্দিৰা গান্ধী ৬, ১৯৩-১৯৫
ইন্দিৰা চৌধুৰী ৪৯৭
ইন্দ্ৰেশ্বৰ বুজৰবৰুৱা ২৫৬
ইংলণ্ড ৯৬
ইন্দ্ৰ মালতী ২, ৩১, ২৬১
ইভা আচাও ২৫০, ২৮২
ইলা বোস ৩৯৩
উজ্জ্বল বৰঠাকুৰ ১৩০
উপলা বৰুৱা ৩৫৮
উপেন কাকতি ৩৬৬
উপেন বৰুৱা xi, ২২৩, ৪১৫, ৪১৬-৪৩৪
উপেন্দ্ৰনাথ গগৈ ২৭
উপেন শৰ্মা ৪১
উমেশ চৌধাৰী ৫৩
উৰ্বশী ৪৫৪-৪৫৮
উষা দাস ৪০৩
উষা মংগেস্কাৰ ৩৭৬, ৩৭৯-৩৮০
এক পল ৯
এখানে পিঞ্জৰ ৮
এচথেটিক্‌চ ৫
এন্ড্ৰক'ল ৪৪০, ৪৫৩
এৰা বাটৰ সুৰ ৮, ৯, ২৬৭, ৪০৫
এলিনৰ ৰুজভেল্ট ১১
ওজাপালি ৩৫
ঋত্বিক ঘটক ১১
কংগ্ৰেছ ৬৪-৭১
কটন কলেজ ১, ৬৬, ১৯৩
কতদিন আৰু আশাৰ সপোন ৩৬৫
কভেণ্ট্ৰি ১৯
কমল কটকী ২২২, ৩৬৫, ৪৫৮
কমল নাৰায়ণ চৌধুৰী ৪১, ২৭৮, ৩৯৪, ৪৫২, ৪৬৮
কমলানন্দ ভট্টাচাৰ্য্য ৫৩, ৩৩২
কৰুণাসাগৰ দাস xxx, ৬

533

কলম্বিয়া বিশ্ববিদ্যালয় ৪, ১১, ১০১, ৪০৫, ৪০৮
কলগান ১
কন্ট্রোল দত্ত ৩৬৪
কড়ি ও কোমল ৮
কর্বিপুৰুৰ ৫৪, ৫৫
কলিকতা ৫
কলেজিয়েট স্কুল ১, ৫৫
কল্পনা ছাওলা ৪৬০
কল্পনা বকৰা ৫০৪
কল্পনা লাজমী ৫, ৬, ২১৫, ২৬১, ৪৬৮
কবিতা বকৰা xi, ২২৩, ৪০৬, ৪১৯-৪৩৪
কবীৰ ১২০
কানাডা ৯৬
কাম্পালা ৪
কামৰূপী লোক গীত ৪০-৪২
কাৰেঙৰ লিগিৰী ২
কালিদাস ৪৫৪, ৪৫৮
কাংলো সিঁদুৰ ৮
কাশী বিশ্ববিদ্যালয় ২, ৩, ৬৬, ৬৭
কাষতে কলচি লৈ ২, ৫২
কাঁচঘৰ ৮, ৩০০
কিৰণ ধনিকৰ ৩৬০
কিশোৰ কুমাৰ ৩৭৬, ৩৮৯, ৩৯০
কীৰ্তিনাথ শৰ্মা বৰদলৈ ৪৯
কুইনী xi, ৮৫, ১০০-১০২, ৩৪২, ৩৯৪, ৪০৬, ৪৫২
কুঁৱলী ৩২৭
কুল গঠৈ ৪৬২
কুল বকৰা ৪২৬, ৪২৭, ৪৫০
কুল বহমান ৬৯, ২১৮, ৩২০, ৩৭৮, ৪২১
কেঁচাসোণ ৮, ২৭৩
কৈলাস পেটেল ৩৬৫, ৪১৯-৪৩৪
কেশৱ মহন্ত ৫৩
কোন কলীয়াই ২, ৩৬৩
কৌমুদী ভূঞা ৫০৪
কৃষ্ণা বৰ্মন ৪৬৩
খোজ ৮, ২৯৪
গকুল পাঠক ৩৪১, ৩৪২
গজগামিনী ৯
গজমুক্তা ৩২১
গতি প্ৰকাশ ১০, ১৩, ১৫
গন্ধৰ্ব ৩
গান্ধী ৩, ৩৬, ৩৭, ৫৪, ৬৩-৬৯, ১৯৩, ৪১০
গায়ত্ৰী দত্ত (বৰগোহাঁই) ২০, ২১, ১৫৬, ৩১৪
গায়ত্ৰী দেৱী ৩৯৩

গিয়াচুদ্দিন ৩৭
গুৱাহাটী ৯৯
গুৱাহাটী বিশ্ববিদ্যালয় ৪, ৬, ৭, ৪২, ৯৮-১০২
গোৱালপৰীয়া লোকগীত ৪২, ৩৩৮
গোলাপ ৮৫ বা ৫০৪
গৌৰী বৰ্মন ৪৬৩
ঘন নেওগবৰা ২৭
চঞ্চল খান ২২৪
চন্দন চুতিয়া ৫০
চন্দ্ৰকান্ত চেতিয়া ৫০১
চন্দ্ৰকান্ত দাস ২৭
চন্দ্ৰপ্ৰভা শইকীয়ানী ৪০৩
চন্দ্ৰপ্ৰভা সোণোৱাল ৩০
চৰ্যাপদ ৩৫
চৰণ সিং ৯০
ছেদ ৯, ৪৫২
চাণক্য ভট্টাচাৰ্য ৪৮, ২৯২
চান্দ খাঁ ৩৮
চানাৰাম কলিতা ৪২, ৩৩৩
চাৰ্চিল ৬৪
চাৰ্লি চেপলিন ৩০
চামেলি মেম চাব ৮, ২৯৭
চাৰু বৰদলৈ ৪৫২
চাহ মজদুৰৰ গীত ৪৩
চিক মিক বিজুলী ৮, ৯, ১০, ২২৩, ২৬০, ২৯০
ছফি ব্ৰজন টিটেবিংগটন ৪৮
ছাইগল ২, ৩৭৬, ৩৮৮, ৪০৩
ছিপ্ৰা বসু ৪৬৩
ছবিৰাজ ৩, ৯, ৭১, ২৫০
জেজ হাজৰিকা ৪৫২
ভগত চেতিয়া ৯৪
জৰ্জ বাৰ্নাড ছ' ৪৫৩
জৱাহৰলাল নেহৰু ৫৪, ৫৮, ৯৩, ১৯৫, ৩৭১, ৩৮৯
জয়কান্ত গন্ধীয়া ৪৫
জয়ন্ত বকৰা ৩৫৯, ৩৬৮
জয়ন্ত হাজৰিকা ৬, ২২২, ২৮৩, ৩০৬, ৩১১, ৪১৯-৪৩৪
জয়মতী ২, ৩১, ৩৬২, ৪৬৮
জালিয়ানৱালাবাগ ৬৪
জাহ্নু বকৰা ১৬৫
জিউনী চিংমা ৮
জিকিৰ ৪৭
জিতেন শইকীয়া ৪৭২
জিন্না ৬৫

উল্লেখ সূচী

জীৱন তৃষ্ণা ৮
জুনুকা ৩৫৮, ৩৬৫
জুবিন গাৰ্গ ৪৫২
জুলিয়াচ ছিজাৰ ৪৪১
জেফ্ ঘিটৰ ৪৬, ১৬৬, ১৭৪
জোনাকেৰ আলো ৮
জ্যোতি দত্ত ৪৫০
জ্যোতিপ্রসাদ ১,২, ৩০, ৩১, ৪৮, ৫০, ৫৬, ৬৬-৬৮,
    ৭৪, ৩৪১, ৩৬০, ৩৬২, ৪০৯, ৪৫৩, ৪৭১
জ্যোতির্ময় বৰুৱা ৯৫
টোকাৰী গীত ৩৮, ৫৩
ডলী ঘোষ ১৭৫, ৩৯৩
তকদিৰ ৫৩, ৪৩৮
তৰণী পাঠক ৫০১
তৰুণ কলিতা ৩৮, ৪৮৯
তৰুণৰাম ফুকন ৬৬
তস্কী গঙ্গৈ ৩৪৩
তস্বীৰ তেৰা দিল মেৰা বেহালা ন সকেগি ৩৮৫
তামিলনাড়ু ৯০
তালাত মহম্মদ ৩৮৫
তিলক দাস ৫০
তীৰ্থ দাস ১৮৪, ৩১২
তুষাৰ সন্ন্যাল ১৮৬
তেজ হাজৰিকা ৪০৮, ৪৩২-৪৩৪
ত্যজ ৰে কমলাপতি ৩৩১
তৃষা হাজৰিকা ৪০৩
দণ্ডধৰ হাজৰিকা ৪৭২
ত্রৈলোক্য দত্ত ৩০
দণ্ডিনাথ কলিতা ৬৭
দধীচি ৪৬৪
দ্বাৰিক ৪৭০
দমন ৯
দম্পতী ৮
দাদা চাহেব ফাল্কে বঁটা ১১
দামিয়ান ৯
দিল জ্বলতা হাইটো জ্বলনে দো ৩৮৬
দিলীপ কুমাৰ ৯২
দিলীপ শৰ্মা ৩৫, ৪২, ১০২, ৩৯৪, ৪১১-৪৩৫, ৪৫২
দীননাথ শৰ্মা ৩৬৫
দীপজ্যোতি চক্রৱৰ্তী ৪৫৬
দীপতৰা হালৈ xxiv
দুই বেচাৰা ৮
দুৰ্গা গোস্বামী ১৬৯
দুৰ্গাবৰী গীত ৩৬, ৩৩৭

দুৰ্লভ শইকীয়া ৩৯
দুৰ্বণিৰ সৌ বিৰিণ বিৰিণ ৩৯৪
দেৱেন্দ্রনাথ বৰা ৫১
দেৱেন্দ্রনাথ বৰুৱা ৮৬
দেৱৰাজ ২০
দেহৰ বন্ধে ১৬৪
দ্বাৰিক ৪৬৯
ধৰ্মকাই ৩০৭
ধীৰেন্দ্রনাথ দাস ৪৯, ৩৩৮
ধুমুহা ৮, ২৭১, ৩৯৩

নগেন বৰা ৩৫৯, ৪৬৫
নগেন শইকীয়া ৪৯৩
নগেন হাজৰিকা ৫০৪
নংগ ওজান্তা ১৬৬
নজৰুল ৬৬, ৭৪
নন্দিতা বেনাৰ্জী ৪৪২
নৱপল্লৱ মহন্ত ৩৩১
নবীন দত্ত ২৭
নমিতা দাস ২২০
নলিনীবালা দেৱী ৩৬৫
নৱ নৱ পুৰুষৰ ২০৮
নৰকান্ত বৰুৱা ২২২, ৩৫৮, ৩৬৫
'নাগিনী কন্যাৰ কাহিনী' ১১
নাজিৱা ৩৯৯
নাট্যশাস্ত্র ৩৫
নাৰায়ণ দাস ঠাকুৰ আতা ৩৮
নাগিছ ৯২
নাহৰ ফুলে নুশুৱায় ৩৯৪
নিগ্রো, নিগাৰ ৯১
নিমিলা অংক ৪১১, ৪৬৮
নিৰ্মলপ্ৰভা বৰদলৈ ৩৫৮, ৩৫৯, ৩৬৫, ৩৬৬, ৪১৫,
    ৪২৬, ৪২৯
নিৱেদা ভূঞা ২৭৮
নিৰোদ চৌধুৰী ৩৮৯, ৪৭২, ৪৯৬, ৪৯৭, ৪৯৮
নিৰাপত্তাহীন সমাজ ৯৭
নিয়তি ৩১১
নীলকান্ত হাজৰিকা ১, ২, ৫৩, ৩৯৯-৩৩৪
নুৰজাহান আহমেদ ২৯
নুকুল হক ৩৫৯
নৌছাদ ৪১
নৃপেন হাজৰিকা ১৯৬, ৪০১, ৪০৩, ৪১২-৪৩৪
প'ল ৰবচন ৪৮, ৩৬০
পংকজ দত্ত ৭, ৪০৬

পকাহাণ্টচ ৪৬৫
পদ্ম বৰকটকী ২৮
পদ্মভূষণ ১১
পবিত্ৰ কুমাৰ চুতীয়া ২৯
পবিত্ৰ বৰকাকতি ২৮২
পৰেশচন্দ্ৰ পাটগিৰি ২৯
পলাশৰ ৰং ৮, ৩০১
পলাৰয়ড কেমেৰা ৪৬৮
পাগলাদিয়া ৬৭
'পানী' ৮, ৩২৩, ৩৮০
পাঠশালা ৪১১
পাৰ্বতি প্ৰসাদ বৰুৱা ৫৩, ৩৬৪
পাৰঘাট ৩, ২৬২, ৪৬৮
পাৰে পৰি হৰি ৩৩২
পিয়লী ফুকন ৪, ৮, ২৬৪
পিট ছীগাৰ ৪৮, ৩৬১
পুৰুষোত্তম দাস ৩, ৪৬৭
পুৰূৰবা (৪৫৪-৪৫৮)
পুলক বেনাৰ্জী ৩৯৩
পুলক গগৈ ৩০
পুৱতি নিশাৰ সপোন ৮, ২৬০, ২৭৪, ৩৯৪
পূৰ্ণমল ভূঞা ৩৬৯, ৪৫৪, ৪৬০, ৪৬৬
পূৰ্ণেন্দু মোহন দাস xi, ২৬১
প্ৰচুজ্য শইকীয়া xxxii
প্ৰণতি ভূঞা ২৯
প্ৰণৱ কুমাৰ শৰ্মা ২৯
প্ৰণৱিৰাম বৰুৱা ৪৭
প্ৰতাপ সিংহ ৪৯
প্ৰতিধ্বনি আলোচনী ১৫
প্ৰতিধ্বনি কথাছবি ৮, ১১, ২৮১, ৩৯৪
প্ৰতিমা বৰুৱা (পাণ্ডে) ৪২, ৩৩৮
প্ৰতিমূৰ্তি ৯
প্ৰতিশোধ ৮
প্ৰদীপ চলিহা ৩৫
প্ৰফুল্লবালা বৰুৱা ৪৫১
প্ৰবীণ হাজৰিকা ৩৯৪, ৩৯৯, ৪০১, ৪০৩, ৪০৫, ৪০৭-৪৩৪
প্ৰশান্ত বৰদলৈ ৩৫৯
প্ৰমিলা ৰঘুবীৰ ৩৬০
প্ৰমোদচন্দ্ৰ দাস ২৯
প্ৰসন্নলাল চৌধুৰী ৩৩২
প্ৰতিমা বৰুৱা ৩৩৮
'প্ৰাসংগিক' ৩০
প্ৰিয়জন ৮, ৩২২

প্ৰিয়বালা ৰাভা ৩৯৩
প্ৰিয়ম পেটেল ৪, ২৫, ৯৮, ২২৩, ৪০৫-৪৩৪, ৪৩৭, ৪৯২
প্ৰিয়মৰ পৰিয়ালবৰ্গ ৪০৪
প্ৰিয়ংকা শইকীয়া ১৫৭
'ফলি লোৰা বুৰঞ্জী' ৪৩
ফণীধৰ দত্ত ১০১
ফণী তালুকদাৰ ৩৯৩
ফণী শৰ্মা ৪৭১
ফুট গন্ধলিতে ১৫২
ফুলুমণি ব্ৰহ্ম ৮
বদন বৰফুকন ৩
বনজুই ৮, ৩০৮
বনহংস ৮, ৩০৪
বৰগীত ৩৭, ৪৭২
বংশীধৰ দাস ৪২
বদন বৰফুকন ৪৬৮
বৰ্ণালী তালুকদাৰ xxxii
বলেন হাজৰিকা ৪১২-৪৩৪
বহুবল শিকদাৰ ৩৫
বহ্নিমান ব্ৰহ্মপুত্ৰ ১৬, ১৭
বাঁহফলা ৪৬
বাসু দাস ৩৫৪
বাৰ্লিন ৫, ২১
বাল্মিকী ৫৪
বিজু ফুকন ৪৩৬
বিতোপন গগৈ ৪০৯
বিনু বৰা ৫০৪
বিপ্লৱী ২৬৩
বিন্দু ১৩, ১৫, ২৬
বিভূচৰণ বৰুৱা ১৮১, ১৯১, ৪৭০, ৪৭২, ৪৭৪
বিমল ৰাজবংশী ২৯৬
বিমল ফুকন xiii
বিৰিঞ্চি কুমাৰ বৰুৱা ১০২
বিশ্বৰ ছন্দে ছন্দে ৩৯৪
বিশ্বজিত গোঁহাই ৩৪১
বিশ্ববিজয়ী ন-জোৱান ২৬১
বিশ্বেশ্বৰ বৰুৱা ৪১
বিষ্ণুপ্ৰসাদ ১, ২, ৩১, ৩৪, ৪২, ৫০, ৫৫, ৬৭, ৯৮, ৩২৯, ৩৩২, ৩৪১, ৩৫৮, ৩৬০, ৩৬১, ৩৯৪, ৪০৯, ৪১২, ৪৪৭, ৪৫২, ৪৭১, ৪৭৫
'বিষ্ণুপ্ৰসাদৰ প্ৰসাদ' ৩৬৩
বিষ্ণুজ্যোতি সংগীত বিদ্যালয় ৪৭১
বিহাৰ ৯১

উল্লেখ সূচী

বিহুগীত ৩৪১
    আৰু হুঁচৰি ৪৪
বীণা বৰুৱা ৩৫৮
বীৰেন্দ্ৰনাথ দত্ত ৩৫, ৪২, ৩৩৮, ৩৪০
বুদ্ধদেৱ ১১৯
বেউলা ২, ৩৬৩
বেউলাৰ গীত ৩৫
বেণু মিশ্ৰ ৩০
বৃষ্টি ২৯৫
বৃন্দাবন ৮
ভৱলতা ৪০২
ভৱেশ গোস্বামী ১৩২, ৪৩১
ভৱেশ বৰুৱা ৩১৪
'ভাগ্য' ২২৩, ২৮৬, ৩৯৪, ৪৩৮
ভাৰতীয় গণনাট্য সংঘ ১০
ভাস্কৰ দাস ৩৫৮
ভূপেন মামাৰ গীতে মাতে ... ১০
'ভূপেন দা' ৩৮১
ভূপেন হাজৰিকাৰ পলাৰয়ড কেমেৰা ৪৬৯
ভূপেন হাজৰিকাক লৈ ব্যৱসায় ৪৭১
'ভূপেন হাজৰিকাৰ গীত আৰু জীৱন ৰথ' ৫, ১০
'ভূপেন হাজৰিকাৰ গীত সমগ্ৰ' ৪৯৯
ভূপেন হাজৰিকা সংস্কৃতিক সংগ্ৰহালয় ৬
ভূপেন হাজৰিকা
    চিত্ৰশিল্পী ১৬-৩৪
    সম্পাদক ১২-৩৪
ভূপেন হাজৰিকাৰ উইল ৪৬২, ৪৭০
    ন্যাস ৬, ৪১৭, ৪৭০
ভূপেন্দ্ৰ সংগীত ৪৭২
ভূপেন্দ্ৰ সংগীতৰ বৈশিষ্ট্য আৰু লক্ষণ ৪৭৫
মণিবেন ৪
মণিৰাম দেৱান ৮, ২৭৮, ৩৩৬
মনীষা ৬, ২৮৪, ৪২৭, ৪২৮-৪৩৪
মণ্টু ঘোষ ৩৯৩
মণ্ডুলা গোস্বামী ১৩
মধুমিতা ভট্টাচাৰ্য্যা ৪৫২
মন প্ৰজাপতি ৮, ৩১৩, ৪১৮
'মনে মোৰ কইনা বিচাৰে' ১৮, ২০
মনোমতী পাঠক ৫০১
ময়ূৰপংখী চেতিয়া ৪৭৬
ময়ূৰী ৩২১
মহম্মদ ৰফি ৩৭৬, ৩৮৭-৩৮৯
মহানন্দ মজিন্দাৰ বৰুৱা ৪৭
মহেশ্বৰ নেওগ ৪৭

মহুৱা সুন্দৰী ১২
মা ৮, ৩১৯
মাইল্‌চ্‌ ব্ৰুচন ৪৮
মাজুস্মা ৪৭৫
মাৰ্টিন লুথাৰ কিং ৯৫
মাণিক চন্দ্ৰ শইকীয়া ৩৯
মাতে সেন্দুৰীয়া ৩৬৪
মাদ্ৰাজ ৬৪
মাধৱদেৱ ৩৪, ৪৯, ১০৪, ১০৫, ৩৩২, ৪৭৩
মাধুৰ্য্য মহন্ত ৩৭৬
মান্না দে ৩৯১, ৩৯২
মানৱ প্ৰেম আৰু মানৱতাবাদ ১১৮
মালবিকা বৰুৱা ৪৭
মালিতা ৪৩
মামনি গোস্বামী ১৬৫
মাহুত বন্ধু ৰে ৮
মুকুল বৰুৱা ৩৭৫
মিউজিক মেকাৰ্চ ১৩৪
মিনতি চৌধুৰী (গোস্বামী) ৪৪২-৪৪৬
মুকেছ চান্দ মাথুৰ ৩৮৬
মুন চিৰঞ্জীৱ চুতিয়া ৩৫০, ৩৫৩, ৩৫৪
মুনীন্দ্ৰ নাৰায়ণ বৰদলৈ ৫০৪
মুলজী ভাই ৪
মুম্বাই ৬
মুছলিম লীগ ৬৫
মেকাথী-ইজ্‌ম ৯৮
মেজৰ ফুজিৱাৰা ৬৫
মোৰে ওৰে জীৱন কৰি ৩
মোহন সিং ৬৫
মৌচুমী চহৰীয়া ৪৭৭-৪৮০
মৃদুকল্পা বৰগোহাঞি ৩০
মৃদুস্মিতা শইকীয়া বৰদলৈ ২৫৬
যতীন্দ্ৰনাথ দুৱৰা ৬৮
যুগে যুগে সংগ্ৰাম ৮, ৪৬৩
যোগেন্দ্ৰ নাথ ২৭
যোগেশ ভৰালী ৪১
ৰঙ্গ (কৰিতা বৰুৱা চাওক)
ৰমেশ চৌধুৰী ৪৪২-৪৪৬
ৰভিয়া ৭
ৰজনীকান্ত দাস ৪৫
ৰতিকান্ত দাস ৪০২
ৰম্ভ ওজা ৪১১
ৰন্ধ-সংযোগ ৪৪৬
ৰত্নেশ্বৰ দাস ২৯

সৰল দত্ত ১৬৭
সৰোজ বৰুৱা ২২৪
সলিল চৌধুৰী ৩৯৩
সৱিতা চৌধুৰী ৩৯৩
সাদৰ (গায়ত্ৰী বৰগোঁহাই) চাওক
সাধনা দেৱী ২৭
সাধনা বৰুৱা ২
সীতাহৰণ ১৫৯
সুজিত দাস ৫১
সুজিত বৰুৱা ৩৪
সুদক্ষিণা শৰ্মা (কুইনী চাওক) ৩৫, ৩৯৪
সুধাকণ্ঠ ৫
সুন্দৰৰ সৰু-বৰ আলিয়েদি ১১
সুন্দৰৰ ন-দিগন্ত ১০
সুমন কল্যাণপুৰ ৩৮২
সুমন্ত চলিহা ৪৭২, ৪৭৩, ৪৯৯
সুৰ বাহিনী ৪২৭
সুৰভি কাকতি ৪৫০, ৪৯২
সুৰৰে দেউলৰে ১, ৫২, ৩৬২
সুভাষ বসু ৬৪-৬৫
সূৰ্য্যকিৰণ দাস ২২০
সূৰ্য্য কুমাৰ ভূঞা ৪০৫
সূৰ্য্য হাজৰিকা ১৫, ৪৯২-৫০০
সোণৰ সপোন মোৰ ৩৬২
সোণাৰাম স্কুল ১
সোণালী গোস্বামী ৫০৩
সীমানা পেৰিয়ে ৮
স্নেহলতা ৪০২
স্মৃতিৰ বুকুত থৈ যাম মই ৩
হকাশম ২৮
হৰিবিনোদ ভাৰ্মা ৪৯৩, ৪৯৬
হাৰ্মনিয়াম ১৫৬
হিটলাৰ ৬৫, ৭১
হিন্দু ধৰ্মৰ বৰ্ণবিভাগ ৮৭
হিৰণ্যচন্দ্ৰ ভটাচাৰ্য্য xi, ৬৮
হীৰেন গোঁহাই ২৭
হেমন্ত দত্ত ৪২৯
হেমন্ত কুমাৰ ৩৭৬, ৩৮৩, ৩৮৪, ৩৮৫
হেমাংগ বিশ্বাস ৪৭, ১৯৬, ২০০, ৩৯৩
হেমেন হাজৰিকা ৪৭, ৩৪১, ৩৪৬, ৩৫০, ৩৫১
হেৰ'! দেখুৱাই দেচোন ২০৫
হেলচিংকি ৪
হৈমন্তী শুক্লা ২২৬

এখন বিৰল ফটো ঃ সুধাকণ্ঠ ড' ভূপেন হাজৰিকাৰ স'তে প্ৰসিদ্ধ চিত্ৰশিল্পী প্ৰয়াত প্ৰণৱ বৰুৱা। সংগৃহীত এই ফটোখন প্ৰায় ৩৫ বছৰ পুৰণি।

ফটো: শিৱপ্ৰসাদ বৰাৰ সৌজন্যত

দিলীপ দত্ত
[১৯৮১ চনত ভূপেন দাদাৰ নিৰ্দেশত দেৱৰাজে অঁকা ছবি]

539

উল্লেখ সূচী

সৰল দত্ত ১৬৭
সৰোজ বৰুৱা ২২৪
সলিল চৌধুৰী ৩৯৩
সৰিতা চৌধুৰী ৩৯৩
সাদৰ (গায়ত্ৰী বৰগোঁহাই) চাওক
সাধনা দেৱী ২৭
সাধনা বৰুৱা ২
সীতাহৰণ ১৫৯
সুজিত দাস ৫১
সুজিত বৰুৱা ৩৪
সুদক্ষিণা শৰ্মা (কুইনী চাওক) ৩৫, ৩৯৪
সুধাকণ্ঠ ৫
সুন্দৰৰ সৰু-বৰ আলিয়েদি ১১
সুন্দৰৰ ন-দিগন্ত ১০
সুমন কল্যাণপুৰ ৩৮২
সুমন্ত চলিহা ৪৭২, ৪৭৩, ৪৯৯
সুৰ বাহিনী ৪২৭
সুৰভি কাকতি ৪৫০, ৪৯২
সুৰৰে দেউলৰে ১, ৫২, ৩৬২
সুভাষ বসু ৬৪-৬৫
সূৰ্য্যকিৰণ দাস ২২০
সূৰ্য্য কুমাৰ ভূঞা ৪০৫
সূৰ্য্য হাজৰিকা ১৫, ৪৯২-৫০০
সোণৰ সপোন মোৰ ৩৬২
সোণাৰাম স্কুল ১
সোণালী গোস্বামী ৫০৩
সীমানা পেৰিয়ে ৮
স্নেহলতা ৪০২
স্মৃতিৰ বুকুত থৈ যাম মই ৩
হকাশম ২৮
হৰিবিনোদ ভাৰ্মা ৪৯৩, ৪৯৬
হাৰ্মনিয়াম ১৫৬
হিটলাৰ ৬৫, ৭১
হিন্দু ধৰ্মৰ বৰ্ণবিভাগ ৮৭
হিৰণ্যচন্দ্ৰ ভটাচাৰ্য্য xi, ৬৮
হীৰেন গোঁহাই ২৭
হেমন্ত দত্ত ৪২৯
হেমন্ত কুমাৰ ৩৭৬, ৩৮৩, ৩৮৪, ৩৮৫
হেমাংগ বিশ্বাস ৪৭, ১৯৬, ২০০, ৩৯৩
হেমেন হাজৰিকা ৪৭, ৩৪১, ৩৪৬, ৩৫০, ৩৫১
হেৰ'! দেখুৱাই দেচোন ২০৫
হেলচিংকি ৪
হৈমন্তী শুক্লা ২২৬

এখন বিৰল ফটো ঃ সুধাকণ্ঠ ড° ভূপেন হাজৰিকাৰ স'তে প্ৰসিদ্ধ চিত্ৰশিল্পী প্ৰয়াত প্ৰণৱ বৰুৱা। সংগৃহীত এই ফটোখন প্ৰায় ৩৫ বছৰ পুৰণি।

ফটো: শিৱপ্ৰসাদ বৰাৰ সৌজন্যত

দিলীপ দত্ত
[১৯৮১ চনত ভূপেন দাদাৰ নিৰ্দেশত দেৱৰাজে অঁকা ছবি]

539

ENGLISH

abstract 440
absurd nothingness 28
Aesthetics 5
Always in my Heart 439
Androcles and the Lion 453
Brahmaputra the Endless Journey 490
Corrupting influence 28
Ernesto Lecuona 439
Floor 125

Gandhi to Hitler 6
Geoff Ghitter 46, 144, 166, 174
Glorious Songs of Bhupen Hazarika 459
Guinness Book of World Record 476
In Search of God 475
Light House 456
maZumba Media and Entertainment 482
Midlife Crisis 440
Missionary activities 117

Peeping Tom 484
RJ International 482
Romantic 435
RO-ON 5
Thought level 28
Siempre en Mi Corazón 439
Street Brawl 28
technology 475
Thought level 28
tip 93
Website 488
You are always in my Heart 439

গুৱাহাটীৰ এক অনুষ্ঠানত লিখক আৰু ভূপেন দাদাই পুথিখনত চহী কৰা দৃশ্য

২০ জানুৱাৰী, ২০১২ চনত যোৰহাটত অনুষ্ঠিত ভূপেন্দ্ৰ সংগীতৰ কুইজৰ উদ্যোক্তা আৰু কেইজনমান প্ৰতিযোগীৰ লগত লিখক

কুইজৰ উদ্যোক্তা মঞ্জুলা গোস্বামী, লিখক আৰু প্ৰণৱজ্যোতি চেতিয়া

লিখকৰ বিষয়ে সমিধান

লিখক দিলীপ কুমাৰ দত্তৰ বিষয়ে জানিবলৈ দত্তদেৰে ভৱিষ্যতৰ কাৰণে বহুত সমল তেখেতৰ কেইবাখনো পুথিত লিখি গৈছে। শিক্ষাই তেখেতৰ জীৱনৰ মূলধাৰা যেতিয়া তেখেতৰ শিক্ষা জীৱনৰ বৈচিত্ৰময় অভিজ্ঞতাৰ বৰ্ণনা তলৰ পুথি দুখনত বহু আছে:

১) 'মোৰ শিক্ষা আৰু মোৰ শিক্ষক' (বনলতা, ২০০২ চন) আৰু

২) 'পৰম্পৰাগত শিক্ষা আৰু আই পূজনীয়া' (বেদকণ্ঠ, ২০১২ চন)

দেশে বিদেশে পঢ়াশালিত পোৱা শিক্ষাৰে দীপ্তমান দত্তই 'মোৰ শিক্ষা আৰু মোৰ শিক্ষক' পুথিত স্কুল কলেজৰ চাৰি বেৰৰ ভিতৰত পোৱা শিক্ষাক অকপটে বৰ্ণনা কৰাৰ পাচত 'পৰম্পৰাগত শিক্ষা আৰু আই পূজনীয়া' পুথিত নিজৰ আই বোপাই আৰু সমাজৰ আন আন ব্যক্তিসকলৰ পৰা আহৰণ কৰা পৰম্পৰাগত শিক্ষাক মনোৰঞ্জক ভাৱে বৰ্ণনা কৰিছে। এই পুথিখন তেখেতৰ বা তেখেতৰ মাতৃৰ জীৱনী নহয়। এইখন আমি আমাৰ সমাজৰ আৰু সংস্কৃতিৰ পৰা বুটলিব পৰা শিক্ষাৰ মণি মুকুতাবিলাকৰ পৰিচিতি মাথোন।

জীৱনৰ সচা অভিজ্ঞতাক অতিশয় ৰসাল আৰু পাঠকৰ কাৰণে উপকাৰী ৰূপত ব্যক্ত কৰাত দিলীপ দত্ত সিদ্ধহস্ত। তেঁওৰ তেনে ৰচনাৰ ভিতৰত আছে:

৩) 'শুভ দিনৰ নিৰ্ঘণ্ট' (লয়াৰ্ছ বুক ষ্টল, ১৯৭৭ চন)

৪) 'প্ৰেমত পৰিলোঁ নেকি?' (অসমী প্ৰকাশন, ১৯৮৭ চন)

৫) 'মনে মোৰ কইনা বিচাৰে' (লিপিকা, ১৯৮৩ চন),

৬) 'প্ৰেম আৰু জীৱন সংগী' (জ্যোতি প্ৰকাশন, ১৯৯৮ চন)

৭) 'মিছ গৌহাটি' (চিত্ৰলেখা, ১৯৮৬ চন)।

ইতিহাস আৰু ঐতিহ্যৰ প্ৰতি শ্ৰদ্ধাবান দিলীপ দত্তই নিজৰ সাধনা আৰু অধ্যয়নেৰে সংগ্ৰহ কৰা জ্ঞানক গৱেষণাৰ নিয়মেৰে শৃংখলা লগাই ৰচা চিন্তাশীল পুথি হৈছে:

৮) নীলাৰ সুৰভি ভাঙি, (লয়াৰ্ছ বুক ষ্টল, ১৯৮৩ চন)

৯) 'ফলি লোৱা বুৰঞ্জী' (চিত্ৰলেখা, ১৯৮৬ চন)

১০) 'খোঁচা বিন্ধা বুৰঞ্জী' (অসমী প্ৰকাশন, ১৯৮৭ চন)

১১) 'কালিয় দমন নাট' (বাণী মন্দিৰ, ১৯৮৭ চন)

অসম ৰত্ন ডক্টৰ ভূপেন হাজৰিকাৰ সৃষ্টিবিলাকৰ প্ৰতি অসমৰ ৰাইজে মাহাত্ম্য আৰোপ কৰিবলৈ লোৱাৰ বহু দিন আগতেই ১৯৬৪ চনৰ পৰা দিলীপ কুমাৰ দত্তই হাজৰিকাদেৱৰ হেৰাই যাবলৈ উপক্ৰম হোৱা গীতবিলাকৰ সংৰক্ষণ আৰম্ভ কৰি অসমৰ সাহিত্য আৰু সংস্কৃতিলৈ আগ বঢ়ায়:

১২) 'ভূপেন হাজৰিকাৰ গীত আৰু জীৱন ৰথ', (শ্ৰীভূমি পাবলিচিং কোম্পানী, ১৯৮১ চন)।

আজিৰ বহু লিখক আৰু সাহিত্যিকে এই পুথি ভুলে শুদ্ধে হুবহু নকল কৰি বহু পুথি লিখিছে। তেনে কোনো নকলী সাহিত্যিকে

দত্তৰ শ্ৰমৰ শলাগ নললেও অসমৰ সুধী সমাজে 'ভূপেন হাজৰিকাৰ গীত আৰু জীৱন ৰথ' অসমীয়া সাহিত্য আৰু সংস্কৃতিলৈ দিলীপ দত্তৰ এক বিশেষ মহত্বপূৰ্ণ অৱদান বুলি এক বাক্যে স্বীকাৰ কৰে।

ভৱিষ্যতে ডক্টৰ হাজৰিকাৰ সৃষ্টিবিলাক শুদ্ধ ৰূপত জীয়াই ৰখাত আৰু সেইবিলাকৰ সথিক মূল্যাংকনত সহায় কৰিবলৈ তেখেতে শাৰীৰিক অসুস্থতাক আওকাণ কৰি পুথিখনৰ এই পৰিবৰ্দ্ধিত সংস্কৰণ প্ৰস্তুত কৰিছে। এনে এখন অমূল্য গ্ৰন্থ ৰাইজৰ হাতত তুলি দিবলৈ পায় আমি কৃতাৰ্থ হৈছোঁ।

ভূপেন হাজৰিকাদেৰেও দত্তৰ অৱদানৰ শলাগ লৈ নিজে লিখিছিল:

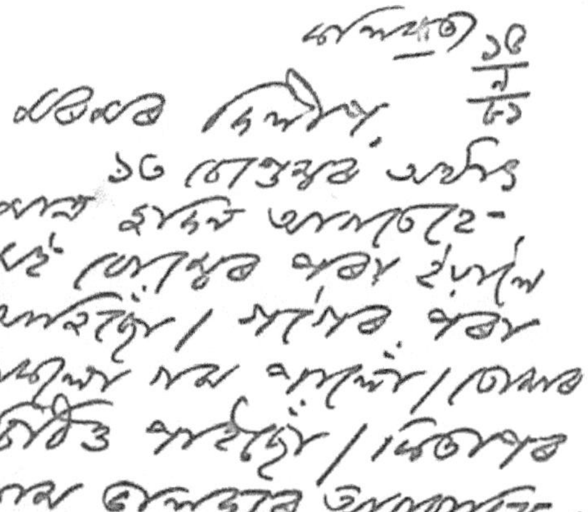

ৰ'ড আইলেণ্ড বিশ্ববিদ্যালয়ৰ অফিচত

ভূপেন হাজৰিকাৰ গীত সংগ্ৰহ কৰি থাকোঁতেই কুৰি শতিকাৰ আন আন গীতিকাৰ সকলৰ গীতবিলাকৰ প্ৰতিও ডঃ দত্ত আকৃষ্ট হয়। দিলীপ দত্ত আমেৰিকা নিবাসী যদিও প্ৰায় প্ৰতি বছৰে তেঁও অসমলৈ আহি অসমৰ গাঁৱে চহৰে ঘূৰি আজিৰ অসমীয়াৰ অবিদিত পুৰণা গীত সংগ্ৰহ কৰি ফুৰে। তেঁও কোনেও আগেয়ে নকৰা অসমৰ কেবাগৰাকীও মহৎ গীতিকাৰৰ গীত সংগ্ৰহ আৰু গীতবিলাকৰ কথা পুথি আকাৰত প্ৰকাশ কৰে। অসমৰ গীতি সাহিত্যলৈ দত্তৰ বিশেষ অৱদান:

১৩) 'নিৰ্মলপ্ৰভাৰ গীত আৰু নাৰীৰ জীৱন নদী' (শ্ৰীভূমি পাবলিচিং কোম্পানী, ১৯৮৫ চন)

১৪) 'গণেশ গগৈৰ ৰচনা সম্ভাৰ' (জ্যোতি প্ৰকাশন, ১৯৯০ চন),

১৫) 'বিষ্ণুপ্ৰসাদৰ প্ৰসাদ' (বেদকণ্ঠ, পুলিবৰ, যোৰহাট, ২০১১ চন)

গীত সৃষ্টিৰ ক্ষেত্ৰত ভূপেন হাজৰিকাক বৰগীতেই সৰ্বপ্ৰথম অনুপ্ৰেৰণা যোগাইছিল কাৰণে ডক্টৰ দত্তই প্ৰথম তাঙৰণত গায়ক গীতিকাৰ ৰূপে শংকৰদেৱ আৰু মাধৱদেৱৰ মহত্ব অতি বিস্তৃত ভাবে বৰ্ণনা কৰিছিল। নানা কাৰণত সেই আলোচনা পাচৰ সংস্কৰণত বাদ দিছিল যদিও সেই আলোচনা কিছুদিন আগতে প্ৰকাশ পোৱা আৰু দত্তদেৱে সম্পাদনা কৰা *'যুৱক যুৱতীৰ বাবে মহাপুৰুষ শ্ৰীমন্ত শংকৰদেৱ'* পুথিত প্ৰচাৰ কৰিছে।

দিলীপ দত্তই ১৯৩৭ চনৰ ৩০ এপ্ৰিলত যোৰহাটত জন্ম গ্ৰহণ কৰে। তেখেতৰ পিতৃ হৈছে অসমৰ শিক্ষা জগতৰ স্বনামধন্য পুৰুষ জগন্নাথ বৰুৱা কলেজৰ প্ৰতিষ্ঠাপক অধ্যাপক আৰু গুৱাহাটী বিশ্ববিদ্যালয়ৰ অন্যতম প্ৰতিষ্ঠাপক ফণীধৰ দত্ত (১৯০১-১৯৬৩)। তেঁওৰ মাতৃ ৰত্নেশ্বৰী দত্ত (১৯০৩-১৯৮৮) 'পৰম্পৰাগত শিক্ষা আৰু আই পূজনীয়া'-ৰ মূল প্ৰেৰণা।

দত্তই যোৰহাটৰ তৰাজান প্ৰাথমিক বিদ্যালয়, গুৱাহাটীৰ লতাশিল স্কুল, মাণিক চন্দ্ৰ মধ্য ইংৰাজী স্কুল, কলেজিয়েট হাইস্কুল, কটন কলেজ (বি-এ), দিল্লী বিশ্ববিদ্যালয় (এম-এ, পি-এইচ-ডি) আৰু ইংলণ্ডৰ ছাউথাম্পটন বিশ্ববিদ্যালয়ত শিক্ষা লাভ কৰে। বিলাতলৈ যোৱাৰ আগতে তেঁও কেইমাহমান গুৱাহাটীৰ ইঞ্জিনিয়াৰিং কলেজত শিক্ষকতা কৰিছিল যদিও তেঁও যথাৰ্থতে কানাডাৰ কেলগেৰী বিশ্ববিদ্যালয়ত ১৯৬৫ চনত শিক্ষকতা জীৱন আৰম্ভ কৰে। ১৯৬৭ চনৰ পৰা দত্তই আমেৰিকাৰ ৰ'ড আইলেণ্ড বিশ্ববিদ্যালয়ত শিক্ষকতা কৰে। তেখেতৰ গণিতৰ গৱেষণা পত্ৰ আন্তৰ্জাতিক গৱেষণা আলোচনীত প্ৰকাশ হৈছে। তদুপৰি তেখেতে আমেৰিকা, ভাৰত, ৰুমানিয়া, অষ্ট্ৰেলিয়া, কানাডা আদি বহু দেশত গণিতৰ বিষয়ে বক্তৃতা দিবলৈ নিমন্ত্ৰিত হৈছিল। ৰ'ড আইলেণ্ড বিশ্ববিদ্যালয়ৰ চাকৰিৰ পৰা ২০০৬ চনত অৱসৰ গ্ৰহণ কৰাৰ আগেয়ে তেখেতে প্ৰকাশ কৰা ইংৰাজী পুথি কেইখন হৈছে:

Math Education At Its Best: The Potsdam Model, Center For Teaching/ Learning Math, Framingham, USA, 1993.

Concepts Of Geometry, Third edition, RI Desktop, 2005.

Finite Math For Liberal Arts, third Edition, RI Desktop, 2005.

Tales of Western Inspiration and Indian Karma, Author House, USA, 2005.

বিঃ দ্ৰঃ 'ভূপেন হাজৰিকাৰ গীত আৰু জীৱন ৰথ' পুথিখনৰ এই সংস্কৰণ ডঃ দত্তই নিজে প্ৰস্তুত কৰা 'দিহিং', কপিলী আৰু 'ব্ৰহ্মপুত্ৰ' নামৰ আখৰেৰে নিজে ডি-টি-পি কৰিছে। পুথিখনৰ অংগ সজ্জাও দত্তৰ নিজৰ।

এইটোও উল্লেখযোগ্য যে দিলীপ দত্তই ১৯৮৪ চনতে কম্পিউটাৰেৰে লিখিব পৰা অসমীয়া আখৰ প্ৰথম প্ৰৱৰ্তন কৰিছিল। তেখেতৰ 'প্ৰেমত পৰিলোঁ নেকি?' পুথিখনেই কম্পিউটাৰত লিখা প্ৰথম অসমীয়া পুথি।

বৰ্তমান দত্তই কুৰি শতিকাৰ আধুনিক অসমীয়া গীত সংগ্ৰহ আৰু বিশ্লেষণ কৰি এখন বৃহৎ সংকলন ৰচনাত ব্যস্ত আছে।

মাৰ্ক টোৱেনৰ সমাধিত বহি

লিখক আৰু ভূপেন দাদাৰ একমাত্ৰ নাতি ছেজ

ভূপেন দাদাই গাই গৈছে:

"মাৰ্ক টোৱেনৰ সমাধিত বহি
গৰ্কীৰ কথা ক'লোঁ"

এদিন ছেজে মোক সুধিলে বোলে ককাই সেই কথাষাৰেৰে কি ক'বলৈ বিচাৰিছে আপুনি জানে নে? তেজ হাজৰিকাইও সুধিলে, "বুজিছে দিলীপ দাদা, সেই গীতটোত দেউতাৰ বহুত কথাই সোমাই আছে। আপোনাক সেইবিলাকৰ বিষয়ে তেখেতে কিবা কৈছিল নে? আপুনি কিবা জানে যদি আমাক ক'ব নে?"

তেঁওলোকৰ আগ্ৰহ দেখি মই ভালেই পালোঁ। সেইকাৰণে মই ক'লোঁ, "নিশ্চয়, খুব ভাল হ'ব তোমালোকে যদি মোক মাৰ্ক টোৱেনৰ সমাধিলৈ লৈ যোৱা তেনেহলে, তাতে বহি ভূপেন দাদাই মোক কোৱা আৰু মই জনা সকলো কথা তোমালোকক ক'ব পাৰিম। ওলোৱা, মাৰ্ক টোৱেইনৰ সমাধি নিউ ইয়ৰ্কৰ পৰা বৰ বেছি দূৰত নহয়। মই ৰ'ড আইলেণ্ডৰ পৰা ৰেলত নিউ ইয়ৰ্কলৈ আহিম আৰু তোমালোকে মোক গাড়ীত তুলি লৈ যাবা।"

২০১৪ চনৰ ২০ অক্টোবৰত আমি তাকেই কৰিলোঁ। তেঁওলোকৰ প্ৰশ্ন আৰু মোৰ সমিধান পুথিৰ আকাৰত সোনকালেই প্ৰকাশ কৰা হ'ব।

লিখক আৰু ভূপেন দাদাৰ পুত্ৰ তেজ

Clockwise from top to bottom: Nilakant Hazarika with baby Tej (1951); Priyam Hazarika with only grandson Sage Akash; Shantipriya; group shot of Priyam's family at the time of a wedding in the Patel family in Vadodara, 1956, (clockwise from top) brother Dilip, sister Minal, brother Siddartha, Bhupen, brother Anil and wife, Nalini, Priyam, Tej, Dr. Muljibhai Patel, Mrs. Maniben Patel, and Dilip's wife Panna. The only brother missing here is Kailash who married Bhupen's sister Stuty covered elsewhere in this book. This are the family members Tej grew up with in Kampala, Uganda.

On the making of the seventh edition of *Bhupen Hazarikar Git Aru Jibon Roth*

This seventh and final edition of Bhupen Hazarikar Git Aru Jibon Roth came about after the author, late Dr. Dilip Kumar Datta (January 2, 1939 - September 26, 2019), revised and/or added, some 250 new pages to the previous out-of-print 6th edition. He wrote them over a few years following my father Dr. Bhupen Hazarika's death on November 5th, 2011 in Mumbai. His body was brought home to Guwahati for what was to become his historic public cremation in Jalukbari on November 9th, 2011, when several hundred thousand people from all walks of life and ages attended all day while people all over Assam, inside her Northeastern sister states and as in West Bengal and Bangladesh, mourned his loss publicly. While alive he was already an iconic legend and everywhere young and old joined singing contests to sing his songs. That day, also present, was a forest of journalists and cameramen who recorded the extraordinary event whose archives will reveal for posterity one of the reasons why people keep installing Bhupen Hazarika's statues all over Assam. The Government of Assam spared nothing in affording Bhupenda and his family the highest state funeral, making this spontaneous mass outpouring of grief India's head-lining news for days and weeks to come.

As a greatly loved personality and singer whose hundreds of songs were the background music to so many people's personal lives, his loss may have somehow struck them as a loss of their own voice. What transpired after the cremation was an intense period of reflection among thinking Indians and politicians as to the possible socio-political significance of such an extraordinary phenomena in the face of India's and the central government's perception about and relationship with the Northeastern region. While the central government hastened to posthumously award my father the Padma Vibhushan (2012) and then the Bharat Ratna (2019), India's highest civilian award, many had wondered before and still do now why it did not happen earlier when he was alive. Questions and legal matters surfaced regarding his will, still in the courts to this day, even as nationally, his popularity has kept growing to almost become a household name in India. In response to this phenomena and in order to bring some missing facts about my father to the public, Dr. Datta started to update Bhupen Hazarikar Git Aru Jibon Roth by addressing some of those issues including my father's important relationships with his family members, business partners and the difficulties he faced before and after the onset of Alzheimer's disease which ultimately silenced him. As yet, still remains enigmatic the question why the grieving among his Northeastern fans ran so deep and long.

Dilip Datta split his time between Kingston, Rhode Island, as math professor and during the summer months he travelled to Jorhat, Assam, to spend his time writing passionately about Assam, its people and its history. He had befriended my father in the 1970s and often visited him at his Tollygunge residence in 'Calcutta'. Every time my father travelled to the USA, he spent time with Dilip Datta in Rhode Island, where he lived with his wife Ranima. Far from the hectic life of a performing artist in India (earlier) and later as culture czar with the Sahitya Akademi, a prestigious and high profile five year appointment that straddled the demanding worlds of show-business and politics when deep down, every one who knew him would agree, his heart really belonged to the simplest people of India. My father greatly enjoyed the time spent in relaxed anonymity with his friend and biographer at his seaside home. He would freely recount stories and share his views and fears on important matters. Such rest and relaxation would precede his taxing tour for his North American Assamese and Bengali fans who were always happy and honored to host him.

Dilip da and I became closer after 2011. With help from my family he was able to gather more missing information for his biography of my father. Much of what he did not know about myself and my mother Priyam Hazarika was because we led parallel lives far from India for decades except for period visits. However things known to older people about my mother surfaced when she visited Assam in 2012. After that she re-entered Assam's public gaze, as did I after I had cremated my father the previous year. People came to know about the close ties my father's family enjoyed with my mother and her Gujarati family, all along—the Hazarikas and the Patels had many bonds. Thanks to my Assamese family, to Dilip Datta's published articles about my father and to the generosity of family and friends who quietly helped me to bring my mother to Assam. It was after that visit that my father's fans came to know so much more about her vital contribution to my father's life and her strong connection to his siblings as the revered wife of the eldest son of Nilakant and Shantipriya Hazarika.

Priyam Hazarika was the epitome of intelligence, elegance and kindness. She was beautiful, creative, fiercely independent and loved all her family members deeply. A cosmopolitan, she enjoyed her multicultural roots, curious about everything, a voracious reader who not only introduced me, her only son, to the greater world, but simultaneously got out of my father's way to let him fulfill his burning vision on behalf of all Indians. Bhupen Hazarika fought tirelessly for a true democracy where the smallest minority should feel at home, a perspective he tried to teach through his songs and poems. Dilip Datta requested me to help him produce and publish this updated edition in order to help us in our objective to educate the public about my father's legacy, such as it has become, a gift and a critical blueprint for a more humane and integrated India with dignity for all, bar none.

—Tej Hazarika, New York, 2021

Dilip Datta. born on Jan 2nd 1939 in Jorhat, Assam, was the son of Phanidhar Datta and Ratneswari Datta. His father was well known to many as he served as the first registrar of Assam's preeminent Gauhati University. Dilip Datta's lower primary education began in Tarajan LP School, Jorhat. Later his parents moved to Guwahati where he attended Cotton College ('54-'58) to receive his BA degree with honors in math. Excelling in academics as well as sports, he represented Cotton College in four major games: cricket, tennis, football and hockey. He served as tennis captain from1956 - 57, and cricket captain from1957 - 58. He obtained his Masters degree in math from Ramjas College (Delhi University) in 1960. There he went on to complete his Ph.D. in 1963. From 1962 - 63 he served as lecturer at Assam Engineering College, Gauhati, until he received a Commonwealth Fellowship from the British Government and moved to do post-doctoral work at Southampton University, UK, where he spent two years. In 1965 he moved to Canada to join as assistant professor in the math faculty of Calgary University, Alberta, until 1967 when was offered and accepted a job in the math faculty of the University of Rhode Island, USA as assistant professor (till '73), then associate professor from1973 to 1981 when he become a full professor working there till 2006. The demise of Prof. Dilip Kumar Datta is a huge loss for Assam.— from Assam Tribune, Sept 26th, 2019.

Dr. Datta spent his time between Kingston, Rhode Island and Jorhat, Assam. After retirement he split his time equally between the two continents focusing on his writing and publishing articles and books full time with prolific results. He authored some 20 books some of which reflect his math and science teaching profession including text books. However the majority of his output was in literature, arts and humanities as they related to Assamese language, culture, history and people. He wrote constantly providing articles for newspapers and magazines to familiarize his readers to a variety of topics and domains of experience. He also supported a school in Jorhat through his foundation.

Of his books on culture and history, Tales of Western Inspiration and Indian Karma is a historical account of the establishment of the modern educational institutions in Assam in the 19-20th centuries. The book highlights the American Baptist missionaries Nathan Brown, Elizabeth Brown and Miles Bronson considered important figures for Assamese people who regard them as the saviors of the Assamese language. The recounting of that story is futher fleshed out in Bridge from America to Sadiya which he co-authored with Akdas Ali Mir. — From Assam Tribune's obituary:

Some of his Assamese books are titled— Bhupen Hazarikar Geet aru Jeevan Roth, Nirmalprabhar Geet aru Jeeva Nodi, Premot Porilu Neki, Miss Gauhati, Pholi Lowa Buranji, Mone Mor Koina Bisare. Among his life's works, Bhupen Hazarikar Git Aru Jibon Roth (Songs and the Chariots of Bhupen Hazarika's Life): An analytical account of the lyrics of Bhupen Hazarika in the Assamese Language, is considered to be a seminal sourcebook on Indian singer-songwriter Dr. Bhupen Hazarika. His appreciation of Bhupen Hazarika's creations and their influence in Indian society was broad.

These Coolgrove Press [Northeast Perspectives] Titles
can be purchased at www.coolgrove.com/books

ISBN: 978-1-887276-69-6
Size: Paper 6x9 inches
Pages: 262

Winged Horse: 76 Assamese songs of Bhupen Hazarika
Translated into English by Syed Ahmed Shah
Edited by Syeda Jebeen Sabira Shah
[In English and Assamese]

Dr. Bhupen Hazarika (1926-2011), also known as the Bard of the Brahmaputra—after the river that runs through Assam—was a legendary singer, lyricist, music composer, scholar, artist and humanist who dared to dream of a classless society. Although fluent in Hindi and English, he wrote over 600 songs in Assamese, his mother tongue. His poetic soul ranged far and wide, from our dependence on nature, history and politics, to visionary rapture. His fans are well aware he was including them in his vision for a better world. Bhupenda endures as a source of inspiration for many who have heard his songs. Even now, a major portion of his songs remain unknown to non-Assamese speaking people. It was only towards the end of his life that English translations of his songs started appearing in print. We hope this volume will contribute to a better understanding of an artist who cared for the future of Indians and humanity in general.

Jajabori Bhupenda: from my diary pages
Stuty Patel

Written in Assamese, Stuty Patel's diary entries along with many rare photos, artwork and reproductions offer glimpses into both ordinary and some critical aspects of my father's everyday life at different periods. *Jabori Bhupenda* is also a testament to the author's love, pride and devotion to family revealing a deep appreciation for her own culture and upbringing.

ISBN: 978-1-887276-83-2
Size: 6x9 inches
Pages: 650

Coolgrove Press

Coolgrove Press (www.coolgrove.com) is an independent New York-based publisher looking for fiction, non-fiction, and poetry from a wide range of authors who seek captivating and innovative ways to bridge divides and challenge the artificial barriers that separate us.

The changing face of the USA and the world, how we deal with the paradoxes of history and polarities in order to shape a desirable future are among Cool Grove's central concerns. We seek to highlight the work of original voices that contribute to conversations that can develop new pathways toward the better angels of our nature.

This title is under the *Northeastern Perspectives* of Coolgrove Press imprint which addresses the great diversity and geo-political importance of India's Northeastern region as it impacts Indian and Asian cultures.

This book can be purchased from www.coolgrove.com
as a paperback or as an e-Book

www.ingramcontent.com/pod-product-compliance
Lightning Source LLC
Chambersburg PA
CBHW081342080526
44588CB00016B/2350
* 9 7 8 1 8 8 7 2 7 6 6 5 8 *